HERZLICHEN GLÜCKWUNSCH

Und Dankeschön für den Kauf dieses Buches. Als besonderes Schmankerl* erhalten Sie das Buch exklusiv und kostenlos als eBook.

3005p-6un10-
18400-muiet

Registrieren Sie sich einfach mit Ihrem persönlichen Code unter **www.hanser.de/ciando** und laden Sie sich das eBook direkt auf Ihren Rechner.

* Bayrisch für eine leckere Kleinigkeit; ein Leckerbissen

Herzog

Mindjet
MindManager 6

Das Handbuch
für Basic 6 und Pro 6

2., neu bearbeitete und erweiterte Auflage

Dagmar Herzog

Mindjet
MindManager 6

Das Handbuch
für Basic 6 und Pro 6

2., neu bearbeitete und erweiterte Auflage

HANSER

Die Autorin:

Dagmar Herzog, MindBusiness GmbH, Alzenau
dagmar.herzog@mindbusiness.de

Bibliografische Information Der Deutschen Bibliothek
Die Deutsche Bibliothek verzeichnet diese Publikation in der Deutschen Nationalbibliografie; detaillierte bibliografische Daten sind im Internet über http://dnb.ddb.de abrufbar.

Lektorat: Sieglinde Schärl
Herstellung: Monika Kraus
Satz: Sara Unverhau, Heilbronn
Sprachlektorat: Sandra Gottmann, Münster-Nienberge
Umschlagdesign: Marc Müller-Bremer, Rebranding, München
Umschlaggestaltung: MCP · Susanne Kraus GbR, Holzkirchen
Datenbelichtung, Druck und Bindung: Kösel, Krugzell
Ausstattung patentrechtlich geschützt. Kösel FD 351, Patent-Nr. 0748702
Printed in Germany

ISBN-10: 3-446-40562-3
ISBN-13: 978-3-446-40562-2

www.hanser.de/computer

Mindjet® MindManager® Pro 6

Inhalt

Vorwort

»Schon wieder ein Handbuch zu MindManager – und noch dicker als vorher???« – »Sie müssen echt begeistert sein von der Software.« – „Ich wusste gar nicht, dass MindManager so viel kann“ – nur einige der Sätze, die ich die letzten Monate oft gehört habe.

Und hier liegt auch der Grund dafür, warum ich mich wieder an das Handbuch für die Version Mindjet® MindManager® 6 gemacht habe. Ich bin der festen Überzeugung, dass MindManager jedem im Alltag ein sehr hilfreiches Arbeitswerkzeug sein kann.

Egal in welcher Position Sie arbeiten:

Sie müssen täglich planen und Entscheidungen treffen. Tagtäglich stürzt eine Informationsflut über Sie herein, und Sie müssen entscheiden, welche Informationen Sie brauchen. Fundierte Informationen sind für Sie ein Bestandteil Ihrer täglichen Arbeit, und diese müssen schnell verfügbar und nachvollziehbar aufbereitet sein.

Das Autorenteam und ich sind daher der Meinung, dass MindManager das beste Software-Werkzeug ist, um Informationen zu sammeln und den Überblick zu behalten.

Kaum ein anderes Managementtool ist einfacher und produktiver. Durch die nahtlose Integration mit Microsoft® Office können Sie Ihr bestehendes Arbeitsumfeld optimal integrieren, und die offenen Schnittstellen ermöglichen individuelle Anbindungen.

MindManager unterstützt einzelne Anwender und Teams bei der einfachen Visualisierung und Kommunikation von Ideen und Informationen sowie bei der zeitsparenden Planung und Organisation von Projekten und informationsgestützter Aktivitäten. Die intuitive Benutzeroberfläche ermöglicht es, Ideen auszuarbeiten, wichtige Inhalte oder Zusammenhänge darzustellen und die nächsten Schritte nachvollziehbar zu planen.

Wichtig dabei ist, dass jeder Anwender MindManager ganz individuell an sein Arbeitsumfeld angepasst einsetzt – dann ist die Software ein echtes Hilfsmittel, das nicht mehr wegzudenken ist.

Damit jeder für sich entscheiden kann, welche Funktionen sinnvoll genutzt werden können, steht die Praxis in diesem Handbuch wieder ganz klar im Vordergrund.

Da in diesem Handbuch auch Themen wie HTML, VBA, XML, Microsoft Project etc. Platz gefunden haben – die nicht meine Spezialthemen sind –, habe ich noch die tatkräftige Unterstützung und das Know-how mehrerer Co-Autoren in Anspruch genommen. So werden wir von der Kompetenzseite dem Anspruch des Buches gerecht. Des Weiteren machen viele Tipps und Tricks zu MindManager, zahlreiche Hinweise und einige »Komplettlösungen« dieses Buch für Sie zu **dem** MindManager-Handbuch.

Danke an ein ganzes Team

Ein Buch entsteht nicht an einem Tag und vor allem nicht von einer Person. Ein Buch entsteht nur im Team. Daher möchte ich mich ganz herzlich bei meinen Co-Autoren für das tatkräftige Miteinander, das Verständnis, die Motivation und den Elan bedanken. Vor allem Sara Unverhau hat sich einige Nächte um die Ohren geschlagen, damit die Kapitel ins rechte Licht gerückt werden konnten und wir termingerecht fertig werden.

Danke auch dem Team der Mindjet GmbH, dem Hanser Verlag – insbesondere Frau Schärl und Frau Kraus, dem MindBusiness-Team, das in der Endphase einige meiner Arbeiten übernommen hat. Danke unseren Kunden, die viele Wünsche und Probleme gelöst haben wollten, und allen voran meiner Familie, die es in der stressigen »Schreibzeit« mit mir ausgehalten, Ideen mit eingebracht und viel der wenigen privaten Zeit geopfert hat.

Aussichten auf weitere Beispiele für die Praxis

Aber ich kann es einfach nicht lassen. Meine Familie, das MindBusiness-Team und die Co-Autoren stecke ich immer wieder an ☺ ☺ ☺.

Mit der aktuellen Mindjet® MindManager® 6-Version haben wir im Team so viele praktische Einsatzmöglichkeiten entdeckt, dass es ab Herbst noch ein reines Anwender-Praxis-Umsetzungs-Buch gibt, das ebenfalls im Hanser Verlag erscheint: »50 ERFOLGSREZEPTE FÜR BUSINESS-MAPS«.

In diesem Buch veröffentlichen wir erstmals eine Sammlung von Business Maps, die im Alltag sehr sinnvoll eingesetzt werden können. Gearbeitet wird mit einer Arbeitsmethode, die wir speziell dafür entwickelt haben. Lassen Sie sich überraschen.

Nun wünsche ich Ihnen viel Spaß beim Lesen und Umsetzen.

Herzlichst, Ihre

Vorwort vom Hersteller Michael Louis, Mindjet GmbH

»Bring Information to Life – von der Information zum Wissen«

Wir befinden uns seit einigen Jahren im Wandel von der Informations- zur Wissensgesellschaft. Jedes Jahr vervielfacht sich unser Wissen in den verschiedenen Bereichen. Die Anzahl der Informationen, mit der wir täglich konfrontiert werden – egal ob aktiv, indem wir diese Informationen abrufen, oder passiv –, scheint unerschöpflich. Aber können wir all diese Informationen auch in Wissen transferieren? Ist das überhaupt möglich? Die Antwort darauf lautet: Nein!

Wir benötigen Lösungen, um aus der Informationsflut, die täglich auf uns einströmt, die individuell wichtige Information herausfiltern zu können. Nur so ist es möglich, das Ziel zu erreichen und Wissen zu generieren. Seit einigen Jahren verfolgen wir dieses Ziel konsequent mit der Weiterentwicklung von Mindjet MindManager. Informationen in Wissen umzuwandeln, das dem Einzelnen, dem Team oder dem Unternehmen zur Erreichung der Ziele hilft, wird nicht erst einer der wichtigsten Wettbewerbsvorteile der Zukunft sein – er ist es heute schon. Im vergangenen Jahr hat auch Bill Gates in einem ausführlichen Interview mit Newsweek die zunehmende Wichtigkeit einer neuen Generation von Mind-Mapping-Software unterstrichen. Laut Gates unterstützt diese Software vor allem die Generierung von Wissen durch die Verbindung und Synchronisation von Ideen und Daten.

In diesem Handbuch werden Ihnen anhand von typischen Einsatzszenarien Praxisbeispiele für den Information Worker vorgestellt, die Ihnen den Nutzen und die Vorteile der MindManager Software demonstrieren. Leicht nachvollziehbar erfahren Sie, wie Sie Informations- und Kommunikationsprozesse optimieren können. Im Vordergrund steht dabei immer, wie der Anwender, alleine oder im Team, durch den Einsatz der MindManager Software spezifische Herausforderungen im Arbeitsalltag schneller und einfacher lösen kann.

Die Autorin, Dagmar Herzog, hat aktiv den Schulungsbereich von Mindjet aufgebaut. Die MindBusiness GmbH ist zertifiziertes Mindjet Training Center in Deutschland. Die Kernkompetenzen von Dagmar Herzog und der MindBusiness GmbH liegen in der Vermittlung von Softskills und dem praxisorientierten Einsatz der MindManager Software. Gerne gibt sie ihre Erfahrungen an Sie weiter. Ich bin davon überzeugt, dass Sie dieses Handbuch inspiriert und dass Sie neue Ideen für Ihre tägliche Arbeit erhalten werden.

Ich wünsche Ihnen eine anregende Lektüre sowie viel Spaß und Erfolg beim Arbeiten mit MindManager.

Michael Louis,

Gründungsmitglied von Mindjet

Executive Vice President EMEA

General Manager Mindjet GmbH, Deutschland

Die Autorin

Dagmar Herzog arbeitet seit der ersten Stunde mit MindManager und hat hierzu bereits mehrere Publikationen veröffentlicht. Für die Firma Mindjet baute sie den Schulungsbereich auf und entwickelte das Konzept der lösungsorientierten Trainings. Am 1.7.2003 gründete Sie die MindBusiness GmbH, in der nun ein ganzes Team dieses Konzept lebt und weiterentwickelt – »aus der Praxis für die Praxis«.

Sie persönlich berät und unterstützt Firmen und Einrichtungen beim lösungsorientierten Einsatz von MindManager, unter Berücksichtigung des vorliegenden Arbeitsumfeldes. Sie setzt dabei bewährte Methoden aus dem systemischen Coaching ein (ausgebildeter systemischer Management Coach). Als Trainerin in Seminaren, Workshops und Vorträgen hat sie mittlerweile schon mehr als tausend Teilnehmer begeistert. Ihr Steckenpferd ist das Thema Kommunikation. Dabei steht der Mensch im Mittelpunkt, und Software dient nur als Werkzeug, um Alltagsaufgaben zu lösen. Für sie ist Arbeitsmethodik und MindManager die Erfolgskombination für »effizienteres Arbeiten«.

Dieses Buch ist mit Hilfe weiterer Spezialisten entstanden. Sie haben in diesem Handbuch ihr Know-how und ihre persönlichen Erfahrungen im Umgang mit Mindjet® MindManager® 6 mit der Autorin zusammengetragen.

Die Co-Autoren

Helmut Reinke – kennen Sie vielleicht bereits aus verschiedenen Veröffentlichungen. Er kommt aus der Praxis und bringt fundiertes betriebswirtschaftliches Hintergrundwissen mit. Seine Liebe zur Mind-Mapping-Technik kann er nicht verbergen. In seinen Seminaren wendet er immer wieder diese Methode an. Er visualisiert die Themen, diskutiert neue Wege und ist ein Vorreiter moderner Kommunikation. Sein persönliches Steckenpferd ist MindManager in der Projektarbeit, speziell in dem Zusammenspiel mit Microsoft Project.

Egbert Jeschke – ist freiberuflicher EDV-Trainer und -Berater. Seine Schwerpunkte sind Management-Informationssysteme auf der Basis von Datenbanken und Tabellenkalkulation. In diesem Kontext programmiert er auch Office-Lösungen. Für den MindManager programmiert er seit einiger Zeit Praxislösungen.

Bernhard Straub – ist integriert in das Team der MindBusiness, begeisterter Entwickler und unterstützt tatkräftig als Trainer & Consultant. Sein Steckenpferd ist das Zusammenspiel »Mindjet® MindManager® 6 und der HTML-Export«. Seinen Fokus richtet er speziell auf die Arbeitserleichterung, Vorlagen von Webseiten, Standardisierungen und die Wiederverwertbarkeit von Lösungen, um den Zeitaufwand zum Erstellen einer Webseite zu verkürzen. Aus seiner IT-Werkstatt kommt das Tool Map4Web inkl. der Share Point-Anbindung.

Dr. Eckehard Pfeiffer – ist freiberuflicher Trainer und Berater. Der promovierte Mathematiker publiziert in verschiedenen Fachzeitschriften und Handbüchern. Er hat sich in der Fachwelt u.a. zum Thema XML einen Namen gemacht.

Sara Unverhau – ist internationale Diplom-Betriebswirtin und spezialisiert in den Bereichen Marketing, Controlling und Sprachen. Seit Anfang an dabei, verstärkt sie das MindBusiness-Team im Marketing und Event-Management. Ihre Autorentätigkeit richtet sich vornehmlich auf Themen an der Schnittstelle »Betriebswirtschaft und EDV«. In diesem Buch richtete sich ihr Fokus vor allem auf die übersichtliche Darstellung des Einstieges in die Arbeit mit MindManager sowie die kreative Umsetzung von Projekten.

Bei diesem Buch hat uns fachlich und redaktionell das Mindjet-Team unterstützt.

Wir sind nach dem Lesen des Buches weiterhin für Sie da. Tauschen Sie Ihre Fragen, Anregungen und Erfahrungen zu MindManager aus. Schreiben Sie uns Ihre Ideen und Gedanken an *info@mindbusiness.de,* oder besuchen Sie einen unserer Erlebnis-Workshops in sehr kleinen Arbeitsgruppen, interessante Veranstaltungen etc., und suchen Sie das persönliche Gespräch: *www.mindbusiness.de*.

Besuchen Sie auch die Website von Mindjet unter *http://www.mindjet.de*, wo Sie mehr Informationen zum Hersteller, zu Kooperationen, Lösungspartnern und Development finden.

Der Aufbau des Buches

Folgende Texte finden Sie in diesem Buch immer wieder:

Tabelle 1: Marginalspalte Beschreibung

Hinweis		bietet wissenswerte Zusatzhinweise zum Thema
Aufgabe		hier finden Sie eine Aufgabe zu Übungszwecken
Lösung		verrät Tipps, Tricks und Lösungen zu Aufgaben
Beispiel		zeigt Ihnen ein Beispiel aus der Praxis

Für das Lesen des Buches an dieser Stelle ein Tipp: Füllen Sie dieses Buch eifrig mit Notizen, Heftklammern oder Post-it-Zetteln. Schreiben Sie Wissenswertes ruhig in die Marginalspalte, markieren Sie Wichtiges oder Neues z.B. mit den Zeichen:

N = Neu

T = Tipp

W = Wissenswert

L = Praxislösung

Vorwort – allgemeine Informationen

Der einleitende Teil beinhaltet alle Informationen zu dem Grundgedanken des Buches, Wichtiges zum Autor sowie zu den Co-Autoren. Außerdem kommt hier der Hersteller direkt zu Wort, es wird der Aufbau des Buches beschrieben und ein Überblick über die Neuigkeiten in Mindjet® MindManager® 6 gegeben.

Teil A – Grundlagen und Entwicklung der Arbeitstechnik Mind Mapping

MindManager ist letztlich nur ein Werkzeug zum effizienteren Arbeiten. MindManager allein kann noch keine Arbeitserleichterung in unserem Arbeitsalltag leisten. Wichtig ist, dass Sie die Arbeitsmethodik verstehen, die MindManager als Grundlage dient.

In diesem Teil tragen wir dem Rechnung. Sie lernen hier ganz bewusst kennen, **wie wir Informationen, Wissen aufnehmen und verarbeiten, wie unser Gehirn funktioniert** und was Mind Mapping in diesem Zusammenhang für eine Rolle spielt. Sie lernen, welche Regeln zu beachten und welche Lösungen für unseren Alltag möglich sind. Betrachten Sie diesen Abschnitt als Theorie-Teil mit sehr praktischer Wirkung.

Teil B – Der Einstieg in Mindjet® MindManager®

Der erste Teil ist vor allem für Einsteiger in das Programm gedacht. Hier werden der Bildschirmaufbau und viele der vorkommenden Fachbegriffe in MindManager erklärt. **In 30 Minuten lernen Sie Schritt für Schritt die Grundfunktionen des MindManagers** kennen. Sie können selbstverständlich diesen Abschnitt überspringen, wenn Sie die notwendigen Kenntnisse des Programms bereits besitzen.

Teil C – Die Standardelemente in Mindjet® MindManager®

Am Anfang der Planung, des Konzeptes sollte ein Brainstorming stehen, um später die Map mit weiteren Informationen zu ergänzen. Die Standardelemente sind in diesem Abschnitt beschrieben: von der Erstellung über die Navigation bis hin zum Einfügen von Bildern für die **visuelle Unterstützung, Zusatz- und Aufgabeninformationen**. Wir liefern Ihnen **Gestaltungshinweise** für Ihre Maps bis hin zu den ersten Vorlagen und Anwendungen von Map Parts. Alle Kenntnisse, Techniken und Tricks, die Sie zum Anfertigen von Maps brauchen, stehen in diesem Abschnitt.

Teil D – Vom Könner zum Profi

Nachdem Sie im Erstellen von Business Maps fit und zum Könner geworden sind, folgt die nächste Stufe: die der gezielten Arbeit und dynamischen Informationseinbindung in Ihre Map. Hier wird aus der Map nun eine Business Map, die Ihnen als Informationsportal zur Verfügung steht. Sie finden zunächst eine Systematisierung zum Thema »Informationsverknüpfungen und Map-Markierungen in der Business Map«. Danach folgt Detailwissen zu den verschiedenen Möglichkeiten der Map-Markierungen, Arbeiten mit numerischen Daten, zu Stil & Layoutbearbeitung, zum **Sinn und Nutzen**, der hinter diesen Funktionalitäten steckt, sowie zur Einbindung des Firmen-CI.

Auch für erfahrene MindManager-Anwender ist dieser Abschnitt ein Muss, denn es gibt immer wieder neue Anregungen und Tricks zu entdecken, die mit eigenen Ideen weiter entwickelt werden. Dieser Abschnitt steht insbesondere unter dem Aspekt »vom Einzelanwender zur Teamarbeit«.

Teil E – Mindjet® MindManager® im Zusammenspiel mit anderen Programmen

Mit MindManager allein können Sie leicht und schnell erste Gedanken erfassen, Konzepte erstellen und ein Informationsportal oder einen Projektplan erstellen. Aber richtig interessant und effizient wird es, wenn Sie MindManager mit anderen Programmen verwenden und über die Grenzen von MindManager hinausgehen. Wie lässt sich aus einer Business Map schnell und mit wenigen Klicks ein **Word-Dokument**, eine **Project-Datei**, eine **PowerPoint-Präsentation** oder eine **Visio-Datei** erstellen? Wie setzt man die Schnittstelle zu **Excel** ein? In den Kapiteln dieses Abschnitts können Sie dies an konkreten und praktischen Beispielen nacharbeiten. Hier werden auch die Webseitenerstellung mit MindManager sowie die Zusammenarbeit mit **Outlook** und weiteren relevanten Anwendungen erklärt.

Teil F – Mindjet® MindManager® Solutions

In Teil F finden Sie die MindManager Solutions »**Aus der Praxis für die Praxis**«, deren Lösungen Sie sowohl in diesem Teil als auch kapitelbezogen im ganzen Buch nachlesen, nacharbeiten und anwenden können. Fertige Vorlagen sind auf der Buch-CD zu finden.

Ein kleiner Auszug der Lösungen: die 1-Blatt-Visualisierung, Web-Conferencing – neue Möglichkeiten in der Zusammenarbeit mit Kunden und Kollegen, Entscheidungsprozesse in MindManager und vieles mehr.

Teil G – Mindjet® MindManager® Development

Im Teil G kommen Entwickler und Programmierer auf ihre Kosten. Hier wird vorrangig auf XML und die objektorientierte Programmierung eingegangen. Als Profi fehlt Ihnen jetzt nur noch der Punkt auf dem »i« – die Fähigkeit, eigene Lösungen zu programmieren. Das, was in MindManager noch an für Sie wichtiger Funktionalität fehlt, kann durch eigene Programmierung ergänzt werden. Machen Sie sich mit den Grundzügen der Programmierung vertraut. In diesem Teil beschreiben wir Ihnen anhand konkreter Beispiele, wie Sie mit der VBA-Programmiersprache Makros erstellen, weitere Map Parts generieren und schließlich Add-Ins herstellen.

Anhang

Im Anhang finden Sie die **Taststaturreferenz**, ein Glossar mit den wichtigsten hier beschriebenen EDV-Begriffen, in verständlichem Deutsch erklärt, sowie eine Vielzahl an

Links für den weiteren Umgang mit MindManager – rund um das Thema »Effizienter arbeiten«.

Des Weiteren ist in diesem Abschnitt auch ein Kapitel enthalten, das Ihnen die Mobilität mit Mindjet® MindManager® 6 näher bringt:

- MindManager Tablet-Version

Auf der **CD-ROM** finden Sie die 21-Tage Demo-Voll-Version von Mindjet MindManager Pro 6, weitere Setup-Dateien, sowie alle Anschauungs- und Übungsdateien.

Nun kann es also losgehen. Es hängt ganz von Ihrer persönlichen Einschätzung ab, wo und wie Sie anfangen.

Schreiben Sie uns, teilen Sie uns Ihre Meinung und Ihre Anregungen mit.
Wir sind für Sie da.

Das Mindjet® MindManager® 6-Konzept im Überblick

Zur besseren Übersicht haben wir Ihnen eine Zusammenfassung über das neue Mindjet® MindManager® 6-Konzept bzw. die Highlights in Form einer Map erstellt.

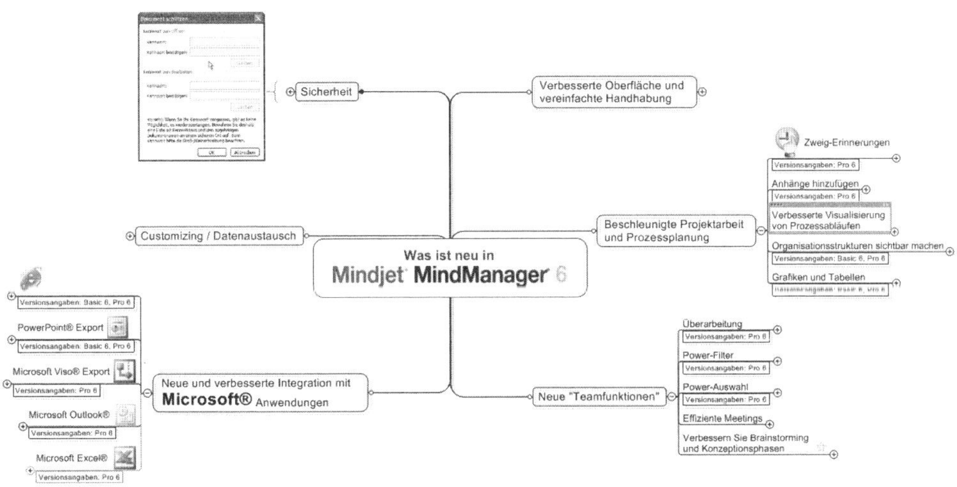

Sie finden die Map *Mindjet® MindManager® 6 Konzept.mmap* auch auf der CD zum Buch im Ordner *\Vorwort*.

Versionsvergleich – »Was ist neu« in Mindjet® MindManager® 6?

Neue und verbesserte Funktionen machen es sehr einfach, Informationen und Ideen zu visualisieren und zu kommunizieren Wir möchten Ihnen für den ersten Überblick einen Versionsvergleich zwischen MindManager X5 und Mindjet® MindManager® 6 zur Verfügung stellen.
Dabei haben wir folgende Informationen für Sie herausgearbeitet:

Tabelle 2 Funktionen für den Bereich »Basisfunktionen Mapping« im Vergleich

Basisfunktionen (Mapping)		Pro 6	Basic	X5 Pro
Ideen schnell festhalten	Erfassen Sie Ideen und Notizen direkt in der Map mit Hilfe des Brainstorming-Pfeils.	●	●	○
Zweige direkt bearbeiten	Zweige direkt bearbeiten, bewegen und die Größe ändern.	☺	☺	
Menü Zweig	Neues Menü zur Bearbeitung von Zweiginhalten.	●	●	
Mehrfachselektion	Mehrere Zweige markieren und gleichzeitig z.B. Formatierungen ändern.	○	○	○
Hyperlinks zu Dateien oder Internetseiten	Verknüpfen Sie Informationen mit Maps, Dateien (Bilder, Tabellen, Textdokumente, PDFs, Microsoft Office-Dokumente etc.) oder Webseiten.	○	○	○
Textnotizen	Fügen Sie Zusatzinformationen inklusive Bilder, Tabellen, Hyperlinks ein.	○	○	○
Inhalte einfügen (als)	Fügen Sie Map-Inhalte der Zwischenablage als Bild, Hyperlink oder Datei ein.	☺	☺	
Rechtschreibprüfung	Finden und korrigieren Sie mühelos Rechtschreibfehler.	●	●	○
Drucken	Umfangreiche Druckmöglichkeiten (Map, Grafik, Gliederung).	○	○	○
Individuell erstellbare Bibliothek	Symbole, Icons und Farben ändern oder eigene hinzufügen.	○	○	○
Präsentationsmodus	Unterstreichen Sie Ihre Präsentation durch Darstellung im Map-Format, und nutzen Sie die speziellen Präsentationsfunktionen.	○	○	○
Learning Center	Hilfe, Tipps & Tricks durch Lernvideos und Beispiel-Maps für Einsteiger und Profis.	●	●	○
Unicode-Zeichensatz	Internationale Sprachunterstützung	○	○	○

○ = Funktion erhalten
● = Verbessert in Mindjet® MindManager® 6
☺ = Neu in Mindjet® MindManager® 6

Tabelle 3 Funktionen für den Bereich »Visualisierung und Navigation« im Vergleich

Visualisierung und Navigation		Pro 6	Basic	X5 Pro
Symmetrische Ausrichtung	Ordnet Zweige mit einem Klick automatisch an.	☺	☺	
Nummerierung	Nummeriert Zweige automatisch. Die Reihenfolge bleibt erhalten, wenn Zweige hinzugefügt, gelöscht oder bewegt werden.	☺	☺	
Zusammenfassung	Zusammenhängende Informationen werden mit Klammersymbolen verbunden.	☺	☺	

Umrandungen	Setzen Sie Akzente, und heben Sie wichtige Zusammenhänge farblich hervor.	○	○	○
Verbindungen	Zeigt Abhängigkeiten und Verbindungen zwischen Zweigen durch farbige Pfeile und Linien.	●	●	○
Anmerkungen	Freie Anmerkungen können direkt zu jedem Zweig hinzugefügt werden.	●	●	○
Erweiterte Formatierung	Ändern Sie ohne Aufwand Linienart und -farbe sowie Text- und Bildausrichtung.	☺	☺	
Stilvorlagen	Verändern Sie das Aussehen von Maps durch verschiedene mitgelieferte Stilvorlagen, oder erstellen Sie Ihre persönliche Vorlage.	○	○	○
Map-Vorlagen	Checklisten, Musteragenda für Meetings u.v.m. unterstützen Sie bei der täglichen Arbeit.	●	●	●
Gliederungsansicht	Stellen Sie die Map als lineares Dokument dar. Textänderungen in der Gliederungsansicht werden direkt in die Map übernommen.	●	●	○

○ = Funktion erhalten
● = Verbessert in Mindjet® MindManager® 6
☺ = Neu in Mindjet® MindManager® 6

Tabelle 4 Funktionen für den Bereich »Microsoft® Office-Integration« im Vergleich

Microsoft® Office Integration		**Pro 6**	**Basic**	**X5 Pro**
Microsoft PowerPoint	Map-Inhalte lassen sich als Folienvorschau anzeigen und deren Darstellung durch umfangreiche Einstellmöglichkeiten in MindManager ändern. Der Export der Map erfolgt per Mausklick.	●	●	○
Microsoft Word	Strukturieren Sie den Aufbau von Word-Dokumenten mit MindManager, oder importieren Sie sie zur übersichtlichen Darstellung im Map-Format.	●	●	○
Microsoft Internet Explorer	Importiert den Titel und die URL als neuen Zweig in MindManager.	☺	☺	
Microsoft Outlook	Aufgaben, Termine, E-Mails, Kontakte und Notizen einfach einbinden und per Klick aktualisieren.	●		○

○ = Funktion erhalten
● = Verbessert in Mindjet® MindManager® 6
☺ = Neu in Mindjet® MindManager® 6

Tabelle 5 Funktionen für den Bereich »Projekt- und Prozessplanung« im Vergleich

Projekt- und Prozessplanung		**Pro 6**	**Basic**	**X5 Pro**
Microsoft Excel	Verknüpfen Sie Ihre Map mit einem Datenbereich aus Excel. Die Tabelle und Tabellenänderungen werden automatisch in der Map dargestellt.	☺		

Microsoft Project	Definieren Sie Ihre Projektstruktur übersichtlich und flexibel als Map. Für die Detailplanung exportieren Sie die Map nach Project. Der Import von Project-Dateien garantiert Transparenz über Projekte.	○		○
Microsoft Visio	Flussdiagramme einfach und flexibel in MindManager erstellen und nach Microsoft Visio exportieren.	☺		
Diagramme und Tabellen	Führen Sie Berechnungen in Tabellen direkt mit MindManager durch. Konvertieren Sie ohne Umwege Tabellen in Diagramme – per Mausklick.	☺	☺	
Organigramm	Ändern Sie die Zweigdarstellung, um Prozesse und Abläufe in Organigrammform anzuzeigen.	☺	☺	
Textmarkierung	Benutzen Sie Textmarkierungen zur schnelleren Kommunikation.	☺		

○ = Funktion erhalten

● = Verbessert in Mindjet® MindManager® 6

☺ = Neu in Mindjet® MindManager® 6

Tabelle 6 Funktionen für den Bereich »Publishing« im Vergleich

Publishing		**Pro 6**	**Basic**	**X5 Pro**
PDF-Export	Speichern Sie Maps als plattformunabhängiges PDF-Dokument.	●		○
Bitmap-Export	Exportieren Sie Maps oder selektierte Zweige als Bilddatei.	○	○	○
Export als Webseite	Entwickeln Sie die Struktur und die Inhalte Ihrer Webseite in einer Map. Erstellen Sie per Mausklick eine professionelle und auf Ihre Bedürfnisse zugeschnittene Webseite für das Intra-/Internet.	○	○	○

○ = Funktion erhalten

● = Verbessert in Mindjet® MindManager® 6

☺ = Neu in Mindjet® MindManager® 6

Tabelle 7 Funktionen für den Bereich »Teamfunktionen« im Vergleich

Teamfunktion		**Pro 6**	**Basic**	**X5 Pro**
Anhänge anfügen	Wie in E-Mails: Hängen Sie beliebig viele Dateien direkt an Zweige an. Die .Anhänge werden in der Map gespeichert. Somit geht keine Datei verloren.	☺		
Map-Markierungen	Behalten Sie immer die Übersicht über das Wesentliche. Heben Sie wichtige Termine, den Status von Aufgaben und Verantwortlichkeiten hervor.	●	●	○
Aufgabeninfo	Planen Sie Projekte effizient: Fügen Sie Zweigen Start-/Endtermine, Ressourcen, Aufgabenstatus sowie Prioritäten hinzu. Die Information wird direkt am Zweig angezeigt.	●		○

Zweigerinnerungen	Bleiben Sie auf dem Laufenden: Synchronisieren Sie Zweigerinnerungen mit Microsoft Outlook®-Terminen.	☺		
Pack & Go	Packt Maps und alle verlinkten Dokumente kompakt in einer Zip-Datei. So verteilen Sie einfach und schnell Ihre Dokumentensammlung an Kollegen.	○	○	○
Timer	Behalten Sie die Zeit mit dem Countdown Timer immer im Auge, z.B. beim Brainstorming.	☺		
Überarbeitungsmodus	Verfolgen Sie Änderungen an Zweigen. Verwenden Sie die neue Menüleiste, um Änderungen einfach anzunehmen oder abzulehnen. So erleichtern Sie die Kommunikation im Team.	☺		

○ = Funktion erhalten
● = Verbessert in Mindjet® MindManager® 6
☺ = Neu in Mindjet® MindManager® 6

Tabelle 8 Funktionen für den Bereich »Customization/Datenaustausch« im Vergleich

Customization/Datenaustausch		**Pro 6**	**Basic**	**X5 Pro**
Benutzerdefinierte Eigenschaften	Inhalte aus Datenbanken, Unternehmensanwendungen oder Mindjet-Partnerlösungen können in Maps visualisiert werden.	☺		
XML-Transformation	Die Unterstützung des Standarddatenformats macht den Datenaustausch mit anderen Anwendungen einfach wie nie.	○		○
SmartMap-Parts	Dynamische Integration von externen Informationen, Daten und Anwendungen, z.B. Webservices, Newsticker, Datenbanken (CRM, ERP).	●		●
Makro Skript	Umfassende Programmierschnittstelle für Erweiterung und Individualisierung, z.B. Makros, Export- und Importfunktionen.	○		○

○ = Funktion erhalten
● = Verbessert in Mindjet® MindManager® 6
☺ = Neu in Mindjet® MindManager® 6

Systemvoraussetzungen

Betriebssystem:

- Microsoft® Windows® XP Professional, Home oder Tablet PC-Editionen
- Microsoft Windows 2000 Professional
- Microsoft Windows Server 2003

Computer:

- IBM oder kompatibler Pentium-Prozessor (700 MHz oder mehr)
- Arbeitsspeicher: mindestens 256 MB RAM
- Festplattenspeicher: 150 MB Speicher plus weitere 50 MB während der Installation
- Monitor: SVGA (800 x 600 oder höher)

Voraussetzung für den Gebrauch bestimmter Programmfunktionen:

- Microsoft Office 2003, XP oder 2000
- Microsoft Project 2003, 2002 oder 2000/2003 mehrsprachige User Interface Packs
- Microsoft Visio® 2003 oder 2002
- Microsoft Internet Explorer 5.5 oder höher
- Mozilla Firefox 1.0 oder höher

1 Faszination Mind Mapping

1 Faszination Mind Mapping

1.1 Was verbirgt sich hinter dem Begriff?

In unserem Alltag werden wir ständig mit Problemen konfrontiert. Es gibt nun viele Möglichkeiten, Lösungen für ein solches Problem zu finden. Am Anfang steht immer die Idee, was möglich wäre. Um möglichst viele solcher Ideen zu bekommen, nutzt man so genannte Kreativitätstechniken. Hierbei unterscheidet man verschiedene Ansätze.

Mind Mapping ist eine Assoziationstechnik, bei der es darum geht, seinen Gedanken freien Lauf zu lassen und in alle Richtungen zu denken. Durch die Verknüpfung von Gedanken und Vorstellungen zu neuen Kombinationen erhalten Sie eine Vielzahl von Begriffen, die zu Lösungsmöglichkeiten ausgearbeitet werden können.

Diese Methode wurde in den 70er-Jahren von dem Engländer Tony Buzan entwickelt. Grundidee von Buzan ist, dass Informationen nicht vertikal von links oben nach rechts unten aufgeschrieben werden, sondern sich von einem zentralen Begriff in der Mitte des Blattes weiterentwickeln lassen.

Ziel der Methode ist es, die geistigen Fähigkeiten des Menschen zu nutzen und weiter auszubauen. Man spricht auch vom Erstellen so genannter »Gedanken-Landkarten«, also dem Visualisieren von Gedanken und Ideen. Die Methode ist besonders dazu geeignet, die visuellen Fähigkeiten zu aktivieren und die Sinne möglichst umfassend und abwechslungsreich anzusprechen.

Was ist Mind Mapping?

- Eine Schulung des assoziativen und strukturierten Denkens
- Eine Hinführung zu vernetztem, radialem Denken
- Eine Methode, die den Umgang mit komplexen Sachverhalten erleichtert
- Eine Methode, die Ihr Wissen und Ihre Ideen aktiviert und organisiert
- Ein grafisches Hilfsmittel, Sachverhalte schneller wahrzunehmen, leichter zu strukturieren und mehr zu behalten

Was erreichen Sie durch den Einsatz der Methode?

- Qualitativ und quantitativ bessere Ergebnisse
- Einen größeren Überblick und mehr Klarheit
- Darstellung und Handhabung komplexer Sachverhalte
- Einsparung an Zeit und Kosten
- Effizienz und Effektivität

Welche Vorteile nutzen Ihnen im Alltag?

- Mind Maps sind übersichtlich:
  Was sonst auf mehreren Seiten geschrieben ist, kann mit Hilfe so genannter Schlüsselbegriffe auf einer Seite dargestellt werden. Zusammenhänge oder Engpässe lassen sich hiermit frühzeitiger und leichter erkennen.
- Mind Maps können mehrere Ebenen gleichzeitig darstellen:
  Stellen Sie sich vor, Sie planen einen Vortrag. Sie können in einer Mind Map inhaltliche Aspekte Ihres Vortrages neben der terminlichen Planung und der Art der Durchführung darstellen. Neue Verbindungen lassen sich so schneller und leichter erkennen.

1.2 Der Sinn und Zweck unserer Kreativität

Mancher, der das Wort »Kreativität« hört, denkt automatisch an Spitzenleistungen. Dazu gehören zum Beispiel die Entdeckung der Relativitätstheorie oder die Schöpfung eines berühmten Gemäldes oder Literaturtitels.

Doch nicht nur nobelpreiswürdige Erfindungen, sondern auch Verbesserungen an bestehenden Produkten, Vereinfachungen von Arbeitsprozessen und -verfahren können eine kreative Leistung sein.

Kurz: Kreativität wird überall dort gebraucht, wo es darum geht, neue Wege, neue Lösungen oder neue Ideen zu finden. Wir brauchen Kreativität in allen möglichen Bereichen, z.B.:

- In der Produktentwicklung
- Bei strategischen Überlegungen innerhalb eines Unternehmens
- Beim Lösen von konkreten Problemstellungen (privat oder in Ihrem Unternehmen)
- Bei der Planung eines Projektes
- Bei der konzeptionellen Arbeit
- Zum einfachen Notieren von Fragestellungen
- Bei der Lösung eines Kundenproblems

und bei sehr vielem mehr.

Solche guten Einfälle, die zu den oben beschriebenen Verbesserungen führen könnten, hat jede und jeder von uns. Aber – und das ist das Entscheidende – nicht jeder ist in der Lage, diese Ideen ungenutzt in Vergessenheit geraten zu lassen. Die Kunst besteht darin, solche Ideen aufzugreifen und zu verwirklichen.

Viele Aufgaben erfordern keine oder nur wenig Kreativität – sie sind Routinearbeiten. Routine ist nichts Negatives, im Gegenteil, sie ermöglicht es, gewisse Aufgaben rasch und effizient zu lösen. Routine hilft Ihnen, Arbeiten zuverlässig zu erledigen.

Heutzutage reicht die reine Routine allerdings meist nicht mehr aus. Wie vorher beschrieben, sind kreative Lösungen in allen Lebensbereichen immer mehr gefragt und für den unternehmerischen Alltag lebensnotwendig. Wer heute auf Flexibilität, Innovation und Kreativität verzichtet, gefährdet den eigenen wie auch den unternehmensinternen Weiterentwicklungsprozess.

Kreativ ist eine Lösung dann, wenn sie abseits der »ausgetretenen Pfade« gefunden wird, aber gleichzeitig auch zuverlässig und praktisch durchgeführt werden kann. Die Lösung muss »funktionieren«, sonst handelt es sich lediglich um eine originelle, nicht um eine kreative Idee.

Um zu einer solchen Lösung zu kommen, können Sie sich verschiedener Methoden, der so genannten Kreativitätstechniken, bedienen.

Natürlich hat niemand Ideen aus dem Nichts heraus, auch wenn es bei erfahrenen »Kreativen« so scheinen mag. In Wirklichkeit muss jede Idee geboren werden, und das kann ein mühsamer und auch schmerzlicher Vorgang sein.

Es ist dazu notwendig, sich intensiv mit einem Thema auseinander zu setzen. Hat man die Idee einmal gefunden, wird man ganz selbstverständlich mit ihr umgehen, so dass man vergessen mag, wie schwierig die »Geburt« war. Man fragt sich plötzlich, warum man diese nahe liegende Idee nicht durch herkömmliches, logisches Denken gewinnen konnte.

Von nun an wird das ungewohnte Denken zur Routine.

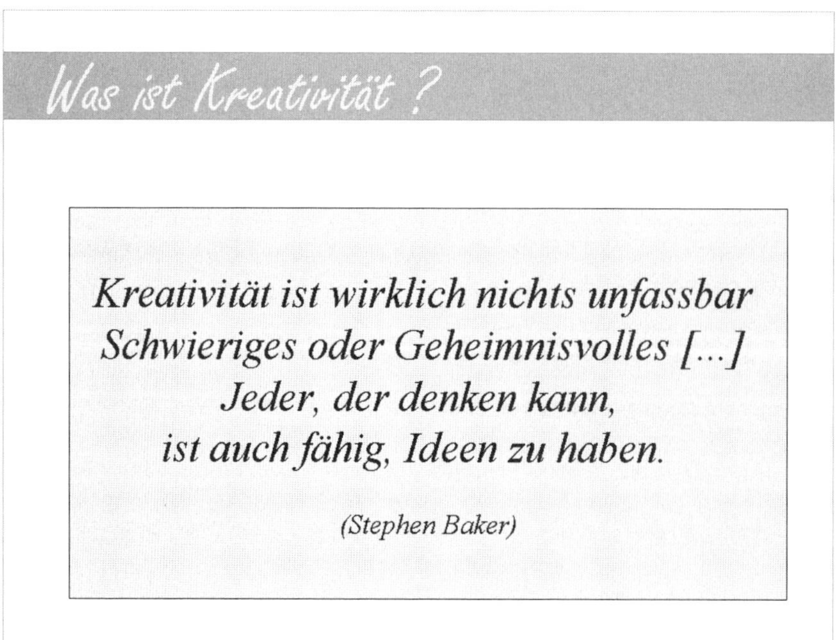

Abbildung 1.1 Kreativ sein kann jeder

1.3 Was sagt die Gehirnforschung zur Kreativität?

Kreativität ist ein Denkprozess und findet – wie alle anderen Denkprozesse – im Kopf statt.

Was uns heute selbstverständlich erscheint, ist aber nicht immer so gewesen: Bis ins 15. Jahrhundert galt die von dem griechischen Philosophen und Naturwissenschaftler Aristoteles (383–322 v. Chr.) vertretene These, dass das Herz der Sitz des menschlichen Denkens und Fühlens ist. Nach dieser Auffassung hat das Gehirn nur eine Aufgabe: nämlich das Blut zu kühlen.

Erst der flämische Mediziner Andreas Vesalius (1514–1564) kam auf die Idee, dass Fühlen und Denken im Gehirn stattfinden. Gegen Ende des 18. Jahrhunderts stellte der deutsche Arzt Franz Joseph Gall (1758–1828) die Hypothese auf, das Gehirn modelliere die Schädeldecke und deren Form lege die Geheimnisse der Gehirnfunktionen offen. Heute wissen wir, dass die Gehirngröße in keiner direkten Beziehung zu Intelligenz oder Lernvermögen steht. Ein Neandertaler hatte übrigens »mehr im Kasten« als wir.

Obwohl die Wissenschaft seit dieser Zeit große Fortschritte gemacht hat und besonders in unserem Jahrhundert die Kenntnisse über das menschliche Gehirn beträchtlich zugenommen haben, ist es immer noch ein Rätsel. Die Forscher bezeichnen es daher als »Black Box«. Immer noch weiß man nicht ganz genau, wie das Gehirn arbeitet.

1.3.1 Die schrittweise Entwicklung unseres Gehirns

Das menschliche Gehirn besteht aus zwei Hälften, die auch Haupthemisphären genannt werden. Diese gefurchten Hemisphären sind in der Mitte miteinander verbunden, so dass der Vergleich mit einer überdimensionalen Walnuss nahe liegt. Eine der wichtigsten Verbindungen (zumindest was die Kommunikation angeht) zwischen den beiden Hemisphären ist der Balken oder Corpus callosum. Die linke Gehirnhälfte steuert die rechte Körperhälfte, die rechte Gehirnhälfte die linke Körperhälfte.

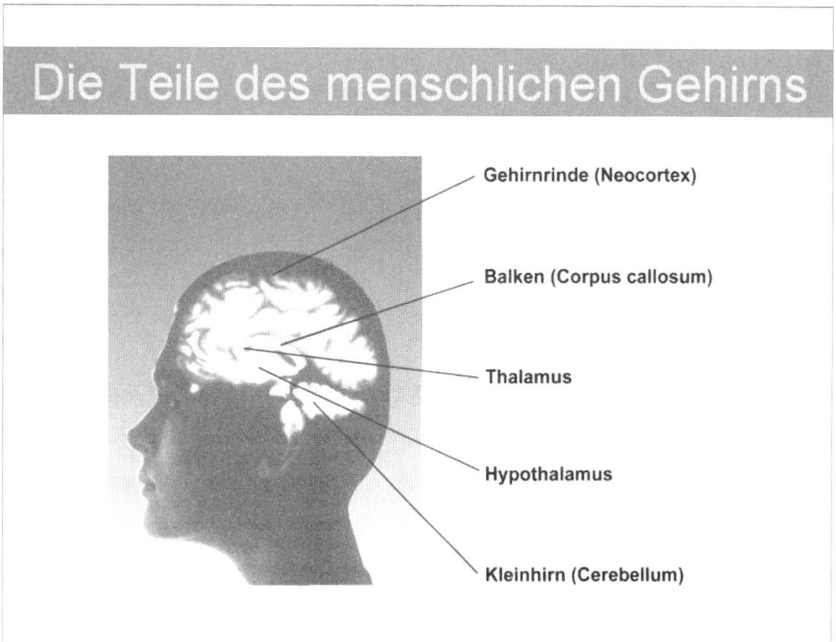

Abbildung 1.2 Teile des menschlichen Gehirns

Die folgende Aufzählung beschreibt den Aufbau im Einzelnen und die schrittweise Entwicklung unseres Gehirns im Laufe der Evolution:

- »Reptiliengehirn« nennen Hirnforscher den ältesten Teil unseres Gehirns, da es dem vollständigen Gehirn eines Kriechtieres entspricht.
- Der Hirnstamm verbindet Gehirn und Rückenmark miteinander und kann als Sitz unseres Selbsterhaltungstriebes gesehen werden.
  Hier geht es um Leben oder Tod, also Angriff oder Flucht. Auch unser berühmtes »HB-Männchen« wird von hier in die Luft geschossen. Es steuert alle grundlegenden Lebensfunktionen, wie Atmen, Schlucken, Herzschlag, Blutdruck, Verdauung, ohne unser bewusstes Zutun.
- Das »Kleinhirn« ist verantwortlich für all unsere Bewegungsabläufe. So steuert es alle Muskelbewegungen und hält uns, zusammen mit dem Gleichgewichtssinn im Ohr, in der Balance.
- Das »Zwischenhirn« kam erst eine halbe Milliarde Jahre später dazu. Hier befinden sich wichtige Schaltstationen: der Thalamus, der Hypothalamus und die Hypophyse.
- Im Thalamus läuft eine Vielzahl von Nervenleitungen aus verschiedenen Sinnesorganen, aber auch aus anderen Gehirnteilen zusammen. Hier werden Informationen untereinander ausgetauscht und Sinneseindrücke mit einem Gefühl verbunden (Freude, Angst, Schmerz, Lust).

- Der Hypothalamus (auch »Gehirn der Gehirne« genannt) ist die oberste Schaltstelle. Er sorgt dafür, dass unser Körper im »Gleichgewicht« gehalten wird (Körpertemperatur wird konstant gehalten, bei drohender Unterkühlung lässt er uns zittern, Hunger- und Durstgefühle werden erzeugt ...).
- Die Hypophyse ist unser Steuerungszentrum für die Hormondrüsen und regelt damit den Stoffwechsel, das Wachstum, den Energieverbrauch, das Sexualverhalten ...
- Das Großhirn gesellte sich erst vor 500.000 Jahren zu den bereits genannten »Althirnen« und macht ca. sieben Achtel (!) unseres gesamten Gehirns aus. Hier »residieren« unser Bewusstsein, Persönlichkeit und Willen.
- Eingehüllt wird unser Großhirn von einer 2–3 mm dicken Großhirnrinde. Wie der Name schon sagt, sieht sie wie die Rinde vieler Baumarten aus: gefurcht und gefaltet. Dies gibt der Großhirnrinde eine größere Oberfläche, so dass viel mehr Nervenzellen Platz haben (entfaltet wäre sie ca. 30 x größer = ca. 0,5 m^2. Zum Vergleich: Unsere Hautoberfläche misst ca. 2 m^2). In der Großhirnrinde haben »höhere Funktionen« wie Denken, Sprechen, Langzeiterinnerungen ihren »Sitz«.

Das Wunder Gehirn

Besonders wichtige Bausteine des Gehirns sind die Neuronen (Nervenzellen), von denen jeder von uns ca. 100 Milliarden besitzt (ungefähr genauso viele, wie Sterne in unserer Galaxie vorhanden sind). Jedes dieser Neuronen kann durchschnittlich mit bis zu 15.000, in Ausnahmefällen auch mit bis zu 60.000 anderen Neuronen kommunizieren. Daraus ergibt sich ein riesiges neuronales Netz mit bis zu 500 Billionen Schaltstellen.

Ca. 75% der Nervenzellen sind in der Großhirnrinde, auch Neocortex genannt, angesiedelt und haben an allen Gefühls- und Denkvorgängen einen Anteil. Alle höheren Denkfunktionen wie Erinnerung, Kreativität, Kommunikation und kognitives Begreifen sind hier beheimatet.

Um von der Wahrnehmung bis hin zur Deutung eines Bildes oder Vorganges zu gelangen, laufen in unserem Gehirn unzählige Prozesse ab.

Die Arbeitsteilung unseres Gehirns verläuft in einzelnen Schritten:

- Während des Lesens dieser Zeilen werden die Stäbchen und Zäpfchen unserer Netzhaut gereizt.
- Über den Sehnerv gelangen diese Signale bis in die primäre Sehrinde im Hinterkopf. Doch das Bild, das wir sehen, entsteht nicht hier. Es wird zunächst zerlegt und in vielen verschiedenen Verarbeitungskanälen getrennt analysiert (Farben, Konturen, Texturen, Kontraste etc). Komplexe Eigenschaften werden erst erkannt, wenn der Reiz in unserem Hirn »stirnwärts« wandert.
- Dabei lassen sich vor allem zwei Bahnen unterscheiden: Die so genannte »Was«-Bahn führt in den Schläfenlappen, der Strukturen und Objekten eine Bedeutung zuweist. Zugleich verarbeiten wir in dieser Hirnregion auch begleitende Texte.

- Die so genannte »Wo«-Bahn endet im Scheitellappen, wo das Gesehene räumlich zueinander in Beziehung gesetzt wird.
- Der Frontallappen schließlich ist zuständig für unsere Pläne und Absichten. Hier wird entschieden, welchem Teil der Grafik wir unsere Aufmerksamkeit zuwenden.
- Der Hippocampus dient als Schaltstelle des Gedächtnisses in doppelter Funktion: Zum einen spielt er unserem Bewusstsein Erinnerungen an unser Wissen über das Gehirn oder andere uns bekannte Darstellungen oder Assoziationen ein. Zum anderen entscheidet er, welche der hier enthaltenen Informationen dauerhaft gespeichert werden.
- Die Amygdala wiederum tränkt unsere Wahrnehmung mit Gefühlen. Falls uns also beim Lesen dieser Zeilen ein »Schauer des Erstaunens« überkommen sollte, ist sie dafür verantwortlich.

Vom Chaos zum Wissen

In dem Prozess einer Problemlösung hoffen wir oft auf einen »Geistesblitz«. Doch was ist das eigentlich?

Wir sprechen dann von einem Geistesblitz, wenn wir kreative Ideen produzieren. Diesen Prozess der Ideefindung können wir uns als einen Kampf, der in unserem Gehirn stattfindet, vorstellen. In diesem Kampf kollidieren die wahllosen Signale des Gehirnstamms mit den organisierten Signalen der Gehirnrinde. Dabei gibt es viele Verluste. Komplexe Informationsstrukturen, die wir als Wissen bezeichnen, werden von den chaotischen Reizen des Gehirnstamms zertrümmert. Dabei treten Umwandlungen in den Gedankenstrukturen auf, aber auch ganz neue Strukturen – Ideen. Auf diesem »Schlachtfeld« entsteht das, was man im Allgemeinen als »Kreativität« bezeichnet.

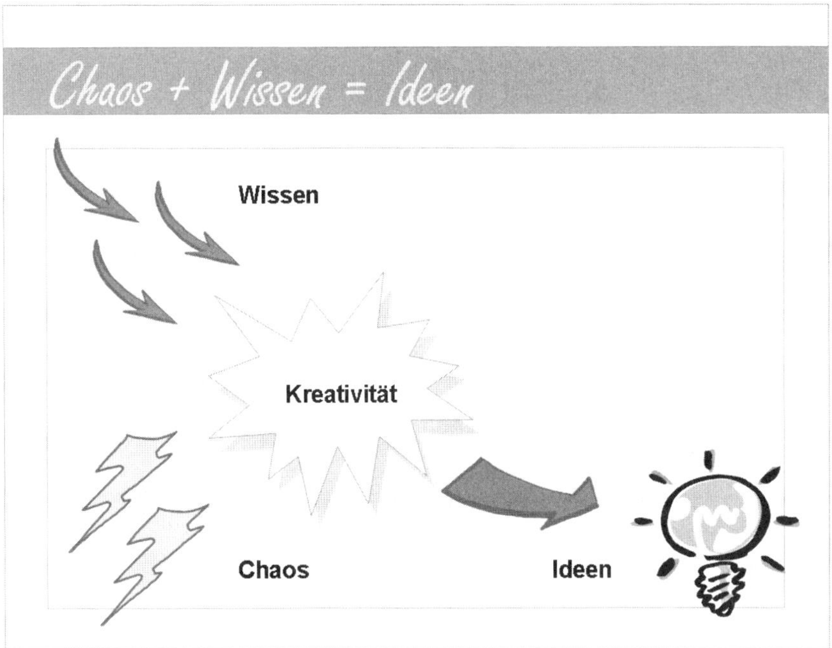

Abbildung 1.3 Der Kampf zwischen Wissen und Chaos

Niemand wird bestreiten, dass Kreativität eine positive Erscheinung ist. Aus den obigen Ausführungen erkennen Sie zum einen, dass mit wachsendem Wissen und wachsender Erfahrung die Kreativität zunimmt, zum anderen jedoch, dass diese auch mit Verlusten einhergeht, da jede neue Idee um ihren Platz zwischen den synaptischen Verbindungen Ihres Gehirns kämpfen muss. Beim bloßen Gedankenspiel können Ihnen also sehr viele Ideen verloren gehen.

1.3.2 Die rechte und linke Gehirnhälfte

Wie schon beschrieben, bestehen zwischen den Nervenzellen Verbindungen oder Synapsen. Je mehr Synapsen existieren, desto intelligenter ist ein Lebewesen.

Früher wurde bei Menschen mit schwerer Epilepsie manchmal der Balken, durch den die Gehirnhemisphären verbunden sind, operativ durchtrennt, ohne dass diese Operation Auswirkungen auf das Verhalten der betroffenen Menschen zu haben schien. Der Nobelpreisträger Roger Sperryeine machte dann allerdings eine interessante Entdeckung: Er bat einige der Patienten, das linke Auge zuzuhalten, und zeigte ihnen dann einen Gegenstand. Die Patienten waren nicht in der Lage, den Gegenstand zu benennen, wussten aber wohl, worum es sich handelte und wofür der Gegenstand zu verwenden war. Wenn sie ihr rechtes Auge zuhielten, konnten sie den Gegenstand durchaus benennen.

Die meisten Veröffentlichungen über das Thema »Kreativität« beziehen sich auf diese beiden Gehirnhälften. Dabei wird normalerweise davon ausgegangen, dass die beiden

Hemisphären sich nicht nur in ihren Steuerungsfunktionen unterscheiden, sondern unterschiedliche, ja einander entgegengesetzte mentale Funktionen haben. Dadurch sollen quasi in jeder einzelnen Person zwei unterschiedliche Bewusstseinsformen existieren.

Die folgenden Übungen dienen den Autoren zur Untermauerung dieses Modells.

1.3.2.1 Zwei kleine Übungen

Betrachten Sie die Abbildung eine Weile. Was sehen Sie?

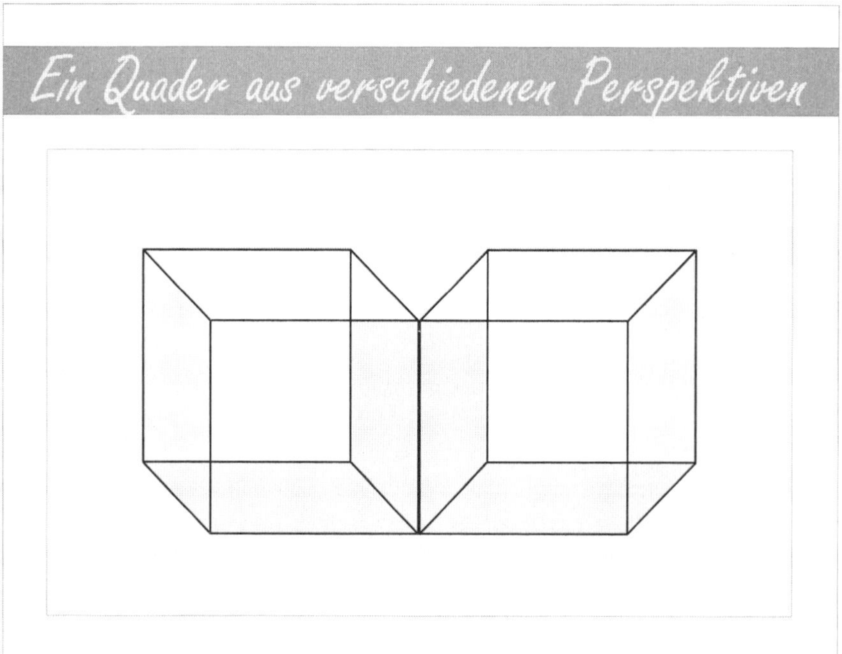

Abbildung 1.4 Quader mit zwei verschiedenen Perspektiven

Die meisten Menschen erkennen zwei Quader, die nach einiger Zeit zwei unterschiedliche Perspektiven einnehmen können. Es handelt sich um eine so genannte »Kippfigur«.

Die Verfechter des Hemisphären-Modells nehmen an, dass die rechte Hirnhälfte dem Betrachter hilft, die verschiedenen Perspektiven wahrzunehmen. Die rechte Hirnhälfte sei unter anderem für bildliches und ganzheitliches Denken zuständig.

Auch die folgende Übung nach H. Wiedemann soll die Fähigkeiten der linken Gehirnhälfte beanspruchen. Sehen Sie sich die Abbildung an. Wie viele Ziffern enthält jedes Kästchen (das erste zum Beispiel drei)?

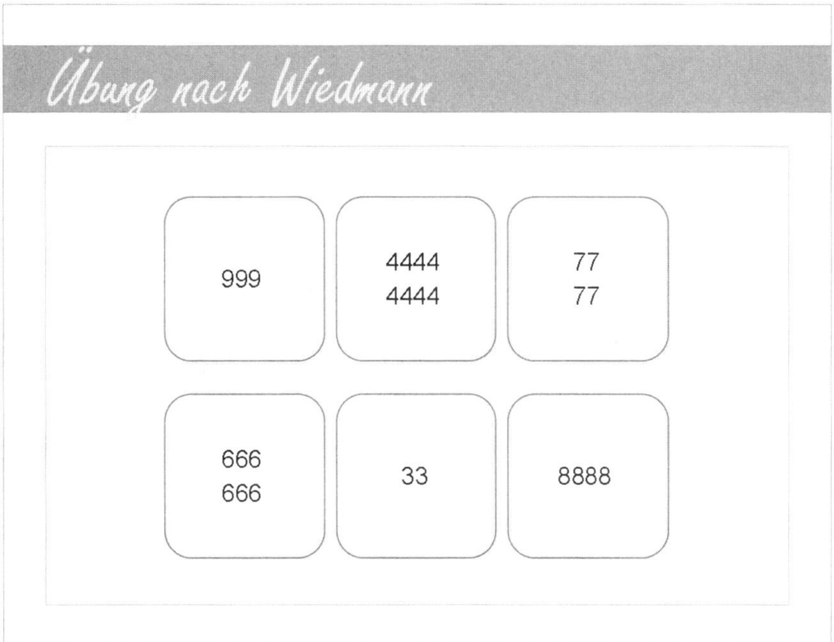

Abbildung 1.5 Testen Sie sich einmal selbst.

Manchen Menschen fällt diese Aufgabe gar nicht so leicht. Sie lesen die Zahl im Kästchen anstatt zu zählen, wie viele Ziffern vorhanden sind, oder führen sogar unwillkürlich Rechenoperationen durch.

Es lässt sich nur schwer verhindern, dass man anfängt, die Zahlen zu lesen. So entsteht ein Konflikt zwischen der gelesenen Zahl und der Anzahl von Ziffern, aus der diese besteht. Man spricht hier von dem nach seinem Entdecker benannten »Stroop-Phänomen«.

Die Verfechter des Hemisphären-Modells sind der Meinung, dass hier zwei Fähigkeiten der linken Gehirnhälfte, nämlich Zählen und Lesen, in Anspruch genommen werden.

1.3.3 Das Hemisphären-Modell

Die linke Gehirnhälfte ist nicht ausschließlich, aber hauptsächlich, für rationales Denken (Logik und Wörter) sowie für analytische und mathematische Prozesse verantwortlich. Hier ist der Sitz des Sprachzentrums, und das Denken erfolgt in verdichteten und abstrahierten Inhalten, also in Begriffen, Worten und Zahlen. Rechnen ist z.B. eine typische Funktion der linken Gehirnhälfte.

Die rechte Gehirnhälfte steuert mehr die Intuition, Kreativität, Symbole und Gefühle. Diese Gehirnhälfte wird durch Metaphern aktiviert, durch die im Rezipienten eigene, dazu passende Bilder, Symbole, Melodien oder Gerüche entstehen können. Das Denken erfolgt unmittelbar in sensorischen Inhalten, also beispielsweise in Bildern, ganzheitlich und intuitiv. Hier ist der Sitz der Fantasie. Zeichnen ist beispielsweise eine typische Domäne der rechten Gehirnhälfte.

Außerhalb des Gehirns, also schon ab den Augen, laufen die genannten Spezifikationen beim menschlichen Körper allerdings seitenverkehrt ab, d.h., die linke Gehirnhälfte steuert die rechte Körperhälfte und umgekehrt.

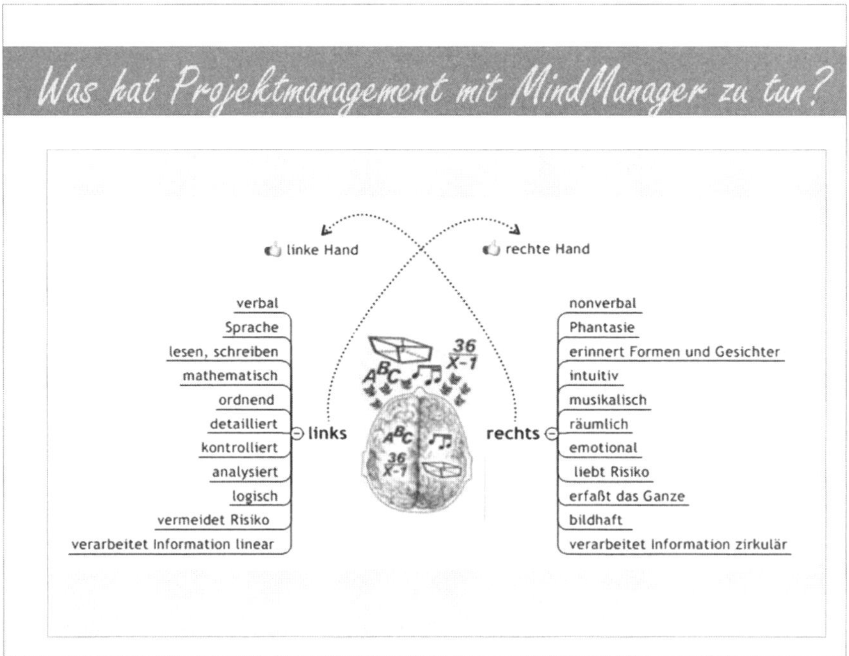

Abbildung 1.6 Rechts- oder linkshirniges Denken

Dieses duale Konzept für unser Gehirn ist sicher eine starke Vereinfachung. Gehirnforschungen der Zukunft werden die tatsächlichen Verhältnisse mit ihrer vermutlich immensen Komplexität Schritt für Schritt weiter zu erhellen versuchen. Wir nehmen das duale Konzept hier als Modell, um unsere komplexe Vielfalt und Vorgehensweise auch von dieser Seite aus zu betrachten.

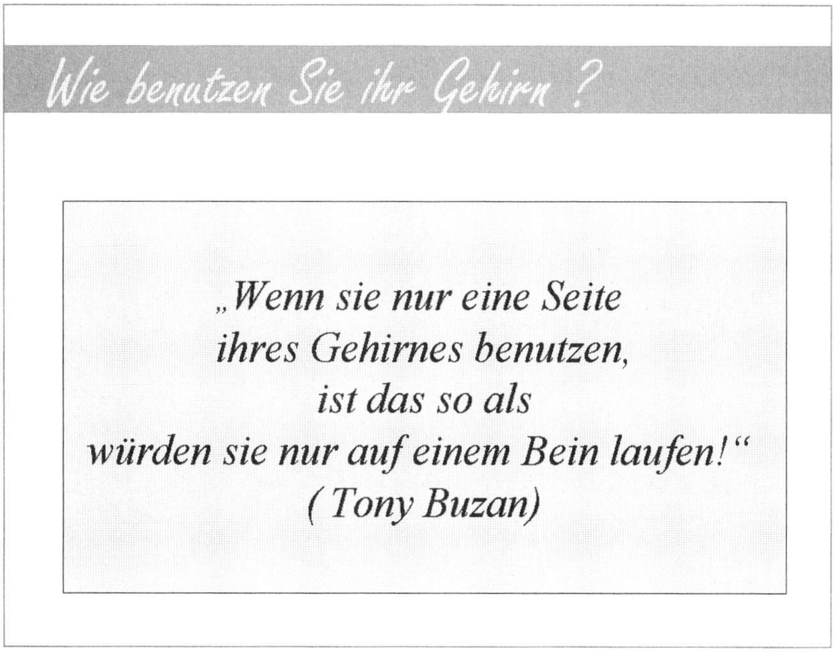

Abbildung 1.7 Nutzen Sie beide Gehirnhälften

1.3.4 Die Arbeitstechnik als Lösung im Alltag

Mind Mapping – zu Deutsch »Gehirnlandkarte« – ist zu einem der populärsten Kreativitätshilfsmittel geworden, das sich besonders beim freien Fluss der Gedanken (Brainstorming) einer einzelnen Person bewährt hat. In ihrer nichtlinearen Darstellung kommt die Mind-Map-Technik der assoziativen Ablagestruktur des Gehirns entgegen. Eine fertige Mind Map ähnelt auch optisch der Darstellung von Gehirnzellen mit ihren verzweigten Nervenbahnen oder einer Baumstruktur.

Wenn Sie schon einmal eine Brainstorming-Sitzung abgehalten haben, werden Sie wissen, wie schwierig es sein kann, die Ergebnisse hinterher logisch nachzuvollziehen. Wenn Sie hingegen während einer Brainstorming-Sitzung eine Mind Map anfertigen, werden Sie auch später noch problemlos Inhalte verstehen können.

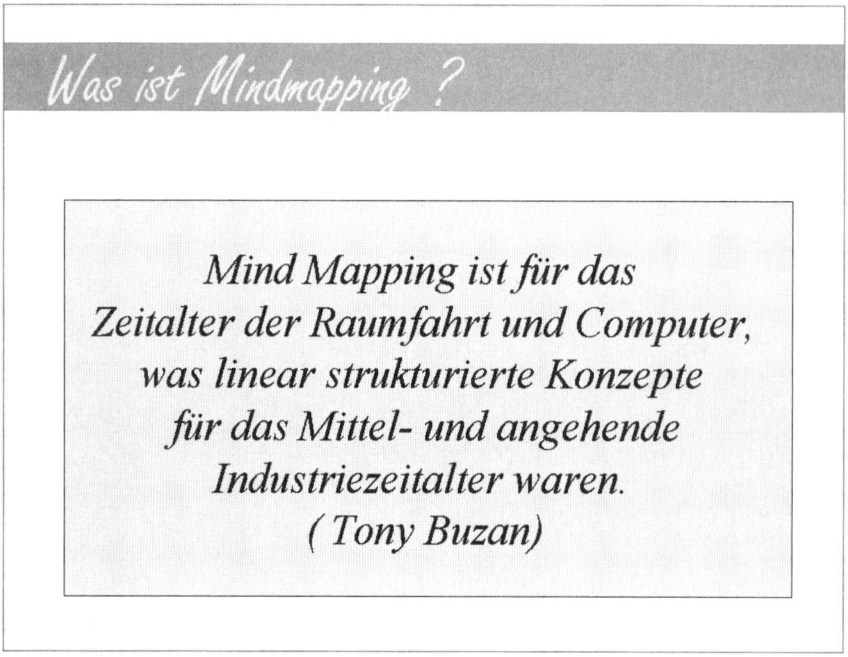

Abbildung 1.8 Zukunft – Denken – Mind Mapping

1.4 Mind Mapping im Alltag

Mit dieser erfolgreichen als auch zeitsparenden Visualisierungsmethode werden Sie beispielsweise:

- Informationen rasch darstellen bzw. erfassen
- Situationen und Probleme schnell analysieren
- Aufgaben zeitig planen und besser organisieren

Je häufiger Sie die Mind-Mapping-Methode anwenden, desto deutlicher werden Sie die Vorteile im Vergleich zum linear strukturierten Konzept bemerken. Außerdem ist Mind Mapping kinderleicht anzuwenden.

Die Grundidee des Mind Mappings besteht darin, ausgehend von einem konkreten, zentralen Thema frei zu assoziieren und so ein kreatives Geflecht um dieses Thema aufzubauen.

Auf diese Weise können Ideen konkretisiert und analysiert und weitere Ideen entwickelt werden. Das Betrachten von Ideen aus verschiedenen Blickwinkeln wird erleichtert.

Es ist fantasievoll und logisch zugleich. Tony Buzan ging vom Denkprozess im menschlichen Hirn aus. Dieser Prozess geht, wie wir gesehen haben, recht chaotisch vonstatten. Das menschliche Gehirn arbeitet im Gegensatz zu einem elektronischen »Hirn«, einem Computer, nicht einfach und linear, sondern komplex und stark vernetzt. Beide Prozesse, sowohl das Vorgehen eines Computers als auch das eines organischen Gehirns, lassen sich auf einem Stück Papier simulieren.

1.4.1 Wir machen eine kleine Übung

Nehmen wir an, Sie haben sich gerade selbstständig gemacht und möchten Ihre kleine Firma nun bekannt machen. Hierzu müssen Sie Ideen entwickeln. Schreiben Sie alle Ideen in linearer Struktur in ein Textverarbeitungsprogramm oder einfach auf ein Stück Papier.

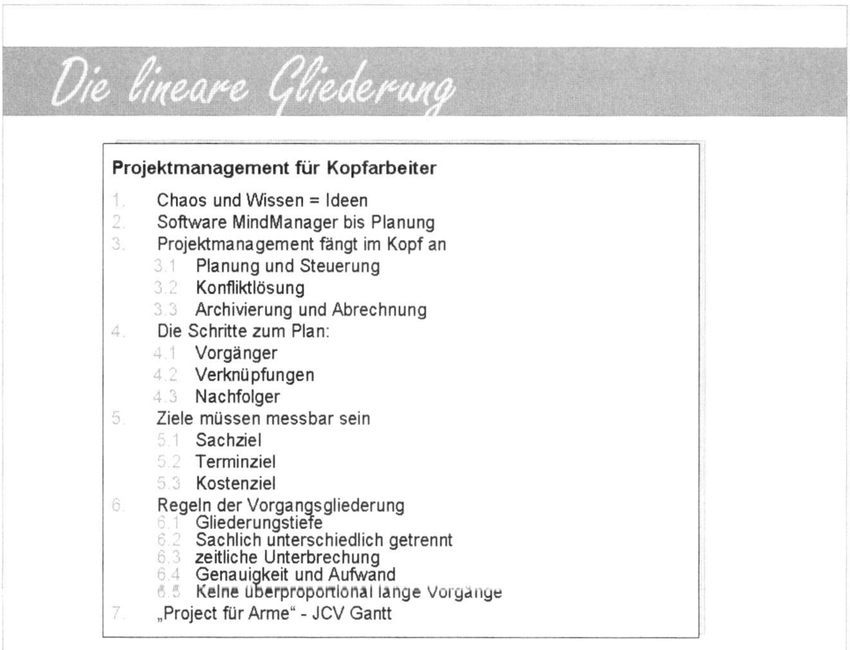

Abbildung 1.9 Lineare Darstellung in Word

Sie haben bei dieser Übung Ihre Gedanken in eine lineare Form gezwungen. Viele Ideen, die nicht in die hierarchische Struktur passten, sind dabei verloren gegangen. Andere, vielleicht weniger gute oder unwichtige Ideen, wurden festgehalten, eventuell nur, weil sie sich perfekt in die hierarchische Struktur einpassen.

So könnte das Ergebnis als Mind Map aussehen.

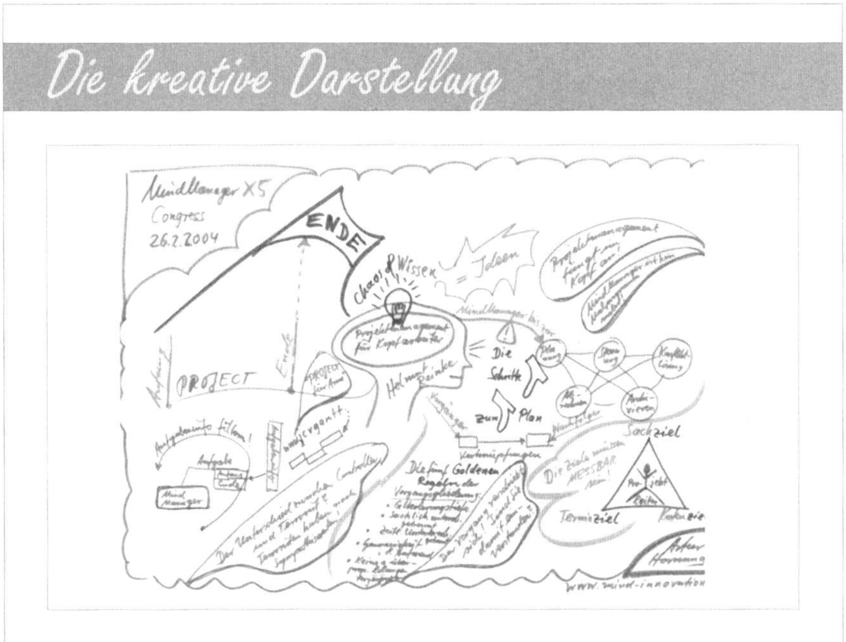

Abbildung 1.10 Von Artur Hornung erstelltes Kunstwerk – gleiches Thema

Sammeln Sie Ihre ersten Gedanken als Mind Map, erfolgt keine Bewertung, und alle Ideen, die Ihnen in den Sinn kommen, werden aufgeschrieben.

Ihre Vorteile:

- Mind Maps erlauben es, umfangreiche Informationen und komplexe Beziehungen schnell zu verstehen und zu vermitteln.
- Sie helfen Ihnen, Ihre Gedanken in der Reihenfolge, in der sie erscheinen, aufs Papier zu bringen.
- Sie müssen keinen bestimmten Gedankenfluss vollenden.
- Sie können beliebig hin und her springen.
- Selbst wenn Sie weit voraus denken, hilft Ihnen die Mind-Mapping-Technik, eine gute Übersicht über das Problem zu behalten.
- Zusätzlich unterstützt die Mind Map Ihren Denkprozess durch die grafische Darstellung auf einem einzigen Blatt.

Es ist ganz einfach – Sie malen ein Bild Ihrer Gedanken! Dieses Gedankenbild ähnelt mit seinen vielen Verästelungen zum Schluss einem Baum. Sie können jederzeit neue Ideen in jeden beliebigen Teil des Bildes einfügen.

Wenn Sie Ihre Gedanken auf die übliche Weise niederschreiben, (auf lineare Weise von oben nach unten), bräuchten Sie mindestens einen zweiten oder dritten Schritt, um diese Ideen zu strukturieren. Bei dem Mind-Mapping-Ansatz benutzen Sie das linkshirnige Denken für die logische Arbeit, also für Daten und Fakten, und das rechtshirnige Denken, um

Bilder und Farben darzustellen. Nur wenn beide Denkstile benutzt werden, kann die Kreativität wirklich entfesselt werden. Die Methode Mind Mapping kann in den verschiedensten Bereichen eingesetzt werden.

Konzepterstellung:
Brainstorming, Grundlagen für Reden, Präsentationen, Zusammenhänge aufzeigen, Entscheidungen treffen, Verkaufsstrategien und strategische Planung.

Dokumente:
Berichte, Besprechungsnotizen, Zusammenfassungen, Beschreibungen von Zielen und Produkten, Projektstatus, technische Dokumentation, Stundenplanung und Entwicklung von Schulungsnotizen.

Organisation:
Tägliche Planung, To-do-Listen, Checklisten, Überblicke, Personalplanung, Vorbereitung von Besprechungen und Übersicht für die Organisation oder einzelner Bereiche.

Informationsmanagement:
Das vorhandene Material kann strukturiert, Berichte können in einer verständlichen und leserlichen Weise erstellt werden.

In vielen Fällen können Mind-Mapping-Programme dazu verwendet werden, um aus handgeschriebenen Originalen gedruckte Präsentationen zu erstellen. Gedruckte Mind Maps liefern einen besseren Überblick, sind ordentlicher und können sehr schnell geändert werden.

1.4.2 Diese Theorie steckt hinter dem Mind Mapping

Eine Mind Map wird aus Schlüsselbegriffen beziehungsweise Assoziationswörtern und -bildern erstellt. Diese werden so gewählt, dass sich hinter ihnen weitere Gedankenkomplexe verstecken. Auf diese Weise können mit Leichtigkeit große Informationsmengen behalten werden, da Sie, durch Ihre Schlüsselbegriffe provoziert, einfacher auf Ihren »Gedankenspeicher« zugreifen können.

Mind Maps werden immer im Querformat erstellt. Dieser Umstand ruft im Unterbewusstsein die Assoziation mit einem Bild ab. Das Hochformat hingegen ist gewöhnlich für linkshirniges, semantisches Denken reserviert. Man denke an Bücher, an voll geschriebene DIN-A4-Seiten, an lineare, handschriftliche Notizen auf einem Zettel. Durch diese Assoziation des Bildes, die mit dem Querformat verknüpft ist, fällt es vielen leichter, sich von der üblichen Art, wie wir Dinge aufschreiben und merken, zu lösen.

Auf einer hochformatigen Seite beginnt man normalerweise oben links zu schreiben. Eine Mind Map hingegen beginnt immer in der Mitte des querformatigen Blattes bzw. Dokuments. Auf diese Weise besteht eine große Wahrscheinlichkeit, dass Sie sich leichter aus Ihren alten Denkmustern lösen können. Mit der Zeit werden Sie mit dem Querformat ganzheitliches, vernetztes Denken, Überblick und Kreativität assoziieren, so wie Sie mit dem Hochformat lineares, semantisches Denken und monotone, textlastige Notizen aus Wörtern und Sätzen assoziieren.

Es ist ziemlich gleichgültig, wie Sie das Hauptthema in der Mitte des Blattes oder Dokuments gestalten – nur anschaulich, bunt, einprägsam soll es sein. Sie können ein Symbol oder mehrere Symbole verwenden, ein Wort oder einen Arbeitstitel.

Auch die Themenzweige sollten Sie möglichst anschaulich und farbig gestalten. Verwenden Sie für jeden Ast oder Zweig ein gut gewähltes Schlüsselwort, das sich Ihnen auch noch nach langer Zeit auf einen Blick erschließt. Die einzelnen Hauptäste können Sie mitsamt Ihren Unterästen in einer bestimmten Farbe gestalten, um einen besseren Überblick über die Map zu gewährleisten.

Hängen Sie weitere Unteräste an, sobald Sie Ideen zu Ihren Hauptzweigen haben. Diese ordnen sich immer weiter nach außen an, wie bei einem Baum. Aber auch neue Hauptäste können Sie selbstverständlich während der Arbeit an Ihrer Mind Map noch einfügen. Wahrscheinlich werden Ihre Ideen so schnell fließen, dass Sie mit dem Schreiben bzw. Tippen kaum hinterherkommen.

Freunde, die sich gegenseitig helfen: Unser Gedächtnis und die Methode Mind Mapping.

Haben Sie ein gutes Gedächtnis? Ja? Dann gehören Sie zu einer Minderheit, denn die meisten Menschen behaupten von sich, ein schlechtes Gedächtnis zu haben. Warum diese Selbsteinschätzung oftmals falsch ist, wollen wir nachfolgend erläutern.

1.5 Wie funktioniert das Gedächtnis?

Hirnforscher gehen davon aus, dass nur eine Information, die im Langzeitgedächtnis des menschlichen Gehirns gespeichert wurde, nicht mehr verloren geht. Biochemische Prozesse haben dann dafür gesorgt, dass diese Information gewissermaßen materialisiert wurde. Sie erreicht das Gehirn in Form von elektrischen Impulsen. Informationen, die in das über das gesamte Gehirn verteilte Langzeitgedächtnis aufgenommen werden, werden durch eine Proteinsynthese gespeichert.

1.5.1 Das Ultra-Kurzzeitgedächtnis

Alle durch Sinneswahrnehmungen, durch Auge, Ohr oder auch die Haut, ankommende Eindrücke kreisen zunächst einmal in Form von elektrischen Impulsen in unserem Gehirn, wo sie nach zehn bis 20 Sekunden wieder abklingen.

Ist keine Aufmerksamkeit vorhanden oder lassen sich diese Informationen nicht an bereits bekannten Gedankenverbindungen aufhängen, so gehen diese Wahrnehmungen an uns vorbei. Beispiele: Straßengeräusche, Laute einer fremden Sprache. Sie werden als uninteressant für die weitere Speicherung beim »Pförtner«, dem Ultra-Kurzzeitgedächtnis, sozusagen »abgewimmelt«.

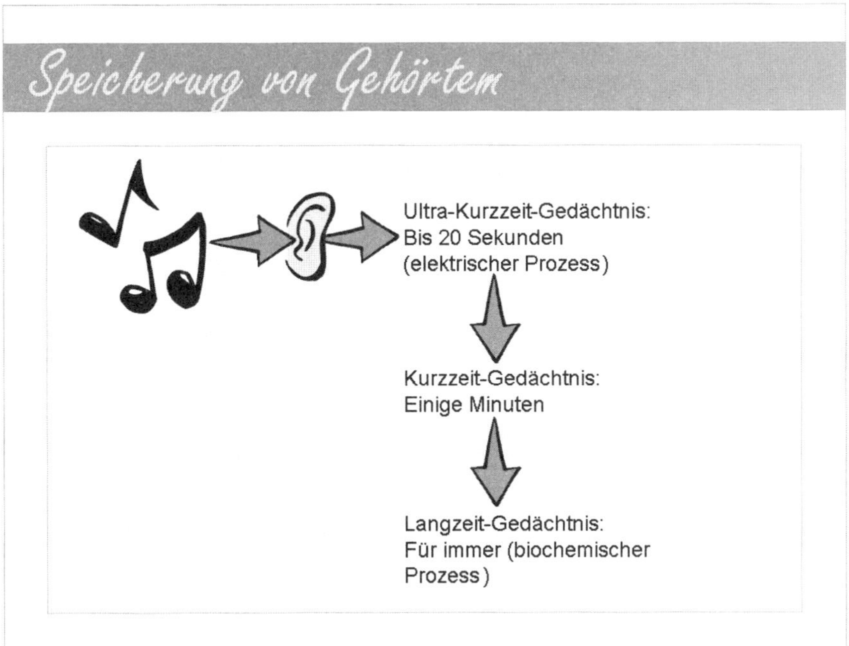

Abbildung 1.11 So behält Ihr Gehirn die Infos

Trotzdem können sie für bestimmte Sofortreaktionen äußerst wichtig sein. Der Übergang zum Ultra-Kurzzeitgedächtnis entspricht also einem Filter. Damit hat es eine äußerst wichtige Funktion. Es schützt uns vor einer zu starken Belastung mit Informationen und erleichtert uns damit die Orientierung.

1.5.2 Das Kurzzeitgedächtnis

Fünfzehn Milliarden Nervenzellen sind die Bausteine unseres Gehirns. Im Kern jeder Nervenzelle lagern die Gene – Pakete von DNS-Spiralen. Bei einem Lernvorgang faltet sich die Spirale, angeregt durch Wahrnehmungsimpulse, an bestimmten Stellen auseinander. Diese Stellen der DNS dienen als Matrize, an der sich Abdrücke, die RNS, bilden. Damit ist die Information im Kurzzeitgedächtnis. Das Kurzzeitgedächtnis ist also ein Fertigungsabschnitt, bei dem aus der Information Materie hergestellt wird. Diese materialisierten Informationen bleiben einige Minuten im Kurzzeitgedächtnis und müssen nun in das Langzeitgedächtnis transportiert werden.

1.5.3 Das Langzeitgedächtnis

Unser Körper besteht aus mehr als hundert Milliarden Zellen. Jede hat in ihrem Kern eine Art Gedächtnis: die in den Genen gespeicherten Erbinformationen.

Die Vermutung liegt nahe, dass die Natur sich nicht verschiedener Merksysteme bedient, sondern dass vielmehr in den Gehirnzellen auch flüchtige Eindrücke eines Lebens auf ähnliche Art, wie die Jahrmillionen alte Erbinformation, gespeichert und verarbeitet werden.

Die im Kurzzeitgedächtnis produzierten RNS-Abdrucke werden beim Durchgang durch die Ribosomen zu langen Proteinmolekülen verknüpft. Diese falten sich zu einem Knäuel zusammen. So werden sie als ruhende Informationsspeicher eingelagert.

Der ursprüngliche Wahrnehmungsimpuls ist im Langzeitgedächtnis verankert, aus Information ist Materie geworden, von der dann später beim Erinnerungsvorgang die gespeicherte Information durch Aktivierung der Zelle abgerufen werden kann. Ist die Information einmal im Langzeitgedächtnis angekommen, so kann sie nicht mehr vergessen, sondern nur noch verschüttet werden. Der Zugriff zu solch verschütteten Information gelingt nicht mehr – es sei denn, man setzt Hypnose oder Drogen ein.

1.5.4 Die Bedeutung von Bildern

Besonders wichtig für die Verankerung im Langzeitgedächtnis sind Bilder. Bilder werden im Gehirn mit geringerer Anstrengung und mehr oder weniger automatisch verarbeitet – im Unterschied zu Texten. Texte werden gewissermaßen analytisch, Bilder ganzheitlich aufgenommen. Am besten scheinen Lernmethoden zu funktionieren, die über polare Eigenschaften verfügen:

- Logisch/ganzheitlich (Sprache, Text/Bilder, Fakten, Zahlen/Muster, Strukturen)
- Sequenziell/gleichzeitig
- Statisch/dynamisch
- Rational/intuitiv
- Sachlich/impulsiv

Und damit sind wir bei den Vorteilen der Mind-Mapping-Methode für den Lernprozess angekommen. Diese vereinigt die aufgelisteten Eigenschaften in idealer Weise.

1.6 Drei verschiedene Lerntypen

Abbildung 1.12 Jeder lernt unterschiedlich

Darüber hinaus werden, abhängig von der Art des Lernens, im Gehirn Informationen auf drei gesonderten Wegen zugeleitet: über die Sinnesorgane, Auge und Ohr, und durch praktisches Ausüben. Wissenschaftler bezeichnen diese Prozesse als visuelle, auditive und kinästhetische Lernmodi. In allen drei Fällen besteht eine besondere Verbindung zum Gehirn.

Jeder Modus für sich allein führt zum Lernerfolg, der jedoch erheblich gesteigert werden kann, wenn alle drei Modi miteinander kombiniert werden.

Erziehungswissenschaftler glauben, dass jeder Mensch eine Art des Lernens hat, die er eindeutig bevorzugt. Dementsprechend ist eine Verbindung zum Gehirn besonders ausgeprägt, so dass man bestimmte Lerntypen unterscheiden kann.

1.6.1 Der visuelle Typ

Der visuelle Typ lernt am meisten dadurch, dass er einem Könner seines Gebiets beim Arbeiten zusieht. Wenn Sie dem visuellen Typ zuzurechnen sind, sollten Sie Ihre Lernvorgänge folgendermaßen unterstützen:

- Machen Sie sich Notizen, ergänzt durch Diagramme, Grafiken und Unterstreichungen.

- Sorgen Sie dafür, dass Ihnen neue Informationen in schriftlicher Form vorliegen.
- Verankern Sie neue Informationen mit Hilfe von Bildern in Ihrem Gedächtnis.

Gehen Sie mit erhöhter Konzentration in Gespräche, Meetings und Präsentationen.

1.6.2 Der auditive Typ

Der auditive Lerntyp bevorzugt zum Beispiel einen Vortrag oder mündliche Erläuterungen.

- Konzentrieren Sie sich ganz auf den Inhalt verbaler Kommunikation; Notizen lenken Sie ab.
- Lassen Sie sich Grafiken erklären.
- Lesen Sie sich komplizierte Instruktionen oder Texte laut vor, und setzen Sie sich mit dem Inhalt auseinander, indem Sie ihn jemandem erklären.

Versuchen Sie, Lärm oder sonstige Ablenkungen zu vermeiden.

1.6.3 Der kinästhetische Typ

Und der kinästhetische Typ kommt durch Nachahmung weiter.

- Bereiten Sie sich auf neue Situationen durch Szenarien vor.
- Führen Sie Karteikarten.
- Kommentieren Sie Textpassagen am Rand.
- Lassen Sie sich alles zeigen.
- Vermeiden Sie es, beim Lernen still zu sitzen.

1.7 Maximieren Sie Ihr Potenzial

Wenn Sie sich im Klaren darüber sind, welcher Lernmodus bei Ihnen überwiegt, können Sie Ihre Lernfähigkeit erheblich steigern. Wenn Sie Ihren Typ bestimmt haben, können Sie selbst dafür sorgen, dass die Informationen, die Sie brauchen, auf die Ihnen gerechte Art und Weise aufbereitet werden. Visuelle Lerntypen etwa können ihre Lernfähigkeit erheblich steigern, indem sie Informationen, die ihnen bei Vorlesungen präsentiert werden, in Diagramme oder Mind Maps umsetzen. Werden auditive Lerntypen mit grafischen Darstellungen oder Tabellen konfrontiert, verstehen sie diese besser, wenn sie darum bitten, dass man ihnen das unbekannte Material mündlich erklärt. Kinästhetische Lerntypen sollten sich alles, was sie nicht verstehen, praktisch vorführen lassen.

Unabhängig von Ihrem bevorzugten Lernmodus sollten Sie unbedingt versuchen, Ihre Aufnahmefähigkeit im Bereich der anderen Modi durch Übung zu steigern. Denn darin liegt ein mindestens ebenso wichtiger Schlüssel zum größeren Lernerfolg.

1.7.1 Wissen durch Mind Mapping speichern

Für das Aufarbeiten und Festhalten von Gelesenem, Gehörtem und Gesehenem – also Büchern, Vorträgen, Ausstellungen und so weiter – ist die Mind-Mapping-Methode ideal.

Wie wir gesehen haben, sind Mind Maps in der Lage, komplexes Wissen und sehr vielschichtige Informationen in absolut komprimierter Form zu bewahren. Dazu dienen vielfältige Verknüpfungen, Hierarchien, Beziehungen und die bildliche Darstellung.

Eine solche Mind Map ist immer besonders persönlich. Es kann sein, dass ein Betrachter, der nicht dasselbe Buch gelesen, nicht denselben Vortrag besucht hat, gar nichts mit Ihrer Mind Map anfangen kann. Denn Sie verwenden viele Schlüsselwörter, deren Sinn sich nur für Sie im Zusammenhang mit dem Gelesenen oder Gehörten erschließt.

Für Sie selbst aber ist eine solche Mind Map von unschätzbarem Wert. Alles, was Sie selbst getan haben, bleibt besonders gut in Ihrem Gedächtnis haften. Und zu tun gibt es beim Erstellen einer Mind Map, beispielsweise während eines Vortrages, einiges. Im Gegensatz zur üblichen Notationsmethode, bei der Sie sich hinter- und untereinander oft beliebige Stichwörter über das Gehörte aufschreiben, transformieren Sie bei der Mind-Mapping-Methode den Stoff so, dass nur noch für Sie einprägsame Schlüsselwörter übrig bleiben. Diese gliedern sich in Ihr bestehendes Assoziationsnetz ein. Wenn Sie diese Schlüsselwörter lesen, werden Sie sich mit Sicherheit sofort an den Rest des Vortrags erinnern.

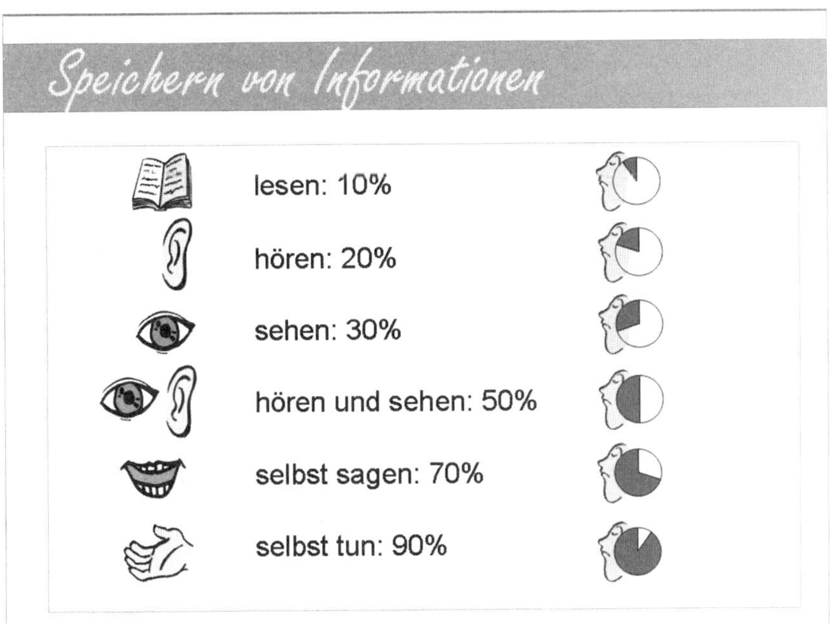

Abbildung 1.13 Selber tun ist am effektivsten

1.7.2 Die Grundregeln des Mind Mappings

Während der Entwicklung einer Mind Map entsteht eine Baumstruktur, die alle Ihre Gedanken zeigt und besonders die Verbindung zwischen ihnen hervorhebt. Die Hauptgebiete in Ihrem Problem oder Projekt sind die Hauptäste, die direkt mit dem zentralen Thema Ihrer Mind Map verbunden sind. Sie werden feststellen, dass Ihre Mind Map auf geringer Fläche dicht gepackt eine riesige Menge von Inhalten, Fakten oder Ideen enthält.

Wenn Sie eine Mind Map anfertigen möchten, sollten Sie folgende Grundregeln beachten:

- Starten Sie in der Blattmitte, und verwenden Sie mindestens drei verschiedene Farben.
- Gestalten Sie das Thema so anschaulich, wie Sie können, zum Beispiel mit Bildern, Farben oder Symbolen.
- Nun gilt es, dem Gedankenfluss ca. fünf Minuten lang seinen Lauf zu lassen.
- Spinnen Sie Ihre Ideen ohne langes Nachdenken weiter, ohne über ihre Brauchbarkeit nachzudenken. Sie sollten alle Ihre Gedanken wie beim Brainstorming ohne Wertung aufschreiben. Sie können sie später bewerten.
- Schreiben Sie jeden Gedanken auf, und ziehen Sie eine Verbindungslinie zu dem Wort oder zu der Idee, mit der Sie diesen Gedanken assoziiert haben. Die Linien im Zentrum der Map sind dicker und werden zum Rand hin dünner.
- Die Länge der Linie sollte genauso lang sein wie das Wort/die Abbildung. Jedes Wort und jede Abbildung müssen allein auf einer eigenen Linie stehen.
- Verwenden Sie kurze, treffende Schlüsselwörter in Groß-/Kleinschreibung, und notieren Sie so viel wie möglich. Sie erhalten auf diese Weise eine baumartige Struktur.
- Jeder Gedanke erhält einen eigenen Zweig. Die nachfolgenden Gedanken werden als neue Zweige angehängt. Der ursprüngliche Zweig wird als Ast identifiziert. Die Verzweigung kann so lange, wie Sie möchten, fortgesetzt und zu einem späteren Zeitpunkt neu arrangiert werden.
- Verwenden Sie Abbildungen, Symbole, Codes in verschiedenen Größen.
- Vorsicht beim Verwenden von Abkürzungen! Verwenden Sie sie nur, wenn sie eindeutig sind.
- Entwickeln Sie Ihren eigenen Mapping-Stil.

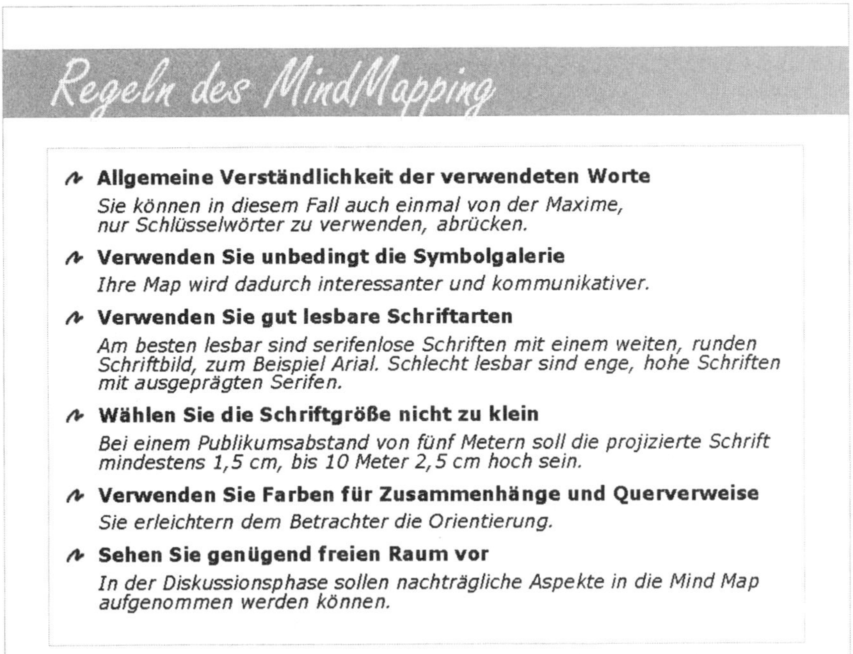

Abbildung 1.14 Regeln des Mind Mappings, die Sie sich einprägen sollten

Es ist wichtig festzuhalten, dass Mind Mapping mehr ist, als nur Informationen auf ein Blatt Papier zu schreiben. Die meisten Mind-Mapping-Programme bieten auch viel mehr als nur die einfache Umsetzung der Mind-Mapping-Technik auf PC-Basis. Aus diesem Grund ist es manchmal notwendig, die Grundregeln etwas zu dehnen.

1.7.3 Von der Mind Map zur Business Map oder »Der Weg vom Papier zum PC«

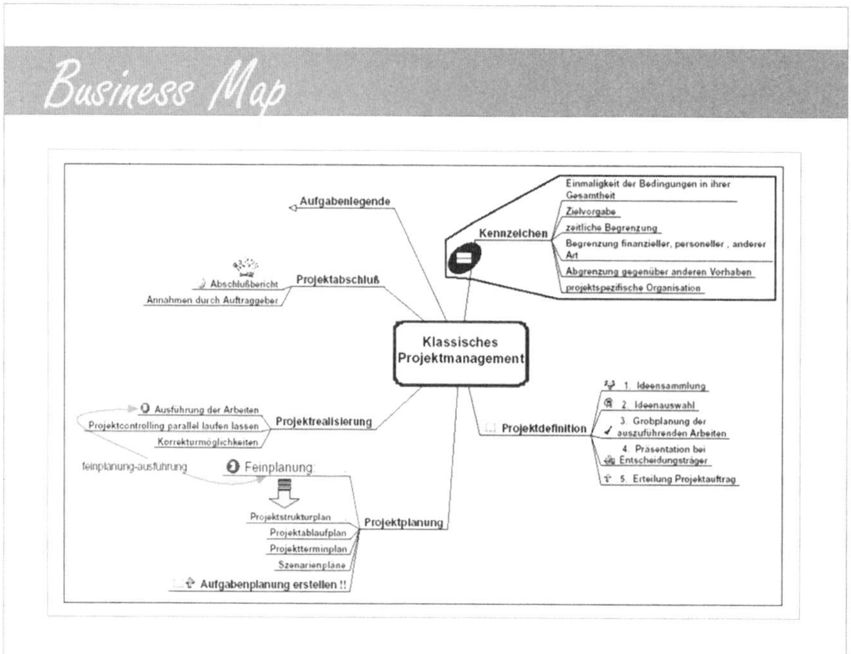

Abbildung 1.15 Die Erstellung mit Mindjet MindManager

Bevor neue Medien und innovative Denk- und Arbeitstechniken ihre eigenen Qualitäten entwickeln, bilden sie zunächst immer bewährte und vertraute Formen nach. Und als 1974 das Mind Mapping des Engländers Tony Buzan Gestalt annahm, war »die Technik mit den Zweigen« in den Köpfen der Menschen schnell als alternative Kreativitätstechnik verankert und kategorisiert. Zwar wurden Buzans Ideen des »Radiant Thinkings« und »Brain Bloomings« weniger bekannt als das allgegenwärtige (und oft missverstandene) Brainstorming, aber die erste »Mapper-Generation« war geboren, und sie hält bis heute überzeugt an dieser Denk- und Arbeitstechnik fest. Und die Community wächst ...

Aber warum haben die nachweislichen Qualitäten dieser Methode nicht schon längst alle Menschen und Organisationen begeistert und erfasst?

Der Grund ist ganz einfach: Mind Mapping in seiner herkömmlichen Form war nie besonders gruppentauglich. Trotz aller Möglichkeiten und Einrichtungen der damals aktuellen Moderations- und Kreativtechniken war es schwer, Mind Maps im Team zu erstellen. Außerdem war das Korrigieren schwierig und zeitaufwändig, und auch die Weitergabe der meist farbigen Maps war teuer und umständlich.

Mind Mapping war in der Businessanwendung damals seiner Zeit voraus.

Michael Jetter, Gründungsmitglied und Leiter der strategischen Produktentwicklung, ist es zu verdanken, dass die Methodik des Mind Mappings in den 90er-Jahren als Software-Anwendung auf den PC portiert und entscheidend weiterentwickelt wurde. Die Standardsoftware MindManager® repräsentiert die professionelle Businesslösung für eine produktive und effiziente Planung, besonders in der Startphase von Projekten.

Die neuartige intuitive Benutzeroberfläche von MindManager® bietet die einzigartige Möglichkeit, Projekte visuell in so genannten Business Maps einfach und flexibel vorzustrukturieren. Business Maps sind mit MindManager® erzeugte Dokumente, mit denen man dank einer einfachen Nutzungsweise per Drag and Drop und einer umfangreichen Symbolgalerie Informationen und Ideen sammeln und strukturieren kann. Wichtige Zusatzinformationen können mit Textnotizen und über Links in Dokumenten, Webseiten oder Maps schnell und einfach integriert werden. So können auch komplexe Ideen und Konzepte schnell und übersichtlich abgebildet und kommuniziert werden.

Natürlich hat es gerade in den letzten Jahren auch einige »Treiber« gegeben, die das Arbeiten und Kommunizieren mit Mind Maps zu der »Universal Language of Ideas« des MindManagers beschleunigt haben: Allen voran war es vor allem die Notwendigkeit der persönlichen Selbstorganisation und das sprunghaft gewachsene Bedürfnis, der immer größeren Informationsflut eine Struktur und dem (eigenen) Wissen eine neue, gehirngerechtere und flexiblere Form zu geben.

MindManager® ist die einzige Business-Mapping-Applikation, die eine Synchronisation mit Microsoft® Outlook und Project sowie den Export in Microsoft® Excel, Word, PowerPoint und HTML ermöglicht. MindManager® wird damit zum unverzichtbaren Produktivitätstool innerhalb Ihrer Microsoft Office®-Applikationen.

Durch weitere leistungsstarke Funktionalitäten wie z.B. professionelle Projektvorlagen können Projekte einfach, transparent und erfolgreich gestartet und kommuniziert werden.

Die integrierte SmartMapX™-Technologie wurde als erweiterbare Folge von softwarebasierten Funktionen entwickelt, die Entwicklern und Endkunden aus dem Privat- und Unternehmensbereich die Möglichkeit bieten, individuelle Software-Erweiterungen um das Core-Produkt zu entwickeln und auf die einzelnen Bedürfnisse ihrer Arbeit abzustimmen.

Die innovative Business-Mapping-Software wird damit zum unersetzlichen Tool für ein effektives Informationsmanagement, für kürzere Projektlaufzeiten sowie für eine transparente und präzise Kommunikation im Rahmen der Projektplanung und Teamarbeit.

1.8 Mind Mapping im Business

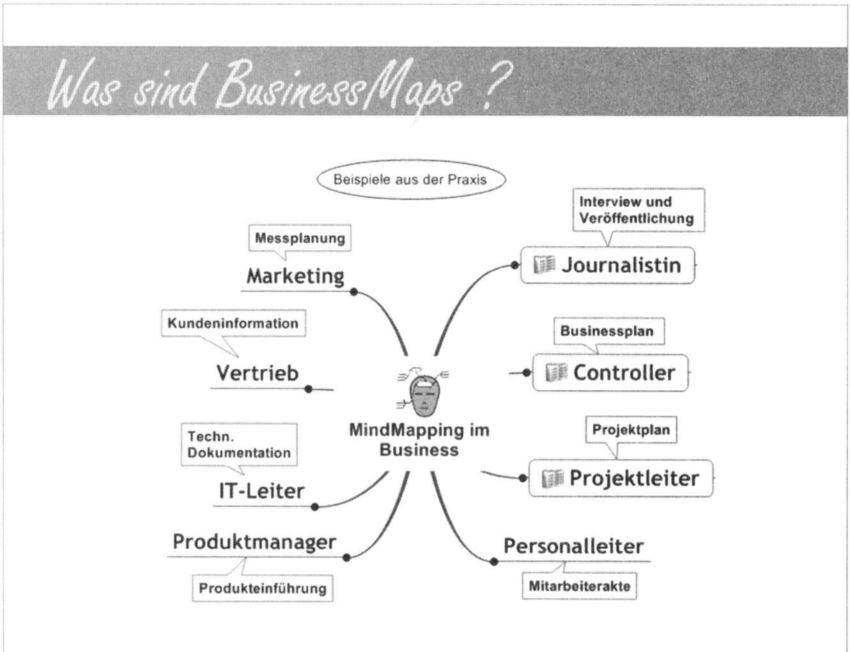

Abbildung 1.16 Einsatzmöglichkeiten von Business Maps

Nun, liebe Leser, als ob wir nicht schon genügend und vor allem auch hochgestochene Ausdrücke haben, um uns Wettbewerbsvorteile zu erhaschen, nun noch ein neuer Begriff: »Business Maps«. Was ist denn das? Hat das was mit Kundenbesuchen auf einer Landkarte zu tun? Hat das was mit Mind Maps zu tun, in der alle Informationen zu einer bestimmten Sache gesammelt sind?

Lassen Sie uns einmal darüber philosophieren. Stellen Sie sich vor, Sie gehen zu Ihrem Chef und erklären ihm in selbstbewusster Art, dass Sie ihm eine Business Map erstellt haben, in der Sie alle Ergebnisse, Schwachstellen, Erfolge und Informationen im Controlling aufgezeigt haben. Natürlich kommen Worte der Begeisterung: »Das hört sich ja gut an.« Es wäre aber nicht Ihr Chef, wenn er nichts zu verbessern hätte. Und sei es nur, dass das Firmenlogo 2 cm heruntergesetzt werden soll, oder ... oder ... oder ... Nach dem Motto »Das haben Sie gut gemacht, das müssen Sie besser machen.« Jedoch der Vorteil einer Business Map und die Arbeit sind noch nicht erkannt worden.

Wir in der Firma MindBusiness beschäftigen uns seit Jahren mit dem Thema. Wir haben unser ganzes Handeln und Tun auf Business Maps eingestellt. Unsere Schwerpunkte sind dabei Kommunikation, Controlling und Projektmanagement. Genau in diesen drei Bereichen, die in jedem Unternehmen vorhanden sind, sei es noch so klein oder noch so groß, gilt es, Aufgaben zu lösen.

Eine Schlüsselposition spielen hier die eingesetzten Software-Tools. Genau an dem Punkt setzt der Gedanke der Business Maps an. In unserer ständig wachsenden Informationswelt liegen die wertvollsten Informationen brach. Sie schlummern auf den Festplatten der Mitarbeiter, wenn wir Glück haben schon auf einem Firmenserver, und wenn wir schon ganz fortschrittlich sind, haben wir die Informationen im Intranet.

Der »Googleismus«, zugegebenermaßen noch einmal ein neues von uns geprägtes Wort, macht uns zum Informationssucher par excellence. Die PowerPoint-Dateien der Vertriebs- und Marketing-Abteilungen werden wohl gehütet. Jeder hat so seine eigene Art. Die Controllingzahlen in verschiedenen Excel-Tabellen sind so unterschiedlich, dass bei jeder Sitzung der Streit um die richtigen Zahlen Stunden kostet. Verträge zu den verschiedensten Projekten liegen in Word, manchmal zusätzlich noch in verstaubten Ordnern.

Mit Beispielen dieser Art könnten wir noch seitenweise dieses Buch füllen. Wenn wir dann noch alle unsere Erlebnisse dokumentieren würden, kämen wir sicher ins Guinness-Buch der Rekorde, nämlich als dickstes Buch.

Schluss mit der Philosophie, schließlich wollen wir Ihnen erklären, was Business Maps sind, und das an verständlichen Beispielen.

Business Maps können Sie vergleichen mit einem Koch, der aus unterschiedlichen Zutaten ein Gericht zaubert und dieses dann serviert. Wir, im Zeitalter der »Information Worker«, zaubern Business Maps – eine Oberfläche und Informationen aus verschiedensten Quellen – auf den PC. Dabei spielt es fast keine Rolle, mit welchem Werkzeug (Software-Tool) die Businessinformation erstellt wurde. Wir bereiten das mit Mindjet MindManager so auf, dass es jedem schmeckt.

1.8.1 Business Map am Beispiel des Controllings

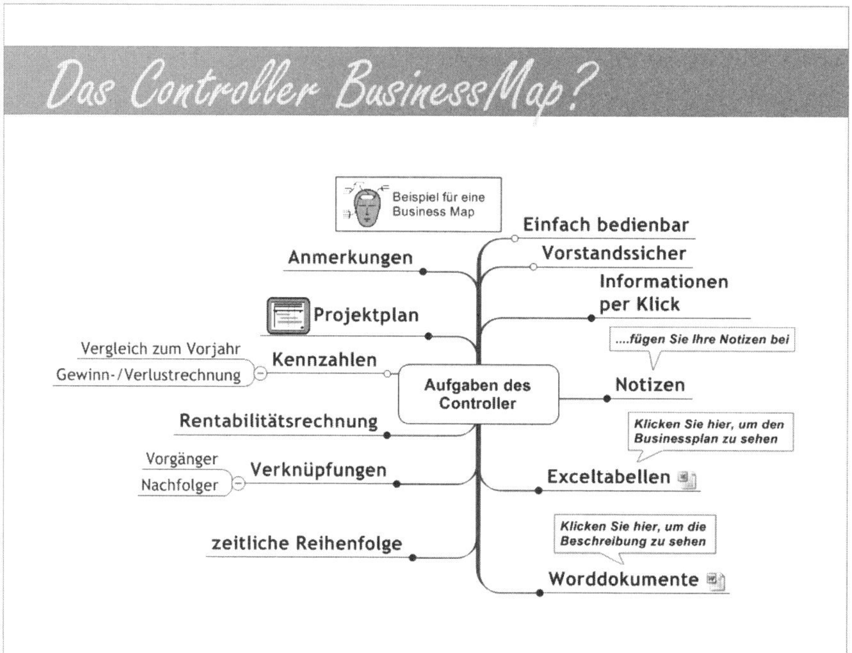

Abbildung 1.17 Informationen auf Klick »vorstandssicher«

Stellen Sie sich vor, Sie müssen als Controller Ihrem Vorstand Informationen zur Entscheidung für den nächsten Businessplan vorbereiten. Das Problem besteht darin, dass der Vorstand außer dem Mausklick und dem Ein- und Ausschalten des Computers nichts weiter beherrscht. Der Computer ist übrigens in seinen modernen und nach ergonomischen Gesichtspunkten gestylten Kirschbaumschreibtisch eingebaut.

Unsere Aufgabe ist es also, eine »vorstandssichere« Business Map zu erstellen, in der alle entscheidungsrelevanten Informationen mit einem Klick zur Verfügung stehen. Das heißt, es müssen alle Informationen vorhanden sein. Nun fängt es an – die Qual der Wahl. Schreibt man besser in Excel eine Abhandlung, oder nehme ich es auf mich, in Word mit Tabellen zu rechnen? Ach ja, zusätzlich müssen noch interne Notizen eingefügt werden, und zu guter Letzt will der Chef auch noch die letzte Präsentation des neuen Produkts sehen. Ebenso wie die Einführung des Projektes in zeitlicher Reihenfolge mit logischen Verknüpfungen zu Vorgängern und Nachfolgern.

Wow, wenn das nicht eine Herausforderung ist. Da müssen wir unseren Chef noch einmal vier Semester Informatik studieren lassen, bis er mit den Programmen Excel, Word, PowerPoint und Project entsprechend umgehen kann.

Hinzu kommt, dass er selbstverständlich auf vielen Managementkursen war und dort erfahren hat, dass alle wichtigen Informationen auf einem Blatt stehen müssen. Und zwar so, dass seine nicht vorhandene Zeit nicht unnötig strapaziert wird und Erklärungen generell überflüssig sind.

Die Theorie der Business Maps ist es, von einer Oberfläche aus sämtliche dahinter liegende Informationen aufrufen zu können. Unser Controller hat natürlich dieses Handbuch gelesen und beschäftigt sich seit langem mit dem Produkt MindManager.

Als Erstes erstellt er in Excel den Businessplan. Rentabilitätsrechnungen und Kennzahlen im Vergleich zum Vorjahr gehören ebenso dazu wie die Gewinn-und-Verlust-Rechnung. Da es allerdings weiterführende Erklärungen zum Businessplan braucht, erstellt er nun seine Abhandlung in Word. Die Marketingabteilung hat ihm inzwischen einen Projektplan gemailt und die Präsentation angehängt.

Nun kommt die Stunde des Business Mappers am PC. Er gestaltet mit dem Produkt MindManager die Map übersichtlich und stellt sie seinem Vorstand zur Verfügung. Der Vorteil hierbei ist, dass Änderungswünsche schnell und einfach einzubauen sind. Interne Informationen sind in Notizen hinterlegt und sofort aufrufbar. Anweisungen und besondere Anmerkungen stechen ins Auge. Es ist alles auf einem Blatt und durch einen Klick sofort erreichbar. Wie Sie so eine Business Map erstellen, erfahren Sie im Verlaufe dieses Buches.

1.8.2 Business Map am Beispiel der Projektleitung

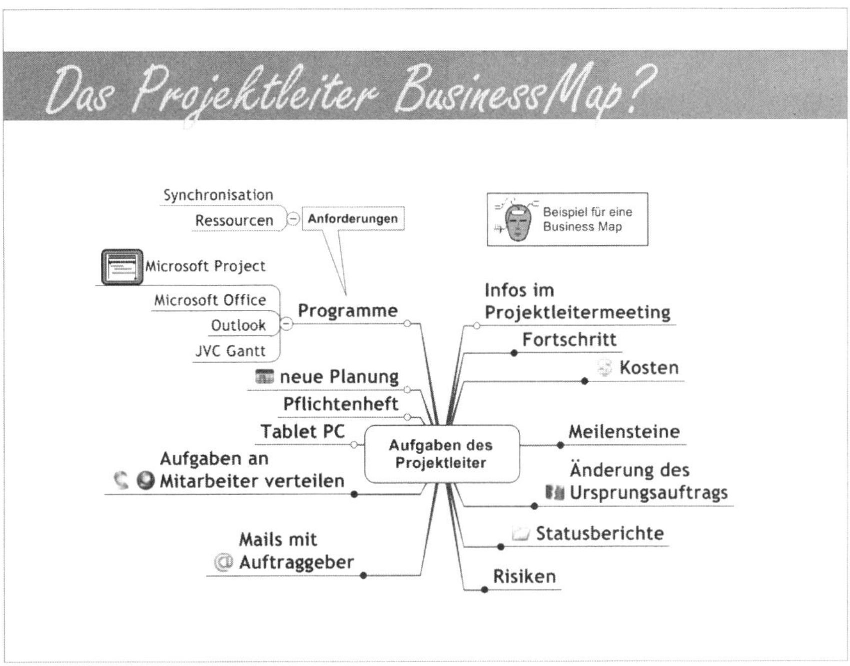

Abbildung 1.18 Wenn das keine Hilfe für den Projektleiter ist ...

Eine ganz wichtige Aufgabe für den Projektleiter ist es, alle Informationen auf einen Blick zu haben und schnell und richtig entscheiden zu können. Die richtigen Leute (Ressourcen) zur richtigen Zeit einzusetzen. Die Kosten im Griff zu haben. Eine Aufgabe, die nicht leicht ist. Vergleichen Sie hierzu weiter hinten im Buch das Kapitel »Projektmanagement für Kopfarbeiter«. Diese Ziele unter einen Hut zu bringen, ist fast unmöglich.

1.8.2.1 Die Aufgabe des Projektleiters

Stellen Sie sich vor, Sie sind Projektleiter in einem EDV-Unternehmen und haben bei Ihrem nächsten Projektleitermeeting über den Stand, den Fortschritt, die Kosten und die Meilensteine zu berichten. Ihr Projekt ist aus dem Ruder gelaufen. Verschiedene Einflüsse und Änderungen haben Ihren Haarschopf schon ergrauen lassen. Intern sagt man schon der AWP zu Ihnen (AWP steht für »alter weißer Projektleiter«).

Da Sie aber nicht für alles verantwortlich sind, wollen Sie Fakten sammeln und alle Informationen schnell parat haben.

Sie benötigen Statusberichte und Kostenentwicklungen und müssen zusätzliche Risiken darstellen. Sie müssen erklären, was passiert, wenn nun der Subunternehmer XY doch nicht pünktlich fertig ist. Der Mailverkehr mit dem Auftraggeber soll dokumentiert und Änderungen sollen zum Ursprungsauftrag dargestellt werden.

Hinzu kommt, dass Sie einen »Change Request« anstreben und einen neuen, realistischen Plan vorlegen. Toll Collect lässt grüßen, denn deren Projektmanager befinden sich immer wieder in dieser Situation. Natürlich wollen Sie auch noch an Ihre Mitarbeiter Aufgaben vergeben. Ebenso wollen Sie während der Vorführung Notizen machen, da Sie sonst morgen wieder in der Beweispflicht sind. Eine Riesenaufgabe steht ihnen bevor – und einige schlaflose Nächte.

1.8.2.2 Die Lösung der Aufgabe mit einer Business Map

Unser Projektleiter hat natürlich schon einen Plan. Er besucht einen Kurs zum Thema »Business Maps« und sammelt dort Erfahrungen. Zu Hause angekommen, leistet er sich noch seinen lang ersehnten Wunsch: einen Tablet-PC. Nach der Installation der Programme Microsoft Office und Project beginnt er voller Elan seine Arbeit mit Mindjet MindManager.

Er begibt sich als Erstes in sein E-Mail-Programm Outlook und erstellt damit kinderleicht Verknüpfungen in den MindManager, schön geordnet nach den verschiedensten Schwerpunkten. Das ursprüngliche Pflichtenheft öffnet er in Word und schaltet dann den Überarbeitungsmodus ein. Den ursprünglichen Projektplan in Project importiert er in den MindManager.

Nun sind schon zwei Maps entstanden. Geschickt verknüpft er die beiden Maps zu einer Multi-Map und verteilt seine Aufgaben an die Mitarbeiter – natürlich mit dem Microsoft Outlook-Linker von MindManager. Die Nachfrage in der Abteilung Kostenrechnung hat ergeben, dass die Daten auf einem Laufwerk im Netzwerk liegen. Dieses verknüpft er mit der Map.

Die neue Planung erstellt er in MindManager und synchronisiert die Tasks, Aufgaben und Ressourcen mit dem kürzlich erworbenen Programm »Map4Plan«. Wie er das alles Schritt für Schritt gemacht hat, erfahren Sie ebenfalls im Verlaufe dieses Buches.

1.8.3 Business Map am Beispiel einer Journalistin

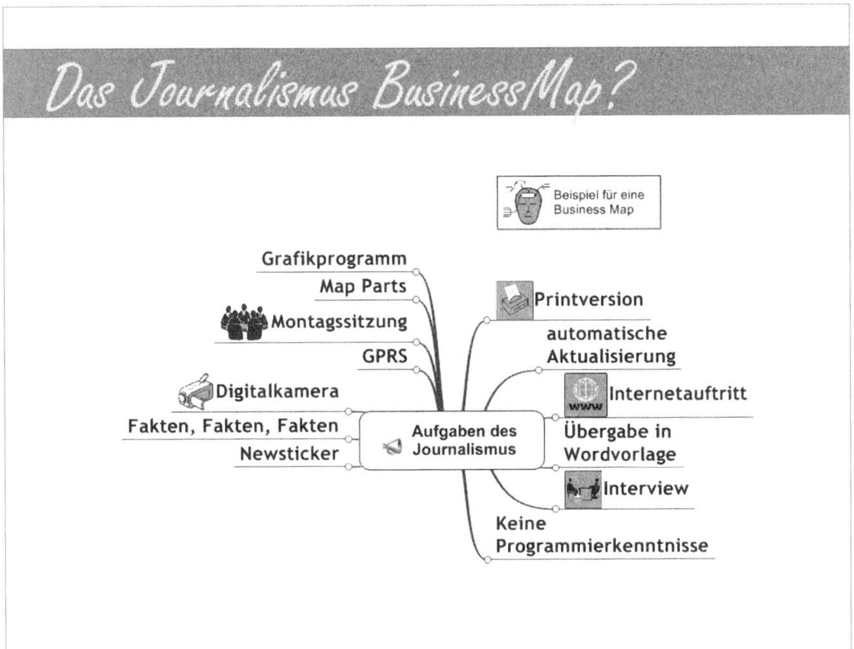

Abbildung 1.19 Journalistische Aufgaben mit dem MindManager lösen

Kommunikation ist ja einer unserer Schwerpunkte. Da ist es wichtig, dass wir diese Kommunikationsvielfalt und die Menge der Informationen richtig aufnehmen und verkraften.

1.8.3.1 Die Aufgabe der Journalistin

Stellen Sie sich vor, Sie sind Journalistin bei verschiedenen Frauenzeitschriften und haben die Aufgabe, einen Artikel über Business im Zusammenspiel mit der Familie zu schreiben – ein nicht zu unterschätzendes Thema. Auf der einen Seite sollen Sie eine Printversion erstellen, die in der Zeitschrift abgedruckt werden soll, und auf der anderen Seite müssen Sie eine Internetpräsentation vorbereiten. Wohlgemerkt: Sie sind Journalistin und keine Programmiererin, obschon Sie im Umgang mit dem PC sehr geübt sind.

Es sind Interviews zu machen, Telefonkonferenzen vorzubereiten und durchzuführen. Der Zeitdruck und die Terminvereinbarungen mit dem Verlag bringen Sie an den Rand des Wahnsinns. Sie kommen sich vor, als würden alle an Ihren Armen und Beinen zerren. Sie werden wie eine Gans mit Informationen gestopft. Ständige Recherchen im Internet sollen mitverarbeitet und Vorträge besucht werden. Kontaktadressen müssen verwaltet werden. Nicht zuletzt soll der Artikel dann auch noch in eine bestimmte Vorlage in Word gebracht werden. Der Verleger bittet jeden Montag zur Sitzung, blickt über seine Brille und sagt: »Wir wollen Fakten, Fakten, Fakten!« Das Thema muss den Leser ansprechen. Der Internetbesucher muss auf einen Klick die Informationen haben.

Das Ganze soll auch dann noch emotionsgeladen und voller neuer Erkenntnisse sein. Da müssen Sie schon die richtigen Software-Tools und Kommunikationswerkzeuge zur Hand haben.

1.8.3.2 Die Lösung der Aufgabe mit einer Business Map

Unsere Journalistin, bewaffnet mit einer Menge Kommunikationsgeschick, einem Laptop mit den Software-Tools Word, MindManager, einem Grafikprogramm, einer Digitalkamera und einer GPRS-Karte, begibt sich an die Arbeit. Sie hat so etwas schon öfter gemacht und trotz der Herausforderung keine Angst. Sie beginnt ihre Arbeit.

Als Erstes startet Sie das Programm MindManager und schreibt auf einen Zweig »Business und Familie«. Die Journalistin fügt verschiedene Hyperlinks zu entsprechenden Webseiten ein und hat somit gleich die verschiedensten Informationen parat. Sie studiert diverse Standpunkte im Internet. Der Vorteil dieser Methode ist, dass sie Informationen aus dem Internet permanent und automatisch aktualisieren kann. Nun geht Sie zu ihrem ersten Interview und erstellt vorher eine Map mit den notwendigen Fragen. Da ihr bewusst ist, dass sie je nach Laune und Gesprächslust der Befragten die Fragen nicht linear abarbeiten kann, ist sie bestens gewappnet. Für den Artikel kann sie die gewonnenen Informationen ja anders sortieren.

Nun schon zum Vortrag. Sie mappt die wichtigsten Informationen mit. Ein Zweig, der da heißt »Fakten, Fakten, Fakten«, ist für ihre Arbeit und vor allem auch für die Montagsitzung wichtig. Nach 14 Tagen hat sie alle ihre Informationen gesammelt und in einem Verzeichnis gespeichert. Sie setzt sich an den PC. In kurzer Zeit sind alle Informationen in der Map zusammengetragen, die Bilder eingebunden, und der Artikel ist fertig. Die gleiche Map exportiert sie ins Web und hat dann Zeit für die Familie.

Das Fazit der Arbeit lautet »Business Map mit MindManager erstellen« und »Mehr Zeit für die Familie!« .

Auf der ersten Seite dieses Kapitels haben wir Ihnen eine Übersicht des Kapitelinhaltes als Mind Map dargestellt. Nun haben Sie die Möglichkeit, Ihre Erfahrungen und Ihr Erlerntes in die nachfolgenden Maps reinzuzeichnen.

Viel Spaß dabei!

2 Der Einstieg in Mindjet MindManager

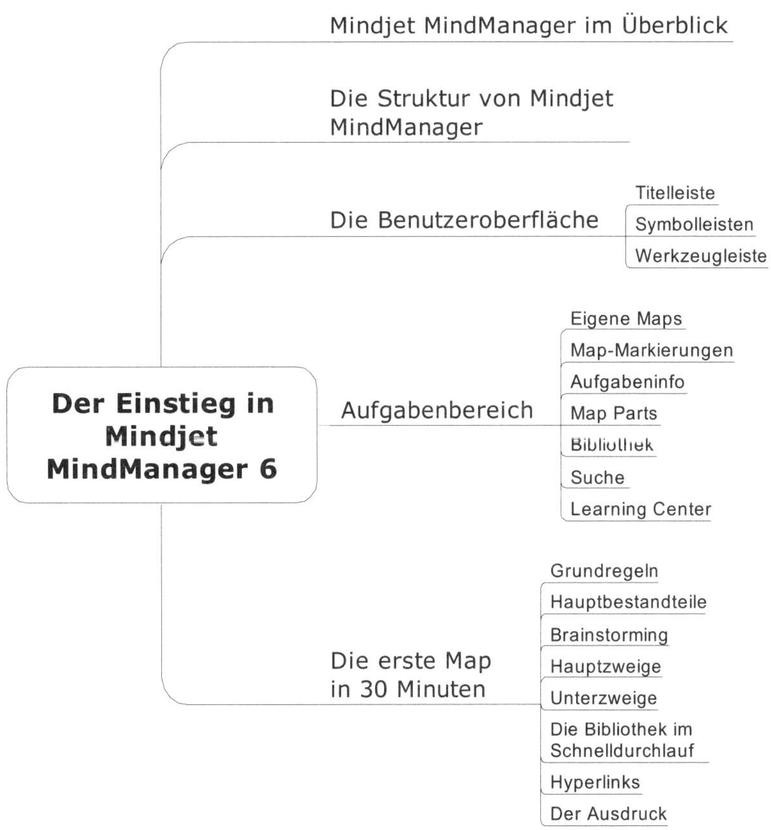

2 Der Einstieg in Mindjet MindManager

2.1 Die Struktur von Mindjet® MindManager®

Durch die überarbeitete, einzigartige Oberfläche und die Vielzahl an neuen Funktionalitäten verbessert Mindjet MindManager 6 den Ideenfindungsprozess und die Planung von Projekten enorm. Dem Papierkrieg wird mit Mindjet MindManager 6 endgültig ein Ende gesetzt – innovative und effektive Arbeitsmethoden bestimmen ab jetzt unseren Alltag. Wir erinnern uns:

Die herkömmliche Brainstorming-Methode erfolgt in der Regel in vier Schritten.

- Zunächst sammeln Sie in der Gruppe Ideen und notieren diese am Flipchart oder am Whiteboard.
- Dann fassen Sie alle Unterlagen zusammen.
- Anschließend übertragen Sie die gesammelten Notizen auf den PC.
- Zu guter Letzt müssen Sie noch die Ergebnisse als E-Mail oder Ausdruck kommunizieren.

Im Vergleich dazu umgehen Sie mit Mindjet MindManager 6 nicht nur die mehrfache Aufbereitung von Informationen, sondern sparen vor allem wertvolle Zeit und Ressourcen.

Auch wird eine falsche Kommunikation von Informationen, ausgelöst durch unterschiedliche Interpretationen von Inhalten und Zusammenhängen, vermieden.

Mit Mindjet MindManager 6 revolutionieren Sie Ihr Brainstorming.

- Durch die visuelle Darstellung wird Ihnen das einfache und spontane Sammeln Ihrer Ideen ermöglicht.
- Ergebnisse können ohne Umwege kommuniziert werden.
- Sowohl die Arbeit im Team als auch die individuelle Ideensammlung werden unterstützt.
- Alle Teilnehmer haben den gleichen Informationsstand.

Der neue MindManager ermöglicht es Ihnen, im Handumdrehen neue Ideen zu entwickeln, ohne permanent ein neues Blatt Papier zu verwenden, das nachher in mühevoller Kleinarbeit aufbereitet werden muss.

Direkt nach dem Brainstorming verfügen alle Mitglieder des Teams über die gleiche und klar strukturierte Map, in der Zusammenhänge übersichtlich und verständlich dargestellt werden.

Das Hauptthema befindet sich immer in der Bildschirmmitte, und alle dazugehörigen Ideen werden im Uhrzeigersinn um die Bildschirmmitte angeordnet.

Sie können die Map ganz an Ihre Bedürfnisse anpassen, indem Sie zum Beispiel alle wichtigen und weiterführenden Dokumente ebenfalls in der Map sammeln. Dazu fügen Sie die Dateien einfach per Drag & Drop aus Ihrem Datei-Explorer ein.

MindManager beinhaltet noch weitere interessante und nützliche Tools, die Ihnen Ihren Geschäftsalltag vereinfachen. Mit nur einem Klick können Sie Informationen aus Ihrer Map direkt in Word, PowerPoint, Visio oder Outlook exportieren wie auch aus der Datei importieren.

Sie können den MindManager auch in Verbindung mit Project nutzen. Dazu exportieren Sie schnell und kinderleicht die Projektstruktur und sind somit in der Lage, Ihr Projekt in Rekordzeit zu starten.

Mindjet MindManager 6 ist eine flexible und individuell einsetzbare Software, mit der Sie jegliche Art von Projekten oder Aufgaben strukturieren können und dabei Ihre Produktivität um ein Vielfaches steigern.

Spaß ist, was Ihr draus macht

Einige Beispiele, wie variabel Sie den Mindjet MindManager einsetzen können:

- Planung einer Besprechung
  Sparen Sie Zeit durch eine übersichtliche Planung Ihrer Meetings, die als Leitfaden wichtiger zu besprechender Punkte gilt. Auch Entscheidungen und weitere Schritte können Sie direkt während des Meetings ergänzen und behalten so den Überblick.
- Planung einer Produkteinführung
  MindManager ermöglicht es, eine Projektplanung durch die Organisation Ihrer Ziele um ein Vielfaches zu vereinfachen. Auf einen Blick erkennt jeder Mitarbeiter des Teams, welche Aufgaben er mit welchem Ziel wann zu erfüllen hat. Durch die klare Strukturierung vermeiden Sie auch das Überschneiden von Kompetenzbereichen und allgemeiner Unwissenheit innerhalb der Gruppe.
- Planung interner Schulungen
  Strukturieren Sie auch hier Ihre Ideen und weiterführenden Informationen individuell in einer Map. Fragen wie »Welche grundsätzlichen Faktoren sind für eine Schulung erforderlich?«, »Wie soll das Training am Kunden aufgebaut sein?« oder »Wie könnte die Bewertung einer abgeschlossenen Schulung aussehen?« können zentral an einem Ort beantwortet und gesammelt werden. Zudem sind Sie in der Lage, jederzeit übersichtlich Ihre Unterlagen zu präsentieren und alle Mitarbeiter auf den gleichen Informationsstand zu bringen.
- Optimierung von Verkaufsprozessen
  Gerade angesichts der heutigen wirtschaftlichen Lage wird permanent versucht, Verkaufsprozesse zu optimieren und noch näher an den Kunden heranzukommen. Oft genug scheitern diese Versuche durch unstrukturierte und undurchsichtige Geschäftsprozesse oder durch die Unwissenheit der Außendienstmitarbeiter. Mit MindManager planen Sie Ihre Verkaufsprozesse übersichtlich und verständlich. Alle Mitspieler sind eingebunden, eine sinnvolle Struktur wird erstellt, und alle möglichen Probleme werden

erörtert und notiert. Erst wenn jeder im Team weiß, was er zu tun hat, steigern Sie die Motivation jedes Einzelnen und bringen es damit zu hohen Abschlussraten.

Mindjet MindManager bietet Ihnen eine Vielzahl an Einsatzmöglichkeiten. Sie müssen sie nur nutzen. Schon nach kurzer Zeit werden Sie erkennen, wie effektiv und zeitsparend die Arbeit mit MindManager ist. Und das Beste: Es macht auch noch Spaß! Dröge und eintönige Projektplanung erhält mit MindManager eine neue Dimension. Entfalten Sie Ihre Kreativität, und gestalten Sie Ihre Projekte zukünftig klar strukturiert und übersichtlich.

2.2 Wir machen den Weg frei – die Benutzeroberfläche

Schon auf den ersten Blick kommt uns die Arbeitsoberfläche von Mindjet MindManager bekannt vor. Anwender, die regelmäßig mit Microsoft® Office arbeiten, werden sich schnell in MindManager zurechtfinden, da die Oberflächen sehr ähnlich gestaltet und aufgebaut sind.

Lediglich die Formatierungssymbolleiste befindet sich in MindManager am unteren Bildschirmrand. In Microsoft® Office ist diese am oberen Bildschirmrand angeordnet. Da es sich hierbei jedoch nur um eine Standardeinstellung handelt, lässt sich die Formatierungssymbolleiste – ebenso wie in Microsoft® Office – beliebig verschieben. Die Position kann geändert werden.

Doch nicht nur wegen der Ähnlichkeit zum Office-Paket ist die Bedienung des MindManagers für uns einfach zu handhaben. Die Arbeitsoberfläche von MindManager wurde so entworfen, dass Sie Ihre Maps optimal erstellen und bearbeiten können. Durch die großzügig angelegte »Arbeitsfläche« haben Sie genügend Platz, alle Ihre Gedanken übersichtlich und strukturiert zu notieren, zu erweitern und zu formatieren. Und das Ganze, ohne Papierberge zu produzieren.

Um erfolgreich mit MindManager arbeiten zu können, sollten Sie sich zunächst mit der Einteilung der Arbeitsoberfläche und den Möglichkeiten von MindManager vertraut machen, um somit auch die wichtigsten Funktionen und Begriffe kennen zu lernen.

2.2.1 Die Titelleiste

Die Titelleiste enthält links den Namen des Programms und den Titel der geöffneten MindManager-Datei. Öffnen Sie eine neue Map, so heißt diese zunächst »Map 1«. Rechts befinden sich die Größenfelder und das Schließfeld für das Programmfenster.

Abbildung 2.1 Die Titelleiste in Mindjet MindManager

2.2.2 Die Menüleiste

Unterhalb der Titelleiste befindet sich die Menüleiste mit den Einträgen Datei, Bearbeiten, Ansicht, Einfügen, Zweig, Format, Extras, Fenster und Hilfe.

Abbildung 2.2 Die Menüleiste

Klicken Sie auf einen der Einträge, wird ein Menü mit Standardbefehlen angezeigt. Weitere Befehle liegen noch im Hintergrund. Sie können sich diese anzeigen lassen, indem Sie auf den im Menü angezeigten Doppelpfeil klicken.

Möchten Sie immer alle Einträge eines Menüpunktes angezeigt bekommen, markieren Sie unter *Extras/Anpassen/Optionen* den Befehl »Immer gesamtes Menü anzeigen« mit einem Häkchen, und schließen Sie das Fenster.

Sobald Sie mit dem Cursor auf die Schaltflächen gehen und Ihnen die jeweilige Funktion angezeigt wird, sehen Sie auch die dazugehörige Tastenkombination, mit der Sie dieselbe Funktion über Ihre Tastatur aktivieren können.

2.2.3 Die Symbolleisten

2.2.3.1 Hauptsymbolleiste

Die Hauptsymbolleiste enthält die am häufigsten verwendeten Befehle, die Sie für ein reibungsloses Mapping benötigen.

Abbildung 2.3 Die Hauptsymbolleiste

Die Funktionen der Hauptsymbolleiste im Einzelnen

Eine neue Map öffnen

Eine neue und leere Map öffnen Sie über den Button *Neu* in der Hauptsymbolleiste.

Klicken Sie auf den Dropdown-Pfeil rechts neben der Schaltfläche, stehen Ihnen drei verschiedene Optionen zum Öffnen einer Map zur Verfügung. So können Sie entweder eine *Standard-Map* öffnen, eine Map aus den *Stilen und Vorlagen* wählen oder sich für eine bestehende Map aus Ihren Verzeichnissen entscheiden.

Eine Map aus der Datei öffnen

Möchten Sie nach dem Start des MindManagers eine von Ihnen bereits erstellte Map öffnen, klicken Sie auf die Schaltfläche *Datei öffnen* und suchen sich aus Ihren Ordnern die entsprechende Map aus. Markieren Sie die Datei, und bestätigen Sie mit *Öffnen*.

Klicken Sie auf den Drop-down-Pfeil rechts neben der Schaltfläche, werden Ihnen auch die letzten acht von Ihnen geöffneten Maps angezeigt. Klicken Sie auf eine der Maps, wird diese ohne langes Suchen automatisch geöffnet.

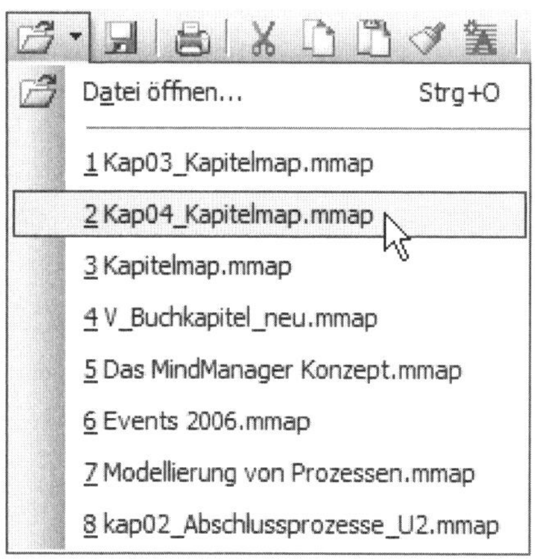

Abbildung 2.4 Öffnen Sie eine von Ihnen zuletzt geöffnete Map

Map speichern

Um Ihre Map zu speichern, klicken Sie mit Ihrer Maus auf den Button *Speichern*. Bei erstmaliger Speicherung öffnet sich ein Fenster, in dem Sie den Namen der Map sowie den Ordner, in dem Sie die Map speichern möchten, festlegen können. Klicken Sie anschließend auf *Speichern*.

Für weitere Speicherungen, welche die gleiche Map betreffen, drücken Sie einfache den *Speichern*-Button. Die »alte« Version wird automatisch durch die neue ersetzt.

Speichern Sie die Map immer gleich zu Beginn Ihrer Arbeit. So können Sie in regelmäßigen Abständen immer wieder schnell und einfach zwischenspeichern. Bei einem möglichen Fehler oder Absturz Ihres PCs haben Sie so Ihre Map immer auf dem aktuellsten Stand.

Map drucken

Wenn Sie Ihre Mind Map ausdrucken möchten, klicken Sie mit dem Cursor auf die Schaltfläche *Drucken*. Der Druckvorgang startet automatisch mit dem von Ihnen eingerichteten Standarddrucker.

Möchten Sie die Map über einen anderen angeschlossenen Drucker ausdrucken, starten Sie den Vorgang über *Datei/Drucken*. Es öffnet sich ein Fenster, in dem Sie den gewünschten

Drucker sowie weitere Druckeinstellungen festlegen können. Bestätigen Sie nach Ihrer Wahl mit *OK*.

Gehen Sie vor dem Drucken über *Datei/Druckvorschau* in den Vorschaumodus. Hier können im Voraus feststellen, ob die gesamte Map auf Ihrem DIN-A4-Blatt zu sehen ist oder ob sie darüber hinausgeht.

Map-Inhalte ausschneiden

Den Button *Ausschneiden* können Sie zum Entfernen von Zweigen, Unterzweigen, Anmerkungen usw. verwenden. Möchten Sie beispielsweise einen Unterzweig löschen, markieren Sie diesen und schneiden ihn über die Ausschneiden-Funktion aus.

Map-Inhalte kopieren

Mit Hilfe dieser Funktion können Sie Zweige, Unterzweige, Anmerkungen oder auch eine komplette Map kopieren, um sie an anderer Stelle wieder einzufügen. Dafür markieren Sie den Zweig oder Bereich und betätigen den Button *Kopieren*. Anschließend markieren Sie den Zweig oder Bereich an dem bzw. in den das Kopierte eingefügt werden soll. Klicken Sie auf die Schaltfläche *Einfügen*.

Um Bereiche oder eine ganze Map zu kopieren, markieren Sie die entsprechenden Teile am einfachsten mit der Maus. Setzen Sie mit dem Cursor in einem freien Bereich der Map an, und ziehen Sie mit gehaltener linker Maustaste über den gewünschten Bereich. Der so markierte Bereich wird blau unterlegt.

Einfügen

Die Funktion *Einfügen* ermöglicht es Ihnen, vorher ausgeschnittene oder kopierte Zweige oder Bereiche schnell und unkompliziert an anderer Stelle wieder einzufügen.

Kopieren Sie den gewünschten Zweig. Markieren Sie anschließend den »Zielzweig«, und fügen Sie die Kopie über den Button *Einfügen* ein.

Format übertragen

Über die Schaltfläche *Format übertragen* können Sie das Format, also beispielsweise Schriftarten, -größen oder -farben, eines Zweiges auf andere Zweige übertragen.

Markieren Sie dazu den Zweig, dessen Format Sie kopieren wollen, klicken Sie auf *Format übertragen* und anschließend auf den Zweig, der das neue Format bekommen soll. Sobald Sie die Funktion gestartet haben, verändert sich, bis zum Abschluss der Aktion, auch Ihr Mauszeiger.

Nicht vergessen: Bei diesem Vorgang übertragen Sie immer lediglich das Format, keine Inhalte.

Formatierungen löschen

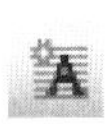

Mit der Funktion *Formatierungen löschen* können Sie übertragene Formate wieder rückgängig machen und in die Ausgangsform zurückbringen. Dazu markieren Sie den Zweig, dessen Format Sie rückgängig machen oder löschen wollen, und klicken anschließend auf *Formatierungen löschen*. Das Format des bearbeiteten Zweiges hat wieder die Ausgangseigenschaften.

Vorgänge rückgängig machen

Die Schaltfläche *Rückgängig* ermöglicht es Ihnen, einen oder mehrere Vorgänge, die Sie in Ihrer Map getätigt haben, rückgängig zu machen und die Map wieder in die gewünschte Ausgangsform zu bringen.

Wenn Sie mehrere Änderungen auf einmal rückgängig machen wollen, können Sie sich durch Klicken auf den Pfeil rechts neben dem Button alle Vorgänge anzeigen lassen und mit dem Cursor sofort auf die Position gehen, die dem gewünschten Stand der Map entspricht. Automatisch werden alle dazwischen liegenden Schritte rückgängig gemacht.

Das Programm merkt sich Änderungen in der Map auch nach einer Zwischenspeicherung.

Vorgänge wiederherstellen

Genau wie die Schaltfläche *Rückgängig* funktioniert auch der Button *Wiederherstellen*. Nur in umgekehrter Richtung. Haben Sie beispielsweise einen Zweig gelöscht, können Sie ihn über diese Funktion wiederherstellen.

Auch hier können Sie sich alle Vorgänge über den Pfeil rechts neben dem Icon anzeigen lassen und so mehrere Änderungen mit einem Mausklick wiederherstellen.

Zweig einfügen

Um einen weiteren Zweig, Unterzweig, übergeordneten Zweig, eine Anmerkung oder eine freie Anmerkung in Ihre Map einzufügen, markieren Sie den gewünschten Bereich und klicken auf die Funktion *Zweig einfügen*. Ein neuer Zweig oder die Anmerkung erscheint, die Sie dann wie gewohnt betiteln und formatieren können.

Die verschiedenen Einfüge-Optionen erhalten Sie automatisch durch Klicken auf die Schaltfläche.

Verbindung einfügen

Mit der Funktion *Verbindung einfügen* können Sie Verbindungslinien zwischen einzelnen Zweigen herstellen. Verbindungslinien sind dann sinnvoll, wenn Sie ineinander übergehende Map-Inhalte hervorheben und deren Zusammenspiel sofort sichtbar darstellen wollen.

Markieren Sie zunächst einen Zweig, klicken Sie auf den Button *Verbindung einfügen* und anschließend auf den Zielzweig, bei dem die Verbindung enden soll.

Die gestrichelte Verbindungslinie können Sie markieren und an den gelben Eckpunkten beliebig in verschiedene Richtungen ziehen und formen.

Anmerkung einfügen

Mit der Funktion *Anmerkung einfügen* können Sie Kommentare zu einem beliebigen Punkt Ihrer Map einfügen. Dazu markieren Sie den entsprechenden Zweig und klicken auf *Anmerkung einfügen*. Die Anmerkung in Form einer Sprechblase ordnet sich über dem Zweig an. Die Beschriftung erfolgt wie bei den Zweigen.

Umrandungen

Möchten Sie beispielsweise einen Zweig, Unterzweig oder eine Anmerkung umranden oder mit einer geschweiften Klammer zusammenfassen, können Sie dazu die Funktion *Umrandung* nutzen. Markieren Sie den gewünschten Bereich, und klicken Sie auf die entsprechende Schaltfläche.

Mit der Einarbeitung von Rahmen können Sie Wichtiges gesondert hervorheben oder auch einfach nur Ihre Map verschönern.

Die verschiedenen Umrandungs- und Klammer-Optionen erhalten Sie automatisch durch Klicken auf die Schaltfläche.

Icon-Markierungen

Unter der Funktion *Icon-Markierungen* werden Ihnen die wichtigsten Icons verschiedener Kategorien zur Verfügung gestellt. *Icon-Markierungen* brauchen Sie, um beispielsweise wichtige Punkte hervorzuheben, Prioritäten zuzuordnen oder den aktuellen Stand einer Aufgabe festzulegen.

Markieren Sie den Zweig, dem Sie eine bildliche Aussage zuordnen wollen. Klicken Sie auf den Button *Icon-Markierungen* und anschließend auf das gewünschte Icon.

Klicken Sie in der Funktion *Icon-Markierungen* auf *Weitere Icons,* erhalten Sie eine große Auswahl an Icons zu verschiedenen Kategorien.

Textmarkierungen

Mit dieser Funktion können Sie Zweigen Textmarkierungen hinzufügen und auf diese Weise noch eindeutiger kommunizieren. Eine Textmarkierung ist eine kurze Anmerkung, die durch Anzeige des Texts unter dem Zweig weiterführende Informationen gibt. Um eine Textmarkierung hinzuzufügen oder zu entfernen, klicken Sie auf die Schaltfläche *Textmarkierungen.*

Zweige können jeweils mit mehreren Textmarkierungen versehen werden. Eine Textmarkierung lässt sich jedoch nicht mehrmals auf einem Zweig einfügen.

Notizen in der Mind Map

Möchten Sie einen Zweig bzw. eine Aufgabe näher dokumentieren oder mit weiterführenden Informationen füllen, können Sie dazu die Funktion *Notizen* nutzen.

Markieren Sie den Zweig, und klicken Sie auf *Notizen*. Es öffnet sich ein Notizfeld, in das Sie Texte beliebiger Länge schreiben können. Nach Beendigung schließen Sie das Fenster mit dem *Kreuz*.

Die Notiz befindet sich jetzt als kleines Icon rechts neben dem entsprechenden Zweig. Durch Klicken auf das Icon öffnet sich die Notiz wieder. Sie können den Text jederzeit erweitern und bearbeiten.

Bilder hinzufügen

Um einem bestimmten Zweig Ihrer Map ein Bild hinzuzufügen, markieren Sie den entsprechenden Zweig und klicken auf die Schaltfläche *Bild hinzufügen*. Es öffnet sich das Dialogfeld *Bild hinzufügen*, in dem Sie entweder Bilder aus der MindManager-Bibliothek oder aber aus Ihren eigenen Dateien wählen können.

Anhang hinzufügen

Möchten Sie ein Dokument als Anhang einem bestimmten Zweig Ihrer Map hinzufügen, verwenden Sie dazu die Schaltfläche *Anhang hinzufügen*. Der Inhalt des Dokuments wird als Teil der Map-Datei gespeichert.

Wenn Sie den Zweig markieren, dem der Anhang zugeordnet werden soll, und anschließend auf den Button *Anhang hinzufügen* drücken, öffnet sich ein Dialogfeld, in dem Sie entweder ein bereits vorhandenes Dokument aus Ihren eigenen Dateien wählen oder ein neues, leeres Dokument anlegen und hinzufügen können.

Fügen Sie ein Dokument nicht als Hyperlink, sondern als Anhang hinzu, wird das Dokument zusammen mit Ihrer Map in eine Datei geführt. Vorteil ist, dass das Dokument, beispielsweise beim Verschieben der Map an einen neuen Speicherort, mitgeführt wird. Einem Zweig können mehrere Anhänge hinzugefügt werden.

Hyperlink einfügen

Wenn Sie einem bestimmten Zweig Ihrer Map weiterführende Informationen zuordnen wollen, so tun Sie dies über die *Hyperlink*-Funktion. Ihre Map bekommt so eine neue Dimension, da Sie weiter in die Tiefe navigieren können. Sie haben die Möglichkeit, mit Setzen eines Hyperlinks sowohl Dateien als auch Seiten des Internets mit Ihrer Map zu verknüpfen. Ebenso können Sie innerhalb der Map verschiedene Punkte verlinken oder E-Mail-Adressen einbinden.

Wenn Sie den Zweig markieren, an den der Hyperlink gesetzt werden soll, und anschließend auf den Button *Hyperlink* drücken, öffnet sich ein Fenster, in dem Sie dann zwischen den verschiedenen Hyperlink-Möglichkeiten wählen können.

Zweigkommentare

Über die Schaltfläche *Zweigkommentare* haben Sie die Möglichkeit, Ihrer Map kurze Bemerkungen in Form von Kommentaren hinzuzufügen. Diese können wie »Haftnotizen« als temporäre Hinweise oder Erinnerungen verwendet werden.

Um einem bestimmten Zweig einen Kommentar hinzuzufügen, markieren Sie diesen und klicken anschließend auf die Schaltfläche *Zweigkommentare*. Nun können Sie im Fenster *Zweigkommentare* Ihre Anmerkung notieren und die Eingabe über das Kreuz beenden.

Der Kommentar kann über das Kommentarsymbol rechts neben dem Zweig aufgerufen und auch bearbeitet werden.

Kommentare schließen Ihren persönlichen Benutzernamen und das Datum bzw. die Uhrzeit ihrer Erstellung ein. Für umfangreichere, detailliertere Textmengen verwenden Sie eine Zweignotiz.

Ansicht vergrößern

Mit dem Icon *Vergrößern* können Sie Ihre Map beliebig vergrößern. Klicken Sie dazu einfach einen Zweig der Map an, und drücken Sie auf die Schaltfläche. Die Map wird näher herangezoomt.

Ansicht verkleinern

Mit dem Icon *Verkleinern* können Sie Ihre Map beliebig verkleinern. Klicken Sie dazu einfach einen Zweig der Map an, und drücken Sie auf die Schaltfläche. Die Map wird verkleinert.

Zoomfaktor

Unter der Funktion *Zoomfaktor* können Sie manuell die gewünschte Größe Ihrer Map in Prozent eingeben bzw. die vorgegebenen Möglichkeiten mit der Maus anklicken.

Map an Fenster anpassen

Klicken Sie auf die Schaltfläche *Map an Fenster anpassen*, wird Ihre Business Map automatisch so ausgerichtet und skaliert, dass sie genau in das Map-Fenster passt.

Symmetrische Ausrichtung

Mit der Schaltfläche *Symmetrische Ausrichtung* verteilen Sie mit einem Klick alle in der Map vorhandenen Unterzweige gleichmäßig um das Hauptthema herum.

2.2.3.2 Die Schnellansicht-Funktionen

Unterhalb der Hauptsymbolleiste befinden sich die *Schnellansicht-Funktionen*. Die dunkelgrau unterlegte Leiste trägt den Namen *Mapansicht*.

Abbildung 2.5 Die Schnellansicht-Funktionen

Mit Hilfe dieser Funktionen können Sie schnell und einfach zwischen verschiedenen Mapansichtsmöglichkeiten wechseln.

Die Mapansichten

Maps werden standardmäßig einzeln in der *Mapansicht* angezeigt. Für jede geöffnete Map befindet sich am unteren Rand des Arbeitsbereiches ein Register.

Im Pull-down-Menü rechts neben der Schaltfläche *Mapansicht* können Sie zwischen verschiedenen Ansichten wählen, die wir Ihnen im Folgenden erläutern.

Die Gliederungsansicht

In der Gliederungsansicht haben Sie die Möglichkeit, sich Business Maps in einem vertrauten linearen Format anzeigen zu lassen. Hier können Sie das Dokument wie gewohnt von oben nach unten durcharbeiten. Wenn Sie gerade am Anfang Ihrer Arbeit mit MindManager stehen, kann diese Ansicht eine wertvolle Unterstützung bieten.

Möchten Sie eine Business Map in Microsoft Word® oder Microsoft Project® exportieren, können Sie in der Gliederungsansicht eine Art Vorschau der Map mit in Listenform aufgeführten Zweigen anzeigen. Vor dem Export können auf diese Weise noch erforderliche Anpassungen vorgenommen werden. Die Map-Gliederung kann aus dieser Ansicht heraus direkt ausgedruckt werden.

Der Multi-Map-Arbeitsbereich

In der *Multi-Map-Ansicht* werden Vorschaubilder der aktuellen Business Map und aller damit verknüpften Business Maps angezeigt. In dieser Ansicht können Sie Befehle für alle bzw. eine ausgewählte Teilmenge der Business Maps auslösen.

Der Präsentationsmodus

Der *Präsentationsmodus* bietet eine weitere Ansichtsmöglichkeit Ihrer Business Map. In diesem Modus erfolgt zur optimalen Ausnutzung der Anzeigefläche ein Wechsel in die Vollbildansicht. Außerdem werden alle Menü- und Symbolleisten ausgeblendet.

Ferner gibt es in diesem Modus Optionen für das automatische Ausblenden von Zweigen, damit Ihre Präsentation flüssig abläuft. Mit der Präsentations-Symbolleiste am unteren Rand des Arbeitsfensters können Sie durch die Maps navigieren.

Außerdem können Sie mit den in diesem Modus aktiven Tastenkombinationen Business Maps ohne Umwege anzeigen, bearbeiten und sogar neu anlegen.

Detail

Eine fertige Map besteht aus vielen Ebenen. Um sich beispielsweise nur die erste Ebenen, also alle Hauptkategorien eines Map-Projektes anzeigen zu lassen, können Sie die Funktion *Detail* aufrufen.

Sie bestimmen damit den Umfang bzw. die Anzeigetiefe für mehrere Zweige oder der gesamten Map.

Die Filter-Funktion

Mit der *Filter*-Funktion können Sie sich gezielt einzelne Zweige anzeigen lassen oder diese zeitweilig ausblenden. Markieren Sie den Zweig, den Sie betrachten möchten, und klicken Sie auf *Filter*. Je nachdem, auf welcher Ebene sich der markierte Zweig befindet, verhält sich auch die automatische Filter-Funktion.

Diese Funktion ist besonders nützlich, wenn Sie sich auf bestimmte Informationen innerhalb der Map konzentrieren möchten.

Des Weiteren besteht die Möglichkeit, über den Befehl *Power-Filter* innerhalb des Pull-down-Menüs der Schaltfläche *Filter* nach differenzierteren Kriterien, wie beispielsweise Prioritäten, zu filtern. Haben Sie einen Filter angewandt, erscheint in der Mapansichtsleiste die Schaltfläche *Filter entfernen*. Klicken Sie auf die Schaltfläche *Filter entfernen*, wird der zuvor gesetzte Filter abgeschaltet, und die gesamte Business Map ist wieder sichtbar.

Suche

Im *Suchfeld* können Sie einen Begriff eingeben, den Sie in Ihrer Business Map suchen möchten. Wählen Sie eine Gruppe von Zweigen aus, die einen bestimmten Text enthalten soll, tippen Sie den Begriff ein, und drücken Sie die *Enter*-Taste. MindManager sucht nun im Uhrzeigersinn nach dem entsprechenden Wort und zeigt Ihnen das Ergebnis der Suche in Ihrer Map an.

Suchoptionen

Mit der Schaltfläche *Suchoptionen* neben dem Eingabefeld für die Suche können Sie Ihre Suche verfeinern. Die Befehle im Pull-down-Menü bieten zusätzliche Funktionen für das Konfigurieren Ihrer Suche sowie eine Option zum Ersetzen des gefundenen Textes.

2.2.3.3 Formatierungssymbolleiste

Am unteren Bildschirmrand finden Sie die *Formatierungssymbolleiste*.

Abbildung 2.6 Die Formatierungssymbolleiste

Die Formatierungsleiste bietet Ihnen eine vielfältige Auswahl an Formatierungsmöglichkeiten wie Farben, Schriftgrößen oder -arten. Zudem können Sie die Optionen Füllfarben, Linienfarben sowie Formen für einzelne Zweige zu nutzen.

Schriftart

Über das Fenster *Schriftart* können Sie das Schriftbild Ihrer Zweige beliebig formatieren. Durch Klicken auf den Pfeil erhalten Sie eine große Auswahl möglicher Schriften.

Schriftgröße

Mit Hilfe des Fensters *Schriftgröße* können Sie die Größe der Beschriftung einzelner oder aller Zweige ändern. Sie können entweder, durch Klicken auf den Pfeil neben dem Fenster, eine der vorgegebenen Größen wählen oder selber manuell eine beliebige Größe eingeben.

Schriftengröße verkleinern

Mit einem Klick auf den Button *Kleiner* können Sie die Schriftgröße Ihrer Zweige verringern.

Schriftgröße vergrößern

Mit einem Klick auf den Button *Größer* können Sie die Schriftgröße Ihrer Zweige erhöhen.

Fett

Mit der Schaltfläche *Fett* können Sie Wörter hervorheben und dick gedruckt erscheinen lassen.

Kursiv

Mit der Schaltfläche *Kursiv* können Sie Wörter kursiv setzen.

Durchgestrichen

Möchten Sie Wörter in Ihrer Map durchstreichen und damit beispielsweise als erledigt markieren, nehmen Sie dazu die Schaltfläche *Durchgestrichen.*

Linienfarbe

Mit dem Button *Linienfarbe* können Sie die Linienfarbe Ihrer Zweige ändern.

Dies funktioniert sowohl für einzelne Zweige oder Unterzweige als auch für die gesamte Map und ist abhängig davon, ob Sie einen Zweig oder das Hauptthema markieren. Klicken Sie auf den Pfeil rechts, wird Ihnen eine Farbpalette angezeigt, aus der Sie sich die gewünschte Farbe aussuchen können.

Füll- /Hervorhebungsfarbe

Mit der Funktion *Füll- /Hervorhebungsfarbe* können Sie Zweige farbig hinterlegen. Auch hier steht Ihnen ein großes Angebot an Farben durch Klicken auf den Pfeil rechts neben dem Button zur Verfügung.

Schrift- /Eingabefarbe

Die Farbe der Schriften ändern Sie über die Schaltfläche *Schrift- /Eingabefarbe*. Eine reichhaltige Farbpalette erhalten Sie durch Klicken auf den Pfeil rechts neben dem Button.

Form

Über den Button *Form* können Sie den Zweigen *Formen* zuordnen, die als eine Art Umrandung des Zweiges erscheinen. Klicken Sie auf *Form*, sehen Sie verschiedene Arten von Formen, die Ihnen zur Auswahl stehen.

Pfeile

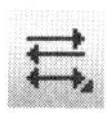

Mit der Funktion *Pfeile* können Sie, in Bezug auf eine Verbindungslinie, zwischen verschiedenen Pfeildarstellungen und -richtungen wählen. Markieren Sie zunächst die Verbindung. Klicken Sie dann auf den Button *Pfeile*, und suchen Sie sich eine beliebige Pfeilart heraus.

Linienform

Haben Sie in Ihrer Mind Map über den Button *Verbindung einfügen* eine Verbindungslinie zwischen zwei sich ergänzenden Zweigen gesetzt, können Sie diese Linie in verschiedenen Formen erscheinen lassen.

Zweiganordnung

Den Stil Ihrer Business Map oder einzeln markierter Zweige können Sie mit einem Klick auf die Schaltfläche *Zweiganordnung* verändern. Standardmäßig werden alle Zweige automatisch im Kreis um das Hauptthema angeordnet. Für bestimmte Aufgaben kann es sinnvoll sein, dass Sie eine andere Darstellung, z. B. in Organigrammform, wählen.

Die von Ihnen vorgenommene Einstellung gilt für den gerade ausgewählten Zweig und all seine Unterzweige bzw. für die gesamte Map, wenn Sie das Hauptthema markiert haben. Bei Organigrammzweigen gilt die Richtung standardmäßig für drei Ebenen.

2.2.3.4 Erweiterte Formatierung

Neben der allgemeinen Formatierungssymbolleiste können Sie sich zusätzlich noch die Symbolleiste für die erweiterte Formatierung anzeigen lassen.

Abbildung 2.7 Die Symbolleiste zur erweiterten Formatierung

Mit den Schaltflächen der Symbolleiste für die erweiterte Formatierung legen Sie die Zweiglayout-Optionen für den oder die markierten Zweige fest.

Linienstil

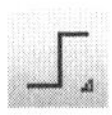

Um den Linienstil eines markierten Zweiges zu ändern, klicken Sie auf die Schaltfläche *Linienstil* und wählen einen der im Kontextmenü zur Auswahl stehenden Stile.

Verbinden von

Mit der Schaltfläche *Verbinden von* können Sie definieren, welcher Symmetrie die Linien der von einem Zweig ausgehenden Unterzweige folgen sollen. Haben Sie den gewünschten Zweig markiert, können Sie im Kontextmenü zwischen *Außerhalb*, *Zentriert* oder *Gestreut* wählen. Dabei spielt es keine Rolle, welche Zweiganordnung Sie gewählt haben.

Textausrichtung

Ist der Text eines Zweiges auf zwei oder mehrere Zeilen verteilt, so können Sie mit der Schaltfläche *Textausrichtung* festlegen, ob der Text links- oder rechtsbündig oder zentriert angeordnet werden soll.

Text- und Bildausrichtung

Haben Sie einem Zweig ein Bild zugeordnet, können Sie über die Schaltfläche *Text- und Bildausrichtung* festlegen, ob das Bild rechts oder links neben dem Text des entsprechenden Zweiges oder über- bzw. unterhalb erscheinen soll.

Zweigausrichtung

Mit Hilfe der Funktion *Zweigausrichtung* können Sie auf Knopfdruck die rechts oder links neben dem Hauptthema befindlichen Zweige entweder links- oder rechtsbündig oder auch zentriert ausrichten. Die Ausrichtung orientiert sich an dem größten der markierten Zweige.

Linienstärke

Haben Sie in Ihrer Business Map über den Button *Verbindung einfügen* eine Verbindungslinie zwischen zwei sich ergänzenden Zweigen gesetzt, können Sie diese Linie in beliebiger Stärke erscheinen lassen. Dazu markieren Sie zunächst die Verbindung. Durch Klicken auf die Schaltfläche *Linienstärke* erhalten Sie eine Auswahl an vorgegebenen Linienstärken, die Sie dann beliebig wählen können.

Linienmuster

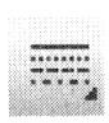

Auf gleiche Art und Weise wie bei der *Linienstärke* können Sie das *Linienmuster* der Verbindung bestimmen. Markieren Sie die Verbindungslinien, und suchen Sie sich, durch Klicken auf den Button *Linienmuster*, das von Ihnen gewünschte Muster heraus.

Abstand zwischen Nebenzweigen erhöhen

Mit Hilfe der Schaltfläche *Abstand zwischen Nebenzweigen erhöhen* können Sie die Abstände zwischen nebeneinander liegenden Zweigen vergrößern. Markieren Sie hierzu die gewünschten Zweige, und klicken Sie auf die entsprechende Schaltfläche.

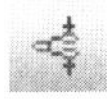

Abstand zwischen Nebenzweigen verringern

Mit Hilfe der Schaltfläche *Abstand zwischen Nebenzweigen verringern* können Sie die Abstände zwischen nebeneinander liegenden Zweigen verkleinern. Markieren Sie hierzu die gewünschten Zweige, und klicken Sie auf die entsprechende Schaltfläche.

Abstand zwischen über- und untergeordneten Zweigen erhöhen

Mit Hilfe der Schaltfläche *Abstand zwischen über- und untergeordneten Zweigen erhöhen* können Sie die Abstände zwischen Haupt- und Unterzweigen vergrößern. Klicken Sie hierzu einfach auf die entsprechende Schaltfläche.

Abstand zwischen über- und untergeordneten Zweigen verringern

Mit Hilfe der Schaltfläche *Abstand zwischen über- und untergeordneten Zweigen verringern* können Sie die Abstände zwischen Haupt- und Unterzweigen verkleinern. Klicken Sie hierzu einfach auf die entsprechende Schaltfläche.

2.2.3.5 Werkzeugleiste

Neben der Formatierungsleiste befinden sich noch weitere Schaltflächen. Diese Buttons gehören zu der *Werkzeugleiste*.

Abbildung 2.8 Die Werkzeugleiste

Mit Hilfe der *Werkzeugleiste* können Sie Ihre Business Map auf Knopfdruck direkt in verschiedene Microsoft Office-Programme exportieren.

PDF Export

Mit der Schaltfläche *PDF-Export* wird die gesamte Business Map als Grafik in eine PDF-Datei exportiert.

Als Webseiten speichern…

Mit dieser Schaltfläche erstellen Sie aus Ihrer Business Map eine Webseite mit allen Verknüpfungen zu einzelnen Zweigen und eingebundenen Dokumenten.

Microsoft Excel-Bereich…

Im Gegensatz zu den anderen Schaltflächen in der Exportleiste ist der Excel®-Button keine Export-Schaltfläche, sondern dient dem Import von Zellen aus einer Excel®-Datei. Beim Ausführen wird zunächst nach der Excel®-Datei gefragt, aus der

Sie den Zellbereich auswählen möchten. Dieser Zellbereich wird dann in Ihrer Business Map angezeigt. Haben Sie bereits eine Excel®-Datei geöffnet, wird automatisch diese Datei gewählt.

Export Microsoft Outlook-Aufgaben

Die in einer Map zeitlich festgelegten Aufgaben und Termine können durch Klicken auf die *Outlook*-Schaltfläche in Microsoft Outlook exportiert werden.

Microsoft Outlook-Aufgaben synchronisieren

Wenn Sie die Map-Zweige in Outlook®-Aufgaben exportiert haben, können Sie sie in MindManager und/oder Outlook® bearbeiten und dann synchronisieren, damit sich Business Map- und Outlook®-Aufgaben decken.

Export Microsoft PowerPoint

Business Maps können Sie durch Klicken auf die entsprechende Schaltfläche auch in PowerPoint® exportieren. MindManager sendet dann alle Informationen und Inhalte der aktuellen Business Map an PowerPoint®.

Export Microsoft Visio

Business Maps können Sie durch Klicken auf die entsprechende Schaltfläche auch in Visio® exportieren. MindManager sendet dann alle Informationen und Inhalte der aktuellen Business Map an Visio®.

Export Microsoft Project

Durch Klicken auf diese Schaltfläche können Sie Ihre Projektplanungs-Map schnell als Projektstrukturplan in Microsoft Project® exportieren. MindManager sendet alle Informationen und Inhalte der aktuellen Map an Microsoft Project®.

Export Microsoft Word

MindManager bietet Ihnen die Möglichkeit, eine fertige Business Map in Microsoft Word zu exportieren. Durch Klicken des *Word*-Buttons wird die Map zu einer Gliederung in Word umgeformt.

2.2.4 Der Aufgabenbereich

Die *Aufgabenbereiche* auf der rechten Seite öffnen Sie durch Klicken auf die einzelnen Registerkarten.

Abbildung 2.9 Der Aufgabenbereich

Mit Hilfe der Registerkarten *Eigene Maps, Map-Markierungen, Aufgabeninfo, Map Parts, Bibliothek, Suche und Learning Center* haben Sie während der Arbeit an Ihrer Map schnellen Zugriff auf wichtige Funktionen und Informationen.

Eigene Maps

In dem Bereich *Eigene Maps* können Sie Ihre selbst erstellten Maps verwalten und organisieren und sich somit einen schnellen Zugriff auf die Maps verschaffen.

Map-Markierungen

Um spezielle Elemente in der Map hervorzuheben, können Sie mit *Map-Markierungen* arbeiten. So können Sie beispielsweise visuell hervorheben, welche Aufgaben bestimmten Mitarbeitern zugeordnet sind oder welche der Projektaufgaben die höchste Priorität haben und deshalb sofort zu erledigen sind. Für einen schnelleren und besseren Überblick markieren Sie die Map immer mit optischen Elementen.

Aufgabeninfo

Mit Hilfe der Registerkarte *Aufgabeninfo* können Sie einzelnen Aufgaben, die Sie während der Planung Ihres Projektes bereits festgelegt haben, verschiedene Aufgabeninfos zuweisen. So ist nicht nur die zuständige Person genauestens informiert, was Priorität, Enddatum oder Dauer betrifft, sondern auch alle anderen Mitarbeiter des Teams.

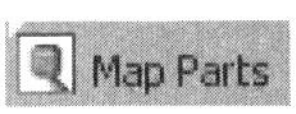

Map Parts

Im Register finden Sie eine Reihe verschiedener einfacher und intelligenter Map Parts. Map Parts in ihrer einfachen Form sind statische Zweig- und Unterzweigstrukturen mit Standardinhalt. Ihre Funktion besteht darin, die Eingabe häufig verwendeter Informationen zu vereinfachen und zu beschleunigen – z. B. Wochentage, Aktionen, Standard-Tagesordnungspunkte für Meetings usw. Sie können eigene Map Parts mit häufig verwendeten Zweigen anlegen.

Bibliothek

Die *Bibliothek* bietet Ihnen eine Fülle an Symbolen, Bildern und Gestaltungselementen, mit denen Sie Ihre Map weiter visualisieren können.

Sie ist in die Kategorien *Map-Markierungs-Icons*, *Bilder*, *Hintergrundbilder* und *Formen* unterteilt.

Suche

Die *Such*-Funktion im Arbeitsbereich ermöglicht Ihnen die Suche nach Maps oder bestimmten Inhalten einer Map. Um die Suche zu starten, geben Sie zunächst in das Suchfeld den Map-Namen oder einen Text ein, von dem Sie wissen, dass er Teil einer bestimmten Map ist. Anschließend können Sie noch den Ordner oder die Datei bestimmen, in der Sie suchen möchten. Auch Unterverzeichnisse können mit einbezogen werden. Starten Sie die Suche durch Klicken auf den Button *Suche.* Wenn die Suche abgeschlossen ist, können Sie die Ergebnisse im Fenster Suchergebnisse sehen und die gewünschte Map öffnen.

Learning Center

Im Bereich *Learning Center* finden Sie animierte Lernprogramme und Muster, in denen die Verwendung von Mindjet MindManager für spezielle Zwecke veranschaulicht wird.

Um sich einen Überblick zu verschaffen, können Sie sich Lernvideos aus verschiedenen Bereichen anschauen. Beispiel-Maps zu unterschiedlichen Themen finden Sie in der Map-Galerie. Zu weiterführendem Wissen gelangen Sie in der Kategorie *Lernen Sie mehr.*

Unter *Lernen Sie mehr* finden Sie interessante Informationen zu *Short Cuts* sowie allgemeine *Tipps und Tricks* in MindManager.

2.3 Nichts ist unmöglich – die erste Map in 30 Minuten

Wo Menschen mit Wissen umgehen und innovatives Denken gefragt ist, hat sich der MindManager mittlerweile unentbehrlich gemacht. Er bietet eine effektive Methode, um Ideen zu finden, Arbeitsprozesse organisiert zu gestalten und damit in weniger Zeit eine höhere Produktivität zu erzielen.

Über die Effektivität, die »Denkweise« und auch über die Möglichkeiten und Funktionen des MindManagers konnten Sie in den vorangegangenen Kapiteln bereits vieles erfahren.

Doch erst die Übung macht bekanntlich den Meister. Deshalb zeigen wir Ihnen auf den folgenden Seiten, wie Mindjet® MindManager® in der Praxis funktioniert.

2.3.1 Grundregeln für die erste Map

Grundsätzlich kommen Sie in vier Hauptschritten zu Ihrer Mind Map:

- Schreiben Sie als Erstes das zentrale Thema (Hauptthema) auf.
- Sammeln Sie dann Schlüsselwörter = Brainstorming.

- Definieren Sie Oberbegriffe (Hauptzweige), und sortieren Sie Unterbegriffe dazu (Unterzweige).
- Gestalten Sie die Map mit Farben, Symbolen, Schriftarten etc.

Sie haben immer verschiedene Möglichkeiten, die MindManager-Software zu bedienen. Entweder Sie nutzen die Maus oder arbeiten über die Tastatur, gehen den Weg über die Symbolleisten oder das Menü.

2.3.2 Erarbeiten Sie Ihre erste Map in 30 Minuten

Die Hauptbestandteile einer Mind Map

In aller Kürze zusammengefasst sollte die Mind Map folgende Bestandteile beinhalten:

- Hauptthema
- Hauptzweig
- Unterzweig
- Freie Anmerkungen für zusätzliche Ideen oder Hyperlinks

2.3.2.1 Aufgabe

Für die erste Map wählen wir ein einfaches und immer wiederkehrendes Thema. Ein runder Geburtstag steht an, und es gilt, die Feier zu organisieren. Im Gegensatz zu bereits vorangegangenen Geburtstagsplanungen verzichten Sie dieses Mal auf eine Fülle von einzelnen »Fresszetteln«, die sowieso früher oder später verloren gehen, und organisieren Ihren Ehrentag strukturiert und übersichtlich mit MindManager.

2.3.2.2 Aller Anfang ist schwer – oder doch nicht? So beginnen Sie Ihre erste Map

Starten Sie den MindManager, und öffnen Sie eine neue Map, indem Sie auf die in der Standardsymbolleiste befindliche Schaltfläche *Neu* drücken.

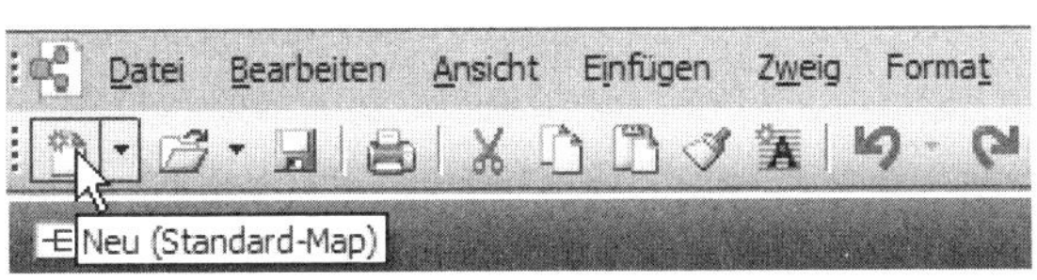

Abbildung 2.10 Die Standardsymbolleiste mit der Schaltfläche *Neu*

Es öffnet sich eine leere Map mit dem Hinweis auf das Hauptthema.

Das Hauptthema

Um Ihren persönlichen Titel für die Map festzulegen, markieren Sie den Map-Titel, geben den gewünschten Text ein und bestätigen mit *Enter*.

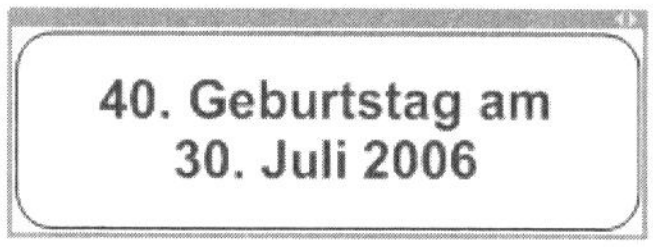

Abbildung 2.11 Das Hauptthema

Brainstorming

Unabhängig von der MindManager-Software hat sich in den vergangenen Jahren zum Sammeln von Ideen und Aufstellen erster Strukturen immer mehr die Brainstorming-Methode durchgesetzt. Hierbei werden zunächst alle Gedanken gesammelt, die einem zum entsprechenden Thema einfallen.

Während des Brainstormings wird noch keinerlei Bewertung in Bezug auf die einzelnen Ideen vorgenommen, so dass es in diesem Stadium weder »falsche« noch »besonders tolle« Einfälle gibt. Es wird also zunächst einfach alles nur notiert.

Sammeln Sie deshalb nun im ersten Schritt Ihre Gedanken zum Thema »40. Geburtstag«. »Wo wollen Sie feiern?«, »Wer soll eingeladen werden?«, »Welche Band soll spielen?«, »Was gibt es zu Essen?« usw.

Schreiben Sie alles auf, was Ihnen einfällt und was für Ihre Feier wichtig ist.

Über das Menü *Extras/Brainstroming starten* wechseln Sie von der Mapansicht in den MindManager Brainstorming-Modus.

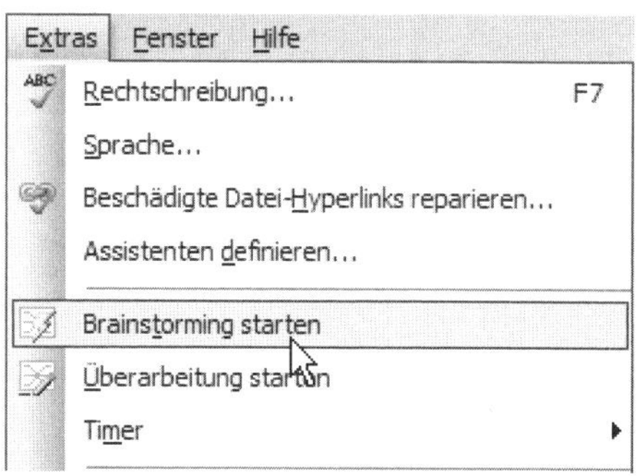

Abbildung 2.12 Der Brainstorming-Modus

Der Brainstorming-Modus beinhaltet eine eigene Menüleiste.

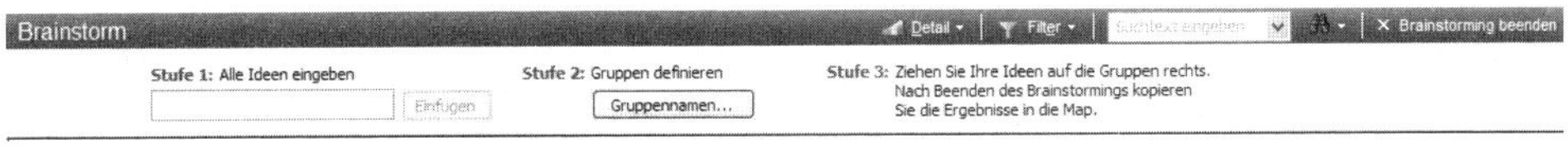

Abbildung 2.13 Die Menüleiste im Brainstroming-Modus

Alles, was Ihnen nun zu Ihrem Geburtstag einfällt, schreiben Sie in das Feld unter *Stufe 1* und bestätigen jeweils mit *Enter* oder durch Klicken auf die Schaltfläche *Einfügen*. Sind Sie mit Ihrem Brainstorming fertig, haben Sie eine bunte Sammlung verschiedener Punkte zum Thema Geburtstagsfeier.

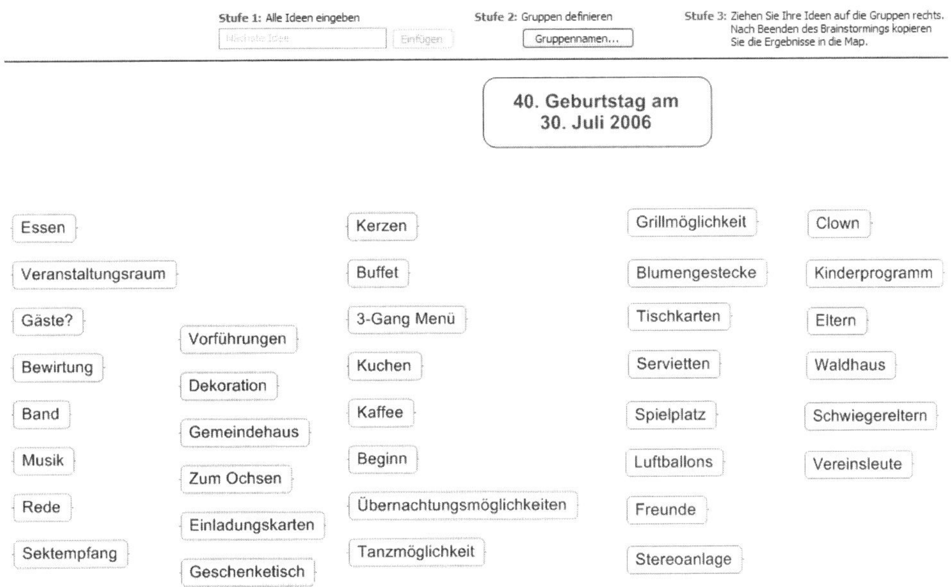

Abbildung 2.14 Ideensammlung im Brainstorming-Modus

Schließen Sie jetzt den Brainstorming-Modus über das Feld *Brainstorming beenden* rechts oben in dessen Menüleiste. (Vergleichen Sie **Abbildung 2.13**.) Nun können Sie die Begriffe dem Hauptthema, sortiert in Haupt- und Unterzweigen, zuordnen.

Hauptzweige anfügen

Im nächsten Schritt fügen Sie also die Hauptzweige an, die gleichbedeutend mit den wichtigsten Punkten Ihrer Geburtstagsplanung sind.

Markieren Sie dazu den gewünschten Punkt Ihrer Sammlung, und ziehen Sie ihn mit gehaltener linker Maustaste an das Hauptthema. Diesen Vorgang wiederholen Sie so lange, bis Sie alle Oberbegriffe eingeordnet haben.

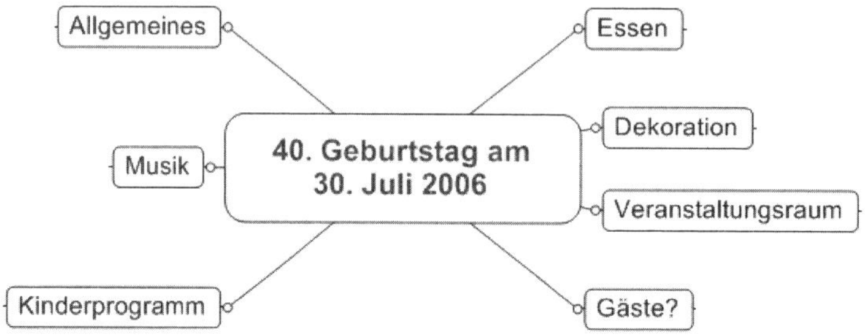

Abbildung 2.15 Anordnung der Hauptzweige

Sollte Ihnen noch etwas zum Thema einfallen und Sie brauchen deshalb weitere Hauptzweige, markieren Sie das Hauptthema und drücken die *Enter*-Taste. Es erscheint ein neuer Hauptzweig. Geben Sie den gewünschten Text ein, und bestätigen Sie erneut mit *Enter*.

In unserem Beispiel fügen wir noch den Hauptzweig »Allgemeines« ein.

Der Unterzweig

Anschließend können Sie zum nächsten Schritt, dem Anlegen der Unterzweige übergehen.

Die Unterzweige entsprechen einer unbestimmten Anzahl an Unterpunkten, die Sie Ihren Hauptzweigen zuordnen möchten.

Da Sie ja bereits eine Vielzahl an Punkten zu Ihren übergeordneten Themen gesammelt haben, können Sie diese einfach, per Drag & Drop, an die Hauptzweige hängen. Gehen Sie dabei genauso vor wie beim Anlegen der Hauptzweige.

Auch hier gilt: Sollten Sie weitere Unterzweige benötigen, klicken Sie auf einen der Unterzweige, und bestätigen Sie mit *Enter*.

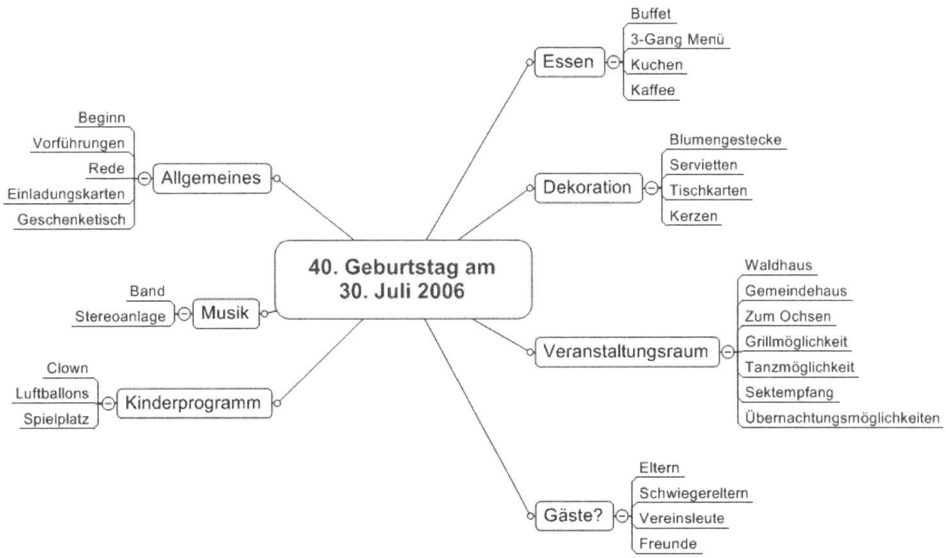

Abbildung 2.16 Anordnung der Unterzweige

Sie finden auch innerhalb der Hauptsymbolleiste eine Schaltfläche für das Anlegen von Zweigen, Unterzweigen oder Anmerkungen.

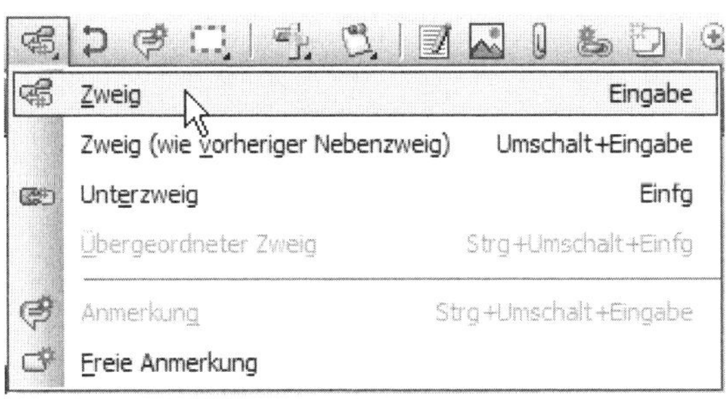

Abbildung 2.17 Die Schaltfläche *Zweig einfügen* in der Symbolleiste

Exkurs – die Bibliothek im Schnelldurchlauf

Jetzt können Sie Ihre Map mit visuellen Blickfängen gestalten. Verwenden Sie dazu die in der *Bibliothek* des Aufgabenbereiches eingebundenen *Bilder, Formen, Icons* und *Hintergründe*. Gerade diese Gestaltungselemente machen die Mind Map für alle auf den ersten Blick leicht zu erfassen.

Arbeiten Sie zum Beispiel mit *Map-Markierungs-Icons* und *Bildern*. Die helfen Ihnen, Ihre Geburtstagsplanung visuell noch übersichtlicher zu machen.

Im Bereich *Hintergrundbilder* finden Sie eine große Auswahl an Motiven, mit denen Sie den Hintergrund der Map ändern können.

Mit den *Formen* können Sie die Zweige der Mind Map gestalten und ihnen verschiedene Formen zuweisen.

Bild dir deine Map – die Geburtstags-Map gestalten und formatieren

Nicht nur die *Bibliothek* steht Ihnen zum Gestalten der Map zur Verfügung. Sie können auch die Formatierungsleiste im unteren Bereich des MindManager-Fensters nutzen. Verändern Sie die Schriften, heben Sie Wichtiges in Fett-Schrift hervor, oder markieren Sie Dringendes mit Füllfarben. Ihrer Kreativität sind hierbei keine Grenzen gesetzt.

Trotzdem sollten Sie bedenken: Eine kunterbunte Map kann das Auge überanstrengen, und das eigentliche Ziel, nämlich die Map übersichtlich zu gestalten, schlägt fehl. **Deshalb:** Weniger ist manchmal mehr!

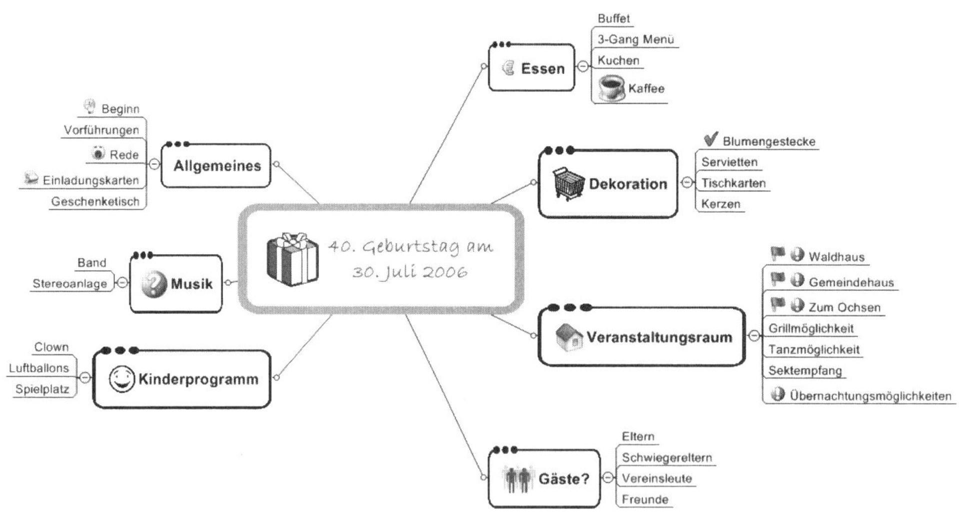

Abbildung 2.18 Die Geburtstags-Map mit verschiedenen Gestaltungselementen

Hyperlinks einfügen

Während der Planung ist Ihnen eingefallen, dass Sie gerne mit Ihren Gästen ein paar nette Spiele durchführen würden. Im Internet haben Sie eine Seite mit einer Fülle von Spielen für private Veranstaltungen entdeckt. Diese möchten Sie nun in Ihre Map integrieren, um sich bei Gelegenheit näher mit den dort angebotenen Spielen auseinander zu setzen.

Fügen Sie im Bereich »Allgemeines« einen neuen Unterzweig ein, geben Sie ihm den Namen »Spiele«, und klicken Sie auf die Schaltfläche *Hyperlink* in der Hauptsymbolleiste.

Es öffnet sich ein Fenster, in das Sie die entsprechende Internetadresse eingeben können.

Abbildung 2.19 Eingabe der Internetadresse im Dialogfeld *Hyperlink hinzufügen*

Bestätigen Sie Ihre Eingabe mit *OK*. Sie erkennen den eingefügten Hyperlink an dem Internet Explorer-Zeichen neben dem entsprechenden Zweig.

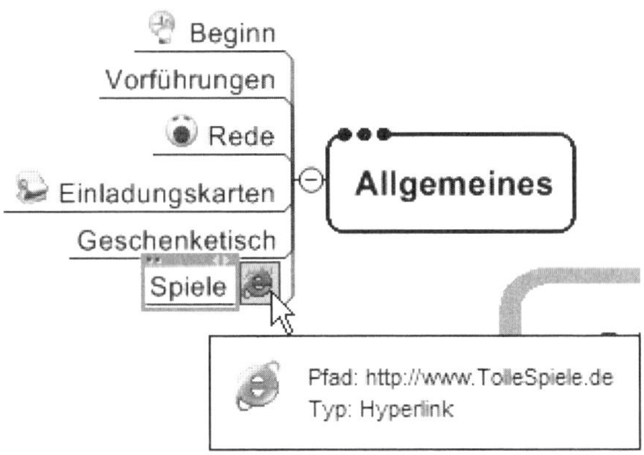

Abbildung 2.20 Das Internet Explorer-Icon als Zeichen für einen Hyperlink

Manchmal erscheint anstatt des Explorer-Zeichens auch ein anderes Symbol. Das ist davon abhängig, welche Seite Sie verknüpfen und welche Firma zu dieser Seite gehört. Oft sehen Sie dann das firmeneigene Logo anstatt des Explorer-Zeichens.

Der Ausdruck

Haben Sie an alles gedacht? Wenn ja, ist Ihre Geburtstags-Mind-Map fertig. Da auch Ihr Partner von Ihrer Planung erfahren soll, möchten Sie einen Ausdruck machen und an einem zentralen Ort anbringen.

Klicken Sie auf den Button *Drucken* in der Hauptsymbolleiste des MindManager-Fensters, startet der Druck automatisch auf dem von Ihnen eingestellten Drucker.

Ebenso können Sie über *Datei/Drucken...* den Druckvorgang starten. Es öffnet sich das Druckerfenster, in dem Sie, falls notwendig, weitere Einstellungen vornehmen können.

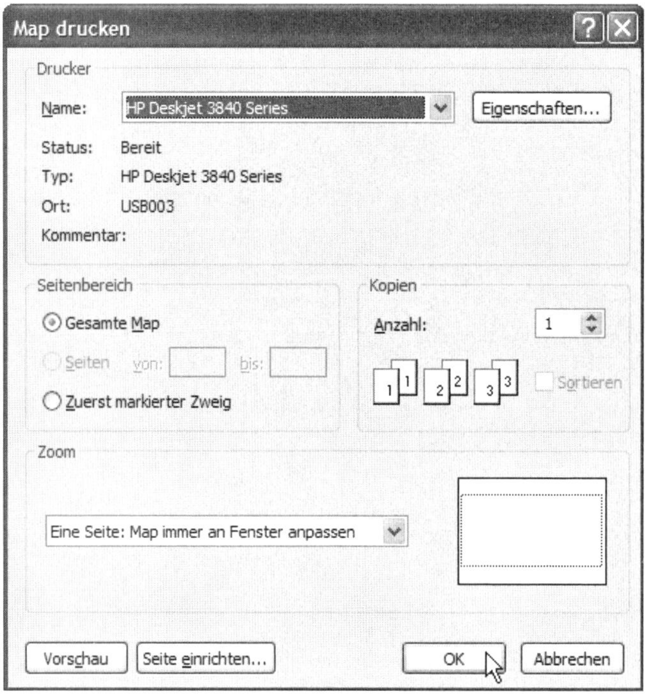

Abbildung 2.21 Das Druckerfenster

Bestätigen Sie mit *OK*. Der Druckvorgang startet.

MindManager passt Ihre Map automatisch auf DIN A4 an.

Das Ergebnis

30 Minuten sind vorbei, und Sie haben Ihre erste Mind Map, mit der Sie den Überblick nicht verlieren werden, erstellt. Der Geburtstag kann also kommen.

Natürlich haben Sie noch eine Vielfalt an Möglichkeiten, Ihre Map zu perfektionieren, aber die Erstellung Ihrer ersten Map haben Sie mit Bravour bestanden. Außerdem haben Sie gesehen, wie effektiv man auch in kurzer Zeit mit Mindjet® MindManager® arbeiten kann.

2.3.2.3 Noch ein paar nützliche Tipps

Brainstorming

Anstatt während des Brainstormings im *Brainstorming-Modus* in das Feld *Stufe 1* zu schreiben, können Sie auch ein so genanntes *direktes Brainstorming* durchführen. Dazu klicken Sie auf den Map-Hintergrund und schreiben hinter den blauen Pfeil Ihren Text. Bestätigen Sie mit *Enter*. Sie erhalten eine freie Anmerkung, die Sie anschließend nach Belieben zuordnen können. Das *direkte Brainstorming* ist sowohl im *Map*- als auch im *Brainstorming-Modus* möglich.

Map auf die Seitengröße anpassen

Oft passiert es, dass die Map zu groß wird und einzelne Zweige nicht mehr im »Blickfeld« sind. Sie müssen hin und her scrollen. Um das zu vermeiden und einen schnellen Zugriff auf alle Map-Inhalte beizubehalten, können Sie die Mind Map ganz einfach auf die Seite anpassen.

Drücken Sie dazu entweder auf die Schaltfläche *Map an Fenster anpassen* in der Hauptsymbolleiste, oder wählen Sie die Tastenkombination *Strg+F5*. Die Map wird automatisch an die Fenstergröße angepasst, so dass alle Zweige sichtbar sind.

Mehrfach rückgängig machen

Während der Arbeit an Ihrer Map fällt Ihnen auf, dass die letzten vorgenommenen Änderungen unnötig oder falsch waren. Nutzen Sie zum Rückgängigmachen dieser Vorgänge den *Rückgängig*-Befehl in der *Symbolleiste*. Klicken Sie auf den Pfeil rechts neben dem Icon, und wählen Sie mit einem Klick die Schritte, die Sie rückgängig machen wollen.

Mehrfache Markierungen

Um zum Beispiel die Schriftart aller Unterzweige zu ändern, wäre es müßig, jeden einzelnen Unterpunkt mit *Strg + Anklicken des jeweiligen Unterzweiges* zu markieren. Das geht auch schneller.

Klicken Sie auf eine freie Stelle in der Map, und ziehen Sie mit der Maus bei gedrückter *Strg-Taste* über ganze Bereiche. Sie können zwischendurch die Maus an anderer Stelle ansetzen und weitere Bereiche markieren. Die *Strg-Taste* muss aber gedrückt bleiben. Alles, was markiert wurde, erscheint in Blau.

3 Die Standardelemente in Mindjet MindManager, Teil I

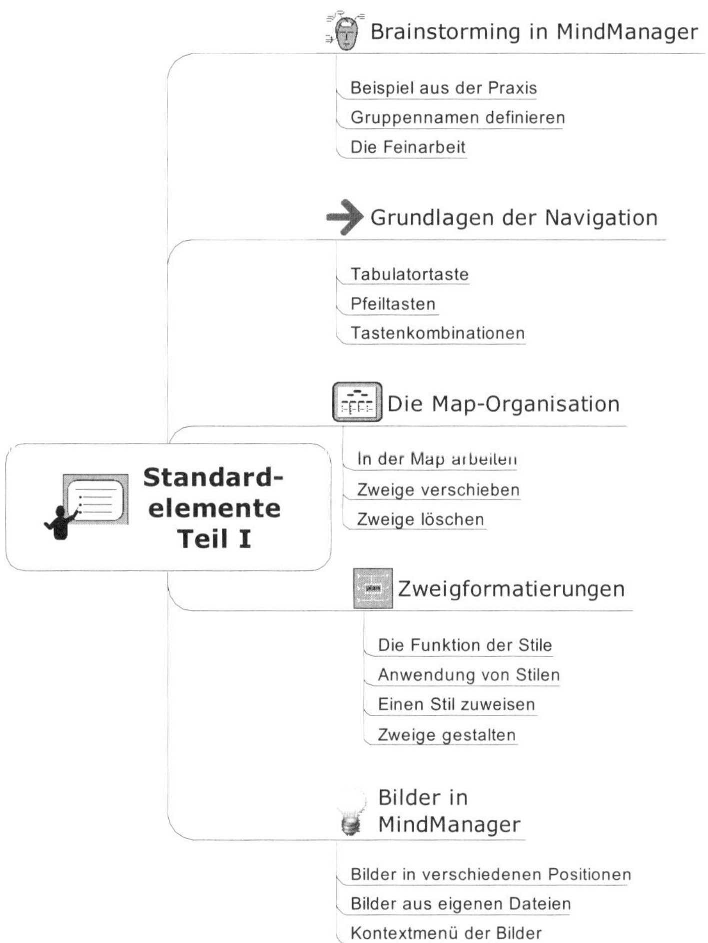

3 Die Standardelemente in Mindjet MindManager, Teil I

Nachdem Sie nun in Kapitel 2 die Grundlagen von Mindjet MindManager kennen gelernt haben, sich bereits einen Überblick über die einzelnen Funktionen verschaffen konnten und auch schon Ihre erste Map erstellt haben, möchten wir Ihnen in diesem Kapitel die Standardelemente innerhalb Mindjet MindManager näher bringen.

3.1 Brainstorming

Jeder von uns kennt diese Situation. Ein neues Projekt steht an, und es heißt, gemeinsam mit dem Team Ideen zu sammeln und eine Struktur für das Projekt zu erstellen. Die Vorgehensweise ist unabhängig davon, ob es sich um die Einführung eines neuen Produktes in einem Unternehmen oder beispielsweise die private Planung einer Familienfeier handelt.

Zu Beginn eines jeden Projektes steht also das Brainstorming – das Sammeln von Gedanken und Ideen zu einem bestimmten Thema. Im Anschluss an das Brainstorming muss der »Ideenmix« sortiert und strukturiert werden, damit am Ende alle Beteiligten über Inhalte, die einzelnen Steps und Ziele des Projektes Bescheid wissen und jeder seine Aufgaben kennt.

Die MindManager-Software bietet Ihnen für die Projektplanung eine optimale Grundlage – und die beginnt bereits beim Brainstorming.

Mindjet MindManager verfügt über einen speziellen Modus, in dem Sie nach dem Brainstorming-Prinzip schnell Ideen sammeln und notieren und anschließend einfach und unproblematisch weiterverarbeiten können.

Die gesammelten und projektbezogenen Bausteine werden als Zweige dem Hauptthema der Mind Map zugeordnet. So entsteht nach und nach eine strukturierte und übersichtliche Map, in der Sie jederzeit aktiv arbeiten und neue Ideen hinzufügen können.

3.1.1 Beispiel zum Brainstorming

Ein papierverarbeitendes Unternehmen produziert Artikel für den Schulbedarf und möchte ein innovatives und brandneues Produkt am Markt einführen – einen Notizblock für Schüler auf weiterführenden Schulen, aufgebaut nach dem MindManager-Prinzip. Die Idee der Entwickler ist es, Schülern ein besseres und effektiveres Arbeiten zu ermöglichen und gleichzeitig die Kreativität zu fördern.

Der Leiter der Abteilung Marketing setzt ein Meeting an, bei dem zunächst Ideen für die Vorgehensweise bezüglich der Produkteinführung gesammelt werden sollen. Vorab wird ein Teammitglied bestimmt, das während der Besprechung alle Gedanken und Einfälle in Mindjet MindManager »mitmappt«.

Stellen Sie sich vor, Sie sind diejenige Person, die alle Inhalte des Meetings in MindManager festhält, und dass heute der Tag des ersten Meetings ist. Bestens vorbereitet haben Sie sowohl MindManager als auch eine neue, leere Map geöffnet. Ebenso haben Sie die Map bereits unter dem Namen »Produkteinführung MindManager-Notizblock« gespeichert und unter gleichem Titel das Hauptthema festgelegt.

Bevor es losgeht, wird die Marketing-Gruppe erneut genauestens über die heutige Aufgabe, nämlich einen Plan für die Produkteinführung des MindManager-Notizblocks zu erarbeiten, informiert. Zunächst gilt es, ein Brainstorming zu machen.

3.1.2 Der Start

Für Sie bedeutet das Brainstorming höchste Aufmerksamkeit, um alle Ideen zu erfassen.

Um im Brainstorming-Modus zu arbeiten, wählen Sie zunächst im Menü *Extras* der Symbolleiste die Option *Brainstorming starten* aus.

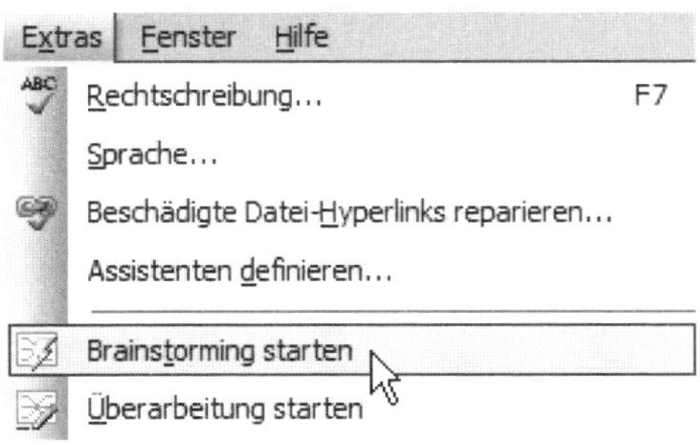

Abbildung 3.1 Die Aktivierung des Brainstorming-Modus

MindManager wechselt in den Brainstorming-Modus. Hier können Sie nun bequem, schnell und einfach die Einfälle, Ideen und Gedanken des Teams mitschreiben.

Die Eingabe der Kommentare erfolgt über das Feld *Stufe 1*.

Schreiben Sie also alle Ideen nacheinander in das Feld, und bestätigen Sie jeweils mit *Einfügen* oder durch Klicken auf die *Enter*-Taste.

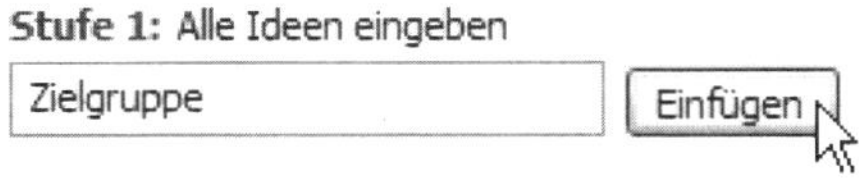

Abbildung 3.2 Ideen sammeln

Das eingegebene Wort erscheint nach Klicken der Schaltfläche *Einfügen* als *freie Anmerkung* in Ihrer Map.

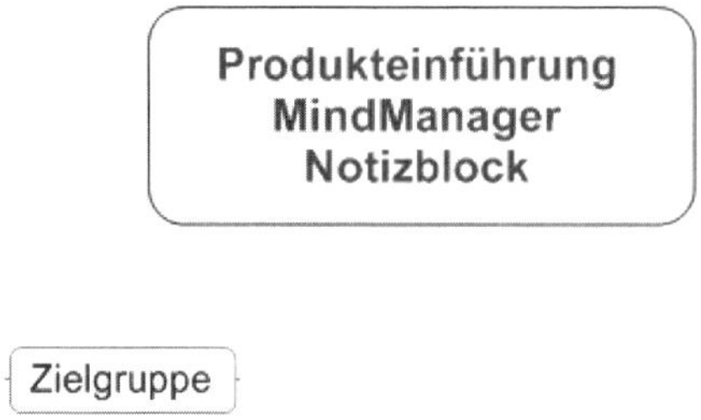

Abbildung 3.3 Die freie Anmerkung ordnet sich automatisch unterhalb des Hauptthemas an

Sie können Ihre Ideen auch direkt, ohne den Weg über das Feld unter *Stufe 1*, einfügen. Klicken Sie dazu einfach an eine freie Stelle im Arbeitsbereich des Brainstorming-Modus, und geben Sie das entsprechende Wort ein.

Auf diesem Weg notieren Sie alles, was zum Thema »Produkteinführung« angesprochen und erwähnt wird.

3.1.3 Ende des Brainstormings

So langsam gehen dem Team die Ideen aus – doch es sind einige Punkte zusammengekommen. Und nachdem Sie alle Gedanken gesammelt haben und somit auch dem Ziel etwas näher gekommen sind, können Sie jetzt bereits einen Schritt weiter gehen.

Abbildung 3.4 Nach dem Sammeln aller Ideen im Brainstorming-Modus

3.1.4 Festlegung der Gruppennamen

Wenn Sie alle Ideen gesammelt und notiert haben, folgt in Stufe 2 mit der *Definition der Gruppennamen* der nächste Schritt. Dazu klicken Sie auf die Schaltfläche *Gruppennamen* in der Menüleiste des Brainstroming-Modus.

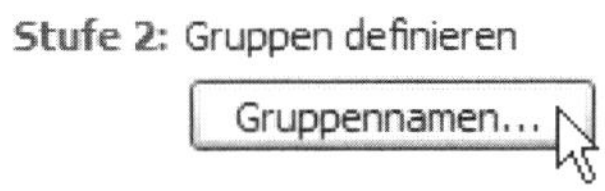

Abbildung 3.5 Legen Sie Gruppennamen zur besseren Übersicht fest

Es öffnet sich ein Dialogfeld, in dem Sie die Möglichkeit haben den angegebenen Farben verschiedene Gruppen zuzuordnen.

Abbildung 3.6 Der Dialog für die Brainstorming-Gruppennamen

Haben Sie die Definition beendet, erscheinen die von Ihnen angelegten Gruppen, wie in **Abbildung 3.7** dargestellt, im Brainstorming-Bereich, so dass Sie jetzt die gesammelten Ideen per Drag & Drop verteilen können.

Abbildung 3.7 Die neu angelegten Gruppen zur besseren Strukturierung

Das heißt, Sie ziehen die einzelnen Punkte, bei gedrückter linker Maustaste, in den jeweiligen Gruppenbereich.

Abbildung 3.8 Das Zuordnen der Ergebnisse zu den einzelnen Gruppen

Das Marketing-Team und Sie als Schriftführer haben nun schon einen großen Teil der strukturellen Arbeit getan. Das Grundprinzip bzw. die Idee der weiteren Vorgehensweise steht, und die Gruppe hat bereits einen Überblick über das, was in den kommenden Wochen an Arbeit ansteht.

Das Brainstorming ist mit der Definition der Gruppennamen beendet. Die Marketing-Gruppe vereinbart einen neuen Termin zur Nachbesprechung, der Schriftführer bzw. Sie erklären sich bereit, die Zusammenfassung der Ergebnisse jedem per Mail zukommen zu lassen, und das Meeting löst sich auf.

Jetzt geht es an die Feinarbeit – die Einarbeitung der »Brainstorming-Ergebnisse« in die Business Map. Zunächst schließen Sie den Brainstorming-Modus über die Schaltfläche *Brainstorming beenden* rechts oben in der Symbolleiste.

Mit diesem Vorgang werden die Ergebnisse des Brainstormings automatisch in der Standard-Mapansicht dargestellt.

3.1.5 Die Feinarbeit

Da Sie bereits eine sehr gute Vorarbeit geleistet haben, geht Ihnen der Rest leicht von der Hand. Per Drag & Drop fügen Sie die einzelnen und bereits vorsortierten Gruppen dem Hauptthema an.

Markieren Sie den Zweig einer Gruppe, und ziehen Sie ihn mit gehaltener linker Maustaste an das Hauptthema. Mit wenigen Klicks haben Sie die Ergebnisse des Brainstormings in der Business Map eingearbeitet.

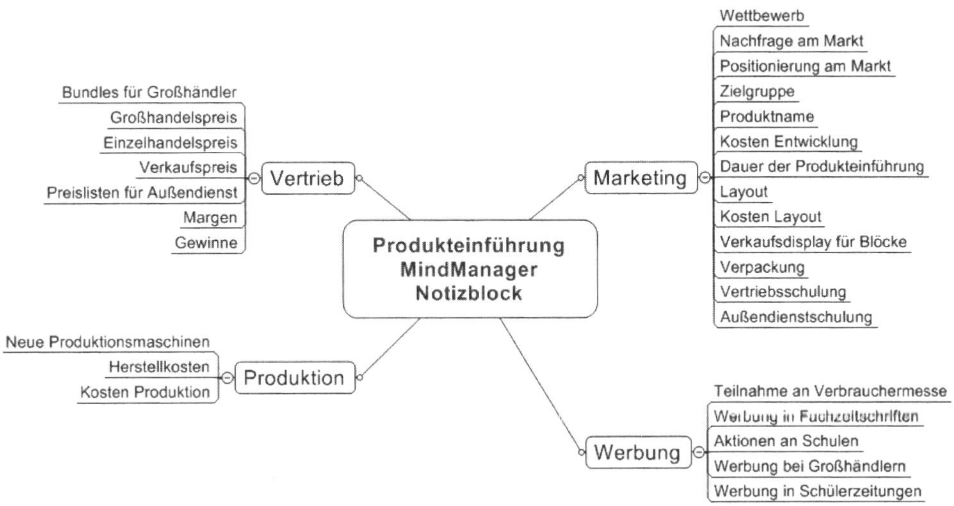

Abbildung 3.9 Dieser Zwischenstand kann sich bereits sehen lassen

Während Sie Ihre Map bestaunen und noch einmal feststellen, wie bequem die Arbeit mit Mindjet MindManager ist, bemerken Sie, dass die Map noch besser strukturiert sein könnte. Sie machen sich an die Arbeit, denn Sie wollen nicht nur sich, sondern auch dem ganzen Team die Arbeit durch eine übersichtliche Projekt-Map vereinfachen.

Deshalb kategorisieren Sie die Map weiter in die Tiefe und legen entsprechend Unterzweige an. Diese Unterzweige stellen nachher weitere Untergruppen zu dem jeweiligen Hauptzweig dar und sind gleichzeitig auch Oberbegriffe zu den Punkten, die Sie dem neuen Zweig zuordnen werden.

Sie überlegen sich also weitere Gruppen, die eine detaillierte Kategorisierung ermöglichen.

Abbildung 3.10 Neue Gruppen bzw. Kategorien in der Map

Im unteren Bereich der **Abbildung 3.10** sehen Sie die neuen Gruppen bzw. Kategorien. Erneut ordnen Sie per Drag & Drop den neuen Zweigen die einzelnen Punkte zu.

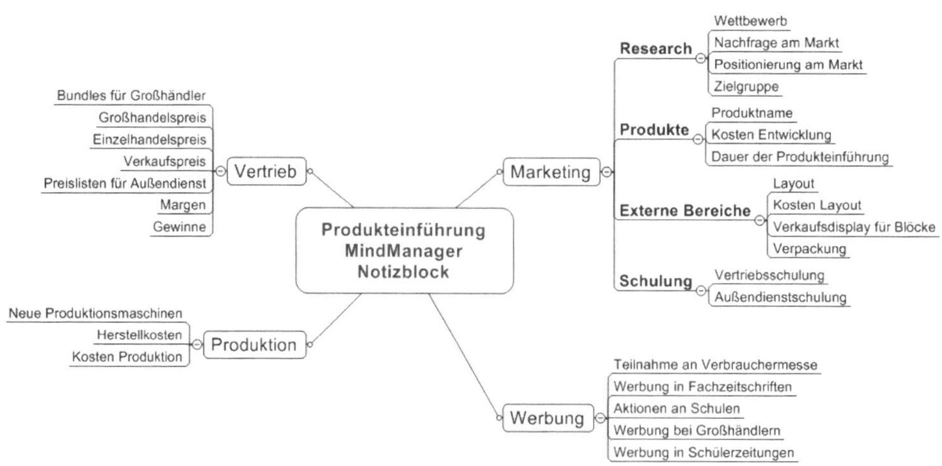

Abbildung 3.11 Die fertige Business Map für die Produkteinführung

Ihre Projekt-Map ist übersichtlich und für den Versand per E-Mail an das ganze Team bereit.

3.2 Grundlagen der Navigation

Mindjet® MindManager® bietet Ihnen eine Fülle an Möglichkeiten. Trotz der Komplexität ist die Bedienung und Navigation einfach und leicht zu erlernen. Sicher, wenn man es weiß, ist alles einfach.

Damit Sie von Anfang an den Durchblick haben, sollten Sie sich zunächst mit den Grundlagen der Navigation in Mindjet MindManager vertraut machen.

Vielleicht ein bisschen Fleißarbeit, aber ohne Fleiß nun mal kein Preis. Und Sie werden schnell erkennen, dass sich die Mühe lohnt.

Denn wer sich mit der Navigation auskennt, kann während des Mappings viel Zeit sparen und produktiv arbeiten. Denn wussten Sie, dass Sie mit Hilfe der Tastatur schnell und zielgerichtet in einer Map navigieren können?

Starten Sie also durch, und navigieren Sie Ihr Wissen Richtung »Profi-Modus«! Machen Sie alle Erklärungen live an Ihrem PC mit. So prägen Sie sich das Gelesene am besten ein und können schon bei der nächsten eigenen Map dank Ihres »Navigationswissens« eine Menge Zeit sparen.

Bevor Sie beginnen, öffnen Sie zunächst eine beliebige Map. Wenn Sie noch keine eigene Map haben, klicken Sie auf das Register *Learning Center* im Aufgabenbereich, und öffnen Sie die Map mit dem Namen *Beispiel Aufgabenplanung* in der Rubrik *Map-Galerie*.

3.2.1 Navigation mit der Tabulatortaste

Mit der *Tabulatortaste* können Sie im Uhrzeigersinn durch die einzelnen Zweige der Map navigieren. Markieren Sie das Hauptthema mit der Maus, und drücken Sie mehrmals die *Tabulatortaste*. Sie sehen, wie sich die Navigation verhält. Die Markierung springt zunächst auf den ersten Hauptzweig und anschließend auf die mit ihm verbundenen Unterzweige. Drücken Sie die Tabulatortaste weiter, bewegt sich die Markierung auf den zweiten Hauptzweig.

Möchten Sie auf gleiche Weise in die andere Richtung, also gegen den Uhrzeigersinn navigieren, halten Sie die *Umschalttaste* gedrückt und steuern wie vorher über die *Tabulatortaste*. Die Markierung springt jetzt rückwärts.

3.2.2 Navigation mit den Pfeiltasten

Mit den *Pfeiltasten* können Sie nach oben, unten, links oder rechts springen. Navigieren Sie nach oben oder unten, bewegen Sie sich immer auf der gleichen Ebene. Wenn Sie also einen Hauptzweig markiert haben, bleiben Sie bei Betätigung der *Pfeiltasten* nach oben und nach unten auch immer auf der ersten Ebene.

Navigieren Sie nach links oder rechts, können Sie sich auf allen Ebenen bewegen. Markieren Sie das Hauptthema und gehen mit der *Pfeiltaste* nach rechts, so springt die Markierung zunächst auf den Hauptzweig der Ebene 1, anschließend auf den Unterzweig der zweiten Ebene, dann auf den Unterzweig der dritten Ebene usw.

3.2.3 Navigationshilfen durch Tastenkombinationen

Die größte Vereinfachung im Bereich der Navigation ist, wie in vielen anderen Programmen auch, die Navigation durch *Tastenkombinationen*. Sie ermöglichen ein schnelles Arbeiten und ersparen uns in manchen Fällen das mehrmalige Klicken mit der Maus. Natürlich ist die Nutzung von Tastenkombinationen eine individuelle Entscheidung und Geschmackssache. Im Folgenden finden Sie einige Beispiele nützlicher Tastenkombinationen.

3.2.3.1 Detailebene

Vor allem bei komplexen und umfangreichen Maps kommt es oft vor, dass man sich nur bestimmte Ebenen anzeigen lassen möchte, um sie eventuell genauer zu betrachten oder weil man sie einfach nur für andere nicht sichtbar machen will.

Zweige und/oder Unterzweige der gesamten Map können Sie mit der Funktion *Detailebene* ein- bzw. ausblenden. Dafür nutzen Sie entweder die Schaltfläche *Detail* in der Mapansichts-Leiste oder aber noch einfacher die Tastenkombination *Strg+D*.

Abbildung 3.12 Business Map mit Anzeige aller Haupt- und Unterzweige

Haben Sie Ihre Map komplett, also mit allen Unterzweigen, geöffnet, möchten sich aber nur die Hauptzweige zu Ihrem Hauptthema anzeigen lassen, markieren Sie das Hauptthema und drücken die Tastenkombination *Strg+D*. Sie sehen, dass alle Unterzweige der Hauptzweige verschwunden sind.

Abbildung 3.13 Die Unterzweige sind ausgeblendet

Möchten Sie jetzt einen der Hauptzweige näher betrachten, können Sie sich über die gleiche Tastenkombination alle dazugehörigen Unterzweige anzeigen lassen. Dazu markieren Sie den gewünschten Hauptzweig und drücken wieder *Strg+D.* Alle Unterzweige der nächsten Ebene werden angezeigt.

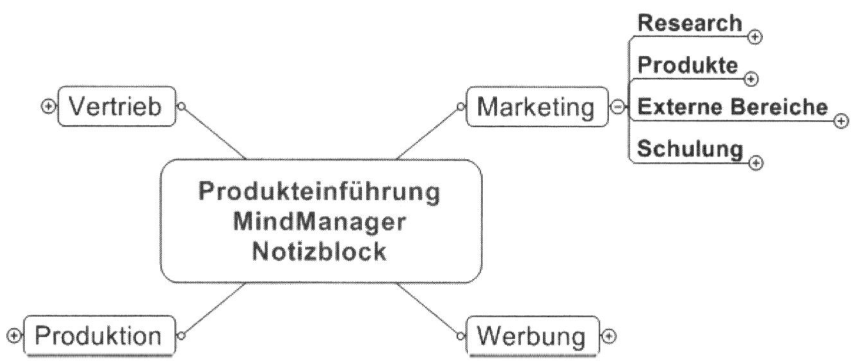

Abbildung 3.14 Teilweise eingeblendete Unterzweige

Diesen Vorgang können Sie beliebig oft und an jeder Stelle der Map wiederholen und sich so sehr schnell die gewünschten Ebenen anzeigen oder ausblenden lassen.

Sie können auch Mehrfach-Markierungen vornehmen und damit z. B. bei zwei Hauptzweigen auf einmal die Unterzweige ein- oder ausblenden. Um Mehrfach-Markierungen durchzuführen, drücken Sie die *Strg*-Taste und markieren mit der Maus die gewünschten Zweige. Anschließend drücken Sie *Strg+D.*

3.2.3.2 Fokussierung einzelner Bereiche

Der besseren Übersicht einzelner Bereiche während des Mind Mappings dient auch die Funktion *Fokus,* die Sie durch Drücken auf die Taste *F3* aktivieren. Mit dem Fokus können Sie einzelne Zweige fokussieren – das bedeutet in diesem Fall, Sie holen einen bestimmten Zweig zur besseren Ansicht in die Mitte des MindManager-Arbeitsfensters.

Sicher, Sie können die Business Map auch mit der Maus oder den Bildlaufleisten so lange hin und her schieben, bis Sie den gewünschten Bereich in der Mitte der Ansicht haben – aber warum kompliziert, wenn es auch einfach geht?!

Wenn Sie also eine komplette Map wie in **Abbildung 3.12** dieses Kapitels geöffnet haben, jedoch nur einen Zweig davon genauer betrachten wollen, markieren Sie den entsprechenden Hauptzweig und drücken die Taste *F3*. Die Map verschiebt sich, und Sie sehen den gewünschten Zweig in der Mitte Ihres Fensters.

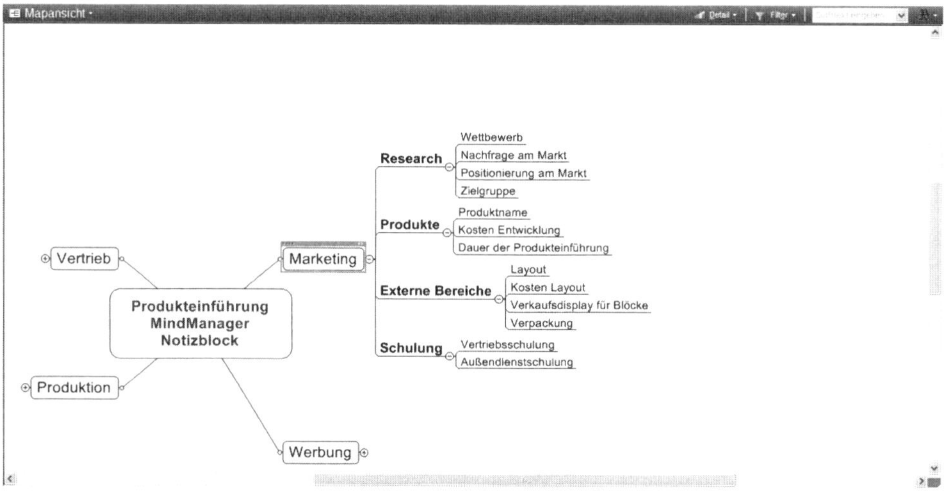

Abbildung 3.15 Mit der Taste *F3* zentrieren Sie einzelne Zweige im Arbeitsbereich

Durch Aktivieren des Fokus werden gleichzeitig auch alle anderen Unterzweige der verbleibenden Hauptzweige ausgeblendet. Sie sehen nur noch den ausgewählten Zweig in der Mitte Ihres Bildschirmes und eventuell weitere Hauptzweige (siehe **Abbildung 3.15**).

Möchten Sie Ihre Map doch lieber mit der Maus bewegen, gibt es auch hier eine einfache Methode. Klicken Sie mit der Maus in eine beliebige Stelle Ihrer Mind Map und drücken die rechte Maustaste. Mit gehaltener rechter Maustaste können Sie jetzt die Map hin und her bewegen. Während dieser Aktion verwandelt sich der Mauszeiger in eine Hand.

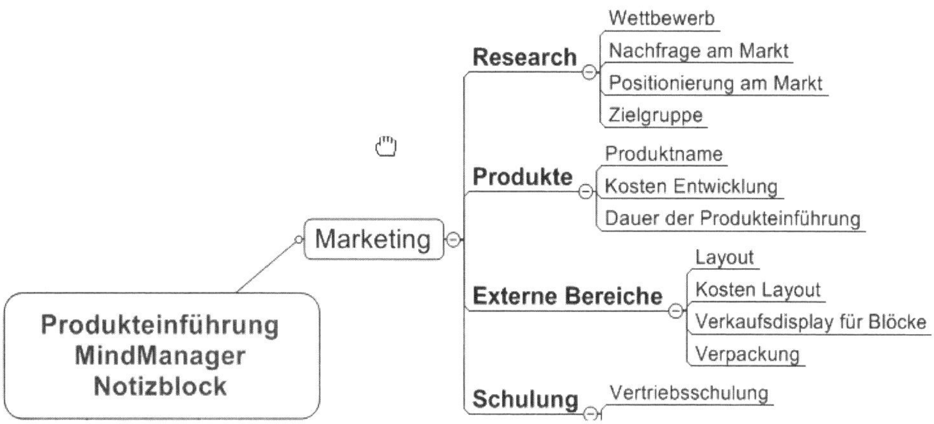

Abbildung 3.16 Mit gehaltener rechter Maustaste können Sie die Map verschieben.

3.2.3.3 Zentrieren einer Map mit Ansicht aller Hauptzweige

Sie arbeiten an einer Mind Map, deren Umfang die Größe des Fensters schon längst überschritten hat. Nicht nur, dass Sie immer nur einen Teil der Map sehen, nein – Sie sind auch ständig gezwungen, sich mit Hilfe der Bildlaufleisten an die gewünschte Stelle zu scrollen.

Möchten Sie die Map mit allen Hauptzweigen in der Mitte des Bildschirmfensters anordnen, haben Sie die Möglichkeit, dies über das Menü *Ansicht/Map zentrieren* oder mit der Tastenkombination *Strg+F3* zu machen.

Die Unterzweige werden bei dieser Funktion ausgeblendet. Haben Sie also über die Funktion *Strg+F3* Ihre Map zentriert, werden Ihnen nur noch die Hauptzweige eingeblendet.

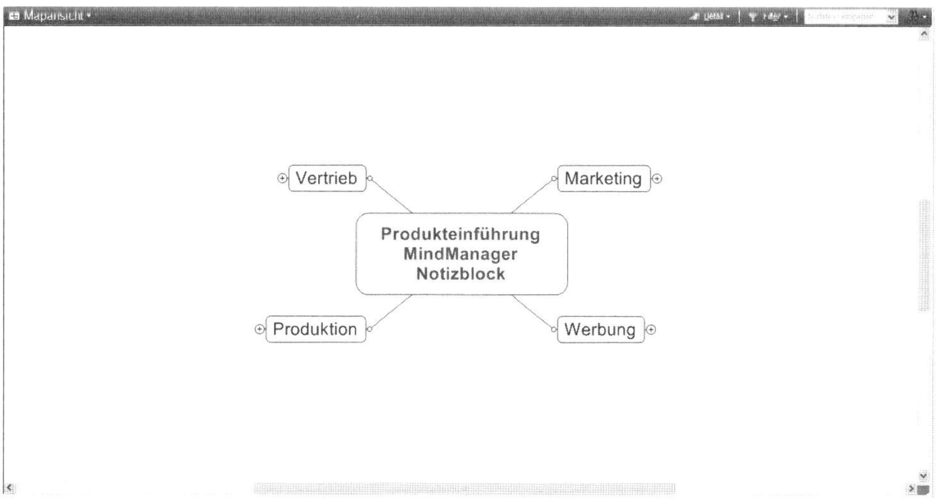

Abbildung 3.17 Mit den Tasten *Strg+F3* wird die Map zentriert und ohne Unterzweige angezeigt

3.2.3.4 Die Map zentrieren und an das Fenster anpassen

Wie schon im Punkt 3.2.3.3 erwähnt, geht eine Business Map in den meisten Fällen über den sichtbaren Bereich des Mindjet MindManager-Fensters hinaus. Um sich die gesamte Map, also inklusive aller Haupt- und Unterzweige, zentriert und an die Größe des Arbeitsfensters angepasst anzeigen zu lassen, drücken Sie die Tastenkombination *Strg+F5* oder klicken auf die Schaltfläche *Map an Fenster anpassen* in der Hauptsymbolleiste.

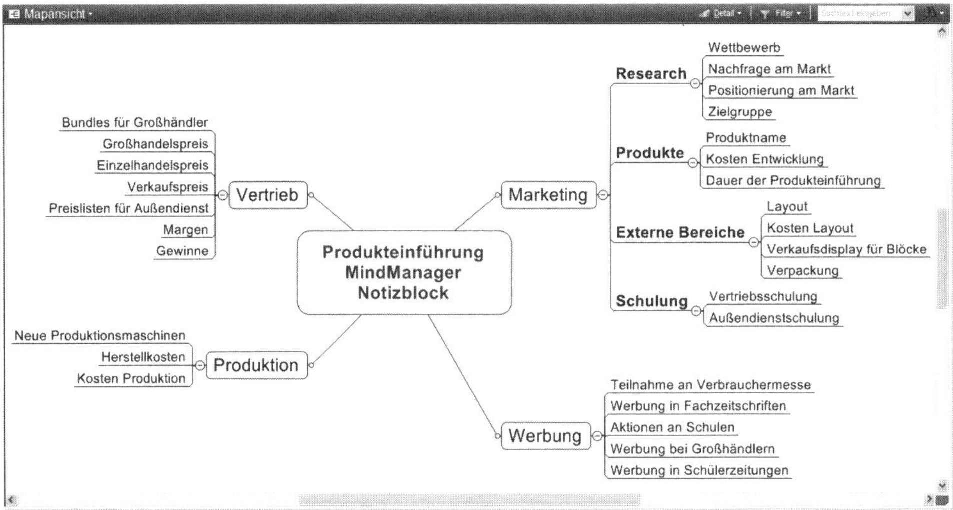

Abbildung 3.18 Gesamtübersicht über die Business Map mit *Strg+F5*

Je nach Größe der Map wird die Ansicht durch diese Funktion verkleinert oder vergrößert, und Sie erhalten eine auf das Arbeitsfenster angepasste Gesamtübersicht der Map.

Weitere Tastenkombinationen sehen Sie auch, wenn Sie mit den Befehlen *Datei, Bearbeiten, Ansicht, Einfügen, Zweig, Format, Extras, Fenster* und *Hilfe* in der Menüleiste arbeiten. Klicken Sie beispielsweise auf *Einfügen*, sehen Sie in dem sich öffnenden Untermenü alle Funktionen inklusive der dazugehörigen Tastenkombinationen, sofern vorhanden.

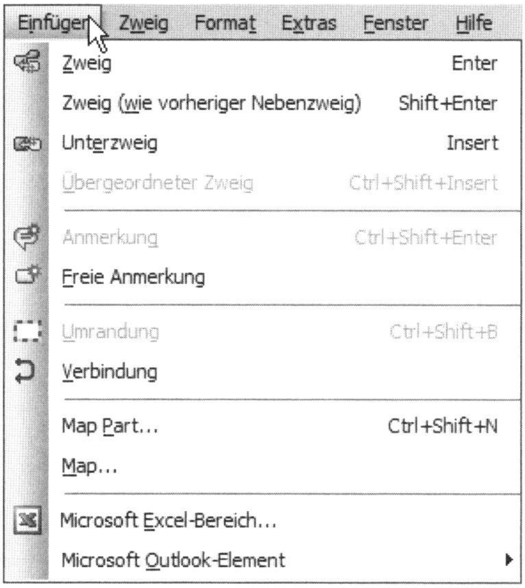

Abbildung 3.19 Die Tastenkombinationen in der Menüleiste

3.2.3.5 Die Tastenkombinationen für eine schnellere Navigation

Tabelle 3.1 Tastenkombinationen für die Navigation im Überblick

Funktion	**Tastenkombination**
Navigation mit der Tabulatortaste im Uhrzeigersinn	Tabulatortaste
Navigation mit der Tabulatortaste gegen den Uhrzeigersinn	Umschalttaste + Tabulatortaste
Navigation mit der Pfeiltaste nach rechts	Pfeiltaste nach rechts
Navigation mit der Pfeiltaste nach links	Pfeiltaste nach link
Navigation nach unten auf gleicher Ebene	Pfeiltaste nach unten
Navigation nach oben auf der gleichen Ebene	Pfeiltaste nach oben
Detailebenen ein- bzw. ausblenden	Strg+D
Zweige fokussieren, zentrieren und alle anderen Unterzweige ausblenden	F3
Map bewegen und verschieben	Rechte Maustaste
Map + alle Hauptzweige anzeigen und zentrieren	Strg+F3
Gesamte Map zentrieren und auf Arbeitsfenstergröße anpassen (alle Zweige werden angezeigt)	Strg+F5

3.3 Map-Organisation

Wie schon in den vorangegangen Kapiteln erwähnt, hält Mindjet MindManager eine Fülle von Funktionen für Sie bereit. Die Möglichkeiten und die Vielfalt, die Ihnen während der Arbeit an Ihrer Business Map geboten werden, sind extrem breit gefächert und lassen in der Regel keine Wünsche mehr offen. Wichtig ist daher, dass Sie dieses Angebot kennen und, noch wichtiger, dass Sie es anzuwenden wissen. Deshalb stellen wir Ihnen in diesem Kapitel die wichtigsten Funktionen bezüglich Ihrer Map-Organisation vor. Denn nicht nur die Projekte, die Sie in Mindjet MindManager erarbeiten, wollen organisiert sein – nein, auch das richtige, schnelle und produktive Arbeiten.

3.3.1 Verschieben von Zweigen

Ein Business Map besteht, wie Sie ja bereits wissen, aus einer Vielzahl von Haupt- und Unterzweigen oder Hauptkategorien und dazugehörigen Unterbegriffen. Sie werden feststellen, dass es in der Praxis nicht selten vorkommt, dass Sie Zweige gerne anders anordnen wollen oder Unterzweige einer neuen Kategorie zuordnen möchten, da sie an anderer Stelle inhaltlich besser passen und mehr Sinn machen. Da es mühsam wäre, den Zweig zunächst zu löschen, an anderer Stelle einen neuen einzufügen und den Inhalt einzugeben, nehmen wir wieder unsere »Produkteinführungs-Map« des Papierunternehmens zur Hilfe, um die einfache Handhabung in solchen Fällen zu verdeutlichen.

Stellen Sie sich vor, Sie sitzen vor der fertigen Projekt-Map und Ihnen fällt nach getaner Arbeit auf, dass einer der Unterzweige eigentlich gar nicht in die von Ihnen festgelegte Kategorie passt.

Sie möchten den Unterzweig »Außendienstschulung« verschieben und als Unterzweig des Hauptzweiges »Vertrieb« anlegen.

In **Abbildung 3.20** sehen Sie den zu verschiebenden Zweig auf der rechten Seite. Die Linie zeigt Ihnen, an welcher Stelle der Unterzweig angeordnet werden soll.

Abbildung 3.20 Verschieben eines Elements innerhalb der Projekt-Map

Die Zweige in einer Map können Sie beliebig verschieben und immer wieder neu per *Drag & Drop* individuell anordnen. Dazu markieren Sie den entsprechenden Zweig und ziehen ihn, bei gedrückter linker Maustaste, an die gewünschte Stelle. Während dieses Vorganges »klebt« der Zweig sozusagen an Ihrer Maus.

Sobald Sie sich mit dem Zweig an der Maus in unmittelbarer Nähe der Map bewegen, zeigt Ihnen MindManager durch einen optischen Anhaltspunkt an, wo der Zweig »landen« würde, wenn Sie in diesem Moment die Maus losließen.

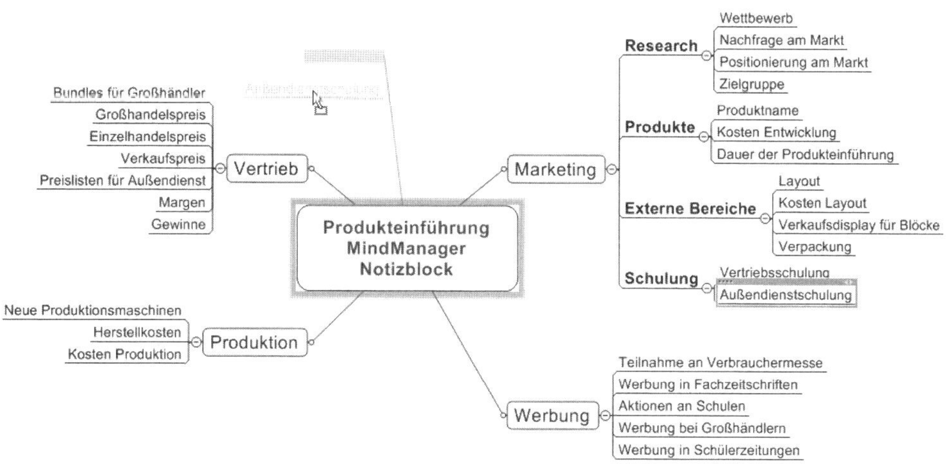

Abbildung 3.21 Das Element ordnet sich entsprechend des Anhaltspunktes an

Ist also durch den optischen Anhaltspunkt sichtbar, dass sich der Zweig an der gewünschten neuen Stelle befindet, lassen Sie die Maus los, und der Zweig ordnet sich automatisch richtig an.

Abbildung 3.22 Das neu positionierte Element

Wie Sie in **Abbildung 3.22** sehen können, befindet sich der Zweig jetzt in der Kategorie »Vertrieb« und nicht mehr in der Gruppe »Marketing«.

Nach dem gleichen Prinzip können Sie auch komplette Bereiche, also einen Hauptzweig mit allen dazugehörigen Unterzweigen, verschieben, ohne alles noch einmal eingeben zu müssen.

Wenn Sie einen Zweig *verschieben* und gleichzeitig auch *kopieren* wollen, da Sie der Meinung sind, der Punkt gehört in zwei verschiedene Bereiche, halten Sie die *Strg*-Taste während des gesamten *Drag & Drop*-Vorganges gedrückt.

3.3.2 Zweige und Unterzweige löschen

Wenn Sie einen Zweig und alle dazugehörigen Unterzweige löschen möchten, markieren Sie den Hauptzweig und löschen alles mit der Taste *Entf*. Möchten Sie nur einen Unterzweig löschen, markieren Sie diesen und gehen dann gleichermaßen vor.

Sie können auch mehrere Unterzweige auf einmal markieren und anschließend löschen. Dazu drücken Sie die *Strg*-Taste, markieren die gewünschten Unterzweige mit Hilfe der Maus und löschen sie danach mit der Taste *Entf*.

Möchten Sie einen Hauptzweig entfernen, die Unterzweige aber erhalten, markieren Sie den gewünschten Hauptzweig, und drücken Sie entweder die Tastenkombination *Strg+Umschalt+Entf*, oder wählen Sie im Kontextmenü, das Sie durch einen Rechtsklick auf den Hauptzweig öffnen, den Befehl *Zweig entfernen*. Die Unterzweige ordnen sich automatisch an den darüber liegenden Zweig bzw. das Hauptthema an.

Abbildung 3.23 und **Abbildung 3.24** zeigen die neue Zweiganordnung nach dem Löschen des Hauptzweiges im Vergleich.

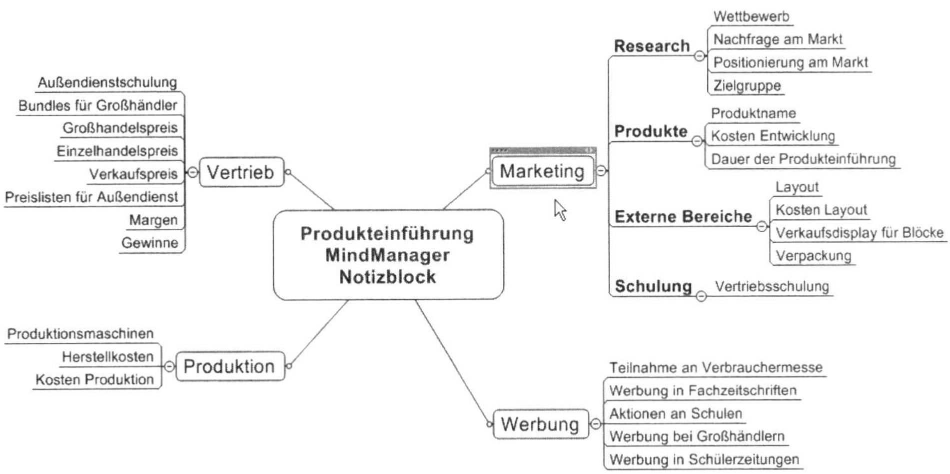

Abbildung 3.23 Die ursprüngliche Projekt-Map

Sie sehen, wie einfach es ist, mit Mindjet MindManager zu arbeiten und sich die Map zu organisieren. Ohne großen Zeitverlust können Sie Zweige und Unterzweige immer wieder neu anordnen und individuell anpassen.

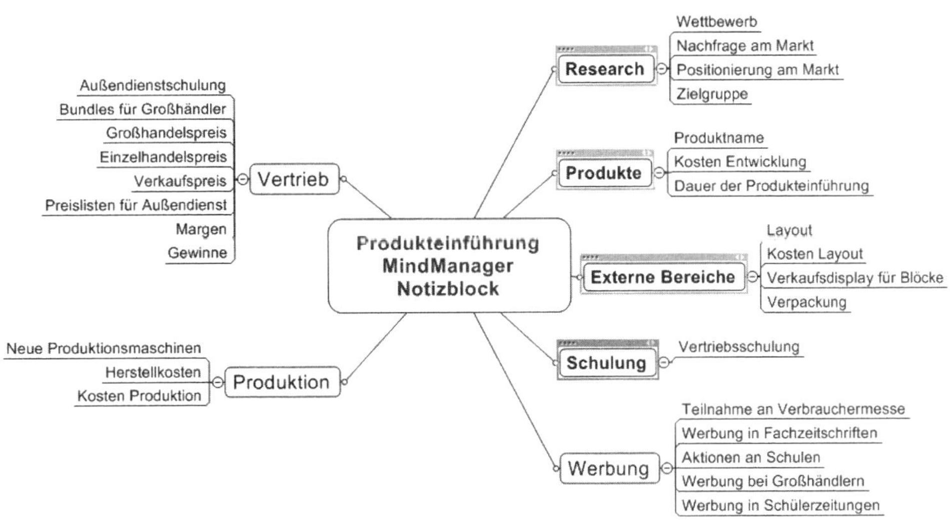

Abbildung 3.24 Die Projekt-Map nach dem Löschen des Hauptzweiges »Marketing«

3.4 Zweigformatierung

Mindjet MindManager ist ein visuelles Planungstool. Um diesem Namen gerecht zu werden, bietet es sich an, mit den zahlreichen optischen Elementen von Mindjet MindManager zu arbeiten. Denn Business Maps, die sich optisch absetzen, sind einprägsamer.

Die *Zweigformatierung* gehört zu den grundlegenden Elementen für das optische »Herausputzen« einer Mind Map. Sie sollten nicht auf die Zweigformatierung verzichten, denn schon allein die Gestaltung der Zweige kann den Inhalt der Map zum Ausdruck bringen.

3.4.1 Die Formatierungsschemen – Stile

Nicht nur bei unseren Mitmenschen sehen wir es gerne, wenn sie ein bisschen Stil besitzen – nein, Sie werden feststellen, dass Ihnen auch bei der Bearbeitung einer Map die *Stil*-Funktion ein wichtiger Helfer sein wird, Ihrer Map das gewisse Etwas zu verleihen.

Mit *Formatierungsschemen*, den so genannten *Stilen*, können Sie einer Map ein komplett neues Erscheinungsbild geben. Und damit Sie Ihren Ideen diesbezüglich freien Lauf lassen können, verfügt MindManager über eine Reihe vorgegebener Stile. Das Beste: Diese Stile können Sie auch noch an Ihre individuellen Bedürfnisse anpassen.

3.4.1.1 Anwendung der Stil-Funktion

Um die Stil-Funktion und deren Auswirkungen deutlicher zu machen, nehmen wir wieder die Projekt-Map des papierverarbeitenden Unternehmens zur Hand.

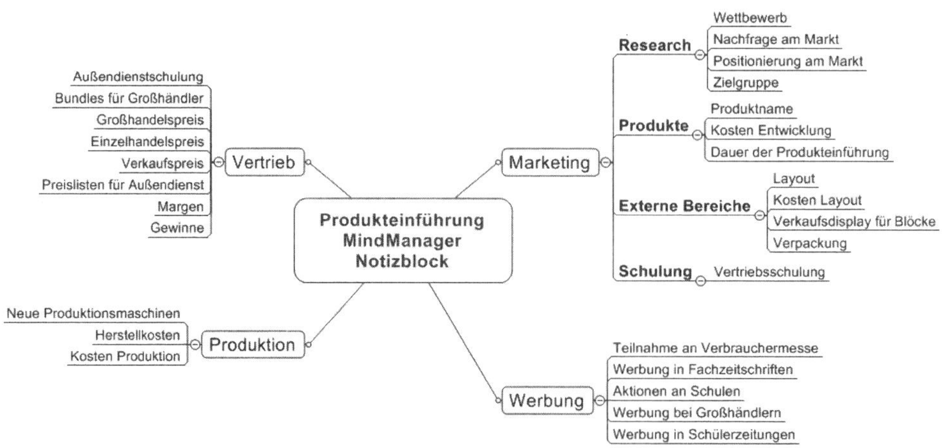

Abbildung 3.25 Die Projekt-Map des Unternehmens in der Ausgangsform

Wie Sie sehen, sehen Sie wohl eher nichts, von dem Sie sagen würden: »Wow, toller Stil!« Die Map ist übersichtlich und klar strukturiert, und jeder im Team weiß letztendlich, worum es geht. Nichtsdestotrotz geht es besser: Durch das Arbeiten mit Formatierungsschemen, also mit Stilen, können Sie allein dadurch sichtbar machen, ob es sich beispielsweise eher um eine seriöse Unternehmens-Projekt-Map oder eine private Geburtstagsplanungs-Map handelt.

3.4.1.2 Einen Stil zuweisen

Einen Stil weisen Sie über den *Vorlagen-Organizer* zu. Den *Vorlagen-Organizer* finden Sie unter *Format/Stil/Aus Vorlagen zuweisen* in der Menüleiste von MindManager.

Hier finden Sie eine Vielzahl an Stilvorlagen, die schon anhand des Namens auf die jeweilige Darstellung schließen lassen. Am besten Sie klicken einfach die verschiedenen Vorlagen durch, um sich einen Überblick über das Angebot zu verschaffen.

Klicken Sie auf eine der angegebenen Vorlagen, erscheint im rechten Bereich des Dialogfelds *Neuen Stil für aktuelle Map wählen* eine kleine Vorschau auf die Darstellung des gewählten Stils. Vergleichen Sie **Abbildung 3.26**.

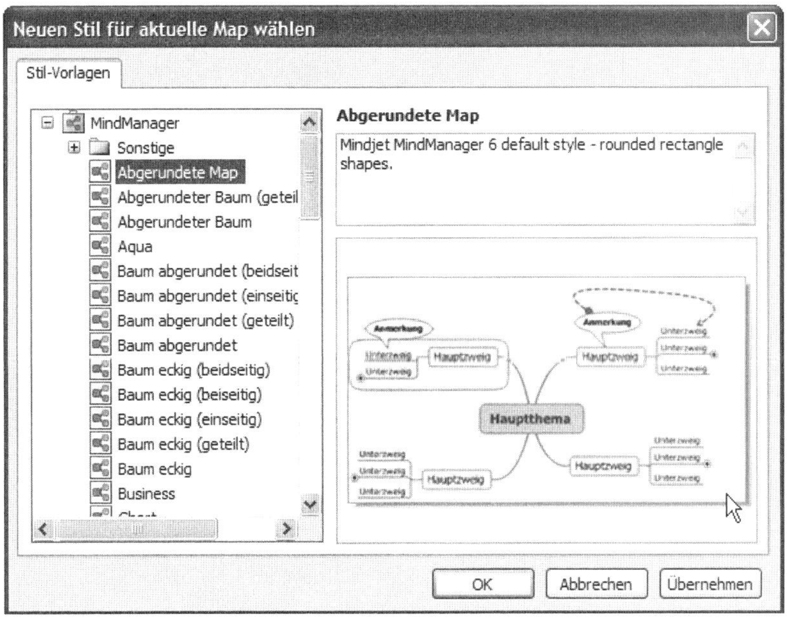

Abbildung 3.26 Die Vorschau auf die Darstellung des markierten Stils

Wenn Sie sich für einen Stil entschieden haben, bestätigen Sie zunächst Ihre Auswahl mit *Übernehmen*. Anschließend klicken Sie auf *OK*.

Sie sehen jetzt, dass Ihre Map den von Ihnen ausgewählten Stil übernommen hat.

In **Abbildung 3.27** sehen Sie, welche Auswirkungen die Zuweisung eines neuen Stiles haben kann. Das Arbeiten mit Stilen bzw. die Wahl eines bestimmten Stiles ist unumstritten eine individuelle Entscheidung. Dem einen gefällt's, dem anderen nicht – und da sich über Geschmack bekanntlich nicht streiten lässt, gestalten Sie Ihre Map immer mit dem Stil, der Ihnen das Thema betreffend am besten gefällt und natürlich auch am besten dazu passt.

Unsere Empfehlung: Nutzen Sie auch die Möglichkeit, eigene Stile anzulegen und zur Wiederverwendung zu speichern. Mehr zum Thema »Stile« können Sie detailliert im Kapitel »Vom Könner zum Profi« nachlesen.

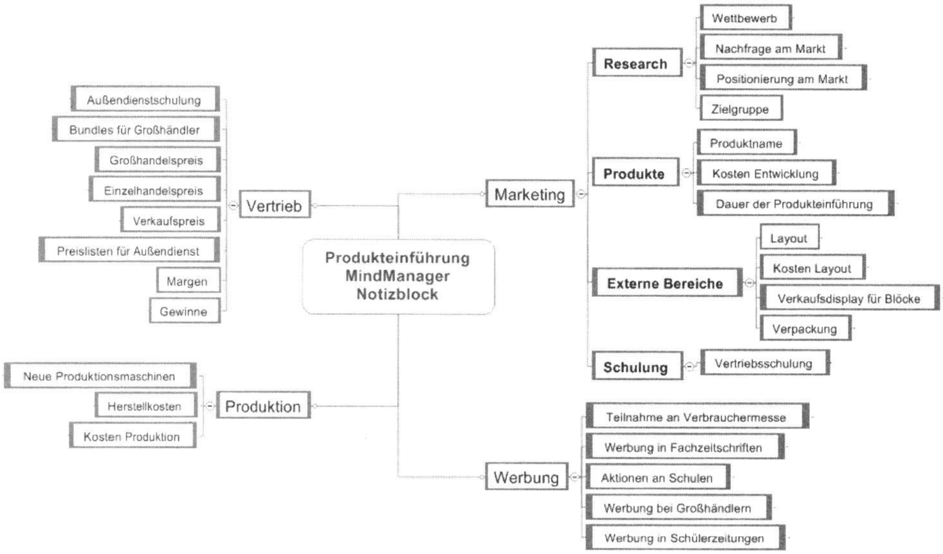

Abbildung 3.27 Die Produkteinführungs-Map mit neuem Stil

3.4.2 Zweige gestalten mit den Formatierungsleisten

Durch die Gestaltung Ihrer Map mit einer Stilvorlage haben Sie optisch schon einiges an Ihrer Map verändert.

Die Formatierungsleisten in MindManager, hierzu gehören die Standard- und die erweiterte Formatierungsleiste, bieten Ihnen noch weitere Gestaltungsmöglichkeiten.

Abbildung 3.28 Die Standard-Formatierungsleiste in Mindjet MindManager

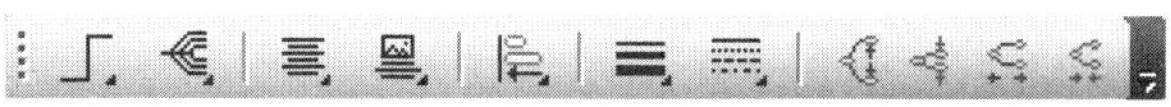

Abbildung 3.29 Die erweiterte Formatierungsleiste in MindManager

Die Formatierungsleisten können Sie verwenden, um die Darstellung Ihrer Map noch zu verfeinern. Mit Hilfe dieser Funktionen verändern Sie Schriftarten, -farben- und -größen. Ebenso haben Sie die Möglichkeit, Formen und Umrandungen hinzuzufügen, Linienarten oder auch Abstände und Positionen der Zweige zu verändern.

Auch bei dieser Art der Zweigformatierung entscheiden Sie wieder ganz individuell, was Ihnen am besten gefällt. Letztendlich kommt es darauf an, sinnvoll zu formatieren und der Projekt-Map mit der Formatierung auf den Inhalt bezogenen Ausdruck zu verleihen.

Um Ihnen zu zeigen, was mit der Formatierungsleiste möglich ist, überarbeiten wir ein weiteres Mal die Produkteinführungs-Map des Papierunternehmens.

Wie Sie in der **Abbildung 3.27** erkennen können, ist es recht schwierig, die Unterzweige der vier Hauptzweige optisch voneinander zu unterscheiden. Deshalb bedienen wir uns jetzt der Formatierungsleiste und gestalten die Map mit den uns zur Verfügung stehenden Funktionen ein bisschen um.

Abbildung 3.30 Die mit Hilfe der Formatierungsleiste überarbeitete Mind Map

Änderungen in unserem Beispiel

1. Als Erstes haben wir das Hauptthema der Map hervorgehoben. Dazu markiert man es, vergrößert es über den Button *Größer*.
2. Dann haben wir die vier Hauptzweige, damit sie auf einen Blick besser zu erkennen sind, in Fettdruck umgewandelt. Dazu markiert man die Hauptthemen und klickt auf die Schaltfläche *Fett* in der Formatierungssymbolleiste.

3. Anschließend haben wir die vier Unterzweige des Hauptzweiges »Marketing« zum einen vergrößert, wie zuvor über die Schaltfläche *Größer*, und zum anderen kursiv gesetzt. Hierzu klickt man auf den Button *Kursiv*.
4. Allen Unterzweigen auf der letzten Ebene haben wir dann noch eine andere Form zugewiesen. Um diesen Vorgang nicht für jeden Unterzweig einzeln vorzunehmen, markiert man mit gedrückter *Strg*-Taste alle Unterzweige und wählt dann im Kontextmenü der Schaltfläche *Formen* die gewünschte Darstellungsweise. In unserem Fall ist das die Form *Linie*.
5. Für eine bessere Übersicht haben wir für den Hauptzweig »Produktion« die Darstellungsweise in Organigrammform gewählt. Hierzu markiert man das Hauptthema und wählt dann im Pulldown-Menü der Schaltfläche *Zweiganordnung* den Befehl *Organigramm*.

Sicherlich stimmen Sie mit uns überein, dass sich das Ergebnis sehen lassen kann und die Map wesentlich übersichtlicher geworden ist – und das mit nur wenigen Mausklicks.

Mit der Funktion *Format übertragen* in der Hauptsymbolleiste des MindManager-Fensters können Sie schnell und einfach das Format eines Zweiges auf andere übertragen.

Die detaillierte Erklärung der Formatierungssymbolleiste sowie der anderen Symbolleisten und ihrer einzelnen Funktionen finden Sie in Kapitel 2.

3.5 Bilder in MindManager

Mit der Verwendung von Bildern unterstützen Sie das visuelle Erscheinungsbild Ihrer Map und machen somit Informationen noch einprägsamer.

Die Bilder für die Gestaltung Ihrer Map finden Sie im *Aufgabenbereich* von Mindjet MindManager im Register *Bibliothek*. Die umfangreiche Auswahl von Bildern im gleichnamigen Bereich ist in mehreren Kategorien angelegt, in denen Sie nach entsprechenden Bildern suchen können. Die Kategorisierung vereinfacht das Finden von Bildern.

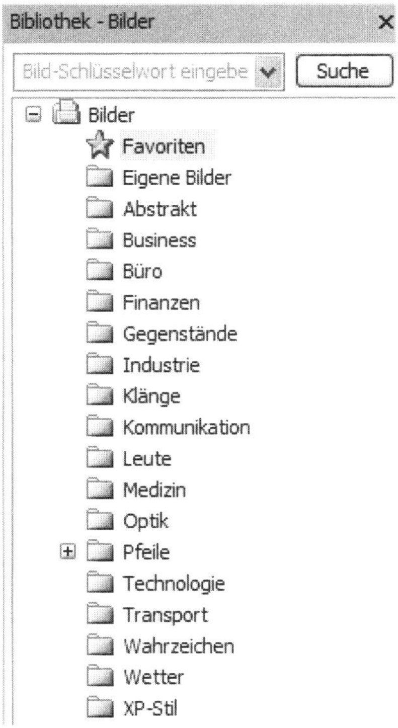

Abbildung 3.31 Die Bildergalerie in der Bibliothek des Aufgabenbereiches

3.5.1 Bilder an einen Zweig anhängen

Sie können Bilder an einen Zweig anhängen, um damit die Bedeutung des Zweiges zu unterstützen. Dazu suchen Sie sich das entsprechende Bild heraus, markieren es und ziehen es mit gehaltener linker Maustaste an den gewünschten Zweig.

Während des Drag & Drop-Vorgangs wird Ihnen durch einen roten Anhaltspunkt angezeigt, an welcher Stelle das Bild zu diesem Zeitpunkt eingefügt wird.

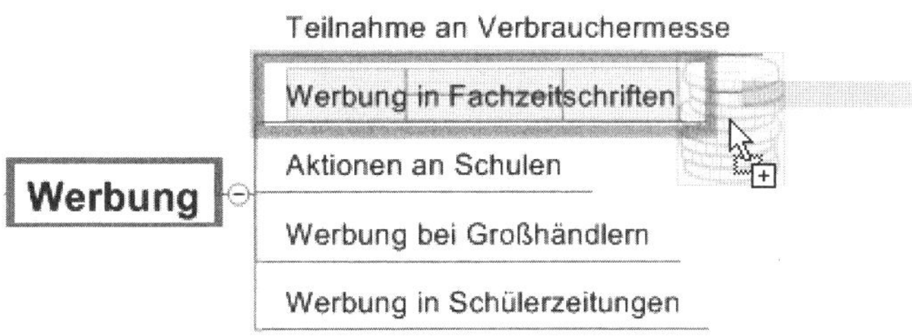

Abbildung 3.32 Der rote Anhaltspunkt während des Drag & Drop-Vorgangs

Die Größe des Bildes können Sie ganz einfach mit der Maus ändern. Dazu markieren Sie das Bild und ziehen es an den Eckpunkten auf die passende Größe.

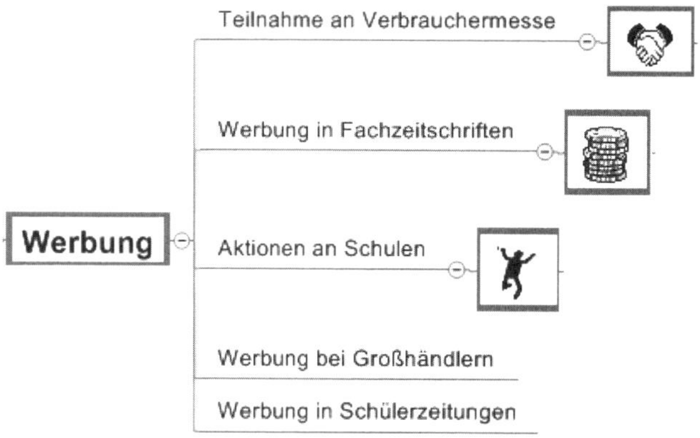

Abbildung 3.33 Den Zweigen wurden verschiedene Bilder zugeordnet

3.5.2 Bilder auf einen Zweig setzen

Sie können Bilder der Bibliothek auch direkt auf einen Zweig setzen; sozusagen als erklärendes Symbol direkt neben den Inhalt des entsprechenden Zweiges.

Dazu suchen Sie sich wieder ein Bild aus der Bibliothek und ziehen es per Drag & Drop direkt auf den Zweig. Durch den roten Anhaltspunkt sehen Sie, wo sich Ihr Bild befindet. Sind Sie mit dem Bild direkt auf dem Zweig, lassen Sie die Maus los.

Eine andere Möglichkeit, ein Bild direkt auf einem Zweig einzufügen, ist, zunächst den Zweig zu markieren und dann auf das gewünschte Bild zu klicken.

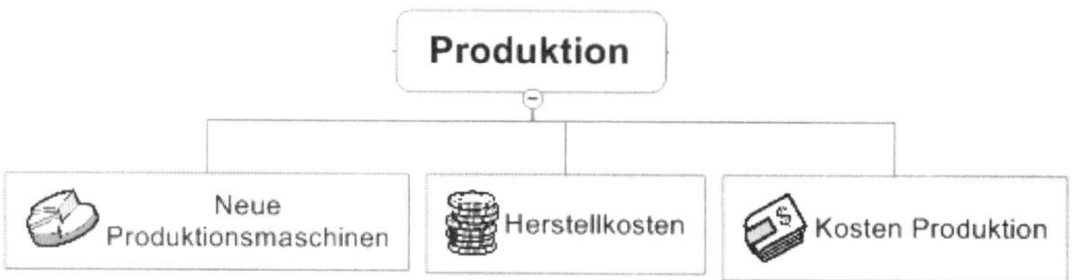

Abbildung 3.34 Die Anordnung des Bildes direkt auf dem Zweig

Sie können die Position des Bildes auf dem Zweig verändern, indem Sie auf die Schaltfläche *Text- und Bildausrichtung* in der erweiterten Formatierungsleiste klicken und im Pulldown-Menü einen der zur Verfügung stehenden Befehle wählen. Mit dieser Funktion haben Sie die Möglichkeit, das Bild entweder über, unter, rechts oder links neben dem Text des Zweiges anzuordnen.

3.5.3 Bilder frei anordnen

Möchten Sie ein Bild als *freies Bild* anordnen, legen Sie es an einer Stelle ab, an der kein Anhaltspunkt angezeigt wird. So wissen Sie genau, dass es an keinen Zweig angehängt wird.

Wollen Sie das Bild beispielsweise direkt über dem Hauptthema der Business Map, also in unmittelbarer Nähe der Map, anordnen, würde auf »normalem« Weg sofort ein neuer Zweig angelegt.

Deshalb markieren Sie das gewünschte Bild und drücken anschließend die Tasten *Alt+Umschalt*. Halten Sie die Tasten gedrückt, und ziehen Sie nun das Bild an die entsprechende Stelle. Die Tastenkombination ermöglicht Ihnen die Positionierung des Bildes an jeder beliebigen Stelle der Map.

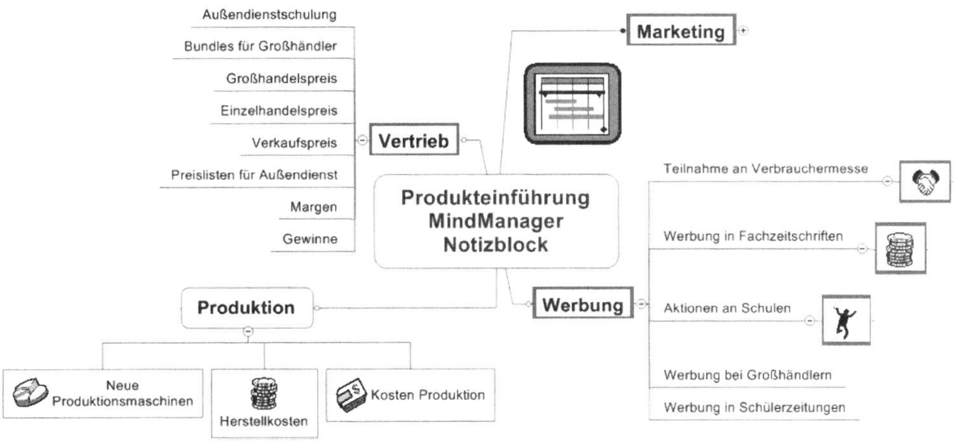

Abbildung 3.35 Das Bild wurde frei angeordnet

Durch die Eingabe eines Schlüsselwortes in das Suchfeld am oberen Rand des Bibliotheksbereiches können Sie Bilder auch suchen lassen. Geben Sie dazu einfach das Schlüsselwort in das Suchfenster ein, und bestätigen Sie mit der *Enter*-Taste. Die Suchergebnisse werden im Vorschaufenster des Bibliotheksbereichs angezeigt. Dort können Sie das Bild auswählen.

3.5.4 Hinzufügen von Bildern aus eigenen Dateien

Sie können Ihrer Bibliothek auch Bilder aus Ihren eigenen Dateien hinzufügen. Haben Sie beispielsweise ein Bild, das optimal in die Kategorie »Business« passen würde, gehen Sie, um das Bild in dieser Kategorie abzulegen, folgendermaßen vor:

1. Wählen Sie die Kategorie, in der Sie das gewünschte Bild speichern möchten. Die Kategorie ist dann blau hinterlegt.

2. Drücken Sie die rechte Maustaste, öffnet sich ein Kontextmenü, in dem Sie dann auf *Hinzufügen Bild* klicken.

Abbildung 3.36 Fügen Sie eigene Bilder der Bibliothek hinzu

3. Es öffnet sich ein Dateifenster mit Ihren Ordnern, aus denen Sie dann das entsprechende Bild heraussuchen können.

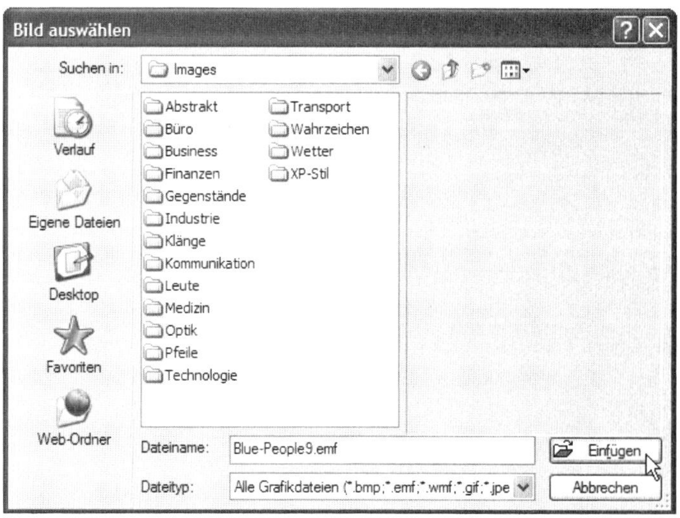

Abbildung 3.37 Wählen Sie das gewünschte Bild aus Ihren eigenen Dateien

4. Bestätigen Sie die Wahl mit *Einfügen*, befindet sich das Bild aus Ihren *Eigenen Dateien* in der Bibliothek und ist jederzeit wieder verwendbar.

Klicken Sie mit der rechten Maustaste auf einen Zweig, haben Sie ebenfalls die Option, ein Bild aus Ihren eigenen Dateien einzufügen. Gehen Sie auf *Bild/Aus Datei*, und wählen Sie aus Ihren persönlichen Ordnern das gewünschte Bild.

Ebenso können Sie ein freies Bild aus Ihren Dateien einfügen. Dazu klicken Sie mit der rechten Maustaste auf eine freie Stelle Ihrer Map und wählen dann im Kontextmenü den Befehl *Freies Bild einfügen/Aus Datei*. Suchen Sie dann das Bild, wie oben beschrieben, heraus und bestätigen mit *Einfügen*.

3.5.5 Das Kontextmenü der Bilder

Navigieren Sie mit der Maus auf eines der Bilder in der Bibliothek, erscheint rechts neben dem Bild ein Pfeil zum Öffnen des dazugehörigen Kontextmenüs. In diesem Kontextmenü stehen Ihnen verschiedene Funktionen sowie Einstellungsmöglichkeiten zur Verfügung. Ebenso können Sie über das Menü Ihre Bilder verwalten.

Abbildung 3.38 Das Kontextmenü der Bilder in der Bibliothek

Die Funktionen im Einzelnen

- *Zu Zweig hinzufügen*: Diese Funktion entspricht dem Punkt 3.5.2. Markieren Sie zunächst den gewünschten Zweig, und klicken Sie anschließend im Kontextmenü auf *Zu Zweig hinzufügen*. Das Bild ordnet sich direkt auf dem Zweig links neben dem Inhalt an.
- *Als neuen Zweig einfügen*: Diese Funktion entspricht dem Punkt 3.5.1. Markieren Sie zunächst einen Zweig, und klicken Sie anschließend im Kontextmenü auf *Als neuen Zweig einfügen*. Das Bild ordnet sich als Unterzweig des markierten Zweiges an.

- *Öffnen in*: Klicken Sie im Kontextmenü auf diese Funktion, öffnet sich das ausgesuchte Bild in Ihrem auf dem Rechner installierten Grafikprogramm.
- *Kopieren*: Mit dieser Funktion können Sie Bilder kopieren und beispielsweise in einer Microsoft Office-Anwendung wieder einfügen.
- *Duplizieren*: Hiermit können Sie Bilder duplizieren. Das heißt, das Bild wird kopiert und als neues Bild noch einmal eingefügt. Sie haben das entsprechende Bild dann zwei Mal in der Bibliothek. So können Sie eines in der Ursprungsform beibehalten und das andere ändern.
- *Löschen*: Damit löschen Sie Bilder aus Ihrer Bibliothek.
- *Umbenennen*: Mit dieser Funktion können Sie den Bildern neue Namen zuordnen.
- *Zu Favoriten hinzufügen*: Die erste Kategorie im Bereich *Bilder* heißt *Favoriten*. Hier können Sie Ihre persönlichen Lieblingsbilder hinterlegen. Markieren Sie dazu das gewünschte Bild, und klicken Sie dann auf *Zu Favoriten hinzufügen*. Das Bild wird automatisch in den Favoritenordner kopiert.
- *Schlüsselwörter bearbeiten*: Zu jedem Bild der Bibliothek in Mindjet MindManager sind Schlüsselwörter hinterlegt, die bei Zuhilfenahme der Suchfunktion in der Bildergalerie zum Einsatz kommen. Geben Sie als Suchbegriff also beispielsweise »Bank« ein, werden alle Bilder, die unter diesem Schlüsselbegriff laufen, angezeigt. Diese Schlüsselwörter können Sie individuell anpassen. Klicken Sie auf *Schlüsselwörter bearbeiten*, und geben Sie das gewünschte Schlüsselwort ein. Das Bild erscheint bei der nächsten Suche dann auch unter dem neuen Schlüsselbegriff.

Sie sehen, welche Möglichkeiten Ihnen MindManager allein im Bereich Bilder bietet. Nutzen Sie die Möglichkeiten, und verfeinern Sie Ihre Business Map mit visuellen Blickfängen.

4

Die Standardelemente in Mindjet MindManager, Teil II

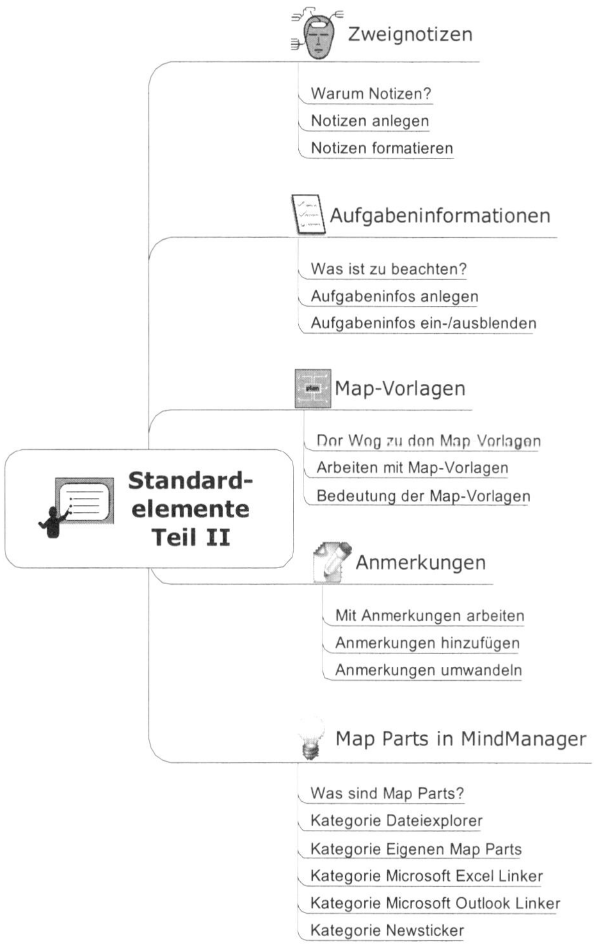

4 Die Standardelemente in Mindjet MindManager, Teil II

Mittlerweile haben Sie schon eine ganze Menge über die Funktionalitäten in Mindjet MindManager erfahren. Aber damit nicht genug – MindManager hat noch einiges mehr zu bieten. Deshalb erfahren Sie in diesem Kapitel weitere interessante Einzelheiten über die Standardelemente im MindManager, die für Ihre Arbeit bzw. die Erstellung einer Business Map unbedingt notwendig sind. Wie in den vorangegangenen Kapiteln empfehlen wir, alle Informationen und Übungen live an Ihrem PC umzusetzen bzw. mitzumachen. So prägen sich die Funktionen am besten ein.

4.1 Zweignotizen

Die Übersichtlichkeit einer Mind Map entsteht vor allem durch die kurzen und prägnanten Inhalte. Lange Texte haben in Zweigbeschriftungen nichts verloren, denn Map-Zweige lassen sich am besten lesen, wenn sie kurz gehalten sind. Oftmals ist es jedoch so, dass weiterführende Informationen zu einem Zweig unumgänglich sind. Beispielsweise wollen Sie erklären, worum es sich bei einer Aufgabe genau handelt oder welchen Hintergrund sie hat. Zweige, die eine detaillierte Beschreibung benötigen, können Sie in Mindjet MindManager mit einer Zweig- oder Textnotiz versehen. Mit Hilfe der Notizen haben Sie die Möglichkeit, einem Zweig so viele weiterführende Informationen wie nötig hinzuzufügen, den Text zu formatieren oder auch Grafiken einzubinden. Ebenso können Textnotizen Tabellen und Hyperlinks enthalten.

Wir möchten Ihnen die Funktion *Notizen* wieder an einem Beispiel verdeutlich und nehmen die Produkteinführungs-Map des Unternehmens für Schulbedarf zur Hand. Öffnen Sie ebenfalls eine Ihrer auf dem Rechner gespeicherten Maps, und machen Sie mit.

4.1.1 Eine neue Zweignotiz anlegen

Ihnen ist aufgefallen, dass es bei einem der Zweige Ihrer Map weiterer Informationen bedarf, um die richtige Bearbeitung der damit verbundenen Aufgabe korrekt anzugehen. Da der Text zu lang ist, möchten Sie eine *Notiz* anlegen.

Um eine Zweignotiz anzulegen, gehen Sie bitte die nachfolgend beschriebenen Anweisungen Schritt für Schritt durch.

1. Zunächst markieren Sie den Zweig, an dem Sie die weiterführende Information anbringen wollen. Dann klicken Sie in der Hauptsymbolleiste auf die Schaltfläche *Notizen*.

2. Rechts im MindManager-Fenster öffnet sich ein Notizfeld, dass die Überschrift Ihres zuvor markierten Zweiges trägt. In dieses Fenster geben Sie jetzt den gewünschten Text ein. Sie können den Text selber schreiben oder aber auch aus einem anderen Dokument kopieren und einfügen.

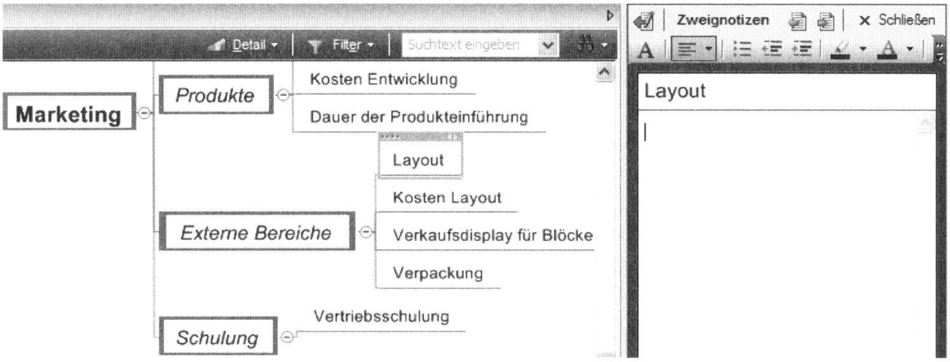

Abbildung 4.1 Das Notizfenster mit der Überschrift »Layout«

3. Wenn Sie die Eingabe des Textes beendet haben, schließen Sie das Notizfeld über die Schaltfläche »Schließen« im rechten oberen Eck des Notizfeldes.

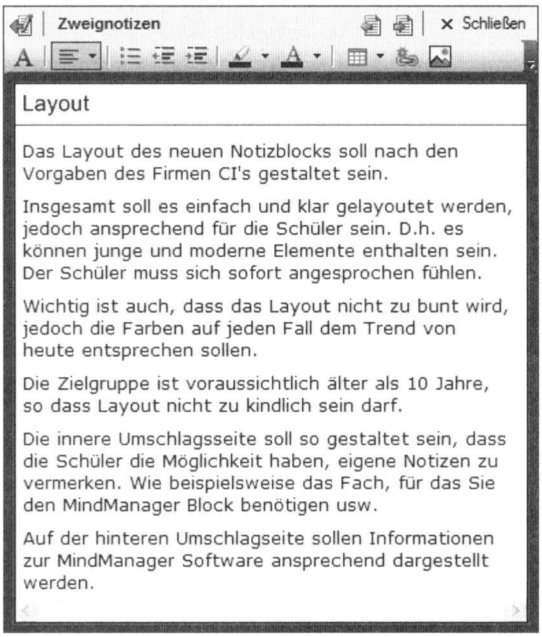

Abbildung 4.2 Die Eingabe des Textes in das Notizfeld

4. Die Notiz ist dem vorher markierten Zweig angefügt und wird in Form eines kleinen Icons dargestellt. Möchten Sie die Notiz öffnen, klicken Sie auf das Notiz-Icon.

Wenn an einem Zweig eine Notiz angehängt und diese geschlossen ist, zeigt Ihnen MindManager, sobald Sie mit der Maus auf das Notiz-Icon gehen, den Inhalt an, ohne das Notizfeld zu öffnen.

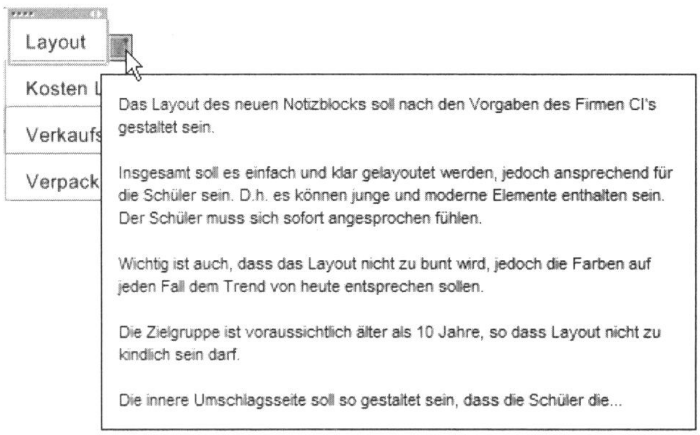

Abbildung 4.3 Das Icon *Notiz* in der Business Map mit Vorschau-Funktion

Neben der Möglichkeit, *Notizen* über die gleichnamige Schaltfläche einzufügen, gibt es noch weitere Varianten, die Notiz-Funktion zu aktivieren. Drücken Sie dazu, nach Markieren des entsprechenden Zweiges, entweder die Tastenkombination *Strg+T* oder *F11*. Ebenso können Sie über die Menüleiste unter *Zweig/Notizen* oder, nach Markieren des entsprechenden Zweiges, über die rechte Maustaste *Notizen hinzufügen* eine neue Zweignotiz öffnen.

4.1.2 Die Formatierungsleiste der Zweignotizen bearbeiten

Sie haben jetzt bereits einen erklärungsbedürftigen Zweig mit einer Notizinformation erweitert und möchten diese Notiz nun formatieren. Das heißt also, z.B. das Schriftbild in Art, Größe und Farbe zu verändern.

Dazu steht Ihnen innerhalb des Notizfeldes die dazugehörige Formatierungsleiste zur Verfügung.

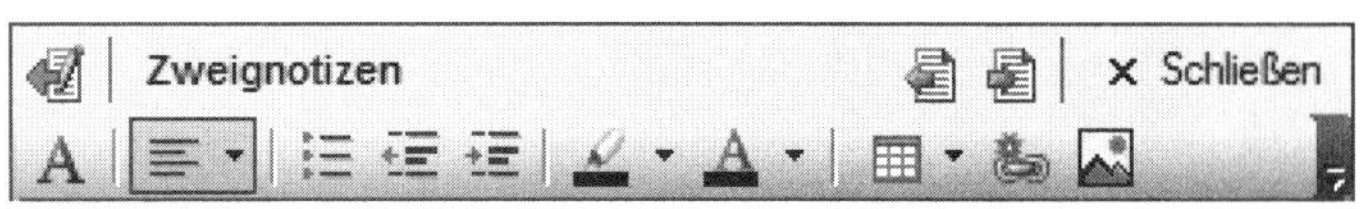

Abbildung 4.4 Die Formatierungsleiste für die Überarbeitung Ihrer Notizen

Im Folgenden finden Sie die Erklärungen zu den einzelnen Symbolen.

Größer

Mit Hilfe der Funktion *Größer* können Sie Ihr Notizfeld vergrößern oder nach einer Vergrößerung wieder verkleinern. Vergrößern Sie das Notizfeld, sehen Sie weniger von der Business Map.

Vorheriger Zweig

Über die Schaltfläche *Vorheriger Zweig* können Sie auf vorangegangene Zweige der Map springen und sich in ihr bewegen. Beinhaltet der Zweig eine Notiz, wird Ihnen diese automatisch angezeigt.

Nächster Zweig

Mit Hilfe der Funktion *Nächster Zweig* können Sie innerhalb der Map auf die nachfolgenden Zweige springen und sich in der Map bewegen. Hat der nächste Zweig auch eine angehängte Notiz, wird Ihnen diese automatisch angezeigt.

Schriftart formatieren

Über den Button *Schriftart formatieren* können Sie die Art, den Stil, die Größe und die Farbe der Schrift im Notizfeld ändern. Diese Funktion bietet sich vor allem dann an, wenn man längere Textpassagen formatieren will. Markieren Sie den Text, und formatieren Sie ihn nach Ihren Vorstellungen.

Linksbündig ausrichten

Mit dieser Funktion können Sie den Text innerhalb des Notizfeldes ausrichten. Das heißt, Sie können festlegen, ob Sie den Text, oder einzelne Abschnitte, *linksbündig*, *zentriert* oder *rechtsbündig* anordnen wollen. Markieren Sie den Text, und wählen Sie über das Pulldown-Menü der Schaltfläche eine der Ausrichtungsmöglichkeiten.

Listenpunkte

Mit der Schaltfläche *Listenpunkte* können Sie eine Aufzählung kennzeichnen. Die einzelnen Aufzählungspunkte werden dann jeweils mit einem Listenpunkt eingerückt. Um die Aufzählungsfunktion zu starten, markieren Sie die gewünschte Textpassage und klicken dann auf den Button *Listenpunkte*.

Einzug vergrößern

Mit der Funktion *Einzug vergrößern* können Sie den Texteinzug verändern. Hatten Sie vorher eine nach rechts eingerückte Textpassage, können Sie durch Klicken auf die Schaltfläche *Einzug vergrößern* den Text weiter nach außen bzw. nach links rücken. Dazu markieren Sie die gewünschte Textpassage und klicken auf den Button.

Einzug verkleinern

Die Funktion *Einzug verkleinern* ermöglicht es Ihnen, den Text oder einzelne Textabschnitte nach rechts einzurücken. Markieren Sie den gewünschten Bereich, und klicken Sie mit der Maus auf *Einzug verkleinern*.

Hervorhebungsfarbe

Über den Button *Hervorhebungsfarbe* können Sie Sätze oder einzelne Wörter »highlighten« bzw. farbig unterlegen. Das Hervorheben von Wörtern ist wichtig, um deren Bedeutung darzustellen. Um mit den Hervorhebungsfarben zu arbeiten, markieren Sie das entsprechende Wort und klicken mit der Maus auf den Pfeil rechts neben der Schaltfläche. In dem sich öffnenden Pulldown-Menü finden Sie eine Farbpalette, aus der Sie die gewünschte Farbe wählen können.

Schriftfarbe

Mit der Funktion *Schriftfarbe* können Sie Wörtern des Notizfeld-Inhaltes eine andere Farbe zuordnen. Dazu markieren Sie das Wort, klicken mit der Maus auf den Pfeil rechts neben der Schaltfläche und suchen sich dann aus der Farbpalette die gewünschte Farbe heraus. Sollten Sie vorher eine Standardformatierung für Ihr Notizfeld festgelegt haben, tritt diese für das bearbeitete Wort außer Kraft.

Möchten Sie eine individuelle Hervorhebungs- oder Schriftfarbe festlegen, so klicken Sie im Pulldown-Menü der Schaltflächen *Hervorhebungsfarbe* oder *Schriftfarbe* auf den Befehl *Mehr Farben*. Sie haben hier entweder die Möglichkeit, im Register *Standard* eine der dargestellten Farben des Farbkreises zu wählen oder im Register *Anpassen* direkt den RGB-Farbwert einer von Ihnen gewünschten Farbe anzugeben. Dies ist vor allem dann von Vorteil, wenn Sie Ihre Map in den speziellen Farben Ihrer Firmen-CIs gestalten möchten.

Tabelle einfügen

Mit Hilfe der Schaltfläche *Tabelle einfügen* können Sie direkt im Notizfeld Tabellen erstellen. Klicken Sie auf den Pulldown-Pfeil rechts neben dem Button, werden Ihnen verschiedene Funktionen angezeigt. Wählen Sie den Befehl *Einfügen/Tabelle*, öffnet sich ein Fenster, in dem Sie die Anzahl der Zeilen und Spalten für die Tabelle festlegen können. Sobald Sie mit *OK* bestätigen, sehen Sie die Tabelle im Notizfeld.

Mit den weiteren Funktionen, die Ihnen das Pulldown-Menü zur Verfügung stellt, können Sie die Tabelle hinsichtlich der Zeilen und Spalten formatieren. Gehen Sie auf *Tabellen-Symbolleiste anzeigen,* ordnen sich alle Tabellen-Funktionen übersichtlich unterhalb der Formatierungsleiste des Notizfeldes an.

Hyperlink

Durch Klicken auf die Schaltfläche *Hyperlink* können Sie der Zweignotiz Hyperlinks hinzufügen. Wenn Sie ein Wort verlinken wollen, markieren Sie es und drücken auf die Schaltfläche *Hyperlink*. Es öffnet sich ein Fenster, in dem Sie festlegen können, wo Ihr Hyperlink hingehen soll. Sie können sowohl Webseiten, Dateien, Zweige der Map oder auch E-Mail-Adressen mit dem markierten Wort verknüpfen.

Bild hinzufügen

Mit der Funktion *Bild hinzufügen* können Sie Bilder in die Zweignotiz einfügen. Dazu klicken Sie einfach mit der Maus auf die Schaltfläche und suchen sich das gewünschte Bild heraus. Sie können sowohl Bilder aus den eigenen Dateien als auch Bilder der Bibliothek des Arbeitsbereiches einfügen.

Sie können eine Standardformatierung bezüglich der Schrift in Zweignotizen festlegen. Dazu wählen Sie in der Menüleiste den Befehl *Format/Notizen* und nehmen die gewünschten Einstellungen vor. Bestätigen Sie Ihre Eingabe mit *OK*. Geben Sie anschließend Ihren Text in das Notizfeld ein, wird er automatisch unter Verwendung der zuvor festgelegten Standardschrift formatiert.

Klicken Sie mit der rechten Maustaste auf eine freie Stelle in der Textnotiz, so können Sie über den Befehl *Fensterposition* des Kontextmenüs die Position des Notizfeldes ändern. Wählen Sie den Eintrag *Horizontal*, so ordnet sich das Notizfenster unterhalb der Map an.

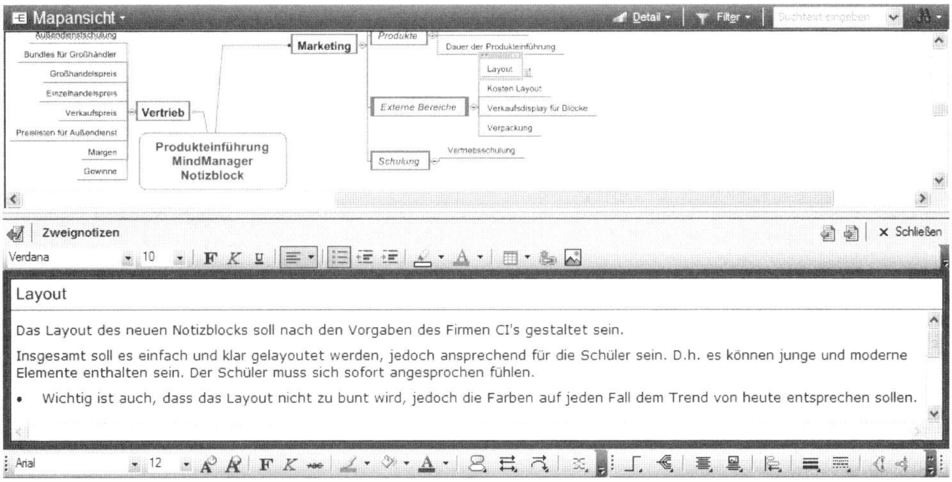

Abbildung 4.5 Anordnung der Textnotiz unterhalb der Map

Sie haben jetzt alle Ihnen zur Verfügung stehenden Funktionen für die Bearbeitung einer Zweignotiz kennen gelernt und können nun problemlos Notizen formatieren.

4.2 Aufgabeninfo

Wenn Sie Mindjet MindManager für Ihre Projektplanung einsetzen, haben Sie eine Menge Möglichkeiten. Gerade in Projekten ist nicht nur die Gestaltung und Formatierung der Map von großer Bedeutung. Vor allem die Aufgabeninformationen sind ein weiterer wichtiger Punkt für die Planung von Projekten im MindManager.

Sie finden den Bereich *Aufgabeninfo* im Aufgabenbereich auf der rechten Seite des MindManager-Fensters. Um ihn zu öffnen, klicken Sie auf das Register *Aufgabeninfo*.

Mit Hilfe dieser Aufgabeninfos können Sie einzelnen Zweigen oder Zweiggruppen Personen und Termine zuweisen, Prioritäten vergeben sowie eine Gruppierung in Kategorien vornehmen.

In diesem Kapitel werden wir Ihnen einen kleinen Einblick in die Möglichkeiten des Arbeitens mit Aufgabeninformationen geben. Detaillierte Erklärungen dieses Bereiches können Sie im Abschnitt D, »Vom Könner zum Profi«, nachlesen.

Im Folgenden möchten wir Ihnen anhand eines kleinen Beispiels zeigen, was für Möglichkeiten die Aufgabeninfos innerhalb der Projektplanung bieten.

Stellen Sie sich vor, Sie haben eine Projekt-Map erstellt und möchten nun den einzelnen Aufgaben Prioritäten und Termine zuweisen. Weiter möchten Sie festlegen, wann mit der Aufgabe begonnen wird und wann sie fertig sein muss.

Natürlich hält MindManager auch für Sie als Projektleiter einige Funktionen bereit. Die in der Aufgabenstellung benötigten Mittel finden Sie im Aufgabenbereich *Aufgabeninfo*.

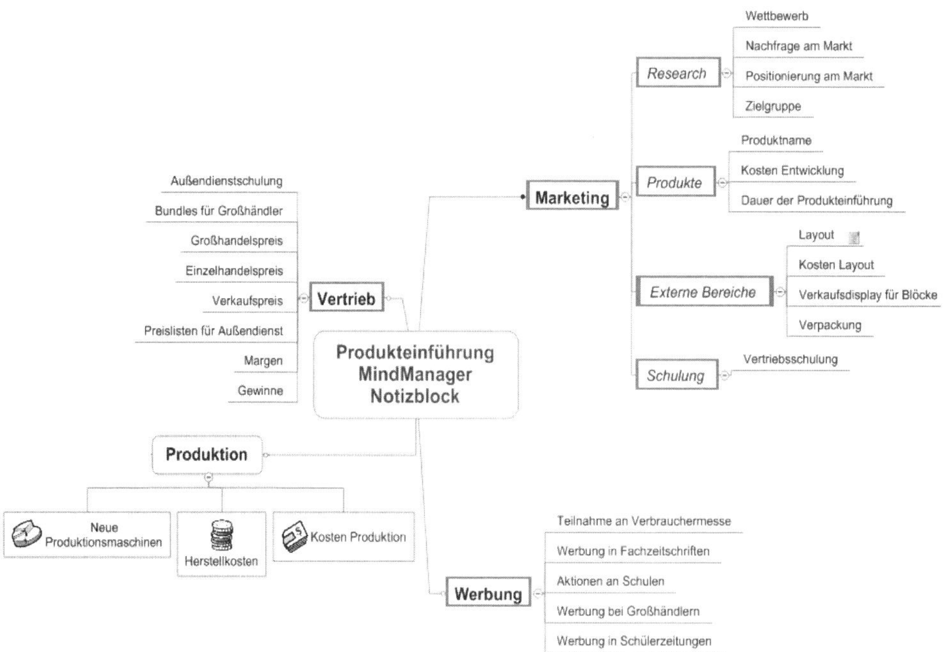

Abbildung 4.6 Die fertige Projekt-Map ohne zugewiesene Aufgabeninfos

1. Zunächst öffnen Sie das Register *Aufgabeninfo* im Aufgabenbereich.
2. Dann markieren Sie den Zweig, dem eine Aufgabeninformation zugeordnet werden soll. Sobald Sie einen Zweig markiert haben, wird der Bereich der Aufgabeninfos aktiv.

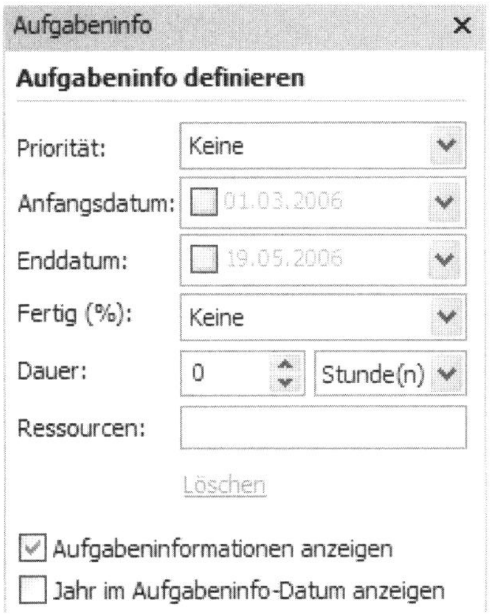

Abbildung 4.7 Der Aufgabenbereich Aufgabeninfo

3. Wenn Sie einen Zweig markiert haben, geben Sie die Details für die Aufgabeninformation ein. Sie können beliebige oder alle Aufgabeneigenschaften für einen Zweig definieren.
4. Zunächst können Sie der Aufgabe eine *Priorität* zuordnen. Im Pulldown-Menü des Feldes *Priorität* erscheinen spezielle Icons, die den Status von Aufgaben definieren und auch in der Map angezeigt werden.
5. Über den Pfeil rechts neben dem *Anfangs-* sowie *Enddatum* können Sie den Kalender öffnen und das Anfangs- und Fälligkeitsdatum festlegen.
6. Dann haben Sie die Möglichkeit, in dem Feld *Fertig %* einen Wert zuzuordnen. Hiermit können Sie z.B. aussagen, zu welchem Zeitpunkt die Aufgabe zur Hälfte erledigt sein muss.
7. Unter *Dauer* können Sie die Dauer der Aufgabe in Stunden, Tagen, Wochen oder Monaten eingeben.
8. Im Feld *Ressourcen* sind individuelle Einträge gefordert. Hier geben Sie ein, welche Ressourcen, wie beispielsweise Mitarbeiter des Teams oder auch Hilfsmittel zur Erledigung der Aufgabe, zur Verfügung stehen.

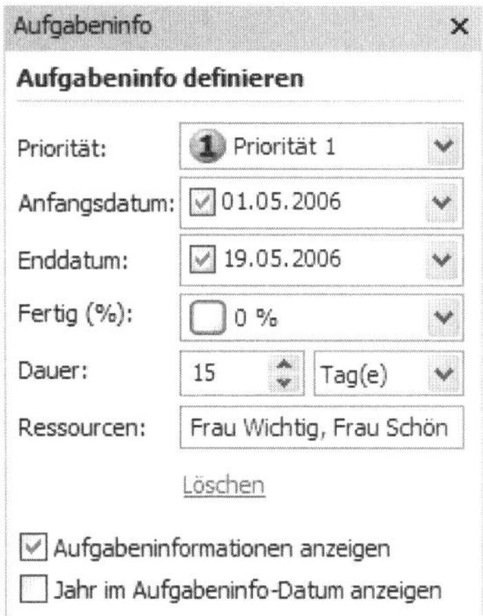

Abbildung 4.8 Die Eingabe der Aufgabeninformationen

9. Zu guter Letzt können Sie noch angeben, ob die eingegebenen Informationen in der Map ein- oder ausgeblendet werden sollen. (Siehe **Abbildung 4.8**)

Haben Sie die Eingabe der Aufgabeninformationen beendet und die Option *Aufgabeninformation anzeigen* aktiviert, sehen Sie am entsprechenden Zweig die Infos in einem kleinen Fenster eingeblendet. Der Bereich *Fertig (%)* ist davon ausgenommen.

Abbildung 4.9 Die am Zweig eingeblendete Aufgabeninformation

Das Zuweisen von Aufgabeneigenschaften können Sie als Kriterium für das Auswählen von Zweigen und das Filtern der Map verwenden. So können Sie sich z.B. anhand des Enddatums auf verschiedene Aufgaben konzentrieren. Um nach Angaben innerhalb der Aufgabeninfos zu filtern, nutzen Sie den *Power-Filter*. Mehr zum Power-Filter erfahren Sie im Kapitel »Vom Könner zum Profi«.

4.3 Map-Vorlagen

In den vorangegangenen Kapiteln dieses Buches haben wir in unseren Beispielen die Map-Struktur immer selbst erstellt.

Mindjet MindManager bietet Ihnen aber auch die Möglichkeit, mit Map-Vorlagen zu arbeiten. Map-Vorlagen sind Maps, in denen bereits Zweigstrukturen vordefiniert sind. Der Vorteil beim Arbeiten mit einer Map-Vorlage liegt darin, dass Sie die neue Map schneller bearbeiten können, da Haupt- sowie Unterzweige bereits angelegt sind.

Auf der Basis einer Map-Vorlage können Sie aber auch häufig verwendete Maps anlegen und somit deren Inhalt und Struktur einheitlich halten.

4.3.1 Das Arbeiten mit Map-Vorlagen

Um eine neue Map-Vorlage aufzurufen, wählen Sie in der Menüleiste den Befehl *Datei/Neu*. Es öffnet sich ein Fenster, in dem Sie zwischen den drei Optionen

- *Standard-Map*,
- *Aus Stilen und Vorlagen...* und
- *Aus bestehender Map...*

wählen können.

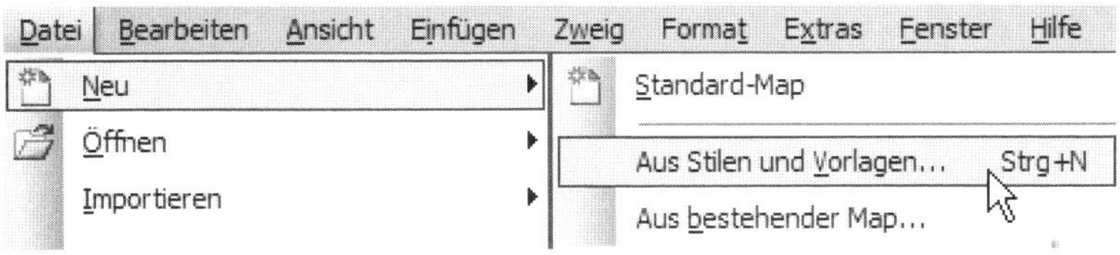

Abbildung 4.10 Der Weg zu den Map-Vorlagen über das Menü *Datei*

Um eine Map-Vorlage zu öffnen, können Sie ebenso den Weg über das Menü *Extras/Vorlagen-Organizer* wählen.

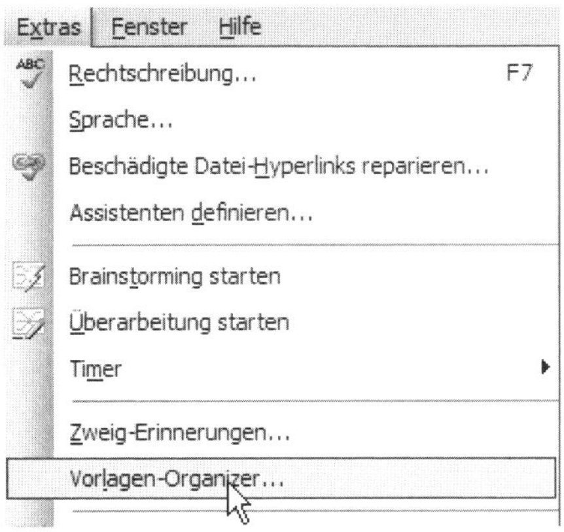

Abbildung 4.11 Der Weg zu den Map-Vorlagen über das Menü *Extras*

Nachfolgend erläutern wir Ihnen die einzelnen Wege zu den Map-Vorlagen und die entsprechenden Funktionalitäten, die Ihnen jeweils zur Verfügung stehen.

4.3.2 Die Bedeutung der Wege zu den Map-Vorlagen

Standard-Map

Über den Befehl *Standard-Map* öffnen Sie eine neue, leere Map, so wie Sie es bisher in diesem Buch gesehen haben. In der Standard-Map-Vorlage wird lediglich das Hauptthema angezeigt.

Aus Stilen und Vorlagen

Klicken Sie auf *Aus Stilen und Vorlagen*, öffnet sich das Dialogfeld *Neue Map*, in dem Sie Zugriff auf die Register *Stil-Vorlagen* und *Map-Vorlagen* haben. Öffnen Sie das Register *Map-Vorlagen*, stehen Ihnen in einer Art »Schnellauswahl« die besonders häufig genutzten Vorlagen auf einen Blick zur Verfügung.

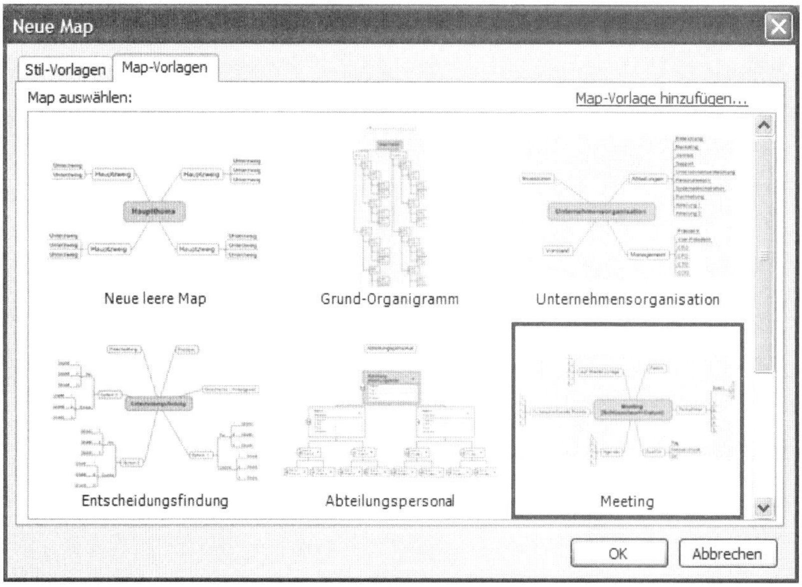

Abbildung 4.12 Die Map-Vorlagen in der Schnellauswahl

Um eine Vorlage aus dem Dialogfeld *Neue Map* zu öffnen, markieren Sie sie, und bestätigen Sie mit *OK*.

Möchten Sie dieser Schnellauswahl weitere Vorlagen hinzufügen, klicken Sie auf den Link *Map-Vorlage hinzufügen*. In dem sich daraufhin öffnenden Vorlagen(Templates)-Ordner können Sie die gewünschte Vorlage markieren und Ihre Auswahl mit *Öffnen* bestätigen.

Haben Sie im Dialogfeld *Neue Map* eine Vorlage markiert, haben Sie die Möglichkeit, im Kontextmenü der Vorlage, das Sie durch einen Rechtsklick mit Ihrer Maus öffnen, die Vorlage umzubenennen, zu bearbeiten oder auch zu entfernen.

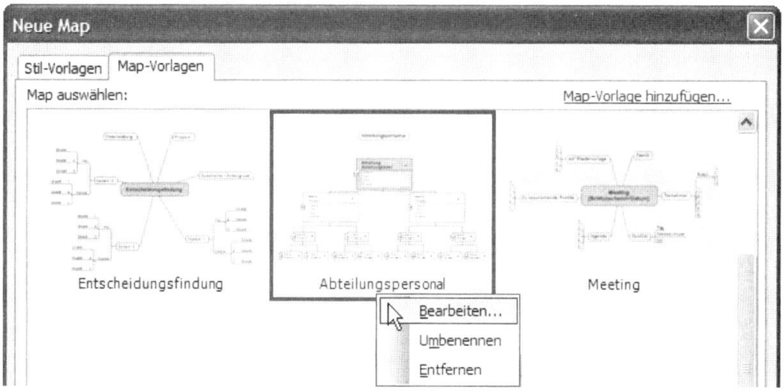

Abbildung 4.13 Bearbeiten Sie Maps über das Kontextmenü

Aus bestehender Map

Wählen Sie den Eintrag *Aus bestehender Map*, öffnet sich das Dialogfeld *Map auswählen*. Über dieses Dialogfeld haben Sie Zugriff auf die Map innerhalb Ihrer eigenen Dateien. Wählen Sie eine von Ihnen bereits angelegte Map, und klicken Sie auf *OK*. Die geöffnete Map können Sie nun individuell Ihren Bedürfnissen anpassen.

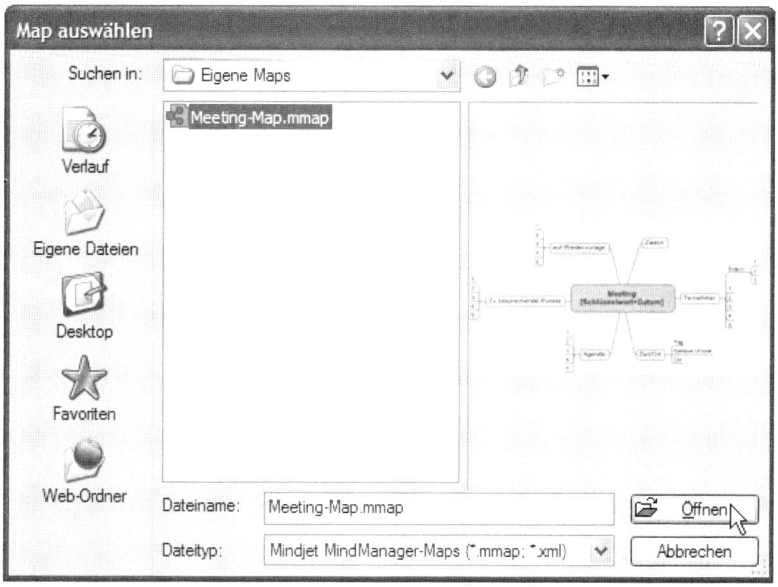

Abbildung 4.14 Wählen Sie eine von Ihnen angelegte Map als Vorlage.

Der Vorlagen-Organizer

Im Vorlagen-Organizer finden Sie eine Vielzahl an interessanten Vorlagen aus den Bereichen Business-, Projekt- und Visio-Vorlagen.

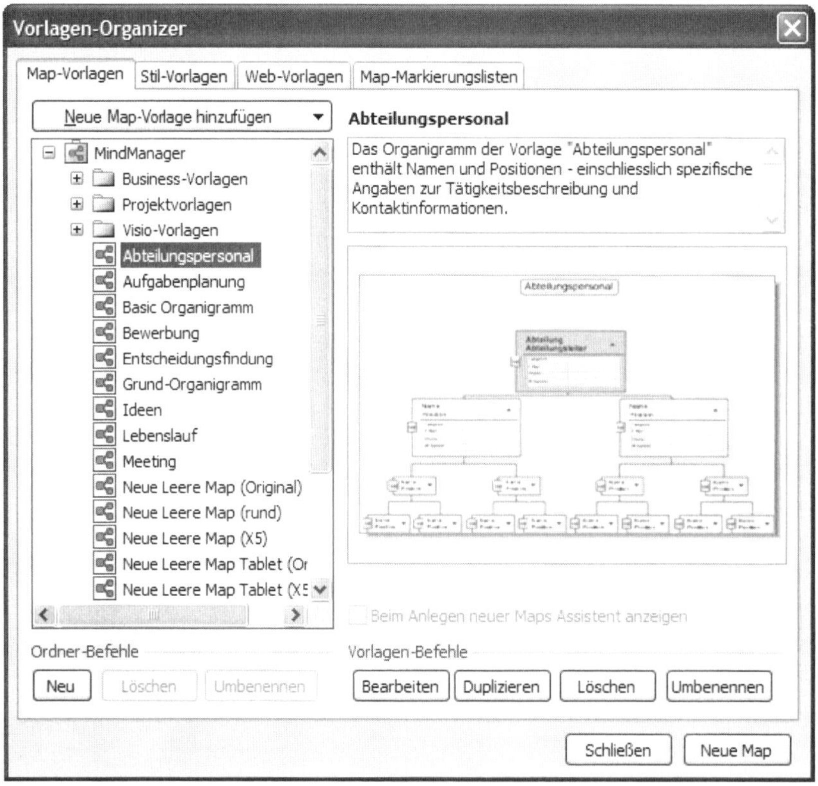

Abbildung 4.15 Der Vorlagen-Organizer bietet eine Vielzahl an Vorlagen.

Der Ordner *Business-Vorlagen* ist nochmals in Unterordner zu verschiedenen Unternehmensbereichen kategorisiert. Klicken Sie die einzelnen Ordner an, erhalten Sie weitere Map-Vorlagen. Die Mehrzahl der Map-Vorlagen sind Vorlagen zu allgemeinen Planungsaufgaben.

Am besten Sie klicken einfach durch die Vorlagen, um sich einen Überblick über das Angebot zu verschaffen und sich ein Bild über die Kategorisierung zu machen. Rechts im Bild sehen Sie die Vorschau der markierten Map. So finden Sie nachher auch »schon mal gesehene« Vorlagen schneller.

Haben Sie eine passende Vorlage für Ihr Projekt gefunden? Dann markieren Sie sie und bestätigen Ihre Wahl mit *Neue Map*. Die neue und leere Vorlagen-Map wird geöffnet, und Sie können wie gewohnt darin arbeiten. Zum Schluss speichern Sie die Map unter einem anderen Namen in einem geeigneten Ordner.

Sie können auch weitere Vorlagenordner hinzufügen. Ebenso ist es möglich, aus dem Vorlagen-Oganizer heraus eine Map Ihren persönlichen Vorstellungen anzupassen und als neue Vorlagen-Map anzulegen. Wie das geht sowie weitere interessante Informationen zum Thema Map-Vorlagen erfahren Sie im Kapitel »Vom Könner zum Profi«.

4.4 Anmerkungen

Sie werden während Ihrer MindManager-Praxis feststellen, dass einem oft Bemerkungen zu bestimmten Zweigen oder Aufgaben einfallen, die man erstens nicht vergessen und zweitens auffällig mit in die Map integrieren möchte. Für solche, und natürlich viele andere, Situationen haben Sie in Mindjet MindManager die Möglichkeit, Anmerkungen direkt an einzelne Zweige anzufügen. Da die Anmerkung einem Zweig zugeordnet ist und außerdem als »typische« Anmerkung, nämlich in Form einer Sprechblase, dargestellt wird, sticht sie sofort ins Auge und wird so nicht vergessen.

Lassen Sie uns das Arbeiten mit einer Anmerkung an einem Beispiel verdeutlichen.

4.4.1 Anmerkungen einfügen

Sie haben eine Projekt-Map erstellt, in der Sie verschiedenen Abteilungen verschiedene Aufgaben zugeordnet haben. Da Sie wissen, dass in einer der Abteilungen eine Person krank ist, und Sie befürchten, dass für die Bewältigung der Aufgabe eventuell zu wenig Personal anwesend ist, möchten Sie den Abteilungsleiter anrufen, um nachzufragen, ob oder wann die besagte Person wieder zur Verfügung steht.

Da Sie momentan aber keine Zeit dazu haben, jedoch wissen, dass Sie sich später wieder mit dem Projekt auseinander setzen werden, vermerken Sie den beabsichtigten Anruf in einer Anmerkung zum Hauptzweig der entsprechenden Abteilung.

1. Um eine Anmerkung hinzuzufügen, markieren Sie zunächst den gewünschten Zweig.
2. Dann klicken Sie in der Hauptsymbolleiste auf die Schaltfläche *Anmerkung einfügen* oder gehen den Weg über das Menü *Einfügen/Anmerkung*.
3. Die Anmerkung wird jetzt oberhalb des vorher markierten Zweiges angezeigt, und Sie können den gewünschten Text eingeben und wie gewohnt formatieren.

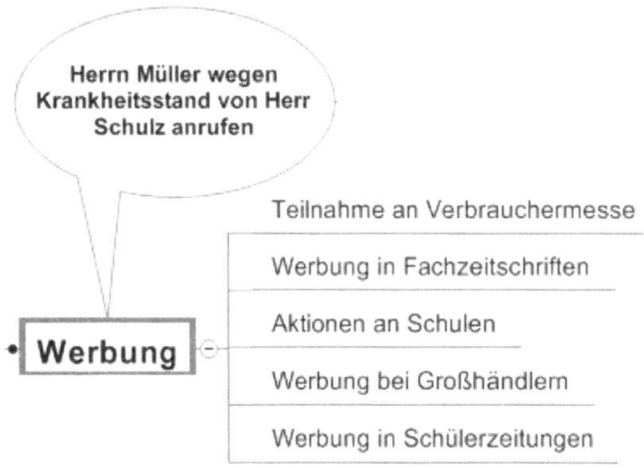

Abbildung 4.16 Die Anmerkung direkt am Zweig angeordnet

Möchten Sie in eine Anmerkung einen mehrzeiligen Text einfügen, können Sie das mit der Tastenkombination *Umschalt+Eingabe.* Drücken Sie an der Stelle des gewünschten Zeilenumbruchs die Tastenkombination, springt der Cursor in die nächste Zeile.

Auch wenn die Anmerkung scheinbar direkt mit dem Zweig verbunden ist, kann Sie trotzdem jederzeit per Drag & Drop in weiterer Entfernung positioniert werden. Markieren Sie die Anmerkung, halten Sie die linke Maustaste gedrückt, und ziehen Sie sie an die gewünschte Position.

4.4.2 In Anmerkungen Unterzweige hinzufügen

Wir halten an unserem oben genannten Beispiel fest und zeigen Ihnen, wie Sie mit Anmerkungen noch detaillierter arbeiten können. Stellen Sie sich vor, Sie haben sich die Durchwahl von Herrn Müller herausgesucht und ihn angerufen. Leider ist er momentan nicht am Platz und erst ab 16 Uhr wieder erreichbar. Auch das notieren Sie in Ihrer Map.

Deshalb legen Sie einen Unterzweig als weitere Detailebene der Anmerkung an, um sich die Uhrzeit zu notieren. Absolvieren Sie folgende Schritte.

1. Markieren Sie als Erstes die Anmerkung. Sie haben mehrere Möglichkeiten, einen Unterzweig einzufügen. Drücken Sie entweder die Taste *Einfg*, gehen Sie den Weg über das Menü *Einfügen/Unterzweig,* oder wählen Sie im Pulldown-Menü der Schaltfläche *Zweig einfügen* der Hauptsymbolleiste den Befehl *Unterzweig.*
2. Es erscheint ein neuer Unterzweig in gewohnter Darstellung, den Sie jetzt beschriften und beliebig formatieren können.

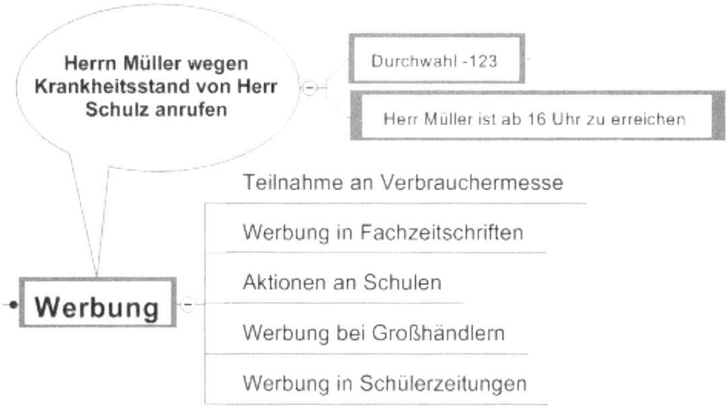

Abbildung 4.17 Der an die Anmerkung eingefügte Unterzweig

Sie können anstelle des Unterzweigs auch eine weitere Anmerkung einfügen – sozusagen die »Anmerkung zur Anmerkung«. Dazu markieren Sie die Anmerkung und klicken entweder auf den Button *Anmerkung* in der Hauptsymbolleiste, oder Sie wählen in der Menüleiste den Befehl *Einfügen/Anmerkung*.

4.4.3 Anmerkungen in freie Anmerkungen umwandeln

Sie haben auch die Möglichkeit, eine Anmerkung in eine freie Anmerkung umzuwandeln. Das bedeutet, die Anmerkung ist dann nicht mehr an einen Zweig gebunden, sondern frei in der Map positionierbar.

Wir bleiben bei unserem Beispiel: Sie haben Herrn Müller nun endlich erreicht und Ihre Fragen geklärt. Da Sie bezüglich des Projektes noch des Öfteren mit Herrn Meyer telefonieren werden, möchten Sie seine Durchwahl in der Map sofort sichtbar stehen lassen.

Da der Vermerk seiner Nummer nun aber nicht mehr zu einer bestimmten Aufgabe gehört, sondern einfach nur in der Map integriert sein soll, wandeln Sie die Anmerkung in eine freie Anmerkung um.

1. Markieren Sie zunächst die Anmerkung, um etwaige Änderungen vorzunehmen.
2. Klicken Sie dann in der Menüleiste auf *Bearbeiten/In freie Anmerkung umwandeln.* Die Anmerkung ist hierbei markiert.

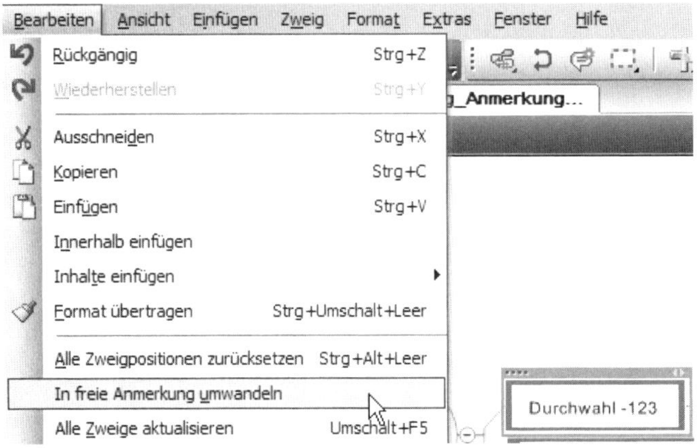

Abbildung 4.18 Über das Menü erhalten Sie eine freie Anmerkung

3. Die Anmerkung ist nun eine freie Anmerkung. Sie sehen das daran, dass die Verbindungslinie fehlt. Die freie Anmerkung können Sie jetzt beliebig in Ihrer Map positionieren und formatieren.
4. Zum Schluss können Sie die Anmerkung mit der Erinnerung für das Telefonat mit der Taste *Entf* löschen.

Abbildung 4.19 Die Umwandlung der Anmerkung in eine freie Anmerkung

Anmerkungen können generell als Kommentare oder als weiterführende Informationen für einen Zweig dienen. Sie können aber auch Verbindungspfeile mit ihnen beschriften.

Haben Sie in einer älteren MindManager-Version eine freie Anmerkung gelöscht, wurde automatisch das Hauptthema markiert. In Mindjet MindManager 6 wird nach Löschen einer freien Anmerkung keiner der Map-Zweige markiert.

4.5 Map Parts

Map Parts stellen eine große Hilfe bei der Arbeit im MindManager dar und sind außerordentlich nützlich. Denn mit Hilfe von Map Parts haben Sie die Möglichkeit, einfach und schnell einen Zweig mit standardisierten Informationen einer Map hinzuzufügen. Die Map Parts finden Sie im Register *Map Parts* des *Aufgabenbereiches*. Sie sind in die fünf Kategorien

- *Datei-Explorer*,
- *Eigene Map Parts*,
- *Microsoft Excel Linker*,
- *Microsoft Outlook Linker* und
- *Newsticker*

unterteilt. Klicken Sie auf eine der fünf Kategorien, sehen Sie im unteren Bereich eine Vorschau der entsprechenden Map Parts.

4.5.1 Die Kategorie »Dateiexplorer«

Mit den Map Parts in der Kategorie *Datei-Explorer* können Sie Links zu Dateien und Unterordnern innerhalb eines bestimmten Ordners auf Ihrem System anlegen.

Um mit den Datei-Explorer-Map-Parts zu arbeiten, müssen Sie zunächst einem Ihrer Zweige in der Map, an dem das Map Part später angebracht werden soll, einen Hyperlink zum gewünschten Zielordner anfügen.

Anschließend wählen Sie einen der drei Datei-Explorer-Map-Parts:

- *Dateien und Verzeichnisse*
- *Dateien*
- *Verzeichnisse*

Klicken Sie auf das Register *Map Parts*, und rufen Sie den Map-Parts-Ordner *Datei-Explorer* auf. Wählen Sie im unteren Bereich den zu verwendenden Part und ziehen ihn per Drag & Drop an den vorher mit einem Hyperlink versehenen Zweig.

Mit dem Map Part *Dateien und Verzeichnisse* erzeugen Sie Links zu **allen** Dateien und Verzeichnissen, die sich in dem Zielordner befinden. Entsprechend werden mit den Map Parts *Dateien* oder *Verzeichnisse* Links generiert, die entweder alle Dateien oder alle Verzeichnisse des Zielordners beinhalten.

Haben Sie das gewünschte Map Part am entsprechenden Zweig angebracht, wird es nach kurzer Zeit mit den Links zu Dateien oder Ordnern in Ihrem System gefüllt.

Wie Sie *Datei-Explorer*-Map-Parts genau verwenden und welche Möglichkeiten Ihnen diesbezüglich sonst noch zur Verfügung stehen, erfahren Sie im Kapitel »Vom Könner zum Profi«.

4.5.2 Die Kategorie »Eigene Map Parts«

In der Kategorie *Eigene Map Parts* können Sie von Ihnen angelegte Zweige der Map als Map Part speichern. Dazu markieren Sie einfach den gewünschten Hauptzweig Ihrer Map und klicken in der Kategorie *Eigene Map Parts* auf den Link *Markierte Zweige hinzufügen*. Siehe **Abbildung 4.20**.

Es wird dann automatisch ein neues Map Part, das den markierten Hauptzweig sowie alle dazugehörigen Unterzweige enthält, angelegt.

Haben Sie beispielsweise in Ihrer Map einen Zweig »Teilnehmer« mit mehreren Unterzweigen zur Eingabe der Teilnehmernamen während eines Meetings angelegt, so können Sie diesen in den *Eigenen Map Parts* speichern.

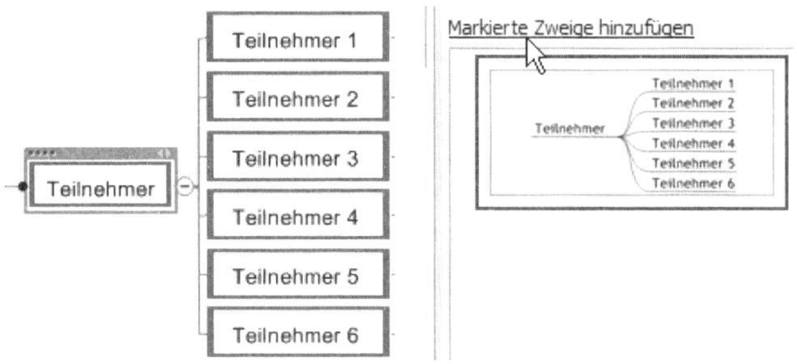

Abbildung 4.20 Legen Sie eigene Map Parts an, und sparen Sie zukünftig Zeit

Da Sie auch in kommenden Meetings die Namen aller Teilnehmer notieren werden, gewinnen Sie somit einiges an Zeit. Denn durch das in den eigenen Map Parts abgelegte »Teilnehmer Map Part«, können Sie dieses zukünftig mit nur einem Klick anderen Maps hinzufügen und die entsprechenden Teilnehmer eintragen, ohne den Zweig und die dazugehörigen Unterzweige erneut anlegen zu müssen.

Mehr zum Thema *Eigene Map Parts* lesen Sie im Kapitel »Vom Könner zum Profi«.

4.5.3 Die Kategorie »Microsoft Excel Linker«

Der Excel® Linker ist ein Map Part, mit dem Sie Zweige anlegen können, die eine Verknüpfung zu Daten aus einer Microsoft Excel-Tabelle beinhalten. Damit Sie diese Funktion nutzen können, muss auf Ihrem System Excel 2000 bzw. eine höhere Version installiert sein.

Sie haben die Wahl zwischen folgenden Microsoft Excel Linkern:

- *Bereich*
- *Range*
- *Topic*

Haben Sie einen der zur Verfügung stehenden Excel Linker einem Map-Zweig zugewiesen und den gewünschten Tabellenausschnitt aus Excel in die Business Map eingefügt, können die Daten auch weiterhin, allerdings nur in Excel, bearbeitet werden. Sobald Sie einen Doppelklick auf das Excel Linker Map Part ausführen, wird Excel geöffnet.

Fügen Sie einen Microsoft Excel Linker ein und Sie haben Excel nicht geöffnet, wird das Programm automatisch gestartet. Dann werden Sie aufgefordert, ein Arbeitsblatt zu öffnen. Anderenfalls wird das aktuelle Arbeitsblatt angezeigt.

Die bestehende Verbindung zwischen dem Map Part und der Microsoft Excel-Datei gewährleistet, dass Ihre Daten innerhalb der Map immer auf dem neusten Stand bleiben. Aktualisieren Sie die Tabelle in Excel, wird auch das Excel Linker Map Part in MindManager aktualisiert.

Wollen Sie die Daten der Tabelle als Diagramm anzeigen, verwenden Sie die MindManager-Funktion *Diagrammansicht*. Sie finden diese sowie viele weitere Funktionen im Kontextmenü des Map Parts. Ferner können Sie festlegen, ob die Tabellendaten in der Map ein- oder ausgeblendet werden sollen.

Sie können die Verknüpfung mit den Excel-Daten auch aufheben. Danach wird die MindManager-Tabelle unabhängig von Excel geführt. Die Daten werden dann zu normalen Tabellendaten und können in MindManager bearbeitet werden.

Der Bereich *Microsoft Excel Linker Map Parts* ist ein sehr umfangreiches Thema. Der Excel Linker-Beitrag in diesem Kapitel dient lediglich dazu, sich einen Überblick zu verschaffen. Im Kaptitel »Vom Könner zum Profi« erfahren Sie mehr über die Excel Linker, ihre Funktionen und die Möglichkeiten, die Ihnen mit den Excel Linker Map Parts geboten werden.

4.5.4 Die Kategorie »Microsoft Outlook Linker«

Im Register *Map Parts* finden Sie noch eine weitere Kategorie: *Microsoft Outlook Linker*.

Dank der Outlook Linker Map Parts wird Ihnen eine beidseitige Kommunikation zwischen Mindjet MindManager und Outlook ermöglicht. Das heißt, wenn Sie in einer der beiden Anwendungen ein Element anlegen, wird es in die andere übernommen. Es besteht also eine Verbindung in beide Richtungen zwischen einem Outlook-Element, z.B. einer Nachricht, einer Aufgabe oder einem Ordner und einem Zweig Ihrer Mind Map.

Die Outlook Linker Map Parts können generell auf zwei Arten aufgenommen werden.

- Entweder Sie nehmen das Map Part aus MindManager heraus, das dann ein neues Outlook-Element erzeugt und eine Verknüpfung zu ihm erstellt, **oder**
- Sie nehmen es aus Outlook, indem Sie das gewünschte Outlook-Element oder einen Ordner über die Funktion *Ausgewählte Elemente in Mindjet MindManager exportieren* an MindManager schicken. Diese Funktion erzeugt einen neuen Smart Map Part inklusive der entsprechenden Verknüpfung.

Der Bereich *Microsoft Outlook Linker Map Parts* ist ein sehr umfangreiches Thema. Der Beitrag über die Outlook Linker in diesem Kapitel dient lediglich dazu, sich einen Überblick zu verschaffen. Im Kaptitel »Vom Könner zum Profi« erfahren Sie mehr über die Outlook Linker, ihre Funktionen und die Möglichkeiten die Ihnen mit den Outlook Linker Map Parts geboten werden.

4.5.5 Die Kategorie »Newsticker«

Neben den *Datei-Explorer*-Map-Parts enthält Mindjet MindManager noch weitere so genannte *Smart Map Parts*. Klicken Sie den Ordner *Newsticker* im Bereich Map Parts an, werden Ihnen zwei Newsticker-Bereiche zur Verfügung gestellt: die »Cnet News.com« sowie die »MindManager«-Newsticker. Die Ticker liefern Ihnen die neuesten Informationen und Schlagzeilen aus den Bereichen Nachrichten und MindManager direkt in die Map.

Haben Sie einen Newsticker in Ihre Map eingebunden, werden die Inhalte automatisch aktualisiert, sobald Sie die Map erneut öffnen. Ebenso können Sie das Map Part markieren und nach Drücken der rechten Maustaste auf *Map Part/Aktualisieren* klicken. So bleiben Sie immer auf dem neusten Stand.

Möchten Sie also beispielsweise immer über die neuesten Mindjet MindManager-Tipps und -Tricks informiert werden, gehen Sie folgendermaßen vor:

1. Suchen Sie sich einen Zweig Ihrer Map, an den das Map Part angefügt werden soll, und markieren Sie ihn.
2. Nehmen Sie den MindManager *Tipps-und-Tricks-Newsticker*, und ziehen Sie ihn per Drag & Drop an den gewünschten Zweig.
3. Nach kurzer Zeit wird der Map Part mit den neuesten Informationen aus dem Ticker gefüllt.

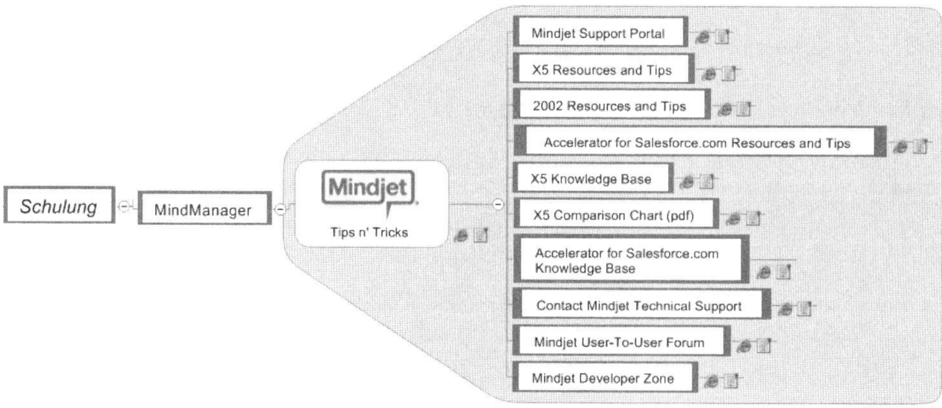

Abbildung 4.21 Bleiben Sie mit den Map Parts der Kategorie Newsticker auf dem neuesten Stand.

Sie haben hier die Möglichkeit, über das *Notiz*- und das *Hyperlink*-Symbol weiter zu navigieren. Klicken Sie auf das *Notiz*-Symbol, können Sie Informationen direkt in der Map nachlesen, klicken Sie auf das *Hyperlink*-Symbol, werden Sie zur Online-Quelle weitergeleitet.

Sie können auch eigene Newsticker-Map-Parts anlegen und sich so über die für Sie interessantesten News informieren. Wie Sie eigene Newsticker-Map-Parts anlegen, erfahren Sie in Teil D, »Vom Könner zum Profi«.

5

Der schnelle Zugriff auf Ihre Maps

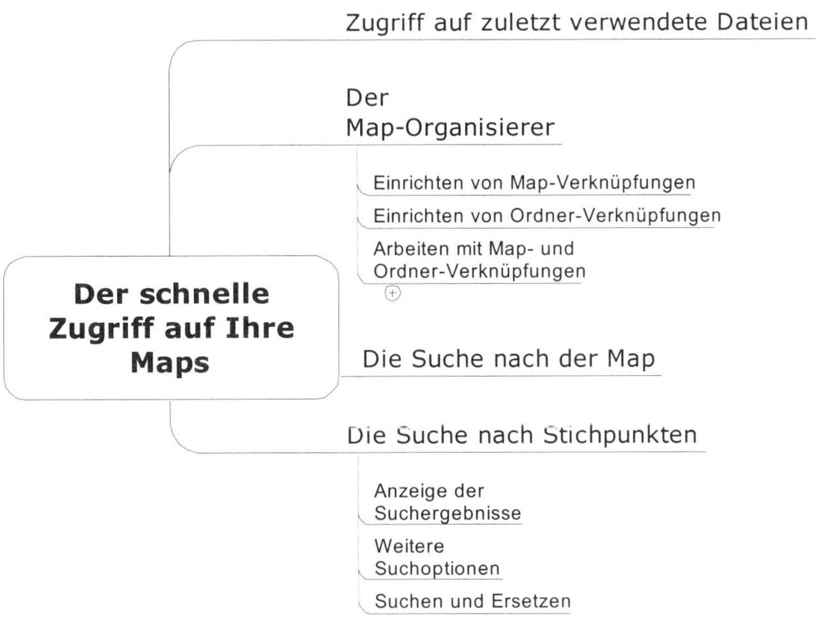

5 Der schnelle Zugriff auf Ihre Maps

Im Arbeitsalltag werden Sie feststellen, dass sich nach einiger Zeit einige Map-Dateien ansammeln werden, insbesondere wenn in Ihrem Unternehmen mehrere Mitarbeiter mit MindManager arbeiten. Um sich hier schnell zurechtzufinden, bietet MindManager eine Reihe an Hilfestellungen und Möglichkeiten zur Organisation und Suche von Map-Dateien, die Sie im Folgenden kennen lernen werden

5.1 Der Zugriff auf zuletzt verwendete Maps

Wenn Sie im MindManager arbeiten, können Sie schnell zwischen den gerade geöffneten Maps mit Hilfe des *Arbeitsmappen-Registers* hin und her springen. Häufig werden Sie jedoch eine Map, die Sie erst vor kurzem verwendet haben und die bereits geschlossen ist, schnell noch einmal öffnen müssen.

Dazu bietet Ihnen MindManager eine Liste der zuletzt verwendeten Maps, die Sie am schnellsten über das Werkzeugleisten-Symbol zum Dateiöffnen anzeigen lassen können.

- Klicken Sie auf den kleinen Pfeil rechts neben dem Symbol, um das entsprechende Dropdown-Menü zu öffnen.
- Durch Anklicken des entsprechenden Map-Namens öffnet sich die gewünschte Map.

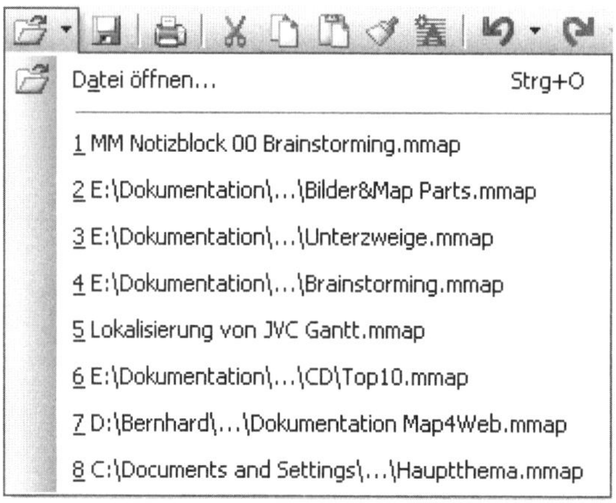

Abbildung 5.1 Die Anzeige der zuletzt verwendeten Maps

5.2 Der Map-Organisierer

In Ihrer täglichen Arbeit werden Sie immer wieder mit ganz bestimmten Maps arbeiten. Vielleicht haben Sie sich eine To-do-Map für Ihre persönliche Organisation erstellt, oder Sie besprechen regelmäßig Ihre Ideen und Projekte mit Ihrem Team. Die Maps selbst haben Sie bereits mit Hyperlinks und Aufgabeninformationen versehen, damit Sie von dort aus einen schnellen Zugriff auf die jeweils benötigten Informationen haben. Sie öffnen MindManager und möchten einen schnellen Zugriff auf die für Sie wichtigen Maps haben.

Wie können Sie dieses Problem im MindManager lösen? Denn natürlich soll an dieser Stelle nicht der umständliche Weg über das Menü *Datei/Öffnen* mit anschließender Suche im Dateisystem gewählt werden. Ebenfalls sollen keine Verknüpfungen zu den Maps auf Ihrem Desktop erstellt werden.

Ziel ist es, einen schnellen Zugriff auf die Maps zu erhalten, um auf diese Weise Zeit im Umgang mit Ihren wichtigsten Maps zu gewinnen.

Die Lösung dazu liegt im Aufgabenbereich *Eigene Maps*, der Ihnen folgende Möglichkeiten bietet:

- Map-Verknüpfungen
- Ordner-Verknüpfungen

Hier haben Sie die Möglichkeit, den Zugriff auf einzelne Maps oder ganze Map-Verzeichnisse übersichtlich zu organisieren und, ohne sich den genauen Ablageort der Dateien merken zu müssen, die Maps direkt zu öffnen.

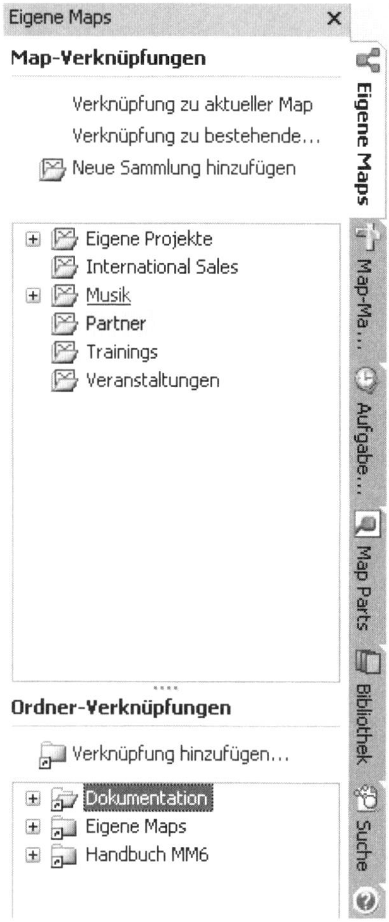

Abbildung 5.2 Die Map- und Ordner-Verknüpfungen im Aufgabenbereich

5.2.1 Einrichten von Map-Verknüpfungen

Sie arbeiten regelmäßig mit Ihrer To-do-Map und möchten zu ihr eine Verknüpfung erstellen.

Um das Beispiel an Ihrem Computer zu verfolgen, öffnen Sie die Datei *ToDo's.mmap* von der CD zum Buch im Ordner *\Kapitel 5*.

Map-Verknüpfungen einer bestehenden Sammlung zuordnen

Gehen Sie folgendermaßen vor, um eine Verknüpfung zu erstellen und diese einer bestehenden Sammlung zuzuordnen:

1. Öffnen Sie die Business Map, und klicken Sie im Aufgabenbereich *Eigene Dateien* auf *Verknüpfung zu aktueller Map.*
2. Alternativ können Sie auch den Befehl *Verknüpfung zu bestehenden Maps...* wählen, sofern Sie die Map über das Dateisystem suchen möchten.

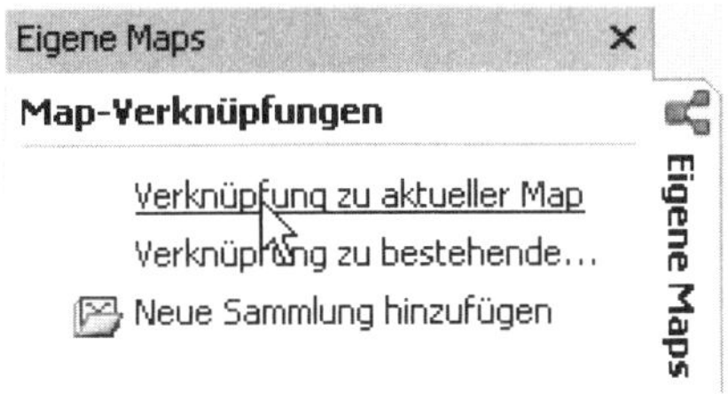

Abbildung 5.3 So erstellen Sie Map-Verknüpfungen

Die neue Verknüpfung wird direkt der Sammlung *Eigene Projekte* hinzugefügt.

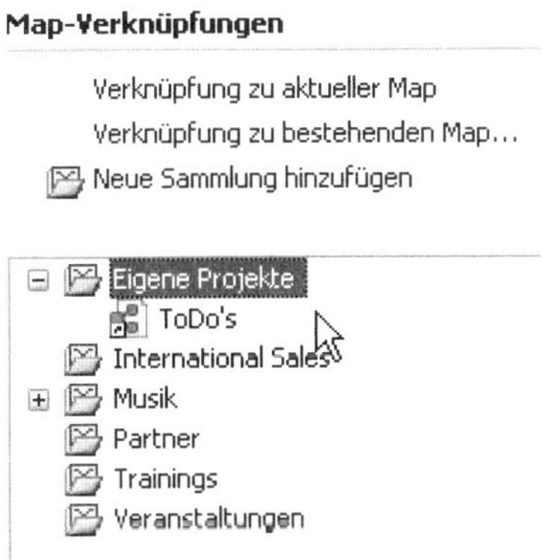

Abbildung 5.4 Die To-do-Map als Verknüpfung

Eine Map-Verknüpfung einer neuen Sammlung zuordnen

Sie möchten Ihre To-do-Map nun nicht den *Eigenen Projekten* zuordnen, sondern dafür eine neue Sammlung *Organisation* erstellen.

Gehen Sie folgendermaßen vor:

1. Klicken Sie im Aufgabenbereich *Eigene Maps* auf *Neue Sammlung hinzufügen.*
2. Vergeben Sie einen Namen für die neue Sammlung, z. B. »Organisation«.
3. Selektieren Sie ggf. die neue Sammlung durch Anklicken und fügen die gewünschte Map wie oben beschrieben hinzu.

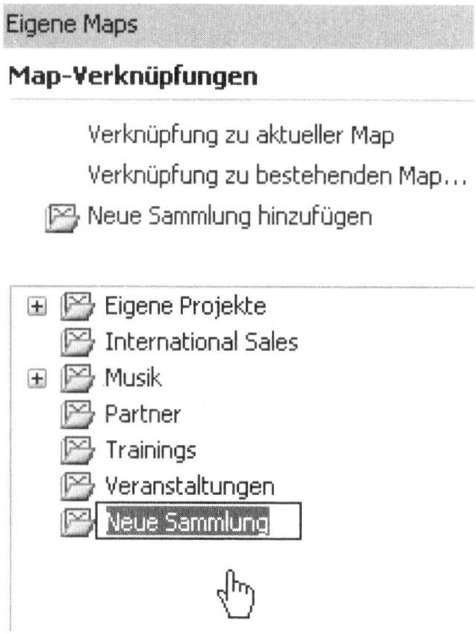

Abbildung 5.5 Eine neue Sammlung anlegen

Dazu ein paar nützliche Tipps:

- Sie können per Drag & Drop eine Map-Verknüpfung in eine andere Sammlung verschieben.
- Ebenso können Sie per Drag & Drop eine Map-Verknüpfung in eine andere Sammlung kopieren, indem Sie während des Drag & Drop-Vorganges die *Strg*-Taste gedrückt halten.
- Sie können eine Map-Verknüpfung auch umbenennen, indem Sie mit der rechten Maustaste auf die Verknüpfung klicken und im Kontextmenü *Umbenennen* wählen. Der Dateiname der Map wird dabei nicht geändert!
- Ebenfalls über das Kontextmenü können Sie einzelne Verknüpfungen oder auch ganze Sammlungen über *Entfernen* aus der Sammlung herausnehmen.

5.2.2 Einrichten von Ordner-Verknüpfungen

Sie haben in Ihrem Unternehmen Mitarbeiterprofile in einem zentralen, auf dem Netzwerk liegenden Verzeichnis als Maps abgespeichert.

Damit haben Sie einen schnellen Überblick z.B. über wahrgenommene oder geplante Weiterbildungsmaßnahmen für jeden Mitarbeiter.

Sie möchten nun eine Verknüpfung zu dem kompletten Ordner mit den Mitarbeiter-Maps erstellen, um einen schnelleren Zugriff auf die entsprechenden Dateien zu erhalten.

So legen Sie eine Verknüpfung zu einem Ordner an:

1. Klicken Sie im Aufgabenbereich *Eigene Maps* bei den Ordner-Verknüpfungen auf den Befehl *Verknüpfung hinzufügen...*, und suchen Sie über den Dialog zur Verzeichnisauswahl den gewünschten Ordner heraus.

Abbildung 5.6 Ordner-Verknüpfung hinzufügen

2. Bestätigen Sie Ihre Auswahl mit *OK*.

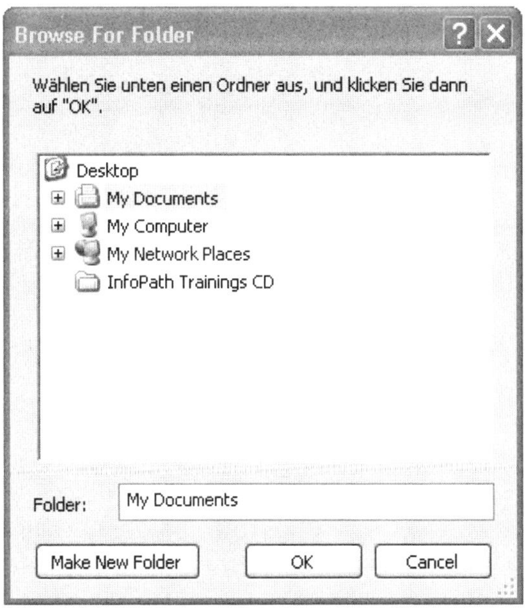

Abbildung 5.7 Auswahl des Ordners

Speichern Sie eine neue Map in einem verknüpften Ordner, wird die Anzeige im Bereich *Eigene Maps* nicht automatisch aktualisiert. Die Aktualisierung können Sie veranlassen, indem Sie mit der rechten Maustaste auf die Verknüpfung klicken und dann im Kontextmenü den Befehl *Aktualisieren* wählen.

5.2.3 Arbeiten mit Map- und Ordner-Verknüpfungen

Umbenennen

1. Klicken Sie mit der rechten Maustaste auf die gewünschte Verknüpfung, und wählen Sie den Befehl *Umbenennen* im Kontextmenü.
2. Geben Sie nun den neuen Namen für die Verknüpfung ein.

Durch die Änderung des Namens einer Map- oder Ordner-Verknüpfung ändert sich der Name der eigentlichen Map oder des Ordners nicht.

Öffnen von Map-Verknüpfungen

So öffnen Sie eine Map über die entsprechende Verknüpfung:

1. Klicken Sie auf das Register *Eigene Maps* im Aufgabenbereich. Klicken Sie dort auf eine Sammlung, um diese zu öffnen.
2. Klicken Sie anschließend auf die Map-Verknüpfung selbst. Die Map wird geöffnet.

Eigenschaften von Map- und Ordner-Verknüpfungen

Sie können sich die Eigenschaften (Größe, Typ, Speicherort) der Verknüpfungen anzeigen lassen:

1. Klicken Sie mit der rechten Maustaste auf die gewünschte Verknüpfung.
2. Wählen Sie im Kontextmenü die Option *Eigenschaften*.

Es öffnet sich ein Fenster, in dem Größe, Typ und Speicherort für Map-Verknüpfungen bzw. der Speicherort bei Ordner-Verknüpfungen angezeigt werden.

Beschädigte Verknüpfungen

Falls eine Map im Dateisystem umbenannt, verschoben oder gelöscht wird, sind die Verknüpfungen im MindManager nicht mehr richtig. Solche Änderungen werden nicht automatisch korrigiert. Ein spezielles Symbol macht Sie auf eine beschädigte Verknüpfung aufmerksam.

Abbildung 5.8 Ein rotes Ausrufezeichen weist auf eine beschädigte Verknüpfung hin

So reparieren Sie beschädigte Verknüpfungen:

1. Klicken Sie auf die Map-Verknüpfung.
2. Es öffnet sich ein Dialog, in dem Sie nun zwei Möglichkeiten haben:
   - Sie suchen nach der Map, um die Verknüpfung zu reparieren.
   - Sie entfernen die Verknüpfung aus der Sammlung.

Wenn Sie nach der Map suchen möchten, klicken Sie auf das *Ordner*-Symbol, und suchen Sie in Ihrer Dateistruktur nach der entsprechenden Map.

Haben Sie die richtige Map gefunden, bestätigen Sie mit der Schaltfläche *OK*. Die Verknüpfung wurde repariert.

Soll die beschädigte Verknüpfung aus der Sammlung entfernt werden, aktivieren Sie einfach die entsprechende Option und klicken auf *OK*.

Standardsammlungen und -verknüpfungen

Die Sammlung *Eigene Projekte* ist in den Map-Verknüpfungen standardmäßig vorhanden. Diese Sammlung kann umbenannt oder gelöscht werden.

Weiterhin ist in den Ordner-Verknüpfungen bereits die Verknüpfung *Eigene Maps* vorhanden. Dieser spezielle Ordner wird bei der Installation des MindManagers angelegt und befindet sich in einem Unterverzeichnis der *Eigenen Dateien* Ihres Windows-Systems.

An dieser Stelle möchten wir Sie noch auf einen kleinen Nebeneffekt bei der Arbeit mit Ordner-Verknüpfungen hinweisen.

Vielleicht ändern Sie die Ablagestruktur Ihrer Dateien, lokal oder im Netzwerk. Sie haben eine Ordner-Verknüpfung auf ein Verzeichnis angelegt, das nach der Änderung an dieser Stelle nicht mehr vorhanden ist. Solange Sie jedoch die Ordner-Verknüpfung im MindManager stehen lassen, wird bei jedem Neustart von MindManager dieses Verzeichnis wieder neu angelegt, falls entsprechende Zugriffsrechte bestehen.

5.3 Die Suche nach der Map

Sie werden feststellen, dass Sie bereits nach kurzer Zeit schon eine recht große Anzahl an Maps erstellt und an verschiedenen Orten abgespeichert haben – sowohl auf Ihrem Rechner als auch im Firmennetzwerk.

Nun wissen Sie zwar noch genau, welche Stichpunkte oder Inhalte in einer bestimmten Map gespeichert sind, haben aber den Speicherort vergessen. Oder Sie wissen, dass von anderen Mitarbeitern bestimmte Informationen in einigen Maps gepflegt werden, kennen aber die genaue Ablagestruktur nicht.

Um eine Map mit bestimmtem Inhalt zu finden, bietet Ihnen MindManager die Möglichkeit, nach Maps zu suchen. Durch die Eingabe eines entsprechenden Suchbegriffs können Sie ganze Verzeichnisse und Unterverzeichnisse durchsuchen lassen.

So gehen Sie vor:

1. Klicken Sie im Aufgabenbereich auf das Register *Suche* oder auf Menü *Datei/Dateien durchsuchen*. Der entsprechende Aufgabenbereich wird jetzt angezeigt.
2. Geben Sie in das Feld *Suchen* den gewünschten Suchbegriff ein.

3. Geben Sie in das Feld *Suche* den Namen des zu durchsuchenden Ordners ein oder verwenden die Schaltfläche *Durchsuchen*, um ein Verzeichnis zu wählen.
4. Geben Sie dazu noch an, ob Sie Unterverzeichnisse in die Suche einbeziehen möchten.

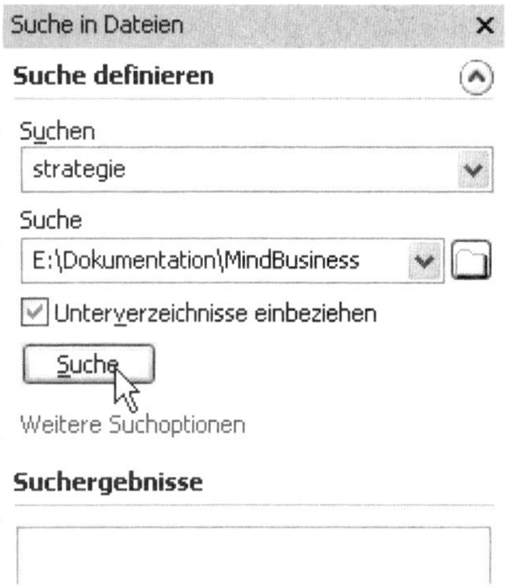

Abbildung 5.9 Geben Sie die Suchbegriffe ein

5. Es stehen Ihnen *weitere Suchoptionen* zur Verfügung. Durch Anklicken werden diese angezeigt. Standardmäßig wird nur der Zweigtext durchsucht. Sie können jedoch ebenso die Notizen, Hyperlinks und mehr in die Suche einbeziehen.
6. Klicken Sie auf die Schaltfläche *Suche*, um den Suchvorgang zu starten.

Abbildung 5.10 Die Suchergebnisse werden angezeigt

Sie können den Suchvorgang abbrechen, indem Sie die *Esc*-Taste drücken. Im Fenster *Suchergebnisse* werden nun die Treffer in einer Baumansicht angezeigt. Wie Sie in **Abbildung 5.10** sehen können, zeigt MindManager durch ein Symbol an, wo der Suchtext gefunden wurde, z.B. im Zweigtext oder in den Notizen.

Durch Doppelklick auf eines der Suchergebnisse öffnet sich die jeweilige Map, und der Cursor wird direkt auf diesem Zweig positioniert.

Wenn Sie mit Multi-Maps arbeiten, bietet MindManager darüber hinaus noch eine weitere Variante der Suchfunktion an, d.h., es können miteinander verknüpfte Maps durchsucht werden.

So gehen Sie vor:

1. Öffnen Sie die zentrale Map mit den Verknüpfungen zu den anderen Maps.
2. Wechseln Sie in die Multi-Map-Ansicht, sehen Sie die Miniaturbilder der zentralen und der damit verknüpften Maps.
3. Selektieren Sie nun die zu durchsuchenden Maps oder einfach alle Maps über die Werkzeugleiste *Alle markieren.*
4. Öffnen Sie wie beschrieben den Aufgabenbereich *Suche* und definieren und starten entsprechend Ihre Suche.

Sie können den Suchvorgang abbrechen, indem Sie die *Esc*-Taste drücken. Durch Doppelklick auf eines der Suchergebnisse öffnet sich die jeweilige Map, und der Cursor wird direkt auf diesen Zweig positioniert.

5.4 Die Suche nach Stichpunkten innerhalb der Map

Projekte, Dokumentationen, Meetingprotokolle, Wissensdokumentation – schnell nehmen Ihre Maps an Umfang zu, und die Informationen befinden sich nicht nur auf den Zweigtexten, sondern auch in den Notizen, den Hyperlinks etc.

Anstatt mühsam die einzelnen Zweige zu öffnen und nach der gewünschten Information zu suchen, verwenden Sie stattdessen die integrierte Suchfunktion im MindManager.

Die Suche öffnen Sie über den Menübefehl *Bearbeiten/Suchen* oder über die Tastenkombination *Strg+F*.

Abbildung 5.11 Das Dialogfenster *Suchen und Ersetzen*

Falls Sie nur das Eingabefeld *Suchen nach* sehen, klicken Sie auf die Schaltfläche *Optionen*, um den kompletten Dialog anzuzeigen.

Um die Suche zu starten, gehen Sie folgendermaßen vor:

1. Geben Sie den Suchbegriff in das Feld *Suchen nach* ein.
2. Wählen Sie aus, in welchen Map-Elementen gesucht werden soll. Standardmäßig ist nur der Zweigtext selektiert. Sie können die Suche jedoch auf die Notizen, Hyperlinks und mehr ausdehnen.
3. Starten Sie die Suche über die Schaltfläche *Weitersuchen*.

Anzeige der Suchergebnisse

Wird ein Zweig gefunden, der den Suchkriterien entspricht, hält die Suche an, und MindManager zeigt die Fundstelle an. Handelt es sich um einen Zweigtext, wird dieser selektiert. Falls der Suchbegriff in den Notizen gefunden wird, wird dieser Arbeitsbereich geöffnet und der Suchbegriff dort selektiert. Falls sich der Suchbegriff in einem der weiteren Zweigangaben verbirgt, wird zum Zweig eine Hinweismeldung angezeigt.

Abbildung 5.12 Anzeige des Suchergebnisses für einen Hyperlink

So erhalten Sie schnell den Überblick, ob es sich hier um den gesuchten Zweig handelt. Der Suchdialog selbst bleibt dabei geöffnet, d.h., Sie können über *Weitersuchen* die Suche fortsetzen, falls Sie noch nicht den richtigen Zweig gefunden haben.

Wenn das Suchergebnis angezeigt wird oder Sie bei geöffnetem Suchdialog in die Map klicken, wird der Dialog plötzlich transparent angezeigt. Das soll Ihnen ermöglichen, auch bei geöffnetem Dialogfenster einen besseren Überblick über Ihre Map zu behalten. Falls Sie dieses Verhalten ausschalten möchten, können Sie dies über *Extras/Optionen* und dort bei den *Visuellen Effekten* mit der Option *Transparente Dialogfelder bei fokussierter Map anzeigen* deaktivieren.

Weitere Suchoptionen

Durch die Kombination der Zweigangaben, die durchsucht werden sollen (Zweigtext, Notizen etc.), lassen sich mit den weiteren Suchoptionen Informationen sehr gezielt finden.

Dafür stehen im Suchdialog noch folgende Optionen zur Verfügung:

1. Mit der Dropdown-Liste *Innerhalb* können Sie die Suche in der Map einschränken:
   - *Map-Zweige und freie Anmerkungen* durchsucht die komplette Map.
   - *Nur Map* nimmt freie Anmerkungen von der Suche aus.
   - *Nur Unterzweig* durchsucht nur den Zweig (mit Unterzweigen), den Sie gerade in Ihrer Map selektiert haben.
2. Weiterhin können Sie mit *Nur sichtbare Zweige* anstatt *Alle Zweige* die Suche auf die Zweige einschränken, die tatsächlich momentan in der Map angezeigt werden. Zweige, die ausgeblendet sind, werden so nicht berücksichtigt.
3. Mit *Groß- und Kleinschreibung beachten* können Sie bei aktivierter Option eine Unterscheidung treffen z.B. zwischen »treffen« und »Treffen«.
4. Mit *Nur ganze Wörter suchen* können Sie z.B. nach »Map« als freistehendem Begriff suchen. »MindMapping« würde in diesem Fall keinen Treffer liefern.

Suchen und Ersetzen

Direkt aus dem Suchen-Dialog heraus über den Reiter *Ersetzen*, über Menü *Bearbeiten/Ersetzen* oder über die Tastaturkombination *Strg+H* können Sie den Dialog *Suchen und Ersetzen* aufrufen. Hier können Sie die eben beschriebene Suche mit einer *Ersetzen*-Funktion kombinieren. So können Sie z.B. den Begriff »MindMapping« in Ihrer Map komplett durch »Business Mapping« ersetzen lassen.

Wie gehen Sie beim *Suchen und Ersetzen* vor?

1. In die Felder *Suchen nach* und *Ersetzen durch* geben Sie die gewünschten Begriffe ein.
2. Wählen Sie die weiteren Optionen, wie oben beschrieben.

3. Jetzt haben Sie zwei Möglichkeiten:
   - Klicken Sie auf *Weitersuchen*. Wenn der Suchbegriff gefunden wird, können Sie diesen über die Schaltfläche *Ersetzen* mit dem neuen Begriff ersetzen. Falls an dieser Stelle nicht ersetzt werden soll, können Sie einfach durch Klicken auf die Schaltfläche *Weitersuchen* die Suche fortsetzen. So können Sie also ganz genau steuern, wo die Ersetzungen stattfinden sollen.
   - Klicken Sie auf *Alle ersetzen*, werden automatisch alle gefundenen Suchbegriffe ersetzt. Dies ist natürlich schneller als die erste Option, allerdings sollten Sie sicher sein, dass die Ersetzung wirklich komplett ausgeführt werden soll. Berücksichtigen Sie dabei ggf. die Option *Nur ganze Wörter suchen.*

Ein interessantes Anwendungsbeispiel für *Suchen und Ersetzen* ist das Ersetzen in Hyperlinks. Nehmen wir an, Sie haben eine Map mit vielen Informationen und Verlinkungen auf einem Netzlaufwerk vorbereitet. Die Map verwenden Sie regelmäßig zur Navigation, um schnell auf die verlinkten Dateien zugreifen zu können.

Nun wird von der IT-Administration das Netzwerk überarbeitet, und Sie können auf die Dateien nicht mehr per Laufwerksbuchstaben, sondern nur noch über den *UNC-Pfad* zugreifen (d.h. Pfadangabe mit Servernamen).

Jetzt möchten Sie natürlich nicht jeden einzelnen Link in Ihrer Map öffnen und auf den neuen Pfad anpassen, sondern verwenden stattdessen die *Suchen und Ersetzen*-Funktion. Durchsuchen Sie dabei nur die Hyperlinks.

Haben zuvor beispielsweise alle Links den Pfad »Z:\Marketing\Auswertungen« aufgewiesen und der Zugriff auf die Dateien wurde nun geändert in »\\server01\Marketing\Auswertungen«, gehen Sie folgendermaßen vor:

- Geben Sie als Suchtext »Z:\ « an
- und ersetzen diesen durch »\\server01\«.

Was haben Sie in diesem Kapitel erfahren?

Bei der Arbeit mit MindManager werden Sie im Lauf der Zeit für Ihre Eigenorganisation, für Meetings, Projekte und vieles mehr eine große Anzahl an Maps erstellen. Dazu kommen ggf. noch Maps Ihrer Kollegen und Mitarbeiter. Einige Maps, z.B. Wissenssammlungen, werden sicherlich einen größeren Umfang annehmen, und Sie werden bei Bedarf entsprechende Multi-Map-Strukturen aufbauen.

Daher sind Werkzeuge, mit denen Sie Maps organisieren und durchsuchen können, unumgänglich.

Sie haben in diesem Kapitel viele wertvolle Methoden kennen gelernt, wie MindManager Sie dabei unterstützt.

6

So haben Sie Ihre Informationen im Griff

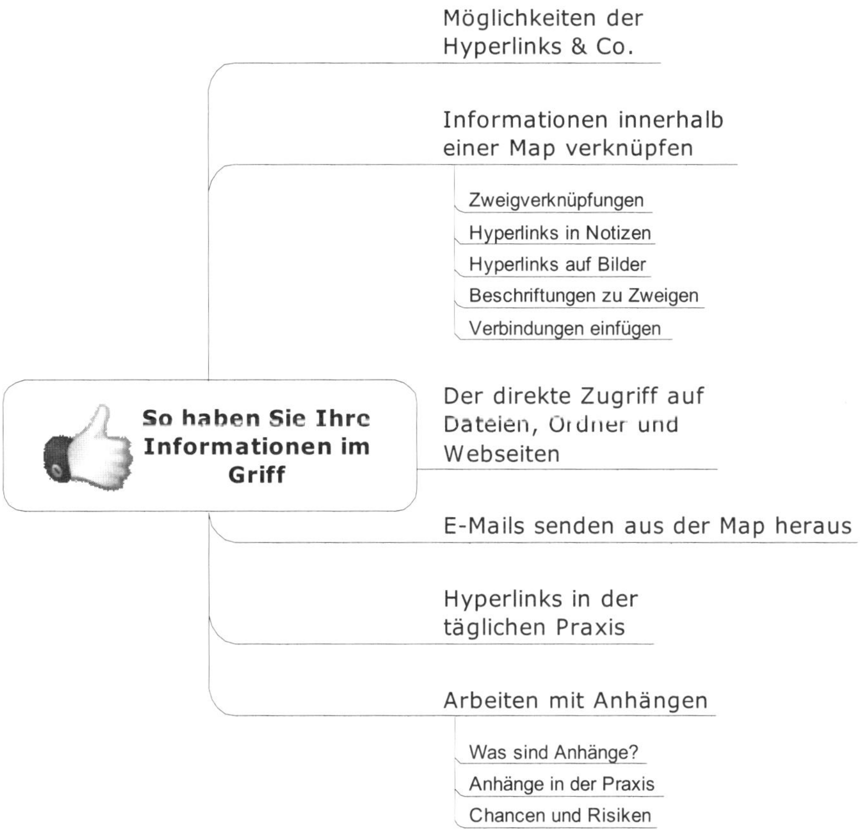

6 So haben Sie Ihre Informationen im Griff

Für den Stress am Arbeitsplatz gibt es viele Ursachen. Fragt man Betroffene, ist neben mangelndem Einfluss, sozialen Faktoren und psychischen Ursachen Zeitmangel ein wesentlicher Faktor, der uns das erfolgreiche Arbeiten unmöglich macht. Tag für Tag steigt das Arbeitspensum, immer mehr Informationen müssen verarbeitet werden und in immer mehr Projekten ist man gleichzeitig involviert. Wie soll man da den Überblick behalten und keinen zeitlichen Stress aufkommen lassen?

Stellen wir uns folgende Situation vor:

Sie sind im Projekt »technische Dokumentationen« involviert. Mittlerweile haben Sie sogar die Projektleitung übernommen. Der Workshop mit den Außendienstmitarbeitern ist auch sehr erfolgreich verlaufen. Aus mehreren Brainstorming-Sitzungen sind schon erste Maps entstanden, welche die Ideen und Anforderungen zusammenfassen und strukturieren. Weiterhin haben Sie sich schon einen guten Überblick über relevante Dokumente verschafft. Präsentationen liegen in PowerPoint-Dateien vor, die Kalkulation ist in einer Excel-Tabelle, Protokolle von einigen Teamsitzungen sind in Word-Dateien etc. Es gibt also einiges, worauf Sie im Tagesablauf oft sehr schnell zugreifen müssen, wenn Sie nicht immer in Ihrer Verzeichnisstruktur suchen wollen.

Bauen Sie sich eine Map als Informationsportal auf – nutzen Sie die Möglichkeit eines schnellen Aufbaus, die Strukturierungsvielfalt und die Möglichkeit, mit Hyperlinks, Beschriftungen und Zweigverbindungen zu arbeiten, und erschließen sich damit eine neue Dimension des Arbeitens.

Was sind Hyperlinks?

Hyperlinks können Map-Zweigen und Notizen hinzugefügt werden und als Verweise auf externe Dokumente, Web-Adressen oder E-Mail-Adressen dienen. So vermeiden Sie, dass Ihre Map mit übermäßig vielen oder sich überschneidenden Informationen überfrachtet wird. Gleichzeitig gewährleisten Sie, dass bei Aktivierung des betreffenden Links immer ein aktuelles Dokument bzw. eine aktuelle Seite angezeigt wird. Das Ziel eines Hyperlinks in Ihrer Map erreichen Sie mit einem einfachen Klick.

Sie können Links in die Map aufnehmen, die eine Verknüpfung zu folgenden Zielen bilden:

- Vorhandene Dateien (darunter auch andere Maps) oder Webseiten
- Andere Zweige in derselben oder in anderen Maps
- Neue leere Dokumente, die beim Hinzufügen des Links angelegt werden
- E-Mail-Adressen
- Verzeichnisse

Pro Zweig ist nur ein Link zulässig. Wenn ein Zweig mit einem Hyperlink versehen wurde, wird am Zweig ein Hyperlink-Symbol, ein Dateityp-Symbol, ein Browser-Symbol oder ein Favicon (z. B. für Google) angezeigt. Wenn Sie den Cursor auf das Symbol setzen, wird das Ziel der Verknüpfung eingeblendet.

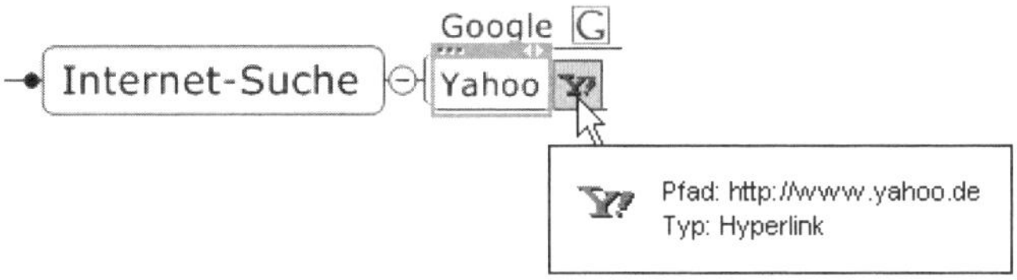

Abbildung 6.1 Hyperlink zu einer Webseite mit Favicon

Die Anzeige von Favicons können Sie über Menü *Extras/Optionen/Visuelle Effekte/Für Web-Hyperlinks Favicons anzeigen* aktivieren bzw. deaktivieren.

Die Anzeige von Hyperlink-Symbolen an Zweigen lässt sich unter dem Menü *Ansicht/Einblenden/Ausblenden* unterdrücken, wenn Sie z.B. die Map ohne die jeweiligen Hyperlink-Symbole ausdrucken möchten.

Wenn Sie Zweige in eine neue Map exportieren, wird automatisch ein Hyperlink zur neuen Map angelegt.

6.1 Die Möglichkeiten der Hyperlinks & Co

Sie haben für eine technische Dokumentation Ihre Map als Infoportal vorbereitet, die Informationen können nun strukturiert eingebunden werden. Neben Informationen, die Sie direkt in die Map als Notizen eintragen, stehen Ihnen natürlich auch viele externe Dokumente zur Verfügung, die auch im Originalformat erhalten bleiben und gepflegt werden sollen. Innerhalb der Map erkennen Sie Zusammenhänge zwischen verschiedenen Zweigen, was Sie auch visuell darstellen möchten.

Ihr Ziel ist es also, möglichst schnell auf alle Informationen zugreifen zu können und dabei jederzeit den nötigen Überblick zu behalten.

Sie können die folgenden Übungen direkt am Rechner mitmachen. Die Maps finden Sie auf der CD zum Buch im Ordner *\Kapitel 06*. Für das folgende Beispiel öffnen Sie die Map *Infoportal.mmap*.

6.1.1 Informationen innerhalb einer Map verknüpfen

In Ihrer Map wird es immer wieder Zweige, geben die »etwas miteinander zu tun haben«, aber unterschiedlichen Hauptzweigen bezüglich der Themen zugeordnet sind. Diese

Informationen dürfen im hektischen Arbeitalltag auf keinen Fall übersehen oder überlesen werden. MindManager bietet dafür ganz unterschiedliche Möglichkeiten.

6.1.1.1 Zweigverknüpfungen

Schauen Sie sich Ihre Map etwas genauer an. Sie haben bspw. das Thema »PowerPoint« mehrfach in Ihrer Map aufgelistet. Einmal erscheint ein Hauptzweig »Präsentationen«, und Sie haben einen Unterzweig »PowerPoint-Vorlage«. Beide Zweige haben etwas miteinander zu tun. Wenn Präsentationen erstellt werden, soll auf jeden Fall die *pot.*-Vorlage genommen werden.

Deshalb sollen die beiden Zweige miteinander verknüpft werden. Ziel ist es, dass Sie direkt auf die PowerPoint-Vorlage zugreifen können. Diese haben Sie bereits per Hyperlink in die Map eingebunden.

Sie möchten von einem Zweig Ihrer Map mit einem Klick zu einem anderen Zweig innerhalb der gleichen Map springen, da hier weiterführende Informationen liegen.

Wenn Sie eine direkte Verknüpfung in Ihre Map einfügen wollen, gehen Sie wie folgt vor:

1. Markieren Sie den Zweig oder die Stelle in einer Notiz, an der sich der Link befinden soll.
2. Wählen Sie eine der folgenden Verfahrensweisen:
   - Klicken Sie auf die Symbolleistenschaltfläche *Hyperlink.*
   - Drücken Sie *Strg+K.*
   - Klicken Sie in der Menüleiste auf *Zweig/Hyperlink.*
   - Klicken Sie mit der rechten Maustaste auf den Zweig bzw. die Position in der Notiz und wählen *Hyperlink einfügen*.

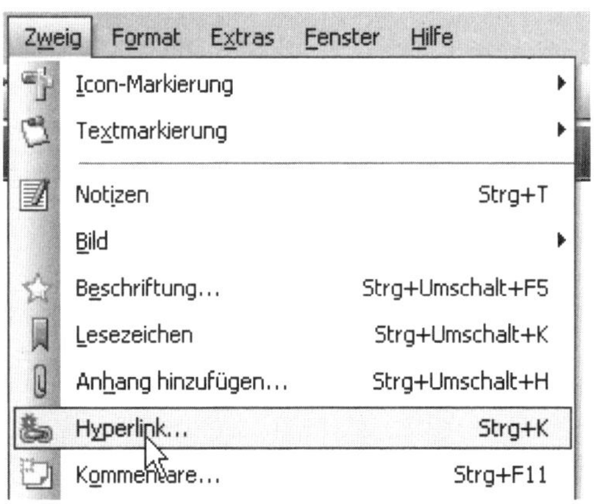

Abbildung 6.2 Hyperlink einfügen über die Menüleiste

3. Klicken Sie im Dialogfeld *Hyperlink einfügen* auf die Schaltfläche *Zweig in dieser Map*. Eine Liste aller Zweige in der vorliegenden Map wird angezeigt.

Wenn Sie in der Map bereits Beschriftungen angelegt haben, können Sie festlegen, dass in der Zweigliste nur die Zweige mit Beschriftungen angezeigt werden. Das ist besonders bei umfangreichen Maps komfortabel.

4. Markieren Sie den Zweig bzw. die Beschriftung, zu dem/der eine Verknüpfung hergestellt werden soll.

Abbildung 6.3 Alle Zweige Ihrer geöffneten Map werden angezeigt

6.1.1.2 Hyperlinks in Notizen auf andere Notizen

Nehmen wir an, Sie haben zu einem Zweig eine Zweignotiz mit zusätzlichen Informationen hinzugefügt. In dieser Zweignotiz verweisen Sie auf einen Hauptzweig innerhalb der Map. Es ist wichtig, dass Sie sich eine Möglichkeit schaffen, direkt dort weiter lesen zu können.

Das Hinzufügen eines Hyperlinks zu einer Notiz ist vergleichbar mit dem Hinzufügen eines Hyperlinks zu einem Zweig in der Map. Wenn Sie innerhalb einer Zweignotiz einen Hyperlink einfügen wollen, gehen Sie wie folgt vor:

1. Setzen Sie den Cursor innerhalb der geöffneten Zweignotiz auf die Stelle, an welcher der Hyperlink eingefügt werden soll. Öffnen Sie die *Hyperlink*-Funktion.
2. Klicken Sie im Dialogfeld *Hyperlink einfügen* auf die Schaltfläche *Zweig in dieser Map*. Eine Liste aller Zweige in der vorliegenden Map wird angezeigt.

3. Markieren Sie den gewünschten Zweig.

Abbildung 6.4 Öffnen des Hyperlink-Dialogs über die rechte Maustaste

Sie können Zweignotizen und Bildern auf alle am Anfang dieses Kapitels beschriebenen Arten von Links hinzufügen. Die Links werden durch Anklicken des Textes bzw. des Bildes geöffnet.

Sie haben nun auch innerhalb einer Zweignotiz eine direkte Verknüpfung zu einem weiteren Zweig innerhalb Ihrer Map. Der verlinkte Text erscheint in Blau und ist unterstrichen.

6.1.1.3 Bilder direkt einfügen oder als Link verknüpfen

Sie haben für den Start eines Team-Meetings immer einen Leitspruch, den Sie als Bild abgespeichert haben. Dieses Bild möchten Sie gerne in die Meeting-Map einbinden, und zwar direkt zum Hauptthema.

Manchmal ist es ratsam, eine Verknüpfung zu einem Bild herzustellen, statt es in die Map einzubetten, weil:

- dadurch der Umfang der Map kleiner bleibt
- und sich das Bild unter Umständen ändert, Sie jedoch immer die aktuellste Version des Bildes anzeigen möchten.

Da der Leitspruch eine kleine Bilddatei ist, wollen Sie das Bild direkt in die Zweignotiz einzufügen.

Ihren Notizen können Sie Bilder hinzufügen, die entweder in das Dokument eingebettet sind und mit ihm gespeichert werden oder über einen Link mit der Map verknüpft sind. Das Bild wird anfangs mit seiner Originalgröße hinzugefügt. Sie können es jedoch skalieren und auf Wunsch bearbeiten. Wenn Sie Bilder in Zweignotizen einfügen wollen, gehen Sie wie folgt vor:

1. Setzen Sie den Cursor an die Stelle der Notiz, an der das Bild eingefügt werden soll.
2. Klicken Sie auf das Bildsymbol ganz rechts in der Symbolleiste des Notizfeldes.
3. Wählen Sie im Dateisystem eine Grafikdatei, die Sie in die Notiz einfügen möchten.
4. Klicken Sie auf die Schaltfläche *Einfügen*, wenn das Bild eingebettet werden soll, oder auf den Pfeil der Dropdown-Liste und dann auf *Einfügen und Verknüpfen*, wenn es verknüpft werden soll.

Sie können auch ein Bild in eine Notiz einfügen, das Sie zuvor in einer anderen Anwendung kopiert haben. Setzen Sie den Cursor nach dem Kopieren des Bildes in die Notiz, und verwenden Sie dann die Tastenkombination *Strg+V*. Wahlweise können Sie auch auf *Bearbeiten/Einfügen* klicken.

Sie haben zu dem Thema »technische Dokumentationen« einen Hinweis auf aktuelle Literaturtipps. Das Cover des aktuellen Handbuches haben Sie als Bilddatei in Ihrem Ordner *Eigene Bilder* gespeichert. Gerne möchten Sie das Cover in die Map einbinden. Das Cover wird jedoch noch bearbeitet, Sie möchten aber in Ihrer Map die jeweils aktuellste Version angezeigt bekommen.

Sie möchten das Cover in die Zweignotizen einfügen und gleichzeitig automatisch aktualisieren lassen, wenn die Bilddatei verändert wurde.

Wenn Sie beim Einfügen eines Bildes die Option *Einfügen und Verknüpfen* wählen, wird eine Verknüpfung zum betreffenden Originalbild hergestellt. Wenn Sie die Notizen einblenden, wird das Bild jedes Mal aktualisiert.

So aktualisieren Sie das Bild von Hand:

- Klicken Sie mit der rechten Maustaste auf das Bild, und wählen Sie die Option *Bild aktualisieren*.

Wenn ein Bild in eine Map aufgenommen wurde, können Sie entscheiden, ob es mit der Map verknüpft oder in sie eingebettet sein soll:

- Klicken Sie mit der rechten Maustaste auf das Bild.
- Wählen Sie die Option *Bild formatieren*.
- Aktivieren bzw. deaktivieren Sie die Option *Verknüpfung zu Bild*.

Wenn Sie die Verknüpfung aktivieren, geben Sie den Speicherort der Datei an (u.U. nach Durchsuchen der Verzeichnisse).

Wenn die Originaldatei verschoben oder gelöscht wird, wird statt des Bildes ein ungültiger Link angezeigt. Korrigieren Sie in einem solchen Fall den Speicherort des verschobenen Bildes unter Verwendung der oben genannten Schritte.

Sie haben die Möglichkeit, verknüpfte Bilder beim Exportieren der Map nach Word einzubetten.

Dazu verwenden Sie die Einstellungen unter *Extras/Optionen/Notizen/Konvertierungen beim Export (RTF)*. So erreichen Sie, dass in die exportierten Dateien statt eines Verweises das Bild selbst aufgenommen wird.

6.1.1.4 Beschriftungen zu Zweigen

Sie möchten in Ihrer Map einen Zweig besonders kennzeichnen, damit Sie jederzeit auch von anderen Zweigen dorthin verweisen können. Dazu nutzen Sie in MindManager die Funktion *Beschriftungen*. Wenn Sie dann einen Hyperlink einrichten, können Sie den Namen der Beschriftung einschließen, um später direkt zu diesem Zweig springen zu können.

In Ihrer Map nimmt der Zweig »Beispieldateien« eine wichtige Funktion ein. Sie möchten daher diesen Zweig besonders kennzeichnen. Fügen Sie dazu eine Beschriftung wie folgt ein:

1. Markieren Sie den Zweig, dem Sie eine Beschriftung hinzufügen möchten. Wählen Sie eine der folgenden Verfahrensweisen:
   - Klicken Sie auf *Zweig/Beschriftung*.
   - Drücken Sie *Strg+Umschalt+F5*.

Als Name der Beschriftung wird standardmäßig der Zweigtext verwendet. Sie können dies jedoch durch Eingabe eines neuen Namens ändern. Klicken Sie anschließend auf die Schaltfläche *Hinzufügen*.

Abbildung 6.5 Beschriftung hinzufügen

Wenn Sie die eingefügte Beschriftung ändern bzw. entfernen wollen, gehen Sie so vor:

1. Wählen Sie eine der folgenden Verfahrensweisen:
   - Markieren Sie den Zweig mit der Beschriftung, die Sie ändern möchten.
   - Markieren Sie einen anderen Zweig in der Map.
2. Klicken Sie auf *Zweig/Beschriftung*, oder drücken Sie *Strg+Umschalt+F5*.
3. Markieren Sie die Beschriftung, die aus der Liste der Beschriftungen entfernt bzw. bearbeitet werden soll.
4. Wählen Sie eine der folgenden Verfahrensweisen:
   - Zum Entfernen der Beschriftung klicken Sie auf den Button *Entfernen*.
   - Zum Ändern der Beschriftung geben Sie einen neuen Text für den Namen des Lesezeichens ein und klicken dann auf *Bearbeiten*.

6.1.1.5 Verbindungen einfügen

Ihre erstellte Map wird immer mehr zu einem kleinen Informationsportal. Sie können schon sehr schnell auf die wichtigsten Dateien und Verzeichnisse direkt zugreifen. Zu dem Zweig »Software« fügen Sie noch eine Anmerkung ein, dass natürlich Lizenzen für alle Teammitglieder vorhanden sein müssen. Die Teamliste ist in einer Excel-Tabelle, die Sie mit dem Map-Zweig verknüpft haben.

Ziel ist es, die Beziehung der beiden Zweige visuell zu verdeutlichen. Das wollen wir nun als nächsten Schritt machen.

Sie haben also immer noch die Map mit der »technischen Dokumentation« geöffnet. Mit der Schaltfläche *Verbindung einfügen* in der Hauptsymbolleiste können Sie einen Verbindungspfeil einfügen, der die betreffenden Zweige zueinander in Beziehung setzt. Ferner können Sie den Pfeil mit einer Beschriftung versehen. Die Standardformatierung für den Pfeil wird von den Stil-Einstellungen der Map bestimmt.

Um eine Zweigverbindung einzufügen, gehen Sie wie folgt vor:

1. Klicken Sie zunächst in der Symbolleiste auf die Schaltfläche *Verbindung einfügen*, oder klicken Sie in der Hauptsymbolleiste auf *Einfügen/Verbindung*. Der Cursor wird zu einem Verbindungssymbol.
2. Markieren Sie den ersten und anschließend den zweiten Zweig. Die beiden Zweige werden mit dem Pfeil verbunden.

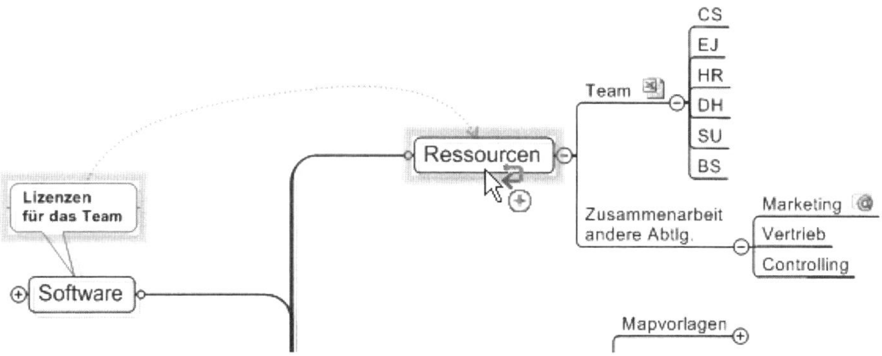

Abbildung 6.6 Die Zweige sind zum Einfügen der Verbindung markiert, und der Mauszeiger ändert sich entsprechend – so fügen Sie Verbindungen ein

Die Form des Pfeils verändern Sie mit Hilfe der gelb markierten Ziehpunkte. Sie können den Linienstil und die Farbe des Pfeils verändern.

Wenn Sie den Linienstil und die Farbe eines Pfeils festlegen wollen, gehen Sie so vor:

- Selektieren Sie den gewünschten Verbindungspfeil bzw. -pfeile.

Legen Sie mit den Schaltflächen der Formatierungssymbolleiste im unteren Bereich des MindManager-Fensters den Stil des Pfeils fest. Nutzen Sie dazu die Schaltflächen *Linienfarbe*, *-stärke*, *-muster* und *Pfeile*.

Die Schaltflächen für *Linienstärke* und *-muster* befinden sich in der Symbolleiste für die erweiterte Formatierung. Falls Sie diese nicht sehen, können Sie diese aktivieren über das Menü *Ansicht/Symbolleisten/Erweiterte Formatierung*.

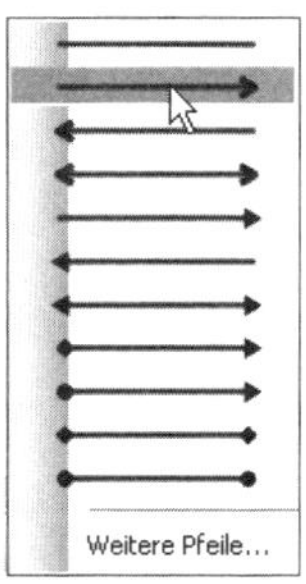

Abbildung 6.7 Pfeilspitzen auswählen

Es gibt noch weitere Formatierungsoptionen. Dazu klicken Sie mit der rechten Maustaste auf die Verbindung und wählen *Verbindung formatieren*.

Sie können auch mehrere Verbindungen markieren und dann die rechte Maustaste drücken, um die Option *Verbindung formatieren* zu verwenden. Wählen Sie dann die gewünschten Attribute für die Linie(n).

Die veränderten Verbindungspfeilattribute möchten Sie auch für später einzufügende Verbindungen nutzen und sie nicht ständig »per Hand« verändern. Die kostet Sie in der täglichen Arbeit zu viel Zeit.

Sie möchten deshalb die bereits veränderten Verbindungspfeilattribute standardisieren.

Um die Attribute zu standardisieren, verwenden Sie die Schaltfläche *Stil*. Sie erreichen damit Folgendes:

- Speichern Sie die Verbindungspfeilattribute als Standard.
- Alle mit dem aktuellen Map-Stil angelegten neuen Verbindungspfeile übernehmen diese Attribute.

Wenn Sie dem eingefügten Verbindungspfeil nun noch eine Beschriftung hinzufügen wollen, gehen Sie wie folgt vor:

1. Klicken Sie mit der rechten Maustaste auf den Verbindungspfeil. Wählen Sie *Anmerkung einfügen*.
2. Wenn das Anmerkungsfeld angezeigt wird, geben Sie wie gewohnt Ihren Text ein.

Unter *Extras/Optionen/Bearbeiten* können Sie festlegen, dass Sie für jede Verbindung, die Sie hinzufügen, zur Eingabe einer Anmerkung aufgefordert werden, damit Verbindungen automatisch beschriftet werden.

Sind in Ihrer Map Verbindungspfeile, die Sie löschen wollen, gehen Sie wie folgt vor:

- Klicken Sie mit der rechten Maustaste auf den Verbindungspfeil.
- Wählen Sie *Verbindung löschen*.

Mit *Ansicht/Einblenden/Ausblenden* können Sie die Anzeige der Verbindungen unterdrücken.

6.1.1.6 Von einem Zweig zum anderen springen

Besonders in großen Maps werden Ihre Zweigverbindungen auch weit auseinander liegende Zweige miteinander verknüpfen. Sie können mit den Scrollbalken oder durch Verschieben der Map von einem Zweig zum anderen gelangen. Allerdings möchten Sie dem Hinweis, den eine Verbindung gibt, möglichst schnell folgen.

- Klicken Sie daher mit der rechten Maustaste auf die Verbindung.
- Sie sehen im Kontextmenü zwei Einträge *Springen zu:* mit den jeweiligen Zweigtexten.
- Wählen Sie hier den gewünschten Zweig aus, und Sie »überqueren« schnell die gesamte Map.

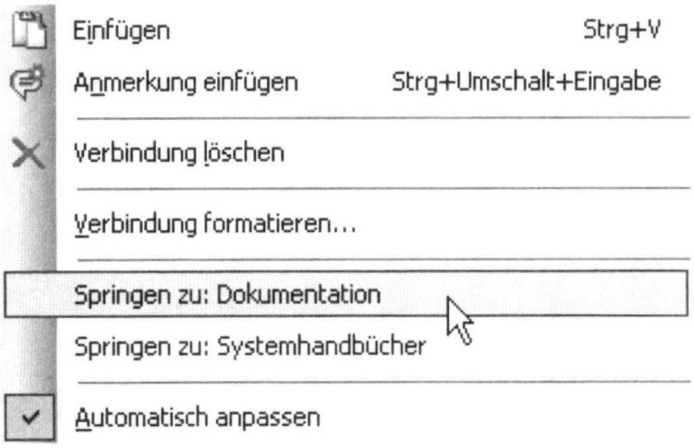

Abbildung 6.8 Über Zweigverbindungen schnell von einem Zweig zum anderen springen

Auf diese Weise haben Sie wieder ein Stück mehr Überblick in Ihre »PortalMap« gebracht.

6.1.2 Der direkte Zugriff auf Dateien, Ordner und Webseiten

Sie haben einen Zweig »Vorlagen« in Ihre Map eingefügt. Sie möchten nun beispielsweise auf die Meetingvorlage, die Sie in dem Projekt regelmäßig benötigen, direkt zugreifen. Zudem möchten Sie die Webseite der Firma MindBusiness nutzen, da Sie dort im Forum immer wieder neue Tipps & Tricks zu MindManager und den MindBusiness-Software-Tools finden.

Im ersten Schritt wollen Sie den Hyperlink zu der Webseite vom MindBusiness-Forum einfügen.

Wenn Sie einen Link zu einer Webseite einfügen wollen, gehen Sie wie folgt vor:

1. Öffnen Sie den Hyperlink-Dialog wie im Abschnitt für Zweigverknüpfungen beschrieben.
2. Klicken Sie im Dialogfeld *Hyperlink einfügen* auf die Schaltfläche *Vorhandene Datei oder Webseite*.
3. Geben Sie in das Feld *Link zu* die Hyperlink-Adresse ein. Wenn Sie sich bezüglich der Adresse nicht sicher sind, klicken Sie auf die Schaltfläche zum Suchen.
4. Bestätigen Sie Ihre Wahl mit *OK*.

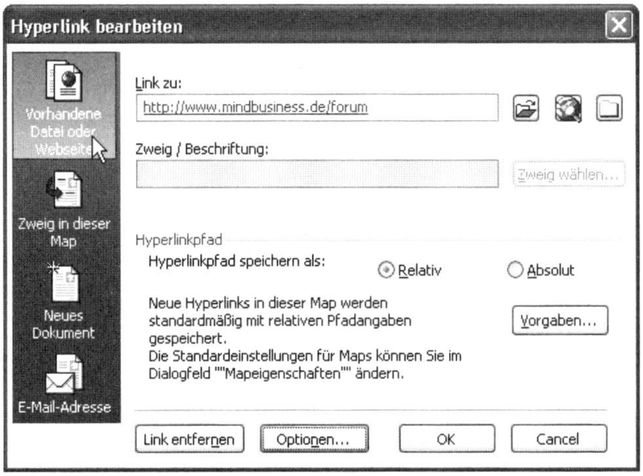

Abbildung 6.9 Hyperlink-Dialog für Dateien, Ordner oder Webseiten

Als weiteren Schritt wollen Sie einen Link zu der Meeting-Map-Vorlage einfügen. Dazu gehen Sie wie folgt vor:

1. Öffnen Sie wie beschrieben den Hyperlink-Dialog und klicken ggf. auf die Schaltfläche *Vorhandene Datei oder Webseite.*
2. Klicken Sie auf die Schaltfläche *Ordner öffnen*, um in Ihre Explorer-Struktur zu gelangen und die Meeting-Vorlage herauszusuchen, oder geben Sie in das Feld Pfad- und Dateinamen ein.

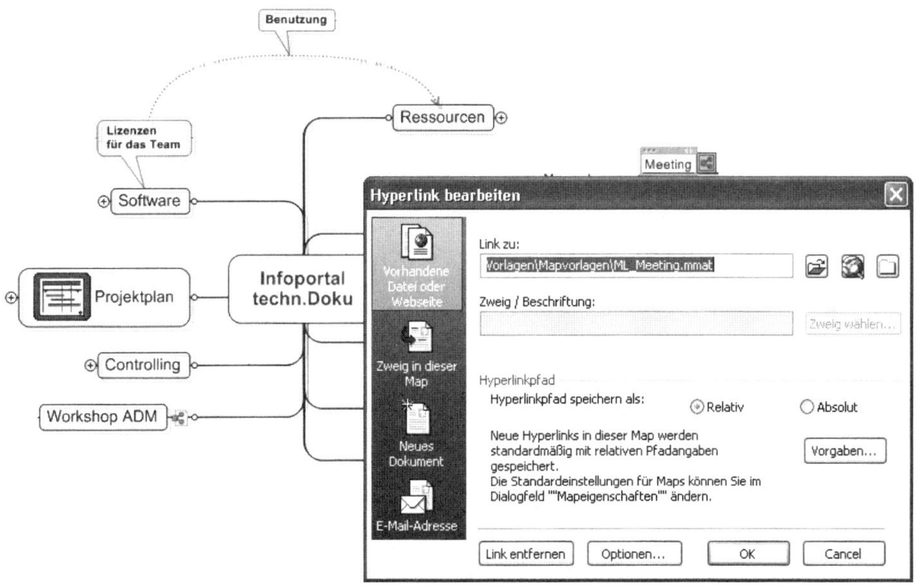

Abbildung 6.10 Dateien-Verknüpfung – als Beispiel eine MindManager-Vorlage als *mmat*-Datei

3. Bestätigen Sie den eingegebenen Pfad oder die ausgesuchte Datei mit *OK*.
4. Ein kleines Icon rechts neben dem Zweigtext weist Sie auf die verlinkte Datei oder Webseite hin.

Das Ergebnis gefällt Ihnen schon sehr gut. Sie können nun jederzeit die aktuelle Originaldatei bzw. die Webseite mit einem Klick öffnen. Doch bei dem Zweig »Vorlagen« möchten Sie sich nun nicht die Arbeit machen und jede Vorlagen-Datei einzeln verknüpfen. Da Sie die Vorlagen-Dateien alle in einem Verzeichnis abgespeichert haben, möchten Sie auch mit einem Klick auf das gesamte Verzeichnis zugreifen.

Wenn Sie einen Hyperlink zu einem Verzeichnis einfügen wollen, gehen Sie wie folgt vor:

1. Markieren Sie den Zweig oder die Stelle in einer Notiz, an der sich der Link befinden soll.
2. Öffnen Sie das Hyperlink-Fenster wie oben beschrieben. Aktivieren Sie die Schaltfläche *Vorhandene Datei oder Webseite*.
3. Klicken Sie auf die Verzeichnis-Schaltfläche.

Suchen Sie sich aus Ihrer Explorer-Struktur den Ordner mit Ihren Vorlagen heraus, markieren Sie diesen, und bestätigen Sie mit *OK*.

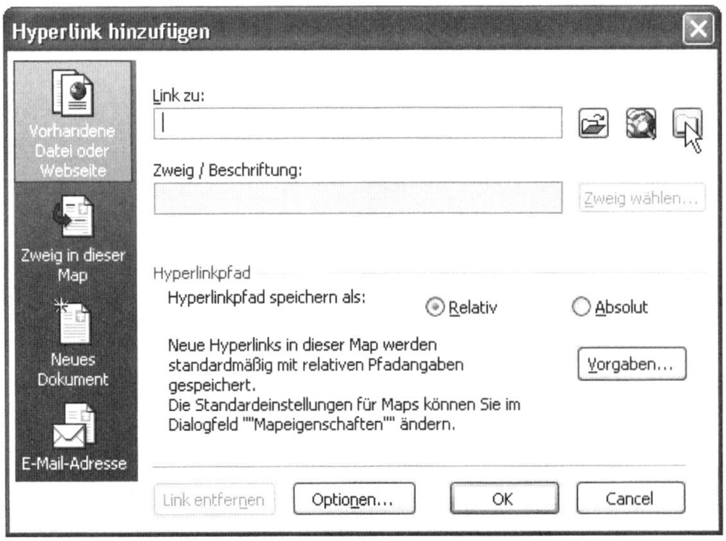

Abbildung 6.11 Hyperlink zu einem Verzeichnis hinzufügen

Das Verzeichnis befindet sich als Link in Ihrer Map und gewährleistet einen schnellen Zugriff auf alle Vorlagen.

Sie können auch auf schnelle Art und Weise einen Hyperlink in Ihrer Map anlegen, indem Sie ihn aus Ihrem Browser oder Windows Explorer in die Map ziehen.

Dazu gehen Sie wie folgt vor:

1. Wählen Sie in Ihrem Browser oder in Windows Explorer eine Webseite, Datei oder ein Verzeichnis. Wählen Sie eine der folgenden Verfahrensweisen:
   - Klicken Sie im Browser auf das *Hyperlink-Symbol* in der Adressleiste.
   - Oder klicken Sie im Windows Explorer auf eine Datei oder ein Verzeichnis.
   - Ziehen Sie dieses auf das MindManager-Programmsymbol in der Windows-Taskleiste am unteren Bildschirmrand, und warten Sie kurz. (Noch nicht ablegen!)
   - Wenn MindManager im Vollbild angezeigt wird, ziehen Sie das Hyperlink-Symbol auf Ihre Map und legen es dort ab. Ein optischer Anhaltspunkt gibt an, wie der Link hinzugefügt wird.
2. Wenn der Link hinzugefügt wurde, können Sie den Zweigtext bearbeiten. Auf den Link selbst hat das keine Auswirkungen.

Tabelle 6.1 Wo Sie den Hyperlink ablegen können und die dazugehörigen Auswirkungen

Ablegestelle	Ergebnis
Leere Stelle in der Map (kein Anhaltspunkt)	Neue freie Anmerkung mit Hyperlink; Hyperlink-Adresse ist der neue Zweigtext.
Leere Stelle in der Map (roter Anhaltspunkt)	Neuer Hauptzweig mit Hyperlink; Hyperlink-Adresse ist der neue Zweigtext.
Zweigmitte	Hyperlink wird dem Zweig hinzugefügt; Zweigtext bleibt unverändert.
Zweigrand	Neuer Unterzweig mit Hyperlink; Zweigtext ist Hyperlink-Adresse.

Wenn Sie ungeachtet der Ablegestelle eine freie Anmerkung anlegen möchten, drücken Sie während des Ablegens des Hyperlinks die Umschalttaste.

Noch einfacher geht es, wenn Sie als Browser den Internet Explorer verwenden. Sie haben gerade im Internet eine interessante Seite zu Ihrer Portal-Map gefunden und möchten den Hyperlink direkt in die Map einfügen. Dazu gehen Sie folgendermaßen vor:

1. Selektieren Sie in der Map den Zweig, an den der Hyperlink als neuer Unterzweig eingefügt werden soll.
2. Wechseln Sie nun zum Internet Explorer mit der gewünschten Webseite.
3. Dort sehen Sie in der Werkzeugleiste das MindManager-Symbol für *Senden an Mindjet MindManager*.

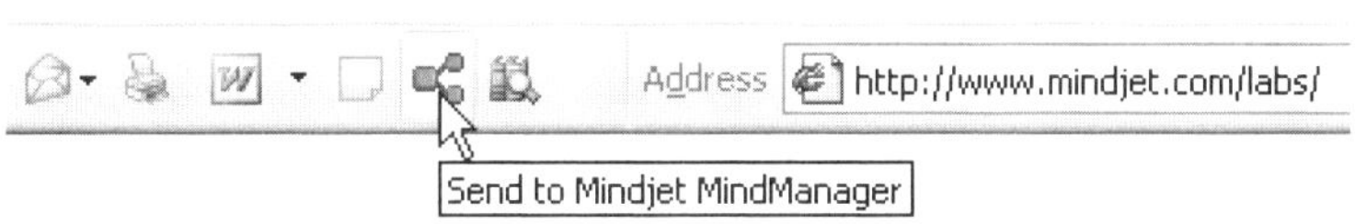

Abbildung 6.12 Senden eines Hyperlinks aus dem Internet Explorer in eine Map

4. Durch Klicken auf die Schaltfläche wird ein neuer Unterzweig mit der gewünschten Adresse eingefügt. Der Zweigtext wird aus dem Titeltext der Webseite ermittelt.

Weitere interessante Informationen zu Hyperlinks: Wenn Sie in das Feld *Link zu*: den Namen einer MindManager-Map eingeben, haben Sie folgende Möglichkeiten:

- Sie können auf die Schaltfläche *Zweig wählen* klicken und einen speziellen Zweig oder ein Lesezeichen auswählen, zu dem die Verknüpfung hergestellt werden soll.
- Sie können in den Multi-Map-Arbeitsbereich wechseln, um alle verknüpften Maps gleichzeitig anzuzeigen.
- Sie können wählen, ob der Hyperlink-Pfad als absoluter oder relativer Pfad zum Standort der Map gespeichert werden soll. Die Standardeinstellung wird von Ihrer Auswahl im Dialogfeld Map-Eigenschaften bestimmt, kann aber für jeden Link individuell festgelegt werden (klicken Sie auf *Standard*, wenn Sie diese Einstellung jetzt ändern möchten).

Schauen wir mal, was Sie bis jetzt erreicht haben.

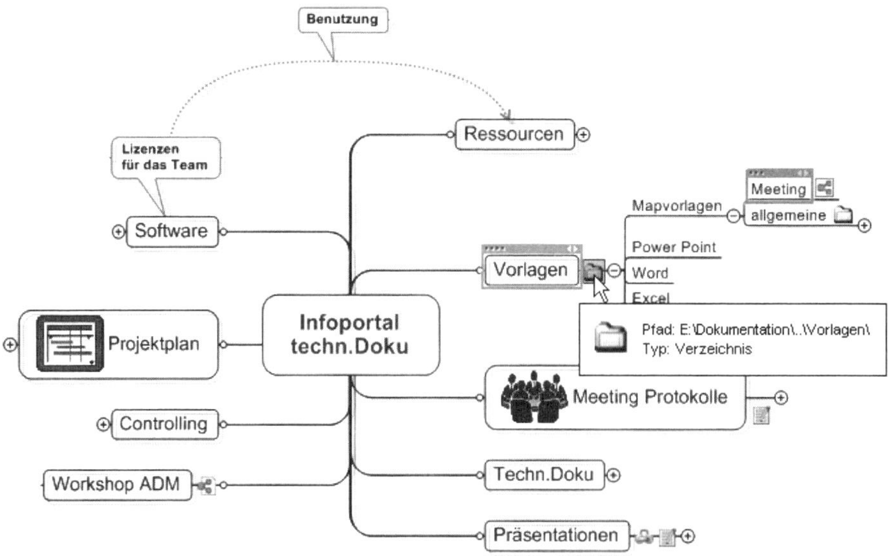

Abbildung 6.13 Die Infoportal-Map mit den eingefügten Hyperlinks und Verzeichnissen

Das erste Ergebnis kann sich sehen lassen. Sie haben bereits einige wichtige Dateien, Verzeichnisse bzw. Webseiten mit Ihrer Map verknüpft. Sie können mit Hilfe dieser Hyperlinks viel schneller auf weitergehende Informationen zugreifen.

6.1.3 Die Verknüpfung zu einem neuen Dokument

Während Sie in Ihrer Map arbeiten, fällt Ihnen ein, dass Sie dringend noch eine Präsentation zu dem Thema »Ablaufpläne« erstellen müssen. Damit Sie diesen Punkt nicht vergessen, fügen Sie den Zweig »Ablaufpläne« hinzu und markieren den Zweig als »offene Aufgabe«.

Wie Sie mit Aufgabeninformationen arbeiten, können Sie in Kapitel 9 nachlesen.

Sie haben jedoch zunächst einen wichtigen Termin mit einem Lieferanten. Erst danach kommen Sie dazu, die Präsentation zu erstellen.

Nach Ihrem Termin wollen Sie sofort Ihre Präsentation erstellen. Die eigentliche PowerPoint-Datei wollen Sie vorher schon erstellen und auch mit dem Zweig verknüpfen.

Wenn Sie einen Link zu einem neuen Dokument einfügen wollen und damit auch gleichzeitig die Datei erstellen, gehen Sie wie folgt vor:

1. Markieren Sie den Zweig oder die Stelle in einer Notiz, an der sich der Link zu der PowerPoint Datei befinden soll.
2. Wählen Sie anschließend eine der folgenden Verfahrensweisen:
   - Klicken Sie auf die Symbolleistenschaltfläche *Hyperlink*.
   - Drücken Sie *Strg+K*.
   - Klicken Sie auf *Zweig/Hyperlink* (gilt nicht für Notizen)
   - Klicken Sie mit der rechten Maustaste auf den Zweig bzw. die gewünschte Stelle, und wählen Sie *Hyperlink einfügen*.
3. Klicken Sie im Dialogfeld *Hyperlink einfügen* auf die Schaltfläche *Neues Dokument*.
4. Geben Sie in das Feld *Name des neuen Dokuments* den Dateinamen ein. Wählen Sie dann im Dropdown-Menü *Erweiterung* den entsprechenden Dateityp aus. Vergleichen Sie **Abbildung 6.14**.
5. Klicken Sie auf den Button *Ändern*, um den Speicherort für das neue Dokument festzulegen, und bestätigen Sie mit *OK*.
6. Aktivieren Sie die Option *Jetzt bearbeiten*, wenn Sie sofort in die gewünschte Anwendung wechseln und die Datei dort bearbeiten möchten, oder wählen Sie *Später bearbeiten*, wenn nur ein leeres Dokument erzeugt werden soll.

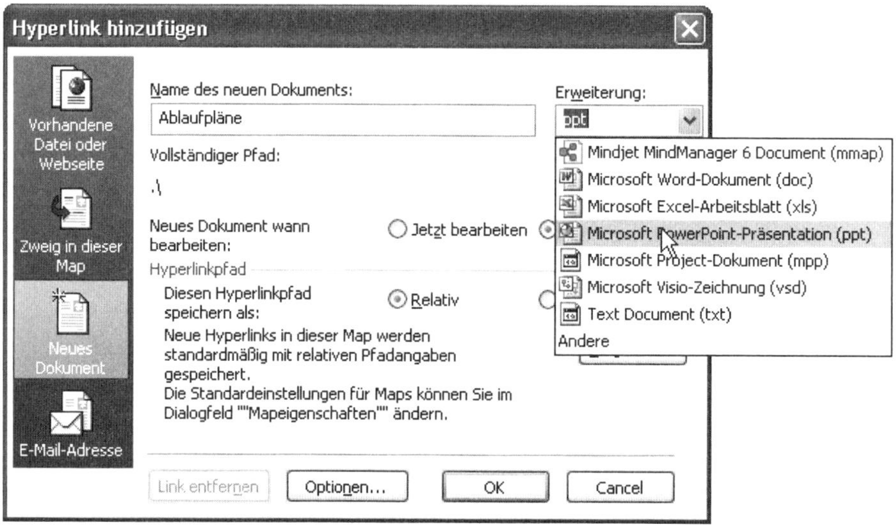

Abbildung 6.14 Eine neue PowerPoint-Datei erstellen und gleichzeitig als Link in die Map einfügen

Sie können wählen, ob der Hyperlink-Pfad in Bezug auf den Standort der Map als absoluter oder relativer Pfad gespeichert werden soll. Die Standardeinstellung wird von Ihrer Auswahl im Dialogfeld *Map-Eigenschaften* bestimmt, kann aber für jeden Link individuell festgelegt werden (klicken Sie auf *Standard*, wenn Sie diese Einstellung jetzt ändern möchten).

So, Ihre PowerPoint-Datei ist bereits erstellt und als Link in Ihre Map eingefügt. Sie gehen jetzt erst einmal zu dem Besprechungstermin, und danach können Sie sofort mit der Erstellung der PowerPoint-Präsentation beginnen.

Wie Sie das Zusammenspiel zwischen PowerPoint und MindManager optimal nutzen können, erfahren Sie in Kapitel 15.

6.1.4 E-Mails senden aus der Map heraus

Auf dem Flur treffen Sie einen Kollegen aus der Marketing-Abteilung. Er ist der Ansprechpartner in der Zusammenarbeit »technische Dokumentation«. Sie vereinbaren, dass er regelmäßig Informationen über den Stand der Dinge erhält.

Sie möchten dem Kollegen in der Zukunft direkt aus Ihrer »Portal-Map« mailen, um evtl. Neuigkeiten schnell als Information in die Map einzubinden. Sie wollen daher einen Link zu der E-Mail-Adresse einfügen.

Wenn Sie einen Link zu einer E-Mail-Adresse einfügen wollen, gehen Sie wie folgt vor:

1. Markieren Sie den Zweig oder die Stelle in einer Notiz, an der sich der Link befinden soll.
2. Öffnen Sie die Hyperlink-Funktion mit einer der in diesem Kapitel beschriebenen Vorgehensweisen.
3. Wählen Sie links im Dialogfeld *Hyperlink einfügen* die Option *E-Mail-Adresse.*
4. Geben Sie die entsprechende Adresse ein, oder wählen Sie sie in der Liste *Zuletzt verwendete E-Mail-Adressen* aus.
5. Geben Sie ggf. unter *Thema* einen Betreff ein, der für Nachrichten verwendet werden soll, die mit diesem Link erzeugt wurden.

Sie erkennen den eingefügten »Mailto-Link« an dem roten @-Zeichen rechts neben dem entsprechenden Zweig. Nun können Sie jederzeit mit einem einfachen Klick auf das Mail-Symbol am Zweig eine E-Mail schreiben, in der bereits die E-Mail-Adresse und der Betreff eingefügt sind.

6.2 Hyperlinks in der täglichen Praxis

In den letzten Abschnitten haben wir Ihnen gezeigt, wie Sie sich die Map als Informationsportal für die tägliche Arbeitserleichterung aufbauen können. Eine Map ist nie statisch, sondern wird immer wieder, auch in Zukunft, von Ihnen mit neuen Informationen ergänzt. Neue Zweige mit Hyperlinks zu Dateien oder Verzeichnissen werden eingefügt oder aber weiter bearbeitet. Dies möchten wir Ihnen in den folgenden Abschnitten näher erläutern – die Map und Hyperlinks in der täglichen Praxis.

6.2.1 Bearbeiten, kopieren und entfernen eines Hyperlinks

Bearbeiten Sie einen Hyperlink

Sie möchten den Hyperlink, den Sie einem Zweig hinzugefügt haben, überarbeiten. Hierzu gehen Sie wie folgt vor:

1. Klicken Sie mit der rechten Maustaste auf das *Hyperlink*-Symbol des Zweigs, unabhängig davon, ob Sie sich in der Mapansicht oder der Gliederungsansicht befinden, oder markieren Sie den Link-Text bzw. das Link-Bild in einer Notiz.
2. Wählen Sie durch Klicken auf die rechte Maustaste aus dem Kontextmenü den Befehl *Hyperlink bearbeiten.*
3. Nehmen Sie die gewünschten Änderungen vor, und bestätigen Sie mit *OK.*

Oder:

1. Markieren Sie in der Map oder in einer Notiz den Zweig, Text oder das Bild mit dem zu bearbeitenden Link.
2. Öffnen Sie wie gewohnt die Hyperlink-Funktion entweder über den Button *Hyperlink* in der Hauptsymbolleiste, durch die Tastenkombination *Strg+K* oder über die Menüleiste *Zweig/Hyperlink*.
3. Nehmen Sie die gewünschten Änderungen vor, und klicken Sie dann auf *OK*.

Sie arbeiten in Ihrer Map und stellen fest, dass Sie den Hyperlink zu einer Webseite nicht mehr brauchen, die Verknüpfung jedoch in einer anderen Map benötigt wird. Sie wollen also den Hyperlink zu der entsprechenden Webseite in der einen Map ausschneiden und in eine andere Map einfügen.

Wenn Sie einen Zweig ausschneiden bzw. kopieren und ihn in eine andere Map einfügen wollen, gehen Sie wie folgt vor:

1. Klicken Sie mit der rechten Maustaste auf das Hyperlink-Symbol des Zweiges, und wählen Sie im Kontextmenü den Befehl *Hyperlink ausschneiden* oder *Hyperlink kopieren*.
2. Klicken Sie anschließend mit der rechten Maustaste auf den Zweig oder die Stelle, in den/der Sie den Link einfügen möchten, und wählen Sie *Hyperlink einfügen*.

Wenn Sie in zwei Maps gleichzeitig arbeiten wollen, nutzen Sie die Funktion *Fenster/Anordnen*. Dann können Sie beide Maps parallel auf Ihrem Bildschirm sehen.

Hyperlinks entfernen

Sie möchten einen Hyperlink, den Sie aus Versehen in Ihrer Map verknüpft haben, wieder entfernen. Dazu wählen Sie eine der folgenden Verfahrensweisen:

1. Klicken Sie mit der rechten Maustaste auf das Hyperlink-Symbol des Zweiges, und wählen Sie im Kontextmenü den Befehl *Hyperlink ausschneiden*.
2. Oder markieren Sie den Zweig oder das Bild, und klicken Sie in der Hauptsymbolleiste den Button *Hyperlink*. Wahlweise können Sie auch *Strg+K* drücken.
3. Klicken Sie im Dialogfeld *Hyperlink bearbeiten* auf Link entfernen.

Oder markieren Sie den Zweig oder das Bild. Klicken Sie dann in der Menüleiste auf *Bearbeiten/Löschen/Hyperlinks*.

6.2.2 Reparieren eines Hyperlinks

Wenn Sie ein Dokument, das Ziel einer Verknüpfung ist, verschieben, umbenennen oder löschen, funktionieren alle Hyperlinks zu diesem Dokument nicht mehr.

Bevor Sie in eine wichtige Besprechung gehen oder einen Kunden besuchen und über eine »Portal-Map« auf alle wichtigen Informationen schnell zugreifen wollen, ist es wichtig, dass Sie Maps auf solcherart beschädigte Hyperlinks zu Dokumenten prüfen lassen.

Deshalb suchen Sie, am besten vor jedem Meeting, nach nicht funktionierenden Hyperlinks und reparieren diese.

1. Klicken Sie auf *Extras/Beschädigte Datei-Hyperlinks reparieren.*
2. Legen Sie fest, ob zum Reparieren der beschädigten Links nach der Datei gesucht bzw. die Verknüpfung aus der Map entfernt werden soll.

Wenn Sie auf einen nicht funktionierenden Hyperlink klicken, erhalten Sie eine Meldung, in der Ihnen angeboten wird, die Verknüpfung sofort zu reparieren.

6.2.3 Hyperlinks in der Gliederungsansicht

Sie möchten einem Kollegen Ihre Zusammenstellung zeigen. Dieser hat jedoch noch nie eine Map gesehen und ist demnach mit dieser Technik nicht vertraut. Deshalb wechseln Sie in die Gliederungsansicht und können ihm die Inhalte in einem vertrauten visuellen Format zeigen.

Während der Durchsicht greifen Sie auch immer wieder auf die verknüpften Dateien, Verzeichnisse und Webseiten zurück.

Die Gliederungsansicht besteht aus sechs Spalten (links nach rechts). Rechts von den Zweigtexten sehen Sie auch die in Ihrer Map eingebundenen Hyperlinks, die durch ein Icon symbolisiert werden.

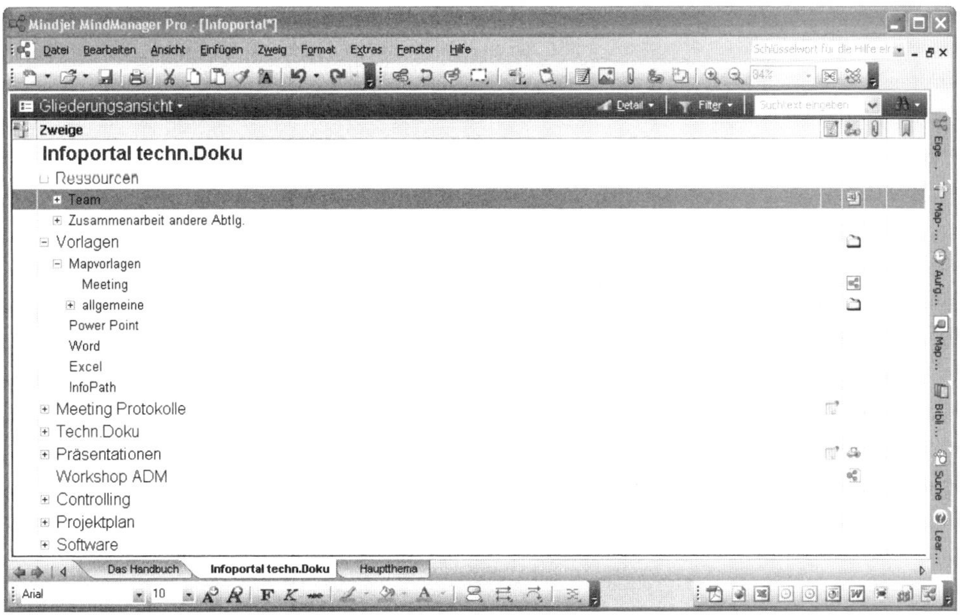

Abbildung 6.15 Die Hyperlinks in der Gliederungsansicht

So fügen Sie einen Hyperlink in der Gliederungsansicht hinzu:

- Klicken Sie mit der linken Maustaste auf die Hyperlink-Spalte für den Zweig.
- Zum Bearbeiten, Kopieren oder Löschen eines bestehenden Links klicken Sie mit rechts auf den Link und wählen den entsprechenden Menüpunkt.
- Es öffnet sich der Hyperlink-Dialog, gehen Sie dann wie bereits beschrieben vor.

6.3 Festlegen von Optionen

Der Hyperlink-Dialog bietet an, weitere *Optionen* zu definieren. In diesem Kapitel wollen wir darauf nicht eingehen, da sich diese Optionen hauptsächlich auf die Einstellungen für den Export einer Map als Webseiten beziehen.

Das Festlegen dieser Optionen finden Sie in Kapitel 23, »Webseiten erstellen mit MindManager«. Dort gehen wir im Detail auf diese Einstellungen ein.

6.4 Das Arbeiten mit Anhängen

Neben den Hyperlinks kennt MindManager noch eine weitere Möglichkeit, wie Sie Dateien einem Zweig hinzufügen können.

Stellen Sie sich vor, Sie möchten Ihre inzwischen erarbeitete Infoportal-Map zu einem Meeting bei einem externen Unternehmensberater mitnehmen. Die Map selbst liegt in Ihrem Firmen-Netzwerk, ebenso die damit verknüpften Dokumente. Sie kopieren die Map schnell auf Ihr Notebook und stellen dann fest, dass Sie ohne Netzwerkverbindung die verknüpften Dokumente nicht mehr öffnen können.

Eine Möglichkeit, dieses Problem zu lösen, ist, die Datei als Anhang einzufügen.

Diese Funktion steht nur in Mindjet MindManager Pro 6 zur Verfügung.

6.4.1 Was versteht man unter Anhängen?

Anhänge sind Dateien, die Sie einem Zweig hinzufügen können. Sie unterscheiden sich von Datei-Hyperlinks dadurch, dass Anhänge direkt in der Map-Datei gespeichert werden. Sobald ein Anhang erstellt und mit der Map gespeichert ist, kann die Datei aus der Map heraus wieder geöffnet werden – unabhängig davon, ob die Originaldatei noch vorhanden oder im Zugriff ist. Im Vergleich zu Hyperlinks können Sie mehrere Anhänge pro Zweig hinzufügen.

6.4.2 Anhänge in der täglichen Praxis

Von der Controlling-Abteilung haben Sie eine Kalkulation zugeschickt bekommen, die Sie Ihrer Map als Anhang hinzufügen möchten.

Gehen Sie dazu wie folgt vor:

1. Markieren Sie den gewünschten Zweig. Zum Definieren eines Anhangs haben Sie nun mehrere Möglichkeiten:
   - Klicken Sie in der Symbolleiste auf die Schaltfläche *Anhang hinzufügen.*
   - Wählen Sie Menü *Zweig/Anhang hinzufügen.*
   - Verwenden Sie die Tastenkombination *Strg+Umschalt+H.*
   - Klicken Sie mit der rechten Maustaste auf den Zweig, und wählen Sie im Kontextmenü den Befehl *Anhang hinzufügen.*
2. Nun öffnet sich der Dialog zum Hinzufügen eines Anhangs.
3. Klicken Sie rechts auf die Schaltfläche zur *Dateiauswahl*, und wählen Sie die gewünschte Datei aus Ihrem Verzeichnis.

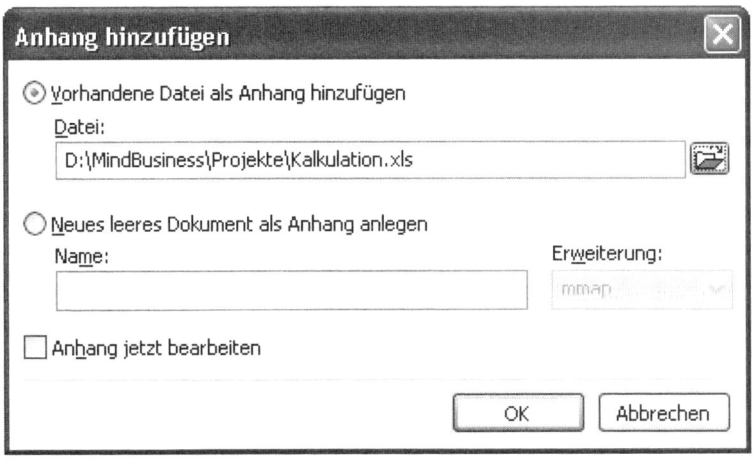

Abbildung 6.16 Dialog zum Einfügen und Bearbeiten von Anhängen

4. Mit *OK* bestätigen Sie Ihre Auswahl und verlassen den Dialog.

Der von Ihnen hinzugefügte Anhang wird durch ein Büroklammer-Icon direkt am Zweig symbolisiert. Wenn Sie mit der Maus das Symbol berühren, sehen Sie einen Tooltipp, der auf die Eigenschaften der Datei hinweist.

Abbildung 6.17 Dateianhang auf einem Zweig mit Tooltipp über den Dateieigenschaften

Sie können im Dialogfeld *Anhang hinzufügen* auch direkt eine neue Datei erzeugen. So gehen Sie dabei vor:

1. Öffnen Sie wie beschrieben den Dialog zum Hinzufügen von Anhängen.
2. Wählen Sie dort die Option *Neues leeres Dokument als Anhang anlegen.*
3. Im Feld *Name* vergeben Sie den gewünschten Dateinamen und wählen unter *Erweiterung* den gewünschten Dateityp.
4. Sie können nun mit der Option *Anhang jetzt bearbeiten* die neue Datei direkt öffnen und bearbeiten. Verwenden Sie im entsprechenden Programm einfach die *Speichern*-Option, und schließen Sie dann das Programm. Die Änderungen sind direkt im Anhang gespeichert.

Wie Sie mit bestehenden Anhängen arbeiten und weitere hinzufügen, beschreiben wir in den folgenden Abschnitten.

Weitere Anhänge einem Zweig hinzufügen

Möglicherweise haben Sie vom Controlling zwei Versionen der Kalkulation erhalten, die für verschiedene Szenarien ausgearbeitet wurden. Auch die zweite Kalkulation soll der Map hinzugefügt werden. So gehen Sie vor:

1. Klicken Sie mit der linken Maustaste auf das *Anhang*-Symbol. Der Dialog zum Verwalten der Anhänge öffnet sich.

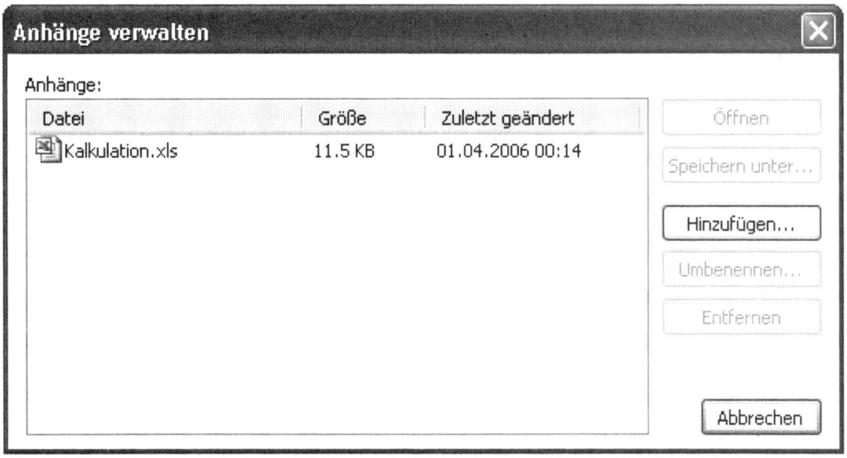

Abbildung 6.18 Der Dialog zum Verwalten von Anhängen

2. Klicken Sie jetzt auf die Schaltfläche *Hinzufügen*. Über den in **Abbildung 6.16** dargestellten Dialog können Sie nun weitere Anhänge hinzufügen.
3. Wiederholen Sie diesen Schritt für jede Datei, die als Anhang hinzugefügt werden soll.

Anhänge öffnen

Sie haben nun Ihren Termin beim Unternehmensberater und möchten schnell auf die einzelnen Anhänge zugreifen. Dies können Sie durch folgende Schritte ermöglichen:

1. Klicken Sie mit der rechten Maustaste auf das *Anhang*-Symbol.
2. Im Kontextmenü sehen Sie sämtliche Dateianhänge aufgelistet. Klicken Sie dort auf die gewünschte Datei.
3. Sie sehen einen Warnhinweis, der Sie auf mögliche Sicherheitsrisiken beim Öffnen von Anhängen hinweist. Falls Sie diesen Hinweis in Zukunft nicht mehr sehen möchten, können Sie ihn im Dialog deaktivieren.
4. Durch Bestätigen mit *OK* öffnet sich die Datei im entsprechenden Programm – im Bezug auf unser Beispiel wird also Microsoft Office Excel gestartet.

Bearbeiten von Anhängen

Sie haben noch eine wichtige Information erhalten, die Sie schnell in die Kalkulation im Anhang einarbeiten möchten. Sie können die Anhänge öffnen und bearbeiten. Änderungen werden direkt im Anhang gespeichert.

Gehen Sie dazu folgendermaßen vor:

1. Öffnen Sie wie zuvor beschrieben einen Anhang.
2. Führen Sie im entsprechenden Programm, z.B. Excel, die Änderungen durch.
3. Verwenden Sie die *Speichern*-Funktion im jeweiligen Programm. Die Änderungen werden im Anhang gespeichert.

Verwalten von Anhängen

Neben dem Hinzufügen bietet der Dialog *Anhänge verwalten* noch einige weitere Optionen.

Sie möchten den Anhang wieder als separate Datei speichern, um sie beispielsweise mit einem Memory-Stick schnell auf einen anderen Rechner kopieren zu können.

- Selektieren Sie dazu den Anhang in der Liste, und wählen Sie die Schaltfläche *Speichern unter*. Im folgenden Dialog können Sie den *Speicherort* für die Datei wählen.

Übrigens können Sie, wie bei der Selektion von Dateien im Windows Explorer, mit den Tasten *Umschalt* und *Strg* auch mehrere Dateien auf einmal selektieren und dann speichern.

Sie stellen fest, dass die ursprüngliche Dateibezeichnung nicht richtig auf den Inhalt der Datei hinweist, und möchten daher den Dateinamen ändern.

- Klicken Sie dazu auf die Schaltfläche *Umbenennen*. Im folgenden Dialog haben Sie die Möglichkeit, den Dateinamen zu ändern. Der Dateityp kann hier nicht geändert werden.

Löschen von Anhängen

Nach einiger Zeit stellen Sie fest, dass die in Ihrer Map definierten Anhänge nicht weiter benötigt werden. Natürlich können diese auch wieder entfernt werden.

So gehen Sie dabei vor:

- Falls Sie alle Anhänge zu einem Zweig löschen möchten, klicken Sie mit der rechten Maustaste auf das *Anhang*-Symbol am Zweig und wählen im Kontextmenü den Eintrag *Alle Anhänge entfernen*.
- Falls Sie nur einen von mehreren Anhängen an einem Zweig entfernen möchten, klicken Sie mit der linken Maustaste auf das Anhang-Symbol, selektieren die zu löschende Datei und klicken dann im Dialog auf die Schaltfläche *Entfernen*.

6.4.3 Chancen und Risiken

Damit Sie Anhänge richtig einsetzen können, möchten wir Sie auf ein paar Besonderheiten hinweisen. So können Sie jederzeit entscheiden, ob eine Datei als Anhang hinzugefügt werden soll oder ob eventuell ein Hyperlink die bessere Wahl ist.

Vorteile von Anhängen

- Im Gegensatz zu Datei-Hyperlinks können Sie mehrere Anhänge pro Zweig definieren.
- Der Zugriff auf die Anhänge ist schnell und einfach.
- Mit Anhängen sind Sie unabhängig vom Zugriff z.B. auf das Netzwerk. Wenn Sie die Map öffnen, stehen Ihnen auch unmittelbar die Anhänge zur Verfügung.

- Sie können die Map mit den Anhängen mitnehmen oder weitergeben, ohne z.B. den Umweg über die Funktion *Pack & Go* machen zu müssen.

Risiken von Anhängen

- Der Anhang wird mit der Map gespeichert. Falls sich die Originaldatei ändert, wird der Anhang nicht automatisch aktualisiert. So sollten Sie z.B. Vorlagen für Word-Dokumente oder PowerPoint-Präsentationen nicht als Anhang speichern, da diese Dateien oft zentral verwaltet und geändert werden.
- Da die Anhänge mit der Map-Datei gespeichert werden, wird diese entsprechend größer. So kann die Datei schnell sehr groß und unhandlich werden.
- Anhänge sollten auf keinen Fall als Dateiablage verwendet werden. Im Dateisystem können gezielt Zugriffsrechte gesetzt und Backup-Maßnahmen ausgeführt werden. Natürlich können diese Maßnahmen auch auf die Map-Datei (bzw. auf das Verzeichnis, in dem sie gespeichert ist) angewendet werden. Allerdings kann so schnell der geschützte Zugriff auf gesicherte Daten ausgehebelt werden, wenn sich in einer Map vertrauliche Dateien aus geschützten Verzeichnissen befinden, die Map selbst aber öffentlich zugänglich oder lokal auf einem Notebook gespeichert ist.
- Sollte die Map-Datei aus irgendeinem Grund beschädigt werden, besteht die Gefahr, dass auch die kompletten Anhänge nicht mehr zur Verfügung stehen.
- Beim Arbeiten in der Map werden immer wieder Zweige gelöscht. MindManager zeigt keine Sicherheitswarnung an, wenn in einem Zweig Anhänge definiert sind. So können versehentlich schnell wichtige Daten verloren gehen, ohne dass der Anwender darauf hingewiesen wird.

Sie sehen, dass bei der Anwendung von Anhängen etwas Vorsicht angebracht ist. Andererseits sind diese natürlich in vielen Fällen auch eine interessante und hilfreiche Alternative zu Hyperlinks. Achten Sie auf die oben genannten Hinweise.

7

Ein vertrautes Format – die Gliederungsansicht

7 Ein vertrautes Format – die Gliederungsansicht

In der *Gliederungsansicht* können Sie sich Maps in einem vertrauten visuellen Format anzeigen lassen, in dem Sie das Dokument wie gewohnt von oben nach unten durcharbeiten können. Wenn Sie gerade anfangen, mit MindManager zu arbeiten, kann diese Ansicht eine wertvolle Unterstützung darstellen.

Möchten Sie eine Map nach Word oder Project exportieren, können Sie sich mit Hilfe der *Gliederungsansicht* eine Art »Vorschau der Map« mit in Listenform aufgeführten Zweigen anzeigen lassen und vor dem Export die erforderlichen Anpassungen vornehmen. Sie können die *Map-Gliederung* auch direkt aus dieser Ansicht drucken.

Wenn Sie Ihre Map in der *Gliederungsansicht* sehen möchten, klicken Sie auf das Pulldown-Menü *Mapansicht* im MindManager-Fenster.

Abbildung 7.1 Aufruf der Gliederungsansicht

7.1 In der Gliederungsansicht arbeiten

Sie haben im vorangegangenen Kapitel eine Map zum Thema »Infoportal« mit MindManager erstellt. Ihr Chef möchte nun die einzelnen Punkte mit Ihnen besprechen, damit die Inhalte für die Dokumentation festgelegt werden.

Dokumentationen werden in Ihrem Unternehmen als Word-Dokumente zur Verfügung gestellt. Um zu sehen, wie die Dokumentation später im Word-Format aussieht, möchten Sie die Map in der Gliederungsansicht betrachten und dort ggf. noch Änderungen vornehmen, Notizen und Hyperlinks etc. hinzufügen.

7.1.1 Der Aufbau der Gliederungsansicht

In der Gliederungsansicht sehen Sie bis zu sieben Spalten von links nach rechts:

Abbildung 7.2 Die Spalten in der Gliederungsansicht

- Die erste Spalte zeigt die Map-Markierungs-Icons an.
- In der zweiten Spalte sehen Sie die Zweigtexte. Sie können über die Plus- und Minus-Symbole einzelne Zweigebenen ein- oder ausblenden.
- Die dritte Spalte zeigt die Beschriftungen zu den Zweigen an.
- In der vierten Spalte sehen Sie, ob Notizen zu einem Zweig hinzugefügt wurden.
- In der fünften Spalte werden die Hyperlink-Icons angezeigt.
- Die sechste Spalte gibt Hinweise darauf, ob ein Zweig Anhänge enthält.
- In der siebten Spalte sehen Sie die Lesezeichen der Zweige.

Sehen Sie in Ihrer Ansicht nicht alle Spalten angezeigt oder möchten gezielt Spalten ausblenden?

- Klicken Sie mit der rechten Maustaste auf eine der *Spaltenüberschriften*, und wählen Sie im Kontextmenü die Spalten, die angezeigt werden sollen.

Vergleichen Sie hierzu **Abbildung 7.3**.

Im Pulldown-Menü der Schaltfläche *Detail* können Sie für die ganze Gliederungsansicht festlegen, bis zu welcher Zweigebene die Zweige eingeblendet werden sollen. Diese Einstellung wird auch verwendet, wenn Sie die Gliederung ausdrucken.

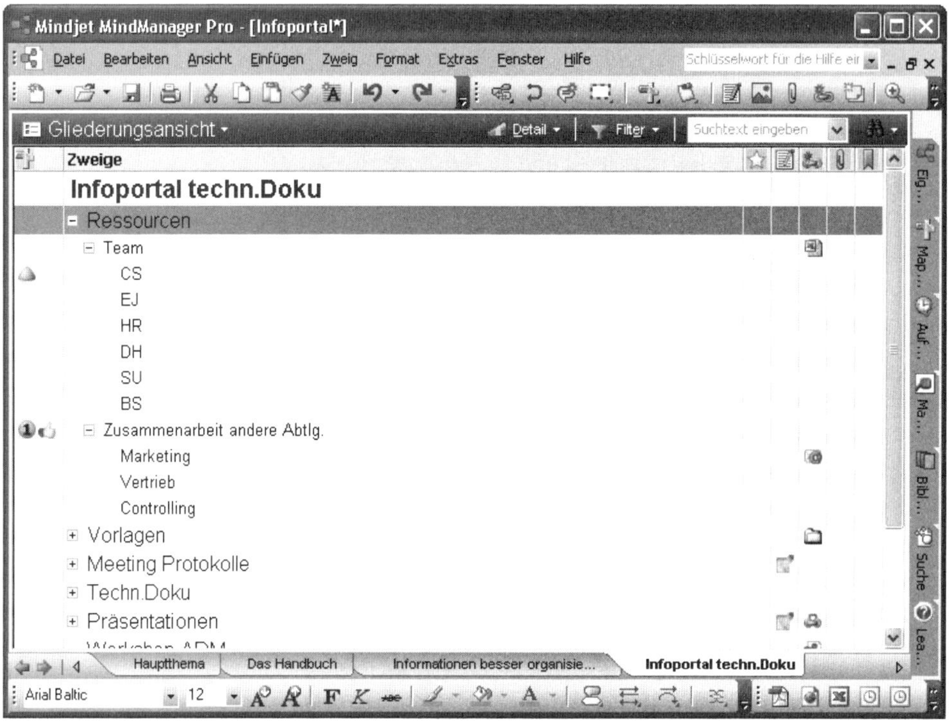

Abbildung 7.3 Der Aufbau der Gliederungsansicht

7.1.2 Hinzufügen von Map-Markierungs-Icons

Sie möchten einen Zweig mit der Information versehen, dass Sie diesen Punkt auf jeden Fall noch mit Ihrem Chef durchsprechen wollen. Das Thema hat für Sie eine *Priorität.*

Prioritäten und andere Icons können Sie einem Zweig in der Gliederung schnell hinzufügen.

- Klicken Sie dazu am gewünschten Zweig mit der linken Maustaste in die Spalte der Map-Markierungs-Icons, und vergeben Sie im Dialog eine Priorität.

Sie haben nun Ihre Prioritäten, wie in **Abbildung 7.4** dargestellt, auf einen Blick sichtbar in der Map verankert. So werden Sie auf keinen Fall etwas Wichtiges vergessen.

Abbildung 7.4 Einfügen einer Priorität in der Gliederungsansicht

7.1.3 Bearbeiten der Zweige

Sie sehen in der Gliederungsansicht, dass für die spätere Übertragung nach Word Zweigtexte als Überschriften ungeeignet sind oder dass sich ein Tippfehler eingeschlichen hat. Ebenfalls stellen Sie fest, dass die Reihenfolge der Kapitel noch nicht Ihren Ideen entspricht, und möchten dazu noch einen weiteren Zweig hinzufügen.

Sie können natürlich jederzeit über das Pulldown-Menü für Ansichten zurück in die *Mapansicht* wechseln. Da Sie jedoch schon in der Gliederungsansicht sind und hier einen guten Überblick haben, wie das Dokument in Word strukturiert sein wird, können Sie diese Änderungen auch direkt in der Gliederungsansicht ausführen.

Ändern eines Zweigtextes

Die Überschrift der Map lautet »Infoportal techn. Doku«. Daraus soll eine »richtige« Überschrift für Word erstellt werden. Gehen Sie dazu folgendermaßen vor:

1. Aktivieren Sie zuerst den *Editieren*-Modus für den Zweig. Klicken Sie dazu zweimal auf den Zweigtext; beim zweiten Mal an die Position, an der Sie Änderungen durchführen möchten.
2. Editieren Sie jetzt den Zweigtext. Im unserem Beispiel soll der Text in »Infoportal technische Dokumentation« geändert werden.
3. Bestätigen Sie die Änderung mit der *Eingabe*-Taste.

Hinzufügen von Zweigen

Ihr Team hat sich erweitert, und Sie möchten nun zum Zweig »Team« noch ein neues Teammitglied mit dem Namenskürzel »DG« hinzufügen.

Dies erreichen Sie folgendermaßen:

- Klicken Sie mit der rechten Maustaste auf den Zweig »Team«, und wählen Sie im Kontextmenü den Befehl *Einfügen/Unterzweig*.
- Oder Sie markieren den Zweig »Team« und klicken anschließend in der Werkzeugleiste auf das Symbol *Zweig einfügen*. Wählen Sie im Pulldown-Menü den Eintrag *Unterzweig*.
- Oder markieren Sie den Zweig »Team«, und drücken Sie die *Einfg*-Taste.

In jedem Fall sehen Sie nun, wie in der Liste der Teammitglieder am Ende ein neuer Unterzweig eingefügt wird. Den Zweigtext ändern Sie in »DG«.

Beachten Sie, dass Sie nicht nur Unterzweige auf diese Weise einfügen können, sondern auch Zweige auf gleicher Ebene, wie der aktuell selektierte Zweig. Dazu wählen Sie im oben beschriebenen Kontext- oder Pulldown-Menü die Option *Zweig*, der nach dem selektierten eingefügt wird, oder *Zweig (wie vorheriger Nebenzweig)*, der davor eingefügt wird.

Verschieben von Zweigen

Der neue Zweig »DG« wurde nun an das untere Ende der Teammitglieder eingefügt. Sie möchten den Zweig jedoch nach oben schieben, z.B. an die zweite Position. Fassen Sie dazu den Zweig einfach mit der linken Maustaste an, und verschieben Sie ihn per Drag & Drop an die gewünschte Position. Die aktuelle Position während des Drag & Drop-Vorgangs wird durch einen hellroten Anhaltspunkt angezeigt. Wenn die richtige Position gefunden ist, lassen Sie die Maustaste los, und der Zweig ist verschoben.

Abbildung 7.5 Verschieben von Zweigen in der Gliederungsansicht

So können Sie auch Zweige (mit allen Unterzweigen) in eine andere Zweigebene verschieben.

Löschen von Zweigen

Durch Markieren und Drücken der *Entf*-Taste können Zweige (mit allen Unterzweigen) gelöscht werden.

7.1.4 Hinzufügen von Notizen

Ihnen fällt ein, dass Sie für das Thema »Vorlagen« gerne einige Hinweise zu ihrer Anwendung als Notiz hinterlegen möchten.

Das können Sie problemlos in der Gliederungsansicht nachholen. MindManager unterstützt Sie natürlich dabei, Ihre Ideen sofort umsetzen zu können. Daher fügen Sie die Notiz wie folgt ein:

1. Markieren Sie den entsprechenden Zweig, und klicken Sie dann auf die Spalte *Notizen*, um das Zweig-Notizfenster zu öffnen.
2. Dann geben Sie den gewünschten Text ein. Ihre Information geht so auf keinen Fall verloren und ist für alle abrufbar.
3. Sie schließen die Zweignotiz über das *Schließen*-Symbol (*x*) in der rechten oberen Ecke des Notizfensters.

7.1.5 Hinzufügen von Hyperlinks

Und es geht gleich weiter! Im Infoportal haben Sie bereits vorgesehen, Meeting-Protokolle zu verknüpfen. Das erste Protokoll wurde Ihnen soeben per Mail zugesandt. Sie speichern es am vorgesehenen Ort und fügen umgehend den Hyperlink auf die entsprechende Datei hinzu – natürlich direkt in der Gliederungsansicht, die Sie aktuell geöffnet haben.

1. Wählen Sie dazu eine der folgenden Vorgehensweisen:
   - Klicken Sie am gewünschten Zweig in die *Hyperlink*-Spalte der Gliederungsansicht.
   - Markieren Sie den Zweig, und wählen Sie den Menübefehl *Einfügen/Hyperlink*,
   - oder drücken Sie die Tastenkombination *Strg+K*.
2. Klicken Sie anschließend im Dialogfeld *Hyperlink einfügen* auf die Schaltfläche *Vorhandene Datei oder Webseite* im linken Bereich des Dialogs. Über die Schaltfläche *Datei öffnen*, die Sie bestimmt aus Ihren Office-Programmen kennen, kommen Sie in Ihre persönliche Verzeichnisstruktur und können die gewünschte Datei auswählen.

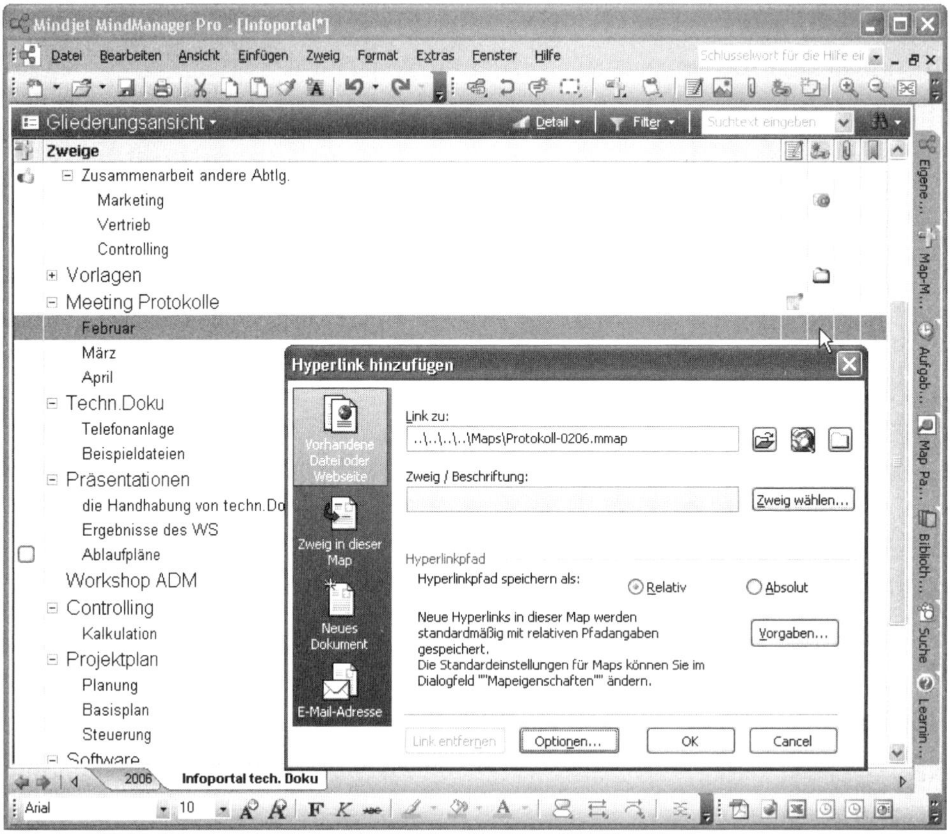

Abbildung 7.6 Hyperlink in der Gliederungsansicht hinzufügen

Natürlich können Sie hier ebenso Internet-Hyperlinks, Verzeichnisse, Mail-Adressen etc. definieren.

7.1.6 Beschriftungen, Anhänge, Lesezeichen

In der Gliederungsansicht finden Sie noch weitere Spalten. Sie haben bereits erfahren, wie einfach Sie z.B. Notizen und Hyperlinks hinzufügen können.

Nicht anders funktioniert das Hinzufügen von Beschriftungen, Anhängen und Lesezeichen. Klicken Sie einfach am gewünschten Zweig mit der linken Maustaste in die entsprechende Spalte, und es öffnet sich der jeweilige Dialog.

Mit der rechten Maustaste öffnen Sie das Kontextmenü und können Aktionen wie *Hinzufügen*, *Kopieren* und *Löschen* ausführen.

Die Aktionen sind auch nach Selektion eines Zweiges über das Menü oder die entsprechenden Symbole in der Werkzeugleiste auszuführen.

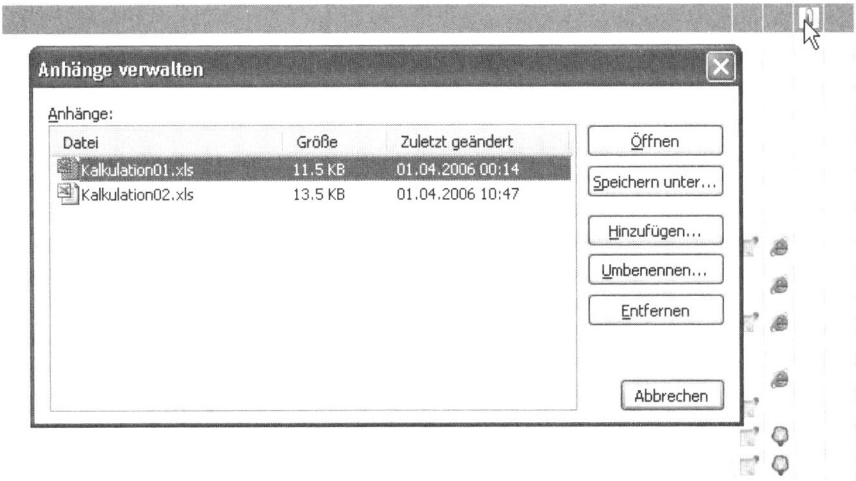

Abbildung 7.7 Hinzufügen und Bearbeiten von Anhängen in der Gliederungsansicht

Sie sehen, wie mächtig die Gliederungsansicht ist. Gerade wenn Sie in Vorbereitung z.B. für einen Word-Export sind, können Sie hier jederzeit noch Informationen hinzufügen, editieren oder löschen.

7.2 Von der Gliederung auf das Papier

Sie sind mit der Ausarbeitung des Infoportals noch nicht fertig. Ihr Abteilungsleiter benötigt für die Besprechung einen Überblick über die geplante Struktur – vor allem die technische Dokumentation und den Projektplan. Diese beiden Hauptpunkte Ihrer Map möchte er als ausgedruckte Liste.

Sie können nun sicherlich auch die Funktion *Word-Export* verwenden, um die Gliederung der Map auszudrucken. In der *Gliederungsansicht* haben Sie jedoch die direkte Einstellungsmöglichkeit, welche Zweigebenen ausgedruckt werden sollen oder welche Zweige für Sie und den Abteilungsleiter relevant sind.

In der Gliederungsansicht werden nur die sichtbaren Zweige ausgedruckt. Wenn ein Zweig geschlossen ist, werden seine Unterzweige nicht ausgedruckt. Dadurch können Sie eine Gliederung mit exakt der gewünschten Detailtiefe ausdrucken.

7.2.1 Drucken bestimmter Zweige aus der Gliederung

Sie möchten nun nur die beiden relevanten Zweige mit den Unterebenen ausdrucken. Dazu gehen Sie wie folgt vor:

1. Öffnen oder schließen Sie bei den entsprechenden Punkten Zweige, um im Ausdruck der Gliederung die gewünschte Detailtiefe zu erzielen.

2. Markieren Sie die gewünschten Zweige mit Hilfe der *Strg*-Taste.
3. Wählen Sie nun Menü *Datei/Drucken*.
4. In dem sich öffnenden Dialogfeld wählen Sie die Option *Ausgewählte Zweige* sowie den gewünschten Drucker.
5. Die übrigen Optionen übernehmen Sie erst einmal unverändert.

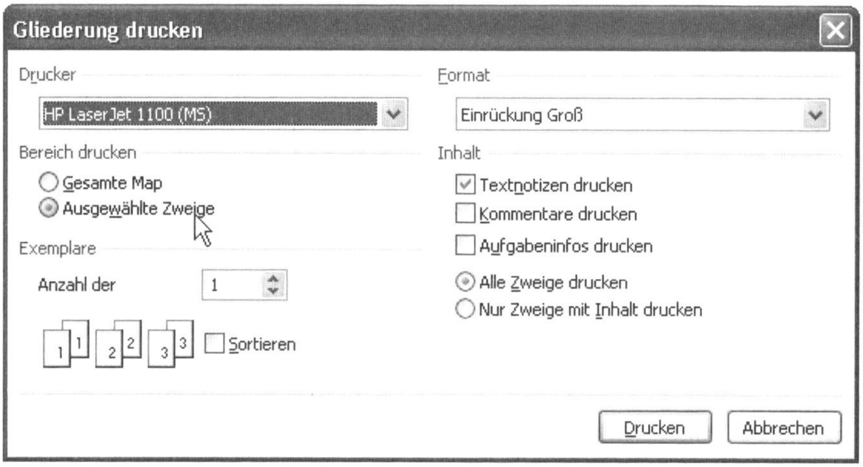

Abbildung 7.8 Der Dialog zum Ausdrucken der Gliederung

Sie können nun Ihrem Chef die gewünschte Liste zur Verfügung stellen, damit er sich auch gut auf die Besprechung vorbereiten kann.

Im Druckdialog haben Sie noch einige weitere Möglichkeiten, den Ausdruck zu beeinflussen.

- Mit *Format* können Sie aus vordefinierten Vorlagen die Größe und Einrückung der Zweige im Ausdruck beeinflussen.
- Im Bereich *Inhalt* legen Sie fest, welche Informationen (Notizen, Kommentare, Aufgabeninfos sind optional) und ob nur Zweige mit Inhalt gedruckt werden sollen.

Unter *Datei/Seite einrichten* können Sie weiterhin Seitenränder und andere Einstellungen für den Ausdruck der Gliederung wählen. Diese Einstellungen werden mit der Map gespeichert und deshalb auch beim nächsten Drucken wieder verwendet.

7.2.2 Drucken von Zweignotizen aus der Gliederung

Wenn Sie aus Ihrer Map nur die Notiz eines bestimmten Zweiges ausdrucken wollen, gehen Sie folgendermaßen vor:

1. Klicken Sie mit der rechten Maustaste auf das Notizensymbol zum gewünschten Zweig.

2. Wählen Sie im Kontextmenü *Schnelldruck* oder *Drucken*.
   - Falls Sie *Drucken* gewählt haben, öffnet sich zuerst noch ein Dialog zur Auswahl des gewünschten Druckers.
   - Über *Schnelldrucken* senden Sie die Notiz direkt an den Windows-Standarddrucker.

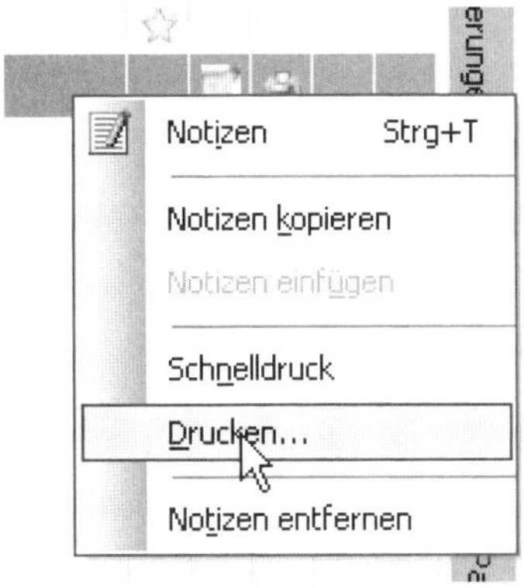

Abbildung 7.9 Drucken einer Notiz über das Kontextmenü in der Gliederung

Es wird nur der Text aus dem Zweig-Notizfenster des ausgewählten Zweiges gedruckt.

7.2.3 Hinweise zum Drucken aus der Gliederung

Beim Drucken werden Sie feststellen, dass im Hintergrund Microsoft Office Word gestartet wird. Das hat zwei Konsequenzen:

1. Zum Drucken aus der Gliederung ist Word (ab Version 2000) Voraussetzung. Verwenden Sie ein anderes Office-System, können Sie den Gliederungsdruck nicht verwenden. Weichen Sie in diesem Fall z.B. auf *Datei/Speichern unter* aus und verwenden dort den Dateityp *Gliederung-Plain Text*.
2. MindManager Pro 6 enthält einen Druckertreiber zum Erstellen von PDF-Dokumenten (PDF-Exchange). Allerdings ist dies nur eine Lizenz für den Ausdruck aus MindManager heraus. Da beim Gliederungsdruck der eigentliche Druckvorgang über Word ausgeführt wird, erhalten Sie im erzeugten PDF-Dokument einen Hinweis auf eine fehlende Lizenzierung.

Falls Sie PDF-Dateien auch aus Gliederungen erzeugen möchten, gibt es verschiedene Alternativen, darunter auch das kostenlose *FreePDF XP* (*http://freepdfxp.de*).

8

Das Erscheinungsbild der Map

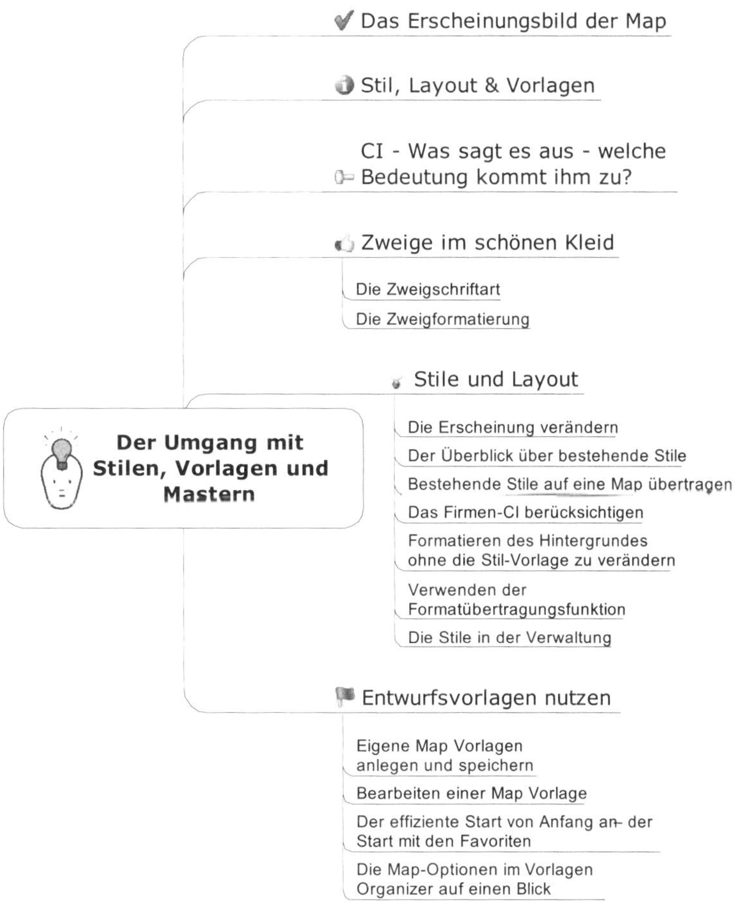

8 Das Erscheinungsbild der Map

Häufig begegnen uns in unserem Arbeitsalltag feste Strukturen und standardisierte Arbeitsabläufe – ob eingefahrene, umständliche oder sinnvolle Gewohnheiten sei in diesem Buch dahingestellt.

Die folgenden Kapitel sollen Ihnen Denkanstöße geben, wiederkehrende Arbeitsabläufe, Informationen etc. zu vereinfachen. Grundsätzlich soll die bestehende Firmen-CI (Corporate Identity) dabei berücksichtigt werden.

8.1 Stil, Layout & Vorlagen

Stellen wir uns folgende Situation vor: Das Thema »Projekt Fachzeitschrift-Online« ist in die nächste Phase gekommen. Es geht nun um die visuelle Ausarbeitung, damit alle Projektmitglieder einen Überblick über das Projekt erhalten. Als wichtiges Werkzeug setzen Sie hierbei MindManager ein. Einige Kollegen haben Ihnen ebenfalls Informationen in Maps zur Verfügung gestellt.

Nach einer Sitzung stellen Sie fest, dass die Arbeitsabläufe automatisiert werden müssen. Insbesondere die unterschiedliche Handhabung der CIs ist Ihnen aufgefallen. Jede Map sah anders aus, der ein oder andere setzt Farben als Informationsträger ein, jeder nutzte andere Visualisierungshilfen. Kurzum: Unstrukturiertes Arbeiten und eine Unmenge an Zeitressourcen, die eingespart werden könnten.

Wir werden Ihnen in diesem Kapitel zum einen grundlegende Informationen zu Stil und Layout vermitteln und zum anderen das praktische Arbeiten zeigen. Sie lernen, wie Sie mit den Funktionen *Stil* und *Vorlagen* sehr viel Zeit einsparen und effizienter arbeiten können. Ihre Firmen-CI wird dabei standardmäßig berücksichtigt. Zunächst möchten wir Ihnen jedoch eine kleine Einführung in das Thema »Corporate Identity« (CI) geben.

8.2 CI – was sagt sie aus – welche Bedeutung kommt ihr zu?

Corporate Identity (CI) – heutzutage ein viel strapazierter Begriff. Dabei weiß nicht jeder, der davon spricht, so ganz genau, worum es dabei eigentlich geht. »Corporate Identity« mit »Unternehmensidentität« zu übersetzen, ist doch recht oberflächlich und vordergründig.

Die Corporate Identity hilft, Unternehmenskonzepte und -ideen in wirtschaftlichen Erfolg umzusetzen. Sie verleiht einer Firma ein unverwechselbares Gesicht. Corporate Identity ist eine Möglichkeit, Mitarbeiter zu motivieren und deren brachliegende Fähigkeiten zu wecken. Es wird davon ausgegangen, dass der Mensch, Kunde, Vorgesetzte oder Mitarbeiter, der wichtigste Erfolgsfaktor ist.

Corporate Identity soll alle Bereich einer Unternehmung durchdringen, unabhängig davon ob es sich jetzt um das Entlohnungsmodell, die Management-Methode, die Kundenbedienung, das Design der Werbung, die Kleidung, das Verhalten der Mitarbeiter untereinander oder die Art des Firmengebäudes handelt.

Es ist noch gar nicht so lange her, dass man Corporate Identity oftmals nur als »Masche« oder »amerikanische Mode« belächelte. Längst ist »Management by Identity« jedoch ein äußerst wichtiger Begriff in den Unternehmen geworden.

Man hat begriffen, dass der Kunde spürt, wenn alle Mitarbeiter eines Unternehmens am gleichen Strang ziehen und sich mit Ihrer Firma identifizieren. Aber nicht nur die Mitarbeiter, sondern jeder Teil des Unternehmens sollte den »Geist« des Unternehmens ausstrahlen.

Wir finden heute, und das immer intensiver, eine Kommunikationsgesellschaft vor. Dieser Gesellschaftsform sollten Unternehmen Rechnung tragen. Durch die modernen Kommunikationstechniken werden Unternehmen kleiner, Produkte sich immer ähnlicher. Die Gefahr, nicht mehr erkannt zu werden, wird daher größer. Hierbei kann die Corporate Identity viel Positives bewirken. Durch eine CI bekommen Unternehmen die Möglichkeit, sich vom Wettbewerb abzuheben.

Man unterscheidet folgende CI-Strategien:

1. Corporate Behaviour

Der Begriff *Corporate Behaviour* bezieht sich auf die Mitarbeiter, die durch ihre Identifikation mit dem Unternehmen und ihr daraus resultierendes Verhalten den Unternehmensgedanken nach außen tragen, ihn aber auch intern verwirklichen.

2. Corporate Communication

Corporate Communication ist die Kommunikations- und Informationsstrategie des Unternehmens, die seine Philosophie nach außen und innen vermittelt.

3. Corporate Design

Das *Corporate Design* bezeichnet das firmenspezifische Erscheinungsbild und die damit verbundenen Symbole. Auch diese CI-Strategie soll den »Geist« des Unternehmens verdeutlichen.

Wir wollen den CI-Gedanken einmal unter dem dritten Aspekt, dem des *Corporate Designs*, sehen. Walter Gropius, der Gründer des Bauhauses, wusste, dass Design eine Botschaft an die Sinne ist.

Wir haben jedoch gesehen, dass es falsch wäre, Corporate Identity nur unter dem Aspekt des Corporate Designs zu erörtern. Dies wäre eine sehr einseitige Ansicht. Grundlage des Unternehmenserfolgs bleiben weiterhin Faktoren wie Preis, Service und Vertrieb. Dennoch: Produkte sind austauschbar und Wettbewerbschancen nicht mehr unbedingt vom Produkt abhängig. Hier können uns Symbole helfen. Dem Menschen ist das »Wiedererkennen« vertrauter Farben und Bilder ein Bedürfnis. Durch Ihr Corporate Design können Sie die »Wiedererkennbarkeit« Ihres Unternehmens in der Öffentlichkeit erreichen.

Von großer Bedeutung ist hierbei die Wahl der Symbole, des Designs. Sie sollten sich an der Unternehmensphilosophie orientieren, um die Unverwechselbarkeit des Unternehmens ins rechte Licht zu rücken. Ein Corporate Design soll helfen, Ihr Unternehmen zur Marke werden zu lassen. In diesem Zusammenhang sollten Farben, Logo, Schriftzug, Layout und die gesamte Gestaltung aufeinander abgestimmt sein.

Wie man heute weiß, finden die meisten Kaufentscheidungen unbewusst, über Mechanismen, die durch beständige, bildhafte Signale des Unternehmens ausgelöst werden, statt. Damit es zur Kaufentscheidung kommt, müssen diese Signale im Langzeitgedächtnis des potenziellen Kunden gespeichert sein.

Corporate Identity bedeutet also nicht nur »Identität«. Identität ist lediglich einer der relevanten Aspekte. In einem Satz zusammengefasst kann man Corporate Identity als Summe der Verhaltens- und Darstellungsweisen innerhalb und außerhalb eines Unternehmens definieren.

Sie sehen, wie viel Bedeutung dem Corporate Identity eines Unternehmens zukommt. Es überstreckt sich auf alle Bereiche und sollte auch in Ihrer Mind Map kommuniziert werden. Deshalb: Ran an die Arbeit!

8.3 Das Erscheinungsbild der Map

Wenn Sie eine neue Map in MindManager öffnen, werden automatisch Zweige in einer bestimmten Farbe und einem bestimmten Layout eingefügt. Die Unterzweige fügen sich ebenfalls in einer festgelegten Schriftgröße und weiteren vordefinierten Attributen ein. Das Hauptthema wird in einem bestimmten Rahmen eingetragen, und der Hintergrund ist standardmäßig kariert. Auch die Fußzeile wird mit standardisierten Inhalten wiedergegeben. Bei den meisten Anwendern wird beim Öffnen einer neuen Map dieses beschriebene Erscheinungsbild auf dem Bildschirm erscheinen. Hier steckt eine bestimmte *Stil-Vorlage* dahinter. Es ist wie bei dem Programm Microsoft Word®: Sie schreiben in ein Dokument, das auf einer Vorlage basiert. Diese Vorlagen können Sie individuell verändern. Wie das funktioniert, zeigen wir Ihnen in den folgenden Kapiteln.

8.4 Zweige im schönen Kleid

Sie haben alle wichtigen Informationen für den Projektüberblick in der Map gesammelt. Nun sollen einige Ihrer Mitarbeiter weitere Einzelheiten zu bestimmten Zweigen hinzufügen.

Da auch in Ihrem Unternehmen alle unter der berühmten Informationsflut leiden, möchten Sie den Kollegen Zeit einsparen. Ziel ist es, dass Sie auf einen Blick erkennen, welche Punkte bearbeitet werden sollen. Hier stehen Ihnen mehrere Möglichkeiten zur Verfügung.

8.4.1 Die Zweigschriftart

Bei nochmaligem Durchlesen Ihrer Map fallen Ihnen die Projektkosten ins Auge. Da dies ein sehr wichtiger Punkt ist, der auch immer wieder für Nachfragen sorgt, wollen Sie den Zweig optisch hervorheben, damit er nicht überlesen wird.

Daher möchten Sie als Erstes die Schrift des ausgewählten Unterzweiges vergrößern und fett schreiben.

Über die *Formatierungssymbolleiste* oder den Befehl *Format/Zweig-Schriftart* können Sie die Schriftart und die Schriftartattribute für einzelne Zweige festlegen.

1. Zuerst markieren Sie den gewünschten Zweig.

Abbildung 8.1 Markierte Begriffe auf einem Zweig

2. Wählen Sie dann eine der folgenden Verfahrensweisen:
   - Legen Sie mit den Schaltflächen der *Formatierungssymbolleiste* am unteren Rand des Fensters das Zweigschriftbild, z.B. Schriftart, Schriftgröße, fett, kursiv, unterstrichen, durchgestrichen oder Schriftfarbe, fest.
   - Oder klicken Sie auf *Format/Zweig-Schriftart*, und wählen Sie die gewünschten Einstellungen. Im Registerblatt *Zweigtext* können Sie auch die Verwendung von Großbuchstaben definieren.
   - Shortcut: Klicken Sie mit der rechten Maustaste auf den Zweig, und wählen Sie *Schriftart*.

Sie haben nun den Zweig für das Auge hervorgehoben und damit erreicht, dass dieser wichtige Punkt auf keinen Fall überlesen wird.

Abbildung 8.2 Der Zweig ist nun unübersehbar

Beim Hauptthema gelten diese Einstellungen nur für den Text. Bei allen anderen Zweigen gilt die Einstellung bezüglich der Großschreibung für alle Map-Zweige auf dieser Ebene sowie deren Unterzweige.

Textfarben können als Map-Markierungen für die Klassifizierung von Zweigen in Ihrer Map eingesetzt werden. Ein Zweig mit rotem Text könnte z.B. »Zuständigkeit: Marketing« bedeuten. In Kapitel 9 finden Sie weitere Informationen zur Verwendung von Markierungen.

8.4.2 Die Zweigformatierung

Im nächsten Schritt sollen zwei Ihrer Mitarbeiter zu bestimmten Punkten eine weitere Ausarbeitung der Inhalte vornehmen. Wie gesagt, Sie wollen den Mitarbeitern sehr gezielt übermitteln, welche Punkte weiter ausgearbeitet werden sollen.

Sie möchten Zweige so hervorheben, dass Ihre Mitarbeiter auf einen Blick erkennen, zu welchen Punkten Sie tiefer gehende Informationen einfügen sollen.

Über die *Formatierungssymbolleiste* oder den Befehl *Format/Zweig* können Sie die Zweigform und die Füllfarbe für einzelne Zweige festlegen. Sie gehen dabei in folgenden Schritten vor:

1. Markieren Sie den gewünschten Zweig bzw. die Zweige.
2. Legen Sie mit den Schaltflächen der *Formatierungssymbolleiste* am unteren Rand des Fensters die Zweigfarben und -form fest, z.B. Linienfarbe, Füll-/Hervorhebungsfarbe und Form.

Abbildung 8.3 Die Formatierungssymbolleiste im MindManager

Sie haben die Zweige gelb hervorgehoben, und Ihre Kollegen werden auf einen Blick erkennen, welche Punkte sie weiter ausarbeiten sollen. Das spart im täglichen Arbeitsablauf wertvolle Zeit.

Ihnen stehen noch weitere interessante Formatierungsoptionen zur Verfügung. Gehen Sie wie beschrieben vor, und wählen Sie eine der folgenden Verfahrensweisen:

- Klicken Sie mit der rechten Maustaste auf den Zweig, und wählen Sie im Kontextmenü den Befehl *Zweig formatieren,* oder
- markieren Sie den Zweig, und klicken Sie auf *Format/Zweig*.

Sie können auch mehrere Zweige markieren. Drücken Sie dazu die rechte Maustaste, und legen Sie dann mit der Option *Zweig formatieren* die Attribute fest.

- Wählen Sie anschließend im Register *Form und Farbe* die gewünschten Attribute für den Zweig aus. Darunter befindet sich auch die Farbtransparenz, deren Auswahl über die Symbolleiste nicht möglich ist.

In der Regel empfiehlt es sich, MindManager-Formen zu verwenden, da sie speziell für diesen Zweck entworfen wurden. Wenn Sie jedoch eine spezielle Form benötigen, können Sie auch eine benutzerdefinierte Vorlage verwenden. Wenn Sie in der Liste *Form für Zweig* die Option *Eigene Bilder* auswählen, können Sie zu einer Bilddatei navigieren und diese auf den aktuellen Zweig anwenden. Ferner haben Sie die Möglichkeit, die Form zur späteren Wiederverwendung in der MindManager-*Bibliothek* zu speichern.

Um benutzerdefinierte Formen einzufügen, gehen Sie in folgenden Schritten vor:

1. Wählen Sie in der Liste *Form für Zweig* den Eintrag *Eigene Bilder*.
2. Navigieren Sie zur entsprechenden Bilddatei, und klicken Sie auf *Einfügen*.

Wollen Sie eine benutzerdefinierte Form speichern, gehen Sie in folgenden Schritten vor:

1. Klicken Sie im Dialogfeld *Form und Farbe* auf die Schaltfläche *Bild speichern* (diese Option ist über die *Formatierungssymbolleiste* nicht verfügbar).
2. Navigieren Sie zu dem Ordner, in dem Sie das Bild ablegen möchten, und klicken Sie dann auf *Speichern*. In der Regel speichern Sie Bilder am besten in oder unter dem Ordner mit den Formen für die Bibliothek.
3. Die benutzerdefinierte Form wird zur späteren Wiederverwendung in die Bibliothek aufgenommen.

Möchten Sie benutzerdefinierte Formen aus der Bibliothek verwenden, gehen Sie in folgenden Schritten vor:

1. Markieren Sie den Zweig bzw. die Zweige, dessen/deren Form Sie ändern möchten.
2. Öffnen Sie das Register *Bibliothek* im Aufgabenbereich von MindManager.
3. Klicken Sie auf den Ordner *Formen*.
4. Wählen Sie die für den/die ausgewählten Zweig(e) zu verwendende Form aus dem unteren Bereich.

Verwenden Sie die Schaltfläche *Stil*, wenn Sie erreichen möchten, dass die Form und die Farbattribute als Standard für Zweige auf dieser Ebene gespeichert werden. Die Einstellungen werden dann von allen neuen Zweigen verwendet. Wie Sie die Attribute für den aktuellen Stil auf die Standardwerte zurücksetzen, lesen Sie im kommenden Abschnitt.

Sie haben die erstellte Map bisher so aufbereitet, dass die für die Kollegen wichtigen Punkte hervorgehoben sind. Die Kollegen haben mit Ihrem Hinweis, sich um die gelb markierten Punkte zu kümmern, sehr viel Zeit mit Suchen gespart.

Diese Map ist nun individuell in ihrem Aussehen verändert worden.

Diese Einstellungs- und Änderungsmöglichkeiten können Sie für kleine schnelle Änderungen sehr gut nutzen. Wenn Sie jedoch Ihre Firmen-CI in jeder neuen, früheren oder »fremden« Map wieder finden wollen, dann arbeiten Sie mit der

Funktion *Stil & Layout.* Es macht keinen Sinn, jede Map immer wieder individuell abzuändern – das ist uneffizient! Ziel ist es, Arbeitsabläufe zu automatisieren und extrem zu erleichtern. Dies werden wir im Folgenden näher behandeln.

8.5 Stile und Layout

In der kommenden Woche findet in Ihrem Unternehmen der jährliche »Team-Workshop« statt. Ihre Außendienstmitarbeiter und die Marketing-Abteilung möchten einen Austausch veranstalten, den sie für ein effizienteres Arbeiten benötigen. An diesem Tag finden auch drei Workshops statt, in denen ein Brainstorming und eine Feedback-Runde zum Thema »Das fordert der Markt« durchgeführt werden. Sie und zwei Mitarbeiter Ihres Teams leiten die Workshops und führen später auch die Ergebnisse in einer Datei zusammen. Sie möchten sowohl die Workshops als auch das »Ideen-Sammeln« der Brainstorming-Runde und die Inhalte der Feedback-Runde mit MindManager durchführen und festhalten. Ziel ist es, dass Sie und Ihr Team mit einem einheitlichen Layout arbeiten.

In den folgenden Abschnitten zeigen wir Ihnen verschiedene Möglichkeiten, dieses Vorhaben schnell und einfach zu realisieren und eine eigene Stil-Vorlage nach den Vorgaben der Firmen CI zu erstellen.

8.5.1 Die Erscheinung verändern

Durch die Übertragung eines Stils, d.h. einer Gruppe vordefinierter Formatierungsparameter, können Sie das gesamte Erscheinungsbild einer Map mit einem Klick verändern. Hierzu stehen Ihnen ganz unterschiedliche Möglichkeiten zur Verfügung, die wir Ihnen nun im Einzelnen vorstellen möchten. Im Regelfall geben Sie zunächst den Inhalt ein, wählen dann einen Stil für die Standardformatierung und formatieren abschließend wunschgemäß die einzelnen Zweige. Unter anderem können Sie Zweige kodieren. Dazu verwenden Sie Markierungen wie Icons, Text- und Füllfarben, denen eine spezielle Bedeutung zukommt.

Mit der Funktion zum Übertragen von Formaten können Sie die Formatierung eines Zweiges auf schnelle und einfache Art duplizieren.

8.5.2 Der Überblick über bestehende Stile

Das Erscheinungsbild einer Map wird von der Wahl eines Map-Stils bestimmt. Ein *Stil* ist eine Sammlung von Formatierungseinstellungen, die das Aussehen der verschiedenen Arten von Map-Elementen steuern. Der *Stil* gibt die Formatierung für folgende Elemente vor:

- Hauptthema
- Hauptzweige
- Unterzweige (nach Ebene)

- Anmerkungszweige und Unterzweige
- Freie Anmerkungen und Unterzweige
- Organigrammzweige
- Freie Organigrammzweige
- Umrandungen
- Verbindungen
- Map-Hintergrund
- Notizen (die Standardschriftart)

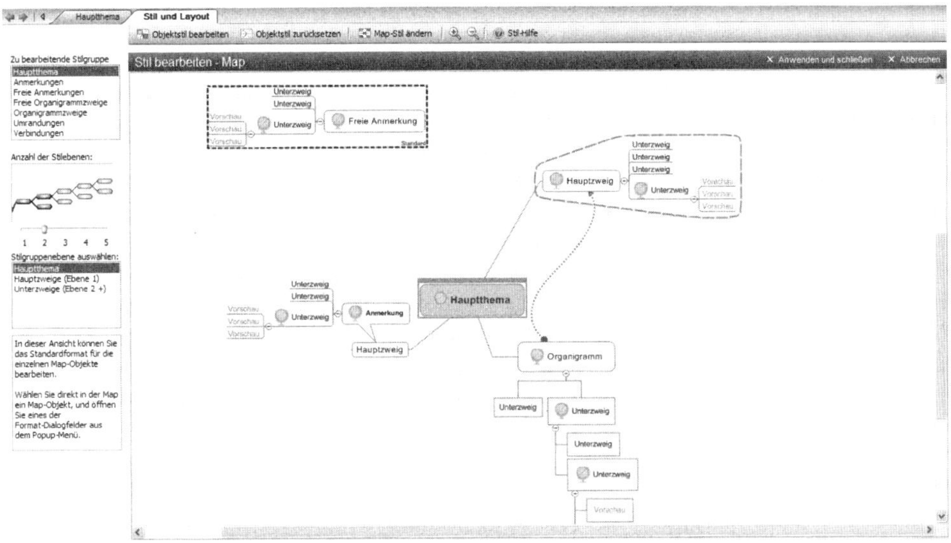

Abbildung 8.4 Ansicht für das Bearbeiten von Stilen

Der Stil verleiht der Map einen »Standard-Look«. Jeder neuen Map wird zunächst automatisch der Standardstil zugewiesen. Dieser wird der Vorlage entnommen, mit der Sie die Map anlegen.

Für jede Vorlage können Sie den *Standardstil* ändern, d.h., Sie können der Map jederzeit einen anderen Stil zuweisen. Das gilt auch für die Vorlage, die für das Erstellen einer neuen Map verwendet wird.

Wenn ein neuer Zweig angelegt wird, bestimmen die Stil-Einstellungen sein Erscheinungsbild. Sie können einzelne Zweige formatieren und kodieren.

Formatieren Sie die Map individuell, werden die Stil-Einstellungen außer Kraft gesetzt und bleiben auch dann bestehen, wenn Sie der Map einen neuen Stil zuweisen. Über das Icon *Symmetrische Ausrichtung* in der Map-Symbolleiste wird das Gesamtlayout wieder hergestellt!

Abbildung 8.5 Die Schaltfläche *Symmetrische Ausrichtung*

8.5.3 Bestehende Stile auf eine Map übertragen

Sie haben sich schnell eine Beispiel-Map erstellt, um die Funktion *Stil&Layout* nun selbst zu testen.

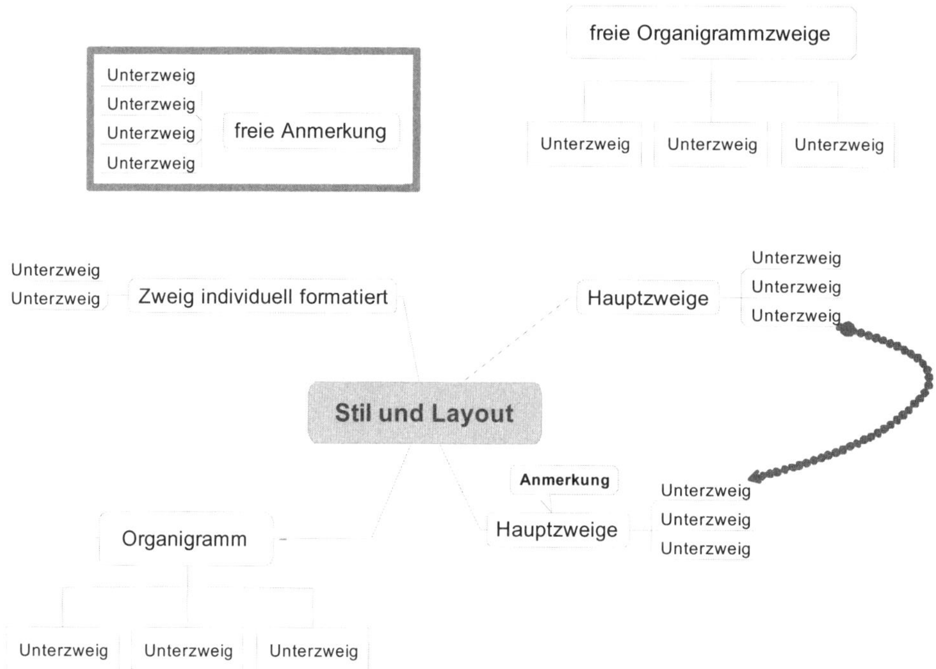

Abbildung 8.6 Beispiel-Map »Stil testen«

Sie haben die integrierten Stil-Vorlagen entdeckt und möchten nun aus einem der bestehenden Stile in MindManager Ihrer Map den Stil *Map abgerundet* zuweisen.

Herzlichen Glückwunsch zu Ihrer Entdeckung! Bleiben Sie neugierig, und gehen Sie in folgenden Schritten vor, um den ausgewählten Stil zuzuweisen:

1. Klicken Sie auf *Format/Stil/Aus Vorlagen-Organizer zuweisen*.
2. Auf der linken Seite wird daraufhin ein Dialogfeld mit den Stil-Namen und -Ordnern angezeigt. Wenn Sie auf den Namen eines Stils klicken, wird eine Vorschau dieses Stils im rechten Fenster angezeigt.

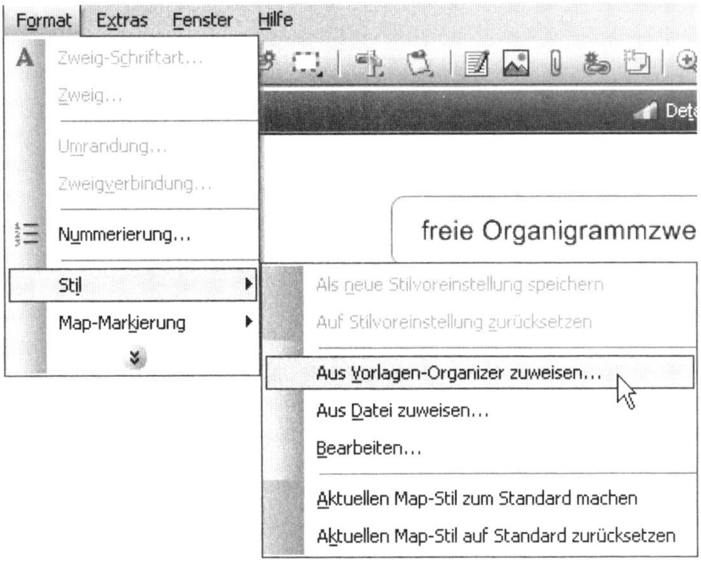

Abbildung 8.7 So kommen Sie zu den Stil-Vorlagen

3. Wählen Sie für unser Beispiel den Stil *Map abgerundet* aus und klicken erst auf *Übernehmen* (so haben Sie die Möglichkeit, die Map im neuen Stil anzusehen und evtl. weitere Änderungen vorzunehmen – das Dialogfenster bleibt geöffnet), dann auf *OK*. Generell wählen Sie immer den Stil, der am besten Ihren Bedürfnissen entspricht. Sie können ihn bei Bedarf modifizieren und speichern, um ihn wieder verwenden zu können.

Das Ergebnis kann sich sehen lassen. Sie haben eine Map in einem »neuen Kleid« – mit einem Klick eine ganz neue Erscheinung.

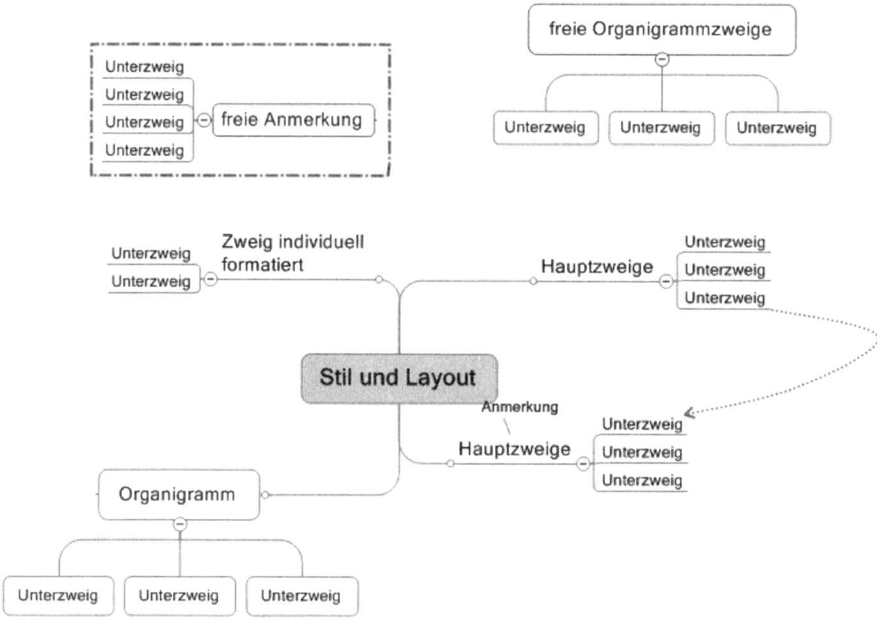

Abbildung 8.8 Die Map in neuem Kleid

In der Multi-Map-Ansicht können Sie einen Stil auf eine ganze Gruppe von Maps übertragen. Wählen Sie dazu einfach die gewünschten Maps, klicken Sie in der Menüleiste auf *Zuweisen/Stilvorlage...*, und wählen Sie den entsprechenden Stil im Organizer. Dann klicken Sie auf *Übernehmen* und *OK*.

Wenn Sie in Ihrer Datei bereits einen Stil abgespeichert haben, der nicht im Vorlagen-Organizer liegt, klicken Sie auf *Format/Stil/Aus Datei zuweisen*. Markieren Sie den gewünschten Stil, und bestätigen Sie mit *Öffnen*.

Wenn Sie diesen Stil noch einmal verwenden möchten, sollten Sie ihn in den Organizer aufnehmen. Das hat den Vorteil, dass Ihnen dort alle Stile ohne Sucherei zur Verfügung stehen und ein schnellerer Zugriff möglich ist. Wie Sie Stile im Vorlagen-Organizer abspeichern, lesen Sie Laufe dieses Kapitels.

Wenn Sie diesen Stil sofort zum Standard machen möchten, klicken Sie auf *Format/Stil/Aktuellen Mapstil zum Standard machen*. Bestätigen Sie im nächsten Dialogfeld Ihre Änderung mit *OK*.

8.5.4 Die Firmen-CI berücksichtigen

Nachdem Sie nun die integrierten Stile getestet haben und Ihnen kein Stil so richtig zusagt, möchten Sie eine eigene firmeninterne Stil-Vorlage erstellen. Dabei sollen die Schriftart, der -stil und die -größe berücksichtigt werden. Das Zweiglayout soll etwas »firmenindividueller« aussehen. Mit diesem Ziel starten Sie den Weg in die eigene Stil-Vorlagen-Erstellung.

8.5.4.1 Die eigene Stil-Vorlage erstellen – Schritt für Schritt

Wie wir schon am Anfang des Kapitels gesehen haben, verfügt MindManager über eine spezielle Ansicht für das Bearbeiten von Stilen, in der Sie das Standardformat der einzelnen Map-Objekte verändern können.

Schritt für Schritt möchten wir Ihnen nun erklären, wie Sie Ihre eigene Stil-Vorlage erstellen können.

Sie hatten sich bereits eine Beispiel-Map erstellt, die hier als Grundlage für alle weiteren Schritte dient. Das fertige Beispiel finden Sie auf der CD im Ordner *\Kapitel08* unter dem Namen *Eigene Stilvorlage.mmap*.

1. Schritt: Das Ansichtsfenster *Stil bearbeiten-Map* aktivieren

Ihre Beispiel-Map ist bereits geöffnet.

- Klicken Sie auf *Format/Stil/Bearbeiten*. Das Ansichtsfenster *Stil bearbeiten-Map* öffnet sich.

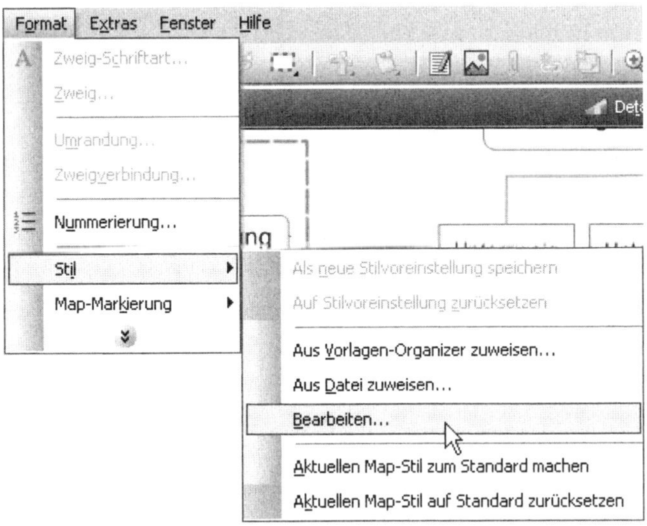

Abbildung 8.9 Der Weg zum »Stil bearbeiten«

In dieser Ansicht wird eine Map angezeigt, in der alle Map-Objekte gemäß den Stil-Einstellungen formatiert sind. In dieser Ansicht können Sie ein Objekt der Map auswählen und die Standardformatierungsoptionen für das Objekt, beispielsweise den Haupt- oder Unterzweig, festlegen.

2. Schritt: Das Hauptthema verändern

Sie möchten nun den Stil für das Hauptthema bearbeiten.

- Klicken Sie auf das Hauptthema der Map, und wählen Sie die Formatierungsoptionen *Schrift und Text für Zweig bearbeiten* und *Zweigformat bearbeiten* aus dem Popup-Menü.

Wenn Sie bei der Identifizierung eines Objekts Hilfe benötigen, Sie sich also unsicher sind, um welche Art von Objekt es sich handelt, verwenden Sie die Liste in der linken oberen Ecke, um es in der Beispiel-Map zu lokalisieren. MindManager markiert die entsprechenden Objekte. Anschließend gehen Sie wie gerade beschrieben vor und wählen die Formatierungsoptionen, die Sie vornehmen möchten.

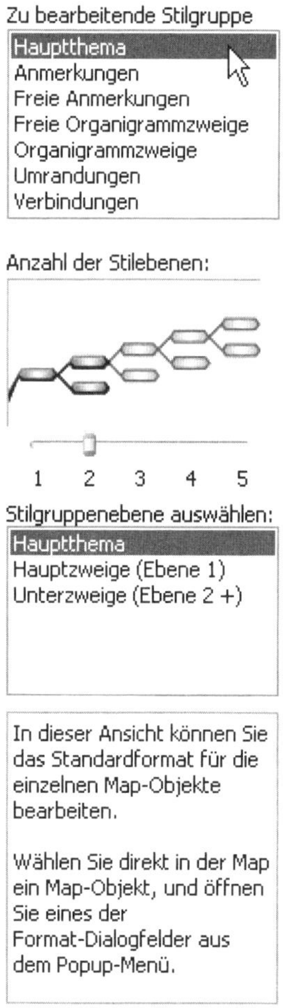

Abbildung 8.10 Mit Hilfe des oberen Fensters können Sie Map-Objekte markieren oder lokalisieren

Sie möchten nun also das Hauptthema verändern. Dazu haben Sie die Möglichkeiten *Schrift und Text für Zweig bearbeiten* und *Zweigformat bearbeiten*.

Diese zwei Optionen möchten wir Ihnen im Folgenden näher erläutern.

Schrift und Text für Zweig bearbeiten

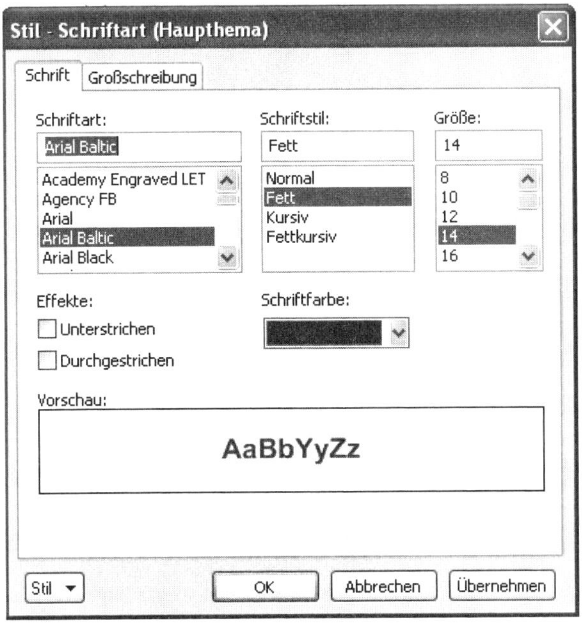

Abbildung 8.11 Die Schriftart des Hauptthemas bestimmen

Hier können Sie Schriftart, -größe und -stil bestimmen, sowie die Schreibweise des Zweigtextes (hier: Hauptzweig). Wir wählen für unser Beispiel die Schriftart Arial Baltic/fett/Größe 14, Schriftfarbe schwarz.

Zweigformat bearbeiten

Die Formatierungsmöglichkeiten, die Ihnen im Bereich *Zweigformat bearbeiten* gegeben werden, möchten wir in Ihnen in einer übersichtlichen Tabelle erklären.

Tabelle 8.1 Zweigformat-Funktionen im Überblick

Form und Farbe	Hier bestimmen Sie die Form und Farbe des Hauptthemas.
Ausrichtung	Hier bestimmen Sie die Text- und Bildausrichtungen. Die Einstellung gilt für die gesamte Map.
Format und Ränder	Hier werden Abmessungen und Ränder verändert.

Layout-Unterzweige	Hier legen Sie das Layout der Unterzweige fest sowie die Anordnung.
Layout	Hier können Sie das allgemeine und erweiterte Layout festlegen.

Zum besseren Verständnis gehen Sie nun die einzelnen Schritte mit uns durch. Die beschriebene Vorgehensweise ist unabhängig vom zu formatierenden Objekt Ihrer Map. Sie können Sie also bei jedem Map-Objekt anwenden.

Wählen Sie für unser Beispiel folgende Einstellungen:

- Form und Farbe: abgerundetes Rechteck, Farbe keine

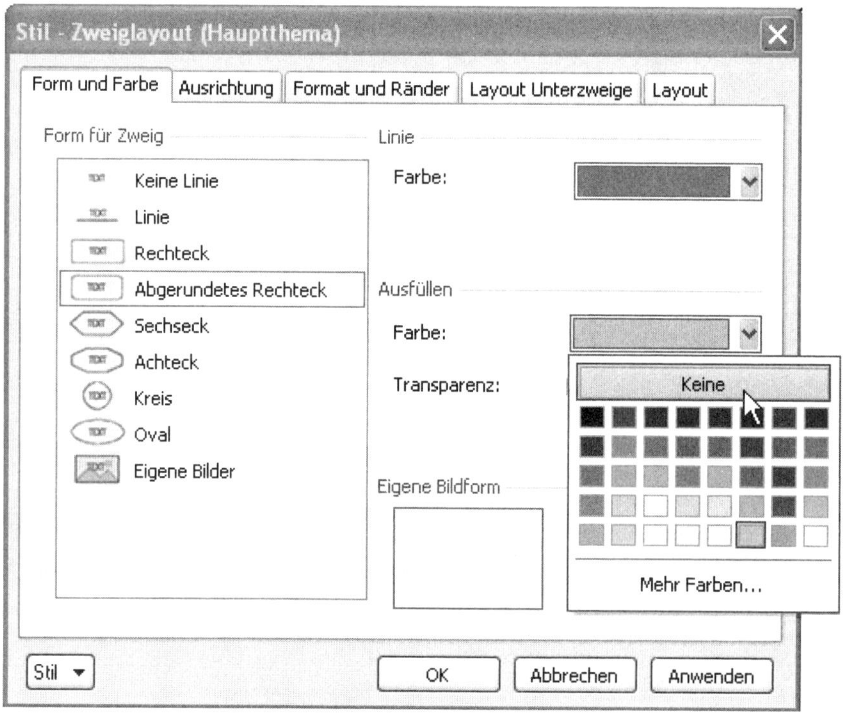

Abbildung 8.12 Form und Farbe werden bestimmt.

- Ausrichtung: Bildausrichtung links (das ist die Standardeinstellung; bleibt hier bestehen)

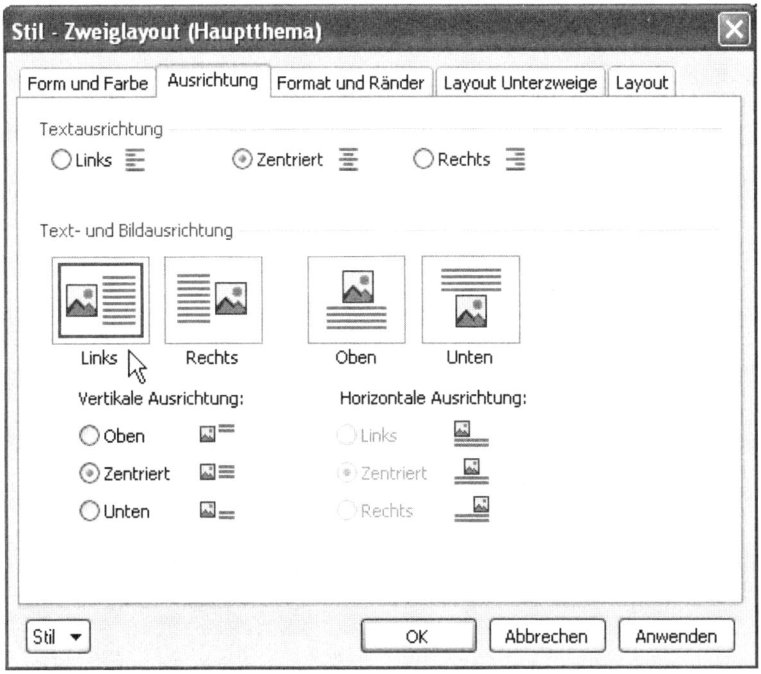

Abbildung 8.13 Bestimmung der Bildausrichtung

- Format und Ränder: Lassen Sie die Standardeinstellungen stehen.

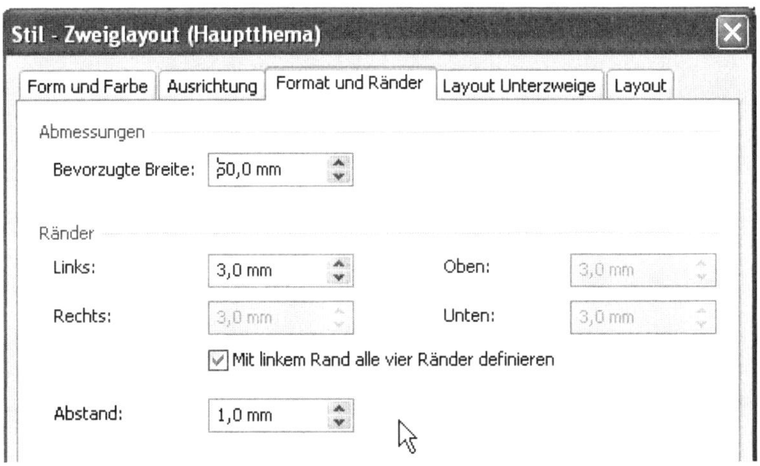

Abbildung 8.14 Die Standardeinstellungen unter Format und Ränder

- Layout und Unterzweige: abgerundete Winkelform

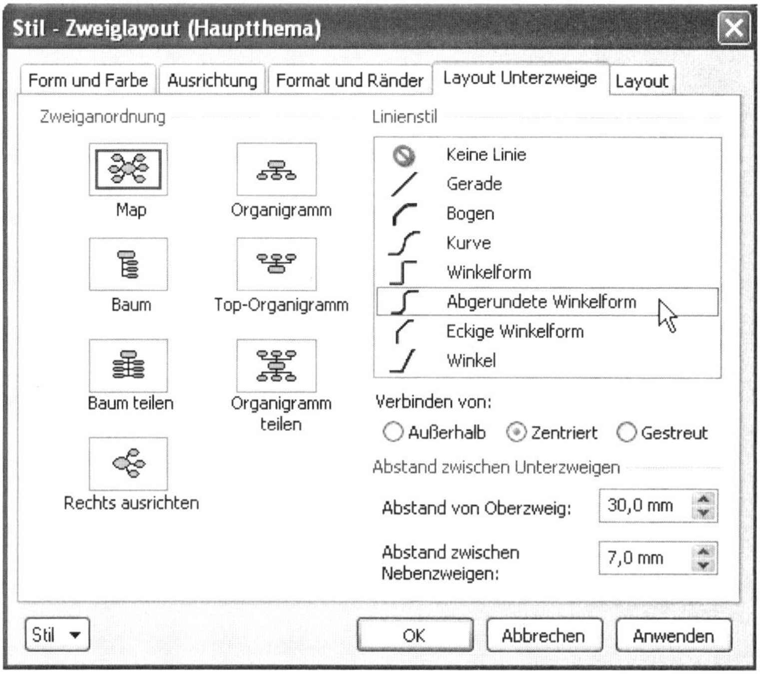

Abbildung 8.15 Bestimmen des Zweiglayouts

- Layout: Dünnere Zweige erhalten Sie durch Verschieben des Reglers nach links.

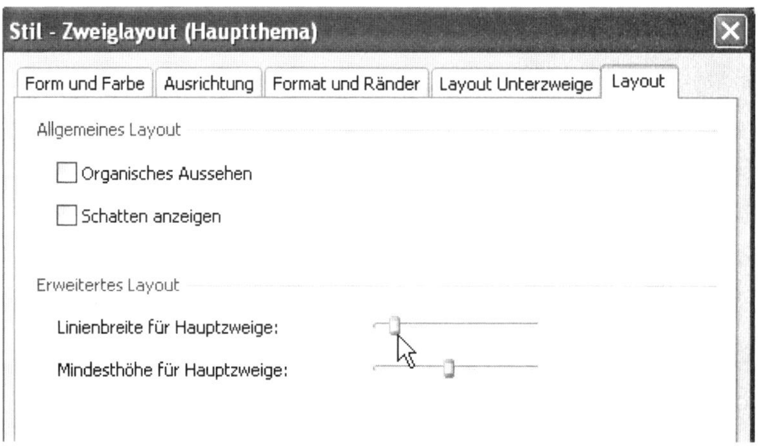

Abbildung 8.16 Bestimmen der Linienbreite

Bestätigen Sie nun die vorgenommene Einstellung mit *OK*. Das Ergebnis Ihrer Einstellungen sehen Sie nun in der Vorschau-Map.

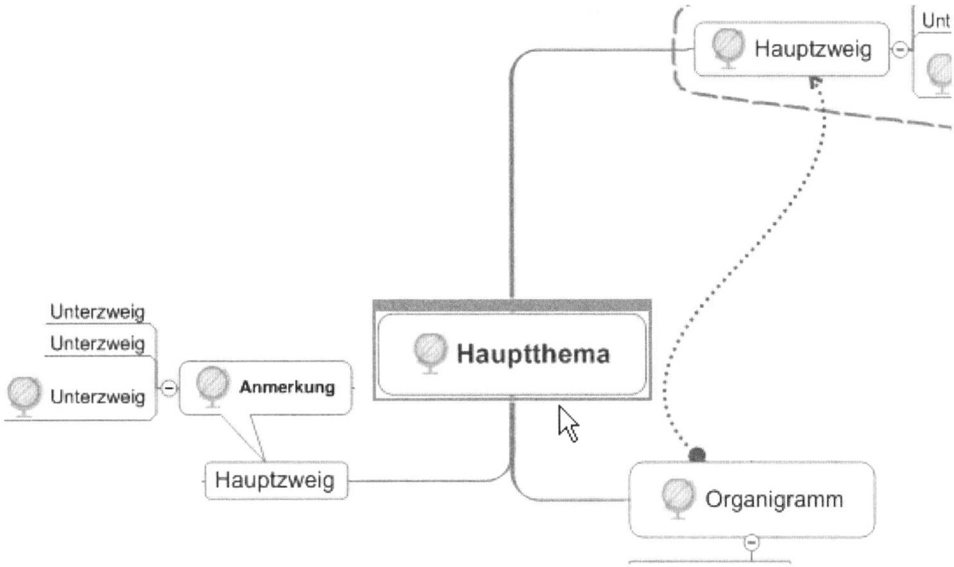

Abbildung 8.17 Das Ergebnis

3. Schritt: Hauptzweige verändern

Als Nächstes möchten Sie die Hauptzweige verändern.

Gehen Sie dazu wieder wie folgt vor:

- Klicken Sie am einfachsten auf *Hauptzweig*.

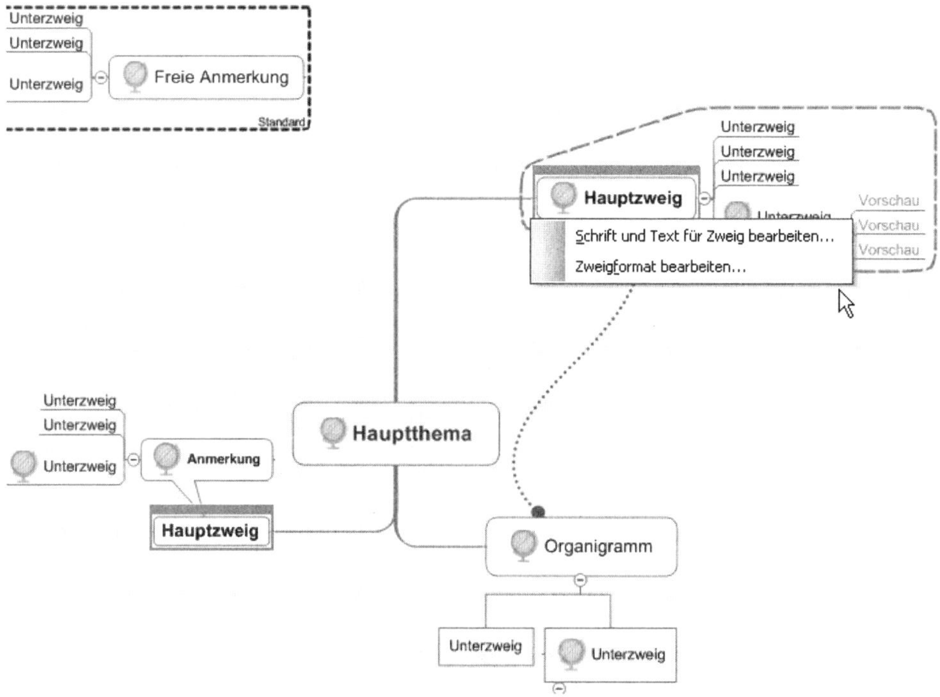

Abbildung 8.18 Veränderung der Hauptzweige

Alle Hauptzweige sind automatisch markiert und das Bearbeitungsfenster geöffnet. Sie haben wieder die Möglichkeit, in den Bereichen *Schrift und Text für Zweig bearbeiten* und *Zweigformat bearbeiten* Änderungen vorzunehmen.

Gehen Sie, wie bereits im zweiten Schritt beschrieben, vor. Bitte wählen Sie folgende Einstellungen:

- Schrift und Text für Zweig bearbeiten: Schrift Arial, fett, Größe 12
- Form und Farbe: Rechteck, Linienfarbe Blau, Ausfüllfarbe keine
- Ausrichtung: Text- und Bildausrichtung links, alle weiteren Standardeinstellungen bleiben bestehen.
- Format und Ränder: Standardeinstellungen bleiben bestehen.
- Layout Zweige: *abgerundete Winkelform*
- Bestätigen Sie nun die vorgenommenen Einstellungen mit *OK*.

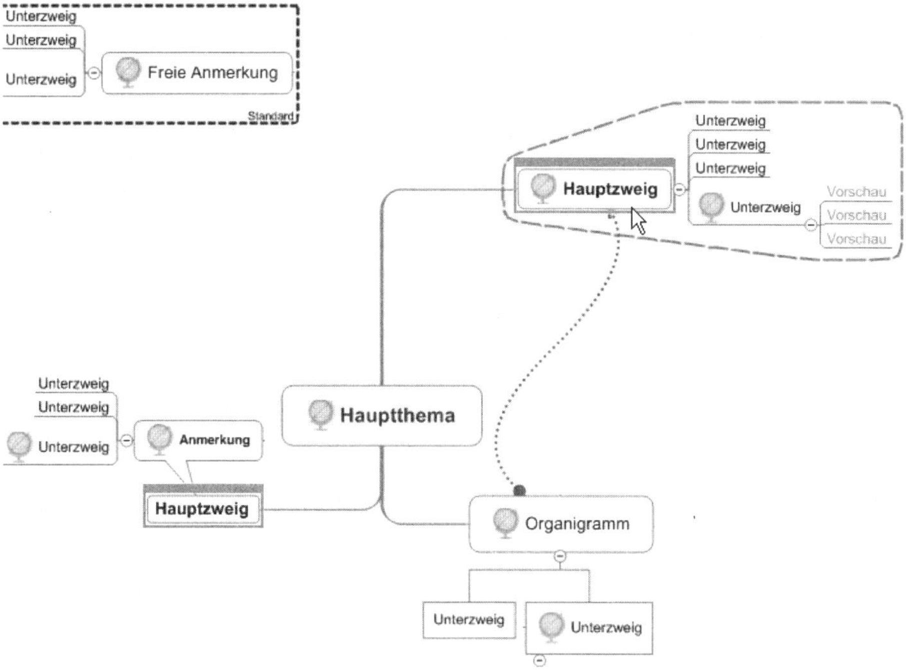

Abbildung 8.19 So sieht das Ergebnis Ihrer Einstellungen aus

4. Schritt: Unterzweige verändern

Als Nächstes möchten Sie den Stil der Unterzweige festlegen. Dazu klicken Sie einfach wieder auf einen Unterzweig. Automatisch sind alle Unterzweige markiert. Mit nochmaligem Klicken öffnet sich das Dialogfenster.

Mit der Option *Anzahl der Stilebenen* im linken Bereich des Fensters definieren und steuern Sie die Tiefe für die Formatierung der Unterzweige. Je weiter Sie den Regler nach rechts verschieben, desto mehr Ebenen werden angezeigt. Auch die Vorschau-Map wird auf die entsprechenden Ebenen aktualisiert. Mit den Zoom-Schaltflächen vergrößern oder verkleinern Sie die Anzeige Ihrer Map.

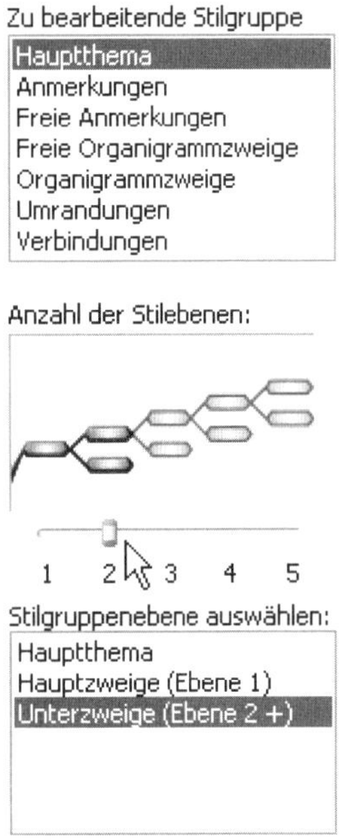

Abbildung 8.20 Anzahl der Stilebenen bestimmen

Nehmen Sie nun folgende Veränderung an Ihren Unterzweigen vor:

- Schrift und Text für Zweig bearbeiten: Schriftart Arial, normal, Größe 10
- Das Zweigformat lassen Sie in der Standardeinstellung, da Sie bereits mit dem Zweigformat *Hauptzweig* die Einstellung vorgenommen haben.
- Bestätigen Sie Ihre Einstellung mit *OK.*

5. Schritt: Den Stil der Anmerkungen festlegen

Klicken Sie auf den Punkt *Anmerkungen.* Jetzt gehen Sie wieder, wie oben in den zwei Grundschritten beschrieben, vor, und übernehmen Sie folgende Einstellungen:

- Schrift und Text für Zweig bearbeiten: Arial, fett, Größe 10
- Form und Farbe: ovale Sprechblase, Linienfarbe Rot und Füllfarbe keine
- Ausrichtung: Bildausrichtung links
- Format und Ränder: Standardeinstellung bleibt
- Layout Unterzweige: abgerundete Winkelform
- Bestätigen Sie Ihre Einstellung mit *OK.*

6. Schritt: Die Anmerkungsunterzweige bleiben unverändert

Wenn Sie Veränderungen wünschen, gehen Sie wie bei der Änderung der Unterzweig vor.

7. Schritt: Freie Anmerkung und freie Unterzweige festlegen

Klicken Sie *Freie Anmerkung* an, und nehmen Sie folgende Einstellungen vor.

- Schrift und Text für Zweig bearbeiten: Arial, fett, Größe 10
- Form und Farbe: abgerundetes Rechteck, Füllfarbe keine
- Ausrichtung: Bildausrichtung links
- Format und Ränder: Standardeinstellung bleibt
- Layout Unterzweige: abgerundete Winkelform
- Bestätigen Sie Ihre Einstellung mit *OK*.

8. Schritt: Stilumrandungen festlegen

Klicken Sie auf die Umrandung des Hauptzweiges. Das Bearbeitungsfenster öffnet sich. Nun möchten Sie den Stil der Umrandung festlegen. So gehen Sie vor:

- Wählen Sie unter der Option *Klammer/Abgeschnittene Winkelform.*
- Bestätigen Sie Ihre Einstellung mit *OK*.

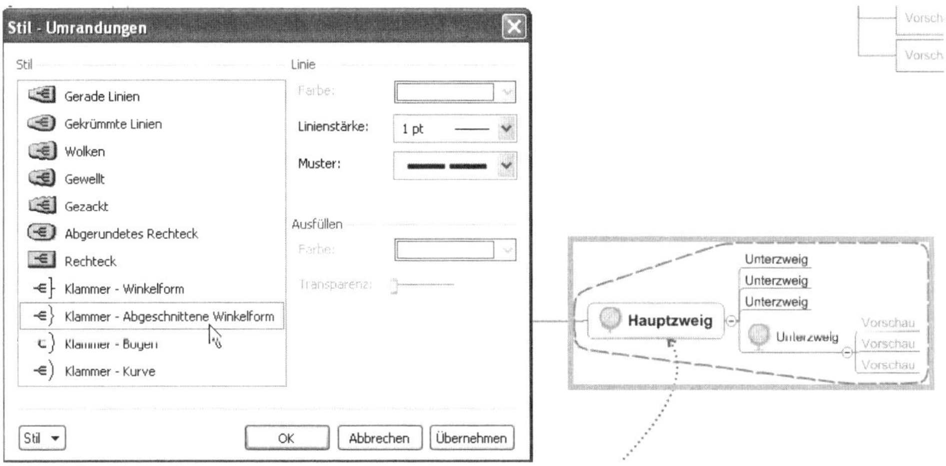

Abbildung 8.21 Stil-Umrandung Klammer

Das Ergebnis in Ihrer Map:

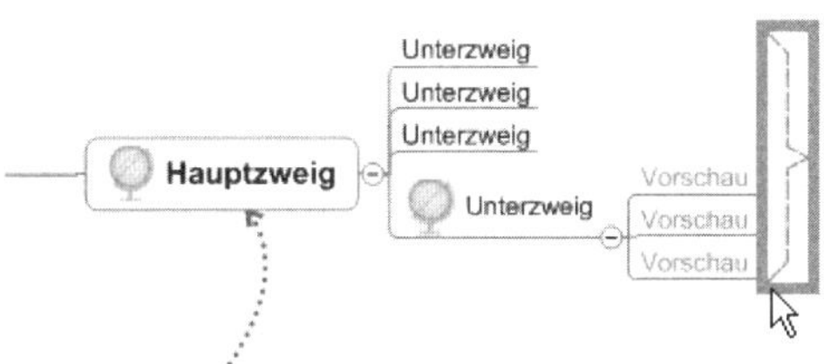

Abbildung 8.22 Zweig mit Klammer

9. Schritt: Stil-Verbindungen festlegen

Klicken Sie auf die Zweig*verbindung*. Automatisch öffnet sich das Bearbeitungsfenster. Nehmen Sie folgende Veränderungen vor:

- Farbe Rot, Stärke 1 ½ pt, Anfangsstil gerade, Linienform gerade
- Bestätigen Sie Ihre Einstellung mit *OK*.

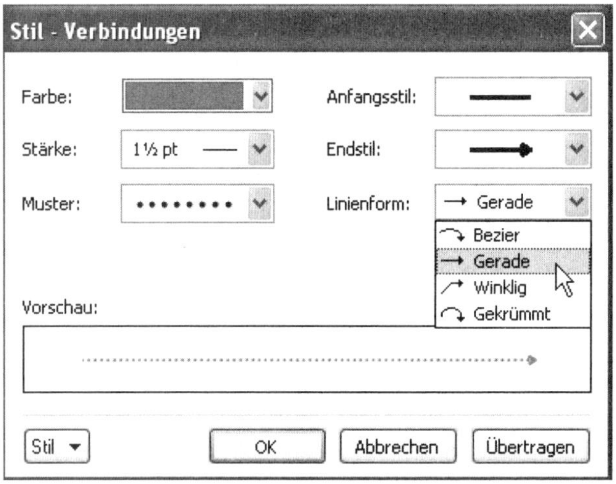

Abbildung 8.23 Die Einstellungen

Das Ergebnis in Ihrer Map:

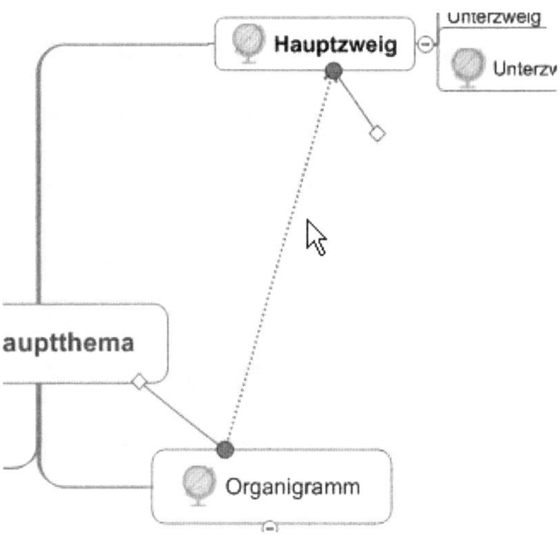

Abbildung 8.24 Die geänderte Zweigverbindung

10. Schritt : Wichtige Feinheiten: der Map-Hintergrund und die Zweignotizen

Nachdem Sie nun schon einige Formatierung für Map-Objekte definiert haben, sollten Sie auch die Formatierung für den Map-Hintergrund und die für Zweignotizen verwendete Standardschriftart festlegen.

So formatieren Sie den Hintergrund bzw. Notizen:

Wir empfehlen für den Arbeitsalltag immer einen Hintergrund ohne Farbe. Dateidarstellungen sind sehr viel deutlicher, beim Drucken muss man nicht daran denken, den Hintergrund zu entfernen etc.

Klicken Sie einfach in den Bildschirm und wählen dann *Map-Hintergrund ändern* oder *Notizenformat bearbeiten*. Die beiden Bereiche bieten Ihnen unterschiedliche Möglichkeiten der Formatierung.

Bitte nehmen Sie für unser Beispiel folgende Veränderungen vor:

- Map-Hintergrund: Farbe *keine*, Bild entfernen, mit *OK* bestätigen
- Notizformat: die Standardeinstellung belassen

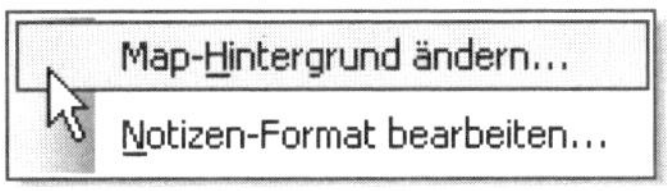

Abbildung 8.25 Das Dialogfenster

Wenn Sie die Änderungen am Stil abgeschlossen haben, klicken Sie auf *Anwenden und schließen* rechts oben im MindManager-Fenster (falls Sie den Stil der aktuellen Map bearbeiten). Nehmen Sie Änderungen direkt in einer Stilvorlage des Vorlagen-Organizers vor, klicken Sie nach Beendigung auf *Stil speichern und schließen.* Wenn Sie die Änderungen verwerfen möchten, klicken Sie auf *Abbrechen.*

Für unser Beispiel klicken Sie bitte auf *Anwenden und schließen.*

11. Schritt: Organigrammzweige verändern

In der Version Mindjet® MindManager® 6 ist die Organigrammdarstellung ganz neu. Diese Zweigformen spielen in der Visualisierung von Informationen eine wichtige Rolle. Sie möchten diese Zweigform ebenfalls verändern.

Klicken Sie auf den Organigrammzweig. Automatisch öffnet sich das Bearbeitungsfenster. Nehmen Sie folgende Veränderungen vor:

- Schrift und Text für Zweig bearbeiten: Arial Baltic, fett, Größe 12
- Form und Farbe: Rechteck, Füllfarbe keine
- Ausrichtung: Bildausrichtung links

- Format und Ränder: Standardeinstellung bleibt
- Layout Unterzweige: Winkelform
- Bestätigen Sie Ihre Einstellung mit *OK*.

12. Schritt: Organigrammunterzweige verändern

Als Nächstes möchten Sie den Stil der Organigrammunterzweige festlegen. Dazu klicken Sie einfach wieder auf einen Organigrammunterzweig. Automatisch öffnet sich auch das Dialogfenster.

Mit der Option *Anzahl der Stilebenen* im linken Bereich des Fensters definieren und steuern Sie die Tiefe für die Formatierung der Organigrammunterzweige. Je weiter Sie den Regler nach rechts verschieben, desto mehr Ebenen werden angezeigt. Auch die Vorschau-Map wird auf die entsprechenden Ebenen aktualisiert. Mit den Zoom-Schaltflächen vergrößern oder verkleinern Sie die Anzeige Ihrer Map.

Nehmen Sie nun folgende Veränderung an Ihren Organigrammunterzweigen vor:

- Schrift und Text für Zweig bearbeiten: Schriftart Arial, normal, Größe 10
- Zweigformat: Rechteck. Die anderen Einstellungen können bestehen bleiben.
- Bestätigen Sie Ihre Einstellung mit *OK*.

Nehmen Sie nun folgende Veränderung an Ihren Organigrammunterzweigen, Ebene 2, vor:

- Schrift und Text für Zweig bearbeiten: Schriftart Arial, normal, Größe 10
- Zweigformat: Linie. Die anderen Einstellungen können bestehen bleiben.
- Bestätigen Sie Ihre Einstellung mit *OK*.

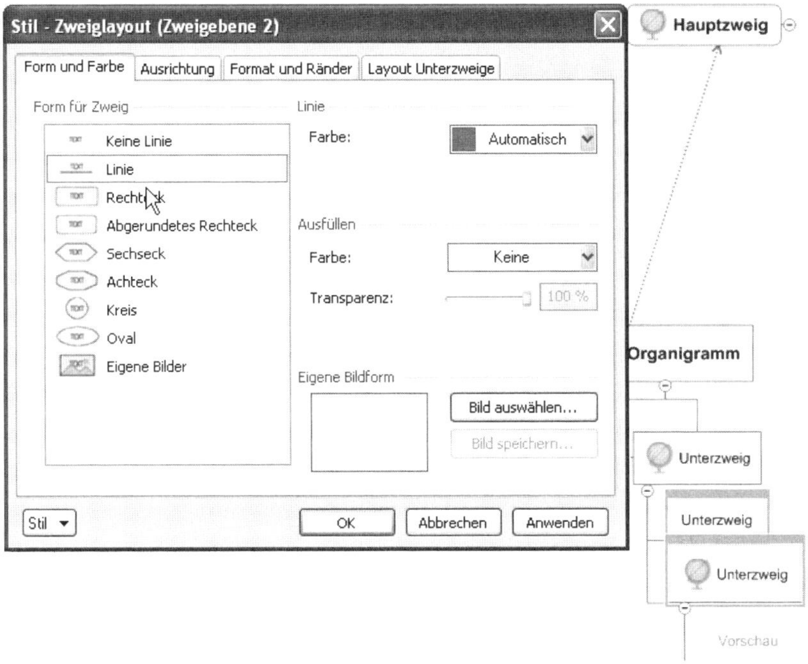

Abbildung 8.26 Die Einstellungen für die Organigrammunterzweige

13. Schritt: Freie Organigrammzweige verändern

Auch die freien Organigrammzweige sind erst seit der Version Mindjet® MindManager® 6 integriert. Nehmen Sie die Änderungen wie in den Schritten 11 und 12 beschrieben vor.

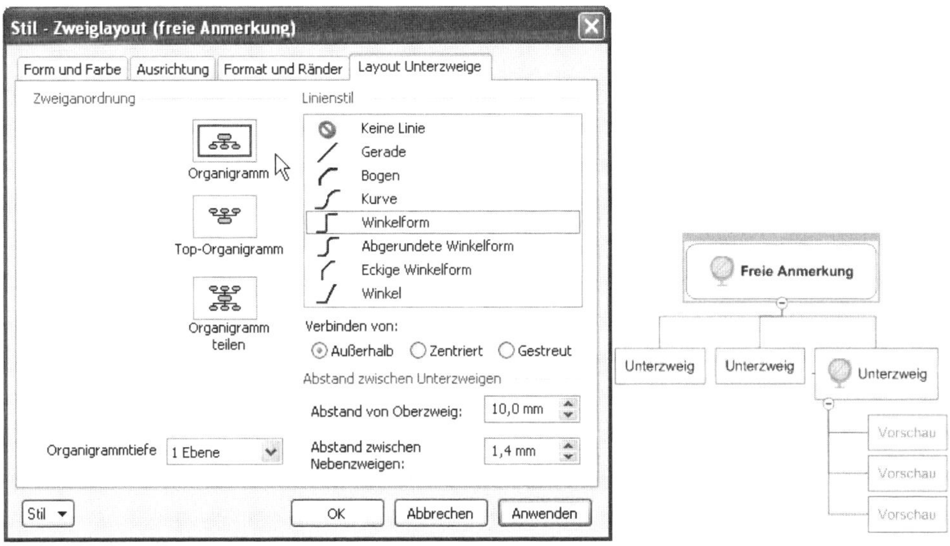

Abbildung 8.27 Interessante Wahlmöglichkeiten

Sie haben nun alle Änderungen vorgenommen. Bestätigen Sie die vorgenommenen Einstellungen über die Schaltfläche *Anwenden und Schließen*.

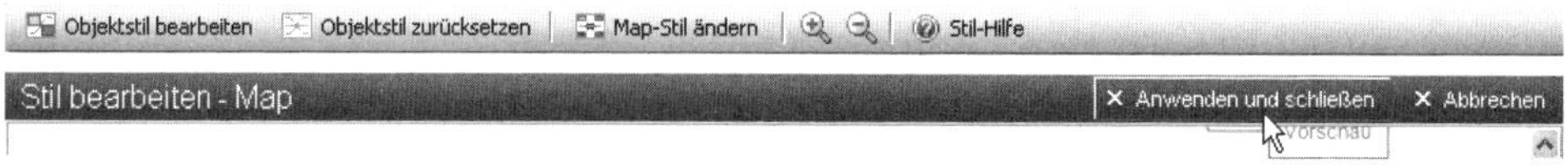

Abbildung 8.28 Die Schaltfläche *Anwenden und Schließen*

Das Ergebnis der vorgenommenen Einstellungen auf einen Blick

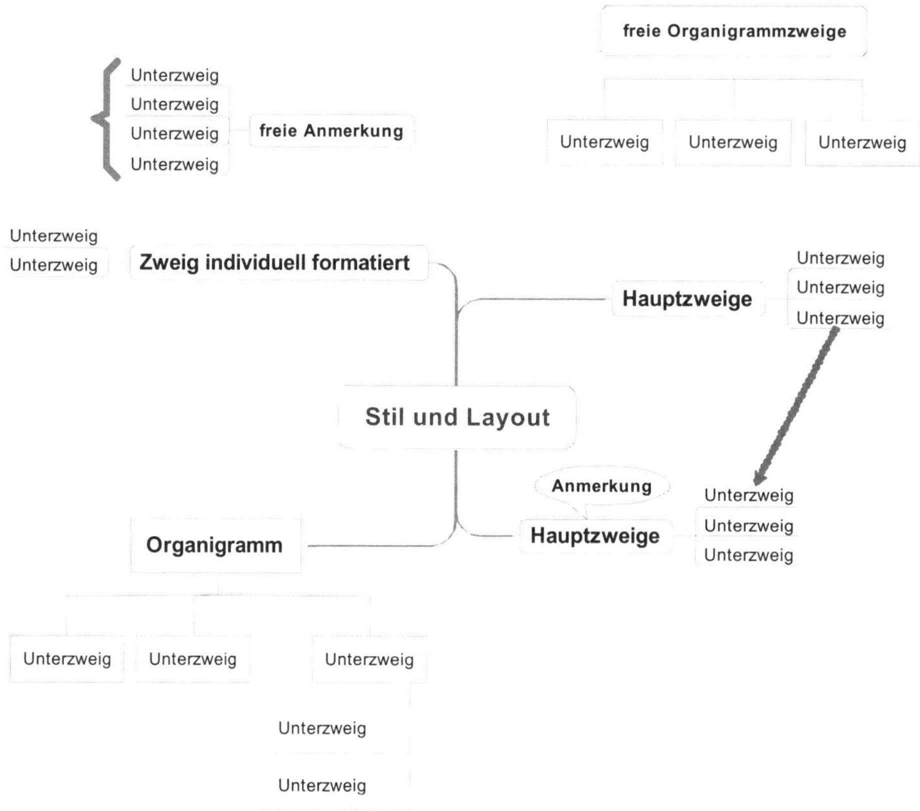

Abbildung 8.29 Die Map im eigenen Stil

Die Beispiel-Maps finden Sie auf der beigefügten Buch-CD im Ordner *\Kapitel 08*. Standard-Map: *Eigene Stilvorlage.mmap*, die Map im neuen Kleid: *Eigene Stilvorlage(2).mmap*.

Wenn Sie den eigenen Stil bearbeitet haben und dann entscheiden, dass Sie ihn zur späteren Verwendung speichern möchten, speichern Sie ihn im Stil-Vorlagen-Organizer. Wie Sie hierzu vorgehen, finden Sie in dem Abschnitt »Neue Stile verwalten« im Einzelnen beschrieben.

Sie können jederzeit Objektstile auf die Systemstandardeinstellungen zurücksetzen. Wenn Sie auf die Schaltfläche *Objektstil zurücksetzen* klicken, entfernen Sie damit die gesamte Formatierung vom Objekt und können dem Objekt neue Einstellungen zuweisen.

Sie können dem Stil auch eine Beschreibung bzw. einen Kommentar hinzufügen. Klicken Sie dazu auf *Datei/Eigenschaften*, und geben Sie in das Feld *Kommentare* eine Beschreibung ein (Funktion, Projekt usw.).

Ebenso ist es möglich, sich den Stil im Ausdruck anzusehen. Klicken Sie in der Menüleiste auf *Datei/Druckvorschau,* wird Ihnen die Stil-Einstellung im Überblick angezeigt.

8.5.4.2 Den Standardstil einer Map verändern und als Standard speichern

Sie können den Standardstil jeder Vorlage, also auch der Map-Vorlage, die beim Öffnen jeder neuen Map verwendet wird, ändern.

Die folgenden Schritte zeigen Ihnen, wie Sie die Map-Vorlage ändern können.

1. Klicken Sie auf *Extras/Vorlagen-Organizer/Map-Vorlagen.* Wählen Sie in der Liste die Vorlage, die Sie bearbeiten möchten.
2. Klicken Sie auf *Bearbeiten.* Bearbeiten Sie die Map, und übertragen Sie ihr einen neuen Stil.

Wenn Sie die bearbeitete Vorlage unter demselben Namen speichern möchten, klicken Sie auf die Schaltfläche *Speichern.* Wollen Sie die Map unter einem neuen Namen speichern, fügen Sie sie über *Datei/Speichern unter* der Liste mit den Map-Vorlagen des Organizers hinzu und geben ihr dort einen neuen Namen.

Die Stil-Informationen sind in der Vorlage gespeichert. Es existiert keine Verknüpfung zum Stil. Das heißt, wenn Sie den Stil ändern, werden diese Änderungen nicht automatisch auf die Vorlage übertragen. Dazu müssen Sie der Vorlage den Stil explizit zuweisen und die Vorlage dann speichern. Nur so können Sie die aktualisierten Stil-Einstellungen später wieder verwenden.

8.5.4.3 Entfernen der Formatierung

Manchmal, so werden Sie in Ihrer MindManager-Praxis feststellen, kommt es vor, dass Ihnen ein Format, das Sie Zweigen Ihrer Map individuell zugewiesen haben, plötzlich doch nicht mehr gefällt. In so einem Fall wäre es mühevoll, alle Formatierungsschritte einzeln wieder rückgängig zu machen und auf diesem Weg die Map wieder in den Standardstil zurückzusetzen. Das können Sie auch einfacher haben.

Möchten Sie also eine Formatierung wieder entfernen, so gibt es in MindManager dazu eine Funktion, die Ihnen diesen Schritt schnell und unkompliziert möglich macht.

- Markieren Sie das Objekt bzw. den Text in einer Notiz oder einem Zweig.
- Klicken Sie auf *Bearbeiten/Löschen/Formate.*

Oder wenn die Änderung für die gesamte Map vorgenommen werden soll:

- Klicken Sie auf das Icon *Symmetrische Ausrichtung* in der Map-Symbolleiste.
- Markieren Sie die gesamte Map, und drücken Sie *Strg+Leertaste.*

Haben Sie individuelle Änderungen vorgenommen und diese sind noch nicht gespeichert, können Sie über *Format/Stil* die Funktion *Auf Stilvoreinstellung zurücksetzen* wählen.

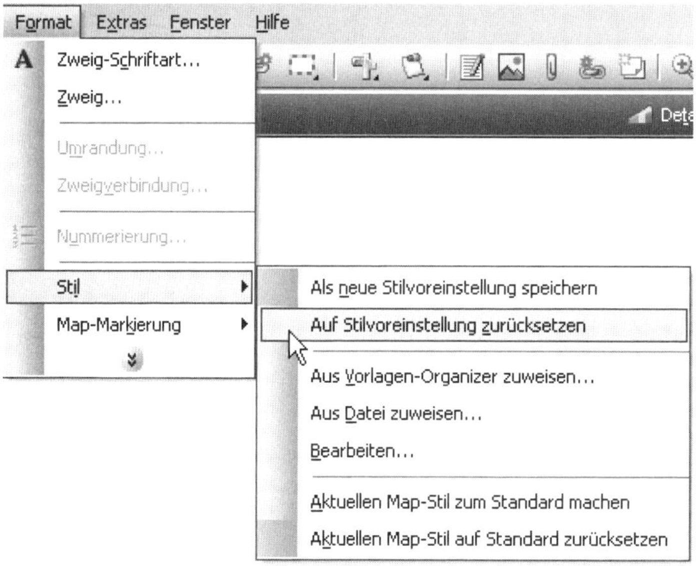

Abbildung 8.30 Die Map im eigenen Stil

8.5.5 Formatieren des Hintergrundes ohne die Stil-Vorlage zu verändern

Sie haben gelernt, wie Sie in der eigenen Stil-Vorlage den Hintergrund als Stil festlegen können.

MindManager hält bereits ein breites Sortiment an geeigneten Hintergrundbildern bereit, mit deren Hilfe Sie das Erscheinungsbild Ihrer Map optimieren können, ohne sofort die Stil-Vorlage Ihrer Map zu verändern. Am einfachsten fügen Sie diese Hintergrundbilder über den MindManager-Aufgabenbereich *Bibliothek* in Ihre Map ein.

Wenn Sie möchten, können Sie beim Festlegen des Hintergrunds auch eigene Bilder als Hintergrundbild verwenden. Der Hintergrund sollte sich dem Inhalt der Map unterordnen bzw. transparent sein, damit er nicht vom eigentlichen Inhalt ablenkt.

Zunächst zeigen wir Ihnen, wie Sie ein MindManager-Hintergrundbild aus der *Bibliothek* hinzufügen.

1. Öffnen Sie das Register *Bibliothek.*
2. Klicken Sie auf den Ordner *Hintergrundbilder,* und suchen Sie das zu verwendende Bild heraus.
3. Markieren Sie das Vorschaubild im unteren Teil des Bereichs *Bibliothek.* Damit fügen Sie das Bild automatisch Ihrer Map hinzu.

Sie können auch festlegen, dass für den Hintergrund, anstelle von oder als Ergänzung zu einem Bild, eine Farbe ohne Transparenz oder eines Ihrer Hintergrundbilder verwendet werden soll. Hier können Sie die Transparenz des Hintergrundbildes steuern. Und das sowohl für Ihr Bild als auch für MindManager-Hintergrundbilder.

Sie haben verschiedene Möglichkeiten, den Map-Hintergrund zu formatieren.

- Klicken Sie entweder mit der rechten Maustaste auf den Map-Hintergrund, und wählen Sie den Befehl *Hintergrund*, oder klicken Sie auf *Format/Hintergrund.* Wählen Sie gegebenenfalls die Farbe für den Hintergrund.
- Suchen Sie sich dann die gewünschte Hintergrundbilddatei über den Button *Bild auswählen* heraus. Sollten Sie bereits ein Bild aus der *Bibliothek* gewählt haben, wird hier dessen Name angezeigt.
- Legen Sie in jedem Fall die *Bildtransparenz* fest. Die Skalierung reicht von *0%* bis *100%.* Je kleiner der Wert, desto undurchsichtiger das Bild.

Das Hintergrundbild wird über die Farbe gelegt. Wenn Sie festlegen, dass das Bild transparent ist, scheint der Hintergrund durch.

Das Hintergrundbild wird so oft dupliziert, bis es den gesamten Hintergrund der Map füllt.

Möchten Sie ein Hintergrundbild entfernen, klicken Sie mit der rechten Maustaste auf den Map-Hintergrund, wählen Sie *Hintergrund* und drücken anschließend den Button *Bild entfernen.* Der gleiche Vorgang geht auch über die Menüleiste. Klicken Sie dazu *Format/Hintergrund/Bild entfernen.* Sie können die Hintergrundbilder aber auch ganz einfach direkt aus der Bibliothek entfernen. Wählen Sie dazu in der *Bibliothek* den Ordner *Hintergrundbilder*, und klicken Sie auf *Hintergrundbild entfernen* im unteren Rand des Bereichs.

8.5.6 Verwenden der Formatübertragungsfunktion

Sie haben Ihre Stil-Einstellung festgelegt. Während der weiteren Bearbeitung in Ihrer Map fällt Ihnen auf, dass Sie einen der Unterzweige, aufgrund seiner Priorität, noch besonders hervorheben sollten. Sie möchten ihm dasselbe Format wie das eines Hauptzweiges zuweisen. Hier ist es nicht angebracht, über die allgemeine Stilbearbeitung zu gehen, da Sie dann allen Zweigen dieses Format übertragen.

Formatieren Sie jetzt also den entsprechenden Unterzweig wie einen der Hauptzweige in Ihrer Map.

Mit der Formatübertragungsfunktion transferieren Sie Formateinstellungen von einem Objekt, dem so genannten Quellobjekt, auf ein anderes – das Zielobjekt. In der Regel übertragen Sie das Format auf ein anderes Objekt desselben Typs, z.B. von einem Zweig auf einen anderen. Das Übertragen ist jedoch auch für einen anderen Objekttyp möglich, z.B. von einer Umrandung auf einen Zweig. Im zweiten Fall werden nur die unterstützten Formatierungen auf das Zielobjekt übertragen.

In unserem Beispiel möchten Sie nun das Format des Hauptzweiges (Quellobjekt) auf den Unterzweig (Zielobjekt) übertragen. Dazu gehen Sie folgendermaßen vor:

1. Markieren Sie den Hauptzweig, dessen Format Sie duplizieren möchten.
2. Klicken Sie auf die Schaltfläche *Format übertragen* in der Hauptsymbolleiste, oder klicken Sie in der Menüleiste auf *Bearbeiten/Format übertragen.* Der Cursor wird zu einem Pinsel.

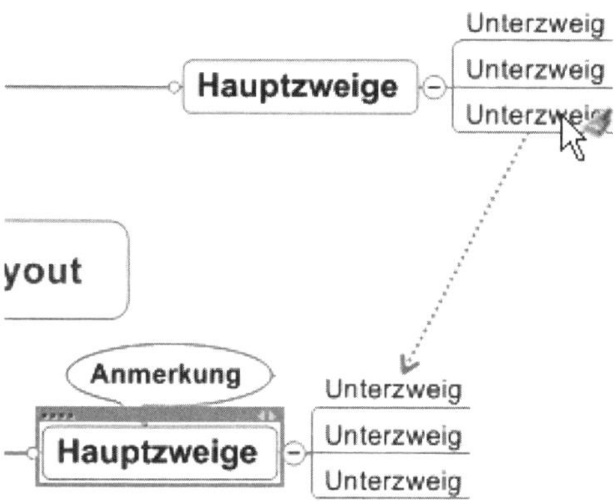

Abbildung 8.31 Der Vorgang »Format übertragen«

3. Klicken Sie jetzt auf den Unterzweig, der das Format des Hauptzweiges übernehmen soll. Das Format wird automatisch aktualisiert.

Bei mehreren Objekten wählen Sie eine der folgenden Verfahrensweisen:

- Markieren Sie das Objekt, dessen Format Sie duplizieren möchten.
- Drücken Sie auf den Button *Format übertragen* in der Hauptsymbolleiste.
- Drücken Sie die *Strg*-Taste, und klicken Sie zum Übertragen des Formats nacheinander auf die gewünschten Objekte, **oder** folgen Sie zunächst den Schritten eins und zwei.
- Ziehen Sie bei gedrückter Maustaste ein Rechteck um die Zielobjekte. Durch Loslassen der Maus wird das Format übertragen.

Wenn Sie das Format übertragen haben, wählen Sie eine der folgenden Möglichkeiten, um die Formatübertragungsfunktion zu beenden:

- Drücken Sie die Taste *Esc.*
- Klicken Sie auf die Schaltfläche der *Formatübertragungsfunktion.*
- Wählen Sie den Befehl *Bearbeiten/Format übertragen.*
- Klicken Sie auf eine leere Stelle in der Map.

Wenn Sie mit der Formatübertragungsfunktion einen Stil für einen großen Teil der Map duplizieren, sollten Sie aus Zeitgründen besser die Stil-Einstellung bearbeiten, d.h. die Standardformatierung der Map. So erreichen Sie denselben Effekt auf einfachere Art.

8.5.7 Die Stile in der Verwaltung

Sie haben in den letzten Kapiteln gelernt, wie Sie Ihrer Map vorhandene Stile zuweisen, vorhandene Stile abändern oder eigene Stile erstellen können. Die Funktion der Stil-Einstellung ist für Ihre eigene effiziente Bearbeitung von eigenen und/oder fremden Maps eine sehr hilfreiche Funktion. Der Zugriff auf alle für Sie wichtigen Maps sollte daher auch ein Leichtes für Sie sein. Hierzu nutzen Sie den Vorlagen-Organizer, im Speziellen das Register *Stil-Vorlagen.*

Auf den integrierten Vorlagen-Organizer greifen Sie wie folgt zu.

- Klicken Sie auf *Extras/Vorlagen-Organizer.*
- Öffnen Sie das Register *Stilvorlagen.*

8.5.7.1 Sammlungen und Ordner im Vorlagen-Organizer

In der Stil-Liste sind alle verfügbaren Sammlungen und die in ihnen enthaltenen Stile aufgeführt. Mit den Optionen unter *Ordner-Befehle* können Sie dem Organizer Sammlun gen hinzufügen bzw. daraus entfernen. Eine weitere Möglichkeit der Verwaltung Ihrer Stile besteht im Anlegen von Ordnern innerhalb der Sammlungen.

Wie Sie einen eigenen Ordner anlegen, beschreiben wir Ihnen im Folgenden:

1. Wählen Sie die Sammlung aus, der Sie den Ordner hinzufügen möchten.
2. Klicken Sie unter *Ordner-Befehle* auf die Schaltfläche *Neu.*
3. Geben Sie für den neuen Ordner einen Namen ein.

Die Ordner-Befehle *Löschen* und *Umbenennen* in dieser Gruppe haben immer für den gesamten Ordner Geltung. Wenn Sie also einen Ordner löschen, wird folglich auch sein gesamter Inhalt gelöscht.

Stile können Sie per Drag & Drop in einen anderen Ordner bzw. eine andere Sammlung verschieben.

Um einen Stil zu bearbeiten, zu duplizieren, zu löschen oder umzubenennen, markieren Sie ihn zunächst in der Liste. Dann verwenden Sie die Schaltflächen unter den *Vorlagen-Befehlen.*

8.5.7.2 Neue Stile verwalten

In dem bestehenden Stil-Vorlagen-Organizer können Sie eigene oder neue Stile aufnehmen und dann für andere Maps weiter verwenden.

Klicken Sie auf dem Registerblatt *Stil-Vorlagen* im Vorlagen-Organizer auf den Button *Neue Stil-Vorlage hinzufügen*, haben Sie drei Optionen, die wir Ihnen erläutern möchten:

- *Neuer leerer Stil*: Hier finden Sie einen »leeren« Stil, der die Systemstandardwerte verwendet und keine weiteren Formatierungen enthält. Diese Vorlage bietet eine gute Möglichkeit, einen völlig neuen Stil anzulegen. Später können Sie diesen Stil modifizieren und ihn zur Wiederverwendung speichern.
- *Von Stil aus aktueller Map*: Hier greifen Sie auf Vorlagen mit einem neuen Stil zu, der auf den Stil-Einstellungen Ihrer aktuellen Map basiert. Diese Option verwenden Sie, wenn Sie den aktuellen Map-Stil modifiziert haben und ihn als separaten Stil für die Wiederverwendung in anderen Maps verwenden möchten.
- *Von bestehendem Stil*: Diese Option steht für Stile aus einer Stil-Datei. Dabei kann es sich um eine Datei handeln, die Sie von einem Kollegen erhalten haben, bzw. um einen Standardstil, der für die Verwendung in allen Firmen-Maps oder für ein bestimmtes Projekt entworfen wurde. Wenn Sie ihn in den Organizer aufnehmen, ist er einfacher zu finden.

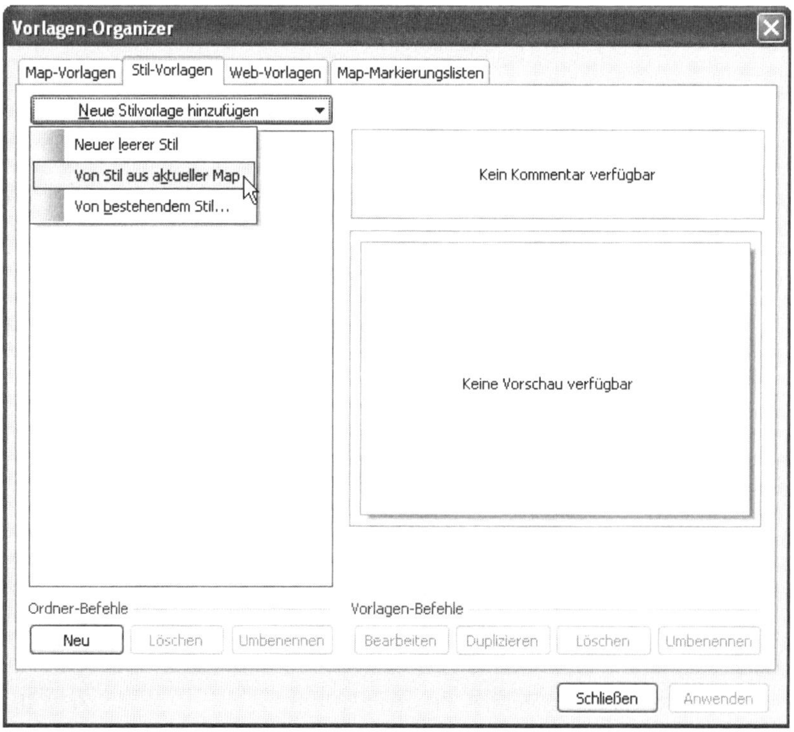

Abbildung 8.32 Die Stil-Verwaltung

Gehen wir gedanklich noch einmal in den Abschnitt 8.5.4.1 zurück. Sie haben bereits Ihre eigene Stil-Vorlage erstellt, in der Sie die Firmen-CI berücksichtigt haben.

Diese Stil-Vorlage möchten Sie nun zukünftig auch auf andere Maps, die Sie von Kollegen bekommen, anwenden. So ist sichergestellt, dass in allen Maps die Firmen-CI berücksichtigt wird.

Damit Sie einen schnellen Zugriff auf »Ihren« Stil haben, möchten Sie die CI-Vorlage nun in den Stil-Vorlagen-Organizer aufnehmen.

Um den neuen Stil im Organizer zu speichern, gehen Sie folgendermaßen vor:

1. Öffnen Sie Ihre Beispiel-Map.
2. Klicken Sie dann auf *Extras/Vorlagen-Organizer/Stilvorlagen.*
3. Erstellen Sie sich einen eigenen Ordner, dem Sie den neuen Stil hinzufügen möchten.

Sie können ihn später jederzeit in einen anderen Ordner ziehen. Der Vorteil ist, dass Sie Ihre eigenen Stile übersichtlich in einem Ordner ablegen können.

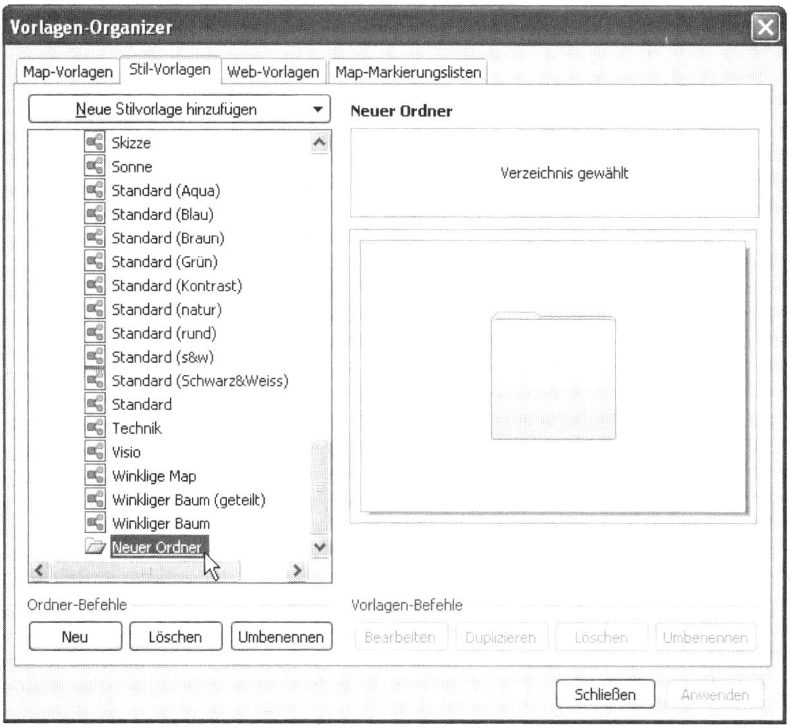

Abbildung 8.33 Der neue Ordner in den Stil-Vorlagen

4. Markieren Sie den erstellten Ordner, damit der Stil auch dort abgelegt wird.
5. Klicken Sie anschließend auf die Schaltfläche *Neue Stil-Vorlage hinzufügen*, und wählen Sie die Option *Von Stil aus aktueller Map.*

Sie haben nun Ihren Stil im Vorlagen-Organizer abgelegt und können ihn jederzeit schnell und einfach auf alle Maps übertragen. Wenn der Stil in die Liste aufgenommen wurde, können Sie ihn umbenennen, indem Sie auf die Schaltfläche *Umbenennen* klicken.

Wie Sie Stile übertragen, haben Sie bereits in den vorangegangenen Kapiteln gelernt.

Machen Sie Ihren Firmenstil mit einem Klick zum Standard. So öffnet sich automatisch bei jeder neuen Map eine Map mit Ihrer Firmen-CI.

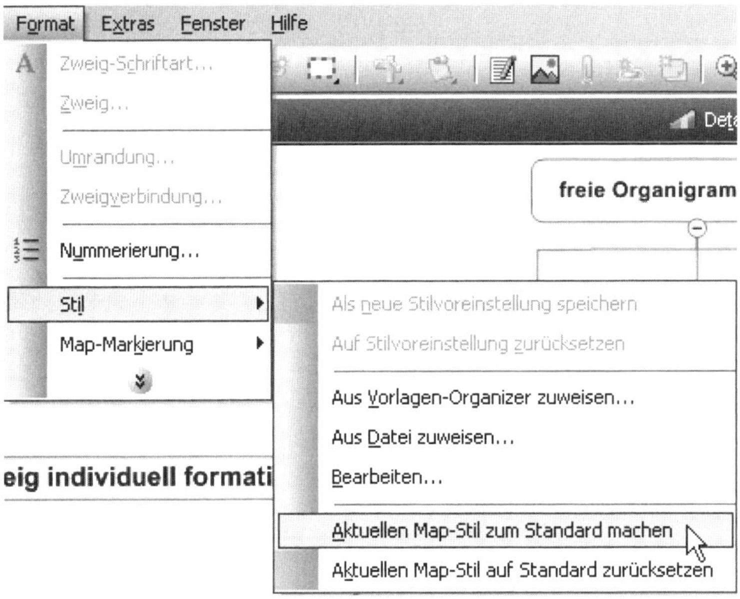

Abbildung 8.34 Die Map im eigenen Firmen-Stil wird zum Standard

8.6 »Das Rad nicht immer neu erfinden« – Entwurfsvorlagen nutzen

Der Tag des Workshops naht. Erinnern wir uns: Die Außendienstmitarbeiter sollen in drei Workshops aufgeteilt werden, die Sie und zwei Ihrer Mitarbeiter leiten. Der Inhalt des Workshops »Das fordert der Markt« ist zu erfragen. Diesen Aufwand nehmen Sie diesmal in Kauf, da das Thema »Marktanforderungen« aufgrund einer geplanten Produktneueinführung hochaktuell ist. Die in den Workshops gesammelten Hinweise sollen danach ausgewertet und die Ergebnisse zusammengeführt werden.

Für diesen Tag haben Sie bereits eine Stil-Vorlage erstellt. Nun machen Sie sich Gedanken welche Fragen in dem Workshop gestellt werden und wie die Map aufgebaut sein soll. Nachdem Sie die Inhalte definiert haben, findet eine Teamsitzung statt, in der Sie die Map präsentieren. Sie vereinbaren, dass die von Ihnen erstellte Map als Vorlage dient. Da Ihre

Kollegen auch sehr zielgerichtet arbeiten und nicht immer wieder von vorne anfangen wollen, ist das Thema *Vorlagen* von großem Interesse. Sie wissen, dass im MindManager einige Map-Vorlagen integriert sind. Sie haben sich vorher jedoch noch nicht näher mit dem Thema auseinander gesetzt, welche Möglichkeiten MindManager dazu bietet, und versprechen den Kollegen, sich bis zur nächsten Teamsitzung zu informieren. Eifrig gehen Sie an das Werk.

Machen wir uns Gedanken: Was ist eine Map-Vorlage? Eine Map-Vorlage ist im Grunde eine Map mit vordefiniertem Inhalt. Auf der Basis dieser Map-Vorlagen können Sie häufig verwendete Maps anlegen und deren Inhalt und Struktur einheitlich halten. MindManager enthält bereits einen Satz Map-Vorlagen für allgemeine Planungsaufgaben. Weitere Vorlagenordner lassen sich hinzufügen. Eine spezielle Vorlage, die Vorlage mit der Bezeichnung »Leere Map«, kommt immer dann zum Einsatz, wenn Sie eine neue Map anlegen.

Jede dieser Vorlagen, darunter auch die Vorlage »Leere Map«, können Sie bearbeiten. Sie haben die Möglichkeit, eine bestehende Vorlage zu ändern und sie so auf Ihre Bedürfnisse zuzuschneiden oder als Basis für eine neue Vorlage zu verwenden. Ferner können Sie eigene Vorlagen zu erstellen.

Wenn das Original erhalten bleiben soll, müssen Sie die zweite Variante wählen.

Mit einem Assistenten, den Sie an eine Vorlage anhängen, können Sie Benutzer durch das Anlegen einer Map eines speziellen Typs führen. Der Assistent fordert zur Eingabe von Map-Inhalten auf und prüft diesen auf Richtigkeit. Das Thema »Assistenten« behandeln wir an anderer Stelle sehr ausführlich.

Das Verwalten Ihrer Map-Vorlagen nehmen Sie über den Vorlagen-Organizer vor.

8.6.1 Eigene Map-Vorlagen anlegen und speichern

Gehen wir Schritt für Schritt vor. Als Erstes soll die von Ihnen erstellte »Workshop-Map« als Vorlage abgespeichert werden. Sie ist bereits im firmeneigenen Stil erstellt.

Abbildung 8.35 Die Workshop-Map als Vorlage

Als Erstes möchten Sie Ihre erstellte »Workshop-Map« als neue Map-Vorlage anlegen.

Legen Sie zunächst eine Map mit dem Inhalt an, der auch in der Vorlage enthalten sein soll. Wenn Sie die Eingabe von Inhalt automatisieren möchten, können Sie die Vorlage mit einem Assistenten verknüpfen. Weitere Informationen dazu finden Sie in einem späteren Kapitel. Der eigene Firmenstil wurde natürlich schon berücksichtigt!

Wenn Sie der Map eine Beschreibung anhängen möchten, klicken Sie auf *Datei/Eigenschaften*. Dann öffnen Sie das Register *Zusammenfassung* und geben in das Feld *Kommentare* eine Beschreibung des Verwendungszwecks der Vorlage ein.

Wenn Sie Ihre Map als Vorlage speichern möchten, gehen Sie wie folgt vor:

1. Klicken Sie auf *Extras/Vorlagen-Organizer.*
2. Erstellen Sie sich einen neuen Ordner, in dem Ihre eigenen Vorlagen abgespeichert werden können.

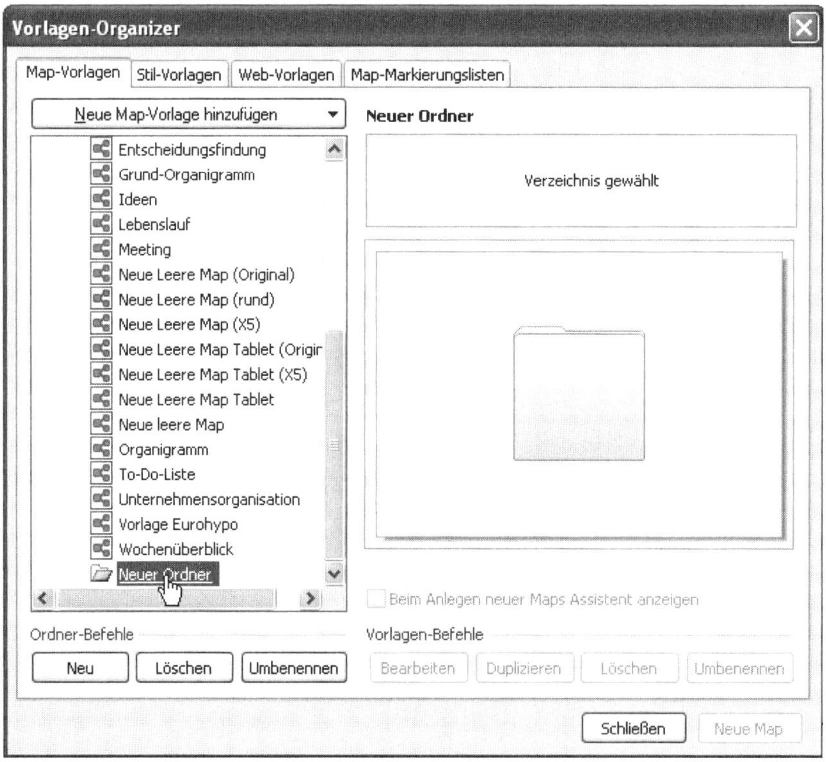

Abbildung 8.36 Das Anlegen eines neuen Ordners im Vorlagen-Organizer

3. Markieren Sie den erstellten neuen Ordner.

4. Klicken Sie im Register *Map-Vorlagen* auf das Pulldown-Menü *Neue Map-Vorlage hinzufügen* und dann auf den Auswahlpunkt *Aus aktueller Map*.

Für eine Vorlage mit angehängtem Assistenten sollten Sie die Option *Beim Anlegen neuer Maps Assistent anzeigen* aktivieren.

Die Vorlage wird automatisch unter Verwendung des Namens der aktuellen Map in dem markierten Ordner gespeichert. Wenn Sie den Namen ändern möchten, klicken Sie auf *Umbenennen* und geben dann einen neuen Namen ein.

Sie haben nun Ihre »Workshop-Map« als Vorlage abgespeichert und können über den Vorlagen-Organizer schnell und einfach auf Ihre gesammelten Vorlagen zugreifen – ohne langes Suchen.

Diese Map sollen jetzt auch Ihre Kollegen als Vorlage abspeichern. Sie schicken die Map als Vorlagen-Datei zu. Die Map ist als Dateityp *Vorlage* gespeichert und hat somit die Dateiendung **.mmat*.

Ihre Kollegen haben die Map vorliegen und möchten sich diese ebenfalls als Vorlage abspeichern.

Sie können dem Organizer eine Vorlage aus einer Vorlagendatei (*.mmat) hinzufügen. Dabei kann es sich um eine Datei handeln, die Sie von einem Kollegen erhalten haben, oder eine Standardvorlage, die für die Verwendung in allen Firmen-Maps oder für ein bestimmtes Projekt entworfen wurde. Wenn Sie sie in den Organizer aufnehmen, ist sie einfacher zu finden.

Wie man dem Organizer eine Map-Vorlage aus einer Vorlagendatei im Format **.mmat* hinzufügt, beschreiben wir Ihnen im Folgenden:

1. Klicken Sie zunächst auf *Extras/Vorlagen-Organizer/Map-Vorlagen*.
2. Markieren Sie dann den Ordner, dem Sie die neue Vorlage hinzufügen möchten. Sie können ihn später jederzeit in einen anderen Ordner ziehen.
3. Klicken Sie auf die Schaltfläche *Neue Map-Vorlage hinzufügen*.
4. Wählen Sie die Option *Aus bestehender Map*, um dem Organizer eine Vorlage aus einer Datei hinzuzufügen. Markieren Sie die Vorlagendatei im angezeigten Dialogfeld, und bestätigen Sie mit *OK*.

Wenn die Vorlage in die Liste aufgenommen wurde, können Sie sie jederzeit umbenennen, indem Sie auf die Schaltfläche *Umbenennen* klicken.

Mit dem Vorlagen-Organizer können Sie Ihre Vorlagen zu Gruppen bzw. Sammlungen zusammenfassen und sie als Favoriten kennzeichnen.

Nun greifen Sie und Ihre Kollegen nicht nur auf die gleiche »Workshop-Map« zu, sondern haben diese Map auch als Vorlage für spätere Workshops abgespeichert. Warum soll das Rad auch immer wieder neu erfunden werden? Sparen Sie sich diese Zeit für neue »Erfindungen«.

8.6.2 Bearbeiten einer Map-Vorlage

Die Möglichkeiten der Funktion *Map-Vorlagen* gefallen Ihnen außerordentlich. Sie haben in den integrierten Vorlagen eine Entscheidungsfindungs-Map gefunden, die Sie für die nächste Phase der Markteinführung des neuen Produktes testen wollen. Sie muss nur ein wenig angepasst werden.

Sie haben die Map inhaltlich auf Ihre Bedürfnisse angepasst, Ihre eigene Stil-Vorlage zugewiesen und möchten diese Map auch für Ihre weiteren Meetings als Vorlage nutzen.

Sie können eine bestehende Vorlage ändern und sie so auf Ihre Bedürfnisse zuschneiden oder als Basis für eine neue Vorlage verwenden.

Wenn das Original erhalten bleiben soll, müssen Sie die zweite Variante wählen.

Wenn Sie eine bestehende Vorlage bearbeiten und diese Änderungen in der Vorlagen-Map speichern möchten, gehen Sie folgendermaßen vor:

1. Öffnen Sie den Vorlagen-Organizer über *Extras/Vorlagen-Organizer*, und klicken Sie auf das Register *Map-Vorlagen.*
2. Wählen Sie eine Vorlage aus der Liste – wir nehmen das Beispiel: Entscheidungsfindung.

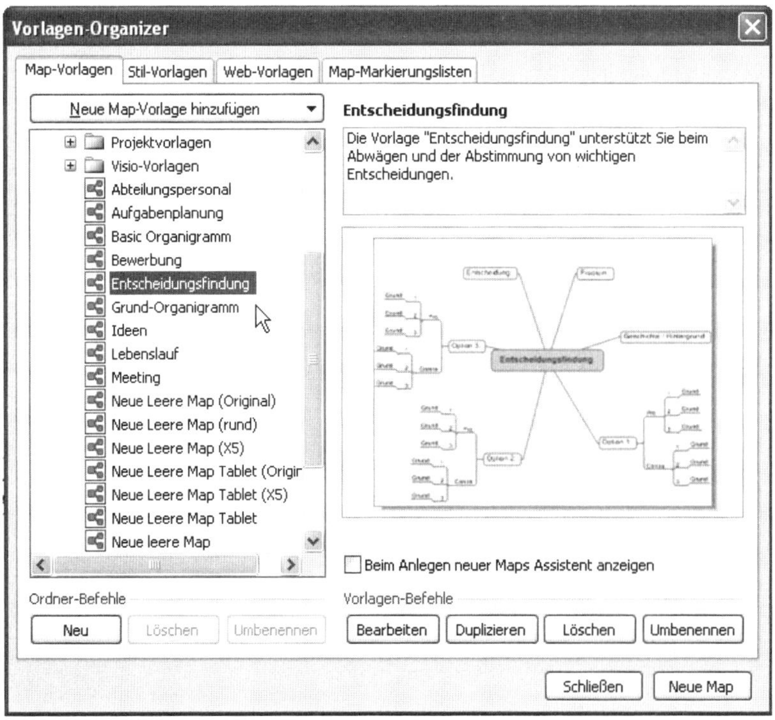

Abbildung 8.37 Das Auswählen der Map-Vorlage

3. Klicken Sie auf die Schaltfläche *Bearbeiten.* Die Vorlagen-Map öffnet sich in einem neuen MindManager-Fenster. Sie können die gewünschten Änderungen vornehmen.
4. Klicken Sie zum Speichern der bearbeiteten Vorlage auf die Schaltfläche *Speichern* oder in der Menüleiste auf *Datei/Speichern.*

Wie Sie eine *neue* Vorlage auf der Basis einer *bestehenden* Vorlage anlegen und als neue Vorlage speichern, zeigen Ihnen die folgenden Schritte:

1. Öffnen Sie den Vorlagen-Organizer über *Extras/Vorlagen-Organizer*, und klicken Sie auf das Register *Map-Vorlagen.*
2. Wählen Sie eine Vorlage aus der Liste.
3. Klicken Sie auf die Schaltfläche *Duplizieren* (*Vorlagen-Befehle).*
4. Geben Sie den Namen für das Duplikat der Vorlage ein.
5. Klicken Sie unter *Vorlagen-Befehle* auf die Schaltfläche *Bearbeiten.*
6. Nehmen Sie die gewünschten Änderungen an der Vorlage vor.
7. Klicken Sie zum Speichern der neuen Vorlage auf die Schaltfläche *Speichern* oder in der Menüleiste auf *Datei/Speichern.*

Sie haben nun eine integrierte Map-Vorlage auf Ihre individuellen Bedürfnisse angepasst und als neue eigene Vorlage gespeichert. In der nächsten Besprechung können Sie und Ihre Kollegen auf diese zurückgreifen.

Im folgenden Abschnitt erläutern wir Ihnen, wie Sie noch schneller auf Ihre Vorlagen zugreifen können.

8.6.3 Der effiziente Start von Anfang an – der Start mit den Favoriten

In der nächsten Besprechung möchten Sie schnell auf die Entscheidungsfindungs-Vorlage zurückgreifen. Damit Sie den effizienten Start mit einer Entwurfsvorlage nutzen können, sind noch ein paar Einstellungen nötig.

Als Erstes müssen Sie Ihre erstellte Vorlage in einem »individuellen Vorlagenordner greifbar machen.

- Klicken Sie auf *Datei/Neu*, und wählen Sie den Befehl *Aus Stilen und Vorlagen...*

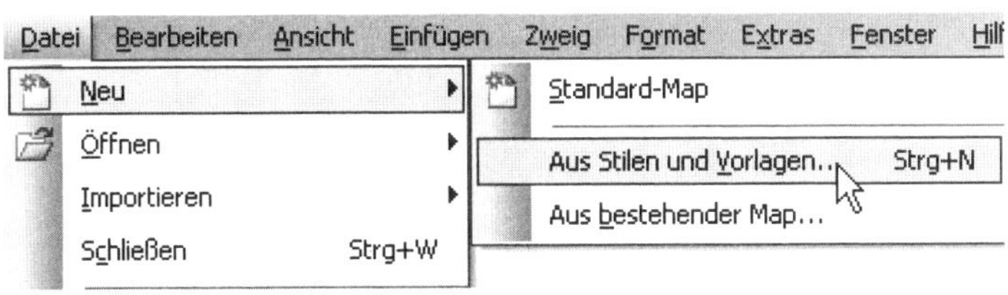

Abbildung 8.38 Der schnelle Zugriff auf »Ihren Ordner mit individuellen Inhalten«

- Klicken Sie in dem sich öffnenden Dialogfeld auf die Schaltfläche *Map-Vorlage hinzufügen...*

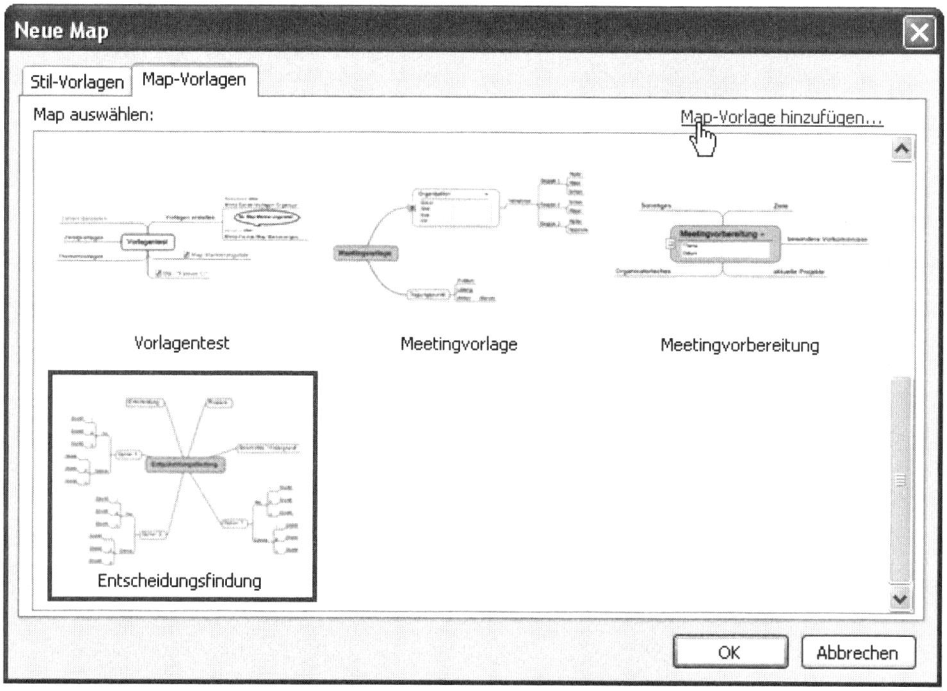

Abbildung 8.39 Füllen Sie Ihren Ordner mit individuellen Inhalten

- Wählen Sie Ihre Vorlage aus, und klicken Sie auf die Schaltfläche *OK*.

Ihre Vorlage ist jetzt in dem »individuellen« Vorlagenordner, und es steht einem effizienten Start mit dieser Map nichts mehr im Wege. (Vergleichen Sie **Abbildung 8.40**.)

Sie können diesen Ordner ganz individuell auf Ihre Bedürfnisse anpassen!

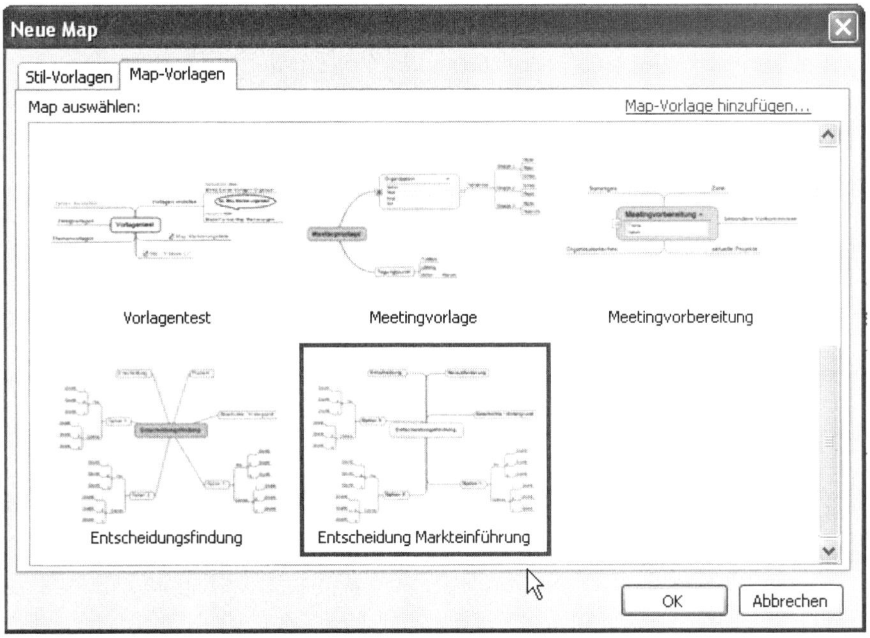

Abbildung 8.40 Öffnen Sie die integrierte Vorlage.

8.6.4 Die Map-Optionen im Vorlagen-Organizer auf einen Blick

Innerhalb des Vorlagen-Organizers stehen Ihnen mehrere Map-Optionen zur Verfügung, die wir in den letzten Abschnitten bereits mehrfach genutzt haben. Die Map-Optionen möchten wir Ihnen abschließend nochmals auf einen Blick darstellen.

Tabelle 8.2 Die Map-Optionen im Überblick

Neue Map-Vorlage hinzufügen	Damit legen Sie eine leere Vorlage an, erzeugen aus der aktuellen Map eine Vorlage oder nehmen eine Vorlage in den Organizer auf.
Vorlagen und Sammlungen	Damit zeigen Sie die Liste mit den Vorlagen- und Sammlungsordnern an. Per Drag & Drop können Sie Vorlagen und Sammlungsordner in andere Ordner dieser Liste ziehen.
Map-Vorschau	Damit zeigen Sie eine Vorschau der ausgewählten Vorlage an.
Kommentare	Damit zeigen Sie, sofern verfügbar, die Beschreibung der Vorlagen an. Diese wird beim Anlegen der Vorlage in den Bereich mit den Map-Daten eingegeben.
Beim Anlegen neuer Maps Assistent anzeigen	Bei Vorlagen, mit denen ein Assistent verknüpft ist, aktivieren bzw. deaktivieren Sie damit den Assistenten.

Ordner-Befehle: **Neu**	Damit legen Sie in der Liste einen neuen Ordner an.
Löschen	Damit löschen Sie einen Ordner und seinen gesamten Inhalt.
Umbenennen	Damit benennen Sie einen vorhandenen Ordner um.
Vorlagen-Befehle: **Bearbeiten**	Damit öffnen Sie die Vorlage zum Bearbeiten.
Duplizieren	Damit erzeugen Sie eine Kopie der aktuellen Vorlage unter dem Namen »Kopie von...«.
Löschen	Damit löschen Sie die aktuelle Vorlage.
Umbenennen	Damit können Sie für die aktuelle Vorlage einen neuen Namen festlegen.

8.7 Auf einen Blick – was haben Sie gelernt?

In diesem Abschnitt haben Sie erfahren, wie Sie mit Hilfe von Formatierungen Ihre Map optisch verändern können und mit Stil-Vorlagen arbeiten. Vor allem haben Sie den Nutzen der Arbeit mit Stil-Vorlagen kennen gelernt. Hierbei sind wir insbesondere auf zwei Punkte eingegangen:

- Vorhandene Stile nutzen
- Eigene Stil-Vorlage erstellen und speichern

Des Weiteren haben Sie gelernt, mit Vorlagen zu arbeiten. Auch hier ist das Augenmerk besonders auf zwei Punkte gelegt worden:

- Vorhandene Map-Vorlagen nutzen und individuell anpassen
- Eigene Map-Vorlagen erstellen und speichern
- Den neuen Vorlagen-Ordner nutzen und individuell füllen

Das effiziente Arbeiten in der täglichen Arbeit mit MindManager und das Automatisieren von Arbeitsabläufen sollte mit diesem Kapitel herausgearbeitet werden. Im Abschnitt »F« dieses Buches finden Sie noch ein paar interessante Lösungen für die Umsetzung in Ihrem täglichen Arbeitsumfeld.

9

Map-Markierungen – die Straßenschilder in der Map

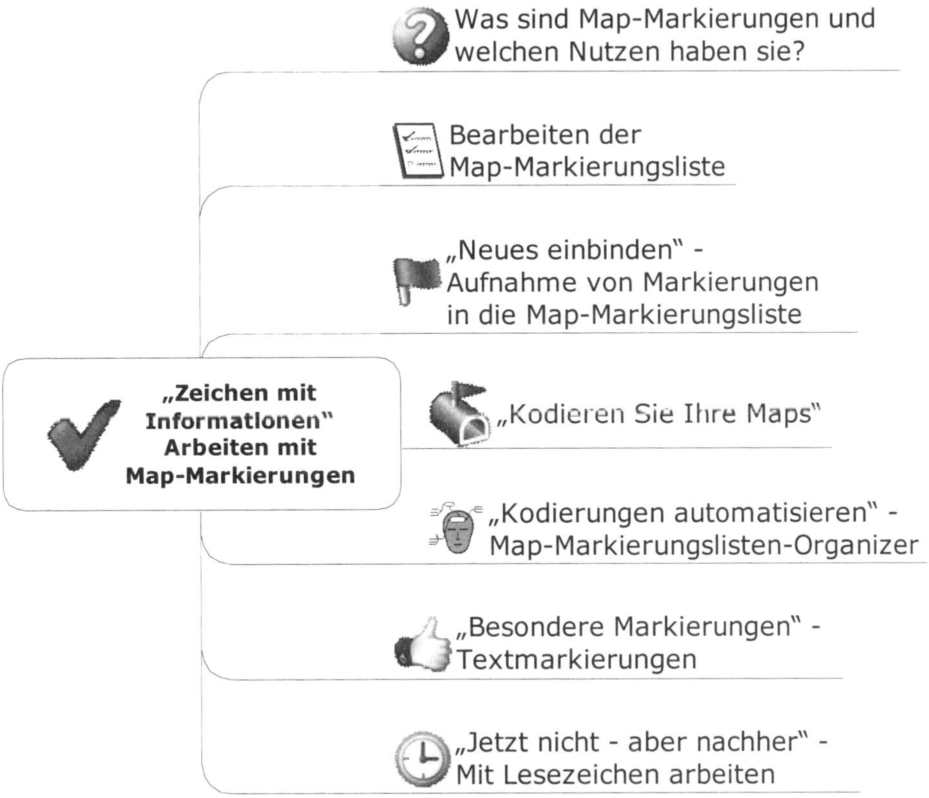

9 Map-Markierungen – die Straßenschilder in der Map

Wie Sie im vorigen Kapitel erfahren haben, wird das Erscheinungsbild einer Map vom Stil und den individuellen Formatierungen bestimmt, MindManager bietet Ihnen dazu eine Vielzahl von Gestaltungsmöglichkeiten. Wenn Sie mit einer neuen Map beginnen, erhält diese erst einmal den Standardstil, den Sie nachträglich ändern können.

Neben den rein grafischen Änderungen im Stil bzw. im Layout können Sie einzelne Zweige dazu noch mit Informationselementen versehen, den Map-Markierungen. Die Besonderheit dabei ist, dass den Map-Markierungen eine bestimmte Bedeutung zugeordnet ist, die Sie ebenfalls ändern und erweitern können.

Ich stelle gerne den Vergleich mit den Straßenschildern im Straßenverkehr an. Die Symbole auf Schildern werden von den Autofahrern verstanden – ohne viele Worte. Warum? Wir haben die Bedeutung und Anweisungen gelernt. Der Vorteil: Jeder weiß, wie man sich verhalten sollte. Nun wieder zurück zu unseren Map-Markierungen – den kleinen Zeichen mit großer Wirkung.

Hierzu stehen Ihnen folgende Elemente zur Verfügung:

- Icons
- Textfarben
- Füllfarben
- Textmarkierungen

Durch die Zuordnung von Bedeutungen werden Zweige zu Gruppen zusammengefasst. So können Sie die Map-Markierungen als Kriterium für das Auswählen und Filtern von Zweigen verwenden.

Bevor Sie nun Stück für Stück die Funktionen und den Nutzen der Map-Markierungen in der Praxis kennen lernen, möchten wir Ihnen erläutern, was Map-Markierungen sind, was unter Markierungsgruppen zu verstehen ist, was es mit Markierungslisten auf sich hat und wie der Bereich im Einzelnen aufgebaut ist.

9.1 Was sind Map-Markierungen, und welchen Nutzen haben sie?

Eine Map-Markierung kann ein Icon, eine Textfarbe, eine Füllfarbe oder eine Textmarkierung mit einem zugeordneten Namen bzw. einer Bedeutung sein. Map-Markierungen können Sie speziellen Zweigen zuweisen und so Ihre Map mit zusätzlichen Informationen kodieren. Markierungen sind in einer Map-Markierungsliste gespeichert. Eine Map-Markierungsliste ist somit ein Kodierungsschema, bei dem mehrere Map-Markierungen auf der Basis Ihres Typs (Icon, Füllfarbe, Textfarbe, Textmarkierung) in Gruppen zusammengefasst sind. Jede Liste enthält immer einen Standardsatz verschiedener Markierungen aus diesen Gruppen. Textmarkierungsgruppen sind standardmäßig erst einmal keine definiert. Sie können jederzeit eigene Gruppen für Icons und Textmarkierungen anlegen.

Im Register *Map-Markierungslisten* des *Vorlagen-Organizers* können Sie der Map unterschiedliche Listen zuordnen und anschließend auch noch individuell im Arbeitsbereich *Map-Markierungen* anpassen und speichern. Die Listen können anderen Maps, wie bei den Stilen, zugewiesen werden.

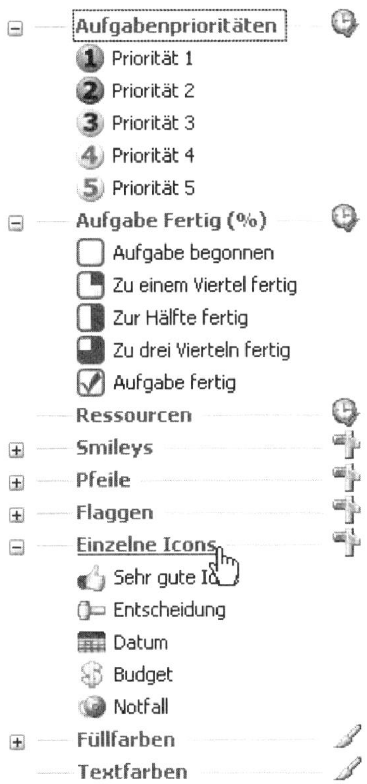

Abbildung 9.1 Die Map-Markierungsgruppen im Aufgabenbereich Map-Markierungen

9.1.1 Der Aufgabenbereich Map-Markierungen

Im Bereich der Map-Markierungen können Sie Markierungen organisieren, verschieben, hinzufügen, entfernen, benennen und gruppieren. Markierungen können Sie als Kriterien für die Auswahl und das Filtern von Zweigen verwenden.

Auf die Handhabung im Einzelnen werden wir in diesem Kapitel noch näher eingehen.

Sie müssen in einer Map nicht ausschließlich die Markierungen der aktuellen Liste verwenden – wenn Sie Zweige mit anderen Markierungen kodieren, werden diese dynamisch in die Liste aufgenommen. Wenn Zweigen Aufgabeninfos zugewiesen sind, werden automatisch spezielle Aufgaben-Icons (z.B. »Prioritäten«, »Aufgabe fertig (%)«) angezeigt. Auch diese werden dynamisch in die Map-Markierungsliste aufgenommen, sofern sie sich nicht bereits dort befinden.

Sie können Ihrer Map diese Informationen als Legenden-Zweig aus dem Bereich Map-Markierungen hinzufügen. Er beinhaltet die verwendeten Markierungen und ihre Bedeutungen. Die dynamisch hinzugefügten Markierungen werden nicht in der Legende erfasst, solange sie nicht benannt wurden.

Wie schon in vorherigen Abschnitten erläutert, finden Sie die Map-Markierungen am rechten Rand des Bildschirmes im Arbeitsbereich von MindManager. Zum Öffnen den Bereichs *Map-Markierungen* führen Sie einen der folgenden Schritte aus:

- Klicken Sie auf das Register *Map-Markierungen*, oder
- gehen Sie über die Menüleiste auf *Format/Map-Markierung/Bearbeiten*.

9.1.2 Die Markierungsgruppen

Jede Markierungsliste enthält bereits Gruppen verschiedener Markierungstypen. Wenn Sie beispielsweise eine Standard-Map öffnen, finden Sie diverse Gruppen in der Map-Markierungsliste. Öffnen Sie jedoch eine andere Map, z.B. aus dem Vorlagen-Organizer oder die eines Kollegen, sind die Listen unter Umständen leer. Das hängt von den individuellen Einstellungen ab.

Wenn Sie Ihrer Map neue Markierungen hinzufügen, werden sie in die Liste ohne speziellen Namen mit grauer Beschriftung "Name der Markierung" aufgenommen. Wenden Sie in Ihrer Map eine neue Markierungsliste an, werden Markierungen, die in der Map, jedoch nicht in der neuen Liste existieren, ebenfalls auf diese Weise aufgeführt.

Markierungen ohne Namen sind »dynamisch«. Sie verbleiben so lange in der Markierungsliste, wie sie in der Map verwendet werden. Anschließend verschwinden sie jedoch wieder. Markierungen ohne Namen werden auch nicht in der Legende angezeigt. Möchten Sie die namenlosen Markierungen permanent in Ihre Liste integrieren und ebenfalls in der Legende angezeigt bekommen, müssen Sie ihnen einen Namen zuweisen.

Benannte Markierungen verbleiben in der Markierungsliste, unabhängig davon, ob sie in der Map verwendet werden.

Um Icons einen Namen geben zu können, müssen Sie sie aus der Gruppe der dynamischen Icons in eine andere verschieben.

Tabelle 9.1 Die Bedeutung der einzelnen Map-Markierungsgruppen

Gruppenname	Vorgegebene Gruppe?	Inhalt
Aufgabenprioritäten	Ja	Beinhalten die gesamte Gruppe bzw. eine Teilmenge der *Prioritäts*-Icons 1–9. Pro Zweig kann eine Priorität gesetzt werden. Sie schließen also einander aus.
Aufgabe fertig (%)	Ja	Beinhaltet die gesamte Gruppe bzw. eine Teilmenge der *Aufgabe fertig (%)*-Icons, strukturiert von 0% bis 100%. Pro Zweig kann ein »Aufgabe fertig-Icon« gesetzt werden. Sie schließen also einander aus.
Ressourcen	Ja	Beinhalten alle in der Map genutzten Ressourcen. Die dynamischen Ressourcen, deren Name grau unterlegt ist, müssen Sie umbenennen, sollen sie auch dann in der Gruppe verbleiben, wenn sie in der Map nicht verwendet werden. Sie können mehrere Ressourcen an einem Zweig kombinieren. Sie schließen einander nicht aus.
Textmarkierungen	Nein	Beinhalten vom Benutzer benannte Textmarkierungsgruppen mit den jeweiligen Textmarkierungen. Der Benutzer kann wählen, ob die Textmarkierungen innerhalb einer Gruppe einander ausschließen.
Verschiedene Icon-Gruppen	Nein	Beinhalten vom Benutzer benannte Icons. Sie können ein Icon pro Gruppe und pro Zweig anlegen. Der Benutzer kann wählen, ob die Textmarkierungen innerhalb einer Gruppe einander ausschließen.
Einzelne Icons	Ja	Beinhalten benannte Icons, die an einem Zweig kombiniert werden können. Sie schließen einander nicht aus.
Allgemeine Icons	Ja	Beinhalten Icons, die in der Map verwendet werden, aber noch nicht benannt wurden. Ihre Namen sind grau unterlegt. Falls Sie das Icon in der Map löschen, wird es aus der Liste entfernt. Sie müssen diese Icons benennen, damit sie in der Liste verbleiben.
Füllfarben	Ja	Beinhalten eine Auswahl an Füllfarben, die benannt oder unbenannt sein können.
Textfarben	Ja	Beinhalten eine Auswahl an Textfarben, die benannt oder unbenannt sein können.

Die Gruppen »Aufgabenprioritäten«, »Aufgabe fertig (%)«, und »Ressourcen« werden in Zusammenhang mit den Aufgabeninfo-Funktionen von MindManager genutzt. Wenn Sie einem Zweig eine Markierung aus einer dieser Gruppen hinzufügen, wird der Zweig auch mit der entsprechenden Aufgabeninfo versehen.

Wenn Sie Map-Markierungen aus den Gruppen »Ressourcen« und »Textmarkierungen« einem Zweig hinzufügen, werden diese nicht als Icon, sondern als Text unterhalb vom Zweig angezeigt.

9.2 Bearbeiten der Map-Markierungsliste

Wenn Sie eine neue Map öffnen, finden Sie bereits eine vorgegebene Sammlung an Map-Markierungen vor. Sie werden jedoch schnell feststellen, dass die Bedeutung einiger Icons nicht zu Ihrer Map passt, dass Sie andere Map-Markierungen verwenden oder manche Map-Markierungen ganz entfernen möchten.

Im Folgenden erfahren Sie, wie Sie im Arbeitsbereich für Map-Markierungen diese wichtigen Schritte für Ihre Arbeit mit dem MindManager ausführen können.

Sie möchten die aktuelle Liste der Map-Markierungen bearbeiten, da sie nicht auf Ihre Bedürfnisse zugeschnitten sind. Das bedeutet gezieltes Vorgehen in folgenden Bereichen:

- Umbenennen von Gruppen und Markierungen
- Bearbeiten von Markierungen (Zuweisen eines anderen Icons oder einer anderen Farbe, Verschieben in eine andere Gruppe)
- Löschen von Markierungen aus der Liste

Umbenennen von Gruppen und Markierungen

Als Erstes möchten Sie die Gruppe der Flaggen umbenennen. Für Sie sind die Flaggen ein Zeichen für *Hinweise*.

Wenn Sie die Gruppe der Flaggen umbenennen wollen, gehen Sie, wie unten beschrieben, vor. Sie können generell den Namen jeder Markierungsgruppe bzw. einer einzelnen Markierung ändern.

- Klicken Sie dazu mit der rechten Maustaste auf den Namen der Markierung oder der Gruppe.
- Klicken Sie auf *Umbenennen*.
- Geben Sie für die Markierung oder Gruppe den neuen Namen ein. In unserem Beispiel »Status quo«.

Das sollten Sie für die Gruppe der »dynamischen Icons« im Speziellen wissen:

Sie können auch die Namen der Markierungen in der Gruppe *Allgemeine Icons* ändern. Wenn Sie diesen Markierungen einen Namen geben, werden sie automatisch in die Gruppe *Einzelne Icons* verschoben.

Abbildung 9.2 Die Gruppe der *Flaggen* wird zur Gruppe *Hinweise*

Als Nächstes möchten Sie in der neuen Gruppe *Hinweise* die grüne Flagge in »Meilenstein« umbenennen. Dazu gehen Sie, wie soeben beschrieben, vor.

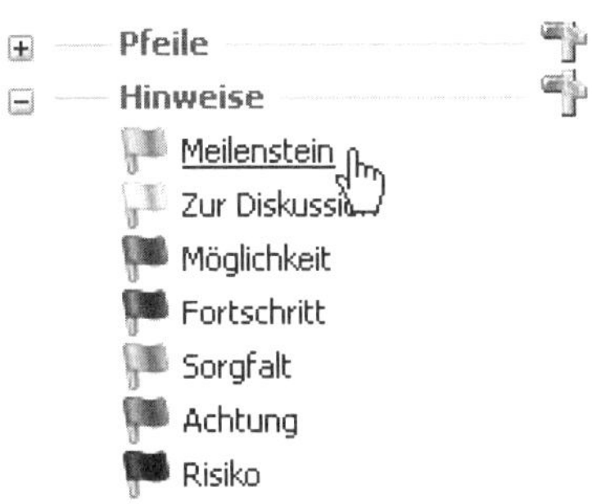

Abbildung 9.3 Die grüne Flagge bekommt einen neuen Namen.

Auf diese Weise können Sie alle Icons umbenennen, mit denen Sie auch im weiteren Verlauf arbeiten wollen.

Bearbeiten von Markierungen

Der lilafarbenen Flagge haben Sie zwischenzeitlich den Namen »in Arbeit« gegeben. Sie möchten aber nun nicht mit der lila Flagge, sondern lieber mit einem anderen Icon arbeiten.

Wenn Sie die Farbe oder das Icon einer Markierung ändern bzw. die Markierung einer anderen Gruppe zuweisen wollen, gehen Sie wie folgt vor:

1. Klicken Sie mit der rechten Maustaste auf die Markierung, und wählen Sie *Bearbeiten*.
2. Wählen Sie ein neues Icon, eine neue Füll- oder Textfarbe für die Markierung, oder geben Sie einen neuen Namen für die Markierung ein. Bestätigen Sie mit *OK*.

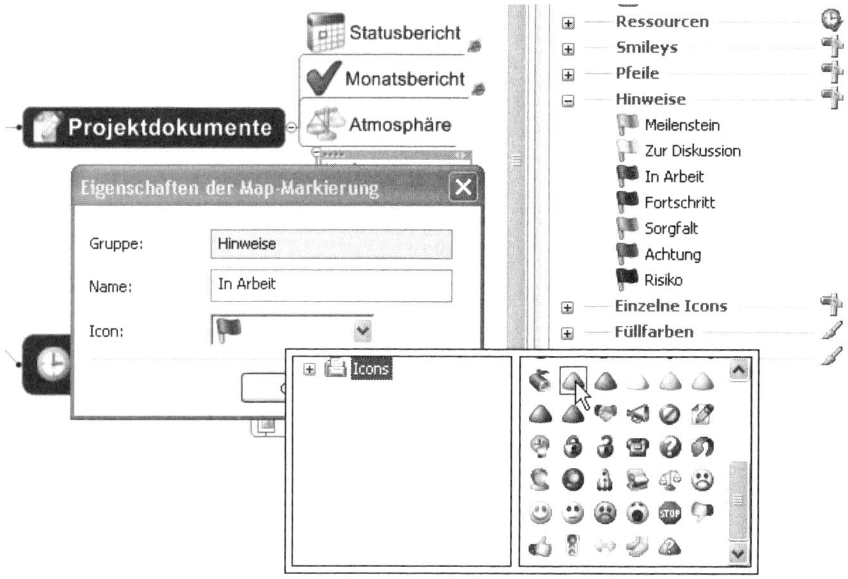

Abbildung 9.4 Ein Icon individuellen Anforderungen anpassen

Wenn Sie Icons in die Gruppe der einzelnen Icons einsortieren wollen, dann können Sie diese auch einfach per Drag & Drop in die gewünschte Gruppe verschieben.

Die Symbole innerhalb der obligatorischen Gruppen *Prioritäten* und *Fertig (%)* sind vordefiniert, und es können dort keine anderen Map-Markierungs-Icons aufgenommen werden.

Löschen von Markierungen aus der Liste

Ihre Markierungsliste ist jetzt bereits sehr individuell auf Ihre Bedürfnisse angepasst. Aber Sie sind immer noch nicht ganz zufrieden.

Nun wollen Sie noch alle Gruppen und Icons, die Sie in der Bearbeitung Ihrer Map auf keinen Fall benutzen wollen und auch nicht benötigen, aus der Liste löschen.

Dazu gehören z.B. die Gruppe der *Smilies*, die *Prioritäten 4 bis 5* oder die Gruppe der *Pfeile.*

Sie können ganze Markierungsgruppen oder auch einzelne Markierungen einer Gruppe aus der Liste löschen. Falls die Markierung in der Map nicht verwendet wird, wird sie aus der Liste gelöscht. Falls die Markierung in der Map verwendet wird, wird sie in eine unbenannte Markierung umgewandelt.

Zum Löschen einer Markierung, gehen Sie wie folgt vor:

- Klicken Sie mit der rechten Maustaste auf den Gruppennamen oder die einzelne Markierung und anschließend auf *Löschen*, oder
- Gruppennamen können Sie auch anklicken und mit der Taste *Entf* löschen.

Wenn Sie eine Gruppe löschen, öffnet sich eine Maske, in der Sie nochmals bestätigen müssen, dass Sie diese Gruppe wirklich löschen wollen. Obligatorischen Gruppen mit Markierungen lassen sich nicht löschen.

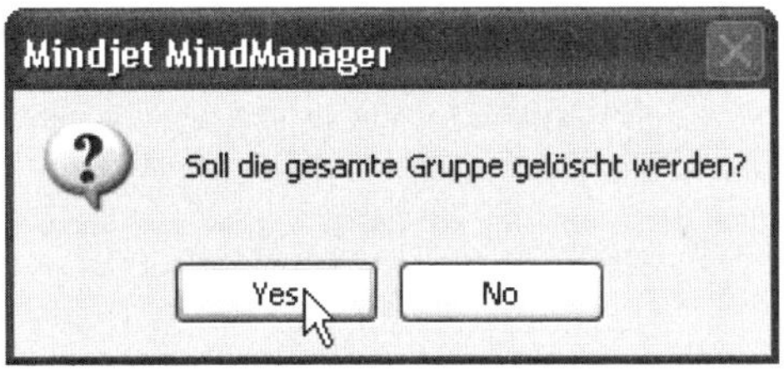

Abbildung 9.5 Die Sicherheitsabfrage vor dem Löschen einer Gruppe

9.2.1 »Weniger ist mehr« – der Vorteil einer individuell bearbeiteten Map-Markierungsliste

Wenn Sie sich Ihre Markierungsliste nun ansehen, ist sie nach Ihrer Bearbeitung um einiges übersichtlicher geworden, insbesondere wenn Sie sich die Markierungen über den Button *Icon-Markierung* in der Hauptsymbolleiste anzeigen lassen.

Abbildung 9.6 Die individuelle Markierungsliste in der Symbolleiste

Das Ergebnis kann sich wirklich sehen lassen. Sie haben die Markierungsliste so modifiziert, dass sie bspw. nur die gewünschten *Prioritäten* und *Aufgabe fertig (%)* – Einstellungen enthält. So haben Sie nun statt des gesamten Spektrums an Markierungen nur die Icons 0%, 50% und 100% in die Liste aufgenommen. Auf diese Art vermeiden Sie, von den *nicht verwendeten Icons* abgelenkt zu werden. Die Aufgaben-Icons *Priorität* und *Aufgabe fertig (%)* können Sie, genau wie die anderen Icons (die einander ausschließen), in einer Gruppe ganz gezielt »durchlaufen«.

Klicken Sie direkt auf das Icon, wenn Sie dem Zweig die nächste verfügbare Priorität oder eine Stufe von Aufgabe fertig (%)zuweisen möchten.

Bitte beachten Sie dabei, dass die Gruppe *Einzelne Icons* nicht durchlaufen werden kann.

Wenn Sie bei den anderen Gruppen die Icons nicht dynamisch möchten, können Sie mit der Funktion »Einander ausschließen« die Icons zu einzelnen Icons umfunktionieren.

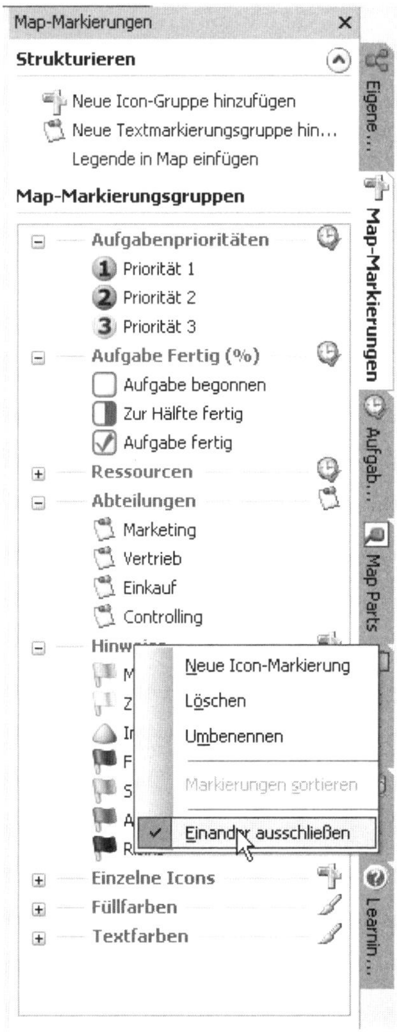

Abbildung 9.7 Die Einstellungsmöglichkeiten

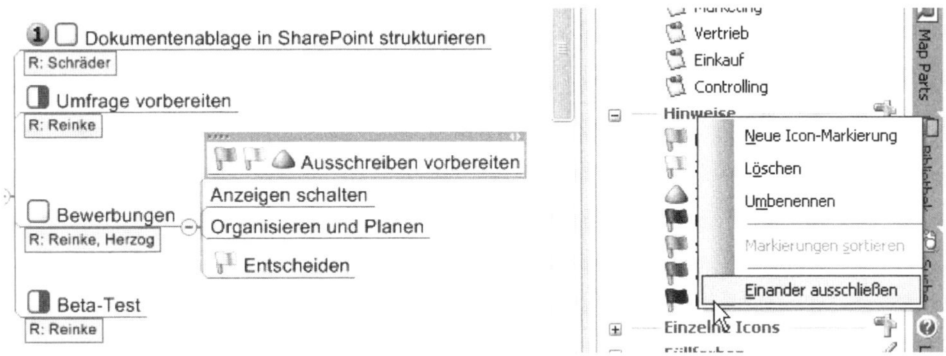

Abbildung 9.8 Nach der Änderung der Einstellung

Das sollten Sie noch wissen, wenn Sie in Ihre Map ein Icon aus dem Bereich Bibliothek hinzufügen:

Das Icon wird automatisch in die Gruppe *Allgemeine Icons* der Map-Markierungsliste aufgenommen. Allgemeinen Icons ist keine Bedeutung zugewiesen. Dies wird durch den grau unterlegten Namen der Markierung angezeigt.

Sie werden auch nicht in der Map-Legende angezeigt. Ebenso bilden sie keine permanenten Einträge der Markierungsliste. Wenn Sie alle Instanzen eines allgemeinen Icons aus Ihrer Map entfernen, verschwindet es wieder. Möchten Sie ein allgemeines Icon als permanenten Listeneintrag, müssen Sie ihm erst eine Bedeutung zuweisen, d.h., Sie müssen es umbenennen. Dies können Sie im Bereich Map-Markierungen tun.

9.3 Neue Markierungen in die Map-Markierungsliste aufnehmen

Nun haben Sie erfahren, wie Sie Markierungen und Markierungsgruppen bearbeiten, umbenennen und löschen. Natürlich gehört zu Ihrer individuellen Map-Markierungsliste auch das Hinzufügen einzelner Markierungen. Ziel ist es, dass Sie in Ihrer Map genau Ihre Arbeitssituation wieder finden.

Im folgenden Abschnitt erfahren Sie einiges zu der Vorgehensweise und den Möglichkeiten, die Ihnen die unterschiedlichen Map-Markierungsgruppen bieten.

9.3.1 Hinzufügen von Icons

Ein Icon ist ein kleines Symbol, das auf einfache und verständliche Art mit grafischen Mitteln Mehrinformationen zu einem Zweig liefert. Icons finden Sie im Arbeitsbereich *Bibliothek* und in den *Map-Markierungen.* Ein Icon können Sie mehreren Zweigen zuweisen, und jedem Zweig können wiederum auch mehrere verschiedene Icons zugewiesen werden. Ein Icon kann jedoch nicht zweimal demselben Zweig zugeordnet werden.

Wenn Sie die *Bibliothek* öffnen, können Sie über die Schaltfläche für *Map-Markierungs-Icons* auf verschiedene Icons zugreifen. Diese Icons haben weder Name noch Bedeutung.

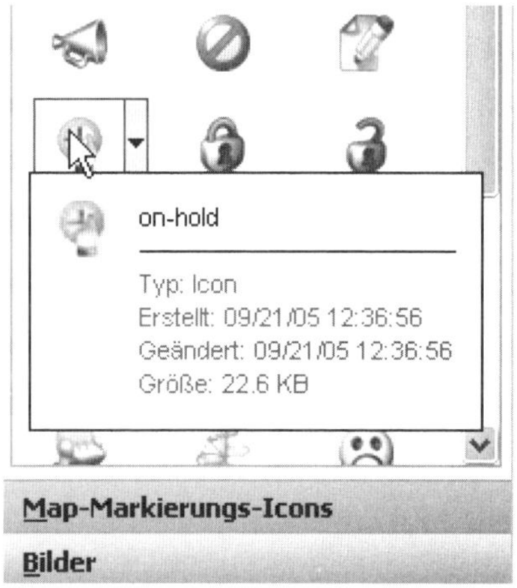

Abbildung 9.9 Die Icons der Bibliothek im Aufgabenbereich

Wenn Sie den Bereich Map-Markierungen öffnen, finden Sie verschiedene Icons in der Liste. Diese Icons haben eine Bedeutung und sind in Icon-Gruppen organisiert.

Was ist der Unterschied zwischen den Icons in der Bibliothek und denen in den Map-Markierungen?

Sie können Icons als optisches Element über die Bibliothek Ihrer Map hinzufügen oder mit einer Bedeutung versehen. Sobald ein Icon eine »Bedeutung« hat, wird aus dem Icon eine Markierung.

Wir wollen uns in diesem Kapitel näher mit den Icons als Markierung beschäftigen.

Sie haben einem Unterzweig die *gelbe Flagge* zugewiesen, die in der Markierungsliste mit der Bedeutung *Zur Diskussion* versehen ist. Zum selben Thema hat es aber bereits auch einige *Fortschritte* gegeben. In der Markierungsliste haben Sie gesehen, dass die *blaue Fahne* diese Information als Kodierung trägt. Nun wollen Sie dem Zweig, der schon die gelbe Flagge trägt, auch die blaue Fahne zuweisen.

Wenn Sie dies versuchen, wird die gelbe Fahne durch die blaue ersetzt.

Icons derselben Gruppe können einander ausschließen. Es kann dann einem Zweig nur jeweils ein Icon aus einer Gruppe hinzugefügt werden. Wenn Sie versuchen, ein zweites Icon aus derselben Markierungsgruppe zuzuweisen, wird das ursprüngliche Icon ersetzt.

Bei selbst definierten Icon-Gruppen können Sie durch einen Rechtsklick auf die Gruppe und Aktivieren der Option *Einander ausschließen* das Einfügen von zwei Icons auf einem Zweig ermöglichen.

Welchen Vorteil bringt Ihnen diese Einstellung in Ihrer täglichen Praxis?

Stellen Sie sich vor, Sie haben einen Ihrer Map-Zweige mit dem Hinweis »Aufgabe begonnen« versehen.

Abbildung 9.10 Ein Zweig mit der Map-Markierung »Aufgabe begonnen«

Nun haben Sie die Aufgabe zu 50% erledigt. Diese Information soll als Icon auf dem Zweig vermerkt sein. Um dies zu erreichen, klicken Sie ganz einfach auf das »Ursprungs-Icon«, um es durch das nächste Icon in seiner Gruppe zu ersetzen. Beim Klicken durchlaufen Sie nacheinander alle Icons dieser Gruppe.

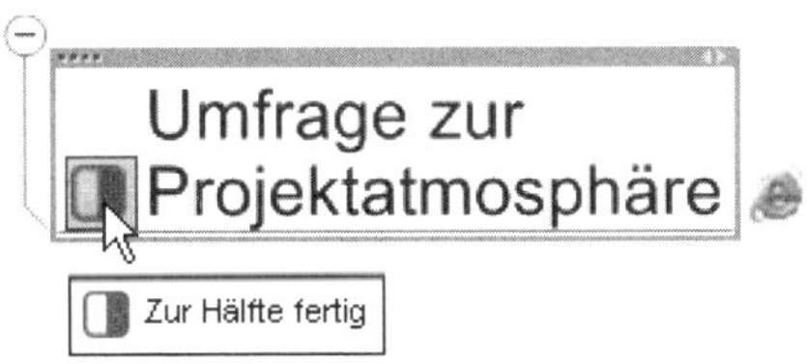

Abbildung 9.11 Durch Klicken auf das Icon wechselt es automatisch zum nächsten Icon innerhalb derselben Gruppe

9.3.2 »Farben tragen Informationen 1« – Hinzufügen von Füllfarbe

In Ihrer Beispiel-Map haben Sie einen Unterzweig mit dem Hinweis »Statusbericht« eingefügt. Dieser Punkt ist sehr wichtig. Sie wissen bereits aus den vorangegangenen Kapiteln, dass Sie mit Füllfarben die Aufmerksamkeit des Betrachters auf bestimmte Zweige lenken können. Fügen Sie also dem Zweig über die *Formatierungssymbolleiste* im unteren Bereich des MindManager-Fensters die Füllfarbe *Gelb* hinzu.

Die gelbe Füllfarbe wird nun der Markierungsgruppe *Füllfarbe* in den *Map-Markierungen* hinzugefügt. Dort können Sie ihr dann wie bereits beschrieben einen Namen geben (z.B. »Wichtige Aufgaben«).

Wenn Sie der neuen Füllfarbe im Bereich *Map-Markierungen* einen Namen zugewiesen haben, wird sie in der Map-Legende angezeigt und verbleibt in der Liste mit den Map-Markierungen, auch wenn sie nicht in der Map verwendet wird.

Bei Bedarf können Sie den Namen der Markierung ändern und sogar eine andere Farbe für diese Markierung festlegen. Weisen Sie ihr keinen Namen zu, verschwindet die Markierung aus der Liste, sobald sie nicht mehr in der Map verwendet wird.

9.3.3 »Farben tragen Informationen 2« – Hinzufügen von Textfarbe

In Ihrer Beispiel-Map haben Sie einige Zweige mit dem Text *Lösung* definiert. Nun möchten Sie diese Zweige zusätzlich durch eine Textfarbe hervorheben. Daher haben Sie die Farbe des Zweigtextes in *grün* verändert. Wie das geht, haben Sie bereits gelernt.

Wie schon bei der Füllfarbe wird auch die Textfarbenmarkierung in den Map-Markierungen angezeigt. Sie finden die zugewiesene Farbe in der Gruppe *Textfarben*. Wenn Sie eine Farbe wählen, die noch nicht in dieser Gruppe enthalten ist, wird sie der Gruppe *Textfarben* automatisch hinzugefügt. Dort können Sie ihr wie beschrieben einen Namen geben (z.B. »Lösungen«).

Wenn Sie der neuen Textfarbe im Bereich Map-Markierungen einen Namen zugewiesen haben, wird sie in der Map-Legende angezeigt und verbleibt in der Liste mit den Map-Markierungen, auch wenn sie nicht in der Map verwendet wird.

Bei Bedarf können Sie den Namen der Markierung ändern und sogar eine andere Farbe für diese Markierung festlegen. Wenn Sie ihr keinen Namen zuweisen, verschwindet die Markierung aus der Liste, sobald sie nicht mehr in der Map verwendet wird.

9.3.4 Hinzufügen von Aufgabeninformationen

Über die Map-Markierungen können Sie Ihrer Map die Aufgabeninformationen *Aufgabenprioritäten*, *Aufgabe fertig (%)* und *Ressourcen* zuweisen. Falls Sie zusätzliche Markierungen in diesen Gruppen aufnehmen möchten (z.B. eine weitere Priorität), gehen Sie vor wie beim Hinzufügen von Icons beschrieben. Sie können hier allerdings nur aus einer vordefinierten Auswahl von *Prioritäts-* und *Fertig(%)*-Icons wählen.

Ressourcen werden wiederum nicht als Icons, sondern als reine Texte definiert. Wenn Sie mit der rechten Maustaste auf die Markierungsgruppe *Ressourcen* klicken, bekommen Sie über den Befehl *Neue Ressource* des Kontextmenüs die Möglichkeit, eigene Ressourcenbezeichnungen zu definieren.

In unserem *OnePage*-Beispiel haben wir dazu die Ressourcen *Herzog* und *Reinke* auf diese Weise eingetragen.

Abbildung 9.12 Neue Ressourcen im Aufgabenbereich Map-Markierungen

Sie finden die soeben erwähnte OnePage-Map auf der CD zum Buch im Ordner *\Kapitel 09* unter dem Namen *Steuern_OnePage.mmap*.

Details zum Zusammenspiel »Aufgabeninfos« und »Map-Markierungsliste«

Die Aufgaben-Icons der Gruppen *Aufgabenpriorität*, *Aufgabe fertig (%)*, und *Ressourcen* werden dynamisch mit den dem Zweig zugewiesenen Aufgabeninfos verknüpft. Diese haben eine spezielle Funktionsweise:

Wenn Sie einem Zweig eine Aufgabeninfo zuweisen, erscheint automatisch das entsprechende Aufgaben-Icon in der Map und wird in die betreffende Gruppe der Map-Markierungsliste aufgenommen, falls es sich nicht bereits in dieser Gruppe befand.

Diese Icons bleiben dynamisch, bis Sie ihnen einen Namen geben. Dass ein Icon dynamisch ist, merken Sie daran, dass der dazugehörige Name grau unterlegt ist.

Falls das Icon in der Map nicht verwendet wird, wird es aus der Markierungsliste gelöscht. Sie müssen daher einem dynamischen Icon einen Namen geben, wenn es erhalten bleiben soll – unabhängig davon, ob es in der Map verwendet wird oder nicht.

Wenn Sie ein Aufgaben-Icon den Gruppen *Aufgabenpriorität*, *Aufgabe fertig (%)* oder *Ressourcen* mit der Auswahlfunktion für Map-Markierungen hinzufügen, wird dem betreffenden Zweig automatisch die jeweilige Aufgabeninfo zugewiesen.

Sortieren von Ressourcen

Nehmen wir an, Sie haben nacheinander verschiedene Mitarbeiter eingetragen, und die Liste an Ressourcen ist schon etwas größer geworden. Nun stellen Sie fest, dass die einzelnen Einträge unsortiert vorliegen, was die Auswahl einzelner Ressourcen erschwert.

MindManager bietet Ihnen die Möglichkeit, Ressourcen alphabetisch zu sortieren. Gehen Sie dazu folgendermaßen vor:

1. Klicken Sie mit der rechten Maustaste auf die Gruppe *Ressourcen.*
2. Wählen Sie nun im Kontextmenü den Punkt *Markierungen sortieren.*

Die anschließend sortierten Ressourceneinträge erleichtern das schnelle Finden und Zuordnen der einzelnen Ressourcen.

9.4 Kodieren Sie Ihre Maps

Bisher haben Sie viel darüber erfahren, wie Sie Map-Markierungen bearbeiten und Ihren Bedürfnissen anpassen. Nun ist es aber an der Zeit, diese Kenntnisse auch umzusetzen und Map-Markierungen in Ihre Maps einzufügen.

Sie haben eine Map erstellt, mit der Sie das Projekt zur Einführung von Microsoft Office 2007 vorbereiten und steuern möchten.

Das Projekt steht noch in der Anfangsphase, und es geht zunächst um den groben Rahmen und die Projektstruktur an sich. Dennoch möchten Sie natürlich bereits jetzt wichtige Informationen hervorheben und Aufgabenbereiche zuordnen. Dazu setzen Sie Ihre inzwischen gewonnenen Kenntnisse zu den Map-Markierungen ein.

9.4.1 Hinzufügen/Entfernen von Map-Markierungen

Sie möchten ein erstes Gefühl für das Arbeiten mit Map-Markierungen bekommen und zunächst ganz einfach einzelnen Zweigen verschiedene Markierungen hinzufügen, bspw. die *Priorität 1*, *Aufgabe erledigt* und eine *Flagge*.

Um die nachfolgenden Beispiele mitzumachen, öffnen Sie die Map *Steuern_OnePage.mmap* der CD zum Buch im Ordner *\Kapitel 09*.

Über den Bereich *Map-Markierungen* im Aufgabenbereich von MindManager können Sie der Map verschiedene Markierungen hinzufügen. Einfacher gestaltet sich dies jedoch, wenn Sie die Schaltflächen in der Symbolleiste verwenden.

Es gibt also mehrere Möglichkeiten, Zweige mit Map-Markierungen zu versehen:

- Markieren Sie den Zweig bzw. die Zweige, und klicken Sie auf die gewünschte Markierung in der Liste, um sie allen markierten Zweigen hinzuzufügen bzw. von ihnen zu entfernen.

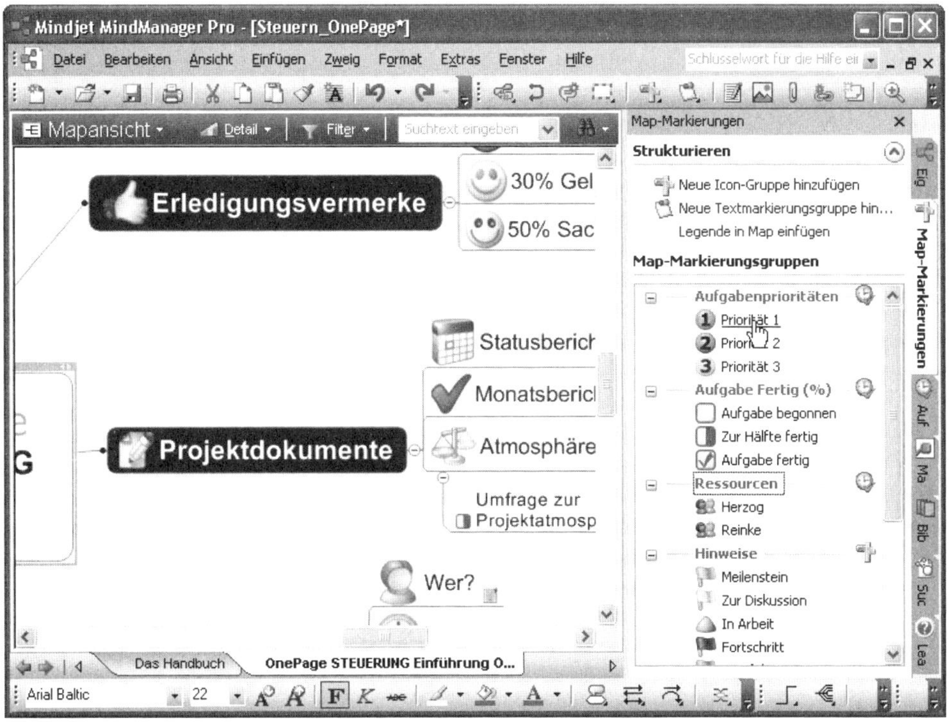

Abbildung 9.13 Zuordnen einer Priorität über den Bereich Map-Markierungen

- Oder ziehen Sie die Markierung aus dem Bereich *Map-Markierungen* auf den gewünschten Zweig. Wenn der Zweig bereits eine Markierung aus derselben Gruppe enthält, wird die erste Markierung vor dem Hinzufügen der neuen zunächst entfernt.
- Oder markieren Sie einen Zweig bzw. Zweige, und klicken Sie mit der rechten Maustaste auf das gewünschte Icon im Bereich *Map-Markierungen*. Wählen Sie *Zu Zweig hinzufügen*.
- Sie können auch einen Zweig bzw. Zweige markieren und in der Menüleiste über *Zweig/Icon-Markierung* das gewünschte Icon hinzufügen.
- Oder Sie markieren den Zweig bzw. die Zweige und klicken anschließend auf die gewünschte Markierung im Pulldown-Menü der Schaltfläche *Icon-Markierung* in der Map-Symbolleiste, um sie allen markierten Zweigen hinzuzufügen bzw. von ihnen zu entfernen. Das ist der schnellste und einfachste Weg.

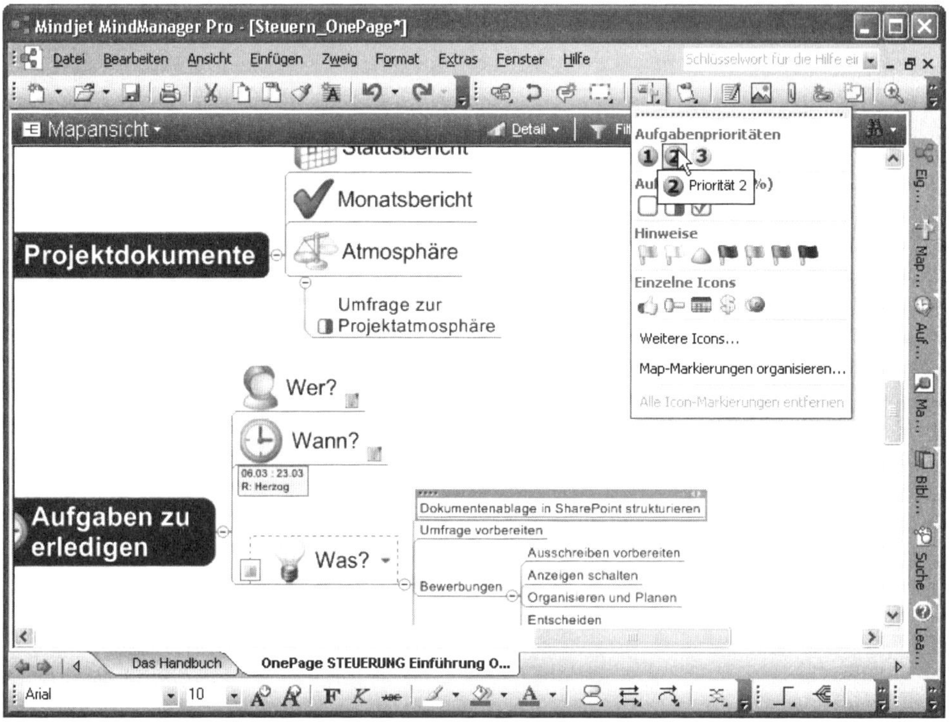

Abbildung 9.14 Das Einfügen einer Markierung über die Symbolleiste

Sie haben Ihrer Map einige Icons hinzugefügt, die Sie jetzt jedoch nicht benötigen. Diese überflüssigen Markierungen möchten Sie von den Zweigen entfernen.

Wenn Sie Markierungen von den Zweigen entfernen wollen, können Sie zwischen mehreren Möglichkeiten wählen.

- Löschen Sie die Markierungen über den Aufgabenbereich *Map-Markierungen*. Hier gehen Sie wie folgt vor:

1. Markieren Sie den Zweig bzw. die Zweige mit der zu entfernenden Markierung, und klicken Sie im Bereich *Map-Markierungen* auf die entsprechende Markierung. Oder:
2. Markieren Sie einen Zweig bzw. Zweige mit der zu entfernenden Markierung, und klicken Sie mit der rechten Maustaste auf die entsprechende Markierung in der Liste. Wählen Sie *Von Zweig entfernen.*

- Löschen Sie Markierungen über das Zweig-Kontextmenü. Gehen Sie dazu folgendermaßen vor:

1. Markieren Sie den Zweig bzw. die Zweige mit der zu entfernenden Markierung und klicken mit der rechten Maustaste auf die Markierung des Zweiges bzw. eines Zweiges.
2. Wählen Sie in dem sich öffnenden Kontextmenü *Entfernen* oder *Alle Icon-Markierungen entfernen.*

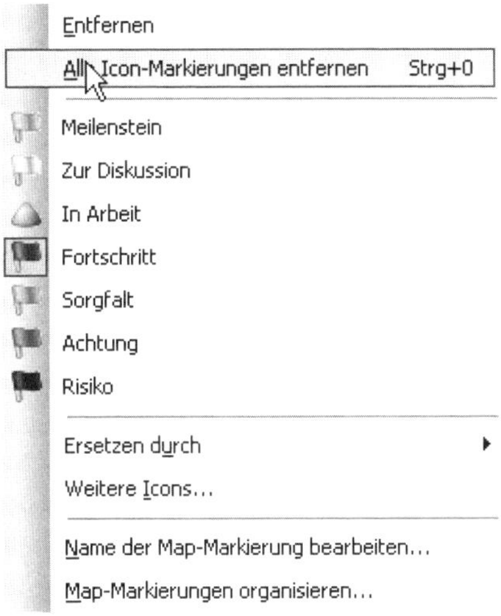

Abbildung 9.15 Das Zweig-Kontextmenü zum Entfernen einer Markierung

- Löschen Sie Markierungen über die Symbolleiste. Gehen Sie wie folgt vor:

1. Markieren Sie den Zweig bzw. die Zweige, und klicken Sie auf die Symbolschaltfläche *Icon-Markierung einfügen*.
2. Wählen Sie den Befehl *Alle Icon-Markierungen entfernen*. Bitte beachten Sie: Haben Sie diesem Zweig mehrere Markierungen zugewiesen, entfernen Sie dadurch alle Markierungen.

Am besten ist es, alle genannten Möglichkeiten mehrmals auszuprobieren, damit Sie Ihre persönliche Arbeitsweise entwickeln können und langsam eine favorisierte Vorgehensweise entdecken.

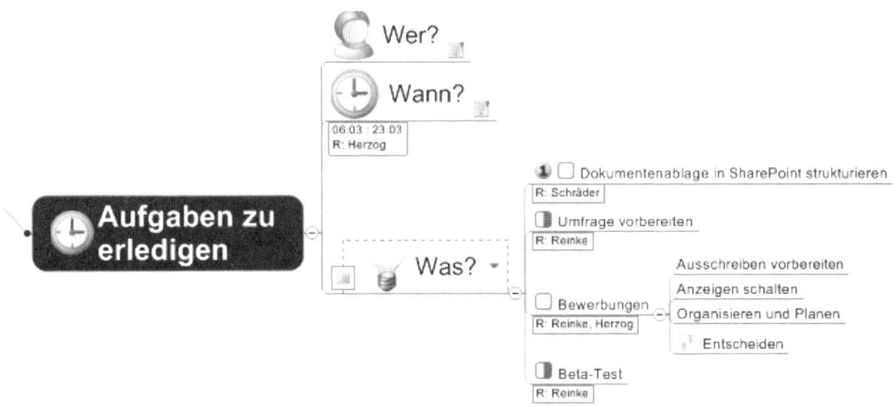

Abbildung 9.16 Die ersten Map-Markierungen in Ihrer Map

9.4.2 »Zeichen verstehen« – Hinzufügen einer Legende

Stellen Sie sich vor, Sie bekommen von extern mehrere Maps zugesandt, in denen Ihre Kollegen eine erste Konzeptplanung zu einem Bereich fertig gestellt haben. Diese Maps werden zudem Grundlage in Ihrem Meeting sein. Jede Map trägt eine eigene Map-Markierungsliste. Doch wie können Sie sichergehen, dass alle die verwendeten Icons gleich interpretiert haben?

Das Ziel muss also sein, dass jederzeit, auch im Ausdruck der Map, nachvollzogen werden kann, was die verwendeten Icons bedeuten. Auf diese Thematik gehen wir im Folgenden näher ein.

Als Erstes wollen Sie sicherstellen, dass alle Ihre verwendeten Icons »verstehen« können. Sie möchten in Ihre Map eine Legende einfügen, in der alle in der Map verwendeten Icons abgebildet sind.

In der Legende sind die Gruppen mit Map-Markierungslisten und alle benannten Markierungen innerhalb dieser Gruppen aufgeführt. Die Legende wird als ein Unterzweig des gerade markierten Zweigs oder, falls kein Zweig markiert ist, als Hauptzweig in die Map eingefügt.

Wenn Sie eine Legende in Ihre Map einfügen wollen, gehen Sie wie folgt vor:

1. Markieren Sie den Zweig, an den die Legende angehängt werden soll. Die Legende kann als neuer Hauptzweig bzw. Unterzweig hinzugefügt werden, lässt sich jedoch auch lösen und wird so zu einer freien Anmerkung.
2. Öffnen Sie das Register *Map-Markierungen*. Klicken Sie auf *Legende in Map einfügen*.
3. In der sich öffnenden Maske wählen Sie nun, welche Markierungen in Ihrer Map angezeigt werden sollen.

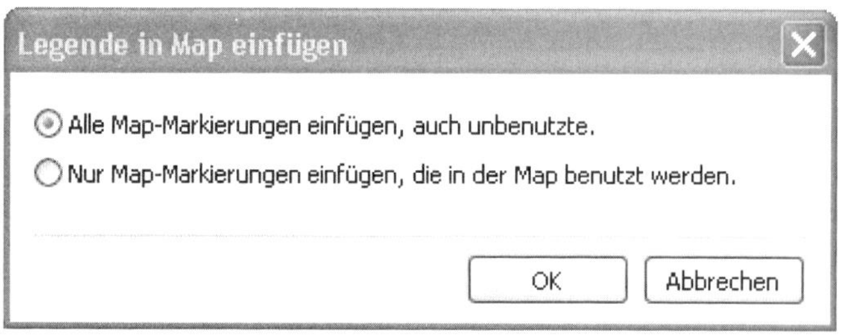

Abbildung 9.17 Optionen für den Eintrag einer Legende in Ihre Map

4. Haben Sie sich für eine der beiden Möglichkeiten entschieden, bestätigen Sie Ihre Wahl mit *OK*. Ihrer Map ist nun eine neue Zweiggruppe hinzugefügt worden, in der die Map-Markierungen und deren Bedeutungen in einer Legende angegeben sind.

Markierungen ohne Namen in der Gruppe *Dynamische Icons* tauchen in der Legende nicht auf. Wenn Sie diese Markierungen in die Legende einbinden möchten, müssen Sie sie zunächst benennen.

9.5 »Kodierungen automatisieren« – Map-Markierungslisten-Organizer

Führen wir uns folgende Situation vor Augen:

Sie haben sich für das anstehende Projekt bereits eine Stil-Vorlage und eine Meeting-Vorlage erstellt. Die einzelnen Schritte hierzu sind in den vorangegangenen Kapiteln erläutert worden.

In diesem Kapitel haben Sie gelernt, wie Sie mit Map-Markierungen arbeiten. Ebenso haben wir Ihnen den Nutzen einer individuellen Markierungsliste aufgezeigt. Nachdem Sie sich nun eine eigene Liste erarbeitet haben, stellt sich die Frage, wie Sie Ihre persönliche Markierungsliste auch auf andere Maps übertragen können.

Erinnern wir uns: Sie wollten Abläufe, die sich in Ihrem täglichen Arbeitsumfeld ständig wiederholen, automatisieren. Beim Thema *Stil & Layout* haben Sie bereits eine gute Lösung gefunden.

Diese Lösung steht Ihnen auch im Bereich der Map-Markierungen zur Verfügung.

9.5.1 Die eigene Markierungsliste als Vorlage im Organizer speichern

Nehmen wir an, die von Ihnen individuell bearbeitete Markierungsliste soll als Vorlage für alle weiteren Maps dienen. Sie wollen diese Liste jederzeit aufrufen und auf andere Maps übertragen können.

Speichern Sie die von Ihnen erstellte Map-Markierungsliste in dem Map-Markierungslisten-Organizer ab. Dazu gehen Sie wie folgt vor:

1. Klicken Sie auf *Extras/Vorlagen-Organizer/Map-Markierungslisten.*

Wenn Sie die neue Markierungsliste in einem eigenen Ordner ablegen möchten, müssen Sie sich einen neuen Ordner erstellen. Wie das funktioniert, haben Sie bereits in Kapitel 8 erfahren.

2. Markieren Sie den gewünschten Ordner, und klicken Sie auf den Button *Neue Markierungsliste hinzufügen* und anschließend auf *Aus aktueller Map.*

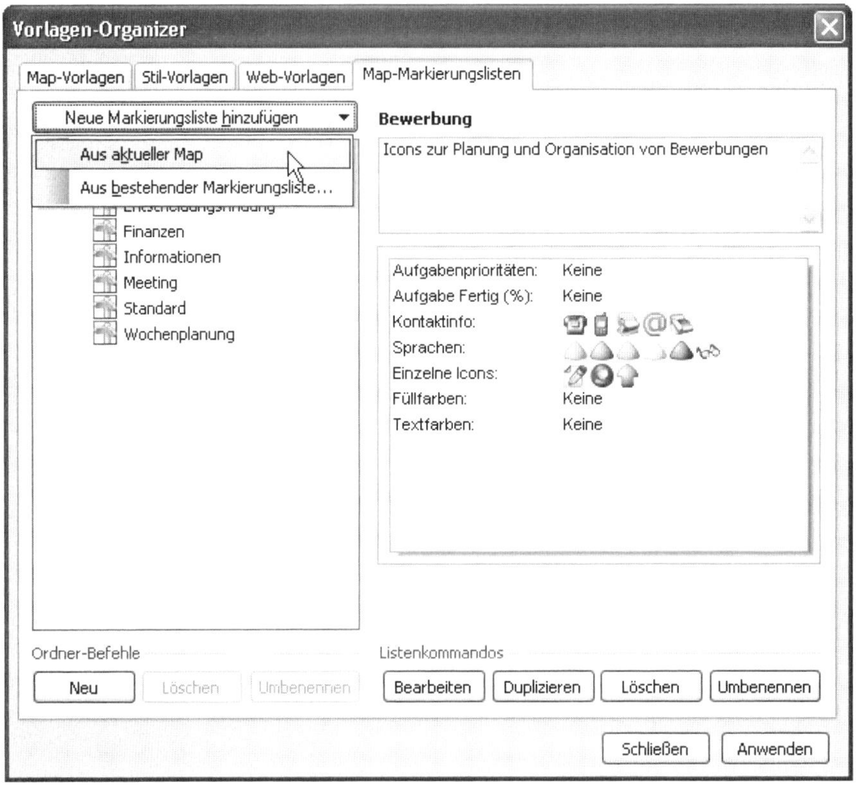

Abbildung 9.18 Der Weg zum Speichern Ihrer eigenen Map-Markierungsliste

Die Map-Markierungsliste können Sie bei Bedarf in mehreren Ordnern speichern.

Die neue Liste erhält den Namen der aktuellen Map. Sie können Sie aber jederzeit umbenennen. Dazu markieren Sie im *Organizer* den entsprechenden Namen oder Ordner der Liste. Dann klicken Sie auf den Button *Umbenennen* im rechten unteren Bereich des Fensters. Geben Sie den neuen Namen für die Liste ein.

Sie können, um weitere Details der Liste zu bestimmen (z.B. Funktion der Liste, das Projekt, das Erstellungsdatum usw.), einen Kommentar hinzufügen bzw. bearbeiten.

Dazu gehen Sie wie folgt vor:

- Markieren Sie im *Organizer* die entsprechende Liste.
- Klicken Sie auf den Button *Bearbeiten*.
- Geben Sie in dem sich öffnenden Fenster Ihren Kommentar zur Liste ein.

Wenn Sie nun eine andere Map, bspw. die eines Kollegen, öffnen, können Sie dieser Map Ihre persönliche Markierungsliste zuweisen. Wie diese Schritte aussehen, werden wir Ihnen im Folgenden näher erläutern.

9.5.2 Mit Vorlagen aus dem Organizer arbeiten

Sie finden im Map-Markierungslisten-Organizer bereits einige Vorlagen. Sie können sich alle Markierungslisten über das Vorschaufenster anzeigen lassen und die für die aktuelle Map geeignete auswählen. Ferner können Sie hier Listen duplizieren, löschen und umbenennen, mit Kommentaren versehen und zur besseren Übersicht in Ordnern organisieren. Jede Liste lässt sich im Bereich Map-Markierungen anpassen und in der geänderten Version zur Wiederverwendung speichern.

Jede Map enthält eine Map-Markierungsliste und ist am Anfang mit den Standardlisten aus der Vorlage, mit der sie erstellt wurde, verknüpft.

Wenn Sie Ihre Map-Markierungsliste für die aktuelle Map auswählen wollen, gehen Sie wie folgt vor:

1. Klicken Sie auf *Format/Map-Markierung/Aus Vorlagen-Organizer zuweisen*. Auf der linken Seite wird daraufhin ein Dialogfeld mit den Listennamen und Ordnern angezeigt.

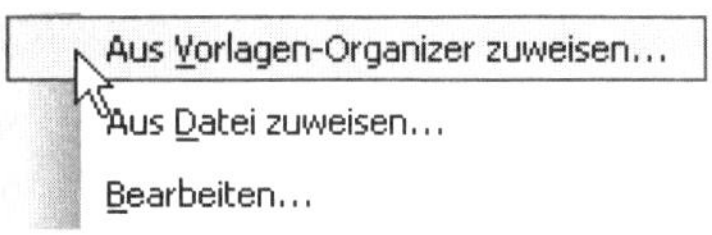

Abbildung 9.19 So gelangen Sie in den Vorlagen-Organizer

Wenn Sie auf den Namen einer Liste klicken, wird Ihnen im rechten Bereich eine Vorschau der in der Liste enthaltenen Markierungsgruppen angezeigt.

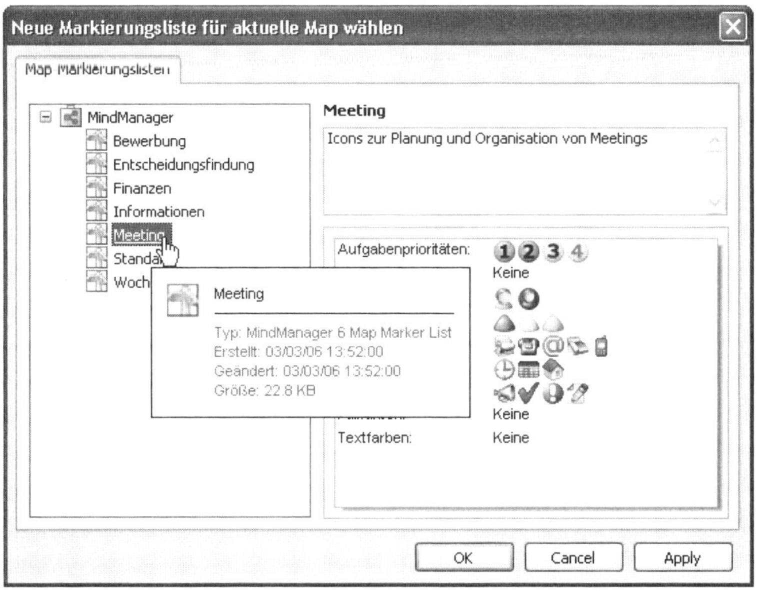

Abbildung 9.20 Wählen Sie im Organizer eine Map-Markierungsliste

2. Wählen Sie den gewünschten Stil aus, und klicken Sie auf *Übernehmen* und anschließend auf *OK*. Wählen Sie immer die Liste, die Ihren Bedürfnissen am besten entspricht.

Das sollten Sie zu dem Thema »Multi-Maps und Map-Markierungen« noch wissen:

Auch im Multi-Map-Arbeitsbereich können Sie eine bestimmte Markierungsliste auf die Maps anwenden. Wählen Sie dazu einfach die gewünschten Maps, klicken Sie auf *Zuweisen/Map-Markierungsliste*, und wählen Sie eine der Markierungslisten im Organizer. Bestätigen Sie Ihre Wahl mit *Anwenden*.

Wenn Sie eine Liste aus einer Datei verwenden, die nicht im Organizer angezeigt wird, gehen Sie wie folgt vor:

- Klicken Sie auf *Format/Map-Markierung/Aus Datei zuweisen* (*.mmms).

Wenn Sie diese Liste noch einmal verwenden möchten, sollten Sie sie in den Organizer aufnehmen:

- Klicken Sie auf *Extras/Vorlagen-Organizer/Map-Markierungslisten*.

Wenn Sie die Liste in einem bestimmten Ordner ablegen möchten, markieren Sie den entsprechenden Ordner im linken Bereich:

- Klicken Sie dann auf *Neue Markierungsliste hinzufügen/Aus bestehender Markierungsliste*.
- Wählen Sie die Datei mit der Liste, die Sie in den Organizer aufnehmen möchten.

Die aktuelle Liste können Sie im Bereich *Map-Markierungen* bearbeiten. Wenn Sie sie Ihren Bedürfnissen entsprechend angepasst haben, können Sie sie speichern und später für andere Maps verwenden.

9.6 »Besondere Markierungen« – Textmarkierungen

Zum Abschluss des Themas »Map-Markierungen« stellen wir Ihnen noch die Möglichkeit des Arbeitens mit Textmarkierungen vor. Eine spezielle Form der Textmarkierungen haben Sie bereits kennen gelernt – die Ressourcen. Dort können Sie z.B. Mitarbeiter oder Arbeitsmittel eintragen und den Zweigen zuweisen. Die Ressourcen werden als Text unterhalb vom Zweig angezeigt.

Nun wollen Sie in Ihrer *OnePage*-Map noch weitere Textmarkierungen – nämlich die einzelnen Abteilungen – verwenden. Da diese nicht mit den Ressourcen gleichzusetzen sind, möchten Sie eine eigene Gruppe *Abteilungen* definieren.

Die Textmarkierungen bieten Ihnen hier optimale Möglichkeiten. Im Folgenden erfahren Sie, wie Sie Abteilungen – und beliebige weitere Gruppen – definieren können.

1. Öffnen Sie zuerst den Aufgabenbereich *Map-Markierungen*.

2. Klicken Sie im oberen Bereich auf *Neue Textmarkierungsgruppe hinzufügen*. Jetzt wird eine neue Gruppe mit der Bezeichnung *Gruppenname* eingefügt. Den Namen können Sie unmittelbar editieren.

Abbildung 9.21 Einfügen einer neuen Textmarkierungsgruppe

3. Geben Sie der neuen Textmarkierungsgruppe den Namen *Abteilungen*.

Damit ist der erste Schritt getan – Sie haben eine neue Gruppe eingefügt. Jetzt können Sie der Gruppe neue Markierungen hinzufügen. Gehen Sie folgendermaßen vor:

1. Klicken Sie mit der rechten Maustaste auf die neue Gruppe *Abteilungen*.
2. Wählen Sie im Kontextmenü *Neue Textmarkierung*, und geben Sie z.B. *Marketing* als Bezeichnung ein.
3. Bestätigen Sie Ihre Eingabe mit *OK*.

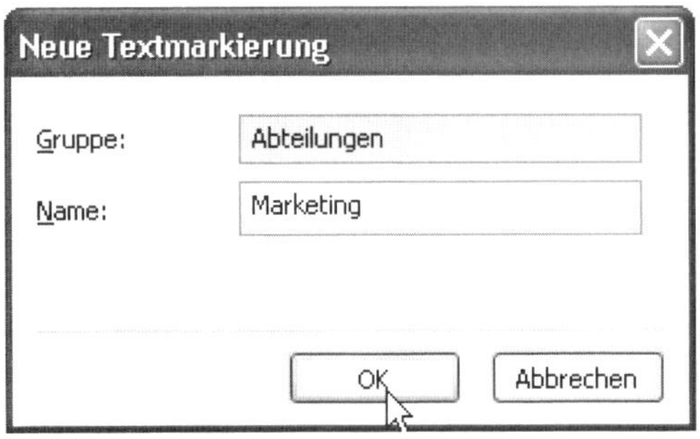

Abbildung 9.22 Hinzufügen einer Textmarkierung in eine bestehende Gruppe

Wiederholen Sie die beschriebenen Schritte, um weitere Abteilungen bzw. zusätzliche Textmarkierungsgruppen und Textmarkierungen zu definieren.

Das *Bearbeiten*, *Umbenennen* und *Löschen* sowie das *Zuweisen* und *Entfernen* von Textmarkierungen zu bzw. von Zweigen Ihrer Map erfolgt entsprechend der Vorgehensweise bei anderen Map-Markierungen.

Sortierung von Textmarkierungen

Textmarkierungen können wie Ressourcen innerhalb einer Gruppe alphabetisch sortiert werden. Wählen Sie hier im Kontextmenü der Gruppe den Menüpunkt *Markierungen sortieren*.

Standard-Map-Markierungslisten ohne Textmarkierungen

Wichtig ist, dass die Standard-Map-Markierungslisten keine Textmarkierungen enthalten. Sie können jedoch nachträglich vom Anwender hinzugefügt werden. Speichern Sie Map-Markierungslisten über den Map-Organizer, sind selbst definierte Textmarkierungen enthalten.

9.7 »Jetzt nicht – aber nachher«: Arbeiten mit Lesezeichen

Stellen Sie sich vor, Sie sitzen mit Ihrem Team zusammen und möchten sich dem Thema »Projektberichte« widmen. In der Team-Diskussion kam jedoch der Hinweis, dass heute noch die weitere Vorgehensweise bzgl. der Bewerbungen geklärt werden muss. Sie vereinbaren, dass Sie am Ende der Sitzung auf die Fragen zurückkommen.

Damit Sie den Zweig »Bewerbung« am Ende der Sitzung schnell im »Blick« haben, setzen Sie eine Markierung – das *Lesezeichen*.

Lesezeichen sind unbenannte Markierungen an Zweigen, welche die Navigation durch bestimmte Zweige in Ihrer Map erleichtern oder Zweige, die besonderer Aufmerksamkeit bedürfen, zeitweilig kennzeichnen.

Lesezeichen können gute Anhaltspunkte für das Durchlaufen einer Map bilden.

Wenn Sie eine benannte Markierung einfügen möchten, die als Ziel für einen Hyperlink dienen soll, verwenden Sie vorzugsweise *Beschriftungen*.

Um die nachfolgenden Übungen an Ihrem Computer mitmachen zu können, öffnen Sie die Beispiel-Map *Steuern_OnePage.mmap* von der CD zum Buch im Ordner *\Kapitel 09*.

So fügen Sie dem Zweig ein Lesezeichen hinzu

1. Markieren Sie den Zweig »Bewerbung«.
2. Wählen Sie den Menübefehl *Zweig/Lesezeichen*.

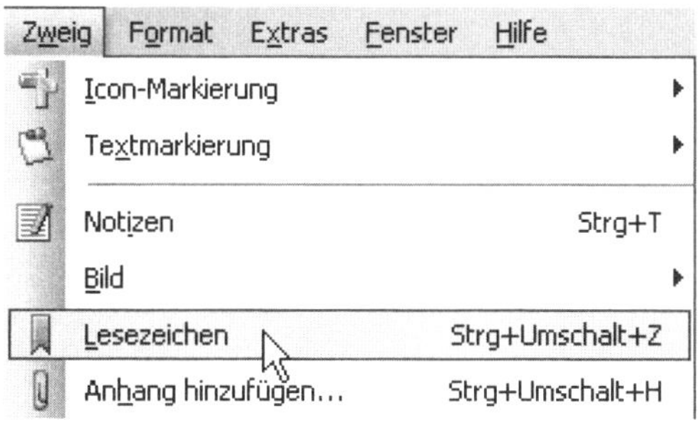

Abbildung 9.23 Fügen Sie ein Lesezeichen ein

Das von Ihnen eingefügte Lesezeichen ordnet sich als kleines Icon rechts neben dem Zweig »Bewerbung« an.

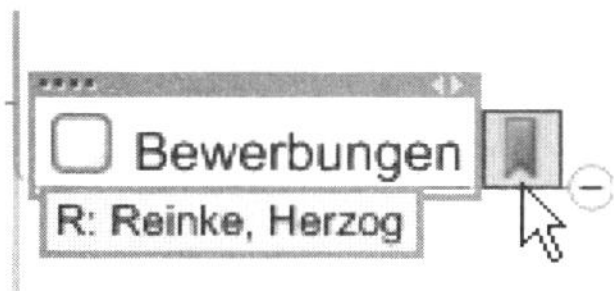

Abbildung 9.24 Das Lesezeichen am Zweig

Um ein Lesezeichen ein- bzw. auszuschalten, drücken Sie die Tastenkombination *Strg+Umschalt+K*. Befinden Sie sich in der Gliederungsansicht der Map, klicken Sie auf die Lesezeichenspalte für den Zweig, dessen Lesezeichen ein- bzw. ausgeschaltet werden soll.

So fügen Sie Lesezeichen auf der Basis von Zweigeigenschaften hinzu

Am Ende des Meetings möchten Sie gerne noch alle zur Diskussion stehenden Punkte ansprechen, die mit Hilfe der Map-Markierungen durch die gelbe Flagge gekennzeichnet wurden. Auch hier möchten Sie Lesezeichen einfügen.

Diese Option ist nur in der Pro-Version von Mindjet MindManager verfügbar.

1. Klicken Sie im Menü auf *Bearbeiten/Lesezeichen/Power-Lesezeichen.*
2. Wählen Sie den *Eigenschaftentyp*, und legen Sie Ihre *Suchkriterien* fest. In unserem Beispiel entspricht das Suchkriterium der gelben Flagge.

Beachten Sie, dass Sie eine Kombination von Eigenschaften *verschiedener* Kategorien auswählen können.

3. Klicken Sie auf die Schaltfläche *Lesezeichen*, und wählen Sie *Übereinstimmende(n) Zweig(e) mit Lesezeichen versehen*.

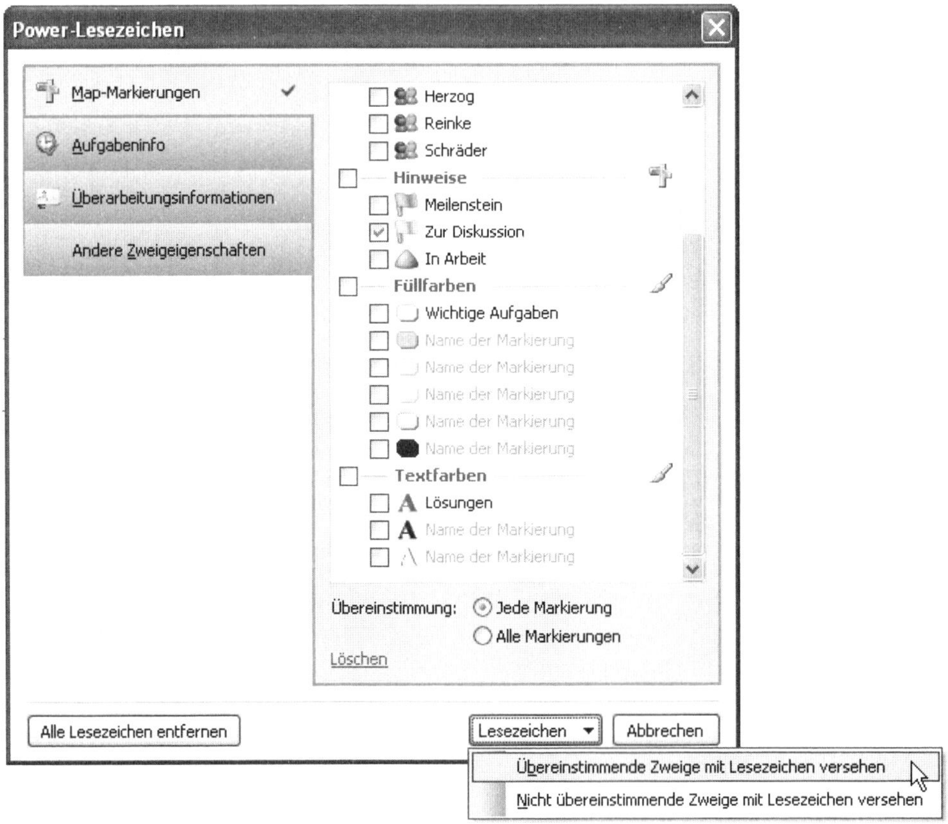

Abbildung 9.25 Legen Sie die Filtereigenschaften fest.

Jeder Zweig mit einer gelben Flagge enthält jetzt das Lesezeichen-Symbol. Dieses gibt Ihnen an, dass für diesen Zweig ein Lesezeichen existiert.

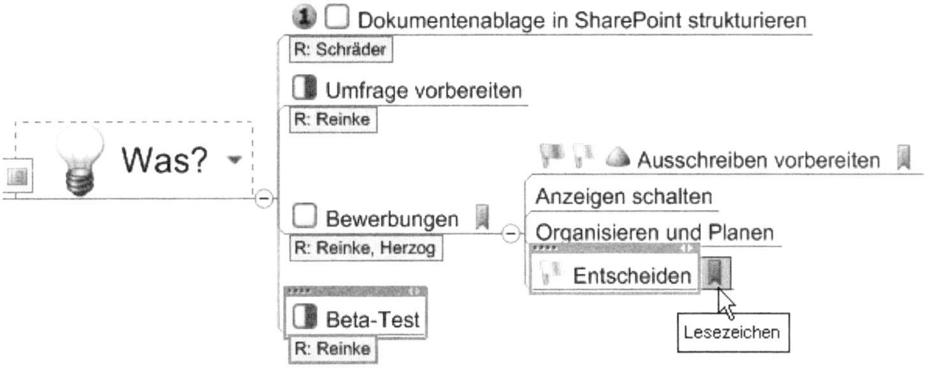

Abbildung 9.26 Die Lesezeichen in der Map

Alles erledigt – so entfernen Sie ein Lesezeichen

1. Klicken Sie mit der rechten Maustaste auf das Lesezeichen-Symbol.
2. Wählen Sie im Kontextmenü den Eintrag *Lesezeichen entfernen*.

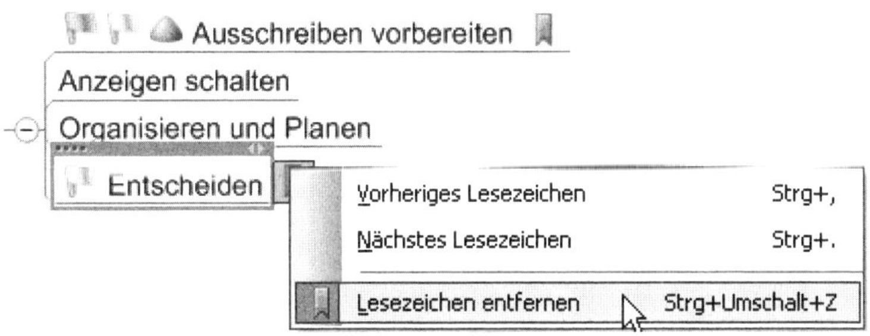

Abbildung 9.27 Ein Lesezeichen entfernen

☞ Wenn Sie mehrere (oder alle) Lesezeichen entfernen möchten, markieren Sie die Zweige (*Strg+A*, um alle Zweige zu markieren), und klicken Sie im Menü auf *Bearbeiten/Löschen/Lesezeichen*.

☞ Mit dem Befehl *Ansicht/Einblenden/Ausblenden* können Sie die Lesezeichen-Symbole in der Mapansicht ausblenden. Auch wenn die Lesezeichen ausgeblendet sind, können Sie mit ihrer Hilfe navigieren.

So navigieren Sie mit Hilfe von Lesezeichen

1. Klicken Sie mit der rechten Maustaste auf den ersten Zweig, der mit einem Lesezeichen versehen ist.
2. Wählen Sie den Eintrag *Nächstes Lesezeichen* oder *Voriges Lesezeichen*.

Abbildung 9.28 Navigieren Sie in der Map mit Hilfe der Lesezeichen.

Drücken Sie die Tastenkombination *Strg+.* (Punkt), um zum nächsten Lesezeichen zu springen, bzw. *Strg+,* (Komma), um zum vorigen Lesezeichen zu springen.

Mit den Befehlen *Power-Auswahl* und *Power-Filter* können Sie Zweige mit angehängten Lesezeichen auswählen und filtern.

Fazit

Sie sind nun gut auf das anstehende Projekt vorbereitet und haben die Möglichkeit, Abläufe zu automatisieren.

Sie können der erarbeiteten Map den firmeneigenen Stil zuweisen, und alle Kollegen werden mit ein und derselben Markierungsliste arbeiten, die Sie noch gemeinsam zusammenstellen werden. Diese wird dann als Vorlag im Vorlagen-Organizer gespeichert und ist damit jederzeit wieder verwendbar.

Sie sehen der weiteren Vorbereitung, dem Ablauf und der Nachbearbeitung des Projektes nun gelassener entgegen. Lernen Sie nun im nächsten Kapitel, wie Sie den Power-Filter einsetzen, um gezielt die mit Map-Markierungen versehenen Zweige auswählen und filtern zu können.

10

»Das Wesentliche im Blick«: Die Filtermöglichkeiten in Mindjet MindManager

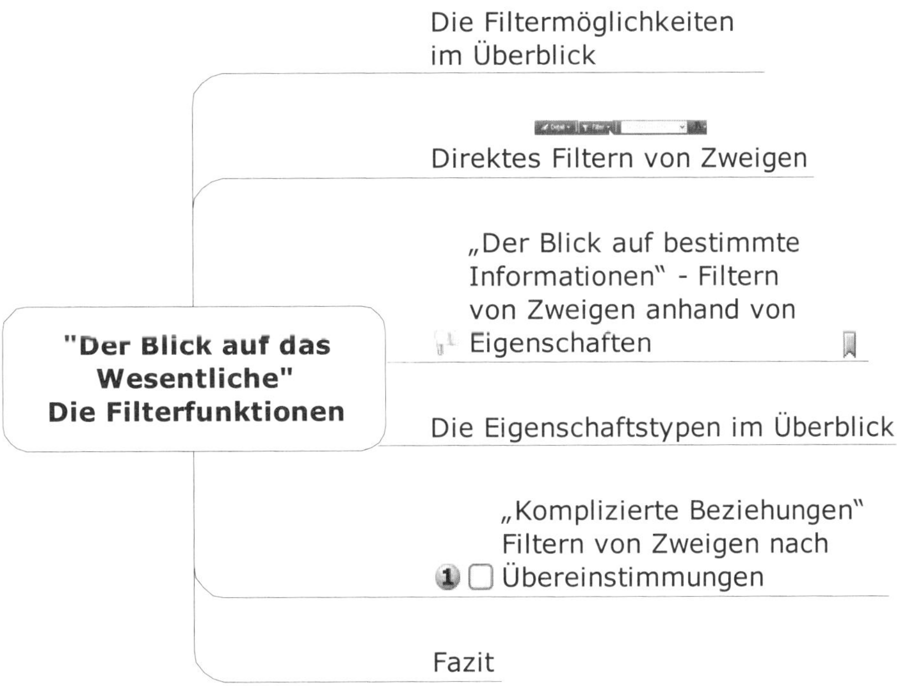

10 Die Filtermöglichkeiten in Mindjet MindManager

Sie haben in den letzten Kapiteln gelernt, Abläufe zu automatisieren: ob Sie einen firmeneigenen Stil zuweisen oder alle Kollegen mit ein und derselben Markierungsliste arbeiten.

Lernen Sie in diesem Kapitel, wie Sie sich gezielt Informationen aus einer Map anzeigen lassen und auf diese Weise das Wesentliche im Blick haben. Hierzu stehen Ihnen verschiedene Filterfunktionen zur Verfügung.

Das Filtern ist eine elegante Möglichkeit, nur einen Teil der in einer Map enthaltenen Zweige anzuzeigen. Das hat den Vorteil, dass Sie sich nur die Zweige anzeigen lassen können, die gerade von Interesse sind. Alle anderen Zweige sind weiterhin in der Map vorhanden, aber nicht sichtbar.

Ihre Maps lassen sich auf zwei Arten filtern.

1. Die erste Möglichkeit besteht darin, eine Gruppe von Zweigen auszuwählen und diese dann mit dem Standardbefehl *Filtern* der Symbolleiste ein- bzw. auszublenden.

Abbildung 10.1 Der Standardbefehl in der Symbolleiste

2. Als zweite Möglichkeit können Sie Zweige mit dem Befehl *Power-Filter* auf der Basis ihrer Eigenschaften filtern.

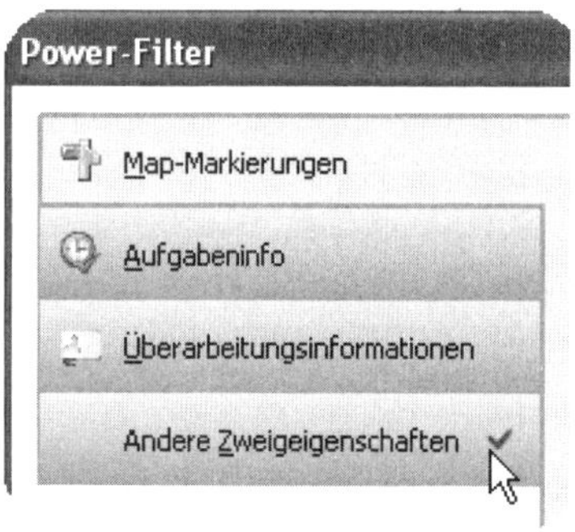

Abbildung 10.2 Die Eigenschaftstypen des Power-Filters

Der Standardmodus ist *Ausgewählte(n) Zweig(e) anzeigen*. Dieser Modus ist nur aktiv, wenn Sie einen Zweig markiert haben. Sie können den Filtermodus jederzeit ändern.

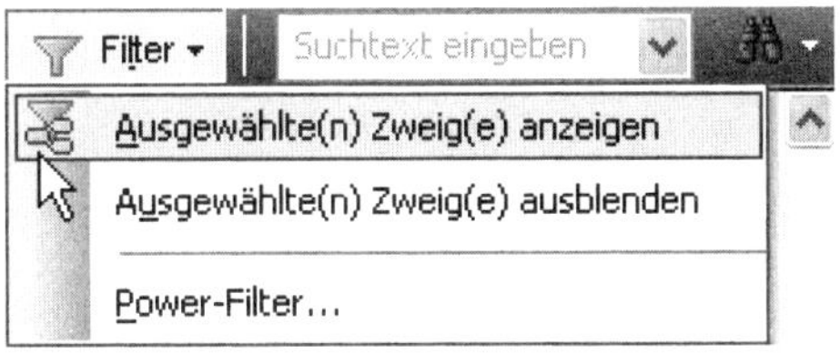

Abbildung 10.3 Der Standardmodus *Ausgewählte(n) Zweig(e) anzeigen*

Wenn ein Filter aktiv ist, wird in der Symbolleiste die Schaltfläche *Filter entfernen* angezeigt. Wenn Sie den Cursor auf die Schaltfläche *Filter* setzen, wird die Anzahl der ausgeblendeten Zweige angezeigt.

Abbildung 10.4 Die Schaltfläche *Filter entfernen*

Das Filtern ist ein kumulativer Vorgang. Das bedeutet, dass Zweige, die bereits ausgeblendet sind, bei Anwendung eines neuen Filters ausgeblendet bleiben. Bitte bedenken Sie, dass Sie zunächst alle vorher angewendeten Filter entfernen müssen, wenn ein neuer Filter für die gesamte Map angewendet werden soll.

Maps werden in gefiltertem Zustand gespeichert. Das heißt, dass die Map alle Zweige enthält, ausgeblendete Zweige aber bis zum Entfernen des Filters nicht sichtbar sind. Sie können die gefilterte Map als eine *Kopie des Originals* speichern. Die vom Filter ausgeblendeten Zweige sind dann nicht in der neuen Kopie der Map enthalten. Zur Wahl dieses Befehls nutzen Sie die Pulldown-Option des Feldes *Speichern* im Dialogfeld *Datei/Speichern*.

Mit dem Befehl *Ansicht/Einblenden/Ausblenden* können Sie auch andere Klassen von Map-Elementen ein- bzw. ausblenden.

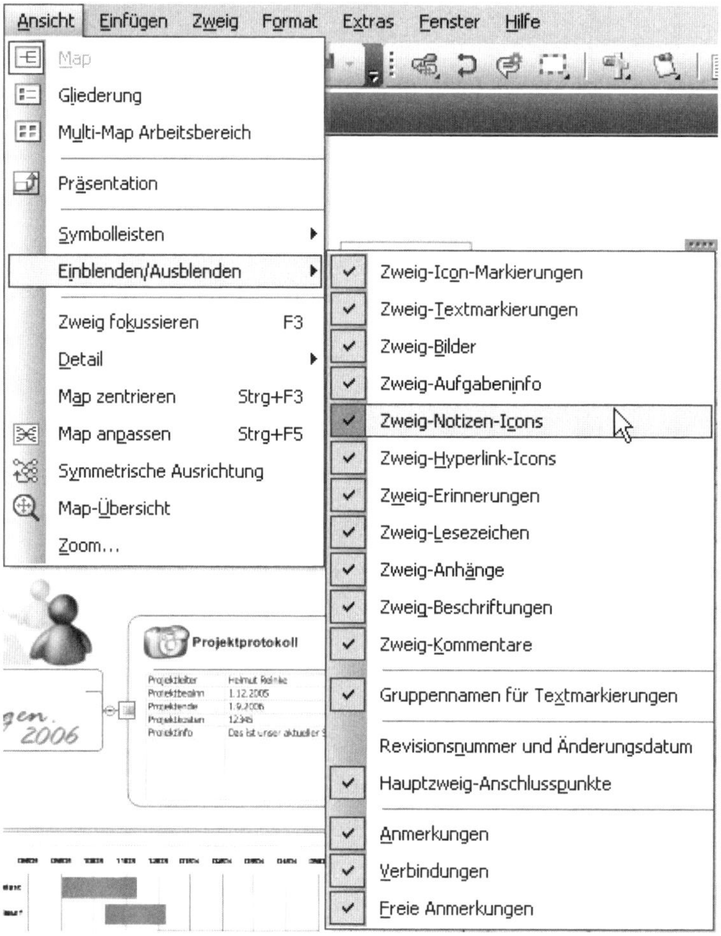

Abbildung 10.5 Ansichten ein- und ausblenden

10.1 Direktes Filtern von Zweigen

Sie sitzen mit Ihrem Team zusammen und haben beschlossen, sich als Erstes auf das Thema »Projektdokumente« zu konzentrieren. Damit nun auch jeder bei der Sache bleibt, möchten Sie alle anderen Zweige ausblenden und den Blick auf das zurzeit Wesentliche lenken.

Um diese Übung an Ihrem Computer mitzumachen, öffnen Sie die Beispiel-Map *Phase Steuerung.mmap* von der CD zum Buch im Ordner *\Kapitel 10*.

So blenden Sie eine Gruppe von Zweigen ein bzw. aus:

1. Markieren Sie die gewünschte Gruppe von Zweigen bzw. Elementen in der Map. In unserem Beispiel entspricht das dem Zweig »Projektdokumente«.
2. Wählen Sie im Pulldown-Menü der Schaltfläche *Filter* den Standardmodus *Ausgewählte(n) Zweig(e) anzeigen*.

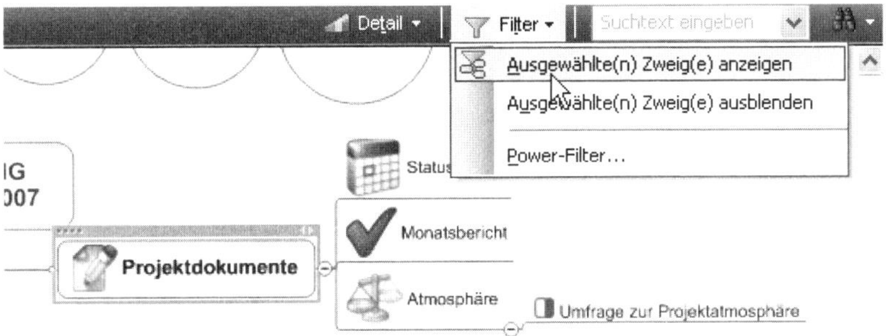

Abbildung 10.6 Filtern Sie die Map

Das Ergebnis sehen Sie in **Abbildung 10.7**. Es wird lediglich der Zweig »Projektdokumente« angezeigt, auf den Sie sich zunächst mit Ihrem Team konzentrieren möchten.

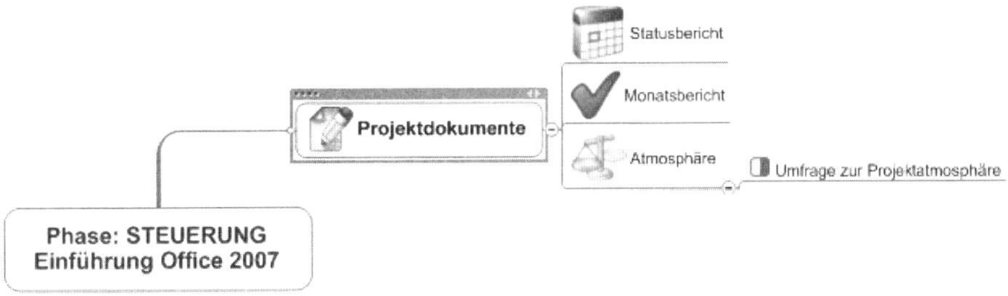

Abbildung 10.7 Die gefilterte Map mit dem Blick auf das Wesentliche

Sobald das Thema bearbeitet ist, entfernen Sie den Filter und zeigen die gesamte Map an.

- Klicken Sie hierzu auf die Schaltfläche *Filter entfernen*, damit alle Zweige angezeigt werden.

Abbildung 10.8 Entfernen Sie den zuvor gesetzten Filter

Diese Schaltfläche dient auch als Erinnerung daran, dass Sie eine gefilterte Version der Map anzeigen, da sie nur dann erscheint, wenn ein Filter aktiv ist.

Klicken Sie mit der rechten Maustaste auf das Arbeitsmappen-Register der Map, und wählen Sie Filter entfernen, um die Zweige, die Sie mit dem Befehl *Filter* ausgeblendet haben, wieder einzublenden.

10.2 Filtern von Zweigen anhand von Eigenschaften: »Der Blick auf bestimmte Informationen«

Die Power-Filter-Option ist nur in der Pro-Version von Mindjet MindManager verfügbar.

Für die Besprechung haben Sie festgelegt, dass Sie sich alle zur Diskussion stehenden Punkte ansehen möchten und die weitere Vorgehensweise bzgl. der Bewerbungen klären wollten. Diese Punkte hatten Sie mit einem Lesezeichen markiert. Sie möchten sich nun in Ihrer Business Map nur diese Zweige anzeigen lassen.

Mit dem Befehl *Power-Filter* können Sie eine Gruppe von Zweigen auf der Basis ihrer Eigenschaften filtern.

Dabei haben Sie folgende Möglichkeiten:

- Nur die Zweige anzeigen, die den Kriterien entsprechen, die anderen Zweige werden ausgeblendet.

Oder

- Zweige ausblenden, die den Kriterien entsprechen. Dann werden nur die anderen Zweige angezeigt.

Um Zweige auf Basis ihrer Eigenschaften zu filtern, gehen Sie folgendermaßen vor:

1. Wählen Sie im Pulldown-Menü der Schaltfläche *Filter* den Befehl *Power-Filter*, oder klicken Sie im Menü auf *Bearbeiten/Filter/Power-Filter*.

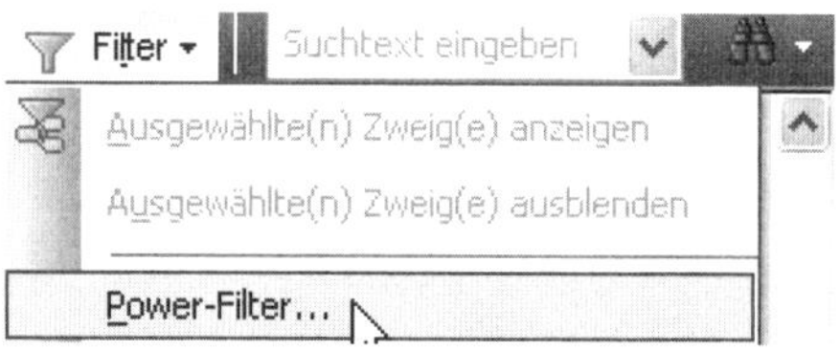

Abbildung 10.9 Starten Sie den Power-Filter

2. Wählen Sie den Eigenschaftstyp *Andere Zweigeigenschaften,* und legen Sie als Suchkriterium *Lesezeichen* fest.

Beachten Sie, dass Sie eine Kombination von Eigenschaften verschiedener Kategorien auswählen können.

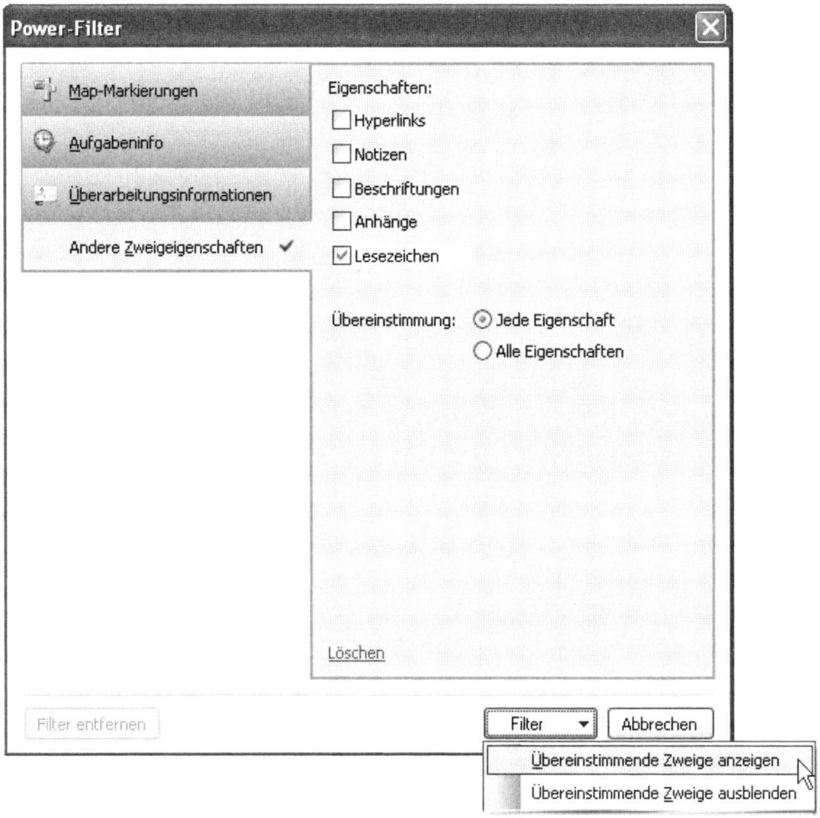

Abbildung 10.10 Suchkriterien für unser Beispiel

3. Klicken Sie auf die Schaltfläche *Filter*, und wählen Sie *Übereinstimmende Zweige anzeigen* (oder *Übereinstimmende Zweige ausblenden*).

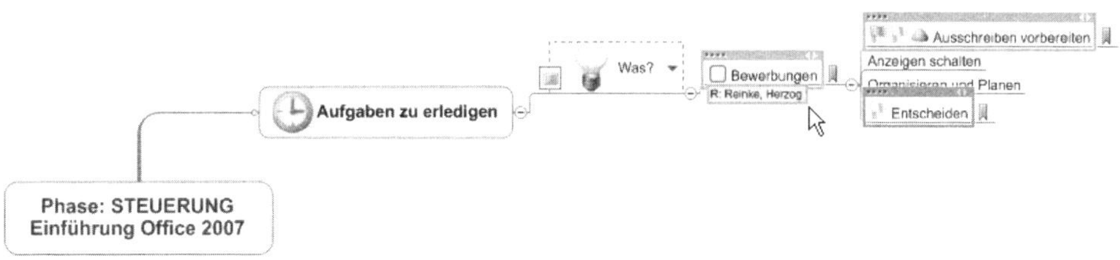

Abbildung 10.11 Das Ergebnis nach dem Filtervorgang

Wenn Sie der Map Zweige hinzufügen oder die Ansicht der Map weiter verfeinern möchten, können Sie weitere Zweige markieren und erneut Filter wählen, um die verbliebenen sichtbaren Zweige zu filtern.

Mit Hilfe des Häkchens können Sie erkennen, ob Sie eventuell vor ein paar Tagen schon einmal einen Filter gesetzt haben, den Sie nun nicht mehr brauchen. Diese »kleine Visualisierungshilfe« ist im Alltag recht nützlich.

Abbildung 10.12 Kontrollieren Sie, ob bereits Filter gesetzt wurden

10.3 Die Power-Filter-Eigenschaftstypen

Der Power-Filter bietet neben der Kategorie *Andere Zweigeigenschaften*, die Sie im vorherigen Abschnitt kennen gelernt haben, noch eine Vielzahl anderer Möglichkeiten, um die Map zu filtern.

Folgende Filterkategorien stehen Ihnen noch zur Verfügung (vgl. **Abbildung 10.12**):

- Map-Markierungen
- Aufgabeninfo
- Überarbeitungsinformationen

Map-Markierungen

In der Kategorie *Map-Markierungen* können Sie Zweige aufgrund zugewiesener Map-Markierungen, wie z.B. *Prioritäten*, *Ressourcen* oder *Aufgabe % (fertig)*, filtern.

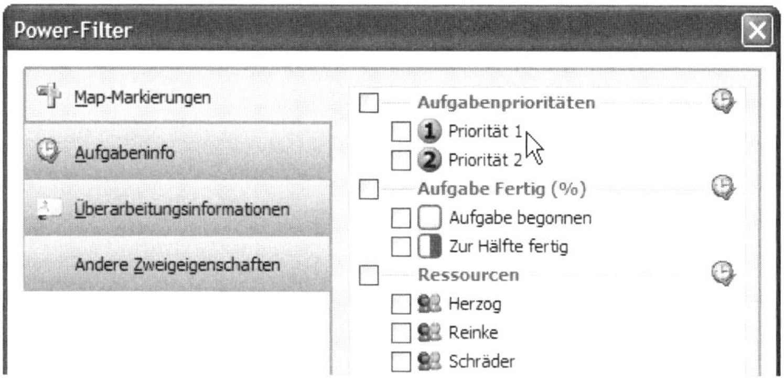

Abbildung 10.13 Der Eigenschaftstyp *Map-Markierungen*

Filtern Sie Ihre Map beispielsweise nach den von Ihnen zugeordneten Ressourcen, sieht jeder Beteiligte auf einen Blick, welche Aufgabe ihm aufgetragen wurde und mit welcher Priorität diese zu bearbeiten ist.

Die Map-Markierungen in Kombination mit dem Power-Filter bieten Ihnen im Handumdrehen die gezielte Selektion von Informationen aus einer umfangreichen Map. So haben Sie die wichtigsten Aufgaben immer im Überblick.

Aufgabeninfo

In der Kategorie *Aufgabeninfo* haben Sie die Möglichkeit, sofern Sie Aufgabeninformationen vergeben haben, nach diesen zu filtern. Das heißt, Sie können Aufgaben entsprechend dem *Start- oder Enddatum* sowie der *Dauer* filtern.

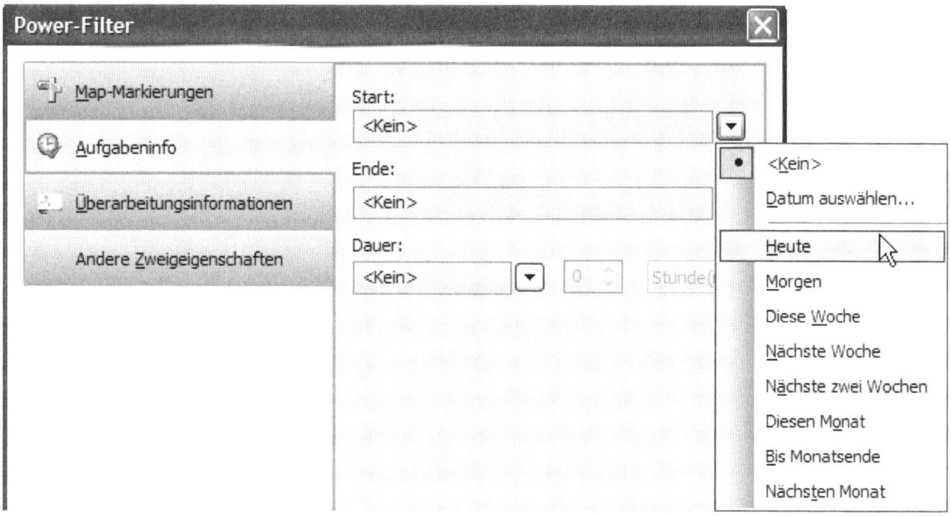

Abbildung 10.14 Filtern Sie nach vergebenen Aufgabeninformationen

- **Start:** Der Startzeitpunkt, der in Ihren Filter einbezogen werden soll. Über den Pulldown-Pfeil steht eine Reihe von vorgegebenen Zeiträumen zur Verfügung. Sie können aber auch über *Datum auswählen* einen beliebigen Tag wählen.
- **Ende:** Der Endzeitpunkt für Ihren Filter. Auch hier stehen Auswahlmöglichkeiten zur Verfügung.
- **Dauer:** Hier können Sie den Filter noch genauer definieren. Sie können Aufgaben vom Filter ausschließen, die beispielsweise eine bestimmte Anzahl von Stunden oder auch Wochen über- bzw. unterschreiten. Dazu wählen Sie zuerst im Pulldown-Menü des Feldes *Dauer* die Optionen *Größer*, *Kleiner* oder *Gleich* und geben dann die Anzahl der Zeiteinheit an.

Auf diese Weise können Sie sich z. B. alle Aufgaben anzeigen lassen, die in der kommenden Woche zu erledigen sind, und auf Basis dieser Information einen neuen Meeting-Termin festsetzen.

Überarbeitungsinformationen

Die Filtermöglichkeiten in der Kategorie *Überarbeitungsinformationen* sind vor allem dann sehr hilfreich, wenn ein und dieselbe Map von mehreren Personen im Kommentarmodus überarbeitet und verschiedene Kommentare hinzugefügt wurden.

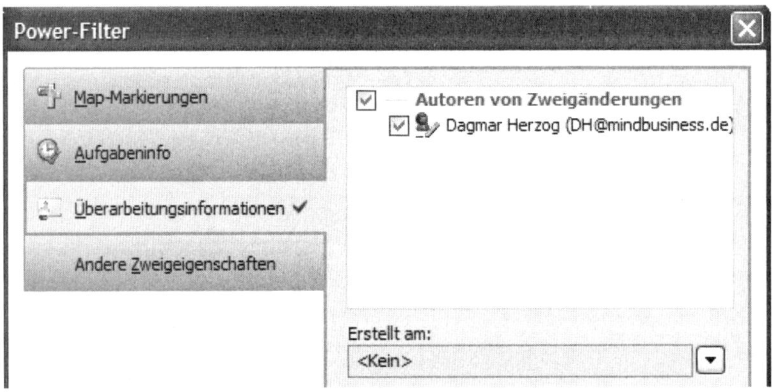

Abbildung 10.15 Filtern Sie auf Basis von Überarbeitungsinformationen

Aktivieren Sie die entsprechende Person, deren Zweigkommentare Sie zunächst verfolgen möchten. Werden diese Zweige ausschließlich angezeigt, können Sie Schritt für Schritt alle Kommentare von jedem einzelnen Autor überarbeiten.

10.4 Filtern von Zweigen nach Übereinstimmungen: »Komplizierte Beziehungen«

Sie haben den Zweig »Bewerbungen« mit der *Priorität 1* versehen und den Zweig »Dokumentenablage in SharePoint strukturieren« mit der *Priorität 2*. Beide Punkte sind noch als offene Aufgabe markiert.

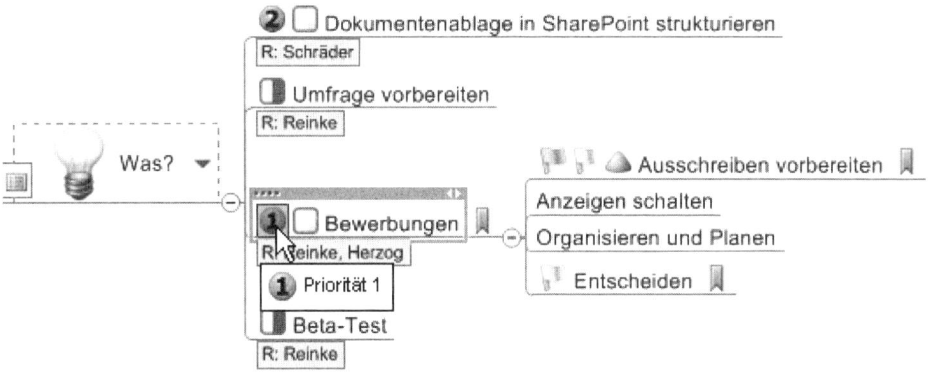

Abbildung 10.16 Die Aufgaben

Sie möchten sich nun nur auf die Aufgabe konzentrieren, die zum einen mit der *Priorität 1* und zum anderen als offene Aufgabe gekennzeichnet ist.

Um diese Übung an Ihrem Computer mitzumachen, öffnen Sie die Beispiel-Map *Phase Steuerung.mmap* von der CD zum Buch im Ordner *\Kapitel 10*.

Gehen Sie folgendermaßen vor:

1. Klicken Sie auf die Schaltfläche *Filter*, und wählen Sie im Pulldown-Menü den Eintrag *Power-Filter*.
2. Wählen Sie den Eigenschaftstyp *Map-Markierungen*, und legen Sie Ihre Suchkriterien fest – in unserem Fall die *Priorität 1* und *Aufgabe begonnen*.
3. Aktivieren Sie unter *Übereinstimmung* die Option *Alle Markierungen*.
4. Klicken Sie auch die Schaltfläche *Filter*, und wählen Sie den Eintrag *Übereinstimmende Zweige anzeigen*.

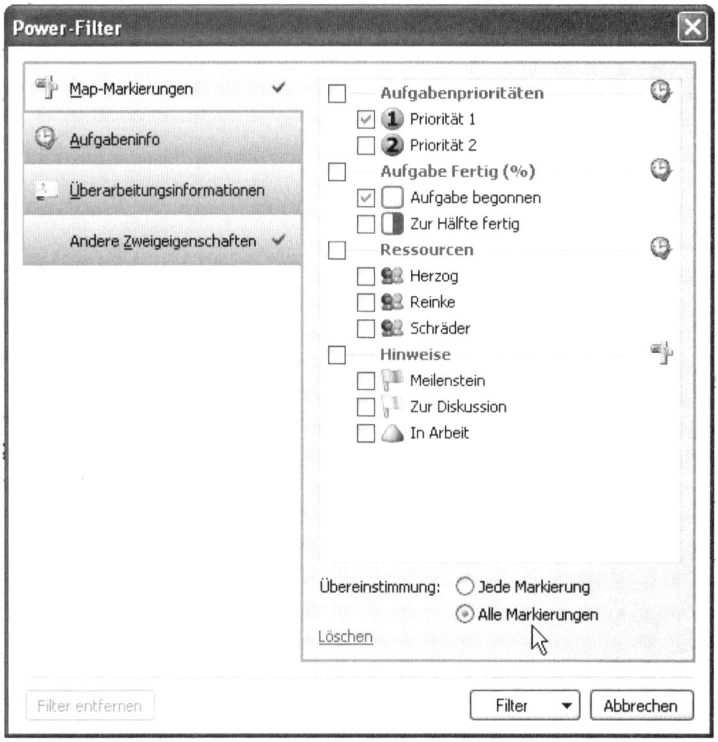

Abbildung 10.17 Die Suchkriterien für unser Beispiel

Sie bekommen in Ihrer Map nur die Zweige angezeigt, welche die gewählten Markierungen vorweisen.

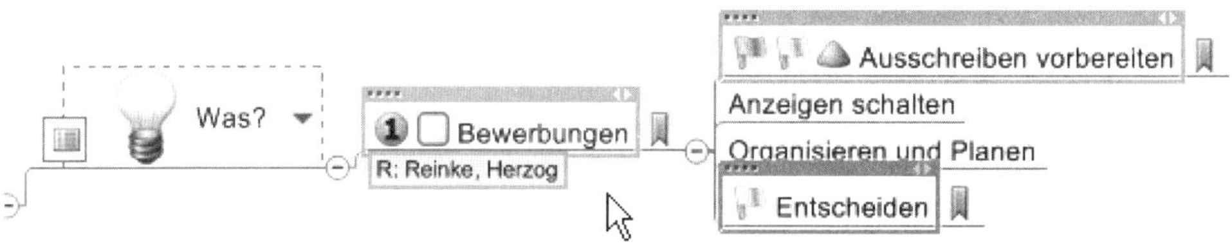

Abbildung 10.18 Die Map nach dem Filtervorgang

Die Option »Jede Markierung« im Dialogfeld *Power-Filter* (siehe **Abbildung 10.17**) unter *Übereinstimmung* funktioniert nur dann, wenn zu filternde Kriterien aus dem gleichen Feld der Eigenschaftstypen stammen.

Fazit

Die Filterfunktionen können Sie im Arbeitsalltag sehr sinnvoll einsetzen.

Ob Sie schnell den Überblick über Aufgabeninformationen brauchen, sich einen bestimmten Status anzeigen lassen wollen oder einfach nur wissen müssen »Wer ist eigentlich für was zuständig?« – der gezielte Blick auf ausgewählte Informationen sichert Ihnen und dem Team einen guten Überblick und erspart allen viel Zeit des Suchens.

Die direkte Filterfunktion hat bei uns im Team schon oft viel Zeit gespart. Sehr gerne nutzen wir diese Funktion in den Teamsitzungen, um uns auf einzelne Bereiche zu konzentrieren.

☞ Setzen Sie diese Möglichkeiten oft in Ihrem Arbeitsalltag ein – Sie werden einen sehr guten Überblick behalten.

11

Die Map im Team

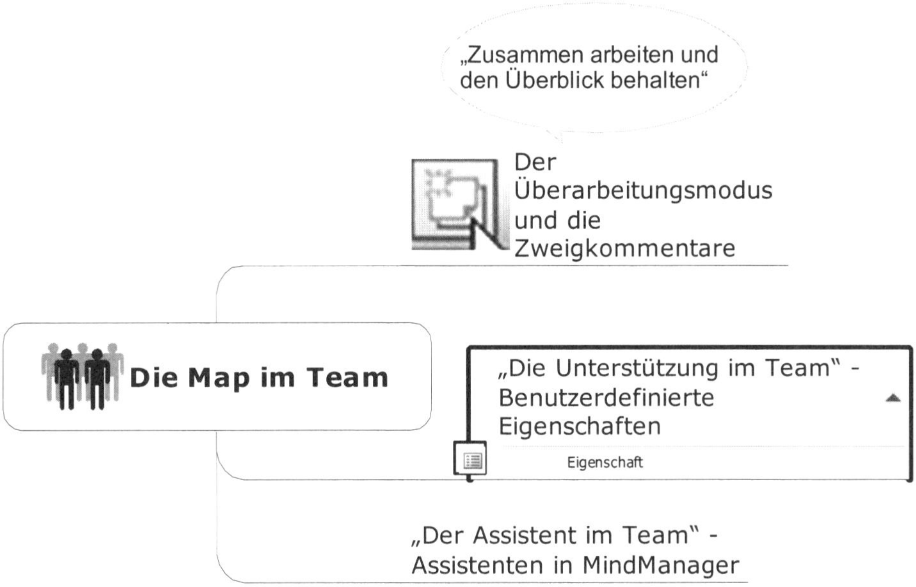

11 Die Map im Team

Nehmen wir als Beispiel wieder unseren Projektleiter, der inzwischen schon unglaublich fit in MindManager ist. Er weiß, dass er für eine erfolgreiche Projektarbeit nicht nur die MindManager-Software braucht, sondern unbedingt auch ein fähiges Team, das ihm jederzeit zur Verfügung und auch mit Rat und Tat zur Seite steht. Denn alleine, so hat er festgestellt, kann er keinen Blumentopf gewinnen.

Da sich der Projektleiter nicht nur im Bereich Software weiterbildet, sondern als guter Vorgesetzter, auch mit dem Thema »Personalführung« vertraut ist, weiß er, dass die Atmosphäre innerhalb des Teams und während des Projekts sehr wichtig ist.

Da wir uns für dieses Kapitel zur Erklärung der Teamfunktionen in MindManager das Thema »Projektatmosphäre« ausgesucht haben, möchten wir jedoch zunächst kurz erläutern, was die *Projektatmosphäre* beinhaltet.

Projektatmosphäre – was verstehen wir darunter?

Die Projektatmosphäre beschreibt das Arbeitsklima, das innerhalb der Projektgruppe sowie zwischen der Gruppe und außenstehenden Parteien während des Projekts herrscht. Determinanten der Projektatmosphäre sind beispielsweise der Arbeitsplatz, die Konfliktlösungsfähigkeiten und Regelungskompetenzen des Projektleiters, sein Führungsstil, die Team-Zusammenstellung. Eine wichtige Rolle spielen auch die Motivatoren bzw. Demotivatoren beruflicher Leistung.

Wenn der Zusammenhalt innerhalb einer Projektgruppe funktioniert, kann man davon ausgehen, dass das Projekt zügiger und gegebenenfalls auch erfolgreicher abgewickelt wird. Stellt die Projektatmosphäre hingegen einen Problembereich innerhalb des Projektes dar, wird möglicherweise zu viel Zeit in die Lösung interner Konflikte verwendet, und es kann zu Verzögerungen kommen.

Deshalb ist es wichtig, von vornherein mögliche Faktoren, welche die Projektatmosphäre verschlechtern können, zu beseitigen bzw. erst gar nicht auftreten zu lassen.

Eine gute Projektatmosphäre schaffen

Jetzt stellt sich natürlich die Frage: Wie schaffe ich eine gute und Erfolg versprechende Projektatmosphäre? Auch an einer guten Projektatmosphäre kann gearbeitet werden!

Vor allem der Projektleiter sollte das Klima durch einen offenen und kooperativen Führungsstil prägen. Er sollte sich selbst als Teil des Teams sehen und nicht als Herrscher über das Team. Ebenso sollte ihm bewusst sein, dass er nicht durch seine formale Stellung Autorität gewinnt, sondern durch seine Person. Sobald Zielkonflikte auftauchen, gilt es, alle möglichen und zur Verfügung stehenden Handlungsalternativen mit einzubeziehen. Dies schließt im Einzelfall, bei ausreichender Legitimation, auch eine rechtzeitige Projekteinstellung mit ein.

Neben der Fähigkeit. Konflikte lösen zu können, braucht er auch die formalen Regelungskompetenzen, um sie unkompliziert aus der Welt zu schaffen. Rückendeckung erhält der Projektleiter vom Auftraggeber. Generell muss vor Projektstart eine Kompetenzregelung zwischen Projektleiter, Mitarbeiter und Linienbereichen erfolgen.

Des Weiteren hängt eine gute Projektatmosphäre vom Projektteam und von seiner Zusammenstellung, z.B. in Bezug auf unterschiedliche Persönlichkeitstypen, sowie vom Identifikationsgrad der Teammitglieder mit den Projektzielen ab. Auch Faktoren wie die Entlastung und Freistellung der Mitarbeiter von Linienaufgaben sowie die Mitarbeitermotivation wirken sich auf die Projektatmosphäre aus.

Tipps für den Projektleiter

Verinnerlichen Sie sich die folgenden Aussagen über die vier wichtigsten Körperteile des Projektmanagers. Ein guter Projektleiter braucht:

- das Herz, um zu führen
- den Bauch, um zu vertrauen
- die Seele, um die Organisation zu beflügeln
- die Nase, um zu riechen, wenn etwas stinkt

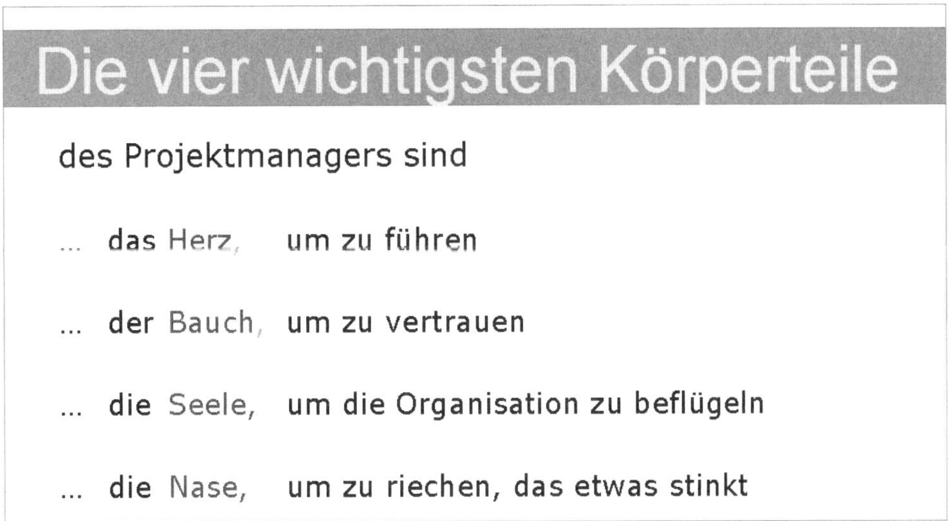

Abbildung 11.1 Die vier wichtigsten Körperteile – Herz, Bauch, Seele, Nase

Diese Aussage und viele weitere Strategien und Erläuterungen hat Tom DeMarco sehr schön und praxisnah in seinem Buch »Projektmanagement jenseits von Burn-Out, Stress und Effizienzwahn« beschrieben. Das Buch ist im Hanser Verlag unter der ISBN 3-446-21665-0 erschienen.

11.1 Der Überarbeitungsmodus und die Zweigkommentare

»Zusammen arbeiten und den Überblick behalten«

Unser Projektleiter steht innerhalb des Unternehmens im regen Austausch mit weiteren Projektleitern. Er möchte von seinen Kollegen wissen, wie sie die Projektatmosphäre einschätzen und was ihnen zu diesem Thema alles einfällt. Deshalb bittet er die Kollegen, sich über diese Thematik Gedanken zu machen und diese in seiner bereits vorbereiteten Map zu ergänzen.

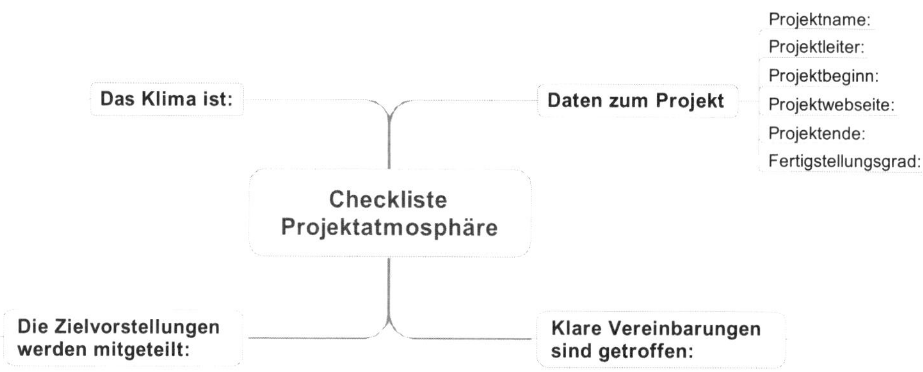

Abbildung 11.2 Die Map zum Thema Projektatmosphäre

Damit der Projektleiter die Änderungen durch die Kollegen innerhalb der Map nachvollziehen kann, steht ihm die MindManager-Funktion *Überarbeitungsmodus* zur Verfügung. Den Umgang mit dem Überarbeitungsmodus beschreiben wir Ihnen im Folgenden.

Diese Option ist nur in der Pro-Version von Mindjet MindManager verfügbar.

11.1.1 Der Überarbeitungsmodus – was ist das?

Mit dem Überarbeitungsbefehl von MindManager können Sie gemeinsam mit Ihren Kollegen an ein und denselben Maps arbeiten.

Die im Überarbeitungsmodus neu angelegten Zweige werden mit Hilfe von Text- und Füllfarben, die jedem Bearbeiter automatisch zugewiesen werden, optisch unterschieden.

In den *Einstellungen* für den Überarbeitungsmodus können Sie spezielle Farben für die hinzugefügten Zweigänderungen und Notizen wählen und Ihre Zweige auf Wunsch mit einem Icon oder Präfix kennzeichnen.

Ferner können Sie eine Einstellung aktivieren, die bewirkt, dass Änderungen an der Map, bspw. beim Modifizieren oder Entfernen von Zweigen, automatisch mit Kommentaren versehen werden und somit nachvollziehbar sind.

Parallel dazu werden neue Absätze in den Notizen als farbige Kommentarnotizen angezeigt. Die Zweigänderungen heben sich optisch vom ursprünglichen Inhalt der Map ab. Sie können dann entscheiden, ob die jeweilige Zweigänderung akzeptiert oder abgelehnt werden soll.

Wenn Sie unter *Einstellungen Überarbeitung* in der Überarbeitungssymbolleiste die Option *Alle Map-Änderungen in Kommentaren erfassen* nicht aktiviert haben, ist es ratsam, den nächsten Berater darüber zu informieren, wie er Ihre Zweige erkennt (z.B. durch einen Vermerk »Die von mir hinzugefügten Zweige sind rot«).

11.1.2 Die Einstellungen des Überarbeitungsmodus im Fokus

Haben Sie den Überarbeitungsmodus in MindManager aktiviert, öffnet sich eine für die Überarbeitung separate Symbolleiste.

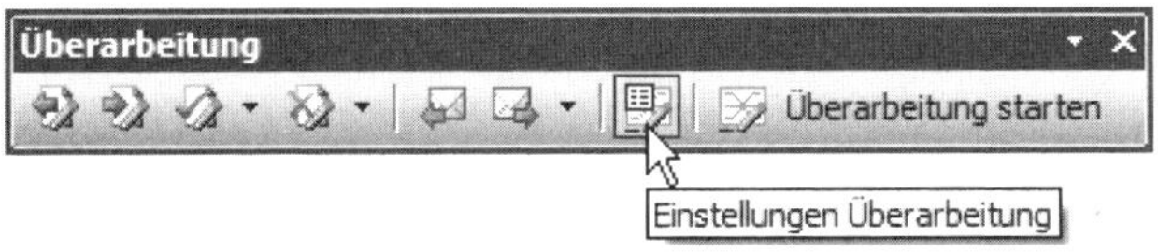

Abbildung 11.3 Die Symbolleiste im Überarbeitungsmodus

Durch Klicken auf die Schaltfläche *Einstellungen Überarbeitung* (siehe **Abbildung 11.3**) können Sie verschiedene Einstellungen vornehmen, die definieren, wie die Zweige und Notizen, die Sie in der Überarbeitungsphase hinzufügen, gekennzeichnet werden.

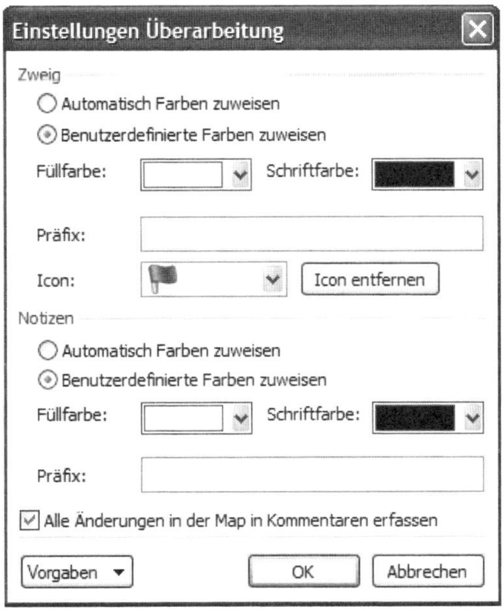

Abbildung 11.4 Der Dialog für die Einstellungen im Überarbeitungsmodus

1. **Zweig und Notizen**
   Sie können Zweigen oder Notizen während der Überarbeitung folgende Elemente zuweisen:
   - *Automatisch Farben zuweisen*: Wählt für jeden Prüfer automatisch eine neue Füll- und Schriftfarbe.
   - *Benutzerdefinierte Farben zuweisen*: Ermöglicht Ihnen die Auswahl eigener Füll- und Schriftfarben.
   - *Präfix*: Legen Sie ein Präfix fest (z. B. »Ideen von Mike«).
   - *Icon*: Wählen Sie ein Icon.
   - *Alle Map-Änderungen in Kommentaren erfassen*: Fügt der Map automatisch einen Kommentar hinzu, wenn Sie während der Überarbeitung eine Änderung vornehmen.
2. **Standardeinstellungen**
   Klicken Sie im Dialogfeld *Einstellungen Überarbeitung* auf die Schaltfläche *Vorgaben*, stehen Ihnen folgende Befehle zur Auswahl:
   - *Auf Standardeinstellungen zurücksetzen* setzt alle aktuellen Einstellungen für diese Map auf die Standardwerte zurück.
   - *Als Standard speichern* speichert die aktuellen Einstellungen für alle Maps, die Sie überarbeiten, als Standardwerte für die Überarbeitung.

Im Menü unter *Extras/Optionen/Überarbeitung* können Sie auch die standardmäßigen Überarbeitungseinstellungen für Zweige und Notizen festlegen.

11.1.3 Starten der Überarbeitung

Sie möchten mit der Überarbeitung beginnen.

Um diese nachfolgenden Beispiele an Ihrem Computer mitmachen zu können, öffnen Sie die Beispiel-Map *Checkliste Projektatmosphäre_1 .mmap* von der CD zum Buch im Ordner *Kapitel 11*.

Gehen Sie folgendermaßen vor:

- Klicken Sie auf *Extras/Überarbeitung starten*.

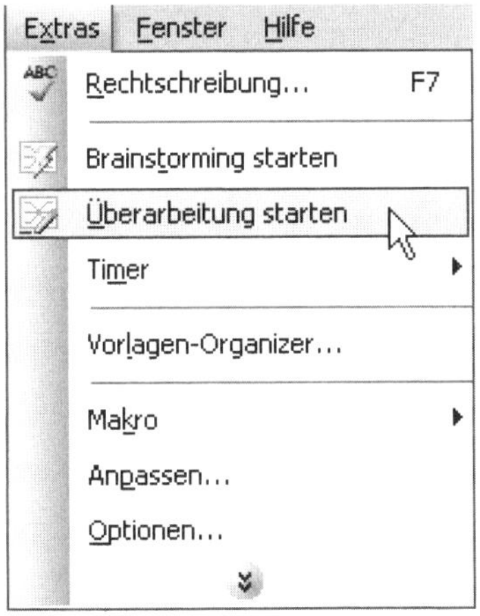

Abbildung 11.5 Starten Sie den Überarbeitungsmodus.

Sofern Sie Ihre Benutzerangaben nicht bereits unter *Extras/Optionen/Benutzerangaben* eingegeben haben, werden Sie nach dem Start des Überarbeitungsmodus zur Eingabe Ihres Namens und Ihrer E-Mail-Adresse aufgefordert. Anhand dieser Angaben lassen sich Ihre Kommentare auch Ihnen zuordnen. Der nächste Bearbeiter kann sich dann ggf. an Sie wenden.

Die Befehle der Überarbeitungssymbolleiste

Nach Start des Überarbeitungsmodus öffnet sich die Überarbeitungssymbolleiste.

Abbildung 11.6 Die Überarbeitungssymbolleiste

Diese enthält folgende Befehle:

- Zur *vorherigen* oder *nächsten Zweigänderung* springen.
- *Zweigänderung akzeptieren* oder *ablehnen.*
- Map an den *vorherigen Bearbeiter zurückschicken* oder an den *nächsten weiterleiten.*
- *Einstellungen Überarbeitung* für die Verfolgung der Änderungen in der Map im Verlauf des Überarbeitungsvorgangs ändern.

11.1.4 Die überarbeitete Map weiterleiten

Sie arbeiten mit Ihren Kollegen nicht im gemeinsamen Firmennetz

Sie haben Ihre Überarbeitung in der Map beendet und möchten diese nun an Ihre Kollegen, *außerhalb* des Firmennetzes, senden.

Hierzu gehen Sie wie folgt vor:

1. Da Sie sich noch im Überarbeitungsmodus befinden, klicken Sie in der Überarbeitungssymbolleiste auf die Schaltfläche *Weiterleiten*.

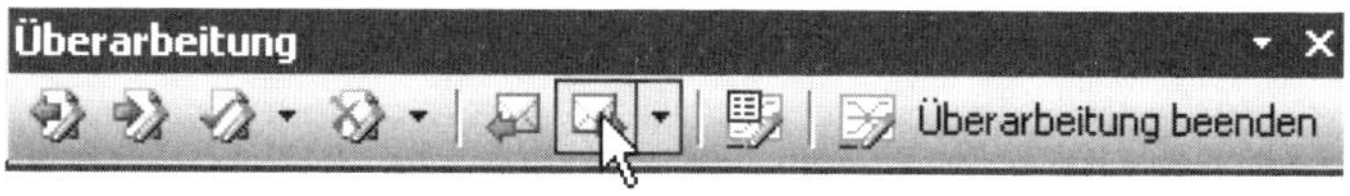

Abbildung 11.7 Die Weitergabe über die Symbolleiste

Es öffnet sich der *Sende-Assistent*, der Sie beim Versand der Map unterstützt.

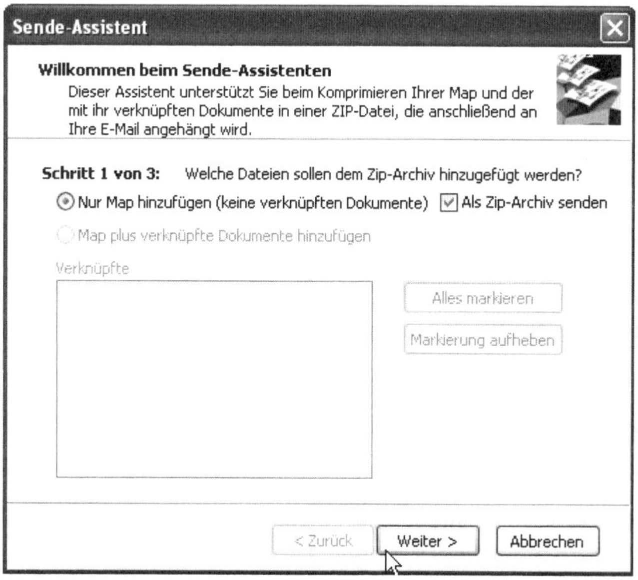

Abbildung 11.8 Der Sende-Assistent

Je nach der von Ihnen gewählten Option innerhalb des Sende-Assistenten wird während dieses Vorgangs aus der Map eine *ZIP*-Datei erstellt und in Form eines E-Mail-Anhangs weitergeleitet. Ebenso können Sie individuell entscheiden, ob Sie die Map mit oder ohne Anhänge versenden wollen.

2. Aktivieren Sie das Kontrollkästchen *Als Zip-Archiv senden*, und klicken Sie auf *Weiter*.

3. Geben Sie der Datei im zweiten Dialogfeld des Sende-Assistenten unter *Dateiname* einen entsprechenden Namen.
4. Schreiben Sie, wenn Sie möchten, einen Begrüßungstext in das Feld *Optionaler Begrüßungstext, der als ZIP-Kommentar angezeigt wird.*
5. Klicken Sie auf *Weiter.*

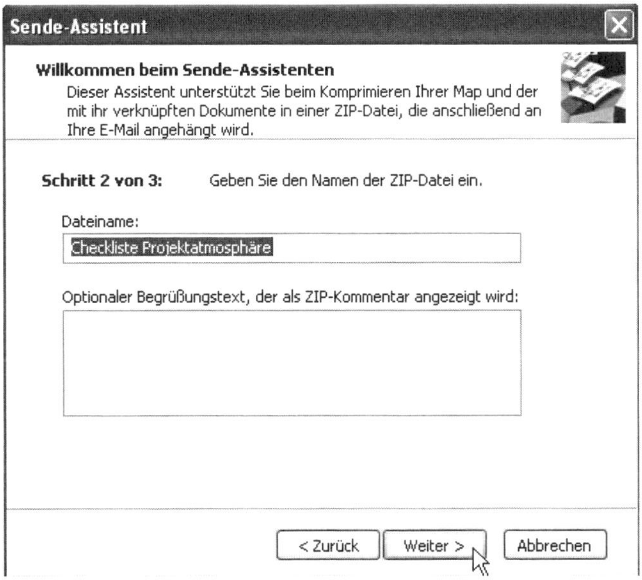

Abbildung 11.9 Geben Sie der Datei einen Namen

Im letzten Dialogfeld des Sende-Assistenten haben Sie nun noch die Möglichkeit, einen Kennwortschutz zu aktivieren, um auf diese Weise die ZIP-Datei zu schützen.

6. Belassen Sie die Standardeinstellungen, und klicken Sie auf *Fertig stellen.*

Abbildung 11.10 Beenden Sie den Sende-Assistenten

Die von Ihnen überarbeitete Map wird nun automatisch zu einer ZIP-Datei komprimiert und als Anhang einer E-Mail-Nachricht beigefügt.

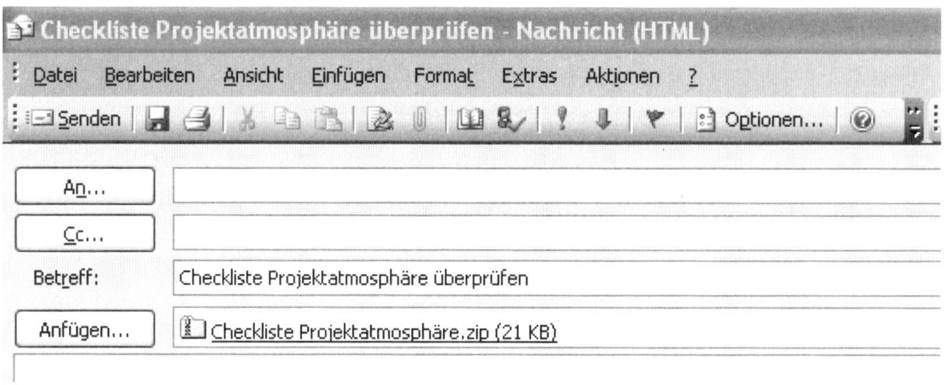

Abbildung 11.11 Die gezippte Map als Anhang in einer E-Mail

Die Map ist nun bereit für den Versand an Ihre Kollegen außerhalb des Netzwerks.

Öffnet der Empfänger die Map, wird diese automatisch im Überarbeitungsmodus gestartet.

Ihr Kollege fügt neue Zweige hinzu und leitet die Map anschließend an den nächsten Beteiligten weiter. Wenn die Map von allen Beteiligten eingesehen und ergänzt bzw. modifiziert wurde, geht sie zurück an Sie.

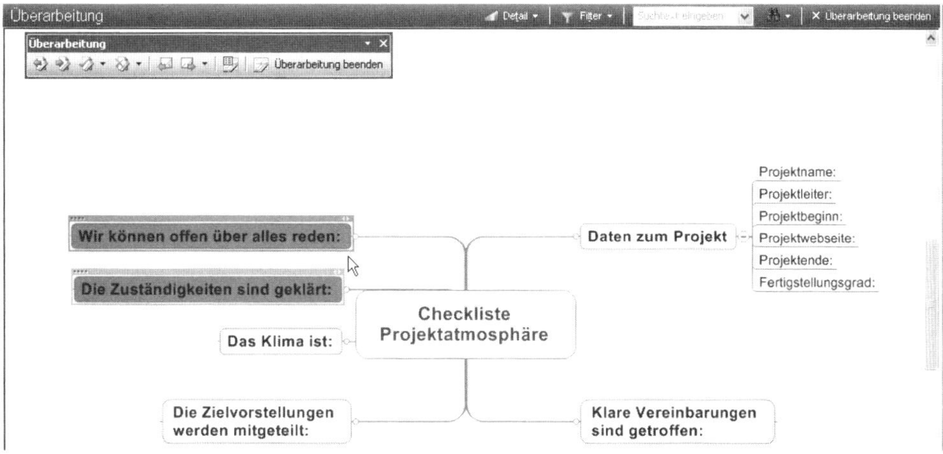

Abbildung 11.12 Zweigänderungen in der Map

Sie werten die kollektiven Zweigänderungen und Kommentare aus und passen die Map entsprechend an.

Sie arbeiten mit Ihren Kollegen im gemeinsamen Firmennetz

1. Speichern Sie die Map im Überarbeitungsmodus und legen Sie sie in Ihrem Firmenintranet ab.
2. Schicken Sie den Kollegen den entsprechenden Link.

Nun kann jeder, wie soeben beschrieben, seine Ergänzungen vornehmen, die Map anschließend erneut speichern, und Sie können am Schluss erkennen, wer was geschrieben hat.

Wir empfehlen für den Einsatz des Überarbeitungsmodus immer folgende Teamvereinbarung: Jeder darf nur eigene Zweige ergänzen und keine Zweige der anderen löschen oder verändern. Ansonsten ist es für den Ersteller nicht mehr nachvollziehbar, wer was gemacht hat, da keine Historie angelegt wird. Wir sind der Meinung, diese Vorgehensweise gebührt auch dem Teamgedanken.

11.1.5 Zweigkommentare: »Jede Meinung ist willkommen«

Ein Kollege hat zu zwei Zweigen noch ein paar Gedanken, die er gerne ergänzen möchte. Er nutzt dazu die Funktion *Zweigkommentare*. Stellen Sie sich vor, Sie sind der Kollege und möchten Kommentare hinzufügen.

Um diese nachfolgenden Beispiele an Ihrem Computer mitmachen zu können, öffnen Sie die Beispiel-Map *Checkliste Projektatmosphäre_1 .mmap* von der CD zum Buch im Ordner *\Kapitel 11*.

Gehen Sie folgendermaßen vor, um Zweigkommentare hinzuzufügen:

1. Klicken Sie auf die Schaltfläche *Zweigkommentare*, oder wählen Sie den Menübefehl *Zweig/Kommentare*.

Abbildung 11.13 Die Schaltfläche *Zweigkommentare* in der Symbolleiste

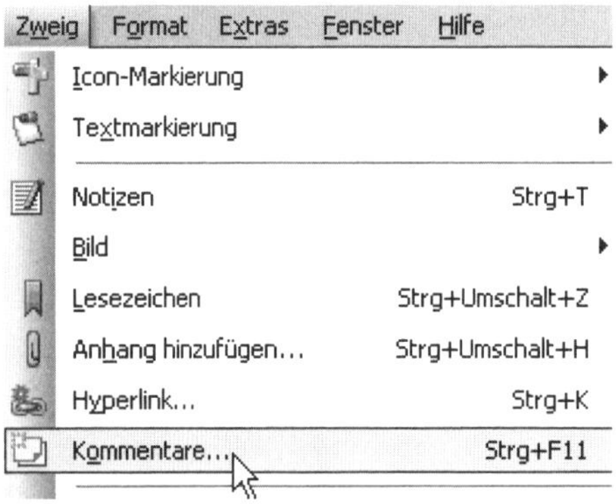

Abbildung 11.14 Der Weg zu den Kommentaren über das Menü

2. Das Fenster *Zweigkommentare* wird mit einem neuen Kommentar geöffnet. Geben Sie Ihren Kommentartext ein. Er wird automatisch mit Ihren Benutzerangaben versehen.

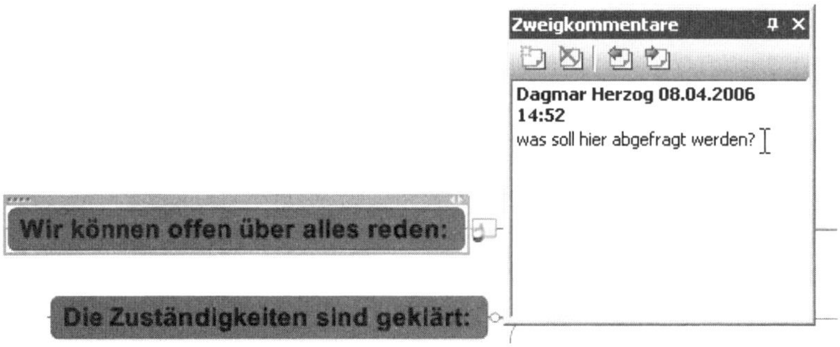

Abbildung 11.15 Geben Sie einen Zweigkommentar ein

Kommentare bearbeiten

Sie können einen Kommentar, den Sie bereits angelegt haben natürlich auch bearbeiten. Dazu markieren Sie ihn und geben den neuen Kommentartext ein.

Abbildung 11.16 Bearbeiten Sie einen Zweigkommentar

Kommentare löschen

Möchten Sie einen Kommentar entfernen, dann gehen Sie folgenden Weg:

- **Der Zweig hat nur einen Kommentar:**
  Klicken Sie mit der rechten Maustaste auf das Kommentar-Icon, und wählen Sie im Kontextmenü den Befehl *Kommentar entfernen.*

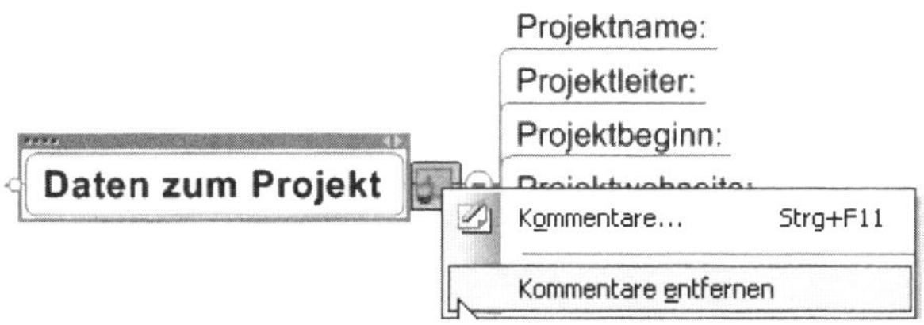

Abbildung 11.17 Entfernen Sie einen Kommentar über das Kontextmenü

- **Dem Zweig sind bereits mehrere Kommentare zugeordnet:**
  Markieren Sie den betreffenden Zweig, und wählen Sie dann den Kommentar in der Liste. Klicken Sie im Fenster *Kommentare* auf die Schaltfläche *Kommentar entfernen.*

Abbildung 11.18 Entfernen Sie Kommentare über die Kommentar-Symbolleiste

Sie können auch hier die Kommentare anderer Bearbeiter entfernen, sollten dies aber höflicherweise dem Ersteller überlassen.

11.1.6 Anzeigen von Zweigänderungen und Kommentaren

Die Kollegen haben eifrig Ergänzungen in die Map eingefügt. Sie möchten nun vor dem Überarbeiten sehen, welche Zweige und Kommentare der Map bereits hinzugefügt wurden.

Die Identifizierung der Zweigänderungen ist aufgrund der Farbgebung und der Kennzeichnung in Form von Icons kein Problem.

Die Kommentare werden eingeblendet, sobald Sie den Cursor auf das Kommentar-Symbol setzen.

Nutzen Sie auch hier den Power-Filter, und lassen Sie sich nur die Zweige mit Kommentaren und/oder die Zweigänderungen anzeigen. Wie das geht, haben Sie bereits in Kapitel 10 gelernt.

So rufen Sie die Kommentare einzeln nacheinander auf:

1. Klicken Sie auf die Kommentar-Icons, um das Fenster *Kommentare* zu öffnen.
2. Bewegen Sie sich im Fenster *Kommentare* mit den Schaltflächen *Weiter* und *Zurück* von Kommentar zu Kommentar.

Abbildung 11.19 Nutzen Sie die Schaltflächen der Kommentar-Symbolleiste

11.1.7 Die Überarbeitungsphase beenden

Alle Kollegen haben ihre Ergänzungen vorgenommen. Sie möchten nun die Überarbeitung beenden.

- Klicken Sie auf die Schaltfläche *Überarbeitung beenden* in der Überarbeitungssymbolleiste, um die Sitzung zu beenden.

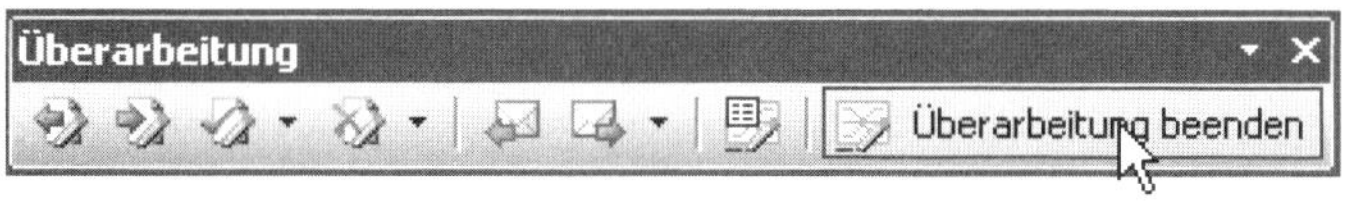

Abbildung 11.20 Beenden Sie die Überarbeitung der Map

Sie können die Map nun mit den neuen Überarbeitungsinformationen zur Wiederverwendung speichern.

Sie möchten die Überarbeitung nur unterbrechen? Speichern Sie die Map, bevor Sie die Überarbeitungsphase beenden. Wenn Sie die Map das nächste Mal öffnen, wird automatisch die Überarbeitungsphase gestartet.

Allein durch das Schließen der Überarbeitungssymbolleiste wird die Überarbeitungsphase nicht beendet. An der Aktionsleiste in der linken oberen Ecke wird weiterhin das Überarbeitungssymbol angezeigt. Auch die Schaltfläche *Überarbeitung beenden* ist rechts oben weiterhin zu sehen. Wenn Sie die Überarbeitungssymbolleiste geschlossen haben, klicken Sie in der Aktionsleiste auf die Schaltfläche *Überarbeitung beenden*, um die Sitzung zu schließen.

11.2 Benutzerdefinierte Eigenschaften – »die Unterstützung im Team«

Sie möchten in Ihrer Vorlagen-Map »Projektatmosphäre« ein Feld einrichten, das jedem im Team ermöglicht, den eigenen Namen und das Datum der Bearbeitung einzugeben.

Eine Möglichkeit der Einbindung von Daten in eine Map bildet das Hinzufügen von Sätzen mit *benutzerdefinierten Eigenschaften* zu Ihren Zweigen. Ein Satz benutzerdefinierter Eigenschaften ist ein Objekt, das einem Zweig beigefügt wurde und eine Liste mit Eigenschaftsnamen und ihren Werten enthält.

Die Funktion *Benutzerdefinierte Eigenschaften* ist nur in der Version Mindjet MindManager Pro verfügbar.

Sätze mit benutzerdefinierten Eigenschaften können Sie erstellen und zum Standardisieren der Eingabe von Daten für Zweige eines bestimmten Typs nutzen. So können Sie bspw. einen Satz benutzerdefinierter Eigenschaften mit Feldern für standardmäßige Mitarbeiterdaten wie Abteilung, Manager, Titel, Mitarbeiternummer usw. erstellen.

Innerhalb des Satzes können Sie einige oder alle Eigenschaften als Basiseigenschaften klassifizieren. Ferner können Sie festlegen, dass nur Basiseigenschaften oder alle Eigenschaften angezeigt werden sollen.

11.2.1 Erstellen eines Satzes mit benutzerdefinierten Eigenschaften

Das Erstellen eines Satzes mit benutzerdefinierten Eigenschaften umfasst zwei Schritte:

1. Zunächst definieren Sie eine Liste mit Eigenschaften verschiedener Datentypen.

An diesem Punkt haben Sie eine Liste mit Eigenschaften ohne Werte. Die benutzerdefinierten Eigenschaften sind bereit für die Dateneingabe.

2. Im zweiten Schritt bearbeiten Sie die benutzerdefinierten Eigenschaften, um die Felder mit Daten zu füllen, die für diesen Zweig spezifisch sind.

Nach dem Erstellen des Satzes mit benutzerdefinierten Eigenschaften können Sie festlegen, ob er ein- bzw. ausgeblendet wird. Wird er nicht länger benötigt, können Sie ihn ganz vom Zweig entfernen.

So fügen Sie einem Zweig oder dem Hauptthema einen Satz benutzerdefinierter Eigenschaften hinzu:

1. Markieren Sie einen Zweig oder das Hauptthema.
2. Klicken Sie auf *Zweig/Benutzerdefinierte Eigenschaften*.

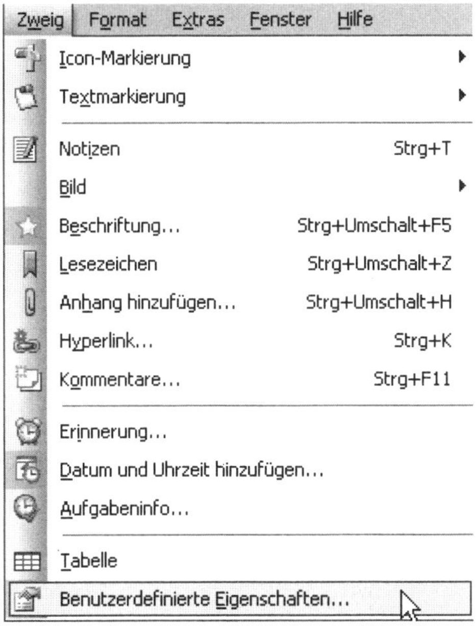

Abbildung 11.21 Der Weg zu den benutzerdefinierten Eigenschaften

3. Das Dialogfeld *Benutzerdefinierte Eigenschaften definieren* wird angezeigt.

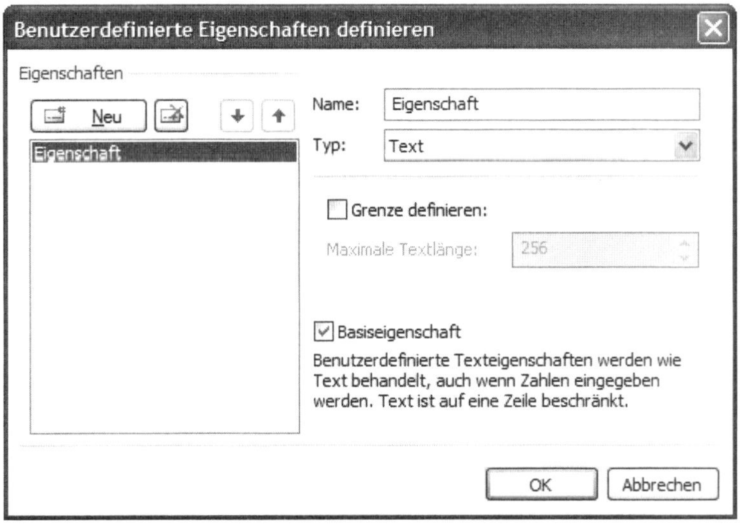

Abbildung 11.22 Das Dialogfeld *Benutzerdefinierte Eigenschaften*

Jetzt können Sie die Liste mit Eigenschaften definieren (siehe **Abbildung 11.23**):

- Klicken Sie auf die Schaltfläche *Neu*. In der Eigenschaftsliste wird der Platzhalter »Neue Eigenschaft« angezeigt.

- Geben Sie für die Eigenschaft einen Namen ein. In unserem Beispiel »Name«.
- Wählen Sie den *Datentyp* und weitere Optionen. Der gewählte *Datentyp* und die Optionen bestimmen, wie die Daten der Eigenschaft angezeigt werden und welche Art von Eingabefeld verwendet wird.

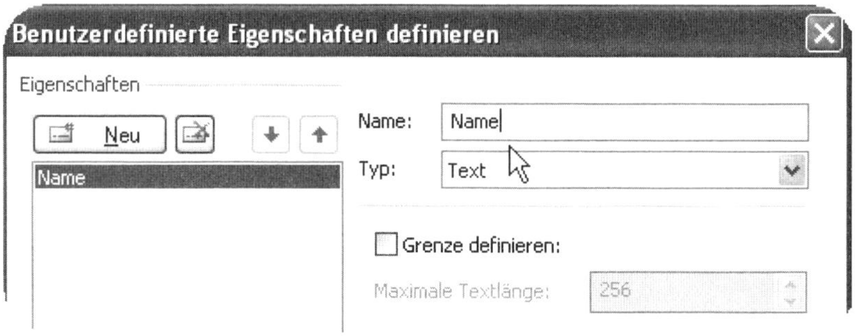

Abbildung 11.23 Eine neue benutzerdefinierte Eigenschaft wird angezeigt

Das Kontrollkästchen *Basiseigenschaft* (siehe **Abbildung 11.22**) bestimmt, ob die Daten in der Ansicht mit den Basiseigenschaften der benutzerdefinierten Eigenschaften angezeigt werden. Ist das Kontrollkästchen deaktiviert, wird die Eigenschaft nur angezeigt, wenn Sie alle Eigenschaften anzeigen (nicht nur die Basiseigenschaften).

4. Wiederholen Sie die beschriebenen Schritte, um weitere Eigenschaften hinzuzufügen, in unserem Beispiel »Datum/Datum«.

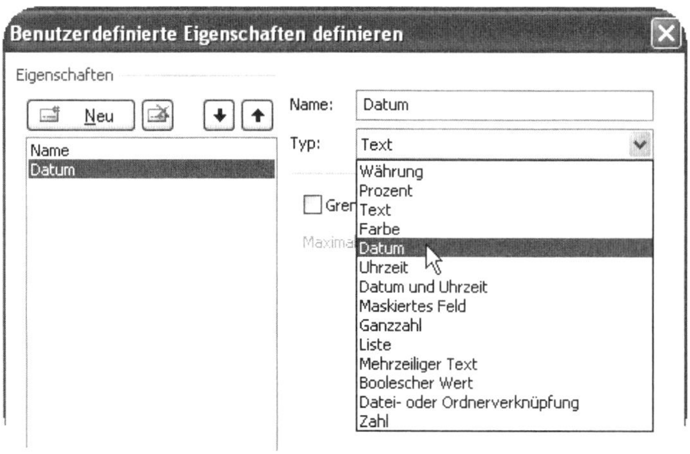

Abbildung 11.24 Legen Sie die benutzerdefinierte Eigenschaft *Datum* an

5. Wenn Sie das Hinzufügen von Eigenschaften abgeschlossen haben, klicken Sie auf *OK*, um das Dialogfeld zu verlassen.

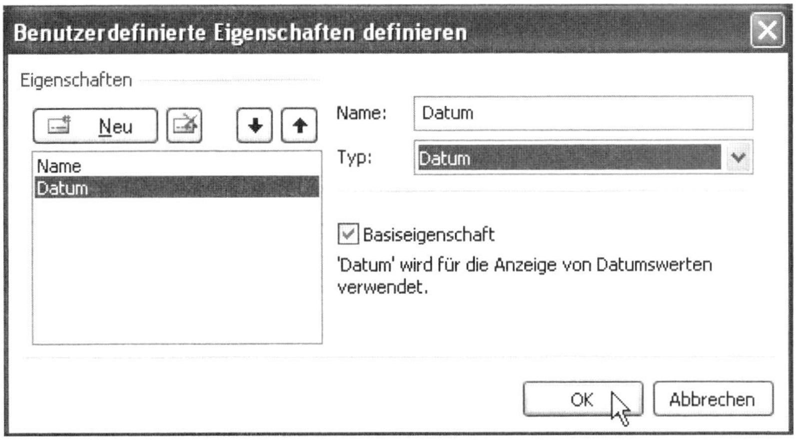

Abbildung 11.25 Beenden Sie die Eingabe benutzerdefinierter Eigenschaften

Wenn Sie weitere Zweige mit Sätzen benutzerdefinierter Eigenschaften erstellen möchten, können Sie diesen Zweig vor der Eingabe der Daten duplizieren. Dazu kopieren Sie den Zweig oder (wenn Sie den Satz häufig verwenden möchten) erzeugen einen Map Part aus ihm.

Das Ergebnis in Ihrer Map stellt sich nun wie in **Abbildung 11.26** dar.

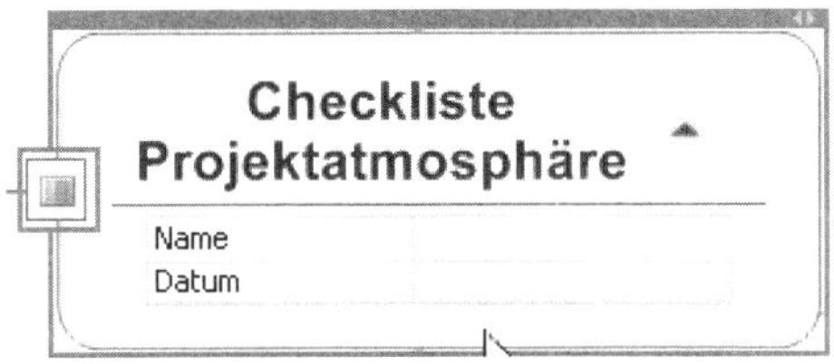

Abbildung 11.26 Das Ergebnis in der Map

So geben Sie Daten für Eigenschaften ein:

1. Starten Sie den Bearbeitungsmodus, indem Sie den Zweig markieren und folgende Schritte ausführen:
   - Klicken Sie mit der rechten Maustaste auf das Zweigsymbol für die benutzerdefinierten Eigenschaften, und wählen Sie im Kontextmenü den Befehl *Eigenschaften bearbeiten.*

   Oder:
   - Drücken Sie die Taste *F2.*

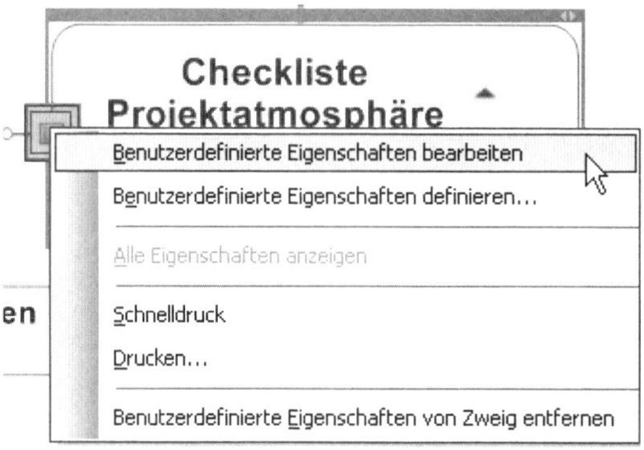

Abbildung 11.27 Bearbeiten Sie die benutzerdefinierten Eigenschaften

Um schnell in den Bearbeitungsmodus der benutzerdefinierten Eigenschaften zu gelangen, doppelklicken Sie auf den Satz mit benutzerdefinierten Eigenschaften.

2. Geben Sie nun die Daten für die Eigenschaften ein. Die Dateneingabe wird vom Datenformat und von den Optionen bestimmt.

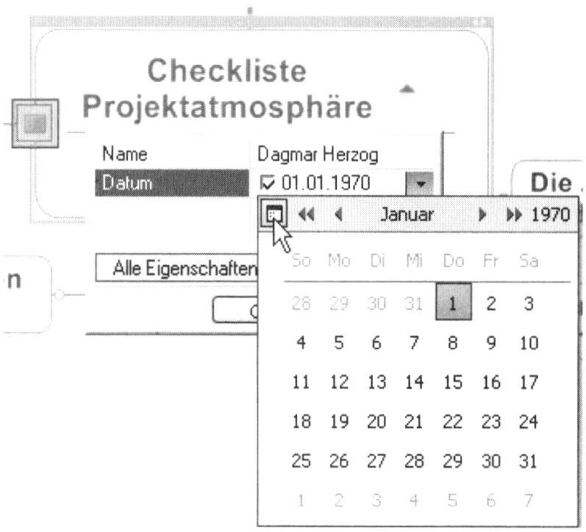

Abbildung 11.28 Geben Sie Daten ein

Wenn Sie weitere Eigenschaften sehen möchten, vergrößern Sie das Fenster *Benutzerdefinierte Eigenschaften*, indem Sie am rechten, unteren Rand ziehen.

3. Wenn Sie die Dateneingabe abgeschlossen haben, klicken Sie auf *OK*.

Wenn Sie die Liste mit Eigenschaften für andere Zweige verwenden möchten, können Sie sie duplizieren. Kopieren Sie dazu den Zweig. Wenn Sie den Zweig regelmäßig einsetzen möchten, speichern Sie ihn als Zweigvorlage im Aufgabenbereich *Map Parts* ab.

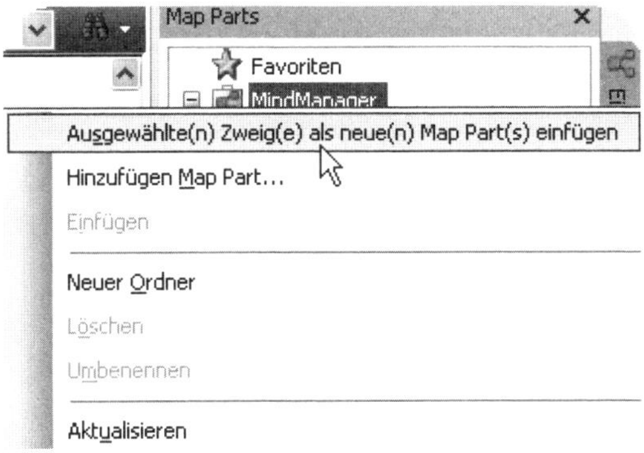

Abbildung 11.29 Speichern Sie den Zweig zur mehrmaligen Verwendung als Map Part

11.2.2 Noch ein paar Tipps für den Alltag

Benutzerdefinierte Eigenschaften ein- bzw. ausblenden:

- Klicken Sie auf die Schaltfläche *Einblenden* bzw. *Ausblenden* direkt am Zweig.

Basiseigenschaften anzeigen:

- Klicken Sie mit der rechten Maustaste auf das Symbol für die benutzerdefinierten Eigenschaften, und wählen Sie im Kontextmenü den Befehl *Basiseigenschaften anzeigen.*

Liste mit den benutzerdefinierten Eigenschaften bearbeiten:

- Klicken Sie mit der rechten Maustaste auf das Symbol für die benutzerdefinierten Eigenschaften, und wählen Sie im Kontextmenü den Befehl *Eigenschaften definieren.*

Benutzerdefinierte Eigenschaften vom Zweig entfernen:

- Klicken Sie mit der rechten Maustaste auf das Symbol für die benutzerdefinierten Eigenschaften, und wählen Sie im Kontextmenü den Befehl *Benutzerdefinierte Eigenschaften vom Zweig entfernen.*

Mit Hilfe der benutzerdefinierten Eigenschaften ist schnell ein Datenfeld entstanden, das es dem Team ermöglicht, einheitliche Angaben zu machen.

11.3 Assistenten in MindManager – »der Assistent im Team«

Der Projektleiter möchte nun gerne von seinem Team wissen, wie es die Projektatmosphäre einschätzt, und denkt daran, ein Formular dafür zu entwickeln. Wie immer sind die

Datenbankdesigner überlastet, und die Kosten für eine einmalige Entwicklung würden das Budget sprengen. Deshalb beschließt er, sich einen Assistenten zu bauen.

Wie das funktioniert, wollen wir im nachfolgenden Kapitel beschreiben.

Mittlerweile haben Sie eine Menge über MindManager und die Möglichkeiten der Einbindung von Informationen erfahren. Doch das war noch lange nicht alles.

Ein weiteres Informationstool für die Weitergabe oder Abfrage von Informationen bietet Ihnen die Assistenten-Funktion. Mit Hilfe von Assistenten lassen sich schnell und bequem Informationen in eine Map eingeben und an bestimmte Personen weiterleiten.

Mit den Assistenten können Sie komplexe Maps so einfach anlegen, dass die Eingabe von weiterführenden Informationen auch für »MindManager-Gelegenheitsnutzer« kein Problem mehr darstellt.

Ebenso tragen Assistenten dazu bei, dass Struktur und Inhalte nicht von den einheitlichen Vorgaben abweichen. Da sich das jetzt alles recht kompliziert anhören mag, möchten wir Ihnen das Arbeiten mit Assistenten Schritt für Schritt erklären.

Das Arbeiten mit den Assistenten und den dazugehörigen Funktionen steht Ihnen nur in der Version Mindjet MindManager 6 Pro zur Verfügung.

11.3.1 Einen Assistenten zur Projektatmosphäre

Nachdem der Projektleiter weitere Gedanken seiner Kollegen gesammelt hat, möchte er nun die ersten Schritte im Bereich der MindManager-Assistenten wagen.

Der Vorteil beim Arbeiten mit Assistenten ist, dass sie mit Map-Vorlagen verknüpft werden können. Das bedeutet, wenn bspw. ein Projektleiter eine Map mit Assistenten versieht, um von seinem Team Informationen zu erhalten, wird der Assistent automatisch ausgeführt, sobald die Mitarbeiter des Teams anhand dieser Vorlage eine neue Map anlegen. Der Benutzer wird dann umgehend, auf mehreren »Seiten«, aufgefordert, wichtige oder notwendige Informationen einzugeben.

Mit Hilfe des Assistenten können Sie also beispielsweise Fragen formulieren, die erstens einem bestimmten Zweig zugeordnet sind und die Sie zweitens gerne von Ihrem Team beantwortet haben möchten. Binden Sie den Assistenten mit den Fragen in die Map-Vorlage mit ein und ein Mitglied des Teams öffnet diese Map, erscheinen Ihre vorher formulierten Fragen auf mehreren Seiten auf dessen Bildschirm. Das Teammitglied kann die Fragen umgehend beantworten.

Benutzer können einen Assistenten aber auch im *Vorlagen-Organizer* unter *Map-Vorlagen* deaktivieren, wenn Sie die Vorlage verwenden, in der er enthalten ist.

11.3.1.1 Definieren eines Assistenten

Der Projektleiter möchte nun also wissen, wie seine und auch andere Mitarbeiter die allgemeine Projektatmosphäre in Projekten, die von ihm, aber auch von anderen Projektleitern durchgeführt wurden, einschätzen, und deren Meinung dazu einholen. Deshalb hat er ein Brainstorming zum Thema »Projektatmosphäre« gemacht und eine Mind Map erstellt.

Da das Definieren von Assistenten eine komplexe Funktion ist, erklären wir Ihnen den Weg zum Ziel Schritt für Schritt.

Um die folgende Aufgabe, also das Definieren eines Assistenten, live am PC mitmachen zu können, öffnen Sie die auf der CD-ROM vorhandene Map mit dem Namen *Checkliste Projektatmosphäre_2.mmap* im Ordner *\Kapitel11*.

Abbildung 11.30 Die Map »Projektatmosphäre« des Projektleiters

Für das Einrichten von Assistenten gibt es viele Möglichkeiten – die einen sind etwas einfacher, die anderen hingegen eher komplexer.

In der folgenden Anleitung wird die *grundlegende* Vorgehensweise beim Einrichten eines Assistenten für eine Map-Vorlage veranschaulicht.

1. Öffnen Sie die Map *Checkliste Projektatmosphäre_2.mmap* der CD.
2. Dann klicken Sie auf *Extras/Definieren von Assistenten*, um den Vorgang zunächst erst einmal zu starten.
3. Es erscheint folgender Dialog, in dem Sie die Definition Ihres Assistenten beginnen.

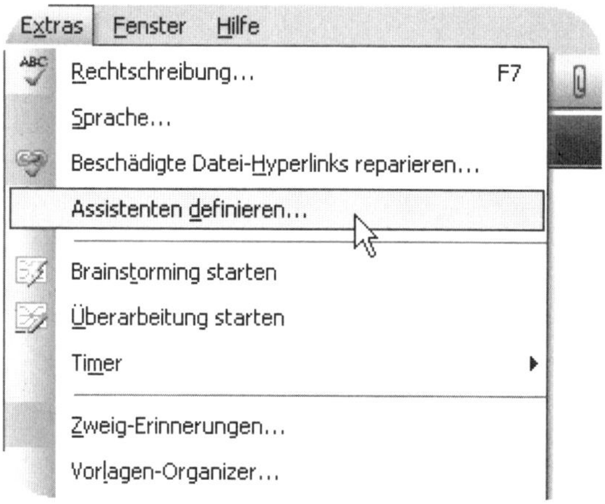

Abbildung 11.31 So aktivieren Sie die Assistenten-Funktion

Sie haben die Möglichkeit, bis zur Fertigstellung des Assistenten in diesem Modus zu bleiben. Schließen Sie ihn vorher, können Sie jederzeit in die Funktion zurückkehren, um neue Assistenten anzulegen bzw. vorhandene zu bearbeiten. Wichtig ist, dass Sie mit der Definition des Assistenten beim ersten Zweig, also oben rechts, beginnen und dann im Uhrzeigersinn fortfahren.

4. Markieren Sie einen Zweig, um die *erste Seite* des Assistenten anzulegen. In unserem Fall ist das der Zweig *Daten zum Projekt.*
5. Wählen Sie in den Seiteneinstellungen des Fensters (s. **Abbildung 11.32**) die Option *Neue Assistentenseite.* Die vorher grau hinterlegten Bereiche können nun beschriftet werden. Mit der Aktivierung dieser Option legen Sie die erste Seite des Assistenten an.
6. Geben Sie in das Feld *Überschrift* einen sinnvollen Titel für die »Umfrage« ein; in unserem Fall also z.B. »Projektatmosphäre«. Vergleichen Sie **Abbildung 11.33**.
7. In dem Feld *Beschreibung* haben Sie die Möglichkeit, den Teammitgliedern einen kurzen Überblick über Ihr Projekt zu verschaffen und zu erklären, worum es geht.

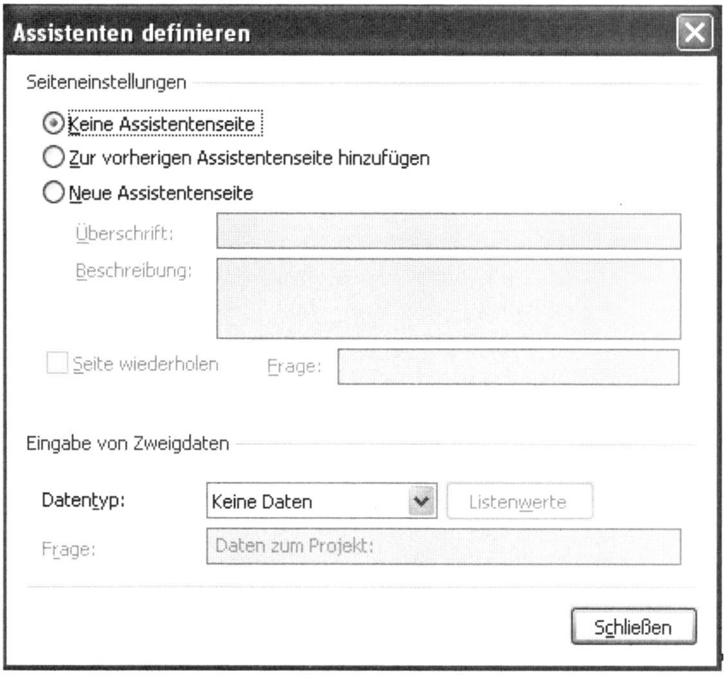

Abbildung 11.32 In diesem Fenster definieren Sie Ihren Assistenten

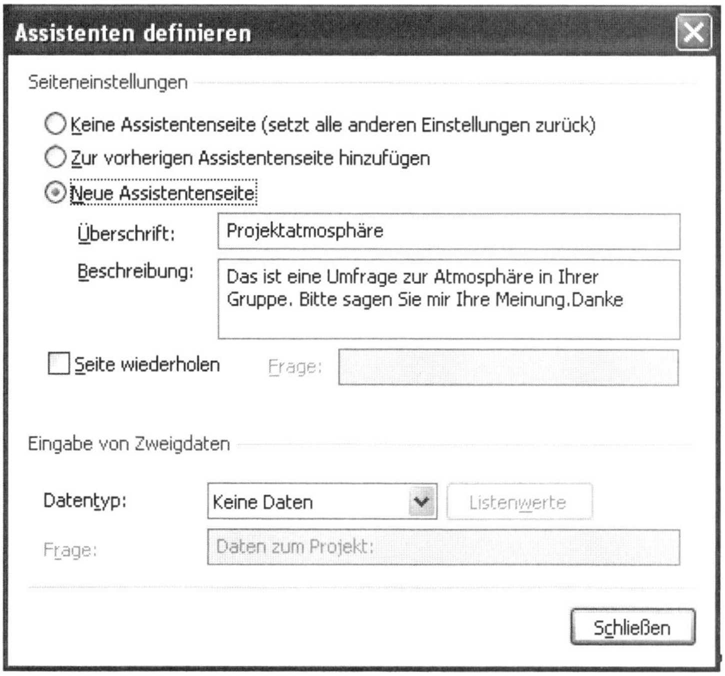

Abbildung 11.33 Beschriften Sie die Felder *Überschrift* und *Beschreibung*

8. Da Sie bis zu diesem Punkt von den Mitarbeitern noch keine Auskünfte erwarten, sondern lediglich informieren wollen, lassen Sie im Feld *Datentyp* die Einstellung *Keine Daten* bestehen.
9. Sie haben den ersten Zweig, also den Hauptzweig Ihrer Map, mit einem Assistenten versehen. Wenn einer der Befragten die Map öffnet, stellt dieser Assistent die erste Seite der Umfrage dar.

Wenn Sie auf der ersten Seite »Keine Daten« gesetzt lassen, wird sie lediglich für die Anzeige der Fragen für die Unterzweige verwendet. Wenn auf der Seite *Daten* für diesen Zweig erfasst werden sollen, wählen Sie einen bestimmten *Datentyp* und geben dann Text für die Frage ein. Bei der Ausführung des Assistenten werden die Daten, die der Nutzer in Beantwortung der Frage eingibt, den Zweigtext ersetzen.

10. Beenden Sie den Assistenten nun erst einmal über den Button *Schließen*. Ihre Definitionen sind damit gespeichert.

Während der Definition können Sie immer sehen, welchem Ihrer Zweige Sie gerade einen Assistenten zuordnen. Sie erkennen das an dem gelben Rahmen um den entsprechenden Zweig.

Die Aufgabe des Projektleiters ist es nun, die Informationen, die er zur Projektatmosphäre haben möchte, beispielsweise in Form von Fragen, Listen, einem Datum oder einem Hyperlink, zu erfassen. Dazu gehören in unserem Fall die Punkte der folgenden Unterzweige:

- Projektname
- Projektleiter
- Projektbeginn
- Projektwebseite
- Projektende
- Fertigstellungsgrad

Wenn der ursprüngliche Zweigtext erhalten bleiben und die Antworten der jeweiligen befragten Person nachgestellt werden sollen, geben Sie am Ende des Zweiges einfach einen Doppelpunkt ein.

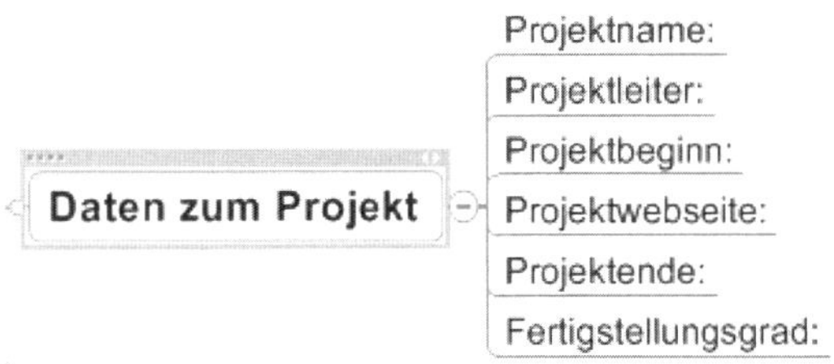

Abbildung 11.34 Geben Sie einen Doppelpunkt hinter dem Zweigtext ein, wenn die Antworten nachgestellt werden sollen

Im Folgenden werden wir alle Unterzweige mit Assistenten versehen und die gewünschten Informationen für den Projektleiter formulieren. Fangen wir an.

1. Markieren Sie den Unterzweig »Projektname«, und öffnen Sie den Assistenten über *Extras/Definieren von Assistenten*.
2. Es öffnet sich wieder das in **Abbildung 11.33** dargestellte Fenster.
3. Aktivieren Sie jetzt zunächst die Funktion *Zur vorherigen Assistentenseite hinzufügen*. Damit bewirken Sie, dass bereits auf der ersten Seite die erste Frage gestellt wird. Erinnern Sie sich – vorher haben Sie, bei der Definition des Assistenten für den Hauptzweig, der ersten Seite die allgemeinen Informationen bezüglich Ihrer Umfrage zugeordnet.

Auf jeder Assistenten-Seite ist Platz für drei Fragen bzw. Antworten. Das heißt, Sie haben bis jetzt auf Seite 1 die allgemeinen Informationen und die erste Frage zum Punkt »Projektname«. Der Vorgang wiederholt sich jedoch so oft, bis alle Fragen gestellt bzw. alle Antworten gegeben sind. Das heißt, der ersten Seite werden quasi noch »Unterseiten« angehängt.

4. Wählen Sie im Pulldown-Menü des Feldes *Datentyp* die Option *Text,* und geben Sie anschließend eine Frage zum markierten Unterzweig ein; in unserem Fall also z.B.: »Wie lautet der Name Ihres Projekts?«

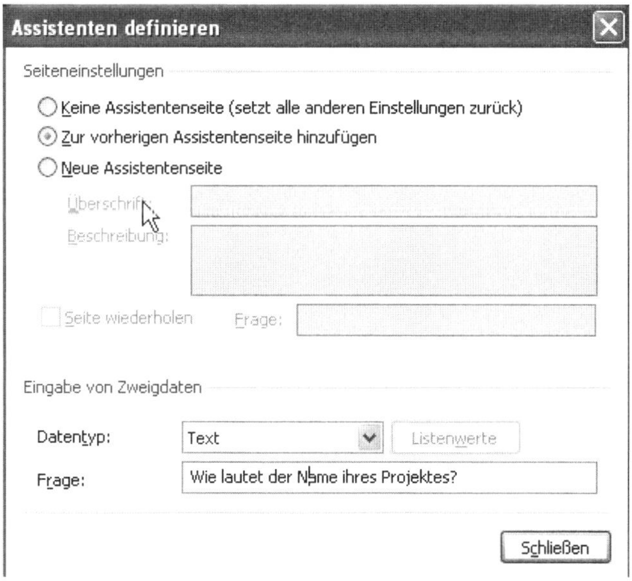

Abbildung 11.35 Die Eingabe der Daten für den Punkt »Projektname«

5. Was den Punkt »Projektname« betrifft, sind Sie so weit fertig. Sie brauchen den Assistenten nicht zu schließen – markieren Sie einfach den nächsten Unterzweig; in unserem Fall den Zweig »Projektleiter«.

Hier möchte der Projektleiter von den Befragten wissen, wer der Leiter des jeweils von den Befragten angesprochenen Projektes ist oder war, um am Ende seiner Umfrage sozusagen eine »Zufriedenheitsstudie« bezüglich jedes einzelnen Projektleiters zu erstellen. Da in der Firma insgesamt nur vier Projektleiter, nämlich D. Herzog, E. Jeschke, H. Reinke und S. Unverhau, beschäftigt sind, legt er eine Liste an, damit nicht jeder, der an der Umfrage teilnimmt, den entsprechenden Namen eintippen muss. Der Befragte kann also nachher eine Auswahl aus einer Liste mit den vier Namen treffen.

1. Sie haben den Unterzweig »Projektleiter« markiert und aktivieren wieder den Punkt *Zur vorherigen Seite hinzufügen.*

Den Punkt *Zur vorherigen Seite hinzufügen* aktivieren Sie auch bei **allen** anderen Unterzweigen. Damit werden alle Fragen der ersten Seite des Assistenten zugewiesen. Nähere Informationen zum Thema »Seite einrichten« finden Sie in Punkt 11.3.1.4. dieses Kapitels.

2. Markieren Sie nun im Pulldown-Menü des Feldes *Datentyp* den Punkt *Liste.*
3. Anschließend klicken Sie auf den Button *Listenwerte.* Es öffnet sich ein weiteres Fenster, in das Sie die Namen der Projektleiter eingeben. Trennen Sie die Namen durch ein Semikolon.

Abbildung 11.36 Die vier Projektleiter des Unternehmens

4. Bestätigen Sie Ihre Eingabe mit *Schließen.*

Und schon geht's beim nächsten Unterzweig weiter. Sie brauchen den Assistenten nicht zu schließen. Um genau festzustellen, über welchen Zeitraum sich das Projekt erstreckt oder erstreckt hat, möchte der Projektleiter von den Befragten zunächst das Anfangsdatum des

Projektes wissen. Das Projektende will er später erfragen. So kann er bspw. auswerten, ob sich die Projektatmosphäre bei längeren Projekten im Laufe der Zeit verbessert oder verschlechtert hat.

1. Markieren Sie den Unterzweig »Projektbeginn«.
2. Da die Assistenten-Funktion noch geöffnet ist, aktivieren Sie gleich, wie oben bereits beschrieben, die Funktion *Zur vorherigen Seite hinzufügen.*
3. Da Sie für diesen Zweig ein Datum erfragen wollen, wählen Sie im Pulldown-Menü des Feldes *Datentyp* die Option *Datum*. Der Befragte kann dann, in einem standardmäßigen Kalender, seine Datumsauswahl treffen.

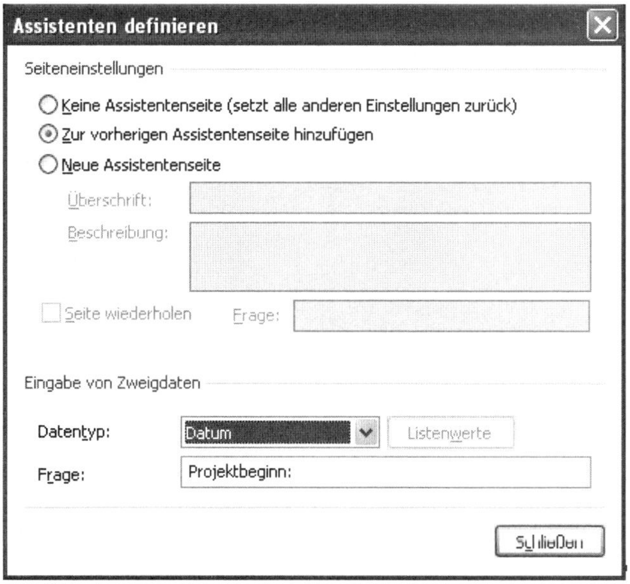

Abbildung 11.37 Bei Abfrage eines Datums wird der Datentyp »Datum« gewählt

Im Feld *Frage* wird immer der Name des jeweils markierten Zweiges angezeigt. Sie brauchen den Inhalt dieses Feldes nicht zwingend zu löschen – es sei denn, er stört Sie. Für die spätere Ausführung des Assistenten, bzw. die Befragung der Mitarbeiter, hat es keine Auswirkung, ob in diesem Feld ein Text steht oder nicht. Das bezieht sich allerdings **nicht** auf den Datentyp *Text* und *Hyperlink*. Dort ist die Eingabe relevant.

Schon ist auch dieser Zweig mit einem Assistenten versehen, und wir können zum nächsten übergehen. Zum Thema »Projektwebseite« hat sich der Projektleiter überlegt, dass für ihn auch die zu den einzelnen Projekten erstellten Webseiten von Interesse sein könnten. Möglicherweise geben der Aufbau, die Gestaltung und natürlich auch die Inhalte Aufschluss über das Teamverhalten.

Deshalb will er also die Links zu den einzelnen Projektwebseiten erfahren.

1. Markieren Sie den Zweig »Projektwebseite«, und aktivieren Sie das Feld *Zur vorherigen Seite hinzufügen*.
2. Da es sich bei dieser Art von Information um einen Hyperlink handelt, klicken Sie im Pulldown-Menü des Feldes *Datentyp* die Option *Hyperlink* an.

Wird der Assistent nachher ausgeführt, geben die befragten Mitarbeiter die entsprechende Adresse zur Webseite ein. Der Link wird anschließend, inklusive Internet-Explorer-Icon, dem markierten Zweig zugeordnet. Die Eingabe einer Webadresse muss folgendermaßen lauten: *http://www.namederseite.de*

3. Da Sie den Datentyp *Hyperlink* gewählt haben, müssen Sie in das Feld *Frage* einen Wert bzw. Text eingeben. Deshalb geben Sie z.B. *http://* ein.

Der Datentyp *Hyperlink* kann generell einen Link zu einer Datei, auszuwählen über die Schaltfläche *Durchsuchen*, oder zu einer URL, d.h. zu einer Webseite, FTP-Site oder einem *Mailto*-Link, enthalten.

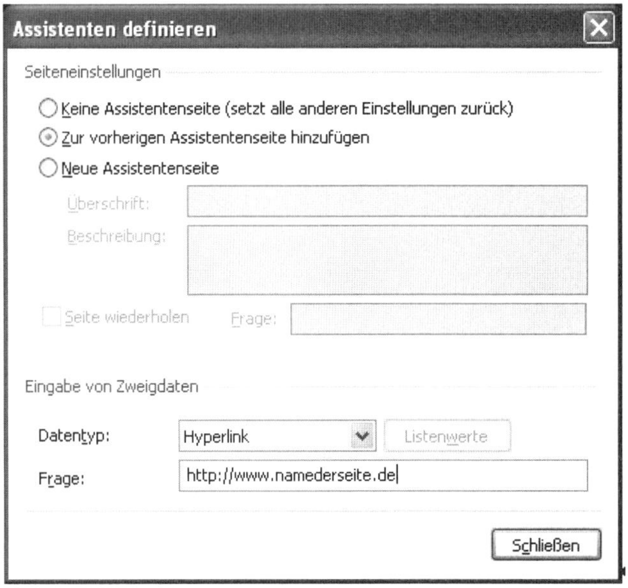

Abbildung 11.38 Legen Sie einen Hyperlink über den Datentyp *Hyperlink* an

Schon wieder ist ein Zweig mit einem Assistenten versehen. Nehmen wir also den nächsten Zweig vor. Da der Projektleiter, wie vorhin schon erwähnt, die Dauer der jeweiligen Projektes erfahren möchte und er ja bereits nach dem Projektbeginn gefragt hat, braucht er nun noch das Enddatum des Projekts.

1. Markieren Sie den Zweig »Projektende« und das Feld *Zur vorherigen Seite hinzufügen*.
2. Markieren Sie deshalb im Pulldown-Menü des Feldes *Datentyp* wieder die Option *Datum*, damit die Befragten in dem später ausgeführten Kalender das entsprechende Datum festlegen können.

Nun kommen wir schon zur letzten Definition der ersten Seite unseres Assistenten. Sie haben dann den ersten Hauptzweig »Daten zum Projekt«, inklusive aller Unterzweige, mit einem Assistenten versehen.

1. Markieren Sie nun also den Unterzweig »Fertigstellungsgrad« und das Feld *Zur vorherigen Seite hinzufügen*.

Der Projektleiter möchte hierzu wissen, wie weit das Projekt bereits gediehen ist. Möglicherweise gibt der Fortschritt des Projektes Aufschluss über etwaige Aussagen bezüglich der Projektatmosphäre.

2. Sie möchten wieder eine Liste erstellen, diesmal mit den Werten 0%, 25%, 50%, 75%, 90% und »fertig«, damit die Teilnehmer schnell und einfach einen Wert dieser Liste wählen können.

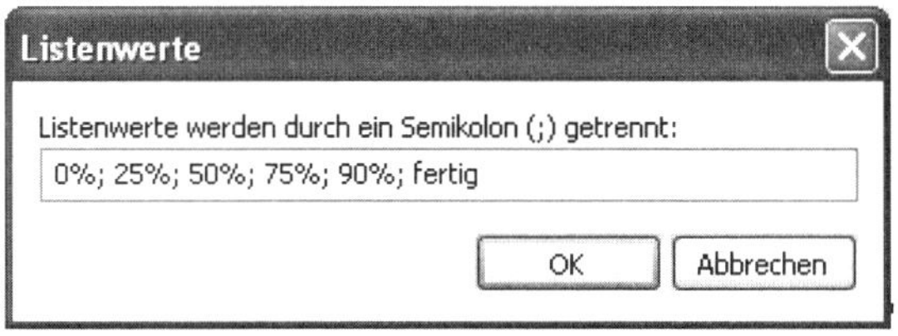

Abbildung 11.39 Die Eingabe der Werte zum Fertigstellungsgrad des Projektes

3. Bestätigen Sie die Eingabe Ihrer Werte mit *OK*.

Sie haben jetzt die Einrichtung der Assistentenseiten abgeschlossen und klicken deshalb auf die Schaltfläche *Schließen* im Assistenten-Fenster.

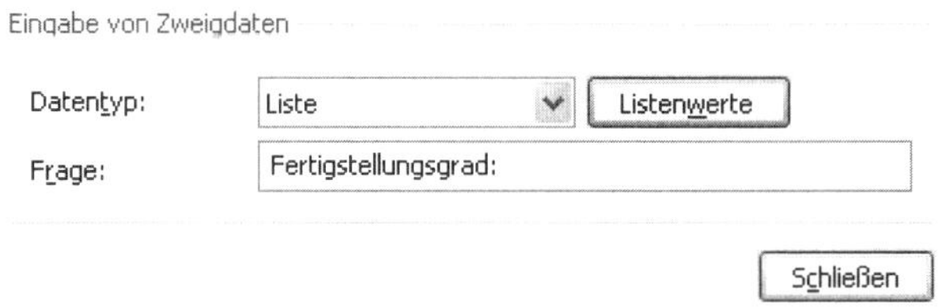

Abbildung 11.40 Beenden Sie die Definition des Assistenten

Wäre dies jetzt kein Beispiel, sondern ein reales Projekt in Ihrem Unternehmen, müssten Sie natürlich die anderen Zweige Ihrer Map auch mit einem Assistenten versehen, um noch mehr Seiten anzulegen. Dazu würden Sie in gleicher Art und Weise, wie beschrieben, verfahren. Für unser Beispiel sollen die Ausführungen bis hierher jedoch reichen.

11.3.1.2 Speichern der Map als Vorlage

Nachdem Sie nun die Definition der ersten Seite des Assistenten beendet haben, müssen Sie die Map als Vorlage speichern. Das hat den Vorteil, dass so gleichzeitig auch die Definitionen des Assistenten in dieser Vorlage gespeichert werden.

Öffnet anschließend ein Mitarbeiter Ihres Teams die Vorlage als neue Map, wird automatisch der Assistent aktiviert. Bezüglich unseres Beispiels bedeutet das, dass die Umfrage umgehend startet.

Möchten Sie Ihre bearbeitete Map als Vorlage speichern, gehen Sie folgendermaßen vor:

- Wählen Sie in der Menüleiste den Befehl *Extras/Vorlagen-Organizer.*
- Markieren Sie einen der Ordner, in dem Sie die neue Vorlage speichern möchten.
- Klicken Sie auf den Button *Neue Map-Vorlage hinzufügen* und anschließend in dessen Pulldown-Menü auf die Option *Aus aktueller Map.*

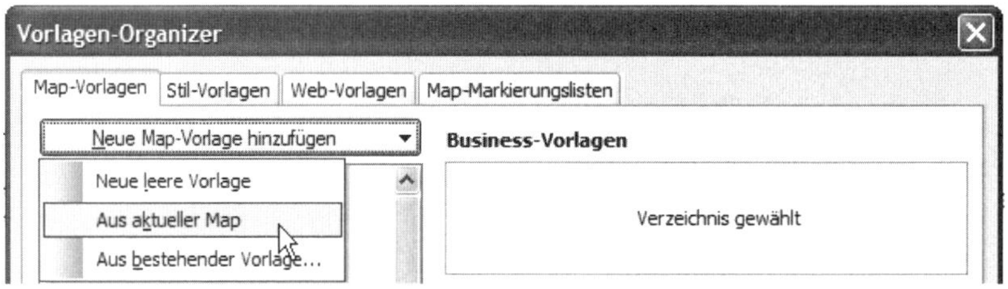

Abbildung 11.41 Speichern Sie die Vorlage aus Ihrer aktuellen Map

- Ihre Map wurde automatisch, als Vorlage mit der Dateiendung *.mmat,* in dem von Ihnen angegebenen Ordner gespeichert.

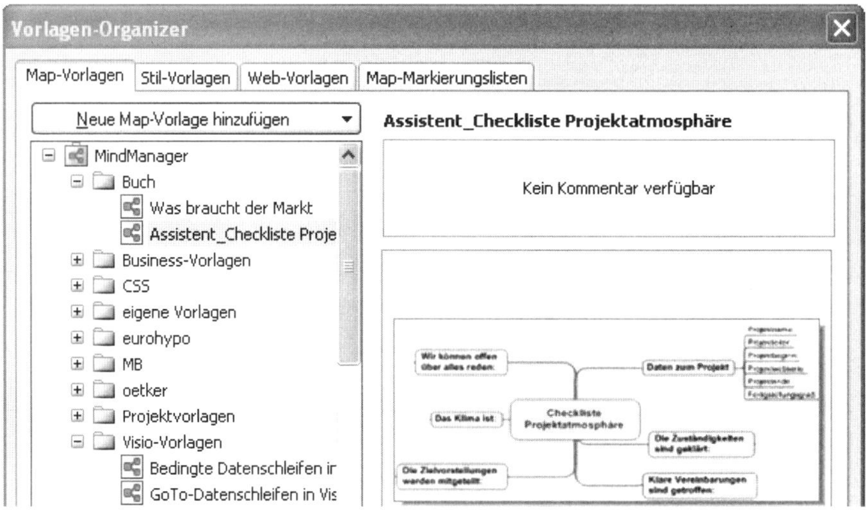

Abbildung 11.42 Die neue Vorlage mit eingebautem Assistenten

Jetzt könnte der Projektleiter die Map-Vorlage an alle Mitarbeiter, die er befragen möchte, per E-Mail schicken. Doch vorher will er natürlich testen, ob sein Assistent auch das macht, was er ihm aufgetragen hat. Er testet den Assistenten zunächst selber.

11.3.1.3 Anwenden des Assistenten

Fassen wir vorab noch einmal zusammen. Folgende Punkte hat der Projektleiter in dem »Umfrage-Assistenten« festgehalten:

- Einen Namen für Ihr Projekt inklusive einer kurzen Beschreibung, damit die Befragten wissen, um was es sich bei dieser Umfrage handelt
- Frage nach dem Projektnamen
- Frage nach dem Projektleiter
- Frage nach dem Projektbeginn
- Frage nach der Projektwebseite
- Frage nach dem Projektende
- Frage nach dem Fertigstellungsgrad des Projektes

Der große Moment ist gekommen, und der Projektleiter öffnet die Vorlage *Checkliste Projektatmosphäre*, um den Assistenten auszuprobieren und zu sehen, ob die Befragten die Fragen so beantworten können, wie er sich das vorgestellt hat.

1. Schließen Sie alle geöffneten Mind Maps.
2. Klicken Sie in der Menüleiste auf *Datei/Neu*.
3. Wählen Sie in dem sich öffnenden Fenster die Option *Aus Stilen und Vorlagen*.

Sie haben sich die Vorlage, wie in Kapitel 8 gelernt, schon in den Ordner hinzugefügt.

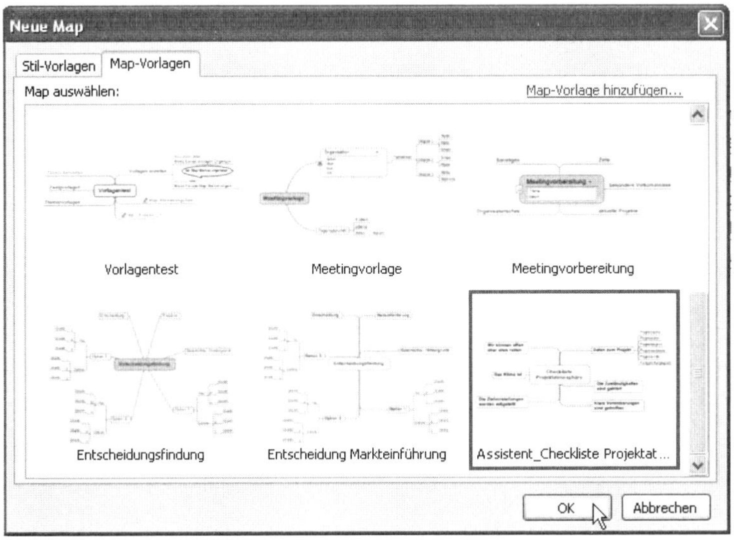

Abbildung 11.43 Der Map-Vorlagen-Ordner

4. Markieren Sie in der Vorlagenliste die gewünschte Vorlage, und bestätigen Sie mit *OK*.
5. Die Vorlage »Checkliste Projektatmosphäre« öffnet sich als neue Map, und der Assistent wird automatisch ausgeführt.

Abbildung 11.44 Der Assistent beginnt mit seinen Aufgaben

6. Testen Sie nun alle von Ihnen eingegebenen Definitionen, und beantworten Sie sich selber Ihre Fragen. Haben Sie eine Seite ausgefüllt, klicken Sie auf *Weiter*.
7. Wenn Sie alle Fragen beantwortet haben, haben Sie die Möglichkeit, Ihre Daten noch einmal zu überprüfen oder aber den Vorgang zu beenden.

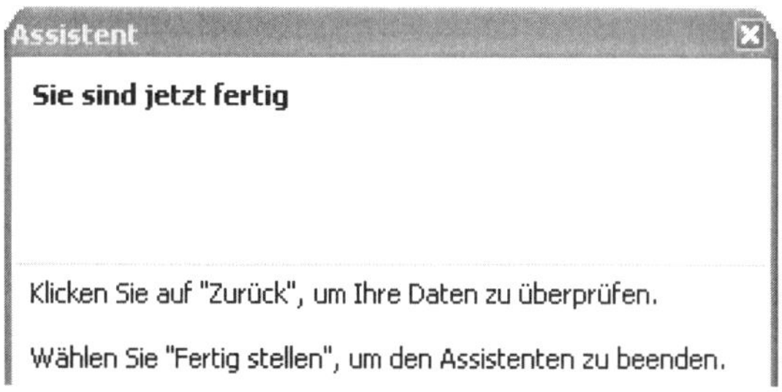

Abbildung 11.45 Sie sind am Ende der Assistenten-Definitionen angelangt.

Sie sehen jetzt auch, wie sich die Eingabe der verschiedenen Datentypen auswirkt. Bei der Frage nach dem Projektleiter erscheint z.B. die vorher definierte Liste mit den entsprechenden Namen und bei der Datumsabfrage ein standardmäßiger Kalender.

Möchten Sie Ihre Eingabe ändern, klicken Sie auch den Button *Zurück*, ansonsten auf *Fertig stellen*.

Wenn Sie den Assistenten noch optimieren müssen, bearbeiten Sie die Vorlage unter Verwendung der Befehle für das Definieren von Assistenten einfach noch einmal.

Der Projektleiter ist mit dem Ergebnis seiner Arbeit sehr zufrieden und kann nun die Vorlage an die Mitarbeiter, die er befragen möchte, schicken.

Diese müssen die *.mmat*-Vorlagen-Datei ebenfalls in ihrem MindManager Vorlagen-Organizer speichern und anschließend, wie oben beschrieben, als neue Map öffnen.

Der Assistent wird ausgeführt, und die Fragen werden von den jeweiligen Personen beantwortet. Anschließend speichern die Befragten die Map ganz normal, also nicht als Vorlage, und schicken sie an den Projektleiter zurück. Hat er von allen die »Antwort-Map« erhalten, kann er die Ergebnisse seiner Umfrage auswerten und eine Analyse zur Projektatmosphäre erstellen.

Generell wäre auch das Zusammenführen aller »Antwort-Maps« in einer Gesamt-Map möglich, so dass eine Auswertung jeder einzelnen Map umgangen werden könnte. Dazu braucht man allerdings erweiterte XML- und Programmierkenntnisse, auf die wir an dieser Stelle nicht näher eingehen möchten.

11.3.1.4 Seiteneinstellungen für Assistenten

Richten Sie einen Assistenten ein, haben Sie verschiedene Möglichkeiten, eine Seite für die zu erfassenden Datenelemente, z.B. die Zweige Ihrer Map, einzurichten. Wie Sie vorher wahrscheinlich schon gesehen haben, können Sie festlegen, ob Sie ein Element einer übergeordneten Seite oder einer neuen Seite zuordnen wollen. Letzteres würde den Datei-Eingabeprozess bei zusammengehörigen Bereichen jedoch nur unnötig verkomplizieren.

Deshalb können Sie beim Definieren eines Assistenten festlegen, dass mehrere, miteinander in Bezug stehende Datenelemente über **eine** Seite erfasst werden. Das beschleunigt die Dateneingabe. Dazu richten Sie, wie in unserem Beispiel schon geschehen, eine Seite für einen übergeordneten Zweig ein und erfassen die Daten, für ihn und seine Unterzweige, dann über diese Seite.

Noch mal zusammengefasst heißt das: Sie können für jedes zu erfassende Datenelement die Seiteneinstellungen festlegen. Damit bestimmen Sie, ob eine Frage auf einer eigenen Seite oder auf einer Seite mit anderen, thematisch verwandten Fragen erscheint. Gehen wir die Optionen der Seiteneinstellungen im Einzelnen durch.

Keine Assistentenseite

Wählen Sie diesen Punkt, werden für den markierten Zweig keine Daten erfasst. Der Datentyp sollte auch auf *Keine Daten* gesetzt werden.

Zur vorherigen Assistentenseite hinzufügen

Wenn Sie diese Option markieren, werden die Daten auf der definierten Assistentenseite des Zweiges auf nächsthöherer Ebene erfasst. So lassen sich unbegrenzt viele Fragen in eine Assistentenseite aufnehmen.

Diese Vorgehensweise entspricht unserem Beispiel. Wir haben dort für den Hauptzweig eine Seite definiert und alle Unterzweige dieser Seite zugeordnet.

Abbildung 11.46 Die verschiedenen Optionen für die Seiteneinstellungen

Bei mehr als drei Fragen werden, unter Wiederholung der Seite, immer drei Fragen angezeigt, bis alle Fragen für diese Seite abgearbeitet sind.

Neue Assistentenseite

Aktivieren Sie diese Option, können Sie einem Element eine neue Assistentenseite zuordnen. Diese Option haben Sie bereits kennen gelernt. In unserem Beispiel haben wir dem ersten Hauptzweig der Map eine neue Seite zugeordnet.

Beim Einrichten des Assistenten werden Sie feststellen, dass die Zweige zur Angabe ihres Status unterschiedliche Farben annehmen. Eine hellere Tönung und ein gepunkteter Umriss bedeuten, dass die entsprechende Frage der Assistentenseite eines auf höherer Ebene befindlichen Zweiges angezeigt wird.

Seite wiederholen

Wenn Sie diese Option aktivieren, werden die Nutzer, nach Beantwortung der Fragen für diese Seite, gefragt, ob sie diesen Schritt wiederholen möchten. Falls ja, wird unter Verwendung derselben Assistentenseite ein weiterer Zweig hinzugefügt. Mit dieser Funktion können Sie eine Art Schleife einrichten, in der dieselben Daten für mehrere Personen, Objekte oder Ereignisse erfasst werden.

11.3.2 Assistenten-Fehler

Der Aufforderungszeile am unteren Rand des Fensters *Assistenten definieren* und dem Assistenten-Laufzeitfenster lässt sich entnehmen, ob der Assistent einen Fehler enthält. Darüber hinaus ist der Zweig, von dem der Fehler erzeugt wird, rot markiert.

Der Fehler ist in der Regel darauf zurückzuführen, dass für einen oder mehrere Zweige die Seiteneinstellung des Assistenten auf *Zur vorherigen Assistentenseite hinzufügen* gesetzt ist, aber für den übergeordneten Zweig der nächsthöheren Ebene gar keine Seite existiert.

In dem Fall korrigieren Sie den Fehler mit der Funktion zum Definieren von Assistenten. Gehen Sie folgendermaßen vor:

- Falls der Fehler eine Gruppe von Unterzweigen betrifft, sollten Sie für Ihren übergeordneten Zweig eine neue Assistentenseite einrichten, über welche die Daten für die Unterzweige erfasst werden.
- Wenn der Fehler nur einen Einzelzweig betrifft, setzen Sie seine Seiteneinstellung auf *Neue Assistentenseite*. Sie können aber auch für den übergeordneten Zweig eine neue Seite einrichten und den Einzelzweig unterordnen.

Speichern Sie die Vorlage, wenn Sie den Fehler korrigiert haben.

11.3.3 Speichern, modifizieren und aktivieren von Assistenten

Stellen Sie sich vor, Sie haben Ihre Map, samt neu angelegtem Assistenten, als Vorlage gespeichert und stellen zwei Tage später fest, dass Sie bei einem Ihrer Zweige noch etwas vergessen haben.

Deshalb rufen Sie Ihre Vorlage noch einmal auf und möchten den bestehenden Assistenten anpassen.

1. Klicken Sie auf *Extras/Vorlagen-Organizer/Map-Vorlagen*, und wählen Sie die gewünschte Vorlage.
2. Klicken Sie auf den Button *Bearbeiten*. Die Vorlage wird geöffnet.
3. Öffnen Sie den Assistenten unter *Extras/Assistenten definieren*, wählen Sie die Zweige, für die Sie die Assistenteneinstellungen ändern oder neu einrichten möchten, und geben dann die neuen Einstellungen ein.

4. Anschließend speichern Sie die Map, mit den modifizierten Einstellungen für den Assistenten, wieder als Vorlage.

Sie haben den Assistenten der Map angepasst und möchten sich nun noch einmal die Map-Inhalte ansehen, um zu kontrollieren, ob Sie auch wirklich an alles gedacht haben. Dabei würde es stören, wenn sofort der Assistent aktiviert wird. Deshalb möchten Sie zur Kontrolle Ihrer Map-Inhalte den Assistenten deaktivieren.

Dazu gehen Sie folgendermaßen vor:

1. Klicken Sie auf *Extras/Vorlagen-Organizer/Map-Vorlagen*, und wählen Sie die gewünschte Vorlage.
2. Markieren Sie die gewünschte Vorlage.
3. Entfernen Sie das entsprechende Häkchen.

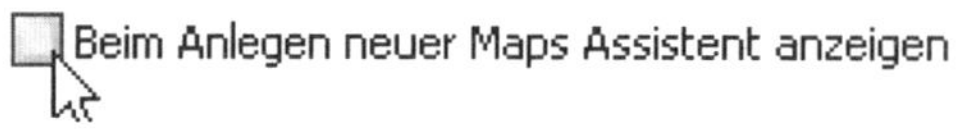

Abbildung 11.47 Deaktivieren Sie das Kontrollkästchen

Der Assistent ist jetzt aktiviert, und Sie haben, nach Öffnen der Map, freie Sicht auf deren Inhalte. Auf gleichem Wege können Sie den Assistenten auch wieder deaktivieren.

12

»Die Zeit im Blick«: Zweig-Erinnerungen und der Timer

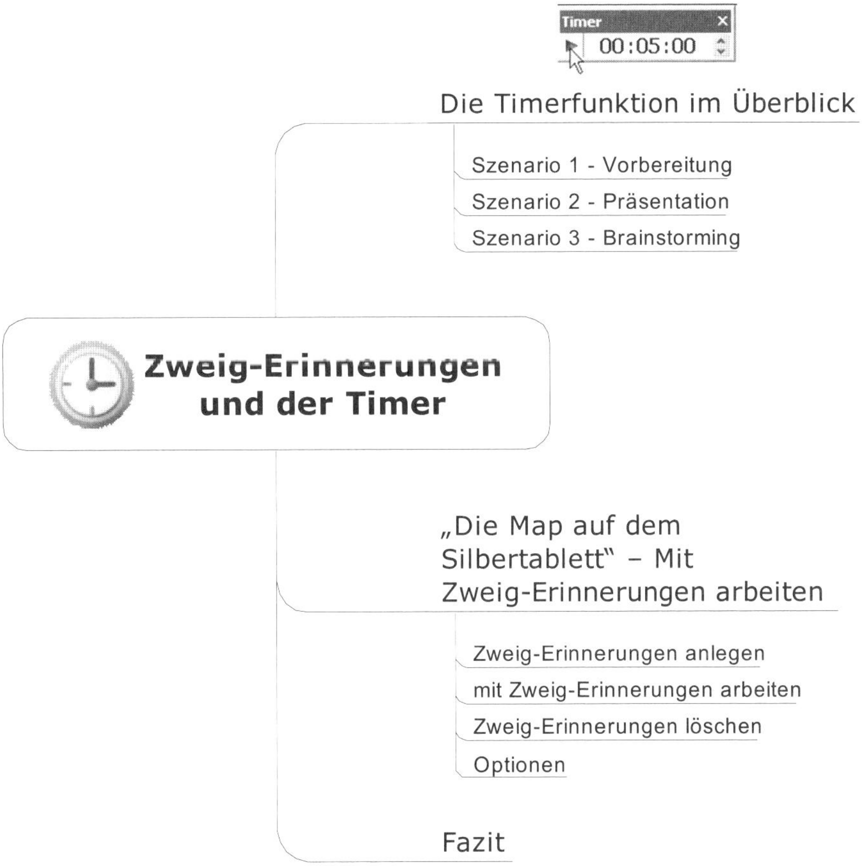

12 Zweig-Erinnerungen und der Timer

Stellen Sie sich Folgendes vor:

- **Szenario 1:** Unser mittlerweile vertrauter Projektleiter sitzt in seinem Büro und ist gedanklich mitten im Projekt »Einführung Office 2007«. Die Business Map ist geöffnet. In 20 Minuten soll er einen Status abgeben. Für dieses Gespräch muss er sich noch vorbereiten und einige Informationen in die vorliegende Map integrieren.
- **Szenario 2:** Eine halbe Stunde später. Der Projektleiter befindet sich in dem Gespräch. Seinen Vorgesetzten verschafft er mit Hilfe der Business Map einen Überblick und präsentiert diese im Präsentationsmodus. Er hat nur zehn Minuten Zeit.
- **Szenario 3:** Am Nachmittag sitzt das Projektteam zusammen. Man will zu einem definierten Problem Lösungen erarbeiten. Man startet mit einem Brainstorming, das nicht länger als zehn Minuten dauern soll.

Für alle Szenarien gilt die gleiche Herausforderung: Die habe ich die Zeit im Blick, ohne ständig auf die Armbanduhr zu schauen? In Mindjet® MindManager® 6 steht dafür eine Timer-Funktion zur Verfügung.

Die Timer-Funktion ist nur in der Mindjet MindManager Pro-Version verfügbar.

12.1 Die Timer-Funktion im Überblick

Mit der Timer-Funktion können Sie einen Countdown für die Länge einer Präsentation, einer Brainstorming-Sitzung oder eines Meetings definieren.

Auf der Timer-Uhr können Sie sehen, wie viel Zeit noch verbleibt, ohne sich von jemandem in der Gruppe daran erinnern lassen zu müssen und von Ihrer Präsentation abgelenkt zu werden.

Abbildung 12.1 Der Timer

Vom Ablauf der eingestellten Zeit werden Sie optisch in Kenntnis gesetzt:

- Sobald die 5-Minuten-Grenze unterschritten wird, wird die Anzeige gelb.
- Sobald die 1-Minute-Grenze unterschritten wird, wird die Anzeige rot.
- Sobald die Uhr abgelaufen ist, ertönt ein akustisches Signal.

- Danach zeigt die Uhr negative Werte an.

Die Timer-Anzeige können Sie an eine passende Stelle auf dem Bildschirm verschieben.

So starten Sie den Timer

1. Klicken Sie im Menü auf *Extras/Timer*.

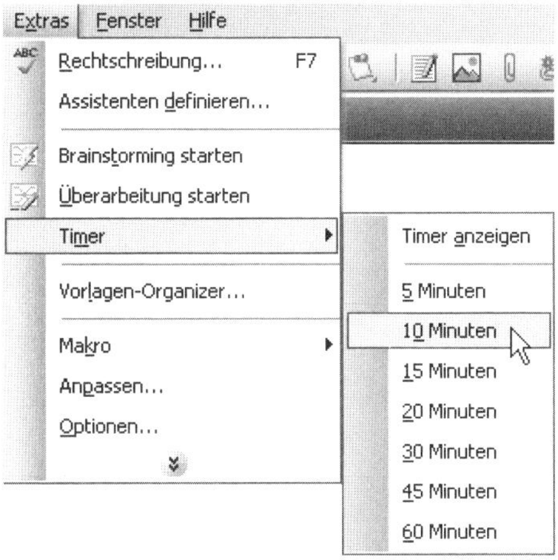

Abbildung 12.2 Den Timer aufrufen

2. Wählen Sie eine Nummer aus, um einen verankerten Timer mit einem vordefinierten Countdown anzuzeigen.
3. Klicken Sie auf *Start*, um den Countdown zu starten.

Abbildung 12.3 Starten Sie den Timer

Zum Zurücksetzen des Timers wiederholen Sie die Schritte für das Starten des Timers.

So halten Sie den Timer an

- Klicken Sie auf *Pause* und dann auf *Start*, wenn der Timer weiterlaufen soll.

Abbildung 12.4 Halten Sie den Timer an

So erhöhen bzw. verringern Sie die Zeit für den Countdown

- Klicken Sie auf die Pfeilschaltflächen (und halten Sie die Maustaste gedrückt),

oder

- klicken Sie mit der rechten Maustaste auf den Zweig, und wählen Sie im Kontextmenü den Befehl *Zeit einstellen auf.* Dann wählen Sie eine neue Zeit.

Timer-Optionen

Klicken Sie mit der rechten Maustaste auf den Timer, werden folgende Timer-Optionen wie in **Abbildung 12.5** dargestellt angezeigt:

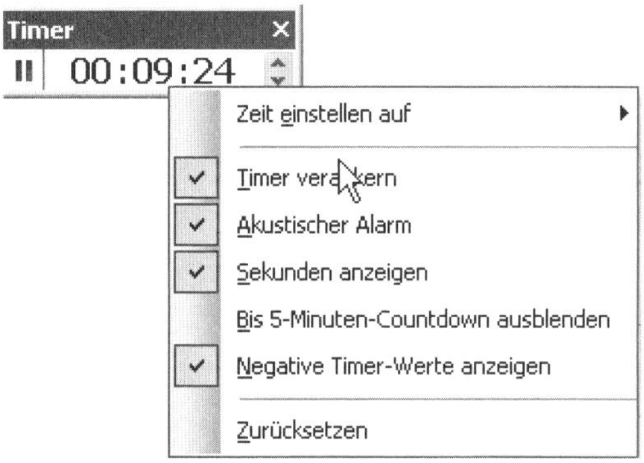

Abbildung 12.5 Die Optionen im Blick

- **Timer verankern:** Damit verankern Sie den Timer in der linken oberen Ecke. Wenn Sie den Timer verschieben möchten, deaktivieren Sie diese Option und ziehen den Timer an eine andere Stelle.
- **Akustischer Alarm:** Wenn Sie diese Option wählen, erhalten Sie nach Ablauf des Timers einen akustischen Alarm.
- **Sekunden anzeigen:** Deaktivieren Sie diese Option, wenn die verstreichenden Sekunden nicht angezeigt werden sollen.
- **Bis 5-Minuten-Countdown ausblenden:** Mit dieser Option blenden Sie den Timer bis zum Erreichen der letzten fünf Minuten aus. Über das Menü *Extras/Timer/Timer anzeigen* können Sie den Timer jederzeit einblenden.
- **Negative Werte anzeigen:** Mit dieser Option können Sie den Timer nach Ablauf der Zeit negative Werte anzeigen lassen.
- **Zurücksetzen:** Hält den Timer an und setzt ihn auf »00:00:00« zurück. Anschließend können Sie mit den Pfeilschaltflächen am Timer oder im Menü unter *Extras/Timer* eine neue Zeit einstellen.

12.2 Mit Zweig-Erinnerungen arbeiten – »Die Map auf dem Silbertablett«

In dem Meeting beschließen Sie, an »Problem 2« nicht im Plenum heranzugehen, sondern in einem »Schneeballverfahren«. Das bedeutet, einer startet mit dem Lösungsansatz und leitet die Map dann im Überarbeitungsmodus an den nächsten weiter, bis alle Ihre Lösungsideen in die Map eingebunden haben. Erst dann setzen Sie sich wieder zusammen und besprechen die Ergebnisse im Plenum.

Das ist übrigens eine sehr effiziente Methode, um alle Teammitglieder einzubinden, auch die »leisen«.

Sie können die Übung gerne mitmachen.

Die Datei mit dem Namen *Phase Steuerung.mmap* finden Sie auf der Buch-CD im Ordner *\Kapitel 12.*

Sie starten. Morgen haben Sie ab 15 Uhr keine Termine mehr im Kalender stehen und möchten an die Ausarbeitung gehen. Am liebsten wäre es Ihnen, dass Sie morgen um 14.45 Uhr erinnert werden: »Hier ist etwas zu tun.«

Mit einem Klick öffnet sich genau die Map, mit der Sie arbeiten möchten. Nach dem Motto: »Die Map wird Ihnen auf dem Silbertablett präsentiert« – ohne dass Sie MindManager geöffnet haben müssen. Ein Traum?

Zweig-Erinnerungen sind nur in der Mindjet MindManager Pro-Version verfügbar.

Mit der *Zweig-Erinnerungsfunktion* von MindManager können Sie festlegen, dass eine bestimmte Map zu einem angegebenen Zeitpunkt geöffnet wird. Dies ist mit der Termin- und Erinnerungsfunktion von Microsoft Outlook vergleichbar, die Sie vielleicht bereits nutzen.

Indem Sie einem Zweig eine Erinnerung zuweisen, versäumen Sie es nicht, die Map zu überarbeiten, zu bearbeiten bzw. sich auf einen Termin vorzubereiten. Eine Erinnerung können Sie für einen beliebigen Map-Zweig festlegen.

Die Verwaltung der Zweig-Erinnerung erfolgt über einen speziellen MindManager-Zweig-Erinnerungsdienst, der immer im Hintergrund ausgeführt wird. Der große Vorteil dabei ist: Es spielt dabei keine Rolle, ob Sie gerade mit MindManager arbeiten!

Sie haben die Möglichkeit, Ihre Zweig-Erinnerungen per Synchronisierung mit Microsoft Outlook abzugleichen. Dadurch können Sie sie in einer anderen Anwendung anzeigen und bearbeiten. Das heißt, dass MindManager-Erinnerungen immer die in Outlook an ihnen vorgenommenen Änderungen widerspiegeln. Das gilt natürlich auch umgekehrt.

Der Zweig-Erinnerungsdienst ist immer verfügbar, auch dann wenn MindManager gar nicht ausgeführt wird. Dies steuern Sie über die Optionen für Zweig-Erinnerungen.

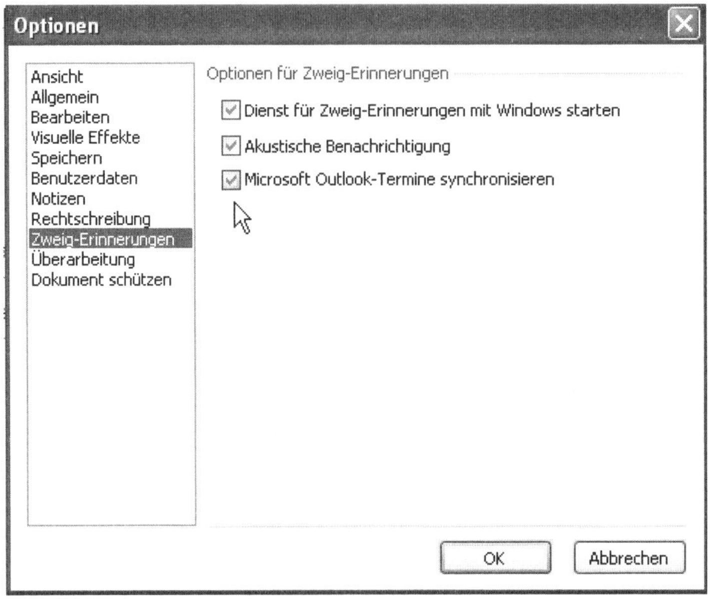

Abbildung 12.6 Einstellungen im Menü *Extra/Optionen*

So legen Sie eine Zweig-Erinnerung an

Falls noch nicht geschehen, speichern Sie Ihre Map. Eine Zweig-Erinnerung können Sie erst dann erstellen, wenn die betreffende Map gespeichert wurde.

1. Markieren Sie den Zweig.
2. Klicken Sie im Menü auf *Zweig/Erinnerung*.

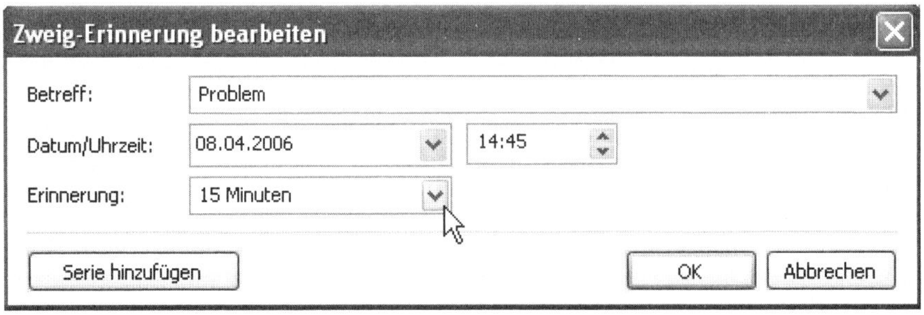

Abbildung 12.7 Geben Sie Ihre Informationen ein

3. Es öffnet sich das Dialogfeld *Zweig-Erinnerung bearbeiten*. Geben Sie die entsprechenden Informationen für die Erinnerung ein.
4. Klicken Sie anschließend auf *OK*.

Am von Ihnen markierten Map-Zweig wird nun das Zweig-Erinnerungssymbol angezeigt.

Abbildung 12.8 Das Zweig-Erinnerungssymbol

Mit dem Menübefehl *Ansicht/Einblenden/Ausblenden* können Sie diese Symbole ein- bzw. ausblenden.

Das Dialogfeld im Überblick

Sie haben einige Möglichkeiten, die Zweig-Erinnerung zu nutzen. Im Dialogfeld *Zweig-Erinnerung bearbeiten* (**Abbildung 12.9**) können Sie die passenden Einstellungen dafür vornehmen.

- **Betreff:** Hier ist standardmäßig der Zweigtext eingetragen. Wählen Sie einen der häufig verwendeten Betreffs, oder geben Sie einen eigenen Betreff ein.
- **Datum und Uhrzeit:** Zeitpunkt des Auftretens des Ereignisses oder der Fälligkeit einer Aufgabe.
- **Erinnerung:** Wie lange vor dem Fälligkeitsdatum und dem Zeitpunkt soll die Erinnerung angezeigt werden (bis zu zwei Wochen)?
- **Serie hinzufügen:** Legen Sie fest, ob diese Erinnerung wiederholt werden soll und, wenn ja, wie oft.

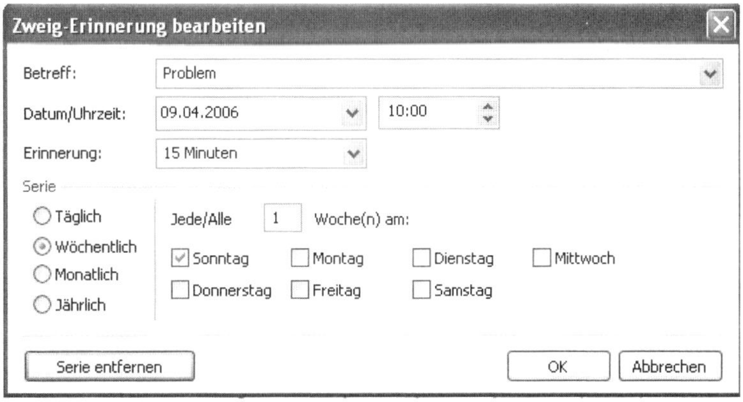

Abbildung 12.9 Bearbeiten Sie Einstellungsoptionen für die Erinnerung

So reagieren Sie auf Zweig-Erinnerungen

Wenn eine Zweig-Erinnerung fällig wird, wird ein MindManager-Dialogfeld mit der entsprechenden Zweig-Erinnerung geöffnet. Dort ist der Betreff der aktuellen Erinnerung, die zugehörige Map, der Zeitpunkt für die Erinnerung und eine Information darüber angegeben, ob die Erinnerung aktuell oder überfällig ist. Ferner sind Erinnerungen aus der Vergangenheit aufgeführt, auf die Sie nicht reagiert haben.

Abbildung 12.10 Die Map auf dem Silbertablett

Die aktuelle Erinnerung ist ausgewählt. Sie können aber auf jede Erinnerung in der Liste reagieren. Dazu stehen Ihnen folgenden Aktionen zur Verfügung:

- **Map öffnen:** Öffnet die Map, die Quelle der Erinnerung ist. Der zugehörige Zweig ist ausgewählt. Das Dialogfeld *Zweig-Erinnerung* bleibt offen, damit Sie eine der folgenden Aktionen ausführen können:
- **Verwerfen:** Heißt, dass Sie die Erinnerung zur Kenntnis genommen haben und nicht wieder angezeigt bekommen möchten.
- **Erneut erinnern:** Bei Wahl dieser Option können Sie die Erinnerung auf den von Ihnen in der Auswahlliste des Pulldown-Pfeils der Option gewählten Zeitpunkt verschieben.

Im Überblick für Sie: anzeigen, bearbeiten und entfernen von Zweig-Erinnerungen

So zeigen Sie alle früheren (nicht gelöschten), aktuellen und zukünftigen Erinnerungen an:

- Klicken Sie im Menü auf *Extras/Zweig-Erinnerungen*.

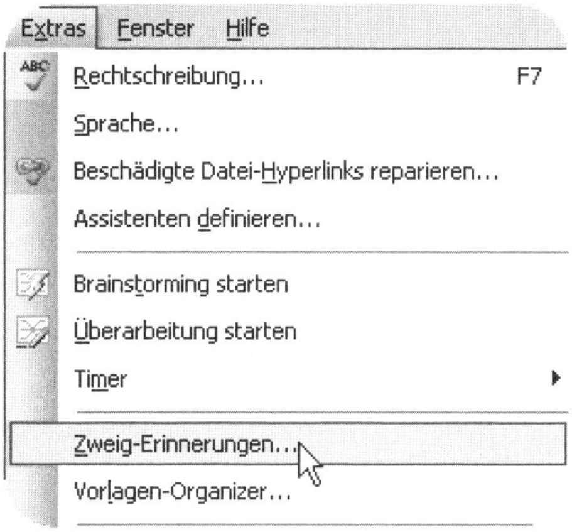

Abbildung 12.11 Lassen Sie sich alle Erinnerungen im Überblick anzeigen

In der Spalte *Fällig in* (**Abbildung 12.12**) werden eine Liste aller aktuellen Zweig-Erinnerungen und ihr jeweiliger Status angezeigt:

- Wenn eine Zweig-Erinnerung als überfällig angegeben ist, ist ihre Erinnerungsdauer bereits abgelaufen, die Erinnerung wurde aber nie geöffnet oder verworfen.

Zum Löschen dieser Erinnerungen können Sie die Option *Löschen* verwenden. Wahlweise können Sie sie auch bearbeiten, um ihr Fälligkeitsdatum und die entsprechende Uhrzeit zurückzusetzen.

- Andere Zweig-Erinnerungen werden angezeigt, wenn sie fällig sind. (Es besteht die Möglichkeit, nur die Zweig-Erinnerungen des jeweiligen Tages anzeigen zu lassen.)
- *Fett* gedruckter Text heißt, dass die Zweig-Erinnerung aktiv ist (innerhalb ihres Erinnerungszeitraums).

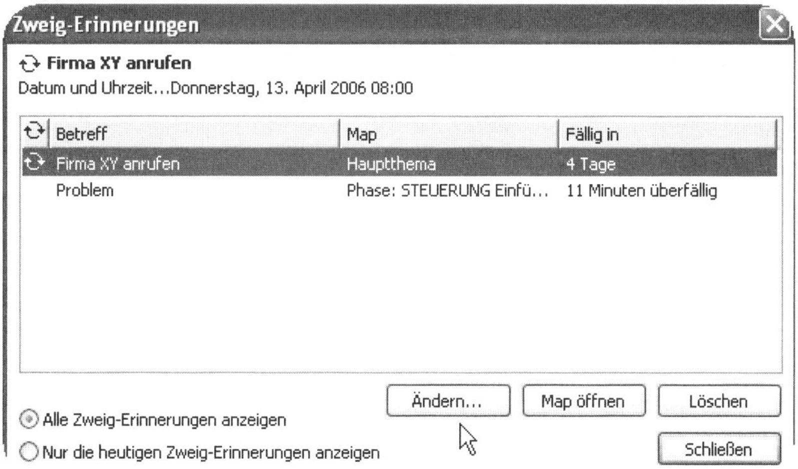

Abbildung 12.12 Die Erinnerungen im Überblick

Wenn Sie eine Zweig-Erinnerung in der Liste ausgewählt haben, stehen folgende Optionen zur Verfügung:

- **Bearbeiten:** Damit ändern Sie die Erinnerungsdaten der Zweig-Erinnerung.
- **Map öffnen:** Damit zeigen Sie die Map an, aus der die Zweig-Erinnerung stammt.
- **Löschen:** Damit entfernen Sie die Erinnerung aus Ihrem System.

Dies ist die einzige Möglichkeit, eine Erinnerung zu löschen. Das Löschen des Zweiges oder der Map, aus der die Erinnerung stammt, bewirkt nicht, dass die Zweig-Erinnerung aus dem Benachrichtigungssystem gelöscht wird.

Zum Bearbeiten bzw. Entfernen einer Zweig-Erinnerung in der aktuellen Map klicken Sie mit der rechten Maustaste auf das Erinnerungssymbol und wählen dann *Bearbeiten* oder *Löschen*.

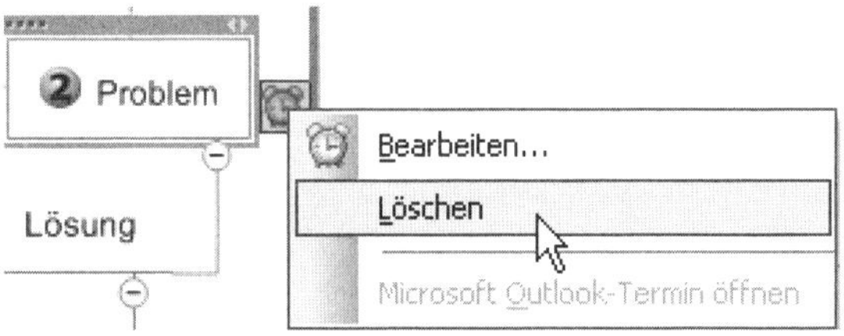

Abbildung 12.13 Löschen Sie eine Erinnerung

Synchronisieren Sie Zweig-Erinnerungen mit Outlook

Damit Sie Ihre Zweig-Erinnerungen mit Outlook synchronisieren können, muss die Synchronisierungsoption für Zweig-Erinnerungen aktiviert sein. Wenn diese Option über das Menü *Extras/Optionen* aktiviert ist, werden die von Ihnen in MindManager angelegten Erinnerungen in Outlook als Termine angezeigt. Sie erscheinen in Ihrem Outlook-Kalender. Die Erinnerungsdaten können Sie dort wie bei jedem anderen Termin anzeigen und bearbeiten.

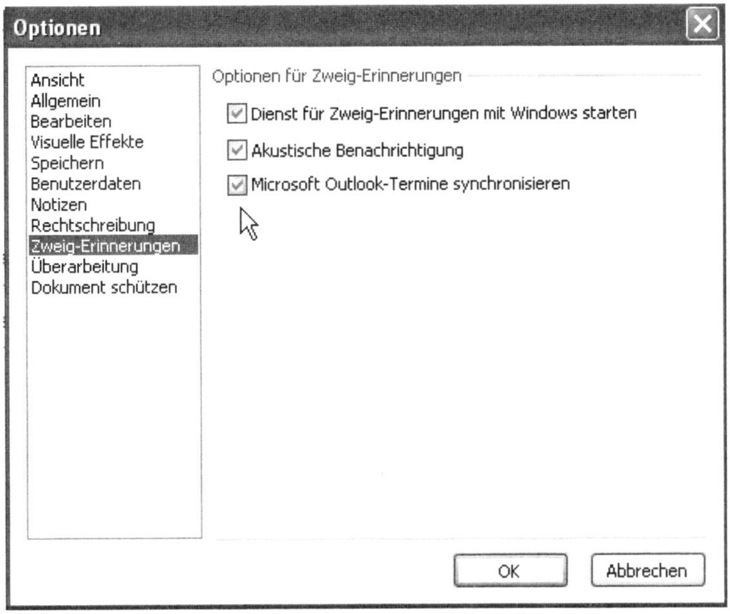

Abbildung 12.14 Aktivieren Sie die Synchronisationsfunktion mit Outlook

Wenn Sie Zweig-Erinnerungen anlegen möchten, ohne dass in Outlook entsprechende Termine angelegt werden, deaktivieren Sie die Synchronisierungsoption.

Zweig-Erinnerungen lassen sich zwar in Outlook anzeigen und bearbeiten, jedoch nur in MindManager erstellen und entfernen.

So zeigen Sie einen auf einer Zweig-Erinnerung basierenden Termin in Outlook an und bearbeiten ihn:

1. Öffnen Sie den gewünschten Termin.

   Klicken Sie mit der rechten Maustaste auf das Erinnerungs-Symbol, und wählen Sie im Kontextmenü den Befehl *Outlook-Termin öffnen*.

2. Bearbeiten Sie die angezeigten Daten. Ihre Änderungen spiegeln sich automatisch in der Zweig-Erinnerung wider.

   Für Termine, die auf der Basis von Zweig-Erinnerungen angelegt wurden, wird in Outlook keine Erinnerung eingerichtet. Die Erinnerungen, die Sie erhalten, kommen vom MindManager-Dienst für Zweig-Erinnerungen.

Wenn Sie die Erinnerungsfunktion von Outlook für einen Termin aktivieren, der aus einer Zweig-Erinnerung hervorgegangen ist, erhalten Sie zwei Erinnerungen: eine aus dem Erinnerungssystem von Outlook und eine aus MindManager.

Der Status der Zweig-Erinnerungszeit wird in Outlook nicht automatisch geändert, d.h., er wird als »Frei« angezeigt. Sie können diesen Status bei Bedarf in Outlook ändern.

Fazit

Der Timer ist für mich eine Funktion, die ich sehr oft nutze – einfach um während des Arbeitsablaufes konzentriert arbeiten zu können und gleichzeitig die Zeit im Blick zu haben.

Mein Tipp: einfach testen. Auch wenn einige Kollegen gerade während eines Brainstormings oft erst einmal »maulen« – nach dem Motto »unter Zeitdruck fällt mir nichts ein«. Zeit ist das, was den meisten von uns fehlt. Warum also nicht den Timer als Hilfsmittel nutzen, um die Zeit nicht aus den Augen zu verlieren?

Auch die Zweig-Erinnerung ist eine Funktion, die für den Arbeitsalltag sehr nützlich ist.

Was mich an der Funktion so begeistert, ist die Tatsache, dass ich daran erinnert werde, wenn ich in der Map etwas weiter ausarbeiten möchte. Gleichzeitig bekomme ich die Möglichkeit, direkt ohne Umwege auf die Map zuzugreifen.

Mit Zweig-Erinnerungen arbeite ich immer dann, wenn ich direkt in der Map konzeptionell weiterarbeiten will. Entsteht aus der Map eine Aufgabe, die ich auf einer anderen Plattform abarbeiten werde, nutze ich den Outlook Linker und trage mir die Aufgabe in Outlook ein.

Bitte beachten Sie, dass Sie die Zweig-Erinnerung nach dem Abarbeiten löschen – sie hat ihren Dienst erfüllt.

13

Die Arbeitsumgebung optimieren

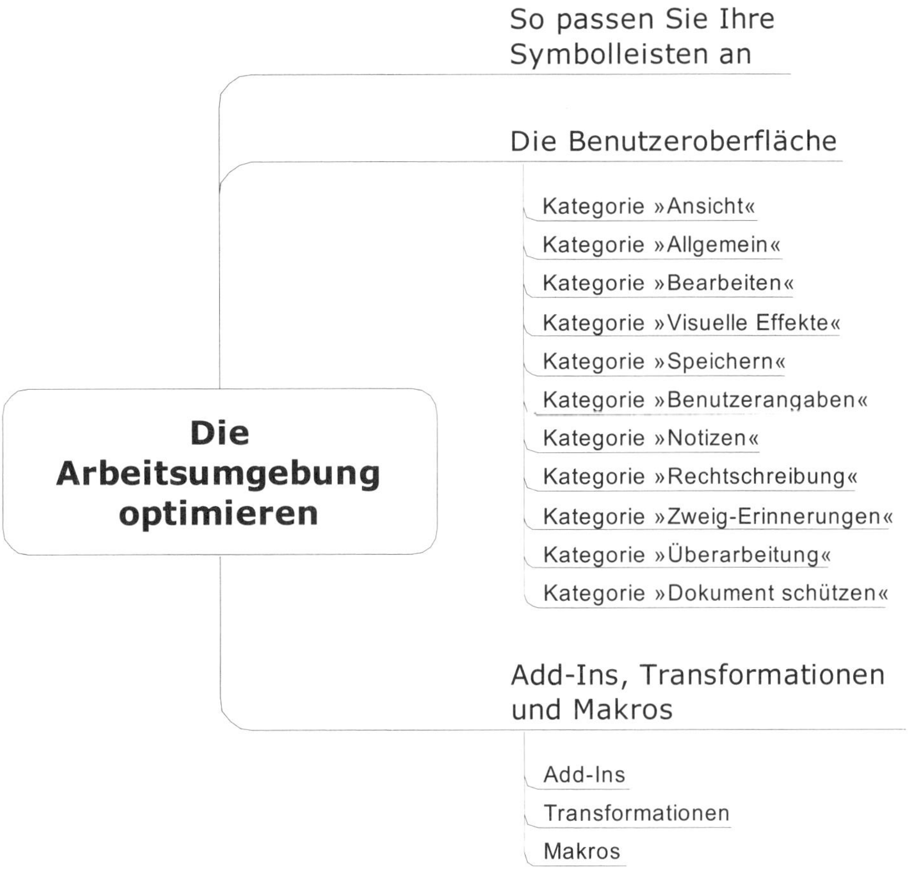

13 Die Arbeitsumgebung optimieren

Wie Sie wahrscheinlich schon im Laufe dieses Buches und vor allem während Ihrer Arbeit in MindManager festgestellt haben, kommt es immer wieder vor, dass die Einstellungen in MindManager nicht mit Ihren Vorstellungen und Bedürfnissen übereinstimmen.

In diesem Kapitel möchten wir Ihnen zeigen, wie Sie die MindManager-Arbeitsumgebung individuell anpassen und optimieren können.

13.1 So passen Sie Ihre Symbolleisten an

Klicken Sie mit der rechten Maustaste auf eine freie Stelle in der Symbolleiste, und legen Sie fest, welche Symbolleisten im Fenster angezeigt werden sollen. Wenn Sie auf *Anpassen* klicken, wechseln Sie in den Modus zum Anpassen der Symbolleisten. In diesem Modus können Sie den Symbolleisten Befehle hinzufügen bzw. aus ihnen entfernen.

Abbildung 13.1 Passen Sie Ihre Symbolleisten individuell an

Sie wollen sich eine eigene Symbolleiste basteln bzw. Ihren Symbolleisten neue Funktionen zuordnen.

Dazu gehen Sie folgendermaßen vor:

1. Klicken Sie mit der rechten Maustaste auf eine der Symbolleisten, und wählen Sie *Extras/Anpassen* und klicken anschließend auf das Register *Befehle*.

Abbildung 13.2 Passen Sie Ihre Symbolleisten individuell an

2. Im linken Bereich des Registers wird eine Liste mit Befehlen angezeigt. Auf der rechten Seite befinden sich die entsprechenden Schaltflächen. Für jede Standardsymbolleiste ist eine Kategorie vorhanden. Es lassen sich jedoch in jede Symbolleiste weitere beliebige Schaltflächen aufnehmen.
3. Klicken Sie auf einen Kategorienamen, wählen Sie die gewünschte Schaltfläche, die Sie Ihren Symbolleisten zuordnen wollen, und ziehen Sie sie aus dem Bereich *Befehle* auf eine beliebige Symbolleiste.
4. Klicken Sie nach Abschluss der Einstellungen auf *Schließen*.

Im Anpassungsmodus können Sie eine Schaltfläche auch entfernen, indem Sie sie aus der Symbolleiste ziehen.

Sie wollen Ihre Schaltflächen neu ordnen.

Bei geöffnetem Dialogfeld *Extras/Anpassen/Symbolleisten* können Sie auf beliebige Symbolleistenschaltflächen klicken und diese an eine neue Position ziehen. Auf diese Weise können Sie den Abstand zwischen den Schaltflächen vergrößern oder deren Reihenfolge auf der Symbolleiste verändern.

So setzen Sie die Symbolleisten auf ihre ursprüngliche Konfiguration zurück: Wählen Sie *Extras/Optionen/Speichern*, und klicken Sie dann auf den Button *Zurücksetzen* unter *Anpassung der Benutzeroberfläche*. Daraufhin werden Sie in einer Warnmeldung gefragt, ob die Symbolleisten- und Fenstereinstellungen wirklich zurückgesetzt werden sollen. Bestätigen Sie mit *Ja*. Nachdem Sie MindManager beendet und neu gestartet haben, wird der ursprüngliche Zustand wiederhergestellt. Einen Abstand fügen Sie zwischen zwei Symbolleistenschaltflächen ein, indem Sie die rechte Schaltfläche etwas weiter nach rechts ziehen und dort ablegen.

13.2 Die Benutzeroberfläche

Die Mehrzahl der Optionen, die Sie unter *Extras/Optionen* in der Menüleiste von MindManager finden, erklärt sich von selbst. Im Folgenden finden Sie jedoch ein paar zusätzliche Tipps für die Bearbeitung.

13.2.1 Kategorie »Ansicht«

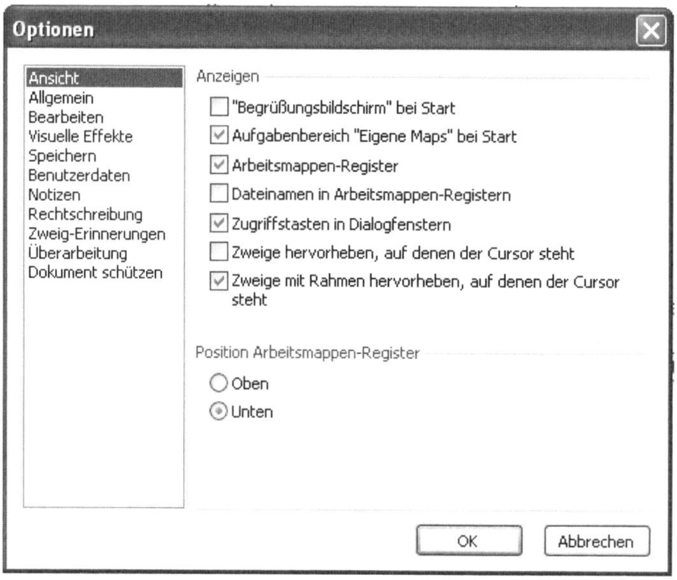

Abbildung 13.3 Die Optionen der Benutzeroberfläche

Die Optionen des Registers »Ansicht« im Einzelnen

- **Aufgabenbereich "Eigene Maps" bei Start**
  Legen Sie fest, dass beim Starten der Anwendung der Bereich Eigene Maps geöffnet wird, über den Sie schnell auf die Maps zugreifen, an denen Sie gerade arbeiten.
- **Arbeitsmappen-Register**
  Wenn Sie die Arbeitsmappen-Register anzeigen, können Sie mit der rechten Maustaste auf sie klicken und die Map dann ohne Umwege speichern, drucken oder schließen, ei-

nen aktiven Filter entfernen und die Map-Eigenschaften anzeigen und ändern.
Mit der Option *Position Arbeitsmappen-Register* im unteren Bereich dieses Dialogfeldes können Sie festlegen, ob die Register am oberen oder unteren Rand des Map-Fensters angezeigt werden sollen. (Wahlweise können Sie auch mit der rechten Maustaste auf ein Arbeitsmappen-Register klicken und im angezeigten Menü dessen Position wählen.)

- **Dateinamen in Arbeitsmappen-Registern**
  Anstelle des Hauptthemas kann auf den Registern auch der Dateiname der jeweiligen Map angezeigt werden. Das kann hilfreich sein, wenn sich der Text des Hauptthemas bei mehreren Maps stark ähnelt.
- **Zugriffstasten in Dialogfenstern**
  Wenn Sie an die verfügbaren Tastenkombinationen für eine Aktion erinnert werden möchten, können Sie festlegen, dass diese in den Dialogfeldern angezeigt werden.
- **Zweige, auf denen Cursor steht, hervorheben, bzw. Zweige mit Rahmen hervorheben, auf denen der Cursor steht**
  Zeigt eine Hervorhebung an, die angibt, auf welchem Zweig der Cursor steht, und/oder seinen Rahmen zeigt. Dies kann hilfreich sein, wenn die Zweige in Ihrer Map eng beieinander stehen und/oder die Map mit kleiner Größe angezeigt wird (mit der Zoom-Funktion verkleinert).

13.2.2 Kategorie »Allgemein«

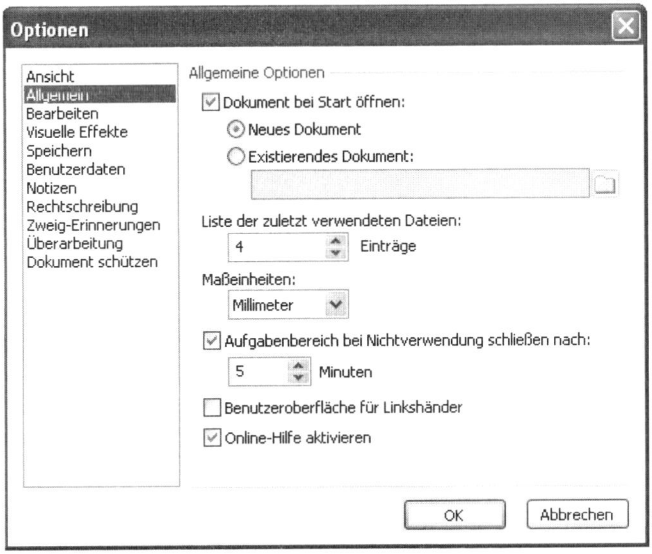

Abbildung 13.4 Das Register »Allgemein«

Die Optionen des Registers »Allgemein« im Einzelnen

- **Dokument bei Start öffnen**
  Soll beim Start von MindManager immer eine neue Map geöffnet werden, legen Sie dies hier fest.
  Wenn MindManager bei jedem Start automatisch eine vorhandene Map öffnen soll, wählen Sie *Bestehendes Dokument* und dann die gewünschte Map. Das kann bspw. eine Map aus der Aufgabenliste sein, die Sie auf dem neuesten Stand halten und bei jedem Start von MindManager sehen möchten.
- **Liste der zuletzt verwendeten Dateien**
  Die Liste *Zuletzt verwendete Dateien* im Menü *Datei* kann bis zu 15 Einträge enthalten.
- **Maßeinheiten**
  Die Maßeinheit (mm, cm oder Zoll) wird in der Hauptsache von den Optionen unter *Format* für das Einstellen des Abstands der Elemente in der Map verwendet. Die Seitenrandeinstellungen für das Drucken werden von Ihren Systemeinstellungen bestimmt.
- **Aufgabenbereich bei Nichtverwendung schließen nach**
  Um den verfügbaren Platz im Anwendungsfenster besser zu nutzen, können Sie festlegen, dass der Aufgabenbereich bei Nichtverwendung automatisch geschlossen wird.
- **Benutzeroberfläche für Linkshänder**
  Sie haben die Möglichkeit, mit einer Benutzeroberfläche zu arbeiten, die für Linkshänder optimiert wurde. Das ist insbesondere für Nutzer von Tablet-PCs hilfreich.
- **Online-Hilfe aktivieren**
  Deaktivieren Sie diese Option, wenn Sie vorzugsweise mit der lokalen Version der mit MindManager installierten Hilfedatei arbeiten möchten (z.B. wenn Sie verhindern möchten, dass MindManager eine Verbindung zum Internet herstellt, wenn Sie die Hilfe verwenden). Die Online-Version enthält jedoch die neuesten Informationen.

13.2.3 Kategorie »Bearbeiten«

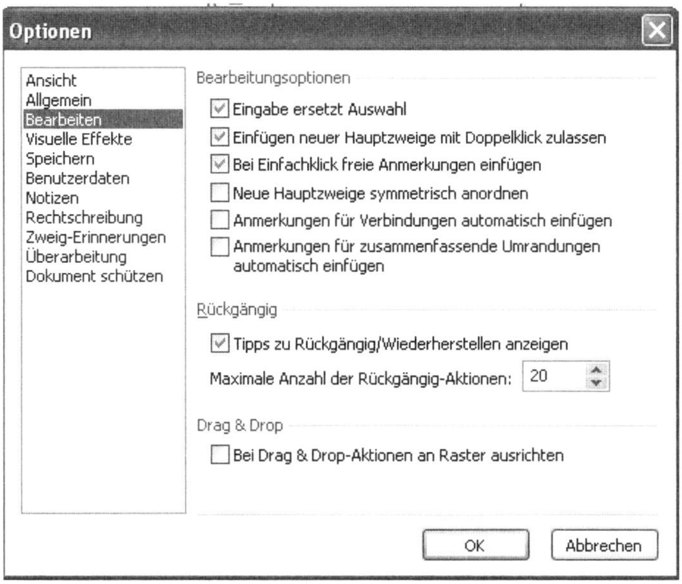

Abbildung 13.5 Das Register »Bearbeiten«

Die Optionen des Registers »Bearbeiten« im Einzelnen

- **Eingabe ersetzt Auswahl**
  Falls diese Option deaktiviert ist, wird Ihre Eingabe dem vorhandenen Zweigtext hinzugefügt.
- **Einfügen neuer Hauptzweige mit Doppelklick zulassen bzw. Bei Einfachklick freie Anmerkungen einfügen**
  Über die »Klick«-Optionen für das Hinzufügen von Hauptzweigen und freien Anmerkungen können Sie einfach und schnell Zweige erzeugen, indem Sie einfach auf den Map-Hintergrund klicken: Zum Anlegen von Hauptzweigen doppelklicken Sie, zum Anlegen freier Anmerkungen klicken Sie einmal.
- **Neue Hauptzweige symmetrisch anordnen**
  Verteilt neue Hauptzweige automatisch und gleichmäßig auf der linken und rechten Seite der Map.
- **Anmerkungen für Verbindungen automatisch einfügen bzw. Anmerkungen für zusammenfassende Umrandungen automatisch einfügen**
  Fordert Sie automatisch auf, jedem neuen Verbindungspfeil bzw. jeder zusammenfassenden Umrandung (Klammer) eine Anmerkung hinzuzufügen.

- **Tipps zu Rückgängig/Wiederherstellen anzeigen**
  Gibt an, welche Zweige von einem Rückgängig- bzw. Wiederherstellen-Vorgang betroffen sind.
- **Maximale Anzahl der Rückgängig-Aktionen**
  Sie können für das Rückgängigmachen/Wiederherstellen drei bis 100 Stufen einrichten.
- **Bei Drag & Drop-Aktionen an Raster ausrichten**
  Gilt für Zweige, Unterzweige, freie Anmerkungen und Bilder. Dieses Raster arbeitet mit vordefinierten Abständen.

13.2.4 Kategorie »Visuelle Effekte«

Die Optionen des Registers »Visuelle Effekte« im Einzelnen

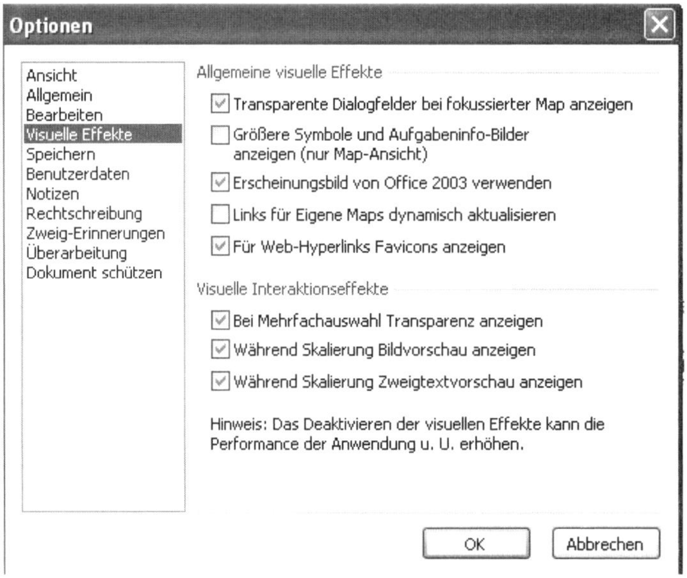

Abbildung 13.6 Das Register »Visuelle Effekte«

- **Transparente Dialogfelder bei fokussierter Map anzeigen**
  Bewirkt, dass Dialogfelder, die sichtbar bleiben (wie das Dialogfeld Suchen), abgeblendet werden und so bei der Arbeit an der Map weniger ablenken.
- **Größere Symbole und Aufgabeninfo-Bilder anzeigen (nur Map-Ansicht)**
  Die Verwendung dieser Option empfiehlt sich in Fällen, in denen Sie aus der Map herauszoomen müssen, um mehr zu sehen. Darüber hinaus sind Icons im Ausdruck besser zu sehen. Diese Option hat keine Auswirkung auf die Anzeige von Icons und Aufgabeninfo-Bildern in der Gliederungsansicht.

- **Erscheinungsbild von Office 2003 verwenden**
  Ändert das Erscheinungsbild der Benutzeroberfläche.
- **Für Web-Hyperlinks Favicons anzeigen**
  Favicons werden von der Website bezogen, auf die ein Hyperlink verweist. So wird bspw. ein spezielles Yahoo-Icon angezeigt, wenn der Link auf die Yahoo-Adresse verweist, ein Google-Icon bei Verweis auf Google usw. Wenn stattdessen ein normales Hyperlink-Icon angezeigt werden soll, deaktivieren Sie diese Option.

Wenn Sie mit Favicons arbeiten, versucht MindManager, eine Verbindung zum Internet herzustellen, sobald Sie eine Map mit Favicons öffnen. Wenn Sie lieber offline arbeiten möchten, sollten Sie die Favicon-Option deshalb deaktivieren.

Durch Deaktivierung folgender Funktionen lässt sich das Leistungsverhalten von MindManager auf Systemen mit eingeschränktem Arbeitsspeicherangebot verbessern.

- **Bei Mehrfachauswahl Transparenz anzeigen**
  Wenn diese Option aktiviert ist und Sie die Auswahl von Objekten durch Klicken und Ziehen eines Rahmens vornehmen, wird der betreffende Bereich transparent gemacht. Wenn Sie diese Option deaktivieren, können Sie das Leistungsverhalten des Systems bei Verwendung dieses Auswahlverfahrens verbessern.
- **Während Skalierung Bildvorschau anzeigen bzw. Während Skalierung Zweigtextvorschau anzeigen**
  Zeigt an, wie der Text oder das Bild beim Ändern ihrer Größe aussehen. Wenn Sie diese Option deaktivieren, wird beim Skalieren der betreffenden Objekte nur ein Umriss angezeigt.

13.2.5 Kategorie »Speichern«

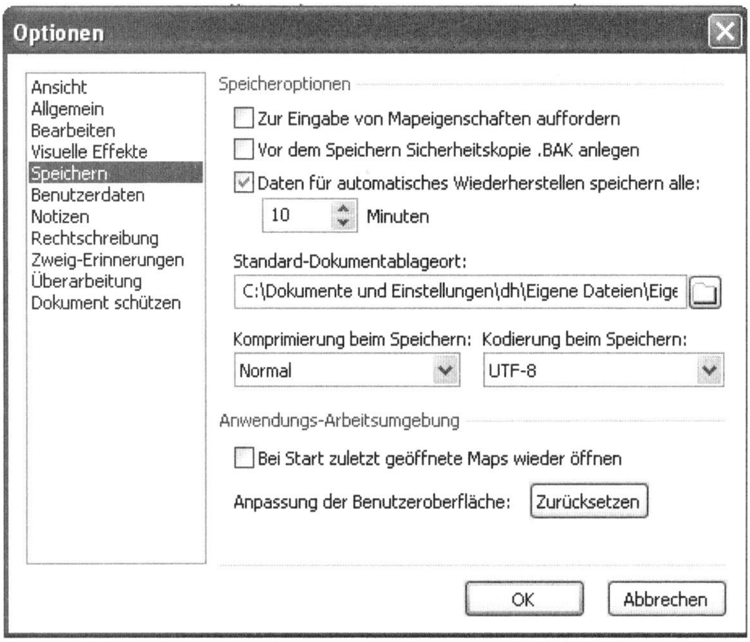

Abbildung 13.7 Das Register »Speichern«

Die Optionen des Registers »Speichern« im Einzelnen

- **Zur Eingabe von Mapeigenschaften auffordern**
  Bei jeder neuen Map wird automatisch das Dialogfeld Mapeigenschaften angezeigt. Dort können Sie Informationen zur Map eingeben.
- **Vor dem Speichern von Maps immer Sicherheitskopie .BAK anlegen**
  Wenn Sie die Option zum Anlegen von Backup-Dateien aktivieren, wird bei jedem Speichern einer Datei aus ihrer Vorgängerversion eine Backup-Datei mit der Erweiterung .BAK angelegt. Nach einem Computerabsturz oder dem versehentlichen Speichern einer Map mit unerwünschten Änderungen können Sie somit immer auf die vorherige Version zurückgreifen. Diese Datei öffnen Sie über die normalen Befehle *Datei/Öffnen* und speichern sie dann unter dem richtigen Namen, um sie wiederherzustellen.
- **Daten für automatisches Wiederherstellen speichern alle x Minuten**
  Sie können festlegen, wie oft die Daten für das automatische Wiederherstellen gespeichert werden sollen. Auf der Basis dieser Daten werden Ihre Maps wiederhergestellt, falls MindManager vom Regelfall abweichend geschlossen wird (z.B. bei einem Stromausfall oder einem Absturz Ihres Computers). Beim Neustart von MindManager

können Sie festlegen, dass die betreffende Map wiederhergestellt werden soll bzw. dass Sie mit der zuletzt gespeicherten Version arbeiten möchten.

- **Standard-Dokumentablageort**
  Der Standardspeicherort für das Öffnen von Maps und das Speichern Ihrer Maps und exportierten Dateien.
- **Komprimierung beim Speichern**
  Die Komprimierungseinstellung ähnelt derer weit verbreiteter Dateiarchivierungswerkzeuge (z.B. WinZip). Bei der Komprimierung wird die Dateigröße verringert. Die für das Öffnen der Datei benötigte Zeit kann sich dadurch aber verlängern. Dieser Effekt ist aber nur bei umfangreichen Dateien spürbar.
- Die *Komprimierung* erhöht sich mit folgenden Einstellungen:
  Superschnell (geringste Komprimierung), Schnell, Normal, Maximum (stärkste Komprimierung).

Die *normale* Einstellung reicht in der Regel aus. Bei extremen Dokumenten ist aber u.U. eine Änderung der Einstellung ratsam. Wenn Ihre Map bspw. eine große Anzahl umfangreicher Rastergrafiken enthält, ist *Schnell* oder *Superschnell* angemessen, weil Rastergrafiken bereits von den JPEG- bzw. PNG-Algorithmen komprimiert wurden. Bei einer großen Map (Tausende von Zweigen), die hauptsächlich aus Text besteht, können Sie mit maximalem Komprimierungsgrad u. U. Speicherplatz sparen.

- **Kodierung beim Speichern**
  Die Kodierungseinstellung wird beim Integrieren von MindManager-Dokumenten in Werkzeuge von Drittanbietern verwendet, die entweder reine XML-Dateien verwenden oder zum Extrahieren des XML-Inhalts MMAP-Archive verarbeiten. In diesen Fällen akzeptiert der XML-Prozessor u. U. eine bestimmte Art der Kodierung, die hier ausgewählt werden kann.
- **Bei Start zuletzt geöffnete Maps wieder öffnen**
  Öffnet automatisch die letzte Map, an der Sie gearbeitet haben.
- **Anpassung der Benutzeroberfläche**
  Wenn Sie die Benutzeroberfläche auf die Standardeinstellungen zurücksetzen, nehmen die Symbolleisten beim nächsten Start von MindManager wieder den Ursprungszustand an (dieselben Schaltflächen wie am Anfang).

13.2.6 Kategorie »Benutzerangaben«

Die Benutzerangaben dienen hauptsächlich Ihrer Identifizierung, wenn Sie der Map Korrekturkommentare hinzufügen. Beim Export einer Map in Webseiten können außerdem die Firmenangaben und die Adresse der Website hinzugefügt werden.

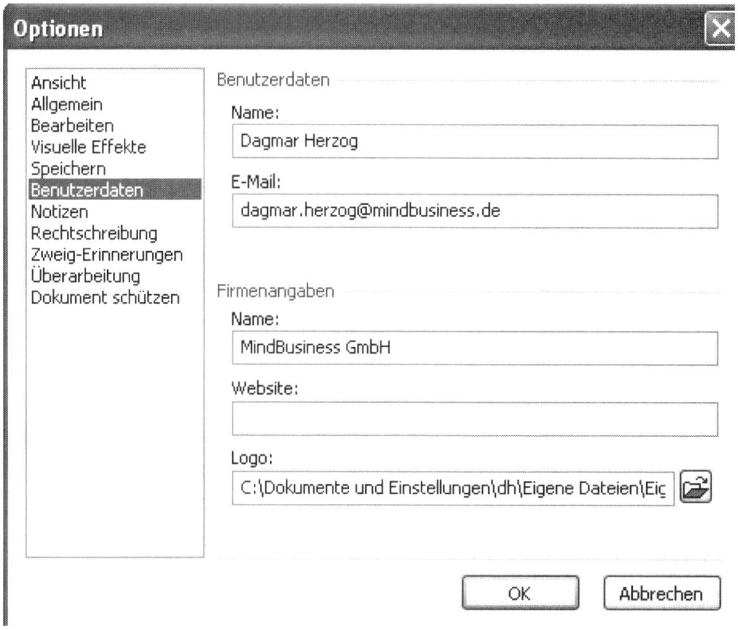

Abbildung 13.8 Das Register »Benutzerangaben«

13.2.7 Kategorie »Notizen«

Die Optionen des Registers »Notizen« im Einzelnen

- **Notizen**
  Hier können Sie festlegen, ob im Notizfenster Absatzmarken angezeigt werden sollen.
- **Bitmaps in Metafiles umwandeln**
  Bitmaps in Metafiles umwandeln ist standardmäßig aktiviert. Das soll eine höhere Kompatibilität mit RTF-Leseprogrammen garantieren.
- **Verknüpfte Bilder immer in eingebettete umwandeln**
  Diese Funktion bindet das Bild in das Dokument ein. Sie sollten die Option verwenden, wenn die im Dokument verwendeten Bilder nicht an den neuen Speicherort des Dokuments kopiert werden.
- **Position des Notizfensters**
  Sie können festlegen, dass das Notizfenster vertikal (rechts vom Map-Fenster) bzw. horizontal (am unteren Rand des Map-Fensters) angezeigt wird.
- **Exportoptionen für Freihandnotizen**
  Wenn Sie die Map mit Notizen in Webseiten oder Word exportieren und festlegen, dass Freihandnotizen Teil der exportierten Daten sein sollen, steuern diese Optionen, wie der Freihandtext angezeigt wird.

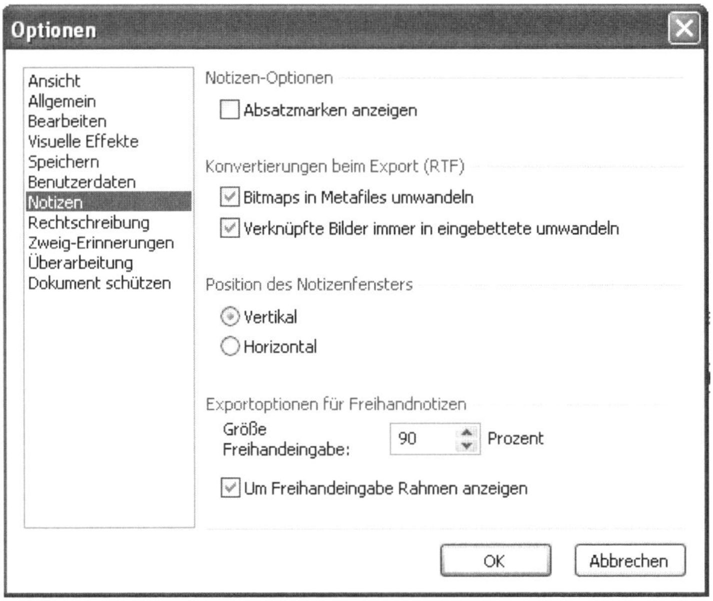

Abbildung 13.9 Das Register »Notizen«

13.2.8 Kategorie »Rechtschreibung«

Die Optionen des Registers »Rechtschreibung« im Einzelnen

- **Rechtschreibung während der Eingabe prüfen**
  Prüft Ihre Eingabe auf Rechtschreibfehler. Falsch geschriebene Wörter werden in Ihrer Map mit einer roten Wellenlinie unterstrichen.
- **Vorschläge nur aus Hauptwörterbuch**
  Wenn diese Option aktiviert ist, werden nur Korrekturvorschläge aus dem Hauptsprachenwörterbuch angeboten. Anderenfalls stammen die Vorschläge aus allen Wörterbüchern (Haupt- und benutzerdefinierte Wörterbücher).
- **Wörter mit Zahlen ignorieren**
  Wörter mit Zahlen werden nicht als fehlerhaft angezeigt und übersprungen.
- **Vorschläge auf typographische bzw. phonetische Ähnlichkeit stützen**
  Standardmäßig basieren die Vorschläge auf beiden Merkmalen. Sie können aber eines der Verfahren deaktivieren.

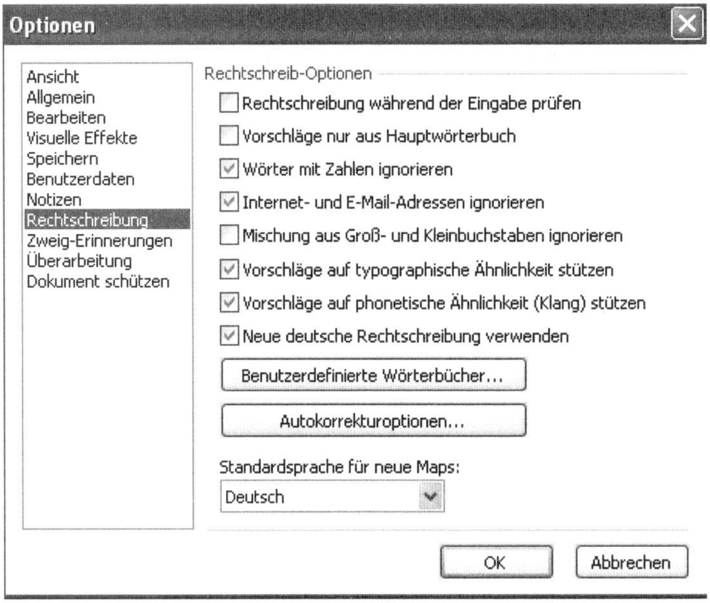

Abbildung 13.10 Das Register »Rechtschreibung«

- **Neue deutsche Rechtschreibung verwenden**
  Es gelten die Regeln der deutschen Rechtschreibreform von 1998. Dies ist der von allen Bildungs- und behördlichen Einrichtungen verwendete Standard.
- Unter **Benutzerdefinierte Wörterbücher** können Sie weitere Wörterbücher angeben, die während der Rechtschreibprüfung verwendet werden sollen. Wenn Sie dem Wörterbuch während der Rechtschreibprüfung ein Wort hinzufügen, wird es in der Datei Custom.dic gespeichert. Sie können weitere .dic-Dateien hinzufügen oder mit dem Windows-Editor oder einem anderen Texteditor eine neue .dic-Datei anlegen.
- Unter **Autokorrekturoptionen** können Sie die Liste der falsch geschriebenen Wörter bearbeiten, die automatisch korrigiert werden sollen, wenn Sie die Option *Rechtschreibung während der Eingabe prüfen* aktiviert haben.
- **Standardsprache für neue Maps**
  Hier wählen Sie die Standardsprache für alle neuen Maps (ausgenommen ist die aktuelle Map).

Die Sprache für die aktuelle Map können Sie unter *Extras/Sprache* ändern. Hier können Sie auch die Standardsprache für neue Maps festlegen.

13.2.9 Kategorie »Zweig-Erinnerungen«

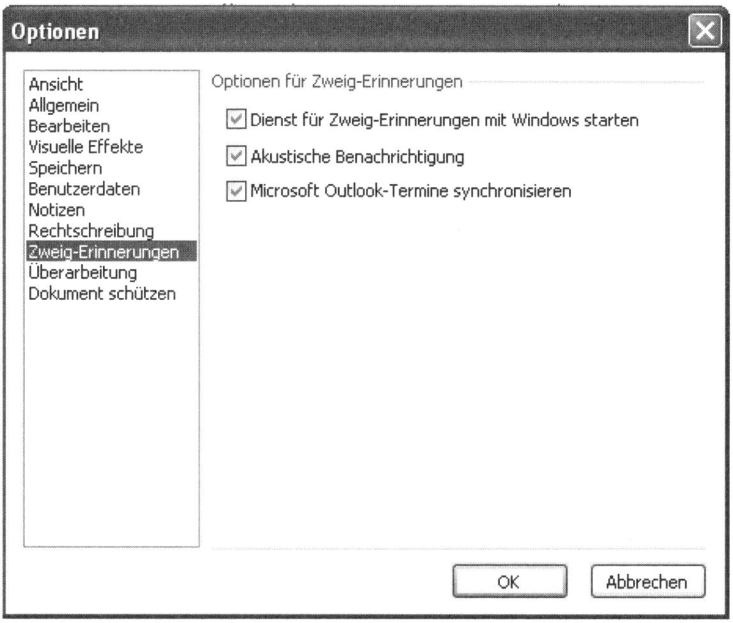

Abbildung 13.11 Das Register »Zweig-Erinnerungen«

Die Optionen des Registers »Zweig-Erinnerungen« im Einzelnen

- **Dienst für Zweig-Erinnerungen mit Windows starten**
  Wenn diese Option nicht aktiviert ist, erhalten Sie keine Erinnerungen, können diese aber dennoch erstellen.
- **Akustische Benachrichtigung**
  Gibt einen Warnton aus, wenn eine Zweig-Erinnerung fällig ist.
- **Microsoft Outlook-Termine synchronisieren**
  Erzeugt in Microsoft Outlook einen Termin, sobald Sie eine Zweig-Erinnerung anlegen. Die Erinnerungsdaten können dann in einer der beiden Anwendungen bearbeitet werden. Zweig-Erinnerungen lassen sich nur in MindManager erstellen und entfernen.

13.2.10 Kategorie »Überarbeitung«

Mit den Überarbeitungsoptionen können Sie Standardeinstellungen festlegen, die bestimmen, wie die Zweige und Notizen, die Sie im Überarbeitungsmodus hinzufügen, angezeigt werden.

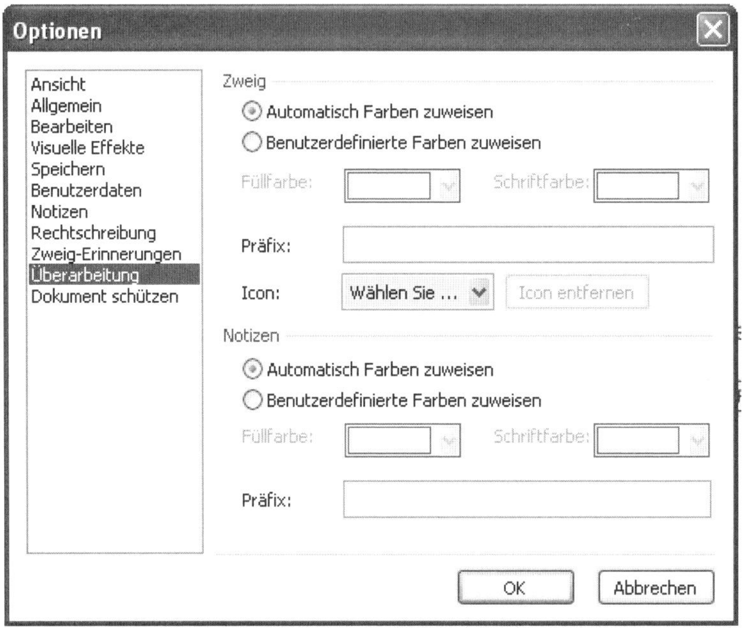

Abbildung 13.12 Das Register »Überarbeitung«

Die Optionen des Registers »Überarbeitung« im Einzelnen

- **Zweig**
  Sie können Zweigen oder Notizen während der Überarbeitung folgende Elemente zuweisen:
  Automatisch Farben zuweisen: Wählt für jeden Prüfer automatisch eine neue Füll- und Schriftfarbe.
  Benutzerdefinierte Farben zuweisen: Ermöglicht Ihnen die Auswahl eigener Füll- und Schriftfarben.
  Präfix: Legen Sie ein Präfix fest (z. B. Ideen von Mike:).
  Icon: Wählen Sie ein Icon.
- **Notizen**
  Diese Einstellungen können Sie für die aktuelle Überarbeitung im Dialogfeld *Einstellungen Überarbeitung* ändern.

13.2.11 Kategorie »Dokument schützen«

Die Optionen des Registers »Dokument schützen« im Einzelnen

- **Alle gespeicherten Kennwörter löschen**
  Wenn diese Option aktiviert ist, werden alle Map-Kennwörter gelöscht, die mit der Option *Kennwort speichern* gespeichert wurden.

Das hat zur Folge, dass Sie beim Öffnen einer kennwortgeschützten Map das Kennwort eingeben müssen.

- **Beim Öffnen von Anhängen Warnmeldungen anzeigen**
  Wenn diese Option aktiviert ist, wird vor dem Hinzufügen einer vorhandenen Datei als Anhang eine Sicherheitserinnerung angezeigt.

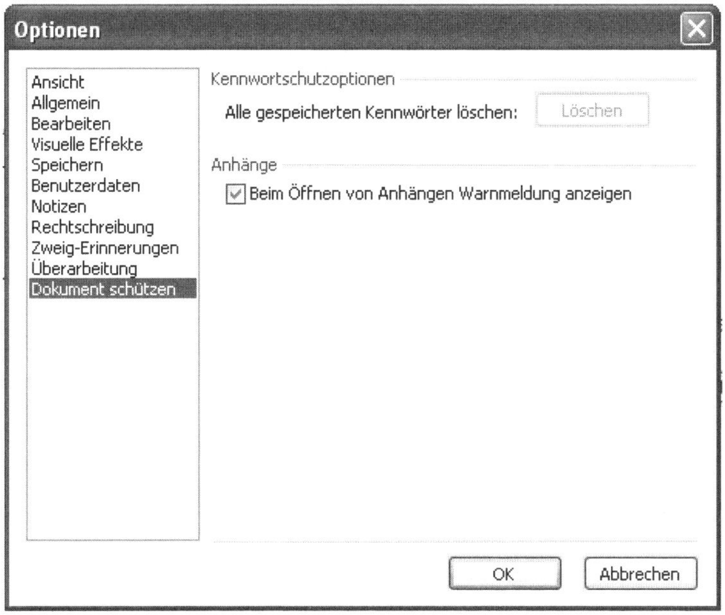

Abbildung 13.13 Das Register »Dokument schützen«

13.3 Add-Ins, Transformationen und Makros

13.3.1 Add-Ins

Im Lieferumfang von MindManager ist eine Reihe vorinstallierter Add-Ins inbegriffen, die eine Erweiterung des normalen Funktionsumfangs bilden. Diese Softwaremodule erweitern die MindManager-Benutzeroberfläche um zusätzliche Befehle und wirken wie integrale Bestandteile der Anwendung.

Die Import- und Exportfunktionen für MS Office-Anwendungen, die Funktionen zum Nummerieren und Sortieren, die Web-Exportfunktion und die Fähigkeiten der Smart Map Parts werden allesamt durch Add-Ins realisiert. Add-Ins werden von Mindjet oder Fremdherstellern entwickelt. Sie können diese Module unter *Extras/Add-Ins* aktivieren bzw. deaktivieren.

13.3.2 Transformationen

Transformationen ermöglichen die Konvertierung einer Map in ein textbasiertes Format und umgekehrt. Wie die Add-Ins erweitern auch diese Software-Module die MindManager-Benutzeroberfläche um zusätzliche Befehle und wirken wie integrale Bestandteile der Anwendung.

Im Lieferumfang von Mindjet MindManager 6 Pro sind zwei Transformationen inbegriffen (aufrufbar über die Liste *Dateityp* im Dialogfeld *Speichern*). Sie dienen der Konvertierung eines MindManager-Dokuments in eine textbasierte Gliederung.

- Mit *Gliederungen/Text* erzeugen Sie eine Textgliederung Ihrer Map.
- Mit *Gliederungen/Webseite* wandeln Sie eine Map in eine HTML-Gliederung um.

Weitere Transformationen werden möglicherweise von Mindjet und Drittherstellern angeboten. Die Transformationen können Sie unter *Extras/Transformationen* aktivieren bzw. deaktivieren.

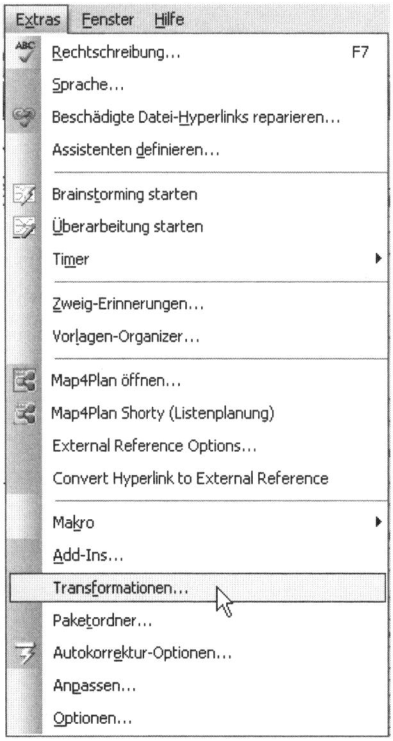

Abbildung 13.14 Öffnen Sie den Dialog *Transformationen*

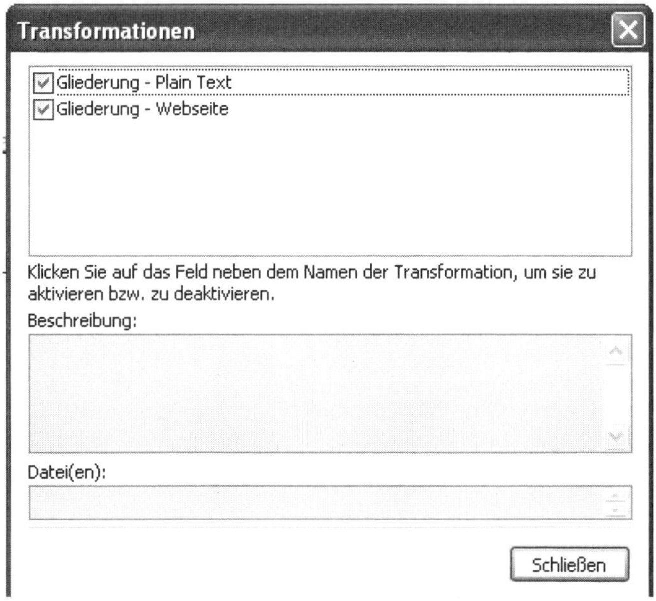

Abbildung 13.15 Aktivieren oder deaktivieren Sie Transformationen

13.3.3 Makros

Weitere Funktionen lassen sich durch den Einsatz von MindManager-Makros realisieren.

Makros unterscheiden sich insofern von Add-Ins, als dass sie keine separaten Anwendungen sind. Sie sind lediglich Gruppen von Befehlen, von denen MindManager angewiesen wird, bestimmte Aktionen auszuführen. Makros können wie Add-Ins von Mindjet selbst oder von Drittanbietern stammen, sie lassen sich jedoch unter Verwendung des Makro-Editors von MindManager auch in Eigenregie verfassen. Unter *Extras/Makro/Makros* können Sie Makros anlegen, löschen und bearbeiten.

So verwenden Sie den Makro-Editor

- Klicken Sie auf *Extras/Makro/Makro-Editor*.

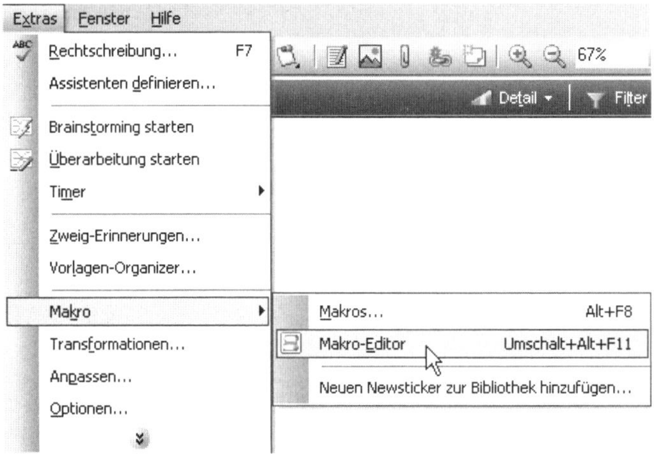

Abbildung 13.16 Öffnen Sie den Makro-Editor

Der Editor verfügt über eine eigene Hilfe. Diese können Sie über die Hauptsymbolleiste des Editors aufrufen.

Die Office-Add-Ins, die Transformationen und der Makro-Editor sind nur in der Mindjet MindManager Pro-Version verfügbar.

Detaillierte Informationen zum Thema »Makros« finden Sie in den Kapiteln 28 und 29 dieses Handbuchs.

14

Mindjet MindManager und Microsoft Word

14 Mindjet MindManager und Microsoft Word

Mindjet MindManager Pro 6 ist nahtlos mit Microsoft Word verzahnt. Das schafft Produktivität und verhilft Business-Projekten zu einem guten Start. Sie sparen zunächst Zeit durch Visualisierung des Brainstorming- und Planungsprozesses in MindManager und haben anschließend noch mit einem Mausklick Ihre Ergebnisse in einer linearen Word-Gliederung.

Auch heute noch wird ein Großteil der Dokumentationen und schriftlichen Kommunikation mit Hilfe dieses Office-Programms erledigt. Daher ist eine Kompatibilität der beiden Programme unabdingbar.

Sie haben zum einen die Möglichkeit, MindMaps in Word zu exportieren und so als Gliederung darzustellen. Zum anderen haben Sie die Möglichkeit, Word-Dokumente in MindManager zu importieren und in Maps umzuwandeln. Und das ohne etwaigen Inhaltsverlust.

In diesem Kapitel möchten wir Ihnen das Zusammenspiel von MindManager und Microsoft® Word an einem Projekt direkt aus der Praxis verdeutlichen und Ihnen einen Einblick in die verschiedenen Möglichkeiten bieten. Wir zeigen Ihnen zunächst, wie Sie bspw. auch im Berichtswesen mit MindManager kreativ arbeiten können und Ihre Informationen trotzdem in eine der CI Ihrer Firma angepasste Word-Vorlage bekommen. Sie lernen, eine Dokumentvorlage zu erstellen und dort Ihre in MindManager erarbeiteten Ergebnisse zu präsentieren. Ebenso werden Sie erfahren, wie einfach es ist, ein Word-Dokument in MindManager zu importieren.

Legen wir also gleich los und nähern uns Schritt für Schritt auch in diesem Bereich einem MindManager-Profi-Wissen.

14.1 Geschäftsberichte in Word – Grundlagen

Im Controlling von größeren Unternehmen spielt das Berichtswesen eine wesentliche Rolle. Es muss Informationen übermitteln, um Steuerungs- und Führungsentscheidungen auszulösen. Es soll für solche Entscheidungen eine Grundlage bilden, über die Leistungen und ihre Kosten Auskunft geben, die Bedarfsabschätzung unterstützen und den Erfolg kontrollieren. Auch im Zeitalter der Management-Informationssysteme müssen die aktuellen Informationen exakt aufbereitet sein. Alles muss in Form von Beurteilungen und anderen Textinformationen zu Papier gebracht werden. Dies kann sich zu einer arbeitsintensiven Aufgabe entwickeln.

Je nach Anforderung und Anwendungsbereich werden jährliche, vierteljährliche oder monatliche Statusberichte gefordert. Ebenso müssen jährliche Geschäftsberichte erstellt werden, die von vielen Unternehmen immer noch als lästige Pflichtveröffentlichungen angesehen werden – obwohl sie in der heutigen modernen Informationsgesellschaft ein wichtiges Kommunikationsmittel sind.

Trotz aller Nüchternheit – müssen sich Berichte in Inhalt und Form immer nur auf die gesetzlichen Mindestanforderungen beschränken? Müssen Text und Aufmachung buchhalterisch trocken und eher einschläfernd als wirklich informativ sein?

Wir denken nicht. Wer den Geschäftsbericht seines Unternehmens als jährliche Pflichtübung ansieht, lässt eine Vielzahl von Chancen, die diese Veröffentlichung bietet, ungenutzt. Denn der Geschäftsbericht hat sich inzwischen zu einer wichtigen Visitenkarte für Unternehmen und deren Management entwickelt.

Während die Sammlung und Auswertung der nötigen Information nicht zu den Themen dieses Buches gehören können, wollen wir ihre Dokumentation in diesem Kapitel näher betrachten.

14.2 Entwerfen Sie Ihre persönliche Berichtsvorlage

Stellen Sie sich vor, Sie sind Geschäftsführer/in der Firma MindBusiness GmbH, die regelmäßig Statusberichte verfasst. Dazu gehören Monats- und Quartalsberichte sowie der für viele Unternehmen obligatorische jährliche Geschäftsbericht. Die MindBusiness GmbH möchte expandieren. Dazu sind Gespräche mit Banken und Investoren nötig. Der jährliche Geschäftsbericht kommt also wie gerufen. Neben informativen Texten und einigen Zahlen sollen auch mit prägnanten Diagrammen die Erfolge und Chancen der Firma verdeutlicht werden.

Doch wie gelangt man zu einem übersichtlichen und ansprechenden Geschäftsbericht?

Die Arbeit, die in einen gut gestalteten Quartals- oder Jahresbericht investiert wird, kann nicht hoch genug eingeschätzt werden. Allein die Tatsache, dass die Berichte immer auf dem neuesten Stand sein müssen, lässt die zuständigen »Redakteure«, also Sie und Ihr Team, oft seufzen. Ständig müssen dieselben Formalitäten erfüllt werden, und der Bericht und die Texte müssen der Firmen-CI entsprechend gestaltet und geschrieben sein.

Die folgende Abbildung zeigt, wie ein solcher Bericht aussehen könnte:

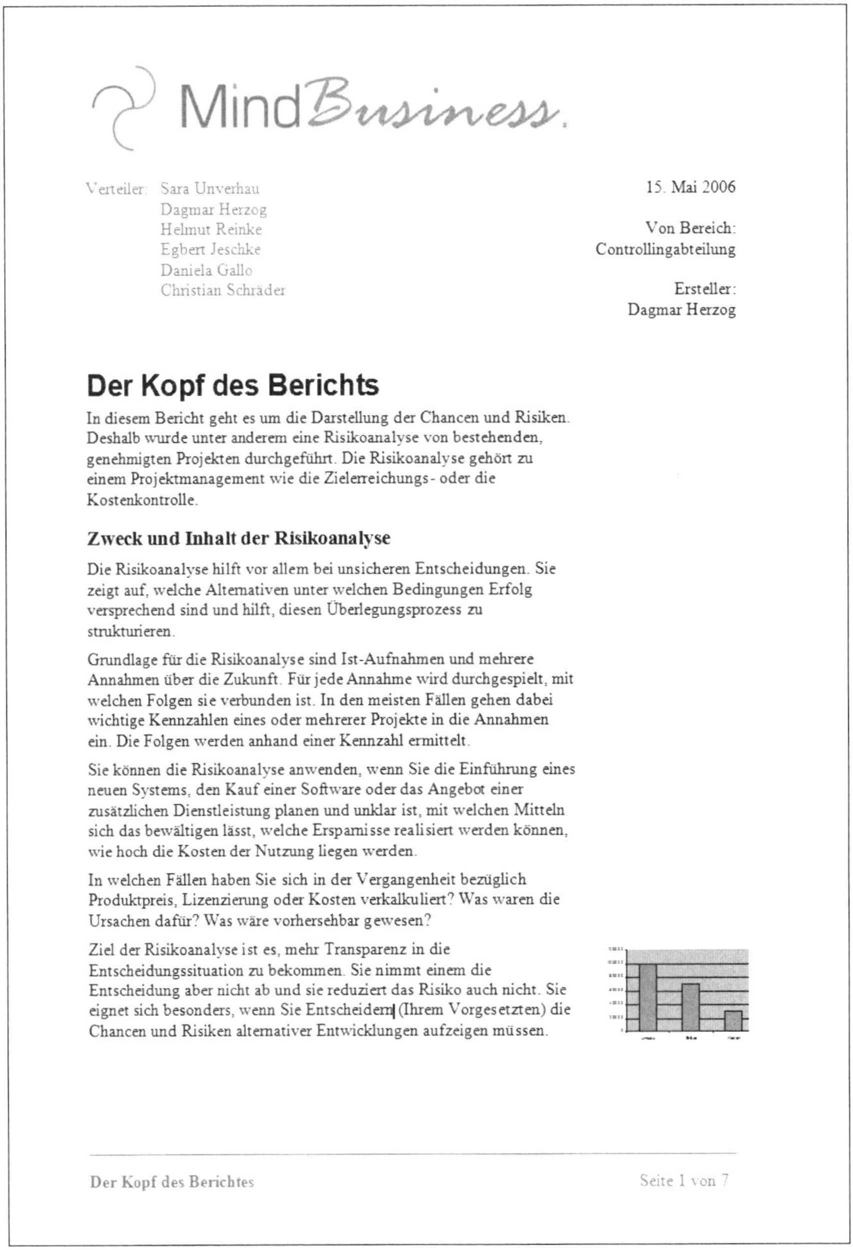

MindBusiness.

Verteiler: Sara Unverhau
Dagmar Herzog
Helmut Reinke
Egbert Jeschke
Daniela Gallo
Christian Schräder

15. Mai 2006

Von Bereich:
Controllingabteilung

Ersteller:
Dagmar Herzog

Der Kopf des Berichts

In diesem Bericht geht es um die Darstellung der Chancen und Risiken. Deshalb wurde unter anderem eine Risikoanalyse von bestehenden, genehmigten Projekten durchgeführt. Die Risikoanalyse gehört zu einem Projektmanagement wie die Zielerreichungs- oder die Kostenkontrolle.

Zweck und Inhalt der Risikoanalyse

Die Risikoanalyse hilft vor allem bei unsicheren Entscheidungen. Sie zeigt auf, welche Alternativen unter welchen Bedingungen Erfolg versprechend sind und hilft, diesen Überlegungsprozess zu strukturieren.

Grundlage für die Risikoanalyse sind Ist-Aufnahmen und mehrere Annahmen über die Zukunft. Für jede Annahme wird durchgespielt, mit welchen Folgen sie verbunden ist. In den meisten Fällen gehen dabei wichtige Kennzahlen eines oder mehrerer Projekte in die Annahmen ein. Die Folgen werden anhand einer Kennzahl ermittelt.

Sie können die Risikoanalyse anwenden, wenn Sie die Einführung eines neuen Systems, den Kauf einer Software oder das Angebot einer zusätzlichen Dienstleistung planen und unklar ist, mit welchen Mitteln sich das bewältigen lässt, welche Ersparnisse realisiert werden können, wie hoch die Kosten der Nutzung liegen werden.

In welchen Fällen haben Sie sich in der Vergangenheit bezüglich Produktpreis, Lizenzierung oder Kosten verkalkuliert? Was waren die Ursachen dafür? Was wäre vorhersehbar gewesen?

Ziel der Risikoanalyse ist es, mehr Transparenz in die Entscheidungssituation zu bekommen. Sie nimmt einem die Entscheidung aber nicht ab und sie reduziert das Risiko auch nicht. Sie eignet sich besonders, wenn Sie Entscheidern (Ihrem Vorgesetzten) die Chancen und Risiken alternativer Entwicklungen aufzeigen müssen.

Der Kopf des Berichtes — Seite 1 von 7

Abbildung 14.1 Der fertige Bericht

Sie könnten sich einen Großteil dieser langwierigen Arbeit ersparen, wenn Sie die Vorteile von Dokumentvorlagen in Word nutzen und sich voll auf den Inhalt konzentrieren.

Im Folgenden zeigen wir, wie Sie in Word eine solche Dokumentvorlage für das Berichtswesen erstellen können.

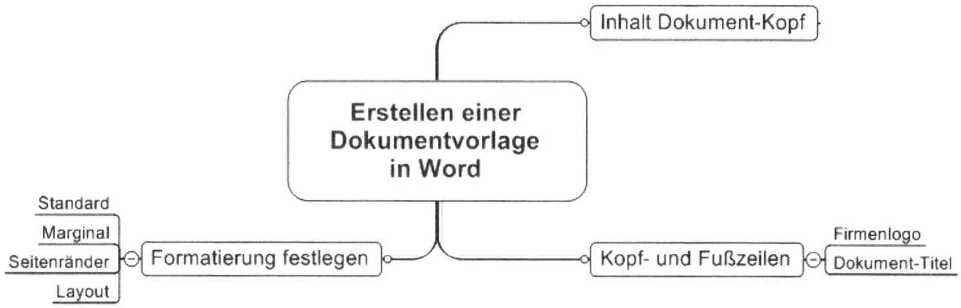

Abbildung 14.2 Wege zur fertigen Lösung

14.2.1 Die Basis für alles: eine Dokumentvorlage

Eine Dokumentvorlage ist eine vorgefertigte Datei, mit deren Hilfe der Benutzer in Word ohne viel Mühe neue Dokumente mit einheitlichem Erscheinungsbild erstellen kann.

Sie enthält beispielsweise Informationen über die zu verwendende Schriftart und -größe, Absatzformatierungen, das Seitenlayout oder Kopf- und Fußzeilen. Auch AutoText und VBA-Module können in ihr gespeichert sein, ebenso wie benutzerdefinierte Symbolleisten oder Menüs.

Dokumentvorlagen sind in der Regel an der Endung »*.dot« zu erkennen und befinden sich im Vorlagen-Ordner von Microsoft Office.

Die am meisten gebrauchte Vorlage ist die Datei *Normal.dot*. Sie wird beim Starten von Word automatisch geladen und bestimmt das Aussehen aller Standarddokumente. Fast alle Benutzereinstellungen werden in ihr gespeichert.

Für ein effektiveres Arbeiten bezüglich der regelmäßigen Berichte sollen Sie für die MindBusiness GmbH eine passende Dokumentvorlage erstellen.

Dazu sind folgende Schritte nötig:

- Neue Vorlage öffnen
- Seitenlayout festlegen
- Standardschrift festlegen
- Kopf- und Fußzeilen definieren
- Muster für Berichtskopf erstellen

Die fertige Dokumentvorlage *MindBusiness_Bericht.dot* finden Sie auch auf der CD-ROM zu diesem Buch im Ordner *Kapitel 14*.

14.2.1.1 Der Anfang: eine neue Dokumentvorlage

Der erste Schritt ist das Erstellen einer neuen Dokumentvorlage, die anschließend nach und nach Ihren Bedürfnissen angepasst wird.

Zum Anlegen einer neuen Dokumentvorlage gehen Sie folgendermaßen vor:

1. Klicken Sie in der Menüleiste auf *Datei/Neu*.
2. Im rechten Bereich des Fensters können Sie nun zwischen verschiedenen Arten neuer Dokumente wählen. Klicken Sie unter *Vorlagen* auf *Auf meinem Computer*.

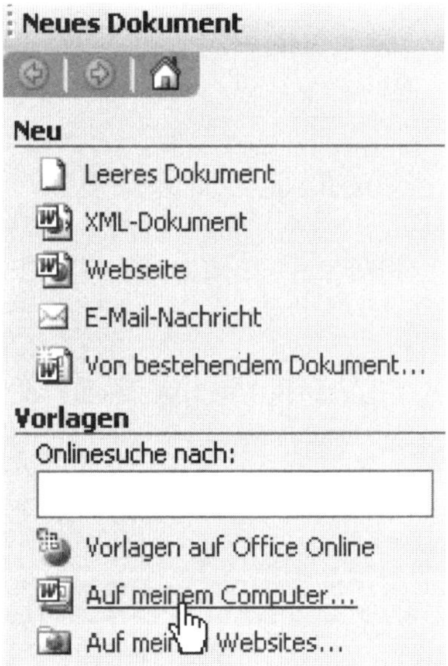

Abbildung 14.3 Ein neues Dokument öffnen

3. Anschließend wählen Sie in dem sich öffnenden Fenster *Leeres Dokument* und aktivieren die Option *Vorlage* unter *Neu erstellen*. Bestätigen Sie mit *OK*. Die neue leere Dokumentvorlage wird geöffnet.

Arbeiten Sie nicht mit Office 2003, öffnet sich nach Klicken auf *Datei/Neu* sofort das in **Abbildung 14.4**. dargestellte Fenster. Gehen Sie vor wie oben beschrieben, und bestätigen Sie mit *OK*.

Am Titel des neu geöffneten Dokumentes erkennen Sie, dass es sich um eine Vorlage im *.dot-Format* handelt. Das Dokument hat den Namen »Vorlage 1«.

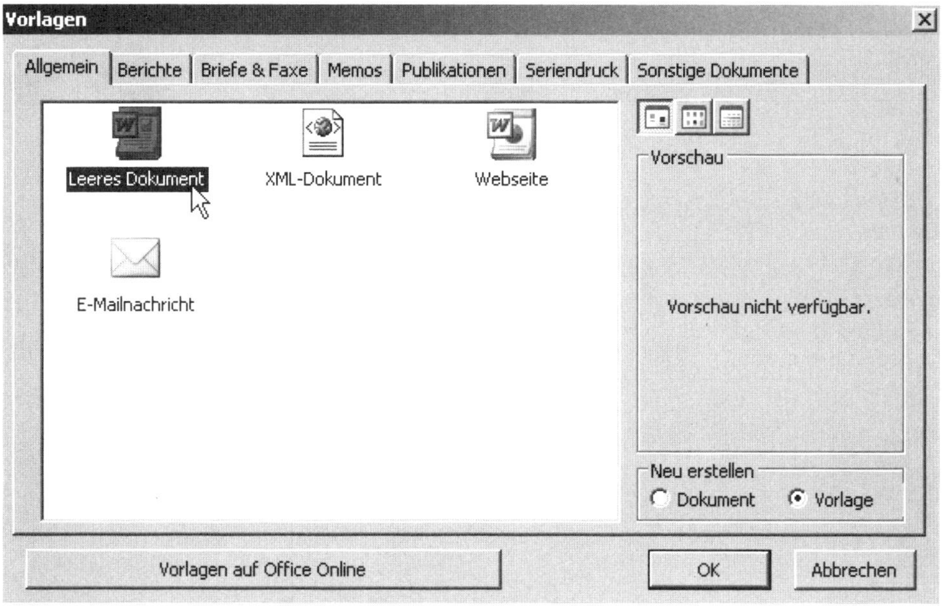

Abbildung 14.4 Eine neue Dokumentvorlage öffnet sich

4. Speichern Sie die Vorlage am besten sofort. Wählen Sie dazu den Befehl *Datei/Speichern unter*, geben Sie der Vorlage einen Namen, und legen Sie sie am gewünschten Ort ab.

Speichern Sie Ihr Dokument über den Befehl *Speichern unter*, springt Word automatisch zunächst in einen bereits existierenden Vorlagen-Ordner. Sie können die Vorlage jedoch an jedem beliebigen Ort ablegen.

Drücken Sie auf den Button *Speichern* in der Hauptsymbolleiste, wird die Vorlage automatisch in diesem von Word vorgegebenen Vorlagen-Ordner gespeichert.

14.2.1.2 Die Seite leserfreundlich einteilen: Layout

Für den ersten Eindruck spielt vor allem das Seitenlayout eine entscheidende Rolle. In diesem Schritt geht es darum, die Seite so leserfreundlich wie möglich einzuteilen. Wichtig ist dabei nicht nur, dass der Leser den Text möglichst mühelos erfassen kann. Es geht auch um den Gesamteindruck, den das Dokument bereits beim ersten Anblick vermittelt.

Zunächst müssen Sie sich also Gedanken über die Seitengestaltung machen. Wie breit sollen die unbedruckten Seitenränder sein? Soll das Papier beidseitig oder nur auf einer Seite bedruckt werden? Wo und wie sollen Grafiken den Text ergänzen und auflockern?

Legen Sie am besten als Erstes die Seitenränder fest. Für ein angenehmes Erscheinungsbild und eine optimale Lesbarkeit schlagen wir vor, den Textbereich nicht zu breit zu wählen und auf der rechten Seite einen breiten Rand frei zu lassen. In dieser Rand- oder Marginalspalte können dann wichtige Punkte durch passende Stichwörter oder Piktogramme hervorgehoben werden. Der Leser kann so mit einem Blick erfassen, worum es in den entsprechenden Abschnitten geht.

1. Zum Einstellen der Seitenränder klicken Sie in der Menüleiste auf *Datei/Seite einrichten.* Das Dialogfeld *Seite einrichten* wird angezeigt.

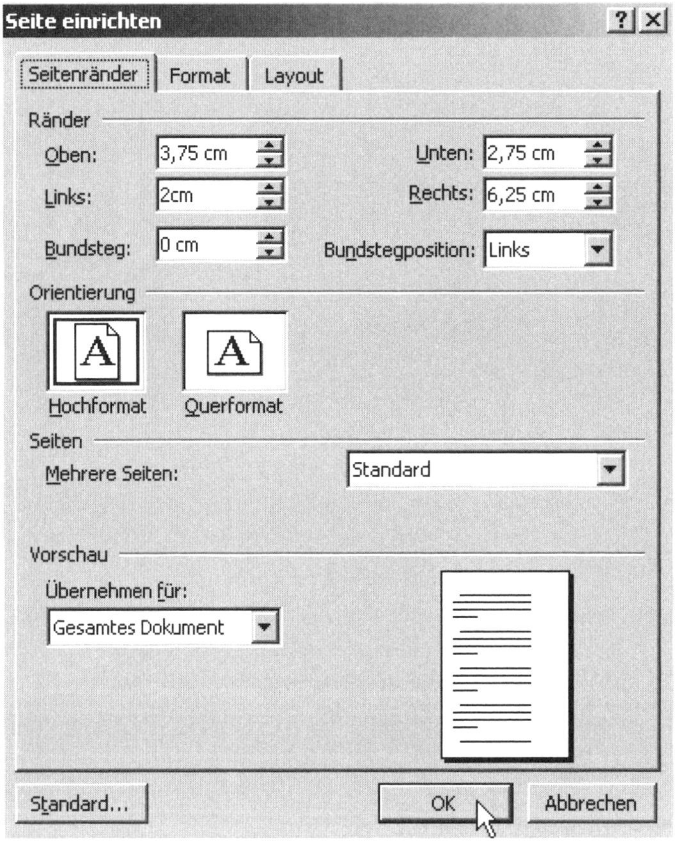

Abbildung 14.5 So richten Sie die Seite Ihrer Vorlage ein

2. Wählen Sie auf der Registerkarte *Seitenränder* angemessene Werte für die Randeinstellungen. **Abbildung 14.5** zeigt eine für unser Beispiel geeignete Einstellung.
3. Da das Papier seitlich geheftet oder gebunden werden soll, lassen Sie die Bundstegposition auf *Links*.
4. Wechseln Sie anschließend in die Registerkarte *Layout*, und legen Sie die Position der Kopf- und Fußzeilen fest.

Am Anfang des Berichtes soll später eine Kopfzeile stehen, die das Datum, den Titel des Berichtes sowie die Verteilerliste und das Firmenlogo enthält. Die Kopfzeile nimmt dann etwa ein Viertel der ersten Seite ein. Da die Kopfzeile der ersten Seite sich von denen der restlichen Seiten unterscheidet, muss die erste Seite gesondert eingestellt werden.

5. Deshalb aktivieren Sie, ebenfalls im Registerblatt *Layout*, die Option *Erste Seite anders* unter *Kopf- und Fußzeilen* wie in **Abbildung 14.6** dargestellt. Damit stellen Sie sicher, dass Sie die Position und den Inhalt der Kopf- und Fußzeilen für die erste Seite gesondert einstellen können.

Die Einstellungen der Registerkarte *Format* können Sie in der Regel so belassen, solange Sie im DIN-A4-Hochformat arbeiten.

Bestätigen Sie veränderte Einstellungen immer mit *OK*. Dabei ist es wichtig, dass im Feld *Übernehmen für* die Option *Gesamtes Dokument* gewählt ist. Die geänderten Einstellungen werden sonst unter Umständen nur für Teile des Dokumentes wirksam.

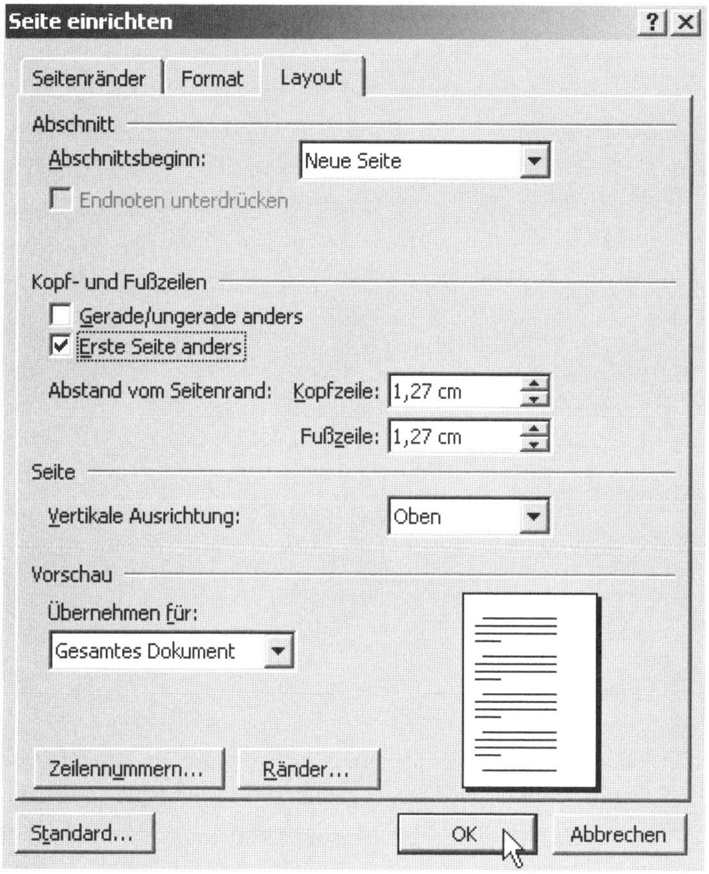

Abbildung 14.6 Kopf- und Fußzeile einrichten

14.2.1.3 Die Darstellung des Textes festlegen: Formatvorlage Standard

Für die Lesbarkeit eines Dokuments ist neben dem Seitenlayout vor allem die Formatierung des Textkörpers, des so genannten Fließtextes, wichtig. Hier sollte deshalb eine sehr gut lesbare Schriftart in ausreichender Größe verwendet werden.

Die Schriftart und den Schriftgrad können Sie normalerweise in der Menüleiste unter *Format/Zeichen* definieren, während Zeilen- und Absatzabstände mit dem Befehl *Absatz* festgelegt werden. Allerdings kann es sehr viel Zeit kosten, in einem längeren Dokument alle Absätze exakt zu formatieren, vor allem wenn dazwischen Überschriften und verschiedene andere Formatierungen zum Einsatz kommen. Deshalb gibt es in Word die *Formatvorlagen*-Funktion.

Formatvorlagen erleichtern die Formatierung

Als Erstes sollten Sie die grundlegenden Voreinstellungen für den Fließtext festlegen. Diese Vorgaben sind in der Formatvorlage *Standard* gespeichert. Formatvorlagen beinhalten eine Fülle von Textformatierungen, die alle beim Zuweisen der Formatvorlage auf einen Text zur Anwendung kommen.

Zum Ändern der *Standard*-Formatvorlage wählen Sie den Befehl *Format/Formatvorlagen und Formatierung.*

1. Rechts im Fenster öffnet sich das Dialogfeld *Formatvorlagen und Formatierung.* Klicken Sie im Pulldown-Menü der Formatvorlage *Standard* auf *Ändern.*

Abbildung 14.7 Bearbeiten der Formatvorlage *Standard*

2. Word öffnet das Dialogfeld *Formatvorlage ändern.*

Arbeiten Sie **nicht** mit Office 2003, klicken Sie zum Ändern der Standard-Formatvorlage in der Menüleiste auf *Format/Formatvorlage.* Im Dialogfeld *Formatvorlage* markieren Sie die Formatvorlage *Standard* und klicken auf die Schaltfläche *Bearbeiten.* Word öffnet das Dialogfeld *Formatvorlage bearbeiten.* Klicken Sie auf die Schaltfläche *Format*, und legen Sie über *Zeichen und Absatz* alle gewünschten Formatierungen fest. Sind die Einstellungen vorgenommen, bestätigen Sie mit *OK.*

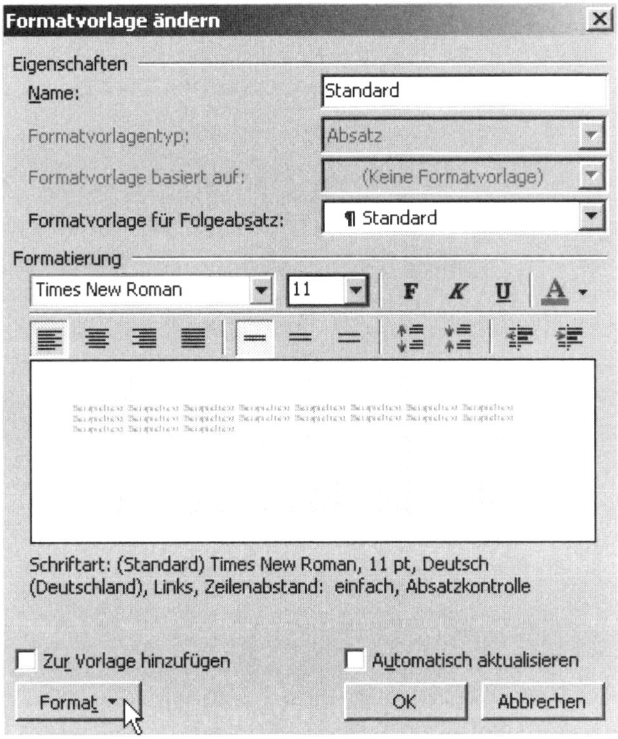

Abbildung 14.8 Ändern Sie die Formatvorlage

3. Wählen Sie unter *Formatierung* eine geeignete Schriftart- und Größe.
4. Klicken Sie dann im Pulldown-Menü des Buttons *Format* auf *Absatz*, und legen Sie dort alle gewünschten Absatzformatierungen fest. Sind die Einstellungen vorgenommen, bestätigen Sie mit *OK.*

Ein Beispiel für eine gut geeignete Schriftart ist »Times New Roman«. Zu empfehlen ist ein Schriftgrad von *11 Punkt* (pt), da eine kleinere Schrift den Text viel umfangreicher erscheinen lässt, während bereits eine Größe von 12 Punkt unter Umständen aufdringlich wirken kann. Aus Gründen der Lesbarkeit sollte der Zeilenabstand mindestens *1,5 Zeilen* betragen und vor jedem Absatz ein Abstand von *6 Punkt* eingefügt werden.

5. Entsprechend stellen Sie auch die Formatvorlagen *Überschrift 1* bis *Überschrift 4* passend ein, je nachdem, wie viele Überschriftenebenen Sie benötigen.

Für die erste Ebene eignet sich die Schriftart »Arial« in einer Größe von *14* bis *16 Punkt* und dem Schriftschnitt *Fett*. Dazu passt vor einem Absatz ein Abstand von 24 Punkt und nach einem Absatz ein Abstand von 6 Punkt. Für die zweite Ebene würde sich etwa eine Größe von nur noch 11 bis 12 Punkt eignen, mit einem Abstand von 12 Punkt vor und 6 Punkt nach dem Absatz.

14.2.1.4 Informationen auf jeder Seite: Kopfzeilen

Als nächstes Layoutelement werden die *Kopf- und Fußzeilen* festgelegt. Sie bieten die Möglichkeit, bestimmte Informationen, wie den Titel des Dokumentes, den Verfasser oder das Firmenlogo, automatisch auf jeder Seite zu platzieren. Hierfür sind folgende Schritte nötig:

1. Text in Kopfzeile eingeben.
2. Logo einfügen.
3. Weitere Kopfzeilen hinzufügen.

Zuerst erstellen Sie die Kopfzeile der ersten Seite. Klicken Sie in der Menüleiste auf *Ansicht/Kopf- und Fußzeile*. Word öffnet die erste Kopfzeile, und die Textebene des Dokuments wird in den Hintergrund gestellt. Geben Sie nun den Text oder das Logo der Kopfzeile für die erste Seite ein.

In unserem Beispiel haben wir das Firmenlogo der MindBusiness GmbH, das Motto und das aktuelle Datum eingefügt.

Einfügen des Firmenlogos

Das Firmenlogo sollte auf jeden Fall in der Kopfzeile erscheinen, sowohl auf der ersten als auch etwas kleiner auf jeder folgenden Seite.

Es wäre es auch möglich, auf der ersten Seite das Logo über den normalen Text zu legen. Die Positionierung über die Kopfzeile bietet aber den Vorteil, dass die Grafik beim späteren Erstellen und Bearbeiten des tatsächlichen Dokuments nicht versehentlich gelöscht oder verschoben werden kann. Eine Grafik fügen Sie folgendermaßen in die Kopfzeile ein:

1. Haben Sie die Kopfzeile geöffnet, klicken Sie in der Menüleiste auf *Einfügen/Grafik aus Datei*.
2. Suchen Sie aus Ihrer Explorer-Struktur das gewünschte Logo, und bestätigen Sie Ihre Wahl mit *Einfügen*. Die Grafik wird an der aktuellen Position des Cursors in der Kopfzeile eingefügt.

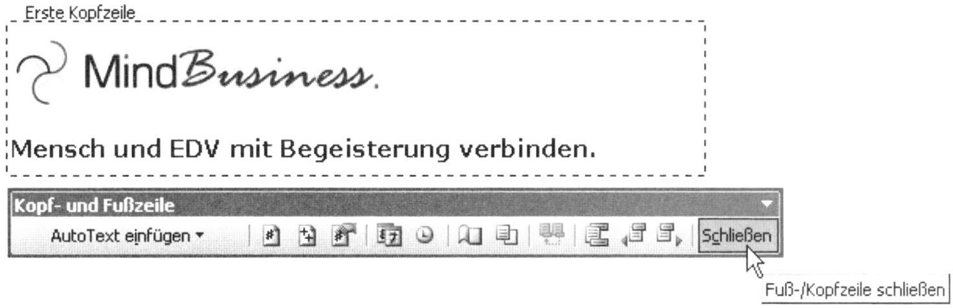

Abbildung 14.9 Das Firmenlogo und Motto wurden eingefügt

Einfügen des Datums

Nachdem Sie nun das Firmenlogo eingefügt haben, vervollständigen Sie die Kopfzeile mit dem Datum, das Sie mit einer sich automatisch aktualisierenden Feldfunktion einfügen.

Gehen Sie dazu folgendermaßen vor:

1. Gehen Sie in der Kopfzeile mit dem Cursor unter das Logo bzw., wie in unserem Fall, unter das Motto. Lassen Sie dazwischen am besten eine Leerzeile.
2. Drücken Sie auf den Button *Rechtsbündig* in der Hauptsymbolleiste von Word.
3. Klicken Sie in der Menüleiste auf *Einfügen/Feld*, und wählen Sie in der Option *Feldnamen* die Funktion *CreateDate*.
4. Wählen Sie unter *Feldeigenschaften* das gewünschte Datumsformat.
5. Bestätigen Sie Ihre Wahl mit *OK*.
6. Das Datum wurde in Ihre Vorlage eingefügt. Da es sich um eine Feldfunktion handelt, wird es, sobald Sie die Vorlage neu öffnen, aktualisiert und dem aktuellen Datum angepasst.

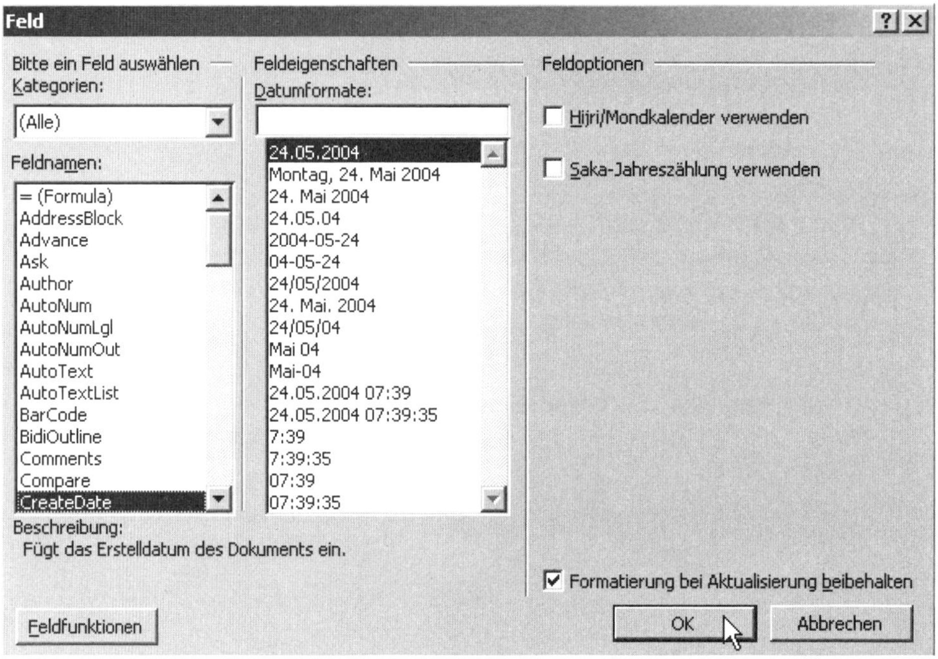

Abbildung 14.10 Fügen Sie das Datum als Feldfunktion ein

7. Sind Sie mit der Eingabe der für Sie wichtigen Punkte fertig, schließen Sie die Kopfzeile über den Button *Schließen* in der dazugehörigen Symbolleiste.

Die folgenden Seiten sollen auch das Logo und das Motto der Firma enthalten. Allerdings wesentlich kleiner.

Um zur Kopfzeile für die Folgeseiten zu gelangen, muss das Dokument bereits mehrere Seiten beinhalten. Fügen Sie daher am Ende des Dokuments über *Einfügen/Manueller Umbruch/Seitenumbruch* oder mit der Tastenkombination *Strg+Eingabe* einen manuellen Seitenumbruch ein, so dass die Vorlage nun eine weitere Seite umfasst. Diese ist nur für die Definition der zweiten Kopf- und Fußzeilen notwendig und kann anschließend wieder gelöscht werden, ohne dass die Einstellungen für Kopf- und Fußzeilen verloren gehen.

1. Öffnen Sie nun auf der **zweiten** Seite Ihrer Vorlage die Kopfzeile über *Ansicht/Kopf- und Fußzeile.*
2. Fügen Sie, wie vorher beschrieben, das Logo und das Firmenmotto ein. Diesmal allerdings wesentlich kleiner.
3. Schließen Sie die Kopfzeile über den Button *Schließen* der Symbolleiste.

Übrigens, damit Sie Grafiken in Word-Dokumente einfügen können, müssen sie in einem Grafikformat vorliegen, das Word »versteht«. Die unterstützten Formate sind abhängig davon, welche Grafikfilter bei der Installation von Word bzw. Office ausgewählt wurden.

14.2.1.5 Die Fußzeilen

Nun werden die Angaben in der Fußzeile festgelegt. Sie soll die Seitenzahl sowie einen Hinweis auf die Gesamtseitenzahl des Dokuments enthalten. Zudem soll hier der Titel des Dokumentes erscheinen.

Für die letztere Funktion ist jedoch zuerst die Gestaltung des Vorlagen-Kopfes notwendig, aus dem Word später die Informationen für die Fußzeile beziehen kann. Daher werden hier zunächst nur die Seitenangaben und ein »Platzhalter« in die Fußzeile eingefügt.

Folgende Schritte sind nötig:

- Festlegen der Tabulatorstopps
- Einfügen der automatischen Seitenzahlen
- Verweis auf den Dokumenttitel
- Übertragung auf die zweite Fußzeile

Falls sich die Einfügemarke nicht in der Kopf- oder Fußzeile befindet, öffnen Sie diese über *Ansicht/Kopf- und Fußzeile*. Wechseln Sie in die *erste* Kopfzeile.

1. Um von der Kopf- in die Fußzeile zu wechseln, klicken Sie in der Symbolleiste Kopf- und Fußzeile auf die Schaltfläche *Zwischen Kopf- und Fußzeile wechseln*.

Abbildung 14.11 Wechseln Sie über den Button in die Fußzeile

2. Löschen Sie im Lineal den zentrierten Tabulatorstopp in der Mitte der Fußzeile.

   Sie löschen einen Tabstopp durch Doppelklicken auf das Tabstopp-Zeichen und anschließendes Drücken auf den Button *Löschen* oder indem Sie das Tabstopp-Symbol einfach mit der Maus vom Lineal herunterziehen.

3. Der Cursor befindet sich ganz links in der Fußzeile.
4. Geben Sie hier beispielsweise »Monatsbericht Mai 2006« als einen Platzhalter für den späteren Verweis auf den Dokumenttitel ein, damit die komplette Fußzeile bereits fertig formatiert werden kann.
5. Springen Sie mit der Tabulatortaste an den rechten Rand der Fußzeile.
6. Zum Einfügen der aktuellen Seitenzahl wählen Sie die Schaltfläche *Seitenzahl einfügen* auf der Symbolleiste Kopf- und Fußzeile.

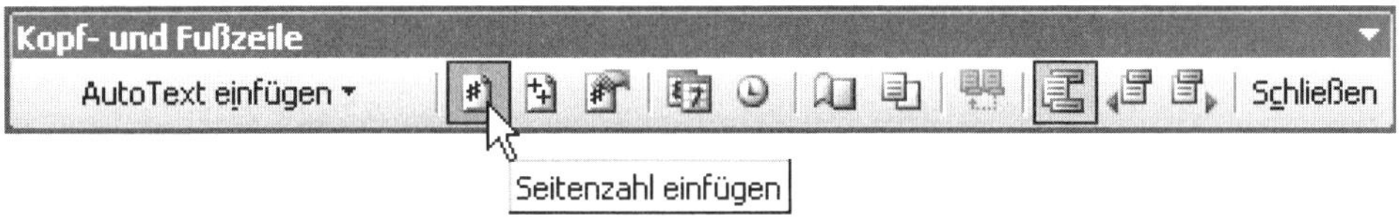

Abbildung 14.12 Das Einfügen der Seitenzahl

7. Nach Eingabe eines Schräg- oder Bindestriches als Trennzeichen fügen Sie mit der Schaltfläche *Anzahl der Seiten einfügen* die Gesamtseitenzahl hinzu.

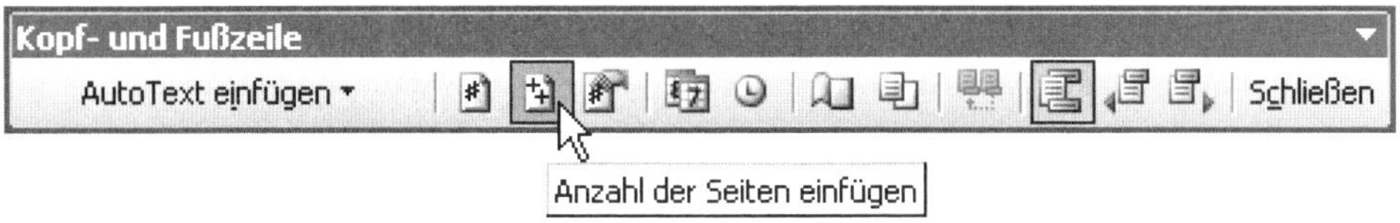

Abbildung 14.13 Die Anzahl aller Seiten des Dokumentes wird eingefügt

8. Formatieren Sie abschließend die Fußzeile, beispielsweise in der Schriftart *Arial* und der *Schriftgröße 9*, und schließen Sie die Fußzeile.

Erläuterungen zu Feldfunktionen

Felder werden als Platzhalter für sich ändernde Daten in einem Dokument oder zum Erstellen von Serienbriefen und Etiketten in Seriendruckdokumenten verwendet. Zu den häufigsten Einsatzbereichen von Feldern gehören Seitenzahlen, Datum, Inhaltsverzeichnisse und Berechnungen sowie Querverweise auf andere Stellen im aktuellen Dokument oder auf andere Dokumente.

Feldfunktionen werden in geschweiften Klammern {} angezeigt. Um Feldfunktionen anzuzeigen, klicken Sie im Menü *Extras* auf *Optionen* und aktivieren dann in der Registerkarte *Ansicht* das Kontrollkästchen *Feldfunktionen*. Ein kürzerer Weg führt über die Tastenkombination *Umschalt+F9*, mit der sich schnell zwischen Feldfunktion und Feldergebnis hin- und herschalten lässt. Dies betrifft allerdings nur das Feld, in dem sich die Schreibmarke gerade befindet.

Felder sind mit Formeln in Excel vergleichbar, wobei die Feldfunktion mit der Formel und das Feldergebnis mit dem durch die Formel errechneten Wert vergleichbar sind.

Um ein Feld zu erstellen, müssen Sie den Befehl *Feld* aus dem Menü *Einfügen* verwenden. Feldklammern können aber auch über die Tastatur eingegeben werden. Wenn Sie die Syntax der Feldfunktion kennen, drücken Sie die Tastenkombination *Strg+F9* und geben dann die entsprechenden Daten von Hand in die Klammern ein.

14.2.1.6 Dokumenttitel in der Fußzeile

Nun soll der Titel des Dokuments automatisch auch in der Fußzeile erscheinen, sobald er über den MindManager nach Word exportiert wurde.

Um einen Titel einzufügen, der automatisch aus MindManager generiert wird und der sich je nach Map-Titel aktualisiert, gehen Sie folgendermaßen vor:

1. Öffnen Sie wieder die Fußzeile. Sie können diese übrigens auch erreichen, wenn Sie auf den am hellgrauen Text erkennbaren Bereich der Fußzeile doppelklicken.
2. Löschen Sie den früher eingefügten Platzhaltertext, und drücken Sie anschließend die Tastenkombination *Strg+F9*.
3. Notieren Sie zwischen den Feldklammern den Feldausdruck
   STYLEREF "MM Title".
4. Drücken Sie im Feldausdruck stehend die Taste F9 zum Aktualisieren des Feldes. In der Fußzeile erscheint die Fehlermeldung: »**Fehler! Formatvorlage nicht definiert.**«

Tatsächlich existiert die Formatvorlage »MM Title« noch nicht in Ihrer Dokumentvorlage. Word muss deshalb eine Fehlermeldung anzeigen. Wenn Sie, wie später in diesem Kapitel beschrieben, Ihre Mind Map nach Word exportieren und für den Map-Titel die Verwendung der Formatvorlage »Titel« anweisen, erzeugt MindManager eine auf Titel basierende Formatvorlage namens »MM Title«. Nach dem Export unter Verwendung dieser Dokumentvorlage erscheint der Titel bzw. die Hauptüberschrift auch in den Fußzeilen.

5. Formatieren Sie den Verweis wie die übrigen Inhalte der Fußzeile.

Unter Umständen wird die Formatierung des Textes übernommen, auf den der Querverweis zeigt, sobald dieser aktualisiert wird, beispielsweise bei jedem Druckvorgang.

Um die gleichzeitige Aktualisierung der Formatierung zu verhindern, muss das Verweisfeld modifiziert werden.

- Dazu setzen Sie den Cursor in den Verweis, halten dabei die *Umschalt-Taste* und drücken die Taste *F9*, um die Feldfunktion anzuzeigen.
- Setzen Sie die Einfügemarke nun unmittelbar vor die abschließende geschweifte Klammer, und ergänzen Sie die Feldfunktion um den Schalter* MERGEFORMAT. Dieser Schalter sorgt dafür, dass beim Aktualisieren eines Feldes die Formatierung in jedem Fall beibehalten wird. Der vollständige Feldausdruck lautet also:

  { STYLEREF "MM Title" * MERGEFORMAT }
- Blenden Sie nun die Feldfunktion mit *Umschalt+F9* oder über das Kontextmenü wieder aus.

14.2.1.7 Weitere Fußzeilen

Nachdem die erste Fußzeile mit dem Verweis auf den Dokumenttitel festgelegt ist, kann ihr Inhalt jetzt für alle weiteren Seiten in die zweite Fußzeile kopiert werden.

Markieren Sie dazu den Text, und wählen Sie in der Menüleiste *Bearbeiten/Kopieren*. Wechseln Sie in die zweite Fußzeile, und klicken Sie im Menü *Bearbeiten* auf *Einfügen*.

Nachdem nun alle Kopf- und Fußzeilen festgelegt sind, sollten Sie die anfangs zusätzlich eingefügten Seiten wieder aus dem Dokument entfernen, indem Sie alle manuellen Seitenwechsel löschen. Machen Sie diese am besten zuvor mit der Schaltfläche *Einblenden/Ausblenden* sichtbar.

14.2.1.8 Texte für die Marginalspalte

Beim Seitenlayout haben Sie den Textbereich nicht zu breit gewählt und dafür auf der Außenseite einen breiteren Rand freigelassen. In dieser Marginalspalte sollen später wichtige Punkte durch passende Stichwörter oder Piktogramme hervorgehoben werden. Dadurch soll der Leser auf einen Blick erfassen können, worum es in den entsprechenden Abschnitten geht.

Um effektiv mit der Marginalspalte zu arbeiten, erstellen Sie am besten auch hierfür eine Vorlage.

Zunächst muss eine neue Formatvorlage definiert werden. Dies wäre über den Befehl *Format/Formatvorlagen und Formatierung* in der Menüleiste möglich.

Wir werden hier zur Abwechslung einen anderen Weg wählen und Schritt für Schritt einen Beispieltext formatieren, dessen Einstellungen anschließend in eine Formatvorlage übernommen werden. Auf diese Weise können Sie die Auswirkungen jeder einzelnen Formateinstellung unmittelbar beobachten.

Ganze Zeilen markieren

1. Zunächst fügen Sie in Ihr Dokument den Beispieltext *Marginalspalte* ein und markieren ihn.
2. Öffnen Sie anschließend die Symbolleiste *Zeichnen*.

   Sie öffnen die Symbolleiste, indem Sie mit der rechten Maustaste auf eine freie Stelle bei den Symbolleisten im oberen Bereich des Fensters klicken und die Option *Zeichnen* aktivieren.
3. In der Symbolleiste *Zeichnen* wählen Sie die Schaltfläche *Textfeld*. Der markierte Absatz wird in ein Textfeld eingefügt, das vom restlichen Text umflossen wird.

Abbildung 14.14 Fügen Sie dem Wort »Marginalspalte« ein Textfeld hinzu

4. Klicken Sie mit der rechten Maustaste auf den Rand des Textfeldes, und wählen Sie im Kontextmenü den Befehl *Textfeld formatieren* und dann auf der Registerkarte *Textfeld* die Schaltfläche *Zu Positionsrahmen umwandeln*. Bestätigen Sie die darauf folgende Sicherheitsabfrage mit *OK*.
5. Öffnen Sie mit einem Rechtsklick auf den Rand des Positionsrahmens das Kontextmenü. Wählen Sie den Befehl *Positionsrahmen formatieren*.

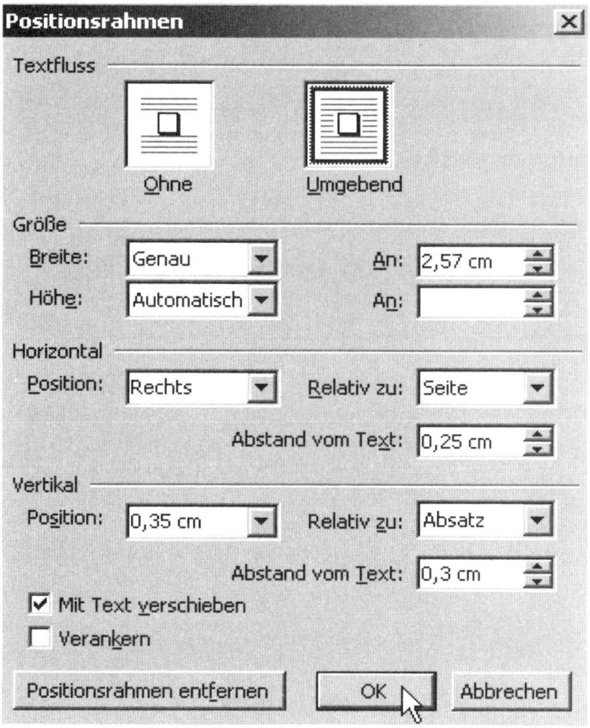

Abbildung 14.15 Die Einstellungen des Positionsrahmens

6. Nehmen Sie die Einstellung, wie in **Abbildung 14.15** dargestellt, vor, und schließen Sie das Fenster mit *OK*.

Ein Vorteil des Positionsrahmens gegenüber dem Textfeld ist, dass er seine Höhe automatisch dem Text anpasst.

7. Wählen Sie nach einem erneuten Rechtsklick mit der Maus auf den Rand des Positionsrahmens im Kontextmenü den Befehl *Rahmen und Schattierung*.

8. Löschen Sie den Rahmen, den Word automatisch eingesetzt hat, über die Option *Ohne*, und bestätigen Sie mit *OK*.

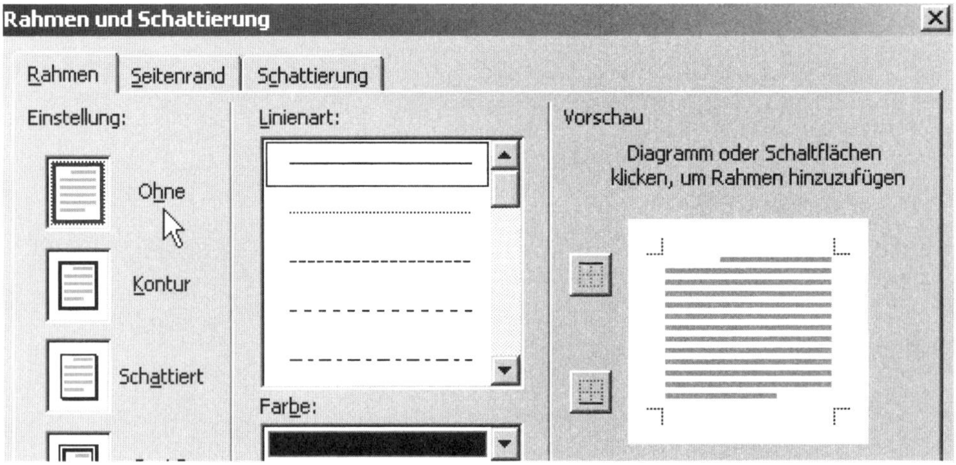

Abbildung 14.16 Entfernen Sie den Rahmen des Marginaltextes

9. Formatieren Sie nun den Text des Positionsrahmens.

Es empfiehlt sich eine etwas kleinere Schriftgröße, beispielsweise 10 pt, und als Schriftschnitt fett. Der Zeilenabstand sollte einzeilig gewählt werden, ohne Abstand vor und nach dem Absatz.

Um diese Einstellungen für die Zukunft als Ganzes zur Verfügung zu stellen, markieren Sie zunächst den Positionsrahmen und klicken dann in der *Format*-Symbolleiste auf den Button *Formatvorlagen und Formatierung*.

Es öffnet sich der Formatvorlagenbereich rechts im Fenster.

Wählen Sie dort die Option *Neue Formatvorlage*.

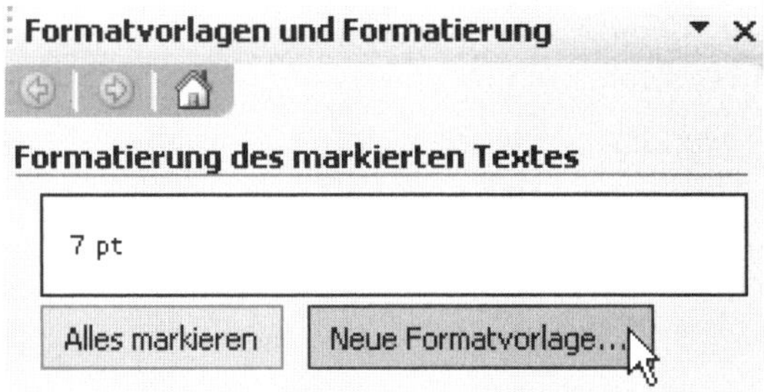

Abbildung 14.17 Erstellen Sie Ihre eigenen Vorlage für den Marginaltext

Ein Dialogfeld für die Definition der Vorlage für den Marginaltext wird geöffnet. Nehmen Sie dort noch eventuelle Einstellungen vor, und bestätigen Sie Ihre Eingaben mit *OK*. Die Vorlage für den Marginaltext ist erstellt.

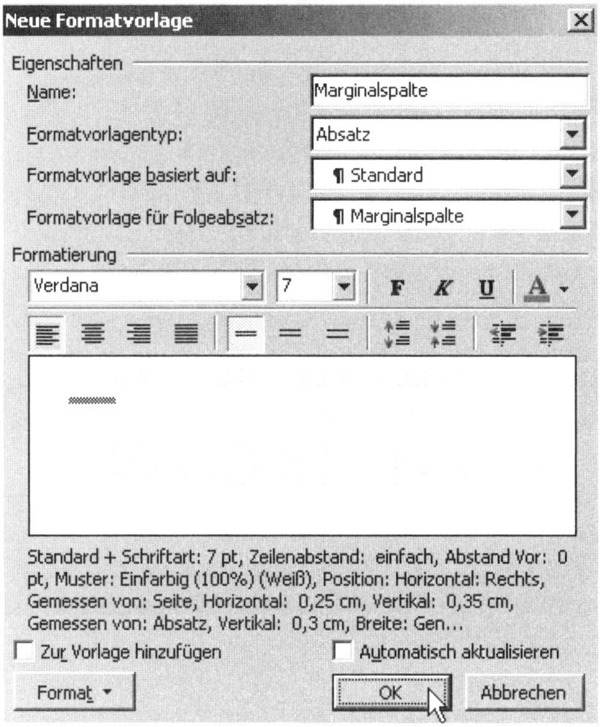

Abbildung 14.18 Nehmen Sie die Einstellungen vor

Arbeiten Sie **nicht** mit Office 2003, markieren Sie den Positionsrahmen und geben im Feld *Formatvorlage* auf der Symbolleiste *Format* einen neuen Namen ein, beispielsweise *Marginal*. Word erstellt automatisch eine neue Formatvorlage mit diesem Namen und den Formateigenschaften des markierten Textbereiches inklusive Positionsrahmen.

Die Arbeiten an der neuen Dokumentvorlage für das Berichtswesen sind nun abgeschlossen. Speichern Sie die Dokumentvorlage erneut, und schließen Sie das Fenster.

14.3 Testen der Dokumentvorlage

Nun ist der Augenblick gekommen, die Dokumentvorlage zu testen und mit ihr einen ersten Bericht zu erstellen. Dabei testen Sie zuerst unter Word, ob Ihre Dokumentvorlage alle gewünschten Merkmale aufweist. Im zweiten Schritt muss sich die Vorlage für den Export aus MindManager bewähren.

14.3.1 Test unter Word

Der Aufruf eines neuen Dokuments, basierend auf der eben erstellten Dokumentvorlage, sollte vor der Verwendung beim MindManager-Export nach Word getestet werden.

Um den Test zu starten, müssen Sie zunächst ein neues Word-Dokument, auf Basis Ihrer soeben erstellten Vorlage, öffnen. Dazu gehen Sie folgendermaßen vor:

1. Klicken Sie in der Menüleiste auf *Datei/Neu*.
2. Es öffnet sich der Arbeitsbereich *Neues Dokument*, in dem Sie Ihre Vorlage im Bereich *Zuletzt verwendete Vorlagen* oder über den Befehl *Auf meinem Computer* auswählen.
3. Ein neues Dokument, basierend auf der von Ihnen erstellten Vorlage, wird geöffnet.

Beim Layout für den Bericht wurde, wie beschrieben, rechts ein breiter Rand gelassen. Dieser eignet sich hervorragend für Marginalbemerkungen. Dabei handelt es sich um kurze, stichwortartige Texte, in denen zentrale Aussagen oder Stichpunkte des Fließtextes hervorgehoben werden. Der Leser kann sich so sehr schnell einen Überblick verschaffen, ohne den gesamten Text lesen zu müssen.

Um einen Text in die Marginalspalte zu positionieren, geben Sie ihn in einen leeren Absatz ein, der sich unmittelbar über dem Absatz befindet, neben dem der Text anschließend erscheinen soll. Wählen Sie dann in der Symbolleiste *Format* aus der Auswahlliste *Formatvorlage* die neu erstellte Formatvorlage *Marginal* aus. Word weist dem Absatz die Formatvorlage zu.

14.3.2 Export einer Mind Map nach Word

Nachdem Sie nun perfekt vorbereitet sind, möchten Sie Ihre Vorlage, die Sie bereits als neues Word-Dokument geöffnet haben, mit Inhalten füllen.

Da Sie, als Geschäftsführer/in der MindBusiness GmbH, immer zügig arbeiten, haben Sie bereits, in Bezug auf das bevorstehende Bankgespräch, eine Map erstellt, in der Sie Ihr Unternehmen von A–Z strukturiert haben. Angefangen bei den Mitarbeitern.

Öffnen Sie, um die Übungen live an Ihrem PC nachzuvollziehen, die Map *Der Geschäftsbericht.mmap* auf der CD zum Buch im Ordner *\Kapitel 14*.

Um unser Beispiel so einfach wie möglich zu halten, haben wir uns in der Map auf die Angabe des Verteilers, die Beurteilung der Mitarbeiter, deren Produktivität und die Projektplanstruktur beschränkt. Die Map beinhaltet in den Textnotizen sowohl Bilder als auch Hyperlinks und Tabellen.

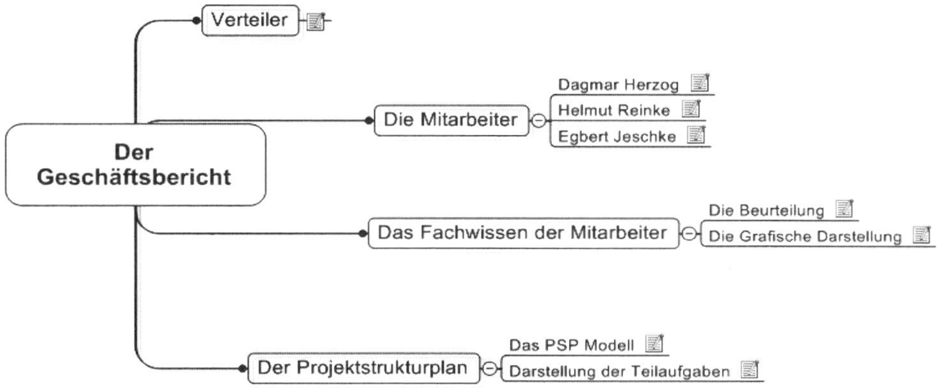

Abbildung 14.19 Die Mind Map mit der Darstellung der Firmenstruktur

Sie möchten nun also die Inhalte Ihrer Map in Ihr Word-Dokument, basierend auf der neu erstellten Vorlage, einfügen.

Um Ihre Mind Map nach Word zu exportieren, gehen Sie folgendermaßen vor:

1. Klicken Sie in MindManager auf den Button *Word-Export* der Werkzeugleiste im unteren Bereich des Fensters.

Abbildung 14.20 Der Export-Button in der Werkzeugleiste

2. In dem sich öffnenden Dialogfeld können Sie bestimmen, welchen Namen Ihr Word-Dokument haben soll. Im Feld *Dateiname* wird automatisch der Titel der Map angezeigt.
3. Ebenso können Sie in diesem Fenster bestimmen, wo Sie die Datei gerne speichern wollen.

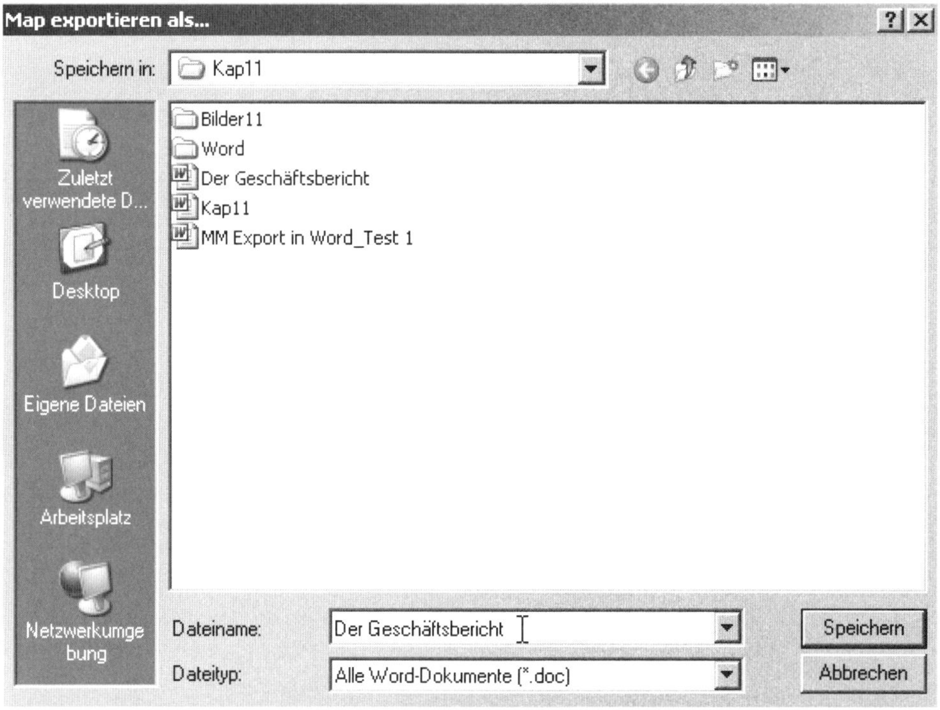

Abbildung 14.21 Legen Sie fest, wie Ihr Dokument heißen soll und wo Sie es speichern möchten

4. Haben Sie den Dateinamen und den Speicherort für das neue Dokument festgelegt, können Sie nun verschiedene Einstellungen für den Word-Export der Map festlegen.

14.3.3 Einstellungen für den Word-Export

Im Folgenden möchten wir zunächst, bevor wir in die Praxis gehen, die Ihnen zur Verfügung stehenden Einstellungsoptionen für den Word-Export erläutern. Diese Funktionen brauchen Sie, um festzulegen, wie Ihre Map nach Word exportiert werden soll.

Die Einstellungen finden Sie, nachdem Sie Dateinamen und Speicherort festgelegt haben.

Im Dialog *Einstellungen für den Word-Export* finden Sie folgende Register: *Allgemein*, *Word-Vorlage* und *Erweitert*. Mit Hilfe dieser Register bestimmen Sie, in welcher Form die Struktur der Map in Word erscheinen soll.

Das Register »Allgemein«

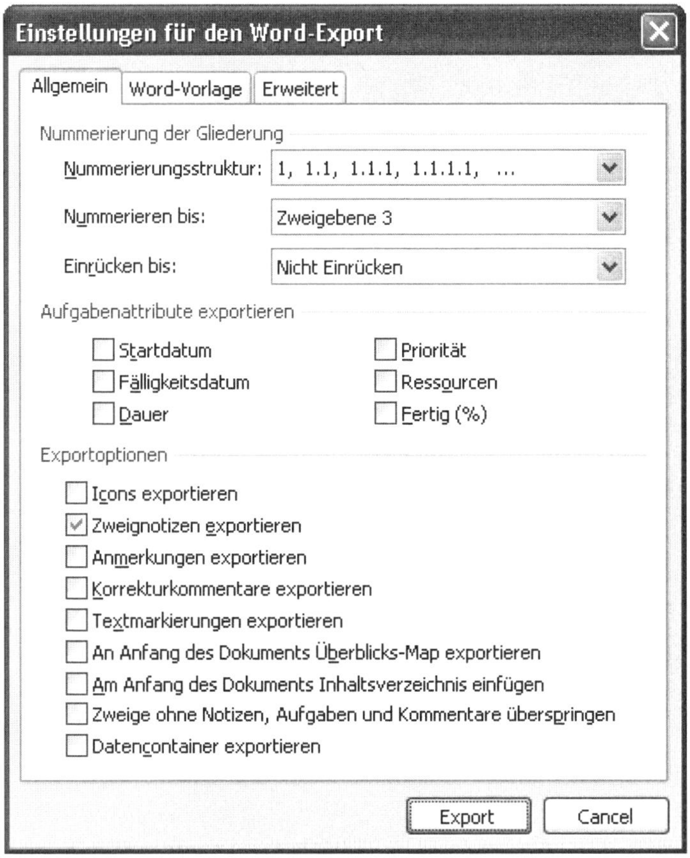

Abbildung 14.22 Die Registerkarte *Allgemein*

In diesem Register können Sie allgemeine Einstellungen für den Export vornehmen.

- Im Feld *Nummerierungsstruktur* haben Sie die Wahl zwischen verschiedenen Nummerierungstypen. Legen Sie dort fest, ob Sie beispielsweise lieber mit Zahlen oder lieber mit Buchstaben nummerieren wollen. Das Auswahlmenü erreichen Sie über das Pulldown-Menü rechts neben dem Feld.
- Im Feld *Nummerieren bis* können Sie festlegen, bis in welche Tiefe nummeriert werden soll. Die Angaben im Pulldown-Menü rechts neben dem Feld orientieren sich an den allgemein zur Verfügung stehenden Zweigebenen einer Map. Am einfachsten ist es, sich bei der Nummerierungstiefe an der Anzahl der Ebenen Ihrer zu exportierenden Map zu orientieren.
- Im Feld *Einrücken bis* definieren Sie, wie weit Sie die Inhalte der Map nach dem Export in Word eingerückt haben wollen.

- Unter *Attribute festlegen* bestimmen Sie, welche Map-Inhalte Sie exportieren wollen und welche nicht. Dazu gehören z.B. das *Startdatum*, der Status *Fertig-%* oder auch die *Priorität*. Haben Sie also Aufgabeninformationen festgelegt, die Sie auch exportieren wollen, aktivieren Sie das entsprechende Feld durch ein Häkchen.

Auch unter *Exportoptionen* haben Sie noch die Möglichkeit, verschiedene Einstellungen vorzunehmen. So können Sie z.B. bestimmen, ob Sie Zweignotizen und Anmerkungen Ihrer Map mit exportieren wollen oder nicht, ob Sie zu Beginn des Word-Dokumentes eine Überblick-Map eingebaut haben möchten oder ob Sie Zweige, die keine Notizen u.Ä. beinhalten, überspringen möchten.

Mit Mindjet MindManager 6 sind einige interessante Optionen hinzugekommen, die etwas näher erläutert werden sollen:

- *Icons* können nun optional ebenfalls exportiert werden.
- Das Inhaltsverzeichnis, das beim Export erzeugt werden kann, ist ein aktives Inhaltsverzeichnis, d.h., Sie können von dort durch Mausklick direkt auf die entsprechenden Kapitel gelangen. Und wenn Sie die Kapitelstruktur in Word ändern, kann das Inhaltsverzeichnis dadurch problemlos aktualisiert werden!
- Die Option *Datencontainer exportieren* bedarf einer kurzen Erläuterung. Es handelt sich dabei um Tabellen, benutzerdefinierte Eigenschaften und Excel-Bereiche, die mit einem Zweig definiert sein können. Auch der Outlook Linker erzeugt einen Datencontainer. Wenn die Option aktiviert ist, wird im Word-Dokument eine Tabelle mit den Werten der Datencontainer erzeugt. Die übrigen Zweigangaben (Zweigtext, Notizen etc.) werden unabhängig von dieser Einstellung exportiert.

Das Register »Word-Vorlage«

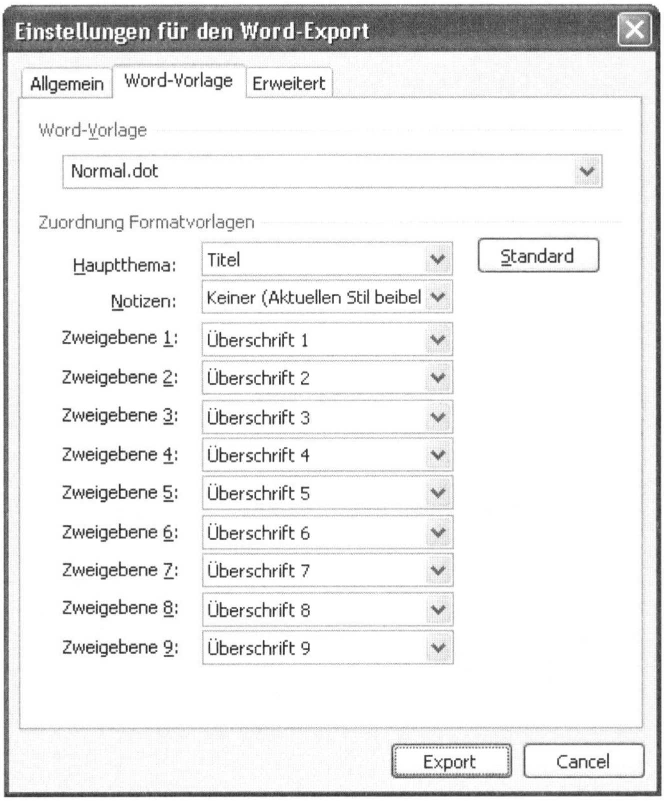

Abbildung 14.23 Das Register *Word-Vorlage*

In diesem Bereich können Sie festlegen, welche Vorlage Sie als Basis für das neue Dokument haben möchten.

- Im Feld *Word-Vorlage* können Sie eine Dokumentvorlage wählen, auf die das neue Word-Dokument aufgebaut sein soll. Als Standardeinstellung wird Ihnen die *Normal.dot* angegeben. Öffnen Sie durch Klicken auf den Pfeil rechts neben dem Feld das Pulldown-Menü, und wählen Sie *Benutzerdefinierte Vorlagen*. Sie kommen nun in Ihre Verzeichnisstruktur, aus der Sie die gewünschte Vorlage wählen können.
- Im Bereich *Zuordnung Formatvorlagen* können Sie den einzelnen Zweigen Ihrer Map die in der Dokumentvorlage definierten Formatvorlagen zuordnen. Wurde beispielsweise in der Word-Vorlage die *Überschrift 1* mit *Times New Roman, 16 pt, fett* formatiert und Sie ordnen diese *Überschrift 1* der *Zweigebene 1* Ihrer Map zu, erscheinen nach dem Export alle sich auf der Ebene 1 befindlichen Zweige in der Schrift Times New Roman, 16 pt, fett. Auf diesem Weg können Sie für das Hauptthema und für alle Zweigebenen die gewünschten Einstellungen vornehmen.

Das Register »Erweitert«

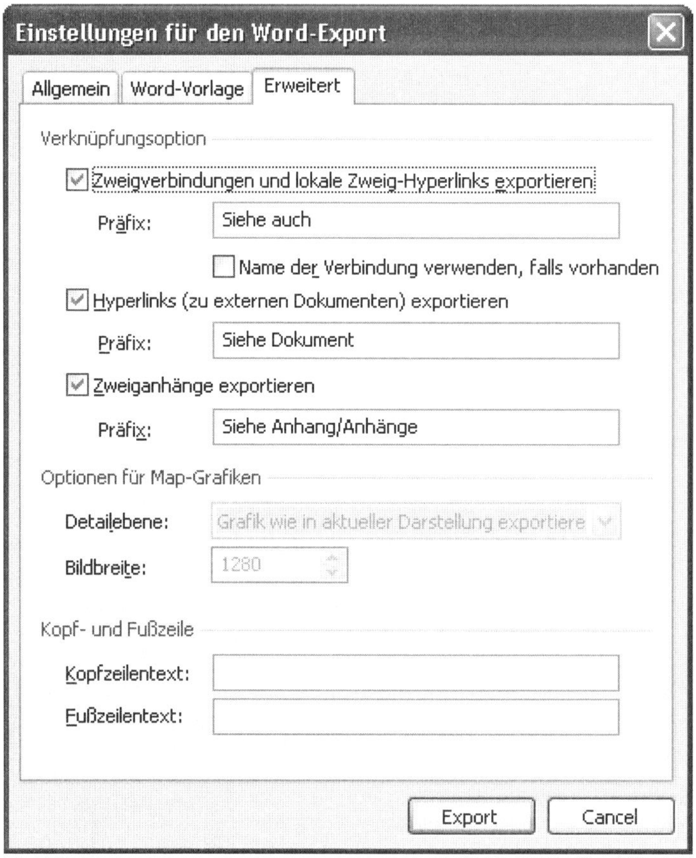

Abbildung 14.24 Die Registerkarte *Erweitert*

Hier können Sie noch Einstellungen in Bezug auf Verknüpfungen sowie Map-Grafiken vornehmen.

- Im Bereich der *Verknüpfungsoptionen* legen Sie fest, ob Sie Zweigverbindungen, lokale und externe Hyperlinks in das Dokument exportieren wollen. Ebenso können Sie bestimmen, wie bzw. mit welchem Wortlaut Sie auf den Link verweisen möchten.
- In den *Optionen für Map-Grafiken* können Sie, sofern Sie Grafiken in Ihre Map eingebunden haben, deren Größe als auch die Detailebene festlegen.
- Bei *Kopf- und Fußzeile* können Sie einen Text für diese Bereiche festlegen. Feldfunktionen sind hier allerdings nicht möglich, so dass wir eher die Vorgehensweise empfehlen, Kopf- und Fußzeile in der Vorlage zu definieren.

14.3.4 Unsere Map im Export

Nun kennen Sie die Optionen im Export-Dialog, und wir fahren in unserer Beispiel-Map mit folgenden Einstellungen fort:

1. Für unser Beispiel wählen Sie die »normale« Nummerierungsstruktur.
2. Unter *Nummerieren bis* wählen Sie *Zweigebene 3*.
3. Im Feld *Einrücken bis* lassen Sie die Einstellung auf *Nicht einrücken*.
4. Da in der Map keine Attribute festgelegt wurden, können Sie den Bereich *Aufgabenattribute exportieren* überspringen.
5. Bei den *Exportoptionen* markieren Sie lediglich den Punkt *Zweignotizen exportieren*.
6. Nun wechseln Sie in das Register *Word-Vorlage*.
7. Suchen Sie sich nun im Feld *Word-Vorlage* die *MindBusiness_Bericht.dot* heraus, die Sie vorhin gemeinsam mit uns erstellt haben.
8. Die Einstellungen unter *Zuordnung Formatvorlagen* lassen Sie in der Standardeinstellung.
9. Wechseln Sie jetzt in das Register *Erweitert*.
10. Lassen Sie für unser Beispiel die Standardeinstellungen in der Registerkarte *Erweitert* wie vorgegeben bestehen. Siehe auch Abbildung 14.24.
11. Klicken Sie nun auf den Button *Export*.
12. Der Export Ihrer Map nach Word, auf Basis Ihrer zuvor erstellten Vorlage, beginnt. Während des Vorganges bekommen Sie den aktuellen Status des Exportes angezeigt.

Abbildung 14.25 Der Status des Exportvorganges

13. Klicken Sie auf *Öffnen*, um das neue Word-Dokument sofort zu betrachten.

Microsoft Word sowie das neue Dokument werden geöffnet, und vor Ihnen liegt die in Word exportiert Map.

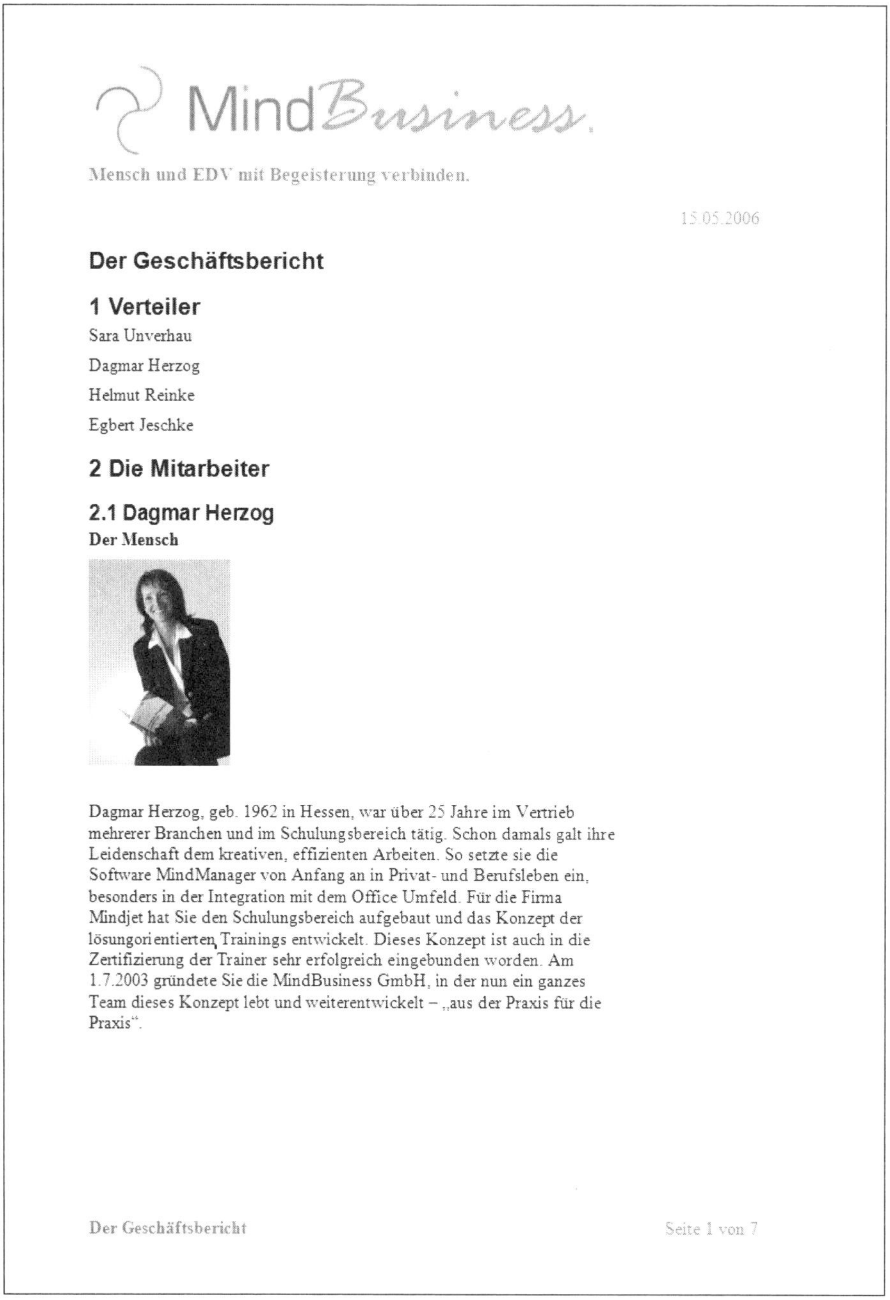

MindBusiness.

Mensch und EDV mit Begeisterung verbinden.

15.05.2006

Der Geschäftsbericht

1 Verteiler

Sara Unverhau

Dagmar Herzog

Helmut Reinke

Egbert Jeschke

2 Die Mitarbeiter

2.1 Dagmar Herzog

Der Mensch

Dagmar Herzog, geb. 1962 in Hessen, war über 25 Jahre im Vertrieb mehrerer Branchen und im Schulungsbereich tätig. Schon damals galt ihre Leidenschaft dem kreativen, effizienten Arbeiten. So setzte sie die Software MindManager von Anfang an in Privat- und Berufsleben ein, besonders in der Integration mit dem Office Umfeld. Für die Firma Mindjet hat Sie den Schulungsbereich aufgebaut und das Konzept der lösungorientierten Trainings entwickelt. Dieses Konzept ist auch in die Zertifizierung der Trainer sehr erfolgreich eingebunden worden. Am 1.7.2003 gründete Sie die MindBusiness GmbH, in der nun ein ganzes Team dieses Konzept lebt und weiterentwickelt – „aus der Praxis für die Praxis".

Der Geschäftsbericht　　Seite 1 von 7

Abbildung 14.26 Die Inhalte der Map in Word

Wie Sie sehen, wurde der Titel der Map definitionsgemäß als Titel für das Word-Dokument übernommen. Darunter finden Sie zunächst die Verteilerangaben sowie das Datum.

MindBusiness.
Mensch und EDV mit Begeisterung verbinden.
15.05.2006

Der Geschäftsbericht

1 Verteiler

Sara Unverhau

Dagmar Herzog

Helmut Reinke

Egbert Jeschke

Abbildung 14.27 Der Kopf des Dokumentes

Auch in der Fußzeile sehen Sie nun den Titel des Dokumentes. Wie vorher bei der Erstellung der Vorlage programmiert, hat das Word-Dokument den Map-Titel als Bezug für die Titelwiedergabe in der Fußzeile gewählt.

Exportieren Sie in die gleiche Word-Vorlage eine andere Map mit anderem Inhalt und anderem Titel, ändert sich auch der Text in der Fußzeile.

Erste Fußzeile

Der Geschäftsbericht

Seite 1 von 7

Abbildung 14.28 Die Fußzeile des Berichts

Sie haben mit wenigen Schritten die Inhalte Ihrer Map in Word exportiert. Scrollen Sie in Ihrem Word-Dokument weiter nach unten, sehen Sie auch die Tabellen und Listen, die sich vorher in den Textnotizen der Map befanden.

Ebenso wurden, wie in den Einstellungsoptionen definiert, die Hyperlinks übernommen, die Sie durch Drücken der *Strg*-Taste + Klicken auf den Link öffnen. Nun können Sie, wie gewohnt, Ihr Dokument bei Bedarf noch weiter formatieren, mit Inhalten ergänzen oder beispielsweise Marginaltexte hinzufügen.

14.4 Map in ein geöffnetes Dokument einfügen

Stellen Sie sich vor, Sie haben nun Ihr Word-Dokument fertig bearbeitet und Ihnen fällt noch ein wichtiger Punkt ein, den Sie vergessen haben. Die Bank wollte, bezüglich Ihrer Expansion, auch noch Angaben über die Dauer des Beschäftigungsverhältnisses der Mitarbeiter sowie deren Anschrift. Da Sie nicht noch einmal ein komplett neues Dokument erstellen möchten, wollen Sie nur diese neuen, zusätzlichen Informationen in Ihr Dokument einbauen.

Sie überarbeiten also Ihre Map mit den erforderlichen Informationen.

Öffnen Sie, um das Beispiel zu verfolgen, die Map *Der Geschäftsbericht_Erweitert.mmap* auf der CD zum Buch im Ordner *\Kapitel 14*.

Die Map beinhaltet einen neuen Zweig, »Persönliche Angaben der Mitarbeiter«. In den Textnotizen der einzelnen Unterzweige wurden jeweils Angaben zum Beschäftigungsverhältnis gemacht sowie die Anschrift notiert.

Nun möchten Sie **nur diesen einen neuen** Zweig, inklusive der Unterzweige und Textnotizen, in Ihr bereits bestehendes Word-Dokument »Der Geschäftsbericht« einfügen und somit vervollständigen.

Dazu gehen Sie folgendermaßen vor:

1. Öffnen Sie sowohl die Map »Der Geschäftsbericht_Erweitert« als auch Ihr schon mit Inhalten gefülltes Word-Dokument *Der Geschäftsbericht*.
2. Setzen Sie den Cursor an die Stelle im Word-Dokument, an der Sie die neuen Informationen einfügen möchten.

In unserem Beispiel wollen wir die persönlichen Angaben zu den Mitarbeitern gleich zu Beginn des Dokumentes aufführen und fügen deshalb eine Leerzeile hinter den Verteiler ein. Der Cursor bleibt in der Leerzeile.

Der Geschäftsbericht

1 Verteiler

Sara Unverhau

Dagmar Herzog

Helmut Reinke

Egbert Jeschke

Abbildung 14.29 Eine Leerzeile wurde eingefügt

3. Nun wechseln Sie in die mit den Informationen erweiterte Map und klicken mit der rechten Maustaste auf den Hauptzweig »Persönliche Angaben der Mitarbeiter«.

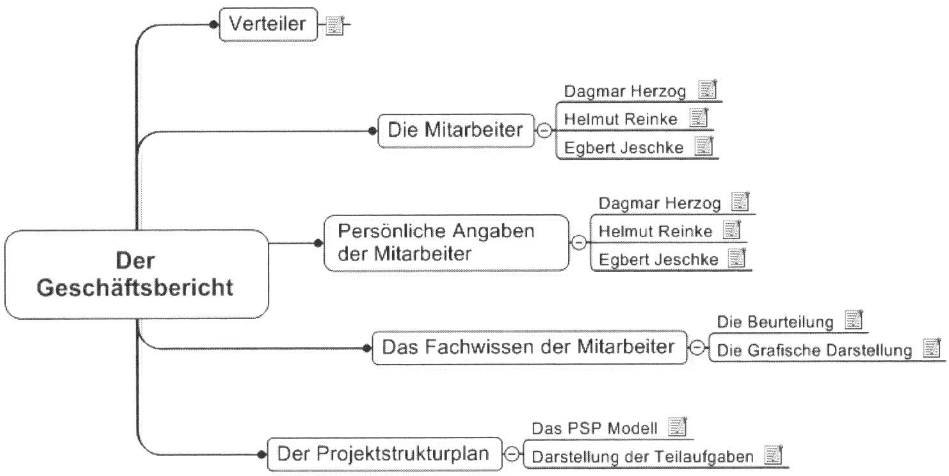

Abbildung 14.30 Der zu exportierende Hauptzweig wurde markiert

4. Wählen Sie im Kontextmenü *Senden an/Microsoft Word*.

Nun öffnet sich wieder das Fenster mit den Ihnen zur Verfügung stehenden Einstellungsoptionen, wie in 14.3.3 ausführlich beschrieben.

Bitte beachten Sie: In der Registerkarte *Word-Vorlage* können Sie hier nur mehr die Zuordnung der Formatvorlagen vornehmen. Die Wahl einer Word-Vorlage entfällt, da Sie ja das Dokument, in das Sie die neuen Informationen exportieren wollen, bereits geöffnet und die genaue »Einfügestelle« markiert haben.

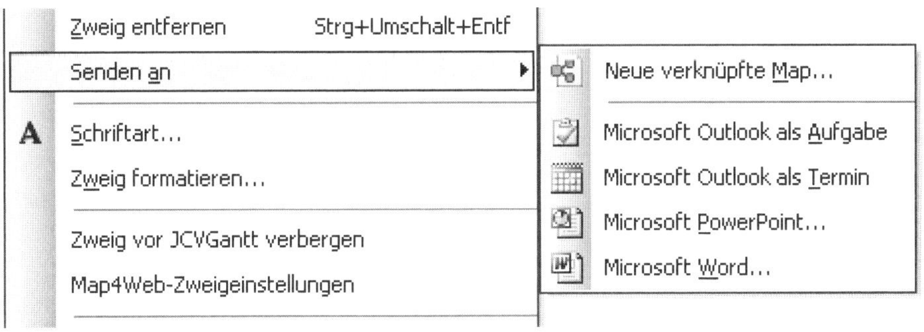

Abbildung 14.31 Schicken Sie die neuen Informationen in Ihr Word-Dokument

5. Nehmen Sie in den *Einstellungsoptionen* die entsprechenden Einstellungen vor, und klicken Sie auf den Button *Senden*.
6. Wechseln Sie nun in Ihr Word-Dokument, in das Sie die erweiterten Map-Inhalte eingefügt haben.
7. Sie sehen, dass sich lediglich der neue Zweig inklusive seiner Inhalte in dem bereits bestehenden Word-Dokument angeordnet hat.

Der Geschäftsbericht

1 Verteiler

Sara Unverhau

Dagmar Herzog

Helmut Reinke

Egbert Jeschke

2 Persönliche Angaben der Mitarbeiter

2.1 Dagmar Herzog

Geschäftsführerin

Firmengründung: 1.7.2003

Anschrift:

MindBusiness GmbH

Siemensstraße 18

63755 Alzenau

2.2 Helmut Reinke

Angestellt seit Juni 2003

Anschrift:

Helmut Reinke

Reinkestr. 5

63755 Alzenau

2.3 Egbert Jeschke

Freier Mitarbeiter seit Juni 2003

Anschrift

Egbert Jeschke

Jeschkestr. 6

63755 Alzenau

Abbildung 14.32 Die neuen Inhalte wurden eingefügt

Bezüglich der Gliederungsstruktur können Sie feststellen, dass sich die neuen Inhalte der bereits bestehenden Nummerierung untergeordnet und die nachfolgenden Punkte automatisch aktualisiert haben.

Sie haben nun, in wenigen Schritten, ganz einfach Ihr Word-Dokument mit Map-Inhalten erweitert und konnten so eine komplette Neuerstellung des Dokumentes umgehen.

Natürlich haben Sie auf diesem Wege auch die Möglichkeit, eine komplette Map in ein bestehendes Word-Dokument einzufügen. Dazu markieren Sie einfach das Hauptthema der Map und gehen dann, wie oben beschrieben, vor.

14.5 Word-Dokumente in MindManager importieren

Mit MindManager können Sie nicht nur Maps in Word exportieren, sondern auch Word-Dokumente in MindManager importieren.

Stellen Sie sich vor, Sie sind Autor dieses Buches und haben soeben von einem Ihrer Co-Autoren das Kapitel *MindManager und Word* in einem Word-Dokument bekommen.

Da Sie alle Inhalte des Buches in MindManager sammeln, um einen besseren Überblick zu behalten, möchten Sie auch dieses Kapitel in eine Map importieren.

Um die Übungen an Ihrem Rechner zu verfolgen, öffnen Sie am besten das Word-Dokument *MindManager und Word_Import in MM.doc* von der CD zum Buch im Ordner *\Kapitel 14*.

Um ein Word-Dokument in MindManager zu importieren, gehen Sie folgendermaßen vor:

1. Öffnen Sie das Word-Dokument, das Sie in MindManager importieren wollen, um sich vorab schon einen Überblick über die Inhalte zu verschaffen.
2. Öffnen Sie MindManager, und wählen Sie in der Menüleiste den Befehl *Datei/Öffnen*.

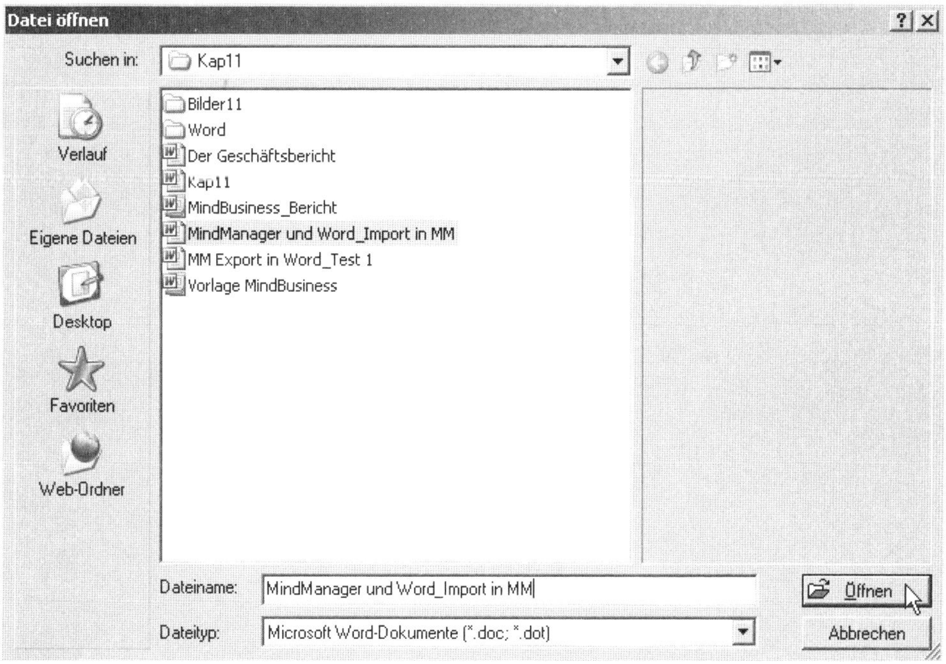

Abbildung 14.33 Wählen Sie die Datei, die Sie importieren möchten

3. In dem sich öffnenden Dialogfeld *Datei öffnen* wählen Sie zunächst im Feld *Dateityp* die Option *Microsoft Word-Dokumente (*.doc; *.dot)*.
4. Suchen Sie sich dann aus Ihrer Verzeichnisstruktur das gewünschte Word-Dokument heraus. In unserem Beispiel wählen Sie die Datei »MindManager und Word«.
5. Klicken Sie auf den Button *Öffnen*.
6. Der Word-Import in MindManager beginnt.

Ist der Importvorgang beendet, öffnet MindManager eine neue Map mit den Inhalten aus dem Word-Dokument.

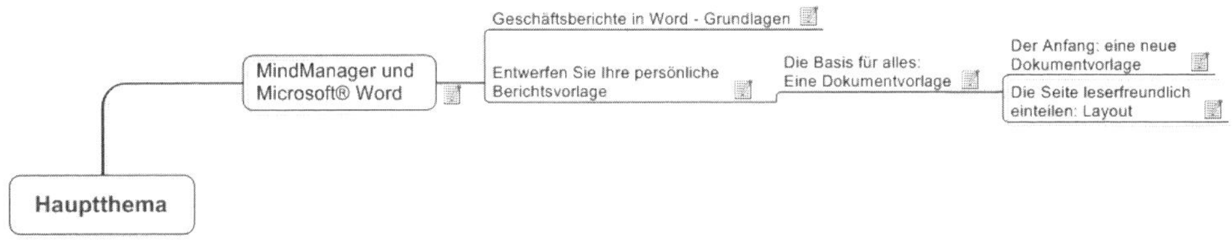

Abbildung 14.34 Die neue Map mit den Inhalten aus Word

Betrachten Sie die Map genauer, so sehen Sie, dass der erste Hauptzweig den Titel des Dokumentes beinhaltet.

Die Zweige der zweiten Ebene stellen die Überschriften 1 des Word-Dokuments dar. Alle weiteren Unterzweige auf dritter und vierter Ebene entsprechen den Überschriften 2 und 3.

Die Texte sowie die Grafiken zu den einzelnen Überschriften befinden sich nun in Textnotizen, die den entsprechenden Zweigen zugeordnet wurden. So erkennen Sie auf einen Blick, wie das Kapitel inhaltlich aufgebaut wurde, und können sofort die Struktur, falls notwendig, überarbeiten.

Sie könnten nun noch, der Ordnung halber, das Thema des Word-Dokumentes, das in der Map auf dem Hauptzweig liegt, in das Map-Thema umwandeln.

Dazu markieren Sie den Map-Titel und geben den entsprechenden Text, also »MindManager und Word«, ein. Kopieren Sie nun über die Zwischenablage die Notizen vom Hauptzweig in den Map-Titel. Anschließend markieren Sie den Hauptzweig, der nun denselben Text enthält, und drücken die Tastenkombination *Strg+Umschalt+Entf*. Diese bewirkt, dass der markierte Zweig gelöscht wird und sich alle Zweige der nächsten Ebene automatisch als Hauptzweige anordnen.

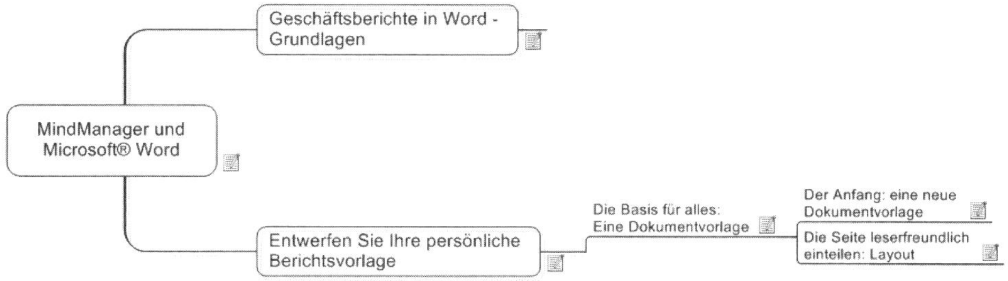

Abbildung 14.35 Die überarbeitete Map

14.5.1 Exportierte Maps wieder aus Word importieren

Vielleicht möchten Sie ein Word-Dokument, das durch Export aus einer Map erzeugt wurde, später wieder in eine neue Map importieren, z.B. nachdem im Word-Dokument Änderungen vorgenommen wurden.

Struktur, Überschriften und Text werden dabei wie bereits beschrieben in die Map übernommen. Was jedoch passiert dabei mit den weiteren Zweigeigenschaften, die ja beim Export in das Word-Dokument übernommen werden können?

Aufgabendaten, Anmerkungen, Kommentare und *Textmarkierungen* können, falls sie aus der Map exportiert werden, wieder in ein neues Word-Dokument zurückimportiert werden. *Icons* und *Datencontainer* gehen beim Reimport jedoch verloren.

Es ist nicht möglich, in Word Aufgabendaten etc. neu zu definieren, so dass sie später beim Word-Import in der Map erscheinen. Beim Export dieser Daten aus einer Map werden im Word-Dokument spezielle Markierungen gesetzt, die sich nicht manuell erzeugen lassen.

14.6 Abschnitte aus Word an MindManager senden

In manchen Fällen, z.B. wenn nur Teile der Dokumentation aus Word benötigt werden, können auch einzelne Abschnitte in eine Map übertragen werden.

Um die Übungen an Ihrem Rechner zu verfolgen, öffnen Sie am besten wieder das Word-Dokument *MindManager und Word_Import in MM.doc* von der CD zum Buch im Ordner *\Kapitel 14*.

Um Abschnitte aus Word an MindManager zu senden, gehen Sie folgendermaßen vor:

1. Öffnen Sie die gewünschte Map und selektieren den Zweig, an den die Selektion aus Word angehängt werden soll.

2. Selektieren Sie im Word-Dokument den Abschnitt oder die Abschnitte, die Sie übertragen möchten. Achten Sie darauf, dass Sie die Überschriften bei der Selektion einschließen (ansonsten finden Sie den Text als Zweigtext wieder).
3. Klicken Sie jetzt in Word auf das MindManager-Symbol *Ausgewählte Absätze an Mindjet MindManager senden.*

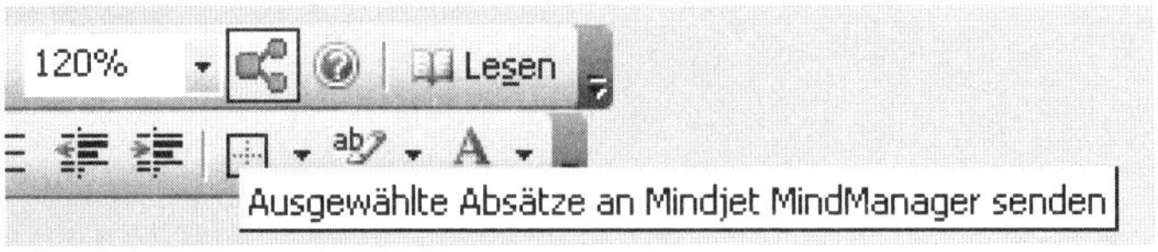

Abbildung 14.36 Das Symbol zum Senden von Absätzen aus Word an MindManager

Struktur und Inhalt werden wie beim Word-Import in die Map übernommen.

Wenn Sie in Word Abschnitte selektieren möchten, die sich über mehrere Seiten erstrecken, wechseln Sie doch dort einfach im Menü *Ansicht* in die *Gliederung* und blenden nach Bedarf Ebenen ein oder aus. So gelingt Ihnen schnell die Selektion über größere Bereiche.

Fazit

Sie sehen, wie problemlos das Zusammenspiel zwischen MindManager und Word funktioniert. Ohne großen Aufwand können Sie sowohl Maps in Word exportieren als auch Word-Dokumente in MindManager importieren.

15

Mindjet MindManager und PowerPoint

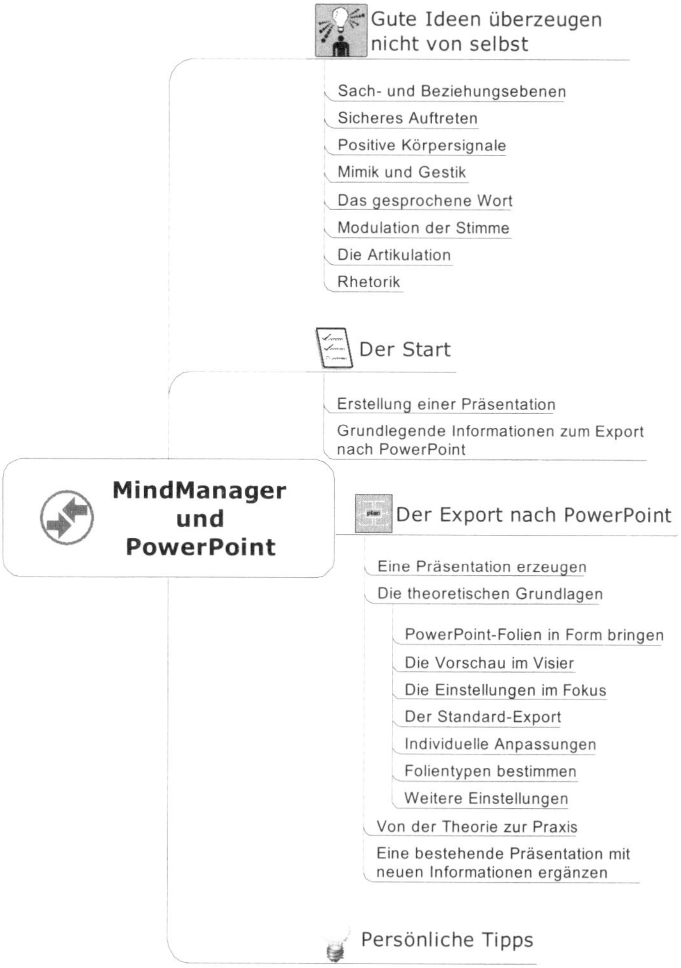

15 Mindjet MindManager und PowerPoint

Wollen wir etwas erreichen und Einfluss auf das Denken und Handeln anderer Menschen nehmen, dürfen wir uns nicht damit begnügen, unsere Gedanken einfach so auszusprechen, wie sie uns selbst bewusst werden. Wir müssen uns vielmehr fragen, wie denn unsere Zuhörer diese Gedanken aufnehmen. Nicht was wir denken ist entscheidend, sondern was bei unseren »Empfängern« ankommt, erzielt die gewünschte Wirkung. Gute Ideen setzen sich nur dann durch, wenn sie in einer für den Empfänger fassbaren Weise aufbereitet und dargestellt sowie seinen Einstellungen, Bedürfnissen und Motiven entsprechend angeboten werden. Die »Verpackung« ist dabei mindestens so wichtig wie der Inhalt.

15.1 Gute Ideen überzeugen nicht von selbst – wir bieten sie persönlich an

Präsentieren bedeutet »vorzeigen«, »vor Augen führen« und »erkennen lassen«. Die Präsentation ist eine Veranstaltung, in der Ideen oder Gegenstände einem Publikum vorgestellt werden. Wir verfolgen immer ein Ziel: Wir wollen informieren, überzeugen und motivieren. Die Präsentation ist ein Mix von Rede, Lehrveranstaltung, Information, Show und persönlicher Offenbarung. Wir können also sagen: Eine Präsentation ist eine Kommunikationsform, bei der in unmittelbarer Begegnung zwischen Präsentierendem (Sender) und Publikum (Empfänger) durch kombinierten Einsatz menschlicher und technischer Kommunikationsmittel eine gezielte Beeinflussung des Publikums durch den Präsentierenden versucht wird.

Das Spannende an diesem Vorgang ist die Tatsache, dass es sich bei der Präsentation um einen Prozess wechselseitiger Einflussnahme zwischen dem Präsentierenden und dem Publikum handelt. Somit wirken die offenen und verdeckten (gedanklichen) Aktivitäten beider Seiten auf das Ergebnis der Präsentation ein. Der Präsentierende und sein Publikum befinden sich in ständiger Interaktion.

15.1.1 Sach- und Beziehungsebenen

Noch wichtiger ist es zu beachten, dass der Präsentierende immer sein Publikum für sich und seine Ideen interessieren muss und es zum Mitdenken in der von ihm gewünschten Richtung anregen sollte. Als Grundlage für diese »Sachebene« (Gedanken, Ideen) benötigt er eine empfangsbereite ungestörte »Beziehungsebene«, d. h., er benötigt dafür eine Beziehung der Sympathie und des Vertrauens zu seinen Zuhörern. Jede Präsentation ist auch eine Selbstdarstellung des Präsentierenden. Jede Präsentation wird maßgeblich durch die Persönlichkeit des Präsentierenden geprägt.

Trotz des Einsatzes modernster Kommunikationstechniken kommt dem Menschen und seiner Persönlichkeit bei der Präsentation eine entscheidende Rolle zu. Er ist es, der letztendlich kommuniziert. Die Technik steht ihm lediglich als Medium zur Verfügung, um seine Botschaft deutlicher, einprägsamer und interessanter vermitteln zu können. Die Zuhörer akzeptieren die Technik, suchen aber den Kontakt zum Menschen.

Die Fähigkeit des Präsentierenden, eine positive Beziehung zum Publikum aufzubauen und zu erhalten, ist für die Wirkung einer Präsentation von größter Bedeutung. Gelingt es ihm, Sympathie und Vertrauen zu erwecken, werden seine Ideen die Köpfe und Herzen der Zuhörer erobern.

Was müssen wir also persönlich »mitbringen« und einsetzen?

- **Einfühlungsvermögen (Empathie):** Die Welt des anderen mit seinen Augen sehen.
- **Fingerspitzengefühl und Takt:** Die besonderen Stimmungen, Erwartungen und Bedürfnisse der Zuhörer erfassen und darauf eingehen.
- **Einsicht in die eigene Subjektivität:** Wie wirklich ist die Wirklichkeit? Wir sehen die Wirklichkeit nicht so, wie sie ist, sondern wie sie uns erscheint.
- **Sich selbst akzeptieren:** Sich selbst annehmen, mit allen Stärken und Schwächen, strahlt ein gesundes Selbstvertrauen aus.
- **Positive Einstellung:** Wer andere »anzünden« will, muss selbst brennen. Unsere positive Grundhaltung prägt unser Verhalten und unsere Wirkung auf andere.
- **Natürlichkeit – Gelöstheit:** Hemmungen blockieren uns und andere.
- **Persönlicher Stil:** Bleiben Sie authentisch – praktizieren Sie Ihren persönlichen Stil!
- **Bereitschaft, aus Fehlern zu lernen:** Es gibt keine Flops, sondern nur interessante Lernerfahrungen.

Mit diesen Empfehlungen nutzen Sie alle Chancen zu überzeugen und zu motivieren. Bleiben wir bei unserer eigenen Persönlichkeit – denn das Original ist immer besser als die beste Kopie.

Im Besonderen sollten Sie auf folgende Faktoren achten:

- Körpersprache
- Aussprache
- Gestik
- Auftreten
- Überzeugungskraft

15.1.2 Sicheres Auftreten bei einer Präsentation

Ein wichtiger Grundsatz: Der erste Eindruck, den Sie Ihren Zuhörern vermitteln, wird für den Rest der Präsentation andauern. Versuchen Sie daher, Kompetenz, Integrität und Dynamik auszustrahlen. Seien Sie humorvoll, entspannt und freundlich. Achten Sie aber nicht nur auf sich selbst, sondern gehen Sie vor allem auf die Teilnehmer und deren Interessen und Reaktionen ein! Wie schon vorher erwähnt, ist es wichtig, den Zuhörern ein Gefühl von »Ernst-genommen-Werden« und Sympathie entgegenzubringen.

15.1.3 Positive Körpersignale für Kompetenz, Sicherheit, Glaubwürdigkeit

Als Redner steht nicht nur Ihre Persönlichkeit, sondern stehen auch Ihr Auftreten und Ihre äußere Erscheinung im Rampenlicht. Das sollten Sie bei der Wahl Ihrer Kleidung bedenken. Es sei denn, der eigene Habitus soll dem Publikum besonders entgegengesetzt werden, die eigene Individualität betont der Gruppe gegenübergestellt werden.

Das hat dann mit Sicherheit Konsequenzen, über die man sich nicht beklagen darf. Es ist natürlich im Interesse des Redeziels zu fragen, ob es sinnvoll ist, einer individuellen oder gar egozentrischen Expression den Vorzug zu geben vor einer Einfügung und Zuordnung. Die zuordnende Kleidung hat zweifellos für beide Seiten eine beruhigende Wirkung: Sie ist für den Redner risikoloser und gibt den Zuhörern das Gefühl, dass jemand zu ihnen spricht, der zu ihnen gehört – ein nicht zu unterschätzender Vorteil für die Annehmbarkeit der Botschaft! Die exakte, vorschriftsmäßige Kleidung besagt, dass persönliche Bedürfnisse in der Redesituation hinter der gesellschaftlichen Rolle rangieren. Die Einhaltung der gesellschaftlichen Regeln schafft das Vertrauen gesellschaftlicher Verlässlichkeit. Vertrauen ist aber ohne Zweifel eine gute Basis, die erlaubt, auch das Notwendige und bisweilen Unangenehme zu sagen. Die optische »Kontra-Haltung« führt hingegen möglicherweise zur Abschaltung aller Empfangsstationen, bevor auch nur ein Wort gesprochen wurde. Man wird selbst entscheiden müssen, ob man sich in diesem Punkt taktisch klug verhalten möchte und auch den möglichen Vorwurf des Opportunismus erträgt oder ob man lieber seiner Radikalität um jeden Preis Ausdruck verleiht.

Schlüpfen Sie aber mit dem »Kostüm« nicht in eine Rolle, die Ihrer Persönlichkeit nicht entspricht! Bewahren Sie sich innerhalb der konventionellen Haut Ihre Individualität! Bleiben Sie innerlich bei jedem Redeanlass immer Sie selbst!

15.1.4 Gestik beim Vortrag

Die großen Kommunikatoren unseres Fernsehzeitalters bieten ihrem Publikum eine ganze Menge. Das ist sicher ärgerlich, wenn sich die Botschaft in einer perfekten Show erschöpft. Andererseits ist eine intelligente Botschaft, die schlecht »verpackt« und »verkauft« wird, nur halb so wirkungsvoll.

Wenn die Bewegung ein Teil der Botschaft ist, dann wird sie umso überzeugender sein, je weniger sie geschauspielert und je mehr sie Teil der Persönlichkeit ist, die sich redend darstellt.

Bevor Sie mit Ihrer Rede beginnen, blicken Sie in die Runde, sammeln Sie mit Ihrem Blick die Blicke der Zuschauer ein. Dazu ist es wichtig, dass Sie genügend Abstand von den Zuhörern haben, um den Blick nicht unnötig schweifen lassen zu müssen. Schauen Sie nicht zum Boden und nicht zur Decke, um nicht unsicher zu wirken. Blicken Sie während der Rede in ruhigem Wechsel ganz bewusst eine Person, mal links im Saal, mal rechts, mal hinten im Saal, mal in der Mitte, mal vorne an. Die Herrschaften um die jeweils besonders ins Auge gefasste (aber nicht mit dem Blick fixierte) Person werden sich alle auf besondere Weise angesprochen fühlen.

Fühlt sich Ihr Publikum auch wirklich angesprochen? Kontrollieren Sie die Wirkung Ihrer Rede, indem Sie sie an der Haltung Ihrer Zuhörer abzulesen suchen! Wird da vielleicht verstohlen auf die Uhr oder zum Ausgang geschaut? Ist ein Herumrutschen auf den Stühlen zu registrieren? Herrscht also so etwas wie partielle oder gar allgemeine Aufbruchstimmung? Oder ist es zwar noch nicht so weit, aber die Aufnahmebereitschaft dennoch bereits stark eingeschränkt? Denn da sitzen etliche mit verschränkten Armen, andere lümmeln sich gelangweilt, indem sie sich so weit wie möglich zurückgelehnt haben und die Füße und die Stühle der Vorderleute gestreckt halten.

Haben Sie Mut zu weiten Armbewegungen! Beidhändige Gestik steigert die Wirkung, sollte also Höhepunkten der Rede vorbehalten sein.

Leicht abgestreckte Arme und nach oben geöffnete Handflächen betonen dabei die positive Botschaft. Setzen Sie abwechselnd den rechten und den linken Arm ein. Achten Sie darauf, dass der gestische Akzent dem gesprochenen Wort vorausgeht!

In Taillenhöhe angewinkelte Arme und senkrecht gestellte Handflächen sind eine neutrale Haltung, halten Sie die Handflächen nach unten und unterhalb der Gürtellinie, so bekommt Ihre Aussage eine negative Färbung.

Sie sollte Ihre Arme keineswegs hinter Ihrem Rücken verstecken, suchen Sie mit Ihren Händen auch nicht Halt am Revers, was Ihnen eine zweifelhafte Autorität verleihen würde.

Die Hände in den Jackettaschen sollen ein Manko vertuschen: Wer die rhetorischen Gesten nicht beherrscht, traut sich verständlicherweise nicht, Gestik überhaupt einzusetzen. Aber eine solche Verkümmerung kann beim Auditorium den Eindruck erwecken, auch um den Inhalt der Rede sei es kümmerlich bestellt. Außerdem wirkt eine solche Haltung respektlos, dabei etwa noch heraushängende Daumen überheblich.

Nichts spricht dagegen, dass Sie, wenn Sie vom Pult aus reden müssen oder wollen, auch einmal neben das Pult treten. Eine solche Loslösung zeigt, dass Sie es auch verstehen, unabhängig vom Manuskript vorzutragen. Zudem können Sie Ihr Werben für einen besonders wichtigen Gedanken verstärken, wenn Sie auf Ihr Publikum buchstäblich einmal »zugehen« und es mit einer begeisternden Geste zum »Mitgehen« bewegen. Allerdings darf dies dann nicht in ein Hin und Her ausarten, das Sie selbst nervös oder großspurig erscheinen lassen und Ihre Zuhörer nervös machen würde.

Der Eindruck von Nervosität, der sich auf das Publikum überträgt, entsteht auch, wenn Sie an sich herumnesteln.

Ohne Rednerpult stehen Sie frei vor Ihren Zuhörern! Dem ist allemal der Vorzug zu geben! Stehen Sie mit leicht durchgedrückten Knien; die Füße zwei Handbreit nebeneinander. Halten Sie Kopf und Oberkörper gerade. So werden Sie weder starr noch schwankend. Wählen Sie für die Arme eine der drei möglichen Grundstellungen:

1. Ein Arm in Magenhöhe angewinkelt
2. Beide Arme angewinkelt und die Hände locker vor dem Magen
3. Beide Arme und Hände locker am Körper herunterhängend

Alle drei Ausgangsstellungen geben Ihnen die Möglichkeit zur sofortigen gestischen Unterstreichung Ihrer Aussage. Kugelschreiber oder Brille verstärken die gestische Akzentuierung nicht; sie wirken störend.

Sie können den positiven Eindruck von Ruhe und Überzeugung, den Ihre Zuhörer ja von Ihnen bekommen sollen, in einer stillen Stunde vor einem großen Spiegel üben.

Stehen Sie dabei immer aufrecht und frontal zum Zuhörer. Nehmen Sie einen festen Stand ein, und halten Sie den Kopf erhoben, aber natürlich nicht so, dass es arrogant wirken könnte.

Bewegen Sie sich ruhig und zielstrebig. Besonders negativ würde es wirken, wenn Sie herumwandern wie ein Tiger im Käfig oder fahrig mit Ihren Hilfsmitteln herumhantieren.

Sehen Sie nicht »über die Zuhörer hinweg«, sondern versuchen Sie, die einzelnen Teilnehmer anzusehen, aber jeden einzelnen nicht länger als ein paar Sekunden. Und dabei machen Sie natürlich ein freundliches Gesicht!

Und – nicht zu vergessen – eines Ihrer wichtigsten Handwerkszeuge: Ihre Stimme.

15.1.5 Überzeugen: das gesprochene Wort

Wesentlich für einen gelungenen Vortrag ist Ihre körperlich-seelische Verfassung während der Präsentation. Versuchen Sie, der Situation offen und positiv gegenüberzustehen. Vielleicht meditieren Sie vorher oder halten ein autogenes Training ab.

Auf jeden Fall sollten Sie jeglichen Stress, jegliche Hektik vor der Präsentation vermeiden. Sie glauben gar nicht, wie sich dergleichen in Ihrer Stimme niederschlägt. Denn: Eine Spannung der Körpermuskulatur wirkt sich ungünstig auf das Sprechen aus. Genauso verhält es sich auch mit einer zu niedrigen Spannung der Muskulatur. Im ersten Fall wird Ihre Stimme zittrig, gepresst und hoch klingen, im zweiten Fall werden Sie sich häufiger versprechen, und Ihre Stimme wird monoton und schlecht artikuliert sein.

Nur wenn Sie sich entspannt und aktiv fühlen, sind Sie im Vollbesitz Ihrer stimmlichen Reaktionen (das Gleiche gilt für Ihre Gedanken).

Atmen Sie tief und ruhig. Atmen Sie an jeder geeigneten Stelle, ohne den Satzzusammenhang zu stören. Es ist sehr wichtig, dass Sie jede Gelegenheit nutzen, um da zu atmen, wo der Sprechvorgang es ermöglicht, ohne dabei die Einatmung zu forcieren. Immer für genügend Atemvolumen sorgen, um jeden Gedanken ohne zwangsläufige Atempause sinnzusammenhängend aussprechen zu können. Damit erzielen Sie kräftigere Resonanzen beim Sprechen sowie eine ausdrucksstärkere Stimme. Machen Sie Atemübungen! Eine weitere gute Vorbereitung auf Ihre Rede sind Lockerungsübungen.

Versuchen Sie, sich im unteren Drittel Ihres Stimmumfangs zu bewegen. Dann haben Sie noch Gestaltungsmöglichkeiten nach oben, außerdem wird diese Tonlage von Ihren Zuhörern am angenehmsten empfunden. Durch eine hohe Stimmlage vermitteln Sie hingegen den Eindruck von Aufregung, Angst oder Stress.

15.1.6 Modulation der Stimme

Ihr Vortrag wird belebt, wenn Sie Ihre Stimme in der richtigen Weise heben und senken, bestimmte Wörter akzentuieren und betonen.

Eine Anhebung der Stimme wird allgemein als Verneinung oder Hinweis auf Unvollständiges verstanden. Eine Senkung der Stimme hingegen weist auf das Ende eines Gedankenganges, eine rhetorische Frage oder das Fällen einer Entscheidung hin.

Wenn Sie einem Wort eine besondere Bedeutung geben wollen, machen Sie davor und danach eine Pause. Oder Sie wechseln die Stimmlage. Sie können natürlich auch beides miteinander kombinieren. Auch durch Ihr Stimmvolumen können Sie hier für Akzentuierungen sorgen.

15.1.7 Einige Regeln für eine gute Artikulation

Sprechen Sie in sinnvoller Lautstärke und angemessenem Tempo.

Denken Sie an den richtigen Einsatz von Atmung und natürlicher Stimmlage, um ausreichendes Sprechvolumen zu erzielen, an angemessene Modulation und Akzentuierung durch schnelleres/langsameres Sprechen.

Betonen Sie Wörter und Sätze richtig, und geben Sie ihnen eine angemessene Melodie und damit eine bestimmte Form.

Hüten Sie sich davor, Wörter falsch auszusprechen oder Endsilben zu verschlucken. Dämmen Sie evtl. Ihren Dialekt ein, um optimal verstanden zu werden.

Sprechen Sie fließend und in zusammenhängenden Sätzen, bemühen Sie sich, sich nicht zu wiederholen. Und das Allerwichtigste: Vermeiden Sie »Ähs« und »Hms« und ähnliche Verlegenheitsgeräusche.

Was können wir dafür tun?

Machen Sie kürzere Sätze, um nicht den Faden zu verlieren. Überprüfen Sie den Gebrauch von Füllwörtern und -lauten. Das lässt sich trainieren!

15.1.8 Rhetorik

Rhetorik ist ein Thema, mit dem schon dicke Bücher gefüllt und worüber viele Seminare gehalten wurden. Des begrenzten Umfanges dieses Bandes wegen möchten wir hier einmal stichwortartig die wichtigsten Merkregeln aufführen:

Wahrheit und Echtheit

In echtem Wissen und eigener Erfahrungen steckt die stärkste Aussage- und Überzeugungskraft, vor allem wenn man selbst davon überzeugt ist.

Ausdruck und Angemessenheit

Eine richtig und gut artikulierte Aussage, die den äußeren Umständen und Personen angemessen und leicht zu verfolgen und nachzuvollziehen ist, gewinnt die Aufmerksamkeit der Zuhörer.

Wirkung und Glaubwürdigkeit

Eine sprachliche Aussage wird durch nichtsprachliche Körpersignale in ihrer Wirkung unterstützt. Beiderlei Äußerungen müssen aber in ihren Botschaften übereinstimmen, denn Körpersignale fungieren nicht nur als Illustration und Akzentuierung des Gesagten, sondern dienen auch als visuelle Rückmeldung, um die gemachte Aussage in ihrer Glaubwürdigkeit zu bewerten.

Besonnenheit und Schweigen

Wenige, treffende Worte, die mit Bedacht vorgetragen werden, lösen beim Zuhörer mehr aus als andauerndes Sprechen. Deshalb sich Zeit nehmen, um eigene Aussagen zu überdenken und um Zuhörer mit einzubeziehen, indem ihren Reaktionen und Äußerungen die volle Aufmerksamkeit zuteil wird – in der Absicht, nicht nur zu sprechen, sondern zu kommunizieren.

Kurz und strukturiert vortragen

Einfache und prägnante Sätze werden schneller aufgenommen und prägen sich leichter ein. Jeder Gedanke sollte durch einen neuen Satz und eine kurze Sprechpause deutlich gemacht werden.

Verständliche Sprache verwenden

Aussprache und Vokabular an Zuhörer anpassen. Möglichst wenige Fremdwörter verwenden. Stark über- oder untertreibende sowie unpräzise Formulierungen vermeiden.

15.2 Wie beginnen Sie mit der Erstellung einer Präsentation?

Die Frage ist nicht so eindeutig zu beantworten, denn es kommt immer darauf an, ob Sie bereits eine Präsentation haben, die Sie nur noch an die neue Gegebenheit anpassen müssen, ob Sie eine komplett neue Präsentation zu erstellen haben oder ob Sie aus Inhalten, die bereits in einer Map gegeben sind, »zufällig« eine Präsentation erstellen müssen. Anhand dieser Ansatzpunkte möchten wir Ihnen die Möglichkeiten aufzeigen, die Sie dabei in MindManager haben.

15.3 Grundlegende Informationen zum Export nach Microsoft PowerPoint

Mit der Funktion für den Export nach Microsoft PowerPoint® können Sie schnell und einfach Präsentationen in gleich bleibender Qualität anlegen. Durch die Einfachheit der Bedienung können Sie sich voll und ganz auf die Struktur und den Inhalt Ihrer Präsentation konzentrieren. Sie haben aber auch die Möglichkeit, Ihre wichtigsten Ideen in MindManager niederzulegen und diese dann für Ihr Publikum in PowerPoint mit Grafiken und Animationen aufzuwerten.

Von der PowerPoint-Exportfunktion in MindManager wird automatisch eine vollständige Präsentation mit optimiertem Folienlayout erstellt. Doppelte vorkommende Zweige werden eliminiert. Vor dem Export können Sie Ihre Folien in einer Vorschau anzeigen und der Präsentation im Aufgabenbereich "Microsoft PowerPoint-Folien formatieren" den letzten Schliff geben. Die Feinarbeit erledigen Sie in Power Point. In diesem Aufgabenbereich können Sie:

- die gesamte Map als Präsentation exportieren,
- Folien hinzufügen und entfernen sowie Formatierungen ändern,
- einer vorhandenen Präsentation Folien hinzufügen oder nur ausgewählte Zweige exportieren.

Es werden nur sichtbare Zweige exportiert. Für den Export unerwünschte Zweige können Sie mit dem Befehl *Filter* ausblenden.

Alle Exportinformationen werden in der Map selbst gespeichert. Die einzelnen Maps können daher unterschiedliche Einstellungen aufweisen. Wenn Sie für andere Maps dieselben Einstellungen verwenden möchten, arbeiten Sie mit einer Vorlage, von der zum Anlegen der Map die gewünschten globalen Einstellungen verwendet werden.

15.4 Der Export nach Microsoft® PowerPoint

Wenn Sie aus einer Map eine PowerPoint-Präsentation erzeugen wollen, stehen Ihnen zwei Wege zu Verfügung.

- Sie exportieren den gesamten Inhalt der Map über die Exportleiste am unteren Bildschirmrand in eine neu angelegte Präsentation.

Abbildung 15.1 Die PowerPoint-Exportschaltfläche in der Exportleiste

- Sie exportieren nur ausgewählte Zweige, die Sie mit dem Befehl *Senden an* einer aktiven Präsentation hinzufügen.

Anhand verschiedener Praxissituationen erklären wir Ihnen nun die Exportmöglichkeiten.

Um die folgenden Aufgaben, also das Exportieren in Microsoft PowerPoint, am PC mitmachen zu können, öffnen Sie die auf CD-ROM vorhandene Mind Map mit dem Namen »Präsentation – Das neue Handbuch«.

15.4.1 Eine neue Präsentation erzeugen

Das neue Handbuch zu Mindjet® MindManager® 6 wurde konzeptionell von mir aufgebaut. Anschließend hieß es, die grobe Inhaltsstruktur den Verlagsmitarbeitern vorzustellen und dem Verlag diese Präsentation später als PowerPoint-Datei zur Verfügung zu stellen, damit alle Vertriebsmitarbeiter auf die Inhalte zugreifen konnten. Stellen Sie sich vor, Sie wären an meiner Stelle und sollen, im Speziellen zum Thema »Das neue Handbuch – die Inhalte«, referieren.

Sie haben Ihre Gedanken bereits in einer Map gesammelt und in die passende Struktur gebracht. Die Map beinhaltet alle Informationen, die Sie den Mitarbeitern während Ihrer Präsentation vorstellen möchten. Sie wollen von der vorhandenen Map eine PowerPoint-Präsentation aus MindManager heraus erzeugen.

Wenn Sie aus einer Map eine neue Präsentation erstellen, nutzen Sie am besten die Vorschaumöglichkeiten innerhalb MindManager. Schauen Sie sich die Vorgehensweise im Einzelnen an.

15.4.2 Die theoretischen Grundlagen

15.4.2.1 Microsoft PowerPoint-Folien in Form bringen

Wenn MindManager eine PowerPoint-Präsentation erzeugt, werden die Folienlayouts im Sinne einer gleichmäßigen Verteilung der Zweige und der Vermeidung von Dopplungen optimiert. Lassen Sie sich eine Vorschau anzeigen. Sie können die Folienformatierung im Aufgabenbereich *Microsoft PowerPoint-Folien* formatieren und ihr vor dem Export noch den letzten »Schliff« geben. Ferner können Sie hier der Präsentation Folien hinzufügen oder entfernen sowie die Folienliste in der Art aktualisieren, dass neue Zweige aufgenommen werden.

Schließen Sie die Zusammenstellung des Inhalts vor dem Ändern der Formatierung einzelner Folien ab. Wenn Sie den Zweiginhalt ändern oder einer Folie einen Zweig hinzufügen, schlägt sich dies unmittelbar in der Folienvorschau nieder, hat aber keinen Einfluss auf die übrigen Folien. Fügen Sie jedoch einen Zweig hinzu, der eine neue Folie erzeugt, kann sich die Struktur der Präsentation ändern.

15.4.2.2 Die Vorschau im Visier

Lassen Sie sich eine Vorschau Ihrer Folien anzeigen, und formatieren Sie sie im Aufgabenbereich *Microsoft PowerPoint-Folien.*

- Klicken Sie auf *Format/Microsoft PowerPoint-Folien.*

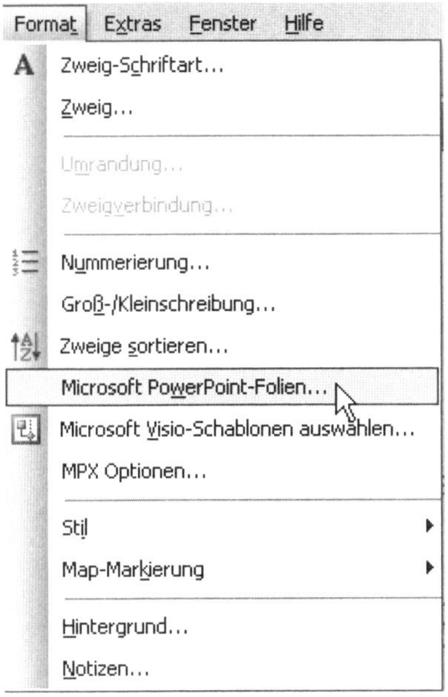

Abbildung 15.2 Formatieren Sie die PowerPoint-Folien in der Vorschau

- Wenn Sie den Export bereits gestartet haben, klicken Sie im Dialogfeld *Formatierungseinstellungen PowerPoint-Export* auf *Folien formatieren.*

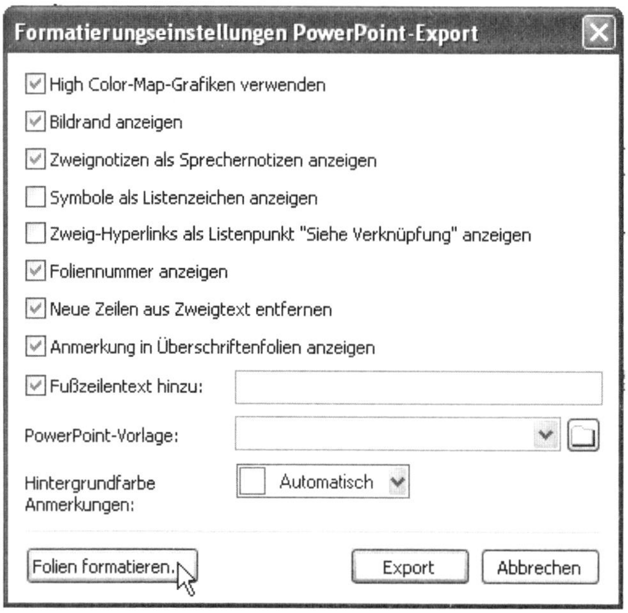

Abbildung 15.3 Öffnen Sie die Formatierungseinstellungen

In Ihrer Map erscheinen schattierte Bereiche (Visualisierungselemente). Sie zeigen Ihnen an, wie die Zweige gruppiert werden und auf welchen Folien sie auftauchen. Im Aufgabenbereich wird für jede Folie ein Vorschaubild angezeigt.

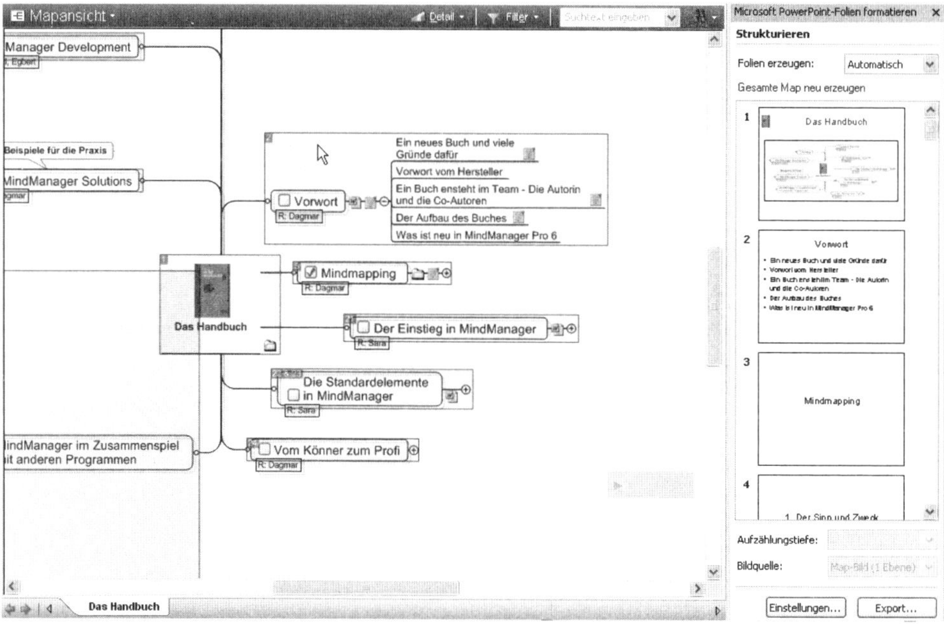

Abbildung 15.4 Die schattierten Bereiche geben die Aufteilung innerhalb der Präsentation wieder

Wenn Sie an Ihrer Map Änderungen vornehmen und die neuesten Folien sehen möchten, öffnen Sie das Pulldown-Menü der entsprechenden Folie. Dort wählen Sie den Befehl *Folienvorschau aktualisieren* oder *Jede Vorschau aktualisieren*.

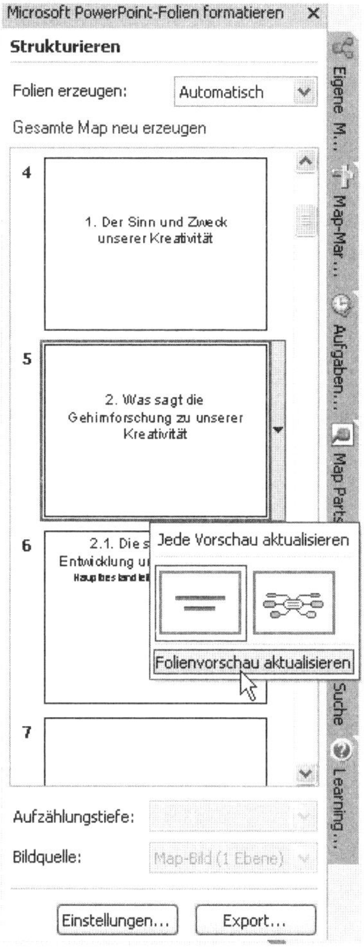

Abbildung 15.5 Aktualisieren Sie die Präsentationsvorschau nach Änderungen in der Map

15.4.2.3 Die Einstellung »Erzeugen von Folien« näher betrachtet

Mit der Einstellung *Folien erzeugen* bestimmen Sie, wie und wann Folien erzeugt werden und welche Anpassungsoptionen verfügbar sind.

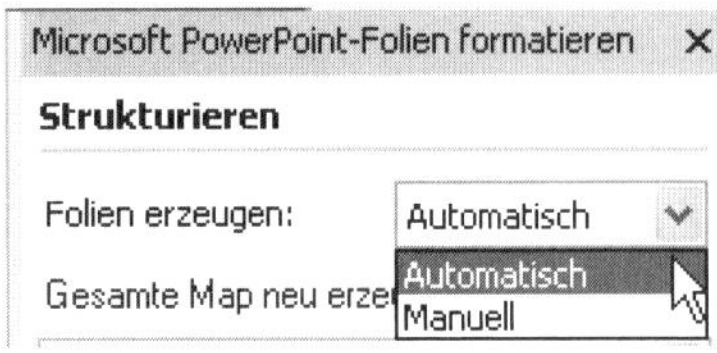

Abbildung 15.6 Erstellen Sie neue Folien über die Funktion *Folien erzeugen*

Bei der Einstellung *Automatisch* wird immer die gesamte Präsentation neu generiert. Die Anpassungsmöglichkeiten sind begrenzt. Wählen Sie die Option *Manuell*, können Sie Folien bedarfsgerecht neu erstellen. Der manuelle Modus bietet mehr Optionen für das individuelle Anpassen Ihrer Folienformate. Es ermöglicht Ihnen, einzelne Folien hinzuzufügen bzw. zu entfernen.

Löschen Sie Zweige aus der Map, werden diese automatisch aus der Präsentation entfernt. Es ist keine Aktualisierung erforderlich.

15.4.2.4 Der Standardexport – automatisches Erzeugen von Folien

Die erste Erstellung Ihrer Präsentation durch MindManager erfolgt automatisch: Alle Zweige werden auf die Folien verteilt. MindManager ermittelt automatisch den Folientyp und die Informationstiefe für die einzelnen Folien, um Dopplungen zu vermeiden.

In diesem Modus können Sie nur das Erscheinungsbild der Folie verändern (Aufnahme eines Bildes und der Bildquelle). Die Informationstiefe lässt sich nicht verändern. Wenn Sie die Informationstiefe bei einigen Folien in der Präsentation ändern möchten, wählen Sie den Erstellungsmodus *Manuell*.

Fügen Sie neue Zweige hinzu, für die neue Folien erforderlich sind, werden diese nicht automatisch erzeugt. Dies erkennen Sie anhand der Visualisierungselemente in der Map. Sie müssen die Präsentation komplett neu erzeugen!

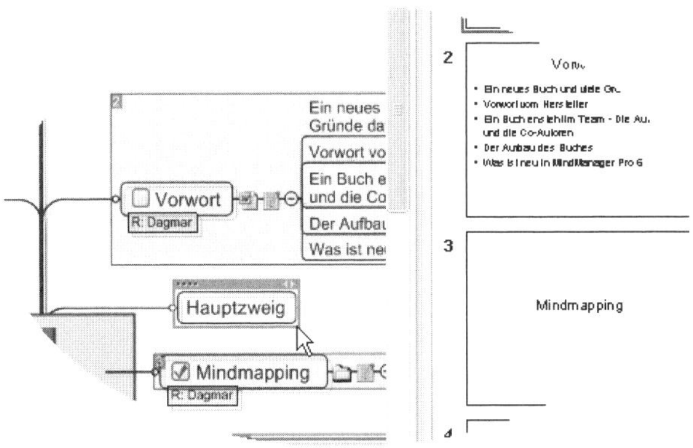

Abbildung 15.7 Neue Map-Zweige werden nicht automatisch der Präsentation hinzugefügt

Klicken Sie auf *Gesamte Map neu erzeugen*, wenn die Präsentation neu entstehen soll. Ferner wird Ihre Präsentation automatisch neu erzeugt, wenn Sie den Aufgabenbereich *Microsoft PowerPoint-Folien formatieren* öffnen oder die Präsentation exportieren.

Abbildung 15.8 Erstellen Sie eine neue Präsentation, sobald Sie Map-Zweige hinzugefügt haben

15.4.2.5 Die individuelle Anpassung – manuelles Erzeugen von Folien

In diesem Modus können Sie die automatische Zweigverteilung von MindManager optimieren, indem Sie die einzelnen Folientypen oder die Aufzählungstiefe individuell anpassen.

Als Ergebnis dieser Anpassungsmaßnahmen werden unter Umständen einige Zweige ausgelassen und nicht mit in eine der Folien aufgenommen – oder aber dupliziert und auf mehreren Folien aufgenommen.

Im manuellen Modus können Sie, um diese Fehler zu beheben, einzelne Folien aus der Präsentation entfernen, ohne die übrigen Folien damit zu ändern. Dieser Modus ist auch dann sehr bequem, wenn Sie neue Zweige hinzufügen oder einige der Zweige von Folien ausschließen möchten.

Wollen Sie ausgelassene Zweige mit einbeziehen, gehen Sie wie folgt vor:

- Markieren Sie einen nicht angezeigten und nicht schattierten Zweig.
- Klicken Sie auf *Für markierte Zweige Folien hinzufügen.*

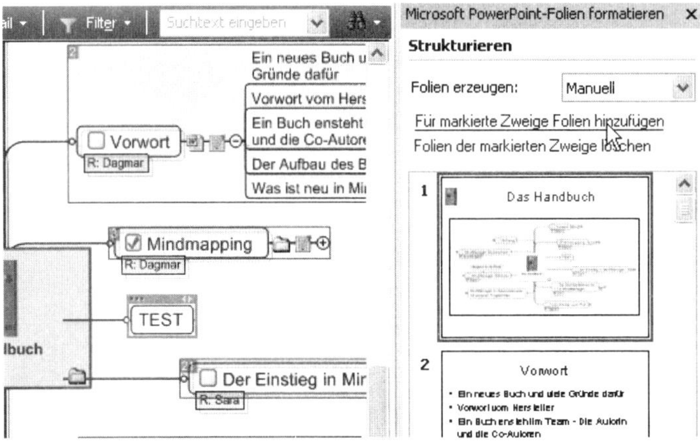

Abbildung 15.9 Ergänzen Sie über den manuellen Modus neue Map-Zweige in der Präsentation

Möchten Sie Unterzweige mit einfügen, ohne zusätzliche Folien anzulegen, erhöhen Sie einfach die Aufzählungstiefe der Folie für den übergeordneten Zweig.

Möchten Sie unerwünschte Folien entfernen, gehen Sie wie folgt vor:

- Markieren Sie den Zweig bzw. die Zweige in Ihrer Map.
- Klicken Sie am oberen Rand des Aufgabenbereichs auf *Folien der markierten Zweige löschen*.

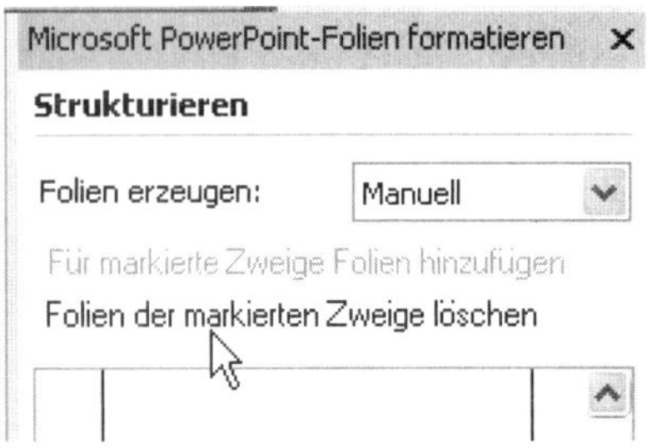

Abbildung 15.10 Entfernen Sie im manuellen Modus Folien aus der Präsentation

Oder:

- Klicken Sie mit der rechten Maustaste auf die entsprechende Folie der Folienvorschau, und wählen Sie im Kontextmenü den Befehl *Folie löschen*.

Abbildung 15.11 Entfernen Sie Folien über das Kontextmenü

Die Folie wird aus Ihrer Präsentation entfernt. Der Zweig verbleibt in der Map.

15.4.2.6 Bestimmen Sie Ihre Folientypen

Vor dem Formatieren einzelner Folien sollten Sie erst die Zusammenstellung des Inhalts Ihrer Präsentation abschließen. Wenn Sie das Format einer Folie ändern, aktualisiert MindManager die Folienvorschau automatisch.

- Setzen Sie den Cursor auf die zu ändernde Folie.

- Öffnen Sie das Pulldown-Menü, um eine Auswahl an Formatierungsmöglichkeiten aufzurufen. Die Auswahl ist größer, wenn Sie die Option *Folien erzeugen* auf *Manuell* gesetzt haben.

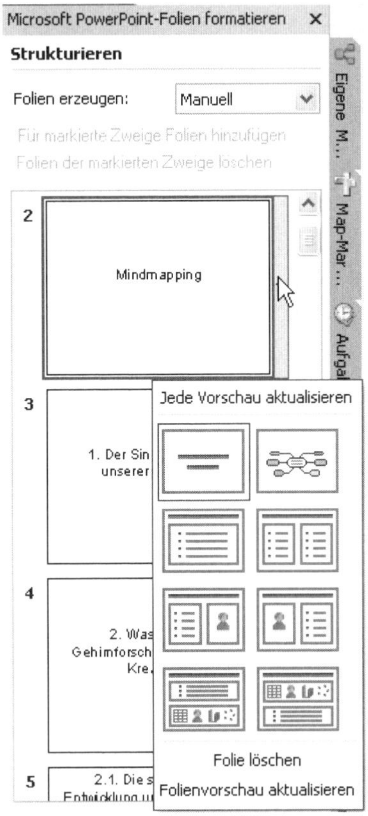

Abbildung 15.12 Die Formatierungsoptionen im Kontextmenü

- Wählen Sie eines der im Pulldown-Menü zur Verfügung stehenden Formate.
- Die Präsentation wird automatisch in der neuen Formatierungsvariante aktualisiert.

15.4.2.7 Weitere Einstellungen, die Sie für Ihre Folien verwenden können

Aufzählungstiefe

Diese Einstellung gilt nur für Folien, die bereits Aufzählungen enthalten und ist nur verfügbar, wenn Sie die Option *Folien erzeugen* auf *Manuell* gesetzt haben. Wenn Sie die Aufzählungstiefe erhöhen, werden Sie unter Umständen feststellen, dass sich einzelne Zweige auf verschiedenen Folien wiederholen. Löschen Sie einfach doppelt vorliegende Folien.

Wenn Sie die Aufzählungstiefe verringern, bleiben unter Umständen Zweige übrig, die auf keiner Folie auftauchen. Diese müssen Sie dann gegebenenfalls mit den oben beschriebenen Schritten hinzufügen.

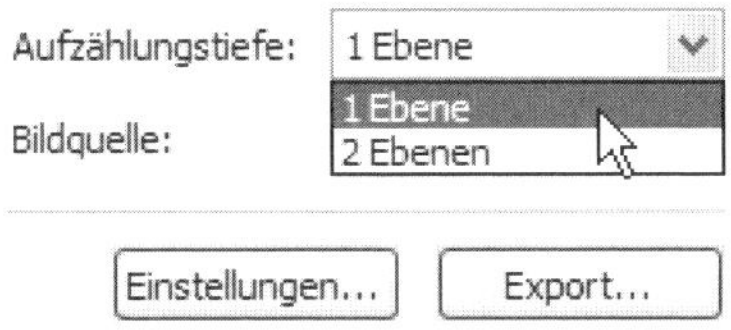

Abbildung 15.13 Wählen Sie die gewünschte Aufzählungstiefe

Bildquelle

Für Folien mit Bildern können Sie das *Map-Bild (1 Ebene)* oder das *Map-Bild (2 Ebenen)* (entspricht der Ebenen an Unterzweigen) auswählen. Wählen Sie die Option *Kein Bild*, wenn Sie das Bild unterdrücken möchten. An der Stelle, an der das Bild angezeigt werden würde, bleibt ein Freiraum.

Abbildung 15.14 Wählen Sie die Ebene an Unterzweigen, die im Map-Bild angezeigt werden sollen

15.4.3 Von der Theorie zur Praxis

Wir möchten Ihnen nun anhand der Anforderung »Präsentation der Inhalte für das neue Handbuch« die praktische Umsetzung näher bringen.

Die Schritt-für-Schritt-Anleitung

Sie haben die Inhalte in der Map zusammengefasst und wollen nun Ihre PowerPoint-Präsentation erstellen.

- Klicken Sie im Menü auf *Format/Microsoft PowerPoint-Folien.*
- Im Arbeitsbereich wählen Sie die Option »Folien erzeugen« *Manuell.*

Anhand der Visualisierungselemente können Sie erkennen, dass insgesamt 37 Folien erstellt werden – das ist eindeutig zu viel!

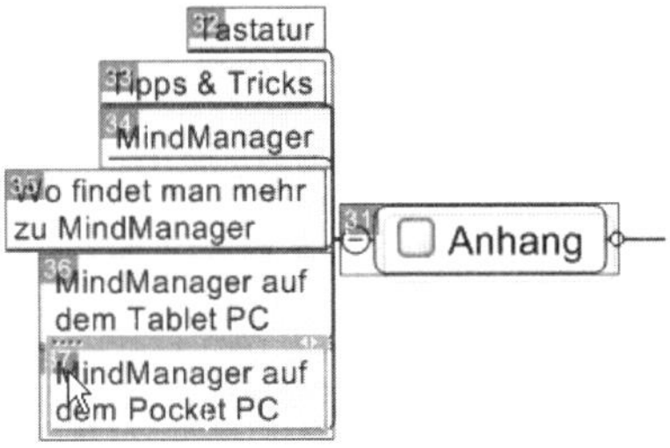

Abbildung 15.15 Die Anzahl der Visualisierungselemente gibt die Anzahl der Folien wieder

Betrachten wir die Folien im Einzelnen und passen das Folienlayout an:

- Die Folien 1 + 2 sind in Ordnung. Hier nehmen wir keine Änderungen vor.

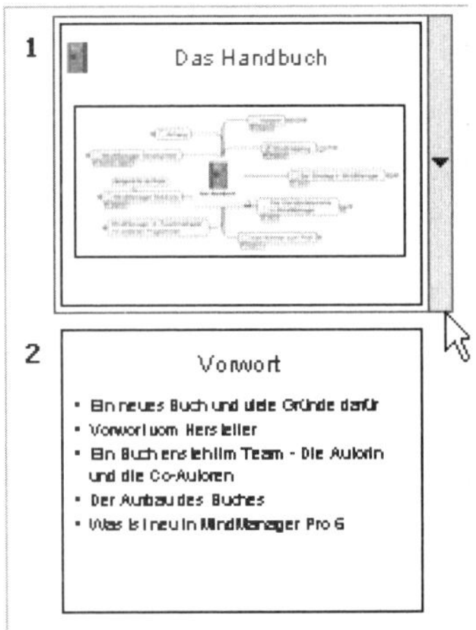

Abbildung 15.16 Bei den Folien 1 und 2 bedarf es keiner Änderung

- Folie 3 passen wir an. Ziel ist es, dass alle Unterzweige als Aufzählungspunkte auf der Folie erscheinen.

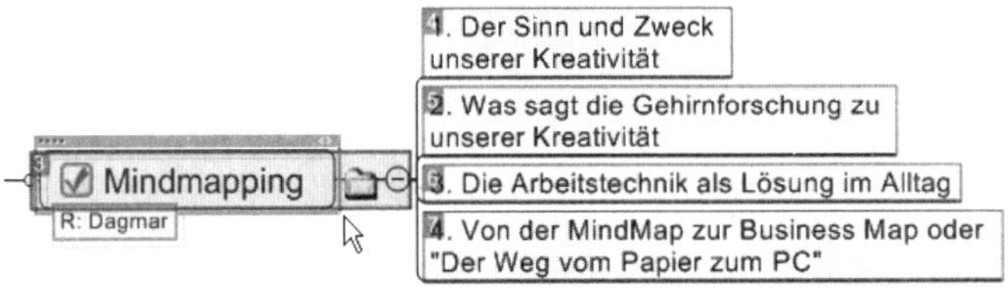

Abbildung 15.17 Die Folien 4–7 sollen als Aufzählungspunkte auf Folie 3 dargestellt werden

- Markieren Sie dazu den Bereich des Zweiges »MindMapping«, und wählen Sie im Pulldown-Menü der Folie 3 die Formatierungsmöglichkeit *Einspaltige Aufzählung*.

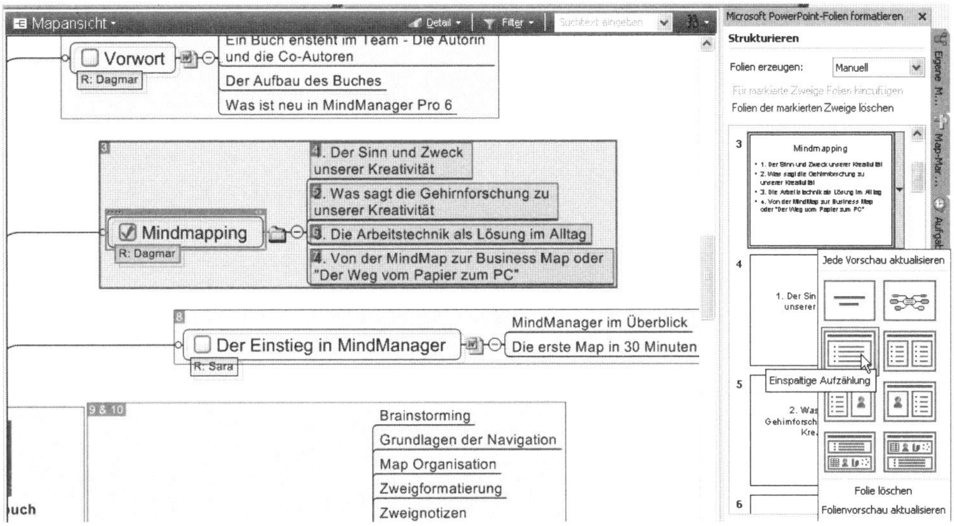

Abbildung 15.18 Wandeln Sie Folien in Aufzählungspunkte um

- Löschen Sie anschließend die Folien 4–7 der Präsentation.

Damit hat sich die Anzahl der Folien bereits verringert.

- Die jetzige Folie 4 ist in Ordnung. Es werden keine Veränderungen vorgenommen.
- Die Folien 5 + 6 ändern wir ab. Ziel ist es, dass der Zweig mit allen Unterzweigen als Bilddatei auf der Folie erscheint.

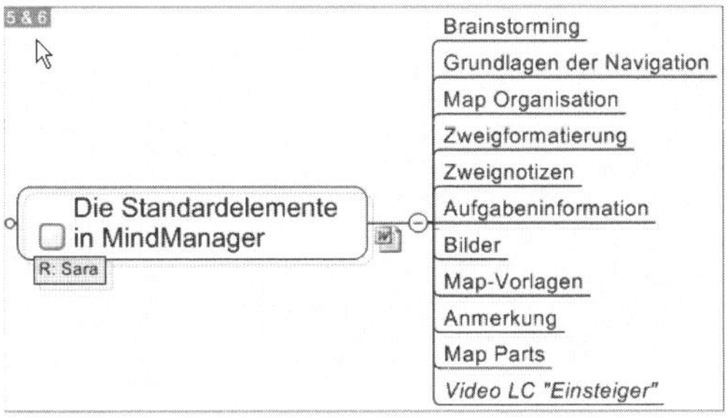

Abbildung 15.19 Der Zweig soll, inklusive aller Unterzweige, als Bilddatei dargestellt werden

- Markieren Sie dazu den Bereich des Zweiges »Die Standardelemente in MindManager«, und wählen Sie im Pulldown-Menü der Folie 5 die Formatierungsmöglichkeit *Überschrift mit Bild.*

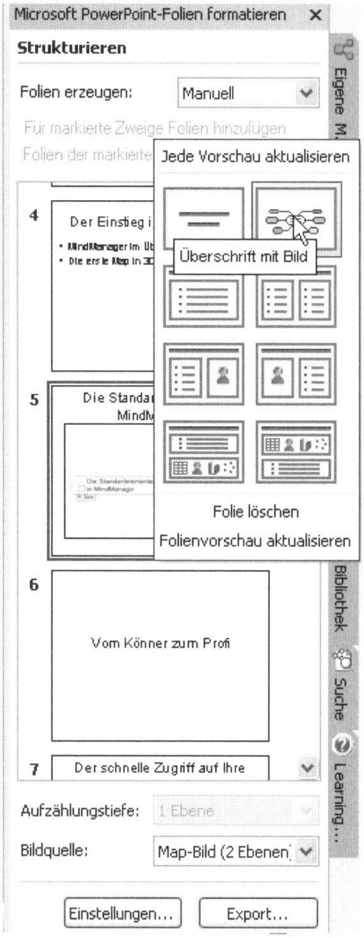

Abbildung 15.20 Erstellen Sie eine Grafik aus dem Map-Zweig

- Die Folien 6–15 ändern wir ab. Alle Unterzweige sollen als Aufzählungspunkte auf der Folie erscheinen. Gehen Sie dazu vor wie bei Folie 3. Die Folien 7–15 können Sie anschließend löschen.

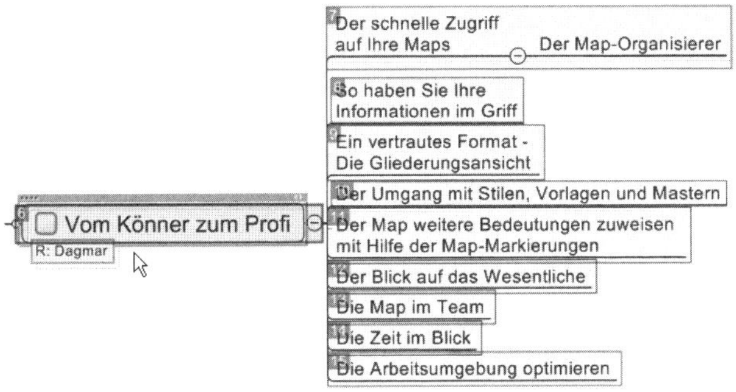

Abbildung 15.21 Legen Sie die Folien 7–12 als Aufzählungspunkte der Folie 6 an

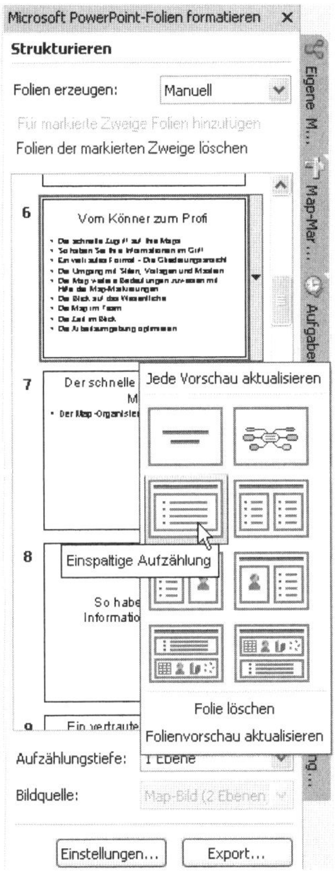

Abbildung 15.22 Markieren Sie den gewünschten Bereich, und wählen Sie die *Einspaltige Aufzählung*

- Der Zweig »MindManager Solutions« ist nicht als Folie vorgesehen. Ziel ist es, dass dieser Zweig als Folie erstellt wird und alle Unterzweige auf der Folie als zweispaltige Aufzählung erscheinen.

Abbildung 15.23 Ergänzen Sie den Zweig »MindManager Solutions« in Ihrer Präsentation

- Markieren Sie dazu den Zweig, und klicken Sie im Arbeitsbereich auf den Befehl *Für markierte Zweige Folien hinzufügen.*
- Bestätigen Sie das sich öffnende Dialogfeld *Folie(n) hinzufügen* mit *Ja.*

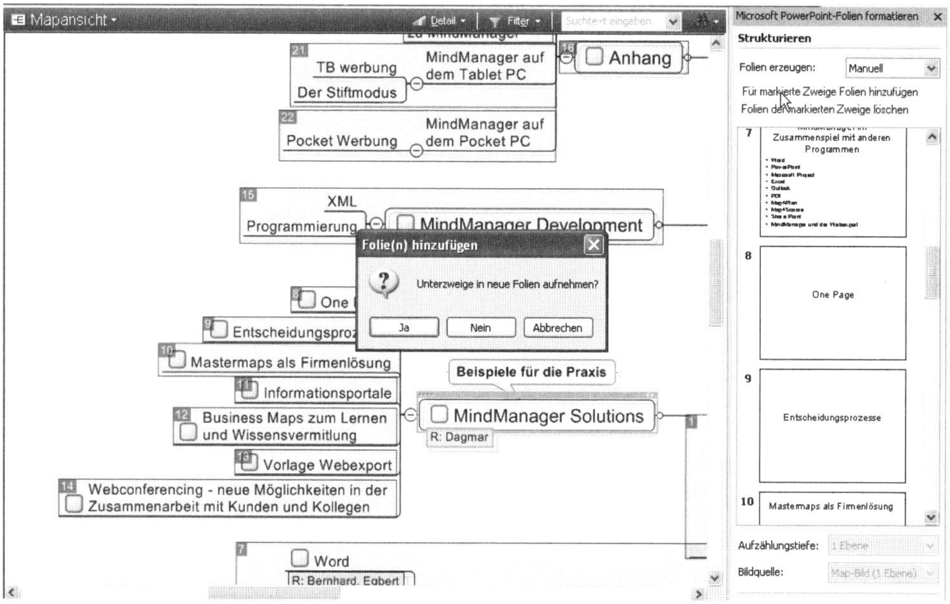

Abbildung 15.24 Fügen Sie den Zweig »MindManager Solutions« hinzu

- Wählen Sie anschließend in den Formatierungsoptionen die *Zweispaltige Aufzählung.* Die Unterzweige des Hauptzweiges »MindManager Solutions« werden zweispaltig hinzugefügt.

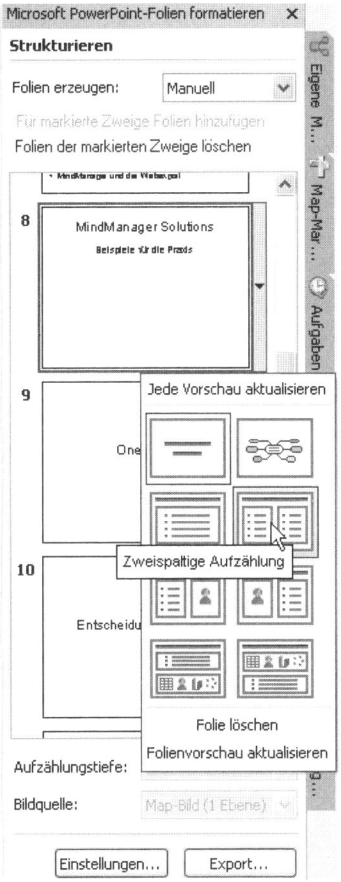

Abbildung 15.25 Ordnen Sie die Unterzweige zweispaltig an

- Die Folien 9–15 können Sie nun löschen.
- Der Zweig »MindManager Development« wird jetzt als Folie 9 angezeigt und als Aufzählung umgesetzt. Diese Einstellung belassen Sie so.
- Der Zweig »Anhang« und seine Unterzweige, Folie 10–16, sollen als Bild angezeigt werden.

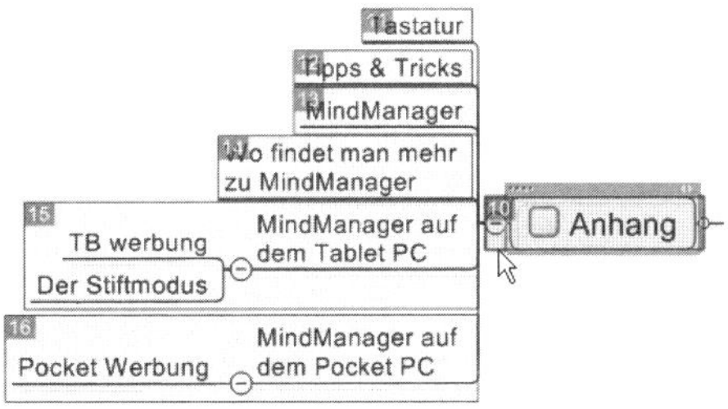

Abbildung 15.26 Lassen Sie sich den Zweig »Anhang« als Grafik darstellen

- Markieren Sie den Bereich, und wählen Sie in den Formatierungseinstellungen den Eintrag *Überschrift mit Bild*.

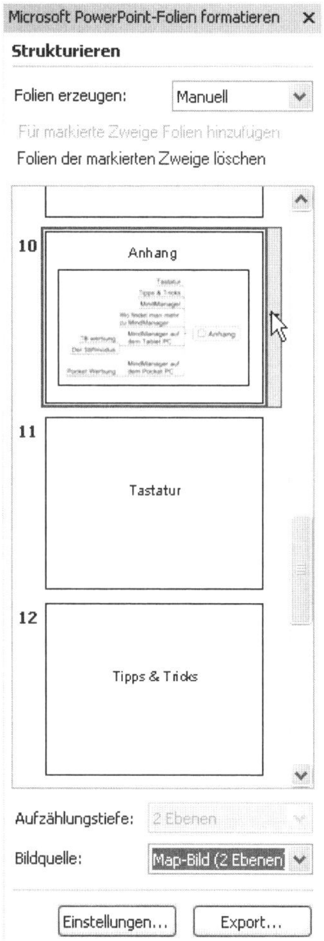

Abbildung 15.27 Die Darstellung des Zweiges als Map-Bild mit zwei Ebenen

- Löschen Sie die Folien 11–16.

Der Export

Sie haben Ihre Präsentation nun so weit in der Vorschau bearbeitet, dass der Export gestartet werden kann. Klicken Sie auf die Schaltfläche *Export*.

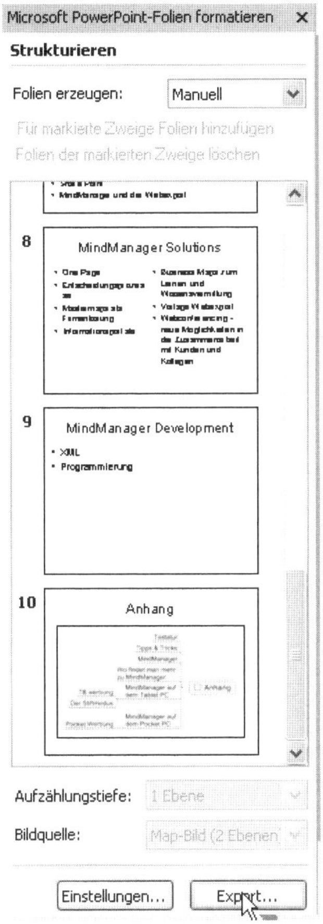

Abbildung 15.28 Starten Sie den Export Ihrer Map nach PowerPoint

- Es öffnet sich das Dialogfeld *Exportieren der Map als*, in dem Sie der neuen Präsentation einen Speicherort und einen Namen zuweisen können.

Standardmäßig wird der Name, unter dem die Map gespeichert wurde, auch als Speichername für die Präsentation angegeben.

Abbildung 15.29 Legen Sie die Präsentation am gewünschten Ort ab

- Bestätigen Sie Ihre Einstellungen mit *Speichern*. Der Export beginnt.

Abbildung 15.30 Während des Exports wird Ihnen der aktuelle Status angezeigt

- Ist der Export beendet, wird PowerPoint automatisch gestartet, und die soeben erstellte Präsentation wird angezeigt.

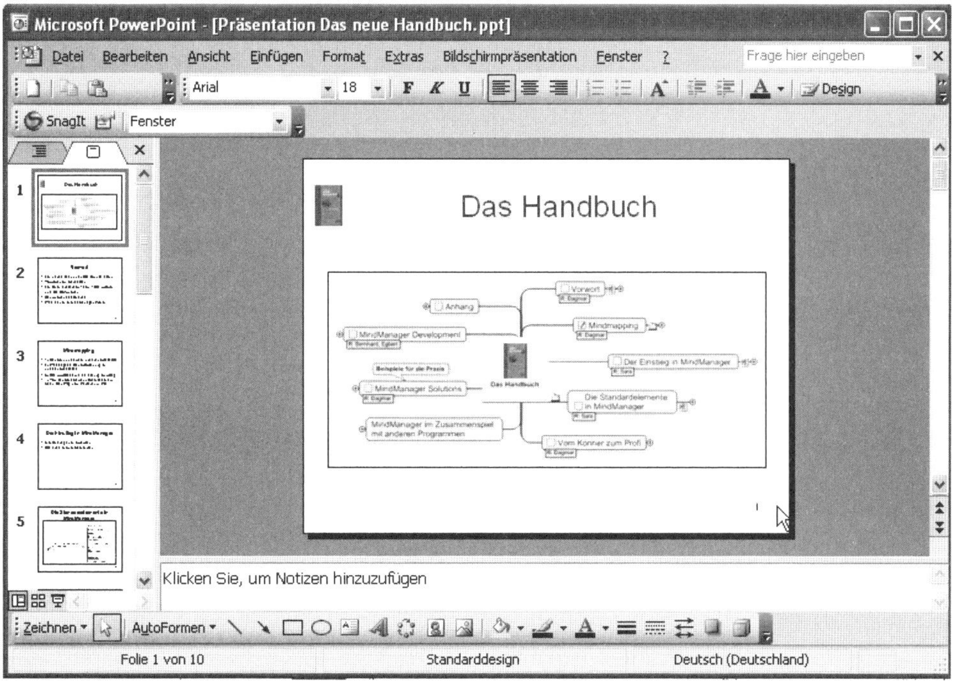

Abbildung 15.31 Die neue PowerPoint-Präsentation, erstellt aus der Business Map

Wenn Sie diese Schritte mit der Beispiel-Map an Ihrem Computer verfolgt haben, sollte die Präsentation entsprechend der nachfolgenden Grafiken aufgebaut sein.

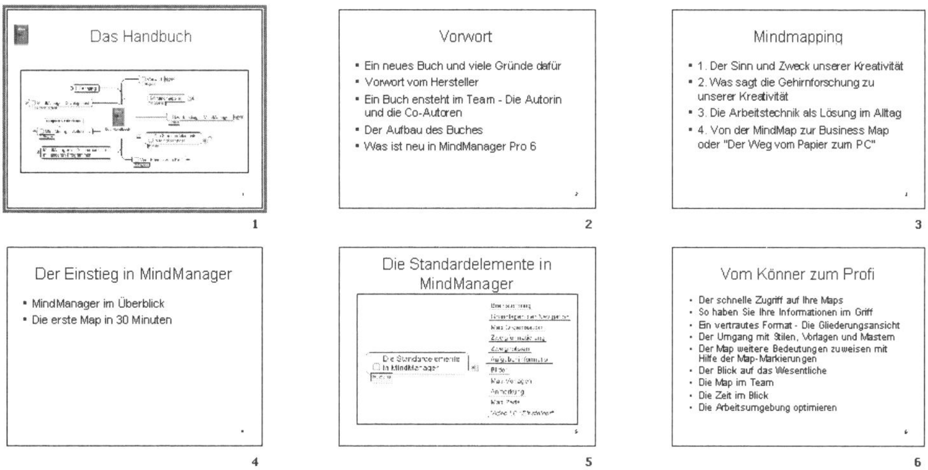

Abbildung 15.32 Die Folien 1–6 der neuen Präsentation

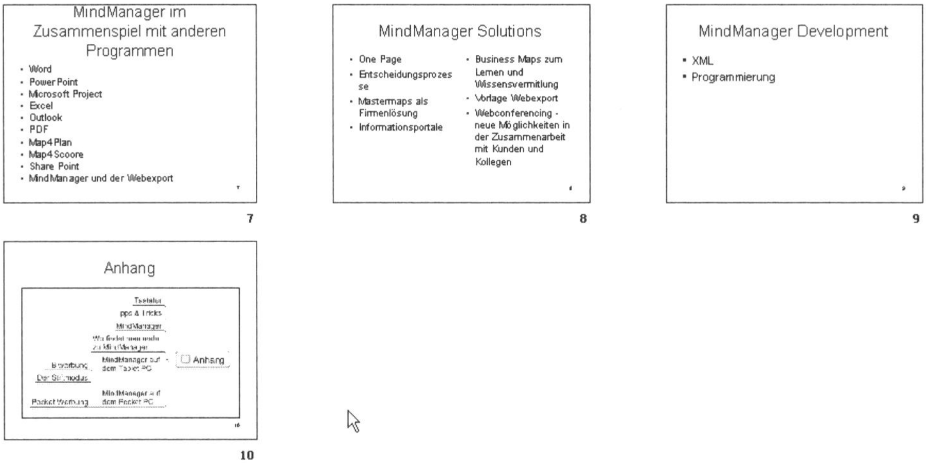

Abbildung 15.33 Die Folien 7–10 der neuen Präsentation

15.4.4 In eine bestehende Präsentation Zweige als neue Folien einfügen

Wie sieht es in der Praxis aus: Sie müssen eine Präsentation erstellen, doch meist liegen schon einige Präsentationen vor, die eigentlich nur noch angepasst werden müssen oder auf jeden Fall als Grundlage dienen können.

Warum sollten Sie da noch einmal von vorne anfangen? Schließlich muss man das Rad nicht immer wieder neu erfinden.

Stellen Sie sich vor, Sie haben Ihre Präsentation bereits vorbereitet. Ein Kollege schickt Ihnen den Hinweis, dass er sich zum Thema »One Page« ein paar Gedanken gemacht und diese in einer Map zusammengestellt hat. Die Map liegt Ihnen vor.

Um die folgenden Aufgaben, also das Exportieren eines Zweiges in eine bestehende Microsoft PowerPoint®-Präsentation, am PC mitmachen zu können, öffnen Sie am besten die auf der Buch-CD im Ordner *\Kapitel 15* vorhandene Mind Map mit dem Namen *Präsentation MindManager Solutions.mmap* und die PowerPoint-Datei *Präsentation-Das neue Handbuch.ppt.*

Sie sollen in Ihre bestehende PowerPoint-Präsentation Informationen aus der Map *Präsentation MindManager Solutions* einfügen. Im Speziellen wollen Sie den Zweig *One Page* (in der Map gelb markiert) als neue Folie einfügen.

Wenn Sie in eine bestehende PowerPoint-Präsentation nur ausgewählte Zweige exportieren wollen, gehen Sie wie folgt vor:

1. Öffnen Sie die PowerPoint-Präsentation, in der Sie die neuen Folien erzeugen wollen.

2. Klicken Sie mit der rechten Maustaste auf den Zweig »One Page« Ihrer Map. Wählen Sie in dem sich öffnenden Kontextmenü den Befehl *Senden an/Microsoft PowerPoint.*

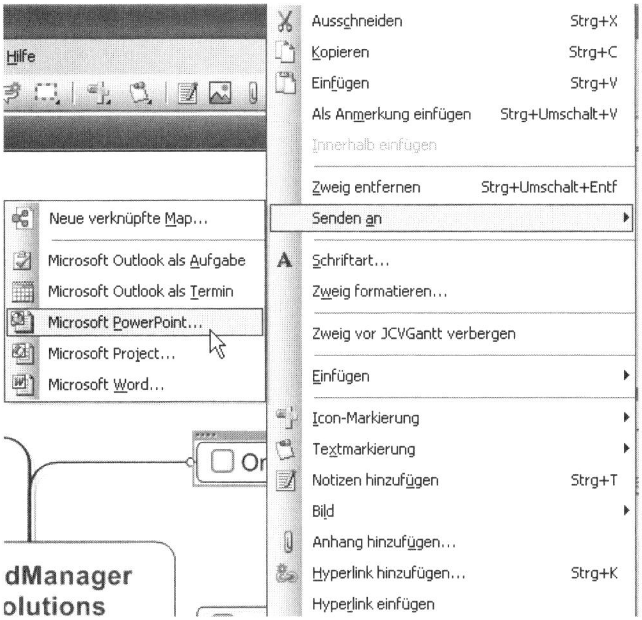

Abbildung 15.34 Das Kontextmenü des Zweiges »One Page«

3. In dem sich öffnenden Dialogfeld klicken Sie nun auf die Schaltfläche *Export.*

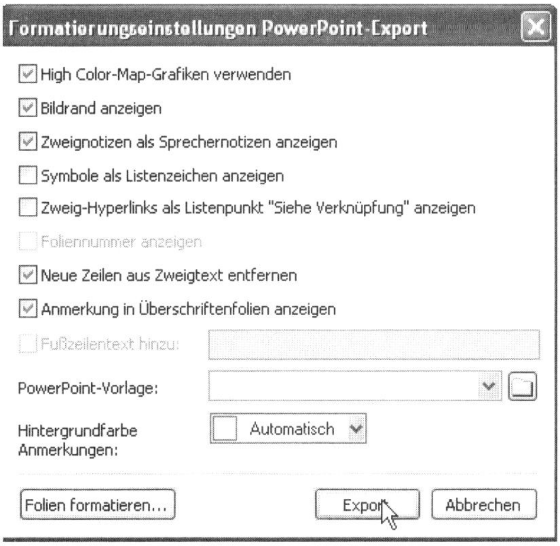

Abbildung 15.35 Starten Sie den Export des Zweiges

Der Export beginnt, und der ausgewählte Zweig wird in die geöffnete PowerPoint-Präsentation integriert. Wenn Sie nach dem Export die Präsentation öffnen, sehen Sie die neu erstellte Folie. Die überflüssige Folie löschen Sie einfach.

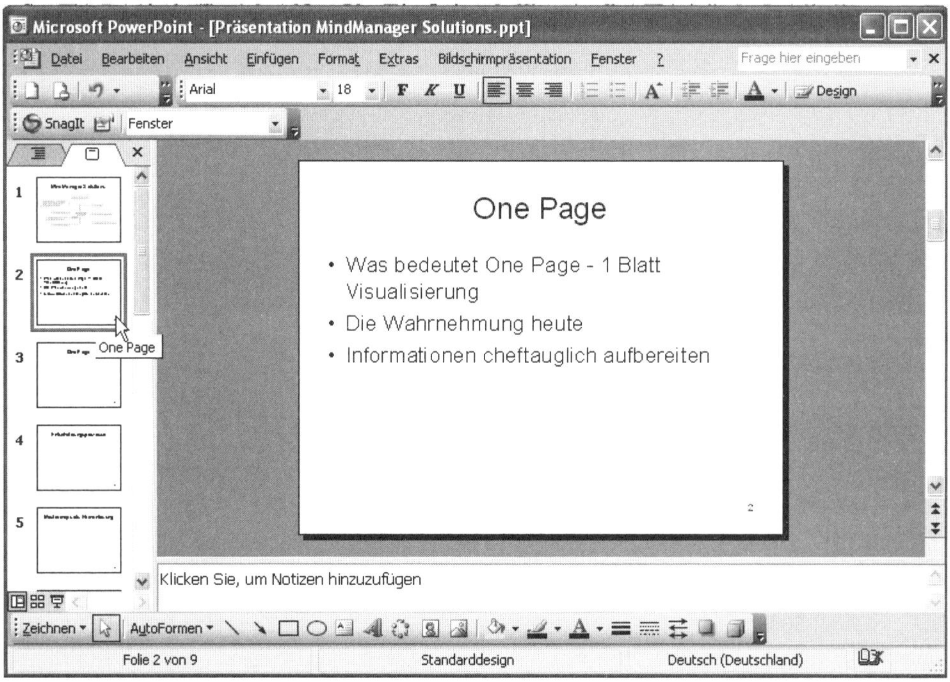

Abbildung 15.36 Die neue Folie nach dem Export

Die fertige Präsentation finden Sie zum Vergleich auf der CD im Ordner *\Kapitel 15* unter dem Namen *Präsentation_Senden an.ppt*.

Sie können keine individuelle Einstellung vornehmen (Folien formatieren), da ansonsten eine neue Präsentation erstellt wird.

Der besondere Tipp

Sie möchten auf der Folie den Zweig nicht als *Einspaltige Aufzählung*, sondern lieber als *Überschrift mit Bild*?

- Dann löschen Sie zunächst einfach das Textfeld in der PowerPoint-Folie.

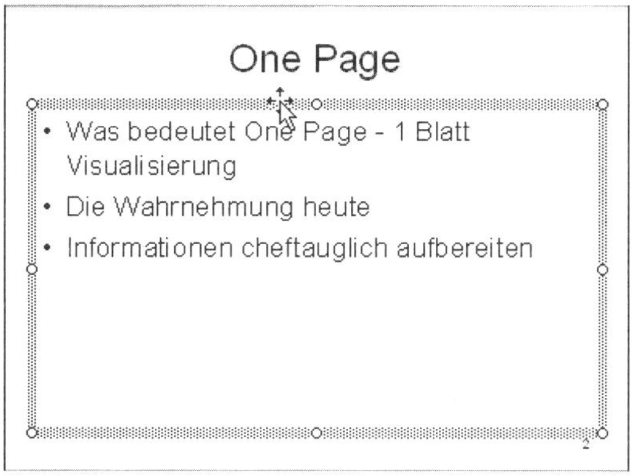

Abbildung 15.37 Das Textfeld wird gelöscht

- Kopieren Sie anschließend den gewünschten Zweig in der Map mit der Tastenkombination *Strg+C*. Dabei müssen die Unterzweige geöffnet sein.
- Fügen Sie diesen Zweig mit *Strg+V* in die PowerPoint-Folie ein.

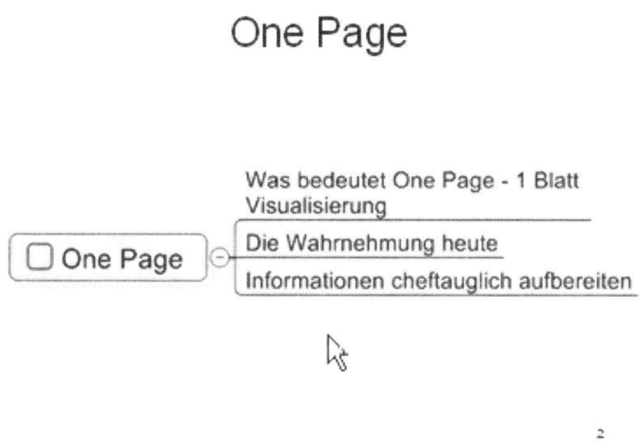

Abbildung 15.38 Der kopierte Zweig auf der PowerPoint-Folie

Mein persönlicher Tipp: Damit das Bild des Zweiges auf der Folie scharf und groß genug ist, vergrößern Sie vor dem Kopieren den Zweig in der Map!!!

15.4.5 Meine persönliche Arbeitsweise und interessante Tipps für die Praxis

Der PowerPoint-Export ist im Mindjet MindManager 6 stark verbessert worden. Was ich besonders schätze, ist die Vorschau auf die entstehenden Folien.

Allerdings nutze ich die manuelle Einstellung kaum, da ich in PowerPoint sehr viel einfacher und schneller arbeiten kann.

Muss ich einen neuen Vortrag erarbeiten, sammele ich meine Gedanken in MindManager und strukturiere den Aufbau der Präsentation. Dann nutze ich die Exportfunktion nach PowerPoint und exportiere die Map auf direktem Weg ohne individuelle Einstellungen vorzunehmen.

Die Präsentation sehe ich mir dann in der Gesamtansicht in PowerPoint an, lösche überflüssige Folien und beginne mit der Feinarbeit. Dazu gehören:

- Foliendesign
- Folienlayout

Auf unser Firmenlayout greife ich direkt über den Power-Point-Vorlagenordner, den ich sofort griffbereit habe, zu.

Wenn ich statt Aufzählungen doch lieber den Zweig als Bild in der Präsentation haben möchte, gehe ich wie in dem eben beschriebenen Tipp vor: Ich kopiere den vergrößerten Zweig der Map und füge ihn in die Folie ein.

So gehe ich übrigens auch in bestehenden Präsentationen vor. Möchte ich noch Zweige aus einer Map als Zweig (Bild) in eine bestehende Präsentation einfügen, nutze ich die Funktion »Copy & Paste«.

Warum ich die Exportfunktion in MindManager so schätze? Nun, den Aufbau einer neuen Präsentation kann ich viel kreativer und leichter im MindManager beginnen. Insbesondere wenn ich vorher Recherchen durchzuführen habe. Damit ich das bereits »Geschriebene« nicht nochmals schreiben muss, nutze ich die Exportfunktionen und gestalte meine Präsentation dann in PowerPoint. Damit gewinne ich viel Zeit im Alltag, die ich gut für andere Aufgaben nutzen kann.

16

Projektmanagement für Kopfarbeiter, 1

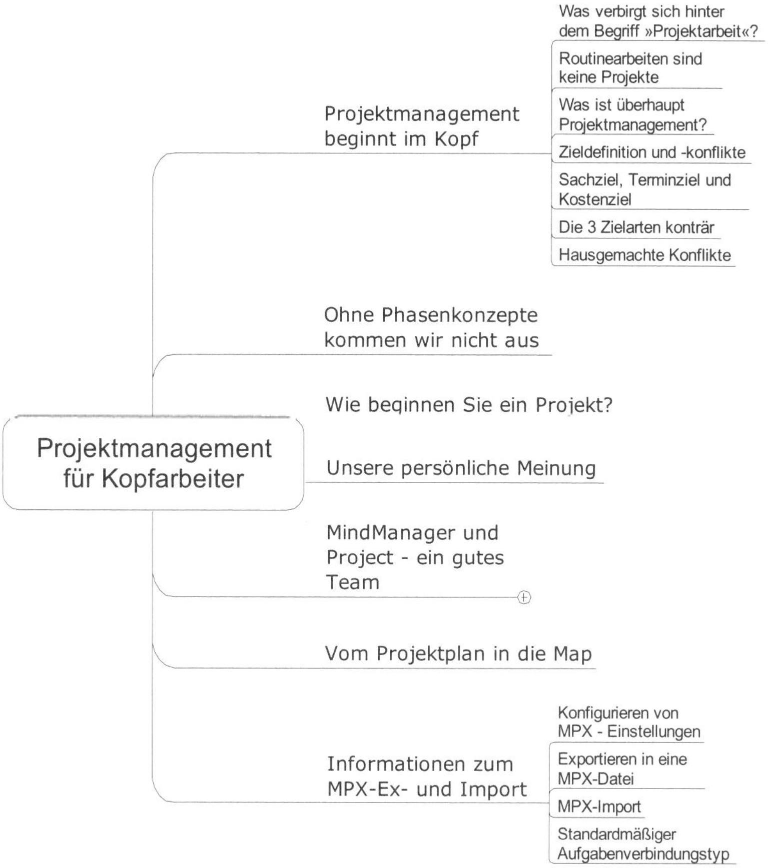

16 Projektmanagement für Kopfarbeiter, 1

Projektmanagement beginnt im Kopf, Projektmanagement ist Denken. Das, was dabei herauskommt, lässt sich im MindManager umsetzen. Sie müssen aber, und das ist eine zu Beginn ernüchternde Erfahrung, die wesentlichen Vorarbeiten selbst leisten. Es nutzt wenig, mit dem Werkzeug Mindjet® MindManager® Pro 6 umgehen zu können, wenn Sie vorher nicht die Kopfarbeit gemacht haben. Erlauben Sie uns deshalb erst einmal, auf die Theorie des Projektmanagements einzugehen, bevor wir die eigentliche Arbeit mit MindManager beginnen.

16.1 Projektmanagement beginnt im Kopf

Gerade die Projektmanager kleiner Projekte sind es, die in Zukunft immer stärker mit Projektmanagement zu tun haben werden, und zwar als normale Vorgehensweise, um Aufgaben, die nicht Routine sind, zu erledigen. Wenn man z. B. Stabsbereiche oder Entwicklungs- und Forschungsbereiche jeder Art betrachtet, dann sind dort die meisten Aufgaben durchaus keine Routineaufgaben. Sie sind so komplex, dass sich der Einsatz von Projektmanagement-Werkzeugen lohnt. MindManager ist ein solches Werkzeug.

Sehr viele kleine Projekte scheitern daran, dass sie wegen eines fehlenden Projektmanagements entweder nicht rechtzeitig oder nicht in der richtigen Form fertig gestellt werden. Und hier kann das Instrumentarium des Projektmanagements – unter anderem im Form von Mind Mapping – zusammen mit dem nötigen Wissen darüber, wie Projekte zu verwalten sind, erfolgreich eingesetzt werden.

16.1.1 Was verbirgt sich hinter dem Begriff »Projektarbeit«?

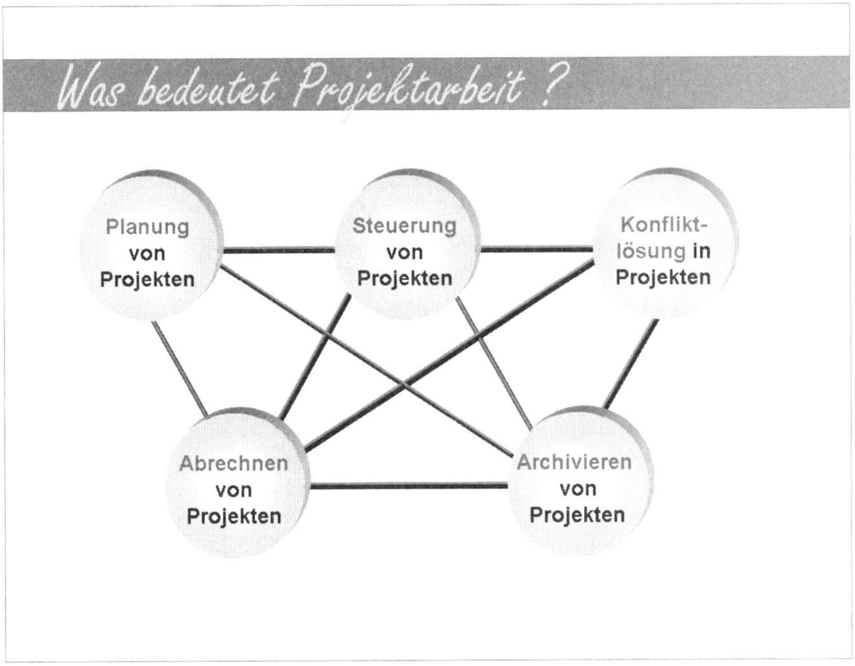

Abbildung 16.1 Die Aufgaben des Projektmanagements vernetzt dargestellt

Definition

Unter einem »Projekt« versteht man die Planung und Durchführung eines nicht alltäglichen Vorhabens, das ein klares, zeitlich und sachlich abgegrenztes Ziel hat und eine besondere Organisationsform erfordert.

16.1.2 Routinearbeiten sind keine Projekte

Die Planung eines Projektes beinhaltet nicht einfach das Vorhaben, sondern auch und vor allem dessen Ausführung und Kontrolle. Aus dieser Definition geht schon hervor, dass man Routinearbeiten nicht als Projekte bezeichnen kann. Vielmehr kennzeichnet jedes Projekt einen erhöhten Anteil an Innovation, Koordinations- oder Durchführungsaufwand.

16.1.3 Was ist überhaupt Projektmanagement?

Es gibt viele Bereiche, in denen es kaum Routine gibt. So wird die Entwicklung von Software durch ständig wachsende Anforderungen genauso wenig zur Routine wie der Bau von Einfamilienhäusern – allein schon durch die unterschiedlichen Wünsche von Bauherren. Bei solchen Aufgaben lassen sich zwar Schemata für das Vorgehen entwickeln, die Basis für das Management neuer Projekte sein können, aber trotzdem handelt es sich weiter um ein Projekt, das entsprechend geleitet werden muss.

Definition

Darum handelt es sich bei »Projektmanagement« um Vorgehensweisen, die zur Erreichung von vorgegebenen Zielen also zur Realisierung der Projekte benötigt werden.

Projektmanagement beschäftigt sich nicht nur mit Netzplänen oder der Verwaltung von irgendwelchen Teilaufgaben. Zum Projektmanagement gehört die Arbeit mit und in Projektgruppen, die Lösung von Konflikten im Mitarbeiterbereich und mit Zulieferern und vieles mehr. Gerade das ist von besonderer Bedeutung für das Verständnis, da sich hier bereits eine wesentliche Einschränkung des Einsatzbereichs von Projektplanungswerkzeugen zeigt.

16.1.4 Zieldefinition und -konflikte

Jedes Projekt verfolgt ein bestimmtes Ziel und soll einen bestimmten Nutzen erbringen. Dazu müssen natürlich realistische Projektziele gesteckt werden. Bereits damit werden die Weichen für den gesamten Verlauf des Projekts gestellt. Das exakte Festlegen des Projektziels ist entscheidend! Zu allgemein gehaltene Ziele können ein ganzes Projekt torpedieren.

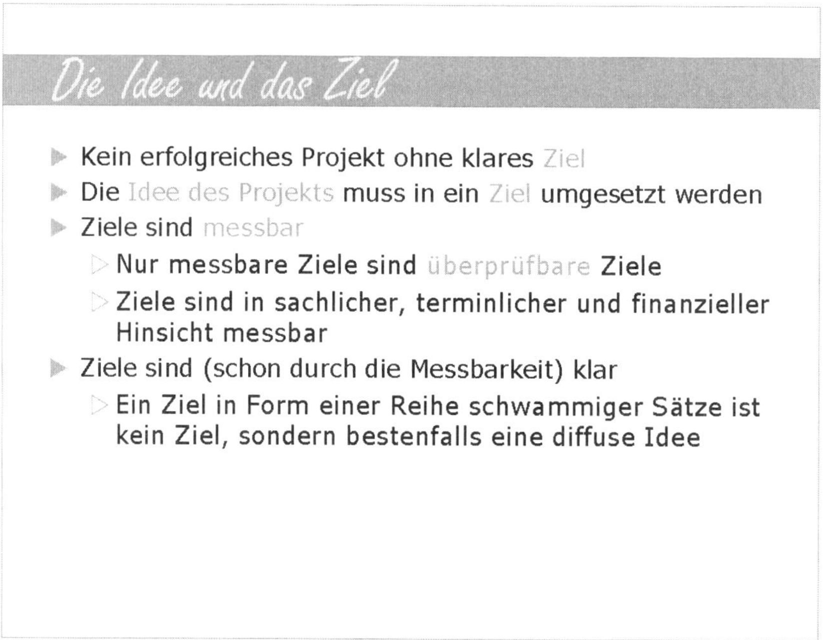

Abbildung 16.2 Die Abbildung zeigt deutlich: Ohne Ziel kein Projekt

16.1.5 Sachziel, Terminziel und Kostenziel

Sie werden es leichter haben, genaue Ziele abzustecken, wenn Sie sich über die drei Zielarten im Klaren sind: das Sachziel, das Terminziel und das Kostenziel.

16.1.5.1 Definition des Sachziels

Das Sachziel eines Projektes ist, die Aufgabe in der geforderten Form zu lösen. Bei der Erstellung beispielsweise einer Firmenpräsentation im Internet muss die Funktionalität, die im Pflichtenheft dokumentiert ist, realisiert werden. Das Sachziel ist von besonderer Bedeutung, da es im Grunde genommen identisch mit der Realisierung des Projekts ist.

16.1.5.2 Definition des Terminziels

Terminziel heißt, dass das Projekt zu einem vorgegebenen Zeitpunkt zu einem erfolgreichen Ende gebracht werden muss. Auch dieses Ziel ist von großer, manchmal sogar entscheidender Bedeutung. Die Organisation eines Weihnachtsfestes muss fristgerecht realisiert werden, da sich dieser Termin nicht verschieben lässt.

16.1.5.3 Definition des Kostenziels

Kostenziel bedeutet, dass das Projekt ohne Überschreitung des vorgegebenen Budgets abgeschlossen werden muss. Ein wichtiges Ziel, denn bei größeren Projekten kann eine solche Situation die Existenz eines Unternehmens gefährden.

Eine erfolgreiche Beendigung eines Projektes, die aber dazu führt, dass anschließend gute Mitarbeiter das Haus verlassen, weil sie mit dem Führungsstil des Projektleiters nicht zufrieden waren, ist ebenso wenig sinnvoll wie die Umsetzung eines Projektes mit einem anschließend erheblich gestörten Verhältnis zu den Lieferanten.

16.1.6 Die drei Zielarten konträr

Diese drei Zielarten werfen folgende Fragen auf:

1. Was möchten Sie produzieren?
2. Welchen Zweck soll das Projekt erzielen?
3. Werden die notwendigen Qualitätsmerkmale berücksichtigt?
4. Sind andere Systeme involviert?
5. Bis wann soll das Projekt fertig gestellt sein?
6. Wie hoch ist Ihr Budget?

Diese drei Hauptziele sind interdependent. Fragen Sie sich daher, ob bei der Entwicklung eines neuen Produkts Qualität oberstes Gebot ist, ob Kosten und Zeit lediglich eine untergeordnete Rolle spielen. Vielleicht muss aber der Termin unbedingt eingehalten werden,

z. B. bei der Organisation einer Messe. Dann werden Mehrkosten durch verstärkten Arbeitseinsatz entstehen, aber auch die Qualität des Projekts unter dem Termindruck leiden. Wenn hingegen das Budget auf keinen Fall überschritten werden darf, kann der Termin vielleicht gehalten werden, aber die Qualität wird auch in diesem Fall leiden.

Sie haben gesehen, dass zwischen den Zielen Beziehungen bestehen und dadurch auch Konflikte auftreten können.

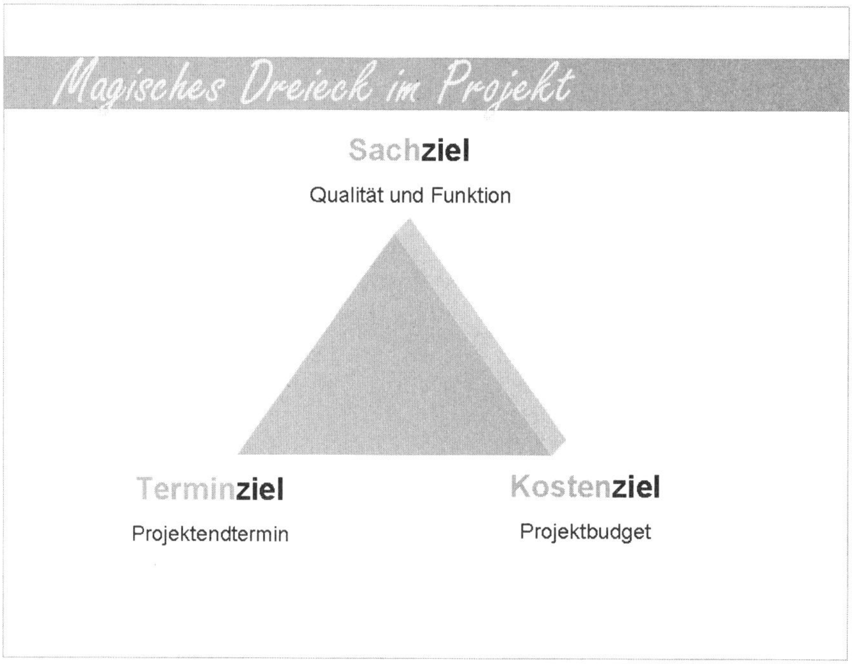

Abbildung 16.3 Bringen Sie als Projektleiter diese Ziele in Einklang, dann haben Sie gewonnen

Sach- und Kostenziel

Der Zielkonflikt zwischen dem Sach- und dem Kostenziel besteht darin, dass eine Erreichung des Sachziels häufig nur unter Verletzung des Kostenziels möglich ist beziehungsweise dass eine Einhaltung des Kostenziels mit einer Verletzung des Sachziels einhergehen würde.

So kann sich zum Beispiel im Laufe eines Software-Projekts herausstellen, dass die Umsetzung eines Programmteils doch schwieriger als erwartet ist und daher mehr Arbeitszeit in das Projekt investiert werden muss – was wiederum mehr Geld kostet und daher das Kostenziel verletzt.

Sach- und Terminziel

Zwischen dem Sachziel und dem Terminziel bestehen ebenfalls häufig Konflikte, die sich aus ähnlichen Schwierigkeiten ergeben können.

Termin- und Kostenziel

Der Zielkonflikt zwischen dem Termin- und dem Kostenziel besteht häufig darin, dass zur termingerechten Fertigstellung eines Projektes z.B. Überstunden geleistet oder Aushilfskräfte eingestellt werden müssen. Dies führt zu höheren Kosten. Ohne diese höheren Kosten – also bei Einhaltung des Kostenziels – müsste aber eine Verletzung des Terminziels in Kauf genommen werden.

Wird mit zusätzlichen Zielen oder Nebenbedingungen gearbeitet, so entstehen weitere Zielkonflikte, die sich in den meisten Fällen wieder auf alle drei Hauptziele auswirken können.

Welche Ziele im konkreten Fall Vorrang haben, hängt von der jeweiligen Aufgabenstellung ab. In den meisten Fällen muss das Sachziel erreicht werden. Es gibt aber auch Projekte, bei denen das Terminziel wichtiger ist – zum Beispiel im Marketingbereich. Eine Einladung zu einer Veranstaltung, die erst nach der Veranstaltung bei den Adressaten und damit potenziellen Kunden eintrifft, ist nutzlos. Bei Werbeaktivitäten hat das Terminziel generell eine große Bedeutung, da eine falsche Terminierung die gesamte Aktion nutzlos verpuffen lassen kann. Auch das Kostenziel kann keineswegs nur als Nebenbedingung gesehen werden.

Bei vielen Projekten – zum Beispiel im Baubereich – sind durchaus Abstriche denkbar, wenn die Kosten aus dem Ruder laufen.

16.1.7 Hausgemachte Konflikte

Die Behandlung der Konflikte, die zwischen den verschiedenen Zielen entstehen können, ist eine der Hauptaufgaben des Projektmanagers. Viele der Konflikte sind aber hausgemacht und können durch ein konsequentes Projektmanagement unter Umständen vermieden werden. Die Erreichung des Kostenziels wird häufig deshalb gefährdet, weil nachträglich weitere Anforderungen gestellt werden (was nichts anderes bedeutet, als dass das Sachziel verändert wird!).

Ein Projektmanager muss sich darüber im Klaren sein, was genau das Sachziel ist. Die Anforderungen müssen also genau definiert sein. Nur dann ist es für ihn möglich, geänderte Anforderungen sofort zu erkennen und Maßnahmen zu ergreifen. Wenn der Projektmanager erkennt, dass weitere Anforderungen an das Sachziel des Projektes gestellt werden, kann er die Personen, die diese Anforderungen stellen, auf die resultierenden Konsequenzen hinweisen. Wenn es sich dabei um Kunden handelt, ist hier häufig bereits eine Einigung über die höheren Kosten möglich, oder man vereinbart einen Verzicht auf die Änderung der Anforderungen.

Fazit: Ohne genau definierte Sach-, aber auch Kosten- und Terminziele ist ein sinnvolles Projektmanagement nicht möglich. Zielkonflikte lassen sich nur erkennen, wenn es für den Projektmanager möglich ist, Änderungen bei den Zielen zu entdecken. Mit unscharfen, nicht exakt formulierten Zielen lässt sich kein Projektmanagement durchführen.

16.2 Ohne Phasenkonzepte kommen wir nicht aus

Wie wir eben festgestellt haben, kommen Sach-, Kosten- und Terminzielen höchste Priorität zu. Doch nicht nur diese Ziele sind ausschlaggebend für den erfolgreichen Verlauf eines Projektes.

Im Folgenden werden wir Ihnen erläutern, welche Bedeutung der Planung der einzelnen Projektphasen zukommt.

16.2.1 Die Projektphasen

Beim Projektmanagement wird eine Reihe von Phasen durchlaufen. Je nach Komplexität und Umfang eines Projekts wird die Laufzeit unterschiedlich lang sein. Dennoch lässt sich in jedem Projekt ein bestimmter Zyklus, der so genannte Projektlebenszyklus, erkennen.

Dieser Zyklus unterteilt sich – grob gesagt – in vier Phasen:

1. Definition
2. Planung
3. Realisierung
4. Abschluss

Natürlich können, je nach Art des Projekts, noch weitere Phasen hinzutreten, zum Beispiel eine Pilotphase. Jede dieser Projektphasen wirft ganz spezifische Probleme auf.

16.2.1.1 Die Definitionsphase

Ohne Definitionsphase gibt es keinen Projektstart. Als Projektleiter klären Sie in dieser Phase die Ziele mit dem Auftraggeber oder Sponsor. Das Projekt wird auf Wirtschaftlichkeit und Machbarkeit hin überprüft. Als Ergebnis wird der Projektauftrag verabschiedet.

16.2.1.2 Die Planungsphase

In dieser Phase werden Details geklärt, zum Beispiel die Tätigkeiten der einzelnen Projektteilnehmer und die Zeitlinie. Erst nach Abschluss dieser Phase tritt das Projekt in die Realisierungsphase ein.

16.2.1.3 Die Realisierungsphase

Nun ist das Projekt reif für die Umsetzung. Die Realisierungsphase beinhaltet allerdings mehr als nur diese, denn der Projektfortschritt muss kontinuierlich überprüft werden. Über jede Zielabweichung muss umgehend eine Entscheidung getroffen werden.

16.2.1.4 Die Abschlussphase

Die Abschlussphase beginnt mit der Abnahme des Projektergebnisses durch den Sponsor oder Auftraggeber. Sehr wichtig sind hier die Dokumentation des erworbenen Wissens und die Reintegration der Projektbeteiligten.

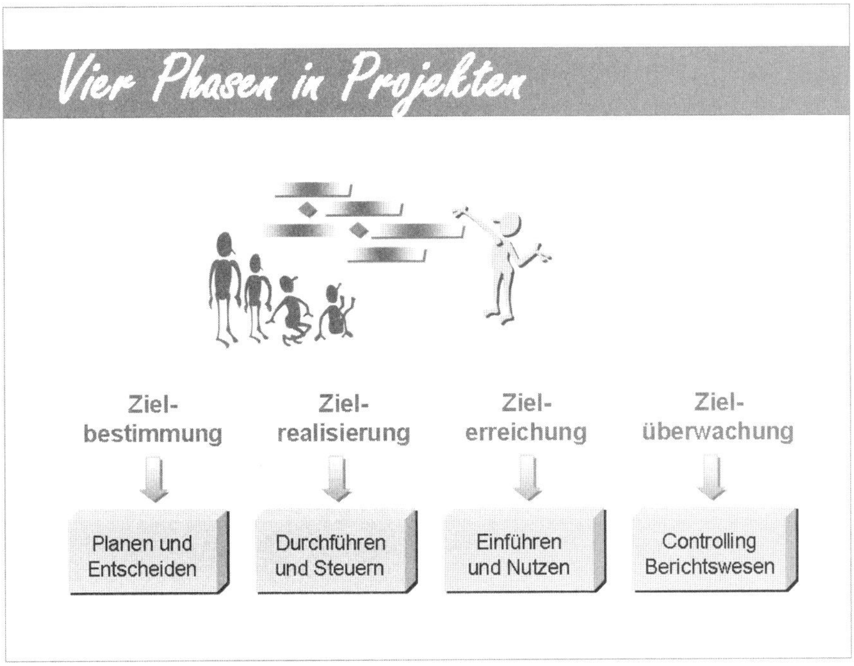

Abbildung 16.4 Die vier Phasen des Projektmanagements, mal anders dargestellt

16.2.2 Die Meilensteine

Besondere Bedeutung in einem Projekt kommt den so genannten Meilensteinen zu. Dies sind Vorgänge, die eine besondere Bedeutung für das Projekt haben. Häufig wird ein Vorgang zu einem Meilenstein, wenn er zwingend eingehalten oder abgeschlossen sein muss, um den Projektausgang nicht zu gefährden. In einem Projekt gibt es immer wieder solche Fixpunkte, die einen Teil des Projekts abschließen und den nächsten Teil beginnen lassen. Diese markanten Fixpunkte werden Meilensteine genannt.

Meilensteine in einem Projekt festzulegen ist deshalb wichtig, weil sie eine große Hilfe bei der Überwachung des Terminziels darstellen. Meilensteine haben in der Regel eine Vorgangsdauer von null und werden eingesetzt, um den Fortschritt eines Projektes zu messen. Typische Beispiele für Meilensteine sind der Projektanfang und das Projektende oder auch Besprechungen, in denen Ergebnisse präsentiert oder Entscheidungen gefällt werden. Veranstaltungen, die an einem festen Termin stattfinden, können als Meilenstein verwendet werden.

16.2.3 Die Projektmitarbeiter und ihre Aufgaben

Mitarbeiter in Projekten befinden sich zumindest immer dann, wenn das Projekt neben ihrer Linienfunktion existiert, in einem Spannungsfeld. Und in den meisten Fällen ist die Projektarbeit entweder zeitlich beschränkt oder erfolgt parallel zu Linienaufgaben. Selbst bei großen Projekten erfolgt zumindest in deutschen Unternehmen in der Regel nur eine zeitweilige Delegation in das Projekt, die aufgrund der relativ geringen Beweglichkeit der Mitarbeiter die Problematik aufwirft, dass diese anschließend wieder in eine gleiche oder bessere Linienfunktion zurückkehren möchten. Die aus dieser Situation resultierende Unsicherheit ist in ihren Folgen für das Engagement der Mitarbeiter in einem Projekt und für die Bereitschaft, in Projekten mitzuarbeiten, nicht zu unterschätzen.

16.2.4 Der Auftraggeber

Eine besonders wichtige Position im Projekt nimmt der Auftraggeber ein. Dabei kann es sich um die Geschäftsleitung oder einen im Unternehmen an entsprechend hoher hierarchischer Stelle angesiedelten Mitarbeiter handeln. Dieser Auftraggeber besitzt für das Projekt insbesondere deshalb eine herausragende Bedeutung, weil er es eben nicht nur initiiert, sondern auch der Sponsor des Projekts ist. Eine wesentliche Aufgabe des Auftraggebers bzw. Sponsors liegt darin, den Projektmitarbeitern den Rücken gegenüber der Linienfunktion freizuhalten.

Nur in dieser Situation ist es überhaupt möglich, dass die Mitarbeiter den für eine erfolgreiche Projektarbeit erforderlichen Freiraum haben. Die Problematik besteht nur dann nicht in diesem Maße, wenn das eigentliche Tagesgeschäft in der Projektarbeit besteht.

16.2.5 Aufgaben des Projektmanagers

Jedes Projektteam sollte eine flache Hierarchie aufweisen, in der nur der Projektleiter eine exponierte Stellung besitzt. Die Position muss aber keine Vorgesetztenposition im strengen Sinne sein. Es handelt sich um einen Fachvorgesetzten für spezielle Fragen. Ein starker Projektmanager gewinnt seine Autorität durch seine Person und nicht durch die formale Stellung. Wichtig ist zudem, dass der Projektmanager bei fachlichen Fragestellungen keine überragende Stellung besitzen und fordern sollte. Nur so kann es gelingen, den Sachverstand der Projektmitarbeiter gewinnbringend einzusetzen.

16.2.6 Kontroll- und Abstimmungsinstanzen

Neben diesen Mitarbeitern im Projekt gibt es die Kontroll- und Abstimmungsinstanzen, die nicht direkt in die regelmäßige Projektarbeit eingebunden sind, die aber unter Umständen entscheidend für die Weiterführung und damit den Erfolg des Projekts sein können.

Dazu gehören

- spätere Nutzer des Projektergebnisses,
- der Datenschutzbeauftragte,
- die Revision/Wirtschaftsprüfer,
- der Betriebsrat

und, je nach Projekt, viele andere Mitarbeiter mehr. Bei Großprojekten, die sich über einen längeren Zeitraum erstrecken und an denen viele Mitarbeiter beteiligt sind, kann unter Umständen eine stärker hierarchisch orientierte Organisation erforderlich werden. Sie sollten sich aber immer im Klaren darüber sein, dass die Ausführenden nicht in der Projektleitung sein müssen. Nicht jeder Planer, Architekt, Ingenieur, Wissenschaftler oder wer auch immer gehört in das eigentliche Projektteam. Die meisten sind nur Auftragnehmer, Ressourcen, für das Projekt.

So, nun genug mit der Theorie: Wir müssen uns jetzt mit den Projekten beschäftigen.

16.3 Wie beginnen Sie ein Projekt?

Diese Frage lässt sich sicher nicht allgemein beantworten, da das Vorgehen sowohl von der Art des Projekts als auch von bestehenden Erfahrungen mit ähnlichen Projekten abhängt.

Generell empfiehlt sich aber beim Gesamtprojekt eine schrittweise Gliederung des Gesamtprojektes in kleinere Stufen, ein »Top-down«-Vorgehen also. Ergänzt wird dieses aber dadurch, dass die Informationen, die für die schrittweise Strukturierung erforderlich sind, zunächst gesammelt werden müssen. In diesen Kreativitätsprozessen fallen daher zwangsläufig auch Informationen an, die bei späteren Gliederungsstufen des Projekts erst relevant werden, so dass also auch ein induktiver Ansatz erforderlich ist.

Um eine übersichtliche Struktur im Projekt zu erhalten, sollten, je nach Größe des Projekts, mehrere Gliederungsebenen in ein Projekt eingeführt werden. In MindManager sind dies die Hauptzweige, in Project die Sammelvorgänge. Bei großen Projekten erfolgt zunächst eine Zerlegung in Teilprojekte. Diese werden anschließend in Sammelvorgänge zerlegt. Innerhalb der Sammelvorgänge gibt es entweder weitere Sammelvorgänge oder die eigentlichen Schritte bzw. so genannte Einzelvorgänge, die im Projekt durchgeführt werden müssen.

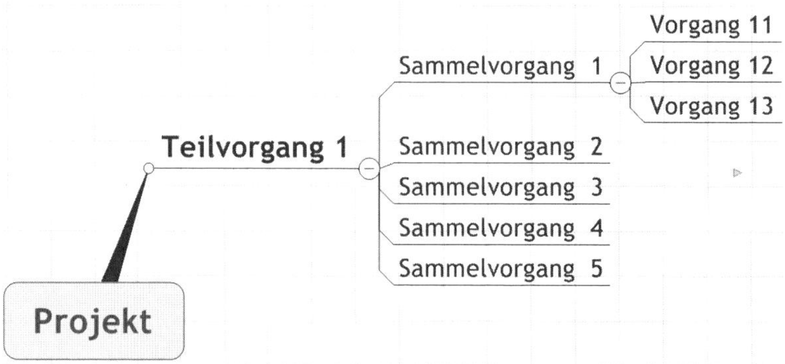

Abbildung 16.5 Die Gliederung eines Projektes

Bei einer schrittweise Zerlegung des Projekts muss auf jeder Ebene überlegt werden, ob der Detaillierungsgrad ausreicht, um:

- Ressourcen exakt zuzuordnen
- Kosten genau zu überwachen
- Verantwortungsbereiche sauber abzugrenzen
- Projektfortschritte zu überwachen
- Probleme zu erkennen und zu steuern

Eine nicht ausreichende Detaillierung führt dazu, dass unter Umständen keine vernünftige Projektsteuerung möglich ist. Bei einem Schritt »Rohbau« innerhalb der Erstellung eines Gebäudes ist es schwierig, Verzögerungen zu erkennen und die daraus resultierenden Konsequenzen zu ziehen.

Nur wenn die Aufgliederung zumindest nach Phasen wie Fundament, Kellerwände, Zwischendecken usw. erfolgt, kann frühzeitig erkannt werden, welche Schritte im Plan liegen und welche Vorgänge im Projekt nicht zeitgerecht durchgeführt werden. Damit werden die Reaktionszeit und wiederum der Spielraum für die Korrektur von Fehlern größer.

16.3.1 Finden Sie einen goldenen Mittelweg

Eine zu genaue Gliederung hat den Nachteil, dass unnötiger Verwaltungsaufwand entsteht. Es müssen mehr Vorgänge als unbedingt notwendig verwaltet werden. Ab einer gewissen Stufe ist auch eine sinnvolle Detaillierung nicht mehr möglich. Diese Grenze zu erkennen, ist in sehr starkem Maße eine Frage der Erfahrung mit dem Projektmanagement. Es ist auch eine Frage, deren Beantwortung von der Selbstständigkeit und Verlässlichkeit der im Projekt involvierten Mitarbeiter und Unternehmen abhängt. Sie kann aber zu jedem Punkt über Plausibilitätsüberlegungen und durch das Stellen der oben angesprochenen Fragen beantwortet werden.

16.3.1.1 Brainstorming

In den meisten Fällen werden mehrere Personen an einem Projekt beteiligt sein – z. B. in Form einer Projektgruppe. Eines der gängigsten Verfahren, um die verschiedenen Schritte der Gliederung eines Projektes zu bewerkstelligen, ist das so genannte Brainstorming. Hierüber haben Sie im Laufe des Buches schon viel gelernt. Es handelt sich um ein oft eingesetztes Verfahren, das relativ einfach ist und bei richtiger Anwendung erfahrungsgemäß zu guten Ergebnissen führt.

Beim Brainstorming bringen alle Teilnehmer der Gruppe Ideen dazu ein, welche Schritte im Projekt benötigt werden. Und damit kommt der MindManager ins Spiel. Es ist beinahe unmöglich, eine gut angelegte Mind Map zu vergessen. Am wichtigsten ist aber, dass das Erstellen von Mind Maps mehr Spaß macht als das Abfassen strukturierter Pläne.

Die Anwendung dieser Techniken kostet zwar auch noch einiges an Zeit, aber es schafft die Basis dafür, dass das Projekt erfolgreich durchgeführt werden kann. Jede (fälschlich) gesparte Minute bei der Planung kostet später eine Menge mehr an Zeit. Um nur einige Beispiele zu nennen:

- Teile der Planung wiederholen: Das ist immer dann der Fall, wenn sich nachträglich herausstellt, dass einige Bereiche des ursprünglichen Projektplans in dieser Form nicht verfügbar sind, weil z. B. dafür erforderliche Ressourcen nicht verfügbar sind.
- Neue Schritte einführen: Dieser Fall wird immer wieder dann auftreten, wenn nicht ausreichend Erfahrung und Expertenwissen in das Projekt eingeflossen sind.
- Zu späte Reaktion: Wegen eines nicht ausreichenden Detaillierungsgrades nicht erkannte Fehler wieder auszubügeln, ist relativ oft erforderlich. Das stellt hohe Anforderungen an die Genauigkeit der Planung und erfordert auch die Bereitschaft, viel Zeit in die Planung zu stecken, um alle Aspekte zu bedenken.

Zu diesem Thema gibt es eine Vielzahl an Untersuchungen und Aussagen. Ohne einzelne Untersuchungen zitieren zu wollen, lässt sich doch ein Trend festhalten: Ein Fehler, der bei der Planung entdeckt wird, kann wesentlich kostengünstiger behoben werden als einer, der bei der Durchführung entdeckt wird. Und generell wird die Korrektur von Fehlern immer teurer, je weiter man im Projekt fortgeschritten ist. Ob sich die Kosten dabei verfünf- oder verzehnfachen oder in einem anderen Verhältnis wachsen, ist nebensächlich – sie steigen jedenfalls sehr schnell an.

Fazit: Die Qualität der Planung ist entscheidend für die Qualität des Projekts.

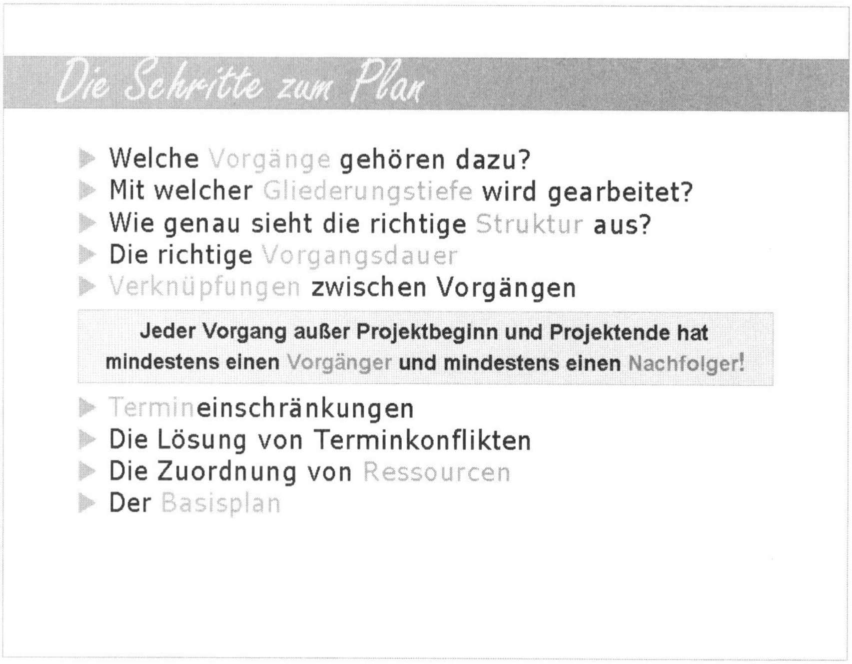

Abbildung 16.6 Die wichtigsten Schritte im Projektmanagement

16.4 Unsere persönliche Meinung

Zielorientiertes Handeln und immer die Kosten sowie die Termine im Griff zu haben – das zeichnet einen guten Projektleiter aus.

Das ist zwar leicht gesagt, fällt aber vielen schwer. Die Methoden kann man sehr leicht erlernen. Doch auch das macht noch lange keinen Projektleiter aus. Sie brauchen Erfahrung, müssen Höhen und Tiefen durchlaufen. Das bedeutet auch, Gewohntes und Liebgewonnenes zu analysieren und sich die Frage zu stellen: »Hat diese Methode oder diese Theorie noch ihre Richtigkeit?«

16.4.1 Handeln Sie zielorientiert

Zuzugeben, dass die Entscheidung von gestern falsch war – dazu gehört sehr viel Mut und Standhaftigkeit. Unseren Politikern fehlen solche Innovationsansätze häufig. Sie sollten sich ein Beispiel an unserem Altbundeskanzler Adenauer nehmen, der einmal gesagt hat: »Auch ein Bundeskanzler kann irren. Was interessiert mich mein Geschwätz von gestern.«

Deshalb, liebe Leser, liebe Projektleiter, haben Sie den Mut und die Offenheit, ein Projekt stets neu auf die Anforderungen zu prüfen und zu korrigieren. Haben Sie auch einmal den

Mut, klar und deutlich zu sagen: »Wir können das Projektziel nicht erreichen.« Das spart Geld und vor allen Dingen Nerven.

Das soll aber auf keinen Fall bedeuten, dass Sie alle Ihre Projekte nur unter dem Gesichtspunkt der Beendigung betrachten. Nein, Sie sollen nur zielorientiert arbeiten. Nutzen Sie den MindManager. Wenn Sie das Programm richtig anwenden, wird die Arbeit zu Beginn mit mehr Zeit verbunden sein, Ihre Arbeit jedoch wird transparenter und genauer. Sie werden feststellen: Je mehr Sie planen, je mehr Sie ins Detail gehen, umso genauer werden Ihre Projekte. Deshalb ist die Planung so wichtig im Projektmanagement.

16.4.2 Motivation – Motivation – Motivation

Auch heute noch, nach jahrelanger Predigt von Unternehmensberatern und Lobgesängen auf kooperatives Führen, haben Führungskräfte immer noch nicht begriffen, dass Projektmanagement sehr viel mit Motivation zu tun hat. Komplexe Aufgaben werden ungeduldig angegangen. Man will sofort das Ziel erreichen und rügt oder ist enttäuscht, wenn sich der Erfolg nicht einstellt. In der Regel führt solch ein Verhalten genau zum Gegenteil. Es wird ineffizient gearbeitet, die Aufgaben werden nicht ordentlich gelöst. Erfolgreiches Arbeiten ist jedoch notwendig und kann nur durchgeführt werden, wenn man positiv mit Selbstdisziplin und Freude an komplexe Aufgaben herangeht. Natürlich ist hier auch ein Expertenwissen notwendig. Dies kann nur im Team gelöst werden.

16.4.3 Kreativität darf nicht zu kurz kommen

Denken Sie im Ganzen. Formalisierte Abläufe sind die eine Seite der Medaille; die Projekte im Alltag mit Kommunikation zu steuern, das ist die Kunst. Ganzheitliches Projektmanagement bedeutet strukturelle Voraussetzung der Organisation, Fachkenntnisse der Projektbeteiligten, richtiges Anwenden der Methode sowie Kenntnisse der Verhaltensaspekte der Teamleiter. Nehmen Sie sich ausreichend Zeit, Zusammenhänge aufzudecken. Gehen Sie Ihr Vorhaben mit den Entscheidern durch, und nehmen Sie die Realisierer mit ins Boot. Dies wird zwar Zeit und Kraft kosten, wird sich aber letztendlich auszahlen.

16.4.4 Wer schneller ist, gewinnt

Marktattraktivität und Marktanteile zu gewinnen, ist eines der höchsten Ziele in unserer Wirtschaft. Dies bedeutet jedoch zugleich übergreifendes Arbeiten, paralleles statt sequenzielles Arbeiten, informatives und kommunikatives Leben miteinander. Einst wurde ein japanischer Manager gefragt, was der Unterschied zwischen dem japanischen und dem deutschen Manager sei. Darauf antwortet dieser: »Ein deutscher Manager sagt: Alles unter Kontrolle. Der japanische Manager sagt: Alle wissen Bescheid.« Merke: Information und Kommunikation sind entscheidend für den Erfolg eines jeden Unternehmens.

Dies gilt auch für Projekte, wie oben bereits dargelegt. Die Ideen aller Mitarbeiter sollten mit einfließen. Im Zeitalter der Kommunikation ist es ein Leichtes, die Mitarbeiter zu informieren. Mit dem MindManager haben Sie direkte Möglichkeiten, Ihre Projektpläne, Projektnotizen und Ressourcen Ihren Mitarbeitern per Mail mitzuteilen. Eines sollten Sie hierbei jedoch nicht vergessen: In der Psychologie lehrt man, dass eine schriftliche Kritik nie vor der mündlichen erfolgen soll. Lassen Sie Ihren Frust und Ihren Misserfolg den Mitarbeitern nicht per Mail zukommen, sondern kommunizieren Sie mit ihnen im Team. Nach der Aussprache kann und sollte dann auch deren Zusammenfassung in Mail erfolgen.

Oft haben Projektleiter noch Schwierigkeiten im Umgang mit der EDV. Die Arbeit mit dem Computer wird abgelehnt: »Das haben wir jahrelang so gemacht«. Dieses und ähnliche Argumente dienen dazu, die eigenen Ängste und Probleme mit der EDV zu vertuschen. Notwendig ist jedoch ein offener Austausch der Informationen, so dass die Rückmeldung über Schwierigkeiten möglichst früh eintrifft. Deshalb handeln Sie schnell, und nehmen Sie auch die Gefahr einer Fehlentscheidung in Kauf. Ein Mix zwischen der Theorie, der Erfahrung und die Arbeit mit Projektmanagement-Software werden Ihre Projekte auf Dauer plangenau machen. Eines jedoch können Sie sich abschminken: Denken Sie nie: »So, wie ich das Projekt geplant habe, so wird dieses Projekt auch verabschiedet.« Diese Theorie gibt es nur in Lehrbüchern. Die Praxis sieht ganz anders aus.

Während der Geschäftsführer und die Vorgesetzten einen geringeren Zeitaufwand schätzen, liegen die Schätzungen der Betroffenen meist höher. Die Diskrepanz besteht in der Regel darin, dass durch Vorgesetzte und Geschäftsleitung Randarbeit mit Dokumentationen, Auswertungen, abgeschlossene Projekte und Projektteile viel zu gering oder gar nicht beachtet werden. Meist fehlt auch der Einblick in die konkreten Probleme.

Andererseits haben die Projektmitarbeiter immer den Gedanken im Kopf: »Ich baue mir hier einen Puffer ein, um mein Ziel zu erreichen.« Einen Ausweg aus diesem Dilemma können Sie nur erreichen, wenn Sie Ihre Ressourcen gekonnt planen.

16.5 MindManager und Project – ein gutes Team

Am Anfang steht wieder einmal die Idee. Das gilt im Projektmanagement allemal. Ob es nun eine komplexe Baugruppe eines technischen Geräts ist oder das Vorhaben, ein Intranet aufzubauen. Jeder Entwurf, jedes Konzept trägt zunächst eine Vielzahl von Ideen in sich, die gesammelt und ausgewählt werden müssen (z. B. in einem Brainstorming). Erst danach folgen die Grobplanung der auszuführenden Arbeiten mit zeitlichen Vorgaben und die Präsentation bei den Entscheidungsträgern wie z.B. einem Lenkungsausschuss. Bis die Idee an Struktur gewinnt und schließlich in einem Projektplan in die eigentliche Feinplanung der Termine, Aufgaben und Ressourcen mündet, sind die Möglichkeiten des Mind Mappings hilfreich, aber das wissen Sie ja bereits.

16.5.1 Von der Map in den Projektplan

Gehen wir davon aus, dass Sie mit einem neuen Projekt betraut werden. Ein Büroumzug steht an. Sie stehen noch sprichwörtlich vor dem berühmten weißen Blatt Papier und haben die Wahl: Begeben Sie sich jetzt in eine hochkomplexe Anwendung, die Ihnen schon frühzeitig Informationen über Vorgänge abverlangt, von denen Sie noch nicht einmal wissen, ob sie jemals stattfinden werden? Oder Sie wählen ein Tool, dass Sie bei der Informationsbeschaffung unterstützt?

Sie wollen den Plan und die Zeiten mit dem Verantwortlichen abstimmen. Sie haben mit MindManager schnell eine Business Map erstellt. Wenn Sie die Übung mitmachen und das Zusammenspiel MindManager und Microsoft Project kennen lernen wollen, haben wir für Sie schon die Startdatei erstellt.

Die Datei mit dem Namen *Büroumzug.mmap* finden Sie auf der Buch-CD im Ordner *\Kapitel 16.*

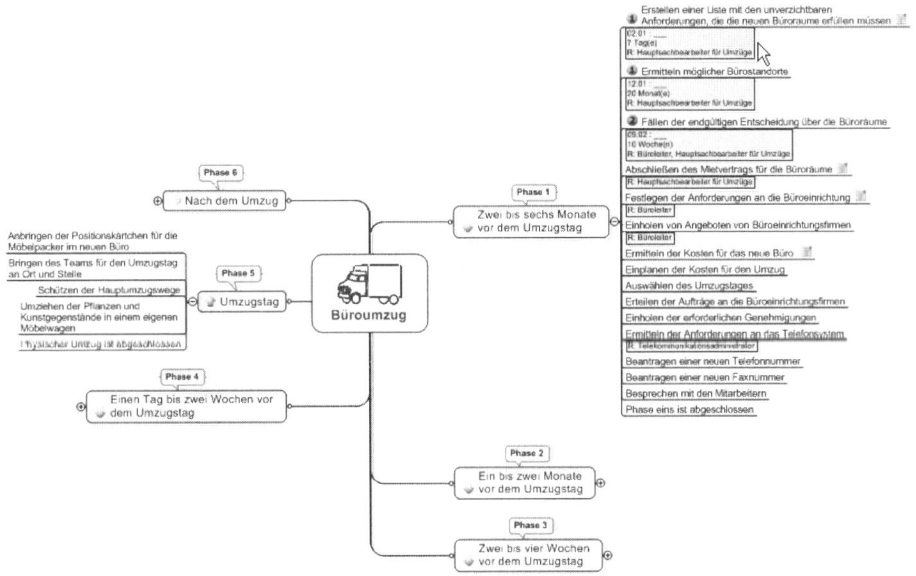

Abbildung 16.7 Die Planung in der Business Map

Sie haben in der Business Map bereits einige Zweige mit Prioritäten versehen, zeitliche Informationen wie auch Ressourcen eingebunden. Auch zusätzliche Hinweise haben Sie als Zweignotiz hinterlegt.

Abbildung 16.8 Wichtige Ergänzungen in der Zweignotiz

Bitte beachten Sie für ein optimales Zusammenspiel zwischen MindManager und Microsoft Project Folgendes: Beim Project-Export in MindManager werden für das Anlegen neuer Aufgaben in Project **keine** Fälligkeitstermine verwendet. Sie sollten in MindManager ein Anfangsdatum und eine Dauer definieren. Aufgaben, die nur ein Anfangsdatum und ein Fälligkeitsdatum enthalten, wird beim Export nach Project eine Dauer von »0 Stunden« zugewiesen.

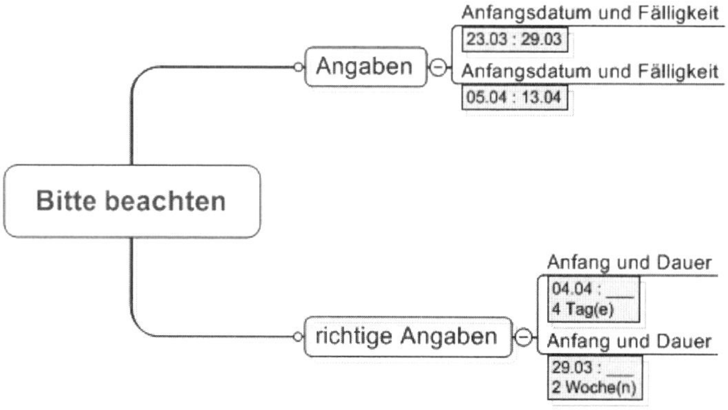

Abbildung 16.9 Anfangsdatum und Fälligkeitsdatum in der Map

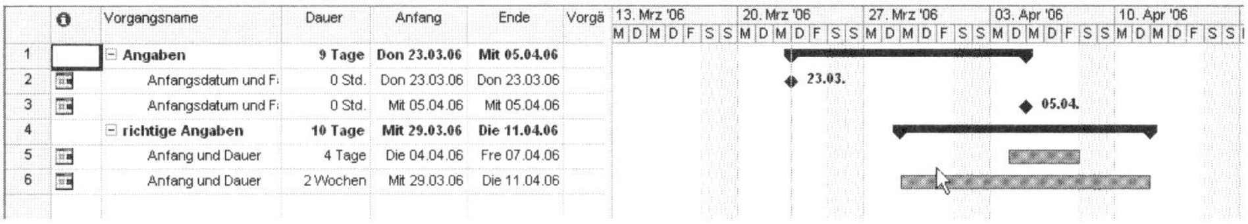

Abbildung 16.10 Das Ergebnis nach dem Export

Sie wollen die erstellte Map nun nach Microsoft Project exportieren.

Um das Beispiel durchzuführen, öffnen Sie zunächst die Datei *Büroumzug.mmap* von Ihrer Buch-CD in *\Kapitel 16*. Anschließend gehen Sie wie nachfolgend beschrieben vor:

So exportieren Sie die gesamte Map in eine Project-Datei

1. Klicken Sie in der Exportsymbolleiste am unteren Bildschirmrand auf das *Project*-Symbol.

Abbildung 16.11 Die Exportleiste am unteren Bildschirmrand

2. Sie werden aufgefordert, einen Dateinamen zu vergeben. Speichern Sie die Datei in Ihren Verzeichnissen.

Es öffnet sich das Dialogfeld für die *Einstellungen für den Microsoft Project-Export*.

Abbildung 16.12 Dieser Dialog erscheint, bevor Sie die Daten an Project übergeben

Wenn Sie nur Zweige mit Aufgabeninfos exportieren wollen – was durchaus sinnvoll ist –, aktivieren Sie das entsprechende Optionsfeld. Es werden dann nur Zweige kopiert, die Aufgabeninfos enthalten. Aufgabeninfo heißt: *Startdatum*, *Enddatum*, *Dauer*, *Fertig (%)*, *Ressourcen*, *Kategorien* oder *Priorität*. Alle anderen Zweige werden ausgelassen. Es ist möglich, die 100% fertigen Aufgaben zu überspringen. Dies müssen Sie von Fall zu Fall entscheiden.

3. In unserem Fall behalten wir die Grundeinstellung bei, die besagt, dass alle Zweige mit Abhängigkeiten, also den Zweigverbindungen, exportiert werden. Alle Aufgaben, die Sie in der Aufgabeninfo erstellt haben, werden mit nach Project exportiert.
4. Ein besonderes Augenmerk ist auf die *Prioritäten* zu setzen. Da Project die Prioritäten von 1–1000 einteilt, aber MindManager von 1–9, können Sie die Klassen in dem Dialogfeld nach Ihren Bedürfnissen festlegen.

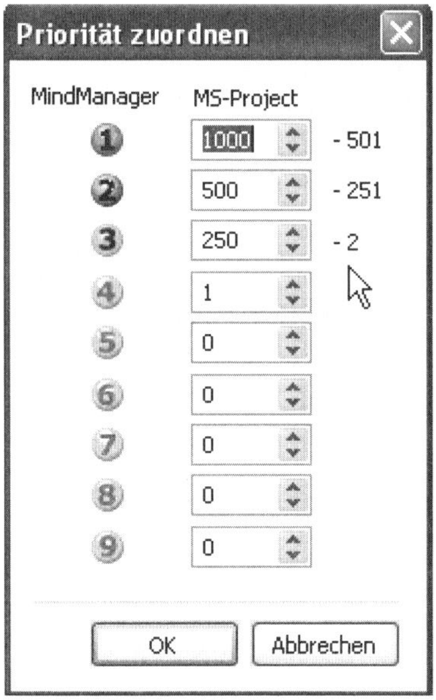

Abbildung 16.13 Übersetzung der Prioritäten von MindManager zu Microsoft Project

5. Mit dem Befehl *Export* übergeben Sie nun die Daten an Project. Das kann je nach Dateigröße etwas dauern. Der Exportstatus wird angezeigt (vgl. **Abbildung 16.14**).

Abbildung 16.14 Der Dialog Export zu Project

Der Erfolg zeigt sich. Sie sehen nun die gesamte Map in der Ansicht eines Balkendiagrammes (Gantt-Darstellung) dargestellt. Betrachten wir die Project-Datei einmal etwas ausführlicher.

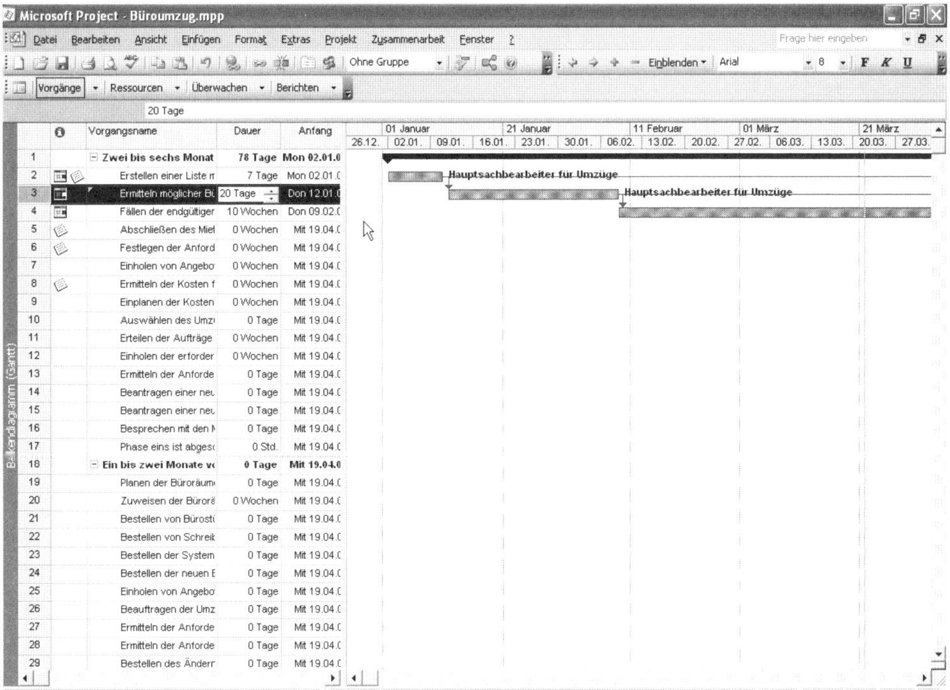

Abbildung 16.15 Die Ansicht »Büroumzug« aus der Map in Project

Sie sehen, Ihre Zweige und Unterzweige, in Project auch »Tasks« oder »Vorgänge« genannt, sind exakt übergeben worden. Alle weiteren, zeitlichen Detailinformationen werden jetzt in Project bearbeitet, da dies sehr viel effizienter ist als über den Aufgabenbereich *Aufgabeninformationen* in MindManager.

Es sind noch keine Abhängigkeiten zwischen den einzelnen Vorgängen vorhanden. Im Einführungsteil dieses Kapitels haben wir in den Grundregeln festgelegt, dass jeder Vorgang einen Vorgänger und einen Nachfolger haben muss.

Die Abhängigkeiten können Sie mit Hilfe der Verbindungspfeile auch in einer Business Map erstellen. Wir empfehlen dies jedoch nicht. Im Projektmanagement sind die Abhängigkeiten etwas diffiziler, und hier stehen in Microsoft Project die optimalen Einstellungen zur Verfügung.

In unserem Beispiel hat Project sämtliche Zweiginformationen aufgenommen. Sowohl Hyperlinks als auch die Zweignotizen können abgerufen und verwendet werden. Dabei wurde die standardmäßige Reihenfolge der Zweige (Uhrzeigerrichtung) für den Export ebenso beachtet wie die gesamte Hierarchie der Map, einschließlich der gesetzten Prioritäten.

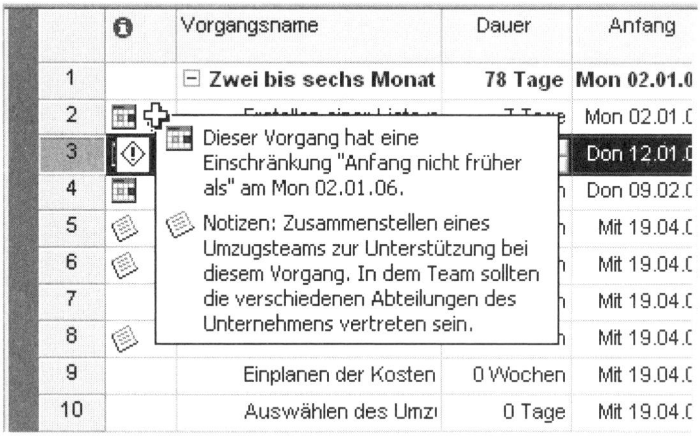

Abbildung 16.16 Die Zweiginformationen in Project

Es werden nur sichtbare Zweige exportiert. Das heißt, Sie können einen Filter anwenden (oder auch mehrere Filter hintereinander) und so die Zweige ausblenden, die nicht in das Projekt übernommen werden sollen.

Bei unserem Büroumzug kann der Mietvertrag erst nach Prüfung durch die Rechtsabteilung unterschrieben werden. Eine Sache, die nicht trivial ist. Wie viele Arbeitstage benötigt die Rechtsabteilung? Sind das »einfache« Tage? Wie wird der Zeitabstand berechnet? Diese Aufgaben lösen Sie am besten in einem professionellen Planungstool wie Microsoft Project.

Wir empfehlen Ihnen hierzu die einschlägige Literatur. Die Funktionalität von Project hier zu erklären, würde den Rahmen des MindManager-Handbuchs sprengen.

So exportieren Sie einen Zweig nach Project

Haben Sie gut aufgepasst? In der Business Map ist noch nichts bezüglich der Rechtsabteilung notiert. Einem Ihrer Kollegen ist diese wichtige Information nachträglich eingefallen. Aufgrund dessen steht in dem Projektplan noch nichts von »Mietvertrag in der Rechtsabteilung prüfen«.

Sollen Sie nun nochmals die ganze Map an Project übergeben? Nein. Der Kollege hat im MindManager den Zweig »Mietvertrag in der Rechtsabteilung prüfen« eingetragen und eine Zweigverbindung zu dem Zweig »Abschließen des Mietvertrags für die Büroräume« eingefügt. Ihre Map sieht nun in etwa so wie in **Abbildung 16.17** aus.

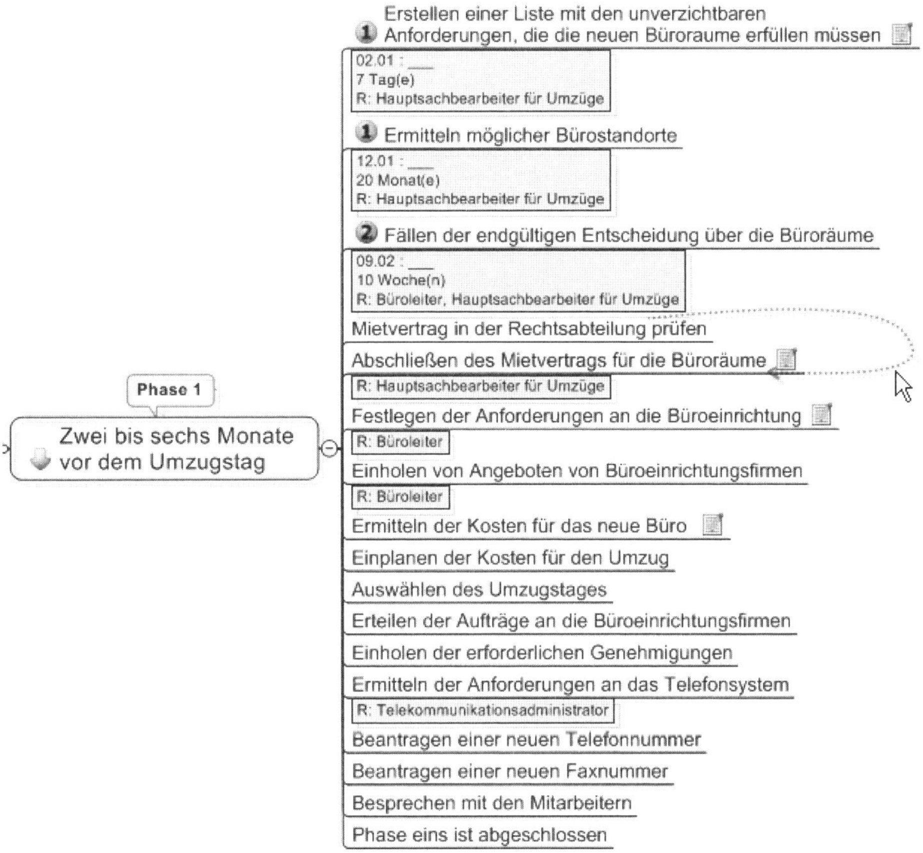

Abbildung 16.17 Der neue Zweig bzgl. der Rechtsabteilung in der Business Map

- Markieren Sie mit der rechten Maustaste den Zweig, und wählen Sie im Kontextmenü den Befehl *Senden an/Microsoft Project.*

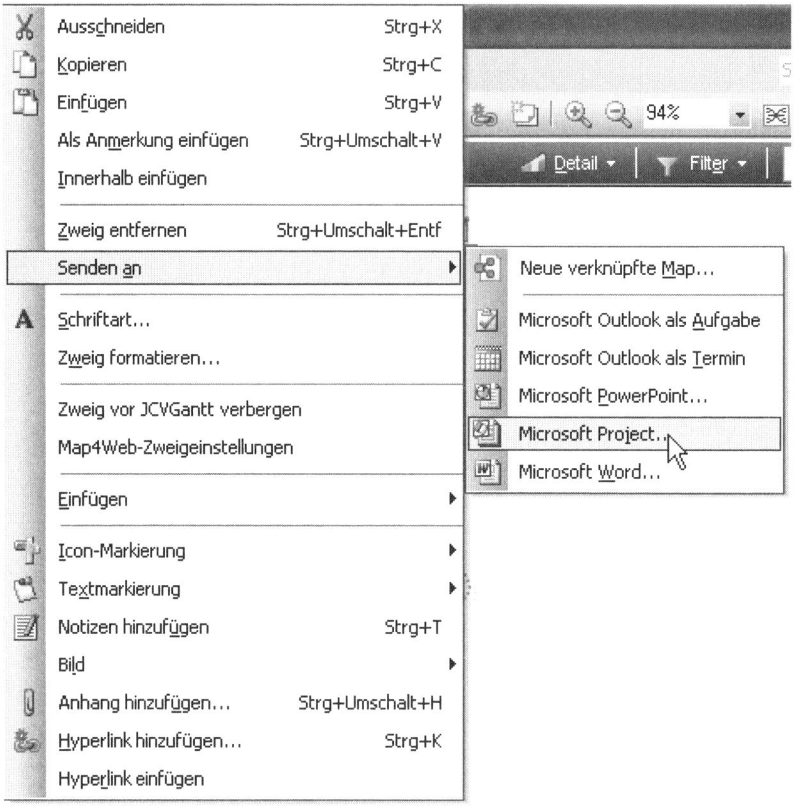

Abbildung 16.18 Exportieren Sie einen Zweig nach Project

Die Markierung des Zweiges hat zur Folge, dass nur der aktuelle Zweig in die bestehende geöffnete Project-Datei übertragen wird.

Setzen Sie den Cursor **vor** dem Export an die Stelle in Ihrer Project-Datei, an welcher der Zweig »landen« soll. So ist es ein Leichtes, diverse Tasks/Vorgänge in bestehende Projekte zu übertragen.

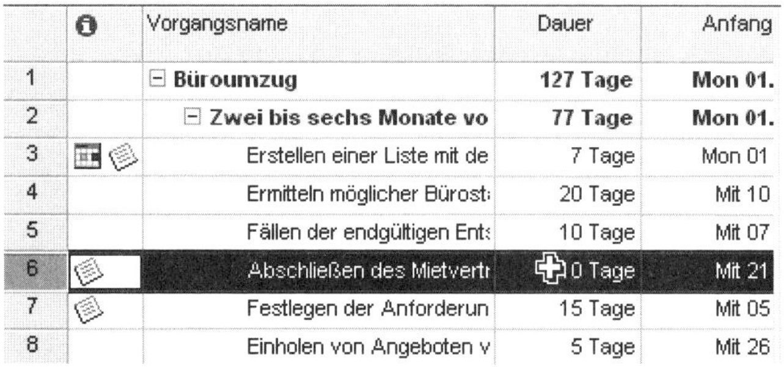

		Vorgangsname	Dauer	Anfang
1		**Büroumzug**	**127 Tage**	**Mon 01.**
2		**Zwei bis sechs Monate vo**	**77 Tage**	**Mon 01.**
3		Erstellen einer Liste mit de	7 Tage	Mon 01
4		Ermitteln möglicher Bürost	20 Tage	Mit 10
5		Fällen der endgültigen Ent	10 Tage	Mit 07
6		Abschließen des Mietvertr	0 Tage	Mit 21
7		Festlegen der Anforderun	15 Tage	Mit 05
8		Einholen von Angeboten v	5 Tage	Mit 26

Abbildung 16.19 Der Cursor vor dem Export

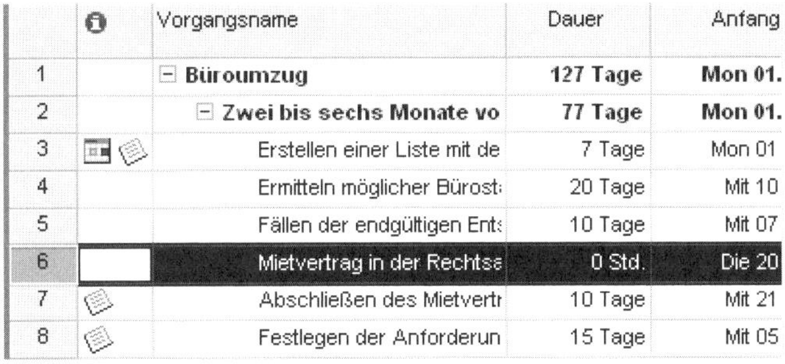

		Vorgangsname	Dauer	Anfang
1		**Büroumzug**	**127 Tage**	**Mon 01.**
2		**Zwei bis sechs Monate vo**	**77 Tage**	**Mon 01.**
3		Erstellen einer Liste mit de	7 Tage	Mon 01
4		Ermitteln möglicher Bürost	20 Tage	Mit 10
5		Fällen der endgültigen Ent	10 Tage	Mit 07
6		Mietvertrag in der Rechtsa	0 Std.	Die 20
7		Abschließen des Mietvertr	10 Tage	Mit 21
8		Festlegen der Anforderun	15 Tage	Mit 05

Abbildung 16.20 Der Zweig sitzt nach dem Export an der gewünschten Stelle

Die weiteren Arbeiten machen Sie in Project. Verknüpfen Sie die Vorgänge, teilen Sie Ressourcen mit »%« zu usw.

Nun haben Sie den ersten Schritt vollzogen und verfügen über einen Basisplan in Project.

Ein Hinweis in eigener Sache: für alle, die einen Büroumzug planen. Dies ist nur ein Beispiel, das nicht den Anspruch hat, komplett ausgearbeitet zu sein. Es dient nur zur Erklärung.

Bitte beachten Sie

Der Export nach Project ist ein einmaliger Vorgang, bei dem keine Verknüpfung zwischen den Project-Aufgaben und den MindManager-Zweigen erzeugt wird. Wenn Sie Aufgaben aus Project exportieren und in MindManager Änderungen an ihnen vornehmen, können Sie die Aufgaben nicht einfach in Project »zurückexportieren« und sie dort aktualisieren. Stattdessen bleiben die alten Aufgaben bestehen, und die exportierten Aufgaben werden am Ende des Projekts als neue Aufgaben eingefügt.

16.6 Vom Projektplan in die Map

Haben Sie ein Projekt von einem Kollegen übernommen und möchten sich eine Übersicht über die Struktur des Projektes verschaffen? Sie können auch den umgekehrten Weg wählen und einen bereits in Project erstellten Plan im MindManager anzeigen.

Sie möchten eine komplette Project-Datei importieren. So gehen Sie vor:

1. Klicken Sie auf *Datei/Öffnen*.
2. Wählen Sie unter *Dateityp* den Eintrag *Microsoft Project-Dateien (*.mpp)*.
3. Wählen Sie nun die gewünschte Datei aus Ihrem Verzeichnis, und klicken Sie auf *Öffnen*.

Wir haben eine Beispieldatei erstellt, die Sie auf der CD zum Buch in *\Kapitel 16* unter dem Namen *Microsoft Office 2007-Bereitstellung.mpp* finden.

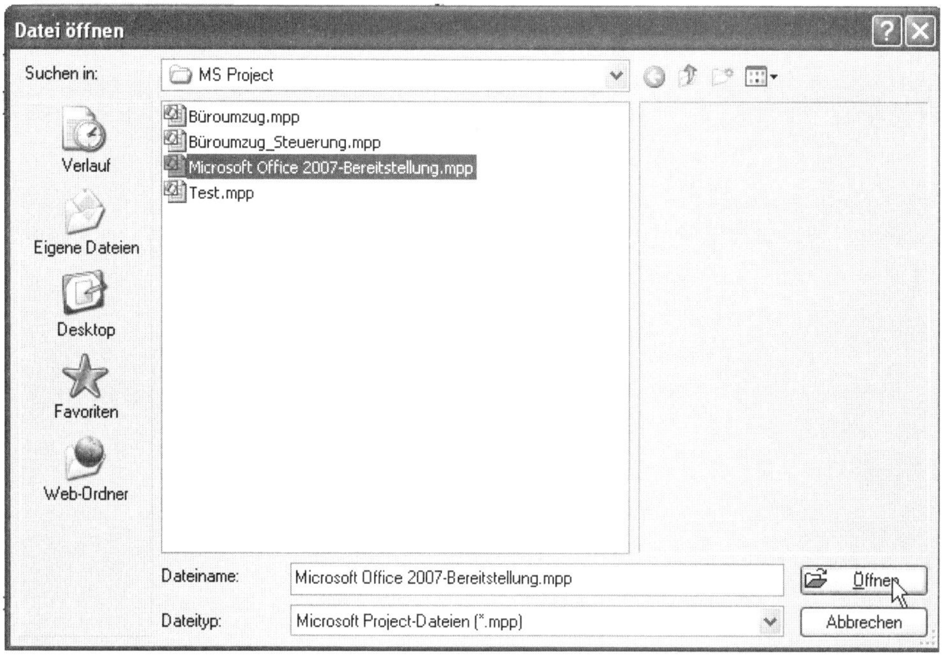

Abbildung 16.21 Öffnen der gewünschten Project-Datei

Sie können eine Project-Datei auch importieren, indem Sie im Menü auf *Datei/Importieren/Import Microsoft Project* klicken. Gehen Sie anschließend vor wie soeben beschrieben.

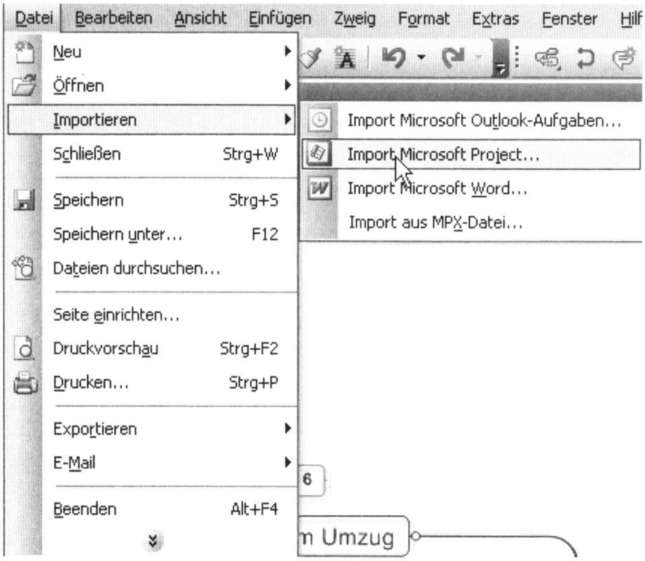

Abbildung 16.22 Importieren Sie eine Project-Datei

Nachdem Sie Ihre Project-Datei zum Import gewählt und auf die Schaltfläche *Öffnen* geklickt haben, wird ein Dialogfeld angezeigt, in dem Sie die allgemeinen Importeinstellungen anpassen können. Wenn Sie die Anpassung vorgenommen haben, klicken Sie auf die Schaltfläche *Import*.

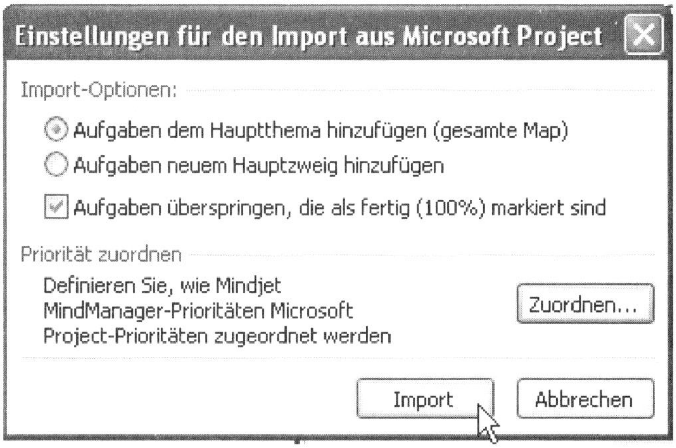

Abbildung 16.23 Das Dialogfeld für die Importeinstellungen

Nach erfolgtem Import sehen Sie das Projekt mit allen Verknüpfungen in der Map. Sie haben die eben erstellte Project-Datei *Microsoft Office 2007-Bereitstellung.mpp* importiert.

Zugegeben, wenn es sich um mehr Verknüpfungen handeln würde, würde die Map einem Spinnennetz ähneln und sehr unübersichtlich sein. Ihr Ziel ist es, mit diesem Import eine Übersicht über die Struktur zu bekommen. Blenden Sie daher die Verbindungspfeile einfach aus. Nutzen Sie zudem die Funktion *Detail*, um sich nur bestimmte Detailebenen anzeigen zu lassen. So bekommen Sie schnell eine gute Übersicht. Beide Funktionen haben Sie bereits in vorangegangenen Kapiteln kennen gelernt.

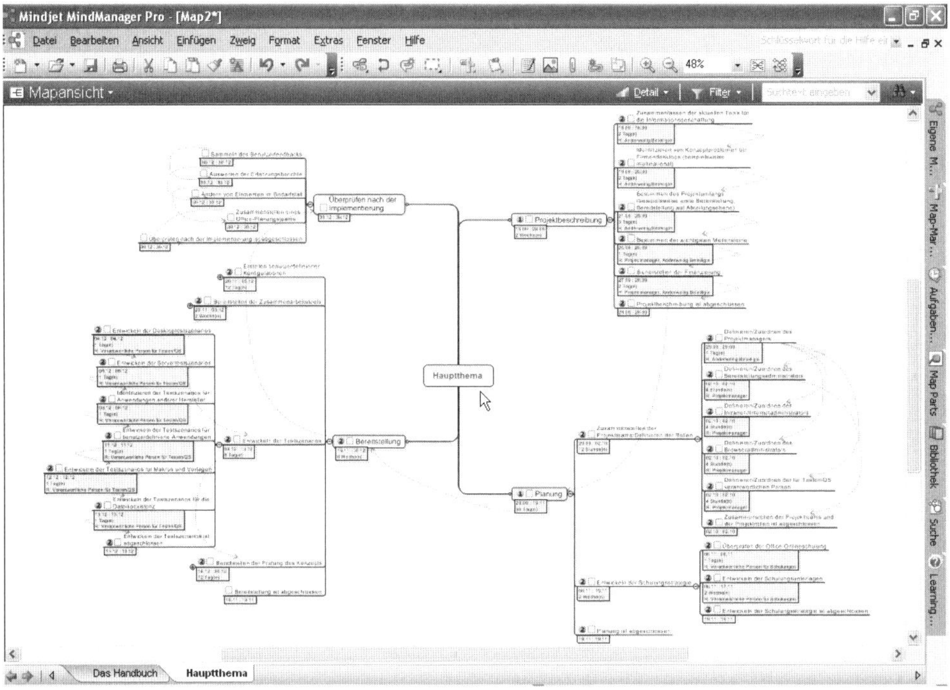

Abbildung 16.24 Eine Project-Datei einfach in MindManager geöffnet

Sie können auch ohne Probleme bestimmte Vorgänge aus Project in geöffnete Maps übergeben. Dies ist beispielsweise dann der Fall, wenn Sie einzelne Aufgaben aus Project als Information in Ihrer Projektmeeting-Map zur Verfügung haben möchten.

Gehen Sie hierzu folgendermaßen vor:

1. Um die Aufgaben in eine vorhandene Map einzufügen, öffnen Sie die Map in MindManager und wählen bei Bedarf einen Zielzweig.
2. Wählen Sie die gewünschten Aufgaben in Project.
3. Klicken Sie auf die Schaltfläche *An MindManager senden*, oder klicken Sie im Menü auf *Datei/Senden an/MindManager*.

MindManager wird mit einer Map gestartet, falls das nicht schon erfolgt ist.

Abbildung 16.25 Senden Sie einzelne Vorgänge an MindManager

4. Es wird ein Dialogfeld angezeigt, in dem Sie die Export-Einstellungen anpassen können. Wenn Sie die Anpassung der Einstellungen vorgenommen haben, klicken Sie auf *Export*.

Abbildung 16.26 Nehmen Sie die gewünschten Export-Einstellungen vor

Das Ergebnis sehen Sie nun in Ihrer Map.

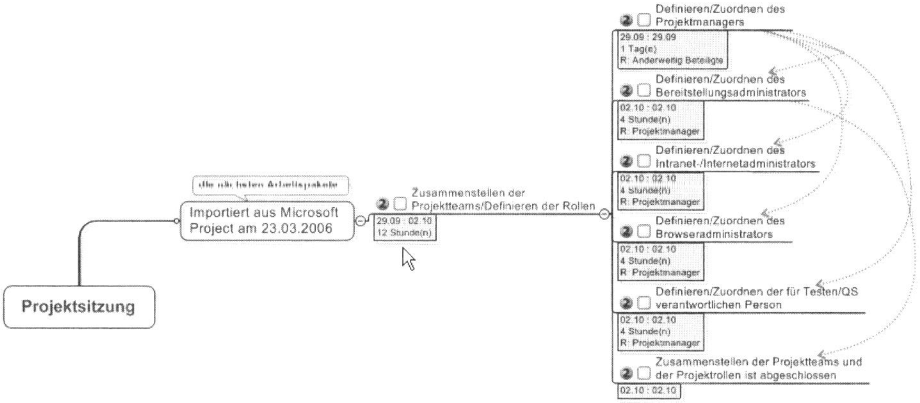

Abbildung 16.27 Importierte Aufgaben in einer neuen Map

Die Optionen für die Export-Einstellungen und deren Bedeutung

Im Folgenden erläutern wir Ihnen die einzelnen Optionen des Dialogfeldes *Mindjet MindManager Export-Einstellungen*. Vgl. Sie **Abbildung 16.26**.

- **Aufgaben dem Hauptthema hinzufügen (gesamte Map):** Der Projektstamm wird dem Hauptthema zugeordnet, und alle Aufgaben der ersten Ebene werden in der Map zu Hauptzweigen.

- **Aufgaben neuem Hauptzweig hinzufügen:** Der Projektstamm wird als neuer Hauptzweig eingefügt, und alle Aufgaben der ersten Ebene werden Unterzweige dieses Hauptzweiges.
- **Aufgaben überspringen, die als fertig (100%) markiert sind:** Falls Aufgaben als zu 100 % abgeschlossen markiert sind, werden sie beim Import ausgelassen.
- **Priorität zuordnen:** Damit definieren Sie die Beziehung zwischen den MS Project-Prioritäten 1000 bis 1 und den MindManager-Prioriäten 1 bis 9.

Fazit

Nutzen Sie die völlig unterschiedlichen Sichtweisen und Methoden beider Instrumente zur Projektplanung. Sie können problemlos exportieren oder importieren. Das ermöglicht Ihnen, von den besten Funktionen beider Programme zu profitieren.

Beachten Sie: Auch der Import in MindManager ist ein einmaliger Vorgang, bei dem keine Verknüpfungen zwischen den Project-Aufgaben und den MindManager-Zweigen erzeugt werden. Wenn Sie Aufgaben aus Project importieren und in MindManager Änderungen an ihnen vornehmen, können Sie die Aufgaben nicht einfach in Project zurückexportieren und sie dort aktualisieren. Stattdessen bleiben die alten Aufgaben bestehen, und die exportierten Aufgaben werden am Ende des Projekts als neue Aufgaben eingefügt.

16.7 Informationen zum MPX-Ex- und -Import

Wie es so ist, gibt es Firmen, die mit anderen Planungstools arbeiten, aber auch den MindManager nutzen wollen. Hierzu wurde im MindManager Pro 6 die MPX-Import- und -Exportfunktion integriert.

Bei MPX (**M**icrosoft **P**roject E**x**change) handelt es sich um ein Dateiformat, das aus unformatiertem Text besteht und für den Austausch von Projektplanungsdaten zwischen Microsoft-Anwendungen und anderen Projektplanungsanwendungen entworfen wurde. MPX wurde auf die Projektplanungssoftware der meisten Anbieter abgestimmt, darunter Primavera® Systems, Computer Associates, Sciforma Corp. und viele mehr.

Dass MindManager MPX unterstützt, heißt für Sie, dass MindManager neben der direkten Verzahnung mit Microsoft ebenfalls für die Vorbereitung von Projektplänen für die detaillierte terminliche Planung und Verwaltung durch andere verbreitete Projektmanagementlösungen eingesetzt werden kann.

MindManager unterstützt MPX 4.0 (die neueste Version). Dieses Format kann unter anderem für folgende Projektplanungsanwendungen eingesetzt werden:

- PERT Chart Expert
- SureTrack
- Visio

- WBS Chart Pro
- KickStart

und weitere ...

Bevor Sie allerdings mit dem ersten Im- und Export beginnen, müssen Sie sich mit den Grundeinstellungen beschäftigen.

16.7.1 Konfigurieren von MPX-Einstellungen

Wählen Sie im Menü *Format* den Befehl *MPX Optionen*.

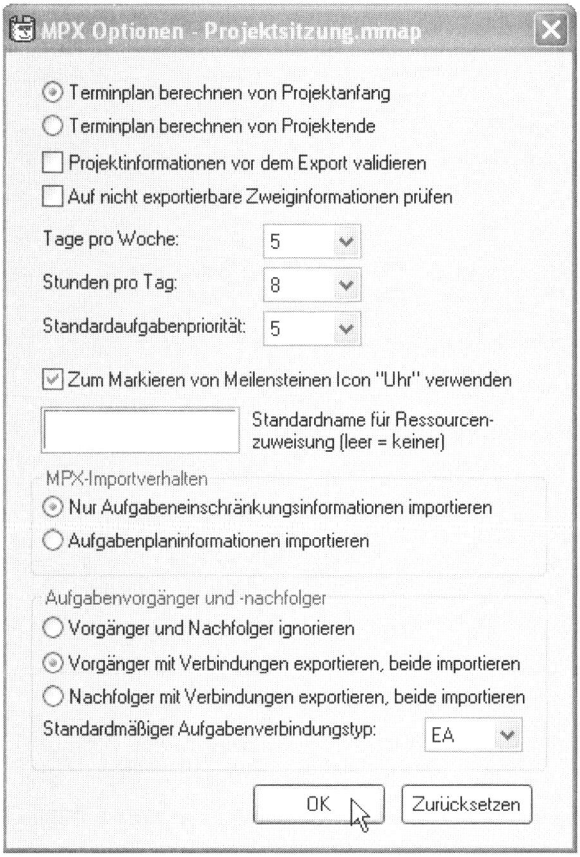

Abbildung 16.28 Diese Einstellungen müssen vor dem Export ins MPX-Format überprüft werden

Mit dem Befehl *Format/MPX Optionen* bearbeiten Sie die Voreinstellungen für den MPX-Im- und -Export.

Die Standardeinstellungen sind so festgelegt, dass die meisten MPX-Dateien unter normalen Bedingungen ohne spezielle Einstellungen importiert und exportiert werden können.

Die Einstellungen sind in der Map gespeichert. Für unterschiedliche Maps können also unterschiedliche Einstellungen gelten.

Wenn Sie das Dialogfeld *MPX Optionen* öffnen, ohne dass eine Map geöffnet ist, bearbeiten Sie die Standardeinstellungen, die für neue Maps verwendet werden. Prüfen Sie die Beschreibung der Quelle am oberen Rand des Dialogfelds, um sich davon zu überzeugen, welche Einstellungen Sie anzeigen und bearbeiten: die der Map oder die Standardeinstellungen.

Mit der Schaltfläche *Zurücksetzen* setzen Sie alle Optionen auf ihre Standardeinstellungen zurück.

16.7.1.1 Terminplan berechnen von Projektanfang

Mit dieser Option teilen Sie der empfangenden Software (die Anwendung, in der die aus MindManager exportierte MPX-Datei geöffnet wird) mit, ob der Terminplan vom Projektanfang oder vom Fertigstellungsdatum (*Fällig am*) berechnet werden soll.

Wenn der Zeitplan vom Projektanfang berechnet werden soll, wird das »Anfangsdatum« des Stammzweiges des Projekts als das Anfangsdatum des Projekts verwendet.

Wenn der Zeitplan vom Projektende berechnet werden soll, wird das »Fälligkeitsdatum« des Stammzweiges des Projekts als das Fertigstellungsdatum des Projekts verwendet.

16.7.1.2 Projektinformationen vor dem Export validieren

Wenn Sie diese Option aktivieren, stellen Sie sicher, dass die resultierende MPX-Datei ein gültiges Projekt enthält, weil die Aufgabeninformationen in den Zweigen des Projektbaums geprüft werden.

Folgende Prüfungen werden an Zweigen mit Unterzweigen (d.h. Sammelvorgängen) durchgeführt:

- Es darf keine Dauer definiert sein.
- Es darf kein prozentueller Wert für die Fertigstellung definiert sein.
- Es dürfen keine Meilenstein-Markierungen vorliegen (sofern diese Option aktiviert ist).

Nur Aufgabenzweige (ohne Unterzweige) können Meilensteine sein.

Folgende Prüfungen werden an Zweigen ohne Unterzweige (d.h. Zweigaufgaben) durchgeführt:

- Das Anfangsdatum, sofern angegeben, darf nicht vor dem Anfangsdatum auf einem Zweig einer höheren Ebene bzw. dem Startdatum des Projekts auf dem Stammzweig des Projekts liegen.
- Das Fälligkeitsdatum, sofern angegeben, darf nicht nach dem Fälligkeitsdatum auf einem Zweig einer höheren Ebene bzw. dem Enddatum des Projekts auf dem Stammzweig des Projekts liegen.
- Falls keine Meilenstein-Markierung vorliegt und die Meilenstein-Option aktiviert ist, muss eine Dauer definiert sein, die größer als 0 ist.

- Wenn eine Meilenstein-Markierung vorliegt und die Meilenstein-Option aktiviert ist, muss die Dauer 0 sein.
- Wenn der *Prozent-fertig*-Wert größer als 0 ist, darf die Dauer nicht 0 sein.
- Falls es sich nicht um einen Meilenstein handelt, muss eine Ressource definiert sein.

Falls ein Zweig diese Prüfungen nicht besteht, wird eine Warnmeldung angezeigt, und Sie können festlegen, ob Sie fortfahren möchten oder der Export angehalten werden soll. Sie können den Exportvorgang auch fortsetzen, wenn Warnungen ausgegeben wurden. Die Warnungen sind rein informativ und sollen Ihnen helfen, die Map vor dem Export zu optimieren.

16.7.1.3 Prüfung auf nicht exportierbare Zweiginformationen

Einige der MindManager-spezifischen Zweigdaten werden nicht in die MPX-Datei exportiert. Dazu gehören:

- Hyperlinks
- Formatierte Textnotizen (Listenzeichen, Tabellen und Hyperlinks)
- Textnotizen mit einer Länge von mehr als 3072 Zeichen

Falls diese Option aktiviert ist, wird eine Warnmeldung angezeigt, wenn Zweige nicht exportierbare Daten enthalten. Sie können den Export fortsetzen oder abbrechen.

16.7.1.4 Tage pro Woche

Die Anzahl der Arbeitstage pro Woche muss angegeben werden, damit die in einer importierten MPX-Datei empfangene Angabe der Dauer in Wochen in der MindManager-Map in Stunden umgerechnet werden kann. Dieser Wert wird sonst an keiner Stelle im MindManager oder beim MPX-Export verwendet.

16.7.1.5 Standardaufgabenpriorität

Über diese Option definieren Sie den Prioritätswert, der verwendet wird, wenn in MindManager keine Priorität definiert wurde.

Die MPX-Spezifikation (und die meisten Software-Pakete für das Projektmanagement) weisen keinen expliziten Wert für »Keine Priorität« auf. Alle Aufgaben haben dort irgendeine Priorität. Anstatt davon auszugehen, dass keine Priorität automatisch die niedrigste Priorität ist, können Sie beim MPX-Im-/-Export angeben, welcher Prioritätswert für eine Aufgabe verwendet werden soll, wenn keiner vorliegt. Dieser Wert wird beim Export von Maps in MPX für alle Zweige ohne Priorität verwendet.

Beim Import von Maps aus einer MPX-Datei wird für einen Zweig keine Priorität angegeben, wenn die Priorität der Aufgabe dem Standardprioritätswert entspricht. Damit wird vermieden, dass beim Import Maps entstehen, in denen alle Zweige dieselbe Priorität haben; die Map wird übersichtlicher, wenn nur die Ausnahmen zur »normalen« Priorität gekennzeichnet werden.

16.7.1.6 Markieren von Meilensteinen-Icon »Uhr« verwenden

In den meisten Anwendungen für das Projektmanagement wird für eine Aufgabe eine Dauer von 0 verwendet, wenn diese nur einen Meilenstein für Berichtszwecke bildet.

Beim MPX-Import/-Export kann für die optische Kennzeichnung von Meilensteinen in der Map wahlweise das »Uhr«-Icon verwendet werden.

Falls diese Option deaktiviert ist, werden alle Uhr-Icons ignoriert, und beim Im-/Export wird davon ausgegangen, dass für alle Aufgabenzweige eine Dauer festgelegt ist. Für jeden Aufgabenzweig mit einer Dauer von 0 wird eine Validierungswarnung ausgegeben. Importierte Meilenstein-Aufgaben geben eine Dauer von 0 an.

Falls diese Option aktiviert ist, weist die Präsenz eines Uhr-Icons auf einen Aufgaben-Meilenstein hin. Wenn die Aufgabendauer ungleich 0 ist, gilt dies als potenzieller Fehler und erzeugt eine Warnung, sofern eine Validierung erfolgt. Die Aufgabe wird in MPX mit einer Dauer von 0 exportiert. Beim Import erhalten Aufgaben-Meilensteine mit einer Dauer von 0 das Uhr-Icon an den Zweig. Das gibt die Präsenz eines Meilensteins in der Map an.

16.7.1.7 Standardname für Ressourcenzuweisung

Wenn einer Aufgabe keine Ressourcen zugewiesen sind, kann dies beim MPX-Export wahlweise erfolgen. Mit dieser Option legen Sie schneller ein in Ebenen gegliedertes Projekt an, weil allen Aufgaben, für die nicht explizit eine Ressource angegeben ist, dieselbe Ressource zugewiesen wird.

Sie sollten diese Option nur dann verwenden, wenn nur ein oder zwei Leute an einem Projekt arbeiten. Bei Projekten mit mehr Mitarbeitern erhalten Sie ein verzerrtes Ergebnis, weil alle nicht zugewiesenen Aufgaben derselben Person zugewiesen werden und sich so künstlich die Projektdauer verlängert. Wenn keine standardmäßige Ressourcenzuweisung erfolgen soll, lassen Sie dieses Feld leer. Dies ist die Standardeinstellung.

16.7.2 Exportieren in eine MPX-Datei

Damit exportieren Sie den Baum unter dem markierten Zweig in eine Datei des Formats MPX 4.0. Wenn Sie nichts markiert haben, wird die gesamte Map exportiert.

Für den Export müssen Sie Folgendes beachten:

- Überzeugen Sie sich davon, dass die MPX-Einstellung für die Berechnung des Zeitplans vom Projektanfang bzw. Projektende Ihren Erfordernissen gemäß festgelegt ist. Das macht bei der Interpretation der Datumsangaben für Aufgabenbeschränkungen einen wichtigen Unterschied aus.
- Vermeiden Sie Dauer- und »Prozent abgeschlossen«-Angaben aus Sammelvorgängen (Zweige mit Unterzweigen bzw. Aufgaben mit Unteraufgaben).
- Geben Sie für jeden Aufgabenzweig eine Dauer ein.

- Geben Sie für jeden Aufgabenzweig Ressourcen an.
- Markieren Sie Zweige, die Meilensteine sind, mit dem Icon »Uhr«, und setzen Sie deren Dauer auf 0.
- Geben Sie essenzielle Datumsangaben nur auf Aufgaben- und Unteraufgabenzweigen (Sammelvorgängen) selbst ein. Die Projektmanagementsoftware berechnet das Anfangs- und Enddatum der einzelnen Aufgaben für Sie. Wenn hinsichtlich des Anfangs- oder Enddatums einer Aufgabe eine Beschränkung vorliegt, geben Sie diese in den Aufgabeninfo-Bereich für den Zweig ein. Arbeiten Sie mit Prioritäten, um die Reihenfolge, in der Aufgaben bzw. Phasen abgewickelt werden, zusätzlich zu steuern.

Wenn der Zeitplan Ihres Projekts vom Projektanfang berechnet wird, gilt für die einzelnen Aufgabenzweige Folgendes:

- Ein »Fälligkeits«-Datum hat Priorität und heißt »Fertigstellung nicht früher als ...«.
- Ein »Anfangs«-Datum heißt »Beginn nicht früher als ...«.

Andernfalls wird die Aufgabe so geplant, dass sie so früh wie möglich beginnt.

Wenn der Zeitplan Ihres Projekts vom Projektende berechnet wird, gilt für die einzelnen Aufgabenzweige Folgendes:

- Ein »Fälligkeits«-Datum hat Priorität und heißt »Fertigstellung nicht später als ...«.
- Ein »Anfangs«-Datum heißt »Beginn nicht später als ...«.

Andernfalls wird die Aufgabe so geplant, dass sie so spät wie möglich beginnt.

Ziehen Sie Verbindungen von Aufgaben zu deren Nachfolgern, wenn die Nachfolgeaufgabe den Abschluss der Vorgängeraufgabe zur Voraussetzung hat. Die Verbindung darf nur eine Pfeilspitze haben und muss vom Vorgänger zum Nachfolger führen. Es sind verschiedene Arten von Verbindungen möglich (vgl. Ausführungen zu den MPX-Einstellungen).

Wenn Sie weniger beschränkende Datumsangaben eingeben, müssen Sie zur Kennzeichnung der Abhängigkeiten der einzelnen Aufgaben untereinander unter Umständen mehr Verbindungen angeben, um einen realistischen Zeitplan zu erhalten. Wahlweise können Sie aber auch Prioritäten zuweisen und so sicherstellen, dass die Aufgaben in der gewünschten Reihenfolge geplant werden. Sie sparen Zeit, wenn Sie Aufgaben derselben Phase zu einer Gruppe zusammenfassen und dann eine Beschränkung festlegen oder für die gesamte Phase einen Vorgänger angeben.

Sie können Zweige in den Projektbaum aufnehmen, die keine Aufgaben enthalten oder Aufgaben sind, und diese mit einem Filter vor dem Export ausblenden.

16.7.3 MPX-Import

Der Import von MPX-Dateien kann auf zwei Arten erfolgen: Entweder werden nur die einschränkenden Angaben für das Projekt oder die Zeitplandaten importiert. MindManager kann nicht gleichzeitig die Beschränkungen und den Terminplan für die Aufgaben speichern. Sie müssen also eine Auswahl treffen.

Wenn Sie nur die einschränkenden Angaben für Aufgaben importieren, kann das betreffende Projekt zur weiteren Bearbeitung in den MindManager importiert werden. Aktuelle Terminpläne werden ignoriert. Anschließend kann das Projekt überarbeitet und zur terminlichen Neuplanung wieder exportiert werden. Diese Option sollten Sie verwenden, wenn Sie das Projekt erneut exportieren möchten – entweder zurück in eine MPX-Datei oder mit der integrierten MindManager-Funktion direkt in Microsoft Project. Dies ist die Standardeinstellung für diese Option.

Neben den Aufgabennamen und Notizen wird bei den nachfolgend beschriebenen Einstellungen jeweils Folgendes importiert:

- Anfangs- und Fertigstellungsdatum von Aufgaben gemäß der terminlichen Planung innerhalb der ursprünglichen Beschränkungen. Es handelt sich dabei nicht um die Beschränkungen, sondern um die tatsächlich geplanten Datumsangaben.
- Entweder das Anfangsdatum des Projekts oder sein Enddatum. Das hängt davon ab, ob der Terminplan vom Projektanfang oder vom Projektende berechnet wird.
- Spezielle Aufgabenbeschränkungen, denen ein Datum zugeordnet ist (z.B. »Muss abgeschlossen sein bis«). Das Beschränkungsdatum wird den Aufgabenplanungsdaten zugewiesen und kann so zur terminlichen Neuplanung rückexportiert werden.
- Aufgabendauer, Aufgabenprioritäten, Prozentwerte der Fertigstellung von Aufgaben, Ressourcenzuweisungen für Aufgaben

Beim Importieren der Zeitplandaten von Aufgaben wird ein Schnappschuss des Projekts importiert, so wie es zu diesem Zeitpunkt in der MPX-Datei terminlich geplant ist. Dabei wird davon ausgegangen, dass die MPX-Datei aus einer Projektmanagement-Anwendung stammt.

Sie bietet eine Visualisierung des Projektzeitplans in Form einer MindManager-Map, eignet sich jedoch nicht für den Rückexport in eine Projektmanagement-Anwendung zur terminlichen Neuplanung, weil die Aufgabenbeschränkungsdaten nicht erhalten bleiben und infolgedessen ein völlig anderer Terminplan entstehen könnte. Deshalb sollten Sie diese Option verwenden, wenn Sie den Terminplan in MindManager anzeigen oder ihn in ein anderes Dokumentformat exportieren möchten.

16.7.3.1 Vorgänger und Nachfolger von Aufgaben

Beim MPX-Import/-Export können Informationen über Vorgänger und Nachfolger in der Map durch Verbindungspfeile dargestellt werden. Das ermöglicht eine Visualisierung der Abhängigkeiten zwischen den Aufgaben und die Erstellung eines Projektplans, der einem realistischen Zeitplan viel näher kommt als eine bloße Aufgabenliste. Nachfolger und Vorgänger von Aufgaben fungieren als Beschränkungen und erhöhen die Genauigkeit und die Gebrauchsfähigkeit des ursprünglichen Terminplans erheblich.

Bei einigen Projektmanagement-Anwendungen kann ein- und dieselbe Verbindung nicht mehrmals beschrieben werden – als Nachfolgerverbindung und gleichzeitig als Vorgängerverbindung. Deshalb gibt es beim Im-/Export die Möglichkeit, Verbindungen entweder als Nachfolger oder als Vorgänger zu exportieren (beides gleichzeitig ist dann nicht möglich).

Diese Einstellung kann drei mögliche Werte annehmen, die nachfolgend erklärt werden.

Vorgänger und Nachfolger ignorieren

Bei dieser Einstellung werden Verbindungen innerhalb des Projektbaums beim Export in MPX ignoriert. Dasselbe gilt für etwaige Informationen über Nachfolger und Vorgänger von Aufgaben beim Import aus MPX.

Vorgänger mit Verbindungen exportieren, beide importieren

Wenn Sie eine Map in MPX exportieren, werden alle Verbindungen zwischen Zweigen, die Aufgaben darstellen, als Aufgabenvorgänger exportiert. Dabei wird der im Verbindungstext definierte Verbindungstyp verwendet. Wenn nicht explizit ein Verbindungstyp angegeben ist, wird der standardmäßige Aufgabenverbindungstyp verwendet.

Beim Import einer MPX-Datei werden Vorgänger oder Nachfolger in der Map in Verbindungen umgesetzt. Verbindungen werden immer von einer Aufgabe zu ihrem Nachfolger gezeichnet (mit anderen Worten: von einem Vorgänger einer Aufgabe zur Aufgabe).

Der Verbindungstyp wird als freier Text hinzugefügt, wenn er vom Standardverbindungstyp abweicht. Es kann sich dabei um *AA*, *AE*, *EA* oder *EE* handeln (siehe Beschreibung unten).

Wenn in der MPX-Datei ein und dieselbe Verbindung auf verschiedene Weise mehrmals definiert ist (z. B. wenn Aufgabe A als Vorgänger von Aufgabe B und Aufgabe B als Nachfolger von Aufgabe A gekennzeichnet ist), wird zwischen diesen beiden Aufgaben in der Map nur eine Verbindung gezogen.

Nachfolger mit Verbindungen exportieren, beide importieren

Wenn Sie eine Map in MPX exportieren, werden alle Verbindungen zwischen Zweigen, die Aufgaben darstellen, als Aufgabennachfolger exportiert. Dabei wird der im Verbindungstext definierte Verbindungstyp verwendet. Wenn nicht explizit ein Verbindungstyp angegeben ist, wird der standardmäßige Aufgabenverbindungstyp verwendet.

Vorgänger und Nachfolger können nur für das Verbinden von Aufgaben miteinander verwendet werden. Für zusammengefasste Aufgaben (Sammelvorgänge) und andere Zweige außerhalb des Projektbaums ist dies nicht möglich. Sie werden ignoriert.

16.7.4 Standardmäßiger Aufgabenverbindungstyp

Diese Option kann nur verwendet werden, wenn parallel dazu die Option *Aufgabenvorgänger und -nachfolger* aktiviert ist. Andernfalls wird sie ignoriert.

Der Standardtyp für Aufgabenverbindungen kann so definiert werden, dass beim Zeichnen einer nicht gesondert definierten Verbindung zwischen zwei Aufgaben der Standardtyp verwendet wird. Folgende Optionen sind verfügbar:

- **AA** Anfang-Anfang; die Nachfolgeraufgabe kann erst beginnen, wenn auch die Vorgängeraufgabe begonnen hat.
- **AE** Anfang-Ende; die Nachfolgeraufgabe kann erst abgeschlossen sein, wenn die Vorgängeraufgabe begonnen hat.
- **EA** Ende-Anfang; die Nachfolgeraufgabe kann erst beginnen, wenn die Vorgängeraufgabe abgeschlossen ist (Standardeinstellung).
- **EE** Ende-Ende; die Nachfolgeraufgabe kann erst abgeschlossen sein, wenn die Vorgängeraufgabe auch abgeschlossen ist.

Die häufigste Art der Aufgabenverbindung ist EA (Ende-Anfang).

Wenn beim Export aus Verbindungen entstandene Aufgabenvorgänger und -nachfolger exportiert werden, kommt der Standardverbindungstyp zum Einsatz, sofern der Verbindungstyp nicht ausdrücklich im Beschriftungstext am Verbindungspfeil angegeben ist.

Wenn beim Import aus Aufgabenvorgängern und -nachfolgern Verbindungen entstehen, wird der Verbindungstyp nicht explizit in der Map angegeben, wenn er der aktuellen Standardeinstellung entspricht. Dadurch wird die Map übersichtlicher, weil nur Verbindungstypen angezeigt werden, die von der Norm abweichen.

17

Mindjet MindManager und Microsoft Excel

17 Mindjet MindManager und Microsoft Excel

Viele von Ihnen werden sich jetzt fragen: »Was ist das denn für eine Mixtur?« Und Sie haben Recht – Mindjet MindManager und Excel passen auf den ersten Blick nicht zusammen. Doch diese Kombination ist vergleichbar mit der linken und rechten Gehirnhälfte – denn auch sie arbeiten, obwohl sie völlig unterschiedliche Funktionen übernehmen, eng zusammen.

Mit MindManager und Excel operieren Sie auf der einen Seite mit kreativen, visuellen Darstellungen und auf der anderen Seite mit nüchternen Daten und Fakten.

Mit welchem der Programme Sie lieber arbeiten, ist natürlich eine individuelle Entscheidung, und so wird der ein oder andere Mind Mapper unter Ihnen wohl, ungeachtet anderer Programme, an MindManager festhalten, ebenso wie manch ein Controller auf sein Excel beharren wird.

Wir sagen, die richtige Mischung macht's – denn durch das reibungslose Zusammenspiel zwischen MindManager und Excel wird Ihre Unternehmensplanung in MindManager perfekt abgerundet. Und das Ergebnis der strukturierten Unternehmensplanung lautet Unternehmenserfolg.

Wagen Sie mit uns und dem Duo Mindjet MindManager und Microsoft Excel einen Blick in die Zukunft.

17.1 Erfolgsfaktor Unternehmensplanung: Wie gut sind Sie für die Zukunft gerüstet?

Heutzutage ist es für Unternehmen wichtiger denn je, Daten sowohl rückwirkend als auch zukunftsorientiert zu analysieren, um daraus anschließend Prognosen erstellen zu können. Dem hat Mindjet mit der neuen Version von MindManager 6 Rechnung getragen.

In allen Bereichen des öffentlichen Lebens, der Politik, der Wissenschaft, in den Unternehmen, Verwaltungen und Verbänden nimmt die Bedeutung der Planung immer mehr zu. Das heißt, die Planung an sich ist ein wichtiger Teil der Unternehmenssteuerung, und der Bedarf an und die Nachfrage nach zukunftsbezogenen Informationen steigt kontinuierlich.

Für eine aussagekräftige Unternehmensplanung steht uns die Software Microsoft Excel zur Verfügung, die es Ihnen in Verbindung mit MindManager Pro 6 erlaubt, Ihre Unternehmensplanung in MindManager zu visualisieren.

Ein in diesem Kontext nicht zu vernachlässigender Bereich stellt jedoch auch die Statistik dar. Sie dient ebenfalls als Grundlage von Entscheidungen, hilft, Daten zu sammeln, aufzubereiten, zu analysieren und schließlich auch sinnvoll darzustellen. Bevor wir mit Ihnen im Anschluss Schritt für Schritt die Unternehmensplanung in Excel erstellen und dann mit

MindManager verlinken, möchten wir Ihnen gerne noch ein wenig Theorie an die Hand geben.

17.1.1 Wieso, weshalb, warum? Wo müssen wir planen, um Ziele zu erreichen?

Die allgemeine Unsicherheit zieht sich nahezu durch alle wirtschaftlichen Bereiche – und Fragen wie »Warum soll ich überhaupt noch planen?« oder »Warum soll ich diesen zeit- und kostenintensiven Aufwand überhaupt betreiben?« sind an der Tagesordnung.

Doch eine aussagekräftige Unternehmensplanung befriedigt nicht nur interne Informationsbedürfnisse, sondern auch externe. Schlagwörter wie »Entscheidungsgrundlagen«, das »Erkennen von Chancen, Risiken und Erfolgspotenzialen« oder auch »Kreditverhandlungen« spielen hier eine entscheidende Rolle.

In der Unternehmensplanung können für nahezu alle internen Bereiche Planungen erstellt und eingesetzt werden. Dazu gehören unter anderem die Umsatzplanung, die Material-, Gemein- und Personalkostenplanung, die Kapazitäts- und auch die Liquiditätsplanung. Hieraus ergeben sich wiederum allgemeine betriebswirtschaftliche Auswertungen und auch die Gewinn- und Verlustrechnung.

All das bildet die Grundlage für dieses Kapitel, in dem mit Hilfe der Software Mindjet MindManager und Microsoft Excel eine klar strukturierte Unternehmensplanung beschrieben und aufgebaut wird. Es werden Möglichkeiten und Ideen aufgezeigt, eine gezielte Planung für Ihr Unternehmen umzusetzen, die wir dann in MindManager 6 darstellen.

17.1.2 Von der Erbsenzählerei zum Krimi

Mal ehrlich: Wie weit reicht unsere statistische Ausbildung? Zahlen auswerten, analysieren und prognostizieren ist zwar leicht gesagt, schlussendlich aber fehlen oft die Kenntnisse für eine abschließende und vor allem richtige Interpretation der Planzahlen.

Die Unternehmensplanung ist die quantitative Abbildung eines Geschäftsmodells, das in der Regel einen mittelfristigen Planungshorizont umfasst. Umso wichtiger ist es deshalb, erwartete Entwicklungen fehlerfrei darzulegen. Das heißt, statistischen Auswertung und die Wirtschaftsstatistik im Allgemeinen sind heute nahezu unentbehrlich.

Entgegen vieler Meinungen ist Statistik alles andere als trocken und hat auch nichts mit »Erbsenzählerei« zu tun. Wenn man die Zahlen richtig bewertet und analysiert, kann das Lesen von Statistiken interessanter und spannender sein als mancher Kriminalroman.

17.2 Der Weg in die Praxis: Kalkulationen mit Mindjet MindManager

Dank vieler neuer Funktionalitäten in der neuen MindManager-Version Mindjet MindManager 6 ist es nun auch möglich, mit numerischen Daten in MindManager zu arbeiten und die Tabellenfunktion einzusetzen.

Die Tabellenfunktion von MindManager bietet Ihnen die Möglichkeit, zweigspezifische numerische Daten einzufügen. Dabei wird eine Oberfläche genutzt, die anderen bekannten Kalkulationsprogrammen ähnelt. Sie bietet elementare Tabellenkalkulationsfunktionen sowie die Möglichkeit, die Daten in Form eines Diagramms anzuzeigen.

Diese Option ist nur in der Pro-Version von Mindjet MindManager verfügbar.

17.2.1 Tabellen in MindManager anlegen

Sie planen die Einführung eines MindManager-Notizblocks. Hierzu haben Sie bereits eine Business Map mit den wichtigsten Punkten erstellt. Die Kosten für die Werbung an Schulen sollen grob überschlagen werden, damit die Planung des Budgets im Bereich »Werbung« abgeschlossen werden kann. Sie beginnen mit der Kalkulation.

Möchten Sie die Kalkulation live an Ihrem Computer verfolgen und mitmachen, öffnen Sie zunächst die Business Map *01_Produkteinführung.mmap*. Sie finden die Datei auf der CD zum Buch im Order *\Kapitel 17*.

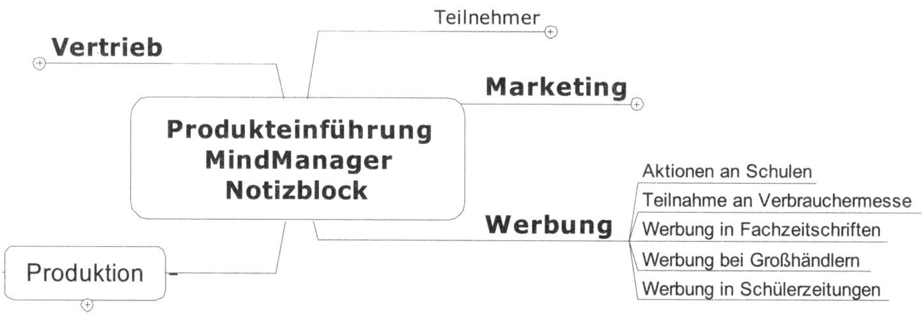

Abbildung 17.1 Die Business Map mit dem Zweig »Aktionen an Schulen«

Da Sie in Mindjet MindManager 6 jetzt auch mit numerischen Daten arbeiten können, wollen Sie mit Hilfe einer Tabellenkalkulation die Berechnung der Kosten für die Werbeaktionen an Schulen direkt in MindManager berechnen. Hierzu nutzen Sie die Tabellenfunktionalitäten.

Sie möchten eine Tabelle einfügen. So gehen Sie vor:

1. Markieren Sie den Zweig »Aktionen an Schulen«.
2. Wählen Sie den Menübefehl *Zweig/Tabelle*.

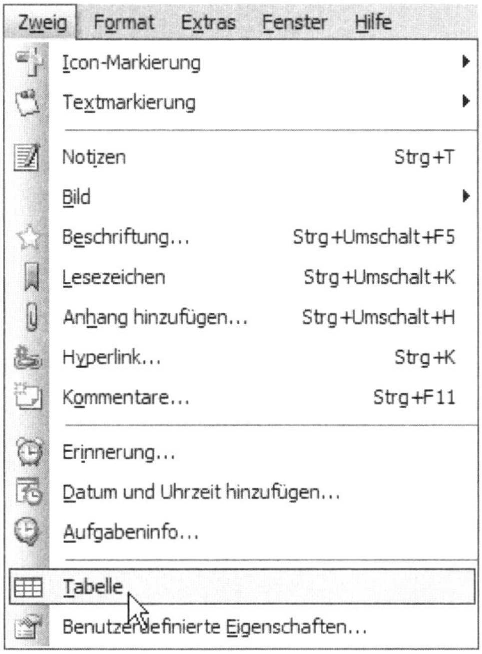

Abbildung 17.2 Fügen Sie eine Tabelle in die Map ein

Wie in **Abbildung 17.3** dargestellt, wird dem zuvor markierten Zweig eine Tabelle hinzugefügt.

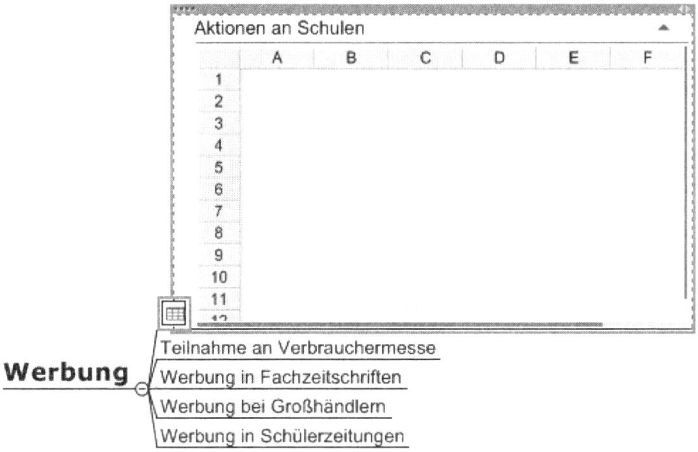

Abbildung 17.3 Die leere Tabelle in der Map

17.2.2 Kalkulationsdaten in die Tabelle eingeben und Berechnungen durchführen

Um mit der Eingabe von Kalkulationsdaten zu beginnen, müssen Sie den Bearbeitungsmodus für Tabellen starten.

- Führen Sie hierzu einen Doppelklick auf der Tabelle aus, oder klicken Sie mit der rechten Maustaste auf das Tabellensymbol am Zweig, und wählen Sie im Kontextmenü den Eintrag *Tabelle bearbeiten*.

Wenn der Bearbeitungsmodus gestartet wird, werden eine Symbolleiste mit Schaltflächen für die Tabellenkalkulationsbefehle sowie die Optionen *OK* bzw. *Abbrechen* für das Beenden des Bearbeitungsmodus angezeigt.

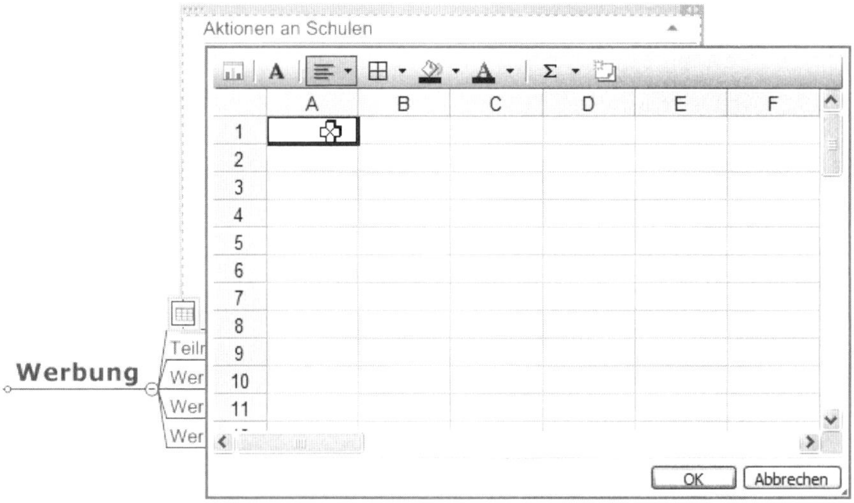

Abbildung 17.4 Starten Sie zur Eingabe von Daten den Bearbeitungsmodus

Nun können Sie mit der direkten Dateneingabe in die Tabelle beginnen oder sie aus einer anderen Anwendung heraus hineinkopieren.

Sie wollen das Budget für die Werbeaktionen an Schulen berechnen. Fünf Schulen werden besucht. Schreiben Sie die *Schulen 1* bis *5* in die Spalten *A2:A6*.

In Zeile 7 berechnen Sie zu einem späteren Zeitpunkt eine Summe. Schreiben Sie daher in die Zelle *A7* das Wort *Gesamt*. Füllen Sie die Zellen *B1* bis *F1* mit den folgenden Begriffen bzw. Kostenblöcken. (Siehe auch **Abbildung 17.5**.)

- B1 = Anzahl Schüler
- C1 = Kosten Blöcke
- D1 = Kosten Kulis
- E1 = Referent
- F1 = Gesamt

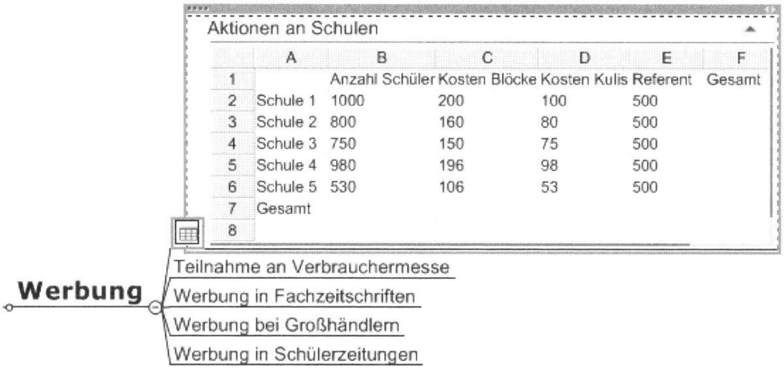

Abbildung 17.5 Fügen Sie Daten in die Tabelle ein

Wenn Sie mehr Zeilen und Spalten anzeigen möchten, vergrößern Sie das Tabellenfenster, indem Sie am unteren oder an den seitlichen Rändern ziehen.

Haben Sie die Eingabe der Daten beendet, können Sie verschiedene Rechenoperationen vornehmen. Um die Berechnung von Summen, Durchschnittswerten oder Ähnlichem durchzuführen, stehen Ihnen in der Tabellensymbolleiste verschiedene Funktionen zur Verfügung.

In unserem Beispiel werden nun die Summen der Kostenblöcke pro Schule sowie die Gesamtsumme aller Kosten berechnet.

Die Funktionen der Tabellensymbolleiste erklären wir Ihnen in Abschnitt 17.2.3.

Zunächst wollen Sie die Summe der Kosten für *Schule 1* berechnen. So gehen Sie vor:

1. Klicken Sie in die Zelle *F2*.
2. Klicken Sie auf den Pulldown-Pfeil der Schaltfläche *Formeln* der Tabellensymbolleiste, und wählen Sie den Eintrag *Summe*.

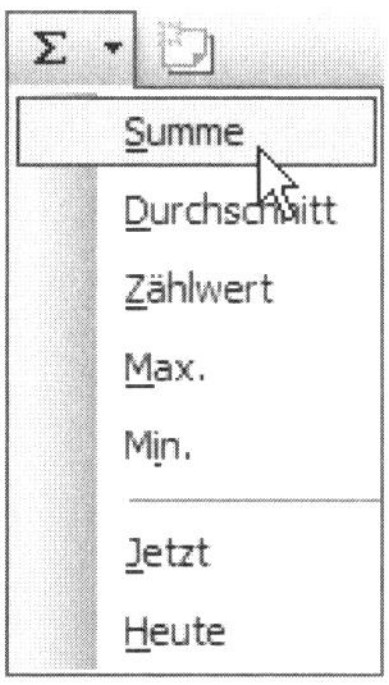

Abbildung 17.6 Berechnen Sie die Summe

3. Es öffnet sich ein kleines Fenster, in dem Sie nun die zu summierenden Zellen sowie die Ergebniszelle angeben müssen. Klicken Sie zunächst in das Feld unter *Formelbereich*, und markieren Sie mit der Maus die Zellen *B2* bis *E2* Ihrer Tabelle.
4. Gehen Sie anschließend in das Feld unter *Ergebniszelle*, und klicken Sie mit der Maus in die Zelle *F2* der Tabelle.

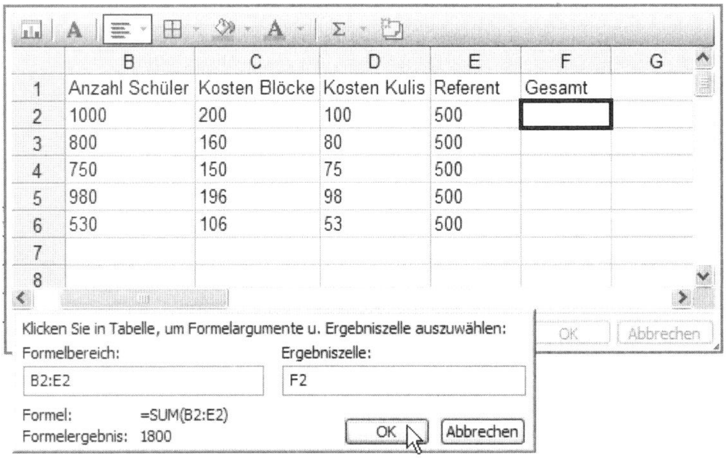

Abbildung 17.7 Geben Sie die zu berechnenden Zellen an

5. Bestätigen Sie Ihre Eingaben mit *OK*.

Es wurde nun die Summe der Kosten für *Schule 1* berechnet.

Wiederholen Sie diesen Vorgang für die Schulen 1 bis 5, und bilden Sie anschließend die *Gesamtsumme* aller entstehenden Kosten in Zelle *F7*.

Das Ergebnis könnte sich entsprechend **Abbildung 17.8** darstellen.

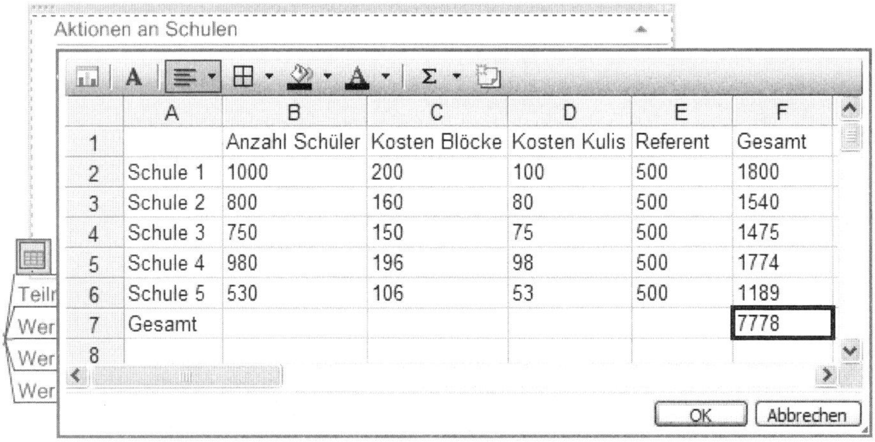

Abbildung 17.8 Die Berechnung der Gesamtsumme aller Kosten

17.2.3 Die Tabellenfunktionalitäten im Überblick

Sobald Sie in MindManager mit einer Tabelle arbeiten, steht Ihnen zur Unterstützung die *Tabellensymbolleiste* zur Verfügung. Mit Hilfe der Tabellensymbolleiste können Sie Diagramme erstellen, Formatierungen vornehmen und auch Rechenoperationen durchführen.

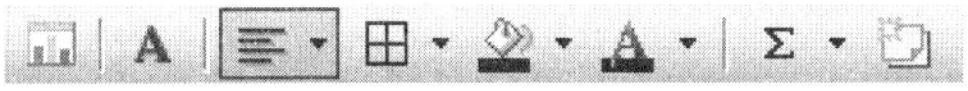

Abbildung 17.9 Die Tabellensymbolleiste

Die Bedeutung der einzelnen Funktionen erklären wir Ihnen nachfolgend.

Tabelle 17.1 Die Tabellenformatierungsleiste im Überblick

Darstellung	Bedeutung
	**Diagrammansicht:** Über die Schaltfläche *Diagrammansicht* können Sie ein Diagramm aus den Daten der Tabelle erstellen.
	**Schriftart:** Mit Hilfe der Schaltfläche *Schriftart* können Sie entsprechend der Formatierungssymbolleiste die Schriftart innerhalb der Tabelle formieren. Im Register *Schrift* können Sie Angaben zu Schriftart, -stil, -größe sowie der Farbe machen. Im Register *Zelle* können Sie außerdem die Zellart (Allgemein, Zahl, Währung, Prozent und Text) definieren.
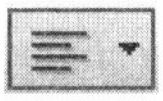	**Textausrichtung:** Über die Schaltfläche *Textausrichtung* können Sie den Text innerhalb der Zelle links- oder rechtsbündig oder zentriert ausrichten.
	**Zellrahmen:** Weisen Sie der Tabelle oder einzelnen Zellen über die Schaltfläche *Zellrahmen* einen Rahmen oder Rahmenlinien zu.
	**Füllfarbe:** Mit Hilfe der Schaltfläche *Füllfarbe* können Sie Zellen, Zeilen oder Spalten mit der von Ihnen gewünschte Farbe ausfüllen.
	**Schriftfarbe:** Über die Schaltfläche *Schriftfarbe* legen Sie die Farbe der Zelleninhalte fest.
	**Formeln:** Die Schaltfläche *Formeln* ermöglicht es Ihnen, verschiedene Rechenoperationen innerhalb der Tabelle durchzuführen. Die Bedeutung der einzelnen Funktionen erklären wir Ihnen im Anschluss an diese Tabelle.
	**Kommentar einfügen:** Fügen Sie über die Schaltfläche *Kommentar einfügen* einzelnen Zellen einen Kommentar, bspw. mit weiterführenden Informationen oder Erläuterungen, hinzu. Haben Sie einen Kommentar eingefügt und geschlossen, wird dieser durch ein kleines rotes Quadrat im rechten oberen Eck der entsprechenden Zelle dargestellt.

Öffnen Sie das Pulldown-Menü der Schaltfläche *Formeln* innerhalb der Tabellenformatierungsleiste, stehen Ihnen verschiedene Funktionen zur Berechnung der Tabelleninhalte zur Verfügung.

Abbildung 17.10 Die Formeln für Berechnungen innerhalb der Tabelle

Diese erläutern wir Ihnen im Folgenden.

Tabelle 17.2 Die Rechenoperationen im Überblick

Funktionsname	Bedeutung
Summe	Berechnet die Summe der von Ihnen angegebenen Zellen.
Durchschnitt	Berechnet den Durchschnittswert der von Ihnen angegebenen Zellen bzw. der darin enthaltenen Werte. Hierbei wird die Summe der Zellwerte durch die Anzahl der markierten Zellen dividiert.
Zählwert	Berechnet die Anzahl der von Ihnen markierten Zellen.
Max.	Gibt den größten Wert der von Ihnen markierten Zellen wieder.
Min.	Gibt den kleinsten Wert der von Ihnen markierten Zellen wieder.
Jetzt	Fügt das aktuelle Datum sowie die aktuelle Uhrzeit ein.
Heute	Fügt das aktuelle Datum ein.

Zusätzlich zu den bereits genannten Funktionen haben Sie noch eine weitere Möglichkeit, die Tabellen zu formatieren.

- Klicken Sie mit der rechten Maustaste auf das Tabellen-Icon rechts neben der Tabelle, und wählen Sie im Kontextmenü den Eintrag *Tabelleneigenschaften*.

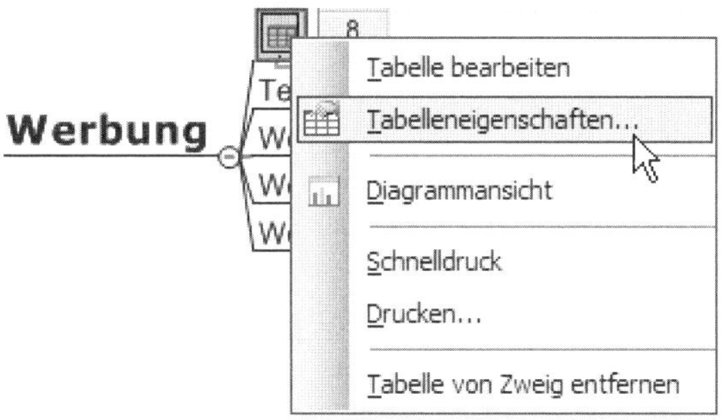

Abbildung 17.11 Öffnen Sie die Tabelleneigenschaften

Es öffnet sich das Dialogfeld *Tabelleneigenschaften*, in dem Sie weitere Einstellungen vornehmen können.

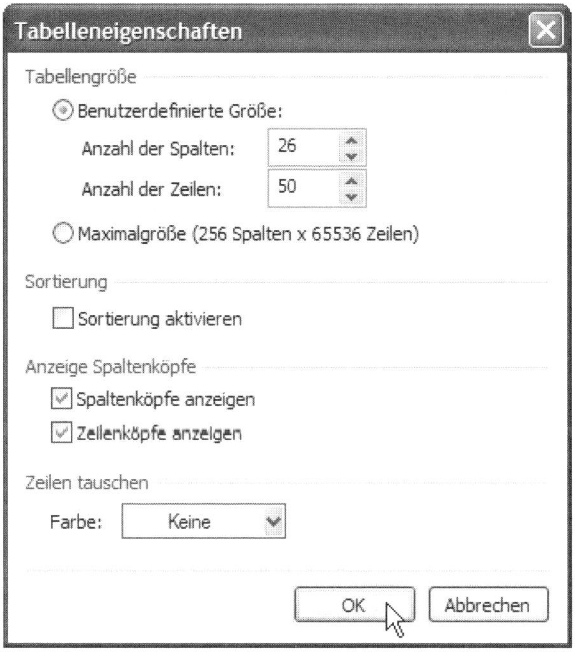

Abbildung 17.12 Die Optionen im Dialogfeld *Tabelleneigenschaften*

Hier können Sie die *Tabellengröße* manuell festlegen, *Sortierungen* vornehmen, bestimmen, ob *Spalten-* und *Zeilenköpfe angezeigt* werden sollen, und eine *Farbe* für die »Schnellformatierung« der Tabellenzeilen festlegen.

Wählen Sie im Pulldown-Menü des Feldes *Farbe* eine der angegebenen Farben, wird jede zweite Zeile der Tabelle automatisch in dieser Farbe angezeigt.

17.2.4 Die Tabelle formatieren

Nach Eingabe der Daten können Sie die Tabelle Ihren Bedürfnissen entsprechend formatieren. Weitere Anpassungen nehmen Sie durch Festlegen der Tabelleneigenschaften vor.

Die für die Formatierung zur Verfügung stehenden Funktionen haben wir Ihnen in Abschnitt 17.2.3 ausführlich erläutert.

Sie haben die Daten zur Berechnung des Budgets für die Schulaktionen eingegeben und die gewünschten Summen erstellt. Ihre Budgetplanung ist so weit abgeschlossen. Nun möchten Sie die Tabelle noch ansprechend und übersichtlich formatieren. Hierzu nutzen Sie die Formatierungsoptionen der Symbolleiste.

- Formatieren Sie Zeilen- und Spaltenköpfe in *Fettdruck*
- Formatieren Sie das Gesamtergebnis, also die Summe aller Kosten, in *Fettdruck*, und weisen Sie eine *Füllfarbe* zu.
- Weisen Sie allen Zellen, die Kosten beinhalten, als Zellformat die Option *Währung* zu.

Ihre Tabelle könnte nun entsprechend der **Abbildung 17.13** aussehen.

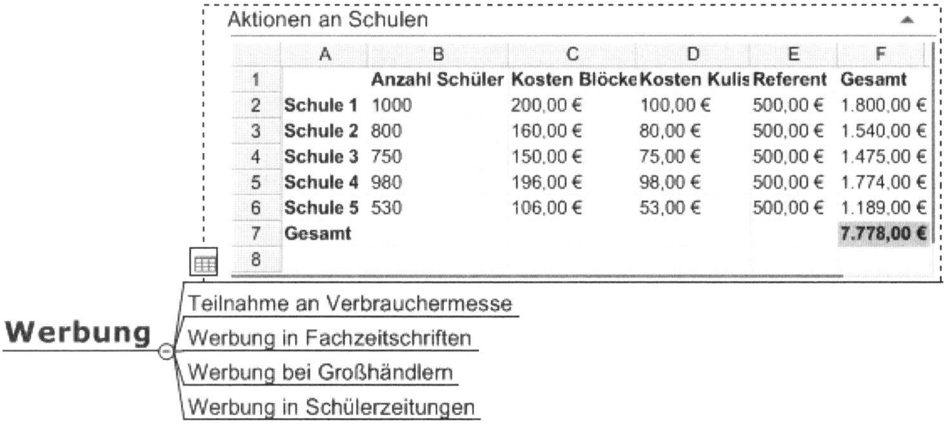

	A	B	C	D	E	F
1		**Anzahl Schüler**	**Kosten Blöcke**	**Kosten Kulis**	**Referent**	**Gesamt**
2	**Schule 1**	1000	200,00 €	100,00 €	500,00 €	1.800,00 €
3	**Schule 2**	800	160,00 €	80,00 €	500,00 €	1.540,00 €
4	**Schule 3**	750	150,00 €	75,00 €	500,00 €	1.475,00 €
5	**Schule 4**	980	196,00 €	98,00 €	500,00 €	1.774,00 €
6	**Schule 5**	530	106,00 €	53,00 €	500,00 €	1.189,00 €
7	**Gesamt**					**7.778,00 €**
8						

Abbildung 17.13 Die formatierte Tabelle

17.2.5 Die Tabelle grafisch darstellen – Diagramme erstellen

Ihre Tabelle mit der Budgetberechnung ist so weit fertig. Nun möchten Sie noch ein Diagramm aus den Daten erstellen. Ziel soll es sein, die einzelnen Kostenblöcke der fünf Schulen nebeneinander dargestellt angezeigt zu bekommen.

Um dieses Beispiel auf Ihrem PC zu verfolgen, öffnen Sie die Business Map *04_Produkteinführung_mit Tabelle und Daten formatiert.mmap* der CD zum Buch im *\Kapitel 17*.

So gehen Sie vor:

1. Klicken Sie mit der rechten Maustaste auf das Tabellen-Icon links neben der Tabelle, und wählen Sie im Kontextmenü den Eintrag *Diagrammansicht*.
2. Es öffnet sich ein kleines Fenster, in dem Sie den in Diagrammform darzustellenden Zellbereich angeben müssen. Klicken Sie in das Feld unter *Daten*, und markieren Sie mit der Maus den Zellbereich von B2 bis E6.

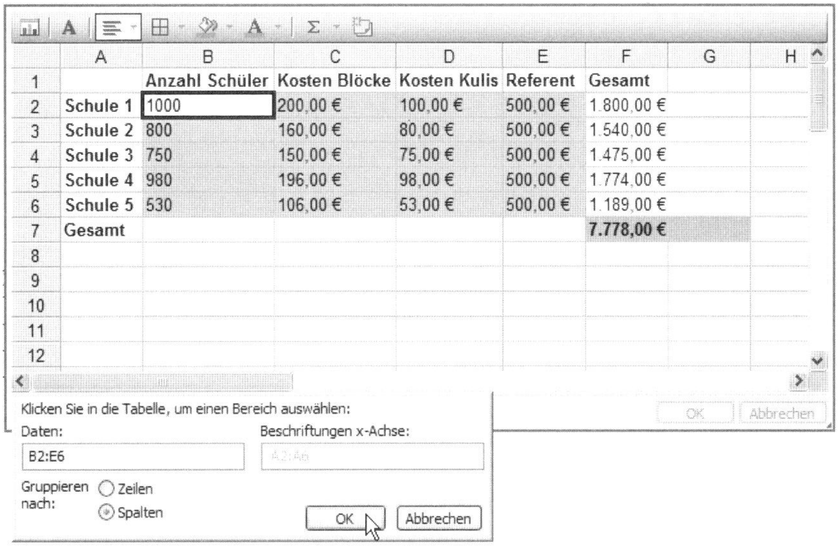

Abbildung 17.14 Markieren Sie den gewünschten Zellbereich

3. Klicken Sie anschließend auf *OK*. Das Diagramm wird nun dargestellt.

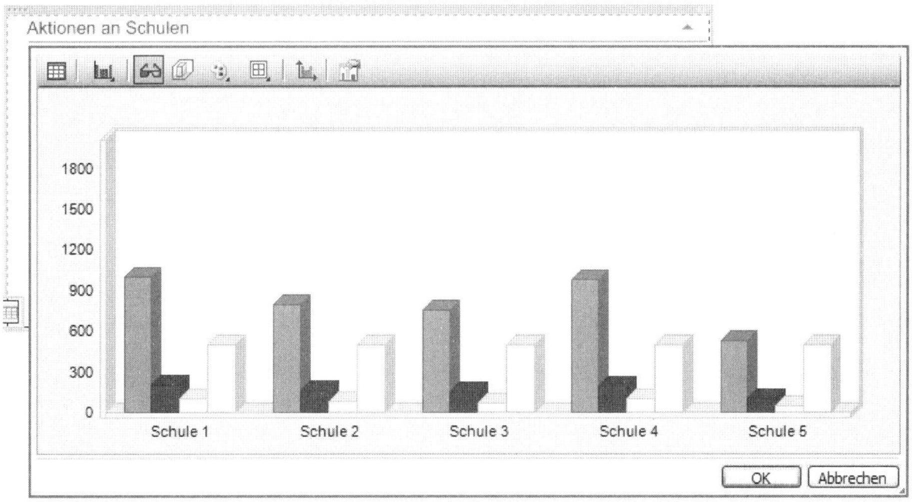

Abbildung 17.15 Die Tabelleninhalte in Diagrammform

Generell wird zunächst ein Standarddiagramm angezeigt. Über die Diagrammeigenschaften können Sie das Diagramm jedoch individuell anpassen. Die einzelnen Funktionen innerhalb dieser Symbolleiste erklären wir Ihnen in Abschnitt 17.2.6.

Sie haben auf diese Weise sehr schnell die Kalkulation direkt in der Business Map vornehmen, direkt einbinden und grafisch darstellen können. Durch das Arbeiten in einer Arbeitsoberfläche gewinnen Sie wertvolle Arbeitszeit.

Wenn Sie bereits Daten in Excel eingegeben haben, können Sie eine Verknüpfung zu den Excel-Daten herstellen.
Wie Sie dazu vorgehen, lesen Sie in Kapitel 17.4.

17.2.6 Diagramme formatieren

Haben Sie in MindManager ein Diagramm erstellt, haben Sie anschließend noch die Möglichkeit, es beliebig und Ihren Vorstellungen entsprechend zu formatieren.

Führen Sie einen Doppelklick auf das Diagramm aus, öffnet sich innerhalb des Diagramms eine Formatierungssymbolleiste mit den wichtigsten Funktionen.

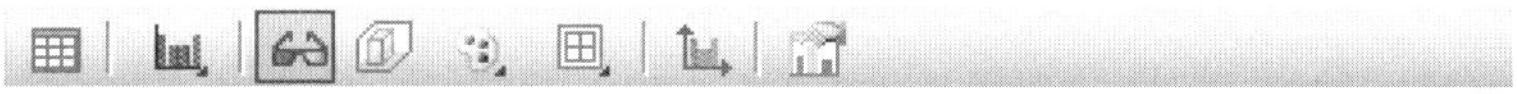

Abbildung 17.16 Die Formatierungssymbolleiste für Diagramme in MindManager

In der nachfolgenden Tabelle erläutern wir Ihnen die Bedeutung der einzelnen Schaltflächen.

Tabelle 17.3 Die Bedeutung der einzelnen Schaltflächen zur Formatierung von Diagrammen

Darstellung	Bedeutung
	**Tabellenansicht:** Über *Tabellenansicht* schalten Sie von der Diagramm- in die Tabellenansicht.
	**Diagrammtyp:** Im Dropdown-Menü der Schaltfläche *Diagrammtyp* finden Sie eine große Auswahl an verschiedenen Diagrammtypen, die Sie dem Diagramm zuordnen können.
	**Umschalten 2D/3D:** Mit der Schaltfläche *Umschalten 2D/3D* können Sie von der 2D- in die 3D-Ansicht wechseln und umgekehrt.
	**Cluster-Modus (z-Achse):** Haben Sie in einem Diagramm *Erlöse* und *Kosten* von Januar bis März aufgeführt, können Sie mit der Schaltfläche *Cluster-Modus* bestimmen, ob die einzelnen Balken jedes Monats neben- oder hintereinander (3D-Modus) dargestellt werden.
	**Farbpalette:** Im Dropdown-Menü der Schaltfläche *Farbpalette* können Sie zwischen verschiedenen Farbmustern zur besseren Darstellung Ihres Diagramms wählen.

	**Umschalten Raster:** Mit Hilfe der Schaltfläche *Umschalten Raster* können Sie den Hintergrund Ihres Diagramms ändern und zwischen verschiedenen Rastern wählen.
	**Diagrammbereich bearbeiten:** Über die Schaltfläche *Diagrammbereich bearbeiten* haben Sie die Möglichkeit, den dargestellten Diagrammbereich zu verändern oder einen neuen Datenbereich aus der Excel-Tabelle zu wählen.
	**Diagrammeigenschaften:** Mit der Schaltfläche *Diagrammeigenschaften* öffnen Sie die erweiterten Eigenschaften für die Bearbeitung der Diagramme.

17.2.6.1 Die Diagrammeigenschaften im Überblick

Klicken Sie auf die Schaltfläche *Diagrammeigenschaften* in der Formatierungssymbolleiste für Diagramme, öffnet sich das Dialogfeld *Diagrammeigenschaften*, in dem Sie weitere Einstellungen vornehmen können. Das Dialogfeld ist aufgeteilt in die Register *Stil* und *Achsen*.

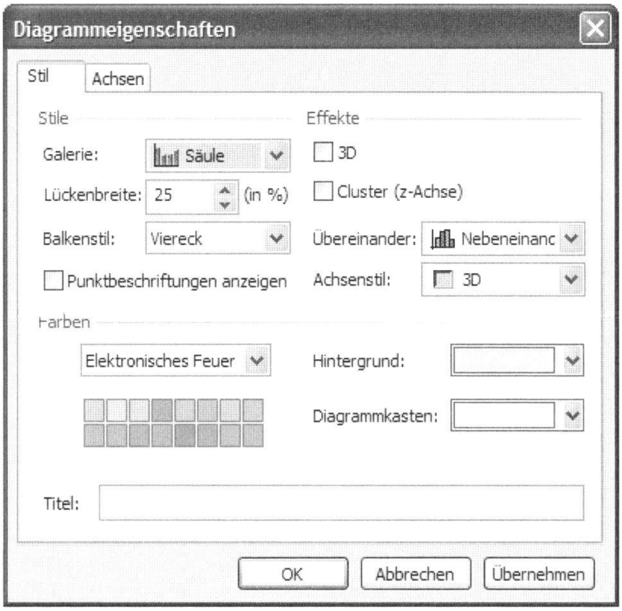

Abbildung 17.17 Nehmen Sie weitere Einstellungen in den Diagrammeigenschaften vor

Das Register »Stil«

Im Register *Stil* (vgl. **Abbildung 17.17**) können Sie Einstellungen bezüglich des Layouts Ihres Diagramms vornehmen. Einige der Funktionen der Formatierungssymbolleiste wiederholen sich hier auch.

Neben den bereits genannten Funktionen können Sie hier zusätzlich noch folgende Einstellungen vornehmen:

- **Lückenbreite:** Mit der Lückenbreite bestimmen Sie den Abstand zwischen den einzelnen Balken.
- **Balkenstil:** Hier können Sie die Darstellung der Balken verändern. Zur Auswahl stehen die Formen *Viereck*, *Zylinder* und *Kegel*.
- **Übereinander:** Legen Sie mit *Übereinander* fest, ob Sie Balken, die das Gleiche darstellen, nur bspw. für unterschiedliche Monate, übereinander oder nebeneinander dargestellt werden.
- **Achsenstil:** Im Pulldown-Menü der Funktion *Achsenstil* können Sie Einfluss auf die Darstellung der Achsen nehmen. Zur Auswahl stehen hier die Optionen *3D*, *mathematisch* und *flach*.
- **Hintergrund:** Legen Sie mit der Schaltfläche *Hintergrund* die Hintergrundfarbe für den Rahmen außerhalb des Diagramms fest.
- **Diagrammkasten:** Mit der Schaltfläche *Diagrammkasten* können Sie die Farbe des direkten Diagramm-Hintergrundes bestimmen.
- **Titel:** Im Feld *Titel* können Sie Ihrem Diagramm eine Überschrift zuordnen.

Das Register »Achsen«

Im Register *Achsen* können Sie Einstellungen bezüglich der Achsendarstellung innerhalb des Diagramms vornehmen.

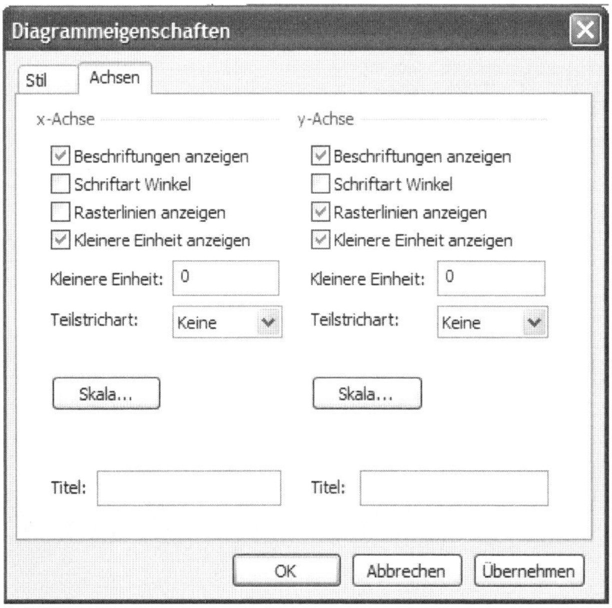

Abbildung 17.18 Das Register *Achsen* in den Diagrammeigenschaften

Das Register ist in die Bereiche x- und y-Achse aufgeteilt, in denen Ihnen jeweils die gleichen Funktionen zur Verfügung stehen.

Hierzu gehören das Anzeigen von Beschriftungen, die Art der Beschriftung, das Anzeigen von Rasterlinien und kleineren Einheiten (die zusätzlich noch definiert werden können) sowie die Skalierungsfunktion bzgl. der Achsen. Zusätzlich können Sie jeder Achse noch einen Titel zuweisen.

Den Befehl *Diagrammeigenschaften* können Sie auch aufrufen, indem Sie einen Rechtsklick auf das Diagramm durchführen und im Kontextmenü den Eintrag *Eigenschaften* wählen.

17.3 Mindjet MindManager und Microsoft Excel – Teamarbeit einfach gemacht

MindManager bietet Ihnen jedoch eine weitere Möglichkeit, Tabellen in eine Business Map einzubinden. Diese Möglichkeiten stellen wir Ihnen im Folgenden vor.

Wenn Sie bereits eine Kalkulation in Excel erstellt haben, können Sie eine direkte Verknüpfung zu den Excel-Daten herstellen, so dass der von Ihnen gewählte Datenbereich in MindManager angezeigt wird.

17.3.1 Die Möglichkeiten mit einer Tabellenkalkulation

Das Tabellenkalkulationsprogramm Microsoft Excel ist die meist verbreitete Software für Tabellenkalkulation.

Excel ermöglicht es Ihnen, mit Formeln und Funktionen umfangreiche Berechnungen einfach und schnell zu erstellen. Die Ergebnisse können mit Hilfe von Sortier- und Filterfunktionen sowie Pivot-Tabellen ausgewertet und in Diagrammen grafisch dargestellt werden.
Der Funktionsumfang von Excel ist enorm – kann jedoch zusätzlich durch Programmierung in VBA oder AppleScript individuell erweitert werden.

Hier nur einige Möglichkeiten von Microsoft Excel:

- Eingabe von Zahlen und Text in ein Arbeitsblatt (eine Tabelle).
- Eingabe von Formeln und Funktionen für weiterführende Berechnungen.
- Grafische Aufbereitung eingegebener Zahlen, Daten, Formeln und Funktionen durch die Erstellung von Diagrammen.
- Layout- und Druckoptionen für perfekt angepasste Tabellen.

17.3.2 Ein Beispiel der Unternehmensplanung mit Excel

Nach all der Theorie gehen wir nun in die Praxis über und zeigen Ihnen zunächst Schritt für Schritt, mit Hilfe von Microsoft Excel, wie Sie zielorientiert und übersichtlich einen aussagekräftigen Business Plan erstellen. Es geht also darum, die Unternehmensplanung zur betriebswirtschaftlichen Absicherung von Chancen und Risiken schriftlich zu fixieren.

Der Business Plan enthält neben der Marktforschung vor allem die Wettbewerbsabgrenzung im Marketing sowie detaillierte Zielformulierungen für den Einsatz der einzelnen Produktionsfaktoren. Das heißt, er beinhaltet klare Aussagen zur Strategie des Unternehmens in allen Einzelbereichen, insbesondere Personalentwicklung, Produktentwicklung, Patente, Investitionen in Anlagen, Gebäude, Vertrieb u.a.

Neben den einzelnen Planungsschritten lernen Sie auch wertvolle Tipps und Tricks in Excel und den Umgang mit Excel und MindManager kennen, die Sie während Ihrer täglichen Arbeit zeitsparend einsetzen können.

17.3.2.1 Der Weg ist das Ziel – die Planungstabelle vorbereiten

Ziel dieses Praxisbeispiels ist es, mit Hilfe von Excel eine Gewinn-und-Verlust-Rechnung für die nächsten zwölf Monate zu erstellen, um damit offensiv in die Planung für das kommende Jahr zu starten und dies dann übersichtlich in MindManager zu visualisieren.

Öffnen Sie Ihr Tabellenkalkulationsprogramm Microsoft Excel.

Sie finden die bereits fertige Excel-Datei *Business Plan.xls* auf der CD zum Buch in *\Kapitel 17*.

1. Schreiben Sie in die Zelle *A2*, als Überschrift für die nun folgende Aufstellung, den Betreff »Unternehmensplanung vom 31.01.2006«.

Das aktuelle Datum fügen Sie am schnellsten über die Tastenkombination *Strg+.* ein.

2. Fügen Sie rechtsbündig über den Menübefehl *Einfügen/Grafik/Aus Datei* Ihr Firmenlogo ein.
3. Schreiben Sie ab Zelle *A7* folgende für den Business Plan wichtigen Punkte untereinander:

   Erlöse, Produktkosten, Deckungsbeitrag 1, Lohnkosten, Raumkosten, Reisekosten, Werbekosten, Steuer & Versicherung, KFZ-Kosten, Bürokosten, Deckungsbeitrag 2, Abschreibung, Gewinn & Verlust.

	A
6	
7	Erlöse
8	Produktkosten
9	**Deckungsbeitrag 1**
10	Lohnkosten
11	Raumkosten
12	Reisekosten
13	Werbekosten
14	Steuer & Versicherung
15	KFZ Kosten
16	Bürokosten
17	**Deckungsbeitrag 2**
18	Abschreibung
19	**Gewinn und Verlust**

Abbildung 17.19 Geben Sie die wichtigsten Punkte für den Business Plan ein

Zur besseren Lesbarkeit markieren Sie den Eingabebereich, und rufen Sie den Menübefehl *Format/Bedingte Formatierung* auf.

Im ersten Pulldown-Menü der *Bedingung 1* wählen Sie den Eintrag *Formel ist*, und als Bedingung tragen Sie die Formel *=REST(ZEILE();2)=0* ein. Über die Schaltfläche *Format* wählen Sie Ihr Wunschformat und bestätigen Ihre Eingaben mit *OK*.

4. Schreiben Sie nun in die Zelle *B6* den Monat »Januar«.
5. Markieren Sie die Zelle *B6*, und erweitern Sie über den Ziehpunkt der Zelle mit gedrückter linker Maustaste die Monatsangaben bis einschließlich »Dezember«.

	B	C	D	E	F	G	H	I	J	K	L	M
6	Jan	Feb	Mrz	Apr	Mai	Jun	Jul	Aug	Sep	Okt	Nov	Dez

Abbildung 17.20 Erweitern Sie die Monatsangabe bis Dezember

6. Formatieren Sie nun die Tabelle mit Hilfe der *Füll- und Schriftfarben*, der Funktion *Rahmen und Schattierungen*, und geben Sie der Tabelle ein ansprechendes Design.

Das Grundgerüst ist nun bereits erstellt, und Ihre Tabelle sieht ähnlich der nachfolgenden Abbildung aus.

Abbildung 17.21 Das Grundgerüst für den Business Plan steht

Es kommt öfters vor, dass Sie einen Ausschnitt aus Ihrer Excel-Tabelle kopieren und anschließend als Grafik in ein anderes Dokument einfügen wollen. Markieren Sie dazu den Bereich, den Sie kopieren wollen. Drücken Sie die *Umschalt*-Taste, und wählen Sie den Menübefehl *Bearbeiten/Bild kopieren/Wie angezeigt*. Anschließend können Sie es in Word, Excel oder PowerPoint einfügen. Der Befehl *Bild kopieren* wird Ihnen nur dann angezeigt, wenn Sie die *Umschalt*-Taste gedrückt halten. Andernfalls ist die Funktion inaktiv.

17.3.3 Warum selber rechnen – lassen Sie Formeln und Funktionen für sich arbeiten

Als Nächstes muss Excel zur Berechnung der gewünschten Ergebnisse vorbereitet werden. Hier liegt das Augenmerk zunächst auf dem *Deckungsbeitrag 1*, auch *Rohertrag* genannt.

Die Rechnung muss in diesem Fall lauten »geplante Erlöse – Produktkosten«, wobei unter Produktkosten alle Kosten eingehen, die dem Produkt direkt zugeordnet werden können. Hierzu zählen bspw. Rohstoffe, Fertigungskosten usw.

1. Markieren Sie die Zelle *B9*.
2. Geben Sie ein Gleichheitszeichen ein, und klicken Sie anschließend in die Zelle *B7*.
3. Geben Sie nun ein Minuszeichen ein, und klicken Sie danach in die Zelle *B8*.
4. Drücken Sie die *Enter*-Taste.

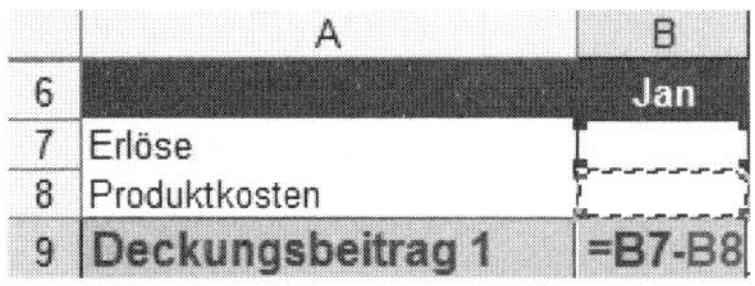

Abbildung 17.22 Die Berechnung des Deckungsbeitrags 1

Als Nächstes wird die entsprechende Formel zur Berechnung des *Deckungsbeitrags 2* zugewiesen. Der *Deckungsbeitrag 2* errechnet sich aus dem Deckungsbeitrag 1 – der Summe aus den Strukturkosten. Strukturkosten ergeben sich aus den Kosten, die nicht unmittelbar dem Produkt zugeordnet werden können.

Gehen Sie folgendermaßen vor:

1. Markieren Sie die Zelle *B17*.
2. Geben Sie ein Gleichheitszeichen ein, und klicken Sie in die Zelle *B9*.
3. Geben Sie ein Minuszeichen ein und anschließend die Formel *SUMME(B10:B16)* ein.

Die Zellen *B10* bis *B16* markieren Sie während der Eingabe am einfachsten mit der Maus.

4. Drücken Sie die *Enter*-Taste.

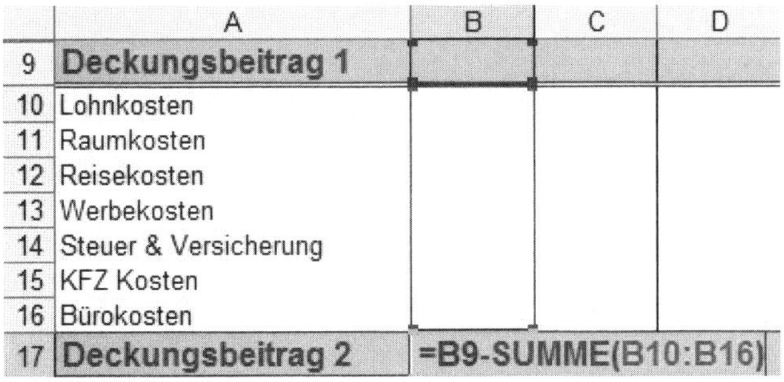

Abbildung 17.23 Die Berechnung des Deckungsbeitrags 2

Jeder Business Plan erfordert selbstverständlich auch die Betrachtung der Abschreibungen aus Anlagegütern. Abschreibungen sind die Kosten für die (Ab-)Nutzung der Produktions- und Anlagegüter im Leistungserstellungsprozess. Zweck der Abschreibungen ist die Substanzerhaltung der eingesetzten Produktionsgüter. Ist die Abschreibung für die Anlagegüter über eine gewisse Dauer berechnet, wir der Abschreibungswert in die entsprechende Zelle bzw. Zeile der Tabelle eingetragen.

In unserem Beispiel handelt es sich hier um die *Zeile 18* angefangen im Monat Januar – also der Zelle *B18*.

Der Gewinn und Verlust pro Monat ergibt sich anschließend aus dem *Deckungsbeitrag 2* abzüglich des *Abschreibungsbetrages*.

1. Markieren Sie die Zelle *B19*.
2. Geben Sie ein Gleichheitszeichen ein, und klicken Sie anschließend in die Zelle *B17*.
3. Geben Sie nun ein Minuszeichen ein, und klicken Sie danach in die Zelle *B18*.
4. Drücken Sie die *Enter*-Taste.

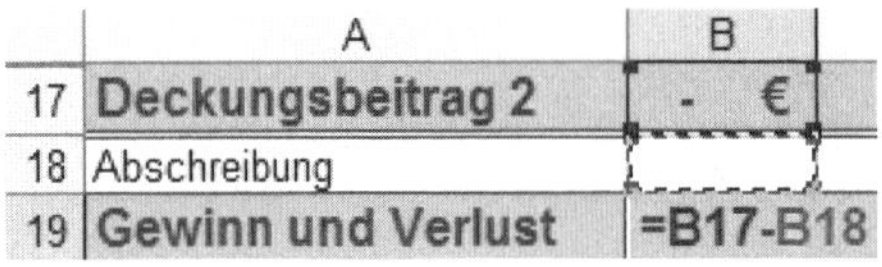

Abbildung 17.24 Berechnen Sie Gewinn und Verlust

Die Tabelle für Ihre Planung kann sich jetzt bereits sehen lassen. Geben Sie Werte für die Produkt- und Strukturkosten sowie den Abschreibungsbetrag ein, werden Deckungsbeitrag 1 und 2 sowie der monatliche Gewinn und Verlust automatisch berechnet.

17.3.4 Die Analyse – das Jahr im Überblick

Um die Kalkulation innerhalb der Tabelle als auch die Planung an sich noch zu vervollständigen, ist es notwendig, das Jahresergebnis zu berechnen. Der Jahresüberschuss beschreibt den Nettogewinn eines Unternehmens in einer Periode. Er ergibt sich, indem vom Umsatz sämtliche Kosten abgezogen werden.

Der Jahresüberschuss ist Teil der Gewinn-und-Verlust-Rechnung und eine der wichtigsten Größen zur Messung des Periodenerfolgs.

In unserem Beispiel wird der Jahresüberschuss in der *Spalte N*, also nach dem Monat Dezember, ausgewiesen.

1. Klicken Sie in die Zelle *N6*, und geben Sie der Spalte die Überschrift *Gesamt*.
2. Markieren Sie die Zelle *N7*, und geben Sie ein Gleichheitszeichen ein.
3. Schreiben Sie dahinter *SUMME(B7:M7)*.

Die Zellen *B7* bis *M7* markieren Sie während der Eingabe am einfachsten mit der Maus.

4. Drücken Sie die *Enter*-Taste.
5. Markieren Sie nun erneut die Zelle *N6*, und erweitern Sie die eingegebene Formel über den Ziehpunkt der Zelle mit gedrückter linker Maustaste bis zur Zelle *N19*.

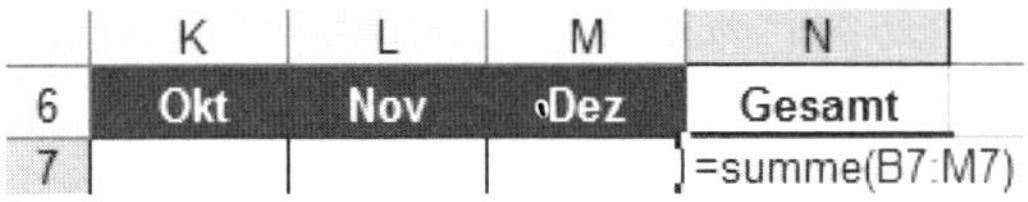

Abbildung 17.25 Die Berechnung des Jahresüberschusses

Um die neue Spalte *Gesamt* in Sekundenschnelle auf gleiche Art und Weise wie den Rest der Tabelle zu formatieren, markieren Sie eine beliebige, bereits formatierte Spalte der Tabelle und klicken anschließend auf die Schaltfläche *Format übertragen*. Am Cursor sehen Sie nun einen Pinsel. Klicken Sie jetzt auf die Spalte *Gesamt*, wird die von Ihnen vorgegebene Formatierung automatisch für die neue Spalte übernommen.

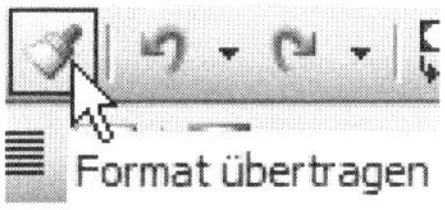

Abbildung 17.26 Übertragen Sie das Format einer Zelle auf andere Zellen

Zu guter Letzt möchten Sie nun noch die prozentuale Verteilung der Kosten betrachten. Das heißt, es gilt darzustellen, wie viel Prozent von den Erlösen beispielsweise die Produktkosten ausmachen. Legen Sie eine neue Spalte an, und geben Sie ihr die Überschrift »%«.

1. Markieren Sie die Zelle *O8*.
2. Geben Sie ein Gleichheitszeichen ein, und klicken Sie in die Zelle *N8*.
3. Geben Sie das Zeichen für die Division ein, und klicken Sie in die Zelle *N7*.
4. Drücken Sie anschließend die Taste *F4*. Es erscheint das Dollar-Zeichen um die *N7*, das darauf hinweist, dass es sich um einen *absoluten* Bezug handelt.
5. Drücken Sie die *Enter*-Taste.

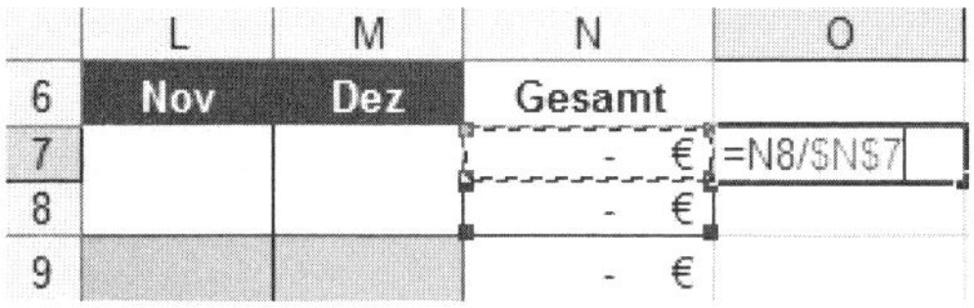

Abbildung 17.27 Berechnen Sie die prozentuale Verteilung der Kosten

Um die Formel =N8/N7 der Zelle *O8* von einem absoluten in einen relativen Bezug umzuwandeln, markieren Sie die Zelle *O8* und drücken die Taste *F2*, um in die Bearbeitungszeile der Zelle zu gelangen. Drücken Sie anschließend die Taste *F4*, wechselt der Bezug. Drücken Sie noch einige Male die Taste *F4*, und sehen Sie, wie dabei jeweils der absolute und relative Bezug für Spalten und Zeilen wechselt.

6. Markieren Sie nun erneut die Zelle *O8*, und erweitern Sie die eingegebene Formel über den Ziehpunkt der Zelle mit gedrückter linker Maustaste bis zur Zelle *O19*.

Die Erarbeitung der Tabellenkalkulation im Bezug auf die Unternehmensplanung ist nun, durch die vorherige Definition von Formeln und Funktionen, abgeschlossen.

Unternehmensplanung vom 24.01.2006

Mehr Bewegen. 2006

	Jan	Feb	Mrz	Apr	Mai	Jun	Jul	Aug	Sep	Okt	Nov	Dez	Gesamt	%
Erlöse	1.027 €	1.000 €	1.500 €	1.000 €	1.000 €	1.000 €	1.000 €	1.000 €	1.000 €	1.000 €	1.000 €	1.000 €	12.527 €	
Produktkosten	451 €	180 €	456 €	303 €	239 €	348 €	476 €	260 €	188 €	134 €	292 €	362 €	3.689 €	29,45%
Deckungsbeitrag 1	**576 €**	**820 €**	**1.044 €**	**697 €**	**761 €**	**652 €**	**524 €**	**740 €**	**812 €**	**866 €**	**708 €**	**638 €**	**8.838 €**	**70,55%**
Lohnkosten	100 €	100 €	200 €	100 €	100 €	100 €	100 €	100 €	100 €	100 €	100 €	100 €	1.300 €	10,38%
Raumkosten	50 €	50 €	50 €	50 €	50 €	50 €	50 €	50 €	50 €	50 €	50 €	50 €	600 €	4,79%
Reisekosten	50 €	50 €	50 €	50 €	50 €	50 €	50 €	50 €	50 €	50 €	50 €	50 €	600 €	4,79%
Werbekosten	30 €	30 €	30 €	30 €	30 €	30 €	30 €	30 €	30 €	30 €	30 €	30 €	360 €	2,87%
Steuer & Versicherung	20 €	20 €	20 €	20 €	20 €	20 €	20 €	20 €	20 €	20 €	20 €	20 €	240 €	1,92%
KFZ Kosten	10 €	10 €	10 €	10 €	10 €	10 €	10 €	10 €	10 €	10 €	10 €	10 €	120 €	0,96%
Bürokosten	10 €	10 €	10 €	10 €	10 €	10 €	10 €	10 €	10 €	10 €	10 €	10 €	120 €	0,96%
Deckungsbeitrag 2	**306 €**	**550 €**	**674 €**	**427 €**	**491 €**	**382 €**	**254 €**	**470 €**	**542 €**	**596 €**	**438 €**	**368 €**	**5.498 €**	**43,89%**
Abschreibung	20 €	20 €	20 €	20 €	20 €	20 €	20 €	20 €	20 €	20 €	20 €	20 €	240 €	1,92%
Gewinn und Verlust	**286 €**	**530 €**	**654 €**	**407 €**	**471 €**	**362 €**	**234 €**	**450 €**	**522 €**	**576 €**	**418 €**	**348 €**	**5.258 €**	**41,97%**

Abbildung 17.28 Der fertige Business Plan

Nun fehlt nur noch die Eingabe der entsprechenden Daten, um anschließend eine Auswertung bzw. eine Analyse der Zahlen vornehmen zu können.

17.3.5 Ein Bild sagt mehr als 1000 Worte – Diagramme in Excel

Um die von Ihnen erstellte Kalkulation nun noch in Bildern auszudrücken, geht es im nächsten Schritt darum, ein Diagramm aus den in der Unternehmensplanung generierten Werten zu erstellen.

Diagramme, als grafische Darstellung von Daten oder Informationen, dienen zur Veranschaulichung der Zusammenhänge zwischen zwei oder mehr voneinander abhängigen Werten oder Messgrößen.

In diesem Fall beschränken wir uns auf die Ergebnisse im Bereich *Gewinn und Verlust* für eine Periode.

1. Markieren Sie die Zeile mit den Monatsangaben, also die Zellen *A6:M6*.
2. Drücken Sie die *Strg*-Taste, und markieren Sie zusätzlich die Zeile mit den Gewinn- und Verlustwerten, also die Zellen *A19:M19*.
3. Klicken Sie nun auf die Schaltfläche *Diagramm-Assistent* in der Symbolleiste.

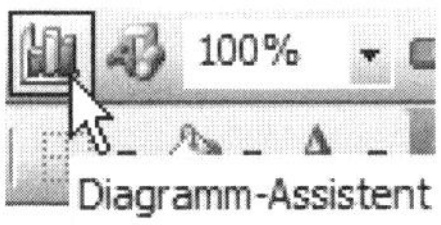

Abbildung 17.29 Aktivieren Sie den Diagramm-Assistenten über die Symbolleiste

4. Wählen Sie im Dialogfeld *Diagramm-Assistent* als *Diagrammtyp* das *Säulendiagramm*, und klicken Sie auf *Fertig stellen*.

Sie können nun die Gewinn- und Verlustwerte in grafischer Form ablesen.

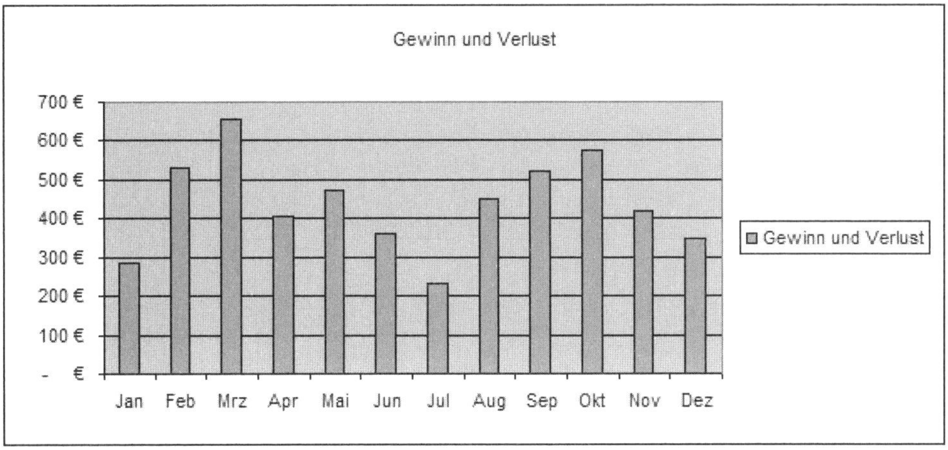

Abbildung 17.30 Die Darstellung von Gewinn und Verlust in Diagrammform

17.3.6 Soll und Ist – zwei wichtige Faktoren in der Unternehmensplanung

Es gibt wohl kaum einen Plan, in dem nicht die Soll-/Plan- und die Ist-Werte bestimmter Faktoren innerhalb einer Periode miteinander verglichen werden. Denn erst dadurch ist die Berechnung der Abweichung möglich, die uns bei tiefer gehender Analyse mögliche Problemquellen finden lässt.

1. Legen Sie drei neue Tabellenblätter an (Menübefehl *Einfügen/Tabellenblatt*), und geben Sie ihnen die Namen *Plan*, *Ist* und *Abweichung*.
2. Kopieren Sie die Tabelle mit den von Ihnen angegebenen Formeln aus dem entsprechenden Tabellenblatt.
3. Fügen Sie diese Tabelle in alle drei neuen Tabellenblätter ein.
4. Entfernen Sie die Inhalte aus den Tabellen *Ist* und *Abweichung*.
5. Ergänzen Sie die Tabelle im Tabellenblatt *Ist* mit den dazugehörigen *Ist*-Werten.
6. Klicken Sie im Tabellenblatt *Abweichung* in die Zelle *B7*.
7. Schreiben Sie folgende Formel in die Zelle *=IST!B7-Plan!B7*.
8. Drücken Sie die *Enter*-Taste.
9. Markieren Sie nun erneut die Zelle *B7*, und erweitern Sie die eingegebene Formel über den Ziehpunkt der Zelle mit gedrückter linker Maustaste bis zur Zelle *O19*.

Es wurde nun, durch Eingabe der oben genannten Formel, automatisch die Differenz zwischen den Plan- und Ist-Werten berechnet.

Selbstverständlich konnten wir hier nur eine kleine Anleitung für eine Unternehmensplanung geben, denn die Ein- bzw. Aufteilung der Gewinn-und-Verlust-Rechnung kann durchaus unterschiedliche oder tiefer gegliederte Strukturen enthalten.

Dennoch sind in diesem Beispiel die wichtigsten Schritte und Bestandteile enthalten. Es soll Ihnen helfen, die Basis einer aussagekräftigen Unternehmensplanung zu erstellen und eine gezielte Analyse durchzuführen.

Jetzt aber wollen wir Ihnen die Zusammenarbeit mit MindManager erläutern, um Schritt für Schritt zu einer übersichtlichen und strukturierten Unternehmensplanungs-Map zu kommen.

17.4 Einen Microsoft Excel-Bereich in die Map einbinden

Haben Sie bereits eine Excel-Tabelle, bspw. zur Erstellung eines Business Plans, erstellt, können Sie die Inhalte dieser Tabelle mit der neuen MindManager-Version jetzt auch direkt mit MindManager verknüpfen und anzeigen lassen.

Die Verknüpfung entspricht *nicht* der Hyperlink-Funktion, sondern stellt von Ihnen gewählte Excel-Datenbereiche tabellarisch in MindManager dar.

Verknüpfen Sie ein Excel-Arbeitsblatt mit einer MindManager Business Map, liegt der große Vorteil vor allem darin, dass alle in Excel an den Daten vorgenommenen Änderungen in MindManager nachvollzogen, also synchronisiert, werden! Das heißt, Sie arbeiten lediglich an einem Zahlensatz. Denn in Microsoft Excel stehen Ihnen umfangreiche mathematische Rechenoptionen zur Verfügung, die nach Abschluss Ihrer Berechnungen in Excel auch in MindManager entsprechend dargestellt werden.

Wenn Sie die Daten als Diagramm anzeigen möchten, verwenden Sie die MindManager-Funktion zum Umwandeln einer Tabelle in ein Diagramm. Ferner können Sie festlegen, ob die Daten in der Map ein- oder ausgeblendet werden sollen.

Sie können die Verknüpfung mit den Excel-Daten auch aufheben. Danach wird die MindManager-Tabelle unabhängig von Excel geführt. Die Daten werden dann zu normalen Tabellendaten und können in MindManager bearbeitet werden.

Es gibt noch einen zweiten Weg, Microsoft Excel-Daten in eine Business Map einzubinden. In der Kategorie *Microsoft Excel Linker* des MindManager-Aufgabenbereiches *Map Parts* stehen Ihnen hierzu die drei Map Parts *Bereich*, *Range* und *Topic* zur Verfügung. Mit der Funktionalität dieser Map Parts können Sie Microsoft Excel-Arbeitsblätter direkt in Business Maps integrieren. Dazu wählen Sie den gewünschten Datenbereich aus der Excel-Tabelle und lassen sich diesen in der Business Map anzeigen. Grundlegende und weiterführende Informationen zu den Map Parts finden Sie zum einen im Kapitel 4, »Die Standardelemente in MindManager, Teil II«, und zum anderen im Teil »Vom Könner zum Profi« dieses Buches.

17.4.1 Zweiginformationen und Excel-Daten in Teamarbeit – Verknüpfung zu Daten in Microsoft Excel herstellen

Gehen wir nun in die Praxis, und lassen Sie uns die Zusammenarbeit des Duos MindManager und Excel an einem Beispiel darstellen.

Sie haben in Kürze ein Meeting mit der Geschäftsleitung, in dem Sie den Verantwortlichen einen Überblick über den aktuellen Stand aller Geschäftsaktivitäten geben sollen. Sie wollen dazu eine Mind Map erstellen, in der alle relevanten Informationen integriert sind. Von Ihrem Kollegen aus der Controllingabteilung haben Sie bereits eine Excel-Datei mit dem Business Plan für das Jahr 2006 bekommen. Diesen wollen Sie jetzt nicht nur per Hyperlink mit der Map verknüpfen, sondern auch als Objekt – also in Form eines Ausschnittes aus der Excel-Datei – direkt in der Map darstellen.

Haben Sie das Beispiel in Abschnitt 17.3.2 live an Ihrem Rechner mitgemacht, liegt Ihnen bereits eine für dieses Beispiel hervorragend geeignete Excel-Tabelle vor. Sie finden den Business Plan aus dem genannten Abschnitt auch auf der CD zum Buch in *\Kapitel 17* unter dem Namen *Business Plan.xls.*

Die Zahlen sind so wichtig, dass Sie diese Informationen in einem Map-Zweig einbinden wollen. So hat jeder im Team sofort die Zahlen im Blick. Zu dem Excel-Arbeitsblatt wird eine Verknüpfung eingerichtet.

Sie machen sich ans Werk und öffnen eine neue Mind Map.

1. Geben Sie dem Hauptthema der Map den Namen »Meeting mit Geschäftsleitung«.
2. Legen Sie einen neuen Hauptzweig »Business Plan« an.

Als Nächstes möchten Sie den Inhalt, also die Daten des Business Plans, mit der Map verknüpfen.

Unternehmensplanung vom 24.01.2006

MehrBewegen.
2006

	Jan	Feb	Mrz	Apr	Mai	Jun	Jul	Aug	Sep	Okt	Nov	Dez	Gesamt	%
Erlöse	1.027 €	1.000 €	1.500 €	1.000 €	1.000 €	1.000 €	1.000 €	1.000 €	1.000 €	1.000 €	1.000 €	1.000 €	12.527 €	
Produktkosten	451 €	180 €	456 €	303 €	239 €	348 €	476 €	260 €	188 €	134 €	292 €	362 €	3.689 €	29,45%
Deckungsbeitrag 1	**576 €**	**820 €**	**1.044 €**	**697 €**	**761 €**	**652 €**	**524 €**	**740 €**	**812 €**	**866 €**	**708 €**	**638 €**	**8.838 €**	**70,55%**
Lohnkosten	100 €	100 €	200 €	100 €	100 €	100 €	100 €	100 €	100 €	100 €	100 €	100 €	1.300 €	10,38%
Raumkosten	50 €	50 €	50 €	50 €	50 €	50 €	50 €	50 €	50 €	50 €	50 €	50 €	600 €	4,79%
Reisekosten	50 €	50 €	50 €	50 €	50 €	50 €	50 €	50 €	50 €	50 €	50 €	50 €	600 €	4,79%
Werbekosten	30 €	30 €	30 €	30 €	30 €	30 €	30 €	30 €	30 €	30 €	30 €	30 €	360 €	2,87%
Steuer & Versicherung	20 €	20 €	20 €	20 €	20 €	20 €	20 €	20 €	20 €	20 €	20 €	20 €	240 €	1,92%
KFZ Kosten	10 €	10 €	10 €	10 €	10 €	10 €	10 €	10 €	10 €	10 €	10 €	10 €	120 €	0,96%
Bürokosten	10 €	10 €	10 €	10 €	10 €	10 €	10 €	10 €	10 €	10 €	10 €	10 €	120 €	0,96%
Deckungsbeitrag 2	**306 €**	**550 €**	**674 €**	**427 €**	**491 €**	**382 €**	**254 €**	**470 €**	**542 €**	**596 €**	**438 €**	**368 €**	**5.498 €**	**43,89%**
Abschreibung	20 €	20 €	20 €	20 €	20 €	20 €	20 €	20 €	20 €	20 €	20 €	20 €	240 €	1,92%
Gewinn und Verlust	**286 €**	**530 €**	**654 €**	**407 €**	**471 €**	**362 €**	**234 €**	**450 €**	**522 €**	**576 €**	**418 €**	**348 €**	**5.258 €**	**41,97%**

Abbildung 17.31 Der Business Plan für das Jahr 2006

Da während der Besprechung zunächst nur das erste Quartal, also die Monate Januar bis März, von Bedeutung sein werden, wollen Sie lediglich diese drei Monate mit der Map verknüpfen.

3. Markieren Sie den Hauptzweig »Business Plan«.

4. Klicken Sie auf die Schaltfläche *Microsoft Excel-Bereich* der MindManager-Werkzeugleiste.

Abbildung 17.32 Die Werkzeugleiste im MindManager

Wenn sich die Excel-Schaltfläche nicht in der Export-Symbolleiste am unteren Fensterrand befindet, prüfen Sie im Menü *Extras/Add-Ins*, ob das Add-In aktiviert ist. Damit Sie diese Funktion nutzen können, muss auf Ihrem System Excel 2000 bzw. eine höhere Version installiert sein.

5. Haben Sie die *Business Plan.xls* bereits geöffnet, wird umgehend in diese Datei gewechselt. Anderenfalls suchen Sie die entsprechende Datei aus Ihren Verzeichnissen. Markieren Sie die Datei, und klicken Sie auf *Öffnen*.

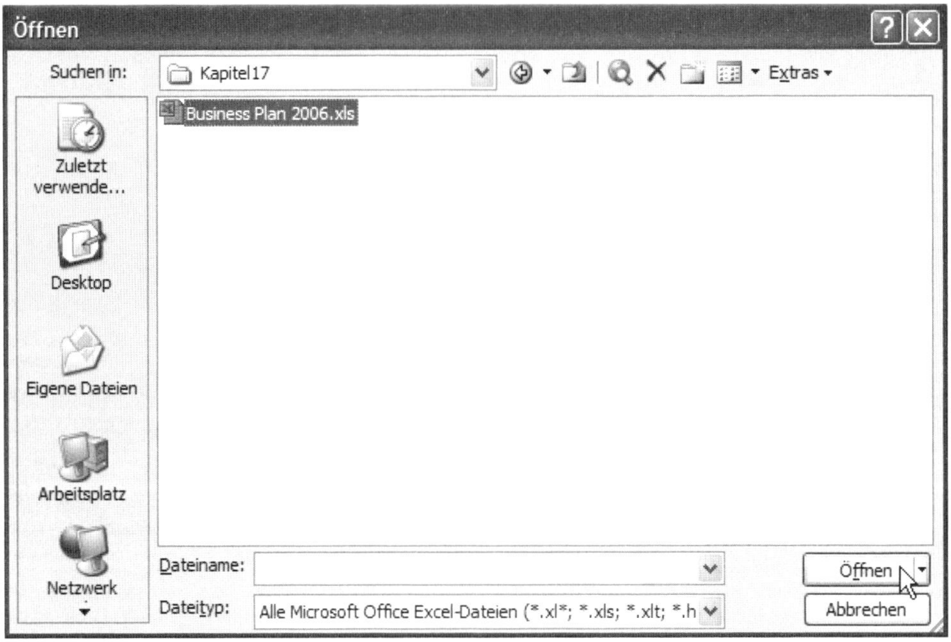

Abbildung 17.33 Öffnen Sie die Excel-Datei mit dem Business Plan

6. Nun öffnet sich das Dialogfeld *Datenbereich wählen*.
7. Markieren Sie mit der Maus den gewünschten Zellbereich der Excel-Tabelle, in unserem Beispiel die Zellen *A1* bis *D14*, und bestätigen Sie das Dialogfeld mit *OK*.

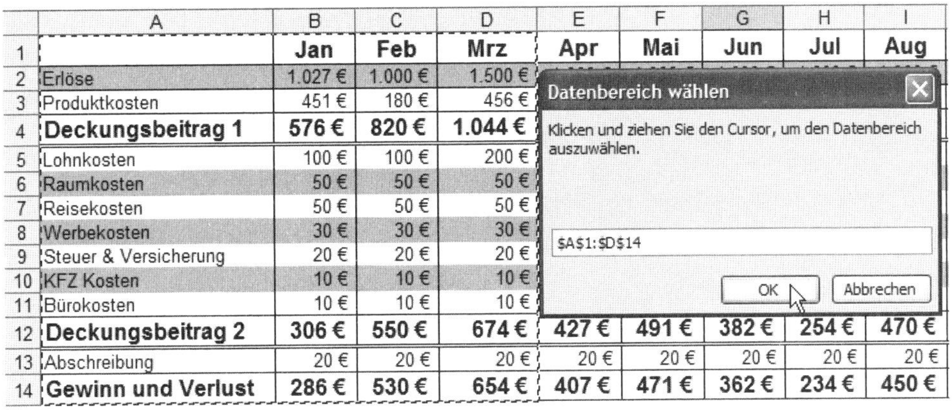

	A	B	C	D	E	F	G	H	I
1		**Jan**	**Feb**	**Mrz**	**Apr**	**Mai**	**Jun**	**Jul**	**Aug**
2	Erlöse	1.027 €	1.000 €	1.500 €					
3	Produktkosten	451 €	180 €	456 €					
4	**Deckungsbeitrag 1**	**576 €**	**820 €**	**1.044 €**					
5	Lohnkosten	100 €	100 €	200 €					
6	Raumkosten	50 €	50 €	50 €					
7	Reisekosten	50 €	50 €	50 €					
8	Werbekosten	30 €	30 €	30 €					
9	Steuer & Versicherung	20 €	20 €	20 €					
10	KFZ Kosten	10 €	10 €	10 €					
11	Bürokosten	10 €	10 €	10 €					
12	**Deckungsbeitrag 2**	**306 €**	**550 €**	**674 €**	**427 €**	**491 €**	**382 €**	**254 €**	**470 €**
13	Abschreibung	20 €	20 €	20 €	20 €	20 €	20 €	20 €	20 €
14	**Gewinn und Verlust**	**286 €**	**530 €**	**654 €**	**407 €**	**471 €**	**362 €**	**234 €**	**450 €**

Abbildung 17.34 Markieren Sie den Zellbereich, der in MindManager dargestellt werden soll

8. Die Excel-Daten wurden nun als Tabelle in einer Art Vorschaufenster auf einem neuen Map-Zweig hinzugefügt.

	A	B	C	D
1		**Jan**	**Feb**	**Mrz**
2	Erlöse	1.027 €	1.000 €	1.500 €
3	Produktkosten	451 €	180 €	456 €
4	**Deckungsbeitrag 1**	**576 €**	**820 €**	**1.044 €**
5	Lohnkosten	100 €	100 €	200 €
6	Raumkosten	50 €	50 €	50 €
7	Reisekosten	50 €	50 €	50 €
8	Werbekosten	30 €	30 €	30 €
9	Steuer & Versicherung	20 €	20 €	20 €
10	KFZ Kosten	10 €	10 €	10 €
11	Bürokosten	10 €	10 €	10 €
12	**Deckungsbeitrag 2**	**306 €**	**550 €**	**674 €**
13	Abschreibung	20 €	20 €	20 €
14	**Gewinn und Verlust**	**286 €**	**530 €**	**654 €**

Abbildung 17.35 Die Excel-Daten in der Business Map

Auf diese Weise sind Sie, was die Präsentation Ihres Business Plans während des Meetings betrifft, bestens vorbereitet.

Sie können die Größe des angezeigten Datenbereichs ändern, indem Sie die Tabelle markieren und den Ausschnitt an den Ziehpunkten vergrößern oder verkleinern.

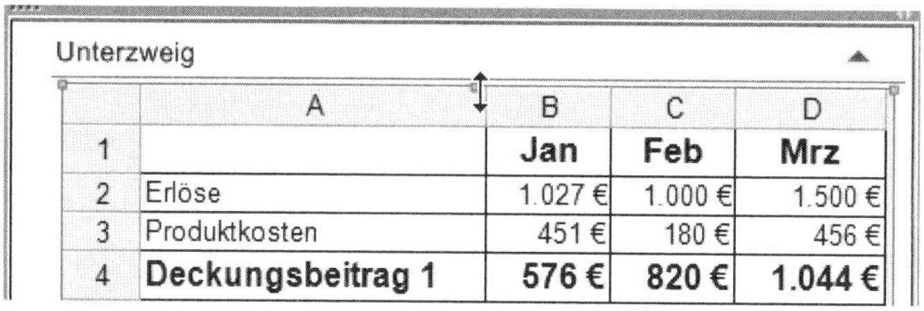

Unterzweig

	A	B	C	D
1		**Jan**	**Feb**	**Mrz**
2	Erlöse	1.027 €	1.000 €	1.500 €
3	Produktkosten	451 €	180 €	456 €
4	**Deckungsbeitrag 1**	**576 €**	**820 €**	**1.044 €**

Abbildung 17.36 Ändern Sie die Größe des angezeigten Ausschnitts an den Ziehpunkten

Über den kleinen grünen Pfeil im rechten oberen Eck des Tabellenfensters haben Sie die Möglichkeit, die Tabelle aus- bzw. wieder einzublenden.

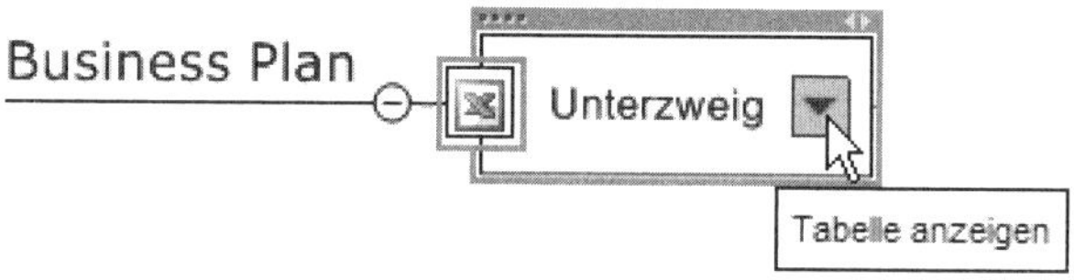

Abbildung 17.37 Die Tabelle wurde ausgeblendet

17.4.2 Werte der Excel-Tabelle ändern und in MindManager aktualisieren

Durch die zwischen MindManager und Excel hergestellte Verknüpfung können Sie die Daten in der Excel-Tabelle jederzeit ändern und in MindManager aktualisieren. Das heißt, Sie bleiben in beiden Anwendungen immer auf dem neuesten Stand.

Haben Sie eine Verknüpfung erstellt, erfolgt die Änderung der Daten immer über Microsoft Excel. Die Änderung in MindManager ist nicht möglich.

Der Chef der Controllingabteilung, von dem Sie den Business Plan erhalten haben, ruft Sie an und teilt Ihnen mit, dass er sich bezüglich der Erlöse im Januar 2006 verschrieben hat. Anstatt einem Erlös von bisher 1027 € wurde ein Erlös von 10270 € erwirtschaftet.

Sie wollen den Fehler umgehend in der Excel-Tabelle beheben. MindManager ist geöffnet, und Sie wählen den Weg über das Kontextmenü des Icons, das sich durch den Verknüpfungsvorgang links neben der Tabelle angeordnet hat.

So gehen Sie vor:

1. Klicken Sie mit der rechten Maustaste auf das Excel-Icon links neben der Tabelle in MindManager.

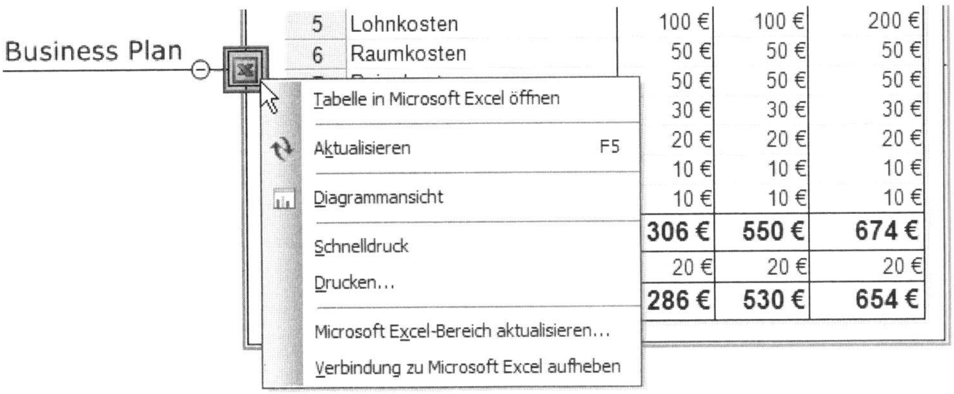

Abbildung 17.38 Öffnen Sie das Kontextmenü, um Änderungen an der Tabelle vorzunehmen

2. Wählen Sie den Befehl *Tabelle in Microsoft Excel öffnen.*
3. Der Business Plan wird nun in Excel geöffnet, und Sie können die entsprechenden Änderungen in der Tabelle vornehmen.

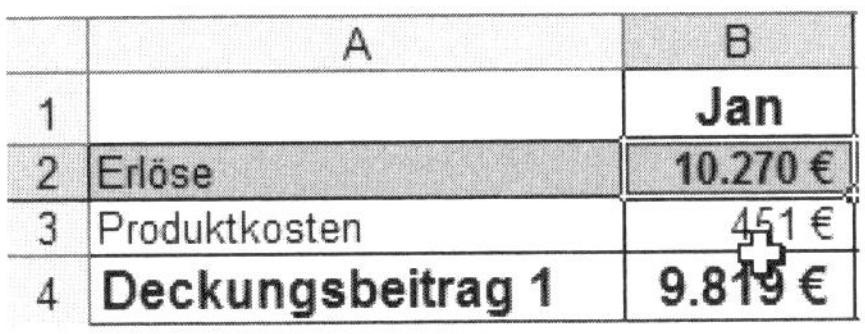

Abbildung 17.39 Die Erlöse wurden in Excel geändert

4. Wechseln Sie nun wieder in den MindManager, und klicken Sie erneut mit der rechten Maustaste auf das Excel-Icon links neben der Tabelle. (Vgl. **Abbildung 17.38**.)
5. Wählen Sie den Befehl *Aktualisieren.*

Wie in **Abbildung 17.40** dargestellt wurden nun auch die Werte innerhalb der Tabelle in MindManager aktualisiert und entsprechend der Excel-Tabelle angepasst.

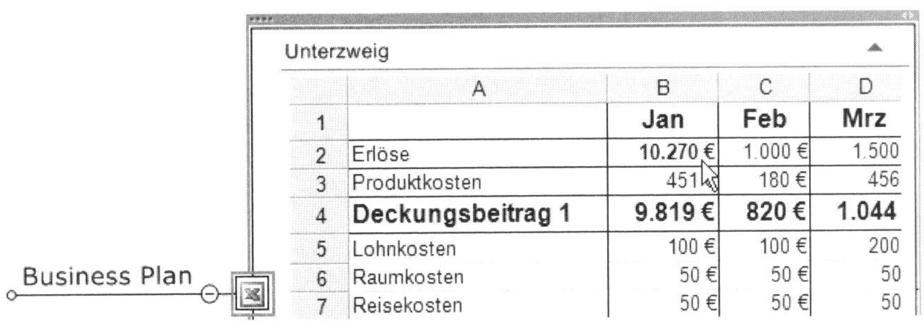

Abbildung 17.40 Die aktualisierten Werte in MindManager

17.4.3 Statistische Werte auf dem Weg von Excel zu MindManager

Wie Sie wissen, eröffnen Tabellen, Organigramme und Balkengrafiken den Mitarbeitern eines Teams ganz neue Sichtweisen.

Wie Sie Excel-Daten in den MindManager importieren, haben Sie bereits im Abschnitt 17.4.1 gelesen. Natürlich haben Sie auch die Möglichkeit, die Daten aus Excel heraus nach MindManager zu exportieren.

Gehen Sie dazu wie nachfolgend beschrieben vor:

1. Sie haben das Excel-Arbeitsblatt geöffnet und markieren den gewünschten Bereich.
2. Klicken Sie in der Standardsymbolleiste auf die Schaltfläche *Bereich mit Mindjet MindManager verknüpfen*.

Abbildung 17.41 Exportieren Sie Daten aus Excel nach MindManager

Haben Sie MindManager bereits geöffnet, wird der aktuellen Map ein neuer Zweig hinzugefügt, der die markierten Daten aus dem Arbeitsblatt enthält.

Wenn MindManager nicht geöffnet ist, wird das Programm geöffnet, und die Daten aus dem Arbeitsblatt werden als Hauptzweig in eine neue Map eingefügt.

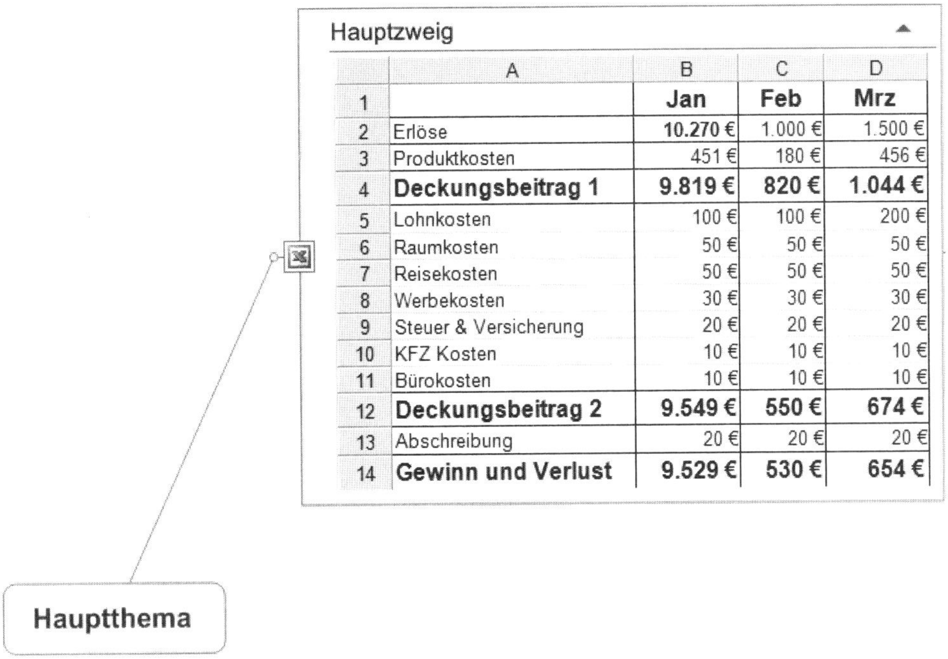

	A	B	C	D
1		**Jan**	**Feb**	**Mrz**
2	Erlöse	**10.270 €**	1.000 €	1.500 €
3	Produktkosten	451 €	180 €	456 €
4	**Deckungsbeitrag 1**	**9.819 €**	**820 €**	**1.044 €**
5	Lohnkosten	100 €	100 €	200 €
6	Raumkosten	50 €	50 €	50 €
7	Reisekosten	50 €	50 €	50 €
8	Werbekosten	30 €	30 €	30 €
9	Steuer & Versicherung	20 €	20 €	20 €
10	KFZ Kosten	10 €	10 €	10 €
11	Bürokosten	10 €	10 €	10 €
12	**Deckungsbeitrag 2**	**9.549 €**	**550 €**	**674 €**
13	Abschreibung	20 €	20 €	20 €
14	**Gewinn und Verlust**	**9.529 €**	**530 €**	**654 €**

Abbildung 17.42 Die Darstellung des neuen Zweiges, wenn MindManager zuvor nicht geöffnet war

17.4.4 Aufheben der Verbindung von Daten zu Excel

Sie können die Verbindung einer Map-Tabelle zu Excel jederzeit aufheben. Dabei wird zwar die Verknüpfung gelöst, die Daten der Map jedoch bleiben erhalten. Sie können dann auch Änderungen an den Tabellendaten in MindManager vornehmen. Diese wirken sich nicht mehr auf die Excel-Tabelle aus. Das Gleiche gilt natürlich auch umgekehrt.

Um eine Datenverbindung aufzuheben, gehen Sie folgendermaßen vor:

- Klicken Sie mit der rechten Maustaste auf das Excel-Icon links neben der Tabelle im MindManager, und wählen Sie den Befehl *Verbindung zu Microsoft Excel aufheben*.

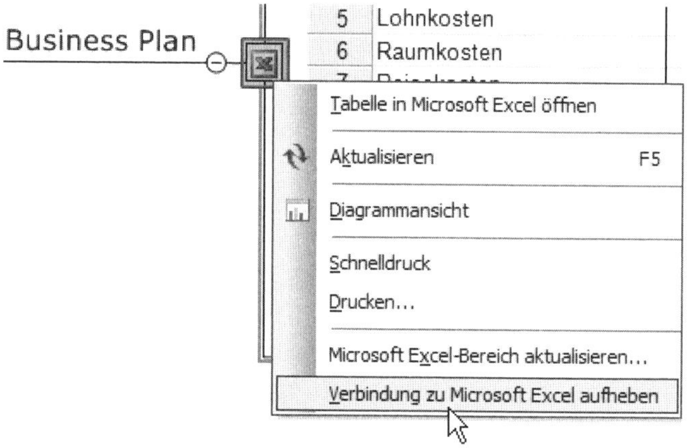

Abbildung 17.43 Heben Sie die Verknüpfung zwischen Excel und MindManager auf

Das Excel-Icon ändert sich nun in das standardmäßige MindManager-Tabellen-Icon, was Sie darauf hinweist, dass die Verknüpfung entfernt wurde und Ihre Daten jetzt in einer normalen MindManager-Tabelle liegen.

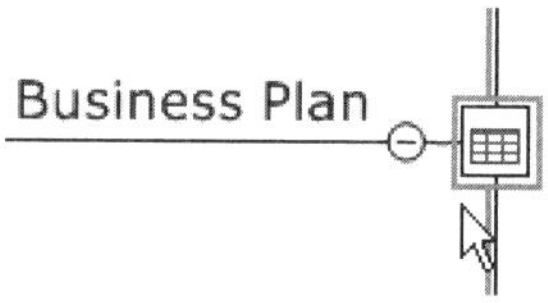

Abbildung 17.44 Das geänderte Icon in der Business Map

Bitte bedenken Sie vor der Aufhebung der Verbindung, dass MindManager keine Excel-Formeln unterstützt.

17.4.5 Ein Diagramm aus den Excel-Daten erstellen

Mit dem neuen MindManager haben Sie auch die Möglichkeit, ein Diagramm aus den mit MindManager verknüpften Excel-Daten zu erstellen.

Die Funktionalitäten, die Ihnen für die Erstellung und Formatierung von Diagrammen zur Verfügung stehen, können Sie in Abschnitt 17.2.5 ff ausführlich nachlesen.

Sie haben das erste Quartal des Business Plans aus der Excel-Tabelle mit MindManager verknüpft. Den errechneten Gewinn und Verlust des Business Plans möchten Sie nun in Diagrammform darstellen.

Gehen Sie hierzu folgendermaßen vor:

1. Klicken Sie mit der rechten Maustaste auf das Excel-Icon links neben der Tabelle, und wählen Sie den Befehl *Diagrammansicht*.

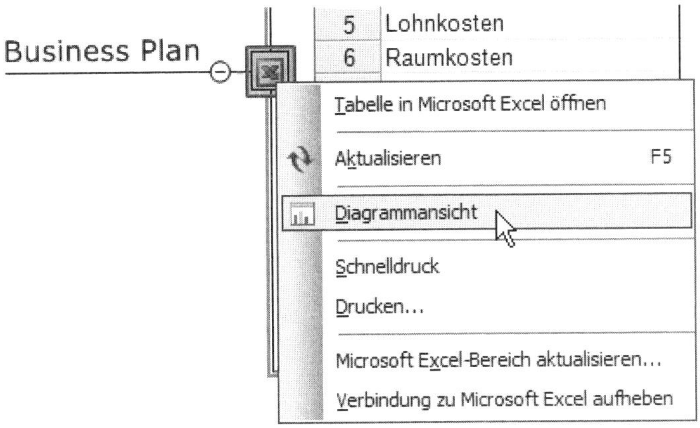

Abbildung 17.45 Erstellen Sie ein Diagramm aus den Daten der Tabelle

2. Es öffnet sich ein kleines Dialogfeld. Geben Sie unter *Daten* den darzustellenden Bereich an. In unserem Beispiel entspricht das dem *Gewinn und Verlust* der Monate Januar bis März, also den Zellen *B14* bis *D14*.

	A	B	C	D
1		Jan	Feb	Mrz
2	Erlöse	10.270 €	1.000 €	1.500 €
3	Produktkosten	451 €	180 €	456 €
4	Deckungsbeitrag 1	9.819 €	820 €	1.044 €
5	Lohnkosten	100 €	100 €	200 €
6	Raumkosten	50 €	50 €	50 €
7	Reisekosten	50 €	50 €	50 €
8	Werbekosten	30 €	30 €	30 €
9	Steuer & Versicherung	20 €	20 €	20 €
10	KFZ Kosten	10 €	10 €	10 €
11	Bürokosten	10 €	10 €	10 €
12	Deckungsbeitrag 2	9.549 €	550 €	674 €
13	Abschreibung	20 €	20 €	20 €
14	Gewinn und Verlust	9.529 €	530 €	654 €

Abbildung 17.46 Geben Sie den Bereich an, den Sie als Diagramm darstellen wollen

3. Geben Sie unter *Beschriftungen x-Achse* die Zellen an, mit denen Sie die x-Achse beschriften wollen. In unserem Beispiel entspricht die Angabe den Monaten Januar bis März, also *B1* bis *D1*.
4. Aktivieren Sie unter *Gruppieren nach* die Option *Zeilen*.
5. Klicken Sie anschließend auf *OK*.

Das Ergebnis in der Map sehen Sie in **Abbildung 17.47**.

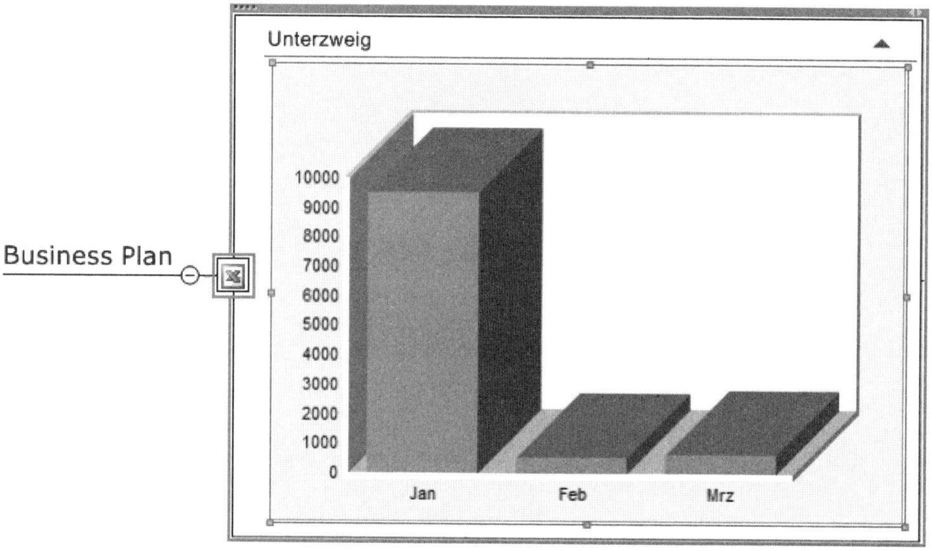

Abbildung 17.47 Die grafische Darstellung von Gewinn und Verlust in den Monaten Januar bis März

Sie sehen, wie einfach, unkompliziert und schnell sowohl die Tabellenkalkulation innerhalb MindManagers als auch die Zusammenarbeit zwischen MindManager und Microsoft Excel zu handhaben sind.

Mit wenigen Mausklicks generieren Sie ansprechende und aussagekräftige Tabellen und Diagramme direkt in MindManager und sind damit für jedes Meeting und eine mögliche Präsentation von Zahlen bestens gerüstet.

18

Mindjet MindManager Pro 6 und Microsoft Outlook

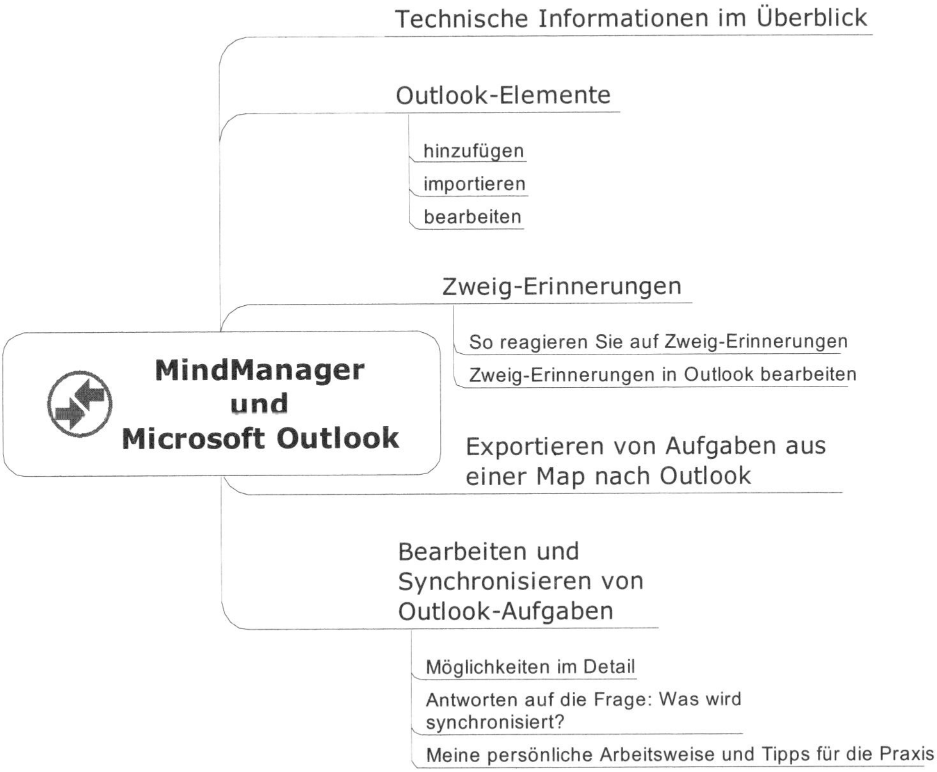

18 Mindjet MindManager Pro 6 und Microsoft Outlook

Die Firma Expando möchte das Unternehmen FLEXIA mit der Gestaltung und Ausstattung der zwei neuen Konferenzräume beauftragen. Stellen Sie sich vor, Sie sind Außendienstmitarbeiter in diesem Unternehmen und betreuen die Firma Expando. Sie haben morgen einen Telefontermin, in dem die nächsten Schritte zu klären sind. Sie bereiten sich auf das Gespräch mit dem Kunden vor: Kontaktinformationen des Ansprechpartners, Aufgaben und Termine sind zu organisieren, Ergebnisse wollen dokumentiert werden, was wurde bisher gemacht etc. Dabei ist es wichtig, den Überblick zu behalten.

Sie haben Ihre Aufgaben in Outlook stehen, die V-Card des Kunden in der Kundendatei, Termine in der Terminliste. Wichtige Unterlagen wie die Kalkulation, die Produktbeschreibung, die Präsentation, das Angebot etc. liegen verteilt in Ihrer Verzeichnisstruktur. Verschiedene Informationen haben Sie bereits übersichtlich in einer Map zusammengefasst. Nun wollen Sie Aufgaben, Termine, Kontaktdaten etc. aus Outlook in die Map übertragen.

Es gibt viel zu tun – packen wir es an.

18.1 Ein paar technische Informationen im Überblick

Im Lieferumfang von Mindjet®MindManager® Pro 6 ist das Outlook Linker-Add-In enthalten. Mit seiner Hilfe können Sie Ihrer Map Outlook-Elemente hinzufügen, die mit ihren Gegenstücken in Outlook verknüpft bleiben und somit synchron gehalten werden. Sie haben folgende Möglichkeiten:

- In MindManager neue Outlook-Elemente hinzufügen, um ein neues Outlook-Element anzulegen und es als Zweig in die Map aufzunehmen.
- Vorhandene Elemente aus Outlook importieren, um in der aktuellen MindManager-Map neue Zweige mit Outlook-Elementen anzulegen.

Diese Outlook-Elemente können Sie anschließend in MindManager oder direkt in Outlook bearbeiten.

Ferner gibt es eine Export- und Synchronisierungsfunktion, mit der Sie vorhandene MindManager-Zweige als Aufgaben in Outlook exportieren können. Anschließend können Sie die Aufgaben in MindManager oder Outlook bearbeiten und mit der Funktion *Outlook-Aufgaben synchronisieren* synchron halten.

Die Export- und Synchronisierungsfunktion dient vorrangig der Gewährleistung der Abwärtskompatibilität mit Maps aus früheren Versionen, die diese Option nutzten, und der Umwandlung vorhandener MindManager-Zweige mit Aufgabeninfos in Outlook-Aufgaben.

Günstiger ist es, Aufgaben in MindManager anzulegen, indem Sie neue Outlook-Elemente aufnehmen oder Aufgaben aus Outlook importieren. Diese zeigen alle Aufgabeninfos in MindManager an und werden automatisch synchron gehalten.

Ferner können Sie mit der MindManager-Funktion *Zweig-Erinnerung* auch Zweigen Erinnerungen anlegen und automatisch einen entsprechenden Outlook-Termin erzeugen lassen. Zweig-Erinnerungen werden synchronisiert und können in beiden Anwendungen bearbeitet werden.

Diese Option ist nur in der Pro-Version verfügbar. Wenn im Menü *Extras* der Eintrag *Outlook-Aufgaben* fehlt, prüfen Sie unter *Extras/Add-Ins*, ob das Add-In aktiviert ist.

18.2 »Der neue Termin in Windeseile« – Hinzufügen neuer Outlook-Elemente

Stellen Sie sich vor, Sie haben Ihre Map »Kundenblatt Expando GmbH« geöffnet und bereiten sich für das Gespräch mit der Firma Expando vor. In diesem Moment ruft Sie Herr Westermann von der Firma Expando an und teilt Ihnen mit, dass er Ihr Ansprechpartner für alle weiteren Schritte ist. Sie vereinbaren einen Besprechungstermin, um vor Ort die Einzelheiten zu klären. Diesen Termin möchten Sie in Outlook eintragen, aber auch als Information in der Map speichern.

Der *Outlook Linker* bietet Befehle und spezielle Smart Map Parts, mit denen Sie in MindManager ein neues Outlook-Element anlegen (z. B. Notiz, Aufgabe, Ordner) und es als Zweig in Ihre Map aufnehmen.

Sie haben zwei Möglichkeiten, den neuen Outlook-Termin aus MindManager heraus zu erzeugen:

1. Fügen Sie den *Outlook Linker-Map Part* »Termin« aus dem MindManager-Aufgabenbereich *Map Parts* in die Map ein. Die Map Parts sind in einem Outlook Linker-Ordner abgelegt und nach dem Outlook-Element benannt, das von Ihnen erzeugt werden soll.

Abbildung 18.1 Der Outlook Linker Map Part »Termin« im Aufgabenbereich

Hinweis in eigener Sache: Der hier abgebildete Aufgabenbereich *Map Parts* ist bereits individuell mit eigenen Map Parts angepasst und entspricht daher nicht der Darstellung Ihres MindManager-Aufgabenbereichs.

2. Klicken Sie in der Menüleiste auf *Einfügen/Microsoft Outlook-Element*, und wählen Sie dann das gewünschte Element.

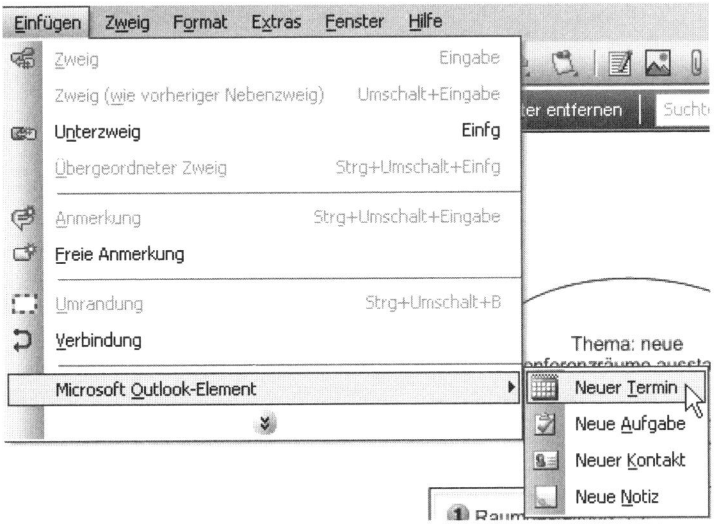

Abbildung 18.2 Fügen Sie das Outlook-Element über das Menü ein

Das neue Outlook-Element wird erzeugt und das dazugehörige Outlook-Formular geöffnet. Hier geben Sie die erforderlichen Daten ein.

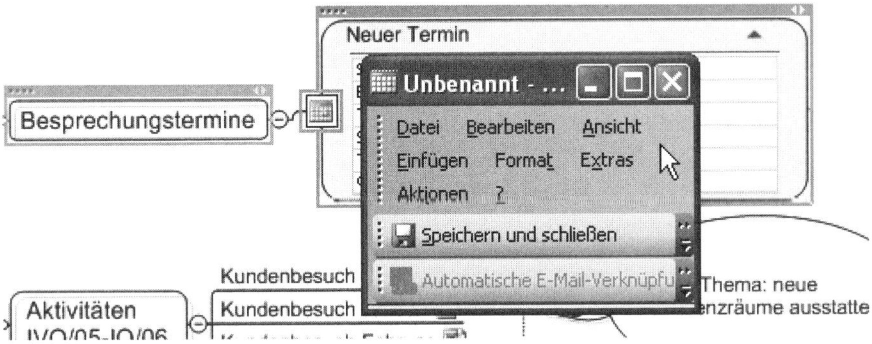

Abbildung 18.3 Notieren Sie die gewünschten Daten im Outlook-Element

Haben Sie die Informationen, in diesem Fall die Termindaten, in Ihrem Outlook-Element notiert, gehen Sie wie folgt vor:

1. Klicken Sie auf die Schaltfläche *Speichern und schließen*, um das neue Element in Outlook zu speichern.
2. Bestätigen Sie die Sicherheitsabfrage mit *Ja*.

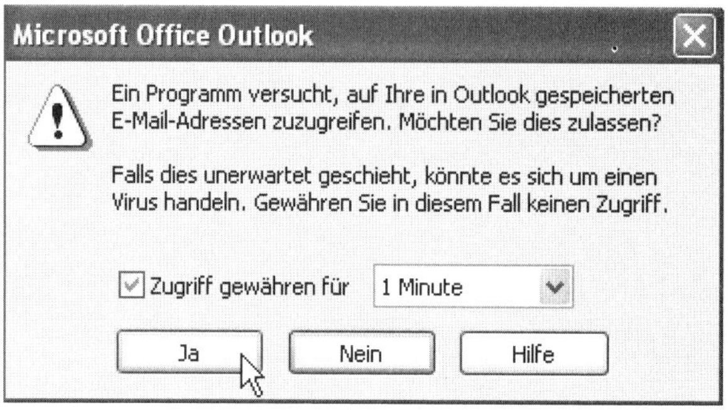

Abbildung 18.4 Gewähren Sie den Zugriff auf Outlook

3. Der eingefügte Map Part wird nun mit Elementdaten gefüllt.

Abbildung 18.5 Dem Map Part werden die gewünschten Informationen zugewiesen

Möchten Sie das Erzeugen des Outlook-Elements abbrechen und den MindManager-Map Part entfernen, klicken Sie in dem in **Abbildung 18.4** dargestellten Dialogfeld auf *Nein*.

Zwei Stunden später ruft Herr Westermann nochmals an, da der Termin leider verschoben werden muss. Die Besprechung kann erst um 15 Uhr beginnen. Sie arbeiten gerade in Outlook, öffnen Ihren Kalender und können den Termin um 15 Uhr bestätigen. Der Termin wird von Ihnen direkt in Outlook aktualisiert.

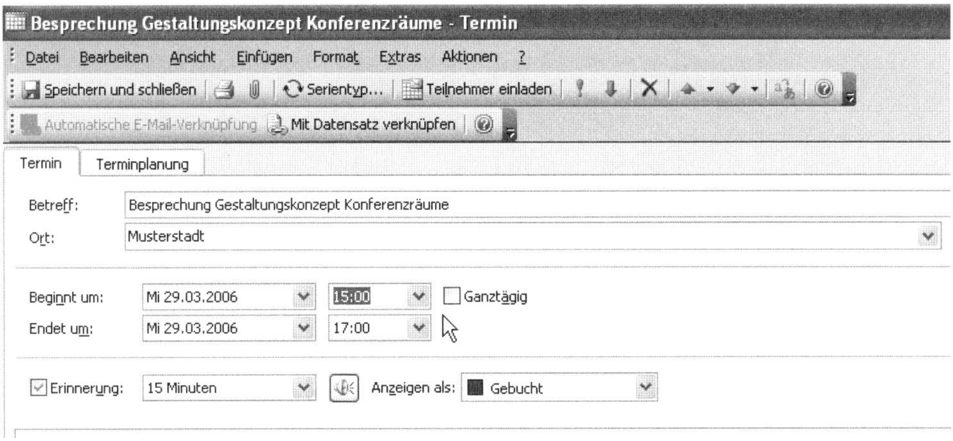

Abbildung 18.6 Aktualisieren Sie den Termin in Outlook

Ändert sich etwas an dem Termin, können Sie das Element entweder in MindManager oder in Outlook bearbeiten. Die vorgenommenen Änderungen werden auf die jeweils andere Anwendung übertragen.

Abbildung 18.7 Der geänderte Termin wird automatisch in MindManager aktualisiert

Sie können die Verbindung eines Elements zu Outlook aufheben: Es ist dann nicht mehr mit einem Outlook-Element verknüpft, und sein Inhalt wird in einen Satz benutzerdefinierter Eigenschaften umgewandelt. Eine Synchronisation findet anschließend nicht mehr statt.

Als Gedächtnisstütze ergänzen Sie die Map sofort mit dem Zweig »interne Besprechung mit Architekt, Techniker«. Nach einem Telefonat mit dem Architekten wollen Sie den Besprechungstermin festhalten, damit die Umsetzung des Konzeptes »Fa. Expando« reibungslos erfolgen kann.

So gehen Sie vor, um den bestehenden Zweig in einen Outlook-Termin umzuwandeln.

1. Klicken Sie mit der rechten Maustaste auf den Zweig »interne Besprechung mit Architekt, Techniker«.
2. Klicken Sie in dem Kontextmenü auf *Senden an*.
3. Klicken Sie Microsoft Outlook als Aufgabe oder Microsoft Outlook als Termin.

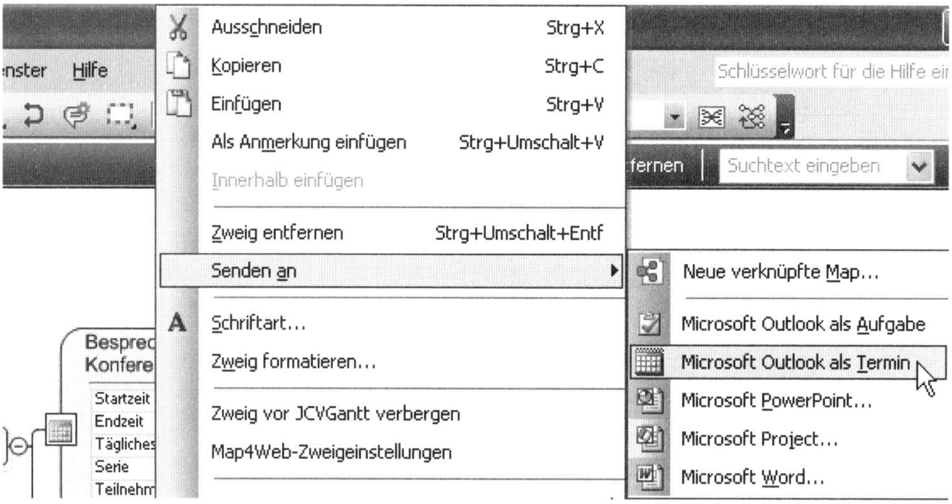

Abbildung 18.8 Wandeln Sie den Zweig in einen Outlook-Termin um

Das neue Outlook-Element wird erzeugt und das Termin-Formular geöffnet, damit Sie die erforderlichen Daten eingeben können.

4. Klicken Sie auf *Speichern und Schließen*, um das neue Element in Outlook zu speichern. Der eingefügte Map Part ist nun mit den Elementdaten gefüllt.

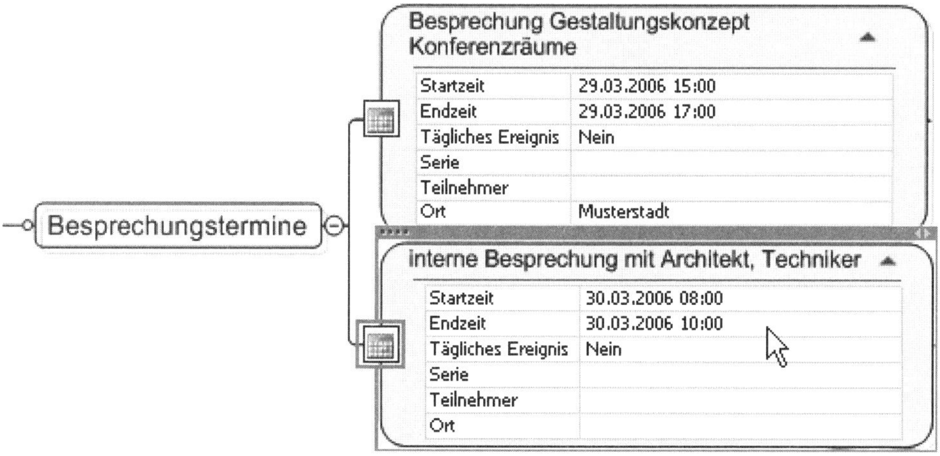

Abbildung 18.9 Aus dem Zweig wurde eine Outlook-Aufgabe

Möchten Sie keine automatische Aktualisierung der Outlook-Daten, können Sie die Verbindung eines Elements zu Outlook aufheben. Gehen Sie dazu folgendermaßen vor:

1. Klicken Sie mit der rechten Maustaste auf das Outlook-Symbol am Zweig.
2. Wählen Sie den Befehl *Verbindung zu Microsoft Outlook trennen.*

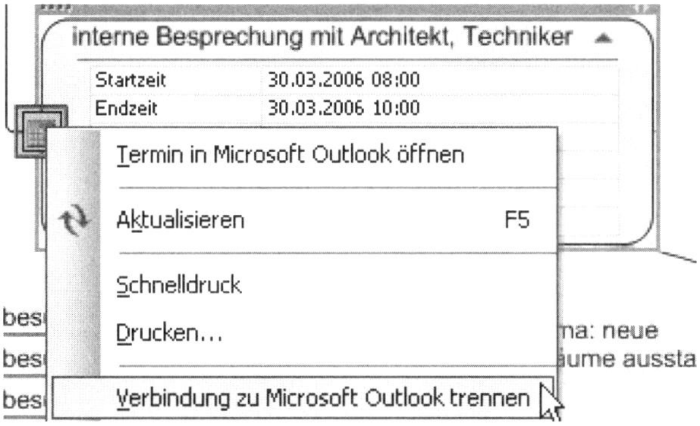

Abbildung 18.10 Heben Sie die Verbindung zu Outlook auf

18.3 »Keine doppelten Arbeiten« – Importieren von Outlook-Elementen in Ihre Map

Sie kennen Herrn Westermann schon von früheren Aufträgen und freuen sich, dass er auch in diesem Fall Ihr Ansprechpartner ist. Seine Kontaktdaten liegen Ihnen in Outlook vor. Im Zusammenhang mit Ihren Vorbereitungen möchten Sie diese in die Map einbinden.

Sie haben die Map geöffnet und den Zweig »Ansprechpartner« markiert, damit das Outlook-Element genau platziert werden kann. Gehen Sie dann in Outlook wie folgt vor:

1. Wählen Sie eines oder mehrere Elemente aus den Kontaktdaten.

Abbildung 18.11 Markieren Sie die gewünschten Kontaktdaten in Outlook

2. Klicken Sie dann auf die Schaltfläche *Ausgewählte Elemente in Mindjet MindManager exportieren* in der Standardsymbolleiste von Outlook.

Abbildung 18.12 Senden Sie Outlook-Elemente an MindManager

Die Kontaktdaten werden als Zweige unter dem ausgewählten Zweig oder, wenn nichts markiert wurde, als Hauptzweige eingefügt.

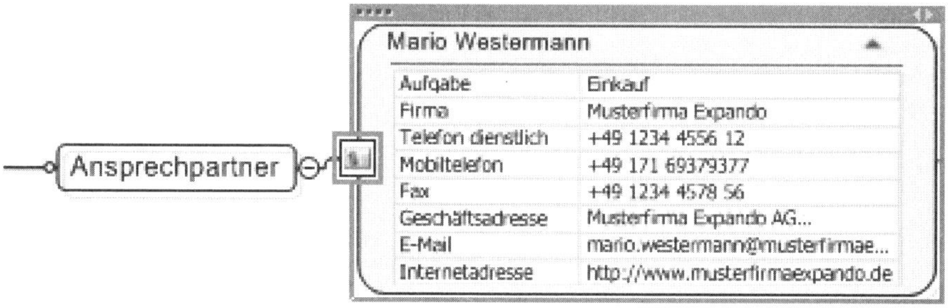

Abbildung 18.13 Die Kontaktdaten aus Outlook in MindManager

Ändern sich die Kontaktdaten, können Sie das Element entweder in MindManager oder in Outlook bearbeiten. Die vorgenommenen Änderungen werden auf die jeweils andere Anwendung übertragen.

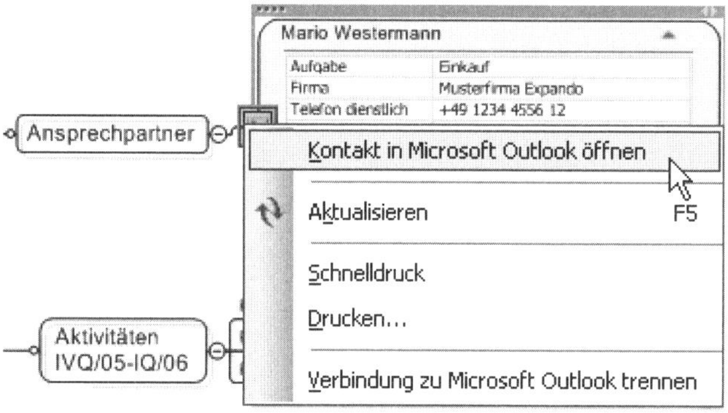

Abbildung 18.14 Nehmen Sie Aktualisierungen in Outlook oder in MindManager vor

Sie können auch hier die Verbindung zu Outlook aufheben: Der Zweig ist dann nicht mehr mit dem Outlook-Element verknüpft, und sein Inhalt wird in einen Satz benutzerdefinierter Eigenschaften umgewandelt. Eine Synchronisation findet anschließend nicht mehr statt.

18.4 »Aktualisieren leicht gemacht« – Bearbeiten von Outlook-Elementen

Die Telefondurchwahl Ihres Ansprechpartners bei der Firma Expando hat sich geändert. Die neue Durchwahl lautet 20. Die Kontaktdaten müssen von Ihnen aktualisiert werden.

Sie können die Outlook-Elemente wie gewohnt in Outlook bearbeiten. Die Änderungen schlagen sich dann automatisch auch in MindManager nieder. Darüber hinaus können Sie in MindManager den Bearbeitungsmodus starten.

Arbeiten Sie gerade in der Kunden-Map, können Sie das Outlook-Element *Kontaktdaten* als Zweig in MindManager bearbeiten, ohne nach Outlook zu wechseln.

So gehen Sie dazu vor:

1. Klicken Sie mit der rechten Maustaste auf das Symbol am Zweig des Outlook-Elements (in unserem Beispiel für den Outlook-Kontakt).
2. Wählen Sie *Kontakt in Microsoft Outlook öffnen.*

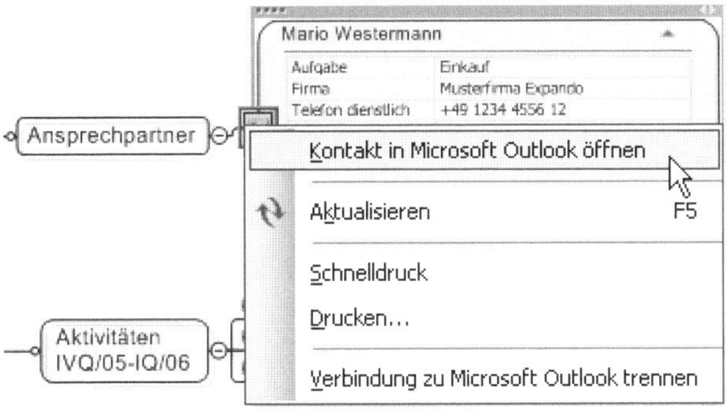

Abbildung 18.15 Öffnen Sie den zu bearbeitenden Kontakt in Outlook

Das Element wird in Outlook geöffnet, wo Sie es bearbeiten können.

3. Klicken Sie anschließend auf *Speichern und schließen*, um das neue Element in Outlook zu speichern.
4. Bestätigen Sie die Zugriffswarnung mit *Ja*.

Die Aktualisierung der Durchwahl wird durchgeführt.

Abbildung 18.16 Die Kontaktdaten bzw. die Durchwahl in der Map wurden aktualisiert

18.5 »Die Map auf dem Silbertablett« – Anlegen von Zweig-Erinnerungen

Sie wissen aus der Vergangenheit, dass der Zeitrahmen Ihres Auftraggebers sehr eng ist. Daher legen Sie sich bereits die ersten Grundschritte für die To-do-Liste an. Sie möchten nach dem Termin mit Ihrem Gesprächspartner sofort die weiteren Schritte planen. Die Aufgaben müssen detailliert ausgearbeitet werden.

Da Sie das übersichtliche Arbeiten in MindManager sehr schätzen, wollen Sie Ihre Aufgaben erst in der Map ausarbeiten. Hierzu möchten Sie eine automatisch Erinnerung und die Map an dem gewünschten Tag auf einem »Silbertablett« präsentiert bekommen.

Mit der *Zweig-Erinnerungsfunktion* von MindManager können Sie festlegen, dass eine bestimmte Map zu einem angegebenen Zeitpunkt automatisch geöffnet wird. Dies ist mit der Termin- und Erinnerungsfunktion von Microsoft Outlook, die Sie vielleicht bereits nutzen, vergleichbar.

Weisen Sie einem Zweig eine Erinnerung zu, versäumen Sie es nicht, die Map zu überarbeiten, zu bearbeiten bzw. sich auf einen Termin vorzubereiten. Eine Erinnerung können Sie für einen beliebigen Map-Zweig festlegen.

Die Verwaltung der Zweig-Erinnerungen erfolgt über einen speziellen MindManager-Zweig-Erinnerungsdienst, der immer im Hintergrund ausgeführt wird. Der große Vorteil ist, dass es keine Rolle spielt, ob Sie gerade mit MindManager arbeiten oder nicht.

Sie haben die Möglichkeit, Ihre Zweig-Erinnerungen mit Microsoft Outlook zu synchronisieren und abzugleichen. Dadurch können Sie sie in einer anderen Anwendung anzeigen und bearbeiten. Das heißt, dass MindManager-Erinnerungen immer die Änderungen, die in Outlook vorgenommen wurden, widerspiegeln. Das gilt natürlich auch umgekehrt.

Zweig-Erinnerungen sind nur in der Mindjet MindManager Pro Edition verfügbar.

Um dem Zweig »To-dos« eine Zweig-Erinnerung zuzuweisen, gehen Sie wie folgt vor:

1. Markieren Sie den gewünschten Zweig.

Speichern Sie zunächst Ihre Map, falls Sie dies nicht bereits getan haben. Eine Zweig-Erinnerung können Sie erst dann erstellen, wenn die betreffende Map gespeichert wurde.

2. Wählen Sie den Menübefehl *Zweig/Erinnerung*.

Abbildung 18.17 Öffnen Sie die Erinnerungsfunktion

3. Geben Sie die Informationen für die Erinnerung ein.

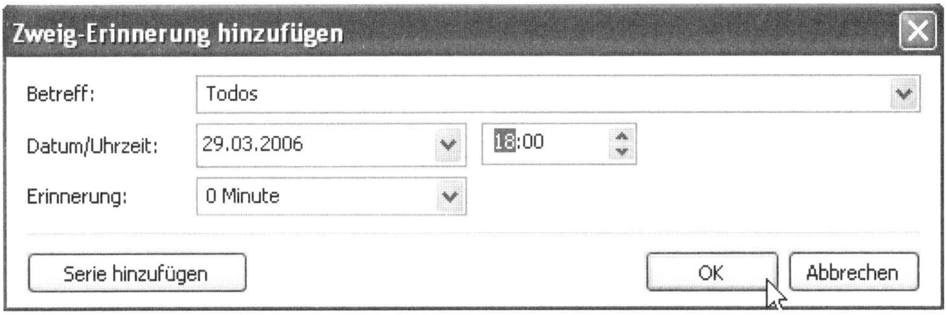

Abbildung 18.18 Füllen Sie das Dialogfeld mit den gewünschten Informationen

Die Einstellungsoptionen im Überblick

- **Betreff:** Hier ist standardmäßig der Zweigtext eingetragen. Wählen Sie über das Pull-down-Menü des Feldes *Betreff* einen Betreff, der häufig verwendet wird, oder geben Sie einen neuen Betreff ein.
- **Datum und Uhrzeit:** Zeitpunkt des Auftretens des Ereignisses oder der Fälligkeit einer Aufgabe.
- **Erinnerung:** Wie lange vor dem Fälligkeitsdatum und der dazugehörigen Uhrzeit soll die Erinnerung angezeigt werden (bis zu zwei Wochen).
- **Serie hinzufügen:** Legen Sie fest, ob diese Erinnerung wiederholt werden soll und, wenn ja, wie oft.

4. Bestätigen Sie Ihre Eingaben mit *OK*.

Am Zweig wird das *Zweig-Erinnerungssymbol* angezeigt.

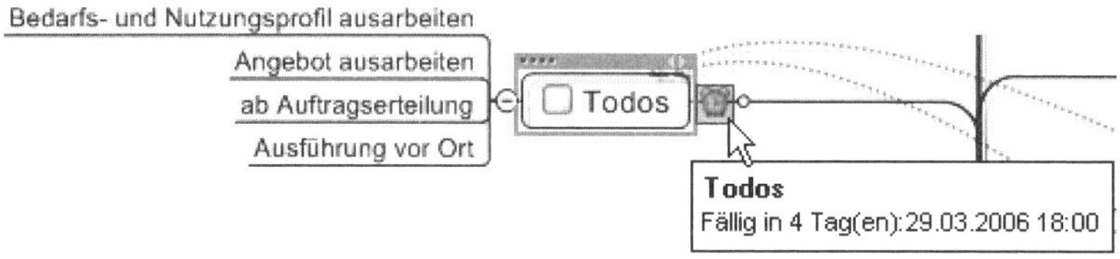

Abbildung 18.19 Dem Zweig wurde das Erinnerungssymbol zugewiesen

Mit dem Menübefehl *Ansicht/Einblenden/Ausblenden* können Sie diese Symbole ein- bzw. ausblenden.

18.5.1 »Das Silbertablett in Aktion« – so reagieren Sie auf Zweig-Erinnerungen

Sie kommen nach dem Gesprächstermin in Ihr Büro zurück. Als Erstes sehen Sie in Outlook nach wichtigen neuen E-Mails. Pünktlich zu Ihrem angegebenen Termin erscheint eine Erinnerung, dass Sie noch einiges für den Kunden »Expando« ausarbeiten wollen.

Wird eine Zweig-Erinnerung fällig, öffnet sich ein MindManager-Dialogfeld mit der entsprechenden Zweig-Erinnerung. Dort sind der Betreff der aktuellen Erinnerung, die dazugehörige Map, der Zeitpunkt für die Erinnerung und eine Information darüber angegeben, ob die Erinnerung aktuell oder überfällig ist.

Ferner sind Erinnerungen aus der Vergangenheit aufgeführt, auf die Sie nicht reagiert haben. Die aktuelle Erinnerung ist ausgewählt, Sie können aber auf jede Erinnerung in der Liste reagieren.

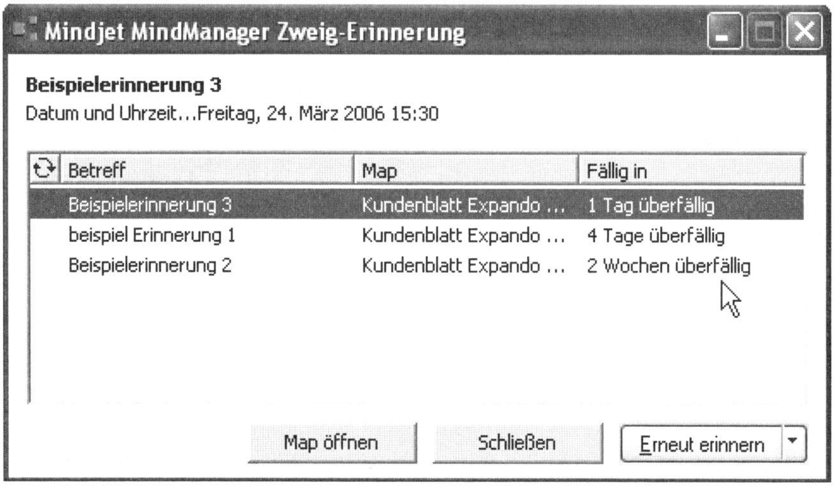

Abbildung 18.20 Beispielhafte Erinnerungen

Ihnen stehen folgende Aktionen, die wir Ihnen hier näher erläutern möchten, zur Verfügung (vgl. Sie **Abbildung 18.20**):

- **Map öffnen:** Öffnet die Map und markiert den Zweig, der Quelle der Erinnerung ist. Das Dialogfeld *Zweig-Erinnerung* bleibt offen, um folgende Aktionen auszuführen:
  - **Verwerfen:** Heißt, dass Sie die Erinnerung zur Kenntnis genommen haben und nicht wieder angezeigt bekommen möchten.
  - **Erneut erinnern:** Mit dieser Option können Sie die Erinnerung auf den von Ihnen in der Auswahlliste des Pulldown-Pfeils *Gewählten Zeitpunkt* verschieben.

Möchten Sie sich einen Überblick über alle früheren (nicht gelöschten), aktuellen und zukünftigen Erinnerungen verschaffen, dann gehen Sie wie folgt vor:

- Klicken Sie auf *Extras/Zweig-Erinnerungen*.

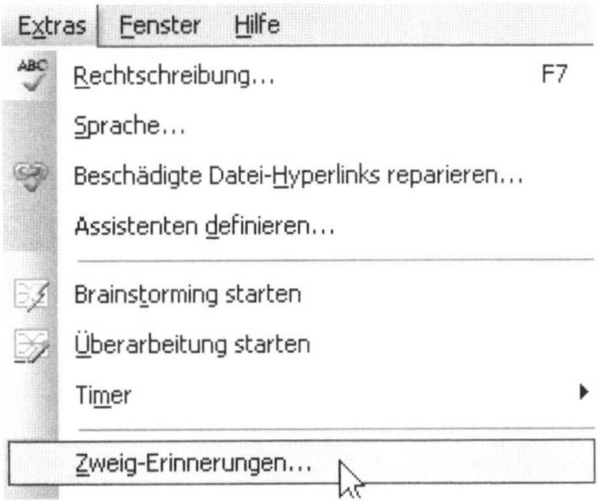

Abbildung 18.21 Verschaffen Sie sich einen Überblick über Ihre Zweig-Erinnerungen

- Es öffnet sich das Dialogfeld *Zweig-Erinnerungen*.

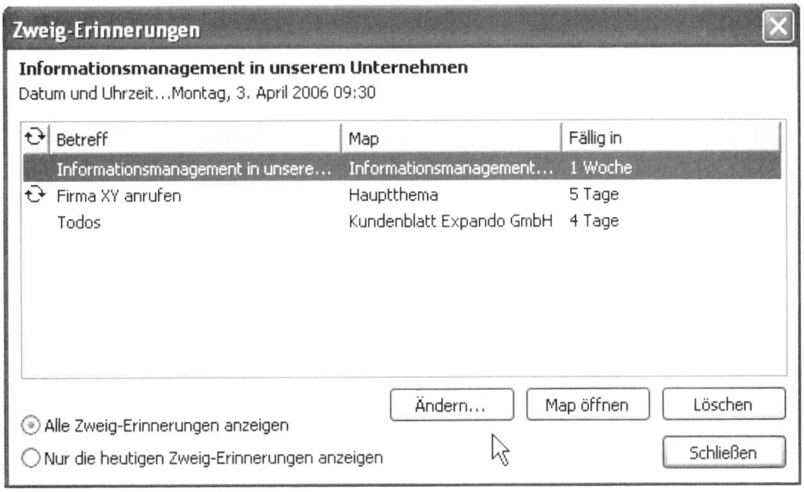

Abbildung 18.22 Das Dialogfeld *Zweig-Erinnerungen*

Das Zweig-Erinnerungs-Fenster im Detail

- In der Spalte *Fällig in* werden eine Liste aller aktuellen Zweig-Erinnerungen sowie ihr jeweiliger Status angezeigt.
  Wenn eine Zweig-Erinnerung als *überfällig* angegeben ist, ist ihre Erinnerungsdauer bereits abgelaufen, die Erinnerung wurde aber nie geöffnet oder verworfen.
- Zum Löschen einer solchen Erinnerung können Sie die Option *Löschen* verwenden. Wie Sie dazu vorgehen, erfahren Sie zu einem späteren Zeitpunkt. Wahlweise können Sie sie auch bearbeiten, um ihr Fälligkeitsdatum und die Uhrzeit zurückzusetzen.
- Andere Zweig-Erinnerungen werden angezeigt, wenn sie fällig sind. Es besteht zudem die Möglichkeit, sich über die Option *Nur die heutigen Zweig-Erinnerungen anzeigen* nur die Zweig-Erinnerungen des jeweiligen Tages anzeigen zu lassen.
- **Fett** gedruckter Text heißt, dass die Zweig-Erinnerung aktiv ist (innerhalb ihres Erinnerungszeitraums).

Wenn Sie eine Zweig-Erinnerung in der Liste ausgewählt haben, stehen folgende Optionen zur Verfügung:

- **Bearbeiten:** Damit ändern Sie die Erinnerungsdaten der Zweig-Erinnerung.
- **Map öffnen:** Damit zeigen Sie die Map an, aus der die Zweig-Erinnerung stammt.
- **Löschen:** Damit entfernen Sie die Erinnerung aus Ihrem System.

Dies ist die einzige Möglichkeit, eine Erinnerung zu löschen. Das Löschen des Zweiges oder der Map, aus der die Erinnerung stammt, bewirkt nicht, dass die Zweig-Erinnerung aus dem Benachrichtigungssystem gelöscht wird.

Haben Sie Ihre Aufgaben erledigt und möchten die Zweig-Erinnerung löschen, klicken Sie mit der rechten Maustaste auf das Erinnerungssymbol am entsprechenden Zweig und wählen den Befehl *Löschen*.

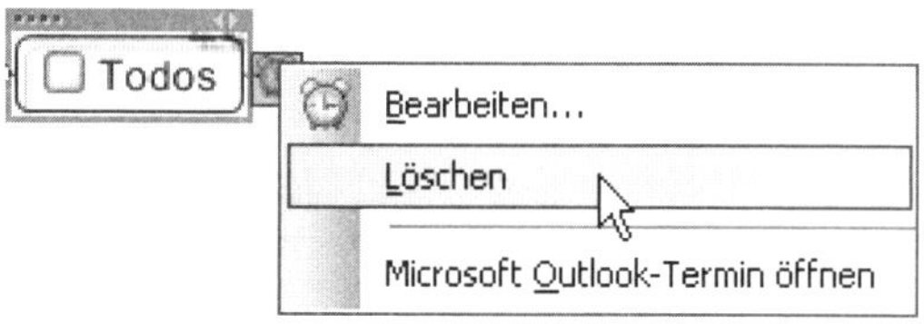

Abbildung 18.23 Entfernen Sie Zweig-Erinnerungen aus Ihrer Map

Genauso gehen Sie auch vor, wenn Sie Ihre Zweig-Erinnerung bearbeiten möchten, bspw. wenn Sie den Bearbeitungstermin verändern wollen.

Damit Sie Ihre Zweig-Erinnerungen mit Outlook synchronisieren können, muss die *Synchronisierungsoption* für Zweig-Erinnerungen aktiviert sein. Die Funktion ist standardmäßig aktiviert.

Die von Ihnen in MindManager angelegten Erinnerungen werden in Outlook als Termine angezeigt und erscheinen in Ihrem Outlook-Kalender. Die Erinnerungsdaten können Sie dort wie bei jedem anderen Termin anzeigen und bearbeiten.

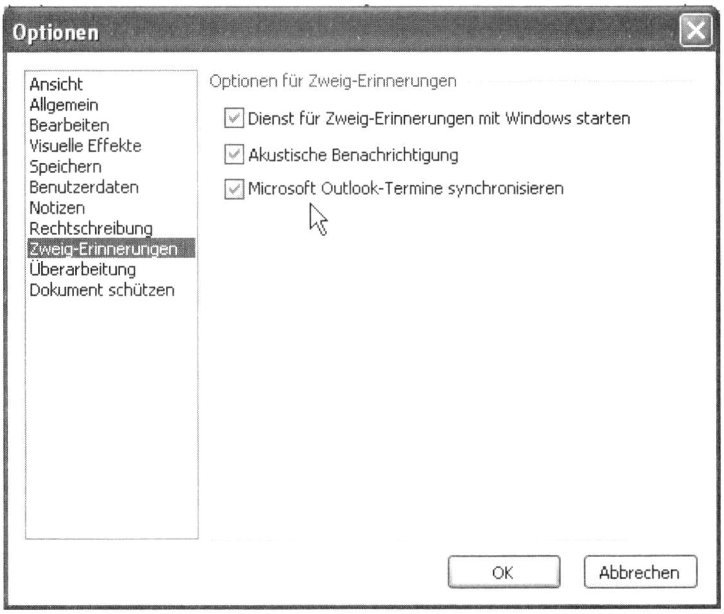

Abbildung 18.24 Aktivieren Sie die Synchronisationsfunktion der Erinnerungen mit Outlook

Wenn Sie Zweig-Erinnerungen anlegen möchten, ohne dass in Outlook entsprechende Termine angelegt werden, deaktivieren Sie die Synchronisierungsoption. (Siehe **Abbildung 18.24**.)

18.5.2 Zweig-Erinnerungen in Outlook bearbeiten

Wenn Sie einen auf einer Zweig-Erinnerung basierenden Termin in Outlook ansehen und bearbeiten möchten, gehen Sie wie folgt vor:

1. Öffnen Sie den Termin direkt in Outlook oder aus MindManager heraus.

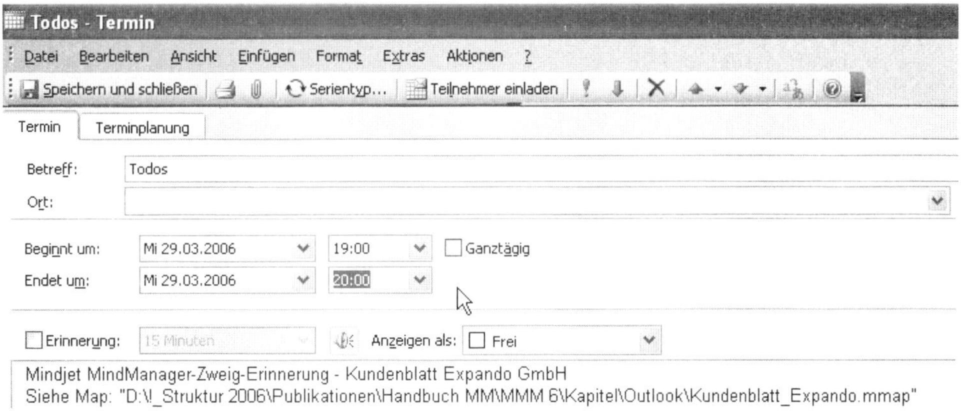

Abbildung 18.25 Der Erinnerungstermin in Outlook

2. Wenn Sie den Termin direkt in Outlook öffnen, führen Sie eine Doppelklick auf den entsprechenden Eintrag im Kalender aus.
3. Möchten Sie den Termin aus MindManager heraus öffnen, klicken Sie mit der rechten Maustaste auf das Erinnerungssymbol, und wählen Sie den Eintrag *Outlook-Termin öffnen*.

Abbildung 18.26 Öffnen Sie den Termin in Outlook aus MindManager heraus

4. Bearbeiten Sie die angezeigten Daten. Ihre Änderungen spiegeln sich automatisch in der Zweig-Erinnerung wider.

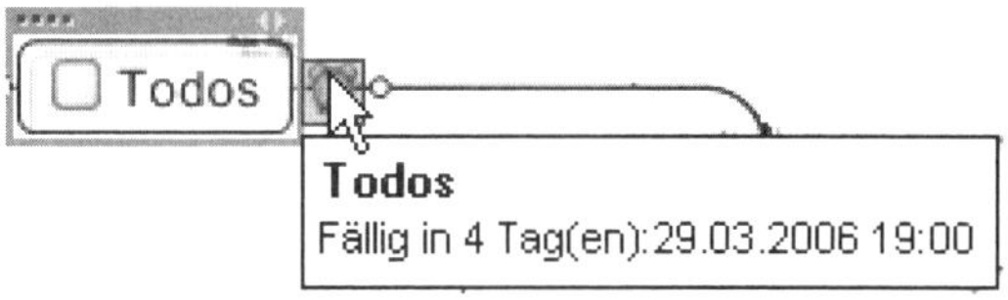

Abbildung 18.27 Die Aktualisierung in der Map

Für Termine, die auf der Basis von Zweig-Erinnerungen angelegt wurden, wird in Outlook keine Erinnerung eingerichtet. Die Erinnerungen, die Sie erhalten, kommen vom *MindManager-Dienst für Zweig-Erinnerungen*. Wenn Sie die Erinnerungsfunktion von Outlook für einen Termin aktivieren, der aus einer Zweig-Erinnerung hervorgegangen ist, erhalten Sie zwei Erinnerungen – eine aus dem Erinnerungssystem von Outlook und eine aus MindManager.

Der Status der Zweig-Erinnerungszeit wird in Outlook nicht automatisch geändert (d.h., er wird als »Frei« angezeigt). Sie können diesen Status bei Bedarf in Outlook ändern.

18.6 Exportieren von Aufgaben aus einer Map nach Outlook

Von der Aufgabenplanung in der Map nach Outlook

In der Besprechung mit dem Architekten und dem Techniker haben Sie die nächsten Aufgaben definiert und in einer Map festgehalten. Die Aufgaben sind nun den einzelnen Bereichen zuzuordnen. Sie sind verantwortlich und müssen alles im Überblick behalten. Die Anforderung besteht darin, dass Sie jederzeit dem Kunden über die einzelnen Arbeitsschritte Auskunft geben können.

Sie wollen daher die Funktionen *Aufgaben in Outlook exportieren* und *Outlook-Aufgaben synchronisieren* nutzen.

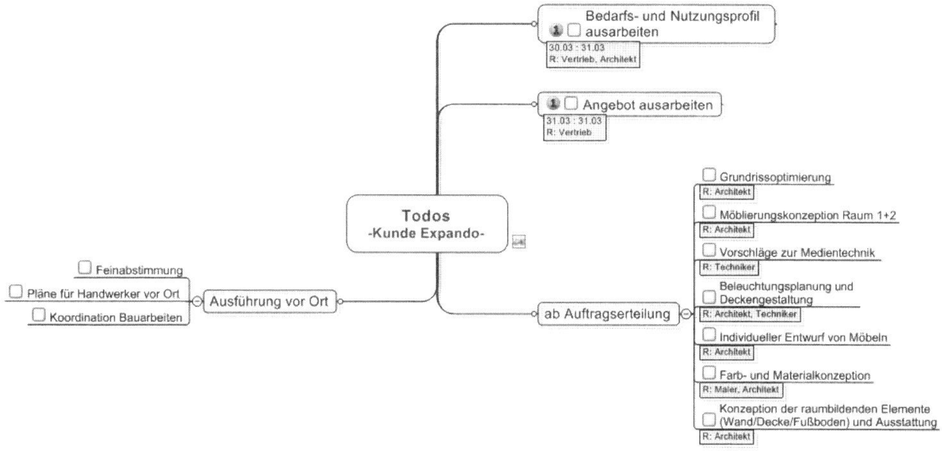

Abbildung 18.28 Die To-dos in der Besprechungs-Map

Was ist zu tun?

Für die Funktionen *Aufgaben in Microsoft Outlook exportieren* und *Microsoft Outlook-Aufgaben synchronisieren* wird dasselbe Dialogfeld verwendet. Einige der dort aufgeführten Synchronisierungsoptionen werden für den ersten Schritt – den Export der Aufgaben – nicht benötigt.

So gehen Sie vor, wenn Sie Aufgaben nach Outlook exportieren wollen:

1. Klicken Sie auf die Schaltfläche *Export Microsoft –Outlook-Aufgaben* in der Exportsymbolleiste am unteren Rand des MindManager-Fensters.

Abbildung 18.29 Die Exportleiste

2. Es öffnet sich ein Dialogfeld, in dem Sie Einstellungen für den Export vornehmen können. Bestätigen Sie mit *OK*.

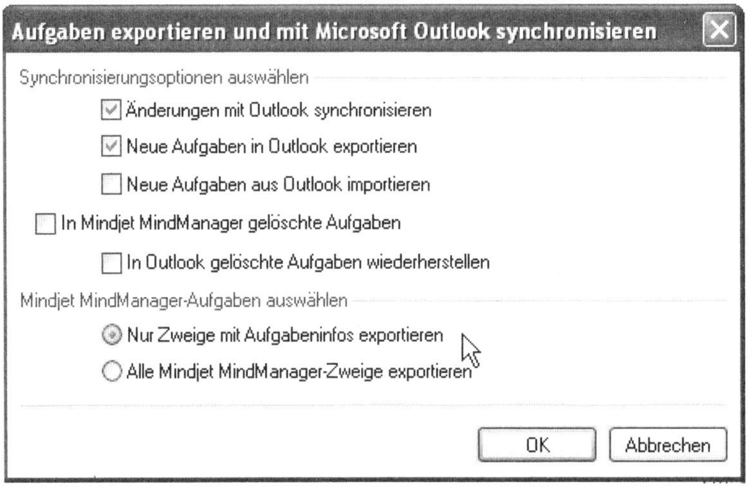

Abbildung 18.30 Nehmen Sie gegebenenfalls Einstellungen für den Export vor

3. Gewähren Sie den Zugriff auf Outlook.

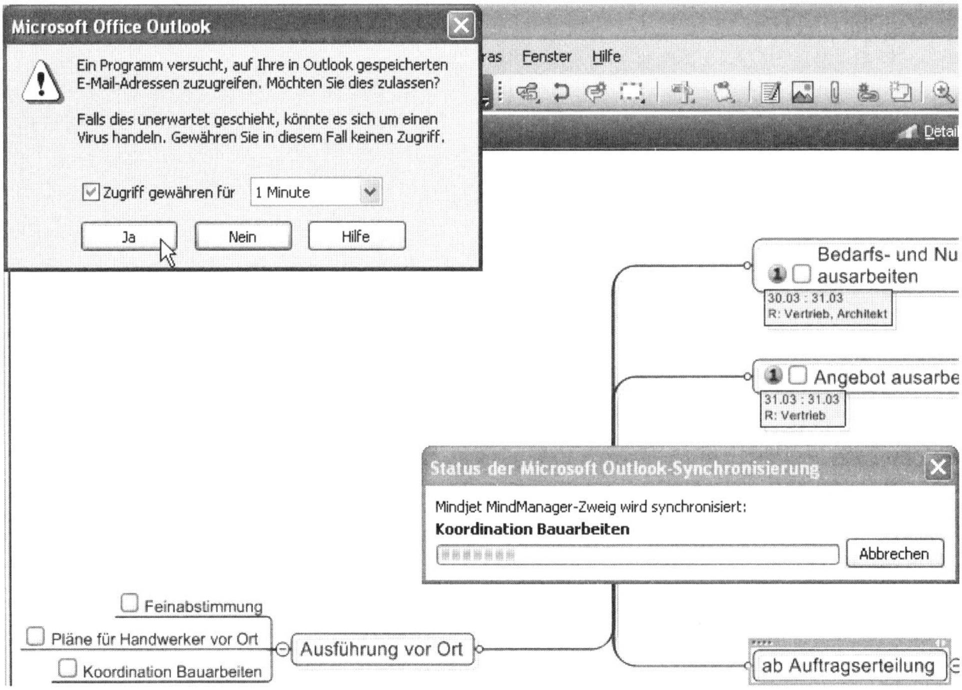

Abbildung 18.31 Bestätigen Sie die Office-Warnung mit *Ja.*

Die Aufgaben werden nun in Microsoft Outlook exportiert. Den Status des Exports bekommen Sie hierbei angezeigt. (Vgl. Sie **Abbildung 18.31**)

Die Exportoptionen noch im Detail

Kommen wir noch einmal kurz auf die Einstellungsoptionen während des Exports von Aufgaben nach Outlook zurück (siehe **Abbildung 18.30**)

Welche Möglichkeiten stehen Ihnen hier zur Verfügung?

- **Änderungen mit Outlook synchronisieren:** Wenn eine der exportierten Aufgaben bereits in Outlook existiert, werden Ihre Daten mit den Outlook-Daten synchronisiert.
- **Neue Aufgaben nach Outlook exportieren:** Damit fügen Sie die Aufgaben aus der Map der Aufgabenliste von Outlook hinzu.
- Mit der Option **MindManager-Aufgaben auswählen** legen Sie fest, ob alle Zweige oder nur die mit mindestens einem Aufgabeninfo-Attribut nach Outlook exportiert werden: Anfangsdatum, Enddatum, Dauer, Fertig (%), Priorität und Ressourcen.

Wenn die Aufgaben exportiert wurden, wird die Funktion *Microsoft Outlook-Aufgaben synchronisieren* angezeigt, mit der Sie die Map und die Outlook-Aufgabenliste synchron halten.

18.7 Bearbeiten und Synchronisieren von Outlook-Aufgaben

Arbeiten mit den Aufgaben im Alltag

Haben Sie die Map-Zweige in Outlook-Aufgaben exportiert, können Sie sie in MindManager und/oder Outlook bearbeiten und anschließend synchronisieren, damit Map- und Outlook-Aufgaben identisch sind.

18.7.1 Die einzelnen Möglichkeiten im Detail

Hinzufügen, Bearbeiten und Löschen von Aufgaben

Sie können Aufgaben in Outlook wie gewohnt bearbeiten, hinzufügen bzw. löschen und anschließend eine Synchronisierung durchführen und die Änderung so in MindManager übertragen.

Das funktioniert auch in umgekehrter Richtung: Sie bearbeiten in MindManager eine Aufgabe, legen eine neue Aufgabe an bzw. löschen eine Aufgabe, führen dann eine Synchronisierung durch und bewirken damit die entsprechenden Änderungen in Outlook.

In Outlook ist die Reihenfolge der Aufgaben nicht strikt festgeschrieben. Deshalb können Sie die Zweige in Ihrer Map verschieben, ohne den Synchronisationsvorgang zu beeinflussen. Das Hinzufügen bzw. Ändern der Aufgabeninfos nehmen Sie im MindManager-Aufgabenbereich *Aufgabeninfo* vor. Lesen Sie dazu *Hinzufügen von Aufgabeninfos*.

Sie können auch die Aufgabennamen (Zweigtext) bearbeiten und die an die Zweige angehängten Notizen bearbeiten bzw. neue Notizen anhängen.

Löschen Sie in MindManager oder in Outlook eine Aufgabe, werden Sie gefragt, wie mit der Änderung verfahren werden soll.

Der Auftrag liegt vor, und Sie haben in Ihrer Map den Zweig »Grundrissoptimierung« mit Fälligkeitsdatum versehen. Sie möchten Ihre Map nun mit Outlook synchronisieren.

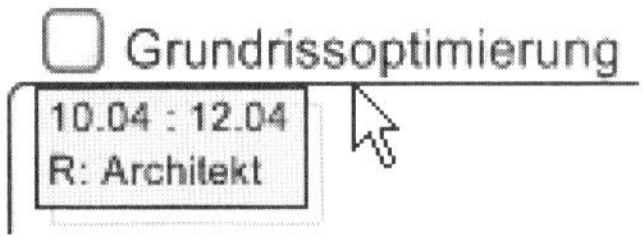

Abbildung 18.32 Der Zweig mit dem Fälligkeitsdatum

Gehen Sie wie nachfolgend beschrieben vor:

1. Klicken Sie auf *Datei/Microsoft Outlook-Aufgaben synchronisieren.*

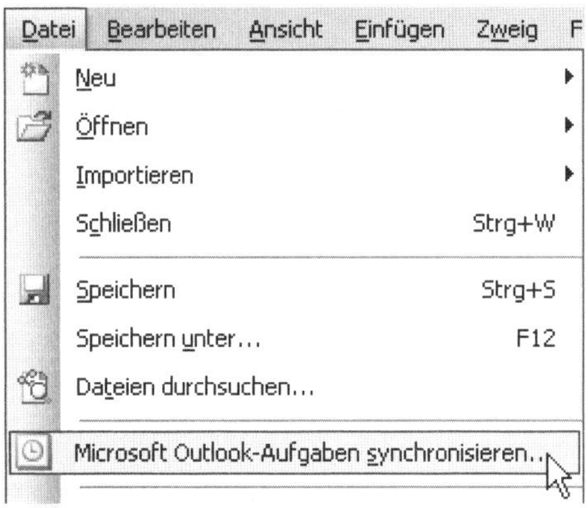

Abbildung 18.33 Wählen Sie den Weg über das Menü

Oder:

2. Klicken Sie auf die Schaltfläche *Microsoft Outlook-Aufgaben synchronisieren* in der Exportleiste am unteren Bildschirmrand von MindManager.

Abbildung 18.34 Wählen Sie den Weg über die Exportsymbolleiste

Bei jedem Synchronisierungsvorgang können Sie im Synchronisierungsdialogfeld festlegen, wie mit den Änderungen verfahren werden soll. (Siehe auch Abschnitt 18.6.)

- Bei Wahl von *Änderungen mit Outlook synchronisieren* werden die Outlook-Aufgaben mit den an den MindManager-Aufgaben vorgenommenen Änderungen synchronisiert und umgekehrt.

Wenn an einer Aufgabe in beiden Programmen Änderungen vorgenommen wurden, werden Sie gefragt, wie damit während des Synchronisierungsprozesses verfahren werden soll. Sie können angeben, dass MindManager Outlook überschreibt, Outlook MindManager überschreibt oder die Aufgabe bei der Synchronisierung ganz ausgelassen wird.

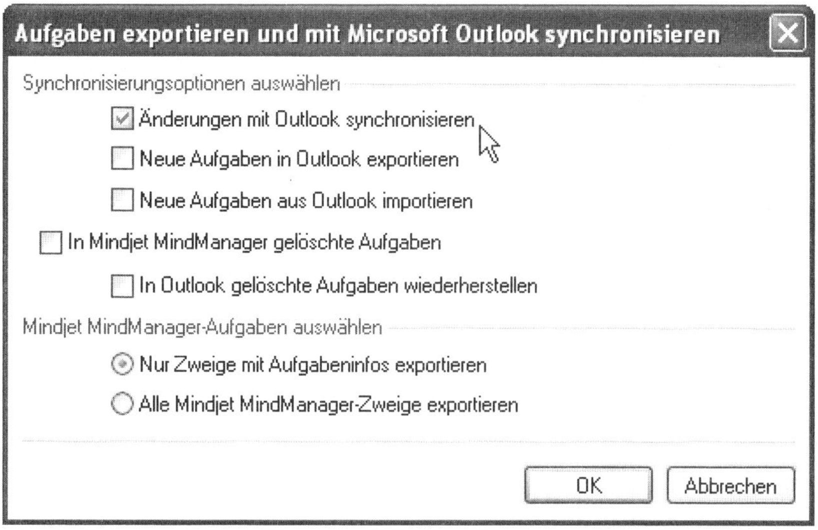

Abbildung 18.35 Nehmen Sie die gewünschten Synchronisierungsoptionen vor

3. In unserem Beispiel lassen wir Änderungen mit Outlook synchronisieren.

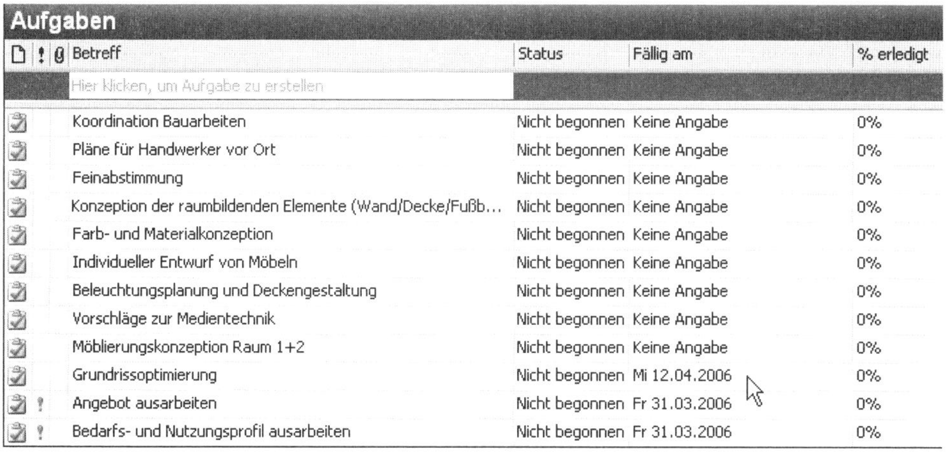
Aufgaben

!	Betreff	Status	Fällig am	% erledigt
	Hier klicken, um Aufgabe zu erstellen			
	Koordination Bauarbeiten	Nicht begonnen	Keine Angabe	0%
	Pläne für Handwerker vor Ort	Nicht begonnen	Keine Angabe	0%
	Feinabstimmung	Nicht begonnen	Keine Angabe	0%
	Konzeption der raumbildenden Elemente (Wand/Decke/Fußb...	Nicht begonnen	Keine Angabe	0%
	Farb- und Materialkonzeption	Nicht begonnen	Keine Angabe	0%
	Individueller Entwurf von Möbeln	Nicht begonnen	Keine Angabe	0%
	Beleuchtungsplanung und Deckengestaltung	Nicht begonnen	Keine Angabe	0%
	Vorschläge zur Medientechnik	Nicht begonnen	Keine Angabe	0%
	Möblierungskonzeption Raum 1+2	Nicht begonnen	Keine Angabe	0%
	Grundrissoptimierung	Nicht begonnen	Mi 12.04.2006	0%
!	Angebot ausarbeiten	Nicht begonnen	Fr 31.03.2006	0%
!	Bedarfs- und Nutzungsprofil ausarbeiten	Nicht begonnen	Fr 31.03.2006	0%

Abbildung 18.36 Die Aufgabe »Grundrissoptimierung« mit Fälligkeitsdatum

- Bei Wahl der Option *Neue Aufgaben in Outlook exportieren* werden die in MindManager angelegten Aufgaben in die Aufgabenliste in Outlook aufgenommen. Wenn diese Option deaktiviert ist, liegen in Ihrer MindManager-Map unter Umständen Aufgaben vor, die sich nicht in der Outlook-Aufgabenliste befinden.
- Bei Wahl von *Neue Aufgaben aus Outlook importieren* werden in die Outlook-Aufgabenliste aufgenommene Aufgaben in die MindManager-Map übertragen. Wenn diese Option deaktiviert ist, liegen in der Outlook-Aufgabenliste unter Umständen Aufgaben vor, die sich nicht in Ihrer MindManager-Map befinden.
- Bei Wahl von *In Mindjet MindManager gelöschte Aufgaben wiederherstellen* werden Aufgaben, die Sie in MindManager, aber nicht in Outlook gelöscht haben, in MindManager wiederhergestellt.
- Bei Wahl von *In Outlook gelöschte Aufgaben wiederherstellen* werden Aufgaben, die Sie in Outlook, aber nicht in MindManager gelöscht haben, in Outlook wiederhergestellt.

18.7.2 Die Synchronisation im Detail – Antworten auf die Frage »Was wird synchronisiert?«

Die im Folgenden tabellarisch aufgeführten Daten werden zwischen MindManager und Outlook synchron gehalten.

Tabelle 18.1 Die Synchronisation zwischen MindManager und Outlook

Mindjet MindManager	Microsoft Outlook
Anfangsdatum	Anfangsdatum
Enddatum	Enddatum
Priorität 1, 2 und >3	Priorität Hoch, Normal, Niedrig
Aufgabe Fertig (%)	% abgeschlossen
Notizen	Hinweise
Zweige	Aufgaben

Andere Map-Elemente, darunter das Hauptthema, werden nicht verwendet.

18.7.3 Meine persönliche Arbeitsweise und Tipps für die Praxis

Das Zusammenspiel mit Microsoft Outlook ist im Mindjet MindManager 6 weiter optimiert worden.

Was ich besonders schätze, ist die Synchronisation der Outlook-Elemente, die mit Hilfe der Map Parts oder über die Funktion innerhalb von Outlook, wie in diesem Kapitel beschrieben, eingefügt werden können.

Ich habe in meinen Planungs-Maps oftmals wichtige Kontaktdaten wie auch bereits bestehende Aufgaben aus Outlook integriert.

E-Mails, die zu einer Entscheidung geführt haben, binde ich ebenfalls in die Map ein, damit ich eine direkte Übersicht und den Zugriff darauf habe.

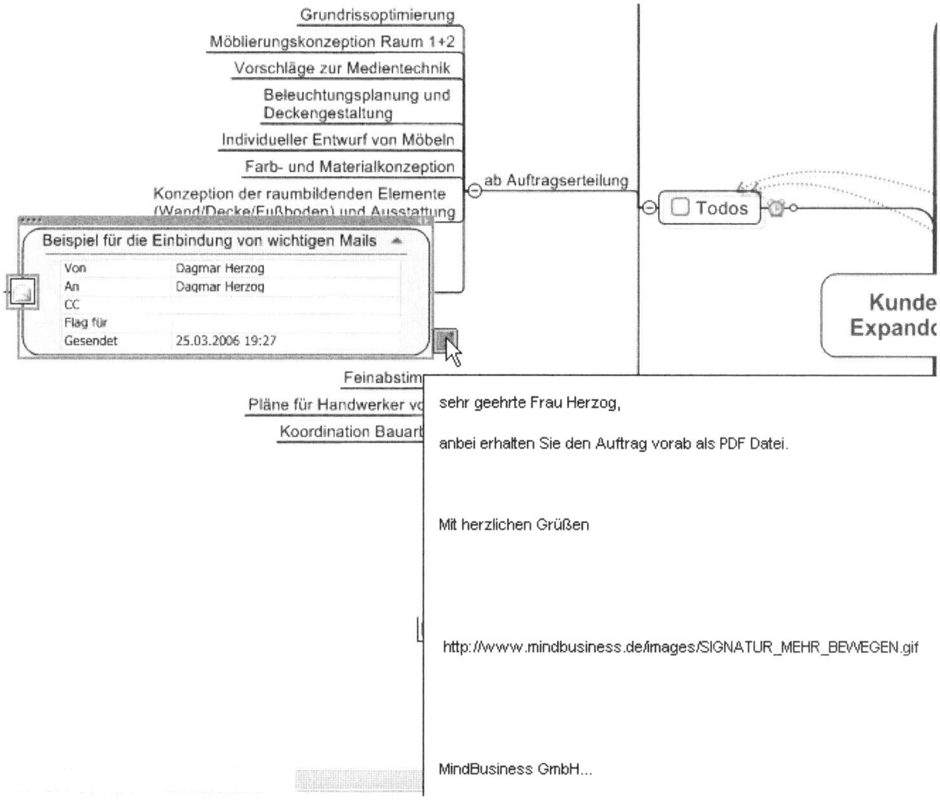

Abbildung 18.37 Die E-Mails im Blickfeld und im direkten Zugriff

Was erreiche ich damit?

Informationen aus der Datenquelle Outlook werden so leicht und zeitgewinnend integriert. Für meinen täglichen Arbeitsablauf nutze ich die schnelle Einsichtnahme in E-Mails und Kontakte aus Outlook direkt aus meinen Planungs-Maps. Zur Abstimmung synchronisiere ich Kontaktinformationen und Aufgabenlisten aus beiden Applikationen.

Die Erinnerungsfunktion nutze ich besonders gerne. So weiß ich, wann Handlungsbedarf besteht, und kann die Map direkt öffnen – ohne Zeitverlust.

19

Mindjet MindManager und Microsoft Visio

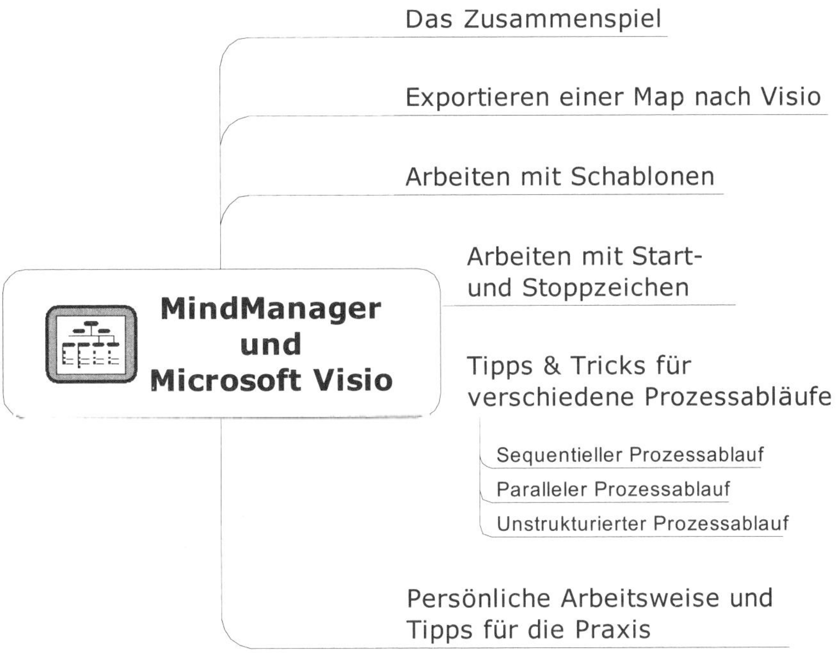

19 Mindjet MindManager und Microsoft Visio

Für das erfolgreiche Wirken eines Unternehmers ist »zur richtigen Zeit am richtigen Ort zu sein« genauso wichtig wie Flexibilität und Präzision. Die Logistik, Fertigung und Geschäftsprozesse werden von Faktoren wie »Verfügbarkeit« und »Lieferzeit« beeinflusst. Diese Faktoren sind für den Erfolg eines Produktes ebenso wichtig wie dessen Qualität und Preis. Geschäftsprozesse, die optimiert werden, führen zu erfolgreicheren Unternehmen.

Optimale Fertigungsabläufe haben sich mittlerweile, wie auch moderne Logistikkonzepte oder aufeinander abgestimmte Geschäftsprozesse, zu einem entscheidenden Wettbewerbsfaktor entwickelt.

In Ihrem Unternehmen hat sich die Managementebene entschlossen, die internen Prozesse genau zu analysieren und Optimierungsmöglichkeiten herauszuarbeiten.

Ihre Aufgabe ist es, Möglichkeiten und Wege aufzuzeigen, wie Geschäftsprozesse analysiert und optimiert werden können. Sie sitzen vor einem leeren weißen Blatt ...

19.1 Das Zusammenspiel MindManager Pro 6 und Microsoft Visio

Die ersten grundlegenden Informationen zum Visio-Export

MindManager verfügt über eine Visio Export-Funktion, mit der Sie Ihre MindManager-Map in eine Visio-Zeichnung exportieren können.

Befindet sich die Visio-Schaltfläche nicht in der MindManager Export-Symbolleiste am unteren Fensterrand, prüfen Sie im Menü *Extras/Add-Ins*, ob das Add-In aktiviert ist. Bitte beachten Sie, dass Sie diese Funktion nur nutzen können, wenn auf Ihrem System Visio XP/2002 bzw. Visio 2003 installiert ist.

Mit der Visio Export-Funktion können Sie ein einfaches Flussdiagramm oder Organigramm erzeugen und auch Visio-Schablonen auswählen.

MindManager importiert alle Master-Shapes aus der Schablone. Die Shapes der Vorlage werden als Icons im Auswahlbereich und Aufgabenbereich für Map-Markierungen in einer speziellen Visio-Gruppe angezeigt. Sie haben dann die Möglichkeit, Ihre Map-Zweige mit diesen speziellen Visio-Markierungen zu kodieren und festzulegen, welche Visio-Shapes in der exportierten Zeichnung für die einzelnen Zweige verwendet werden sollen.

Dabei müssen Sie nicht für jeden Zweig ein Shape wählen – unkodierte Zweige werden unter Verwendung eines Standard-Shapes exportiert. Nehmen Sie keine Kodierung vor, wird ein Standard-Shape verwendet.

Des Weiteren können Sie für Flussdiagramme in MindManager den Prozessablauf definieren. Dazu nutzen Sie zusammenfassende Umrandungen zur Darstellung sequenzieller Abläufe und Verbindungen zur Darstellung unstrukturierter Abläufe.

Diese Option ist nur in der Pro-Version von Mindjet MindManager verfügbar.

Wenn Sie die Übung mitmachen und das Zusammenspiel zwischen MindManager und Microsoft Visio kennen lernen wollen, haben wir für Sie bereits eine Datei erstellt.

Die Datei mit dem Namen *Übersicht Prozessablauf.mmap* finden Sie auf der Buch-CD im Ordner *\Kapitel 19.*

19.2 Exportieren einer Map nach Microsoft Visio

»Prozesse in MindManager aufbauen und in Visio detailliert ausarbeiten«

Sie haben mit Hilfe von MindManager den Ablauf eines Unternehmensprozesses einfach und übersichtlich in einer Business Map visuell, verständlich abgebildet. Der Start ist mit Hilfe von MindManager sehr viel einfacher und schneller.

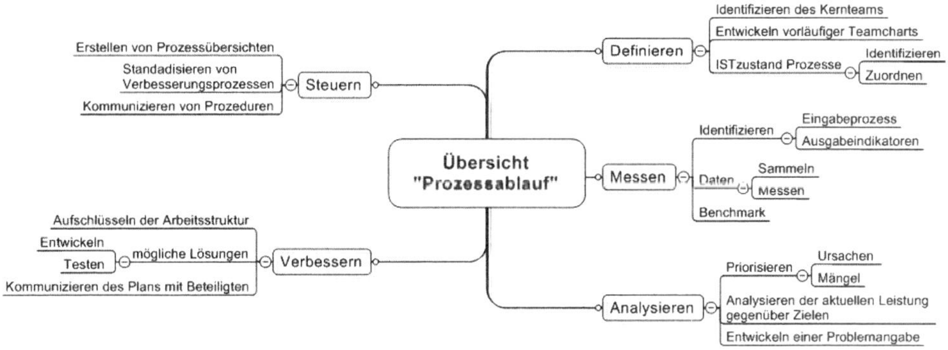

Abbildung 19.1 Die visuelle Darstellung der fünf wichtigsten Schritte eines Prozessablaufes

Sobald der generelle Prozessablauf definiert ist, können Inhalte und Aktivitäten jederzeit ergänzt, geändert oder umstrukturiert werden, um so die Effizienz und Logik alternativer Abläufe zu überprüfen.

Sie möchten für die Vorstandsetage den Prozessablauf in Visio darstellen. So exportieren Sie Ihre gesamte Map in eine Visio-Zeichnung:

So gehen Sie vor:

1. Klicken Sie am unteren Bildschirmrand in der Exportleiste auf die Schaltfläche *Export Microsoft Visio.*

Abbildung 19.2 Starten Sie den Export über die Werkzeugleiste

Oder:

- Klicken Sie auf *Datei/Speichern unter...*, und wählen Sie als *Dateityp* den Eintrag *Microsoft Visio-Zeichnungen.*

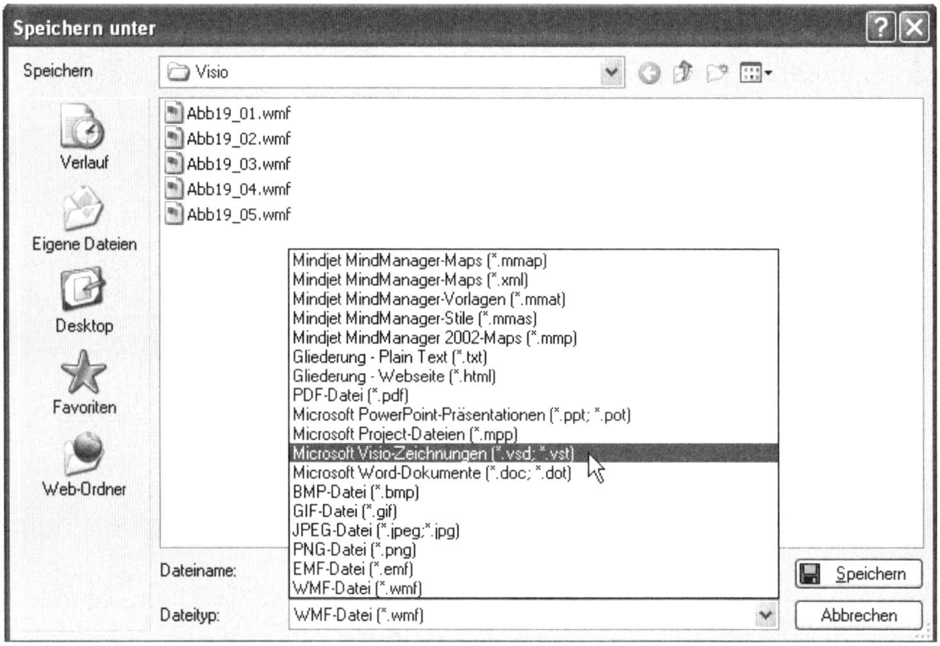

Abbildung 19.3 Wählen Sie den Weg über das Menü *Datei/Speichern unter...*

Oder:

- Klicken Sie auf *Datei/Exportieren/Export Microsoft Visio.*

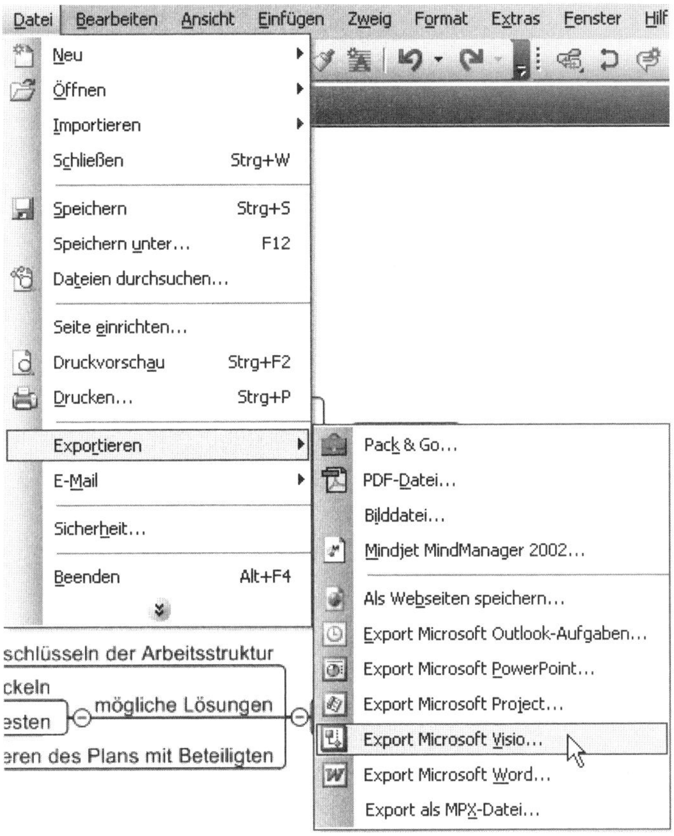

Abbildung 19.4 Wählen Sie den Weg über das Menü *Datei/Exportieren*

Als Standardname für das Diagramm wird der Name der Map festgelegt. Diesen und den Speicherort können Sie jedoch ändern.

2. Klicken Sie auf *Speichern.*
3. Für unser Beispiel wählen Sie im Dialogfeld *Einstellungen für den Microsoft Visio-Export* die Option *Flussdiagramm.*

Abbildung 19.5 Aktivieren Sie als Diagrammtyp die Option *Flussdiagramm*

In diesem Dialogfeld legen Sie fest, ob jeder Prozess in ein separates Zeichenblatt oder alle Prozesse auf ein Zeichenblatt exportiert werden sollen. Ferner können Sie festlegen, ob etwaige Verbindungen oder Klammerzweige als Indikatoren des Prozessflusses exportiert werden sollen.

4. Klicken Sie auf *Export*.

Während des Exports bekommen Sie den Exportstatus angezeigt.

Abbildung 19.6 Die Anzeige des aktuellen Exportstatus

Eine neue Visio-Zeichnung wird angelegt. Sie können die Zeichnung direkt, um sie zu prüfen, aus dem Statusfenster heraus öffnen.

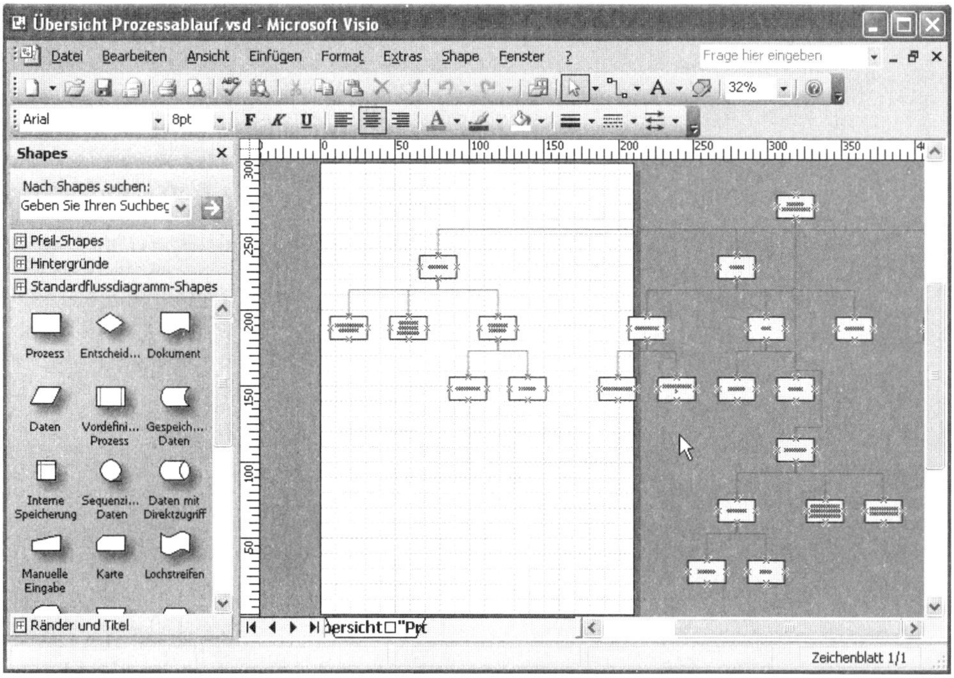

Abbildung 19.7 Die Darstellung der Visio-Zeichnung

Die Zeichnung kann nun in Visio detailliert ausgearbeitet werden.

Wenn Sie die Visio Export-Funktion von MindManager verwenden, wird in jedem Fall eine neue Instanz von Visio gestartet. Dies ist für die Gewährleistung der Unversehrtheit der exportierten Zeichnungen unerlässlich.

19.3 Arbeiten mit Schablonen – »Zeichen setzen und Abläufe visualisieren«

Möchten Sie bereits vor dem Visio-Export typische Abläufe visualisieren, können Sie innerhalb MindManager Visio Schablonen einbinden. Wir werden für unser Beispiel den Export nochmals ausführen – diesmal mit Einsatz der Schablonen.

Die Map »*Übersicht Prozessablauf*« ist geöffnet. So gehen Sie vor:

1. Klicken Sie in der Menüleiste auf *Format/Microsoft Visio-Schablonen auswählen*.

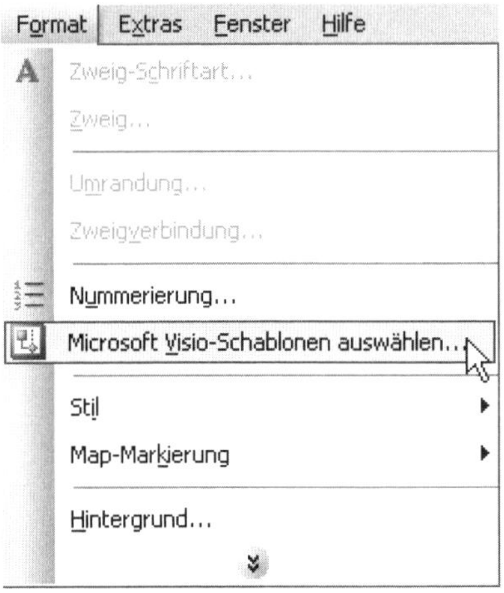

Abbildung 19.8 Wählen Sie Visio-Schablonen aus

2. Wählen Sie eine Schablonengruppe aus der Liste. In unserem Beispiel wählen wir *Verschiedene Flussdiagramm-Shapes*.

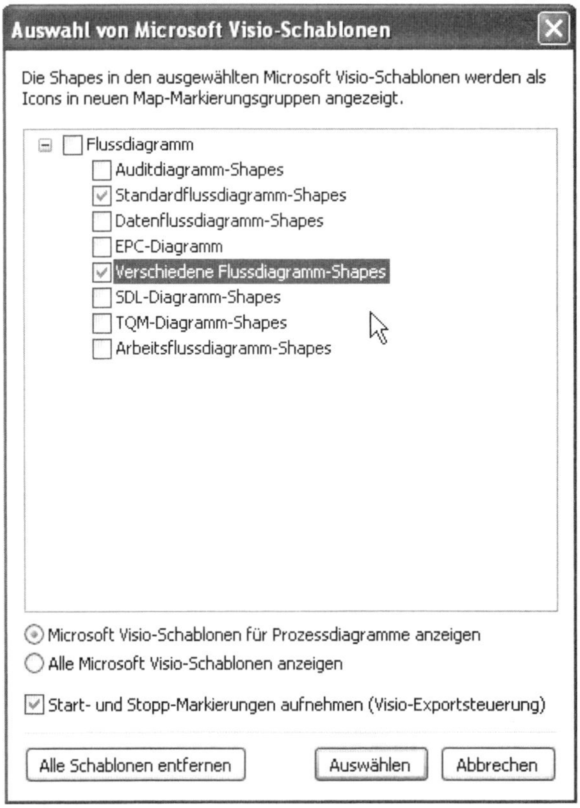

Abbildung 19.9 Aktivieren Sie eine der Schablonengruppen

Beim Export eines Organigramms nach Visio werden nur Shapes von den Schablonen für »Organigramm-Shapes« verwendet. Alle anderen Shapes bleiben unberücksichtigt.

3. Klicken Sie im Dialogfeld *Auswahl von Microsoft Visio-Schablonen* auf die Schaltfläche *Auswählen*.

In der Liste mit Map-Markierungen wird eine neue Gruppe mit Visio-Shapes angelegt.

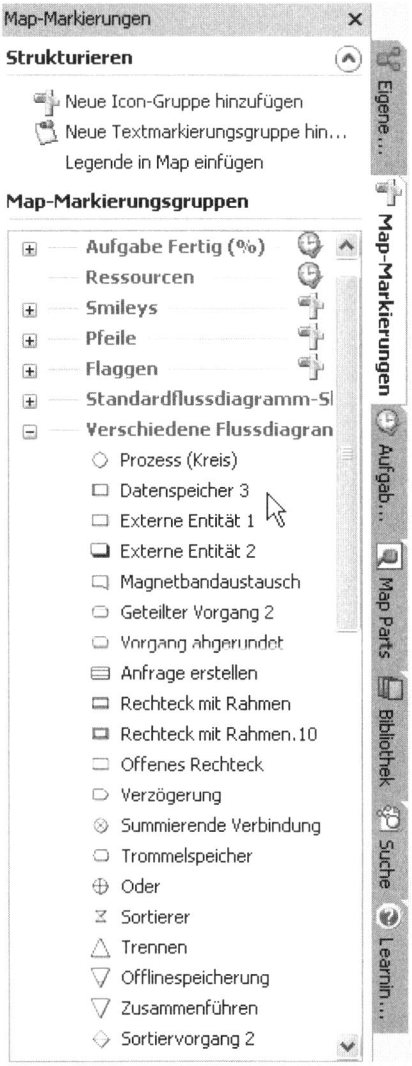

Abbildung 19.10 Die Liste der neuen Map-Markierungen

Das Arbeiten mit den Map-Markierungen haben Sie bereits in Kapitel 9 dieses Buches kennen gelernt.

Wir haben einige Zweige mit den Shape-Icon-Markierungen kodiert, um festzulegen, welche Shapes in der exportierten Zeichnung verwendet werden sollen.

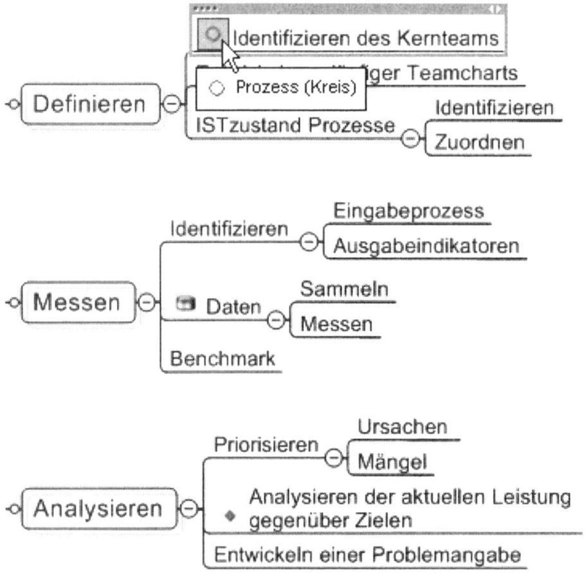

Abbildung 19.11 Die Shape-Icon-Markierungen in der Map

Den Einsatz der Start- und Stopp-Markierungen werden wir im nächsten Abschnitt erläutern.

Bei Bedarf können Sie dem exportierten Flussdiagramm auch zusammenfassende Umrandungen zur Anzeige von sequenziellem Prozessablauf und Verbindungen zur Anzeige von unstrukturiertem Prozessablauf im exportierten Flussdiagramm hinzufügen.

Hierauf kommen wir detailliert zu einem späteren Zeitpunkt zurück.

Führen Sie nun den Export, wie zuvor beschrieben, erneut durch, werden die durch die Map-Markierungen zugewiesenen Shapes automatisch angelegt. Vergleichen Sie hierzu **Abbildung 19.12**.

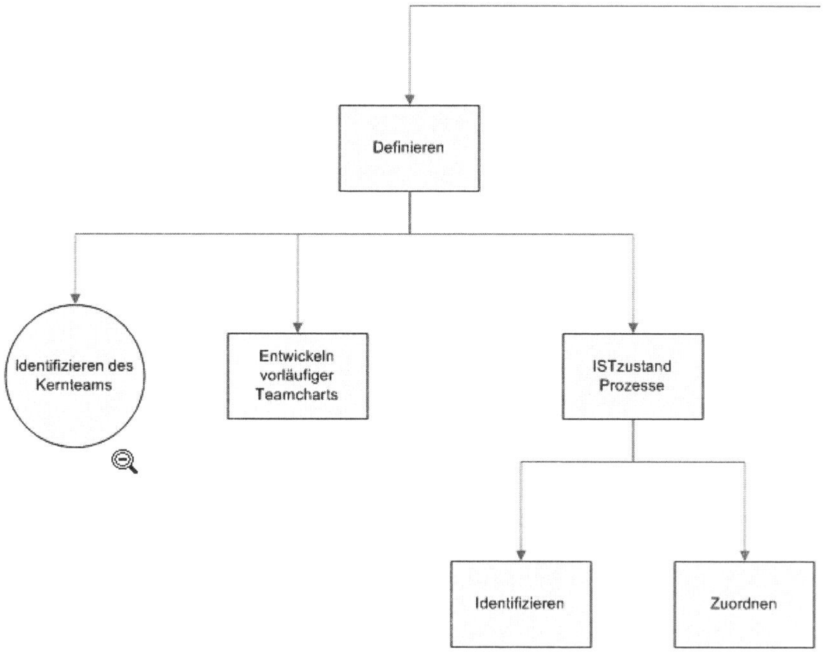

Abbildung 19.12 Die Zeichnung in Visio nach dem Export mit Schablonen

19.4 Arbeiten mit Start- und Stoppzeichen – »Nur Teile eines Ganzen exportieren«

Sie sitzen im Meeting und sollen Ihre Kollegen über den ersten Teil eines Prozessablaufes informieren. Die Agenda wurde in Map-Form erstellt. Darin integriert sind Teile Ihrer Map. Während des Meetings wird in der Map gearbeitet.

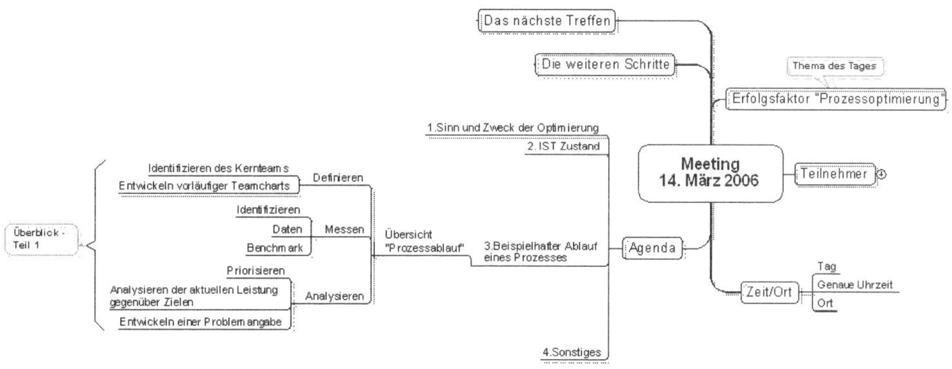

Abbildung 19.13 Die Agenda als Map

Der zu erläuternde Prozess soll in Visio dargestellt werden. Da Sie nur Teile der Map nach Visio exportieren möchten, verwenden Sie die Start- und Stopp-Markierungen. So erreichen Sie, dass nur bestimmte Zweige der Map exportiert werden bzw. die Map auf mehrere Zeichnungen verteilt wird.

Wie Sie in **Abbildung 19.13** sehen können, haben wir auch mit Klammern gearbeitet.

Mit diesen zusammenfassenden Umrandungen und Verbindungen können Sie beim Export einer Map in ein Flussdiagramm *Prozessablauftypen* definieren.

Möchten Sie die Übung mitmachen, um das Arbeiten mit Start- und Stoppzeichen kennen zu lernen, öffnen Sie die Datei *Meeting.mmap* auf der Buch-CD im Ordner *\Kapitel 19*.

Wenn Sie nur bestimmte Teile einer Map nach Visio exportieren wollen, gehen Sie wie folgt vor:

1. Klicken Sie in der Menüleiste auf *Format/Microsoft Visio-Schablonen auswählen*.
2. Wählen Sie eine der Schablonengruppen aus der Liste.
3. Aktivieren Sie das Kontrollkästchen *Start- und Stopp-Markierungen aufnehmen*, da Sie nur einen Teil Ihrer Map exportieren möchten.

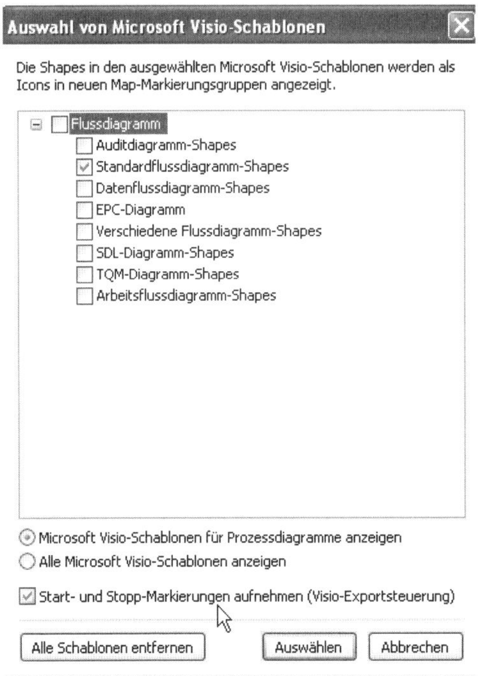

Abbildung 19.14 Nehmen Sie die Einstellungen für den Export vor

4. Klicken Sie im Dialogfeld auf die Schaltfläche *Auswählen*. In der Liste mit Map-Markierungen wird eine neue Gruppe mit Visio-Shapes angelegt.

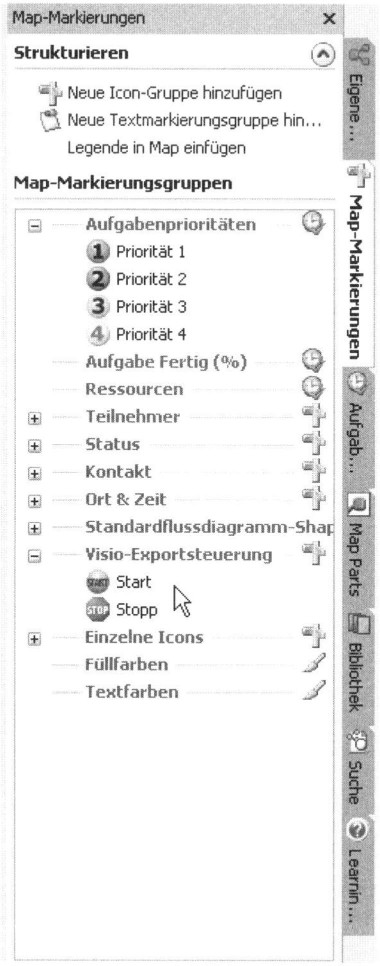

Abbildung 19.15 Die neuen Map-Markierungsgruppen

Wir haben in der Map folgende Zweige mit den Shape-Icon-Markierungen kodiert:

- Übersicht "Prozessablauf"
- Überblick – Teil 1

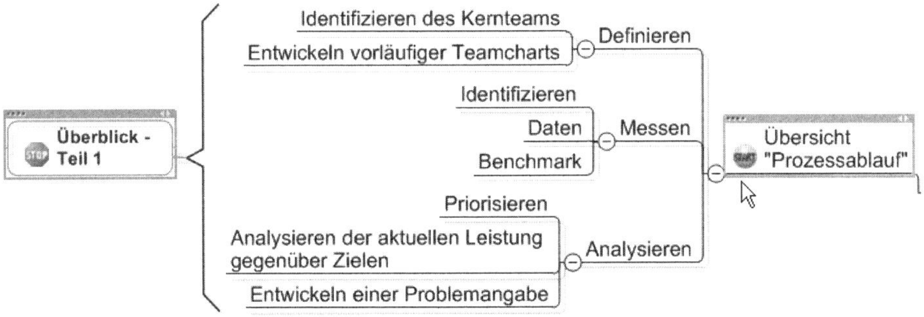

Abbildung 19.16 Die Start- und Stopp-Markierungen in der Map

Auf diese Weise wird festgelegt, welche Zweige in der exportierten Zeichnung verwendet werden sollen.

5. Starten Sie nun den Export über die Export-Symbolleiste.

Damit Sie in Ihrer Map zum Angeben des Prozessablaufs Verbindungen und zusammenfassende Umrandungen verwenden können, müssen Sie beim Export der Datei nach Visio die Optionen *Verbindungen exportieren* und *Klammerzweige exportieren* aktivieren.

Abbildung 19.17 Nehmen Sie die gewünschten Einstellungen vor.

Das Ergebnis des Exports könnte sich entsprechend **Abbildung 19.18** darstellen.

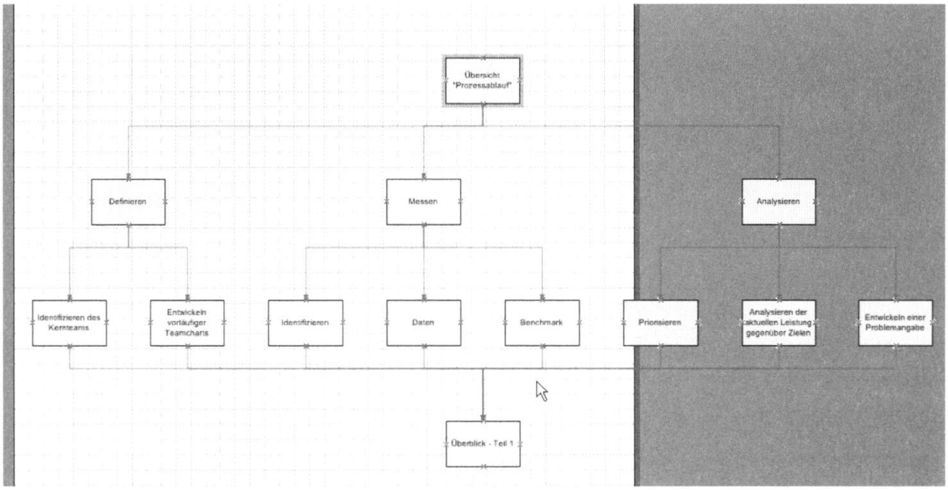

Abbildung 19.18 Die Zeichnung in Visio nach dem Export mit Start- und Stoppzeichen

Die Funktion »Start- und Stoppzeichen« im Detail

Wenn Sie Ihre Map nach Visio exportieren, erfolgt der Export der Zweige in Uhrzeigerrichtung – beginnend mit dem Zweig an der »1-Uhr-Position«. Zweigbäume werden beginnend von der Mitte nach außen hin und von oben nach unten exportiert.

Wenn Sie eine Microsoft Visio-Schablone wählen, können Sie festlegen, dass Start- und Stopp-Markierungen importiert werden. Diese werden in die Map-Markierungsgruppe »Export-Steuerung« importiert.

Anschließend legen Sie mit Hilfe dieser Start- und Stopp-Markierungen fest, an welchen Stellen der Export beginnen und enden soll. Auf diese Weise können Sie einen Teil einer Map bzw. ausgewählte Map-Abschnitte exportieren oder die Map auf mehrere Zeichnungen aufteilen.

Tabelle 19.1 Die Start- und Stoppzeichen im Exporteinsatz – ein Überblick

Zu exportieren	Start-Markierungen setzen	Stopp-Markierungen setzen
Teil einer Map	Am ersten zu exportierenden Zweig	Am letzten zu exportierenden Zweig
Ausgewählte Abschnitte	Am jeweils ersten Zweig des zu exportierenden Abschnitts	Am jeweils letzten Zweig des zu exportierenden Abschnitts
Map aufteilen	Am ersten Zweig des für eine neue Zeichnung vorgesehenen Abschnitts	(nicht erforderlich)

19.5 Tipps & Tricks für die Abbildung verschiedener Prozessabläufe

Für den Export gibt es bzgl. des Aufbaus der MindManager Map ein paar Tricks zu beachten. Wir haben Ihnen diese in der Überblick-Map visualisiert.

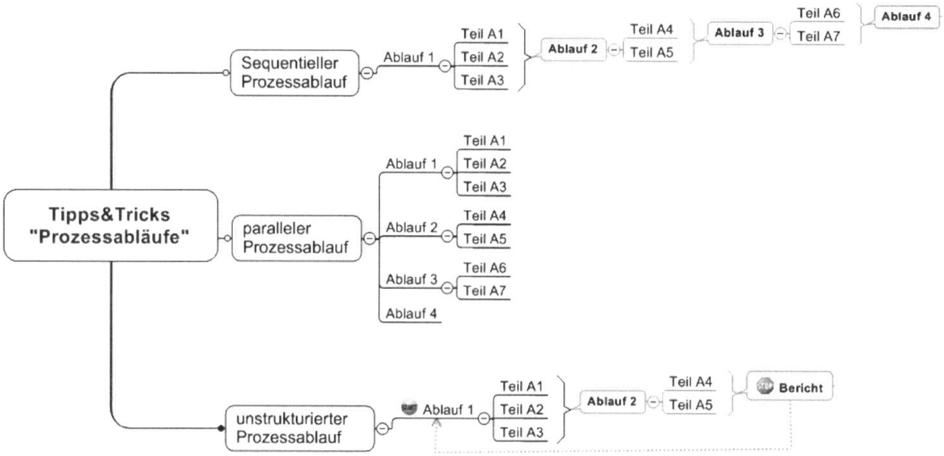

Abbildung 19.19 Darstellungen im Überblick

Sie finden die in **Abbildung 19.19** dargestellte Map auf der CD zum Buch im Ordner *\Kapitel 19* unter dem Namen *TippsTricks ProzessAblauf.mmap*.

19.5.1 Tipps für den Aufbau von sequenziellem Prozessablauf

Mit zusammenfassenden Umrandungen können Sie einen *sequenziellen Prozessablauf* abbilden.

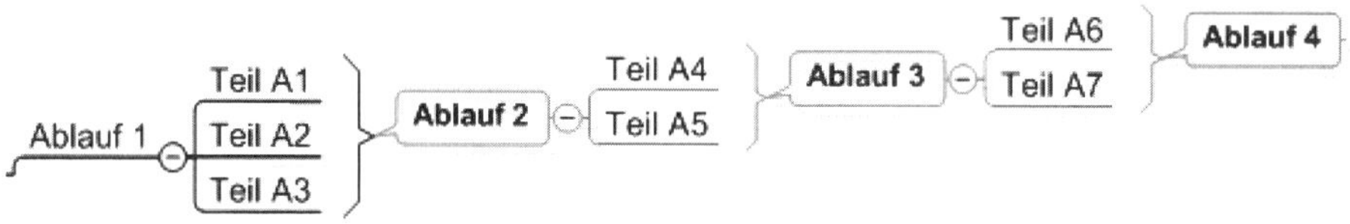

Abbildung 19.20 Zusammenfassende Umrandungen in der Map

Das Ergebnis des Exports sehen Sie in **Abbildung 19.21**.

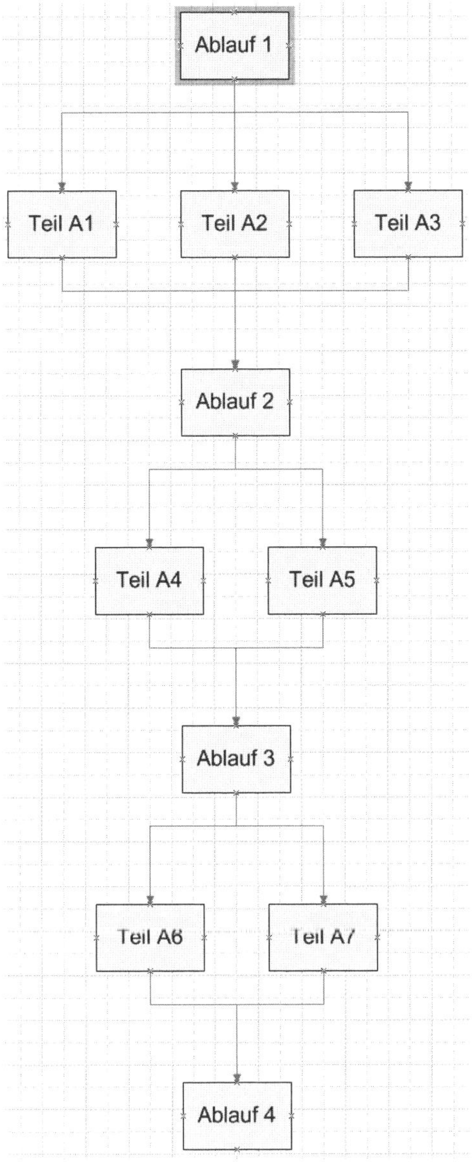

Abbildung 19.21 Die Darstellung des sequenziellen Prozessablaufs

19.5.2 Tipps für den Aufbau von parallelen Prozessabläufen

Wenn Sie einen *parallelen Prozessablauf* abbilden möchten, strukturieren Sie Ihre Map wie in **Abbildung 19.22** dargestellt.

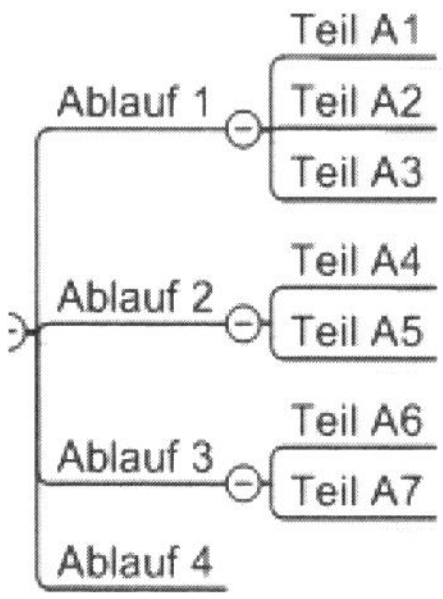

Abbildung 19.22 Die Map-Struktur für einen parallelen Prozessablauf

Das Ergebnis des Exports sehen Sie in **Abbildung 19.23**.

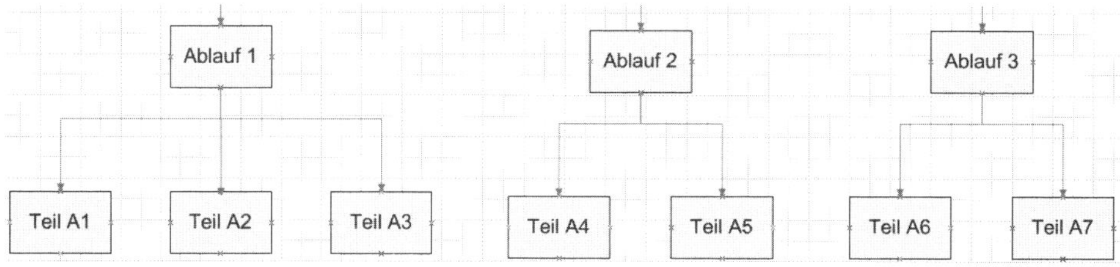

Abbildung 19.23 Die Darstellung des parallelen Prozessablaufs

19.5.3 Tipps für den Aufbau von unstrukturierten Prozessabläufen

Bei Bedarf können Sie dem exportierten Flussdiagramm auch zusammenfassende Umrandungen zur Anzeige von sequenziellem Prozessablauf und Verbindungen zur Anzeige von unstrukturiertem Prozessablauf im exportierten Flussdiagramm hinzufügen.

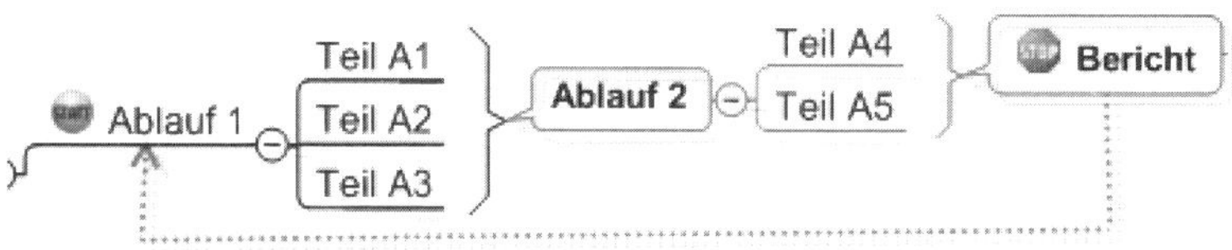

Abbildung 19.24 Der unstrukturierte Prozessablauf in der Map

In Visio wird vom »Wiederholen«-Schritt eine Verbindung zurück zu *Ablauf 1* gezeichnet. Das Ergebnis des Exports sehen Sie in **Abbildung 19.25**.

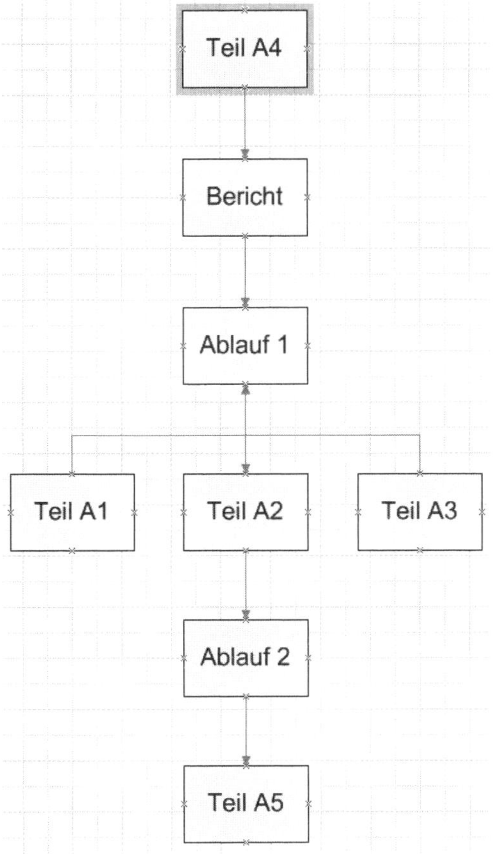

Abbildung 19.25 Die Darstellung des unstrukturierten Prozessablaufs

19.6 Meine persönliche Arbeitsweise und Tipps für die Praxis

Der Visio Export im MindManager 6 ist eine sinnvolle Bereicherung. Arbeite ich an einem Konzept, kann ich gleichzeitig in Mindjet® MindManager® 6 auch Diagramme und Ablaufpläne in der Ausarbeitung erfassen.

Ich bin im Sinne der effizienten Arbeitsweise ein Verfechter für das sinnvolle Einsetzen der richtigen Software zur richtigen Zeit. Jedes Werkzeug hat seine Stärken und seine Grenzen.

Die detaillierte Ausarbeitung eines Prozesses gehört meiner Meinung nach in den Bereich Visio. Hier hat MindManager seine Grenzen erreicht. Der Start für eine Prozessplanung fällt in MindManager dafür vielen leichter.

Wie nutze ich das Zusammenspiel MindManager und Visio?

Einmal in MindManager erfasste Informationen muss ich später in Visio nicht nochmals neu erfassen, sondern kann den zeitsparenden Export nutzen. Ich arbeite daher sehr gerne mit den Start- und Stoppzeichen.

Wir alle wissen, dass Informationen besser aufgenommen und verarbeitet werden, wenn sie visuell dargestellt sind. Prozesse im Detail sind in Visio visuell besser aufgehoben.

20

Die Umwandlung einer Map in ein PDF-Dokument

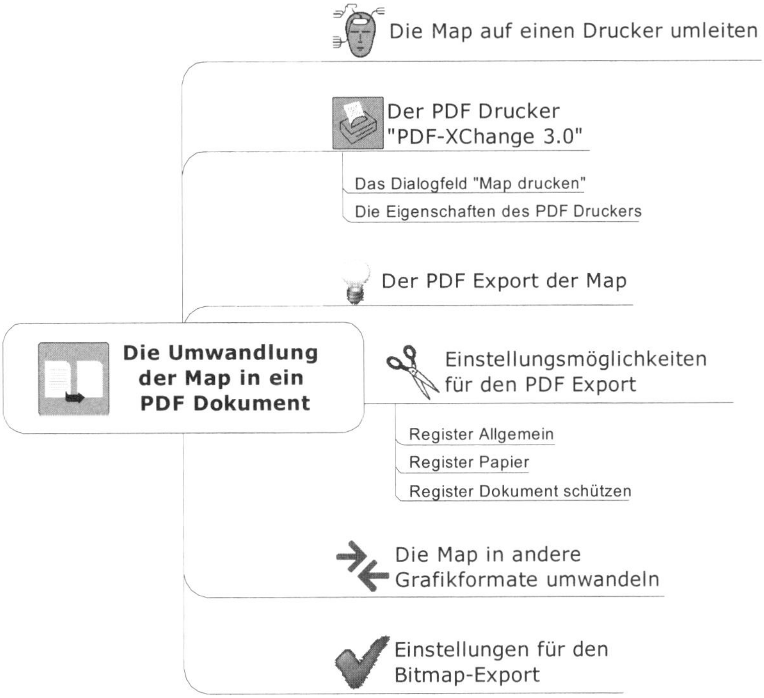

20 Die Umwandlung einer Map in ein PDF-Dokument

Mindjet® MindManager® ermöglicht es, eine Mind Map ganz einfach in eine PDF-Datei umzuwandeln. Sie erreichen dies zum einen durch die Speicherung bzw. den Export der Map als PDF-Datei und zum anderen durch die Umleitung der Druckausgabe auf einen speziellen PDF-Drucker. Bei beiden Varianten wird die Map in das im Acrobat Reader anzeigbare Standard-PDF-Format umgewandelt. Beim Export und bei der Druckumleitung können Sie eine Reihe von Einstellungen vornehmen, auf die wir im Verlauf dieses Kapitels näher eingehen werden.

20.1 Die Umwandlung der Druckausgabe

In Kürze findet ein Meeting statt, in dem die Entwicklung des Unternehmens diskutiert werden soll. Als Controllingleiter haben Sie eine Map mit den wichtigsten Kennzahlen der Jahre 2004 bis 2006 erstellt. Diese Kennzahlen-Map wollen Sie allen Teilnehmern als Vorab-Information im PDF-Format zusenden.

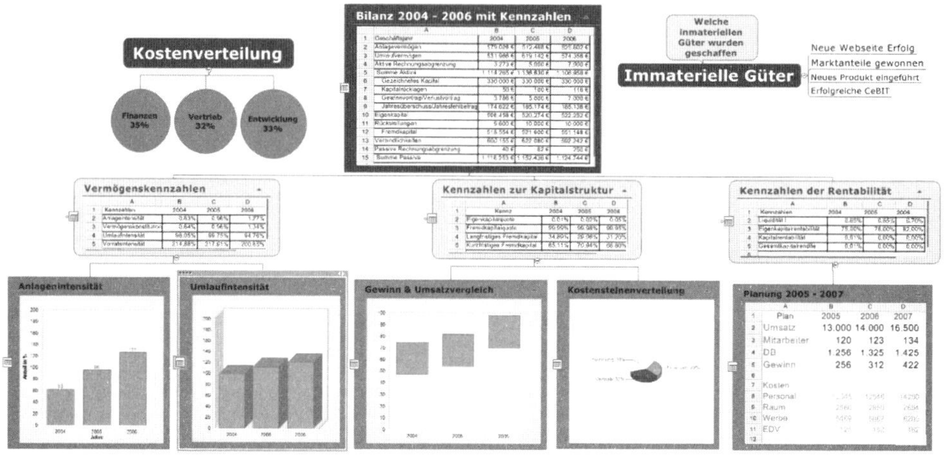

Abbildung 20.1 Die Kennzahlen-Map im Überblick

Wenn Sie aus einer Map ein PDF erzeugen wollen, benötigen Sie keinen »Acrobat Writer®«. Der im MindManager integrierte PDF Writer bzw. Drucker »PDF-XChange 3.0« wird im Dialogfeld *Drucken* bei allen Anwendungen als Drucker aufgeführt. Allerdings funktioniert er, ohne weitere Lizenzierung, nur im Zusammenspiel mit MindManager.

Um die nachfolgende Aufgabe, also Umleitung der Druckausgabe der Map in eine PDF-Datei, mitmachen zu können, öffnen Sie die Datei *Kennzahlen-map.mmap* aus dem Ordner *\Kapitel 20* auf der CD zum Buch.

Um die PDF-Datei zu erzeugen, gehen Sie wie im Folgenden beschrieben vor:

Sie haben die Business Map geöffnet und alle relevanten Zahlen zusammengestellt.

1. Klicken Sie in der Menüleiste auf *Datei/Drucken*.
2. Wählen Sie im Pulldown-Menü des Feldes *Name* im Dialogfeld *Map drucken* den mit der Software MindManager installierten Drucker »PDF-XChange 3.0«.

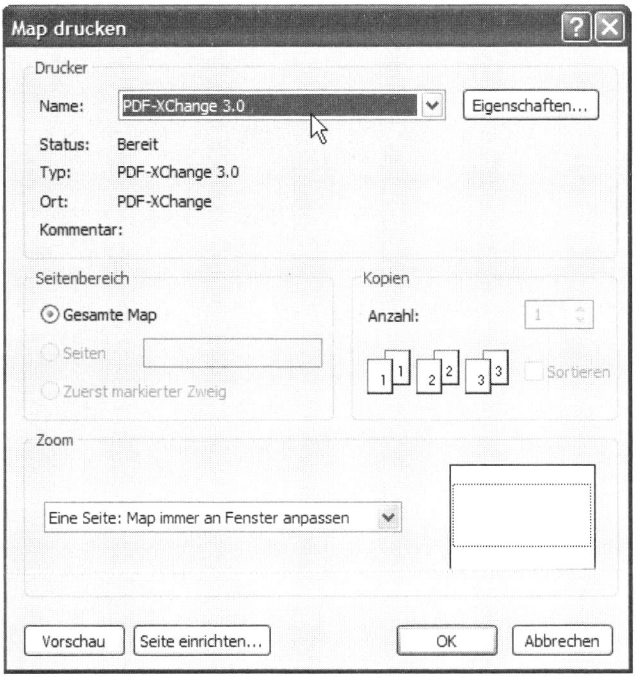

Abbildung 20.2 Wählen Sie den PDF-XChange-Drucker

3. Klicken Sie anschließend auf die Schaltfläche *OK*.
4. Während das PDF-Dokument erstellt wird, können Sie den aktuellen Status des Druckvorgangs verfolgen.

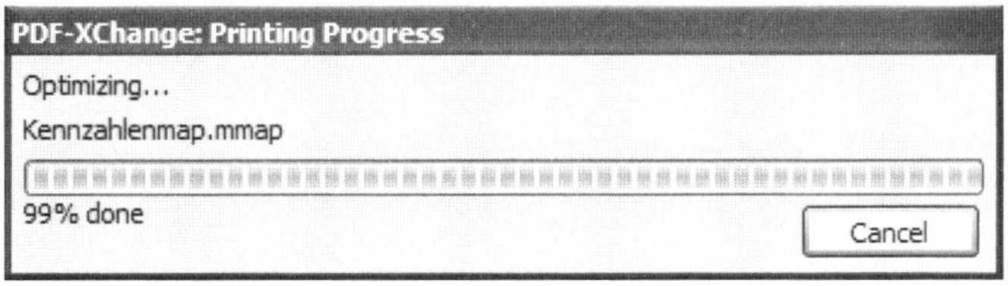

Abbildung 20.3 Die Statusanzeige des Druckvorgangs

5. Ist der Druckvorgang beendet, wird das neue PDF-Dokument in Adobe® Acrobat® geöffnet.

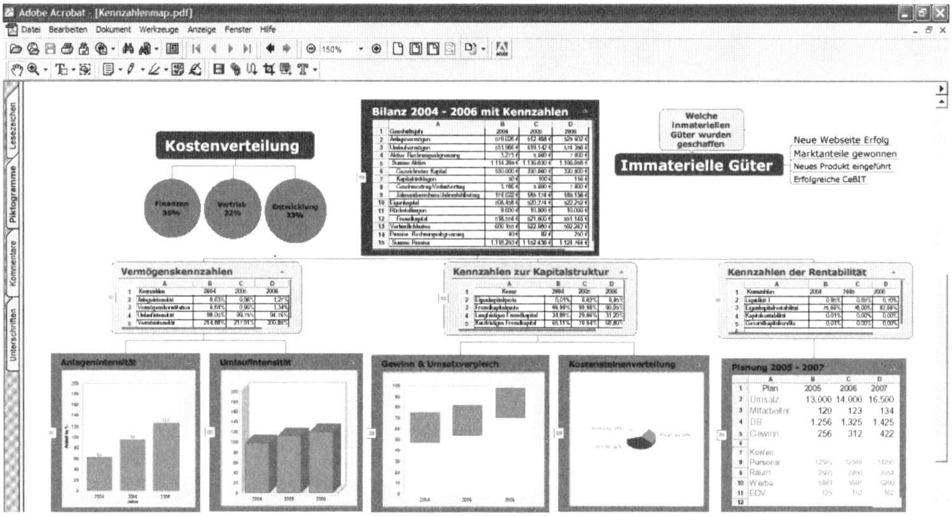

Abbildung 20.4 Die Druckausgabe als PDF-Dokument

Standardmäßig wird das Dokument in Ihren *Eigenen Dateien* abgelegt. Sie können den Speicherort der Datei in den Eigenschaften des PDF-XChange-Druckers ändern. Wie Sie dazu vorgehen, erfahren Sie in Abschnitt 20.2.2.

Nun können Sie die aus der Map entstandene PDF-Datei als Vorab-Information an die Meeting-Teilnehmer schicken.

20.2 Die Einstellungsmöglichkeiten für den Druck eines PDF-Dokuments

Leiten Sie eine Business Map zur Erstellung eines PDF-Dokuments auf den PDF-XChange 3.0-Drucker um, so steht Ihnen eine Vielzahl an Funktionen zur Verfügung, mit denen Sie die Darstellung und die Eigenschaften des PDF-Dokuments beeinflussen können.

20.2.1 Das Dialogfeld »Map drucken«

Wählen Sie, um die Map in ein PDF-Dokument umzuwandeln, den Menübefehl *Datei/Drucken*, öffnet sich das Dialogfeld *Map drucken*, in dem Sie verschiedene Einstellungen vornehmen können.

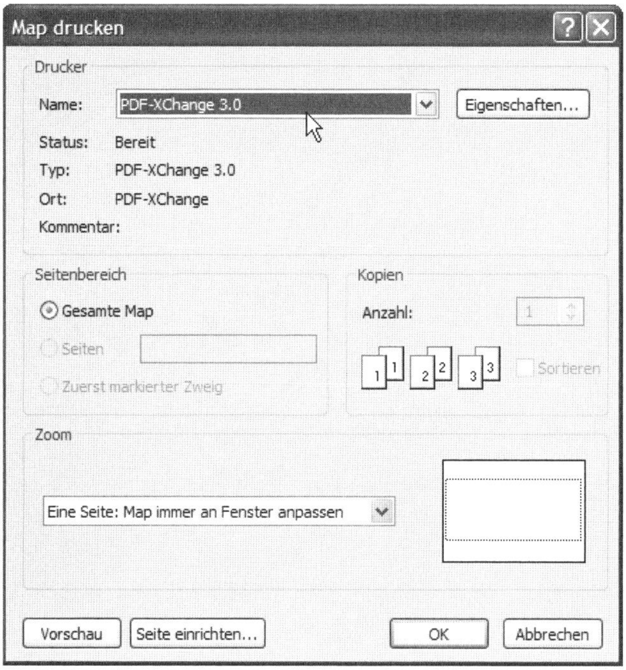

Abbildung 20.5 Das Dialogfeld *Map drucken*

Folgende Einstellungsoptionen stehen Ihnen hier zur Verfügung:

- Im Pulldown-Menü unter *Name* können Sie einen der im Netzwerk zur Verfügung stehenden Drucker wählen. Um aus einer Map ein PDF-Dokument zu erzeugen, wählen Sie den Drucker *PDF-XChange 3.0*.
- Über die Schaltfläche *Eigenschaften* gelangen Sie in die Eigenschaften des von Ihnen gewählten Druckers. Welche Funktionen und Einstellungsoptionen Ihnen in diesem Bereich für den PDF-XChange-Drucker zur Verfügung stehen, erläutern wir Ihnen im nächsten Abschnitt.
- Im Abschnitt *Seitenbereich* können Sie festlegen, was gedruckt werden soll. Ihnen stehen hier die Optionen *Gesamte Map*, *Seiten* oder *Zuerst markierter Zweig* zur Verfügung. Wählen Sie *Seiten*, können Sie festlegen, welche der Seiten gedruckt werden sollen. Wollen Sie bestimmte Zweige der Map, die Sie zuvor markiert haben, drucken, wählen Sie den Eintrag *Zuerst markierter Zweig*.
- Entsprechend der Größe Ihrer Map haben Sie unter *Zoom* die Möglichkeit zu definieren, auf wie viele Seiten die Inhalte aufgeteilt werden sollen. Standardmäßig ist die Option *Eine Seite: Map immer an Fenster anpassen* eingestellt. Wählen Sie diese Option, wird die Map auf die Größe DIN A4 angepasst und ggf. vergrößert bzw. verkleinert.
- Klicken Sie auf die Schaltfläche *Vorschau*, sehen Sie eine Vorschau des PDF-Dokuments auf Basis der von Ihnen vorgenommenen Einstellungen.

- Klicken Sie auf die Schaltfläche *Seite einrichten*, öffnet sich das Dialogfeld *Seite einrichten (Map-Druck)*.

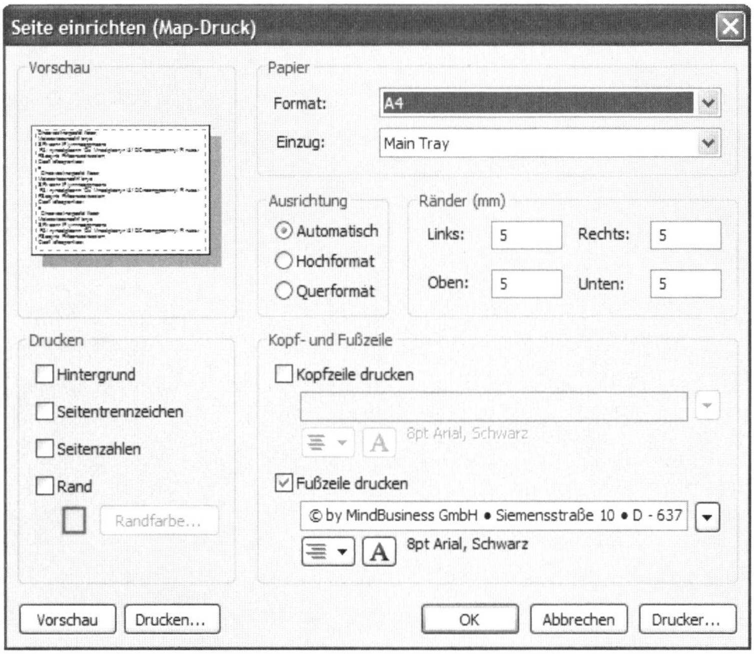

Abbildung 20.6 Richten Sie die Seite entsprechend Ihrer Vorstellung ein

Wie in **Abbildung 20.6** dargestellt, stehen Ihnen in diesem Dialogfeld verschiedene Funktionen zur Verfügung, mit denen Sie den Ausdruck Ihrer Map optimieren können.

- **Vorschau:** In diesem Bereich sehen Sie die Ihren Änderungen angepasste und aktualisierte Vorschau.
- **Drucken:** Im Bereich *Drucken* können Sie einstellen, ob Sie einen Hintergrund angezeigt bekommen möchten, ob Seitentrennzeichen und Seitenzahlen angegeben sein sollen und ob dem Ausdruck ein Rahmen hinzugefügt werden soll. Möchten Sie einen Rand um die Map, können Sie über die Schaltfläche *Randfarbe* die gewünschte Farbe aus der Palette auswählen.
- **Papier:** In diesem Bereich haben Sie über zwei verschiedene Pulldown-Menüs die Möglichkeit, Einstellungen für das Format des Papiers sowie den Papiereinzug festzulegen.
  Format: Hier können Sie die gewünschte Papiergröße definieren – natürlich muss Ihr Drucker dieses Format unterstützen.
  Einzug: Falls Ihr Drucker über mehrere Einzugsfächer verfügt, können Sie hier das gewünschte Einzugsfach anwählen. Ansonsten belassen Sie die Standardeinstellung.

- **Ausrichtung:** Im Bereich **Ausrichtung** können Sie definieren, wie die Business Map ausgerichtet werden soll. Sie haben die Wahl zwischen *automatischer Ausrichtung*, *Hoch-* und *Querformat*.
- **Ränder:** In diesem Bereich können Sie definieren, wie breit die Ränder des Ausdrucks links, rechts, oben und unten sein sollen. Die Angabe erfolgt in Millimetern.
- **Kopf- und Fußzeile:** Hier haben Sie die Möglichkeit festzulegen, ob Sie Ihrem Dokument eine Kopf- und Fußzeile hinzufügen möchten. Aktivieren Sie die jeweiligen Kontrollkästchen, können Sie über die verschiedenen Einträge des Pulldown-Menüs auch den Inhalt bestimmen.

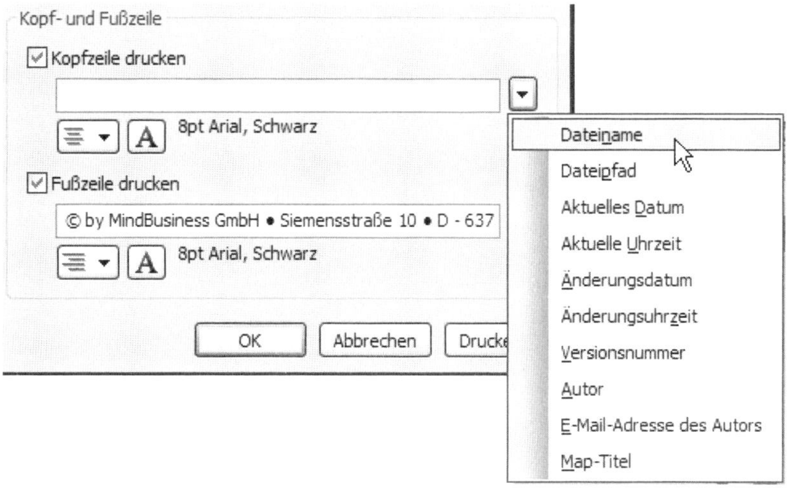

Abbildung 20.7 Legen Sie den Eintrag in Kopf- und Fußzeile fest

Entscheiden Sie sich für den Eintrag *Dateiname*, wird auch dann der richtige Dateiname angezeigt, wenn Sie die Datei umbenennen. Das Gleiche gilt für das aktuelle Datum und den Namen des Autors.

Damit in der Kopf- oder Fußzeile automatisch die richtigen Daten zum Autor eingetragen werden, müssen Sie diese vorher zuweisen. Öffnen Sie dazu das Menü *Extras/Optionen*, und wählen Sie den Eintrag *Benutzerdaten*. Füllen Sie die gewünschten Felder aus, und bestätigen Sie Ihre Eingaben durch Klicken auf *OK*.

Zusätzlich haben Sie im *Kopf- und Fußzeilenbereich* auch die Möglichkeit, über die Schaltflächen *Ausrichten* und *Schriftart* weitere Formatierungen festzulegen. So können Sie über die Schaltfläche *Ausrichten* definieren, ob sich die Kopf- oder Fußzeile rechts-, oder linksbündig oder zentriert ausrichten soll, und über die Schaltfläche *Schriftart* Einstellungen zur Schrift vornehmen. Dazu gehören *Schriftart*, *-größe*, *-farbe* und *-form*.

20.2.2 Die Eigenschaften des PDF-XChange 3.0-Druckers

Wie in Abschnitt 20.2.1 bereits angedeutet, gelangen Sie über das Dialogfeld *Map drucken* in die Eigenschaften des PDF-XChange-Druckers. Klicken Sie auf die Schaltfläche *Eigenschaften* (vgl. **Abbildung 20.5**), öffnet sich das Dialogfeld *Eigenschaften von PDF-XChange 3.0*.

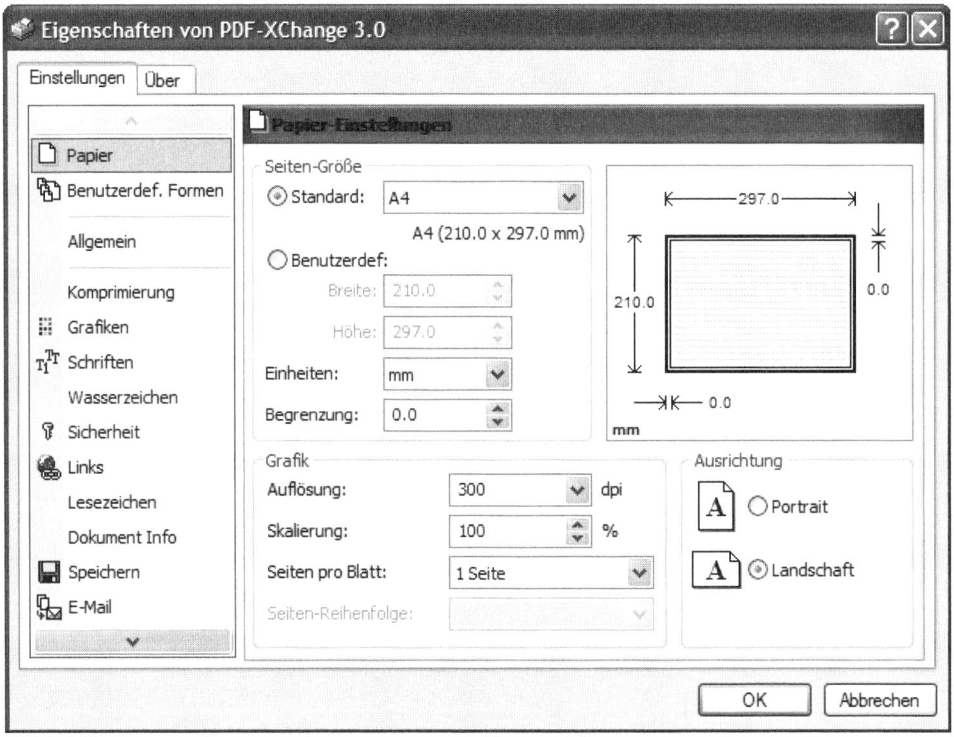

Abbildung 20.8 Die Eigenschaften des PDF-Druckers

In diesem Dialogfeld steht Ihnen eine Vielzahl an Einstellungsmöglichkeiten zur Verfügung. Im Folgenden finden Sie eine Kurzfassung der am häufigsten verwendeten Einstellungen.

Tabelle 20.1 Die wichtigsten Einstellungsoptionen für den PDF-Druck

Einstellung	Möglichkeiten
Papier	Mit *Papier* legen Sie das Seitenformat, die Ausrichtung und die Auflösung von Grafiken fest (bis zu 1200/2500 dpi).
Komprimierung	Durch *Komprimierung* von Grafiken und Text reduzieren Sie die Größe der erzeugten PDF-Datei erheblich.

Grafiken	Unter *Grafiken* können Sie die Auflösungseinstellungen ändern und so die Größe der erzeugten PDF-Datei reduzieren.
Schriften	Unter *Schriften* können Sie die in den Ausgangsdokumenten verwendeten True Type®-Schriften zur Gewährleistung einer möglichst hohen Portabilität und Unterstützung internationaler Zeichensätze (Osteuropa, Russisch, Japanisch usw.) einbetten.
Wasserzeichen	Mit *Wasserzeichen* fügen Sie auf der ersten Seite oder auf allen Seiten ein Wasserzeichen in Form eines Textes oder Bildes ein.
Sicherheit	Mit *Sicherheit* aktivieren Sie die Verschlüsselung der PDF-Dokumente (PDF 1.4, Acrobat 5.0) mit einem Kennwort zum Schutz vor Änderungen, dem Ausdrucken oder Kopieren. Es können zwei Kennwörter verwendet werden. Das *Master-Kennwort* ist für den Autor des Dokuments bestimmt und Voraussetzung für die Bearbeitung des Dokuments. Das *Benutzerkennwort* ist für den Empfänger des Dokuments bestimmt und gibt ihm folgende Berechtigungen bzw. entzieht sie ihm: - Ändern des Dokumentinhalts - Drucken des Dokuments - Kopieren von Text und Grafiken aus dem Dokument - Hinzufügen von Kommentaren bzw. Bearbeiten von Formularfeldern
Dokument Info	Unter *Dokument Info* können Sie Kommentare (Titel, Betreff, Autor und Schlüsselwörter) für die Datei eingeben.
Speichern	Unter *Speichern* geben Sie den Speicherort der Zieldatei an (fest vorgegeben oder durch Aufforderung zur Eingabe eines Speicherorts beim Drucken) und legen fest, ob nach Erzeugen der Datei eine Anwendung ausgeführt werden soll.

PDF-XChange 3.0 ist in allen Anwendungen auf Ihrem System als Drucker verfügbar. Wenn Sie das Programm in anderen Anwendungen als MindManager verwenden, wird jedoch am oberen Rand der PDF-Seiten ein Wasserzeichen mit dem Text »Click to buy NOW!« angezeigt. Wenn Sie auf dieses Wasserzeichen klicken, erfahren Sie, wie Sie das Programm auch für die anderen Anwendungen uneingeschränkt verfügbar machen können. Wenn Sie MindManager deinstallieren, wird nicht automatisch auch PDF X-Change 3.0 deinstalliert. Die Deinstallation dieses Programms müssen Sie in der Systemsteuerung über *Software/Programme hinzufügen/entfernen* vornehmen.

20.3 Der PDF-Export der Map

Wie bereits zu Beginn dieses Kapitels erwähnt, steht Ihnen noch eine weitere Möglichkeit zur Erstellung eines PDF-Dokuments aus einer Map zur Verfügung.

So gehen Sie vor:

1. Öffnen Sie eine beliebige Mind Map, und wählen Sie eine der folgenden Verfahrensweisen.

- Klicken Sie auf die Schaltfläche *PDF Export* in der Exportsymbolleiste von MindManager.

Abbildung 20.9 PDF-Export über die Exportsymbolleiste

- Oder wählen Sie den Menübefehl *Datei/Speichern unter*. Wählen Sie anschließend im Dialogfeld *Speichern unter* als *Dateityp* den Eintrag *PDF-Datei (*pdf)*.

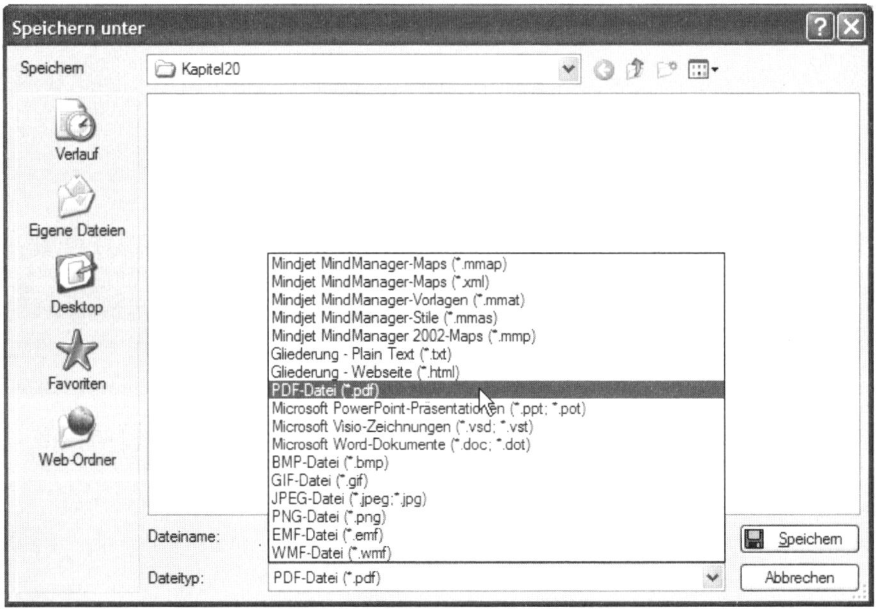

Abbildung 20.10 Speichern Sie die Map als PDF-Dokument

2. Weisen Sie dem Dokument einen *Dateinamen* zu, wählen Sie das gewünschte Verzeichnis, und klicken Sie auf die Schaltfläche *Speichern*.
3. Ähnlich wie im vorangegangenen Abschnitt öffnet sich auch hier ein Dialogfeld, in dem Sie diverse Einstellungen vornehmen können. Klicken Sie hier auf *OK*.

Abbildung 20.11 Nehmen Sie die gewünschten Einstellungen vor

Die Map wird als Grafik in das neue PDF-Dokument exportiert. Ist der Vorgang beendet, wird die PDF-Datei geöffnet.

Wenn Sie die Map in der Mapansicht speichern oder exportieren, enthält die erzeugte PDF-Datei ein Abbild der Map. Wenn Sie die Map in der Gliederungsansicht speichern oder exportieren, enthält die erzeugte PDF-Datei eine Textgliederung.

20.4 Einstellungsmöglichkeiten für den PDF-Export

Auch beim Erstellen eines PDF-Dokuments über die Exportsymbolleiste in MindManager stehen Ihnen verschiedene PDF-Optionen zur Verfügung. Die Einstellungsmöglichkeiten der einzelnen Register möchten wir Ihnen im Folgenden kurz beschreiben.

20.4.1 Register »Allgemein«

In diesem Bereich (vgl. **Abbildung 20.11**) können Sie dem PDF-Dokument verschiedene allgemeine Informationen zuweisen. Hierzu gehören z. B. Informationen zum Titel, zum Verfasser oder auch zum Betreff des Dokumentes.

Unter *PDF-Spezifikation* können Sie angeben, mit welcher Acrobat-Version Sie arbeiten. Standardmäßig wird das Dokument für die Version 1.4 gedruckt. Diese Einstellung funktioniert in der Regel bei allen Versionen.

Die Angabe von Schlüsselwörtern zum Inhalt des Dokumentes unter *PDF-Informationen* hat den Vorteil, dass diese von Suchprogrammen auf Ihrem Rechner ausgewertet bzw. integriert werden – ähnlich einer Indizierung. Auf diese Weise können Dokumente schneller gefunden werden.

Ist das Kontrollkästchen *Nach Export PDF-Ansicht öffnen* aktiviert, wird das Dokument sofort nach dem Druck zur Kontrolle der Inhalte geöffnet.

20.4.2 Register »Papier«

Im Register *Papier* können Sie verschiedene Einstellungen bezüglich der Seitengröße und der Grafik vornehmen.

So haben Sie z. B. die Möglichkeit, unter *Seitengröße* das Format der Seite aus einer Reihe von zur Verfügung stehenden (Standard-)Formaten festzulegen oder auch den Seitenrand durch die Angabe von Millimeterwerten zu definieren.

Im Bereich *Grafik* können Sie Einstellungen zur Auflösung (dpi) des Dokumentes sowie dessen Skalierung vornehmen. Auch können Sie festlegen, wie viele Seiten pro Blatt Sie ausdrucken möchten.

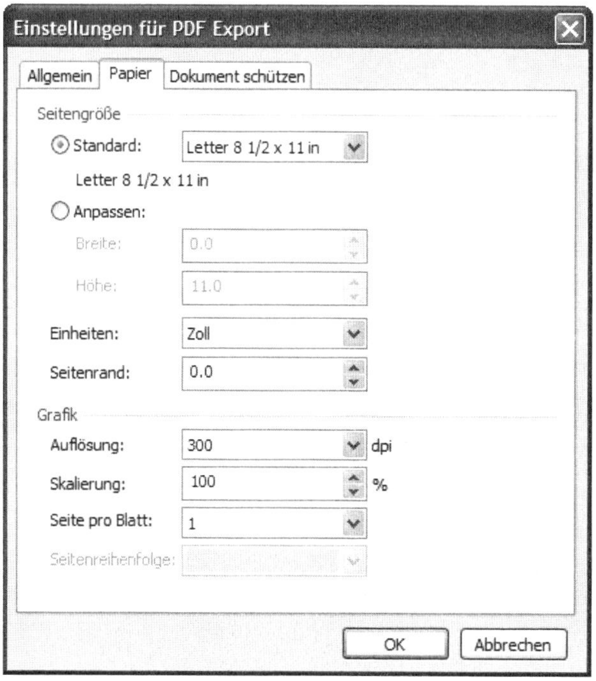

Abbildung 20.12 Das Register *Papier*

20.4.3 Register »Dokument schützen«

Einige sehr interessante Einstellungen beinhaltet das Register *Dokument schützen.*

So steht es Ihnen z. B. frei, unter *Dokumentkennwörter* Passwörter festzulegen, ohne die andere Benutzer das PDF weder ansehen noch bearbeiten können.

Achten Sie bei vertraulichen Dokumenten darauf, dass die Passwörter sowohl Groß- und Kleinbuchstaben, Zahlen und eventuell auch Sonderzeichen enthalten. Nur so ist der Schutz des Dokumentes gewährleistet.

Unter *Dokumentberechtigungen* können Sie unter anderem Angaben zum Verschlüsselungsgrad des Dokumentes machen. Entscheiden Sie sich, aufgrund der Vertraulichkeit der Dokumenteninhalte für eine Verschlüsselung, empfehlen wir die 128-Bit-Methode.

Des Weiteren haben Sie in diesem Bereich die Möglichkeit, verschiedene Berechtigungen für das Dokument einzuräumen. So können Sie beispielsweise festlegen, ob das Dokument gedruckt oder ob Bereiche des Dokumentes markiert und in andere Anwendungen kopiert werden dürfen.

Haben Sie die gewünschten Einstellungen angegeben, bestätigen Sie diese mit *OK*. Das PDF-Dokument wird nun in eine Datei gedruckt, und es erfolgt die Ausgabe im Acrobat Reader.

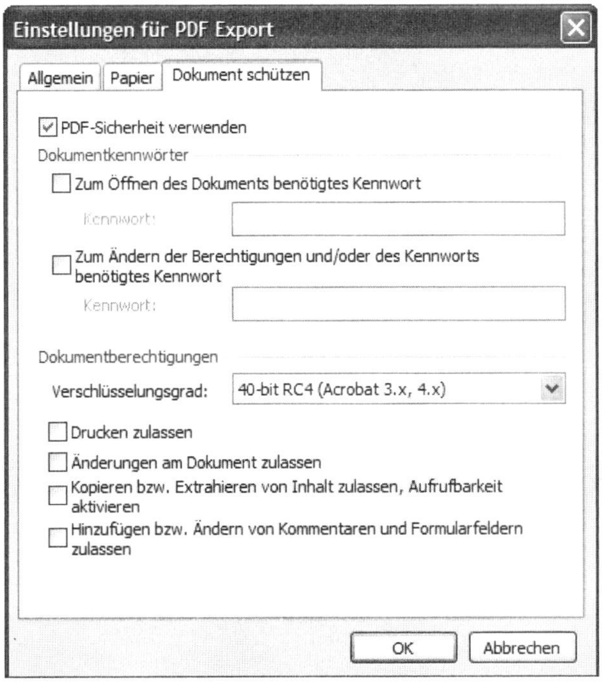

Abbildung 20.13 Das Register *Dokument schützen*

20.5 Die Umwandlung von der Map in andere Grafikformate

Sie können Maps auch in andere Grafikformate exportieren. MindManager bietet Ihnen Exportmöglichkeiten in folgende Grafikformate: BMP, GIF, JPEG und PNG (Bitmap-Dateien) bzw. WMF oder EMF (Vektordateien).

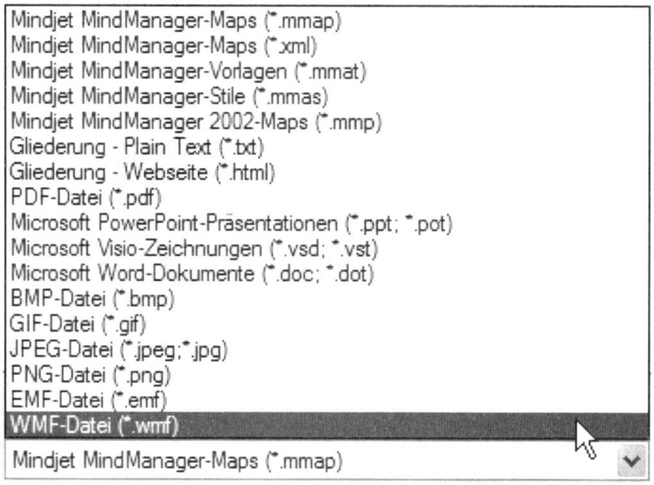

Abbildung 20.14 Die Liste der unterschiedlichen Dateiformate

Wenn Sie Ihre Map als Grafikdatei exportieren wollen, gehen Sie wie folgt vor:

1. Klicken Sie auf *Datei/Speichern unter*. Wählen Sie im Dialogfeld *Speichern unter* das gewünschte Exportformat.
2. Geben Sie einen Dateinamen ein, und bestätigen Sie den Vorgang mit *OK*.

Abbildung 20.15 Bitmap-Exporteinstellungen

Sie bekommen ein Dialogfeld mit Optionen angezeigt, in dem Sie für die Bitmap-Dateien die Farbauflösung, die Transparenz und die Größe definieren können.

20.6 Die Einstellungen für den Bitmap-Export

Tabelle 20.2 Der Bitmap-Export: Eine Übersicht der Funktionen

Farbqualität	Sie haben die Wahl zwischen 256 Farben und 24-Bit-Farben. Die Schaltflächen sind in Abhängigkeit vom Bitmap-Format aktiv: BMP: beide, GIF: nur 256, PNG: beide, JPEG: nur 24 Bit
Transparenter Hintergrund	Bei GIF- und PNG-Dateien im 256-Farben-Modus lässt sich der Hintergrund transparent machen.
Größe	Sie haben die Wahl unter mehreren vordefinierten Werten für die Breite und Höhe: Gemäß aktueller Darstellung (Map unter Verwendung des aktuellen Zoomfaktors exportieren) Das Seitenverhältnis wird beibehalten. Vorschaubild 300 x 230 Pixel Das Seitenverhältnis wird nicht beibehalten. 640 x 480 Pixel Das Seitenverhältnis wird nicht beibehalten.

Größe	800 x 600 Pixel Das Seitenverhältnis wird nicht beibehalten.
	1024 x 768 Pixel Das Seitenverhältnis wird nicht beibehalten.
	Hohe Auflösung, 2000 x 1500 Pixel Das Seitenverhältnis wird nicht beibehalten.
	Benutzerdefiniert (Werte eingeben) Das Seitenverhältnis wird nicht immer beibehalten.
	Mindestwert für die Breite und Höhe ist 20, eine Obergrenze gibt es nicht.

Wenn *Seitenverhältnis beibehalten* aktiviert ist, befinden sich die Breite und Höhe im selben Verhältnis wie die aktuelle Map.

Wird ein Wert geändert, wird der andere automatisch angepasst. Wenn diese Option deaktiviert ist, wird die Map in der exportierten Bitmap zentriert. Der Map-Hintergrund füllt dabei die gesamte Fläche der Bitmap aus.

21

Webseiten erstellen mit Mindjet MindManager 6

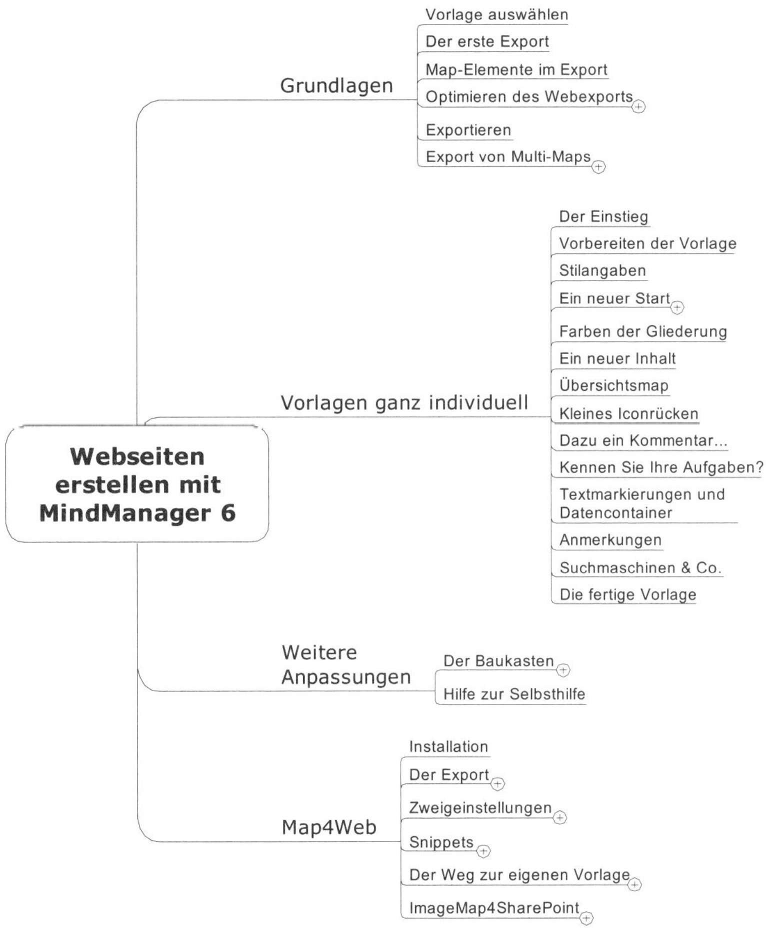

21 Webseiten erstellen mit Mindjet MindManager 6

Mit MindManager Pro 6 und Basic 6 haben Sie die Möglichkeit, die Struktur und die Informationen Ihrer Maps als Webseiten darzustellen. Es lassen sich damit Firmen-Websites, Handbücher für das Intranet, Bedienungsanleitungen für Produkt-CDs und mehr realisieren. Im Vordergrund steht dabei das schnelle Erstellen des Webexports für den Anwender, der mit nur wenigen Mausklicks das Resultat in seinem Webbrowser betrachten kann. So ist es möglich, durch einfache und schnelle Änderungen von Inhalt und Struktur in der gewohnten MindManager-Umgebung eine Webseite auf dem aktuellen Stand zu halten, und das ohne HTML- und Programmierkenntnisse!

Mindjet MindManager 6 liefert dazu eine Reihe von Vorlagen, die für viele Einsatzbereiche geeignet sind. Diese Vorlagen lassen sich so anpassen, dass sie in Farbe, Logo, Schriftarten usw. Ihren Vorstellungen entsprechen.

Eigene Vorlagen können prinzipiell ebenfalls definiert werden. Dazu sind jedoch sehr gute Kenntnisse in HTML, CSS und Visual Basic erforderlich, und der Aufwand ist unverhältnismäßig hoch.

Als Alternative dazu bietet sich das MindManager-Add-In MindBusiness Map4Web an, mit dem die Einbindung individueller Vorlagen sehr einfach ist. Somit besteht hier ein interessantes Potenzial für Web-Entwickler und Agenturen, Anwendern entsprechende Vorlagen zu erstellen. Die Anwender selbst können sich dann wiederum nur um Inhalt kümmern und die Webseiten mit den schnell zu erlernenden Funktionalitäten innerhalb von MindManager erstellen.

Hier noch einige Worte zu den Editionen Pro 6 und Basic 6. Beide Editionen bieten die Möglichkeit, Maps als Webseiten zu speichern. Der Umfang und die Konfigurationsmöglichkeiten der Vorlagen innerhalb von MindManager sind dabei identisch. Nur in Pro 6 enthalten sind die Möglichkeiten zum Multi-Map-Export sowie der Makro-Editor, mit dem die Logik der Erstellung von Webseiten angepasst werden kann.

In diesem Kapitel erfahren Sie mehr zu Grundlagen, Optionen und Anpassung des Webexports mit MindManager 6 und lernen Map4Web als Alternative zum Standard-Webexport kennen.

21.1 Grundlagen

Als Einstieg zum Webexport von MindManager ist es sinnvoll, die vorhandenen Vorlagen kennen zu lernen und die Darstellung der verschiedenen Map-Elemente auf der Webseite zu betrachten. Damit erhalten Sie die optimale Darstellung Ihrer Daten, und Sie können die Map selbst so aufbereiten, dass der Betrachter die Informationen schnell und übersichtlich findet.

Im MindManager finden Sie den Dialog zur Auswahl und Anpassung der Vorlagen sowie zur Wahl des Zielverzeichnisses und zum Starten des Webexports in der Export-Symbolleiste.

Abbildung 21.1 Die Schaltfläche zum Starten des Webexports

Die Auswahl kann auch über das Menü *Extras/Vorlagen-Organizer/Web-Vorlagen* vorgenommen werden. Dies ist dann sinnvoll, wenn ein Multi-Map-Export ausgeführt werden und die einzelnen Maps ein unterschiedliches Layout haben sollen. So können zuerst die Maps vorbereitet und anschließend kann der Export aller Maps über den Multi-Map-Arbeitsbereich ausgeführt werden. Dazu folgen später noch weitere Informationen.

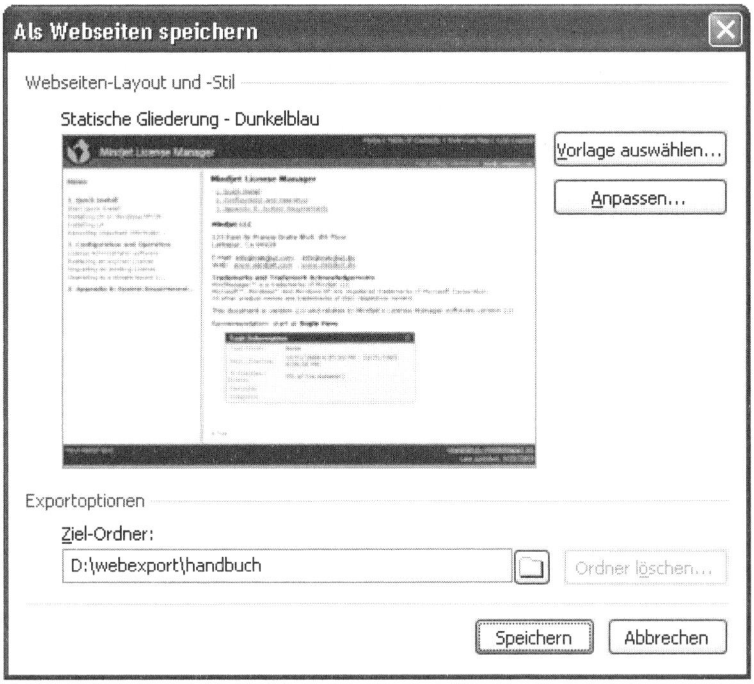

Abbildung 21.2 Der Dialog für den Webexport

21.1.1 Vorlage auswählen

Mit der Vorlage wählen Sie das Layout, das Ihre Webseiten haben sollen. MindManager bietet mehrere Vorlagen, jeweils in verschiedenen Farbkombinationen. Öffnen Sie den Dialog zur Auswahl der Vorlage über *Vorlage auswählen...* im Exportfenster.

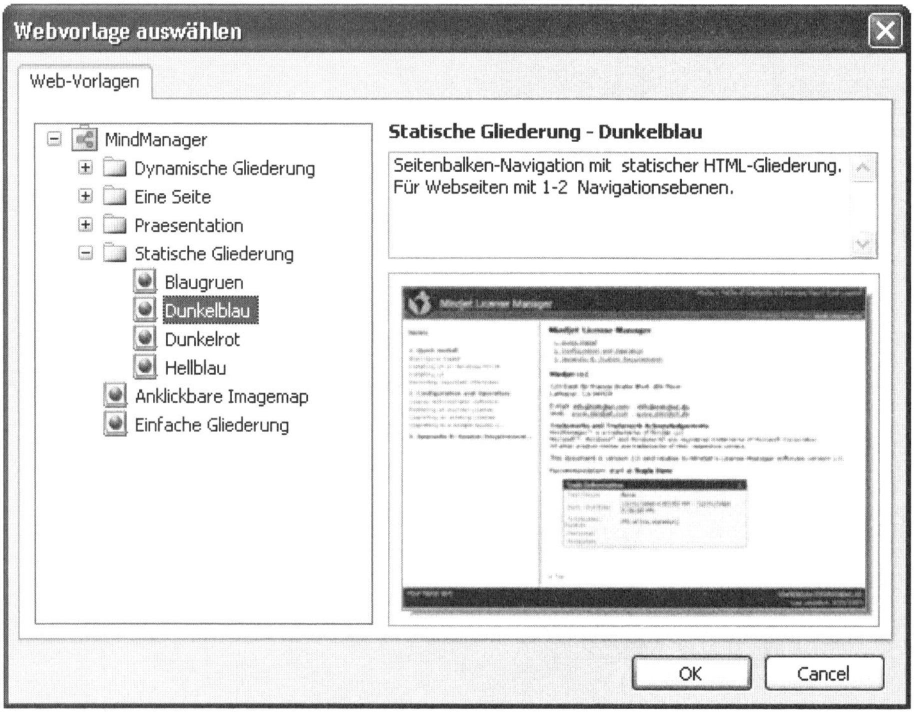

Abbildung 21.3 Auswahldialog für Vorlagen

Damit Sie die passende Vorlage wählen können, finden Sie hier eine Zusammenfassung, welche Vorlage für welchen Zweck am besten geeignet ist.

- Die **Dynamische Gliederung** eignet sich für sehr umfangreiche Maps mit mehreren Detailebenen. Interessant z. B. zur Erstellung von Firmen-Websites.
- Die **Statische Gliederung** kann wie die dynamische Gliederung eingesetzt werden, allerdings wird zur Gliederung kein JavaScript verwendet, daher ist größere Browser-Unabhängigkeit gewährleistet. Weiterhin wird die Gliederung maximal bis zur zweiten Zweigebene erzeugt.
- Mit **Eine Seite** werden die Daten auf einer Webseite zusammengefasst. Für kleinere Maps und für den Multi-Map-Export gut geeignet.
- Die **Einfache Gliederung** exportiert die Daten ebenfalls auf eine Webseite. Auf grafische und verschiedene Map-Elemente wie Aufgabendaten wurde hier bewusst verzichtet. Da die Vorlage weit weniger komplex ist als z. B. die dynamische Gliederung, eignet sie sich auch als Einstieg für Entwickler, um das Zusammenspiel zwischen HTML-Vorlagen und Makros besser zu verstehen.
- Die Vorlage **Präsentation** zeigt die Map in grafischer Darstellung an, aus den Zweigen und Unterzweigen werden dabei mehrere Detailansichten erzeugt, die den Anwender wie in einer Präsentation durch die Map führen. Es werden keine Notizen exportiert.

- Die **Anklickbare Imagemap** kann als Navigationshilfe für Webseiten eingesetzt werden, z. B. als so genannte »Sitemap«. Beim Multi-Map-Export kann eine Imagemap auch als Startseite dienen, die zu weiteren Webseiten z. B. mit der Vorlage »Dynamische Gliederung« führt.

21.1.2 Der erste Export

Zum Einstieg können Sie an dieser Stelle bereits die ersten Exporte ausführen. Es empfiehlt sich, die verschiedenen Vorlagen mit einer Ihrer Maps zu testen. Der Export ist ganz einfach zu starten.

Nachdem Sie den Dialog für den Webexport geöffnet haben, geben Sie dort nur noch den Exportpfad an oder verwenden den vorgeschlagenen Pfad.

Mit *Speichern* wird der Export gestartet. Während des Exports wird Ihnen der Status angezeigt. Anschließend können Sie über die Schaltfläche *Öffnen* das Ergebnis direkt in Ihrem Browser betrachten.

In den folgenden Abschnitten werden die vielen Einstellungen erläutert, mit denen Sie Ihren Export verfeinern können. Dies ist in der Regel nur einmal erforderlich – anschließend können Sie mit den soeben genannten wenigen Mausklicks auf einfachste Weise Ihren Webexport, ganz wie Sie es benötigen, aktualisieren.

An dieser Stelle zwei Hinweise:

- Beim Export wird immer die komplette Map exportiert, auch wenn Änderungen nur an einem Zweig ausgeführt werden.
- Wenn Sie die aktuellen Service Packs von Microsoft Windows installiert haben, kann es nach dem Export passieren, dass in Ihrem Internet Explorer folgende Meldung erscheint: »Um Ihre Sicherheit zu gewährleisten, verhindert Internet Explorer die Anzeige aktiver Inhalte in dieser Datei, die auf Ihren Computer zugreifen könnten.« Dies passiert, wenn die Seiten direkt vom Festplattenlaufwerk angezeigt werden und Sie die dynamische Gliederung als Vorlage für den Webexport verwenden. Eine Möglichkeit ist, den zusätzlichen Sicherheitsschutz zu deaktivieren.
  Wählen Sie dazu im Menü *Extras/Internetoptionen* des Internet Explorers die Registerkarte *Erweitert*, und aktivieren Sie im Abschnitt *Sicherheit* das Kontrollkästchen *Ausführung aktiver Inhalte in Dateien auf dem lokalen Computer zulassen* (falls Sie das Dokument auf der lokalen Festplatte haben) und/oder *Ausführung aktiver Inhalte von CD auf dem lokalen Computer zulassen* (falls Sie das Dokument auf CD haben).

21.1.3 Map-Elemente im Export

Bei der Auswahl der Vorlage spielt es auch eine Rolle, welche Map-Elemente Sie verwenden und dem Besucher der Webseiten zeigen möchten. Nicht alle Vorlagen berücksichtigen alle Map-Elemente.

Im Folgenden finden Sie eine Übersicht darüber, welche Elemente der Map abhängig von der Vorlage angezeigt werden.

	NOTIZEN	HYPERLINKS	ANHÄNGE	AUFGABENDATEN	BILDER	ANMERKUNGEN	ZWEIGVERBINDUNGEN	KOMMENTARE	MAP-MARKIERUNGEN	DATENCONTAINER
Dynamische Gliederung	+	+	+	+	+	+	+	+	+	+
Statische Gliederung	+	+	+	+	+	+	+	+	+	+
Eine Seite	+	+	+	+	+	+	+	+	+	+
Einfache Gliederung	+	+	–	–	+/–	–	–	–	–	–
Präsentation	–	–	–	+	+/–	+	+	–	+	+
Anklickbare Image-Map	–	+	–	+	+/–	+	+	–	+	+

Tabelle 21.1 Map-Elemente, die im Webexport berücksichtigt werden

Am umfangreichsten sind die Vorlagen *Dynamische Gliederung*, *Statische Gliederung* und *Eine Seite*. Sie finden die meisten Map-Elemente auch auf den Webseiten wieder:

1. *Zweige* erscheinen als Überschrift zu den einzelnen Webseiten und dienen als Inhaltsverzeichnis für die Gliederung.
2. *Notizen* erscheinen als Text inklusive aller Formatierungen, Tabellen, Bilder etc. auf den erzeugten Webseiten.
3. *Hyperlinks* (Internet, E-Mail, Dokumente, Lesezeichen)
4. *Anhänge*
5. *Zweigverbindungen* werden als *Siehe auch*-Vermerk auf der entsprechenden Seite angelegt.
6. *Anmerkungen* zu Zweigen und Zweigverbindungen.
7. *Aufgabendaten* werden in einem separaten Bereich angezeigt.

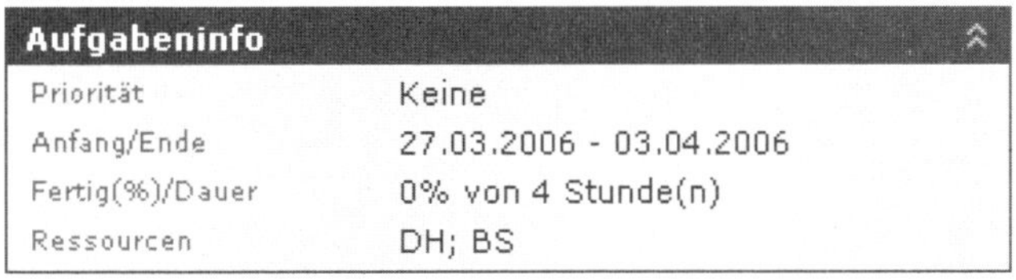

Abbildung 21.4 Darstellung von Aufgabendaten im Webexport

8. Map-Markierungen (Icons, Prioritäten, Fertig) können in einem speziellen Fenster, der Icon-Legende, dargestellt werden.

Abbildung 21.5 Darstellung der Icon-Legende

9. Datencontainer werden ebenfalls in einem separaten Bereich angezeigt.

Abbildung 21.6 Darstellung von benutzerdefinierten Eigenschaften im Datencontainer

10. Bilder auf Zweigen und Anmerkungen

Nicht exportiert werden Zweigformen, freie Anmerkungen sowie Füll- und Textfarben von Zweigen. Diagramme aus Zweigtabellen bzw. verknüpfte Excel-Bereiche werden ebenfalls nicht im Export dargestellt, nur die Daten der Zellen selbst.

Die Vorlage *Einfache Gliederung* übernimmt weitaus weniger Informationen aus der Map. Anmerkungen, Zweigverbindungen, Aufgabendaten, Map-Markierungen und Bilder sind im Export nicht enthalten. Aus den Zweigen wird am Anfang der Seite ein Inhaltsverzeichnis erzeugt. Textnotizen und Hyperlinks sind enthalten.

In der Vorlage *Präsentation* wird die Map als Grafik dargestellt. Durch Anklicken von Zweigen und Unterzweigen werden diese fokussiert und optisch hervorgehoben. Die Navigation erfolgt allein innerhalb der grafischen Darstellung, so dass Map-Elemente wie Notizen und Hyperlinks nicht angezeigt werden bzw. aktivierbar sind.

Optische Elemente wie Map-Markierungen, Bilder und Aufgabendaten werden wie im MindManager angezeigt. Anmerkungen und Zweigverbindungen werden dargestellt, können aber nicht fokussiert werden.

Die *Anklickbare Imagemap* erzeugt eine Grafik der Map, wie Sie im MindManager zu sehen ist. Das Besondere an dieser Grafik ist, dass sie aktive Hyperlinks enthält, z. B. zu weiteren Webseiten oder Dateien. Map-Markierungen und Aufgabendaten werden wie im MindManager angezeigt – allerdings wird hier keine Icon-Legende erzeugt.

Zu einigen der Vorlagen können optional Inhaltsverzeichnis, Übersichtsmap und Icon-Legende angezeigt werden.

21.1.4 Optimieren des Webexports

Um ein optimales Ergebnis für Ihre Webseite zu erzielen, gibt es im MindManager eine Reihe von Einstellungsmöglichkeiten. Die Optionen finden Sie zum einen an verschiedenen Stellen innerhalb der Anwendung (z. B. die Definition von Hyperlinks oder die Filtereinstellungen) und zum anderen im Dialog zum Speichern von Webseiten.

Unabhängig von den MindManager-Einstellungen finden Sie hier auch einige Tipps zur optimalen Gestaltung von Webseiten, die Sie bereits beim Erstellen der Map berücksichtigen können.

21.1.5 Einstellungen im MindManager

In MindManager finden Sie an verschiedenen Stellen Optionen, die das Verhalten der Erstellung von Webseiten beeinflussen. Es ist wichtig, diese Einstellungen zu kennen, damit sich Ihre Webseiten dem Betrachter so präsentieren, wie Sie es wünschen. Manche Optionen betreffen speziell den Webexport, andere die generelle Map-Ansicht (Detailebenen, Filter ...); wobei auch diese Auswirkungen auf den Webexport haben. Hierzu erfahren Sie in diesem Kapitel mehr.

21.1.5.1 Hyperlinks

Zuerst einige Hinweise zum Thema »Hyperlinks«.

Allgemeine Informationen bezüglich der Definition von Hyperlinks und Lesezeichen erhalten Sie im Kapitel »Vom Könner zum Profi«.

Da sich jedoch einige der Optionen speziell auf den Webexport beziehen, gehen wir auf diese hier näher ein.

Hyperlinks können auf Zweigen und in Notizen definiert werden. Die jeweils zur Verfügung stehenden Optionen unterscheiden sich dabei und werden daher separat beschrieben.

Im Hyperlink-Dialog von Zweigen finden Sie eine Schaltfläche *Optionen*, die einen Dialog mit vier wichtigen Optionen für den Webexport öffnet.

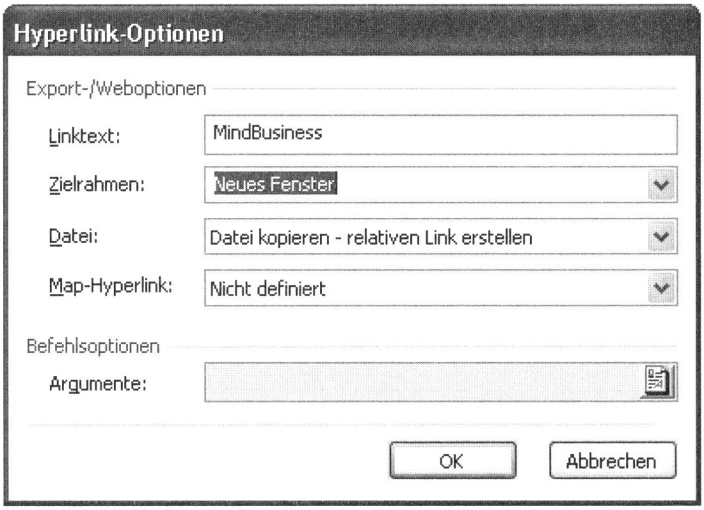

Abbildung 21.7 Optionen für Hyperlinks

- Der *Linktext* kann verwendet werden, um anstatt des Dateinamens oder der Internetadresse einen beliebigen Text anzuzeigen. Ist z. B. auf http://www.mindbusiness.de ein Link definiert, können Sie im Linktext »MindBusiness« eingeben.
- Der *Zielrahmen* bestimmt, auf welche Weise der Hyperlink geöffnet werden soll. In den meisten Fällen kann die Option undefiniert bleiben bzw. die Einstellung *Neues Fenster* gewählt werden.

Im Folgenden finden Sie die vollständige Auflistung der Einstellungen, einschließlich der entsprechenden Bezeichnung der Attribute im HTML-Code. Ein selbst definierter Zielrahmen kann in einigen Fällen ebenfalls interessant sein.

Bezeichnung	**HTML**	**Verwendung**
Neues Fenster	_blank	Wird ein Hyperlink mit diesem Zielrahmen angeklickt, wird der Hyperlink in einem neuen Browserfenster geöffnet. Diese Einstellung ist sinnvoll bei Hyperlinks, die auf andere Webseiten führen. Damit bleibt Ihre Webseite im bestehenden Browserfenster weiterhin sichtbar, und der Besucher kann zwischen den Fenstern wechseln.
Oberer Frame	_top	Wird die Webseite innerhalb von Frames angezeigt, wird dieser Hyperlink im ganzen Fenster angezeigt, er »sprengt« sozusagen den Frame.
Selber Frame	_self	Der Hyperlink wird beim Öffnen im selben Frame angezeigt. Entspricht dem Verhalten, wenn die Option für den Zielrahmen nicht definiert wird.
Übergeordneter Frame	_parent	Befindet sich die Webseite innerhalb eines verschachtelten Framesets, wird der Hyperlink im übergeordneten Frame geöffnet.
Selbst definiert	z. B. _extern	Es kann auch ein eigener Zielrahmen definiert werden. Dabei wird ein neues Fenster geöffnet. Definiert man mehrere Hyperlinks mit diesem Zielrahmen, werden diese alle in demselben zweiten Fenster geöffnet. Verwenden Sie zur Definition am besten zuerst einen Unterstrich, dann Kleinbuchstaben, z. B. _extern.

- Die Option *Datei* bestimmt, was mit verknüpften Dateien (Microsoft Word-Dokumente, PDF-Dateien etc.) beim Webexport geschehen soll.

Auch hier wieder eine Auflistung möglicher Optionen und deren Bedeutung.

Bezeichnung	**Verwendung**
Datei kopieren – relativen Link erstellen	Mit dieser Option werden Dateien in das Exportverzeichnis kopiert. Sie befinden sich dann im Unterverzeichnis »LinkedDocuments«. Diese Option ist sinnvoll, wenn der Webexport im Internet zur Verfügung stehen soll. Dort können Besucher verlinkte Dateien nicht über die lokale Festplatte bzw. das Netzwerk öffnen. Nicht so geeignet ist es für den Export bei lokaler Verwendung, da bei Bearbeitung der Originaldokumente diese Änderungen nicht unmittelbar im Webexport sichtbar sind, sondern erst mit einem erneuten Export.
Datei nicht kopieren – relativen Link erstellen	Mit dieser Option werden verlinkte Dateien nicht in das Exportverzeichnis kopiert, sondern es wird ein Link zur Originaldatei erzeugt. Es wird, wenn möglich, ein relativer Link im Webexport erzeugt, auch wenn der Original-Link absolut definiert wurde. Diese Option wird empfohlen, wenn Webexport und Dateien unter demselben Stammverzeichnis liegen. So kann später das komplette Verzeichnis verschoben werden. Die Links funktionieren dann immer noch.
Datei nicht kopieren – Original-Link beibehalten	Mit dieser Option werden ebenfalls Links zur Originaldatei erzeugt. Allerdings wird als Hyperlink der im MindManager definierte Pfad übernommen. Daher ist diese Option nur bei Verwendung von absoluten Hyperlinks sinnvoll. Das heißt, wenn z. B. die Dokumente auf einem Netzwerkpfad liegen und der Webexport auf einem anderen.

- Die Option *Map-Hyperlink* bestimmt, was mit verknüpften MindManager-Maps beim Export geschehen soll. Das Thema Multi-Maps beim Webexport wird später noch einmal näher erläutert, an dieser Stelle erst einmal die Erklärung der möglichen Optionen.

Bezeichnung	**Verwendung**
Nicht definiert	Beim einfachen Webexport wird damit ein Dokumenten-Link zu der verknüpften Map-Datei erstellt. Beim Multi-Map-Export wird die verknüpfte Map ebenfalls exportiert, und es wird ein Link zur Startseite des zweiten Webexports erstellt.
Link als Dokumentdatei-Link beibehalten	Sowohl beim einfachen Webexport als auch beim Multi-Map-Export wird ein Dokumenten-Link erzeugt. Dies ist sinnvoll, wenn Sie beim Multi-Map-Export, einige davon in jedem Fall als Map-Datei, nicht als Webexport zur Verfügung stellen möchten.
Link in Link auf Webseite umwandeln (Multi-Map-Export)	Es wird sowohl beim einfachen Webexport als auch beim Multi-Map-Export eine Verknüpfung zur Startseite eines zweiten Webexports erstellt. Dies ist dann sinnvoll, wenn zwar mehrere Webexporte wie beim Multi-Map-Export miteinander verknüpft sein sollen, der Multi-Map-Export selbst aber nicht jedes Mal komplett über alle Maps durchgeführt werden soll. So können gezielt und schnell Änderungen in einer Map in die entsprechenden Webseiten übertragen werden. Der Link auf die verknüpfte Webseite wird dabei aus dem Exportpfad der verknüpften Map entnommen.

21.1.5.2 Notizen

Beim Export der Notizen werden die Formatierungen (Schriften, Farben) übernommen. Hyperlinks und Tabellen haben weitere spezielle Optionen für den Webexport.

- Für *Hyperlinks* finden Sie die Optionen im Menü *Format/Notizen* unter *Hyperlink-Optionen*. Mit der Option *Datei* wird bestimmt, was mit verknüpften Dateien (Microsoft Word-Dokumente, PDF-Dateien etc.) beim Webexport geschehen soll. Die Einstellungen entsprechen der Beschreibung im vorangegangenen Abschnitt.
- *Tabellen*-Optionen finden Sie in der Symbolleiste der Notizen. Klicken Sie auf die Schaltfläche *Tabelleneigenschaften*, und wählen Sie das Register *Tabellen-/Spaltenbreite*.

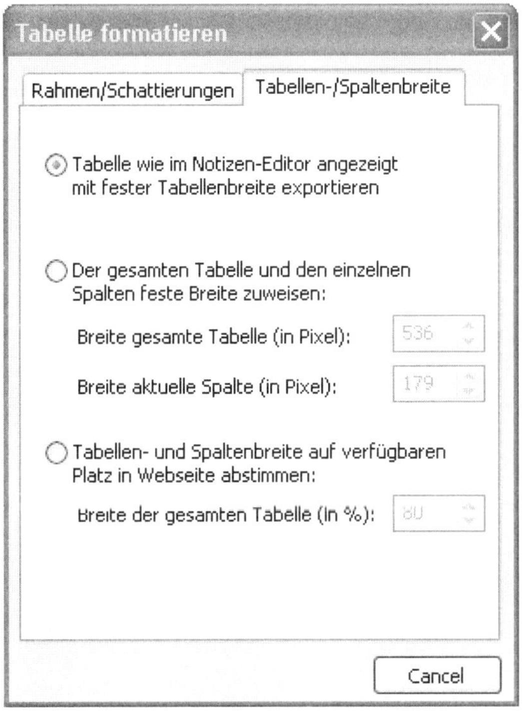

Abbildung 21.8 Optionen zu Tabellen in Notizen

Nachfolgend Erläuterungen und Verwendungszweck der einzelnen Optionen.

Bezeichnung	**Verwendung**
Tabelle wie im Notizen-Editor angezeigt mit fester Tabellenbreite exportieren	Die Breite der gesamten Tabelle und der einzelnen Spalten werden auf der Webseite genauso angezeigt wie in den Textnotizen. Ist eine Tabelle breiter als das Browserfenster, so wird im Browser ein waagerechter Rollbalken angezeigt.

Der gesamten Tabelle und den einzelnen Spalten feste Breite zuweisen	Die Breite der Tabelle und Spalten wird mit dieser Option bereits im Notizenfenster angepasst und dann genauso auf der Webseite angezeigt. Hiermit lässt sich das Tabellayout genau bestimmen. Es wird auch hier ein waagerechter Rollbalken im Browser bei Bedarf angezeigt.
Tabellen- und Spaltenbreite auf verfügbaren Platz in Webseite abstimmen	Betrachter Ihrer Webseiten sehen den Browser nicht immer in der gleichen Größe (Fenster ist nicht maximiert, bzw. es werden unterschiedliche Bildschirmauflösungen verwendet). Diese Option ist dann sinnvoll, wenn die Tabelle in jedem Fall komplett auf der Webseite (d.h. ohne waagerechten Rollbalken) dargestellt werden soll.

21.1.5.3 Das Menü »Ansicht«

Im Menü *Ansicht/Einblenden/Ausblenden* finden Sie einige Optionen, die das Ein- bzw. Ausblenden einzelner Map-Elemente betreffen.

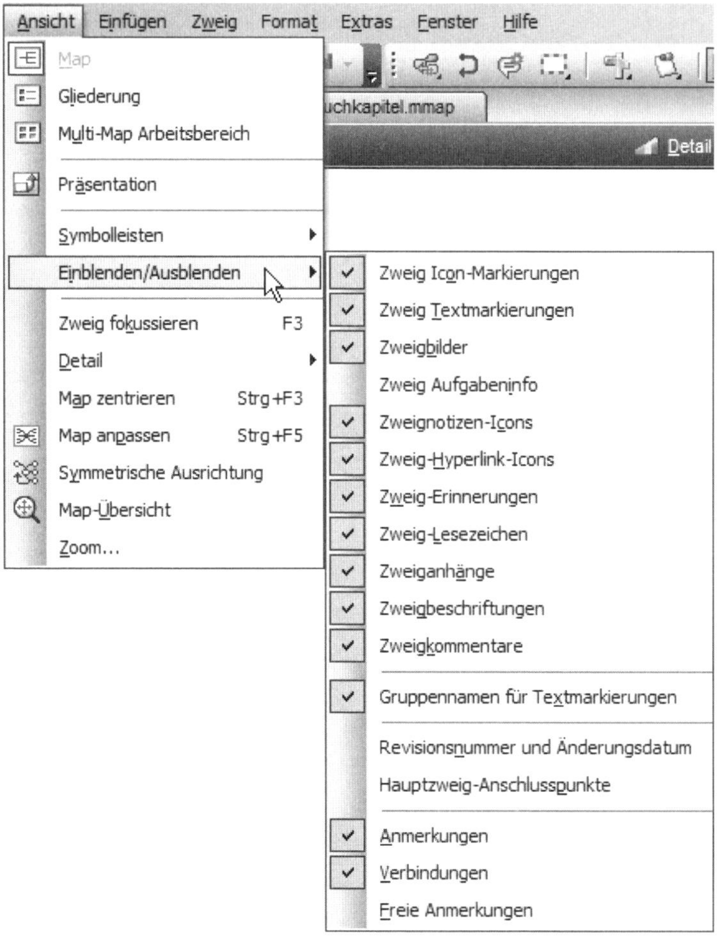

Abbildung 21.9 Das Menü *Ansicht/Einblenden/Ausblenden*

Anmerkungen und *Verbindungen* werden beim Webexport nur dann berücksichtigt, wenn diese in der Map auch eingeblendet sind. Diese Elemente können daher sehr schön für Kommentare und Hinweise in einer Map verwendet werden, die im fertigen Export nicht angezeigt werden sollen.

Alle anderen Optionen im Menü *Ansicht* betreffen ebenfalls die grafische Darstellung der Map im Webexport, haben aber keine funktionelle Bedeutung. Dennoch gibt es sinnvolle Einsatzzwecke zum Ein-/Ausblenden dieser Optionen.

In der Imagemap kann das Ausblenden des *Kontrollstreifens* sinnvoll sein, um die Anzeige der Hyperlink- und Notizensymbole zu verhindern.

Die Anzeige der *Aufgabeninfo* in der Map-Grafik kann ebenfalls unerwünscht sein. Ob die Aufgabeninformationen auf den Webseiten angezeigt werden, wird in den erweiterten Einstellungen des Webexports definiert.

Weiterhin empfiehlt sich des Öfteren das Ausblenden von *freien Anmerkungen*, da diese beim Webexport nicht berücksichtigt werden. Eine Anzeige z. B. in der Übersichtsmap der Vorlagen *dynamische/statische Gliederung* kann den Betrachter verwirren, da kein aktiver Hyperlink definiert ist.

Revisionsnummer und Änderungsdatum werden nur in der exportierten Map-Grafik angezeigt, können also damit optional ausgeblendet werden.

Die *Hauptzweig-Anschlusspunkte* werden in keinem Fall im Webexport angezeigt.

21.1.5.4 Detailebenen anzeigen/ausblenden

Die Anzeige der Detailebenen in einer Map hat keine Auswirkung auf den Webexport, d. h., sowohl die Übersichtsmaps als auch die einzelnen Webseiten werden unabhängig davon exportiert.

☞ Es gibt jedoch eine Ausnahme: In der Vorlage *Anklickbare Imagemap* wird die Map-Grafik so erzeugt, wie sie auf dem Bildschirm dargestellt ist. Es kann also eine Übersichtsmap mit weniger Details, als in der Original-Map vorhanden sind, erstellt werden.

21.1.5.5 Filter

Filter sind eine mächtige Funktion, mit der Sie die Darstellung von Maps so beeinflussen können, dass nur bestimmte Zweige angezeigt werden. Dieser Filter wird auch beim Webexport berücksichtigt.

Nutzen Sie den Filter, um z. B. Zweige mit Zusatzinformationen, die jedoch nicht für die Webseiten gedacht sind, auszublenden.

☞ Mehr zum Power-Filter und dessen Verwendung finden Sie im Kapitel »Vom Könner zum Profi« dieses Handbuchs.

21.1.6 Vorlage anpassen

Mindjet MindManager bietet dem Anwender einige Optionen, um Vorlagen anzupassen. Eine Übersicht und Beschreibung der Optionen finden Sie in den folgenden Abschnitten. Einige Einstellungen sind für alle Vorlagen identisch, andere wiederum sind nur für ganz bestimmte Vorlagen gültig. Sie finden die folgenden Optionen über die Schaltfläche *Anpassen* im Webexport-Dialog.

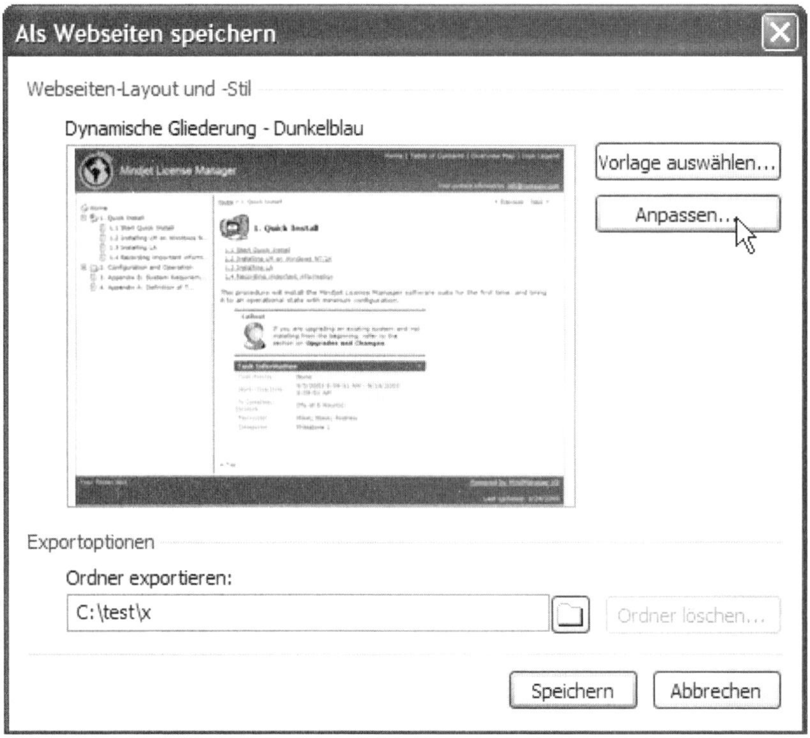

Abbildung 21.10 Das Dialogfeld für den Webexport mit der Schaltfläche *Anpassen*

Paginierung und Navigation

Die Einstellungsmöglichkeiten im Register *Paginierung und Navigation* definieren, wie die Map-Struktur und deren Detailebenen auf den Webseiten und der Gliederung präsentiert werden. Je nach Vorlage kann der Dialog variieren.

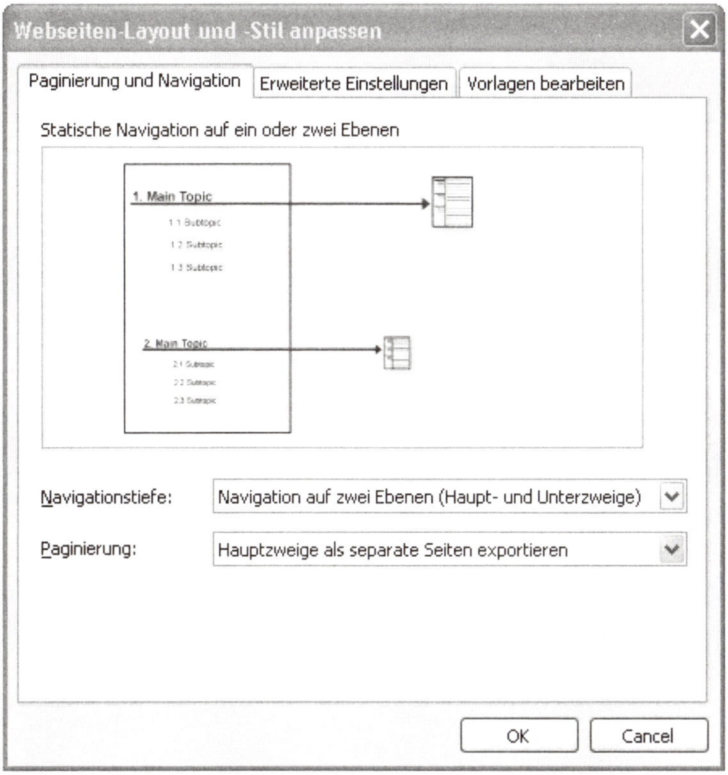

Abbildung 21.11 Paginierung des Webexports anpassen

Unter *Navigationstiefe* wird bestimmt, bis zu welcher Zweigebene die Gliederung erstellt werden soll. Abhängig von der Vorlage (z. B. bei *Dynamische Gliederung*) werden außerdem die tieferen Zweigebenen jeweils auf einer Seite zusammengefasst, wenn der Wert niedriger eingestellt ist, als Zweigebenen vorhanden sind.

Die *Paginierung* bestimmt bei der Vorlage *Statische Gliederung*, bis zu welcher Zweigebene eigene Seiten erzeugt werden sollen (maximal zwei Ebenen). Alle weiteren Zweigebenen werden auf jeweils einer Seite zusammengefasst.

Erweiterte Einstellungen

Die Vorlagen für den Webexport bieten mit Hilfe der erweiterten Einstellungen weitere Möglichkeiten zur Anpassung des Layouts, des Inhalts und der Exportoptionen. Die Einstellungen sind gruppiert in verschiedene Abschnitte (Verschiedenes, Benutzer etc.).

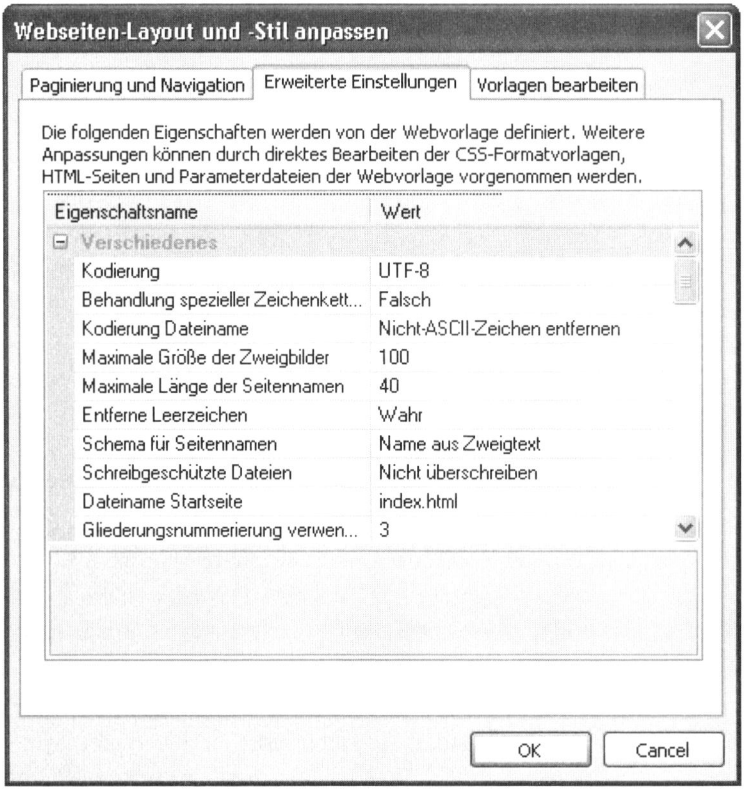

Abbildung 21.12 Benutzerdefinierte Einstellungen für den Webexport

Im Folgenden werden die einzelnen Einstellungen beschrieben. Bitte beachten Sie, dass nicht alle Einstellungen in jeder Vorlage zu finden sind.

21.1.6.1 Verschiedenes

In diesem Abschnitt finden Sie einige interessante Einstellungen zu Layout und Logik des Webexports, die wir Ihnen im Folgenden detailliert erläutern.

- Mit dem *Schema für Seitennamen* legen Sie fest, nach welchem Mechanismus die erzeugten HTML-Dateien benannt werden sollen. Die Dateinamen können aus dem jeweiligen Zweigtext oder mit einer fortlaufenden Nummer (Seite1.html, Seite 2.html etc.) erzeugt werden. Die Nummerierung ist vor allem dann sinnvoll, wenn längere Zweigtexte verwendet werden. Damit können ungewöhnlich lange Dateinamen vermieden werden.
- Falls Sie Dateinamen aus dem Zweigtext erzeugen lassen, kann die Option *Entferne Leerzeichen* sinnvoll sein, da hiermit verkürzte Dateinamen erzeugt werden.
- *Kodierung Dateiname* nimmt ebenfalls Einfluss auf die Erzeugung der Dateinamen. Dies kann dann eine Rolle spielen, wenn der Zweigtext Zeichen enthält, die nicht im so

genannten ASCII-Code enthalten sind (z. B. Zeichen gewisser Fremdsprachen wie Kyrillisch oder Japanisch). Nutzen Sie die Option, den Namen wie eingegeben zu verwenden, kann es beim Aufruf im Browser zu Problemen kommen. Am sichersten fahren Sie, wenn Nicht-ASCII-Zeichen entfernt werden. Sie können stattdessen den Text in Unicode (UTF-8) umwandeln. Allerdings variiert die Verarbeitung solcher Dateinamen je nach Server und Browser. Diese Option sollte nur verwendet werden, wenn Sie sicher sind, dass sie in Ihrem Fall die Richtige ist.

- Gerade bei langen Zweigtexten ist die Option *Maximale Länge der Seitennamen* sinnvoll. So entstehen keine ungewöhnlich langen Dateinamen. MindManager stellt sicher, dass aus gleichen Zweigtexten dennoch unterschiedliche Dateinamen erzeugt werden. Die zweite Datei erhält dann eine laufende Nummer in Klammern, z. B. »Informationen(2).html«.
- Bei *Dateiname Startseite* ist zu beachten, dass die Dateinamen »index.html« und »index.htm« von Webservern automatisch als Startseiten angezeigt werden. Lautet die Adresse Ihrer Webseite z. B. http://www.meinefirma.de, muss der Besucher den Dateinamen nicht in die Adresszeile eintragen. Lautet der Dateiname anders, müsste der Besucher z. B. http://www.meinefirma.de/startseite.html eintragen. Wird der Webexport nicht über einen Webserver geöffnet (lokal oder vom Netzwerk), muss in jedem Fall der Dateiname zum Öffnen angegeben werden.
- Die *Kodierung* ist eine wichtige Eigenschaft zur richtigen Darstellung von Zeichensätzen im Browser. In der Regel stellt sich der Browser automatisch auf die Kodierung der angezeigten Webseite ein. MindManager verwendet Unicode zur Kodierung. Sie haben die Auswahl zwischen UTF-8 und UTF-16. Auf die Hintergründe von Unicode und Kodierung können wir in diesem Buch nicht näher eingehen. In den allermeisten Fällen jedoch ist die Standardauswahl UTF-8 die richtige Einstellung.
- Die Option *Schreibgeschützte Dateien* ist vor allem dann interessant, wenn Sie mit MindManager erstellte Webseiten manuell nacharbeiten und diese anschließend mit einem Schreibschutz versehen. Führen Sie einen erneuten Webexport durch, z. B. weil sich Informationen in Ihrer Map geändert haben, bleibt die manuell bearbeitete Seite geschützt. Der Schutz kann automatisch oder mit Hinweismeldung ablaufen.
- *Behandlung spezieller Zeichenketten* ist ein Spezialfall des Webexports. Diese Option muss aus technischen Gründen dann aktiviert werden, wenn in den Textnotizen das Zeichen »%« bzw. der Text »Command:« enthalten ist. Der Export verlangsamt sich dadurch etwas.
- Mit *Gliederungsnummerierung verwenden bis Ebene* können Sie definieren, wie viele Zweigebenen der Map im Export laufend durchnummeriert werden sollen.
- Die *Maximale Breite dynamische Gliederung* legt die Breite des Gliederungsbereiches auf den Webseiten fest. Der Wert sollte nicht zu groß gewählt werden, damit genügend Platz für den eigentlichen Inhalt zur Verfügung steht.
- *Maximale Größe der Zweigbilder* korreliert mit der Einstellung »Linkstil Unterzweige« im Abschnitt *Anzeigen*, der zu einem späteren Zeitpunkt beschrieben wird.

- Die Einstellung *Gesamte Gliederung anzeigen* steht nur in der Vorlage »Statische Gliederung« zur Verfügung. Mit der Einstellung *Wahr* wird auf jeder Webseite das komplette Inhaltsverzeichnis angezeigt. Mit *Falsch* werden nur zum gerade gewählten Abschnitt die Unterabschnitte angezeigt.
- Die Option *Maphintergrund einschließen* betrifft nur die Vorlage »Anklickbare Imagemap«. Hiermit kann die Imagemap wahlweise den Maphintergrund anzeigen.

21.1.6.2 Benutzer

Der Abschnitt *Benutzer* im Bereich *Erweiterte Einstellungen* gibt Ihnen die Möglichkeit, dem Betrachter der Webseiten zentrale Informationen zu Kontakt etc. zur Verfügung zu stellen. Hier bearbeiten Sie Text, E-Mail-Adresse und Hyperlink Fußzeile.

In der Kopfzeile finden Sie die *Kontaktinformation* sowie *Kontakt-E-Mail.* Die Fußzeile enthält den *Text Fußnote*, *Hyperlink-URL*, *Letzte Aktualisierung* und *Hyperlink-Text.*

Die Optionen sind nur dann von Bedeutung, wenn Kopf- und Fußzeile sowie der Hyperlink der Fußzeile in den Webseiten angezeigt werden. Das können Sie im Abschnitt »Anzeigen« bei den erweiterten Einstellungen für den Webexport definieren.

21.1.6.3 Navigation

In den mit MindManager erzeugten Webseiten finden Sie an verschiedenen Stellen Links zur Navigation innerhalb des Exports. Damit können Sie z. B. schnell die Startseite oder das Inhaltsverzeichnis öffnen. Während die Links fest definiert sind, können Sie über diese Optionen festlegen, mit welchem Text diese auf den Webseiten erscheinen sollen. So wird »Startseite« häufig auch »Home« genannt, und für »Zum Seitenanfang« wird »Nach oben« verwendet.

21.1.6.4 Abschnitte

Hier finden Sie noch einige Optionen, um spezielle Texte im Webexport zu beeinflussen. *Siehe auch* wird als Text bei Verweisen zu anderen Seiten verwendet (Lesezeichen, Zweigverbindungen, Links zu externen Seiten und Dokumenten). *Über*, *Kommentare*, *Textmarkierungen*, *Datencontainer* und *Aufgabeninfo* sind die Überschriften der entsprechenden Abschnitte auf den Webseiten.

21.1.6.5 Anzeigen

In diesem Abschnitt der *erweiterten Einstellungen* finden Sie eine Reihe von Optionen, mit der Sie das optische Erscheinungsbild der erzeugten Webseiten beeinflussen können. Einige Optionen sind bei den meisten Vorlagen vorhanden. Allerdings gibt es auch spezielle Einstellungen insbesondere für die Vorlage »Präsentation«.

- Wahlweise können Sie die Abschnitte *Kopfzeile* und *Fußzeile* auf den Webseiten erzeugen sowie *Kommentare* und *Aufgabeninformationen* der Map exportieren. Falls Sie ein Inhaltsverzeichnis wählen (s. Abschnitt *Navigation*), können Sie dort eine *Infobox und Map* anzeigen lassen mit Informationen zur Map, die Sie über das Menü *Datei/Eigenschaften* definieren können.

- Der *Hyperlink Fußzeile* ermöglicht die Verlinkung auf zentrale Seiten wie z. B. die Agentur oder die Intranet-Homepage. Wahlweise kann die Anzeige auch deaktiviert werden.
- Weiterhin gibt es einige spezielle Seiten, die auf Wunsch erzeugt werden. *Icon-Legende Pop-up* zeigt die in der Map verwendeten Icons und ihre Bedeutung in einem kleinen Pop-up-Fenster an. Hier werden die tatsächlich in der Map verwendeten Map-Markierungen (Prioritäten, Fertig (%), Icons) aufgelistet. Falls Sie beim Export einen Filter verwenden, der einige Zweige ausblendet, werden nur die tatsächlich sichtbaren Map-Markierungen im Pop-up-Fenster angezeigt.
- Eine separate *Übersichtsmap* hilft dem Betrachter, sich schnell auf Ihren Webseiten zurechtzufinden.
- Für das Erscheinungsbild der Zweigebenen gibt es zwei Optionen. Mit *Linkstil Unterzweige* können Sie auf den einzelnen Webseiten am Seitenanfang Links anzeigen lassen, mit der die jeweiligen Unterseiten direkt geöffnet werden können. Diese können als Textlinks oder als kleine grafische Zweigvorschau angezeigt werden.
- Die *Nummerierungsebene Zweige* definiert, bis zur welchen Ebene eine fortlaufende Nummerierung erzeugt werden soll. Die Nummerierung erfolgt mit Ziffern (1., 1.1, 1.1.1 etc.).
- Mit *Übersichtsmap Zoomfaktor (%)* wählen Sie die Größe, in der die Übersichtsmap angezeigt werden soll. Sie sollte wegen der entsprechenden Dateigröße und der damit verbundenen Download-Zeit (falls der Webexport über das Internet aufgerufen wird) nicht zu groß gewählt werden.
- Für die Vorlage »Präsentation« gibt es noch einige spezielle Einstellungen. Verwenden Sie *Hauptthema immer anzeigen* bei nicht allzu großen Maps. Somit hat der Betrachter den besten Überblick darüber, wo er sich gerade in der Präsentation befindet. Bei größeren Maps sollten Sie dies deaktivieren, da sonst die Navigation und die Ladezeiten nicht mehr optimal sind.
- Die Größe der Map-Grafiken können Sie mit *Map Zoom-Faktor* beeinflussen.
- Mit *Fokussierten Zweig hervorheben* wird der gerade angeklickte Zweig mit einem Rechteck umrahmt. Dessen Farbe können Sie beeinflussen mit *Farbe Umrandung fokussierte Zweige*.

Die Vorlage »Einfache Gliederung« enthält noch einige weitere Optionen, die hier nicht beschrieben werden, diese sollten weitgehend selbsterklärend sein.

21.1.6.6 Vorlagen bearbeiten

Wenn Ihnen die bisher genannten Optionen zum Anpassen des Webexports nicht ausreichen, haben Sie die Möglichkeit, über den nachfolgend abgebildeten Dialog weiter ins Detail zu gehen.

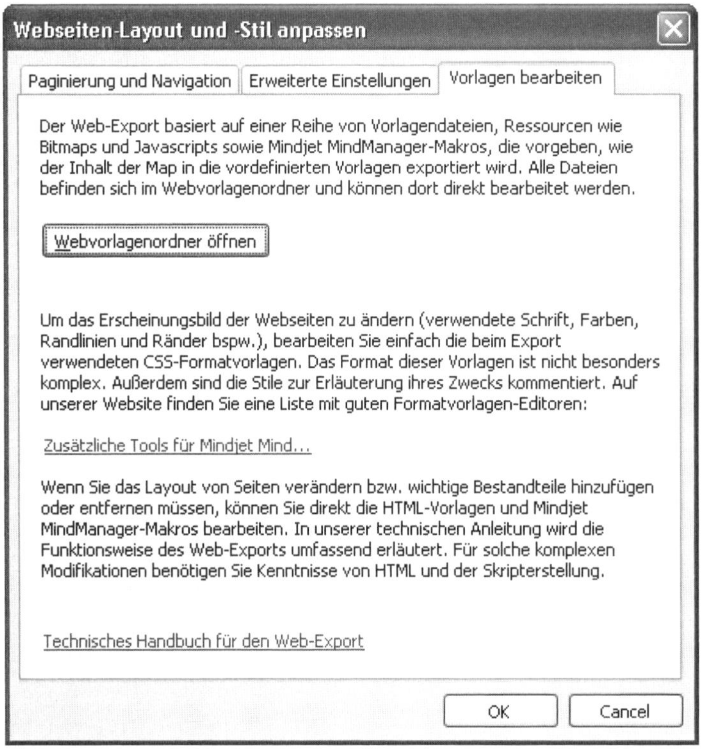

Abbildung 21.13 Öffnen Sie den Vorlagenordner für weitere Einstellungen zum Webexport

Über das Register *Vorlagen bearbeiten* und die Schaltfläche *Webvorlagenordner öffnen* gelangen Sie direkt zum Vorlagenordner der aktuellen Vorlage und können dort Dateien, wie z. B. Style Sheets, Ihren Bedürfnissen anpassen.

Auf den Webseiten der Mindjet GmbH finden Sie einige nützliche und z. T. kostenlose Tools, die Sie dabei unterstützen. Für Anpassungen sind dabei HTML- und CSS-Editoren sowie Grafikprogramme von Nutzen.

Im Handbuch zum Webexport von Mindjet finden Sie die technischen Grundlagen und Hinweise zum Erstellen eigener Vorlagen.

21.1.6.7 Tipps

Abschließend noch einige Tipps und allgemeine Hinweise zur Optimierung Ihres Webexports bzw. zum Erstellen von Webseiten.

- Achten Sie auf die *Größe* der erstellten Webseiten. Lange und breite Seiten, die mehrfaches Scrollen erfordern, sollten weitestgehend vermieden werden. Verteilen Sie längere Notizen eines Zweiges auf mehrere Notizen in Unterzweigen.
- Verwenden Sie *Grafiken* in den Notizen (z. B. Fotos, Screenshots usw.). Beachten Sie, dass die Download-Zeit mit der Größe der Grafiken steigt. Falls Ihr Webexport für das Internet gedacht ist, sollte dies berücksichtigt werden. Testen Sie den Aufruf Ihrer Seiten einmal mit einem langsamen Internet-Zugang (Modem).
- Beim Erstellen von Business Maps werden *Farben* und *grafische Elemente* verwendet. Achten Sie beim Webexport hierbei auf die Zielgruppe, welche die Webseiten besuchen soll. Eine dezentere Gestaltung kann besser wirken als grellbunte Webseiten. Falls nicht innerhalb der Firma schon Richtlinien bestehen, zeigen Sie Ihren Webexport am besten einigen Anwendern, bevor Sie die Seiten online schalten. Falls Map-Elemente (Zweigvorschau, Übersichtsmap) im Webexport erscheinen sollen, sollte auch die Map entsprechend gestaltet sein.
- Die *Notizen* der Map sollten ein einheitliches Layout (z. B. Tabellengrößen, Schriftarten und -farben) aufweisen. Das macht Ihre Webseiten konsistent und professionell. Verwenden Sie keine außergewöhnlichen Schriftarten. Falls die Webseiten über das Internet zur Verfügung stehen sollen, werden diese von Anwendern mit unterschiedlichen Betriebssystemen betrachtet. Viele Schriftarten stehen aber beispielsweise nur unter Microsoft Windows zur Verfügung.
- Für die *Übersichtsmap* kann es sinnvoll sein, die Icons für Notizen und Hyperlinks auszublenden.
  Dies können Sie über Menü *Ansicht/Einblenden/Ausblenden/Kontrollstreifen* durchführen.

21.1.7 Exportieren

Mit den bis hierher genannten Informationen können Sie Ihre Business Maps mit einer der individuell angepassten Standardvorlagen als professionelle Webseiten präsentieren. Am Ende der Anpassungen stehen der eigentliche Export und gegebenenfalls das Veröffentlichen der Webseiten im Intranet oder Internet.

Der Export selbst wird im Uhrzeigersinn ausgeführt, d. h., er beginnt in der Map bei »12 Uhr« und geht zur Erstellung der Webseiten nacheinander in dieser Reihenfolge durch die einzelnen Zweige und Unterzweige.

Den Export starten Sie über das Webexport-Symbol in der Werkzeugleiste. Dort können Sie den *Exportpfad* wählen. Standardmäßig wird in dem Verzeichnis, in dem die Map gespeichert wurde, ein Unterverzeichnis für die Webseiten angelegt. Falls Sie bereits eine

Map exportiert und nun mehrere Änderungen in der Map durchgeführt haben, ist es empfehlenswert, die Option *Ordner löschen* zu wählen. Damit stellen Sie sicher, dass im Exportverzeichnis keine verwaisten Webseiten und andere Dateien liegen. Vergleichen Sie **Abbildung 21.14**.

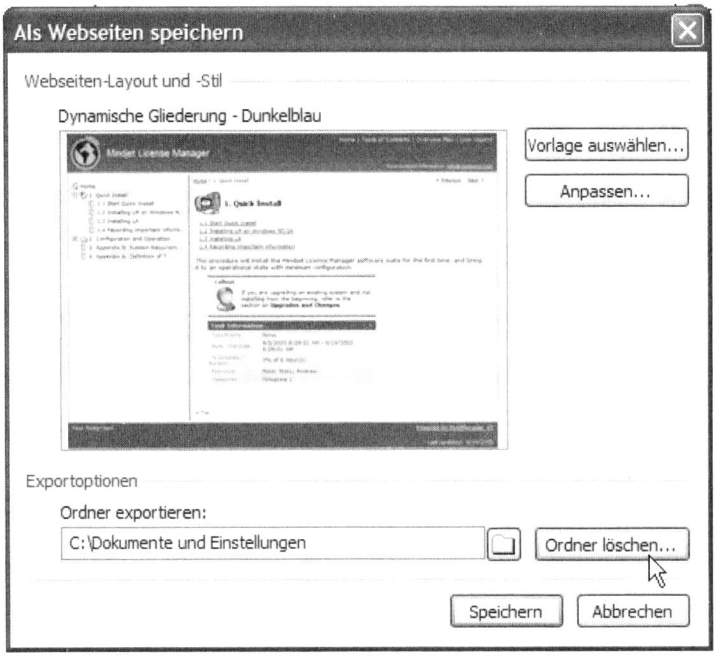

Abbildung 21.14 Löschen Sie gegebenenfalls bereits durch einen Export angelegte Ordner

Im Exportverzeichnis werden mehrere Unterverzeichnisse erzeugt. Nachfolgend finden Sie eine Übersicht über die verwendeten Verzeichnisse.

Pfad	Bedeutung
Stammverzeichnis	Hier liegen die beim Webexport erzeugten HTML-Seiten und die Map-Grafiken bei der Vorlage »Präsentation«.
\LinkedDocuments	Verknüpfte Dateien
\MapMarkers	Grafiken für die Map-Markierungen
\NotesImages	Grafiken, die in den Notizen eingebunden sind
\PartialMaps	Grafiken der Zweigvorschau auf den einzelnen Webseiten
\Res\code	JavaScript-Code für die Webseiten
\Res\images	Logo und andere Grafiken
\Res\styles	Style Sheets des Webexports
\Res\tree	JavaScript-Code und Grafiken der dynamischen Gliederung

Nach dem Export auf Ihre Festplatte oder das lokale Netzwerk besteht häufig die Anforderung, die Webseiten über das Internet oder das Intranet zur Verfügung zu stellen.

Für das »Hochladen« der Seiten auf einen Internet-Webserver benötigen Sie noch einen so genannten FTP-Client. Das **F**ile **T**ransfer **P**rotocol kann im Rahmen dieses Handbuchs nicht beschrieben werden, Sie finden jedoch im Internet dazu viele leistungsstarke Programme, einige davon sogar kostenlos.

Ein empfehlenswertes Programm ist z. B. »FileZilla«. Informationen dazu finden Sie unter http://www.filezilla.de.

21.1.8 Export von Multi-Maps

Der Webexport von Multi-Maps kann mit Mindjet MindManager Pro 6 und der MultiMap-Ansicht besonders komfortabel ausgeführt werden. So kann die Aufteilung der Struktur in einzelne Maps auch zur Erzeugung von Webseiten sinnvoll genutzt werden. Die einzelnen Maps werden dabei in jeweils eigene Unterverzeichnisse exportiert und die Verknüpfung untereinander korrekt hergestellt.

Der Export besteht aus fünf Schritten:

- Öffnen des Multi-Map-Arbeitsbereiches
- Zuweisen von Vorlagen
- Selektion der Maps für den Export
- Einstellungen zu Layout und Stil vornehmen
- Exportverzeichnis wählen

Zuerst wird also der Multi-Map-Arbeitsbereich für die Startmap geöffnet. Falls Sie dies für die einzelnen Maps nicht bereits ausgeführt haben, können Sie über den Befehl *Zuweisen/Vorlage für Webexport* der Symbolleiste im Multi-Map-Arbeitsbereich noch Vorlagen für die jeweils selektierte Map zuweisen. Wählen Sie hier durch Anklicken der einzelnen Maps bei gedrückter *Strg*-Taste oder über die Schaltfläche *Alle markieren* der Werkzeugleiste die zum Export bestimmten Maps aus.

Abbildung 21.15 Multi-Map-Arbeitsbereich und Webexport

Klicken Sie anschließend auf die Schaltfläche *Webexport*. Nun öffnet sich das Dialogfeld *Optionen für den Multi-Map-Export*.

Abbildung 21.16 Einstellungen für den Multi-Map-Export als Webseiten

Sie können hier zwischen zwei Optionen wählen:

- **Kopiere Layout und Stil von Hauptmap in alle selektierten Maps**
  Diese Einstellung verwenden Sie, wenn alle verknüpften Maps ein einheitliches Erscheinungsbild innerhalb der erzeugten Webseiten haben sollen.
- **Verwende Layout und Stil der einzelnen Maps**
  Aktivieren Sie diese Option, wird jede Map mit ihrer individuellen Vorlage exportiert. Ein interessantes Beispiel ist die Verwendung einer anklickbaren Imagemap als Startseite. Davon ausgehend exportieren Sie die weiteren Maps in einem individuellen Layout, z. B. der »dynamischen Gliederung«.

Schließlich wählen Sie das Exportverzeichnis. Sämtliche Maps werden dabei unterhalb des gewählten Verzeichnisses exportiert.

Verzeichnisstruktur beim Multi-Map-Export

Zur richtigen Verwendung des Multi-Map-Exports ist es hilfreich, die Verzeichnisstruktur zu verstehen. Ein kleines theoretisches Beispiel mit den zwei Business Maps »Organisation.mmap« und »Marketing.mmap«.

Als Exportverzeichnis wird *N:\Öffentlich\Informationen* gewählt.

Unterhalb dieses Verzeichnisses werden beim Export folgende Unterverzeichnisse für den jeweiligen Webexport erstellt:

- *N:\Öffentlich\Informationen\Organisation*
- *N:\Öffentlich\Informationen\Marketing*

Diese Verzeichnisstruktur ist für den lokalen Einsatz auf Datenträger (Festplatte, CD) bzw. im Netzwerk gut geeignet.

Problematisch wird diese Struktur, wenn der Webexport aus MindManager direkt als Startseite für Ihren Internet-Auftritt dienen soll. So könnte Ihre Seite im Beispiel nicht durch beispielsweise *http://www.meinefirma.de/* aufgerufen werden, sondern nur über *http://www.meinefirma.de/Organisation/.*

Mit einem kleinen Trick können Sie dieses Problem umgehen:

- Verwenden Sie beim Definieren von Links auf andere Maps die Option *Map/Hyperlink/Link in Link auf Webseite umwandeln.*
- Öffnen Sie jetzt den Multi-Map-Arbeitsbereich für die Startmap.
- Selektieren Sie jetzt alle Maps *außer* der Startmap.
- Starten Sie den Webexport, und wählen Sie ein Exportverzeichnis.
- Nach erfolgtem Export kehren Sie wieder in die normale Map-Ansicht zurück.
- Starten Sie dort den Webexport Ihrer Startmap, und wählen Sie dasselbe Exportverzeichnis.

21.2 Vorlagen ganz individuell

Mindjet MindManager 6 bietet innerhalb der Benutzeroberfläche viele Vorlagen, Funktionen und Optionen, um den Webexport Ihren Bedürfnissen anzupassen. Oft kommen in der Praxis noch weitere Wünsche hinzu, um das Layout zu ändern, z. B. entsprechend dem Style Guide, also der CI, einer Firma.

Sämtliche Vorlagen für den Webexport liegen in offener Form vor, das heißt, der Anwender hat damit die Möglichkeit, diese Wünsche entsprechend umzusetzen.

Vorlagen bestehen generell aus folgenden Elementen:

- *HTML-Dateien* – Gestaltung des Seitenaufbaus, Strukturierung durch Tabellen, Aufzählungen etc.

- *Style Sheets* oder CSS-Dateien – Design und Layout der einzelnen Elemente, z. B. Schriftarten und -größen, Hintergrundfarben, Textausrichtung etc.
- *Grafiken* – Logo, Pfeile, Hintergrund etc.
- *Makros* – Steuerung des Exports in Abhängigkeit der definierten Einstellungen.
- *Parameter* – (XML)-Dateien, welche die benutzerdefinierten Einstellungen sowie versteckte Parameter definieren. Diese werden als Variablen zur Steuerung der Makros verwendet sowie als Elemente, die unmittelbar auf den Webseiten erscheinen.
- *JavaScript-Dateien* – unter anderem für die dynamische Gliederung.

Mit den drei ersten Punkten sind viele Änderungen des Layouts in den Vorlagen möglich. Dies setzt jedoch gewisse Dinge voraus:

- Kenntnisse, insbesondere im Bereich HTML und Style Sheets.
- Software zum Bearbeiten der entsprechenden Dateien, wobei Sie CSS- und HTML-Dateien auch mit einem einfachen Text-Editor (z. B. Notepad) anpassen können.

Es würde den Rahmen dieses Handbuchs sprengen, den Aufbau und die Funktionsweise von HTML und CSS zu erläutern. Jedoch gibt es viele Quellen zu diesem Thema. Ein hilfreiches Nachschlagewerk ist »Self-HTML«, das Sie kostenlos über *http://selfaktuell.teamone.de/* betrachten und herunterladen können.

Im Folgenden wird anhand der Vorlage »Dynamische Gliederung« erläutert, wie Sie Änderungen vornehmen können. Ziel ist, eine Vorlage in einer neuen Farbe zu gestalten und einzelne neue Komponenten den Webseiten hinzuzufügen bzw. andere zu modifizieren.

21.2.1 Der Einstieg

Zum besseren Verständnis, wie Mindjet MindManager 6 beim Webexport eine Seite erzeugt, betrachten wir zunächst die Startseite, erstellt mit der Vorlage »Dynamische Gliederung«.

Abbildung 21.17 Startseite mit Vorlage »Dynamische Gliederung«

Im Exportverzeichnis finden Sie die HTML-Datei der Startseite (meist »index.html«). Zur Darstellung im Browser lädt diese Datei weitere Komponenten hinzu. Einige dieser Komponenten werden erst während des Exports erzeugt, andere sind bereits in der Vorlage vorhanden. Wichtig für die Anpassung einer Vorlage sind die Fragen:

- Wie wird die HTML-Datei erzeugt?
- Wie editieren Sie die Style Sheets?
- Wie editieren Sie die Grafiken einer Vorlage (Logo, Trennlinien etc.)?

Vergleichen Sie den Inhalt des Exportverzeichnisses nun mit dem Verzeichnis einer Vorlage für den Webexport. Die Vorlage enthält u.a. eine große Anzahl von Makros (Dateiendung *.mmbas*) und HTML-Dateien (Endung *.htm*).

In **Abbildung 21.17** sehen Sie, dass sich die Startseite aus mehreren Bereichen zusammensetzt (Kopfzeile, Gliederung, Inhalt, Fußzeile). Die einzelnen Bereiche lassen sich weiter untergliedern. So besteht die Kopfzeile aus Logo, Hyperlinks und Kontaktinformation.

Die HTML-Dateien einer Vorlage enthalten genau die Inhalts- und Layoutinformationen dieser Teilbereiche. Die Makros sorgen beim Webexport dafür, dass die einzelnen HTML-Komponenten wie Bausteine zu einer kompletten Webseite (z. B. die *index.html*) zusammengesetzt werden. Jetzt stellt sich die Frage, welchen der einzelnen HTML-Bausteine Sie editieren müssen, um beispielsweise den Aufbau der Kopfzeile zu verändern.

21.2.2 Vorbereiten der Vorlage

Im Folgenden werden wir die Vorlage »Dynamische Gliederung - Dunkelblau« editieren. Die Änderungen sollten an einer Kopie der Vorlage ausgeführt werden, damit Sie im Fall der Fälle auf die Sicherungskopie zurückgreifen können.

1. Öffnen Sie den Vorlagenordner in MindManager über *Extras/Vorlagen-Organizer*.

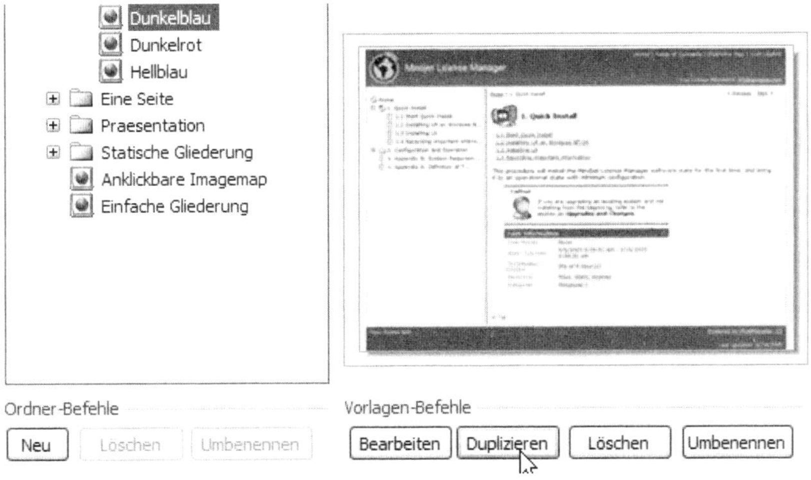

Abbildung 21.18 Markieren Sie die gewünschte Vorlage im Vorlagen-Organizer

2. Wählen Sie dort im Register *Web-Vorlagen* die Vorlage *Dynamische Gliederung - Dunkelblau.*
3. Klicken Sie auf die Schaltfläche *Duplizieren.*
4. Ändern Sie jetzt noch den Namen der neuen Vorlage in bspw. »Meine Vorlage«.

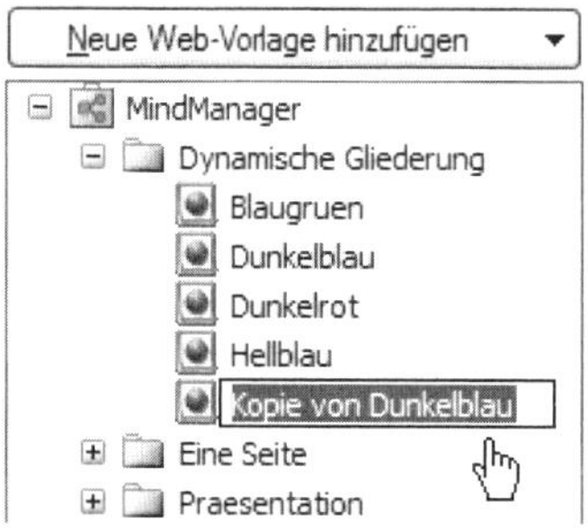

Abbildung 21.19 Geben Sie der Kopie einen neuen Namen

5. Klicken Sie anschließend unter *Vorlagen-Befehle* auf die Schaltfläche *Bearbeiten.*
6. Klicken Sie in dem sich öffnenden Dialogfeld auf *Webvorlagenordner öffnen.*

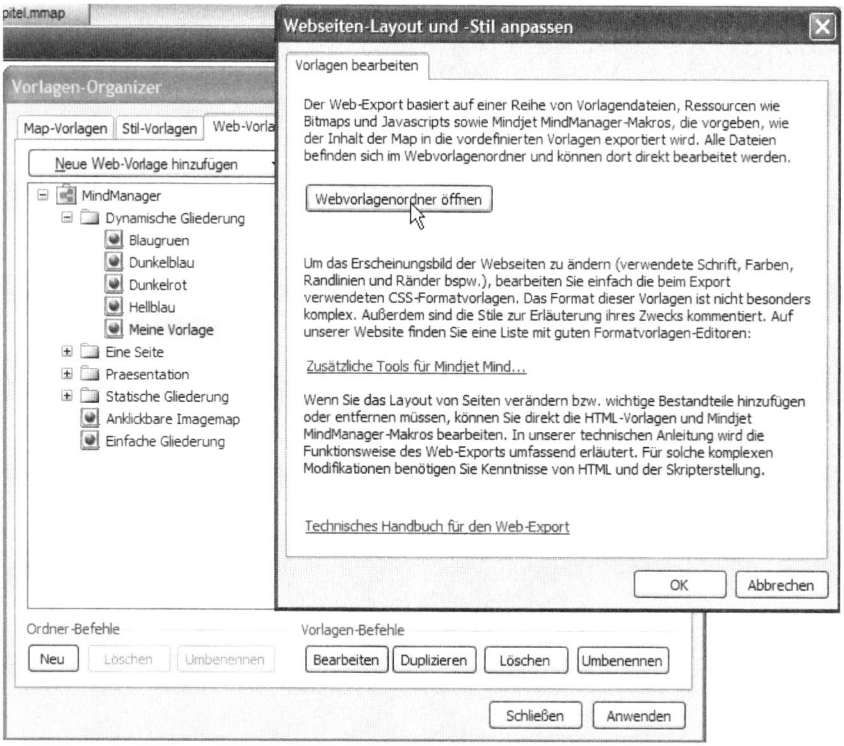

Abbildung 21.20 Öffnen Sie zur weiteren Bearbeitung den Webvorlagenordner

21.2.3 Stilangaben

Ein kleiner Hinweis zu den folgenden Farbangaben. Es handelt sich dabei um so genannte RGB-Werte, die bestimmen, aus welchen Anteilen Rot, Grün und Blau die Farbe besteht. Viele Grafikprogramme bieten die Möglichkeit, eine Farbe über eine Farbpalette zu definieren und sich dazu den RGB-Wert anzeigen zu lassen.

Diese sechsstelligen Werte werden verwendet, um über die Style Sheets oder HTML-Dateien die Farben für die einzelnen Elemente der Webseiten zu definieren.

Im Übrigen sind die Änderungen im Style Sheet dokumentiert, so dass Sie schnell an der richtigen Stelle eigene Änderungen durchführen können.

Im jeweiligen Code-Beispiel finden Sie weiterhin die Angabe zur Datei, die editiert werden muss.

21.2.4 Ein neuer Start

Wir beginnen mit den Anpassungen, indem wir die Komponenten der Startseite Schritt für Schritt durchgehen.

Die Farbänderungen z. B der Hyperlinks gelten natürlich auch für alle anderen Seiten, da diese zentral in einer Style Sheet-Datei modifiziert werden.

21.2.4.1 Komponenten der Startseite

Zunächst erhalten Sie eine Übersicht, aus welchen einzelnen Komponenten bzw. HTML-Bausteinen die Startseite besteht. Einige der Bereiche sind zur besseren Übersicht in der Abbildung markiert.

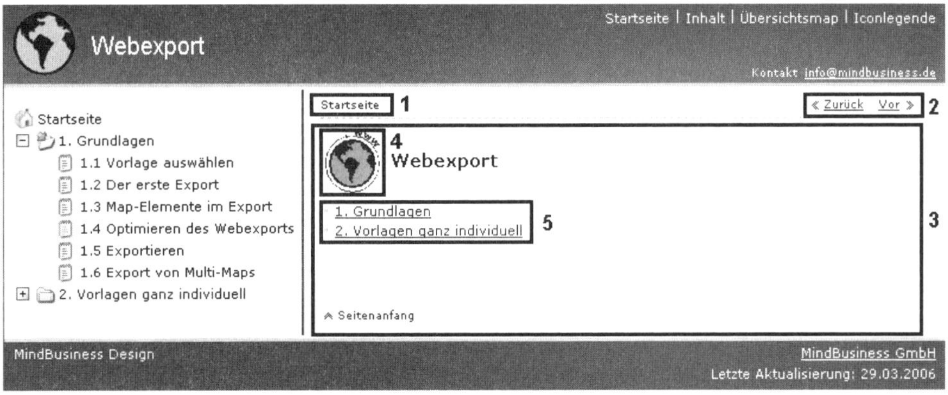

Abbildung 21.21 Bereiche der Startseite

Tabelle 21.2 Die Bausteine einer Startseite

Kopfzeile		**Abbildung**
Kopfzeile inkl. Logo und Kontaktinformation	PageHd.htm	–
Hyperlinks zu Startseite und Inhalt	PageHdUtil.htm	–
Hyperlink zu Übersichtsmap	SnipPageHdOverview.htm	–
Hyperlink zur Icon-Legende	SnipPageHdLg.htm	–
Hauptbereich		
Hauptbereich, in dem die weiteren Bausteine eingebettet sind	DoBody.htm	–
Dynamische Gliederung	SnipDo.htm	–
Text 'Startseite'	SnipNavBrItem.htm	1
Navigation 'Zurück/Vor'	SnipNavNextInSeqImgs.html	2
Inhaltsbereich	BodyItem.htm	3
Abbildung Hauptthema	SnipImg.htm	4
Textlinks zu Unterzweigen	BoxPartMapSubTp.htm	5
Fußnote		
Fußnote komplett	PageFooter.htm	–

Mit diesen Angaben können Sie nun direkt in den HTML-Vorlagen Änderungen vornehmen, oder Sie geben Ihnen Hinweise, an welcher Stelle der CSS-Datei die Änderungen notwendig sind.

Stiländerungen führen Sie in den Dateien *shared.css* und *DynamicOutline.css* im Vorlagenverzeichnis *res/styles* durch.

21.2.4.2 Die Kopfzeile

Die Hintergrundfarbe soll ein helles Türkisgrün sein, als Hintergrundgrafik wird eine stilisierte Map verwendet. Farbe für Text und Hyperlinks sowie des unteren Rahmens ist Dunkelblau. Die genauen Farbwerte finden Sie im nachfolgenden Code.

Code für den Hintergrund

Listing 21.1 *shared.css, Abschnitt: HEADER*

```
#pageHeader {
   width: 100%;
   border-bottom: 3px solid #000099; /* unterer Rahmen */
   background-image: url(../images/header_bg.gif); /* neues Hintergrund-
bild */
   background-repeat: no-repeat; /* Bild wird nicht gekachelt */
   background-position: 60px; /* Bildposition 60 Pixel von links */
   background-color: #99CC99; /* Hintergrundfarbe hell-türkis */
}
```

Code für die Schriftfarben

Listing 21.2 shared.css, Abschnitt: HEADER

```
#pageHeader .right {
   margin-left: 8px;
   width: 100%;
   color: #000099; /* Textfarbe blau */
}
#pageHeader a:link {
   color: #000099; /* Linkfarbe blau */ }
#pageHeader a:visited {
   color: #000099; /* besuchter Link */ }
#pageHeader a:hover {
   color: #000099; /* Linkfarbe beim Berühren mit Maus */ }
#pageHeader a:active {
   color: #000099; /* Linkfarbe während Anklicken mit Maus */ }
```

21.2.4.3 Die Trennlinie

Zwischen der dynamischen Gliederung und dem Hauptinhalt der Webseiten befindet sich eine senkrechte Trennlinie. Diese soll dieselbe Farbe erhalten wie die waagerechte Trennlinie unterhalb der Kopfzeile.

Die Farbe der Trennlinie in der Kopfzeile finden Sie in nachfolgendem Code.

Der Code für die Trennlinie

Listing 21.3 DynamicOutline.css

```
.outlineColumn {
   vertical-align: top;
   border-right: 2px solid #000099; /* Rechter Rahmen blau */
   background-color: #FAFAFA;
   margin: 0px;
   padding-top: 10px;
   padding-bottom: 20px;
}
```

21.2.4.4 Die Fußzeile

Für die Fußzeile werden Hintergrund und Textfarbe definiert. Die Fußzeile soll keinen Hintergrundbild enthalten. Ansonsten sind die Werte im Beispiel identisch mit den Angaben für die Kopfzeile.

Der Code für die Fußzeile

Listing 21.4 shared.css, Abschnitt: FOOTER

```
#pageFooter {
     width: 100%;
     background-color: #99CC99;
     border-top: 3px solid #000099;
     font-size: 8pt;
     color: 000099;
}
#pageFooter a:link {
   color: 000099;}
#pageFooter a:visited {
   color: 000099;}
#pageFooter a:hover {
   color: #000099;}
#pageFooter a:active {
   color: #000099;}
```

21.2.4.5 Mehr Seitenlayout

Der gesamten Seite sollen nun noch ein Rand und eine Hintergrundfarbe hinzugefügt werden. Dazu werden die nachfolgenden Änderungen im Code eingefügt.

Der Code für das Seitenlayout

Listing 21.5 shared.css, Abschnitt: GLOBAL STYLE

```
body {
     font-family: Verdana;
     margin: 20px; /* damit wird der Randabstand definiert */
     padding: 0px;
     font-size: 8pt;
     border: 1px solid #000099;
     background-color: #D2D2FF; /* Hintergrundfarbe */
}
```

Mit dieser Änderung allein würde jedoch die Hintergrundfarbe auch im Textbereich der Webseite erscheinen. Deshalb fügen wir noch folgenden neuen Abschnitt hinzu.

Code für die Hintergrundfarbe

Listing 21.6 shared.css, Abschnitt: BODY

```
table#mainContent {
   width: 100%;
   background-color:#FFFFFF;
}
```

Auch diese Änderung ist noch nicht ganz ausreichend, da die Hintergrundfarbe nun immer noch als Rahmenlinie um Gliederung und Textbereich erscheint.

Um dies zu vermeiden, ändern wir noch die Einstellung in einer der HTM-Dateien. Sie finden die Datei im Hauptverzeichnis der Webexport-Vorlage.

Code für die Änderung der HTML-Datei

Listing 21.7 DoBody.htm

```
<!-- BEGIN PAGE BODY-->
<!-- BEGIN SIDE NAVIGATION WRAPPER-->
<table cellpadding="0" cellspacing="0" id="mainContent">
  <tr>
    <td class="outlineColumn">
...
```

Hyperlinks

Schließlich sollen noch neue Farben für Hyperlinks generell definiert werden. Die hier vorgenommenen Änderungen gelten für den globalen Webexport. Allerdings haben andere Einstellungen einzelner Komponenten eine höhere Priorität. Dies gilt z. B. für die bereits vorgenommenen Änderungen der Hyperlinks in der Kopfzeile.

Code für die Definition von Hyperlinks

Listing 21.8 shared.css, Abschnitt: GLOBAL STYLE

```
a:link {
   color: #000099;
}
a:visited {
   color: #339966;
}
a:hover {
   color: #99C999;
}
a:active {
   color: #99C999;
}
```

21.2.5 Farben der Links

Nun sollen die Linkfarben der Gliederung entsprechend angepasst werden. In der Beispielvorlage finden Sie daher folgende Werte:

Code für die Linkfarben

Listing 21.9 DynamicOutline.css

```
.tree a:link {
   color: #000099;
   text-decoration: none;
}
.tree a:active {
```

```
    color: #99C999;
    text-decoration: none;
}
.tree a:visited {
    color: #000099;
    text-decoration: none;
}
.tree a:hover {
    color: #99C999;
    text-decoration: none;
}
```

21.2.6 Ein neuer Inhalt

Mit der Inhaltsseite erhalten Sie zum einen ein Inhaltsverzeichnis zu den erzeugten Webseiten, zum anderen einen Bereich »Über« mit einer kleinen Vorschau-Map und Angaben zu Titel, Autor, Version etc.

Im Folgenden finden Sie Hinweise, wie Sie die Rahmenfarbe des Bereichs »Über« ändern und die Version von der Anzeige ausnehmen.

Die speziell für diese Seite geltenden HTML-Vorlagen sind nachfolgend aufgeführt.

Beschreibung	HTML-Datei	Abbildung
Inhaltsverzeichnis	ToolsCntOutItem.htm	1
Bereich »Über«	ToolsCntAbout.htm	2

Kopf- und Fußzeile sind bereits mit der Startseite beschrieben.

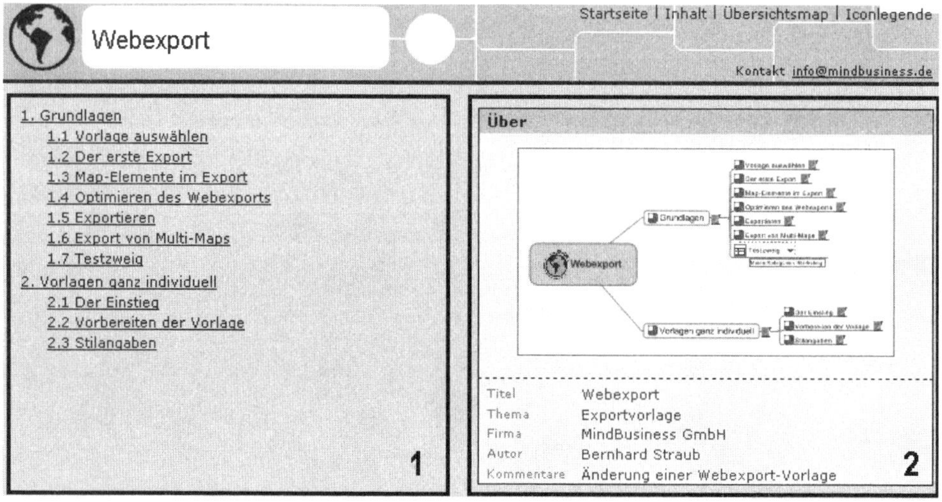

Abbildung 21.22 Bereiche der Inhaltsseite

Die Farben des Bereichs »Über« sollen den bisherigen Änderungen angepasst werden. Die Änderungen wirken sich z.T. auf andere Bereiche der Webseite aus. Z. B. auf die Anzeige der Aufgabeninfos. Zuerst wird Rahmen und Hintergrundfarbe der Titelzeile angepasst.

Code für die Anpassung von Rahmen und Hintergrundfarbe

Listing 21.10 shared.css, Abschnitt: COLLAPSIBLE BOXES

```
.collapsiblebox {
  ...
  background-color: #99CC99;
  border: 1px solid #000099;
  ...
}
```

Nun folgt die Textfarbe für die Titelzeile.

Code für die Textfarbe

Listing 21.11 shared.css, Abschnitt: COLLAPSIBLE BOXES

```
.collapsiblebox .title {
   ...
   color: #000099;
   ...
}
```

Jetzt wird die Trennlinie unterhalb der Map-Vorschau in Blau und gestrichelt definiert.

Code für die Trennlinie

Listing 21.12 shared.css

```
.mapPreview {
   ...
   border-bottom: 1px dashed #000099;
}
```

Die Anzeige der Version der exportierten Map soll im Webexport nicht angezeigt werden.

Dazu muss wieder eine der HTM-Dateien geöffnet werden. Das unten dargestellte Listing wird gelöscht oder auskommentiert.

Code für die Versionsnummer

Listing 21.13 ToolsCntAbout.htm

```
...
    <!--
    <div class="property">
      <div class="label">%Strings.Hidden.AboutVersion%</div>
      <div class="value">%CustomParameter.Version%</div>
    </div>
    -->
...
```

21.2.7 Übersichtsmap

Die Übersichtsmap dient in Ihrem Webexport zur grafischen Navigation. Diese soll hier nicht verändert werden, allerdings sind Anpassungen an Kopf- und Fußzeile der Seite für unser gewünschtes Design notwendig.

Die Übersichtsmap besteht aus einem Frameset »map.htm«. Dieses ist definiert durch:

- mapHeader.htm
- mapContent.htm
- mapFooter.htm

Beschreibung	HTML-Datei
Vorlage für das Frameset	ToolsMap.htm
Vorlage für den Header-Frame	ToolsMapHd.htm
Der Bereich Übersichtsmap	ToolsMapCont.htm
Die Fußzeile der Übersichtsmap	ToolsMapFooter.htm

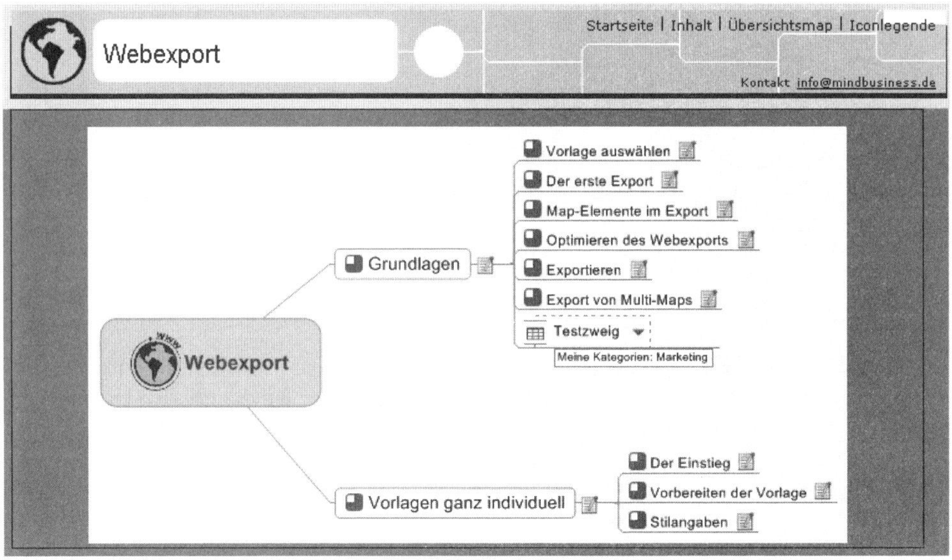

Abbildung 21.23 Die Übersichtsmap im Webexport

Wenn mit den bisherigen Anpassungen exportiert wird, stellen wir fest, dass das Hintergrundbild und der Titeltext in der Kopfzeile abgeschnitten sind. Dies liegt daran, dass durch den zusätzlichen Seitenrand mehr Platzbedarf entsteht.

Daher muss für die Übersichtsmap die Höhe des oberen Frames entsprechend vergrößert werden.

Code für die Anpassung der Frameset-Datei

Listing 21.14 ToolsMap.htm

```
<frameset rows="85,*,20" frameborder="0" FRAMESPACING=0 BORDER=0>
```

Nun ändern wir die Farbe von Text und Hintergrund der Fußzeile.

Code für die Anpassung im Style Sheet

Listing 21.15 shared.css, Abschnitt: OVERVIEW MAP

```
body#mapPageFooter {
  ...
  color: #000099;
  background-color: #99C999;
}
```

21.2.8 Kleines Icon einrücken

Verwenden Sie in Ihrer Map *Prioritäten*, *Fertig (%)* und weitere Icons wie Pfeile, Flaggen, Smileys? Diese werden beim Webexport auf den einzelnen Webseiten angezeigt.

Die Icon-Legende zeigt dem Besucher der Webseiten, welche Bedeutung die einzelnen Icons haben. Hier lernen Sie, wie die Icons in der Ansicht eingerückt werden können und deren Rahmen von der Farbe her modifiziert wird.

Abbildung 21.24 Die Icon-Legende im Webexport

Das Fenster »Icon-Legende« wird aus drei HTML-Vorlagen gebildet.

Beschreibung	HTML-Datei
Vorlage für das Gesamtfenster	ToolsLg.htm
Überschriften (z.B. 'Aufgabenprioritäten')	ToolsLgGroupItem.htm
Icon-Zeilen	ToolsLgItemImg.htm

Zum Einrücken der Icons gehen Sie wie nachfolgend beschrieben vor.

Code zum Einrücken der Icons

Listing 21.16 shared.css, Abschnitt: LEGEND

```
.legendItem {
  clear: both;
  margin-left: 25px;
}
```

Nun passen Sie den Rahmen der Legende an.

Code für die Anpassung des Rahmens

Listing 21.17 shared.css, Abschnitt: LEGEND

```
.legend .collapsiblebox .body {
  width: 200px;
  border: 1px solid #000099;
}
```

Durch das Einrücken der Icons überlappt der Bereich den Rahmen um die Legende. Dies kann vermieden werden, wenn das Pop-up-Fenster, das die Icon-Legende enthält, etwas breiter geöffnet wird. Diese Änderung wird in einer der HTM-Dateien vorgenommen. Hierbei muss nur ein Wert, wie im nachfolgenden Listing dargestellt, angepasst werden.

Code für die Änderung des Pop-up-Fensters

Listing 21.18 SnipPageHdLg.htm

```
<a
href="javascript:openPopup('legend.htm','Legend','scrollbars=yes,resizabl
e=yes,left=20,top=20,width=260,height=450')">
```

21.2.9 Dazu ein Kommentar ...

Kommentare (nur in Mindjet MindManager Pro 6) können auf den Webseiten angezeigt werden. Dies muss in den erweiterten Optionen zum Webexport entsprechend aktiviert werden. Falls Sie nur mit kurzen Kommentaren arbeiten, ist der angezeigte Bereich eventuell zu groß. In unserem Beispiel verkleinern wir diesen Bereich, damit Sie mehr Raum für den übrigen Inhalt der Webseite haben. Übrigens wurde die Rahmenfarbe dieses Bereiches bereits mit der Änderung des Rahmens im Bereich »Über« geändert.

Der Bereich für Kommentare besteht aus zwei HTML-Vorlagen.

Beschreibung	HTML-Datei
Gesamter Kommentarbereich	BoxCom.htm
Einzelner Kommentar	BoxComItem.htm

Kommentare werden nur exportiert, wenn dies in den Optionen für den Webexport ausdrücklich angegeben ist.

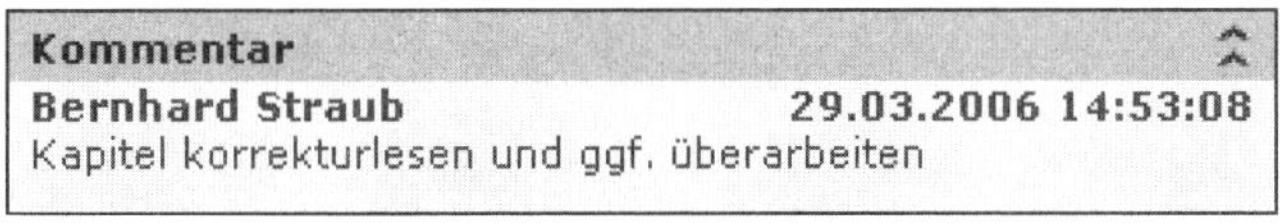

Abbildung 21.25 Kommentare im Webexport

Diese Änderung führen Sie wie folgt durch.

Code für die Änderung der Größe des Kommentars

Listing 21.19 BoxCom.htm

```
<div class="body" style="height: 80px; overflow: auto;">
```

21.2.10 Kennen Sie Ihre Aufgaben?

Aufgabeninformationen bestehen aus Prioritäten, Anfang/Ende, Fertig (%), Dauer, Ressourcen und Kategorien. Wenn Sie für einen Zweig eine dieser Eigenschaften definiert haben, wird auf der Webseite ein Bereich mit allen Informationen angezeigt. Vielleicht verwenden Sie in Ihrer Map jedoch grundsätzlich keine Ressourcen oder möchten diese nicht anzeigen, so dass diese Zeile von der Ansicht ausgenommen werden kann.

Der Bereich für Aufgaben besteht aus zwei HTML-Vorlagen.

Beschreibung	HTML-Datei
Icons der Überschrift (Priorität, % fertig)	SnipIcons.htm
Aufgabenbereich	BoxTask.htm

Aufgabendaten werden nur exportiert, wenn dies in den Optionen für den Webexport ausdrücklich angegeben ist.

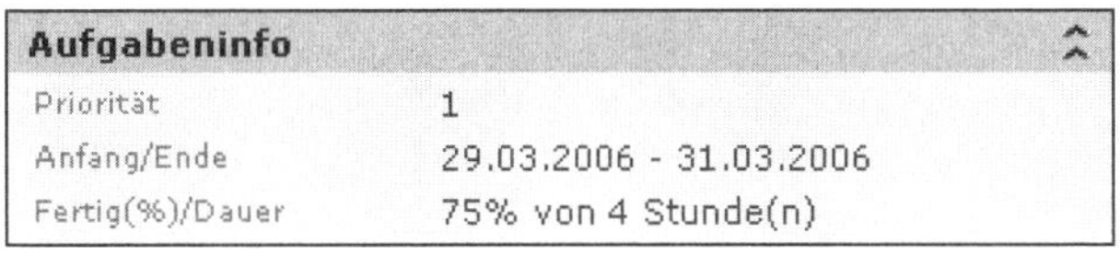

Abbildung 21.26 Darstellung der Aufgaben im Webexport

Diese Änderung führen Sie in der HTML-Vorlage durch. Dort finden Sie folgenden Abschnitt, den Sie entfernen oder (wie im Beispiel) auskommentieren können.

Code für das Entfernen/Ausformulieren von Aufgabeninformationen

Listing 21.20 BoxTask.htm

```
<!--
  <tr class="property">
  <td class="label">%Strings.Hidden.TaskResources%</td>
  <td class="value">%CustomParameter.Resource%</td>
  </tr>
-->
```

21.2.11 Textmarkierungen und Datencontainer

Neu in Mindjet MindManager sind die Textmarkierungen und Datencontainer. Beide werden im Webexport in einem eigenen Bereich dargestellt, ähnlich wie die Aufgaben und Kommentare. Im Bereich *Datencontainer* werden Informationen eines Zweiges angezeigt, die als Microsoft Excel-Tabelle, als einfache Tabelle oder als benutzerdefinierte Eigenschaften definiert sind. Die Bereiche werden nur angezeigt, wenn sie für einen Zweig definiert sind.

Layout und Design sollen nicht verändert werden. Dennoch hier eine Auflistung, welche Vorlagendateien für diese Bestandteile verwendet werden.

Beschreibung	**HTML-Datei**
Gesamter Bereich Textmarkierung	BoxTextMarkers.htm
Einzelne Textmarkierung	SnipTextMarkers.htm
Gesamter Bereich Datencontainer	BoxDataContainer.htm
Grafik im Datencontainer *	BoxDataContainerItemImage.htm

Die nachfolgende Grafik (**Abbildung 21.27**) wird in der zurzeit aktuellen MindManager-Version beim Export nicht angezeigt.

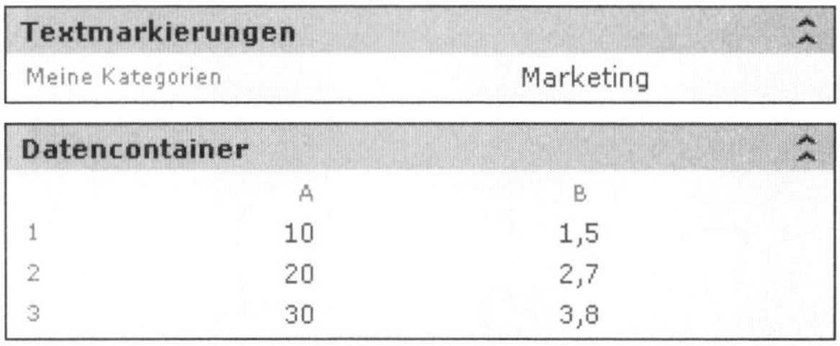

Abbildung 21.27 Darstellung der Textmarkierungen und Datencontainer im Webexport

21.2.12 Anmerkungen

Die Trennlinien zu den Anmerkungen sollen ebenfalls farblich an das bisher erstellte Design angepasst werden.

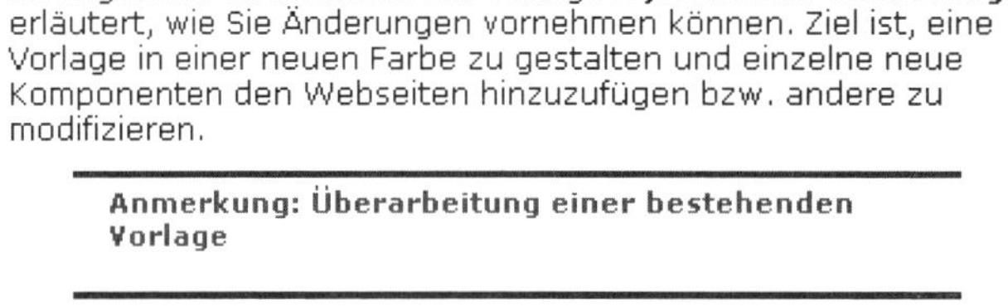

Abbildung 21.28 Darstellung von Anmerkungen

Diese Bereiche basieren auf folgenden HTML-Vorlagen:

Beschreibung	HTML-Datei
Link zu Anmerkungen	BoxCoNot.htm
	BoxCoNotItem.htm (Anmerkung ohne Unterzweige)
	BoxCoNotLink.htm (Anmerkung mit Unterzweigen, hier wird ein Link auf eine neue Seite angezeigt)

Die Farbe der waagerechten Trennlinien unterhalb der Kopfzeile des Bereichs für Anmerkungen soll angepasst werden.

Code für die Anpassung der Trennlinie:

Listing 21.21 shared.css, Abschnitt: CALLOUT –SECTION

```
.callouts {
  ...
  border-top: 3px solid #000099;
  border-bottom: 3px solid #000099;
}
```

Vor den Text der Anmerkung, der aus einem Zweigtext stammt, soll das Wort »Anmerkung« gestellt werden, um deren Bedeutung eindeutiger hervorzuheben.

Wie bei den Komponenten beschrieben, ist diese Änderung, je nachdem, ob sie Unterzweige hat oder nicht, in zwei HTML-Vorlagen nötig.

Code für den Anmerkungstext

Listing 21.22 BoxCoNotItem.htm (Teil 1)

```
...
<div class="calloutHeader">Anmerkung: %CustomParameter.TheCalloutText%
...
```

Listing 21.23 BoxCoNotLink.htm (Teil 2)

```
...
<div class="calloutHeader">Anmerkung:
...
```

21.2.13 Suchmaschinen & Co.

Häufig besteht die Anforderung, auf den Webseiten Metadaten zu definieren. Dies können z. B. Schlüsselwörter sein, die von Suchmaschinen zur Indizierung verwendet werden, Angaben zum Autor oder eine Beschreibung der Webseite.

Diese Angaben können, wie im nachfolgenden Listing dargestellt, in der Vorlagendatei eingefügt werden.

Code für die Definition von Metadaten

Listing 21.24 DoPage.htm

```
<head>
  <meta http-equiv="Content-Type" content="text/html; char-
set=%WebExport.CharacterSet%">
  <meta name="author" content="Ihr Name">
  <meta name="description" content="Web-Export mit MindManager">
  <meta name="keywords" content="HTML, Web-Export, MindManager">
  <meta name="robots" content="index,follow">
  <meta name="revisit-after" content="1 day">
  ...
```

21.2.14 Die fertige Vorlage

Die komplette Vorlage mit allen genannten Änderungen finden Sie auf der CD zum Buch in *\Kapitel 21*. Wenn Sie die Vorlage einfach komplett übernehmen möchten, kopieren Sie diese in das Vorlagenverzeichnis von MindManager:

C:\Dokumente und Einstellungen\ANWENDER\Lokale Einstellungen\Anwendungsdaten\Mindjet\MindManager\6\Library\GER\Web\Dynamische Gliederung

Passen Sie diesen Pfad gegebenenfalls Ihrem System an.

21.3 Weitere Anpassungen

Die bisherigen Anpassungen konnten relativ einfach durch Änderung der Style Sheets oder einzelner Vorlagendateien ausgeführt werden. Äußerst kompliziert wird es jedoch, wenn grundsätzliche Layout-Änderungen oder ein komplett neues Layout erforderlich sind.

Um sich besser in den Vorlagen zurechtzufinden, lesen Sie hierzu in diesem Abschnitt einige Hinweise zur Funktionalität des MindManager-Webexports.

Eine andere Variante für diesen Fall ist der Einsatz des MindBusiness Add-Ins »Map4Web«, das im nächsten Kapitel beschrieben wird. Das Add-In ist u.a. darauf hin optimiert worden, eigene Vorlagen für einen Webexport einzubinden.

21.3.1 Der Baukasten

Sicher haben Sie inzwischen schon die Dateien in dem Vorlagenordner gesehen und vielleicht die eine oder andere im entsprechenden Programm geöffnet. Die bestehenden Vorlagen sind allerdings so komplex (allein die »Einfache Gliederung« besteht aus 27 Dateien), dass es sehr schwierig ist, das Prinzip des Webexports daraus abzuleiten. Daher zu Beginn zunächst eine Zusammenfassung dessen, wie aus einer Business Map und den daraus entstehenden Dateien während des Exports eine komplette Website wird.

Beim Export werden nacheinander mehrere *Makros* gestartet. Eines der Makros wird mit jedem Zweig der Map aufgerufen und kann damit aus diesem Zweig eine HTML-Seite erstellen. Das Makro öffnet dazu eine entsprechende HTML-Datei.

Diese *HTML-Vorlage* enthält Platzhalter, z. B. für den Text der Notizen, der vom Makro durch den richtigen Inhalt für die jeweilige Webseite ersetzt wird. Außerdem kann die Vorlage wiederum ein anderes Makro aufrufen. Dies ist dann notwendig, wenn einzelne Elemente auf der Webseite nicht immer angezeigt werden sollen oder können. Denken Sie dabei z. B. an Aufgabendaten, die nur dann in einem eigenen Bereich gezeigt werden sollen, wenn diese auch tatsächlich zu einem bestimmten Zweig definiert sind. Dieses zweite Makro prüft, ob Aufgabendaten vorhanden sind, und ruft gegebenenfalls eine weitere HTML-Vorlage auf. Makros und HTML-Vorlagen können beliebig verschachtelt sein.

Weiterhin benötigt der Webexport *Parameterdateien*, die vordefinierte oder benutzerdefinierte Einstellungen zum Webexport enthalten. Einige Einstellungen sieht der Anwender als Optionen beim Webexport. Die Optionen im Bereich der Standardvorlagen haben wir bereits beschrieben.

Es lassen sich natürlich auch eigene Parameter definieren, so dass der Entwickler eines Webexports dem Anwender die gewünschte Flexibilität in der Gestaltung bieten kann. Die Parameter werden beim Webexport wiederum von den Makros ausgelesen und ausgewertet. Die HTML- und Stilvorlagen können ebenfalls Platzhalter enthalten, die durch die Parameter während des Exports ersetzt werden. Die Arbeit mit Makros erklären wir an dieser Stelle nicht näher, da in diesem Zusammenhang Kenntnisse in HTML, CSS und XML erforderlich sind.

Die folgende Beschreibung soll als Grundlage dienen, um das Prinzip des Webexports zu verstehen. Weitere Informationen und Details finden Sie auch in der technischen Dokumentation zum Webexport von Mindjet.

21.3.2 HTML-Vorlagen

Damit der Webexport Webseiten erstellen kann, muss mindestens eine HTML-Vorlage vorhanden sein. Diese erstellen Sie nach Ihren Bedürfnissen. In der Regel müssen jedoch mehrere Vorlagen verwendet werden. Damit der Export den Inhalt der einzelnen Webseiten abhängig vom gerade exportierten Zweig erstellen kann, machen folgende Möglichkeiten den Inhalt variabel:

Aufruf von weiteren Makros

Wenn an einer bestimmten Stelle der Webseite Inhalt abhängig von gewissen Vorgaben (z. B. das Vorhandensein von Aufgabendaten) angezeigt werden soll, können Sie folgendermaßen ein Makro aufrufen:

```
<!-- Command: Expand("PageHd.mmbas") -->
```

Ersetzen von Parametern

In den Parameterdateien definierte Parameter können auch direkt beim Export ersetzt werden. Dazu fügen Sie an entsprechender Stelle den Parameter, eingebunden in zwei Prozentzeichen, ein:

```
<div class="footerText">%Strings.User.FooterText%</div>
```

Ersetzen von Variablen

Sie können auch generell Zeichenketten durch ein Makro ersetzen lassen. In den Standardvorlagen wird dabei die folgende Schreibweise verwendet:

```
<a href="#UserHyperlinkUrl#" target="_blank">#UserHyperlinkText#</a>
```

21.3.3 Parameterdateien

Die Idee des Webexports ist die Gestaltung von flexiblen Vorlagen, bei denen der Anwender auf einfache Weise Benutzereinstellungen ändern und so den Aufbau der erzeugten Webseiten beeinflussen kann. Eine wichtige Rolle spielen hier die Parameterdateien, mit denen Grundeinstellungen und benutzerdefinierte Werte über den *Optionen-Dialog* an den Export übergeben werden. Es handelt sich um folgende Dateien, die Teil jeder Vorlage sind:

- **GlobalParameters.xml** definiert verschiedene Grundeinstellungen, z. B. zur verwendeten Kodierung der Webseiten. Diese Parameter sollten unverändert in jede Vorlage übernommen werden.
- **GlobalParametersGerman.xml** enthält für die in den Optionen sichtbaren Parameter die deutsche Übersetzung der Anzeige und des Hilfetextes.
- **Parameters.xml** enthält vorlagenspezifische Parameter. Hier können und sollten eigene Parameter hinzugefügt werden.
- **ParametersGerman.xml** enthält wiederum die deutsche Übersetzung für die Anzeige bei den Optionen.
- **StyleParametersGerman.xml** wird bei einigen Vorlagen zur Bezeichnung der Vorlage verwendet, entsprechend der Anzeige in den Optionen.

Definition von Parametern

Die Definition eigener Parameter erhöht die Flexibilität des Webexports. Sie erfolgt in der Datei *Parameters.xml* und, falls der Parameter in den Optionen angezeigt werden soll, in *ParametersGerman.xml*.

Nachfolgend hierzu ein Beispiel:

Listing 21.25 Parameters.xml

```
<parameter internalName="Strings.Show.Header" type="boolean" default-
Value="true" hidden="false" persistent="true" />
```

Listing 21.26 ParametersGerman.xml

```
<parameter internalName="Strings.Show.Header" displayNa-
me="Anzeigen.Kopfzeile" help="Zeigt eine Kopfzeile auf jeder Seite an,
die Links zur Startseite, zum Inhaltsverzeichnis, zur Übersichtsmap und
zur Iconlegende enthält." />
```

Tabelle 21.3 Erläuterungen zu den Listings

internalName	Der eindeutige Name des Parameters. Dieser wird auch in den HTML- und Stilvorlagen eingesetzt.
displayName	Dieses Attribut wird verwendet, um den Parameter in den Optionen anzuzeigen. Der erste Teil des Attributs vor dem Punkt bestimmt, in welcher Gruppe der Optionen dieser Parameter angezeigt wird (hier »Anzeigen«), der zweite Teil nach dem Punkt ist der Anzeigename des Parameters in den Optionen.
type	Dieses Attribut gibt an, welcher Datentyp verwendet wird. Erlaubt sind folgende Werte: *boolean*: true oder false. Es wird ein Drop-Down-Menü zur Auswahl der Werte angezeigt. *number*: eine Dezimalzahl. Das Eingabefeld prüft, ob eine gültige Zahl eingetragen wird. *color*: Ein RGB-Farbwert in hexadezimaler Schreibweise. Es wird ein Farbauswahldialog angezeigt. *list*: Eine Auswahlliste benutzerdefinierter Werte. *text*: Ein Texteingabefeld. *file*: Eine Dateiauswahl zur Angabe von Pfad/Dateinamen. *image*: Pfad und Dateinamen zu einer Grafikdatei.
defaultValue	Dieses Attribut kann optional verwendet werden, um für den Parameter einen Standardwert zu definieren.
help	Mit diesem Attribut kann ein Hilfetext definiert werden, der im Optionen-Dialog zum Parameter angezeigt wird.
range	Dieses Attribut darf nur zusammen mit den Attributtypen number, file und list verwendet werden. Es gibt an, welche Werte zum jeweiligen Typ verwendet werden dürfen. Verwenden Sie ein Komma zur Trennung der Werte. Mit dem Typ *list* ist dies ein Pflichtattribut. Die in *range* definierten Werte werden während des Webexports verwendet. Zusätzlich kann in der lokalisierten Datei eine Übersetzung der einzelnen Werte angegeben werden, z. B.: `range="left=Left"; center=Center; right=Right"` Mit dem Typ *file* kann hier eine Eingrenzung der erlaubten Dateitypen ermöglicht werden, z.B. mit `range="mmp"` oder `range="mmp;mmap"`.
hidden	Wird dieses Attribut auf *True* gesetzt, wird der Parameter in den erweiterten Optionen des Webexports nicht angezeigt. Für Parameter, die der Anwender ändern kann, das Attribut entsprechend auf *False* setzen. Der Wert ist üblicherweise das Gegenteil des Wertes für das Attribut *persistent*.
persistent	Mit dem Wert *True* wird die Einstellung mit der Map gespeichert. Für Attribute, die der Benutzer im *Optionen-Dialog* ändert, wird *True* verwendet.

21.3.4 Makros

Eine Vorlage für den Webexport kann aus beliebig vielen Makros bestehen, die vom Entwickler definiert werden. Einige Makros haben jedoch eine besondere Bedeutung. Folgende drei Makros müssen in jedem Fall vorhanden sein:

1. **BeginExport.mmbas** wird zu Beginn des Webexports aufgerufen und kann z. B. zur Initialisierung von Variablen, die für den gesamten Webexport gelten sollen, verwendet werden.
2. **GeneratePage.mmbas** ist die zentrale Schnittstelle des Webexports und wird mit jedem Zweig der Map aufgerufen. Es dient dazu, daraus eine eigene Webseite zu erstellen. Es können natürlich auch Zweige abhängig vom Inhalt übersprungen oder Zweige und Unterzweige auf einer Seite zusammengefasst werden. Das Makro ruft mindestens eine HTML-Vorlage auf, die allerdings auf weitere Makros und HTML-Vorlagen zugreifen kann.
3. **EndExport.mmbas** wird zuletzt aufgerufen. Meistens werden hier HTML-Seiten erzeugt, die nur einmal vorhanden sind (Übersichtsmap, Icon-Legende ...).

Darüber hinaus gibt es weitere Makros, die auch für eigene Vorlagen sinnvoll sind:

- **GlobalUtilities.mmbas** enthält eine Reihe vordefinierter Standardprozeduren und Funktionen, die in den Makros verwendet werden können. Sie sollten daher dieses Makro grundsätzlich in alle anderen Makros einbinden.
- **GlobalParameterNames.mmbas** definiert einige Konstanten für den Webexport. Es handelt sich hier u.a. um globale Parameter aus *GlobalParameters.xml*. Da *GlobalUtilities.mmbas* diese Konstanten verwendet, sollte das Makro ebenfalls grundsätzlich eingebunden werden.
- **ParameterNames.mmbas** definiert ebenfalls Konstanten, die mit den benutzerdefinierten Parametern aus *Parameters.xml* korrelieren. Es empfiehlt sich, dieses Makro ebenfalls zu verwenden.

21.3.4.1 Grundaufbau von Makros

Wie genau sind nun die Makros aufgebaut, mit denen die Webseiten erzeugt werden?

An dieser Stelle wird das Makro *GeneratePage.mmbas* genauer untersucht.

Listing 21.27 Listing des Makros GeneratePage.mmbas

```
'#Reference {A5082CA1-0580-4287-B3D5-91B0FDB3C0FE}#1.0#0#C:\Program Files\Mindjet\MindManager 6\Mm5WebExport.dll#Mm5WebExport 2.0 Type Library
'#Uses "ParameterNames.mmbas"
'#Uses "GlobalUtilities.mmbas"

Option Explicit
Sub Main
    Dim addin As Mm5WebExportAddIn
    Dim webex As WebExport
    Set addin = WebExportHelper.WebExportAddIn
```

```
        Set webex = addin.ActiveWebExport
        Dim template As String
        On Error GoTo ReportError
        webex.Trace("Entering GeneratePage", 2)
        'add the name of the root HTML page here (layout specific)
        template = webex.ReadFile("unten_t.html")
        ProcessString webex, template
        webex.WriteFile(webex.ActivePage.Filename, template)
        webex.Trace("Exiting GeneratePage", 2)
        Exit Sub

    ReportError:
        ProcessError(webex)
        Exit Sub
    End Sub
```

Zuerst wird eine *Referenz* auf das Webexport-Add-In erstellt. Dies können Sie im Makro-Editor über *Bearbeiten/Referenzen* hinzufügen. Wählen Sie dort *Mm5WebExport 2.0 Type Library*. Weiterhin werden die Makros *ParameterNames.mmbas* (Definition von Konstanten) und *GlobalUtilities.mmbas* (Standardfunktionen und Prozeduren für den Webexport) eingebunden. Weitere Makros kommen an dieser Stelle ebenfalls häufig vor (siehe z. B. *EndExport.mmbas*).

Nun wird die Haupt-Subroutine des Exports gestartet und ein Webexport-Objekt (»webex«) erzeugt. Damit stehen Ihnen viele nützliche Methoden und Eigenschaften zur Verfügung, die während des Webexports benötigt werden. Eine kleine Auswahl wird im Folgenden vorgestellt.

Zwischen den »webex.trace«-Kommandos erfolgen die eigentlichen Aktionen und die Steuerung zur Erzeugung der Webseiten.

21.3.4.2 Wichtige Funktionen

Das *Webexport-Objekt* und *GlobalUtilities.mmbas* bieten eine Vielzahl an Funktionen, Methoden und Eigenschaften, von denen wir hier nur die wichtigsten kurz erläutern.

Öffnen einer HTML-Vorlage, Ausführen der dort enthaltenen Makros und Ersetzen von Parametern

```
template = webex.ReadFile("unten_t.html")
ProcessString webex, template
webex.WriteFile(webex.ActivePage.Filename, template)
```

Zuerst wird dabei die HTML-Vorlage geöffnet. Mit *ProcessString* werden Makros und Parameter bearbeitet, und schließlich wird mit *WriteFile* die Webseite erstellt. *webex.ActivePage.Filename* erzeugt dabei automatisch einen entsprechenden Dateinamen aus der aktuell geöffneten Datei.

Erzeugen von Parametern zur Laufzeit

```
webex.SetParameter("CustomParameter.CentralTopicText", t.Text)
```

In diesem Beispiel wird ein Parameter *CustomParameter.CentralTopicText* erzeugt. Diesem wird der Wert *t.Text* zugewiesen. Jetzt kann dieser Parameter in einer HTML-Vorlage verwendet werden. Zum Beispiel in:

```
<title>%CustomParameter.CentralTopicText%</title>
```

Mit *ProcessString* wird nun während des Webexports der Parameter in der HTML-Vorlage durch den echten Wert, in diesem Fall der Text des Map-Hauptthemas, ersetzt.

Abfragen von Parameterwerten

```
If webex.GetParameter("Strings.Show.Background") = "" Then
   ...
Else
   ...
End If
```

Hier wird ein in *Parameters.xml* definierter Parameter geprüft. Je nachdem, ob der Anwender im *Optionen-Dialog* des Webexports einen Wert angegeben hat oder nicht, werden unterschiedliche Aktionen ausgeführt.

Kopieren von Verzeichnissen

```
webex.CopyDirectory(webex.GetParameter(TdFolderResources))
```

In diesem Beispiel wird das komplette Ressourcen-Verzeichnis aus dem Vorlagenordner an die entsprechende Stelle des Webexports kopiert.

Verarbeiten von Dateien

```
ProcessFile webex, "res/styles/stil.css"
```

Damit werden Parameter in der angegebenen Datei ersetzt. Der Pfad ist relativ zum Hauptverzeichnis des Webexports.

Verarbeiten von Ressourcen-Dateien

```
ProcessResourceFile webex, "tree\tree_tpl.js"
```

Damit werden ebenfalls Parameter in der angegebenen Datei ersetzt. Der Pfad ist relativ zum Ressourcen-Verzeichnis des Webexports.

Kopieren von verknüpften Dokumenten

```
webex.CopyLinkedDocuments()
```

Mit diesem Befehl werden in der Map verknüpfte Dokumente in das Verzeichnis *Linked-Documents* des Webexports kopiert.

21.3.5 Kleine Helferlein

Mit den bisher genannten Teilen des Vorlagen-Baukastens können bereits eigene Vorlagen erstellt werden. Einige Dateien sind jedoch noch hilfreich bzw. sinnvoll, um eine wirklich vollständige Vorlage zu erstellen. Hierzu gehören die nachfolgend beschriebenen:

- **Style-Sheet-Dateien** werden verwendet, um Stilvorgaben (Schriftarten, Farben etc.) separat zu definieren. Diese Vorgaben sind somit an einer zentralen Stelle. Die Änderung eines Wertes wirkt sich auf die kompletten HTML-Vorlagen aus. Die Dateien können z. B. in das Ressourcen-Verzeichnis der Vorlage abgelegt werden. Wie in den HTML-Vorlagen kann hier das Ersetzen von Parametern und Variablen durchgeführt werden.
- **JavaScript-Code** wird z. B. von der *dynamischen Gliederung* verwendet und ist Bestandteil der Vorlage. Sie können auch eigene Skripte einbinden. Diese Dateien befinden sich ebenfalls in der Regel in einem eigenen Ressourcen-Verzeichnis.
- **PreviewGerman.gif** ist eine Vorschaugrafik für Ihre Web-Vorlage. Sie wird im Webexport-Dialog bei der Auswahl einer Vorlage angezeigt. Erstellen Sie dazu einfach einen Screenshot einer exportierten Webseite und speichern diesen unter dem Dateinamen direkt im Vorlagenverzeichnis. Verwenden Sie, wie in den Vorlagen, eine Grafik mit max. 290 x 200 Pixel.

Natürlich werden Sie auch eigene Grafiken wie beispielsweise Logos oder Hintergrundbilder verwenden. Es ist sinnvoll, diese ebenfalls im Ressourcen-Verzeichnis zu hinterlegen.

21.3.6 Hilfe zur Selbsthilfe

Nun haben Sie einiges zum Prinzip des Webexports mit MindManager erfahren, um Anpassungen vorzunehmen oder auch eigene Vorlagen zu erstellen. Sehr hilfreich ist es, sich die bestehenden Vorlagen anzuschauen und vielleicht sogar die entsprechenden Funktionen von dort zu übernehmen.

Das Problem dabei ist, die sehr komplexen Vorlagen zu verstehen und die richtigen HTML-Vorlagen und Makros für die jeweiligen Funktionen zu finden. Um Ihnen die Suche zu erleichtern, beschreiben wir Ihnen zum Abschluss noch, wie die Vorlage *Dynamische Gliederung* aufgebaut ist und wie Sie sich in der Fülle an Vorlagen-Dateien zurechtfinden. Es wird beschrieben, wie in dieser Vorlage die Aufgabendaten einer Map eingebunden werden.

Makros und HTML

Die Vorlage *Dynamische Gliederung* besteht insgesamt aus 39 Makros und 49 HTML-Vorlagen. Wie bereits beschrieben rufen Makros die HTML-Vorlagen auf, in denen wiederum weitere Makros eingebettet sind usw.

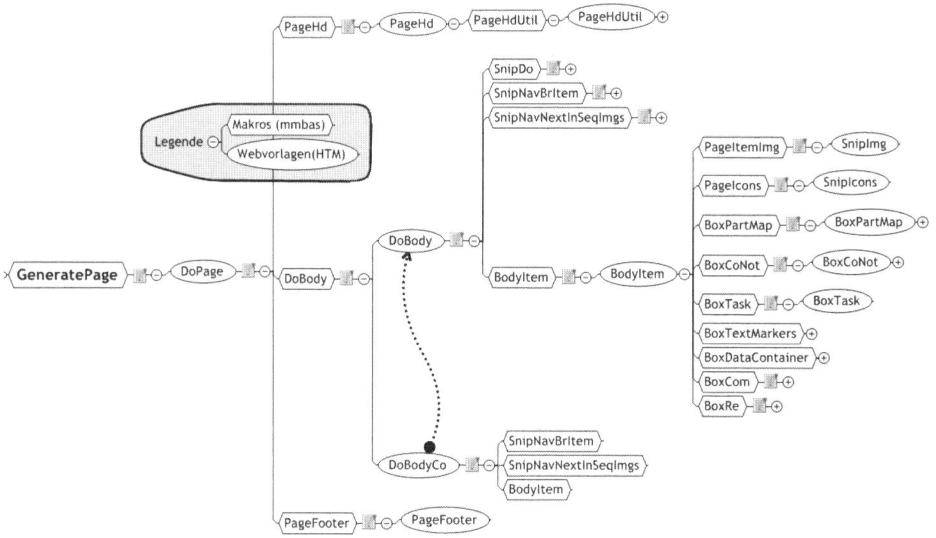

Abbildung 21.29 Makros und HTML-Vorlagen der dynamischen Gliederung

In **Abbildung 21.29** sehen Sie einen Ausschnitt der Vorlage, ausgehend vom Makro *GeneratePage.mmbas*. Um nun z. B. zu den Aufgabendaten zu gelangen, gehen Sie schrittweise durch die Dateien:

- DoPage.htm -> DoBody.mmbas -> DoBody.htm -> BodyItem.mmbas -> BodyItem.htm -> BoxTask.mmbas -> BoxTask.htm

Wenn Sie selbst Aufgabendaten in die Vorlage einfügen möchten, können Sie in der Vorlage *BodyItem.htm* nachschauen, wie Makro und Vorlage zu *BoxTask* eingefügt sind.

Die komplette Übersicht zur *dynamischen Gliederung* finden Sie als Map auf der CD zum Buch in *\Kapitel 21* unter dem Namen *Struktur Webexport Dynamic Outline.mmap*.

Durchsuchen der Vorlagen

Eine weitere Möglichkeit, sich in den bestehenden Vorlagen zurechtzufinden, besteht darin, eine Testmap z. B. mit Aufgabendaten zu erzeugen und anschließend zu exportieren. Verwenden Sie dabei die Vorlage, welche die Daten so anzeigt, wie Sie es möchten.

Nun öffnen Sie die erzeugten Webseiten und navigieren zur Seite, die den für Sie interessanten Bereich enthält, im Beispiel also eine Seite mit Anzeige von Aufgabendaten.

Lassen Sie sich jetzt zu dieser Seite den Quelltext anzeigen, und suchen Sie den Abschnitt in HTML, der die Aufgabendaten enthält.

Sie finden dort z.B.:

```
<!--BEGIN PAGE BOX TASK INFORMATION-->
<div class="taskInformationArea">
<div id="taskInformation0" class="collapsiblebox">
  <div class="header" on-
click="boxController.expandOrCollapse(this,'taskInformation')">
    <div class="title">Aufgabeninfo</div>
    <img class="expandOrCollapseButton"
         src="Res/images/box_expand_button.gif" alt="">
    <div class="clearFloat"></div>
  </div>
  <div class="body">
    <table width="100%">
      <tr class="property">
      <td class="label">Priorität</td>
      <td class="value">2</td>
      </tr>
      ...
    </table>
    <div class="clearFloat"></div>
    </div>
  </div>
</div>
<!--END PAGE BOX TASK INFORMATION-->
```

In allen Standardvorlagen des Webexports von MindManager finden Sie die einzelnen Abschnitte gekennzeichnet durch Kommentare, hier also:

```
BEGIN PAGE BOX TASK INFORMATION
```

Wenn Sie herausfinden möchten, in welcher HTML-Vorlage dieser Bereich definiert ist, kopieren Sie den Text mit Strg+C in die Zwischenablage, und durchsuchen Sie das Vorlagenverzeichnis über die Suchfunktion des Windows Explorers oder über einen guten Text-Editor nach diesem Text.

Als Ergebnis bekommen Sie die Datei *BoxTask.htm* angezeigt. Parallel dazu finden Sie in den meisten Fällen auch ein Makro mit diesem Namen, das den Namen *BoxTask.mmbas* trägt. Diesen Dateien können Sie nun viele Informationen über Verwendungszweck und Struktur entnehmen.

21.4 Map4Web

In diesem Kapitel lernen Sie eine weitere Möglichkeit kennen, Webseiten aus MindManager Business Maps zu erstellen: das Add-In MindBusiness Map4Web.

Warum überhaupt ein zusätzliches Add-In für den Webexport? Aus der Praxis ergeben sich einige Anforderungen an Webseiten, die mit dem Standardexport kaum oder gar nicht umzusetzen sind.

Für Webseiten-Inhalte im Intranet (Handbücher, Dokumentationen) sowie Internet-Webseiten ist häufig ein individuelles *Design* und *Layout* erforderlich, das beispielsweise den Richtlinien des firmeninternen Corporate Designs entspricht. Während Farben und Schriftarten der Standardvorlagen von MindManager noch recht einfach angepasst werden können, ist eine grundsätzliche Änderung des Layouts oder der Navigation mit unverhältnismäßig hohem Aufwand verbunden.

Es besteht häufig der Wunsch, *interaktive Elemente* wie z. B. Kontaktformulare in die Webseiten einzubinden. Die Notizen des MindManagers bieten jedoch erst einmal keine Möglichkeit, solche Elemente zu definieren. Das bedeutet, dass nach dem Export noch Seiten angepasst werden müssen. Da aber der Export selbst nach Änderungen in der Map immer wieder ausgeführt werden muss, entsteht hier ein hoher bzw. unnötiger Arbeitsaufwand. Außerdem ist der Anwender damit gezwungen, die gewohnte MindManager-Arbeitsumgebung zu verlassen.

Gerade für Dokumentationen und Handbücher ist eine *Suchfunktion* sehr hilfreich. Der Standardexport bietet keine Möglichkeit, die exportierten Webseiten nach bestimmten Begriffen oder Inhalten zu durchsuchen.

In den meisten Fällen werden die Webseiten auf *Webservern* oder auch *Microsoft SharePoint-Servern* zur Verfügung gestellt. Der Standardexport bietet nur die Möglichkeit, den Export im Dateisystem zu veröffentlichen.

Aktuelle Informationen sollen als *Newsticker* oder als *RSS-Feed* auf einfache Weise zur Verfügung gestellt werden.

Map4Web bietet gerade für diese Anforderungen sehr interessante Möglichkeiten, und es wird Ihnen damit ermöglicht, Ihre Webseiten optimal zu erzeugen und zu veröffentlichen. Hier eine kleine Auflistung der Vorteile:

- Die integrierte Suchfunktion erlaubt den Anwendern, die wichtigen Informationen auf den erzeugten Webseiten schnell zu finden.
- Mit Hilfe von Newstickern haben Sie die Möglichkeit, auf aktuelle Informationen hinzuweisen.
- RSS-Feeds können bereits in der Business Map erstellt und gepflegt werden.
- Webseiten werden direkt auf dem Webserver über die integrierte FTP-Funktion veröffentlicht.

- Ebenso können die Webseiten direkt in eine Dokumentenbibliothek auf einem SharePoint-Server veröffentlicht werden (nur SharePoint-Edition).
- Bieten Sie den Besuchern Ihrer Webseiten die Möglichkeit, selbst aktiv zu werden, z. B. durch Formulare und Umfragen, die Sie bereits in Ihre Business Map integrieren können, ohne die Webseiten nach dem Export zu überarbeiten.
- Die Einbindung eigener Designs wurde optimiert, so dass Sie Ihre Webseiten schnell an das Corporate Design oder Ihre individuellen Anforderungen anpassen können.
- Dadurch kann Ihr Design einmalig erstellt werden, die Pflege der Inhalte übernehmen Sie als Anwender mit MindManager.
- Die Webseiten können durch *Meta-Tags* optimal für Suchmaschinen aufbereitet werden. Diese werden direkt im MindManager definiert.

Weitere interessante Möglichkeiten, den Export mit Map4Web zu gestalten, finden Sie in den folgenden Kapiteln.

21.4.1 Die Installation

Sie finden das Setup für Map4Web auf der CD zum Buch im Ordner *\Map4Web Setup*.

Ebenso können Sie Map4Web im Internet downloaden. Sie finden das Programm unter *www.mindbusiness.de*. In diesem Handbuch beziehen wir uns auf die Version 4.0.1.

Systemvoraussetzungen:

- Microsoft Windows 2000/XP
- MindManager 6 bzw. X5
- Microsoft .NET Framework 1.1

Achten Sie beim Download darauf, dass Sie das richtige Setup für Ihre MindManager-Version wählen.

Ansonsten folgen Sie einfach den Anweisungen in den Installationsdialogen.

Map4Web ist in zwei Editionen erhältlich: In der Standard- und der SharePoint-Edition. Die 14-Tage-Testversion erlaubt die Veröffentlichung der Seiten in SharePoint. Schalten Sie die Version durch einen Lizenzschlüssel frei, werden die SharePoint-Funktionalitäten nur mit einem entsprechenden Schlüssel für die SharePoint-Edition aktiviert.

Nach der Installation finden Sie neue Dialoge zum Exportieren von Zweigen und Notizen. Mit diesen Funktionalitäten werden wir uns im Folgenden näher befassen. Darüber hinaus werden mit Map4Web auch zusätzliche Map Parts installiert, die Sie im entsprechenden Aufgabenbereich von MindManager finden.

21.4.2 Der Export

Nach der Installation finden Sie Map4Web als Symbol in der Export-Werkzeugleiste von MindManager. Hiermit oder über den Menübefehl *Datei/Map4Web-Export* öffnen Sie den Dialog, mit dem Sie den Export konfigurieren und starten können.

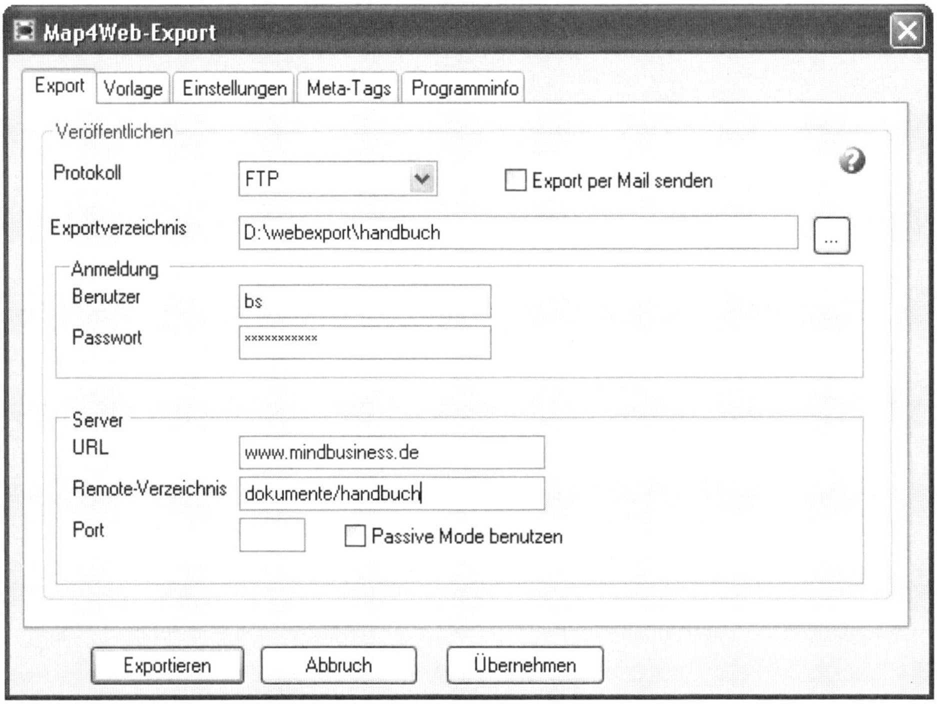

Abbildung 21.30 Der Export-Dialog von Map4Web

Innerhalb des Dialogfeldes finden Sie fünf Bereiche, in denen Sie Einstellungsmöglichkeiten zu Map4Web finden. Im Folgenden möchten wir Ihnen die wichtigsten Aufgaben vorstellen. Sämtliche Einstellungen sind in der Online-Hilfe von Map4Web erläutert.

21.4.2.1 Das Register »Vorlage«

Im Register *Vorlage* sehen Sie eine kleine Vorschau der aktuell gewählten Vorlage. Wenn Sie eine andere Vorlage verwenden möchten, klicken Sie auf *Vorlage wählen*, und navigieren Sie im Auswahldialog zu der gewünschten Vorlage. Wichtig ist, dass Sie zur Auswahl die Vorlage selbst unterhalb des jeweiligen Ordners wählen.

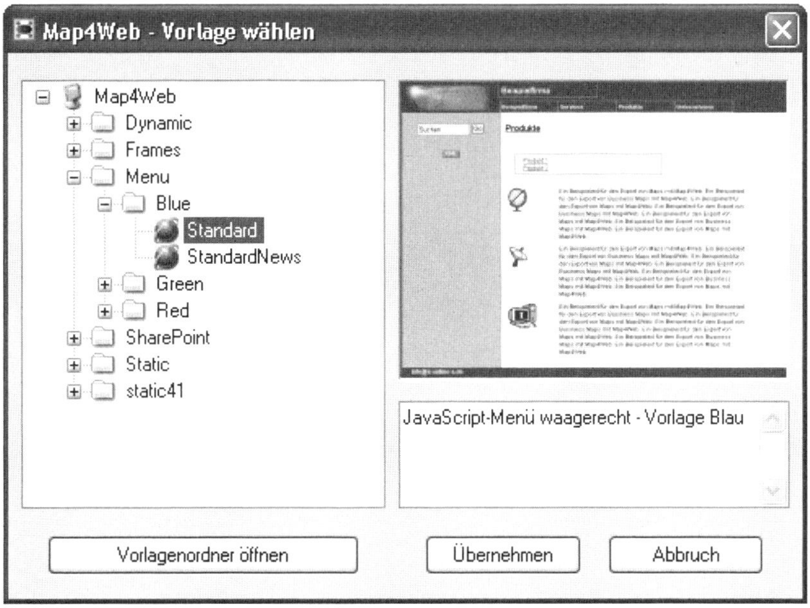

Abbildung 21.31 Auswahl einer Vorlage für Map4Web

Sie finden hier u.a. zwei interessante Vorlagentypen, die es im Standard-Webexport nicht gibt:

- **Frames:** In diesem Ordner finden Sie drei Farbvarianten einer Vorlage, die framebasierend ist. Damit wird beim Anklicken eines Menüpunktes in der Navigation nicht die ganze Seite, sondern nur der Inhaltsbereich der Webseite neu geladen.
- **Menu:** Hier finden Sie drei Farbvarianten einer Vorlage mit einem waagerechten Menü.

21.4.2.2 Suchfunktion

Um die Suchfunktion zu aktivieren, sind zwei Schritte notwendig.

1. Öffnen Sie zuerst den MindManager-Aufgabenbereich *Map Parts*, und navigieren Sie dort zum Verzeichnis *Map4Web/Deutsch* (oder ggf. Englisch). Fügen Sie den Map Part *Suchergebnis* als »freie Anmerkung« in Ihre Map ein.
2. Öffnen Sie nun zunächst den Export-Dialog, und aktivieren Sie im Reiter *Einstellungen* die Funktion *Site Search verwenden*.

Abbildung 21.32 Die Suchfunktion auf den exportierten Webseiten

21.4.2.3 Das Register »Meta-Tags«

Einige Meta-Tags können direkt in Map4Web für Ihre Map definiert werden. Öffnen Sie dazu im Export-Dialog den Reiter *Meta-Tags*. Hier können Sie Beschreibung, Schlüsselwörter, Autor und Datum eintragen. Achten Sie beim Datum darauf, dass es im Format »Jahr – Monat – Tag« (JJJJ-MM-TT) eingetragen wird. Weitere Meta-Tags können problemlos direkt in der Vorlage vordefiniert werden.

21.4.2.4 Export und Upload

Haben Sie Ihre individuellen Einstellungen vorgenommen, können Sie nun im Export-Dialog die Map exportieren. Wichtig ist hierbei die Auswahl des Protokolls für den Export. In vielen Fällen, vor allem solange Sie die Map und den Export noch nicht freigeben möchten, werden Sie nur *lokal* exportieren, d. h., Sie können ein Exportverzeichnis auf Ihrem Rechner oder in Ihrem Netzwerk wählen.

Den Export können Sie auch optional als ZIP-Datei an eine Microsoft Outlook-E-Mail-Nachricht anhängen. Diese Option setzt voraus, dass Sie Outlook installiert haben.

Falls Sie die Webseiten auf einem Webserver veröffentlichen möchten, steht Ihnen das Protokoll *FTP* zur Verfügung. Mit dieser Auswahl können Sie Daten eintragen, die für die Übertragung notwendig sind, z. B. Benutzername und Passwort. Die Anmeldedaten erfahren Sie von Ihrem Provider oder Systemadministrator.

Schließlich können Sie auch *SharePoint* als Option wählen. Auch hier werden wieder die dafür benötigten Eingabefelder angezeigt. Die Übertragung der Webseiten erfolgt in eine Dokumentenbibliothek von SharePoint, die dort bereits angelegt sein muss. Geben Sie im Feld *URL* den Pfad zum SharePoint-Server an, im Feld *Remote-Verzeichnis* den Pfad zur Dokumentenbibliothek sowie gegebenenfalls ein Unterverzeichnis, das innerhalb der Bibliothek automatisch neu erstellt wird.

21.5 Zweigeinstellungen

Durch Rechtsklick auf einen beliebigen Zweig der Map öffnen Sie das dazugehörige Kontextmenü. Dort steht Ihnen der Befehl *Map4Web-Zweigeinstellungen*, mit dem Sie den gleichnamigen Dialog öffnen, zur Verfügung.

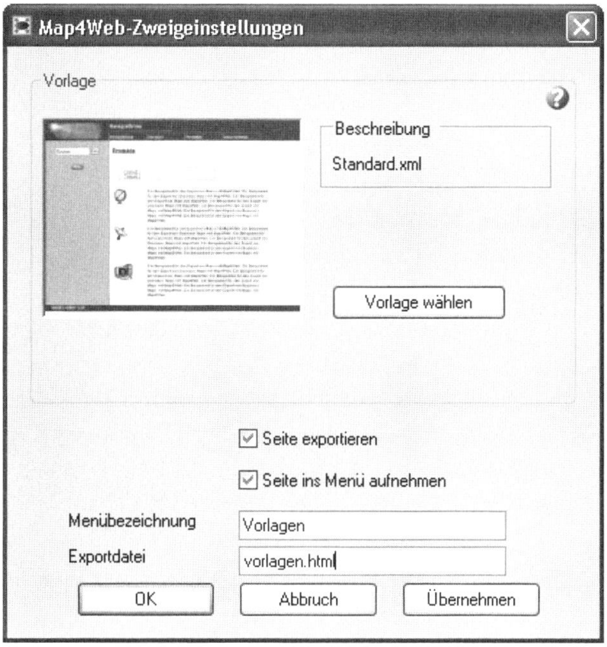

Abbildung 21.33 Dialog Map4Web-Zweigeinstellungen

Hier haben Sie mehrere interessante Optionen zur Auswahl. Da diese etwas versteckter sind, dennoch ein wichtiges Werkzeug zur Optimierung Ihres Webexports darstellen, werden sie nachfolgend ausführlich beschrieben.

21.5.1 Pro Zweig ein eigenes Layout

Auch hier besteht die Möglichkeit, eine Vorlage auszuwählen. Dies bedeutet, dass Sie individuell pro Zweig eine Vorlage z. B. mit einem eigenen Layout verwenden können.

Wenn Sie die Standardvorlagen ansehen, fällt auf, dass jeweils zwei Vorlagendateien aufgeführt sind – Standard und Standard News. Standard News enthält dabei den Inhalt des Newstickers, den Sie in Ihrer Map definieren können. Ein Newsticker soll häufig nur auf der Startseite zu sehen sein. Wählen Sie daher einfach für das zentrale Thema der Map die News-Vorlage.

Wird für einen Zweig keine spezielle Vorlage ausgewählt, wird für diesen die Vorlage verwendet, die im Export-Dialog festgelegt ist.

21.5.2 Seiten vom Export ausnehmen

Vielleicht möchten Sie eine Seite in Ihr Menü einbinden, die jedoch nicht vom Map4Webexport erzeugt werden soll, sondern aus einer anderen Quelle stammt. Deaktivieren Sie für diesen Fall einfach die Option *Seite exportieren*.

Ein Anwendungsbeispiel wäre, wenn Sie mit Ihrer Website einen eigenen Blog anbieten (z. B. über http://www.blogger.com). Manche Blog-Anbieter erlauben die Veröffentlichung des Blogs auf Ihrem Webserver. So können Sie also einen Menüpunkt *Blog* anbieten, obwohl die Seite über den Blog-Service erstellt wird.

Seite ins Menü aufnehmen

Mit dieser Option können Sie vermeiden, dass eine Seite in das Menü aufgenommen wird. Typisches Anwendungsbeispiel: Sie haben ein Feedback-Formular eingebunden. Nach dem Absenden erhält der Anwender eine »Danke-Seite« angezeigt. Diese Seite sollte nicht im Menü erscheinen, kann aber trotzdem von Map4Web erstellt werden.

Menübezeichnung

In vielen Fällen werden Sie in Ihrer Map nicht nur Stichwörter, sondern auch längere Wortketten oder kurze Sätze als Zweigtext verwenden. Normalerweise generiert Map4Web die Menübezeichnung automatisch aus diesem Zweigtext. Allerdings wird dann der Text im Menü zu breit, was Optik und Bedienbarkeit für den Leser verschlechtert.

Für das Menü können Sie mit diesem Eingabefeld einen eigenen Kurztext eingeben. So könnte aus »Der Weg zur eigenen Vorlage« kurz »Eigene Vorlagen« werden. Die Überschrift im Textteil der exportierten Webseite bleibt dabei unverändert.

Exportdatei

Der Dateiname der exportierten Datei wird von Map4Web aus dem Zweigtext automatisch erzeugt, wobei sichergestellt ist, dass bei gleichem Zweigtext unterschiedliche Dateinamen entstehen. Vielleicht möchten Sie jedoch, dass aus einem Zweig ein ganz bestimmter Dateiname erstellt wird. In diesem Fall geben Sie diesen in das Eingabefeld ein.

Es wird genau der eingegebene Text erzeugt, d. h., Sie sollten die Dateiendung (z. B. *html*) mit angeben. Das wiederum ermöglicht Ihnen, einzelnen Seiten eine andere Dateiendung (z. B. *php*) zu geben, falls diese spezielle Funktionen enthalten, die nur bei der entsprechenden Endung ausgeführt werden.

21.5.3 Snippets

Nun kommen wir zu einem sehr interessanten Teil von Map4Web – den so genannten Snippets. Was genau verbirgt sich dahinter?

Normalerweise wird der Inhalt der Notizen eines Zweiges beim Export einfach übernommen und auf der Webseite angezeigt. Dies gilt für den Standard-Webexport wie für Map4Web. Damit ergeben sich folgende Einschränkungen:

- In den Notizen lassen sich nicht alle Layout-Elemente einfügen, die auf Webseiten möglich sind. Dies gilt für einfache Trennlinien genauso wie für Feedback-Formulare.
- Viele Funktionen für die Interaktion mit dem Webseiten-Besucher sind nicht möglich. Das wiederum können Formulare oder Umfragen und auch Foren und mehr sein.
- Technisch erfordern solche Funktionen Programmcodes, z. B. in JavaScript, aber auch php oder asp. Dieser kann in den Notizen nicht so eingefügt werden, dass er auf der Webseite ausgeführt wird.

Snippets umgehen diese Einschränkung und ermöglichen, in die Notizen beliebigen Code (HTML, JavaScript etc.) einzufügen, der unverändert in die Webseite übernommen wird. Lesen Sie zunächst interessante Informationen zur Handhabung der Snippets. Anschließend werden wir Ihnen zeigen, wie Sie ein Formular auf Ihrer Webseite einbauen können.

21.5.3.1 Einfügen von Snippets

Mit einem einfachen Rechtsklick in die Notizen eines ausgewählten Zweiges öffnen Sie im Kontextmenü über *Map4Web-Snippets* den Dialog zur Auswahl von Snippets.

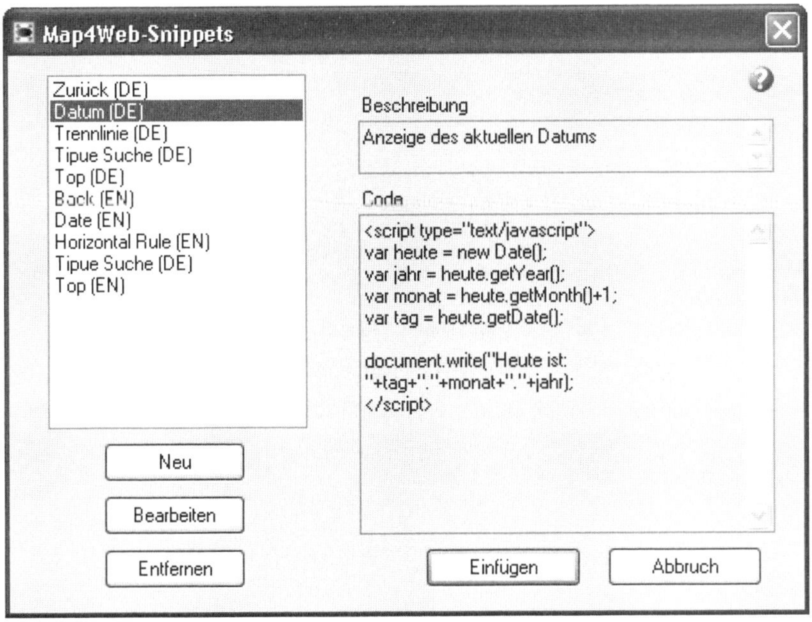

Abbildung 21.34 Der Dialog zum Einfügen von Snippets

Links sehen Sie alle zur Verfügung stehenden Snippets aufgelistet. Wählen Sie eines davon aus, sehen Sie rechts eine Beschreibung und den Code, der nach dem Export auf der

Webseite verwendet wird. Über die Schaltfläche *Einfügen* gelangt das Snippet an die gewünschte Stelle in den Notizenbereich. Sie sehen einen Verweis auf eine XML-Datei, in der die Informationen zum Snippet gespeichert sind.

Wählen Sie in der Liste den Eintrag *Datum*, sieht der Verweis auf die XML-Datei im Notizfeld folgendermaßen aus:

```
<!--de_date.xml-->
```

Ändern Sie diesen Text nicht um, da sonst das Ersetzen in ein normales Datumsformat während des Exports nicht funktioniert. Sie können ihn jedoch problemlos an eine andere Stelle in den Notizen verschieben. Mit dem erwähnten Beispiel wird auf der Webseite das aktuelle Datum angezeigt.

Abbildung 21.35 Das Snippet *Aktuelles Datum* auf der Webseite

21.5.3.2 Ein eigenes Formular

Die Definition eigener Snippets zeigen wir Ihnen nachfolgend anhand eines Feedback-Formulars.

1. Öffnen Sie wieder den Snippets-Dialog im Notizenbereich.
2. Wählen Sie dort die Schaltfläche *Neu*. Sie gelangen in den Dialog zur Definition eines Snippets.
3. Vergeben Sie einen Namen und eine Kurzbeschreibung. In das Feld *Code* geben Sie jetzt den im folgenden Listing dargestellten Formular-Code ein.

Listing 21.28 Snippet Formular Code

```
<form action="" method="post" name="Feedback">
<table border="0" cellspacing="0" cellpadding="5">
  <tr>
    <td>Name</td>
    <td><label>
      <input type="text" name="name" />
    </label></td>
  </tr>
  <tr>
    <td>E-Mail</td>
```

```
      <td><input type="text" name="email" /></td>
    </tr>
    <tr>
      <td>Ihre Nachricht </td>
      <td><textarea name="nachricht" cols="50" rows="5"
id="nachricht"></textarea></td>
    </tr>
    <tr>
      <td> </td>
      <td><input type="submit" name="Submit" value="Senden" /></td>
    </tr>
  </table>
  </form>
```

4. Speichern Sie jetzt das Snippet, und wählen Sie einen passenden Dateinamen.

Die Snippets sollten nur im vorgeschlagenen Verzeichnis gespeichert werden, da Map4Web beim Export nur dort nach den Dateien sucht. Für jedes Snippet wird also eine eigene Datei angelegt.

Nun können Sie wie vorher beschrieben das neue Snippet an der gewünschten Stelle einfügen. Nach dem Export sehen Sie auf der Webseite das neue Feedback-Formular.

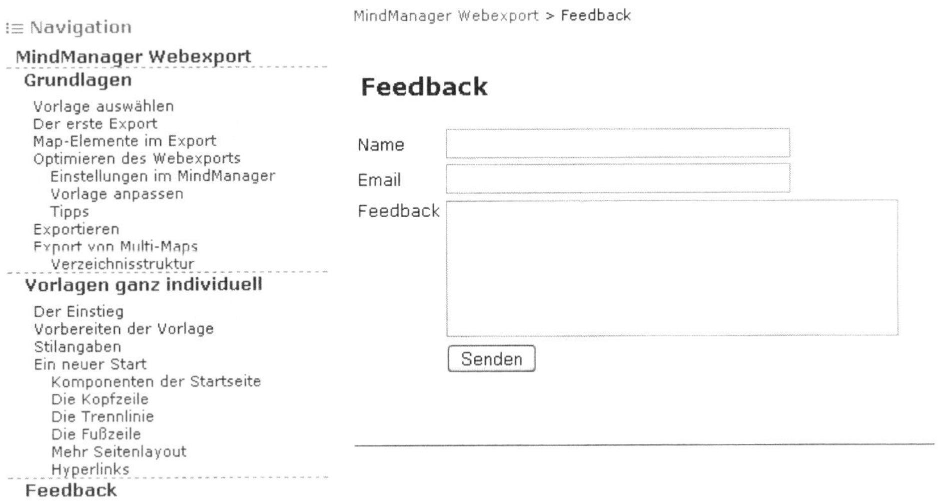

Abbildung 21.36 Feedback-Formular mit Map4Web-Snippets

Der Code für das Formular ist noch unvollständig, d.h., es fehlen noch Angaben dazu, was beispielsweise nach dem Absenden passieren soll. Auch können natürlich weitere Felder und Layoutangaben enthalten sein. Die Entwicklung eines solchen HTML-Codes führen Sie am besten mit einem Webeditor wie Microsoft FrontPage oder Adobe Dreamweaver aus.

21.5.3.3 Multimedia-Elemente

Multimedia-Objekte, wie z.B. mpeg-videos, können natürlich als normaler Hyperlink in den Notizen von MindManager definiert werden.

In manchen Fällen soll aber das Video direkt auf der Seite erscheinen. Dies kann ebenfalls über Map4Web-Snippets gelöst werden. Verwenden Sie hierzu folgenden Code, und definieren Sie damit wie zuvor beschrieben ein neues Snippet.

Listing 21.29 Code, um Multimedia-Objekte direkt auf einer Webseite anzuzeigen

```
<object data="clip.mpg" type="video/mpeg">
    <param name="src" value="multimedia/clip.mpg" />
    Ihr Browser kann das Objekt leider nicht anzeigen!
</object>
```

Die Datei wird allerdings beim Export nicht automatisch mit exportiert. In diesem Beispiel müssten Sie die Datei *clip.mpg* manuell ins Export-Unterverzeichnis *multimedia* kopieren.

Weitere Informationen zum Einbinden von Objekten finden Sie unter: http://de.selfhtml.org/html/multimedia/objekte.htm

Falls Sie einen anderen Multimedia-Typ als *mpeg* einbinden möchten, muss der *MIME*-Type geändert werden.

Eine Liste finden Sie unter: http://de.selfhtml.org/diverses/mimetypen.htm.

21.5.3.4 Weitere Ideen

Ihren Ideen sind in diesem Bereich kaum Grenzen gesetzt. Nachfolgend einige Anregungen dazu, was sich mit Snippets alles realisieren lässt:

- Umfragen
- Gästebücher
- Ticker (News, Börse, Wetter ...)
- Google AdSense-Anzeigen
- Amazon-Bücherlinks
- Interaktive Anfahrtsskizzen, z.B. über Map24
- und vieles mehr

Einige dieser Dienste erfordern eine Registrierung und sind gegebenenfalls kostenpflichtig. Anschließend gibt es in den Beschreibungen der jeweiligen Dienste meist einen Code zur Einbindung in die eigene Webseite. Diesen können Sie kopieren und für die Snippets-Definition verwenden.

21.5.4 Der Weg zur eigenen Vorlage

Eine weitere Stärke von Map4Web ist die einfache Einbindung eigener Vorlagen. Die Entwicklung der Vorlage selbst (Design und Layout) kann weitestgehend unabhängig bzw. mit wenigen Vorgaben von Map4Web ausgeführt werden. Mit geringem Aufwand kann die Vorlage anschließend aufbereitet und in Map4Web integriert werden.

In der Online-Hilfe zu Map4Web finden Sie die ausführliche Beschreibung und die Anforderungen an die Vorlagen. Hier stellen wir Ihnen eine neue Vorlage vor, die nicht im Produkt selbst enthalten ist und von vollkommen unabhängiger Seite entwickelt wurde.

Die Vorlage basiert auf *Yet Another Multicolumn Layout © 2005 by Dirk Jesse*. Sie verwendet nur CSS für das mehrspaltige Layout und keine Layouttabellen.

Auf den Aufbau und die Verwendung der Style Sheets wird in diesem Buch nicht näher eingegangen. Mehr hierzu erfahren Sie auf den Webseiten des Autors unter *www.highresolution.info*.

Die für Map4Web angepasste Vorlage finden Sie auf der CD zum Buch in *\Kapitel 21*.

21.5.4.1 Das Prinzip

Eine Webseite besteht aus drei Komponenten: Inhalt, Layout und Design.

Anders ausgedrückt, geht es bei der Erstellung von Webseiten darum, was (Inhalt) wo (Layout) wie (Design) stehen soll. MindManager zusammen mit Map4Web liefert beim Export den Inhalt. Die Map4Web-Vorlage wiederum ist vom Layout so aufbereitet, dass der Inhalt an der richtigen Position erstellt wird.

Sie können sich eine Map4Web-Vorlage als Gerüst vorstellen, die an gewissen Stellen Platzhalter enthält. Beim Export werden diese Platzhalter ersetzt durch den "richtigen" Inhalt, z.B. die Navigation oder den Text der Notizen.

Wichtiger Hinweis:
Mit Map4Web selbst können Sie keine Vorlagen erstellen, dafür sind andere Werkzeuge notwendig. In der Regel werden dafür Web-Editoren wie Microsoft Frontpage oder Adobe Dreamweaver verwendet. Es gibt jedoch auch sehr gute kostengünstige bzw. für den Privatgebrauch kostenlose Editoren, z.B. "Phase 5" (www.ftp- uploader.de).

Dafür sind natürlich entsprechende Kenntnisse (z.B. HTML oder CSS) erforderlich. Allerdings kann die Entwicklung von Vorlagen für Map4Web sehr einfach an die entsprechenden Fachkräfte bzw. externe Stellen vergeben werden. *Der Anwender von MindManager muss sich darum später nicht mehr kümmern!*

21.5.4.2 Die Platzhalter

Schauen wir nun ein wenig genauer in die beigefügte Vorlage auf der CD zum Buch in *\Kapitel 21\Vorlagen\Map4Web\Handbuch MM6.*

Wesentlicher Bestandteil ist die Datei *handbuch.html.* Zwar ist sie zu groß, um vollständig aufgeführt zu werden, das Prinzip jedoch lässt sich mit wenigen Beispielen und Ausschnitten schnell erklären.

Im Map4Web-Dialog gibt es die Möglichkeit, Meta-Tags zu definieren. Sie finden sie im so genannten *Header-Bereich* der HTML-Datei. Da dieser Eintrag nicht fest in der Vorlage definiert sein soll, gibt es dafür einen Platzhalter:

```
<!-- MetaTags -->
```

Beim Export wird der Platzhalter durch die Eingaben im Dialog ersetzt, so dass an dieser Stelle z. B. Folgendes stehen kann:

```
<meta name="description" content="Beispiel-Export für MindManager 6-
Handbuch" />
<meta name="keywords" content="MindManager, Map4Web, yaml, CSS, HTML, We-
bexport, MindBusiness" />
<meta name="author" content="Bernhard Straub" />
<meta name="date" content="2006-01-12" />
```

Ein anderes Beispiel ist die Gliederung bzw. das Menü; in unserem Beispiel eine statische Gliederung. Der Platzhalter lautet:

```
<!-- StaticMenu -->
```

Das Ergebnis nach dem Export (Ausschnitt) stellt sich folgendermaßen dar:

```
<div class="menu"><div class="M4Woutlinelvl0"><a
href="index.html">MindManager Webexport</a></div>
<div class="M4Woutlinelvl1"><a
href="grundlagen.html">Grundlagen</a></div>
<div class="M4Woutlinelvl2"><a href="vorlageauswaehlen.html">Vorlage aus-
wählen</a></div>
...
</div>
```

So gibt es noch einige weitere Platzhalter, die in der Map4Web-Dokumentation ausführlich beschrieben sind.

Das Ergebnis ist eine sauber gestaltete Webseite mit Inhalt und Menüstruktur, die komplett in MindManager erstellt und gepflegt werden, ohne dass sich der Anwender um HTML, CSS etc. kümmern muss.

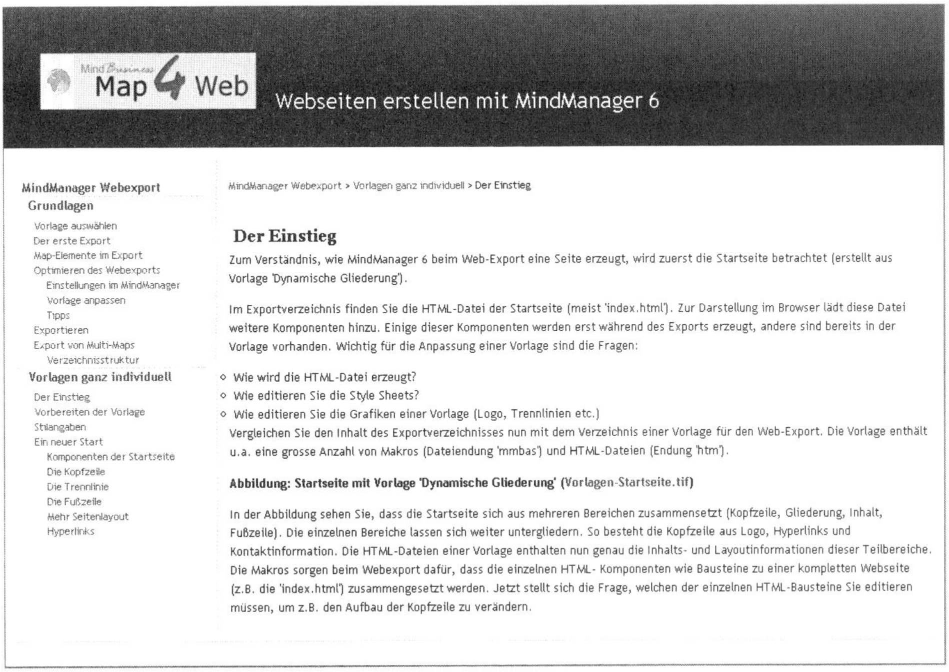

Abbildung 21.37 Export mit der neuen Map4Web-Vorlage

21.5.4.3 Style Sheets

Für die Vorlage können Sie nach Belieben Style Sheets definieren. Allerdings gibt es einige vordefinierte Stilvorlagen, die von Map4Web verwendet werden und in Ihrem Style Sheet enthalten sein sollten. Die vollständige Auflistung finden Sie wiederum in der Dokumentation zu Map4Web. Hier nur ein kurzer Ausschnitt:

```
.M4Wsearch {
    padding-top: 1px;
    padding-left: 10px;
}
```

Mit dieser Vorlage wird der Bereich für das Suchfeld definiert. Die von Map4Web verwendeten Stilvorlagen beginnen alle mit dem Präfix »M4W«. So können Sie auch die speziellen Abschnitte, die erst beim Export erzeugt werden (z. B. die Aufgabeninfo, die Navigation etc.) nach Ihren Wünschen gestalten.

21.5.5 ImageMap4SharePoint

Die Map4Web SharePoint Edition enthält als zusätzliche Export-Option die *ImageMap4SharePoint*.

Damit können so genannte Image Maps aus Ihrer Map direkt in SharePoint veröffentlicht werden. Bei diesem Vorgang werden Hyperlinks übernommen und Notizen angezeigt, wenn Sie sich mit der Maus über den entsprechenden Zweig bewegen.

Auf diese Weise erhalten Sie die Möglichkeit, Ihre Informationen in visueller Form als Überblick darzustellen und, durch die Verwendung von Hyperlinks in Ihrer Map, den Anwendern die Navigation zu erleichtern.

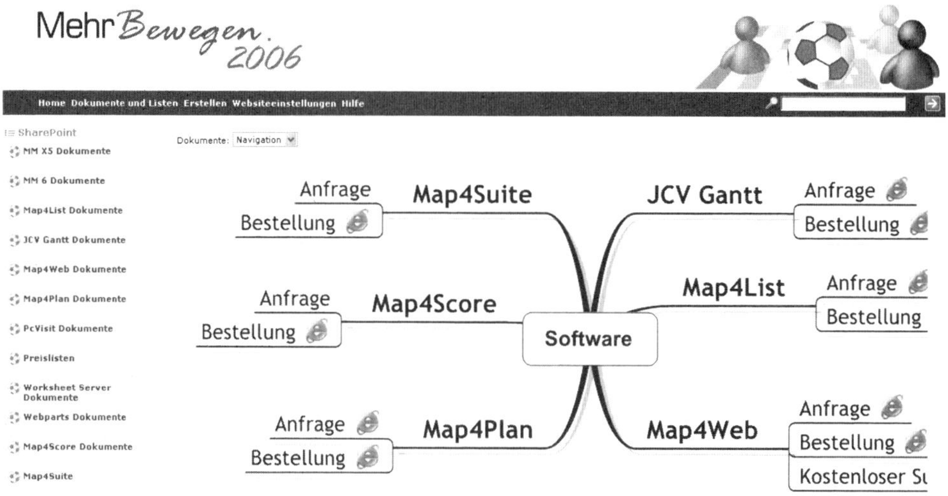

Abbildung 21.38 Eine ImageMap zur Navigation in SharePoint

21.5.5.1 Installation

ImageMap4Sharepoint wird nicht automatisch mit Map4Web installiert. Stattdessen finden Sie nach der Installation von Map4Web im Startmenü von Windows unter *Programme/MindBusiness/Map4Web/Imagemap4SharePoint installieren* die Option zur separaten Installation.

Folgen Sie einfach den Anweisungen der Installationsroutine. Anschließend starten Sie MindManager neu, und Sie finden in der Export-Werkzeugleiste ein neues Symbol zum Starten von ImageMap4SharePoint.

21.5.5.2 Anwendung

Bereiten Sie Ihre Map in Bezug auf Struktur und Aussehen so vor, wie Sie sie veröffentlichen möchten. Starten Sie dann über das Symbol in der Werkzeugleiste oder über das Menü *Datei/In SharePoint veröffentlichen* den Dialog zum Hochladen der Map.

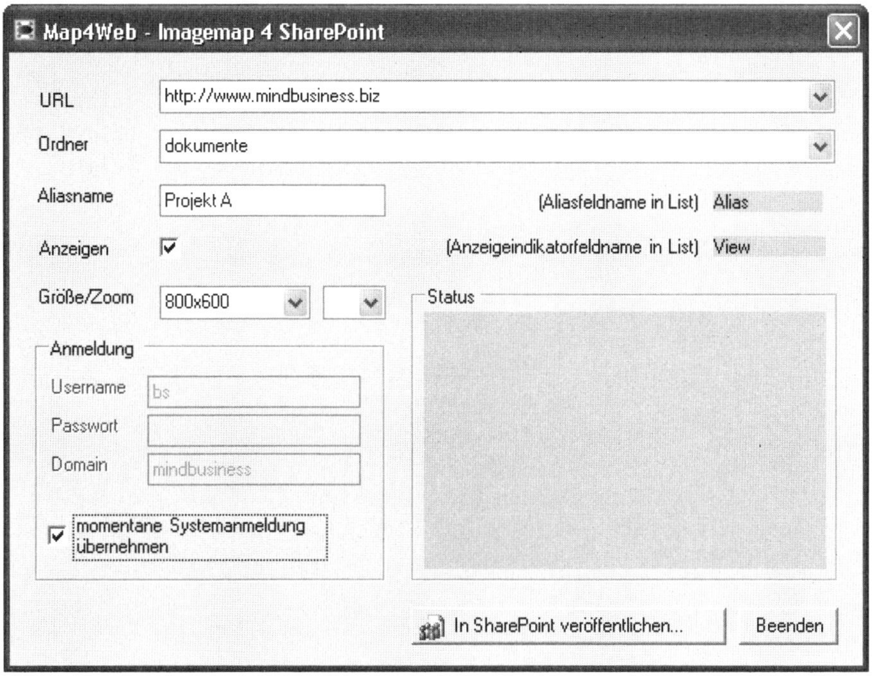

Abbildung 21.39 Dialog von ImageMap4SharePoint

- Geben Sie unter *URL* die Adresse des SharePoint-Servers an.
- Im Feld *Ordner* wird der Pfad zur (bereits vorher angelegten!) Dokumentenbibliothek eingetragen.
- Unter *Alias* geben Sie einen Begriff für die Map ein, der in SharePoint anstatt dem Dateinamen der Map verwendet werden kann.
- Das Feld *Anzeigen* kreuzen Sie an, wenn die ImageMap im Zusammenspiel mit dem im Folgenden beschriebenen Web Part direkt in der Auswahlliste erscheinen soll.
- Weiterhin können Sie noch *Größe* und *Zoom* für die Map wählen.

Wenn Sie schließlich noch Ihre Anmeldedaten eintragen (bzw. die bestehende Systemanmeldung verwenden), ist die Map zum Upload bereit und kann veröffentlicht werden.

21.5.5.3 In SharePoint

Beim Veröffentlichen wird die Map einmal als so genannte *MHT*-Datei und einmal als Map-Datei auf den Server in die gewählte Dokumentenbibliothek geschrieben. Die MHT-Datei enthält den HTML-Code und sämtliche Ressourcen (Grafiken), die zur Anzeige der Imagemap benötigt werden.

Sie können jetzt über die Dokumentenbibliothek ganz normal auf die Dateien zugreifen und z. B. den SharePoint Seitenviewer-Webpart zur Anzeige der MHT-Datei verwenden.

Eine weitere Variante ist das Web Part *ViewHTMLMindManagerMaps*, das mit Image-Map4SharePoint ausgeliefert wird. Zur Installation und Konfiguration finden Sie Hinweise in der Dokumentation des Add-Ins.

Mit diesem Web Part wird in SharePoint ein Dropdown-Menü eingerichtet, über das Sie sehr schnell und einfach zwischen den verschiedenen ImageMaps wechseln können.

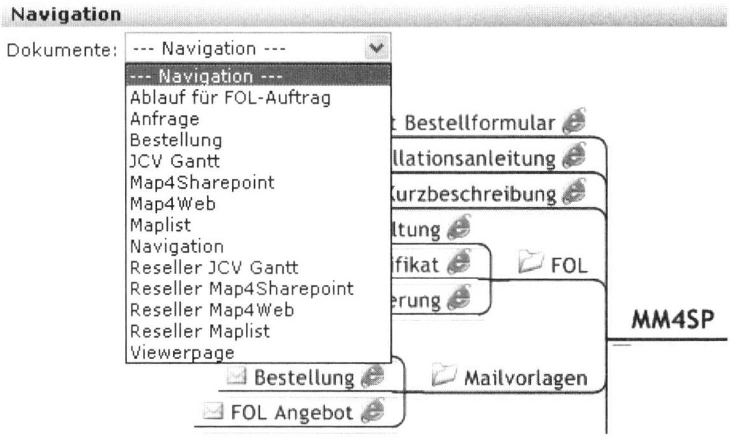

Abbildung 21.40 Auswahlliste des Web Parts

Fazit

Mit Map4Web wird Ihnen ein Werkzeug an die Hand gegeben, mit dem Sie einfach und unkompliziert Webseiten aus MindManager Business Maps erstellen können. Dank der einfachen Einbindung eigener Designs, den vielfältigen Anpassungsmöglichkeiten sowie der Upload-Funktion in ein SharePoint Intranet stellt dieses Tool eine wirkliche Arbeitserleichterung für Ihre individuellen Anforderungen und Ihren Alltag dar.

22

OnePage – oder die 1-Blatt-Visualisierung

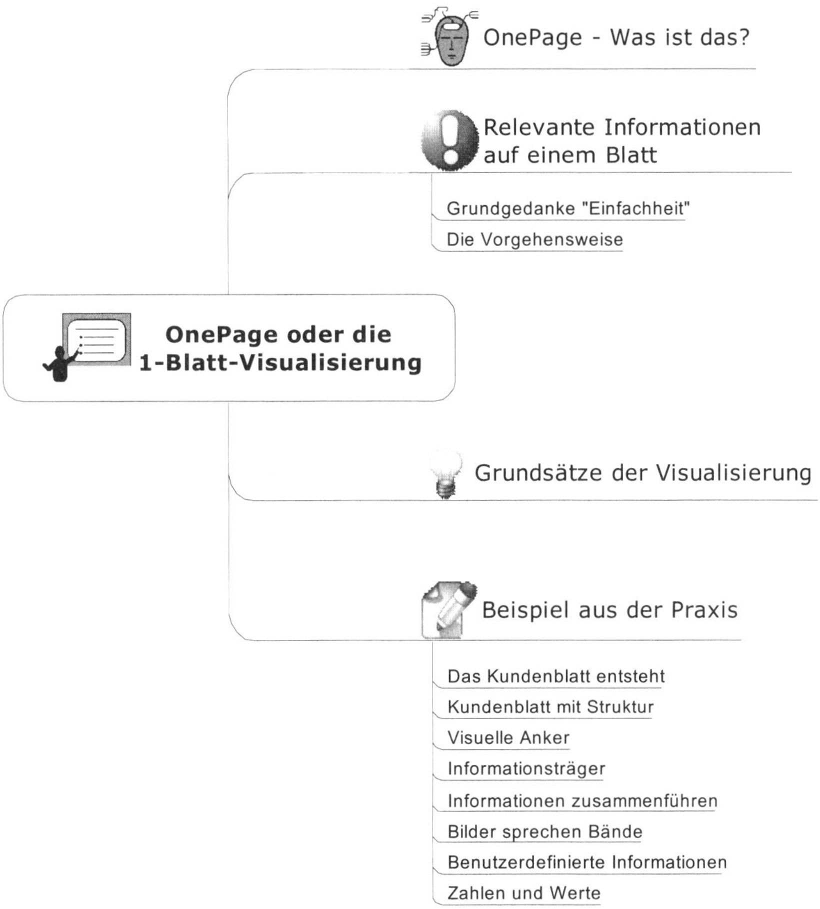

22 OnePage – oder die 1-Blatt-Visualisierung

Immer rasanter verändert sich unsere Welt. Die Informationsgesellschaft – das wird die Zukunft sein. Bereits heute sind wir im Informationszeitalter »Lichtgeschwindigkeit« angekommen. Die Informationsflut, permanentes Lernen, die Vermehrung von Wissen und gleichzeitig die schnelle Erfassung von Informationen – das bestimmt unseren Alltag. Wer kann da noch mithalten und fühlt sich nicht überfordert?

Manchem Menschen nützt sein Wissen nichts, wenn er es nicht seinen Mitmenschen kommunizieren und auf einfache Art und Weise verständlich machen kann. Diese Fähigkeit ist uns leider nicht von Geburt an in die Wiege gelegt. In der Zukunft spielt die einfache Darstellung komplizierter Sachverhalte eine entscheidende Rolle.

Mit Mindjet® MindManager® können Sie komplexe Gedanken- und Informationsnetze anschaulich darstellen.

In diesem Kapitel bekommen Sie Einblick in eine neue Arbeitsmethode. Sie können für Ihr Arbeitsgebiet eine visuelle Aufbereitung erstellen und damit:

- schnell und einfach komplexe Informationen visualisieren
- Informationen zu Prozessen und Projekten effizient verdichten
- Inhalte jederzeit komprimiert und/oder detailliert darstellen

22.1 Relevante Informationen auf einem Blatt visualisieren One Page nach MindBusiness

One Page ist eine systemische, visuelle Methode, um relevante Informationen aus unterschiedlichen Datenquellen, eigenen Gedanken und weitere daraus resultierende »Prozesse« auf einem Blatt übersichtlich zusammenzustellen. Die detaillierten Informationen sind dabei in der »dritten Ebene« durch dynamische Verbindungen schnell und jederzeit greifbar.

Immer wieder stellen wir fest, dass es uns schwer fällt, komplexe Wissenszusammenhänge zu verstehen. Vernetztes Denken ist aber eine wichtige Fähigkeit, um im Beruf und im allgemeinen, gesellschaftlichen Leben aktiv handelnd und erfolgreich mitgestalten zu können. In der Zukunft spielt die einfache Darstellung komplizierter Sachverhalte eine entscheidende Rolle. Mit Software-Werkzeugen wie Mindjet® MindManager® 6, Visio, Excel und PowerPoint etc. können komplexe Gedankennetze anschaulich dargestellt werden.

22.1.1 Der Grundgedanke heißt »Einfachheit«

Es ist wichtig, sich auf das Wesentliche zu beschränken, und es ist wesentlich, sich auf Weniges zu konzentrieren – nach dem Motto »Was nicht zu verstehen ist, kann nicht auf Verständnis stoßen«.

Die Grundgedanken im Überblick:

1. Übersichtlichkeit
   - alle Informationen auf ein Blatt
   - Gewichtung und Aufteilung von Informationen – der einfache Blick auf das Wesentliche (weglassen, verzichten & Prioritäten setzen)
   - Gehirngerechtes Arbeiten
   - Transparenz
2. Einfachheit
   - einfach am PC erstellen
   - Überflüssige Bürokratie wird vermieden
   - Orientierung statt Informationsflut
   - Nicht richtig oder falsch, sondern besser
3. Das wird überflüssig
   - PowerPoint-Schlachten, dafür erfolgt die Konzentration auf einem Blatt
   - Komplexität und Unübersichtlichkeit
   - Stress durch zu viele Informationen
4. Ergebnis
   - Schneller Überblick über das Wesentliche
   - Ihr Gesprächspartner ist schneller im Bilde
   - Optimale Vorbereitung auf Gespräche
   - Kein Suchen und Blättern bei Gesprächen
   - Zeitersparnis bei der Wissensvermittlung
   - konkrete Handlungsanleitungen
   - Konzentration und Konsequenz
   - klare Ziele
   - Sprache, die Menschen schnell verstehen

Sie brauchen weitaus weniger Zeit, um Informationen übersichtlich zur Verfügung zu stellen und diese zu aktualisieren. Sie und Ihre Gesprächspartner können sich besser an Inhalte erinnern, und es macht Spaß, die Informationslandschaft weiter zu bearbeiten. Neue Ideen werden schneller entwickelt, und die Informationsflut wird besser bewältigt.

Ziel der Methode ist es, ein übersichtliches, sinnvolles, zweck- und zielgerichtetes Zusammenwirken der Informationen im funktionellen Sinne greifbar und auf einen Blick verständlich zu machen.

Dabei werden auch eigene Gedanken ergänzt, grafisch auf das Papier gebracht und strukturiert. Der Aufbau und die Funktionsweise eines »OnePages« hängen von dem Standpunkt der Betrachter bzw. der Zielgruppe ab, welche die komplexen Informationen benötigen.

Als Gegenbegriff verstehen wir das Chaos der Informations- oder Zettelwirtschaft.

Diese Arbeitsmethoden spielen bei OnePage eine wichtige Rolle

- MindMapping
- Ishikawa
- Strategie Eroberung neuer Märkte
- Projektstrukturpläne
- Was-wäre-wenn-Analyse
- Lineare Optimierung
- Balanced Scorecard
- KPI-Kennzahlen

Für diese Zielgruppe ist OnePage gedacht

- Führungskräfte
- Controller
- Projektleiter
- Geschäftsführer
- Planer

Die systemische Methode geht davon aus, dass sich ein komplexer Informationsbedarf nicht lösen lässt, wenn man die Aufmerksamkeit immer nur auf ein Informationselement richtet. Die relevanten Informationen aus dem Office-Umfeld, Datenbanken, MindManager etc. werden auf einem Blatt zusammengefasst.

22.1.2 Die Vorgehensweise

In einem ersten Schritt erfolgte die systematische Sammlung und Strukturierung: »Welche Informationen werden benötigt?« Diese erste kreative Phase der Ausarbeitung »inhaltliche Struktur der *Informationslandkarte* aufbauen« erfolgt im MindManager.

Bei der Entwicklung der Struktur wird auf die Zielgruppe, die diese Informationen benötigt, geachtet. Der Leser steht im Blickfeld.

Im nächsten Schritt binden Sie alle externen relevanten Informationsquellen per Hyperlink ein. Das Prinzip: Mit nur einem Klick sollen Sie auf die detaillierten Informationen zugreifen können. Über diese Struktur werden die schnelle Recherche und weitere Einbindung von Informationsquellen vereinfacht.

In dem weiteren Schritt werden einzelne Bereiche visualisiert, um Informationen für das Auge schneller greifbar zu machen: Zugehörige Informationen aus Datenbanken und Informationssystemen werden integriert und dargestellt. Strategische Gedanken können jederzeit eingefügt und in Verbindung mit einzelnen Bereichen gebracht werden.

Hier schließt sich die Ausgestaltung der OnePage an. Neben der grafischen Darstellung und inhaltlichen Strukturierung der aktuellen Informationen (bspw. Projekte, strategische Vorhaben, Kennzahlen etc.) nimmt die Ausgestaltung der OnePage als beschreibende Ebene, auf der alle relevanten Informationsbestände zusammengeführt werden, einen zentralen Stellenwert ein.

Sie finden im Anschluss ein Beispiel aus der Praxis, das Sie einfach nachstellen können. Die dazugehörigen Übungsdateien finden Sie auf der beiliegenden Buch-CD.

Strukturieren von Informationen

Eines der Hauptprobleme von Hypertext-Systemen ist, dass sie nicht physisch existieren. Der Anwender könnte sich dadurch etwas verloren fühlen, denn er kann die Größe und Form der Information nicht sehen. Indem Sie die Struktur und Organisation Ihrer Website glasklar darstellen, nehmen Sie dem Anwender das Problem ab, diese Merkmale selbst im Geist visualisieren zu müssen.

Wenn Sie die Informationen in kleine, sinnvolle Portionen teilen, hat der Anwender auch mehr Möglichkeiten, die Informationen, die er sehen möchte, auszusortieren und zu identifizieren. Bevor Sie gestalten, sollten Sie das benötigte beziehungsweise das zur Verfügung stehende Material analysieren und entscheiden, wie Sie dieses Material am besten präsentieren können. Um Bildschirmelemente effektiv zu gestalten, müssen Sie die Struktur der darzustellenden Informationen verstehen.

Damit Sie es einfacher haben, die strukturellen Beziehungen beim Layout einer Webseite zu klären, können Sie die folgende Übung nachvollziehen.

Stellen Sie sich vor, Sie seien ein Besucher Ihrer eigenen Website, und beantworten sich folgende Fragen:

- Welche Elemente sind von derselben Art?
- Welche Elemente sind funktional verbunden?
- Gibt es Elemente, die miteinander verknüpft werden können?
- In welcher Reihenfolge sollten die verschiedenen Elemente präsentiert werden?
- Stimmt die Reihenfolge mit der präsentierten Information überein?
- Welche Elemente sind am wichtigsten? Welche Information ist dominierend/weniger dominierend?
- Gibt es eine Hierarchie der Wichtigkeit?

- Kommen die wichtigen Strukturen klar heraus?
- Kann ich eine kurze Geschichte erzählen, welche die Informationen zusammenfasst?
- Auf welche Weise könnte das Interface mich irreführen?

Fertigen Sie eine Liste zu den Informationen auf dem Bildschirm an – beginnend bei den visuell sehr dominierenden bis hin zu den wenig dominierenden. Überlegen Sie jetzt, ob diese Reihenfolge Sinn macht und die Aussage Ihrer Webseite unterstützt.

Wenn notwendig, ändern Sie die Reihenfolge oder Betonung der Elemente. Dann gestalten Sie die Seite neu, um die neue Struktur darin unterzubringen.

22.2 Grundsätze für die Visualisierung

Informationen aller Art müssen auch gut »verkauft« werden. Die »Verpackung« ist dabei ebenso wichtig wie der Inhalt. »Verpackung« heißt: überzeugende Aufbereitung und klare Darstellung der Informationen. Eine Rolle spielen dabei u.a.:

- Die Schrift als Gestaltungselement
- Gestaltung von Zweigen
- Der standardisierte Einsatz von Farben, Formen und Symbolen
- Visuelle Aufbereitung von Texten und Daten

Zu beachten sind auch folgende Kriterien:

- Die visuelle Gruppierung
- Die visuelle Reihenfolge
- Die visuellen Hierarchien
- Die Konsistenz der Informationen

Lassen Sie uns nun die Theorie bei Seite legen und ein einfaches Beispiel aus der Praxis anschauen. Sie können die Übung sehr einfach nachvollziehen.

Um die Übung an Ihrem Computer zu verfolgen, öffnen Sie die Map *Kundenblatt.mmap* der Buch-CD im Ordner *\Kapitel 22*.

22.3 Das Beispiel für die Praxis

Sie arbeiten in einem mittleren bis größeren Unternehmen. Im letzten Monat wurden neue Vertriebsmitarbeiter eingestellt. Sie arbeiten schon einige Jahre im Vertrieb und möchten im nächsten Vertriebsmeeting den Überblick über einen Ihrer A-Kunden präsentieren.

Klassisch werden dazu Informationen aus ganz unterschiedlichen Datenquellen zusammengestellt.

Sie gehen an die Vorbereitung: Welche Informationen sind wichtig, wo sind diese zu finden, wie arbeiten Sie die Aktivitäten ein und vieles mehr.

Das Ergebnis ist eine Business Map, die dem ersten Überblick dient, um dann auf detaillierte Informationen zurückgreifen zu können. Die eigentlichen Kundendaten liegen in Ihrem CRM.

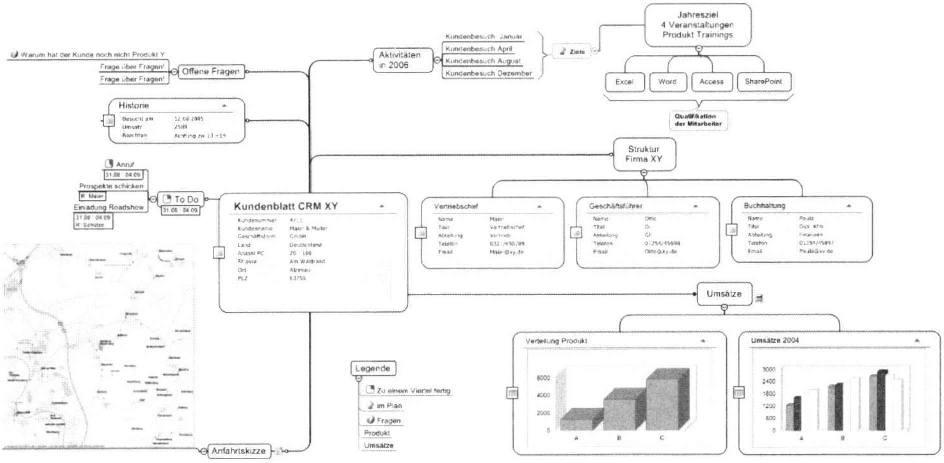

Abbildung 22.1 Alle Informationen auf einen Blick – das Ergebnis

22.3.1 Das Kundenblatt entsteht

Der erste Schritt ist die Ideen-Gedankensammlung in MindManager.

Diese Funktionen wurden eingesetzt:

- Brainstorm-Modus

Abbildung 22.2 Die ersten Gedanken werden gesammelt

22.3.2 Das Kundenblatt mit Struktur

Der zweite Schritt besteht darin, die Ideen-Gedankensammlung in eine erste Struktur zu bringen.

Diese Funktionen wurden eingesetzt:

- Zweige verschieben und eventuell weitere einfügen
- Umrandung (hier Klammerfunktion)
- Anmerkung einfügen

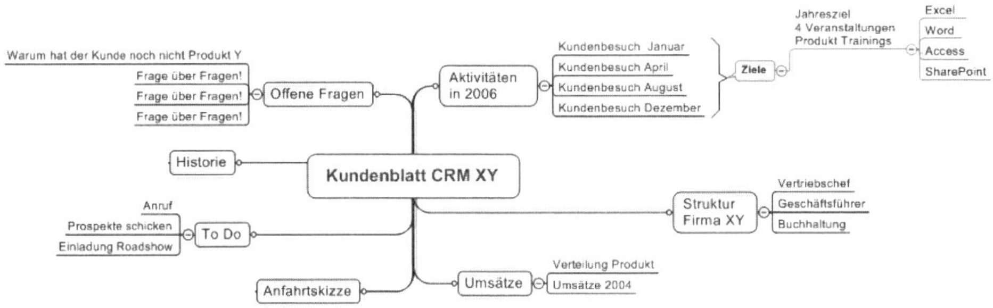

Abbildung 22.3 Erste Strukturen werden sichtbar

22.3.3 Die visuellen Anker

Farben können als Informationsträger eingesetzt werden und dienen der Visualisierung. Informationen können durch veränderte Zweiganordnungen verstärkt werden.

Diese Funktionen wurden eingesetzt:

- Zweiganordnung (hier: Organigramm)
- Füllfarben, denen über die Map-Markierung Informationen zugewiesen wurden (siehe Legende)

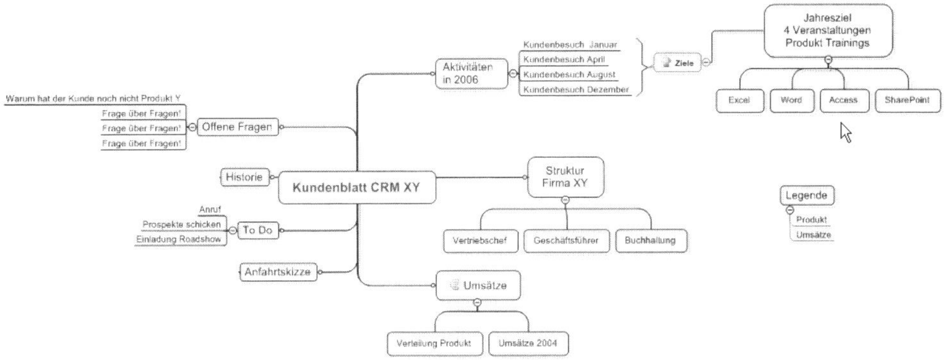

Abbildung 22.4 Visuelle Anker gesetzt

22.3.4 Die Informationsträger

Mit Hilfe der Icons oder Map-Markierungen können Sie Informationen in Ihre Map einbinden, ohne viele Worte zu verlieren. Die Übersichtlichkeit bleibt bestehen, und Sie können zudem nach diesen Informationen filtern.

Diese Funktionen wurden eingesetzt:

- Arbeitsbereich »Aufgabeninfo definieren«
- Arbeitsbereich »Map-Markierungen«

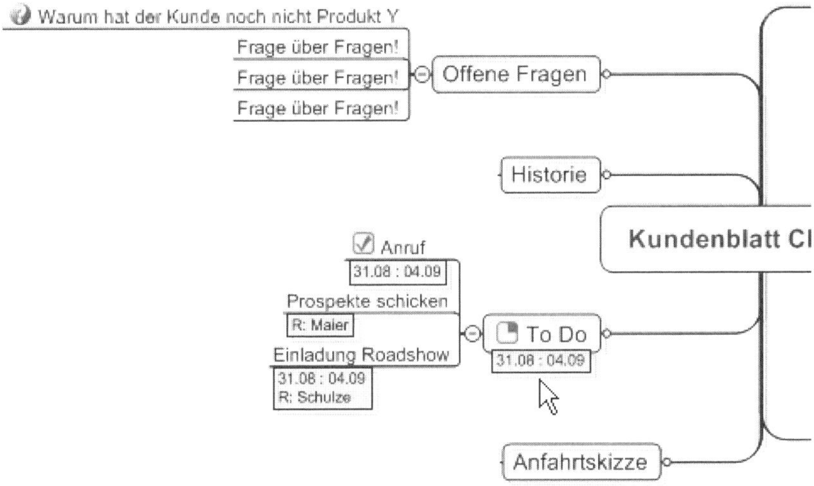

Abbildung 22.5 Kleine Informationsträger ganz groß

22.3.5 Informationen zusammenführen

Mit Hilfe der Klammerfunktionen können Sie Informationen zusammenführen und visuell sehr übersichtlich zur Verfügung stellen.

Diese Funktionen wurden eingesetzt:

- Umrandung (im speziellen Klammer)
- Freie Anmerkung

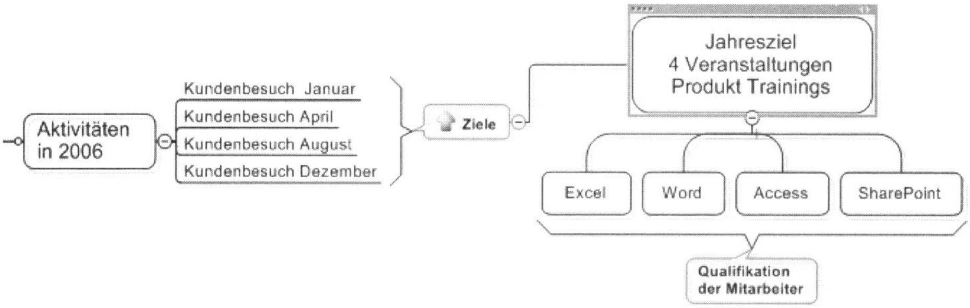

Abbildung 22.6 Informationen zusammengeführt

22.3.6 »Bilder sprechen Bände«

Sobald Informationen in einem Bildformat zur Verfügung stehen, ist es sinnvoll, diese auch einzubinden; ob als Bild in der Oberfläche oder in einer dem Zweig zugeordneten Textnotiz.

Diese Funktionen wurden eingesetzt:

- Bild einfügen

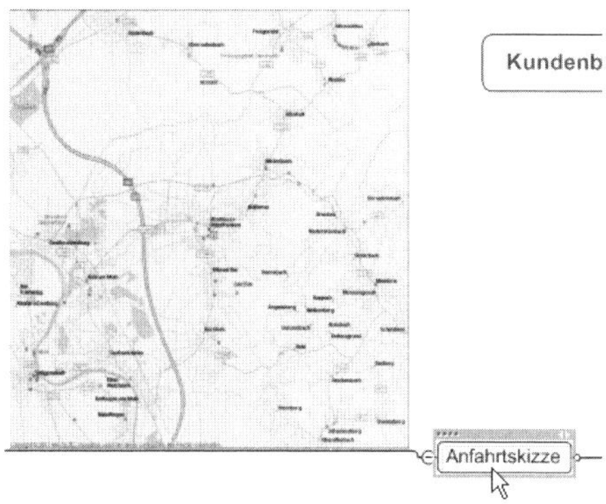

Abbildung 22.7 Ein Bild sagt mehr als 1000 Worte

22.3.7 Benutzerdefinierte Informationen

Informationen, die Sie in Ihrer Datenbank bereits zur Verfügung stehen haben, sollten Sie auch über die Schnittstellen anbinden. Wir haben hier mit Hilfe der benutzerdefinierten Eigenschaften diese Dateninformationen eingebunden.

Diese Funktionen wurden eingesetzt:

- Benutzerdefinierte Eigenschaften

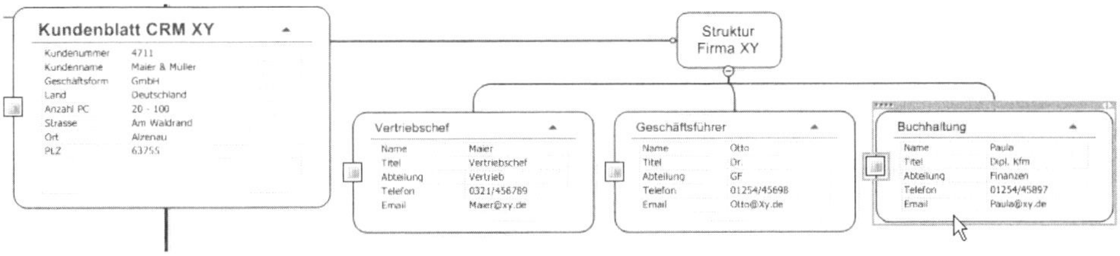

Abbildung 22.8 Alle Informationen benutzerdefiniert angelegt

22.3.8 Zahlen und Werte

In eine Kundendarstellung gehören auch Umsatzzahlen, Planzahlen etc.

Diese sind für gewöhnlich in Excel aufgestellt. Mit Hilfe des Excel Linkers wurden die Zahlen eingebunden. Da Diagramme auf den ersten Blick schneller als Zahlen zu bewerten sind, wurde auch hier die passende Funktion genutzt.

In unserem Beispiel haben wir deshalb die Verbindung zu Excel aufgehoben, um die Tabellenfunktionen angezeigt zu bekommen.

Diese Funktionen wurden eingesetzt:

- Excel Linker
- Tabellenfunktion
- Diagrammansicht

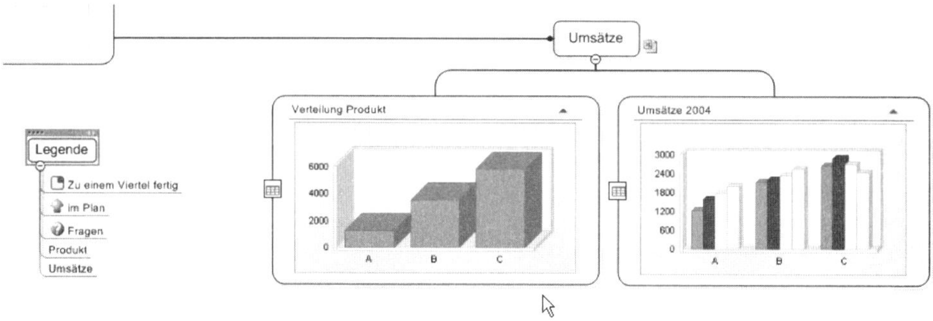

Abbildung 22.9 Zahlen und Werte aus Excel dynamisch integriert

22.3.9 Fazit

Sie haben anhand des einfachen Anwendungsbeispiel »Kundenblatt« einen ersten Einblick in die Methode, wie Sie relevante Informationen übersichtlich auf einem Blatt darstellen können, bekommen.

Es soll Ihnen als Leser, da Sie bereits mit MindManager arbeiten, Anregung und Lösungsmöglichkeiten bieten, zusätzliche Wege im Aufbereiten von Informationen zu gehen.

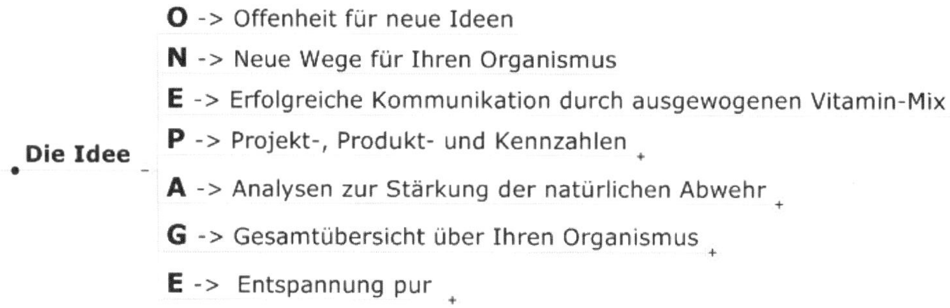

Abbildung 22.10 OnePage-Methode nach MindBusiness

Die OnePage-Methode nach MindBusiness wird in einem Buch aufgegriffen, das im Herbst 2006 erscheint (Hanser Verlag). In diesem Buch werden 50 Beispiele aus und für den Arbeitsalltag vorgestellt und erklärt. Wir möchten Sie schon heute einladen, sich weiter mit diesem interessanten Thema zu beschäftigen.

Kombinieren Sie Software-Werkzeuge wie Mindjet MindManager, Visio, Excel und PowerPoint, und bringen Sie alle Informationen auf ein Blatt.

23

MindManager und Map4Plan – sechs Ansichten für eine Planung

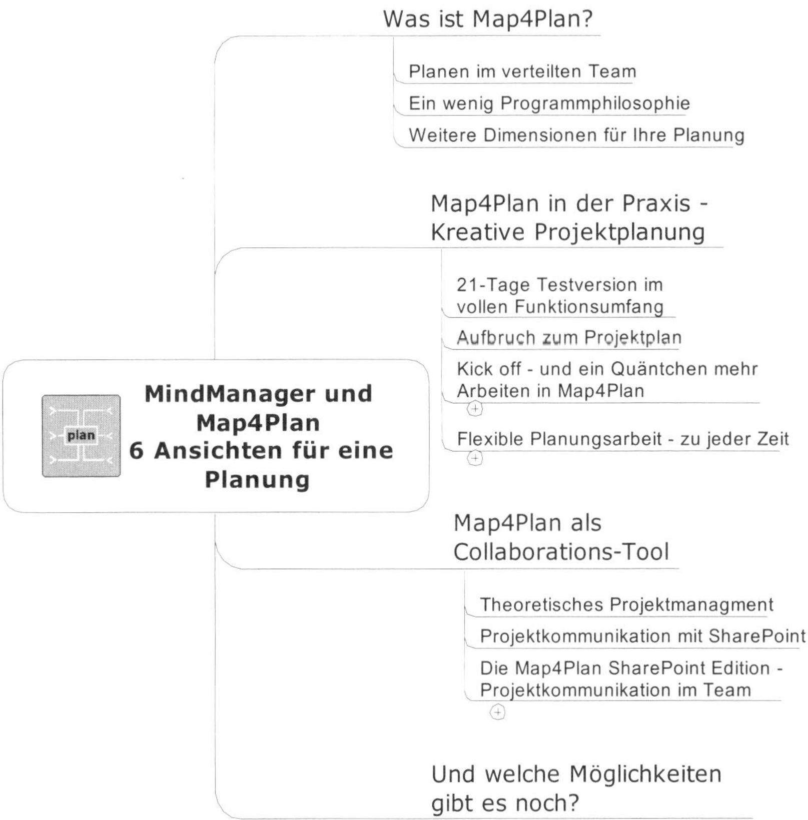

23 MindManager und Map4Plan – sechs Ansichten für eine Planung

Mit Map4Plan möchten wir Ihnen ein äußerst vielseitiges und effektives Werkzeug für Planungsaufgaben vorstellen, das begeistert. Der Name Map4Plan (Idiom, englisch gesprochen: Map for Plan) charakterisiert das Ziel der Software recht treffend: Die kreativ erfasste Map aus MindManager wird in einen strukturierten Plan in Listenform verwandelt. Aber das ist noch nicht alles.

23.1 Was ist Map4Plan?

Neben der Liste bietet Map4Plan fünf weitere Ansichten auf die Planungsdaten. Dies sind die hierarchische Strukturansicht, das Gantt-Zeitdiagramm, gruppierbare Zeitbalken (Timelines), Kalender und Karteikarten. Zwischen den Ansichten wechseln Sie einfach per Klick. So erhalten Sie die für die jeweilige Planungsaufgabe günstigste Sicht auf die Projektdaten, die Sie in der jeweiligen Ansicht auch bearbeiten können.

Abbildung 23.1 Die sechs Bildschirmansichten von Map4Plan

Map4Plan ist also eine Software, die es Ihnen ermöglicht, kreativen, mit oder ohne Aufgabeninformationen versehenen Input aus der Brainware MindManager in weiteren Ansichten zur Verfügung zu stellen, um im Duett mit MindManager in Rekordzeit Planungsaufgaben zu bewältigen. Wie einfach das funktioniert, werden wir Ihnen in diesem Kapitel anhand eines Praxisbeispiels beschreiben.

23.1.1 Planen im »verteilten« Team

In den Abbildungen dieses Kapitels werden Sie den Zusatz »SharePoint Edition« in der Titelleiste von Map4Plan entdecken sowie den Menüpunkt »SharePoint«. Vielleicht haben Sie bereits Kapitel 25, »MindManager und SharePoint«, dieses Buchs gelesen und so einige grundlegende Informationen über SharePoint erfahren. SharePoint an dieser Stelle umfassend zu beschreiben, würde erheblich zu weit führen. Deshalb nur so viel: SharePoint ist ein Intranet-Produkt von Microsoft und wird heute als Gesamtlösung für den vernetzten Arbeitsplatz positioniert.

Es gibt zwei Versionen des Microsoft SharePoints. Die Windows SharePoint Services sind ein kostenfreier Bestandteil des Windows 2003 Servers, während der SharePoint Portal Server sozusagen die Enterprise-Version der Windows SharePoint Services ist.

Die Strategie dieser Produkte ist, die IT-Infrastruktur im Unternehmen stärker zu verzahnen – und dies benutzerfreundlich. Mit Windows SharePoint Services und SharePoint Portal Server können intelligente webbasierte Collaborations-Lösungen für Arbeitsgruppen im vernetzten Unternehmen realisiert werden. Wir messen dieser Lösung ein sehr hohes Nutzenpotenzial für IT-Unternehmenskulturen bei. Dies ist auch der Grund, weshalb Map4Plan in seiner SharePoint Edition existiert.

Mit Map4Plan SharePoint Edition portieren Sie Ihre Arbeit aus MindManager und Map4Plan in ein SharePoint-Intranet, um im (geografisch verteilten) Team an einer Planung zu arbeiten. Die Ergebnisse der Teamarbeit können wieder aus dem Intranet SharePoint eingelesen werden, um sie wiederum in Map4Plan und somit auch in MindManager für weitere Aufgaben zu nutzen.

Map4Plan SharePoint Edition enthält sämtliche Funktionen der Standard Edition, erweitert um den Transfer und die Synchronisation von Zeit-, Kosten- und Ressourcenplanungen in Microsoft SharePoint Team-Intranets.

23.1.2 Ein wenig »Programmphilosophie«

Um Missverständnissen vorzubeugen: Map4Plan soll keine ausgesprochene Projektmanagement-Software ersetzen, wie zum Beispiel Microsoft® Project®. Das Ziel des Programms ist vielmehr, Ihnen mit einfachen Funktionen und möglichst wenig einschränkenden Optionen als praktikables Werkzeug zu dienen. Aus diesem Grund werden versierte Planer zum Teil gewohnte Termini, Funktionen und Optionen aus einschlägigen Projekt-Softwareprodukten vermissen, während die in Map4Plan produzierten und visualisierten Projektdaten denen einer professionellen Projektplanung entsprechen.

Aufgrund seiner Datenexport-Möglichkeiten bietet sich Map4Plan in diesem Zusammenhang zum Beispiel als durchgreifende Kommunikationsschnittstelle zwischen Projektinitiatoren und einer Projekt-Planungsabteilung an.

Mit der Möglichkeit, hierarchische Strukturen in einer »Baumansicht« anzulegen, ist Map4Plan grundsätzlich ein eigenständiges Produkt für die Planung. Mit der Schnittstelle zu Mindjet® MindManager steht Ihnen jedoch das mächtige Potenzial kreativen Inputs zur Verfügung, das die Initiierung eines Projekts enorm beschleunigt und den gesamten Verlauf schnell erfassbar dokumentiert sowie mit zahlreichen Funktionen unterstützt. Aus diesem Grund ist es in Map4Plan in jeder Phase Ihres Projekts möglich, den jeweiligen Ergebnisstand zwischen den Anwendungen auszutauschen.

Das Prinzip »Schuster, bleib' bei deinen Leisten«: In Map4Plan werden Sie Erfassungsobjekte wie zum Beispiel die *Benutzerdefinierten Eigenschaften*, *Symbole*, *Icons*, *Textmar-*

kierungen, *Anmerkungen* oder *Freie Anmerkungen* nicht finden, aber vielleicht auch nicht vermissen.

Map4Plan ist ein *Listenplanungsprogramm*. Daten werden hier hauptsächlich in einer Tabelle dargestellt. Würden zum Beispiel sämtliche individuell in den Zweigen angelegten benutzerdefinierten Eigenschaften in eine solche Tabelle übertragen werden, würde dies zwangsläufig dazu führen, dass die Tabelle eine unüberschaubare Breite erlangt. Aus diesem Grund wird nur die pure Business Map, das heißt, alle um das Hauptthema angeordneten Zweige und Unterzweige mit ihren Aufgabeninformationen und Notizen, nach Map4Plan übertragen.

Im MindManager geht es unter anderem darum, mit Symbolen und weiteren Objekten den optischen Sinn für Kreativleistungen besonders anzusprechen, was die elektronische Form des Mind Mappings (nach Tony Buzan) hervorragend stützt. Der Nutzen einer Listenplanungsanwendung ist der Vergleich der Fakten in Daten. Deshalb liegt das Augenmerk in Map4Plan, im wahrsten Sinne des Wortes, mehr auf Zahlen, Text und deren Darstellung in datenabhängigen Diagrammen.

23.1.3 Weitere Dimensionen für Ihre Planung

Stellen Sie sich vor, Sie haben allein oder in einer Teamsitzung eine Projekt-Map mit einer Vielzahl von Aufgabeninformationen erfasst. Sie haben also den Aufgaben *Prioritäten* zugeordnet, bestimmte Personen Ihres Teams als Verantwortliche für die Aufgaben eingeteilt, mit dem *Start- und Enddatum* den möglichen Zeitraum für die Erledigung der jeweiligen Aufgabe festgelegt und mit der *Dauer* die Zeit angegeben, die für die Erledigung derselben vorzusehen ist.

Mit MindManager stehen Ihnen verschiedene *Map-Ansichten* zur Verfügung, die Ihnen Übersicht in verschiedenster Form verschaffen und dadurch Ihre Projektarbeit erheblich erleichtern – sei es in der *Standard-*, *Gliederungs-*, *Präsentations-* oder *Filteransicht*.

Stellen Sie sich nun weiter vor, Sie könnten in eine *Listenansicht* umschalten, die Ihnen die Daten der Aufgabeninformationen hierarchisch – gleich der Gliederungsansicht – untereinander anordnet und zur Bearbeitung zur Verfügung stellt. Sie würden auf einen Blick erkennen, welche der Aufgaben, im direkten Vergleich zu den anderen, wann beginnt, endet, wer sie zu bearbeiten hat oder wie viel Prozent der Aufgabe bereits erledigt sind.

Map4Plan geht noch einige Schritte weiter: Sie können die Liste nach auswählbaren Kriterien filtern, gruppieren, sortieren oder nach bestimmten Bedingungen formatieren, um noch mehr Übersicht für die Bearbeitung umfangreicher Pläne zu bieten. Und dies ist nur die Listenansicht des Programms.

Wie bereits eingangs erwähnt, schalten Sie unter einer Oberfläche per Klick in weitere fünf Ansichten um, die allesamt für die Bearbeitung Ihrer Planung zur Verfügung stehen. Die Ergebnisse lassen sich auf vielfältige Weise auf dem *Bildschirm*, dem *Drucker*, als *Report* oder *Exporte* in andere Dateiformate ausgeben.

Bevor wir uns jedoch in trockenen Funktionsbeschreibungen verlieren, lassen Sie uns eine Planung mit MindManager und Map4Plan angehen. Sie werden sehen, wie kinderleicht dies von der Hand geht.

23.2 Map4Plan in der Praxis – kreative Projektplanung

In den folgenden Abschnitten erstellen wir gemeinsam mit MindManager und Map4Plan einen Plan für den Relaunch einer Firmen-Webseite. Wir haben dieses Beispiel gewählt, weil es recht gut nachvollziehbar ist und kreative Menschen hierbei auf ihre Kosten kommen, wenn es darum geht, das Beispiel entsprechend auszubauen, abzuwandeln oder vielleicht für eigene Zwecke im Business zu nutzen.

Das Beispiel spiegelt Situationen wider, die im Projektplanungsalltag genau so auftauchen können und schon so manchen Planer ausgiebig beschäftigt haben.

Map4Plan in sämtlichen Funktionen und Möglichkeiten zu beschreiben, würde den Rahmen des Kapitels deutlich sprengen. Wir beschränken uns deshalb auf die für unser Beispiel interessanten Funktionen und Vorgehensweisen. Am Ende unserer Planung werden Sie Map4Plan richtig beurteilen können und vielleicht zu schätzen wissen, wenn Sie dabei an eigene Projekte denken.

23.2.1 21-Tage-Testversion – im vollen Funktionsumfang

Um unser Planungsbeispiel live nachvollziehen zu können, benötigen Sie MindManager 6 oder Pro 6 und Map4Plan in seiner Standard Edition. Falls Sie noch nicht über die Programme verfügen, finden Sie MindManager im Ordner *\MindManager Setup* und Map4Plan im Ordner *\Map4Plan Setup* als Testversionen auf der CD zum Buch.

Eine weitere Möglichkeit, die Testversionen zu erhalten, ist das Internet. Die Mindjet GmbH (*www.mindjet.de*) und die MindBusiness GmbH (*www.mindbusiness.de*) stellen die Programme als Download-Versionen zur Verfügung.

Ihnen wird auffallen, dass für Map4Plan zwei Installationsversionen angeboten werden, die sich im Namen nur geringfügig in der Nummer vor dem Punkt unterscheiden. Die Datei »Map4PlanStandardMM5.zip« ist für den Einsatz mit MindManager X5 oder X5 Pro bestimmt.

Für MindManager 6 oder Pro 6 benötigen Sie die Datei »Map4PlanStandardMM6.zip«.

Nachdem Sie die ca. 24 MByte große Datei »Map4PlanStandardMM6.zip« in ein beliebiges Verzeichnis oder den Desktop-Bereich Ihres Systems kopiert haben, kann das Programm in der Regel direkt aus der per Doppelklick geöffneten ZIP-Datei installiert werden. Führen Sie dazu wiederum einen Doppelklick auf die Datei »SetupMap4Plan.msi« aus.

Das *ZIP*-Format (Zip = Reißverschluss) ist ein Container für Dateien, die mit einem bestimmten Verfahren komprimiert (gepackt) werden. Das Packen verkleinert also die in diesem Container enthaltenen Dateien, um Platz auf dem Rechner zu sparen oder um die Zeit für einen Download mit einem geringeren Datenvolumen zu minimieren.

Die Benutzeroberfläche Windows enthält in der Regel die Möglichkeit, ZIP-Dateien zu »entpacken«. Neben der im Windows vorhandenen Version existieren zahlreiche Share- und Freeware-Programme für das Entpacken von ZIP-Dateien, die zum Beispiel am einfachsten über das Internet zu erhalten sind.

Nach dem Doppelklick auf die »SetupMap4Plan.msi« öffnet sich der Begrüßungsbildschirm der Installation.

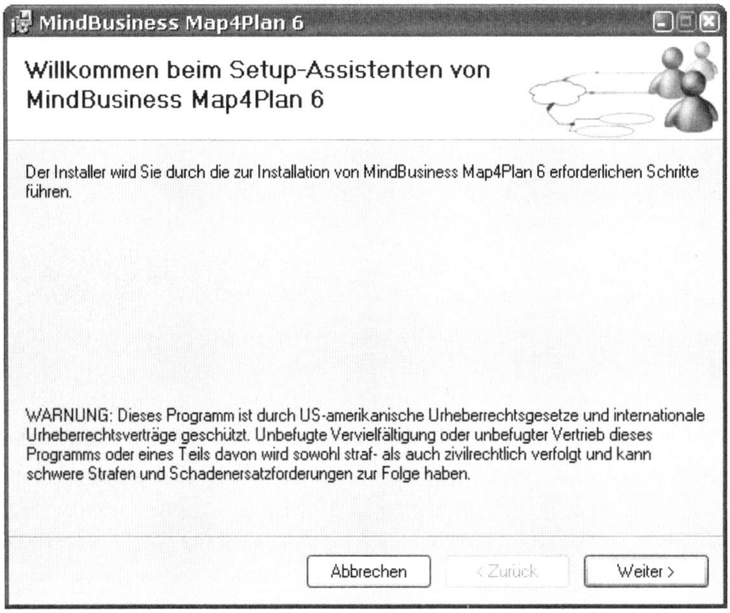

Abbildung 23.2 Der Begrüßungsbildschirm des Setup-Assistenten

Der Setup-Assistent führt Sie nun schrittweise durch die Installation. Mit dem Klick auf die Schaltfläche *Weiter* im Begrüßungsbildschirm gelangen Sie zur Auswahl des Installationsordners.

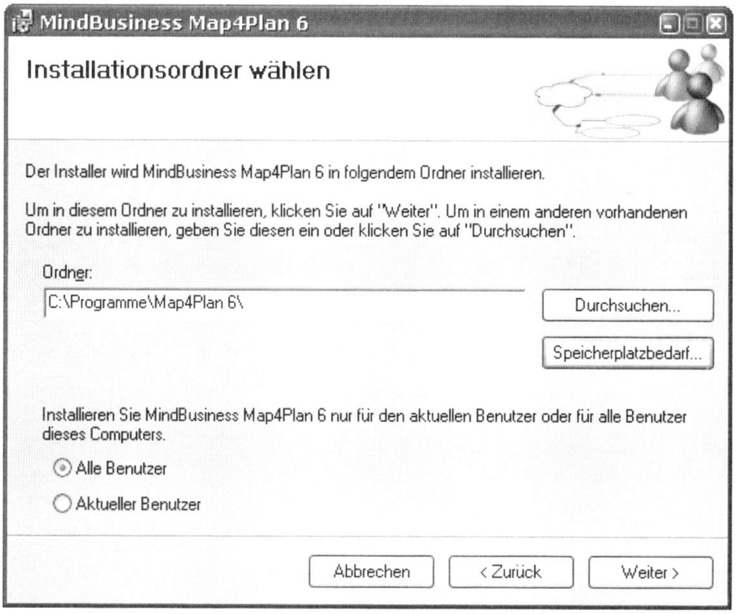

Abbildung 23.3 Auswahl des Installationsordners für die Installation

Als Installationsordner wird das Verzeichnis »Map4Plan 6« im Standard-Programmordner Ihres Rechners vorgeschlagen. Sie können auch einen anderen Installationsort angeben, zum Beispiel auf einem anderen Laufwerk. Die Schaltfläche *Speicherplatzbedarf* gibt Auskunft über den benötigten Platz auf dem Datenträger (Festplatte) und zeigt den entsprechend verfügbaren Speicherplatz der verfügbaren physischen Datenträger an. Zudem können Sie bestimmen, ob Map4Plan für alle Benutzer des Zielsystems oder nur für den aktuell angemeldeten installiert werden soll.

Mit *Weiter* wird der Installationsprozess eingeleitet. Der Fortschritt der Installation wird mit einem Fortschrittsbalken (0–100 %) indiziert.

Nach Abschluss der Installation wird ein letzter Dialog mit der Meldung *Installation beendet* eingeblendet. Gegebenenfalls finden Sie hier einen Hinweis auf die Aktualisierung oder die Installation des Microsoft *.NET Frameworks*.

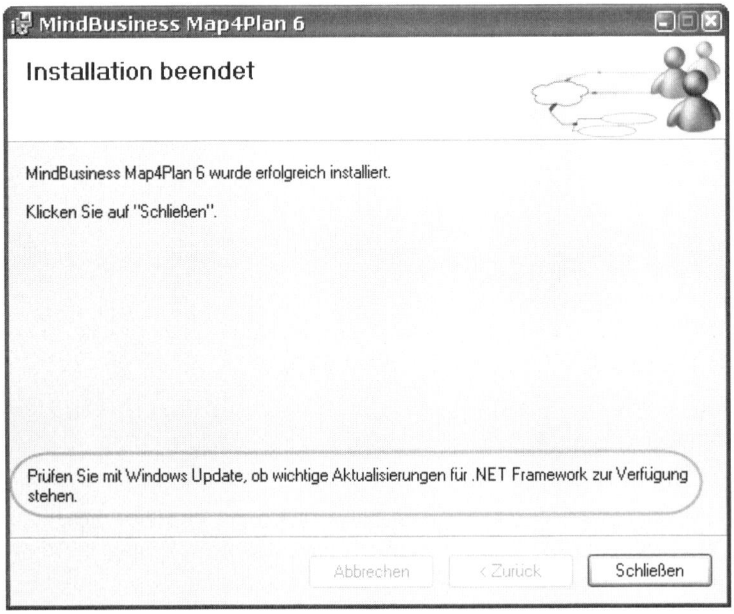

Abbildung 23.4 Hinweis auf das .NET Framework

Das *.NET Framework* ist eine Voraussetzung für den Betrieb von Map4Plan. Es ist kostenlos in verschiedenen Versionen erhältlich und mittlerweile Voraussetzung für zahlreiche moderne Anwendungen, die für das Microsoft Betriebssystem Windows entwickelt wurden.

Für Map4Plan benötigen Sie das Microsoft .NET Framework 1.1 mit dem Service Pack 1 (SP1). Das *.NET Framework Redistributable Package Version 1.1* und entsprechende Installations- und Versionshinweise erhalten Sie im Internet unter *http://www.microsoft.com/downloads*. Geben Sie dort einfach den Suchbegriff .NET Framework ein. Es werden Ihnen sogleich sämtliche Download-Möglichkeiten aufgelistet.

Es existiert bereits ein .NET Framework 2.x von Microsoft. Das neue Framework ist nicht abwärtskompatibel zu Produkten, die mit dem Framework 1.x entwickelt wurden. Da Map4Plan für das Framework 1.x entwickelt wurde, ist dessen Installation unbedingt erforderlich.

Nach Beendigung der Installation mit *Schließen* finden Sie ein neues Icon mit der Beschriftung *Map4Plan Standard Edition 6* als Verknüpfung auf Ihrem Desktop und eine neue Programmgruppe mit dem Namen *MindBusiness* im Menü *Start/Alle Programme.*

Es ist also vollbracht. Sie haben Map4Plan installiert und können nun das Programm per Doppelklick auf das Desktop-Symbol oder aus dem Startmenü unter dem Menüpunkt *MindBusiness/Map4Plan Standard Edition 6* öffnen.

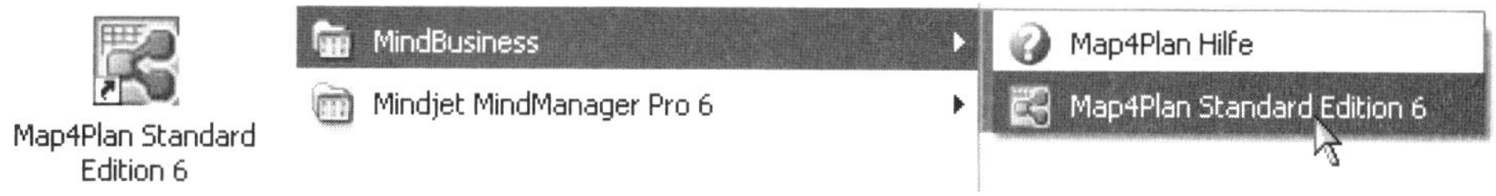

Abbildung 23.5 Desktop-Icon und Eintrag in das Menü *Start/Alle Programme*

23.2.2 Aufbruch zum Projekt(plan)

MindManager und Map4Plan sind installiert. Jetzt können wir mit der Planung beginnen. Dazu lassen Sie uns das Thema unserer Arbeit näher spezifizieren:

Um den Erfolg der Produkte und Leistungen Ihres Unternehmens durch einen erstklassigen Internet-Auftritt zu untermauern, soll die vor zwei Jahren installierte Website von professionellen Textern, Designern und Programmierern runderneuert werden. Die Konkurrenz hat Ihnen den Ball vorgelegt, und es ist an der Zeit, den neuen Anstrich so zu gestalten, dass Ihr Auftritt im Netz einen Glanzpunkt im Wettbewerbsgetummel darstellt. Sie entscheiden sich deshalb, die Detailarbeiten Text, Design und Technik an entsprechend kompetente Dienstleister zu vergeben, die zusammen mit internen Kräften agieren.

Gleichgültig ob als Auftraggeber oder Auftragnehmer, Projekte sind in Arbeitsgruppen nur dann wirklich erfolgreich, wenn ein gewisser Teamgeist angesprochen wird, der zur Motivation jedes Einzelnen beiträgt. Dazu gehört, dass die Beteiligten ihre Funktion bzw. ihre ausgesprochene Kompetenz in Bezug auf das gesamte Projekt (er-)kennen. Dazu muss die Koordination zeitlich voneinander abhängiger Aktivitäten, die zudem von verschiedenen Personen erledigt werden, in eine allgemein lesbare und bearbeitbare Form gebracht werden. Nur so lassen sich Informationsdefizite, Unstimmigkeiten, Rückfragen und damit Ineffizienzen sowie unnötige Kosten vermeiden.

Unsere Aufgabe ist, mit MindManager und Map4Plan einen Projektstruktur-, Zeit-, Ressourcen- und Kostenplan für den Relaunch eines Internetauftritts aufzustellen, an dem interne und externe Leistungsträger beteiligt sind. Die daraus resultierenden Dokumente sollen das Projekt für alle Beteiligten transparent machen.

Wir wählen für das gesamte Projekt eine zielorientierte Vorgehensweise. Das heißt, dass das präzise Ziel festgelegt wird, während die dazu notwendigen Maßnahmen, Aufgaben und Kosten sich an diesem Ziel orientieren. Es gibt also keine konkreten Zeit- und Budgetvorgaben, sondern eine Erfolgsvorgabe, die aber unter ökonomischen Gesichtspunkten erreicht werden soll.

23.2.3 Kick-off und ein Quäntchen mehr

Sie haben das erste Meeting für unser Projekt einberufen. Im Sitzungsraum haben sich die externen und internen Teammitglieder eingefunden. Ein Beamer projiziert ein »Willkommen« mit dem Untertitel »Mit Können und Maß zum neuen Internetauftritt« auf die Leinwand. Nach der von Ihnen initiierten Vorstellungsrunde und Ihrer kurzen Beschreibung des Ziels öffnen Sie MindManager und tragen als Hauptthema »Relaunch unserer Website« ein.

23.2.3.1 Maßnahmen festlegen

Jetzt geht es darum, moderiert Ideen für Maßnahmen in der Runde zu sammeln. Das neue Team soll vom ersten Augenblick an die Entwicklung mit auf den Weg bringen. Umso intensiver fühlt sich jeder Beteiligte an das Projekt gebunden. Das Brainstorming beginnt. Ihre Frage an alle:

- Was sind die zu planenden Maßnahmen für unser Projekt?

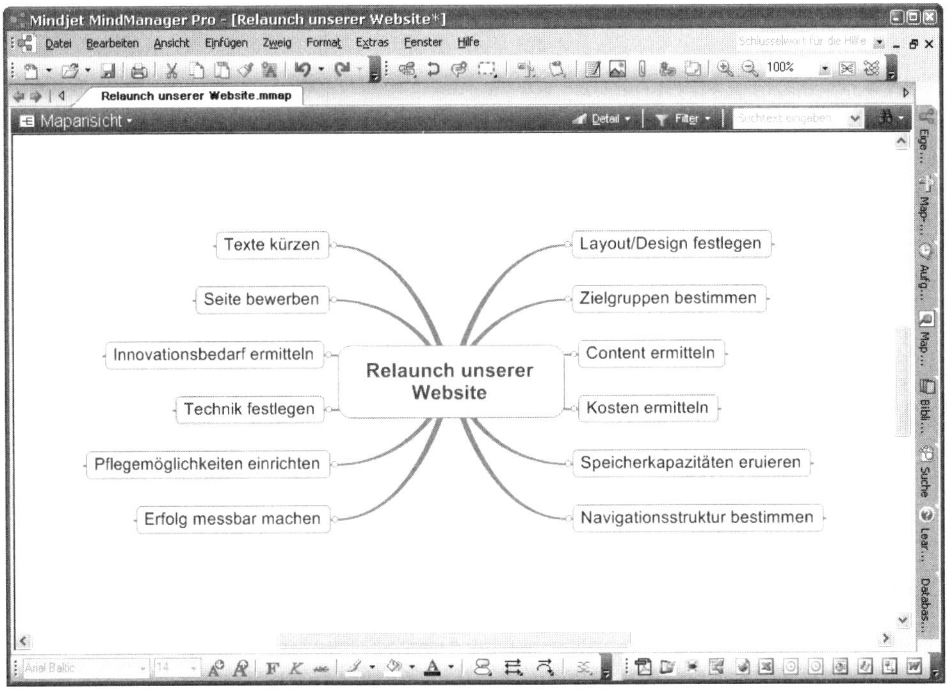

Abbildung 23.6 Maßnahmen für das Projekt »Relaunch unserer Website«

Im Kompetenzteam werden die zu planenden Maßnahmen fachlich eruiert und in einer ersten ungeordneten Business Map (**Abbildung 23.6**) festgehalten. Sie können mit dem Ergebnis gelassen umgehen, da es jederzeit möglich ist, weitere Punkte einzuflechten und Umstellungen vorzunehmen.

23.2.3.2 Maßnahmen ordnen und Aufgaben ermitteln

Wir haben also im ersten Schritt grob die Maßnahmen für unseren Relaunch festgelegt. Jetzt gilt es, den Plan zu verfeinern.

Ihre nächsten Fragen:

- In welcher zeitlichen Abfolge und mit welcher Priorität müssen die Maßnahmen abgearbeitet werden?
- Welche Aufgaben sind mit diesen Maßnahmen verknüpft?
- Wie können wir die Maßnahmen und Aufgaben weiter gruppieren?

Die Gantt-Zeitplanung in Map4Plan, auf die wir später in diesem Kapitel noch genauer eingehen, unterscheidet im Prinzip Maßnahmen und Aufgaben. Man kann diese auch als Haupt- und Unteraufgaben bezeichnen. Im MindManager entspricht dies den Haupt- und Unterzweigen. Zur Erfüllung einer Maßnahme beziehungsweise Hauptaufgabe sind also Aufgaben beziehungsweise Unteraufgaben zu bewältigen. In der Gantt-Zeitplanung in Map4Plan werden Hauptaufgaben standardmäßig als besondere Zeitbalken dargestellt, welche die Gesamtzeitdauer mehrerer Aufgaben kennzeichnen. So entspricht jeder »Knoten« der Business Map im MindManager, der mit Unterzweigen verfeinert wird, einer Hauptaufgabe im Map4Plan-Gantt-Diagramm. Beim Erstellen einer Business Map, die mit Map4Plan bearbeitet werden soll, ist dieser Sachverhalt ein wichtiger Anhaltspunkt für die »Kreation« eines Projekts.

Nach etwa einer Stunde *Brainstorming*, kurzen Diskussionen und etwas »Mapping-Arbeit« in der Runde sieht das Resultat wie in **Abbildung 23.7** dargestellt aus.

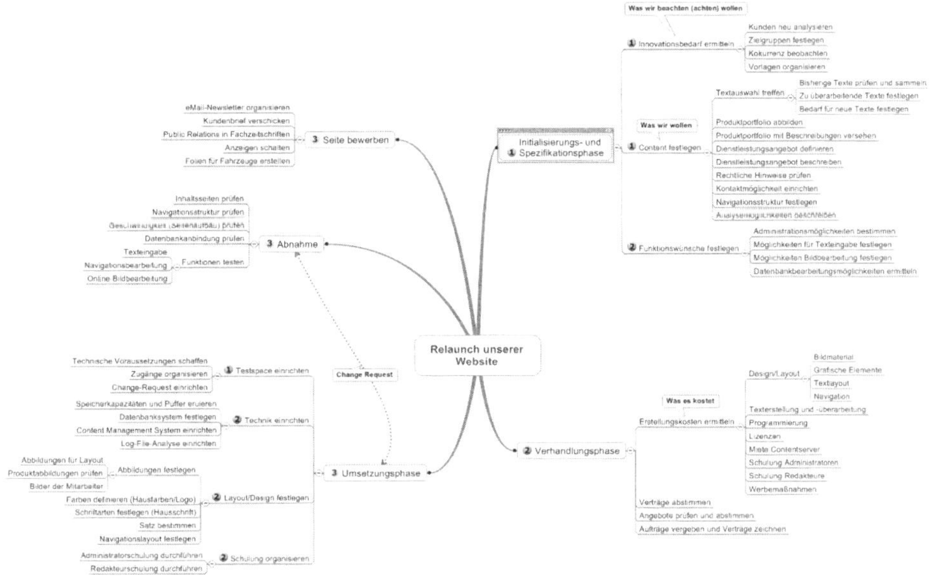

Abbildung 23.7 Erste Business Map für das Projekt

Das Projekt ist nunmehr sinnvoll in fünf Phasen unterteilt, die als Meilensteine oder notwendige Schritte für das Gesamtprojekt feststehen.

- In *Phase 1* wird das Projekt »Relaunch unserer Website« intern spezifiziert.

- *Phase 2* enthält die Kalkulation für das Projekt sowie die Modalitäten der Aufträge und Verträge mit den Dienstleistern.
- In *Phase 3* wird das Projekt fachlich realisiert.
- Die Realisation beziehungsweise Umsetzung wird in *Phase 4* abgenommen.
- In der *Phase 5* wird der neue Auftritt in der Welt beworben.

Es ist ein übersichtliches Gesamtbild vom Projekt entstanden, das zudem von allen Beteiligten mitgestaltet wurde. Jetzt beginnt für uns die eigentliche Planungsarbeit. Und dieser Job muss längst nicht so trocken sein, wie er klingt, weil wir die richtigen Software-Werkzeuge dafür einsetzen.

Bereits im Kick-off-Meeting macht es Sinn, dass wir uns darum kümmern, weil damit bereits ein Zeithorizont für die kommenden Schritte festgelegt werden kann, den alle Teilnehmer für die eigene Planung mit nach Hause nehmen können.

Konzentrieren wir uns für unser Beispiel auf die *Phase 1* des Projekts. Jedes Projekt hat ein eindeutiges Ziel. Dieses Ziel besteht naturgemäß in Projekten aus mehreren Komponenten. Die *Initialisierungs- und Spezifikationsphase* ist die Verfeinerung der *Zieldefinition* in weitere Komponenten.

Was wir aber auch wissen: Ein Projekt wird durch Zeit, Finanzen und personelle Ressourcen begrenzt. Trotzdem ist ein Projekt immer individuell. Wären Projekte Routineangelegenheiten, wären es keine Projekte, sondern Prozesse, die nach Ablaufplänen funktionieren. So sind Projekte immer von Eventualitäten gekennzeichnet. Insofern ist ein gewisses Maß an Flexibilität in der Planung gefragt.

Sie benötigen also flexible Software, die Eventualitäten zulässt beziehungsweise verarbeitet sowie die Individualität von Projekten stützt und gleichzeitig die Grenzen erfasst, die ein Projekt aufweist.

MindManager erfüllt all diese Kriterien bereits in den Standarderfassungsmöglichkeiten, nämlich in der Strukturbildung (Business Map) und in den Aufgabeninformationen. Map4Plan liefert, wie bereits angedeutet, genauso flexibel weitere Ansichten und Bearbeitungsmöglichkeiten. Aus diesem Grund können Sie mit Map4Plan die MindManager-Standards in einer neuen Form verarbeiten.

Das wollen wir Ihnen im weiteren Verlauf unserer Projektarbeit zeigen, ohne das gesamte Kreativpotenzial von MindManager mit seinen Symbolen, Abbildungen, Farbgebungen und Anmerkungen etc. intensiv auszuschöpfen.

23.2.3.3 Transfer in die Listenplanung – Map4Plan

Noch während des Kick-off-Meetings soll zumindest die *Phase 1* unseres Projekts Gestalt in Richtung Planung annehmen. Sie wollen die Dauer der Initialisierungs- und Spezifikationsphase festlegen, um den Startzeitpunkt für *Phase 2* zu ermitteln. Gleichzeitig soll feststehen, wer welche Aufgabe zu erledigen hat.

Um das Beispiel an Ihrem Computer mitmachen zu können, öffnen Sie die Map *Relaunch unserer Webseite.mmap* von der CD zum Buch. Sie finden die Datei im Ordner *\Kapitel 23*.

Selbstverständlich haben Sie bereits zwischendurch die Business Map gespeichert. Öffnen Sie nun Map4Plan per Doppelklick auf das Desktop-Symbol oder aus dem Windows Start-Menü.

1. Um einen Business Map in Map4Plan einzulesen bzw. zu importieren, wählen Sie eine der folgenden Verfahrensweisen:

- Wählen Sie den Menübefehl *Transfer/Mind Map einlesen*,
- klicken Sie auf die Symbolschaltfläche in der Werkzeugleiste *Mind Map Import*,
- oder nutzen Sie die Tastenkombination *Strg+M*.

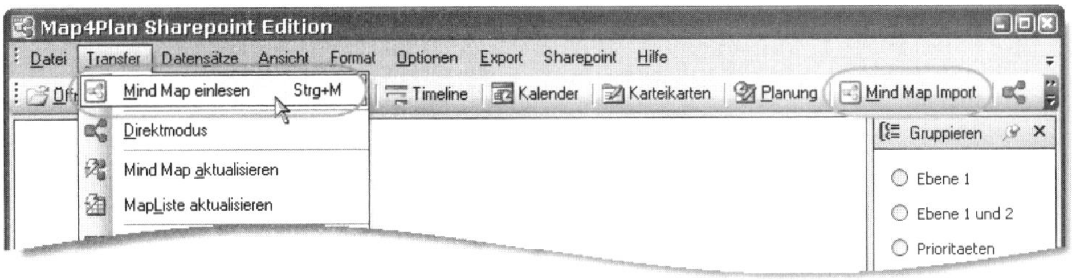

Abbildung 23.8 Einlesen einer Business Map in Map4Plan

2. Egal welchen der Import-Befehle Sie gewählt haben, es öffnet sich nun ein Dialog, der abfragt, ob Sie die aktuell in MindManager geöffnete Map importieren wollen.

Dieser Dialog erscheint immer dann, wenn MindManager noch geöffnet ist. Haben Sie MindManager in der Zwischenzeit geschlossen, kann die Business Map auch über einen *Dateidialog* geladen werden. Dieser wird ebenfalls eingeblendet, wenn Sie das Laden der aktuell geöffneten Map verneinen.

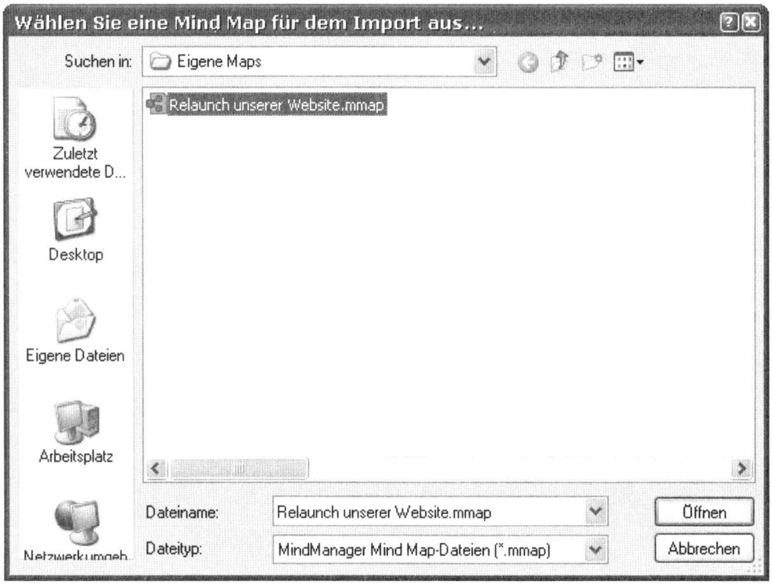

Abbildung 23.9 Dialog zum Einlesen einer Business Map

3. Nach der Auswahl der MindManager Map-Datei und dem Betätigen der Schaltfläche *Öffnen* werden Sie dazu aufgefordert, der *MapListe* einen Namen zu geben.

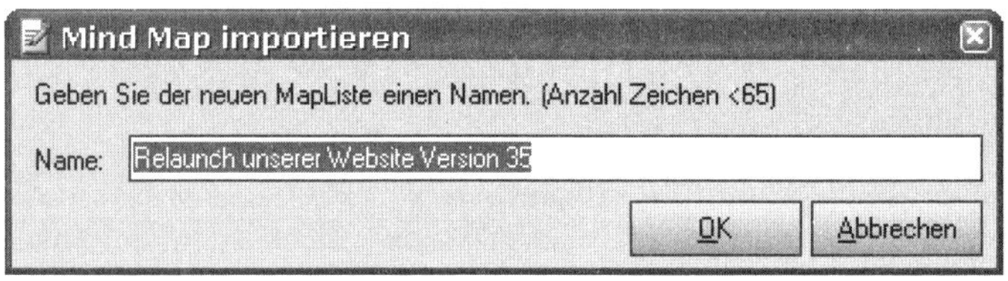

Abbildung 23.10 Die MapListe wird benannt

Der im Dialog zu erfassende Name darf aus technischen Gründen, die mit den Exportfunktionen in andere Dateiformate zusammenhängen, nicht länger als 65 Zeichen sein und sollte keine Sonderzeichen enthalten. Diese werden vom Programm automatisch ignoriert oder durch andere Zeichen ersetzt.

Ihnen ist sicher aufgefallen, dass am Ende des vorgeschlagenen Namens *Version 35* steht. Ja, so oft wurde die Business Map im Meeting bereits gespeichert. Mit der Versionsnummer können Sie bei einem späteren Abgleich zwischen Map4Plan und MindManager prüfen, welche Version zum Zeitpunkt des Transfers vorlag. Es steht Ihnen frei, ob Sie die Versionsnummer im Dateinamen speichern. Sie wird zudem in einer Spalte der Liste in Map4Plan festgehalten.

In Map4Plan arbeiten Sie hauptsächlich in Listen. Aus diesem Grund wird die Umsetzung der Business Map in Map4Plan als MapListe bezeichnet. Auch wenn es in Map4Plan möglich ist, ohne MindManager Listenstrukturen zu erstellen, soll mit dem Namen *MapListe* – Liste der Map – deutlich gemacht werden, dass der bevorzugte Weg der Planung über MindManager führt. Nur mit MindManager erhalten Sie einen besonderen Blick auf komplexe Sachverhalte. Und Projekte sind in der Regel komplex.

4. Nach der Erfassung des Namens für die MapListe, beziehungsweise nach dem Bestätigen des vorgeschlagenen Namens mit *OK*, müssen Sie noch einen Dateinamen für dieselbe vergeben.

Wie Sie feststellen, gibt es bereits einen Vorschlag für den Speicherort auf Ihrer Festplatte. Bei der Installation (siehe Abschnitt 23.2.1) wurde das Verzeichnis *Eigene MapListen* unter *Eigene Dateien* in Windows angelegt. Natürlich können Sie auch ein anderes Verzeichnis wählen oder während des Speicherns anlegen.

5. Nach Eingabe des Dateinamens und Ihrer Bestätigung mit Speichern wird die MapListe eingelesen und gleichzeitig gespeichert.

Während des Einlesens wird ein Fortschrittbalken (0–100 %) eingeblendet. Bei sehr großen Maps kann der Einlesevorgang ein wenig Zeit in Anspruch nehmen. Warten Sie bitte ab, bis die Business Map vollständig eingelesen wurde.

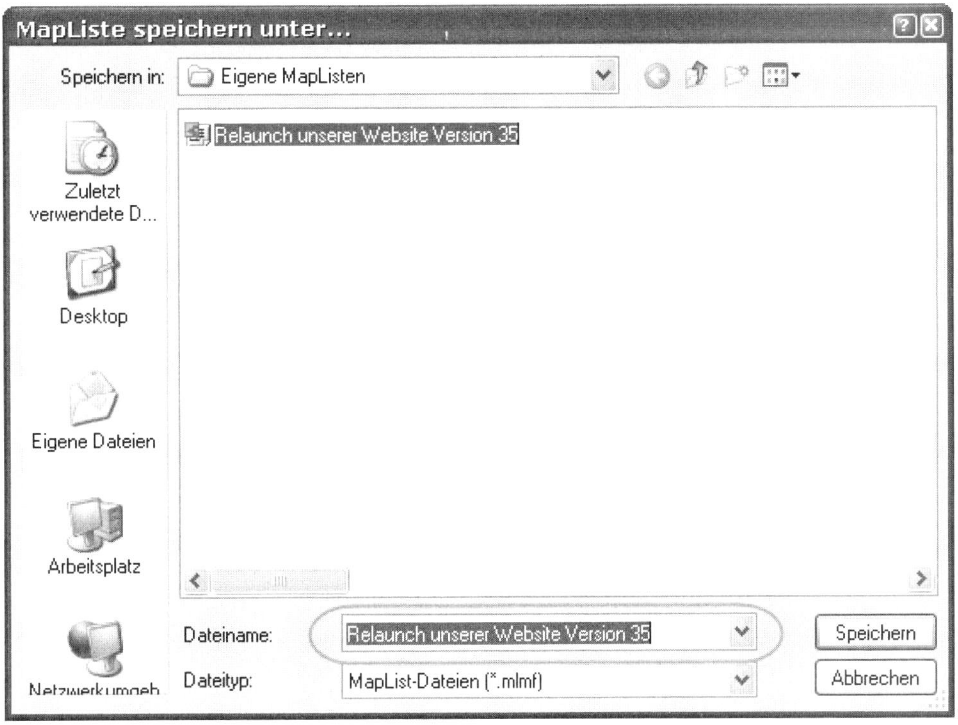

Abbildung 23.11 MapListe als Datei speichern

MapListen werden in einem eigenen Dateiformat mit der in Windows registrierten Endung *.mlmf* (MapList MapFile) gespeichert. Es ist also möglich, eine in einem Verzeichnis enthaltene MapListe per Doppelklick mit Map4Plan zu öffnen. So wird die MapListe auch durch ein eigenes Dokumentensymbol in Windows gekennzeichnet. Dieses stellt das Map4Plan-Icon auf einem Dokument dar.

Die Vorteile eines eigenen Dateiformats für MapListen

- MapListen sind im System eindeutig identifizierbar,
- können mit anderen Map4Plan-Anwendern per E-Mail, Netzwerk, Datenträger oder über das Inter-/Intranet ausgetauscht werden
- und sind in sich geschlossen.

Das Format, das dahinter steckt

Das Format, in dem MapListen gespeichert werden, ist XML. XML (e**X**tensible **M**arkup **L**anguage) ist die Standardsprache für das Beschreiben und Bereitstellen von Daten im Web, die auch Einzug auf lokalen Systemen gehalten hat. So wie Hypertext Markup Language (HTML) die Standardsprache für das Erstellen und Anzeigen von Webseiten ist, ist XML ein Standard für das Beschreiben und Bereitstellen von Daten geworden.

Mehr Informationen zum Thema XML finden Sie in Kapitel 23, »MindManager und XML«.

Die Map4Plan-Programmoberfläche

Neben den Elementen *Menüleiste* und *Werkzeugleiste* finden Sie rechts den *Aufgabenbereich* und unten die *Statusleiste*. Die eigentliche Liste ist durch die *Spaltenköpfe* oben, die *Zeilenköpfe* links sowie die Scrollbalken rechts und unten begrenzt. Der untere Scrollbalkenbereich enthält links die *Datensatznavigation*.

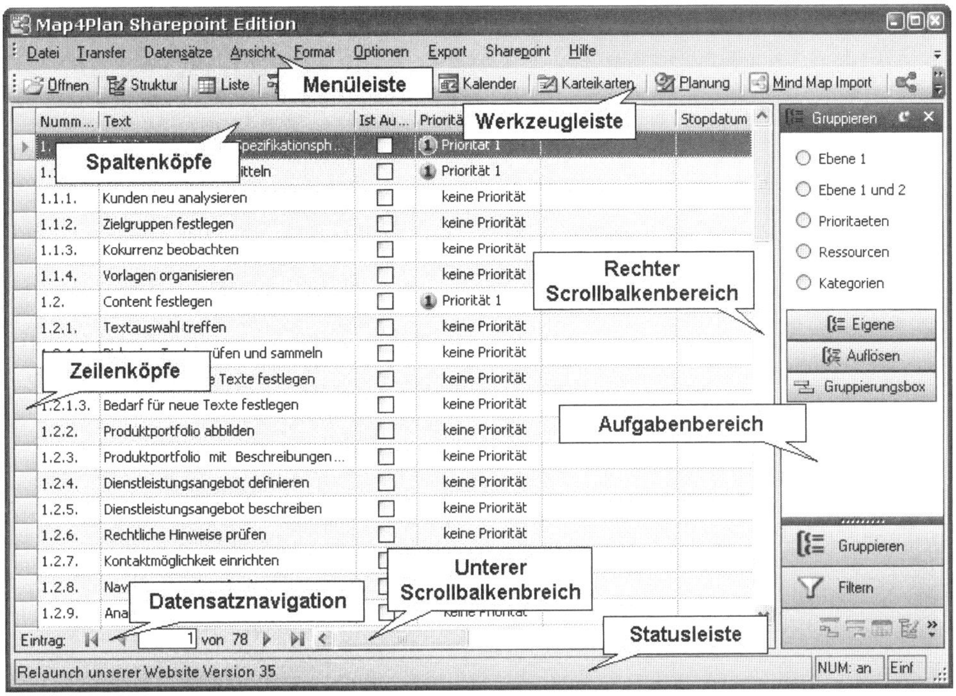

Abbildung 23.12 Der erste Kontakt mit einer MapListe in Map4Plan

Die Inhalte des Aufgabenbereichs werden ansichtsabhängig (Struktur, Gantt, Timeline, Kalender, Karteikarten) angezeigt. Auch die Werkzeugleisteninhalte sind von der jeweiligen Ansicht abhängig. Das heißt, dass die für eine Ansicht nicht benötigten Aufgabenbereiche und Werkzeugleisten deaktiviert beziehungsweise nicht sichtbar sind.

Der Aufgabenbereich kann dauerhaft eingeblendet bleiben, geschlossen werden (X-Schaltfläche in der Titelleiste des Aufgabenbereichs) oder über das Pin-Symbol in die Registerkartenansicht umgeschaltet werden. Sollten Sie einmal den Aufgabenbereich geschlossen haben, können Sie ihn über das Menü *Optionen/Aufgabenbereich zeigen/verbergen* wieder einblenden (und umgekehrt).

Die Datensatznavigation

Die Datensatznavigation ermöglicht über so genannte Rekordertasten (ähnlich gestaltet wie die Tastensymbole eines Kassettenrekorders) das Navigieren in den Zeilen der Liste nach oben und unten. Um zu einer bestimmten Zeile zu springen, kann die Zeilennummer in das Eingabefeld der Datensatznavigation eingegeben werden. Gleichzeitig wird rechts neben dem Eingabefeld die Anzahl Zeilen der Liste eingeblendet.

Der Aufbau einer MapListe

Der Aufbau einer MapListe ist im Grunde recht simpel. Jede Zeile stellt einen Zweig aus der Business Map dar. Die erste Spalte ist die Nummer der Zeile, die sich aus der Hierarchie der Map ergibt. Und zwar wird die Nummer immer ab zwölf Uhr im Uhrzeigersinn um das Hauptthema gebildet. Haupt- und Unterzweige werden immer von oben nach unten nummeriert. Am besten verdeutlicht dies die Darstellung in einer Map:

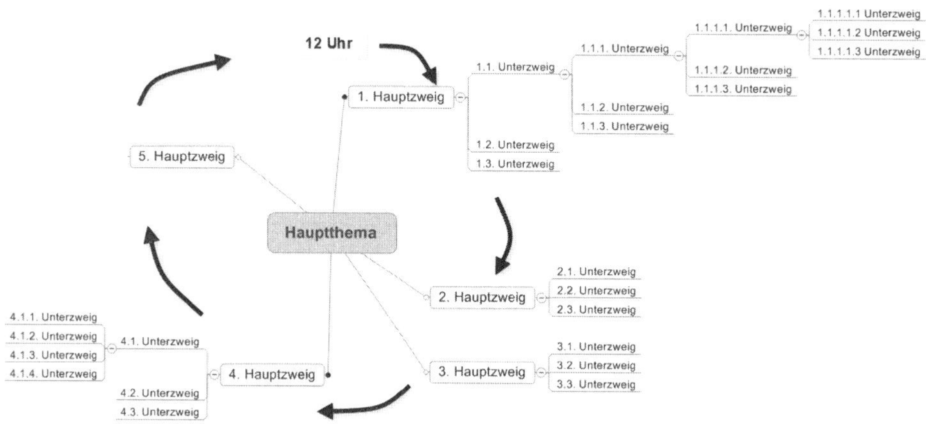

Abbildung 23.13 Die hierarchische Nummerierung einer MapListe, dargestellt in einer Map

In weiteren Spalten finden Sie neben den Zweigtexten die Aufgabeninformationen (*Priorität, Anfangs- und Enddatum, Fertig (%), Dauer, Ressourcen*), die Notizen und Hyperlinks aus der MindManager Map sowie weitere, nicht in MindManager vorhandene Eintragsmöglichkeiten, die für eine Planung wichtig sein können. Dabei sind die Bezeichnungen der Spalten nicht immer absolut konform, aber durchaus zuzuordnen.

Sehen Sie uns bitte nach, dass wir an dieser Stelle nicht sämtliche Spalten in Map4Plan beschreiben. Eine detaillierte Beschreibung finden Sie in der Online-Hilfe der Software. Für unsere Zwecke ist es zunächst wichtig zu wissen, dass sämtliche Aufgabeninformationen nach Map4Plan übertragen werden. Und diese lassen sich später wieder samt Struktur in eine neue Business Map übertragen.

Wichtige Funktionen in der MapListe

In MapListen gibt es editierbare (bearbeitbare) und nicht editierbare Felder (Zellen). Editierbare Felder enthalten in speziellen Fällen Schaltflächen, die *Feld-Funktionen* enthalten. In den Feldern *Start- und Stopdatum* finden Sie zum Beispiel je eine Schaltfläche für das Einblenden eines Kalenders, über den Sie ein Datum eingeben können.

Die Zellen der Listenspalten *Ressourcen*, *Kategorien* und *Einheit* enthalten je eine Schaltfläche zum Einblenden einer Dropdown-Liste, um Daten aus dieser wählen zu können. Es gibt auch Zell-Schaltflächen, die eine Funktion auslösen oder einen erweiterten Dialog für die Eingabe aufrufen. Das Feld *Notiz* enthält zum Beispiel eine Schaltfläche für den Aufruf eines Editors für die Erfassung und Formatierung von Notizen.

Nicht editierbare Felder enthalten Daten für die Formatierung, zu *Einstellungen*, *Autowerte* oder *Identifikationsnummern*, die nicht geändert werden dürfen. Diese Felder sind für die Verarbeitung gesperrt.

Wird ein Text einer Zelle durch eine schmal eingestellte Spalte abgeschnitten, kann der komplette Inhalt durch Zeigen mit dem Mauscursor auf die Zelle als so genannter »Tool-Tipp« (gelblich hinterlegtes Anzeigefeld) eingeblendet werden. Dasselbe gilt für die Spaltenbezeichnungen im Kopfbereich der Liste.

Mit einer Eingabebestätigung (*Enter*-Taste) oder dem Wechsel in ein anderes Feld wird die Eingabe der jeweiligen Zelle automatisch in der MapListe gespeichert. Bevor eine Eingabe bestätigt wurde, wird diese nicht in Berechnungen oder weiteren Funktionen berücksichtigt. Als Eingabebestätigung gilt auch der Wechsel in eine andere Zelle oder Zeile.

23.2.3.4 Erstes Arbeiten in der MapListe

Wir erinnern uns: Wir wollen die Dauer der Initialisierungs- und Spezifikationsphase festlegen, um den Startzeitpunkt für Phase 2 zu ermitteln. Es soll auch feststehen, wer welche Aufgaben in der Initialisierung- und Spezifikationsphase zu erledigen hat. Der Zeitpunkt Kick-off in Anwesenheit der externen Teammitglieder ist günstig, obwohl diese Aufgaben intern zu erledigen sind, weil die Fachleute an der einen oder anderen Stelle mit kompetentem Rat zur Verfügung stehen.

Sie entscheiden sich, zuerst die Verteilung der Aufgaben unter Ihren Kollegen und Kolleginnen vorzunehmen. Warum? Jede(r) Betraut(e) soll im zweiten Schritt einschätzen, wie viel Zeit sie/er für die Aufgabe benötigt.

Die Listen-Ansicht ist so zu organisieren, dass die Eingabemöglichkeit für *Ressourcen* direkt neben der Aufgabe zu finden ist, damit in der Liste nicht ständig nach links oder rechts gescrollt werden muss.

Um Spalten zu fixieren, gehen Sie folgendermaßen vor:

1. Klicken Sie mit der Maus in irgendeine Zelle der Spalte *Text*.
2. Wählen Sie nun den Menübefehl *Ansicht/Spalte fixieren*.
3. Jetzt können Sie mit dem unteren Scrollbalken die Liste so weit nach links schieben, bis die Spalte *Ressourcen* neben der Spalte *Text* auftaucht.

Es gibt noch andere Möglichkeiten, die Spaltenanordnung einer MapListe zu organisieren. Um diese kümmern wir uns jedoch später.

Sie beginnen mit der Projekt-Aufgabenverteilung in der Spalte *Ressourcen*, tragen also hinter jeder Aufgabe die dafür vorgesehene(n) Person(en) ein. Mehrere »Zuständige« trennen Sie dabei mit einem Semikolon.

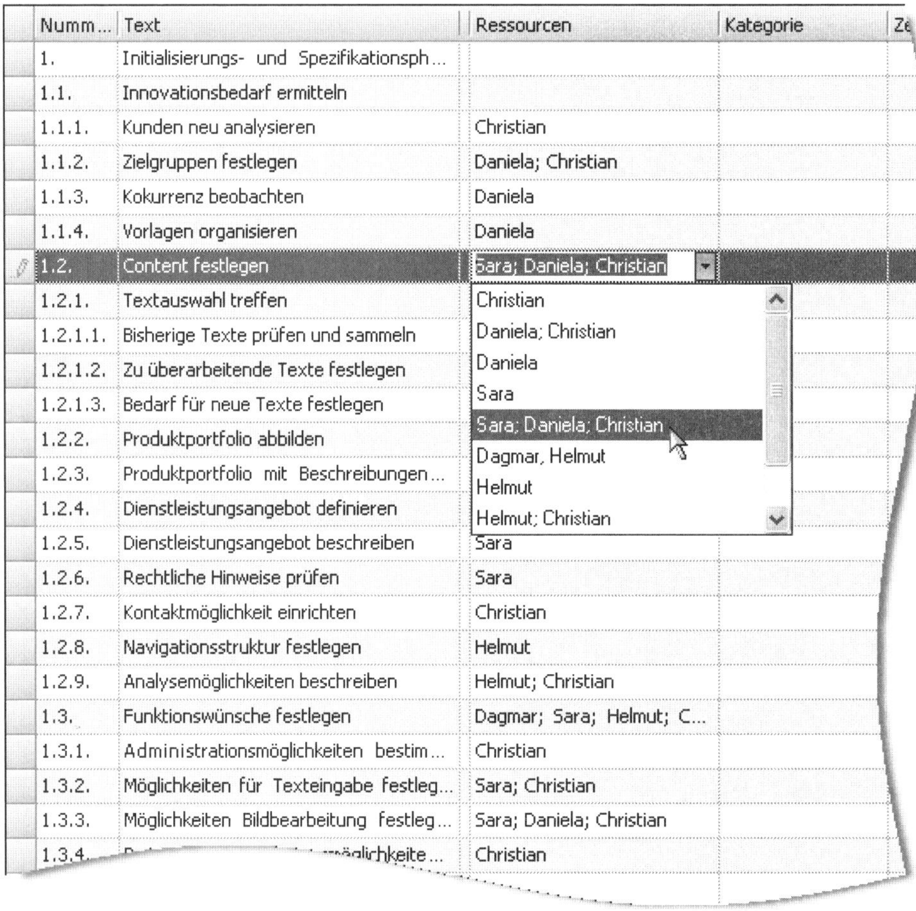

Numm...	Text	Ressourcen	Kategorie	Ze
1.	Initialisierungs- und Spezifikationsph...			
1.1.	Innovationsbedarf ermitteln			
1.1.1.	Kunden neu analysieren	Christian		
1.1.2.	Zielgruppen festlegen	Daniela; Christian		
1.1.3.	Kokurrenz beobachten	Daniela		
1.1.4.	Vorlagen organisieren	Daniela		
1.2.	Content festlegen	Sara; Daniela; Christian		
1.2.1.	Textauswahl treffen			
1.2.1.1.	Bisherige Texte prüfen und sammeln			
1.2.1.2.	Zu überarbeitende Texte festlegen			
1.2.1.3.	Bedarf für neue Texte festlegen			
1.2.2.	Produktportfolio abbilden			
1.2.3.	Produktportfolio mit Beschreibungen...			
1.2.4.	Dienstleistungsangebot definieren			
1.2.5.	Dienstleistungsangebot beschreiben	Sara		
1.2.6.	Rechtliche Hinweise prüfen	Sara		
1.2.7.	Kontaktmöglichkeit einrichten	Christian		
1.2.8.	Navigationsstruktur festlegen	Helmut		
1.2.9.	Analysemöglichkeiten beschreiben	Helmut; Christian		
1.3.	Funktionswünsche festlegen	Dagmar; Sara; Helmut; C...		
1.3.1.	Administrationsmöglichkeiten bestim...	Christian		
1.3.2.	Möglichkeiten für Texteingabe festleg...	Sara; Christian		
1.3.3.	Möglichkeiten Bildbearbeitung festleg...	Sara; Daniela; Christian		
1.3.4.	...möglichkeite...	Christian		

Abbildung 23.14 Erfassen der Aufgabenverantwortlichen

Während der Eingabe von Ressourcen oder Kategorien werden diese automatisch von Map4Plan in die Ressourcenliste gespeichert und stehen somit für die weitere Eingabe über eine Dropown-Liste zur Verfügung.

Das Semikolon hat hierbei eine besondere Bewandtnis: Im MindManager durch ein Semikolon getrennt erfasste Ressourcen-Einträge werden dort als Einzelressourcen gespeichert. Das Erfassen mit Semikolon in Map4Plan kommt Ihnen bei einer späteren Übertragung der MapListe in eine neue Business Map zugute, wenn es darum geht, in derselben Map weitere, bereits erfasste Ressourcen einzutragen.

In Map4Plan hingegen ist es gleichgültig, wie Sie mehrere Ressourcen erfassen. So werden auch Kombinationen zum Wiederaufruf mittels Dropdown-Liste gespeichert. Dafür können Sie die erfassten Ressourcen über den Menüpunkt *Datei/Stammdaten/Ressourcen verwalten*. Dasselbe gilt für *Kategorien* und *Einheiten*, auf die wir später noch zu sprechen kommen.

Jetzt müssen die Verantwortlichen ihre Zeiteinschätzungen für die einzelnen Aufgaben abgeben. Natürlich wollen wir diese direkt in die MapListe eintragen.

1. Über die Schaltfläche *Planung* in der Werkzeugleiste oder per Doppelklick auf einen Listeneintrag öffnen Sie den Dialog *Aufgabenplanung*.

Dort können Sie mit den Schaltflächen *Erste*, *Vorherige*, *Nächste* und *Letzte* in den Aufgaben blättern, ohne den Dialog verlassen zu müssen.

2. Die zuständige(n) Person(en) wird (werden) im Feld *Ressourcen* angezeigt. Sobald Sie auf eine Aufgabe der Phase 1 stoßen, geben Sie ein beliebiges Startdatum (auch Startzeit) ein und bestätigen diese Angaben mit der Schaltfläche *Übernehmen*.

Stellen Sie für jede Aufgabe dasselbe Startdatum ein. Danach wählen Sie ein passendes Stoppdatum beziehungsweise eine passende Stoppzeit für die Aufgabe, bis die Zeiteinschätzung in Stunden/Arbeitsstunden oder Tagen/Arbeitstagen oder Wochen oder Monaten erreicht ist. Wann nun wirklich mit der Aufgabe begonnen wird, ergibt sich in einem weiteren Schritt in unserer Planung.

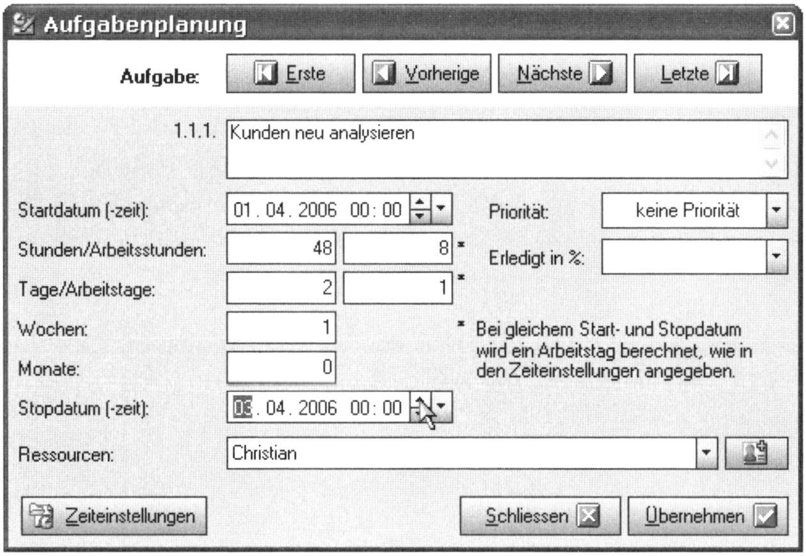

Abbildung 23.15 Der Dialog *Aufgabenplanung*

Der Dialog *Aufgabenplanung* ermöglicht das Erfassen und Ändern von Standard-Aufgabeninformationen. Zwischen den »Start- und Stoppzeitfeldern« wird Ihnen die Zeit in *Stunden/Arbeitsstunden*, *Tagen/Arbeitstagen*, *Wochen* und *Monaten* angezeigt. Die Berechnung dieser Zeiten beruht auf den Angaben, die Sie als Zeiteinstellungen in Map4Plan angegeben haben.

Zeiteinstellungen in Map4Plan

Den Dialog *Zeiteinstellungen* erreichen Sie entweder

- über das Menü *Optionen/Zeiteinstellungen* oder

- in den *Aufgaben-Planungsdialogen* mit einem Klick auf die Schaltfläche *Zeiteinstellungen*.

In diesem Dialog geben Sie an, wie Zeiten in Map4Plan berechnet werden sollen.

Das Register Arbeitswoche

- Im Register *Arbeitswoche* (siehe **Abbildung 23.16**) wählen Sie mit einem Häkchen vor dem jeweiligen Wochentag die Tage der Woche aus, die für die Berechnung eines Zeitraumes, der eine oder mehrere Wochen beträgt, berücksichtigt werden sollen.
- Der Bereich *Berechne Zeit (Feld: Zeit gesamt in h)* enthält die Optionen *nach Arbeitstag (Arbeitszeiten)* und *nach Feld ...* sowie die Markierungsmöglichkeit *Aufgaben im 1-Tagesbereich mit genauen Zeiten berechnen*.

Diese drei Möglichkeiten beziehen sich auf das Feld *Zeit gesamt in Stunden*, eine Spalte in der MapListe, in der die berechneten Stunden dezimal berechnet eingetragen werden.

- Die Option *nach Arbeitstag* veranlasst, dass die Einstellungen im Register *Arbeitszeiten* für die Berechnung herangezogen werden.
- Die Option *nach Feld: Zeitaufwand pro Tag in h*: In der MapListe finden Sie die Spalte *Zeitaufwand pro Tag in h* (h = hour[s] = Stunde[n]). In die Felder dieser Spalte können Sie individuell dezimale Zeitangaben in Stunden eintragen, die für die Berechnung der Zeit im Feld *Zeit gesamt in h* pro Tag einer Zeitperiode herangezogen werden sollen. Auch hierbei werden nur die markierten Wochentage berücksichtigt.
- Eine Markierung vor *Aufgaben im 1-Tagesbereich mit genauen Zeiten berechnen*: Beginnt und endet eine Aufgabe am selben Tag, wird die Uhrzeitangabe der Start- und Stoppzeit für die Berechnung der genauen Stundenzahl berücksichtigt.

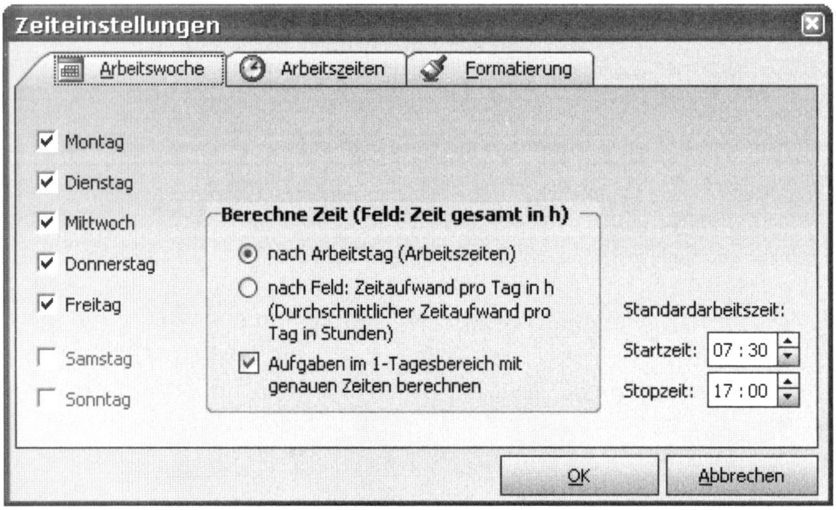

Abbildung 23.16 Der Dialog *Zeiteinstellungen* – Register *Arbeitswoche*

Um die Zeiteinstellungen im Register *Arbeitswoche* in Map4Plan richtig einschätzen zu können, lohnt es sich, diese vor einer echten Planung auszuprobieren. Nach jeder neuen Zeiteinstellung können Sie den Menübefehl *Datensätze/Zeiten neu berechnen* nutzen, um die Berechnung für die gesamte MapListe zu aktualisieren.

Das Register Arbeitszeiten

- Wurde die Option *Berechne Zeit nach Arbeitstag (Arbeitszeiten)* als Zeiteinstellung gewählt, werden die Stunden berechnet, die für die einzelnen Tage dezimal im Register *Arbeitszeiten* angegeben sind.

Auch hier finden Sie wieder die Möglichkeit, vor *Aufgaben im 1-Tagesbereich mit genauen Zeiten* zu berechnen. Die Einstellung hat dieselbe Wirkung wie im Register *Arbeitswoche* und überschreibt die dortige Einstellung.

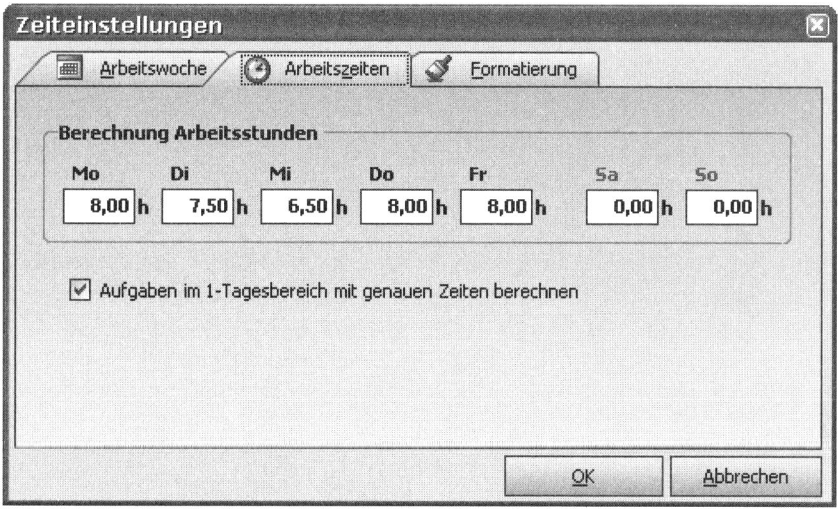

Abbildung 23.17 Der Dialog Zeiteinstellungen – Register *Arbeitszeiten*

Wird für Montage (Mo) zum Beispiel »8,00 h« (8,00 hours, Stunden) eingetragen, werden alle Montage in einer Zeitspanne mit je acht Stunden berechnet.

23.2.3.5 Mit der Gantt-Zeitplanung Zeiträume planen

Kommen wir zurück zu unserer Planung. Wir haben die Zeiteinschätzungen des Teams entgegengenommen und über den Dialog *Aufgabenplanung* in die MapListe eingetragen. Dazu haben wir immer das gleiche Anfangsdatum gesetzt und so lange den Endzeitpunkt verändert, bis die richtige Dauer in Stunden oder Tagen erreicht wurde.

Unsere MapListe sieht nun wie in **Abbildung 23.18** dargestellt aus.

Numm...	Text	Ist Au...	Priorität	Startdatum	Stopdatum	Erledigt...	Erledigt	Ressourcen
1.	Initialisierungs- und Spezifikationsph...	☐	Priorität 1				☐	
1.1.	Innovationsbedarf ermitteln	☐	Priorität 1				☐	
1.1.1.	Kunden neu analysieren	☐	keine Priorität	03.04.2006 00:00	04.04.2006 00:00		☐	Christian
1.1.2.	Zielgruppen festlegen	☐	keine Priorität	03.04.2006 00:00	05.04.2006 00:00		☐	Daniela; Christian
1.1.3.	Kokurrenz beobachten	☐	keine Priorität	03.04.2006 00:00	09.04.2006 00:00		☐	Daniela
1.1.4.	Vorlagen organisieren	☐	keine Priorität	03.04.2006 00:00	07.04.2006 00:00		☐	Daniela
1.2.	Content festlegen	☐	Priorität 1				☐	
1.2.1.	Textauswahl treffen	☐	keine Priorität				☐	
1.2.1.1.	Bisherige Texte prüfen und sammeln	☐	keine Priorität	03.04.2006 00:00	10.04.2006 00:00		☐	Sara
1.2.1.2.	Zu überarbeitende Texte festlegen	☐	keine Priorität	03.04.2006 00:00	04.04.2006 00:00		☐	Sara; Christian
1.2.1.3.	Bedarf für neue Texte festlegen	☐	keine Priorität	03.04.2006 00:00	09.04.2006 00:00		☐	Helmut
1.2.2.	Produktportfolio abbilden	☐	keine Priorität	03.04.2006 00:00	13.04.2006 00:00		☐	Helmut
1.2.3.	Produktportfolio mit Beschreibungen...	☐	keine Priorität	03.04.2006 00:00	06.04.2006 00:00		☐	Helmut; Christian
1.2.4.	Dienstleistungsangebot definieren	☐	keine Priorität	03.04.2006 00:00	12.04.2006 00:00		☐	Dagmar, Helmut
1.2.5.	Dienstleistungsangebot beschreiben	☐	keine Priorität	03.04.2006 00:00	16.04.2006 00:00		☐	Sara
1.2.6.	Rechtliche Hinweise prüfen	☐	keine Priorität	03.04.2006 00:00	05.04.2006 00:00		☐	Sara
1.2.7.	Kontaktmöglichkeit einrichten	☐	keine Priorität	03.04.2006 00:00	04.04.2006 00:00		☐	Christian
1.2.8.	Navigationsstruktur festlegen	☐	keine Priorität	03.04.2006 00:00	05.04.2006 00:00		☐	Helmut
1.2.9.	Analysemöglichkeiten beschreiben	☐	keine Priorität	03.04.2006 00:00	03.04.2006 00:00		☐	Helmut; Christian
1.3.	Funktionswünsche festlegen	☐	Priorität 2				☐	
1.3.1.	Administrationsmöglichkeiten bestim...	☐	keine Priorität	03.04.2006 00:00	05.04.2006 00:00		☐	Christian
1.3.2.	Möglichkeiten für Texteingabe festleg...	☐	keine Priorität	03.04.2006 00:00	03.04.2006 00:00		☐	Sara; Christian
1.3.3.	Möglichkeiten Bildbearbeitung festleg...	☐	keine Priorität	03.04.2006 00:00	04.04.2006 00:00		☐	Sara; Daniela; Christian
1.3.4.	Datenbank[illegible]	[illegible]	keine Priorität	03.04.2006 00:00	04.04.2006 00:00		☐	Christian
							☐	

Abbildung 23.18 MapListe nach der Aufgabenplanung

Es sind für die Aufgaben der Initialisierungs- und Spezifikationsphase *Ressourcen* beziehungsweise *Zuständige* und je ein *Start- und Stopdatum* in die Liste eingetragen.

Um das Meeting zum Abschluss zu bringen, soll jetzt geklärt werden, wann die *Phase 2* beginnt. Diverse Aufgaben in unserem Projekt sind zeitlich und arbeitstechnisch voneinander abhängig. Das heißt, dass zum Beispiel zur Erfüllung einer Aufgabe eine andere vollzogen sein muss. Dasselbe gilt für Aufgabenblöcke.

Dazu ein Beispiel aus unserem Projekt:

Bevor die Zielgruppe für unsere Website festgelegt werden kann, muss die Kundenanalyse durchgeführt worden sein. In diesem Fall sind zwei Aufgaben voneinander abhängig.

Bevor Content festgelegt werden kann, muss der Innovationsbedarf ermittelt sein. Hier geht es um zwei Aufgabengruppen, die voneinander abhängig sind.

Aber das ist noch nicht alles. Die Aufgaben sind auch von den *Ressourcen-Zeitkapazitäten* abhängig. So kommt es mit Sicherheit vor, dass eine für eine Aufgabe zuständige Person meist nicht zwei Aufgaben gleichzeitig erledigen kann.

Unser Planungsanliegen ist jetzt die zeitliche Abfolge der Aufgaben der *Phase 1* unter Berücksichtigung der *Ressourcenkapazitäten* zu bestimmen.

1. Um zur *Gantt-Ansicht* zu wechseln, nutzen Sie eine der folgenden Verfahrensweisen:
   - Klicken Sie auf die Schaltfläche *Gantt*, oder
   - wählen Sie den Menübefehl *Ansicht/Gantt-Zeitplanung*.
2. Im nun angezeigten Aufgabenbereich klicken Sie auf *Ressourcen*, um die Namen der Zuständigen hinter den Zeitbalken anzuzeigen (siehe **Abbildung 23.19**).

Die zeitliche Abfolge kann jetzt über *Verknüpfungen* (Links) zwischen den Aufgaben geklärt werden, die in der Gantt-Zeitplanung serialisiert werden.

Bevor wir dies jedoch tun, lassen Sie uns die dafür wichtigen Funktionen der Gantt-Zeitplanung ein wenig beleuchten.

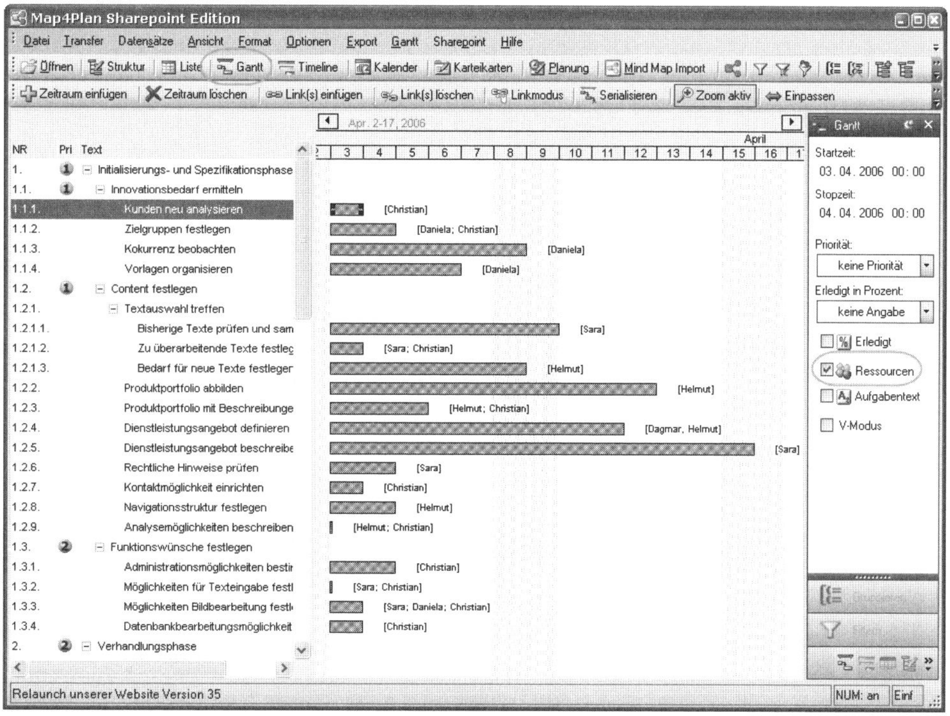

Abbildung 23.19 Aufruf der Gantt-Zeitplanung mit Klick auf Ressourcen

Was ist eine Gantt-Zeitplanung?

Die Angabe eines Start- und Enddatums für einen Zeitraum lässt sich auf einer Zeitskala in Form eines Zeitbalkens visualisieren. Der versierte Projektplaner kennt diese Form der Zeitdarstellung. Es ist die so genannte *Gantt-Zeitplanung*, die nach dem Ingenieur Henry Gantt benannt wurde, der diese Methode Anfang des 20. Jahrhunderts entwickelte.

In Map4Plan werden sämtliche Start- und Enddatumsangaben aus der Liste per Klick hierarchisch sortiert in die Gantt-Ansicht übertragen. Die Darstellung rechts neben dem hierarchischen Verzeichnis der Maßnahmen und Aufgaben (»Baumstruktur«) nennt sich auch Gantt-Diagramm.

Was sind Verbindungen (Links)?

Sie erinnern sich an den Abschnitt »Maßnahmen ordnen und Aufgaben ermitteln«? Die Gantt-Zeitplanung in Map4Plan unterscheidet im Prinzip Maßnahmen und Aufgaben. Man kann diese auch als *Haupt-* und *Unteraufgaben* bezeichnen. Im MindManager entspricht dies den Haupt- und Unterzweigen. Zur Erfüllung einer Maßnahme beziehungsweise Hauptaufgabe sind also Aufgaben beziehungsweise Unteraufgaben zu bewältigen.

In der Gantt-Zeitplanung in Map4Plan werden Hauptaufgaben standardmäßig als besondere Zeitbalken dargestellt, welche die Gesamtzeitdauer mehrerer Aufgaben kennzeichnen. So entspricht jeder »Knoten« der Business Map im MindManager, der mit Unterzweigen verfeinert wird, einer Hauptaufgabe im Map4Plan-Gantt-Diagramm.

In der Gantt-Zeitplanung in Map4Plan können *Verbindungen* (Links) zwischen Aufgaben geknüpft werden. Das Verbinden von Hauptaufgaben ist dagegen nicht möglich.

Die Verbindung wird dabei durch einen Startpunkt und einen Zielpunkt festgelegt. In der Regel ist das End- beziehungsweise Stoppdatum der ersten Aufgabe der Startpunkt, während das Startdatum der zweiten Aufgabe das Verbindungsziel ist, das durch einen kleinen Pfeil gekennzeichnet wird.

Somit ist klar, welche Aufgabe in der Reihenfolge zuerst abgearbeitet werden muss.

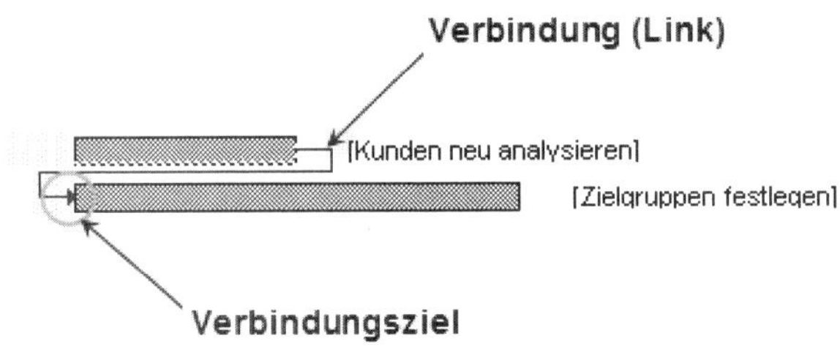

Abbildung 23.20 Verbindung (Link) zwischen zwei Aufgaben

Für die Gantt-Zeitplanung stehen Ihnen umfangreiche Einstellungs- und Formatierungsmöglichkeiten im Menü *Gantt* zur Verfügung, das mit dem Aufruf der Gantt-Ansicht in Map4Plan in der Menüleiste eingeblendet wird. So ist es unter anderem möglich einzustellen, dass ein Startzeitpunkt immer mit einem Startzeitpunkt verbunden wird. Es handelt sich hierbei lediglich um eine Formatierungsmöglichkeit der Verbindungslinienform.

Die Logik im Programm ist beim Verbinden immer die Erledigung einer Aufgabe, auf die eine nächste Aufgabe folgt – also die Verbindung des Enddatums einer Aufgabe mit dem Startdatum einer Folgeaufgabe.

In einem späteren Update der Software soll aber dieser Sachverhalt der »Anzeigelogik« dem der »Programmlogik« angepasst werden. Warum dies wichtig zu verstehen ist, erfahren Sie im nächsten Abschnitt zum Thema *Serialisieren*.

Was ist serialisieren?

Dieser Vorgang ist recht einfach zu beschreiben. Serialisieren in der Gantt-Zeitplanung ist das chronologische Aneinanderreihen von miteinander verbundenen (verlinkten) Aufgaben. Eine Aufgabe beginnt mit Abschluss der verknüpften Vorgängeraufgabe. Am besten lässt sich dieser Vorgang aus der folgenden **Abbildung 23.21** erschließen.

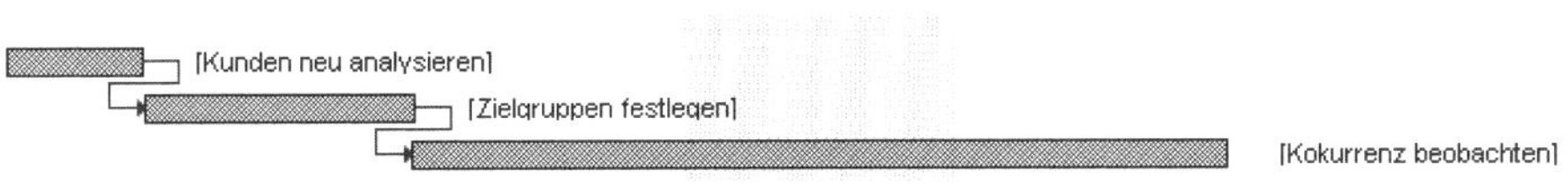

Abbildung 23.21 Serialisierung – drei Aufgaben sind serialisiert

In Map4Plan werden Aufgaben nicht automatisch serialisiert. Es muss die entsprechende Funktion *Serialisierung* aus der Werkzeugleiste oder aus dem Menü *Gantt/Zeiträume serialisieren* ausgelöst werden.

Damit bleiben Ihnen Freiheitsgrade in der Zeitplanung erhalten. Arbeiten Sie zum Beispiel mit mehreren Ressourcen und/oder unabhängigen Aufgaben, können diese entsprechend manuell mit dem Zeigegerät (Maus) verschoben werden.

Bei der Serialisierung werden Aufgaben berücksichtigt, die weniger als einen Tag Zeit in Anspruch nehmen. Sind solch kurzzeitige Aufgaben vorhanden, werden Sie während der Serialisierung gefragt, ob die Folgeaufgabe noch am Tag der Vorgängeraufgabe beginnen soll. Sie können sich in einem selbsterklärenden Dialog *Serialisierung* entscheiden, wie die Vorgänger- und Folgeaufgabe serialisiert werden.

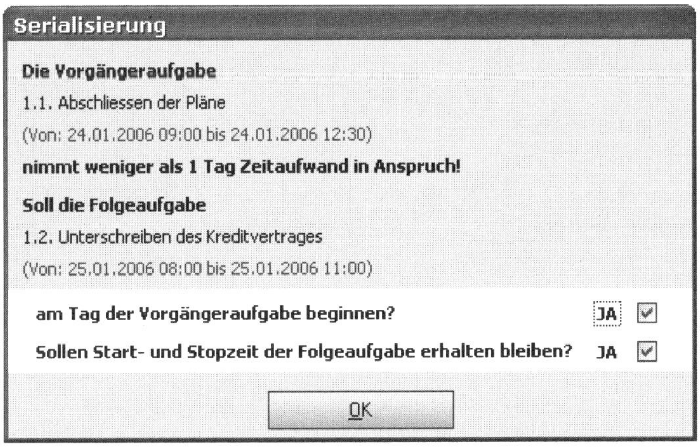

Abbildung 23.22 Serialisierung – Aufgaben, die weniger als einen Tag Zeit in Anspruch nehmen

Es sei noch eine weitere Besonderheit erwähnt, die einen großen Vorteil der Serialisierungsfunktion darstellt. Treffen während der Serialisierung Zeiträume auf Wochenenden oder Tage, an denen nicht gearbeitet wird (siehe Zeiteinstellungen in Abschnitt 23.2.3.4), werden diese automatisch um die Wochenenden oder freien Tage verlängert.

Dazu ein Beispiel:

Sie haben eine Aufgabe definiert, die drei Arbeitstage dauern soll. Diese Aufgabe beginnt an einem Montag und endet an einem Mittwoch. Wird diese Aufgabe, abhängig von ihrer Vorgängeraufgabe, durch die Serialisierung auf einen Freitag verschoben, wird diese um die zwei Tage des Wochenendes (Samstag und Sonntag) verlängert. Sie beginnt also am Freitag und endet am Dienstag der Folgewoche, hat also jetzt einen Zeitraum von fünf Tagen. Der »Netto-Arbeitszeitraum« beträgt aber weiterhin drei Tage.

Zurück zu unserer Planung: Es ist der Zeitraum zu ermitteln, der für die *Phase 1* unseres Projekts benötigt wird. In der Gantt-Ansicht müssen jetzt die Abhängigkeiten der Aufgaben untereinander für die Serialisierung definiert werden. Es sind also Verbindungen (Links) zwischen den Projektaufgaben einzufügen.

Wir benutzen den Linkmodus aus der Werkzeugleiste, um die Verbindungen zwischen den Aufgaben herzustellen. Sobald Sie die Schaltfläche anklicken, ist diese aktiviert.

Jetzt können Sie mit dem Zeigecursor (Mauscursor) auf den Zeitbalken einer Aufgabe zeigen, die Eingabe-Funktionstaste (linke Maustaste) des Zeigegerätes (Maus oder Zeigestift) drücken, gedrückt halten und zur Folgeaufgabe führen, wo Sie die linke Funktionstaste wieder loslassen.

Das liest sich komplizierter, als es ist. Es muss lediglich ein Punkt der jeweiligen Zeitbalken-Fläche vom Mauscursor erfasst beziehungsweise berührt werden. Während des Ziehens der Verbindungslinie wird der Zeigecursor zu einer senkrechten Linie mit einer kleinen Pfeilspitze, die nach oben zeigt.

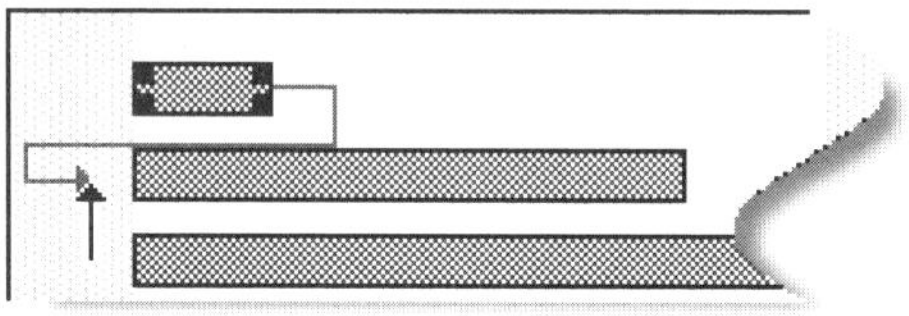

Abbildung 23.23 Einfügen einer Verbindung im Linkmodus

Nach wenigen Minuten haben Sie alle Verbindungen (Links) für die *Phase 1* eingefügt.

Das Resultat sieht wie folgt aus:

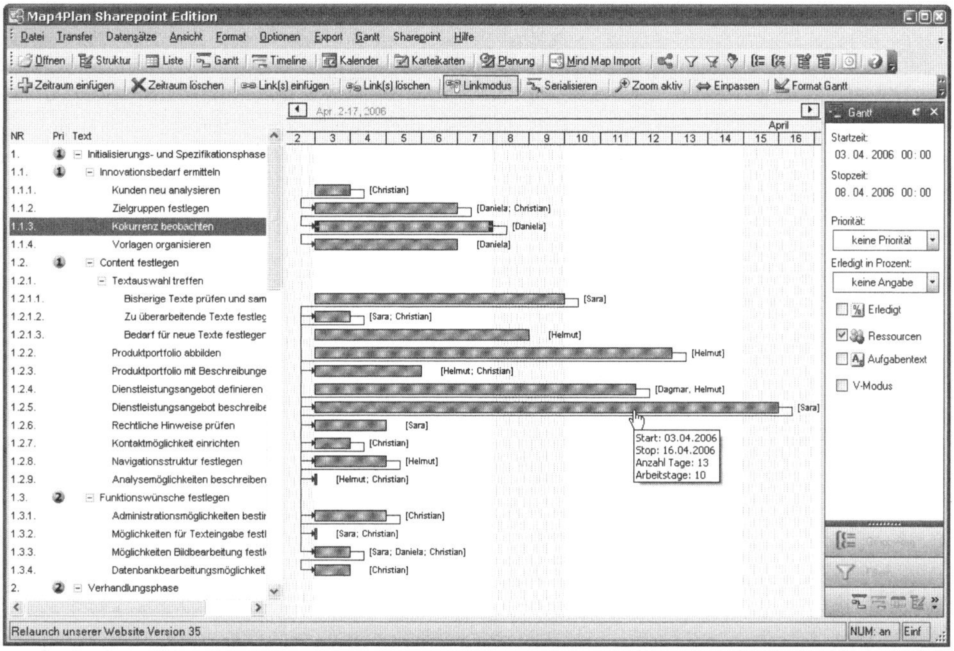

Abbildung 23.24 Verbundene Aufgaben vor der Serialisierung

Betrachten wir den Aufgabenblock »Innovationsbedarf ermitteln« einmal genauer: Die Aufgabe »Kunden neu analysieren« muss *vor* der Aufgabe »Zielgruppen festlegen« erledigt sein. Das ist logisch, denn erst wenn die neue Kundenanalyse vorliegt, können daraus die Zielgruppen eruiert werden, um sie schließlich festzulegen.

Weiter: Die Konkurrenzbeobachtung soll im Hinblick auf die festgelegten Zielgruppen erfolgen, weswegen die Aufgabe »Konkurrenz beobachten« erst nach der Festlegung der Zielgruppen durchgeführt werden kann. Da Daniela mit der Konkurrenzbeobachtung kapazitiv völlig ausgelastet ist, kann sie ihre nächste Aufgabe »Vorlagen organisieren« erst nach der Konkurrenzbeobachtung ausführen.

So oder so ähnlich könnte die Argumentation während des Kick-off-Meetings ausgefallen sein.

Wir sind nur noch einen Klick von unserer Planungsabsicht entfernt, den Zeitraum für *Phase 1* zu bestimmen. Über die Schaltfläche *Serialisieren* oder den Menübefehl *Gantt/Zeiträume serialisieren* lösen wir die Serialisierung aus. Das Ergebnis ist in **Abbildung 23.25** dargestellt.

Wenn Sie das Beispiel genau so nachvollzogen haben wie beschrieben, werden Sie festgestellt haben, dass nach der Serialisierung nicht mehr alle Zeitbalken des Gantt-Diagramms innerhalb der Fläche sichtbar waren.

Um wieder einen Blick auf sämtliche Zeitbalken zu erhalten, benutzen Sie die Schaltfläche *Einpassen* der Werkzeugleiste oder den Menübefehl *Gantt/Gantt einpassen*. Eine weitere Möglichkeit ist, die Ansicht zu zoomen (verkleinern/vergrößern) und zu verschieben.

Ist die Schaltfläche *Zoom aktiv* aktiviert, können Sie durch Ziehen der Maus in der Zeitskala oberhalb des Diagramms zoomen. Dazu klicken Sie irgendwo auf die Skala, halten die linke Maustaste gedrückt und ziehen nach links, um zu vergrößern, oder rechts, um zu verkleinern. Zum Verschieben des Diagrammbereichs nach rechts oder links muss die Schaltfläche *Zoom aktiv* deaktiviert sein.

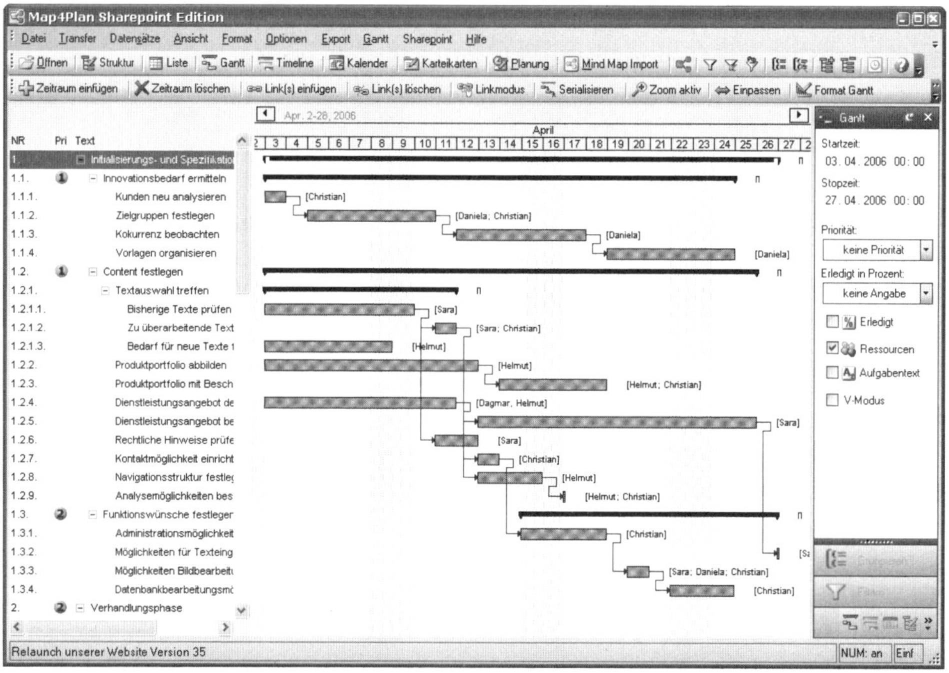

Abbildung 23.25 Verbundene Aufgaben nach der Serialisierung

Sie entdecken neue Zeitbalken im Gantt-Diagramm. Dies sind die Zeitbalken der Maßnahmen, die automatisch während des Serialisierungsprozesses eingefügt worden sind. Sie markieren den Start- und Endzeitpunkt von Aufgabengruppen und stellen den Zeitraum für die jeweilige Aufgabengruppe dar.

Jetzt kennen wir den benötigten Zeitraum für die *Initialisierungs- und Spezifikationsphase*. Mit einem Klick auf den Zeitbalken – oder den entsprechenden Listeneintrag in der Baumstruktur mit der Nummer »1« – erscheinen in der Aufgabenleiste die Start- und Stoppzeit für den gesamten Aufgabenkomplex. Wir wissen nun, dass die *Phase 1* im Zeitraum *03.04. bis 27.04.* erledigt wird.

Auch für die untergeordneten Aufgabenblöcke können Sie auf diese Weise die entsprechend benötigten Gesamtzeiträume ablesen.

Ein Trick für die Serialisierung von Hauptaufgabenblöcken:

Wenn Sie wollen, dass ein Block von Aufgaben sich an den Vorgängerblock anschließt, verbinden Sie die letzte Aufgabe des Vorgängerblocks mit der ersten Aufgabe des Blocks der Nachfolger.

Verbindungen zwischen Aufgaben lassen sich auch mit einer anderen Funktion einfügen. Dazu markieren Sie mit der Kombination *Strg+Linke Maustaste* einzelne Zeitbalken oder Einträge in der Baumstruktur und wählen den Befehl *Link(s) einfügen* aus der Gantt-Werkzeugleiste. Es lassen sich so auch Verlinkungen in Serie vornehmen, indem Sie mehr als zwei Aufgaben markieren.

23.2.3.6 Die Business Map in MindManager aktualisieren

Das Kick-off-Meeting neigt sich dem Ende zu. Es wurde innerhalb sehr kurzer Zeit einiges geschafft. Alle Beteiligten haben einen Eindruck vom Gesamtprojekt gewonnen und wissen um die Aufgaben, die auf sie zukommen.

Die interne Crew ist sogar bereits mit Terminen ausgestattet. Nun ist Vergessen ein aktiver Vorgang. Sie beschließen, den Projektteilnehmern ein Dokument zur Orientierung und Vorbereitung mit nach Hause zu geben. Was bietet sich da mehr an als die Business Map?

Damit die Teilnehmer ein möglichst umfassendes Bild über den Projektablauf erhalten, ist eine Business Map mit den in Map4Plan aktualisierten Daten zu erstellen.

Um die Business Map zu aktualisieren, gehen Sie folgendermaßen vor:

1. Wählen Sie im Menü *Transfer* den Befehl *Mind Map aktualisieren*.
2. Geben Sie im darauf folgenden Dialog *Aktualisieren* an, welche Daten zurück in die Ursprungs-Business Map geschrieben werden sollen. Dies sind das *Start- und Stopdatum* sowie die *Ressourcen*. Diese Einträge haken Sie dabei per Klick ab.
3. Mit Klick auf die Befehlsschaltfläche *Aktualisieren* wird die Aktualisierung durchgeführt.

Abbildung 23.26 Dialog *Aktualisieren*

Der Dialog *Aktualisieren* zählt genau die Dateneinträge auf, die zwischen MindManager und Map4Plan ausgetauscht werden können. Es gibt sowohl in MindManager als auch in Map4Plan Eintragsmöglichkeiten, die nicht vom jeweiligen Gegenüber übernommen werden. Dazu zählen zum Beispiel *Anmerkungen*, *benutzerdefinierte Eigenschaften* und *Symbole* auf Seiten MindManager und *Kosten*, *benutzerdefinierte Felder* und *Einträge zu Listenformatierungen* auf Seiten Map4Plan.

Diese Tatsache begründet sich darin, dass beide Programme ab einer bestimmten Bedarfsstufe ihren jeweils eigenen spezifischen Zweck erfüllen. Für die Arbeit mit Map4Plan ist es durchaus ausreichend, ab dieser Stufe seinen eigenen Weg in der Planung zu gehen. Aber es gibt noch Schnittstellen, welche die Zusammenarbeit der beiden Programme unterstützen.

Dazu zählt zum Beispiel der Abgleich der in **Abbildung 23.26** aufgezählten Daten in beide Richtungen, solange mit denselben Strukturen gearbeitet wird. Darauf kommen wir später in diesem Kapitel nochmals zurück.

Das Resultat unserer Aktualisierung ist eine um die Daten *Start-/Stopdatum* und *Ressourcen* ergänzte Business Map für die Initialisierungs- und Spezifikationsphase, die wir dem Projektteam in gedruckter Form aushändigen.

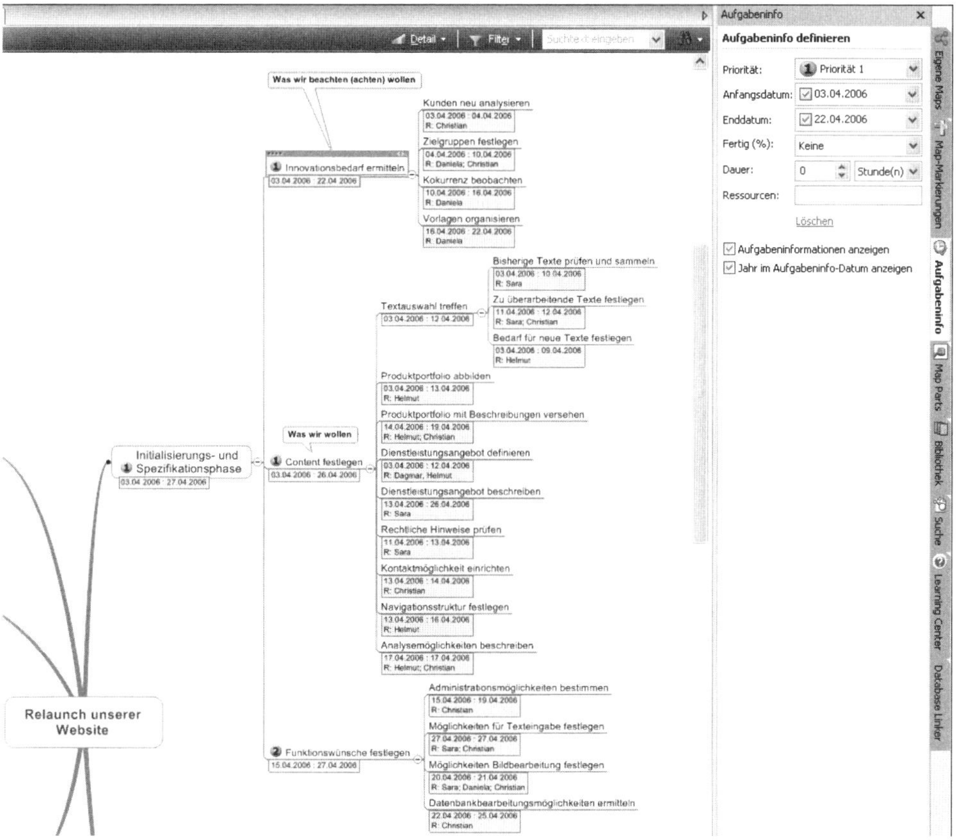

Abbildung 23.27 Ausschnitt aktualisierte Business Map in MindManager

Die Kick-off-Veranstaltung ist hiermit beendet. Aufgrund der vorzüglichen Planungsmöglichkeiten mit dem Duo MindManager und Map4Plan konnten wir innerhalb kurzer Zeit mit einem Wohlfühlergebnis die Runde schließen.

23.2.4 Flexible Planungsarbeit – zu jeder Zeit

Gleich nach dem Kick-off sind Sie durch die frischen Eindrücke über das Resultat und den Spaß an der Sache motiviert, zu weiteren Planungstaten zu schreiten. Ihr Ziel als Projektleiter ist, die in den kommenden Tagen und Wochen zu erledigenden Teamaufgaben nach allen Regeln der Kunst zu unterstützen und jederzeit informiert zu sein, um im Notfall korrigierend eingreifen zu können.

Der Plan soll allgegenwärtig sein und keine Lücken aufweisen. Sie müssen sich schließlich vor einer weiteren Instanz rechtfertigen, nämlich Ihrer Geschäftsleitung. Und es liegt in der Natur der Sache, dass unterschiedliche Instanzen und Aufgabenträger inkongruente Blickwinkel auf ein Projekt entwickeln. Ihr Plan muss also jedem dieser Blickwinkel gerecht werden – dem des gesamten Teams, intern wie extern, dem der einzelnen Aufgabenträger, dem der Geschäftsleitung und nicht zuletzt Ihrem eigenen, in diesem Zusammenhang umfassendsten Blick auf das Projekt.

Lassen Sie uns in den folgenden Abschnitten einen Ausflug in die Welt der Möglichkeiten mit Map4Plan in Bezug auf die eben erwähnten Blickwinkel unterschiedlicher Instanzen im Projekt unternehmen.

Auch hier sei nochmals ausdrücklich angemerkt, dass die folgenden Beispiele lediglich einen Ausschnitt der Funktionen darstellen und als Anreiz und/oder Ideengeber für Ihre Planungsarbeit dienen sollen.

23.2.4.1 Ad-hoc-Änderungen im Plan

Gerade während einer Kreativsitzung, unter dem Feuer von zahlreichen Meinungen und Vorschlägen, wird eine Folge sein, dass erst im Nachhinein noch der eine oder andere Groschen fällt. Ob sich dies aus eigenen Überlegungen ergibt oder eben zwischendurch das Telefon klingelt, weil einem Teilnehmer einfällt, etwas vergessen zu haben, Sie müssen flexibel und möglichst umgehend darauf reagieren können.

Und so geschieht es auch in unserem Projekt. Ihnen fällt ein, dass in *Phase 1* noch ein wichtiger Punkt fehlt: Für die Content-Auswahl sind die Ergebnisse aus der Ermittlung des Innovationsbedarfs zu bewerten und der entsprechende Einfluss darauf abzuleiten. Dazu müssen diese Ergebnisse in einem Bericht zusammengefasst werden, damit sie in einem Meeting mit der Geschäftsleitung besprochen und abgesegnet werden können.

Es wäre ohnedies von großem Vorteil, den Start sämtlicher Projektphasen je mit der Geschäftsleitung abzustimmen, um die entsprechende Rückendeckung mit einem »Go« bestätigt zu erhalten. Insofern soll für jede Phase ein Bericht über die Fortschritte derselben erstellt werden, um darauf basierend Entscheidungen über den Fortgang des Projekts zu fällen.

Dem Plan ist für die *Phase 1* die Aufgabe »Ergebnisse zusammenfassen« hinzuzufügen. Zudem soll jede Phase mit einem »Go-Meeting« beginnen. Jede Projektphase ist mit einer »Bilanzierung für das Go-Meeting« abzuschließen. Und last but not least: Sie sind als Projektleiter für die Berichte an die Geschäftsleitung sowie für das Go-Meeting zuständig.

Da es sich bei der vorliegenden Nachbesserung des Plans um eine Strukturänderung handelt, wählen Sie in Map4Plan die Strukturansicht, um dieser Planungsaufgabe nachzukommen.

1. Über die Befehlsschaltfläche *Struktur* in der Werkzeugleiste oder den Menübefehl *Datei/MapListe (Struktur) bearbeiten* rufen Sie die Strukturansicht auf und fügen die entsprechenden Aufgaben ein.
2. Klicken Sie dazu zunächst auf den Eintrag *1.4 Funktionswünsche festlegen*, und drücken Sie die *Eingabe*-Taste.

3. Es erscheint unterhalb des Punktes 1.4.4 eine neue Eintragsmöglichkeit mit dem bereits zum Überschreiben markierten Text *Neuer Eintrag*. Tippen Sie hier »Ergebnisse zusammenfassen« ein, und bestätigen Sie mit der *Eingabe*-Taste.

Der neue Eintrag ist angelegt.

4. Jetzt klicken Sie auf den Punkt »2 Verhandlungsphase« und betätigen die *Einfg*-Taste.

Es wird ein neuer, zur Eingabe bereiter Punkt am Ende der gesamten Phase eingefügt.

5. Tippen Sie hier »Go-Meeting« ein.

Nun soll aber diese Aufgabe jeweils zu Beginn einer neuen Projektphase vollzogen werden. Sie muss also an den Anfang verschoben werden. Der neue Eintrag ist noch markiert.

6. Benutzen Sie nun die Tastenkombination *Strg+Cursor oben*, um die Aufgabe unter den Punkt »2 Verhandlungsphase« zu verschieben. Dabei müssen Sie die *Strg*-Taste nicht loslassen. Sie können währenddessen beobachten, wie die Nummerierung ad hoc angepasst wird.
7. Verfahren Sie mit den übrigen Aufgaben genauso.

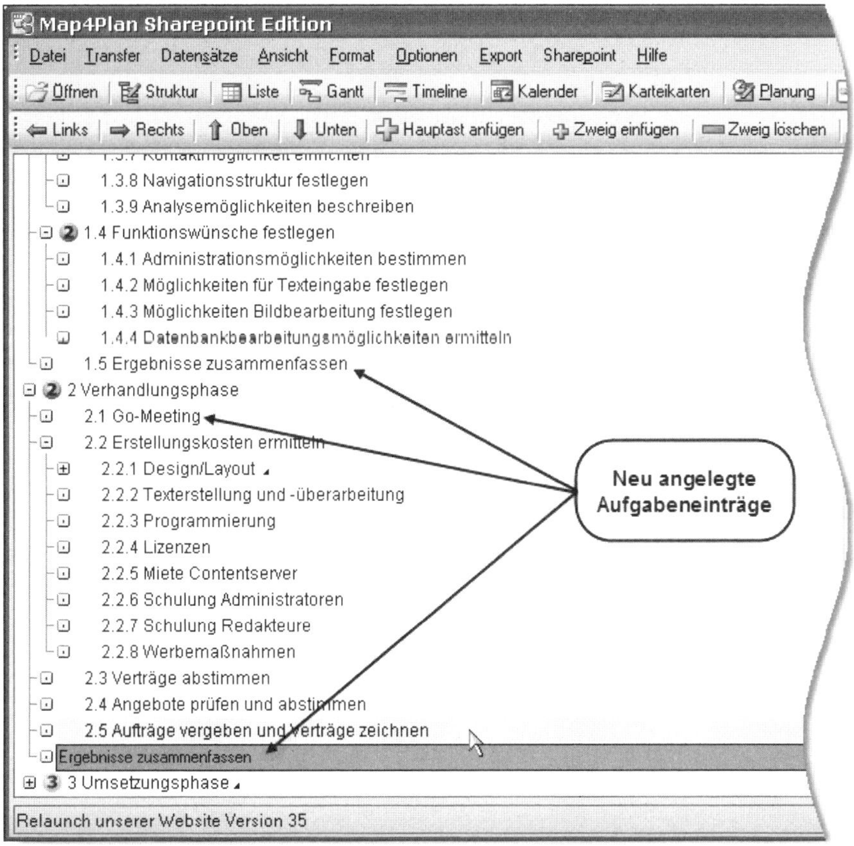

Abbildung 23.28 Strukturansicht – neu angelegte Aufgabeneinträge

Arbeiten in der Map4Plan-Strukturansicht

Die Strukturansicht bietet Ihnen komfortable Möglichkeiten, Projektstrukturen anzulegen und zu bearbeiten. Dabei wird der Projektstrukturplan in einer Baumstruktur (englisch: Tree View) visualisiert.

Die Einträge sind in Ästen und Zweigen bis zur 15. Hierarchiestufe gegliedert – der letzte Eintrag unter einem fortgesetzten Punkt 1 entspräche demnach der Nummer 1.1.1.1.1.1.1.1.1.1.1.1.1.1.1.

Lassen Sie uns einen Blick auf die wichtigsten Funktionen werfen.

Da sind zunächst die Tastaturbefehle, mit denen Sie in der Lage sind, ohne Zuhilfenahme des Zeigegerätes neue Einträge *hinzuzufügen*, Einträge zu *bearbeiten*, zu *ordnen*, *auszuschneiden*, zu *kopieren*, *einzufügen*, zu *löschen* oder zu *verschieben*.

Die wichtigsten Tastaturbefehle:

- *Strg+Rechts* (Cursor-Taste) = eine Hierarchiestufe nach rechts = Unterordnen
- *Strg+Links* = eine Hierarchiestufe nach links = Überordnen
- *Strg+Oben* = in der Reihenfolge nach oben
- *Strg+Unten* = in der Reihenfolge nach unten
- *Entf* = Eintrag löschen
- *Enter* (*Eingabe*-Taste) = neuen Eintrag auf derselben Ebene einfügen
- *Enfg* = neuen Eintrag unterordnen
- *Strg+C* = Ast/Zweig kopieren
- *Strg+V* = Kopierten Ast/Zweig unter Markierung einfügen
- *Strg+Enter* = Eintragstext bearbeiten

Zudem stehen Ihnen die Schaltflächen aus der Werkzeugleiste und des Kontextmenüs (rechte Maustaste beim Zeigen auf einen Eintrag) zur Verfügung, in denen Sie intuitiv unter anderem die Hauptfunktionen für das Bearbeiten der Struktur wieder erkennen.

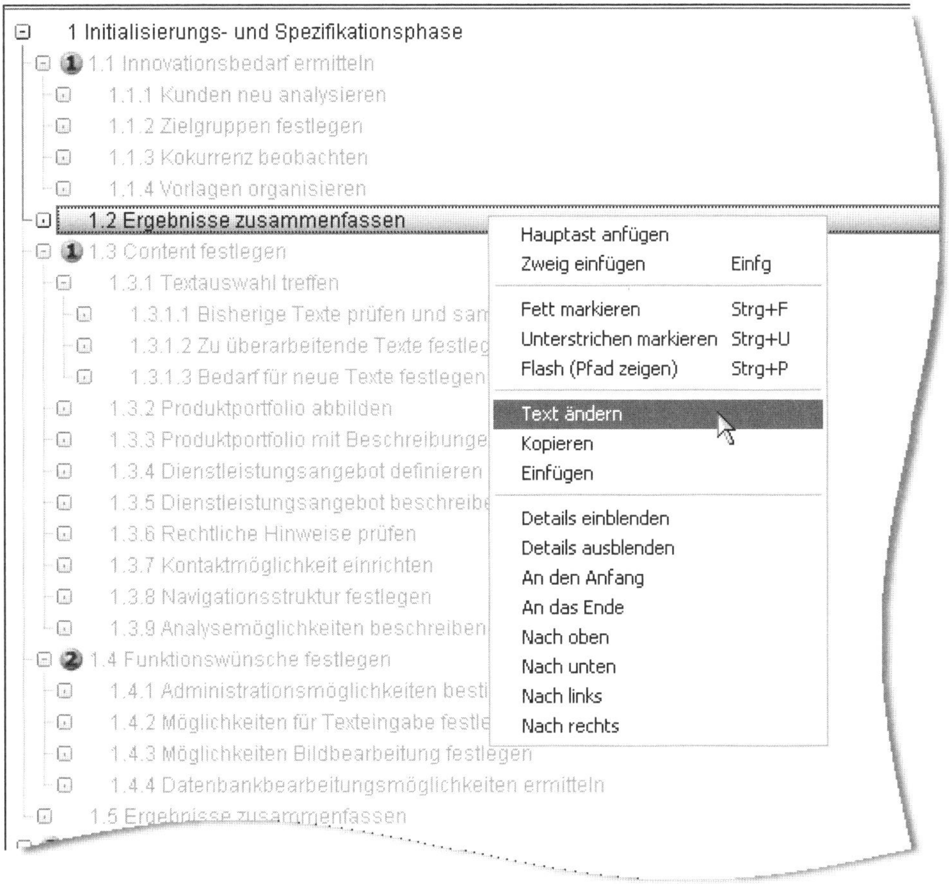

Abbildung 23.29 Highlight-Pfad und Kontextmenü in der Strukturansicht

- Mit *Schriftformat* in der Struktur-Werkzeugleiste können Sie die *Schriftart* und *-größe* für die Ansicht festlegen.
- *Auto-Details*, eine aktivierbare Schaltfläche, sorgt dafür, dass für einen aktiven Eintrag jeweils die Details eingeblendet werden.
- Mit *Highlight-Pfad* wird jeweils der Pfad zu einer Aufgabe, von der Hauptaufgabe zur Detailaufgabe, textlich hervorgehoben, während die übrigen Einträge verblassen.

Es ist also für Übersicht und komfortables Arbeiten in der Strukturansicht gesorgt. Sie sind, was die Struktur eines Projektplans anbetrifft, hoch flexibel.

Die Strukturplanung ist eine separate Funktion in Map4Plan. Sie werden sich fragen, warum die Strukturplanung nicht direkt in der Liste oder zum Beispiel in der Gantt-Ansicht möglich ist.

Nun, dieser Sachverhalt ist auf technische Gründe zurückzuführen. Zum einen besteht die Strukturansicht nur aus den *Maßnahmen-* und *Aufgabentexten*. Die Nummerierung wird temporär verarbeitet. Es werden also nicht sämtliche Felder der MapListe mitgeschleppt, was die Ressourcen des Rechners schont und damit eine bessere Performance für die Bearbeitung beschert.

Bedenken Sie bitte, dass zu den bereits über 40 Spalten einer MapListe in der Rohfassung weitere hinzufügbar sind und Eintragungen, wie zum Beispiel die Notizen, recht umfangreich sein können.

Zum anderen steht hinter der Hierarchie der Daten ein technisch komplexer Ablauf, der diese überhaupt erst ermöglicht. Es müssen, um nur ein Detail zu nennen, eindeutige Eintrags-Identifikationsnummern für den Austausch mit den übrigen Ansichten generiert werden, da auch hierbei jeweils nur ein Teil der kompletten Spaltenstruktur herangezogen wird, um die Performance der Anwendung zu halten.

Sie müssen sich noch als Projektleiter für die Ergebniszusammenfassung sowie sich selbst und die Geschäftsführung für das Go-Meeting in die Planungsliste eintragen.

Mit den neuen Aufgaben hat die MapListe jetzt 88 Einträge. Sie wollen nicht die gesamte Liste durchforsten, um die neuen *Ressourcen* zu erfassen. Deshalb *filtern* Sie alle Einträge, die entweder die Aufgabe »Ergebnisse zusammenfassen« oder »Go-Meeting« enthalten.

Wir befinden uns noch in der Strukturansicht.

1. Mit einem Klick auf die Schaltfläche *Liste* in der Werkzeugleiste oder über den Menübefehl *Ansicht/MapListe* wechseln Sie in die Listenansicht.
2. Dort benutzen Sie den Menüpunkt *Datensätze/Filtern*, um den Dialog *Filtereditor* aufzurufen.
3. Aus dem ersten Dropdown-Listenfeld wählen Sie den Eintrag *Text* aus, lassen im zweiten Dropdown das *Gleichheitszeichen* (Filter-Operator) stehen und tragen dahinter »Ergebnisse zusammenfassen ein«.
4. Machen Sie nun ein Häkchen in der zweiten Zeile vor dem noch nicht aktivierten *Und*, das sogleich mit dem Setzen des Häkchens aktiviert wird.
5. Ändern Sie den Eintrag *Und* in *Oder*, und wählen Sie im nächsten Feld wieder den Eintrag *Text* aus.
6. Das Gleichheitszeichen bleibt wieder stehen. Der Eintrag nach dem Operator muss »Go-Meeting« lauten.
7. Führen Sie nun die Filterkriterien aus, indem Sie auf *OK* klicken.

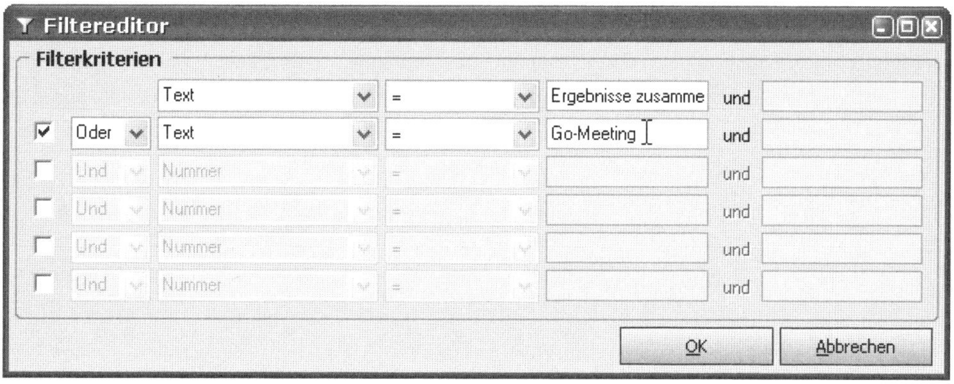

Abbildung 23.30 Filtereditor – Filtern in der MapListe

Der Filter, den wir soeben auf die Liste angewendet haben, ließe sich wie folgt formulieren:

Zeige mir nur die Zeilen der Liste, in denen im Feld *Text* die Eintragung »Ergebnisse zusammenfassen« oder »Go-Meeting« vorkommen.

Als Ergebnis Ihrer Filterangaben finden Sie die MapListe mit den für die Eingabe der Ressourcen relevanten Zeilen vor, die Sie umgehend erfassen können.

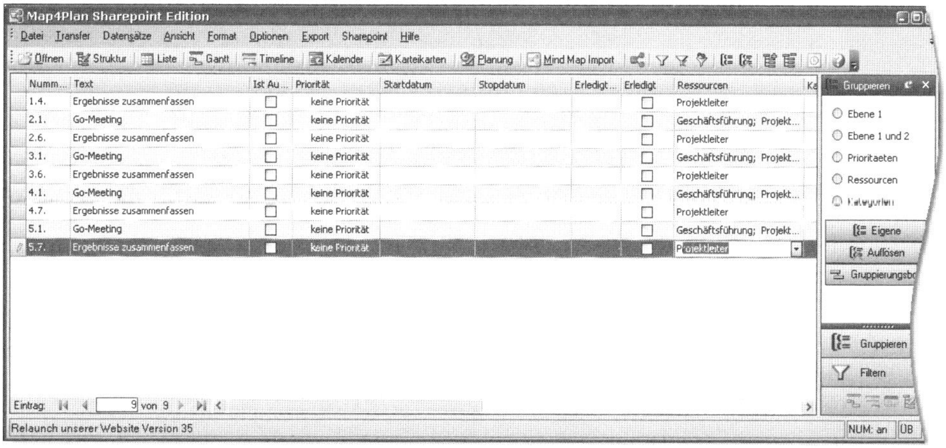

Abbildung 23.31 Filtern in der MapListe – das Filterergebnis

Filtern in Map4Plan

In umfangreichen Listen schafft das Filtern nach *Werten* Übersicht und spart Zeit bei der Erfassung neuer Einträge. Geschaltete Filter werden auch an die *Timeline*-Ansicht, die *Kalender*-Ansicht und *Karteikarten*-Ansicht übergeben.

Im Filtereditor geben Sie die Felder beziehungsweise Spalten an, nach deren Inhalten gefiltert werden soll. Dazu zählen sämtliche in der MapListe verfügbaren Spalten – auch die benutzerdefinierten. Es kann nach Einzelwerten oder Wertpaaren gefiltert werden. Das hängt vom gewählten Filteroperator ab. Die Operatoren »zwischen« und »nicht zwischen« erfordern zum Beispiel Wertpaare.

Das Filtern von Einträgen folgt logischen Fragestellungen, die sich beim Untersuchen von Daten ergeben. Formulieren Sie Fragen, die Sie an einen Plan stellen wollen, und versuchen Sie, diese Fragen mit den logischen Operatoren und Werten für die Felder in den Dialog *Filtereditor* einzugeben. Die Möglichkeiten sind hierbei recht umfangreich. Es lohnt sich auf jeden Fall, mit dem Filtereditor zu üben.

Eine Fragestellung für Filterkriterien könnte zum Beispiel lauten:

Welche Aufgaben sollen zwischen dem 01.05.2006 und dem 15.05.2006 von Herrn Falk und Frau Vogt erledigt sein, die aber noch nicht zur Hälfte erledigt sind? Die Eingabe der Filterkriterien finden Sie in **Abbildung 23.32**.

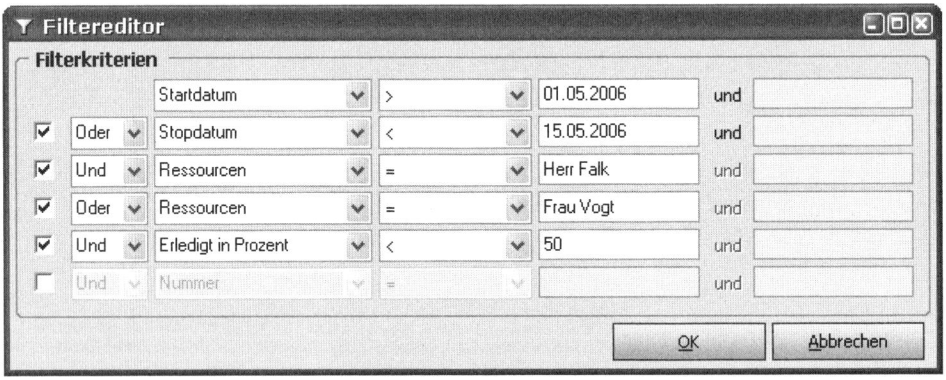

Abbildung 23.32 Filtern in der MapListe – Beispiel Filterkriterien

Map4Plan stellt noch eine weitere, einfachere Filtermöglichkeit zur Verfügung, die so genannte *Filterzeile*. Über den Menübefehl *Datensätze/Filterzeile* blenden Sie diese am oberen Listenrand ein. Gleichzeitig wird die dafür in der Werkzeugleiste zuständige Schaltfläche (Trichter) aktiviert, über welche die Zeile auch wieder ausgeblendet werden kann.

Filterkriterien, die in die Filterzeile eingegeben werden, sind untereinander mit einem logischen »Und« verknüpft. Sie sehen, dass damit nicht die Möglichkeiten zur Verfügung stehen, die mit dem weiter oben beschriebenen Filtereditor geboten werden. Diese Funktion ist für ein schnelles Filtern nach meist einem Wert in der Liste vorgesehen.

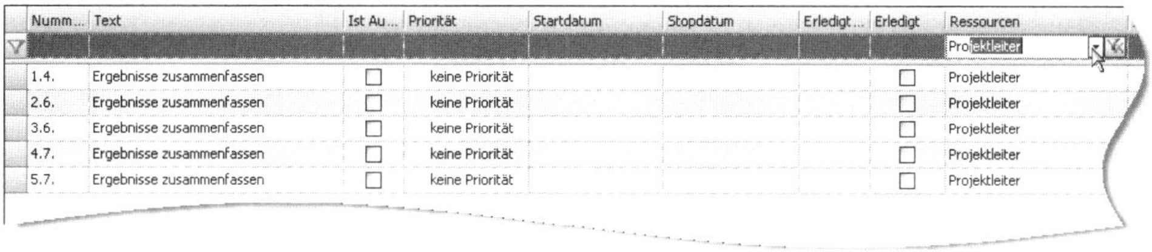

Abbildung 23.33 Filtern in der MapListe – die Filterzeile

In der Filterzeile finden Sie für jeden möglichen Standardeintrag ein Dropdown-Listenfeld vor. Dieses enthält alle Werte, die für die Filtereingabe möglich sind. Über das Filtersymbol mit dem roten X werden die Filterkriterien gelöscht, und die Liste wird wieder vollständig angezeigt.

23.2.4.2 Verteilen von Aufgabenlisten – Teamversorgung

Der Tag ist noch nicht vorüber und wir haben bereits ein fruchtbares Kick-off-Meeting mit den Projektbeteiligten hinter uns, einen strategisch flexiblen Projektplan aufgestellt, den wir in Form einer gedruckten Business Map aushändigten, und bereits kleine Optimierungen am Plan vorgenommen. Jetzt soll das interne, mit der *Phase 1* befasste Team mit konkreten Informationen des Plans versorgt werden, damit es an die Arbeit gehen kann. Der Startschuss für unser Projekt ist längst gefallen.

Eine Kleinigkeit wäre da noch zu erledigen: Für die Aufgabe »Ergebnisse zusammenfassen« in *Phase 1*, der Grundlage für das »Go-Meeting« mit der Geschäftsleitung, muss noch ein Bearbeitungszeitraum festgelegt werden.

Um den Bearbeitungszeitraum festzulegen, gehen Sie wie folgt vor:

1. Wechseln Sie in die Gantt-Zeitplanung, und klicken Sie dort auf die Schaltfläche *Zeitraum einfügen*.
2. Führen Sie den Mauszeiger innerhalb der Diagrammfläche in die Zeile »Ergebnisse zusammenfassen«. Jetzt drücken Sie die *linke Maustaste*. Ein Pfeilsymbol erscheint. Halten Sie die Maustaste gedrückt, und ziehen Sie diese ein wenig nach rechts.

Am oberen Skalenrand werden Sie zwei kleine *Markierungspfeile* bemerken. Diese indizieren den *Datumsbereich* der Aufgabe. Für die Zusammenfassung benötigen Sie zwei Tage.

3. Ziehen Sie also in etwa den Zeitbalken für zwei Tage auf. Jetzt können Sie die Maustaste loslassen.

Der Zeitbalken ist zwar eingefügt, befindet sich aber noch nicht an der richtigen Stelle. Ihre Aufgabe soll mit der letzten Aufgabe der *Phase 1* enden, damit kein neuer Termin für die Planung vergeben werden muss.

Das Enddatum der Aufgabe muss also auf den 27.04.2006 verschoben werden.

4. Klicken Sie dazu auf den neuen Zeitbalken, halten Sie die linke Maustaste gedrückt, und schieben Sie den Zeitbalken so lange nach rechts, bis deren rechter Rand mit dem

rechten Rand der nunmehr vorletzten Aufgabe der *Phase 1* übereinstimmt. Ihr Aufgabenzeitraum ist nun auch eingetragen.

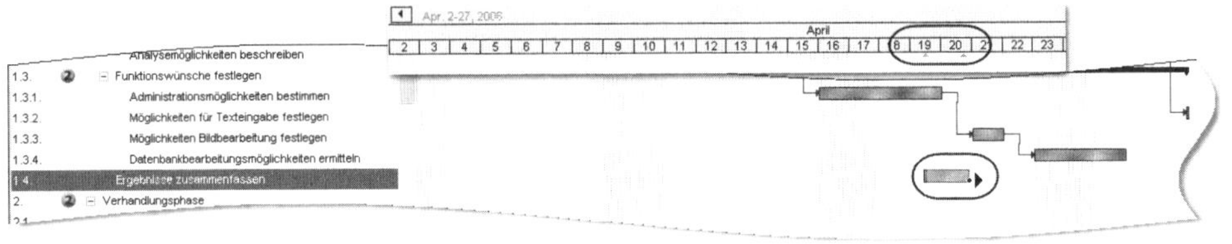

Abbildung 23.34 Gantt-Zeitplanung – neuen Zeitraum einfügen

Da Sie sich gerade in der Gantt-Zeitplanung befinden, wollen Sie sogleich das Gantt-Diagramm drucken, um es am Projektboard aufzuhängen und dem Team eine Aufgabenliste mit den Eckdaten zukommen zu lassen. Außerdem wäre es prima, wenn Sie wüssten, wann ein Teammitglied aufgrund einer Zeitlücke andere Aufgaben erledigen kann oder bei Bedarf an anderer Stelle im Projekt einspringen könnte.

Sie wollen den Bereich Phase 1 der Gantt-Zeitplanung für das Projektboard ausdrucken.

1. Benutzen Sie den Menübefehl *Datei/Drucken*, um den Dialog Gantt *Druckeinstellungen* zu öffnen.

Die Voreinstellungen in den Feldern *Druckstart* und *Druckende* sind bereits korrekt.

Wollten Sie nur einen bestimmten Zeitabschnitt drucken, hätten Sie hier die Möglichkeit, diesen für den Druck zu bestimmen.

Das Feld unter der Zeile mit der Frage, ab welcher Zeile gedruckt werden soll, ist ebenso korrekt eingestellt. Nur der Eintrag, bis zu welcher Zeile gedruckt werden soll, muss geändert werden.

2. Wählen Sie im Dropdown-Listenfeld den Eintrag »2«. Verhandlungsphase« und klicken Sie auf *OK*.

In der jetzt folgenden Druckvorschau wird der Bereich des Gantt-Diagramms samt Aufgabenbaum angezeigt, den Sie über den Druckdialog gewählt haben.

3. Von hier aus können Sie das Diagramm über die Befehlsschaltfläche *Drucken* sofort drucken oder vorher ein Ausgabegerät auswählen oder Seiteneinstellungen vornehmen.

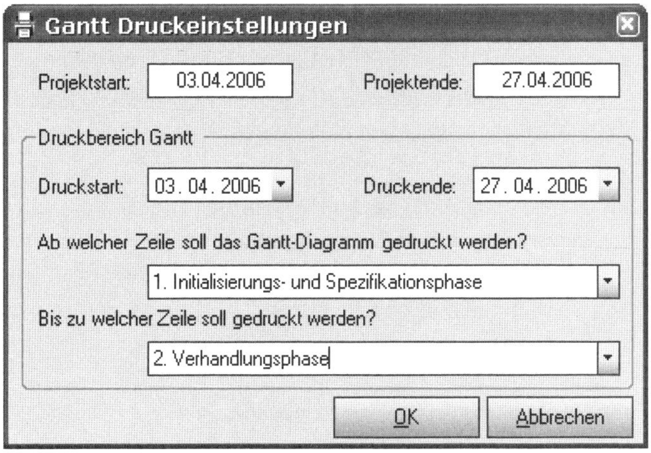

Abbildung 23.35 Drucken der Gantt-Zeitplanung

Wie das Gantt-Diagramm gedruckt wird, hängt neben den im Dialog *Gantt-Druckeinstellungen* gemachten Angaben auch von der gewählten Papiergröße, den einstellbaren Seitenrändern und der wählbaren Seitenausrichtung ab. Die Diagrammfläche passt sich diesen Einstellungen platzoptimal an.

Als Nächstes soll jedes interne Teammitglied mit einer Aufgabenliste versorgt werden. Es wird also aus der *Listenansicht* gedruckt. Dafür stehen genau zwei Möglichkeiten zur Verfügung.

Einfacher Druck einer Liste

Der Menübefehl *Datei/Drucken* stellt eine sehr simple Möglichkeit für den Druck einer MapListe zur Verfügung. Hierbei werden genau die Spalten für den Druck übernommen, die aktuell in der Liste angezeigt werden. Die entspricht einer **WYSIWYG**-Funktion (**W**hat **Y**ou **S**ee **I**s **W**hat **Y**ou **G**et, zu Deutsch: was du siehst ist, was du bekommst).

Sie werden aber nicht sämtliche Spalten benötigen, um eine Aufgabenliste zu drucken.

Wie eine solche Liste aussehen würde, können Sie leicht mit dem Menübefehl *Datei/Druckvorschau* – aufgerufen aus der Listenansicht – überprüfen. Dabei werden Sie feststellen, dass sowohl alle Spalten als auch sämtliche Zeilen gedruckt würden.

Die MapListe wird unter Berücksichtigung der aktuellen Schriftgröße und Spaltenbreiten auf die verfügbare Seitengröße und -ausrichtung angepasst. Das heißt, die Liste wird je Seite dort unterbrochen, wo der Platz für weitere Spalten nicht mehr ausreicht, und auf der rechten und unteren Seite fortgesetzt.

Aus diesem Grund muss die Liste zunächst gefiltert werden, damit nicht alle Zeilen gedruckt werden, und es müssen Spalten ausgeblendet werden, die nicht benötigt werden. Auf die zweite Möglichkeit, das *Ein- und Ausblenden* von Listenspalten, kommen wir später noch zurück.

Die Funktion *Datei/Drucken* für Listen ist für die Situation, schnell eine Liste zu drucken, am besten geeignet. Aber es lassen sich noch weitere Einstellungen für das Erscheinungsbild der Ausgabe vornehmen. Über *Datei/Seite einrichten* rufen Sie den gleichnamigen Dialog auf. In diesem können Sie intuitiv die *Kopf- und Fußzeile* definieren, die Druckvorschau aufrufen und das Papierformat festlegen.

Die Einstellungen für den oberen und unteren Seitenrand stehen für den Abstand des oberen und unteren Listenrands zur Papierkante. Die druckerseitig eingestellten Seitenränder beziehen sich auf die obere und untere Kante der Zeichen im Kopf- und Fußzeilenbereich. So ist zum Beispiel die Differenz zwischen Seitenrand oben im Dialog *Seite einrichten* und dem oberen Seitenrand druckerseitig der Platz, der für die Kopfzeile übrig bleibt.

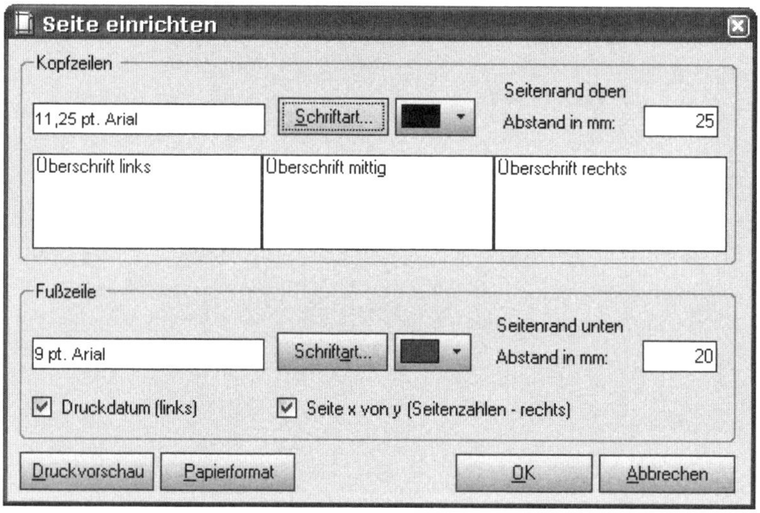

Abbildung 23.36 Dialog *Seite einrichten*

Die Menübefehle *Datei/Drucken*, *Datei/Seite einrichten* und *Datei/Druckvorschau* stehen mit Ausnahme der Strukturansicht für sämtliche Ansichten zur Verfügung. Die Modalitäten für deren Druckeinstellungen werden in der jeweiligen Ansicht automatisch vorgegeben. Der Druck der Gantt-Zeitplanung wird immer mit dem weiter oben beschriebenen Dialog *Gantt-Druckeinstellungen* und der darauf folgenden Druckvorschau eingeleitet.

Drucken mit dem Layout- und Druckmodul

Das Layout- und Druckmodul ist eine derart mächtige Funktion in Map4Plan, dass wir sie eigentlich in einem eigenen Buch beschreiben müssten. Die Online-Hilfe umfasst allein über 160 Seiten. Man könnte auch sagen, dass es sich dabei um ein Programm im Programm handelt.

Das so genannte Control zur Integration in Map4Plan heißt *List & Label* und stammt von der Firma combit Software GmbH. Sie finden es in zahlreichen bekannten und weniger bekannten Anwendungen, wenn es darum geht, aus Daten aussagekräftige und erstklassig formatierte *Listen-Reports* oder *Label* zu erstellen – daher der Name List & Label.

Aber keine Bange, Sie müssen sich nicht gleich mit den umfangreichen Reportingfunktionen auseinander setzen, um damit erste Listen zum Drucker zu schicken oder in eines der zwölf möglichen Datenformate zu exportieren.

Die Map4Plan-Installation enthält bereits Berichtvorlagen, die Sie sofort einsetzen oder leicht anpassen können. Sie finden sie in dem separaten Ordner Layout im Programmverzeichnis.

Mit dem Layout- und Druckmodul List & Label entwerfen und drucken Sie in Map4Plan zum Beispiel *Checklisten*, *Aufgabenpläne*, *Kostenübersichten*, *Zuständigkeitslisten*, *Stundenlisten* oder sonstige *Auswertungen* auf der Basis von Text und Zahlen der MapListe sowie selbst definierten Variablen. Oder Sie statten einen Projektbericht mit Charts aus, die *Balken-*, *Torten-*, *Linien-*, oder *Flächendiagramme* enthalten, um die Auswertung der Projektdaten grafisch darzustellen. Auch das Entwerfen elektronischer Formulare, zum Beispiel Tätigkeitsberichte, die von entsprechenden Zielpersonen ausgefüllt werden können, ist möglich.

Und für Tüftler gibt es ein besonderes Schmankerl: Im Layout lassen sich Barcodes verschiedener Standardcodierungen einbinden, um zum Beispiel Projektprozesse in eine Datenbank zu scannen, die mit einem Handheld-Gerät erfasst werden könnten. Für diese Option würden Sie für die MapListe ein neues Feld definieren, das die Barcode-Ziffern im entsprechenden Format enthält. Belassen wir diese Aussicht beschreibungstechnisch im Konjunktiv.

Beim Aufruf des Layoutmoduls über *Datei/Layout/Druck und Export/Layout ändern/erstellen* (siehe **Abbildung 23.37**) können Sie im darauf eingeblendeten Dialog einen vorhandenen Bericht öffnen oder einen neuen Dateinamen vergeben, um einen neuen Bericht zu erstellen.

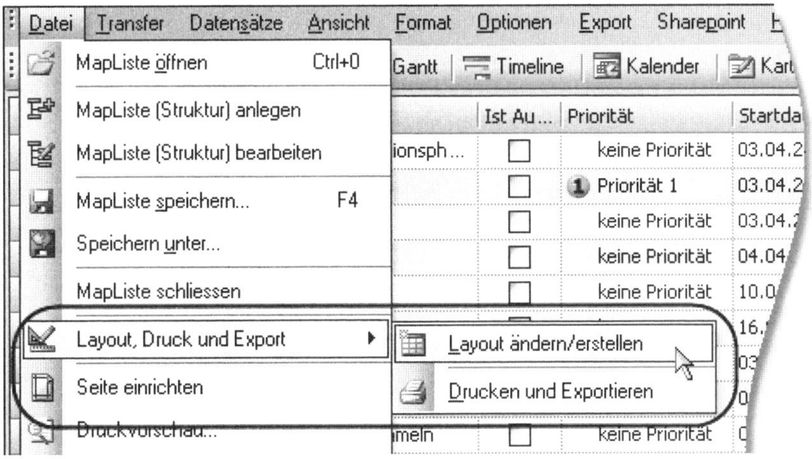

Abbildung 23.37 Datei-Menü – Aufruf Layoutmodul

Wenn Sie einen neuen Dateinamen für einen Bericht eingeben, wird sogleich der Dialog *Projekt-Assistent* gestartet.

Mit dem Projekt-Assistenten werden Sie über mehrere Schritte bei der Erstellung eines Berichts begleitet. Im letzten Schritt können Sie festlegen, welche Spalten aus der MapListe im Bericht verwendet werden sollen, um daraus ein erstes Listenlayout zu generieren, das Sie nach dem Bestätigen mit *Fertig* selbstverständlich anpassen können.

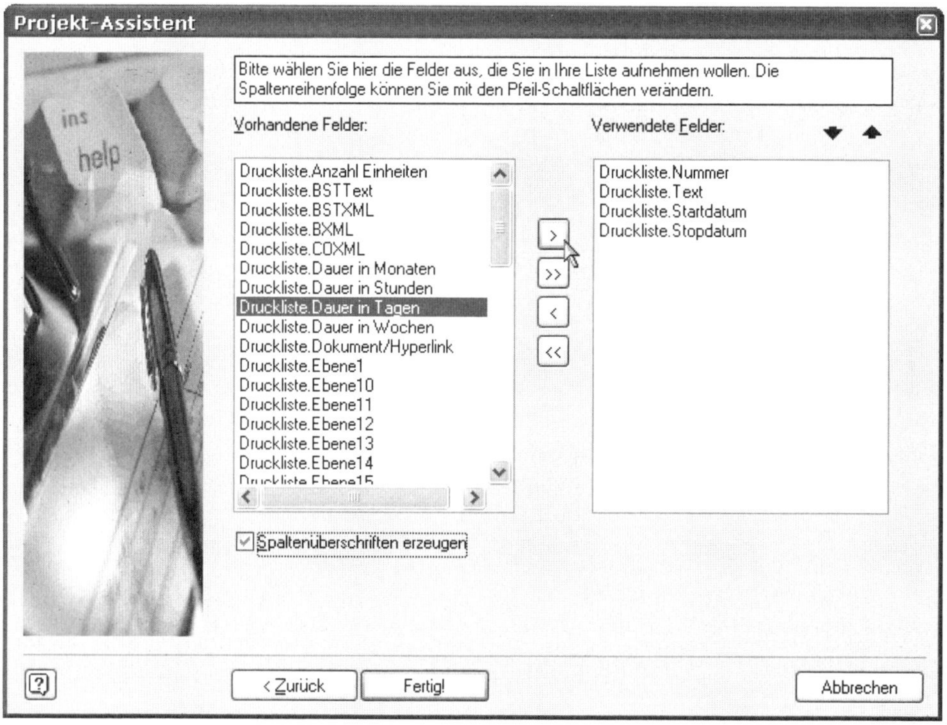

Abbildung 23.38 Der Projekt-Assistent im Layoutmodul

Sie werden bemerken, dass mit dem Layout-Funktionsaufruf im Projekt-Assistenten sämtliche Spalten beziehungsweise Felder der MapListe zur Verarbeitung angeboten werden. Map4Plan gibt diese Spalten mit der Bezeichnung *Druckliste* zusammen mit dem *Feldnamen*, getrennt durch einen Punkt, an das Layout- und Druckmodul weiter.

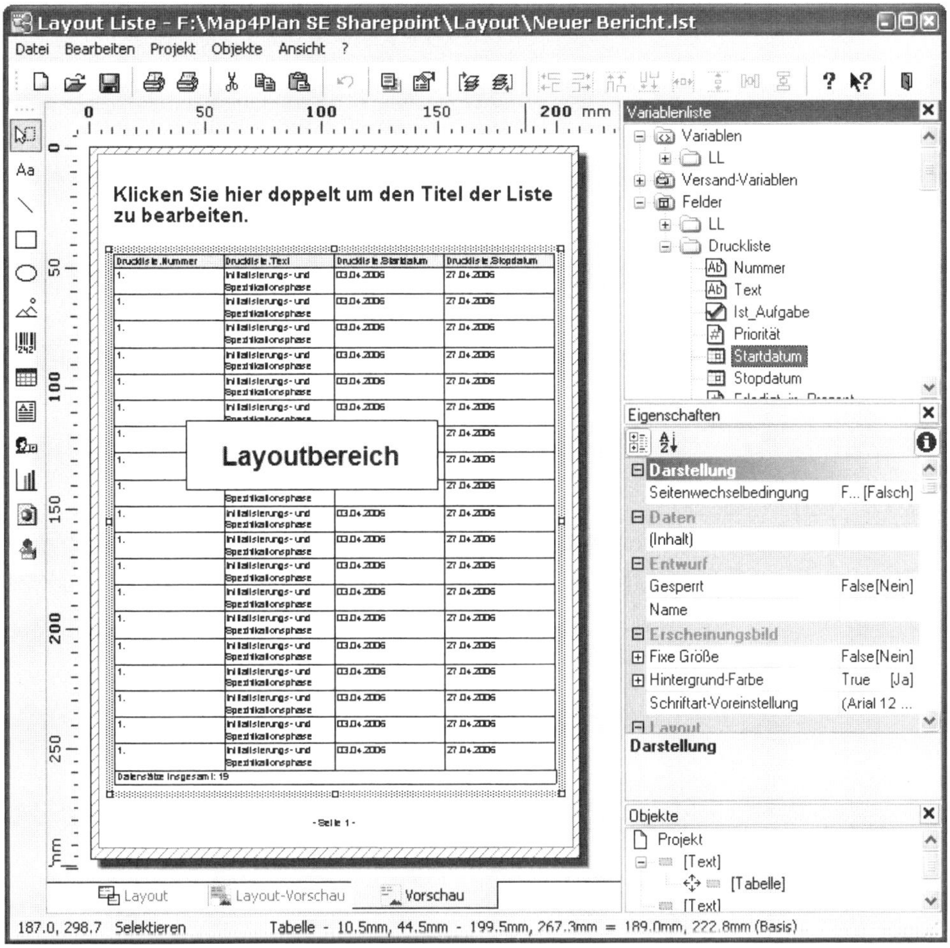

Abbildung 23.39 Die Layout-Oberfläche des Layout- und Druckmoduls

Innerhalb der Layoutoberfläche finden Sie neben den Feldern der MapListe zahlreiche, zweckbestimmte Variablen, zum Beispiel für das Platzieren von Seitenzahlen im Layoutbereich der Seite.

Es lassen sich auch benutzerdefinierte Variablen mit einem bestimmbaren Datentyp erstellen. Felder und Variablen, die Zahlenwerte beinhalten, können für Berechnungen herangezogen werden. So ließe sich zum Beispiel der Wert aus dem MapListen-Feld »Dauer in Stunden« mit einem in Map4Plan benutzerdefinierten Feld »Teilkosten je Vollstunde« multiplizieren und in einer im Layoutbereich neu angelegten Variablen »Kosten je Vollstunde« ausgeben. Auch Variablen mit Textinhalt können indirekt für Berechnungen oder zum Filtern von Daten herangezogen werden.

Bewegliche Inhalte im Layoutbereich, wie zum Beispiel Tabellen (= Listen), Textboxen, grafische Elemente oder Diagramme, lassen sich umfangreich durch ihre Eigenschaften (Textformat, Größe, Farbe etc.) definieren.

Das Modul bietet auch die Möglichkeit, Bedingungen zu definieren, welche die Darstellung der Inhaltsobjekte beeinflussen. Dies können unter anderem Filterbedingungen sein.

Wie bereits erwähnt, würde es uns ein eigenes Buch kosten, das Layout- und Druckmodul im Detail zu beschreiben. Die integrierte Online-Hilfe, auf die wir an dieser Stelle leider verweisen müssen, ist entsprechend gut organisiert. Deswegen machen wir an dieser Stelle einen Cut und wenden uns wieder unserem Projekt zu.

Sie beabsichtigen, dem Team eine Aufgabenliste auszuhändigen. Noch besser: Sie speichern die Liste in ein elektronisch lesbares Format, das Sie per E-Mail verschicken können. Es sollen nur die relevanten Aufgaben der *Phase 1* in der Aufgabenliste erscheinen. Gehen Sie wie nachfolgend beschrieben vor:

1. Über *Datei/Layout/Druck und Export/Layout ändern/erstellen* öffnen Sie den Dialog für die Berichtauswahl des *Layout- und Druckmoduls*.
2. Wählen Sie im Dialog *Layout Liste* den Bericht mit dem Namen *ProjektZuständigkeiten.lst* (Standardbericht, in Map4Plan enthalten).
3. In der Layoutoberfläche wählen Sie den Menübefehl *Projekt/Filter...* Es wird der Dialog *Filterbedingungen bearbeiten* eingeblendet.
4. Geben Sie dort in die freie Fläche unterhalb der Feldauflistung folgende Zeile ein: *Druckliste.Stoppdatum <= date("27.04.2006")*, und bestätigen Sie mit *OK*.
5. Mit einem Klick auf das *Diskettensymbol* in der Werkzeugleiste speichern Sie Ihre Eingabe für den Bericht.
6. Schließen Sie nun die Layoutoberfläche über das Symbol mit *Türchen*.

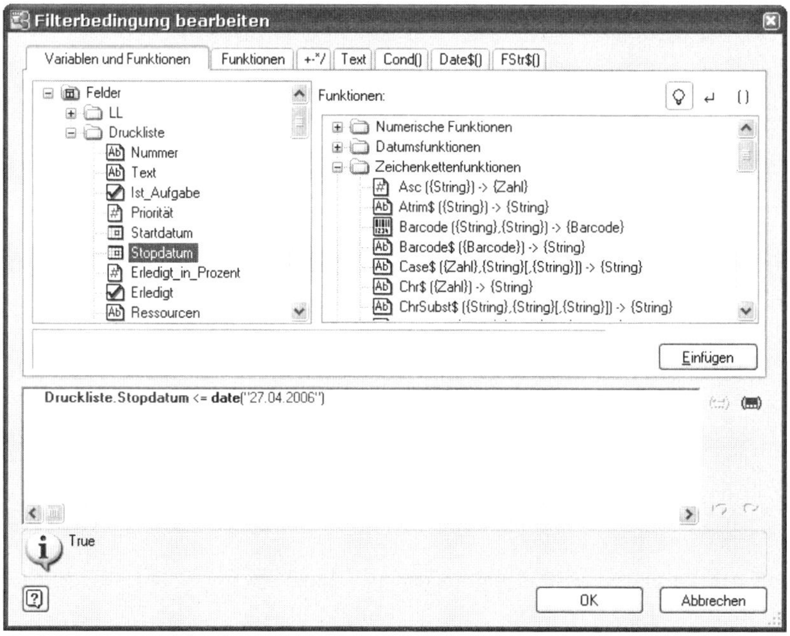

Abbildung 23.40 Layoutmodul – Dialog zur Eingabe der Filterbedingungen

7. Als Nächstes rufen Sie mit *Datei/Layout/Druck und Export/Drucken und exportieren* den Dialog zur Auswahl des auszugebenden Berichts auf.
8. Wählen Sie hier wieder die Datei »Projekt-Zuständigkeiten.lst«, und bestätigen Sie mit *Öffnen*.
9. In der Dropdown-Liste mit dem Titel *Ausgabe auf...*, klicken Sie auf *Adobe PDF-Format*. Bestätigen Sie jetzt mit *Starten*.
10. Im Dialog *Speichern unter* geben Sie einen Zielordner und einen Dateinamen für die Aufgabenliste an und markieren das Feld *Erzeugte Dateien per Mail versenden*.

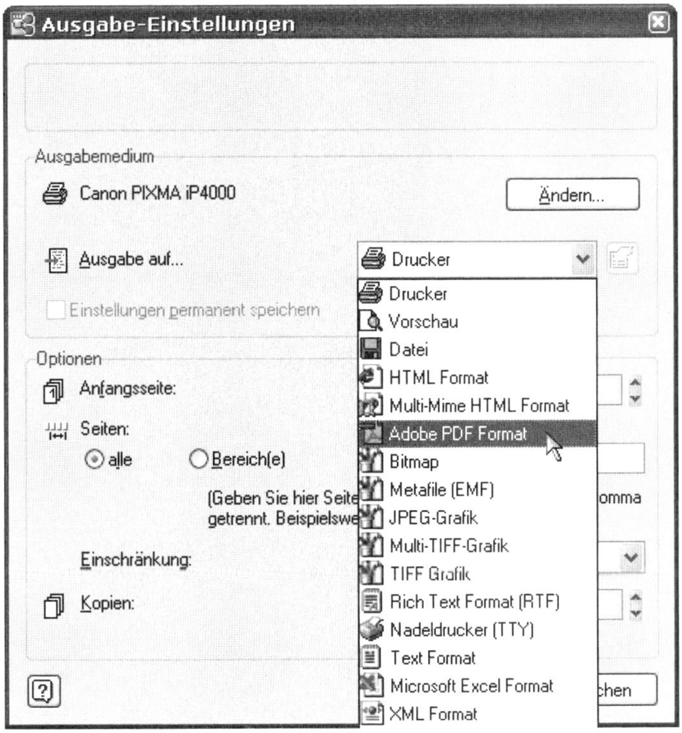

Abbildung 23.41 Drucken und Exportieren einer Liste – Dialog *Ausgabe-Einstellungen*

Es wird der Dialog *e-Mail* eingeblendet. Hier geben Sie die *E-Mail-Adressen* des Teams ein, schicken sich selbst auch eine Version zur Kontrolle, tragen ein *Betreff* ein und schreiben dem Team eine kurze Nachricht.

Mit der Schaltfläche *Senden* wird die kreierte E-Mail in das Ausgangspostfach Ihrer E-Mail-Anwendung gestellt. Dort müssen Sie diese lediglich absenden.

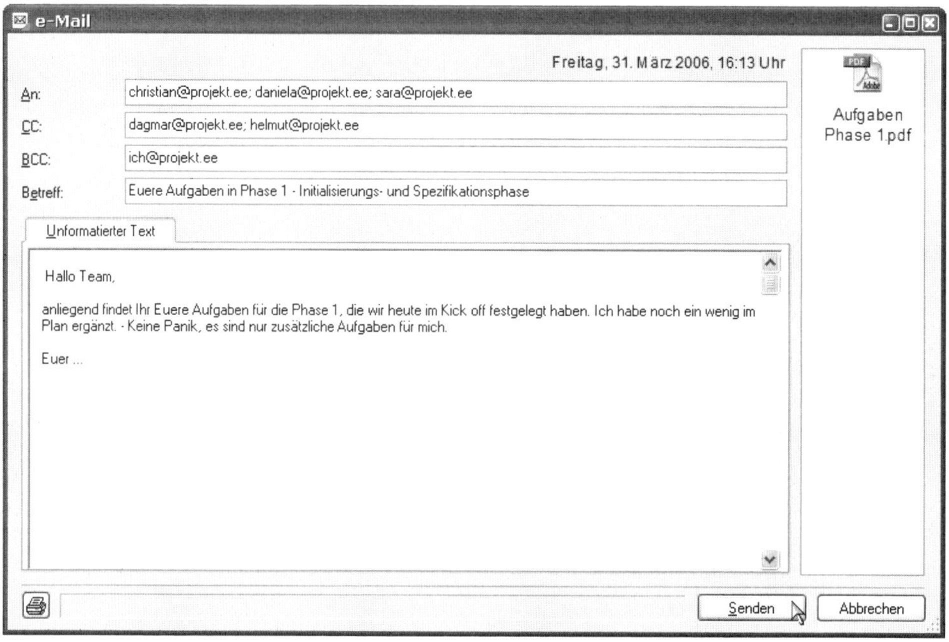

Abbildung 23.42 Drucken und Exportieren einer Liste – Dialog *e-Mail*

Selbstverständlich haben die Teammitglieder eigene E-Mail-Adressen. Das PDF-Format (**P**ublic **D**ocument **F**ormat) muss in der Computerwelt wohl nicht mehr näher beschrieben werden. Sollten Sie, was allerdings höchst unwahrscheinlich ist, weder den Adobe Acrobat Reader kennen noch E-Mails versenden können, bietet der Dialog *Ausgabe-Einstellungen* (**Abbildung 23.41**) ausreichend Formate an, um das Ziel, die Liste mit den Aufgabeninformationen für das Team bereitzustellen, zu erreichen.

23.2.4.3 »Auslastungslücken« mit Timeline aufdecken

Da Sie nicht nur Projektleiter, sondern auch Chef der Abteilung sind, wollen Sie jederzeit wissen, wann ein Mitglied des Teams gegebenenfalls für andere Aufgaben zur Verfügung steht oder als zusätzliche Ressource eingesetzt werden kann.

Hier bietet sich die *Timeline*-Ansicht in Map4Plan an. Timelines (frei aus dem Englischen: Zeitlinien) kennen Sie vielleicht aus dem Microsoft Outlook-Aufgabenbereich. Hier werden sie in der Zeitskalaansicht dargestellt. Sie sind – schlicht erklärt – Zeitbalken auf einem Zeitstrahl.

Nein, wir sind nicht wieder in der Gantt-Zeitplanung. Timeline ist anders organisiert. Ein Zeitbalken in Timeline stellt analog zum Gantt-Zeitbalken eine Aufgabe auf einem Zeitstrahl dar. Line als Begriff zu verwenden ist treffender, wenn man den schmalen Bereich über der Beschriftung betrachtet. Dies ist der so genannte Zeitindikator, der die Dauer der Aufgabe darstellt.

In Timeline wird nicht grundsätzlich für jede Aufgabe eine Zeile verbraucht. Ob und wie viele Zeilen für eine Timeline-Darstellung verbraucht werden, hängt von speziellen Einstellungen ab, die wir Ihnen hier gerne zeigen möchten. In Map4Plan stellt sich die Timeline-Ansicht in ihrer Rohform wie in **Abbildung 23.43** wiedergegeben dar.

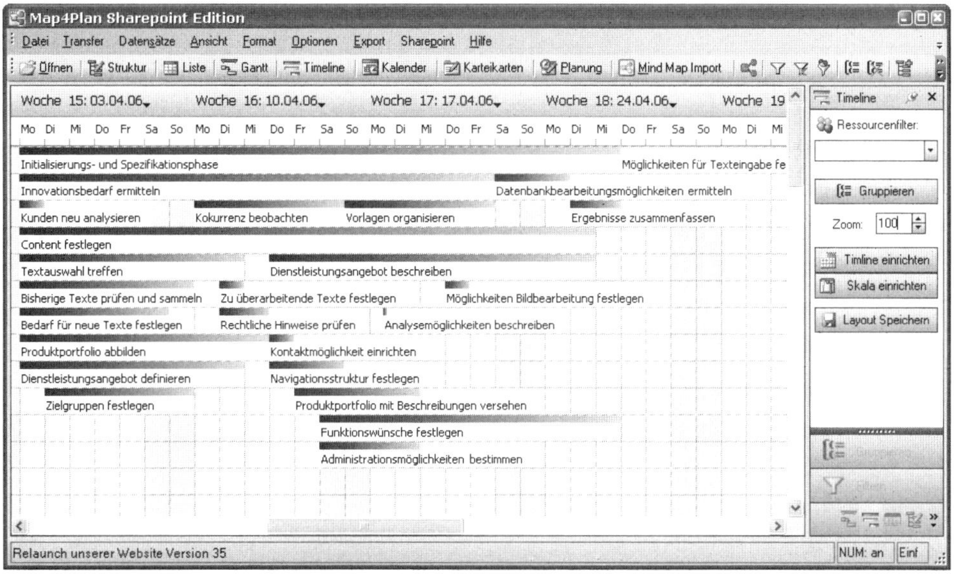

Abbildung 23.43 Die Timeline-Ansicht

Zuerst werden die Zeitbalken Platz sparend in der Reihenfolge der Liste nebeneinander angeordnet. Sobald für eine Aufgabe in der Listenreihenfolge, die im Zeitraum der zuerst platzierten Aufgaben liegt, der Raum in der Zeile nicht mehr ausreicht, wird sie in die nächste Zeile gestellt.

Aber was ist dabei der Vorteil gegenüber der Gantt-Darstellung? Zunächst ist die Darstellung lediglich sehr kompakt, und Sie können auf einen Blick sehen, welche Aufgaben zeitgleich beginnen oder enden. Der wahre Vorteil der Timeline-Ansicht in Map4Plan ist die Möglichkeit, Zeitbalken nach Werten aus der Liste gruppieren zu können. Zudem lassen sich die Zeitbalken bedingt formatieren. Schauen wir uns das einmal genauer an.

Sie haben sicher in der Aufgabenleiste die Schaltfläche *Gruppieren* bemerkt. Mit dem Klick darauf oder über den Menübefehl *Datensätze/Gruppieren* wird der Dialog *Gruppieren nach* geöffnet. In diesem haben Sie die Möglichkeit, nach bis zu vier Werten aus der MapListe zu gruppieren sowie innerhalb der jeweiligen Gruppierung auf- und absteigend zu sortieren. Gleichzeitig können Sie bestimmen, ob Details ein- oder ausgeblendet dargestellt werden sollen, ob die jeweilige Gruppe als Zeilenbeschriftung angezeigt werden und, wenn ja, wie breit sie sein soll.

Abbildung 23.44 Der Dialog zum Gruppieren

Mit den Zeitbalken in Timeline wollen Sie Zeitlücken aufdecken, um zu visualisieren, wann ein Mitglied des Teams gegebenenfalls für andere Aufgaben zur Verfügung steht oder als zusätzliche Ressource eingesetzt werden kann.

Gehen Sie dazu wie nachfolgend beschrieben vor:

1. Wechseln Sie mit der Befehlsschaltfläche *Timeline* in der Werkzeugleiste oder über den Menübefehl *Ansicht/Zeitplanung Timeline* in die Timeline-Ansicht.
2. Klicken Sie dort auf die Schaltfläche *Gruppieren*.
3. Im Dialog *Gruppieren nach* wählen Sie in der ersten Dropdown-Liste das Feld *Ressourcen* aus. Vergewissern Sie sich, dass ein Häkchen vor *Zeige Gruppe als Zeilenbeschriftung* gesetzt ist, und geben Sie den Wert »180« für die *Breite der Zeilenbeschriftung* an.
4. Bestätigen Sie Ihre Eingaben mit *OK*.
5. Wählen Sie in der Dropdown-Liste *Ressourcenfilter* den Namen *Christian* aus. Das Ergebnis sollte wie in **Abbildung 23.45** dargestellt aussehen.

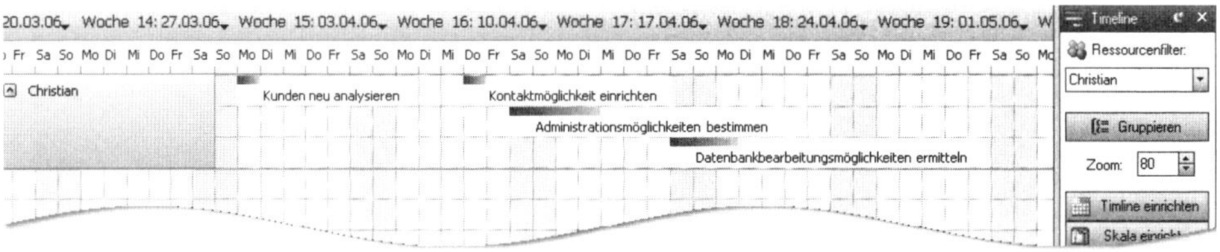

Abbildung 23.45 Gruppierte Timeline-Ansicht nach einer Ressource gefiltert

Jetzt können Sie auf einen Blick erkennen, wann im Projekt für das Teammitglied »Christian« Zeitlücken entstehen.

Die Sache hat nur einen Haken: Christian ist auch in Zusammenarbeit mit Daniela, Helmut und Sara im Projekt tätig.

Gehen Sie deshalb wie folgt vor:

1. Klicken Sie im Aufgabenbereich auf *Layout speichern*, um die neue Gruppierung der Ansicht *Timeline* festzuhalten.
2. Wechseln Sie mit der Befehlsschaltfläche *Liste* in der Werkzeugleiste oder über den Menübefehl *Ansicht/MapListe* in die *Listen*-Ansicht.
3. Geben Sie hier im Filterdialog, über das Menü zu erreichen über *Datensätze/Filtern*, die Filterzeile *Ressourcen enthält Christian* ein, und bestätigen Sie die Eingabe mit *OK*.
4. Wechseln Sie wieder mit der Befehlsschaltfläche *Timeline* in der Werkzeugleiste oder über den Menübefehl *Ansicht/Zeitplanung Timeline* in die *Timeline*-Ansicht.

Die neue Ansicht ist in **Abbildung 23.46** zu sehen.

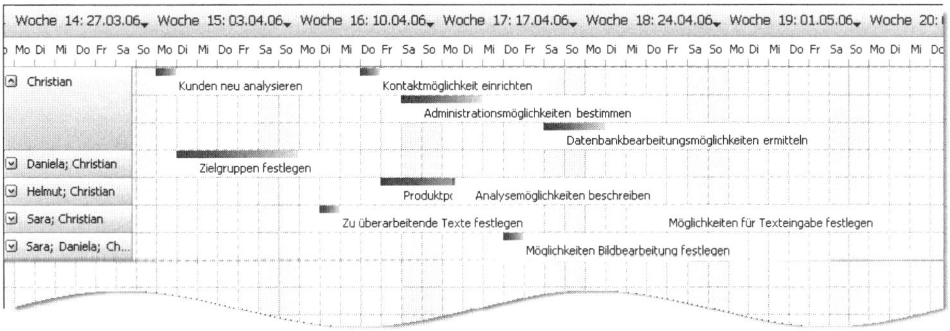

Abbildung 23.46 Gruppierte Timeline-Ansicht nach einer Ressource im Team gefiltert

Was Sie jetzt noch stört: Sie können zwar erkennen, wann Lücken entstehen, aber dafür nur die entsprechenden Wochentage ohne Datum ablesen. Die untere Zeitskala muss angepasst werden.

Gehen Sie zum Anpassen der Zeitskala wie folgt vor:

1. Klicken Sie im Aufgabenbereich auf die Schaltfläche *Skala einrichten*, oder benutzen Sie den Menübefehl *Format/Timeline formatieren/Zeitskala einrichten*, um den Dialog *Zeitskala einrichten* aufzurufen.
2. Wählen Sie als Format in der Rubrik *Untere Zeile* aus der Dropdown-Liste den Wert *18., 19., 20...* aus
3. Bestätigen Sie mit *OK*.

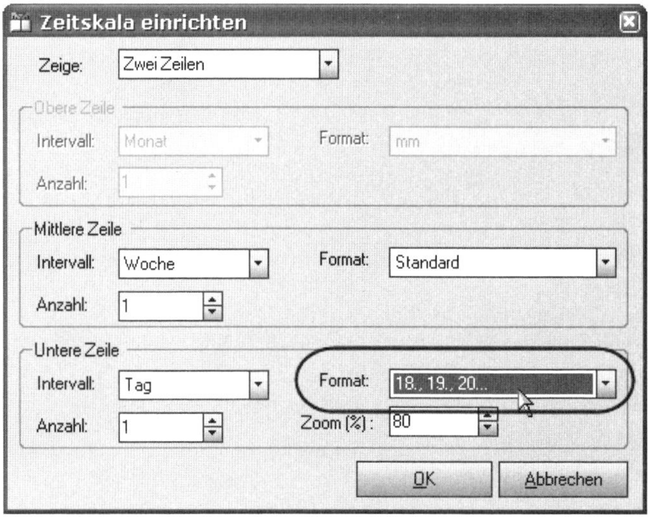

Abbildung 23.47 Dialog *Zeitskala einrichten*

Der Dialog *Zeitskala einrichten* offeriert Ihnen die Möglichkeit, bis zu drei Zeitskalen unterschiedlicher Zeitauflösung in verschiedenen Formaten für die *Timeline*-Ansicht einzublenden. In unserem Beispiel werden zwei Skalen benutzt. Die obere stellt die Woche im Format Standard dar, die untere Skala Tage. Über den Wert *Anzahl* bestimmen Sie, wie oft die formatierte Zeitangabe in der Skala erscheinen soll. Mit dem *Zoom*-Wert vergrößern und verkleinern Sie die Fläche für das Diagramm in Prozent.

Jetzt wäre es noch prima, wenn Arbeiten einzelner Teammitglieder irgendwie hervorgehoben würden.

Hierzu nutzen Sie die *Bedingte Formatierung*. Gehen Sie folgendermaßen vor:

Rufen Sie mit dem Menübefehl *Format/Bedingte Formatierung* den Dialog *Bedingte Formatierung Timeline* auf.

1. Geben Sie im Feld *Name Bedingung* den Wert *Christian* ein.
2. Jetzt wählen Sie in der Rubrik *Bedingung* als Feld per Dropdown *Ressourcen* aus.
3. Als *Bedingung* wählen Sie den Operator *Gleichheitszeichen*.
4. Als *Wert 1* geben Sie wieder *Christian* ein.
5. Klicken Sie nun auf das Register *Farben*.
6. Wählen Sie eine Textfarbe über die *Farb-Schaltfläche* (zum Beispiel Schwarz).
7. In der Dropdown-Liste für den *Hintergrund* wählen Sie *Vertikal*, für den *Zeitindikator Horizontal*.

Diese Angaben bestimmen, dass ein gegebener Farbverlauf für die Flächen *Hintergrund* (= Beschriftungshintergrund) und *Zeitindikator* in einer »Von-Farbe« vertikal beziehungsweise horizontal zu einer »Bis-Farbe« verläuft.

8. Mit der ersten Farbwähler-Schaltfläche neben dem Dropdown *Hintergrund* wählen Sie ein zartes Grün als »Von-Farbe« und direkt daneben Weiß als »Bis-Farbe«.
9. Für den *Zeitindikator* wählen Sie dunkles Orange nach hellem Orange.
10. Bestätigen Sie schließlich mit *OK*.

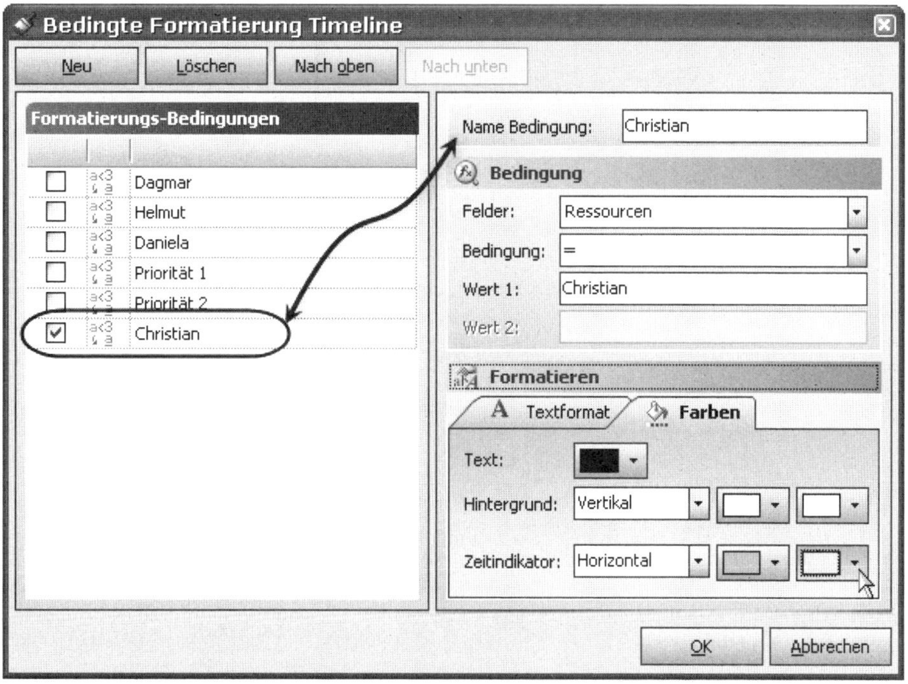

Abbildung 23.48 Bedingte Formatierung Timeline

Die Timeline-Ansicht hat an Übersicht gewonnen. Im Rahmen sehr umfangreicher Projekte mit vielen Teammitgliedern ist diese Möglichkeit enorm hilfreich, um zum Beispiel Zeitlücken Einzelner im Projekt zu identifizieren und gegebenenfalls Kapazitäten für Aufgaben auszulasten.

Ihnen fallen in diesem Zusammenhang sicher noch andere Möglichkeiten ein. Die bedingte Formatierung kann zum Beispiel im Projektverlauf den Status in »Erledigt in Prozent« besonders hervorheben oder alle Aufgaben, die in einem bestimmten Zeitraum erledigt sein müssen, oder Prioritäten kennzeichnen etc.

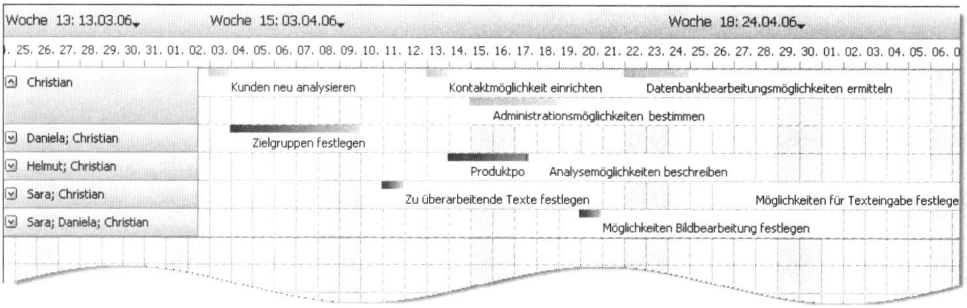

Abbildung 23.49 Timeline nach der Einstellung der Zeitskala mit bedingter Formatierung

Aus unserem Beispiel (**Abbildung 23.49**) können Sie ablesen, dass Christian mit nur wenigen zeitlichen Lücken zur Verfügung stünde. Am 10.03., 12.03, 19.03., 21.03., 25.03. und 26.03. könnte er sich im Zeitraum zwischen dem 03.03. und 27.03. frei nehmen.

Grundsätzlich können Sie in der Timeline-Ansicht auch planen. Per Doppelklick auf einen Zeitbalken oder die freie Diagrammfläche beziehungsweise Klick auf die Schaltfläche *Planung* in der Werkzeugleiste wird der aus Kapitel 23.2.3.4 bekannte Aufgabendialog eingeblendet.

Mit dem Zeigegerät lassen sich die Zeitindikatoren verlängern und verkürzen. Es erscheint beim Nähern des Mauszeigers an den linken oder rechten Indikatorenrand ein Doppelpfeilcursor, während ein Kreuzpfeilcursor zum Verschieben eines Zeitbalkens beim Zeigen auf die Fläche sichtbar wird.

Ob nun die Planung in Timeline für Sie sinnvoll ist, müssen Sie selbst entscheiden. Die Gantt-Zeitplanung hat immer noch den Vorteil, dass voneinander abhängige Aufgaben miteinander verknüpft werden können, um sie gegebenenfalls zu serialisieren. So hat jede dieser beiden Zeitvisualisierungs- und Planungskomponenten seine Vorteile, die man zweckmäßig miteinander kombinieren kann.

23.2.4.4 Ihr neuer Kalender

Der Kalender ist die dritte Zeitvisualisierungs- und Planungskomponente in Map4Plan.

Dieser wird Sie optisch ein wenig an den Kalender in Microsoft Outlook erinnern. Anders als in Outlook können hier jedoch nur die das Projekt betreffenden Aufgaben bearbeitet werden. Eine Neueintragung von Terminen ist ebenso ausschließlich auf die Aufgaben im Projektplan bezogen und wird über den Aufgabendialog erledigt, indem Sie auf die Kalenderfläche oder einen bereits eingetragenen Termin doppelt klicken oder die Schaltfläche *Planung* in der Werkzeugleiste benutzen.

Selbstverständlich sind im Kalender auch Terminverschiebungen möglich. Genau wie in der Timeline-Ansicht kann durch Ziehen eines Zeitbalkens seine Zeitspanne verändert werden. Ein Doppelpfeilcursor macht auf diese Option aufmerksam, sobald Sie mit dem Mauszeiger den linken oder rechten Rand eines Zeitbalkens berühren.

Die kleine Uhr zu Beginn oder am Ende eines Zeitbalkens zeigt die tatsächliche Uhrzeit für einen Start- oder Endtermin an. Ist keine Uhr vorhanden, verläuft ein Zeitbalken in den nächsten und/oder vorherigen, nicht dargestellten Zeitbereich des Kalenders.

Über die Schaltflächen *Tag*, *Kalenderwoche*, *Arbeitswoche* und *Monat* schalten Sie in die entsprechenden Kalenderansichten um, die Sie über den linken Bereich mit den Monatskalendern steuern können. Fett dargestellte Tage sind mit Terminen belegt. Ein Klick auf einen dieser Termine öffnet den passenden Ausschnitt im Kalenderbereich.

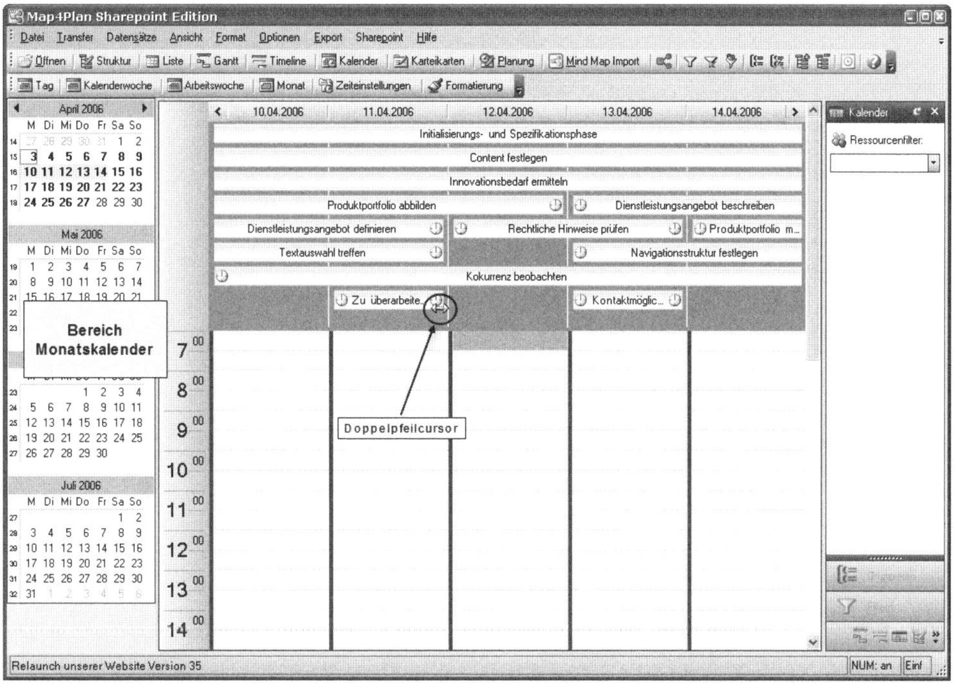

Abbildung 23.50 Die Kalender-Ansicht in Map4Plan

Die ausgesprochene Stärke des Kalenders ist das Planen im 1-Tagesbereich. Über die Schaltfläche *Formatierung* in der Kalender-Werkzeugleiste öffnen Sie den Dialog *Kalender Optionen*.

Neben den Schriftarten und -farben, den Formatierungsobjekten lässt sich in diesem Dialog das Zeitintervall für die 1-Tagesplanung und Arbeitswoche einstellen. Das Zeitintervall beeinflusst die »Snap-Funktion« (Schnapp-Funktion) für Zeiteinstellungen. Ist hier zum Beispiel der Wert *30 Min* definiert, rastet beim Ziehen eines Zeitbalkens dieser je halbstündig ein.

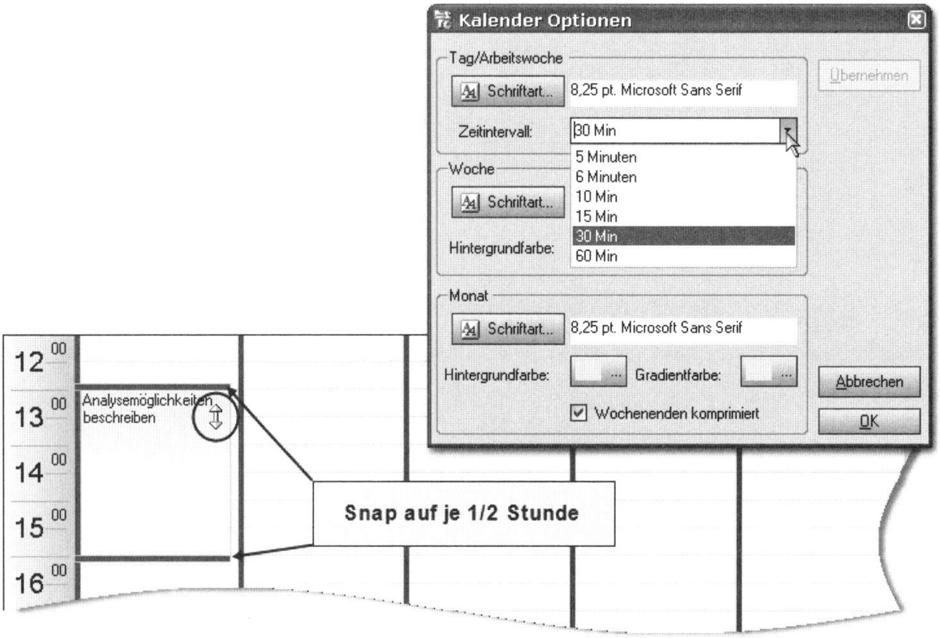

Abbildung 23.51 Kalenderoptionen und Snap-Funktion

Ihnen wird sicher aufgefallen sein, dass manche Flächen im Kalender heller sind als die übrigen. Das hat seinen Grund. Im Dialog *Zeiteinstellungen*, den Sie im Menü über *Optionen/Zeiteinstellungen* erreichen, gibt es das Register *Formatierung*. Hier können Sie die *Hintergrundfarbe* für eintragbare Arbeitszeiten im Kalender angeben.

Der erste Block mit den Uhrzeitangaben bezieht sich hierbei auf die Vormittagszeiten, der zweite auf die Zeiten nach einer Mittagspause. Bei Überschneidungen der Vor- und Nachmittagszeiten überlappen die Hintergrundfarben. Die hier gemachten Zeitangaben beziehen sich ausschließlich auf die Formatierung im Kalender sowie in Timeline und haben keine Auswirkung auf die Berechnung von Stunden.

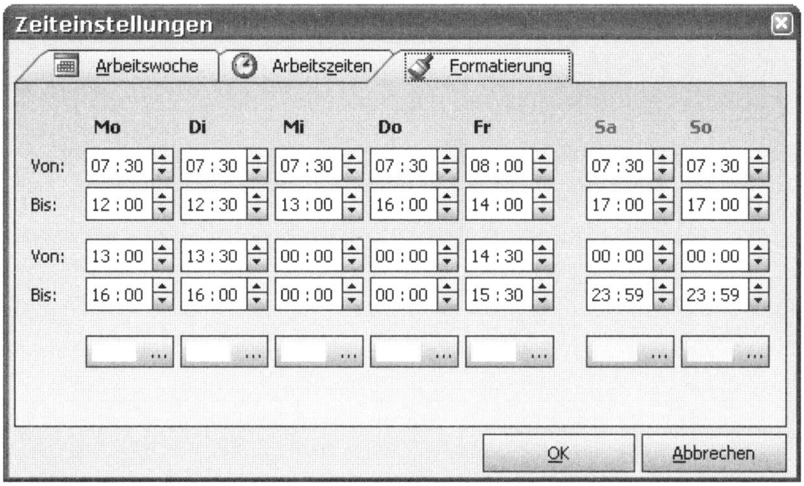

Abbildung 23.52 Dialog Zeiteinstellungen – Register *Formatierung*

23.2.4.5 Mit Kosten rechnen

Morgen sollen Sie der Geschäftsleitung Bericht über die ersten Schritte im Projekt »Relaunch unserer Website« erstatten. Sie wissen: Kosten stellen mit Sicherheit eines der interessantesten Themen im Bericht dar. Eine Kosteneinschätzung würde man nicht so schnell von Ihnen erwarten, Sie wollen aber zeigen, was Sie in sehr kurzer Zeit mit dem Team und Ihren Werkzeugen der Wahl schaffen können. Zumindest die Initialisierungs- und Spezifikationsphase kann bereits beziffert werden.

In der MapListe finden Sie die Felder *Kosten je h*, *Kosten Zeitaufwand*, *Anzahl Einheiten*, *Einheit*, *Kosten je Einheit*, *Kosten* und *Gesamtkosten*. Lassen Sie uns kurz die Felder erläutern.

- *Kosten je h* ist ein Eingabefeld für einen Betrag je Stunde Zeitaufwand und wird automatisch mit
- dem Feld *Zeitaufwand gesamt in h* (Zeitaufwand in Stunden) multipliziert.
- Das Ergebnis finden Sie im Feld *Kosten Zeitaufwand.*
- In *Anzahl Einheiten* können Sie einen beliebigen Ganzzahlwert – eine Menge – eingeben.
- Im Feld *Einheit* erfassen Sie, welcher Einheit die Menge aus dem Feld *Anzahl Einheiten* entspricht (zum Beispiel Stück).
- In *Kosten je Einheit* tragen Sie die Kosten für eine Einheit der Menge aus dem Feld *Anzahl Einheiten* ein, deren multiplikatorisches Ergebnis im
- Feld *Kosten* zu finden ist.
- *Gesamtkosten* ist die Addition aus den Feldern *Kosten Zeitaufwand* und *Kosten.*

Einfacher lässt sich der Sachverhalt mit den folgenden Formeln ausdrücken:

- *Kosten Zeitaufwand* = »Zeitaufwand gesamt in h« **x** »Kosten je h«
- *Kosten* = »Anzahl Einheiten« **x** »Kosten je Einheit«
- *Gesamtkosten* = »Kosten Zeitaufwand« + »Kosten«

Um die Projektkosten der *Phase 1* komfortabel erfassen zu können, wäre es von Vorteil, wenn die Felder beziehungsweise Spalten für die Kosteneingabe direkt neben dem Aufgabentext und den Ressourcen platziert wären.

Außerdem sollten die Felder *Zeitaufwand gesamt in h* zur Kontrolle in der Nachbarschaft von *Kosten je h* und *Kosten Zeitaufwand* zu finden sein. Die MapListe muss also etwas umgestaltet werden.

Organisieren Sie die Spalten- beziehungsweise Feldstruktur der MapListe so, dass eine komfortable Erfassung der Projektkosten in *Phase 1* vorgenommen werden kann.

Gehen Sie dazu folgendermaßen vor:

1. Mit dem Menübefehl *Optionen/Felder ein- und ausblenden* öffnen Sie den Dialog *Feldauswahl.*
2. Suchen Sie im rechten Listenfeld den Eintrag *Ressourcen*, und klicken Sie diesen an, um ihn zu markieren.
3. Klicken Sie so oft auf die Schaltfläche *Aufwärts*, bis der markierte Eintrag unterhalb des Eintrags *Text* erscheint.
4. Suchen Sie nun im rechten Listenfeld den Eintrag *Zeitaufwand gesamt in h*, und stellen Sie diesen unter den Eintrag *Ressourcen.*

Verschieben Sie auf diese Weise alle für die Kostenerfassung notwendigen Felder.

Sollte einmal ein Feld zu weit nach oben geraten sein, klicken Sie einfach auf die Schaltfläche *Abwärts*, bis die Reihenfolge korrekt ist.

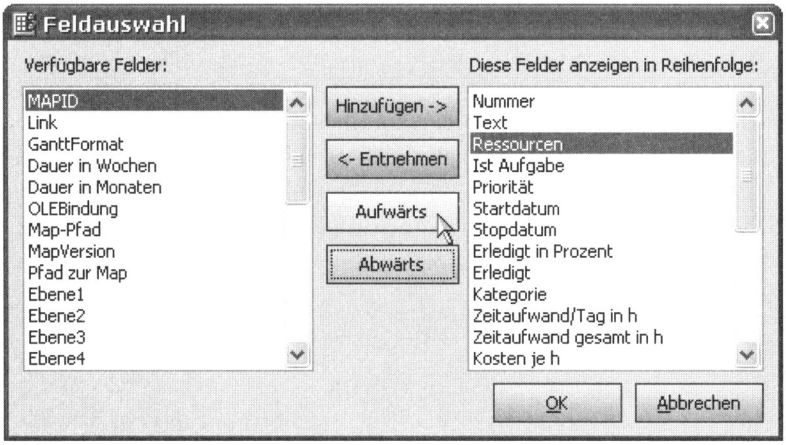

Abbildung 23.53 Dialog *Feldauswahl* – Organisieren der Feldstruktur

5. Nach dem Klick auf *OK* werden Sie gefragt, ob Sie die Listenstruktur speichern wollen.
6. Bestätigen Sie hier mit *Ja*, und geben Sie in das Feld *Name Listenlayout* »Struktur Kostenerfassung« ein.
7. Da Sie diese Struktur gleich morgen zur Berichterstattung benötigen, aktivieren Sie das Kontrollkästchen *Als Standardlayout speichern*.

Sie können jederzeit über den Menübefehl *Optionen/Listenlayout laden* ein anderes Layout öffnen oder als Standardlayout festlegen.

Sie beginnen sogleich mit der Erfassung der Kosten.

In das Feld *Kosten je h* tragen Sie den durchschnittlichen Netto-Arbeitslohn Ihrer Firma für eine Stunde ein. Sobald Materialkosten auftauchen, erfassen Sie diese über die Felder *Anzahl Einheiten*, *Einheit* und *Kosten je Einheit*.

Numm...	Text	Ressourcen	Zeitaufwand g...	Kosten je h	Kosten Zeitauf...	Anzahl Einh...	Einheit	Kosten je E...	Kosten	Gesamtkosten	Ist Au...	Pri
1.	Initialisierungs- und Spezifikationsph...		144,00								☐	
1.1.	Innovationsbedarf ermitteln		114,00								☐	
1.1.1.	Kunden neu analysieren	Christian	15,50	12,00 €	186,00 €					186,00 €	☐	k
1.1.2.	Zielgruppen festlegen	Daniela; Christian	38,00	24,00 €	912,00 €					912,00 €	☐	ke
1.1.3.	Kokurrenz beobachten	Daniela	38,00	12,00 €	456,00 €	6	Online-Std.	0,46 €	3,00 €	459,00 €	☐	ke
1.1.4.	Vorlagen organisieren	Daniela	38,00	12,00 €	456,00 €	4	Stück	120,00 €	480,00 €	936,00 €	☐	ke
1.2.	Content festlegen		136,00								☐	Pr
1.2.1.	Textauswahl treffen		60,00								☐	ke
1.2.1.1.	Bisherige Texte prüfen und sammeln	Sara	46,00	12,00 €	552,00 €					552,00 €	☐	k
1.2.1.2.	Zu überarbeitende Texte festlegen	Sara; Christian	14,00	24,00 €	372,00 €					372,00 €	☐	
1.2.1.3.	Bedarf für neue Texte festlegen	Helmut	38,00	12,00 €	456,00 €					456,00 €	☐	
1.2.2.	Produktportfolio abbilden	Helmut	68,00	12,00 €	816,00 €	30	Bilder	70,00 €	2.100,00 €	2.916,00 €	☐	
1.2.3.	Produktportfolio mit Beschreibungen...	Helmut; Christian	30,00	24,00 €	720,00 €					720,00 €	☐	
1.2.4.	Dienstleistungsangebot definieren	Dagmar, Helmut	60,00	24,00 €	1.440,00 €					1.440,00 €	☐	
1.2.5.	Dienstleistungsangebot beschreiben	Sara	76,00	12,00 €	912,00 €					912,00 €	☐	
1.2.6.	Rechtliche Hinweise prüfen	Sara	22,00	12,00 €	264,00 €					264,00 €	☐	
1.2.7.	Kontaktmöglichkeit einrichten	Christian	16,00	12,00 €	186,00 €					186,00 €	☐	
1.2.8.	Navigationsstruktur festlegen	Helmut	16,00	12,00 €	264,00 €					264,00 €	☐	
1.2.9.	Analysemöglichkeiten beschreiben	Helmut; Christian	4,00	24,00 €	96,00 €					96,00 €	☐	
1.3.	Funktionswünsche festlegen		68,00								☐	
1.3.1.	Administrationsmöglichkeiten bestim...	Christian	22,00	12,00 €	264,00 €					264,00 €	☐	
1.3.2.	Möglichkeiten für Texteingabe festleg...	Sara; Christian	0,00								☐	
1.3.3.	Möglichkeiten Bildbearbeitung festleg...	Sara; Daniela; Christian	16,00	36,00 €	558,00 €					558,00 €	☐	
1.3.4.	Datenbankbearbeitungsmöglichkeite...	Christian	15,50	12,00 €	186,00 €					186,00 €	☐	
1.4.	Ergebnisse zusammenfassen	Projektleiter	14,00	12	168,00 €					168,00 €	☐	

Abbildung 23.54 Für die Kostenerfassung organisierte Feldstruktur

Bitte verzeihen Sie uns, wenn Ihnen die Kostenangaben etwas unrealistisch erscheinen sollten. Vielleicht entspricht es auch nicht Ihrer Unternehmenskultur, offen mit durchschnittlichen Nettoarbeitslöhnen umzugehen. Das stößt selbstverständlich auf unser Verständnis. Das Beispiel soll verdeutlichen, wie kinderleicht und mit wie wenig Zeitaufwand ein Projektplan Formen annimmt und wichtige Projektkomponenten komfortabel verarbeitet werden.

23.2.4.6 Der erste Bericht an die Geschäftsleitung

Wir sind in Bezug auf unser Projekt bei der letzten Tat des Tages angekommen. Für die morgige Berichterstattung vor der Geschäftsleitung überlegen Sie, wie die ersten Schritte übersichtlich und chefgerecht vorgestellt werden können.

Es geht darum, die Ergebnisse so komprimiert wie möglich vorzutragen. Dennoch soll die Kurzpräsentation auch einen gewissen Eindruck hinterlassen. Die »elektronischen Mittel«, die Ihnen dafür zur Verfügung stehen, sind dafür bestens geeignet.

Sie wollen die Eckdaten der ersten Phase mit MindManager und Map4Plan darbieten. Dazu gilt es jetzt, diese entsprechend vorzubereiten, um ein möglichst übersichtliches Bild zu schaffen.

Die Fragen, die Ihnen üblicherweise gestellt werden:

1. Wie werden Sie vorgehen?
2. Wann wird es erste Ergebnisse geben?
3. Welche Kosten kommen auf uns zu?
4. Wer oder was verursacht die meisten Kosten?
5. Wie wollen Sie das Projekt für eine mögliche Reißleine überwachen?

Die *erste Frage* lässt sich bereits ohne Vorbereitung leicht beantworten. Sie werden sie mit der MindManager Business Map im Präsentationsmodus (Menü *Ansicht/Präsentation*) meistern – Phase für Phase. Und wenn es gefragt wird, auch in einzelnen Schritten.

Die *zweite Frage* ist auch umgehend und kompakt zu klären. Sie werden einfach die Gantt-Zeitplanung in Map4Plan öffnen. Dort sind Sie sogar in der Lage zu zeigen, zu welchen Zeiten gegebenenfalls Zwischenergebnisse vorliegen.

Die *dritte Frage* würde wohl eher in einer zweiten oder dritten Phase gestellt werden. Sie sind aber auch darauf vorbereitet und wollen die Transparenz in Ihrer Planung deutlich machen.

Sie möchten die MapListe in eine Kostenübersicht verwandeln, die auf einen Blick Aufschluss über Gesamt- und Teilkosten liefert.

Wechseln Sie in Map4Plan in die Listen-Ansicht, und gehen Sie wie nachfolgend beschrieben vor.

1. Wählen Sie den Menübefehl *Datensätze/Filtern*.
2. Geben Sie als Filterzeile »Nummer beginnt mit 1.« ein.
3. Bestätigen Sie den Filter mit *OK*.
4. Über das Menü *Ansicht/Summenzeile anzeigen* blenden Sie die *Summenzeile* ein.

Bereits hier können Sie die Summen für Dauer und Kosten ablesen.

5. Wählen Sie den Menübefehl *Datensätze/Gruppieren*.
6. Im ersten Dropdown-Feld geben Sie *Ressourcen* an und bestätigen mit *OK*.

Das Ergebnis der Filterung und Gruppierung der MapListe mit Summenzeilen offenbart bereits interessante Einsichten in die Kostenstruktur.

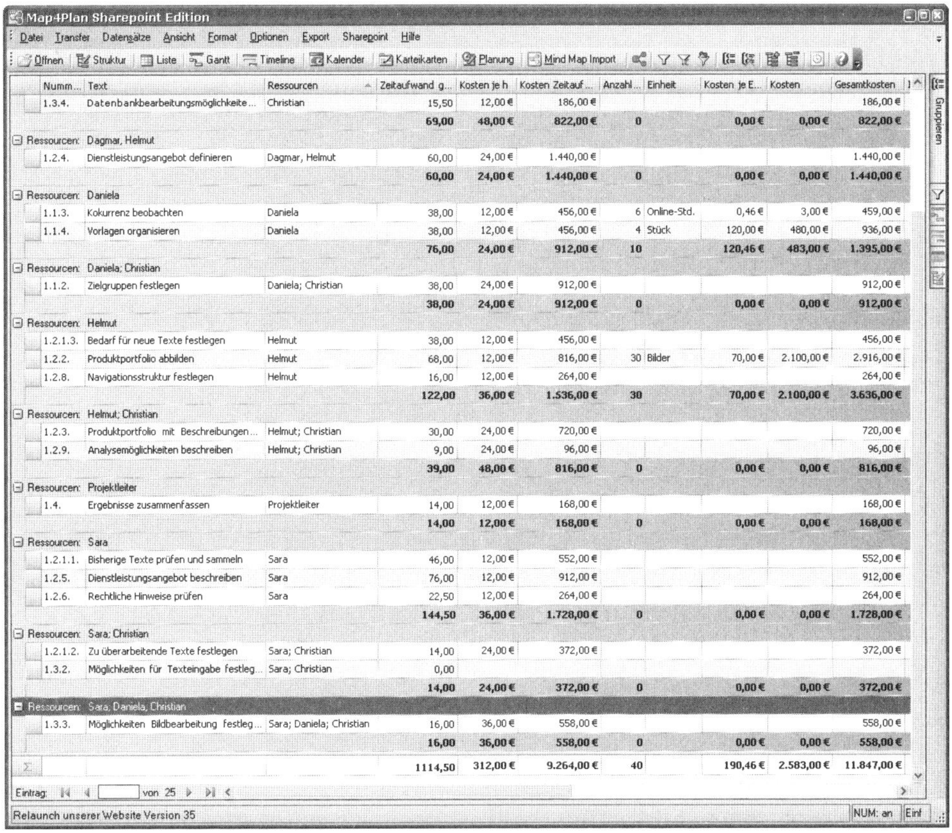

Numm...	Text	Ressourcen	Zeitaufwand g...	Kosten je h	Kosten Zeitauf...	Anzahl...	Einheit	Kosten je E...	Kosten	Gesamtkosten
1.3.4.	Datenbankbearbeitungsmöglichkeite...	Christian	15,50	12,00 €	186,00 €					186,00 €
			69,00	**48,00 €**	**822,00 €**	**0**		**0,00 €**	**0,00 €**	**822,00 €**
Ressourcen: Dagmar, Helmut										
1.2.4.	Dienstleistungsangebot definieren	Dagmar, Helmut	60,00	24,00 €	1.440,00 €					1.440,00 €
			60,00	**24,00 €**	**1.440,00 €**	**0**		**0,00 €**	**0,00 €**	**1.440,00 €**
Ressourcen: Daniela										
1.1.3.	Kokurrenz beobachten	Daniela	38,00	12,00 €	456,00 €	6	Online-Std.	0,46 €	3,00 €	459,00 €
1.1.4.	Vorlagen organisieren	Daniela	38,00	12,00 €	456,00 €	4	Stück	120,00 €	480,00 €	936,00 €
			76,00	**24,00 €**	**912,00 €**	**10**		**120,46 €**	**483,00 €**	**1.395,00 €**
Ressourcen: Daniela; Christian										
1.1.2.	Zielgruppen festlegen	Daniela; Christian	38,00	24,00 €	912,00 €					912,00 €
			38,00	**24,00 €**	**912,00 €**	**0**		**0,00 €**	**0,00 €**	**912,00 €**
Ressourcen: Helmut										
1.2.1.3.	Bedarf für neue Texte festlegen	Helmut	38,00	12,00 €	456,00 €					456,00 €
1.2.2.	Produktportfolio abbilden	Helmut	68,00	12,00 €	816,00 €	30	Bilder	70,00 €	2.100,00 €	2.916,00 €
1.2.8.	Navigationsstruktur festlegen	Helmut	16,00	12,00 €	264,00 €					264,00 €
			122,00	**36,00 €**	**1.536,00 €**	**30**		**70,00 €**	**2.100,00 €**	**3.636,00 €**
Ressourcen: Helmut; Christian										
1.2.3.	Produktportfolio mit Beschreibungen...	Helmut; Christian	30,00	24,00 €	720,00 €					720,00 €
1.2.9.	Analysemöglichkeiten beschreiben	Helmut; Christian	9,00	24,00 €	96,00 €					96,00 €
			39,00	**48,00 €**	**816,00 €**	**0**		**0,00 €**	**0,00 €**	**816,00 €**
Ressourcen: Projektleiter										
1.4.	Ergebnisse zusammenfassen	Projektleiter	14,00	12,00 €	168,00 €					168,00 €
			14,00	**12,00 €**	**168,00 €**	**0**		**0,00 €**	**0,00 €**	**168,00 €**
Ressourcen: Sara										
1.2.1.1.	Bisherige Texte prüfen und sammeln	Sara	46,00	12,00 €	552,00 €					552,00 €
1.2.5.	Dienstleistungsangebot beschreiben	Sara	76,00	12,00 €	912,00 €					912,00 €
1.2.6.	Rechtliche Hinweise prüfen	Sara	22,50	12,00 €	264,00 €					264,00 €
			144,50	**36,00 €**	**1.728,00 €**	**0**		**0,00 €**	**0,00 €**	**1.728,00 €**
Ressourcen: Sara; Christian										
1.2.1.2.	Zu überarbeitende Texte festlegen	Sara; Christian	14,00	24,00 €	372,00 €					372,00 €
1.3.2.	Möglichkeiten für Texteingabe festleg...	Sara; Christian	0,00							
			14,00	**24,00 €**	**372,00 €**	**0**		**0,00 €**	**0,00 €**	**372,00 €**
Ressourcen: Sara; Daniela; Christian										
1.3.3.	Möglichkeiten Bildbearbeitung festleg...	Sara; Daniela; Christian	16,00	36,00 €	558,00 €					558,00 €
			16,00	**36,00 €**	**558,00 €**	**0**		**0,00 €**	**0,00 €**	**558,00 €**
Σ			**1114,50**	**312,00 €**	**9.264,00 €**	**40**		**190,46 €**	**2.583,00 €**	**11.847,00 €**

Abbildung 23.55 Gefilterte und gruppierte MapListe mit Summenzeilen

Für jeden Aufgabenblock lässt sich ablesen, wie viel Zeit insgesamt dafür in Stunden Arbeitszeit aufgewendet wird, welche Kosten im Block verursacht werden und wer mit diesen Aufgaben beschäftigt ist.

Gleichzeitig lassen sich die Summen für Arbeitsstunden und Kosten für die gesamte Phase ablesen. Beim Scrollen der Liste nach rechts werden die Daten zusätzlich in Anzahl Tagen, Wochen und Monaten sichtbar.

Es gibt eine »Mini-Funktion« für den Abruf der wichtigen Projektinformationen in Summen. Dazu öffnen Sie über den Menübefehl *Ansicht/Projekt Summary* den Screen *Projekt Summary*.

Zurück zu den Fragestellungen bzw. den Antworten.

Zur *vierten Frage*, wer oder was die meisten Kosten verursacht, sortieren Sie einfach in der MapListe absteigend nach *Kosten je Zeitaufwand*, *Kosten* oder *Gesamtkosten*. In der Liste kann je in der Zeile abgelesen werden, was diese Kosten verursacht und/oder wer dafür zuständig ist.

Das Sortieren von Listeninhalten ist denkbar einfach. Mit dem Menübefehl *Datensätze/Sortieren per Klick* aktivieren Sie die »Klick-Sortierfunktion« in Map4Plan. Damit ist es möglich, per Mausklick auf einen Spaltenkopf zunächst aufsteigend und bei erneutem Klick auf denselben absteigend zu sortieren.

Die Sortierung erkennen Sie an einem kleinen Dreieck, das für eine aufsteigende Sortierung mit seiner Spitze nach oben weist. Die »Klick-Sortierfunktion« kann über das Menü *Datensätze/Sortieren per Klick* wieder deaktiviert werden.

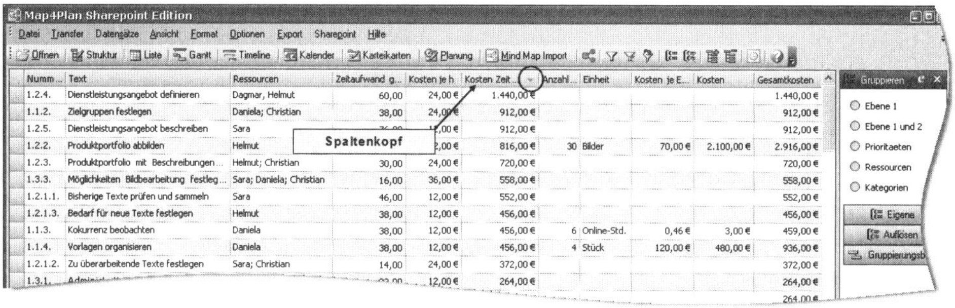

Abbildung 23.56 Klick-Sortierfunktion

Es gibt noch eine weitere, direkte Sortierfunktion. Über das Menü *Datensätze/Sortieren nach* öffnen Sie den Dialog *Sortieren*. Hier lassen sich vier Felder beziehungsweise Spalten für ein Sortieren auswählen sowie deren auf- oder absteigende Sortierreihenfolge. Nur in diesem Dialog ist es möglich, nach mehr als einem Feld zu sortieren.

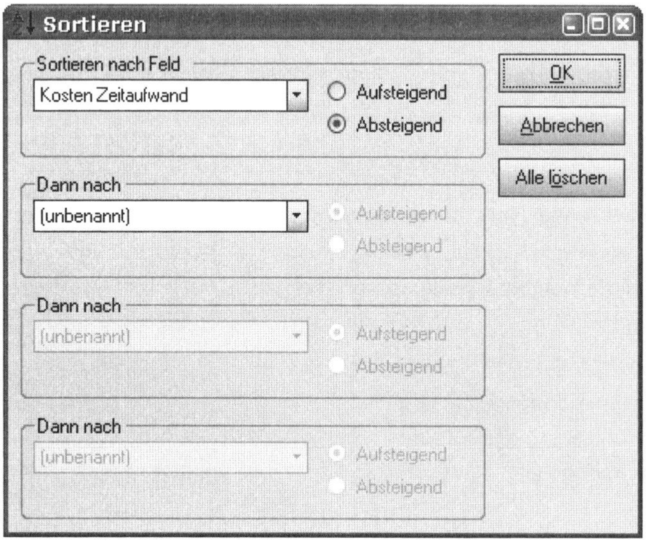

Abbildung 23.57 Dialog *Sortieren*

Für die *fünfte und letzte Frage*, wie Sie das Projekt für eine mögliche Reißleine überwachen wollen, ist der nächste Abschnitt in diesem Kapitel vorgesehen.

Die Projektüberwachung in verteilten Teams erfordert besondere kommunikative Maßnahmen, die mit besonderen Werkzeugen zu bewerkstelligen sind. Hier wird die Schwelle von der Projektplanung zum Projektmanagement überschritten.

Map4Plan ist grundsätzlich ein Projekt-Planungsprogramm mit Schnittstelle zum Kreativwerkzeug MindManager (siehe Abschnitt 23.1.2, Ein wenig »Programmphilosophie«).

Die angefertigten Pläne lassen sich jedoch mit Map4Plan pflegen. Damit befinden Sie sich bereits auf der oben genannten Schwelle zum Projektmanagement und etwas darüber hinaus. Wenn Sie sich bereits mit dem Thema Projektmanagement mehr oder minder intensiv befasst haben oder befassen, wissen Sie, dass es eine bedeutende Anzahl an Fachliteratur, Werkzeugen und Seminaren zum Thema gibt.

Diese Tatsache ist nicht zuletzt darauf zurückzuführen, dass in Zeiten des ständigen Wandels die Fähigkeit, Projekte erfolgreich zum Ziel zu führen, einen bedeutenden wirtschaftlichen Erfolgsfaktor darstellt. Trotz der gebotenen Anleitungen und Werkzeuge für erfolgreiches Projektmanagement werden laut einer Wirtschaftlichkeitsstudie[1] zum Projektmanagement in deutschen Unternehmen, mit dem Titel »Projektmanagement: Abenteuer Wertvernichtung«, nur 43% mit dem Merkmal effektiv und 31% mit effizient erhoben. Dabei bezieht sich der Effektivitätswert auf den wirtschaftlichen Nutzen und die Effizienz auf die richtige Durchführung von Projekten.

Gängige, zum Teil normierte Projektmanagement-Werkzeuge sind für eine überwiegende Zahl Projektdurchführender völlig ungeeignet, weil sie unter anderem zu komplex sind oder auch einfach in Teams abgelehnt werden. Die Eignung von Map4Plan für Ihr oder die Integration als Teillösung in Ihr Projektmanagement müssen Sie selbst prüfen. Zu diesem Zweck stellen wir Ihnen im Anschluss einige Möglichkeiten und Funktionen vor.

Dabei geht es nicht um Mammutprojekte mit Millionen-Budgets in großen Teams, sondern vielmehr um die Realität im Businessalltag, nämlich kleine Projekte mit schmaleren, vielleicht top down festgelegten Budgets in einem kleineren Team zu managen.

Der Tag des Kick-offs für unser Projekt »Relaunch unserer Website« ist nunmehr beendet, und Sie sind bestens auf die kommende Zeit vorbereitet. Sie müssen sich keine Sorgen über eine unflexible Projektpflege machen. Die erste Projektphase hat bereits einen klar erkennbaren Start- und Abschlusstermin, ist in Zwischenschritte aufgeteilt und kann jederzeit in der Zielerreichung sowie Termineinhaltung überprüft werden. Außerdem wissen die internen Mitarbeitet, was sie zu tun haben, und sogar erste Kosten konnten eruiert werden.

Für Sie als Projektleiter gilt es jetzt, das »magische Dreieck« im Projektmanagement zu erfüllen. Darum wollen wir uns nun kümmern.

---

[1] Wirtschaftlichkeitsstudie zum Projektmanagement in deutschen Unternehmen, erschienen 2004, Prof. Dr. Manfred Gröger, MBA – Management Beratungsgesellschaft mbH. Für die Studie wurden über vier Jahre 962 Führungskräfte zu ihren Erfahrungen im Projektmanagement in deutschen Unternehmen und in der öffentlichen Verwaltung befragt.

23.3 Map4Plan als Collaborations-Tool

Den Begriff »Collaborations-Tool« (Werkzeug für Zusammenarbeit) setzen wir an dieser Stelle zweideutig ein. Zum einen geht es darum, ein Team in seiner Zusammenarbeit zu stützen, und zum anderen, um die Option mit Drittanwendungen zu arbeiten, welche die Kommunikation innerhalb der Projektmannschaft optimieren und spezielle Funktionen anbieten, die das »Projektleben« erleichtern.

Beides soll dem Zweck dienen, Projekte zu managen. Bevor wir zum praktischen Teil kommen, lassen Sie uns kurz das Thema »Projektmanagement« mit wenig Worten erörtern. Anhand dieser Ausführungen werden wir prüfen, inwieweit Map4Plan und die folgend beschriebenen optionalen Drittanwendungen innerhalb dieser Management-Aufgabe ihren würdigen Platz finden.

23.3.1 Theoretisches Projektmanagement

Laut DIN 69901 (Deutsche Industrie Norm) ist Projektmanagement als die »Gesamtheit von Führungsaufgaben, -organisation, -techniken und -mitteln für die Abwicklung eines Projektes« definiert. Tatsächlich gibt es unterschiedlichste Voraussetzungen für ein Projektmanagement, welche die jeweilige Vorgehensweise bestimmen. Diese Voraussetzungen lassen sich erfragen:

- Was sind die Vorgaben des Projektgebers (z.B. Budget und Ressourcen)?
- Wie umfangreich/komplex ist das Projekt?
- Welche Art Projekt ist zu bewältigen (zum Beispiel IT-Projekt, Marketing-Projekt, Bau-Projekt)?

Nun gibt es Lehrbuch-Methoden, nach denen ein Projekt nach der Beantwortung der oben gestellten Fragen auf den richtigen Weg gebracht werden kann. Die Durchführung reicht von einfachen Tätigkeitslisten bis hin zum Einsatz eines eigens für ein Projekt gegründeten Unternehmens.

Trotzdem folgt das Projektmanagement recht einfachen Regeln: Ein gesetztes Ziel soll *rechtzeitig*, *wirtschaftlich* und *qualitativ hochwertig* erreicht werden. Diese drei Eigenschaften zur Zielerreichung werden im Projektmanagement das »magische Dreieck« genannt.

Abbildung 23.58 Das magische Dreieck

Die für unser Projekt »Relaunch unserer Website« gewählte Phasenstruktur ist für das Managen des Vorhabens ein Muss. Zwischenergebnisse können mit den Zielvorgaben verglichen werden, um schließlich den Fortgang zu bestätigen, Korrekturen durchzuführen oder einen Abbruch abzuwägen.

Die Kontrolle des Projektablaufes ist aus technischer Sicht unter anderem durch die Dokumentation mit MindManager und Map4Plan gegeben. Transparenz in der Planung bietet Map4Plan durch Listen und Diagramme.

Als Projektmanager verfügen Sie über Entschlusskraft, Teamgeist, Planungsfähigkeit, Realisierungswillen und analytische wie organisatorische Fähigkeiten. Was fehlt also, um unser Projekt virtuos zu managen?

Die Frage ist recht leicht beantwortet: eine schlüssige Kommunikation im Team.

Kommunikation im Projektmanagement bedingt:

- Den zielgerichteten und zeitnahen Austausch von Daten.
- Zentrale und für Interaktionen geeignete Datenhaltung.
- Für alle Beteiligten nachvollziehbare, dokumentierte beziehungsweise protokollierte Änderungsverfolgung.

Die hier mit nur wenigen Worten aufgezählten Fakten zum Thema Projektmanagement stellen die Beurteilungsgrundlage für den Einsatz von MindManager und Map4Plan sowie die im Folgenden vorgestellten Software-Werkzeuge in Collaborations dar.

Wir möchten Ihnen zeigen, wie diese Tools alle Kriterien erfüllen, ein Projekt erfolgreich zu managen.

23.3.2 Projektkommunikation mit SharePoint

Selbstverständlich können Sie mit MindManager und Map4Plan Projekte kontrollieren. Die Erfassungsmöglichkeiten für Zeitspannen, Prioritäten, Aufgabenfortschritte, Ressourcen und Kosten sind gegeben. Die Projektqualität wird zudem durch Dokumentationsmöglichkeiten unterstützt. Das »magische Dreieck« wird in allen Punkten durch Ihre Arbeit, die des Teams und die Software erfüllt.

Die Ergebnisse sollen nun noch fließend kommuniziert werden.

Unser Projektbeispiel zeigt eine Situation auf, die für die Kommunikation besondere Maßnahmen erfordert. Es wird in einem Team mit externen Dienstleistern gearbeitet. Für die Zusammenarbeit mit externen Kräften bieten sich besondere Möglichkeiten in der Projektarbeit mit MindManager und Map4Plan an. Eine Projekt-Arbeitsgruppe, bestehend aus internen und externen Kräften, kann man auch als geografisch verteiltes Team bezeichnen.

Allein die Tatsache, dass ein internes Team nicht ständig im Besprechungsraum sitzt oder in einem Großraumbüro auf Zuruf arbeitet, erweckt den Wunsch, Kommunikation in einem geeigneten Netzwerk zu betreiben.

Während des Projekts werden, abgesehen vom eigentlichen Plan, zahlreiche Arbeitsdokumente entstehen, die von verschiedenen Teammitgliedern oder Teilgruppierungen benötigt werden. Wie kann also die (Daten-)Kommunikation im Projekt optimal gefördert werden?

Das ist Managementarbeit, für die man sich elektronische Hilfe erhofft. Und genau diese gibt es. Mit den in diesem Buch an der einen oder anderen Stelle erwähnten Microsoft SharePoint Services wird Ihnen eine erstklassige Plattform für diese Zwecke geboten.

In einem [2]SharePoint-Intranet verwalten Sie unter anderem:

- mit unterschiedlichen Zugriffsrechten ausgestattete Benutzer,
- Dokumente und Listen mit Versionsinformationen und
- Benachrichtigungen bei Änderungen in einzelnen Dokumenten und Daten in Listen.

Ist dieses SharePoint-Intranet online, kann von überall auf der Welt und zu jeder Zeit mit den entsprechenden Zugangsdaten und einem Internetzugang sowie -browser auf diese Daten direkt und/oder über weitere Anwendungen zugegriffen werden. Schauen wir uns an, was die Map4Plan SharePoint Edition in diesem Zusammenhang bietet.

23.3.3 Die Map4Plan SharePoint Edition – Projektkommunikation im Team

Sie haben der Geschäftsleitung die Ergebnisse des Kick-offs und Ihre Verfeinerung des Plans präsentiert und prompt ein »Go« dafür erhalten. Ihre Initiative muss jetzt Fahrt in

[2] Der Begriff Intranet wird hier als Netzwerk verstanden, das auf den gleichen Techniken wie das Internet basiert, jedoch nur von einer festgelegten Gruppe von Mitgliedern einer Organisation genutzt werden kann.

Richtung Projektmanagement aufnehmen. Sie wollen den Verlauf und die Eckdaten der übrigen Phasen manifestieren.

Als ersten wichtigen Schritt erkennen Sie die Notwendigkeit, Kommunikationsmöglichkeiten einzurichten. Gerade im Hinblick auf die externen Teammitglieder ist hier eine Lösung in einem [3]WAN-Intranet anzustreben. Der Austausch von Dokumenten per Fax und E-Mail wäre zu müßig und fehlerträchtig. Außerdem stünde keine übersichtliche Verwaltungsmöglichkeit zur Verfügung – außer vielleicht der lokalen Festplatte. Aber wie wollten Sie den Projektmitstreitern klar machen, welche Verzeichnisse anzulegen und wo welche Dateien wann abzulegen sind?

Eine weitere umfangreiche Verwaltungsaufgabe käme auf Sie als Projektleiter zu. Das wissen Sie zu vermeiden, indem Sie im SharePoint eine neue Seite für das Projekt einrichten, dort allen Projektbeteiligten spezielle Zugriffsrechte erteilen und eine entsprechend überschaubare Struktur einrichten. Ohne genau zu beschreiben, wie dies funktioniert, denn dies ist nicht Thema dieses Kapitels, könnte die SharePoint-Seite in etwa wie in **Abbildung 23.59** aussehen:

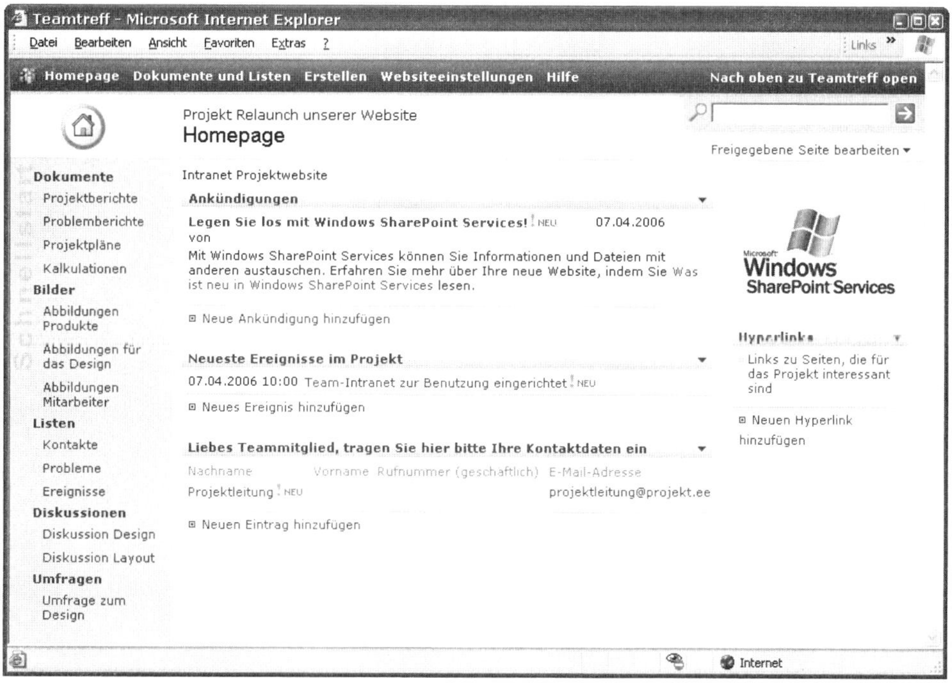

Abbildung 23.59 SharePoint-Intranet-Site für das Projekt »Relaunch unserer Website«

[3] WAN = Wide Area Network = ein über die Grenzen eines Gebäudes funktionierendes Netzwerk

Wer die Windows SharePoint Services kennt, wird einen Standardpunkt der linken Menüleiste in der Kategorie »Listen« vermissen, der beim Einrichten einer neuen Team-Site automatisch eingefügt wird.

Das ist der Punkt »Aufgaben«. Den haben Sie vorläufig entfernt, da hier die Inhalte der MapListe, in der ja bereits alle Aufgaben definiert und strukturiert sind, platziert werden sollen. Das gesamte Team soll während der Planung auf diese Liste zugreifen können, um aktiv Planungseckdaten zu ändern oder zu erfassen.

23.3.3.1 Vorbereitungen für das Intranet-Team-Working mit Map4Plan

Die Vorbereitungen für das Intranet-Team-Working mit *Map4Plan SharePoint Edition* sind recht simpel und schnell zu treffen, sobald eine Team-Site mit den Windows Share-Point Services eingerichtet ist.

So gehen Sie vor:

1. Zuerst erfassen Sie in Map4Plan über den Menüpunkt *Sharepoint/Zugangsdaten Teamweb* im Dialog *Sharepoint* die Zugangsdaten zur Team-Site.

Abbildung 23.60 Zugangsdaten Teamweb

2. Im Feld *Vollständiger Pfad* muss die Seite höchster Ebene angegeben werden.
3. Unter *Team-Site* wird das entsprechende »Unterweb« eingetragen.
4. Tragen Sie den *Domain- und Benutzernamen* sowie das *Zugangspasswort* ein.
5. Bestätigen Sie Ihre Angaben mit *OK*.

Haben Sie die Domain, den Benutzernamen und das Zugangspasswort eingetragen, können Sie das *Passwort verschlüsselt speichern*, um es nicht ständig neu eingeben zu müssen, wenn Sie eine im Intranet befindliche MapListe bearbeiten wollen. Die verschlüsselte Speicherung erfolgt lokal in der Registrierungsdatenbank Ihres Windows.

Um nun eine MapListe im SharePoint anlegen zu können, müssen Sie über die entsprechende Berechtigung dafür verfügen. Diese wird wiederum in der Website-Verwaltung Ihres SharePoints festgelegt.

Manche SharePoint-Accounts erfordern nicht unbedingt die Eingabe der Domain. Geben Sie hier lediglich den Benutzernamen an, wenn Ihnen der Zugriff bei der Arbeit mit Map4Plan verweigert wird.

Als Nächstes muss eine Listenvorlage für MapListen in das SharePoint-Web hochgeladen werden.

- Dies erledigen Sie über den Menüpunkt *Sharepoint/Upload Vorlage*.

Wurde die Vorlage erfolgreich in das *Listenvorlagenverzeichnis* Ihres Webs hochgeladen, erhalten Sie eine entsprechende Bestätigung. Sollte der Upload nicht funktioniert haben, erhalten Sie eine Fehlermeldung. Im Zweifel haben Ihre Berechtigungen nicht ausgereicht.

SharePoint-Listenvorlagen können direkt im Web verwaltet werden. Dort besteht auch die Möglichkeit, Vorlagen als Datei herunterzuladen. Sie erkennen SharePoint-Listenvorlagen an der Dateiendung *.stp* (**S**harePoint **T**em**p**late). Sollten Sie einmal eine Vorlage zweifach hochgeladen haben, können Sie die überschüssige in der Listenverwaltung einfach löschen.

Die Vorbereitungen für das Hochladen und Bearbeiten von MapListen im SharePoint-Intranet sind getroffen.

23.3.3.2 Die erste MapListe im Teamweb

Es ist so weit. Sie stellen die erste MapListe der »Projekt-Öffentlichkeit« zur Verfügung. Die gemeinsame Arbeit am Projekt wird somit eingeleitet, und alle Beteiligten kommen in den Genuss, jederzeit und überall über den Stand der Dinge informiert zu sein und aktiv mitgestalten zu können.

Übertragen Sie die Listenvorlage für MapListen in das SharePoint-Team-Intranet.

Gehen Sie dazu folgendermaßen vor:

1. Öffnen Sie über den Menüpunkt *Sharepoint/Liste anlegen* den Listenverwaltungsbereich im SharePoint.
2. Wählen Sie dort in der Rubrik *Listen* den Eintrag *Map4Plan Listenvorlage* per Klick aus. Es öffnet sich der SharePoint-Dialog *Neue Liste*.
3. Geben Sie nun unter *Name* »Aufgaben Projekt Relaunch« ein.
4. Schreiben Sie unter Bemerkung »Phasen und Aufgaben zum Projekt Relaunch«.
5. Die Option *Diese Liste in der Schnellstartleiste anzeigen?* unter *Navigation* bestätigen Sie mit *Ja*.
6. Klicken Sie auf *Erstellen*.

Abbildung 23.61 Anlegen der Liste im SharePoint-Web

Es wird Ihnen sogleich die neue, natürlich noch leere Liste angezeigt.

Im linken Bereich können Sie bereits spezifische Ansichten wählen. Diese wurden mit der MapListen-Vorlage hochgeladen, gehören aber zu den SharePoint-Standardansichten, die für MapListen entsprechend in der Vorlage konfiguriert wurden.

Abbildung 23.62 Neue, noch leere MapListe im SharePoint-Intranet

Besonders zu beachten: Ändern Sie die Ansicht *Map4Plan Alle Einträge* auf keinen Fall. Hier dürfen weder Spalten gelöscht noch neue Spalten hinzugefügt werden. Diese Ansicht muss ebenso unbedingt als Standardansicht konfiguriert bleiben, da sonst der Abgleich mit Map4Plan gestört würde. Sie können jedoch neben den zwei frei verwendbaren Ansichten *Map4Plan Kalender* und *Map4Plan Datenblatt* neue

Ansichten erstellen und entsprechend Ihren Vorstellungen einstellen. Auch ein Umbenennen der zwei vordefinierten Ansichten ist möglich.

Die leere Liste ist angelegt. Jetzt soll die MapListe »Relaunch unserer Website« in die neue Liste eingelesen werden, damit sie für die Bearbeitung im Team zur Verfügung steht.

Stellen Sie die MapListe »Relaunch unserer Website« dem Team zur Bearbeitung zur Verfügung, und lassen Sie sich benachrichtigen, sobald eine Änderung im Plan vorgenommen wurde.

Gehen Sie dazu folgendermaßen vor:

1. Öffnen Sie mit dem Menübefehl *Sharepoint/SharePoint Liste öffnen* den Dialog *SharePoint Listen*. Im linken Listenfeld finden Sie mehrere Listendokumente vor.
2. Klicken Sie dort auf den Eintrag *Aufgaben Projekt Relaunch*. In den Feldern *Name* und *Beschreibung* finden Sie die Angaben wieder, die Sie beim Anlegen der Liste erfasst haben.

Mit der Schaltfläche *Liste öffnen* laden Sie die leere Liste als Container für Daten in Map4Plan. Jetzt könnten Sie unter anderem eine Business Map aus MindManager in die leere Liste einlesen.

3. Sie öffnen jedoch über den Menübefehl *Sharepoint/MapListe in Sharepoint einlesen* den Dateidialog für MapListen.
4. Wählen Sie hier die Datei *Relaunch unserer Website Version 35.mlmf* per Doppelklick aus.

Die MapListe wird sogleich in die leere Liste eingelesen und steht damit bereits im Intranet zur Verfügung.

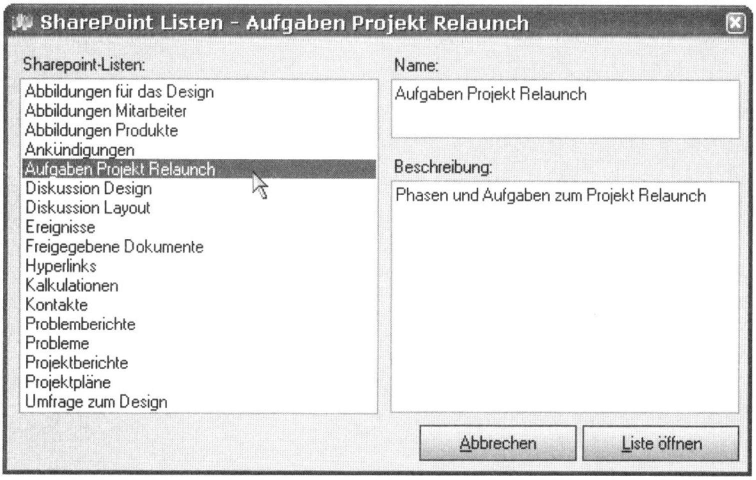

Abbildung 23.63 Dialog *SharePoint Listen* zum Öffnen einer Liste in Map4Plan

5. Öffnen Sie nun mit *Sharepoint/Sharepoint Home* das SharePoint-Web, und klicken Sie im linken Navigationsbereich (Menü) auf den Eintrag *Aufgaben Projekt Relaunch.*

Es wird Ihnen die mit Daten gefüllte Standardansicht *Map4Plan Alle Einträge* angezeigt.

6. Klicken Sie in der linken Navigationsleiste auf den Menüpunkt *Benachrichtigen.*

Gegebenenfalls werden an dieser Stelle vom System zur Sicherheit nochmals Ihr Benutzername und das Zugangspasswort abgefragt.

7. In der Rubrik *Benachrichtigung senden an* finden Sie Ihre für das Teamweb angegebene E-Mail-Adresse, die Sie dort auch ändern können.
8. In der Rubrik *Änderungstyp* legen Sie fest, bei welcher Art von Änderungen Sie per E-Mail informiert werden wollen. Wählen Sie hier *Benachrichtigung über: Alle Änderungen.*
9. In der Rubrik *Benachrichtigungshäufigkeit* geben Sie an, wie oft Sie über Änderungen in der Liste informiert werden wollen. Sie wählen *Tägliche Zusammenfassung versenden*, da sicher in den kommenden Tagen häufig Änderungen durch das Team vorgenommen werden und Sie nicht über jede kleinste Änderung sofort informiert werden wollen.
10. Bestätigen Sie Ihre Eingaben mit *OK.*

Jetzt werden Sie täglich zusammenfassend informiert, welche Änderungen an der Liste von wem und zu welcher Uhrzeit vorgenommen wurden.

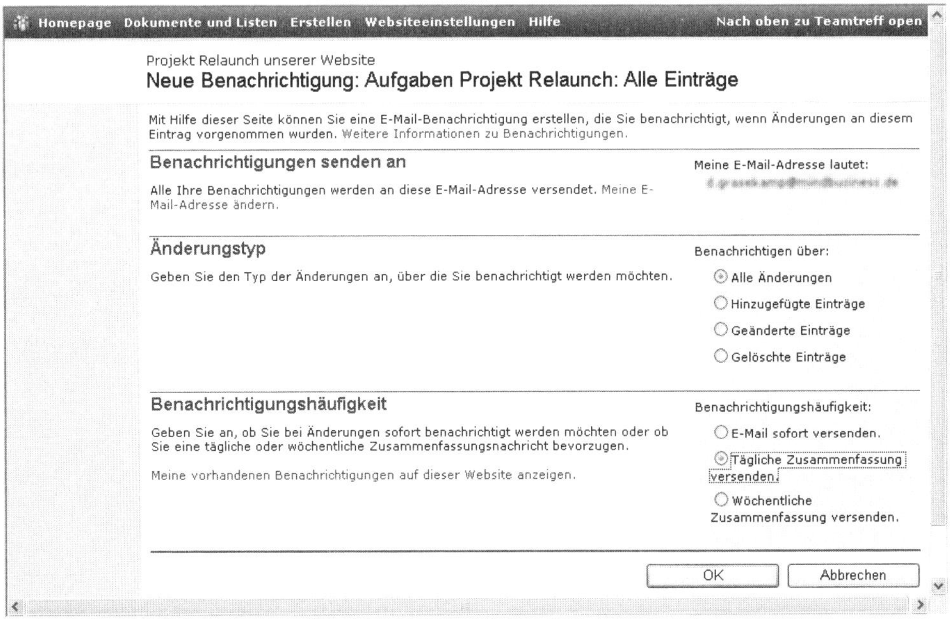

Abbildung 23.64 Dialog für Benachrichtigungen im SharePoint-Web

Lassen Sie uns einen Blick auf die neu mit Projektdaten befüllte Liste im Team-Intranet werfen.

- In der *Standardansicht* können Sie in der Projektliste scrollen und per Klick auf den Eintragstext denselben zur Ansicht und Bearbeitung in einer Eintrags-Einzelansicht öffnen.
- Über den Menüpunkt *Map4Plan Kalender* in der Navigationsleiste schalten Sie in die Kalenderansicht um. Im dortigen Monatskalender können Sie ebenso einen Eintragstext anklicken, um zur Eintrags-Einzelansicht zu gelangen.

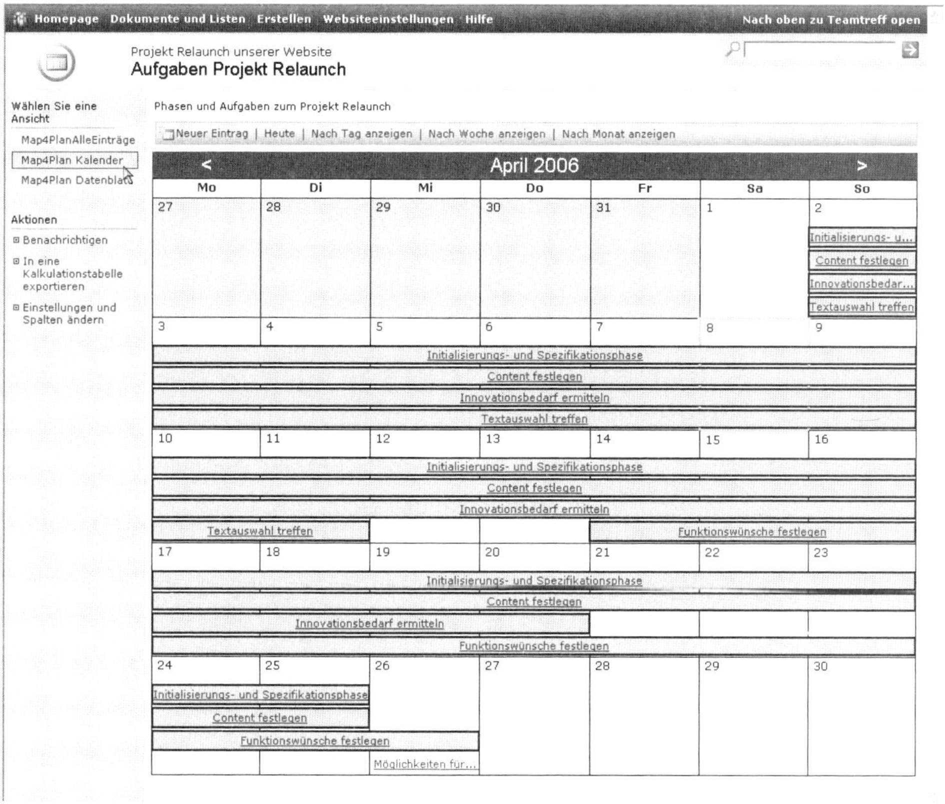

Abbildung 23.65 Map4Plan-Kalenderansicht im SharePoint-Web

Die für die Arbeit mit der MapListe wichtigste und interessanteste Ansicht ist das *Datenblatt*, das Sie über die Navigation mit einem Klick auf *Map4Plan Datenblatt* erreichen.

Das Datenblatt ist bereits für die Arbeit in der MapListe konfiguriert. Das heißt, hier stehen kompakt alle relevanten Spalten der MapListe zur Verfügung, die für die Erfassung der Aufgabeninformationen benötigt werden.

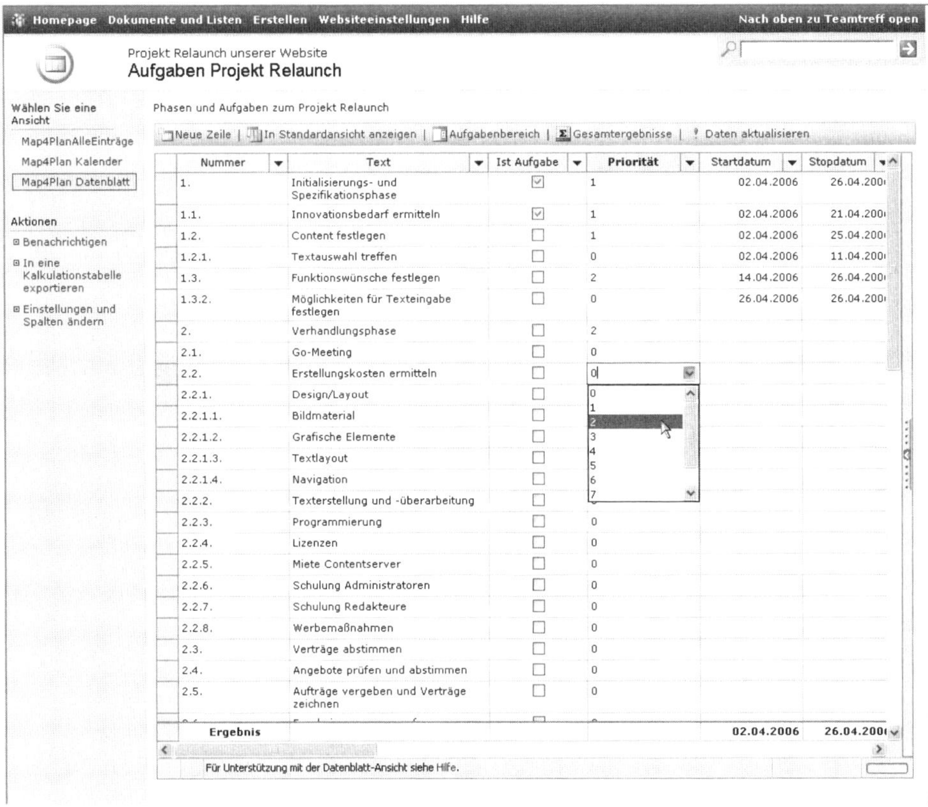

Abbildung 23.66 Map4Plan-Datenblatt im SharePoint-Web

Nachdem Sie das Team, intern wie extern, über das Vorhandensein der MapListe im SharePoint-Intranet informiert haben, kann die gemeinsame Arbeit an der Planung für die nächsten Phasen unseres Projekts »Relaunch unserer Website« beginnen.

Diesmal wird die Liste aber nicht nur durch Sie mit Leben gefüllt. Es lassen sich zum Beispiel die *Start- und Stopzeitdaten*, *Prioritäten*, *Ressourcen*, *Kosten* oder sogar *Notizen* für die Aufgaben von einzelnen Teammitgliedern oder Teilgruppierungen erfassen. Sie können sich vorstellen, wie viel Zeit dies in der Projektentwicklung und schließlich im Projektmanagement spart.

Selbstverständlich sollten alle Beteiligten über ihre Verantwortung im Umgang mit der Liste informiert sein. Die Eingabemöglichkeiten sind frei. Insofern ist eine Schulung der Teamworker wichtig, die sowohl die Freiheiten als auch Restriktionen für die Bearbeitung der Planungsdaten im Intranet beinhalten sollte. Auch sollte die Liste während der Zeit der gemeinsamen Arbeit an ihr nicht mit lokalen oder im Web befindlichen Drittanwendungen bearbeitet werden.

Unser Tipp: Setzen Sie einen Start- und Endtermin für die gemeinsame Erfassung der Projekteckdaten in die MapListe. Ist der Plan vollendet, dient die Planungsliste zusammen mit den übrigen Möglichkeiten der Dokumentenverwaltung als ausgesprochenes Projektmanagement-Werkzeug. Was die Liste angeht, kann das einzelne Teammitglied den Fortschritt seiner Arbeit in den Feldern *Erledigt in Prozent* und *Erledigt* festhalten und Notizen für besondere Mitteilungen im Fortgang des Projekts hinterlassen.

Sie stimmen uns sicher zu, dass damit die meisten der weiter oben genannten Eigenschaften und Wünsche für ein erstklassiges Projektmanagement erfüllt werden.

23.3.3.3 Von der Business Map über Map4Plan nach SharePoint und zurück

Selbstverständlich können die Planung und deren Ergebnisse in der Projektarbeit jederzeit aus dem SharePoint-Intranet in Map4Plan eingelesen werden, um sie in der Liste, dem Gantt-Diagramm, in Timeline oder im Kalender zu visualisieren und zu bearbeiten. Die Transfermöglichkeit nach MindManager ist selbstverständlich. Insofern stehen Ihnen weiterhin sämtliche Dokumentations- und Verarbeitungsmöglichkeiten der beiden Programme zur Verfügung.

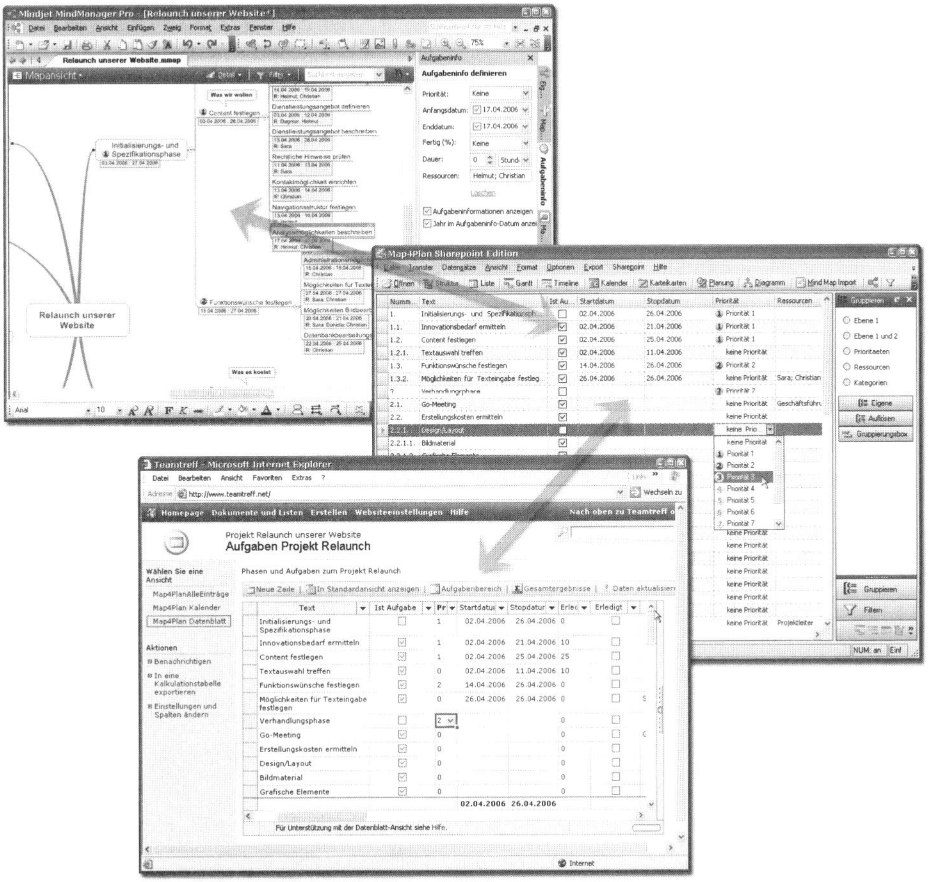

Abbildung 23.67 Von MindManager über Map4Plan nach SharePoint und zurück

Verfügt jedes Teammitglied über Map4Plan, kann die Bearbeitung der online gestellten Liste auch mit dem Programm bearbeitet werden, was natürlich durch die speziellen Planungsfunktionen enorme Vorteile innehat.

Zu diesem Zweck muss die MapListe lediglich über den Menüpunkt *Sharepoint/SharePoint Liste öffnen* geladen werden. Nach der Bearbeitung wird der Menübefehl *Sharepoint/SharePoint Liste aktualisieren* ausgeführt, und die Änderungen sind im Web.

Natürlich sollte die Bearbeitung der Online-Projektliste organisiert sein. Wenn zwei oder mehrere Teamworker gleichzeitig an der Planung arbeiten, ist das so lange kein Problem, wie an unterschiedlichen Bereichen oder Aufgaben in der Liste gearbeitet wird. Werden jedoch an derselben Aufgabe Änderungen vorgenommen, ist die jeweils letzte Speicherung Stand der Aktualität. Es wird jedoch ausgesprochen selten zu solchen Konflikten kommen, da ja jeder im Team seine ihm zugewiesenen Aufgaben erfüllen soll.

Nun ist es Ihnen als Projektleiter jederzeit, von überall auf der Welt möglich, das Projekt zu überwachen und, wenn nötig, steuernd einzugreifen. Dazu stehen Ihnen unter anderem weitere kommunikative Mittel im SharePoint-Intranet zur Verfügung. Sie können die jeweils aktuellen Projektdaten in jeder beliebigen Projektphase in Map4Plan laden, um Sie mit MindManager oder Map4Plan auszuwerten und/oder zu dokumentieren.

Wenn Sie hierbei noch einmal an das »magische Dreieck« im Projektmanagement denken, geben Sie uns sicher Recht, dass wir mit dieser Kombination von Werkzeugen den Anspruch, Projekte rechtzeitig, kosteneffektiv und qualitativ hochwertig zu vollenden, erfüllen können.

Zum Schluss möchten wir noch auf einen Aphorismus von Tom DeMarco[4] eingehen, der da lautet: »*Projekte scheitern nicht an der Technik, sondern an Menschen.*« Dazu sei dringend angemerkt, dass sich der Begriff »Technik« sicher nicht ausschließlich auf Software bezieht, die man für das Projektmanagement nutzt, sondern unter anderem auf Methoden.

So sind an einem Teamprojekt immer Menschen mit unterschiedlichen Qualifikationen aus meist sehr differenten Arbeitsbereichen tätig. In unserem Projekt treffen zum Beispiel Techniker auf Kreative und verwaltungstechnisch begabte Menpower. Es kommt reichlich Sachwissen zusammen, was den einzelnen Kopf betreffend wiederum unterschiedliche Denkmuster zutage fördert.

Und zuletzt seien zwischenmenschliche Kommunikationsförderer oder -hemmer bedacht, wie zum Beispiel *Sympathie, Neid* oder *Missgunst*. Sie sind also als Projektmanager auch mit der Aufgabe konfrontiert, ein »buntes« Team geschickt psychologisch bei Laune zu halten. An der richtigen Stelle Lob, konstruktive Kritik und die richtigen Fragen zur richtigen Zeit sind dazu die wesentlichen Instrumente. Leider gibt es noch keine Software, die Ihnen diese manchmal schwierige Aufgabe abnimmt.

---

[4] Tom DeMarco ist einer der bekanntesten Buchautoren und Berater zu Themen des Projektmanagements in der Software-Entwicklung.

23.4 Welche Möglichkeiten gibt es noch?

Wir hoffen, Ihnen mit dem Ausflug in die Funktionen und Optionen in der Arbeit mit MindManager, Map4Plan und nicht zuletzt mit den Microsoft SharePoint Services einen fundierten ersten Überblick verschafft zu haben, der Sie in der Entscheidung für die richtige Kombination der Werkzeuge für Ihre Projekte unterstützt.

Wie bereits eingangs erwähnt, würde eine komplette Beschreibung des Map4Plan, um das es ja in diesem Kapitel geht, den Rahmen des Buches deutlich sprengen. Aus diesem Grund möchten wir Sie in diesem letzten Abschnitt kurz auf zwei weitere Highlights im Programm aufmerksam machen, um das Bild ein wenig abzurunden.

Dies sind die *Export-Funktionen* und die Möglichkeit, *eigene Felder* beziehungsweise *Spalten* zu definieren.

23.4.1 Export von MapListen und Aufgaben

Im Menü *Export* in Map4Plan finden Sie verschiedene Möglichkeiten für den Export von MapListen und sogar einzelne Aufgaben.

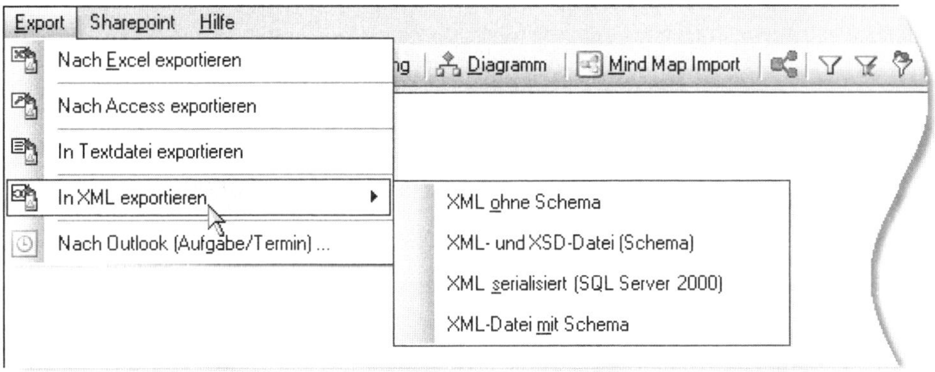

Abbildung 23.68 Menü *Export* in Map4Plan

- Map4Plan verfügt über eine eigene *Excel-Engine*, die Sie unabhängig von einem installierten Microsoft Excel nutzen können, um MapListen in Excel-Dateien zu exportieren.
- Mit dem *Access-Export* stehen Ihnen die Daten zur Weiterverarbeitung im Datenbank-Managementsystem Microsoft Access zur Verfügung.
- Das *Text-Exportformat* (Zeichen getrennt) ermöglicht wiederum den Import in weitere Programme und Datenbanksysteme.
- Mit *XML* steht Ihnen die Welt der modernen Datenbeschreibungssprache für Inter- und Intranetanwendungen, aber auch lokale Anwendungen, die dieses Format unterstützen, zur Verfügung.

- Nach *Microsoft Outlook* können einzelne oder mehrere markierte Einträge sowie die komplette MapListe als Aufgaben oder Termine exportiert werden.

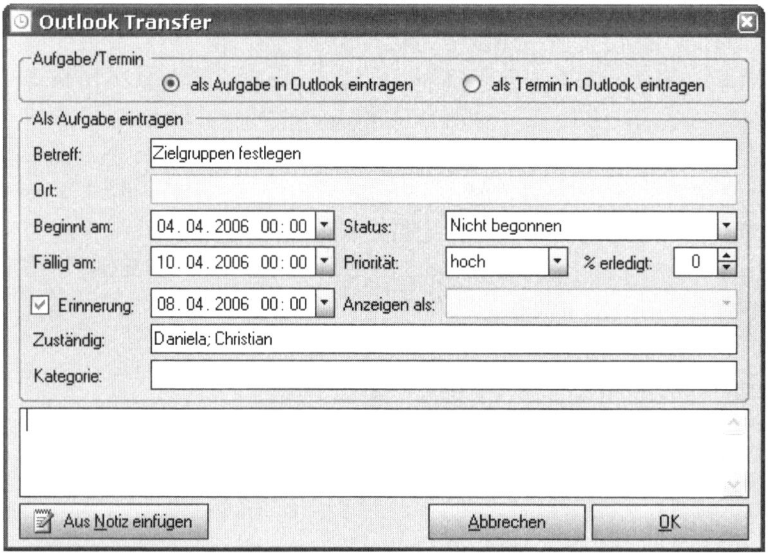

Abbildung 23.69 Export einer Aufgabe nach Microsoft Outlook

Sowohl Microsoft Excel- als auch Access bieten besonders in ihrer 2003er und in kommenden Fassungen hervorragende Möglichkeiten zur Verwaltung in den Microsoft SharePoint Team Services an. Darüber hinaus lassen sich Excel- und Access-Daten bequem in Microsoft Project importieren.

In Kapitel 23.2.4.2, »Verteilen von Aufgabenlisten – Teamversorgung«, haben wir Ihnen das Layout- und Druckmodul vorgestellt. Mit diesem stehen Ihnen noch weitere Exportformate zur Verfügung.

23.4.2 Eigene Felder definieren

In Map4Plan können *benutzerdefinierte Felder* in verschiedenen Formaten angelegt werden. Diese Ergänzungsmöglichkeit schafft Raum für eigene Überlegungen in der Listenstruktur.

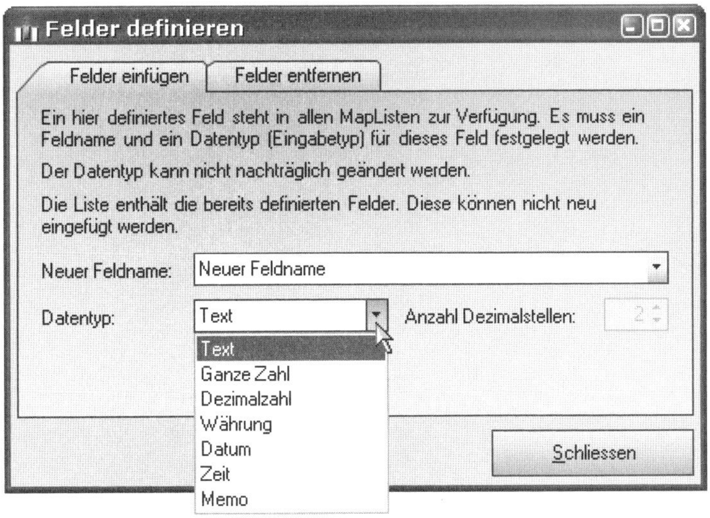

Abbildung 23.70 Dialog *Felder definieren*

Welche Möglichkeiten stehen hier zur Verfügung?

- Ein *Textfeld* kann bis zu 255 Zeichen beinhalten.
- Für *Dezimalzahlfelder* kann jeweils die Anzahl der Dezimalstellen angegeben werden.
- Ein *Währungsfeld* enthält immer die systemseitig eingestellte Währung mit dem entsprechenden Symbol.
- Ein *Datum* wird immer im Format »TT.MM.JJJJ« eingerichtet und das Zeitfeld in Stunden und Minuten oder Minuten und Sekunden im Format »HH:MM« beziehungsweise »MM:SS«.
- Das *Memo-Feld* kann bis zu 536.870.910 Zeichen enthalten. Um diese Anzahl Zeichen ein wenig zu verdeutlichen: Das Kapitel, das Sie gerade lesen, birgt mit Leerzeichen ca. 125.000 Zeichen. Es ließe sich in einem solchen Memo-Feld textlich also wesentlich mehr als das komplette MindManager-Handbuch unterbringen. Wir empfehlen dies jedoch nicht, da damit die Performance der Liste leiden würde.

In der zur Drucklegung unseres Buchs aktuellen Fassung von Map4Plan ist es im Layout- und Druckmodul möglich, Felder mit Zahlenmaterial der gesamten MapListe für Berechnungen heranzuziehen.

Es ist vorauszusehen, was sich in der relativ kurzen Vergangenheit der Software durchaus in anderen neuen Funktionen bestätigt hat, dass es über kurz oder lang in der MapListe benutzerdefinierte Berechnungsfunktionen geben wird.

Wir sind sehr auf die künftige Entwicklung dieser äußerst praktischen und zeitsparenden Software gespannt.

24

MindManager und Map4Score

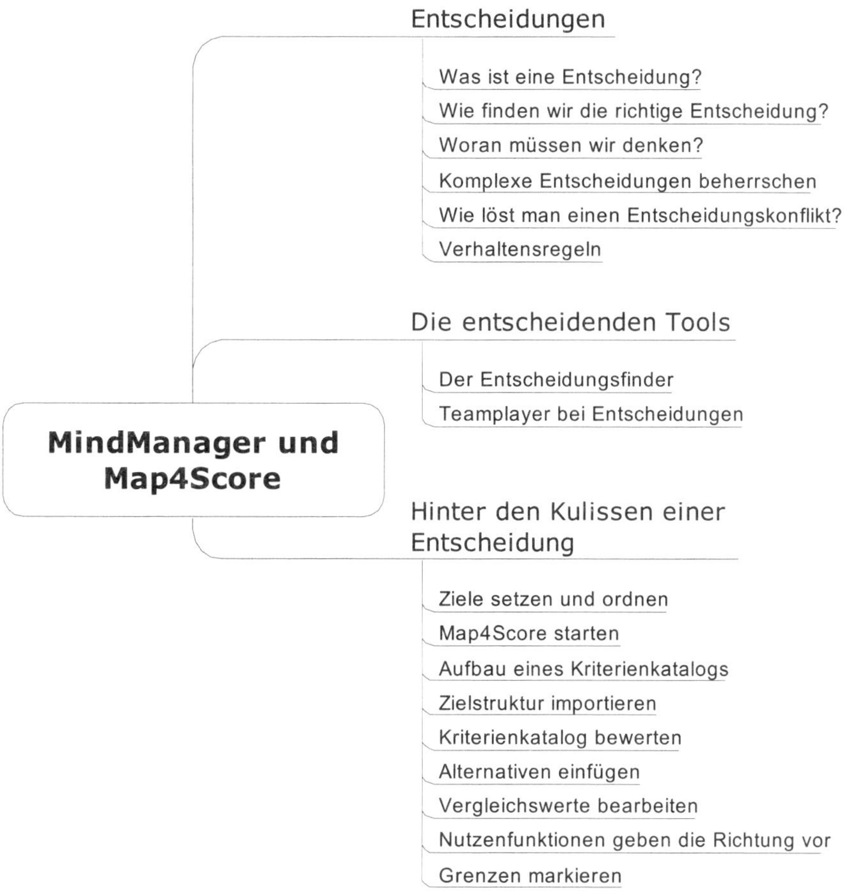

24 MindManager und Map4Score

Wie viele Entscheidungen treffen Sie täglich? Auf diese Frage wird jeder von uns eine andere Antwort finden. Dabei ist alles im Leben Entscheidung. Welches Kleid ziehe ich heute an? Soll ich den Bus nehmen oder doch lieber mit dem Auto fahren? Sollen wir unseren Termin verschieben? Welchen Beruf soll ich ergreifen? Was soll ich studieren? Soll ich eine Wohnung kaufen oder ein Haus? Soll ich ein neues Gerät anschaffen? Wo ist der beste Standort für unsere Niederlassung? Soll ich die Anlage abschalten, oder kann sie weiterlaufen? Wollen wir ans Meer fahren oder lieber ins Gebirge? Welche Partei soll ich wählen?

Viele weitere Fragen begleiten unseren privaten und beruflichen Lebensweg. Dabei schwanken wir zwischen ja und nein, richtig und falsch, zwischen Erfolg und Versagen, Ausharren und Aufbrechen, zwischen Loslassen und Festhalten. Manche Entscheidungen erfordern eine schnelle Reaktion, andere wiederum das gründliche Nachdenken, Analysieren und Prüfen. Die Art und Weise, wie wir die Fragen beantworten, bestimmt in großem Ausmaß den Erfolg in all den Rollen, die wir einnehmen.

Die meisten der wichtigen Entscheidungsfragen sind schwierig und komplex. Sie erfordern zahlreiche Überlegungen und setzen uns oft unter Druck, aufgrund der Erwartungen, die an uns gestellt sind. Auf der Suche nach schnellen Lösungen oder aus Angst vor Fehlern, Peinlichkeiten, Verlusten und Gefahren neigen wir dazu, vorschnell eine zweit- oder drittklassige Wahl zu treffen.

Erfahrungen alleine sind ein teuerer und unproduktiver Lehrmeister. Sie helfen uns bei der nächsten Entscheidung selten weiter, da der Ausgangspunkt, die Rahmenbedingungen und andere von der Situation abhängige Faktoren stets verschieden sind. Eine Entscheidung über den Kauf eines Autos ist eine völlig andere als eine Entscheidung über den Standort einer Firma. Selbst die Erfahrungen, die eine Firma beim Wechsel ihres Standorts gesammelt hat, können nicht beliebig auf eine andere übertragen werden.

Wenn der Blick einseitig auf ein bestimmtes Kriterium gerichtet ist und andere Faktoren und Einflussgrößen missachtet werden, besteht die große Gefahr, Fehlentscheidungen zu treffen, die bei den Beteiligten in der Regel zu Demotivation und Stress führen. Mit jeder Fehlentscheidung beschädigen wir unser Ansehen und verlieren Geld, Material oder auch Personal.

Deshalb möchten wir Sie zunächst in die Welt der Entscheidungen entführen, bevor wir im Detail die Werkzeuge beschreiben, mit denen es Ihnen gelingen wird, die richtigen Entscheidungen zu treffen.

24.1 Entscheidungen

Entscheidungen sind unser ständiger Begleiter, sowohl im Beruf als auch in unserem privaten Umfeld. Sie sind ein Werkzeug, mit dem wir täglich Herausforderungen meistern und Chancen nutzen.

24.1.1 Was ist eine Entscheidung?

Bevor eine Entscheidung entsteht, entwickelt sich in unserem Kopf eine Vorstellung über einen erstrebenswerten Zustand, der sich von der aktuellen Situation grundlegend unterscheidet. Parallel zur Vorstellung entsteht auch ein Handlungsbedarf, um den aktuellen Zustand in den angestrebten Zustand zu überführen. Kurz gesagt, wir haben ein Ziel vor den Augen, das wir erreichen möchten. Aber mit dem Formulieren eines Ziels alleine ergibt sich noch keine Entscheidung. Erst wenn das Ziel auf unterschiedliche Weise oder auf verschiedenen Wegen erreicht werden kann, müssen wir eine Wahl treffen.

24.1.2 Wie finden wir die richtige Entscheidung?

In einem Punkt sind sich alle Entscheidungen gleich. Es kommt nicht auf das »Was« an, sondern vor allem auf das »Wie«. Entscheidungsfindung ist ein Prozess, der sich aus mehreren Schritten zusammensetzt und uns in die Lage versetzt, ressourcenschonend die beste Lösung zu finden.

Ein effektiver Entscheidungsprozess konzentriert sich stets auf das Wesentliche. Er berücksichtigt objektive und subjektive Faktoren. Er vereint analytisches mit intuitivem Denken. Er erfordert nur so viele Informationen und Analysen, wie für die Lösung eines Entscheidungsproblems erforderlich sind.

Je mehr Sie Ihre Entscheidungen systematisieren und methodisch praktizieren, umso geübter und selbstsicherer werden Sie darin. Schon bald werden Ihre Kollegen, Vorgesetzten, Kunden und Freunde sich gerne an Sie wenden und Sie um kompetenten Rat bei Entscheidungsproblemen bitten.

Die wichtigsten Schritte in einem Entscheidungsprozess sind:

1. Beschreiben Sie Ihr Problem präzise und verständlich.
2. Formulieren Sie alle Ziele, die Sie zur Lösung des Problems anstreben.
3. Ermitteln Sie alle Kriterien, mit denen Sie Ihre Ziele erreichen.
4. Bestimmen Sie nur solche Alternativen, die sich in ihren Eigenschaften tatsächlich voneinander unterscheiden.
5. Denken Sie an die Konsequenzen, die Ihre Entscheidung nach sich zieht.

24.1.3 Woran müssen wir denken?

Auf dem Weg der Zielerreichung müssen Sie oft viele unterschiedliche Aspekte gleichzeitig berücksichtigen, wie Funktionalität, Wirtschaftlichkeit, Qualität, Sicherheit, Umwelt- und Sozialverträglichkeit, um nur einige Beispiele zu nennen. Sind wesentliche Ziele unberücksichtigt geblieben oder falsch definiert, so sind die Voraussetzungen für eine umfassende Entscheidungsfindung nicht gegeben. Die Wahl der richtigen Ziele ist kein triviales Problem, wenn die Standpunkte verschiedener Interessengruppen, Bereiche und Zeitebenen in eine Entscheidung mit einfließen müssen.

Ziele sind nicht statisch, sondern unterliegen einem ständigen Wandel. Veränderte Marktsituationen, neue technische Möglichkeiten, das Verabschieden von Gesetzen und Richtlinien oder neue Erkenntnisse und erweiterte technische Möglichkeiten können neue Ziele in den Vordergrund rücken und andere verdrängen.

24.1.4 Komplexe Entscheidungen beherrschen

Je komplexer ein Entscheidungsproblem ist, umso schneller fühlen wir uns überfordert. Um dieser Überforderung entgegenzutreten, gliedern Sie alle Ziele in einer hierarchischen Struktur. An der Spitze steht immer das Hauptziel. Darunter werden alle Teilziele angeordnet. Falls ein Teilziel selbst sehr komplex ist, kann es in weitere Unterziele gegliedert werden.

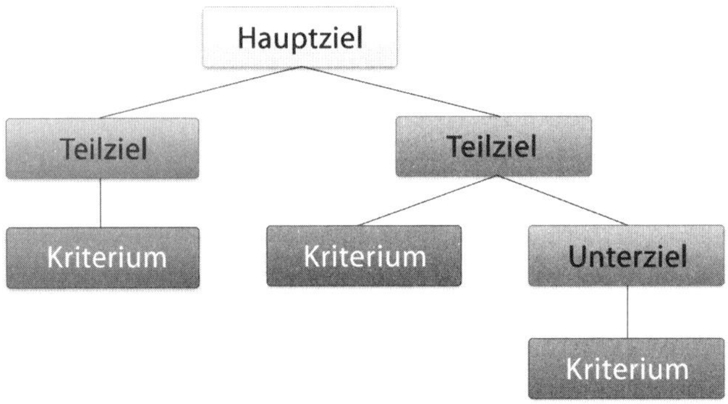

Abbildung 24.1 Zielhierarchie

Die Elemente einer Hierarchie stehen in direkter Mittel-Zweck-Beziehung zueinander.

Grundsätzlich kann eine Gliederung beliebig viele Stufen besitzen. Bedenken Sie jedoch, dass untergeordnete Ziele und Kriterien zusammengenommen nicht mehr zur Problemlösung beitragen können als das direkt übergeordnete Ziel. Eine Struktur sollte deshalb der eigentlichen Aufgabe entsprechen und nicht umfangreicher sein als zur Lösung des Entscheidungsproblems notwendig.

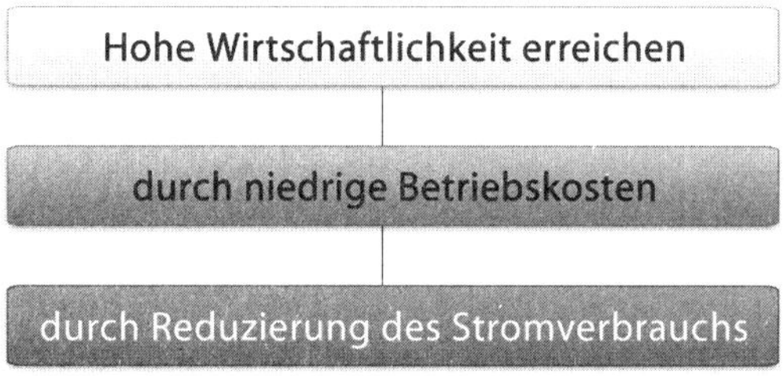

Abbildung 24.2 Auszug aus einer Zielhierarchie

Das Beispiel zeigt, dass durch Reduzierung des Stromverbrauchs die Betriebskosten gesenkt werden und damit der Betrieb wirtschaftlicher arbeitet.

Ein Zielsystem muss inhaltlich richtig und vollständig beschrieben sein. Wichtiger als die Auswahl der richtigen Alternative ist es, die richtigen Ziele zu bestimmen. Wählt man die falschen Ziele, dann löst man eine irrelevante Problemstellung. Wählt man dagegen die falsche Alternative auf Basis richtiger Ziele, so trifft man allenfalls eine nicht optimale Entscheidung.

24.1.5 Zielbeziehungen

Von besonderer Bedeutung ist die Beachtung der Beziehungen zwischen den einzelnen Zielen. Sie können sich ergänzen oder einen Widerspruch ergeben. Diese Fälle werden Zielkomplementarität bzw. Zielkonkurrenz genannt.

Bei der Zielkomplementarität erhöht sich der Ertrag eines Zieles durch die Erhöhung des Ertrages eines anderen Zieles. Zum Beispiel erhöht sich die Attraktivität eines Standortes durch den Ausbau einer vorhandenen Infrastruktur.

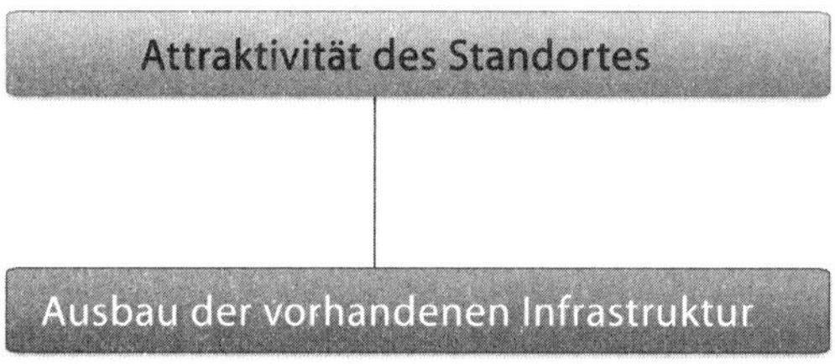

Abbildung 24.3 Komplementäre Ziele

Bei einer Zielkonkurrenz bedingt die Ertragszunahme eines Zieles die Ertragsabnahme eines anderen Zieles. Zum Beispiel besteht eines Konkurrenz zwischen den Aufwendungen zur Qualitätserhöhung eines Produktes und den Herstellungskosten für dieses Produkt. Mit jeder Zielkonkurrenz entstehen zwangsläufig Entscheidungskonflikte.

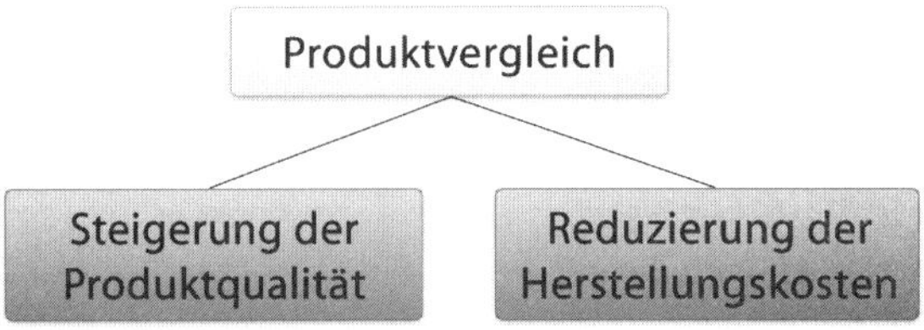

Abbildung 24.4 Konkurrierende Ziele

24.1.6 Wie löst man einen Entscheidungskonflikt?

Eine einfache und wirksame Methode, Entscheidungskonflikte zu lösen, besteht in der Bildung von Kompromissen. Das bedeutet, Sie gewichten alle konkurrierenden Ziele. Gemäß dem obigen Beispiel einigen sich die kaufmännische Seite und das Qualitätsmanagement auf eine Gewichtung in einem für beide Seiten akzeptablen Verhältnis und beseitigen auf diese Weise den Entscheidungskonflikt.

24.1.7 Verhaltensregeln

Wenn Sie für Ihre Entscheidungsprobleme ein Zielsystem erstellen, empfehlen wir Ihnen, die nachstehenden Verhaltensregeln zu berücksichtigen.

- Erstellen Sie für komplexe Entscheidungsprobleme ein Zielsystem in Teamarbeit oder unter Zuhilfenahme von externen Beratern.
- Die Zielfindung ist ein kreativer Prozess. Setzen Sie dazu geeignete Methoden wie Mind Mapping und Brainstorming ein.
- Prüfen Sie alle Zielvorstellungen auf ihre Realisierbarkeit.
- Formulieren Sie alle Ziele eindeutig.
- Konkretisieren Sie alle Ziele aufgrund ihrer Mittel-Zweck-Beziehungen, und stimmen Sie die Struktur darauf hin ab.
- Lösen Sie Zielkonflikte mittels einer geeigneten Gewichtung auf.
- Prüfen Sie alle Ziele auf Aktualität. Zweckmäßige Ziele können zu einem späteren Zeitpunkt in anderen Entscheidungssituationen irrelevant sein.

24.2 Die entscheidenden Tools

Für die Bearbeitung und Lösung Ihrer Entscheidungen können Sie Bleistift, Papier und Rechenschieber nutzen. Viel schneller, einfacher und übersichtlicher geht es mit dem Entscheidungsfinder Map4Score.

24.2.1 Der Entscheidungsfinder

Map4Score ist ein leistungsfähiges und sehr flexibles Software-Programm, das speziell zur Lösung von Entscheidungsproblemen, die mehrere Kriterien aufweisen, entwickelt wurde. Mit diesem Tool können Sie Zielsysteme bewerten, die wir im folgenden Kriterienkataloge nennen. Sie können Alternativen vergleichen, Ergebnisse analysieren und Ihre Reports oder Präsentationen erstellen.

Bei Map4Score müssen Sie nicht lange auf Ergebnisse warten. Sobald Sie mit der Bearbeitung eines Kriterienkatalogs beginnen, startet Map4Score automatisch mit der Berechnung der Ergebnisse. Sie können dabei zusehen, wie sich die Rangfolge Ihrer Alternativen anpasst und verändert. Eine Rangfolge ist das Ergebnis Ihres Alternativenvergleichs und gleichzeitig die Basis für Ihre Entscheidung. Sie zeigt, wie nah die Alternativen beieinander liegen oder wie weit sie voneinander entfernt sind.

Warum ist Map4Score ein flexibles Werkzeug?

Weil Sie die Software auf allen Ebenen und in allen Bereichen eines Unternehmens, einer Verwaltung oder einer Organisation einsetzen können, branchenneutral selbstverständlich.

Wie ist das möglich?

Map4Score basiert auf der seit Jahrzehnten in vielen Entscheidungssituationen erprobten und anerkannten Methode der Nutzwertanalyse (NWA). Mit Hilfe dieser Methode wird für jede einzelne Alternative ein so genannter Nutzwert errechnet und durch Sortierung der Nutzwerte eine Rangfolge erstellt.

Im Gegensatz zu zahlreichen, kritikwürdigen Umsetzungen der Nutzwertanalyse braucht sich Map4Score mit seinen Ansätzen und Lösungen nicht vor anderen entscheidungstheoretischen Methoden zu verstecken. Alle Programmfunktionen sind so gewählt, um selbst komplexe Entscheidungsprobleme zielgerichtet und sicher zu bewältigen.

Hier ein kleiner Ausschnitt aus den vielen Anwendungsbereichen, in denen Sie Map4Score zur Lösung von Entscheidungs- und Bewertungsproblemen einsetzen können:

- Angebotsvergleich
- Anbieter- und Lieferantenbewertung
- Standortauswahl
- Strategie, Markt- und Wettbewerbsanalyse
- Auswahl der optimalen Transportmittel

- Bewertung von Energiekonzepten
- System- und Produktvergleich
- Vergleich von Projektvarianten
- Entscheidungen über Bauvorhaben
- Bewertung von Infrastruktur- und Haushaltsplanungen
- und vieles mehr, wo es um den Vergleich von Alternativen geht

Bevor wir uns in die Map4Score-Welt vertiefen, wollen wir zunächst das Zusammenspiel mit dem MindManager betrachten. Beide Programme leisten gemeinsam wertvolle Hilfe, um

- schrittweise und systematisch Entscheidungen zu bearbeiten und
- Zeit während der Bearbeitung zu sparen.

Ausgehend von diesen beiden Aspekten tauchen wir jetzt ein in die Welt der Entscheidungstools.

24.2.2 Teamplayer bei Entscheidungen

Im Vergleich zu vielen anderen Programmen können Entscheidungsprozesse mit Map4Score effektiver durchgeführt und analysiert und konsequent auf Nutzen und Wirksamkeit ausgerichtet werden.

Doch bevor wir damit beginnen, müssen zunächst alle Ziele und Kriterien, die bei unserer Entscheidung eine Rolle spielen, erfasst und gegliedert werden. Hierbei soll uns der MindManager mit seinen Visualisierungskünsten helfen.

Die Zielstruktur ist eine notwendige Voraussetzung, um überhaupt die richtige Entscheidung zu finden. Deshalb empfehlen wir Ihnen, diesen Arbeitsschritt konsequent bis zum Ende durchzuführen. Planen Sie die notwendige Zeit ein, und erarbeiten Sie gemeinsam mit Ihren Co-Entscheidern, welche Ziele Sie erreichen möchten und wie die Ziele miteinander verkettet sind.

MindManager und Map4Score bilden bei Entscheidungsprozessen gemeinsam ein Team mit klarer Aufgabenteilung:

1. Setzen Sie im ersten Schritt den MindManager ein, um die Ziele und Kriterien zu erfassen. Ordnen Sie alle Zweige entsprechend ihrer Mittel-Zweck-Beziehung.
2. Im darauf folgenden Schritt übertragen Sie Ihre Mind Map nach Map4Score und bearbeiten alle weiteren Schritte im Entscheidungsprozess.

24.3 Hinter den Kulissen einer Entscheidung

Sie finden das Setup für Map4Score auf der CD zum Buch im Ordner *\Map4Score Setup*.

Ebenso können Sie Map4Score ganz einfach im Internet downloaden. Sie finden das Programm unter *www.mapscore.de*. Auf der Website sind alle wichtigen Informationen und eine ausführliche Beschreibung über den Verlauf der Installation sowie Dokumentationen zu Beispielen abrufbar.

Sobald die Software nach Abschluss der Installation auf Ihrem PC einsatzbereit ist, können Sie alle Funktionen 21 Tage lang testen. Nach Ablauf der Testphase steht Ihnen das Programm mit Ausnahme einiger Funktionen jedoch weiterhin zur Verfügung.

Im weiteren Verlauf möchten wir Ihnen an einem Beispiel die Teamarbeit zwischen MindManager und Map4Score demonstrieren und einen Blick hinter die Kulissen werfen, wie Sie mit Map4Score die richtige Entscheidung finden.

In unserem Beispiel geht es um eine Standortentscheidung. Hierbei wollen wir uns auf einige ausgewählte Kriterien beschränken, damit Sie zunächst die Vorgehensweise und die wichtigen Programmfunktionen kennen lernen. Sie können dieses Beispiel später gerne ausbauen und um weitere Kriterien ergänzen.

24.3.1 Ziele setzen und ordnen

Die Aufgabe besteht darin, für Ihre Firma einen neuen Standort zu finden. Hierfür kommen mehrere Orte in Betracht.

Bevor Sie beginnen, empfehlen wir Ihnen, sich gut auf die Bearbeitung vorzubereiten.

- Beschaffen Sie alle Daten und Informationen, die Sie benötigen. Dazu zählen u.a. Informationen über die Ziele Ihres Unternehmens und zu den bevorzugten Standorten.
- Befragen Sie gegebenenfalls Ihre Vorgesetzten und Kollegen in der eigenen Abteilung und auch in anderen Abteilungen.
- Nutzen Sie Ihre Erfahrungen und Ihren Sachverstand. Realitätssinn für das Machbare und tatsächlich Erreichbare sind auf dem Weg einer Entscheidung ein wichtiger Helfer und Begleiter.

In unserem Beispiel stehen folgende Informationen im Vordergrund:

- Infrastruktur: Wünschenswert sind eine sehr gute verkehrstechnische Anbindung und ein ausreichendes, kostengünstiges Angebot an Büro- und Produktionsflächen.
- Arbeitsmarkt: Von besonderer Bedeutung sind nicht nur das vorhandene Lohnniveau, sondern auch das Arbeitskräftepotenzial sowie der Grad der Ausbildung.
- Absatzmarkt: Die Nähe zu möglichst vielen Kunden schafft langfristig Sicherheit im Absatz. Große Entfernungen können eher zu Absatzeinbrüchen führen. Deshalb spielen reine Lohnkostenbetrachtungen keine Rolle, wenn die Absatzmärkte nicht vorhanden sind.

- Verwaltungen: Gebühren und Abgaben, Dauer von Genehmigungsverfahren und Garantien zur Standortsicherheit sind ebenso bei der Standortwahl zu berücksichtigen.

Nachdem Sie alle Informationen beschafft haben, beginnen Sie mit der Strukturierung der Ziele und Kriterien mit Unterstützung des MindManagers.

1. Legen Sie zuerst eine neue, leere Mind Map an.
2. Tragen Sie in den Hauptzweig »Standortauswahl« ein.
3. Fügen Sie die neuen Zweige »Infrastruktur«, »Arbeitsmarkt«, »Absatzmarkt« sowie »Verwaltung« ein.
4. Anschließend fügen Sie unterhalb der Zweige die jeweiligen Kriterien ein, wie in **Abbildung 24.5** zu sehen ist.

Beachten Sie bitte folgende Regeln:

- Ziele sind die Zweige Ihrer Struktur. Kriterien sind den Zielen immer untergeordnet.
- Kriterien sind die Blätter eines Zweigs. Sie haben keine Unterziele oder Unterkriterien.

Neben den strukturellen Unterschieden gibt es ebenso inhaltliche Unterschiede.

- Ziele besitzen keine Vergleichswerte.
- Kriterien sind messbare Größen. Alternativen (hier Standorte) werden mittels der Kriterien verglichen.

Abbildung 24.5 MindMap zum Beispiel Standortauswahl

Sie finden die in **Abbildung 24.5** dargestellte Mind Map auch auf der CD zum Buch im Ordner *\Kapitel 24* unter dem Namen *Standortauswahl.mmap*.

24.3.2 Map4Score starten

Im nächsten Schritt werden wir uns mit Map4Score auf die Suche nach dem richtigen Standort begeben. Dazu starten Sie das Programm, entweder von Ihrem Desktop aus oder über das Windows-Startmenü.

Abbildung 24.6 Map4Score vom Desktop starten

Map4Score präsentiert sich nach dem Start zunächst mit einem leeren Kriterienkatalog. Jeder Kriterienkatalog wird in einer eigenen Datei abgespeichert und enthält neben den eigentlichen Einträgen diverse Einstellungen, wie z.B. Formatierungen.

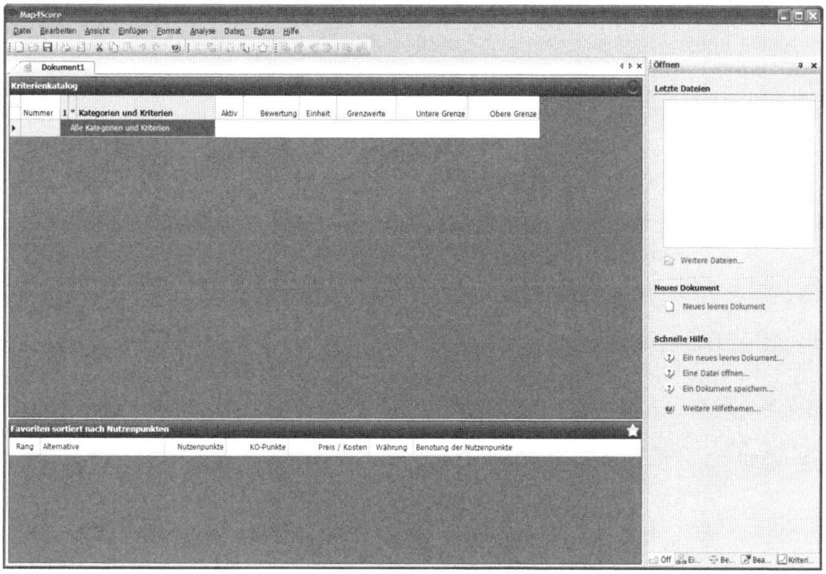

Abbildung 24.7 Map4Score nach dem Start

24.3.3 Aufbau eines Kriterienkatalogs

Alle Kriterienkataloge haben einen einheitlichen, tabellarischen und sehr übersichtlichen Aufbau. In den Zeilen stehen die Kriterien und Kategorien, in den Spalten die Alternativen. Kategorien sind hier die jeweils angestrebten Ziele, und Alternativen sind in unserem Beispiel die gesuchten Standorte.

Der Grundaufbau ist wie folgt:

Abbildung 24.8 Grundaufbau der Katalogzeilen

Des Weiteren gibt es in jedem Kriterienkatalog bestimmte Standardspalten, wie z.B. »Bewertung«.

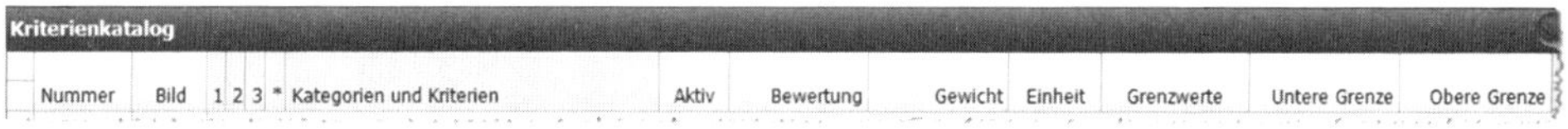

Abbildung 24.9 Standardspalten im Kriterienkatalog

Für alle Zeilen und Spalten speichert Map4Score verschiedene Informationen, anhand derer das Programm erkennt, ob es sich um eine Kategorie oder ein Kriterium handelt. Mittels dieser Kontextdaten werden auch die zulässigen Bedienerfunktionen ermittelt, um stets korrekte Ergebnisse zu gewährleisten.

Wie und unter welchen Bedingungen die Ergebnisse entstehen, erläutern wir zu einem späteren Zeitpunkt.

24.3.4 Zielstruktur importieren

Zu Beginn haben Sie eine Mind Map erstellt, die alle Ziele und Kriterien beinhaltet, die Sie bei der Auswahl eines geeigneten Standortes erreichen wollen bzw. beachten müssen.

Sie finden die für das folgende Beispiel notwendige Mind Map auf der CD zum Buch im Ordner *\Kapitel 24* unter dem Namen *Standortauswahl.mmap*.

Importieren Sie jetzt die erstellte Mind Map in Map4Score.

1. Klicken Sie im Menü auf *Datei/Import...*
2. Wählen Sie in der Dialogbox die *Mindmap-Datei* aus, und bestätigen Sie mit *Öffnen*.

Ihre Mind Map wird direkt in einen Map4Score-Kriterienkatalog umgewandelt. Allerdings fehlen jetzt noch die einzelnen Standorte (Alternativen), die etwas später eingefügt werden.

Änderungen oder Ergänzungen sollten Sie ab jetzt in Map4Score durchführen. Sie können neue Kategorien und Kriterien in den Katalog eintragen und jede Zeile an eine andere Position verschieben. Hierfür stehen alle Funktionen mit schnellem Zugriff über die Toolbars bereit.

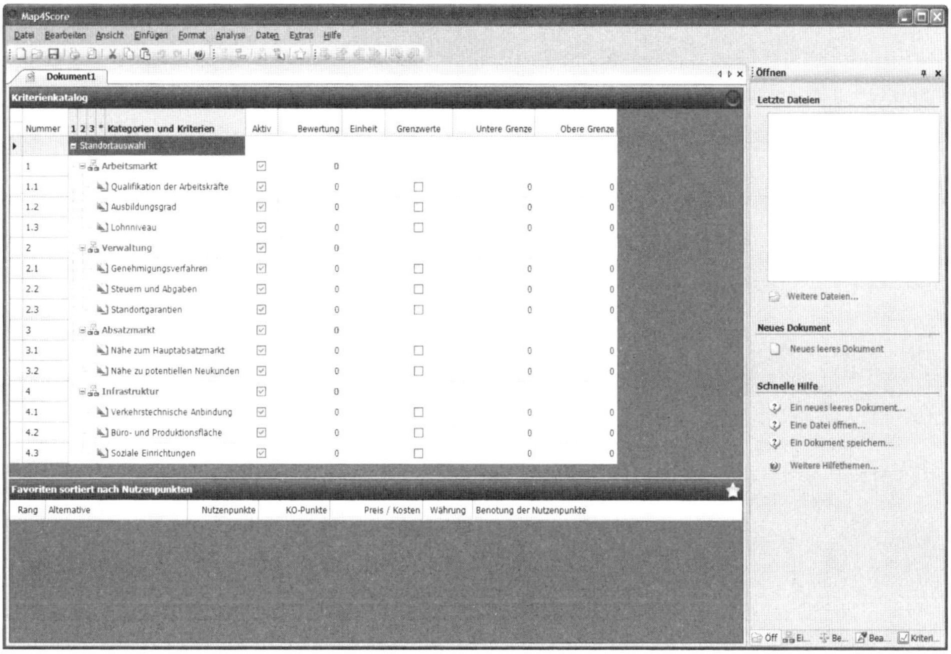

Abbildung 24.10 Mind Map importieren

24.3.5 Kriterienkatalog bewerten

Die Bewertung ist der erste wichtige Bearbeitungsschritt, den Sie in Map4Score durchführen.

Anstelle des Begriffs »Bewertung« wird oftmals auch »Gewichtung« verwendet. Jedoch muss man in Map4Score zwei Dinge unterscheiden:

1. Das Gewicht ist ein Wert, der auf Basis der Bewertung automatisch berechnet wird.
2. Die Bewertung ist die Priorität, die Sie einer Kategorie oder einem Kriterium zuweisen, bzw. das Verhältnis zwischen den Kategorien und Kriterien einer Ebene, um Entscheidungskonflikte zu lösen.

Mit der automatischen Berechnung der richtigen Gewichte verschafft Ihnen Map4Score einen besonderen Zeitvorteil. Wenn Sie z.B. sagen »Der Absatzmarkt ist doppelt so wichtig wie die Infrastruktur«, beschreiben Sie damit ein Verhältnis zwischen den beiden Kategorien. Gleichzeitig lösen Sie den bestehenden Entscheidungskonflikt auf. Nutzen Sie Ihre

Umgangssprache, dann fällt es Ihnen leichter, die Prioritäten zwischen den einzelnen Katalogeinträgen festzulegen.

Wenn Sie gemeinsam mit anderen Personen an einer Entscheidung arbeiten, kann es oftmals zu unterschiedlichen Auffassungen und Meinungen kommen, bei der Sie gezwungen sind, Kompromisse einzugehen. Map4Score bietet die Möglichkeit, dass mehrere Teilnehmer gemeinsam ein Urteil fällen und die Kategorien und Kriterien bewerten.

Sollten die Meinungen der einzelnen Co-Entscheider auseinander driften, dann berechnet Map4Score den Bewertungsdurchschnitt. Zumindest haben Sie die Einzelmeinungen erfasst und dokumentiert, so dass sich später niemand vor der Verantwortung drücken kann.

Ein Team zusammenstellen

1. Klicken Sie im Menü auf *Extras/Entscheidungsteam zusammenstellen...*
2. Tragen Sie alle Personen ein, die an der Bewertung teilnehmen.

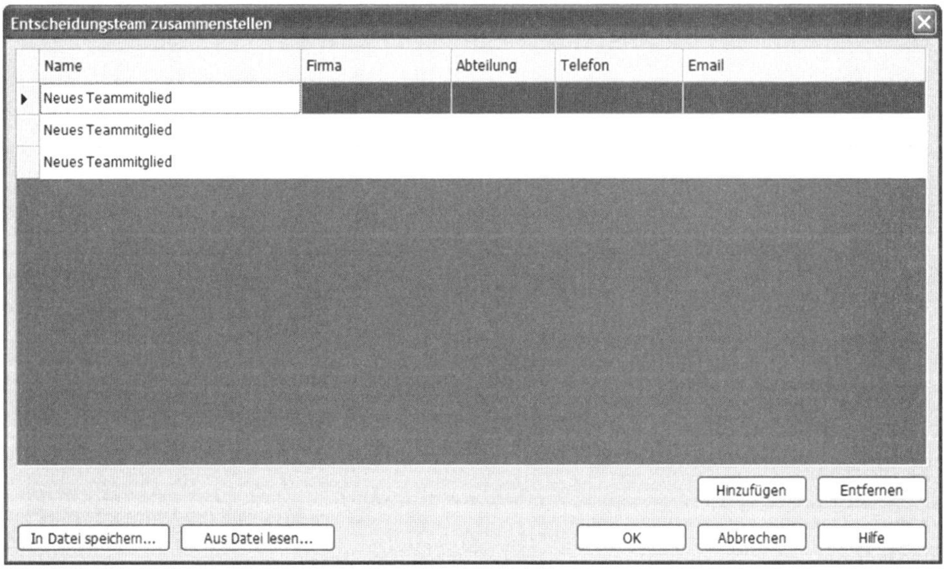

Abbildung 24.11 Entscheidungsteam zusammenstellen

Wenn Sie eine Kategorie oder ein Kriterium später im Team bewerten, dann führen Sie folgende Schritte aus:

1. Klicken Sie im Menü auf *Daten/Im Team bewerten.*
2. Tragen Sie bei jedem Entscheider die individuellen Bewertungspunkte ein.
3. Beenden Sie den Dialog, nachdem jeder Entscheider sein Urteil gefällt hat.

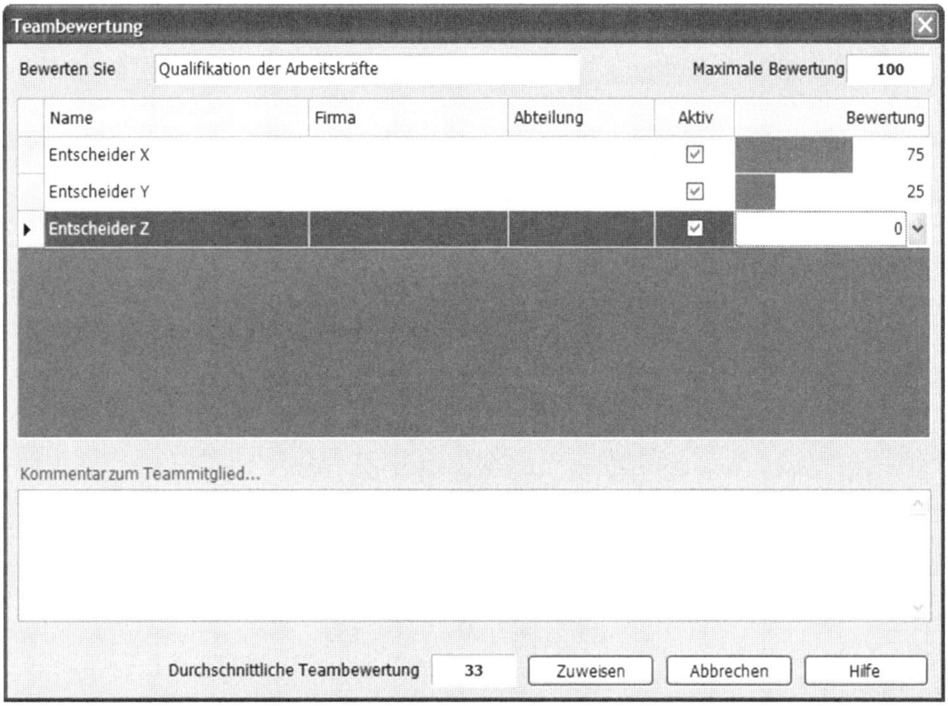

Abbildung 24.12 Eintrag im Kriterienkatalog gemeinsam bewerten

Die Bewertung Ihres Kriterienkatalogs sollten Sie systematisch angehen. Bewerten Sie Ebene für Ebene alle Einträge im Kriterienkatalog, und beginnen Sie auf der obersten Ebene.

Verteilen Sie in unserem Standortbeispiel 100 Bewertungspunkte auf die vier Kategorien. Hierbei nehmen wir an, dass:

- der Arbeitsmarkt doppelt so wichtig ist wie die Verwaltung,
- der Absatzmarkt mehr als dreimal so wichtig ist wie die Verwaltung,
- Absatzmarkt und Infrastruktur gleich wichtig sind.

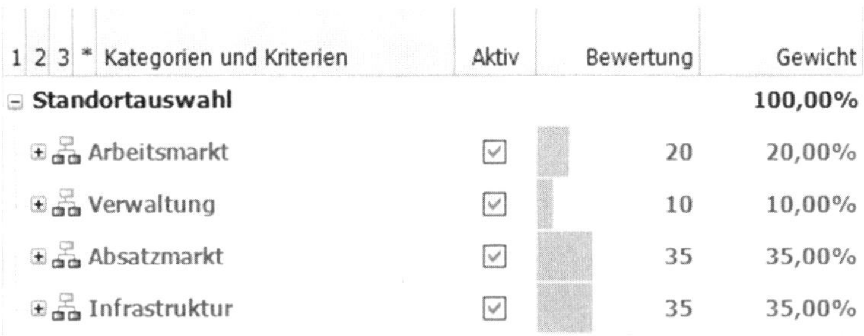

Abbildung 24.13 Bewertung der obersten Ebene

Im nächsten Schritt bewerten Sie die untergeordneten Einträge der einzelnen Kategorien. Jedes Mal verteilen Sie wieder 100 Punkte, bis der gesamte Kriterienkatalog bewertet ist.

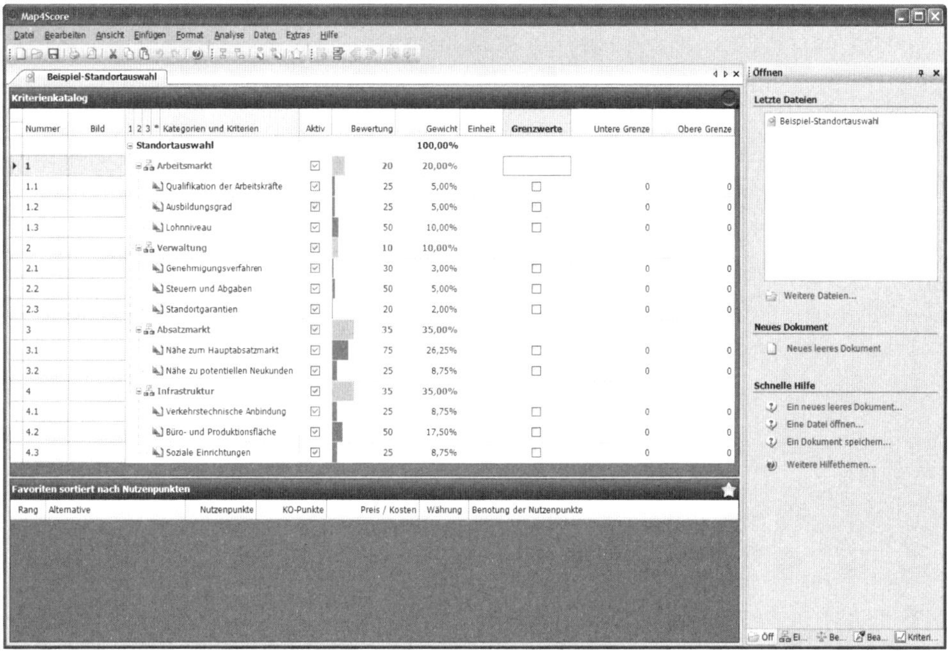

Abbildung 24.14 Kriterienkatalog nach Abschluss der Bewertung

Generell ist die Vergabe der Punkte nicht auf eine bestimmte maximale Anzahl begrenzt. Für jeden Kriterienkatalog können Sie die größtmögliche Zahl an Bewertungspunkten individuell einstellen.

Alternativ dazu können Sie auch eine Gesamtanzahl an Bewertungspunkten für Ihren Katalog festlegen und anschließend auf die einzelnen Einträge verteilen.

Mit der Map4Score-Bewertungsmethode erschließt sich für Sie ein weiterer wichtiger Vorteil. Sie können im Gegensatz zu anderen Methoden sehr schnell umfangreiche Kriterienkataloge bewerten. Das Programm sorgt dafür, dass die Gewichte automatisch mit jedem Bewertungsschritt ausgerechnet und in der Spalte »Gewicht« angezeigt werden. Diese Spalte können Sie wahlweise ein- oder ausblenden, jedoch nicht direkt bearbeiten.

Das Gewicht einer Kategorie ist immer gleich der Summe der Einzelgewichte der direkt untergeordneten Einträge. Für die Berechnung der Alternativennutzen werden die Gewichte der Kriterien verwendet.

24.3.6 Alternativen einfügen

Als Nächstes müssen die einzelnen Standorte in den Kriterienkatalog eingetragen werden. In unserem Beispiel beschränken wir uns auf insgesamt drei Standorte.

Map4Score kann grundsätzlich beliebig viele Alternativen miteinander vergleichen, genauso wie es keine programmtechnisch bedingten Beschränkungen an Kategorien und Kriterien gibt.

Der einfachste Weg, eine neue Alternativenspalte in den Kriterienkatalog einzufügen, führt über die Toolbar.

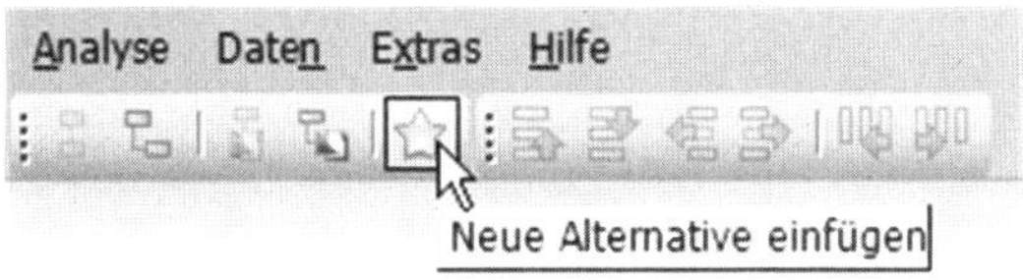

Abbildung 24.15 Eine neue Alternative einfügen

1. Klicken Sie auf das Symbol für eine *neue Alternative.*
2. Tragen Sie die Standortbezeichnung ein und gegebenenfalls weitere Informationen zum Standort.

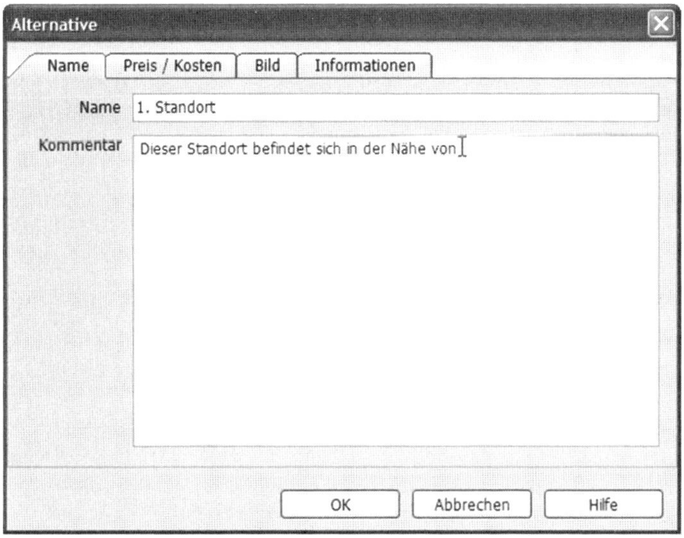

Abbildung 24.16 Informationen zur Alternative eintragen

3. Nachdem Sie mit *OK* bestätigt haben, wird eine neue Spalte im Kriterienkatalog eingefügt.

Diesen Vorgang setzen Sie so lange fort, bis alle Standorte im Katalog erfasst sind.

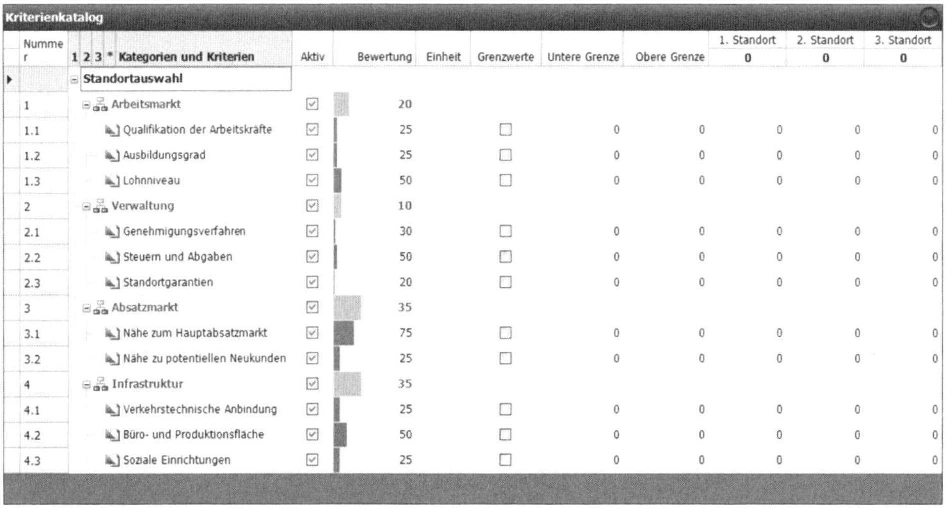

Kriterienkatalog

Nummer	1 2 3 * Kategorien und Kriterien	Aktiv	Bewertung	Einheit	Grenzwerte	Untere Grenze	Obere Grenze	1. Standort 0	2. Standort 0	3. Standort 0
	Standortauswahl									
1	Arbeitsmarkt	☑	20							
1.1	Qualifikation der Arbeitskräfte	☑	25		☐	0	0	0	0	0
1.2	Ausbildungsgrad	☑	25		☐	0	0	0	0	0
1.3	Lohnniveau	☑	50		☐	0	0	0	0	0
2	Verwaltung	☑	10							
2.1	Genehmigungsverfahren	☑	30		☐	0	0	0	0	0
2.2	Steuern und Abgaben	☑	50		☐	0	0	0	0	0
2.3	Standortgarantien	☑	20		☐	0	0	0	0	0
3	Absatzmarkt	☑	35							
3.1	Nähe zum Hauptabsatzmarkt	☑	75		☐	0	0	0	0	0
3.2	Nähe zu potentiellen Neukunden	☑	25		☐	0	0	0	0	0
4	Infrastruktur	☑	35							
4.1	Verkehrstechnische Anbindung	☑	25		☐	0	0	0	0	0
4.2	Büro- und Produktionsfläche	☑	50		☐	0	0	0	0	0
4.3	Soziale Einrichtungen	☑	25		☐	0	0	0	0	0

Abbildung 24.17 Kriterienkatalog mit Alternativenspalten

24.3.7 Vergleichswerte bearbeiten

Um Ihre Standorte miteinander zu vergleichen, brauchen Sie messbare Größen. Diese Werte tragen Sie für jedes Kriterium in der entsprechenden Spalte ein. Falls Ihnen keine geeigneten Daten zur Verfügung stehen oder Sie eine qualitative Einschätzung durchführen müssen, können Sie ersatzweise Schulnoten oder irgendeine andere Skala verwenden.

Auch in diesem Fall bietet Ihnen Map4Score einen unschätzbaren Vorteil. Sie tragen alle Daten in den vorhandenen Dimensionen und Einheiten ein. Eine Umrechnung auf ein bestimmtes Punktesystem ist nicht notwendig. Map4Score sorgt dafür, dass die von Ihnen eingetragenen Zahlen richtig ausgewertet werden.

Das Programm unterscheidet zwei grundsätzliche Datentypen:

- Numerische Werte und
- Zeitangaben

Ein Datum können Sie in den Fällen verwenden, wo Sie zeitabhängige Kriterien haben, wie Entwicklungsende oder Produktionsstart.

Wenn andere Personen den von Ihnen erstellten Kriterienkatalog lesen oder Sie den Katalog vor anderen Personen präsentieren, dann sollten Sie großes Augenmerk darauf legen, dass Ihr Katalog lesbar ist und von Dritten verstanden wird, die nicht unmittelbar in den Entscheidungsprozess einbezogen sind.

Map4Score leistet dazu wertvolle Hilfe. Anstelle der Werte können kurze Texte angezeigt werden. Diese Texte sind frei wählbar für jede Art von Skala. Map4Score berücksichtigt gleichzeitig den Datentyp, den Sie vorher für das jeweilige Kriterium ausgewählt haben.

1. Klicken Sie im Menü auf *Daten/Texte für Vergleichswerte.*
2. Fügen Sie neue Einträge in die Liste ein.
3. Tragen Sie bei jedem Eintrag einen Text und den zugehörigen Wert ein.

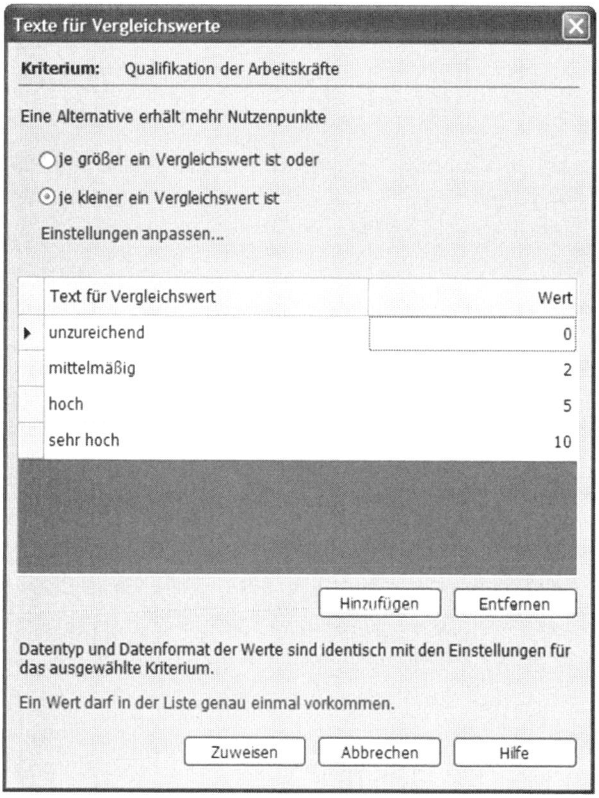

Abbildung 24.18 Text-Werte-Paare bearbeiten

Anschließend wählen Sie im Kriterienkatalog nur noch den gewünschten Text aus, und das Programm verwendet intern den jeweils zugeordneten Wert für die Berechnung der Alternativennutzen.

In der aktuellen Programmversion müssen Sie für jedes Kriterium eigene Text-Werte-Paar festlegen, falls dies notwendig ist. Schneller geht es jedoch mit den Funktionen *Kopieren* und *Einfügen* im Menü *Bearbeiten.*

24.3.8 Nutzenfunktionen geben die Richtung vor

Eine Nutzenfunktion muss zwei Aufgaben erfüllen:

1. Festlegen, ob der Nutzen einer Alternative steigt, je größer ein Vergleichswert ist, bzw. umgekehrt.
2. Unterschiedliche Datentypen und Dimensionen auf einen einheitlichen Wertebereich normieren, damit aus den Werten von ganz unterschiedlichen Kriterien ein Nutzwert berechnet werden kann.

Bei der Suche nach einem geeigneten Standort benötigen Sie geeignete Büros und ausreichend Fläche für die Produktion. Je mehr ein Standort bietet, desto interessanter ist er für Sie. Steht nicht die gewünschte Fläche zur Verfügung, dann ist ein Standort weniger interessant.

Mit Hilfe der Nutzenfunktionen können Sie solche Sachverhalte eindeutig klären.
Gehen Sie dazu folgendermaßen vor:

1. Wählen Sie eine Kriterienzeile im Katalog aus.
2. Klicken Sie im Menü auf *Daten/Nutzenfunktionen für Vergleichswerte*.
3. Wählen Sie in der Dialogbox die Option *je größer ein Vergleichswert ist* aus.
4. Bewegen Sie den Schieberegler *Kurvenverlauf*, um die Kurve gegebenenfalls anzupassen.

Sobald Sie mit *OK* bestätigt haben, ist die Nutzenfunktion für das ausgewählte Kriterium eingestellt.

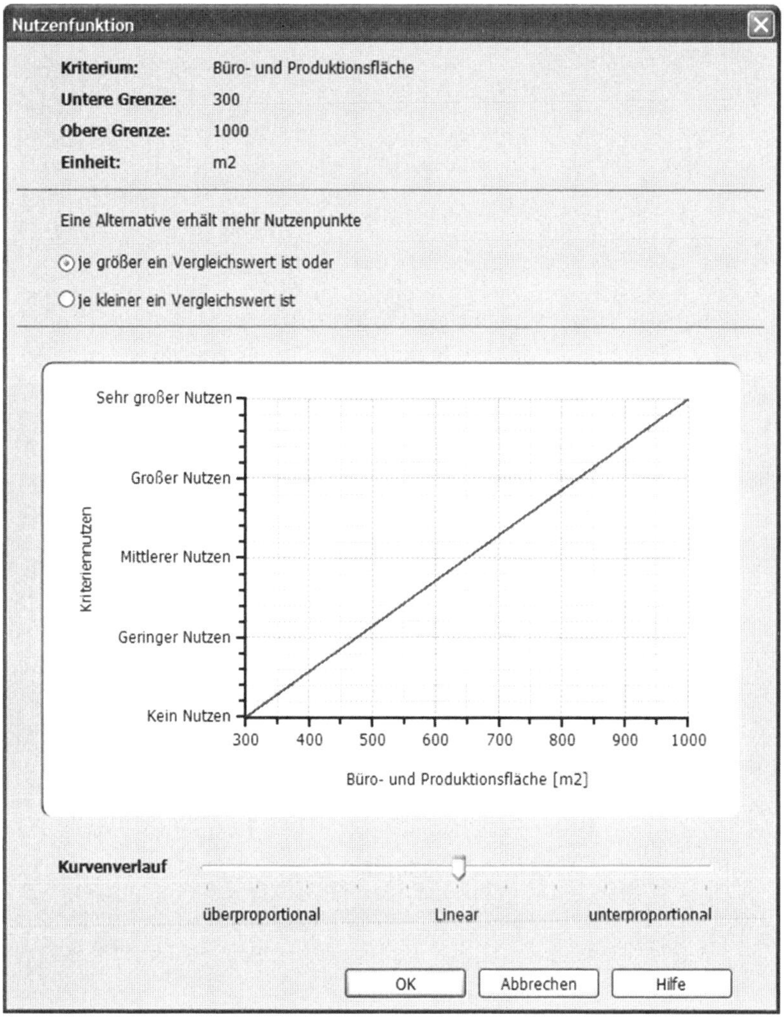

Abbildung 24.19 Nutzenfunktion für ein Kriterium

Abbildung 24.20 zeigt den Fall an, wo der Nutzen schneller steigt, je größer die Werte sind.

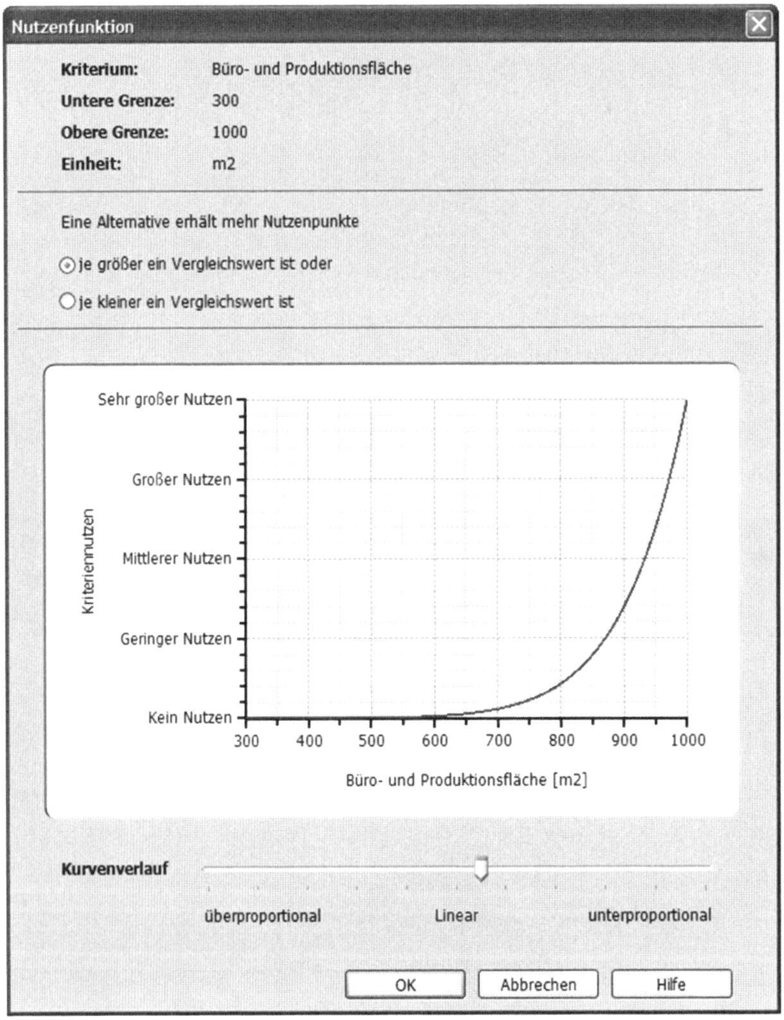

Abbildung 24.20 Nutzenfunktion mit exponentiellem Anstieg

24.3.9 Grenzen markieren

Manche Kriterien müssen Mindestanforderungen erfüllen, andere dürfen ein bestimmtes Maximum nicht überschreiten. In den Katalogspalten »Untere Grenze« und »Obere Grenze« können Sie die zulässigen Wertebereiche festlegen.

Map4Score unterscheidet dabei zwei Fälle:

- Eingetragene Grenzen fließen in die Berechnung ein.
- Grenzen werden nicht berücksichtigt.

Eine der beiden Möglichkeiten können Sie für jedes Kriterium individuell einstellen. Wenn Sie in der Spalte »Grenzwerte« ein Häkchen setzen, werden die untere und obere Grenze in die Berechnung einbezogen. Ansonsten sucht Map4Score automatisch nach dem kleinsten und größten Vergleichswert und verwendet diese Werte.

Bitte beachten Sie, dass die beiden Einstellungen teilweise erhebliche Auswirkungen auf die Ergebnisse haben können. Falls Sie bestimmte Randbedingungen oder Einschränkungen bei Ihrer Entscheidung beachten müssen, dann sollten Sie auf jeden Fall Grenzwerte eintragen und verwenden.

Map4Score kann wahlweise durch eine bestimmte Hintergrundfarbe alle Tabellenzellen im Kriterienkatalog markieren, die außerhalb vorgegebener Grenzen liegen. Im Menü *Extras* finden Sie unter *Optionen* und *Ansicht* die zugehörige Einstellung.

24.3.10 Den Kriterienkatalog formatieren

In der aktuellen Version von Map4Score stehen folgende Möglichkeiten der individuellen Formatierung zur Verfügung:

- Hauptzeile
- Kategorienzeilen
- Kriteriumzeilen
- Balkengrafiken für Bewertungen
- Balkengrafiken und Analysegrafiken für Alternativen
- Nutzenverteilung für Kategorien und Kriterien

Um die Einstellungen durchzuführen, gehen Sie wie folgt vor:

1. Klicken Sie im Menü auf *Format/Schrift und Farben*.
2. Unter *Kategorien und Kriterien* wählen Sie zuerst die entsprechende Zeile aus, um anschließend *Schriftart*, *Schriftfarbe* und *Hintergrundfarbe* auszuwählen.
3. Unter *Alternativen* können Sie die Balkengrafik der Alternativen anpassen, indem Sie eine Alternative auswählen und danach die *Balkenfarbe* wählen.
4. Unter *Balkengrafik* können Sie die Farben für die Anzeige der Bewertung und Nutzenverteilung ändern.

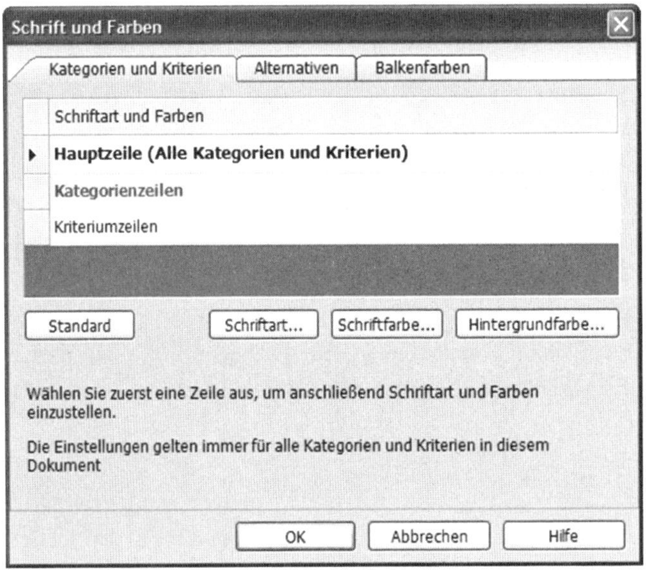

Abbildung 24.21 Formatierungen einstellen

24.3.11 Das erste Ergebnis

Nach Eingabe der Vergleichswerte und Formatierung der Einträge ist der Kriterienkatalog vollständig erfasst. Sie haben jetzt ein erstes Ergebnis für Ihre Entscheidung. Demnach ergibt sich in unserem Beispiel für die drei Standorte folgende Rangfolge:

Auf dem ersten Platz liegt der »2. Standort«, gefolgt vom »3. Standort«. Auf dem letzten Platz liegt der »1. Standort«.

In **Abbildung 24.22** sehen Sie den vollständigen Kriterienkatalog und die Favoritenliste mit der genannten Rangfolge.

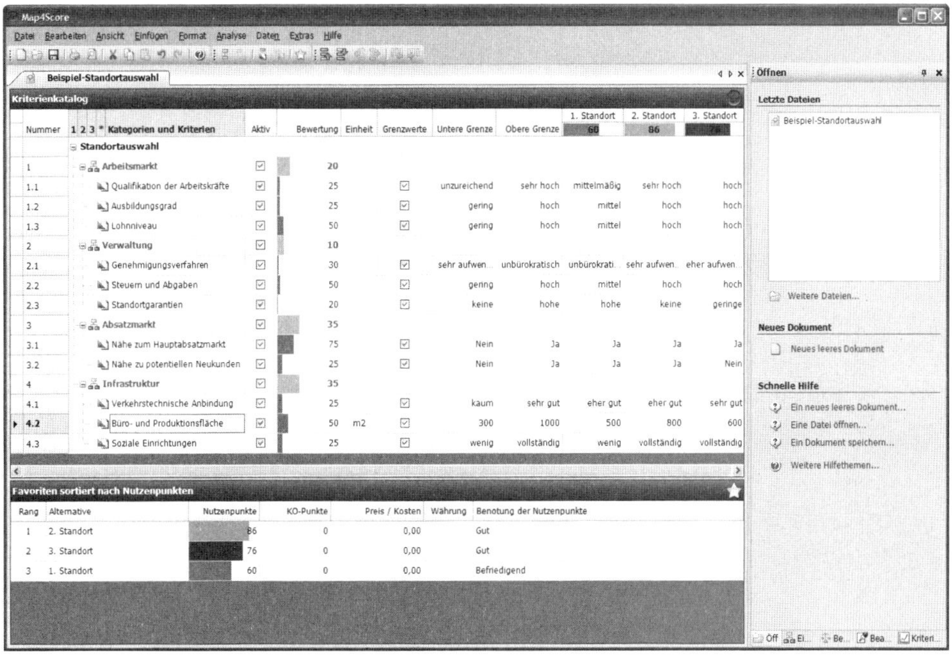

Abbildung 24.22 Vollständiger Kriterienkatalog mit Rangfolge der Alternativen

Für Ihre Entscheidung haben Sie hiermit zunächst eine erste Orientierung. Doch was passiert, wenn wir die Bewertung ändern oder andere Vergleichswerte wählen?

Zur Beantwortung dieser Frage wollen wir uns im nächsten Schritt der Analyse zuwenden.

24.3.12 Ergebnisanalyse

Entscheidungen können gegenüber Veränderungen robust oder instabil sein. Über die Zeit können sich Einschätzungen und Präferenzen ändern, andere Personen nehmen an der Entscheidung teil oder sind für diese verantwortlich. Andere Urteile, neue Rahmenbedingungen und Voraussetzungen können ebenfalls die Rangfolge der Alternativen erheblich beeinflussen.

Um frühzeitig die Auswirkungen auf Entscheidungen zu erkennen, bietet Map4Score mehrere Analysewerkzeuge an. Sie betreffen u.a.

- die Bewertung der Kategorien und Kriterien,
- die Kriterienwerte.

Sie wollen untersuchen, in welchem Verhältnis die einzelnen Kriterienwerte zum Alternativennutzen stehen.

Auch für Kosten-Nutzen-Analysen bzw. Kosten-Wirksamkeits-Analysen stehen geeignete Werkzeuge bereit. Auf alle Analysefunktionen können Sie über das Menü *Analyse* zugreifen.

Betrachten wir nun die Auswirkungen auf die Alternativennutzen bei Änderung der Bewertung und der Kriterienwerte.

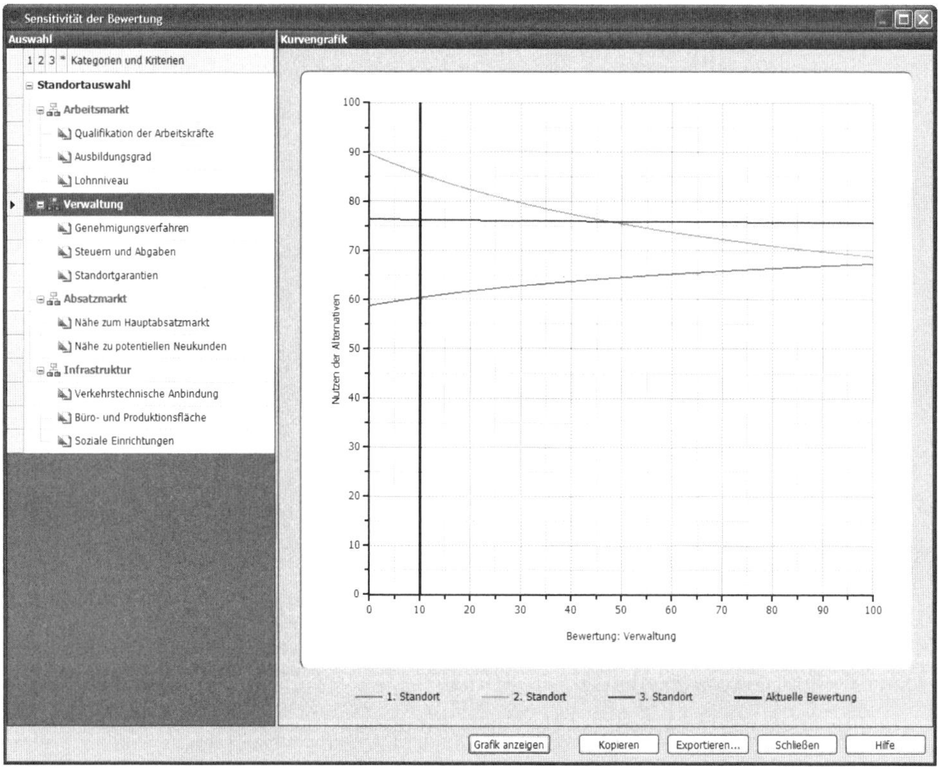

Abbildung 24.23 Sensitivität der Bewertung

1. Klicken Sie im Menü auf *Analyse/Sensitivität der Bewertung.*
2. Wählen Sie eine *Kategorie* oder ein *Kriterium* aus.
3. Klicken Sie auf *Grafik anzeigen.*

Jetzt berechnet Map4Score auf Basis der vorhandenen Daten für jede Alternative eine Liniengrafik. Diese Grafik zeigt an, wie sich bei schrittweiser Änderung von 0 beginnend bis zur maximalen Bewertung die Rangfolge der Alternativen verändert. An den Schnittpunkten ergeben sich andere Rangfolgen.

Falls sich keine Änderungen einstellen, wie in **Abbildung 24.24** gut zu erkennen, liegt eine robuste Rangfolge vor und demzufolge auch eine robuste Entscheidung.

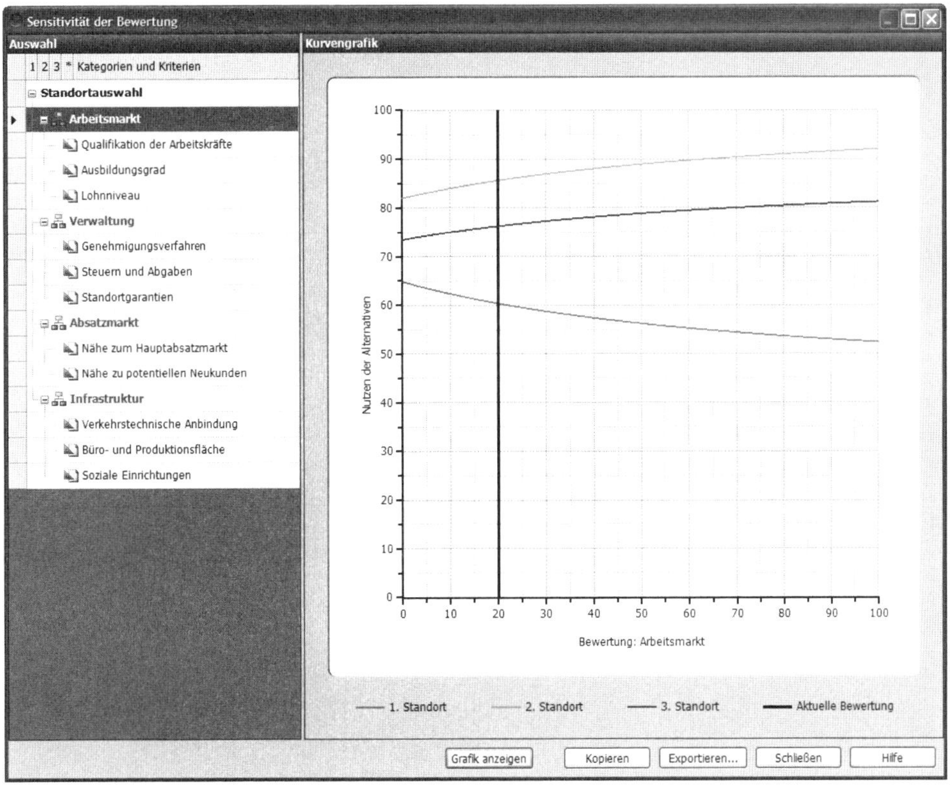

Abbildung 24.24 Robuste Rangfolge

Auf gleiche Weise können Sie schnell die Auswirkungen untersuchen, die sich bei veränderten Kriterienwerten eventuell einstellen.

1. Klicken Sie im Menü auf *Analyse/Sensitivität der Vergleichswerte.*
2. Wählen Sie ein *Kriterium* aus.
3. Wählen Sie eine *Alternative* aus.
4. Klicken Sie auf *Grafik anzeigen.*

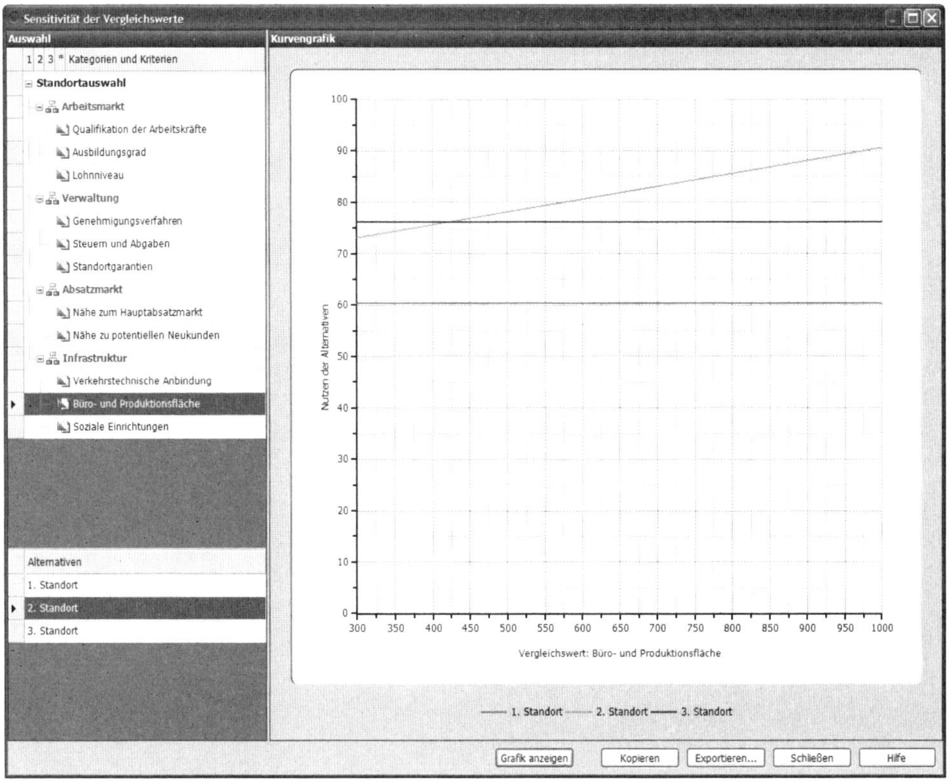

Abbildung 24.25 Sensitivität der Kriterienwerte

Alle Ergebnisse und grafischen Darstellungen können Sie ausdrucken oder in andere Anwendungen übertragen.

24.3.13 Reports erstellen

Ergänzen Sie Ihren Ausdruck um *Kopf- und Fußzeilen*, in denen Sie verschiedene Angaben unterbringen können, wie z.B. automatische Seitenzähler, den Namen der Datei, in der Ihr Kriterienkatalog gespeichert ist, und mehr.

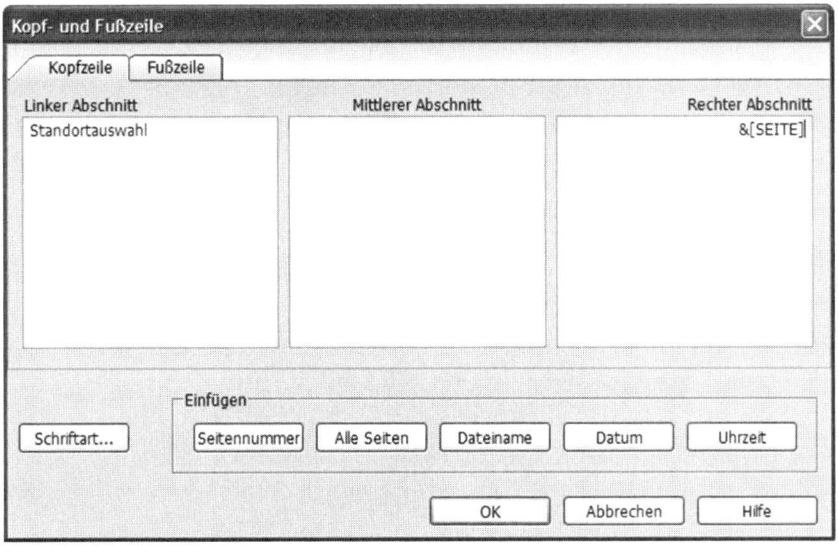

Abbildung 24.26 Kopf- und Fußzeile für den Ausdruck

Legen Sie anschließend das *Seitenformat* fest, und drucken Sie Ihren Kriterienkatalog aus. In der *Seitenansicht* können Sie vorab eine Vorschau betrachten und, falls notwendig, Änderungen durchführen.

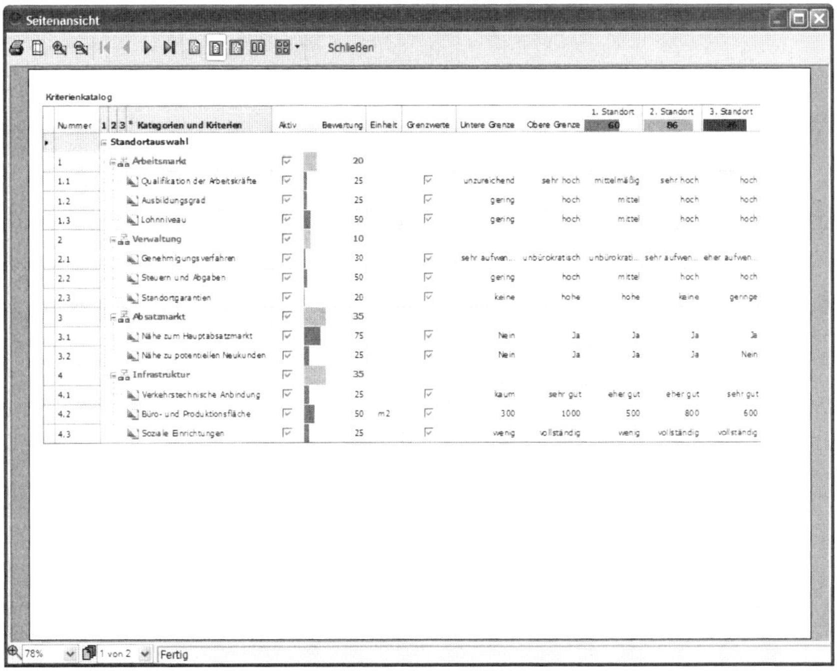

Abbildung 24.27 Druckvorschau

24.3.14 Und zum Schluss

Richtige Entscheidungen zu treffen ist kein Glücksspiel. Es bedarf einer klaren Zielsetzung und einer guten Vorbereitung. Zu wissen, was man will, ist schon eine ganze Menge. Wie man seine Ziele erreicht und welche Wege dahin führen, das ist die Aufgabe, der wir uns in diesem Kapitel gewidmet haben.

Der effiziente Umgang mit dem MindManager und Map4Score versetzt Sie in die Lage, Entscheidungen vorzubereiten, zu bearbeiten, zu dokumentieren, um am Ende die richtige Wahl zu treffen.

In den vorangegangenen Abschnitten haben Sie erfahren, was Entscheidungen sind und wie man Entscheidungen systematisch bearbeitet. Sie haben das Zusammenspiel der beiden Software-Programme MindManager und Map4Score kennen gelernt.

Sie wissen nun, wie man einen Kriterienkatalog erstellt, Kategorien und Kriterien bewertet, Vergleichswerte in den Katalog einträgt, Ergebnisse analysiert und schließlich die Ergebnisse für Präsentationen fit macht.

Für die richtigen Entscheidungen steht Ihnen jetzt nichts mehr im Weg.

25

Mindjet MindManager und Windows SharePoint Services

25 Mindjet MindManager und Windows SharePoint Services

Dokumentation im Intranet, Ablagestrukturen und Versionierung von Dateien, Unternehmensinformationen auf einen Blick, Informationsfluss in Teams und Projekten, Umgang mit Listen – nur einige Schlagwörter, bei denen Ihnen sicher viele Gedanken, Verbesserungsvorschläge und Wünsche bezüglich Ihres Arbeitsbereiches einfallen.

Um Informationen und Prozesse transparenter zu machen, bietet Microsoft mit den SharePoint-Technologien eine praxisgerechte Lösung. Diese Lösung beinhaltet, wie wir bei der MindBusiness GmbH immer wieder feststellen, einen deutlichen Effizienzgewinn für das gesamte Unternehmen.

Die SharePoint-Technologien kann man vereinfacht in drei Bereiche unterteilen:

- Eine **Datenbank**, in der die Listendaten, Aufgaben, Termine sowie die Dateien gespeichert sind. Die Dokumente liegen also nicht mehr im »normalen« Dateisystem, sondern werden über die Datenbank verwaltet.
- Die **SharePoint-Dienste**, welche die Prozesse zur Bearbeitung und Verwaltung der Daten ausführen. Hierzu zählt beispielsweise der Zugriff auf Bibliotheken und Listen.
- Das **Benutzerinterface**, das ohne Installation von Zusatzsoftware in der gewohnten Webbrowser-Umgebung aufgebaut wird. Nicht nur die Benutzeraufgaben (Listen und Bibliotheken, Termine und Aufgaben etc. erstellen und verwalten), sondern auch viele administrative Aufgaben werden über das Webinterface ausgeführt.

Zu den SharePoint-Technologien gehören:

- **Windows SharePoint Services** – Sie sind Bestandteil des Windows 2003 Servers und müssen nicht separat lizenziert werden. Für kleine Unternehmen bzw. zu Testzwecken kann als Datenbank sogar die kostenlose *MSDE* eingesetzt werden. Bei wachsenden Ansprüchen haben Sie die Möglichkeit, zu einem späteren Zeitpunkt auf Microsoft SQL Server umzustellen.
- **SharePoint Portal Server** – Dieser erweitert optional die SharePoint Services und erfordert eine eigene Lizenzierung. Der SharePoint Portal Server ermöglicht eine weitergehende Strukturierung der SharePoint Teamsites und bietet viele Zusatzfunktionen wie einen site-übergreifenden Suchdienst oder den Single Sign-On Service.

Als kleines Praxisbeispiel sehen Sie in **Abbildung 25.1**, wie unser Autoren-Team in SharePoint eine eigene Team-Site für das Mindjet MindManager 6-Handbuch aufgebaut hat. Eine Team-Site ist ein separater Bereich, in dem ganz gezielt für ein Team oder Projekt Informationen ausgetauscht und Dateien abgelegt werden können. Die Erstellung einer solchen Site ist mit den Bordmitteln von SharePoint in Sekundenschnelle möglich.

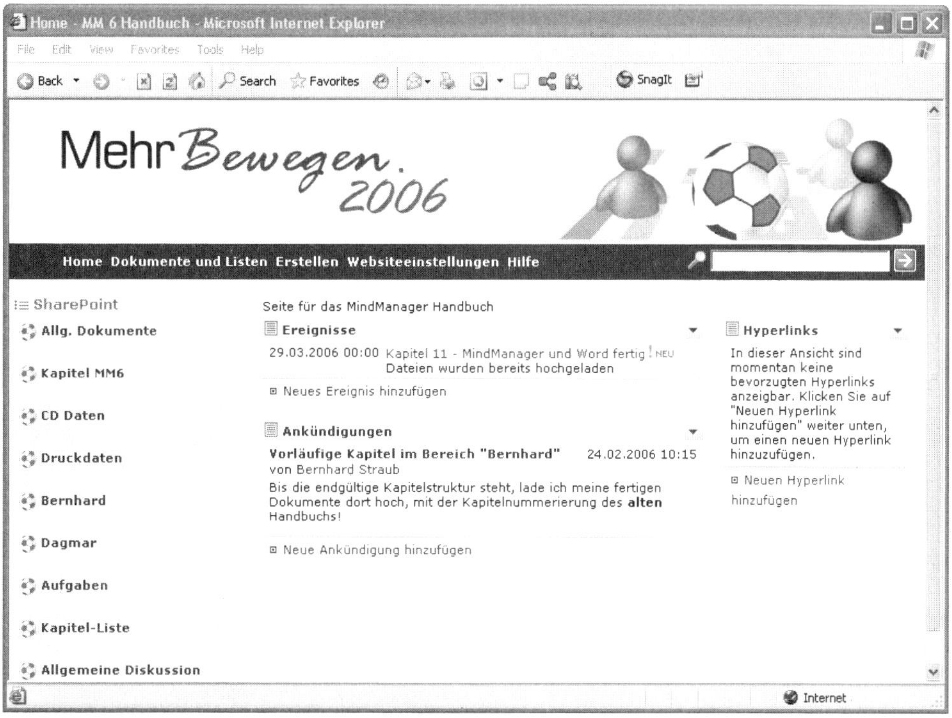

Abbildung 25.1 Der SharePoint-Bereich für das Handbuch Mindjet MindManager 6

Auf diese Weise ist jeder im Team über den aktuellen Stand des Projektes informiert – und das 24 Stunden am Tag! Zusätzlich besteht die Möglichkeit, externe Teammitglieder und Autoren speziell für dieses Projekt »einzuladen«, ohne dass aufwändige Sicherheitseinstellungen für Netzwerk oder Intranet konfiguriert werden müssen. Durch die zentrale Ablage der Informationen, Neuigkeiten und Dokumente entfällt auch ein großer Teil des E-Mail-Verkehrs. Da alle Teammitglieder jederzeit auf den SharePoint-Bereich zugreifen können, kommt man mit SharePoint von der Bringschuld zur Holschuld.

Wir hoffen, dass wir Sie ein wenig neugierig machen konnten. Auf den Microsoft-Internet-Seiten unter *http://office.microsoft.com/de-de/default.aspx* finden Sie im Server-Bereich viele weitere Informationen zu diesem Thema.

In den folgenden Abschnitten zeigen wir Ihnen, wie Sie Mindjet MindManager 6 optimal in der SharePoint-Umgebung einsetzen und nutzen.

25.1 Maps und Dokumentenbibliotheken

Ein wichtiger Bestandteil von SharePoint sind die Dokumentenbibliotheken, die zur Dateiablage verwendet werden. Natürlich können Sie dort, neben Office-Dokumenten, PDF-Dateien etc., auch MindManager Business Maps ablegen.

Microsoft Office 2003 ist perfekt in SharePoint integriert und bietet einen eigenen Aufgabenbereich, mit dessen Hilfe Dateien direkt aus SharePoint heraus geöffnet bzw. dort gespeichert werden können. Im Bezug auf andere Programme haben Sie in SharePoint die Möglichkeit, Dateien in die Dokumentenbibliotheken hochzuladen oder diese als lokale Kopie downzuloaden.

Dieser Vorgang erfordert mehrere Arbeitsschritte, da geänderte Dateien wieder über SharePoint hochgeladen werden müssen. Sie können zwar beispielsweise Business Maps über den Hyperlink im Browser direkt in MindManager öffnen, allerdings wird dabei eine lokale Kopie der Datei auf Ihrem Rechner erstellt. In dieser Kopie erfolgt auch die Speicherung aller Änderungen.

Viele Dateitypen, wie auch MindManager Maps, sind SharePoint zunächst nicht bekannt, so dass das Dateisymbol keinen Hinweis auf den Dateityp gibt. Siehe **Abbildung 25.2.**

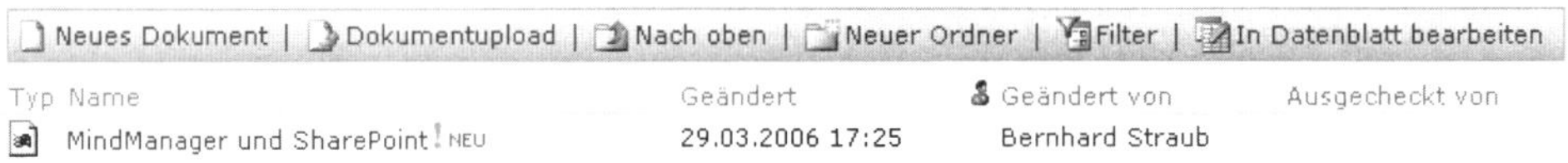

Abbildung 25.2 Maps in SharePoint werden vom Dateityp nicht erkannt

25.1.1 Speichern von Maps in SharePoint-Ordnern

Sie möchten eine von Ihnen erstellte Business Map in einer SharePoint-Bibliothek speichern und somit jederzeit darauf zugreifen können.

Die SharePoint-Dokumentenbibliothek muss bereits vorab angelegt werden. Das Anlegen einer Bibliothek aus MindManager heraus ist nicht möglich.

Es gibt zwei Möglichkeiten, wie Sie Business Maps und andere Nicht-Office-Dokumente hochladen können:

1. Über SharePoint direkt. Öffnen Sie dort die gewünschte Bibliothek, und klicken Sie auf die Schaltfläche *Dokumentupload*, wie in **Abbildung 25.2** dargestellt. Im folgenden Dialog haben Sie die Möglichkeit, eine oder mehrere Dateien zum Upload aus Ihrer persönlichen Verzeichnisstruktur auszuwählen.
2. Über einen Webordner. Diesen definieren Sie in Ihrem Windows Explorer. Öffnen Sie dazu den Explorer, und selektieren Sie die Netzwerkumgebung. Sie können auch eine Netzwerkressource hinzufügen. Klicken Sie auf *Eine andere Netzwerkressource auswählen*, und geben Sie in den nächsten Dialogen die entsprechende *URL*, Ihr *Passwort* und eine *Bezeichnung* für den neuen Webordner ein.

Beachten Sie, dass Sie als URL den Pfad bis zur Bibliothek eingeben und nicht die gesamte URL, die im Browser angezeigt wird, wenn Sie sich in der Bibliothek befinden.

Lautet die SharePoint-Dokumentenbibliothek, in der die Business Maps abgelegt werden sollen, »Maps«, lautet der angezeigte Pfad im Browser:

- http://www.mindbusiness.de/Publikationen/MM6/**Maps**/Forms/AllItems.aspx

Für die Eingabe der URL beim Anlegen einer neuen Netzwerkressource verwenden Sie davon nur folgenden Teil:

- http://www.mindbusiness.de/Publikationen/MM6/**Maps**

25.1.1.1 Die SharePoint-Komponenten für Mindjet MindManager

Mindjet bietet zur Verbesserung der SharePoint-Integration zwei kostenlose Komponenten an, die Sie im Labs-*Bereich* unter *http://www.mindjet.com/labs/SharePoint.html* finden können.

Die *Server-Komponente* muss von Ihrem SharePoint-Administrator auf dem Server installiert werden. Sie bewirkt, dass zu den in SharePoint hochgeladenen MindManager-Maps das richtige Dateisymbol angezeigt wird. Außerdem ist es dann möglich, dass über das Dateimenü die Map direkt aus SharePoint heraus in MindManager geöffnet und bearbeitet werden kann. Vergleichen Sie hierzu **Abbildung 25.3**.

Wichtig ist, dass Sie nicht auf den Datei-Link klicken. Die Map wird zwar dadurch auch geöffnet, allerdings erfolgt das Speichern von Änderungen lokal in einem temporären Verzeichnis und nicht zurück auf den SharePoint-Server.

Wählen Sie zum Öffnen der Business Map im Pulldown-Menü des Datei-Links den Eintrag *In Mindjet MindManager 6 bearbeiten*.

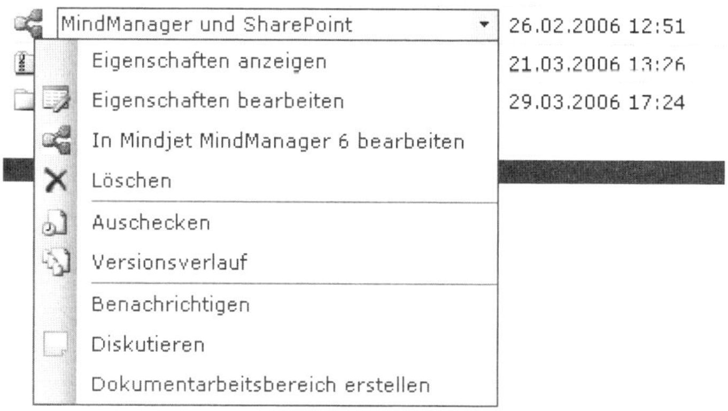

Abbildung 25.3 Maps aus SharePoint zum Bearbeiten öffnen

Die *Client-Komponente* wird zusammen mit MindManager auf dem Anwenderrechner installiert. Sie bewirkt, dass Maps, die direkt, wie oben genannt, aus SharePoint heraus geöffnet wurden, nach Änderungen auch wieder in SharePoint gespeichert werden. Dazu verwenden Sie in MindManager den Menübefehl *Datei/Speichern* oder *Strg + S*.

25.2 Maps zur Navigation in SharePoint

Die Navigation innerhalb SharePoint erfolgt über Hyperlinks, die an verschiedenen Stellen eingebunden werden können. Da eine SharePoint-Site sehr komplex werden kann, ist es wichtig, dass auf häufig verwendete Bibliotheken, Dokumente und Listen schnell und übersichtlich zugegriffen werden kann.

Klingt das nicht nach einem perfekten Einsatzgebiet für eine MindManager-Map?

Hier bietet das Tool *MindBusiness Map4Web* eine interessante Lösung. Zunächst erstellen Sie eine Navigations-Map in MindManager mit den entsprechenden Hyperlinks zu den gewünschten Dokumentenbibliotheken und Dateien. Anschließend können Sie diese als so genannte »ImageMap« in eine SharePoint-Dokumentenbibliothek hochladen. Mit einem speziellen Webpart, das im Lieferumfang von Map4Web enthalten ist, ist es anschließend auch möglich, über ein Dropdown-Menü aus verschiedenen Maps zur Navigation oder Übersicht auszuwählen. Siehe **Abbildung 25.4**.

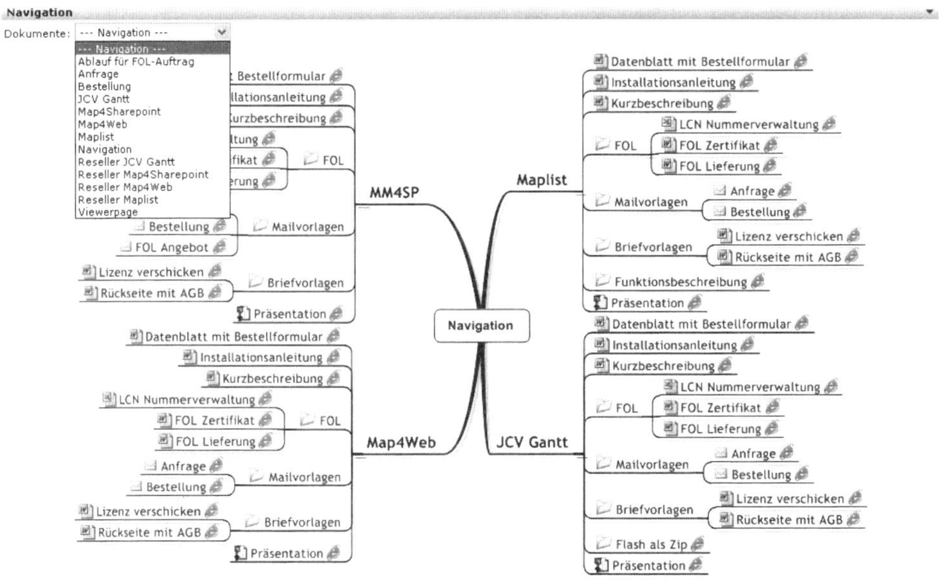

Abbildung 25.4 Eine ImageMap mit Auswahlliste in SharePoint

Zur Installation und Bedienung von Map4Web finden Sie weitere Informationen in Kapitel 21, »Webseiten erstellen mit Mindjet MindManager«.

25.3 Dokumentationen in Windows SharePoint Services mit MindManager

Eine Navigations-Map und die darin eingebundenen Informationen und Hyperlinks können Sie zur besseren Übersicht Ihres SharePoint-Portals nutzen. Was aber, wenn Sie eine Map zur Dokumentation z. B. von Projekten, Systemen, Prozessen etc. verwenden und gleichzeitig auch den Inhalt der Notizen in SharePoint zur Verfügung stellen möchten?

Auch hierfür ist das Tool *Map4Web* bestens geeignet. Mit Map4Web können Sie die gesamte Map als einzelne Webseiten in eine SharePoint-Dokumentenbibliothek übertragen. Aufgrund der einfachen Bedienung in MindManager haben Sie auf diese Weise die Möglichkeit, schnell und unkompliziert Ihre Informationen im Intra- und Internet zur Verfügung zu stellen.

In **Abbildung 25.5** sehen Sie, wie eine solche Dokumentation aus MindManager, veröffentlicht in SharePoint, aussehen kann.

Zur Installation und Bedienung von Map4Web finden Sie weitere Informationen in Kapitel 21, »Webseiten erstellen mit Mindjet MindManager«.

Abbildung 25.5 Eine MindManager-Dokumentation in SharePoint veröffentlicht

Fazit

MindManager und SharePoint stellen ein effizientes und unschlagbares Team in Ihrem Arbeitsalltag dar. Bei entsprechender Nutzung stehen Ihnen viele Möglichkeiten der besseren Navigation innerhalb Ihres SharePoint-Intranets oder auch der sinnvollen und übersichtlichen Dokumentation zur Verfügung.

Mit MindManager und SharePoint werden Sie zum Information Worker.

26

Webconferencing – die neue Art der Zusammenarbeit

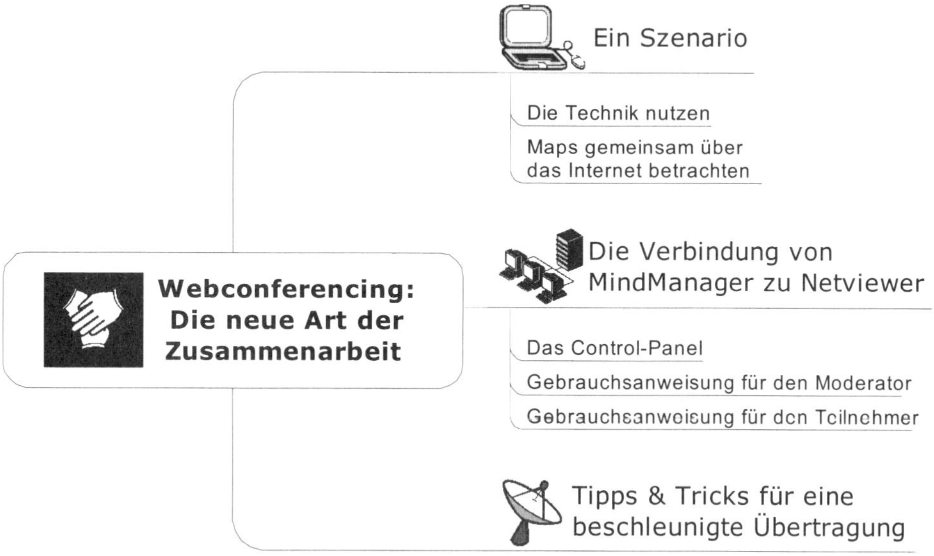

26 Webconferencing – die neue Art der Zusammenarbeit

Die nahtlose Verbindung zwischen MindManager und der Webconferencing-Funktionalität von Netviewer® eröffnet neue Wege in der Zusammenarbeit mit Kunden und Kollegen und stellt eine Möglichkeit dar, über Distanzen zu kommunizieren.

Die Netviewer–Integration ist im Lieferumfang von Mindjet® MindManager® Pro 6 enthalten.

Im Rahmen der Globalisierung sitzen heutzutage nicht mehr alle an einem Standort, und »mal schnell« ein Meeting einzuberufen, kann teuer werden, da es für die Teilnehmer oftmals mit zeitaufwändigen Reisezeiten verbunden ist.

Die Webconferencing-Software von Netviewer wird als Add-In direkt aus MindManager gestartet. In Sekundenschnelle starten Sie auf diese Weise Webkonferenzen und können Ihre MindManager-Maps via Internet auf die Bildschirme Ihrer bis zu drei Gesprächspartner übertragen.

Ob Vertriebsmeeting, Projektbesprechung, Einsatzplanung oder Aufsichtsratssitzung – Sie besprechen und bearbeiten Ihre MindManager-Maps gemeinsam über das Internet, als befänden Sie sich alle im selben Raum. So können Sie Reisekosten sparen und effizienter kommunizieren.

Haben Sie die Mindjet® MindManager® Pro 6-Version? Dann den Netviewer einfach unter *http://www.netviewer.de/mindjet* downloaden, installieren und ausprobieren! Leichter können Sie keine Webkonferenz starten.

26.1 »Ein bekanntes Szenario« – alle sitzen an unterschiedlichen Standorten

Eine gute Vorbereitung ist das A und O! Sie haben in diesem Buch schon mehrfach gelesen, dass sich gerade für Meetings das Arbeiten mit Business Maps hervorragend eignet; von der Planung des Meetings über die Agenda bis hin zum Protokoll. Jeder zu besprechende Punkt ist erfasst, und alle Besprechungsteilnehmer wissen, wovon im Moment die Rede ist. Am Ende des Meetings ist gleichzeitig ein Protokoll entstanden, das jeder Teilnehmer zur Dokumentation erhält.

26.1.1 Die Technik nutzen – »Besprechung heute um 15 Uhr im virtuellen Raum«

Stellen Sie sich vor, Sie berufen eine Projektsitzung ein. Sie befinden sich zurzeit im Frankfurter Hauptsitz der Firma. Herr Müller ist gerade in München, Herr Klausen in Leipzig und Frau Marian in Hamburg. Was tun?

Laden Sie Ihre Teilnehmer in das virtuelle Besprechungszimmer ein. In einem virtuellen Konferenzraum haben alle Teilnehmer den Bildschirm des Moderators vor sich – ähnlich wie das Beamerbild im realen Besprechungsraum.

26.1.2 Maps über das Internet gemeinsam betrachten

Das in Mindjet MindManager Pro 6 integrierte Webconferencing-Tool Netviewer überträgt Ihre Business Map auf alle Bildschirme – unabhängig von deren Standort. So können Online-Meetings mit MindManager geplant und durchgeführt werden. Ihre gewohnte effiziente Gesprächsführung und -dokumentation kann via Internet genauso umgesetzt werden, wie das in einem realen Besprechungsraum der Fall wäre.

26.2 Die nahtlose Verbindung von MindManager 6 zu Netviewer – Kurzanleitung

Die Netviewer-Applikation wird bei der Installation von MindManager Pro 6 automatisch integriert. Aus jeder Map lässt sich mit wenigen Mausklicks ein beliebiger Kontakt zu einer Webkonferenz einladen. Dieser benötigt nur einen PC mit Internetanschluss, um die MindManager-Präsentation zu verfolgen oder sogar aktiv die Moderation zu übernehmen. Nutzen Sie Netviewer in Verbindung mit MindManager Pro 6 für effizientere Meetings über Distanzen hinweg. Planen, strukturieren und dokumentieren Sie Ihre Online-Meetings mit MindManager Pro 6 – wir geben Ihnen hier einen kurzen Überblick.

26.2.1 Das Netviewer Control-Panel – »Darf ich mich vorstellen: Ich bin die Steuerzentrale für Ihre Kommunikation«

Im Netviewer Control-Panel sind alle Funktionalitäten enthalten, die den unkomplizierten Ablauf eines Online-Meetings gewährleisten:

- Teilnehmerliste mit einfacher Vergabemöglichkeit von Fernsteuerungsrechten und Blickrichtungswechsel
- Chat
- Applikationsauswahl
- Back-Monitor

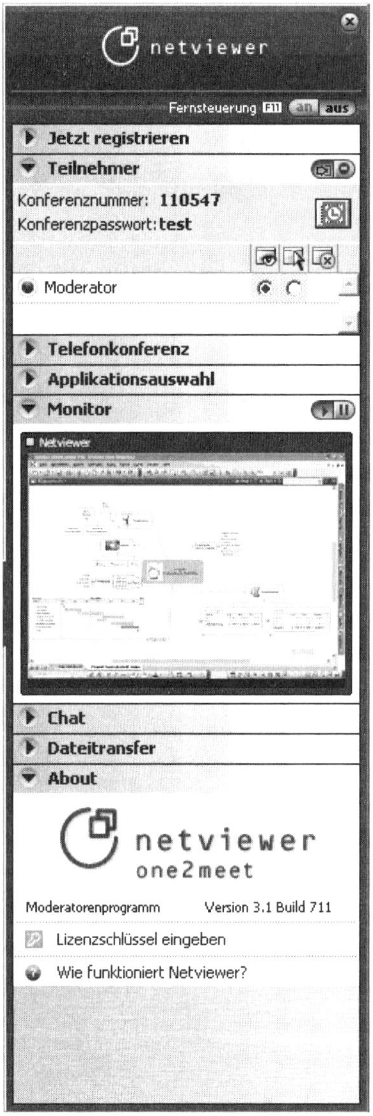

Abbildung 26.1 Das Control-Panel

26.2.2 Die kurze Gebrauchsanweisung für den Moderator

Sie haben verschiedene Kollegen zu einer Netviewer-Webkonferenz eingeladen. Um die Konferenz als Moderator durchzuführen, gehen Sie wie nachfolgend beschrieben vor.

26.2.2.1 Die Konferenz starten

Um die Konferenz als Moderator eines Online-Meetings zu starten, klicken Sie auf die Schaltfläche *Start Netviewer Session* in der Werkzeugleiste von MindManager.

Abbildung 26.2 Die Symbolleiste am unteren Bildschirmrand

Es öffnet sich der Netviewer-Startdialog »one2meet«.

Abbildung 26.3 Der Start als Moderator

Beginnen Sie das Netviewer Moderatorprogramm über den Befehl *Netviewer starten*, und authentifizieren Sie sich mit Ihrer Moderatorenkennung und Ihrem Passwort.

Im folgenden Fenster *Konferenzstart* legen Sie ein Konferenzpasswort fest (optional) und können wahlweise

- eine Ad-hoc-Konferenz starten, indem Sie auf *Konferenz jetzt starten!* klicken, oder
- über das Feld *Erweitert* eine Konferenz planen und zu dieser via Outlook einladen.

Informieren Sie Ihre Teilnehmer über die Konferenznummer und das Passwort. Nach dem Klicken auf die Schaltfläche *Konferenz jetzt starten!* ist Ihr Bildschirm für alle Teilnehmer sichtbar.

Möchten Ihre Kollegen an einer Konferenz teilnehmen, benötigen Sie das Netviewer-one2meet-Teilnehmerprogramm. Dieses kann entweder direkt aus MindManager heraus, durch Klicken auf das *Join Netviewer Session*-Icon in der Werkzeugleiste von MindManager, gestartet oder unter *www.netviewer.de* heruntergeladen werden.

Abbildung 26.4 Der erste Schritt zum Start als Teilnehmer

Laden Sie als Moderator Ihre Teilnehmer per Outlook-Einladungsfunktion ein. In der Einladungs-E-Mail ist bereits ein entsprechender Link zum Kundenprogramm enthalten.

26.2.2.2 Der Umgang mit dem Control-Panel als Moderator

1. Im Modul *Konferenz* (= Abschnitt Teilnehmer) können Sie

- den Konferenzraum ent-/sperren,
- durch einen Klick auf das *Mail*-Symbol neue Teilnehmer einladen,
- mit Hilfe der rechten Spalte der Teilnehmerliste einzelne Teilnehmer ausschließen,
- durch das *Augen*-Symbol in der linken Spalte festlegen, wer seinen Bildschirm zeigt.
- Fernsteuerungsrechte können Sie mit Hilfe der *Pfeil*-Symbole in der mittleren Spalte vergeben. Zur Sicherheit muss der betreffende Teilnehmer dieser Aktion zustimmen. Die Fernsteuerung kann jederzeit durch Drücken der Taste *F11* entzogen werden.

Abbildung 26.5 Das Modul *Konferenz* bzw. *Teilnehmer*

2. In der *Applikationswahl* legen Sie fest, welche Anwendungen sichtbar sein sollen. Der Monitor im Dialogfeld stellt dar, wie der übertragene Bildschirm bei den Teilnehmern erscheint. Durch Klicken der Pausentaste können Sie die Übertragung »einfrieren«.
3. Über die Auswahlfunktion im *Chat* können Sie einstellen, ob eine Nachricht alle oder nur bestimmte Teilnehmer erreichen soll.
4. Über das Modul *Dateitransfer* lassen sich während der Sitzung beliebige Dateien austauschen – entweder durch Betätigen der Schaltflächen oder ganz einfach per Drag & Drop.

☞ Als Moderator können Sie die eingestellten Dateien jederzeit löschen.

26.2.2.3 Die Konferenz als Moderator beenden

Sie beenden eine Konferenz, indem Sie auf das *Schließkreuz* rechts oben im Netviewer-Dialogfeld klicken.

Anschließend erscheint ein Fenster, das darauf hinweist, dass die Session beendet wurde.

Abbildung 26.6 Die Konferenz wurde beendet

26.2.3 Die kurze Gebrauchsanweisung für den Teilnehmer

Sie wurden zu einer Netviewer-Webkonferenz als Teilnehmer eingeladen. Um an der Konferenz teilzunehmen, gehen Sie wie nachfolgend beschrieben vor.

26.2.3.1 Die Konferenz als Teilnehmer starten

Die Konferenz beginnt, und Sie starten das *one2meet*-Teilnehmerprogramm wahlweise entweder

- von dem Ort aus, den Ihnen der Moderator genannt hat,
- oder auf *www.netviewer.de*.

Geben Sie Konferenznummer und das Konferenzpasswort ein, die Sie von Ihrem Moderator bereits vorab erhalten haben.

Nach Bestätigung durch Klicken auf die Schaltfläche *OK* sehen Sie den Bildschirm des Moderators in einem roten Rahmen.

Am rechten Bildschirmrand erscheint der *Netviewer-Clip*.

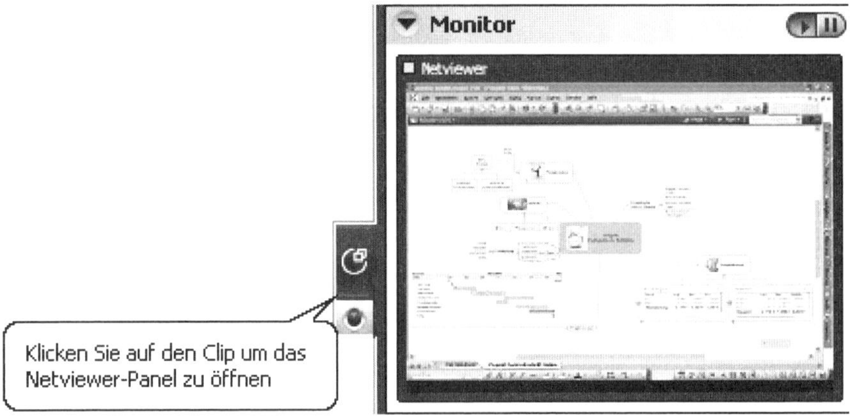

Abbildung 26.7 Der Netviewer-Clip

Mit dem Netviewer-Clip können Sie das Panel wie eine Schublade auf- bzw. zuschieben. Der Clip ist auch vertikal verschiebbar. Wenn Sie mit der Maus auf den Griff zeigen, fährt das Panel auf bzw. verschwindet am rechten Bildschirmrand.

26.2.3.2 Der Umgang mit dem Control-Panel als Teilnehmer

1. Im Modul *Konferenz* (= Abschnitt Teilnehmer) sehen Sie, welche Farbe Ihnen das System zugeordnet hat. Diese Farbe hat dann auch Ihr Zeigepfeil, den Sie durch Klicken mit der rechten Maustaste generieren können.
2. Über die Spalte mit dem *Augen*-Symbol in der Teilnehmerliste können Sie erkennen, welcher Teilnehmer gerade seinen Bildschirm überträgt.
3. Sobald Ihnen der Moderator das Zeigerecht übergibt, können Sie in der *Applikationswahl* festlegen, welche Anwendungen sichtbar sein sollen. Der Monitor stellt dar, wie der übertragene Bildschirm bei den Teilnehmern erscheint.
4. Im Modul *Monitor* haben Sie dann jederzeit die Kontrolle darüber, was Sie gerade übertragen. Durch Klicken der Pausentaste können Sie die Übertragung »einfrieren«.
5. Im *Chat* können sich alle Beteiligten untereinander austauschen und dabei auswählen, ob eine Nachricht bei allen oder nur bei einem bestimmten Teilnehmer erscheinen soll.
6. Über das Modul *Dateitransfer* lassen sich während der Sitzung beliebige Dateien austauschen, entweder durch Betätigen der Schaltflächen oder ganz einfach per Drag & Drop.

26.2.3.3 Die Konferenz als Teilnehmer beenden

Möchten Sie als Teilnehmer eine Konferenz beenden, klicken Sie auf das *Schließkreuz* rechts oben im Netviewer-Dialogfeld.

Anschließend erscheint ein Fenster, das darauf hinweist, dass die Session beendet wurde.

Haben Sie dem Moderator oder einem Konferenz-Teilnehmer die Fernsteuerung Ihres Rechners überlassen, können Sie diese jederzeit durch Drücken der Taste *F11* wieder entziehen.

26.2.4 Tipps & Tricks für eine beschleunigte Übertragung

Kein Hintergrundbild in der Business Map

Sollten Sie in Ihrer Business Map ein Hintergrundbild eingefügt haben, entfernen Sie dieses für den Zeitraum der Webkonferenz.

Wählen Sie eine der folgenden Verfahrensweisen:

- Klicken Sie mit der rechten Maustaste auf den Map-Hintergrund, und wählen Sie den Befehl *Hintergrund/Bild entfernen*.
- Gehen Sie den Weg über das Menü *Format/Hintergrund/Bild entfernen*.
- Wählen Sie im Aufgabenbereich *Bibliothek* den Ordner *Hintergrundbilder*, und klicken Sie auf den Eintrag *Hintergrundbild entfernen* (oberer Rand des Vorschaubereichs).

Kein Desktop-Hintergrundbild in Windows

Entfernen Sie den Hintergrund Ihres Desktops, bzw. ändern Sie ihn wie folgt:

- Wählen Sie *Start/Systemsteuerung/Anzeige*.
- Öffnen Sie das Register *Desktop*, und wählen Sie unter *Hintergrund* den Eintrag *Kein*. Bestätigen Sie Ihre Wahl mit *OK*.

Geringe Bildschirmauflösung

Ändern Sie die Bildschirmauflösung unter Windows wie folgt:

- Wählen Sie *Start/Systemsteuerung/Anzeige*.
- Ziehen Sie im Register *Einstellungen* unter *Auflösung* den Schieberegler nach rechts oder links, und klicken Sie anschließend auf *Übernehmen*.

Auf der Webseite von Netviewer unter *http://www.netviewer.de* finden Sie weitere Informationen und detaillierte Bedienungsanleitungen.

Fazit

Wir haben Ihnen hier vorrangig Netviewer vorgestellt, da diese Software im Leistungsumfang der Version Mindjet® MindManager® Pro 6 enthalten ist.

Sie können Webkonferenzen natürlich auch mit anderen entsprechenden Softwaretools durchführen. Diese sind allerdings nicht im Leistungsumfang von MindManager enthalten. Einige wollen wir Ihnen hier beispielhaft nennen:

- **Webex:** Produkt der Firma Webex; Webseite: *http://www.webex.com/de*
- **Live Meeting:** Produkt von Microsoft; Webseite:

http://www.microsoft.com/germany/office/livemeeting/leistungsmerkmale/default.mspx

- **pcvisit:** Produkt der Firma pcvisit, Webseite: *http://www.pcvisit.de*

Die Reihenfolge der Aufzählung hat nichts mit einer Bewertung zu tun und vor allen Dingen nicht den Anspruch, vollständig zu sein.

Stöbern Sie einfach im Internet, und testen Sie die Programme aus.

Wir nutzen diese Technik, um schnell und übersichtlich mit Mitarbeitern, Kunden, Trainern etc. über räumliche Distanzen hinweg zu kommunizieren bzw. uns auszutauschen.

27

Mindjet MindManager und XML

27 Mindjet MindManager und XML

Es gibt sicher nicht viele Dinge im Leben, von denen man sagen kann, dass sie einen Siegeszug um die Welt antreten. Eines davon ist ohne Zweifel die »Computersprache« XML – »Extensible Markup Language«. Und so ist es nicht verwunderlich, dass auch die Erfinder von MindManager 6 sich der Mächtigkeit eines solchen Instruments bedienen und Business Maps in ihrer Funktionalität an dieser Sprache ausrichten.

Was das für den Anwender letztlich bedeutet, lernen Sie in diesem Kapitel kennen. Einige kleine Beispiele geben Ihnen das Gefühl, wo die Stärken der Sprache liegen, wie sie in MindManager integriert ist und welche Möglichkeiten sich daraus ergeben können.

27.1 Mit Worten Bilder malen?

Wenn Sie gelegentlich oder regelmäßig mit den Microsoft Office-Anwendungen arbeiten, so ist Ihnen sicher nicht entgangen, dass es ab Version 2000 möglich ist, Dokumente der Anwendungen Word, Excel und PowerPoint als HTML-Dateien zu speichern und sie so vorrangig in einem Intranet anderen Nutzern zur Verfügung (in aller Regel zur Ansicht) zu stellen.

Die Office-Programme sind die Editoren für die Dokumente. Die Darstellung der Dokumente erfolgt in einem Browser, der idealerweise der Internet Explorer sein sollte, und damit unabhängig vom Editor. Damit ist eine gute Form des Informationsaustauschs gefunden.

HTML steht für »Hypertext Markup Language«. Mit dem Begriff *Language* wird darauf verwiesen, dass es sich um eine Sprache handelt, welche die Kommunikation zwischen Mensch und Maschine gewährleistet:

Der Mensch sorgt mit Hilfe eines Editors (das kann im einfachsten Fall *notepad.exe* von Windows sein) dafür, dass die notwendigen Anweisungen »zu Papier« kommen. Den Rest, also die Anzeige dessen, was beabsichtigt ist, erledigt der Computer mit Hilfe eines Browsers.

Markup bedeutet so viel wie »Markierung« oder »Auszeichnung«. Dahinter verbirgt sich die Möglichkeit, eine Art von Trennung zwischen Inhalt und Form der Dokumente umzusetzen. In aller Regel werden Sie als Anwender beim Schreiben von Texten in MindManager oder Word nicht damit konfrontiert, wie das Programm Ihre Anweisungen, Text *Fett* oder *Kursiv* zu schreiben, umsetzt.

Dafür gibt es Schaltflächen, Menüs und Short Cuts. Aber irgendwie muss das jeweilige Programm sich merken, an welcher Stelle Sie formatierend eingegriffen haben. Unter HTML dienen dazu die Markierungen (die auch als »Tags« bezeichnet werden), die etwa Folgendes umsetzen: Hier beginnt der Textkörper, ab jetzt wird eingerückt, nun kommt eine kursives Wort, ab jetzt nicht mehr kursiv usw.

Schließlich verweist *Hypertext* darauf, dass nicht nur Texte eine Rolle spielen: Es ist möglich, Bilder einzufügen, Seiten durch Hyperlinks zu verknüpfen, Formulare zu senden u.a.m.

Über den Web- und damit den HTML-Export von MindManager erfahren Sie mehr in Kapitel 23, »Webseiten mit MindManager 6 erstellen«.

Genau genommen erzeugen die Microsoft Office-Anwendungen nicht nur HTML (obwohl das in den entsprechenden Dialogen so formuliert wird), sondern XHTML. Das »X« steht für »Extensible« und deutet die Erweiterbarkeit der Sprache an.

Der Anwender wird beim Speichern und Öffnen der Dokumente nicht mit Zusatzanforderungen geplagt, er arbeitet so, wie er es unter der jeweiligen Anwendung gewohnt ist. Nur der zu wählende Dateityp ist »Webseite«.

Gelegentlich kann man die Funktionalität der Dokumente erweitern und muss spezielle »Weboptionen« einstellen. Aber auch hier ist die Kenntnis von XHTML nicht zwingend. Wer neugierig ist, kann einen Blick auf den Quelltext werfen, indem er in der Microsoft Office-Anwendung unter *Extras/Makro* auf *Microsoft Skript-Editor* klickt.

Die derzeit aktuelle Spezifikation von XHTML 1.1 finden Sie unter *http://www.w3.org/TR/xhtml11*, einer Seite des W3C (World Wide Web Consortiums). Diese Organisation umfasst etwa 450 Mitglieder. Die Aktivitäten dienen der (freiwilligen) Regelung des Austauschs von Informationen im World Wide Web und damit im Internet.

Um sich einen kleinen Eindruck zu geben, wie die angesprochene Erweiterbarkeit funktioniert, werfen Sie einen Blick auf **Listing 27.1**.

Der Quelltext ist der Sprache VML (Vector Markup Language) zuzuordnen, die man als den Dialekt von XML verstehen kann, der zum Zeichnen von Autoformen und einfachen Bildern »gesprochen« wird.

Listing 27.1 Anweisungen für ein farbiges Rechteck

```
<html xmlns:v="urn:schemas-microsoft-com:vml">
  <head>
    <style>
      v\:* {behavior:url(#default#VML);}
    </style>
  </head>
  <body>
    <v:rect style='position:absolute; margin-left:80pt;
        margin-top:50pt; width:120pt; height:40pt;
        rotation:-135;' fillcolor="blue">
      <v:fill color2="white" rotate="t" angle="-135"
```

```
focus="100%" type="gradient"/>
    </v:rect>
  </body>
</html>
```

Dieser Quelltext (es ist der hier interessierende Extrakt aus dem gesamten Dokument) entsteht im Wesentlichen, wenn Sie auf ein Word-Dokument (ein Excel-Arbeitsblatt oder eine PowerPoint-Folie) ein Rechteck zeichnen, dieses zweifarbig (blau und weiß) mit diagonalem Farbverlauf einfärben und es etwas um seinen Mittelpunkt drehen (hier 135 Grad). Und genau diese Informationen finden sich auch im Quelltext zwischen den Markierungen.

<v:rect>
(das ist das so genannte öffnende Tag, das die Zeichnung beginnt) und

</v:rect>
(das ist das schließende Tag, das die Zeichnung selbst beendet).

Damit der Internet Explorer die Anweisung versteht, gibt es zu Beginn mit

xmlns:v="urn:schemas-microsoft-com:vml

einen Hinweis auf den zu verwendenden Namensraum »v« (er steht etwa vor der *rect*-Anweisung, die das Rechteck erzeugt), der Rest ist technischer Natur.

So geschriebener Text kann in jeder Anwendung, die VML versteht, eingesetzt werden. Per Hand oder Programm lassen sich Daten im Text (wie etwa die Farbe des Füllmusters) anpassen oder ändern, ohne dazu einen speziellen Editor, wie etwa Word oder PowerPoint, zu verwenden.

Sie können das Funktionieren der Zeichnung einfach ausprobieren. Dazu legen Sie auf dem Desktop Ihres Computers eine leere Textdatei an, der Sie den Namen *vml.htm* geben. Damit eine solche Namensvergabe funktioniert, sollten Sie die Ordneroptionen Ihres Betriebssystems so eingestellt haben, dass **Dateiendungen nicht ausgeblendet** werden.

Schreiben Sie nun in diese Textdatei den Text aus **Listing 27.1**, so können Sie nach dem Speichern mit einem Doppelklick auf das Dateisymbol auf Ihrem Desktop deren Anzeige im Internet Explorer (sofern dies Ihr Standardbrowser ist) erwirken.

Sehen Sie ein Rechteck in der beschriebenen Form, so haben Sie soeben erfolgreich Ihre erste XML-Datei in die Realität gebracht: Ihre Anweisungen und Ihre Daten wurden verwendet, um durch den Internet Explorer eine Zeichnung anzufertigen.

Wollen Sie die Schreibarbeit sparen, so nutzen Sie die auf der Begleit-CD befindliche Datei *vml.htm*. Sie befindet sich im Ordner *\Kapitel 27*.

27.2 Gibt es Sprachregeln?

Die Erweiterbarkeit der Sprache XML (zwei Vertreter haben Sie mit XHTML – dem anwendungsunabhängigen Format der Office-Dokumente – und VML – der Sprache zum Erzeugen einfacher Zeichnungsobjekte –bereits kennen gelernt) ist natürlich an einen Wortschatz gebunden, den sowohl erzeugende als auch lesende Programme verstehen müssen. MindManager 6 versteht beim Anlegen, Editieren und Speichern von Maps die ihm eigene Sprache, nicht aber die von Microsoft Office.

Microsoft Word in der Edition 2003 versteht den neuen Dialekt *WordML*, dieser ist aber Microsoft Excel für dessen Arbeitsblätter unbekannt. Der Wortschatz ist also wie beim Menschen auch eine »individuelle« Angelegenheit: In der Heimat kann man sich verständigen, im nachbarlichen Bundesland vielleicht nur mit Anstrengung und im Ausland eher nicht.

Damit sich Computer oder deren Programme untereinander unterhalten können, reicht der gemeinsame Wortschatz aber noch nicht aus. Es bedarf grammatikalischer Regelungen, damit die Worte ihren Sinn nicht verlieren. Diese Regeln kann man durchaus als Syntax bezeichnen, und XML kennt so etwas auch.

Die Syntax tritt unter dem Namen »Wohlgeformtheit« auf und beinhaltet unter anderem folgende Punkte:

- Die erste Zeile einer Datei gibt in der Regel dem lesenden Werkzeug die Information, dass es sich um XML-Quellcode handelt. Dies kann so aussehen: *<?xml version="1.0" encoding="UTF-8" ?>* Der Zusatz »encoding« informiert über die vorzunehmende Sprachcodierung, damit etwa Buchstaben fremder Sprachen auch als solche identifiziert werden.
- Die Stütze des Dokuments sind Tags. Auf der obersten Ebene befindet sich genau ein solches Tag, das als »Wurzelelement« bezeichnet wird (in **Listing 27.1** ist das *<html>*).
- Jedes öffnende Tag *<tagName>* braucht ein schließendes *</tagName>*.
- Bei Namen für Tags ist zwischen Groß- und Kleinschreibung zu unterscheiden.
- Öffnende Tags dürfen nach ihrem Namen im <>-Klammernpaar Attribute besitzen, deren Werte in "Gänsefüßchen" zu schreiben sind.
- Tags dürfen nicht ineinander greifen, d.h., die hierarchische Struktur ist relativ streng. Deshalb werden die Tag-Informationen auch als Knoten bezeichnet.

Gerade der letzte Punkt zeigt, dass MindManager ein idealer Kandidat ist, Informationen, die Maps mit ihren Zweigen erzeugen, im XML-Format aufzubewahren und mit anderen Programmen auszutauschen.

Das Beispiel aus **Listing 27.2** ist syntaktisch richtig und verkörpert den Aufbau einer kleinen Nachricht, die über die Teilnahme an einer Arbeitsberatung informiert. Dabei soll hier nicht interessieren, mit welchen Mitteln die Mitarbeiterin die Nachricht verfasst und die Nachricht der Mitarbeiterin ihren Chef erreicht.

Listing 27.2 E-Mail im XML-Format

```
<?xml version="1.0" encoding="ISO-8859-1" ?>
<mitteilung>
  <an>Chef</an>
  <von>Frau Müller></von>
  <anlass>Beratung am Nachmittag</anlass>
  <text>Keine Zeit</text>
  <unterschrift>Mü</unterschrift>
</mitteilung>
```

Sie können den Quelltext wiederum mit einem Texteditor (etwa *notepad.exe*) schreiben und in einer Datei namens *nachricht.xml* aufbewahren. Eine gleichnamige Datei befindet sich auch auf der Begleit-CD im Ordner *\Kapitel 27*.

Wenn Sie auf ein Dateisymbol mit der Endung *xml* im Windows Explorer doppelt klicken, so öffnet sich der Internet Explorer und zeigt im Falle der syntaktischen Korrektheit die Datei an. Diesmal aber nicht so wie eine HTML-Datei (wichtig hier war die Endung *htm*), sondern in Form von **Abbildung 27.1**.

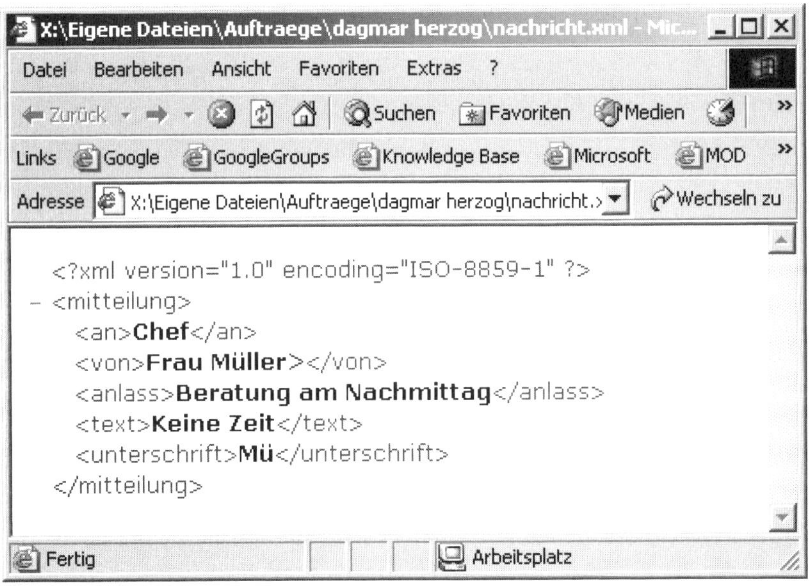

Abbildung 27.1 Wohlgeformte XML-Dateien lassen sich im Internet Explorer anzeigen

Wie lässt sich nun aber verhindern, dass nicht etwa eine Nachricht ohne Unterschrift gesendet wird oder aber Herr Maier aus Schabernack (oder Mobbing?) im Namen von Frau Müller eine Zusage schreibt, die diese dann nicht einhalten kann? Hierzu reicht Wohlgeformtheit des Dokuments nicht aus, es bedarf eines weiteren Begriffs: den der Gültigkeit von XML-Daten.

Mit Hilfe der Zuordnung von »Document Type Definitions« (DTD) zu XML-Dateien kann sowohl beim Ersteller die inhaltliche Korrektheit ausgehender Dokumente als auch beim Empfänger die Korrektheit eingehender Nachrichten gewährleistet werden.

Im vorliegenden Fall kann eine kleine Textdatei (Name *externeDTD.dtd*) mit dem Inhalt aus **Listing 27.3** dafür sorgen, dass Nachrichten ohne Unterschrift nicht akzeptiert werden.

Listing 27.3 Beispiel einer DTD-Datei

```
<!ELEMENT mitteilung (an, von, anlass, text, unterschrift)>
<!ELEMENT an (#PCDATA)>
<!ELEMENT von (#PCDATA)>
<!ELEMENT anlass (#PCDATA)>
<!ELEMENT text (#PCDATA)>
<!ELEMENT unterschrift (#PCDATA)>
```

Damit die XML-Datei in Zusammenhang mit der Gültigkeitsregel gebracht wird, folgt der Zeile 1 in **Listing 27.2** die Zeile:

```
<!DOCTYPE mitteilung SYSTEM "externeDTD.dtd">
```

Leider können Sie das Funktionieren dieser Zuordnung nicht mit dem Internet Explorer testen, da dieser Gültigkeitsregeln ignoriert.

Natürlich muss auch MindManager Sicherheit in dem Sinne bekommen, dass nicht irgendwelche XML-Dateien zum Aufbau einer Map zugelassen werden. Allerdings wird dabei nicht das DTD-Konzept benutzt, sondern ein Konzept, das auf so genannten XML-Schemadefinitionen (Endung *xsd*) beruht.

Dieses Konzept wird auch bei »InfoPath« (das ist der Formular-Editor von Microsoft Office System 2003) sowie den so genannten »SmartDocuments« für Word bzw. Excel 2003 umgesetzt.

Die Schemadatei aus **Listing 27.4** sichert nicht nur gegen eine fehlende, sondern auch gegen eine »gefälschte« Unterschrift.

Listing 27.4 Schema-Anweisungen für gültige XML-Dokumente

```
<?xml version="1.0" ?>
<xs:schema
  targetNamespace="http://www.dr-e-pfeifer.net/nachricht.xsd"
  xmlns:mstns="http://www.dr-e-pfeifer.net/nachricht.xsd"
  xmlns="http://www.dr-e-pfeifer.net/nachricht.xsd"
  xmlns:xs="http://www.w3.org/2001/XMLSchema"
  xmlns:msdata="urn:schemas-microsoft-com:xml-msdata"
  attributeFormDefault="qualified"
  elementFormDefault="qualified">
  <xs:element name="mitteilung">
    <xs:complexType>
```

```
      <xs:sequence>
        <xs:element name="an" type="xs:string"
          minOccurs="0" />
        <xs:element name="von" type="xs:string"
          minOccurs="0" />
        <xs:element name="anlass" type="xs:string"
          minOccurs="0" />
        <xs:element name="text" type="xs:string"
          minOccurs="0" />
        <xs:element name="unterschrift" type="mySign"
          minOccurs="1" maxOccurs="1"/>
      </xs:sequence>
    </xs:complexType>
  </xs:element>
  <xs:simpleType name="mySign">
    <xs:restriction base="xs:string">
      <xs:pattern value="Mü" />
    </xs:restriction>
  </xs:simpleType>
</xs:schema>
```

Eine solche (von der Struktur her sicher nicht einfache) Schema-Datei lässt sicher wieder mit einem normalen Texteditor erstellen. Der Bezug erfolgt durch die zu

```
<mitteilung xmlns="http://www.dr-e-pfeifer.net/nachricht.xsd">
```

geänderte zweite Zeile in der XML-Datei.

Auf der Begleit-CD finden Sie im Ordner *\Kapitel 27* die Datei *nachricht.xsd*, die **Listing 27.4** umsetzt.

Auch hier ist leider ein Test mit dem Internet Explorer nicht möglich. Haben Sie Microsoft Office Excel 2003 installiert, so können Sie die Schema-Datei benutzen, um sie einer Arbeitsmappe zuzuordnen. Ungültige Daten, also solche mit falscher oder fehlender Unterschrift, lassen sich dann nicht »ohne Widerstand« importieren.

Ansonsten ist es Aufgabe des jeweiligen Programms, XML-Daten gegen vorhandene Schema-Dateien zu validieren. MindManager tut das natürlich auch und ohne ein Hinzutun des Anwenders.

27.3 XML und Maps?

Wenn Sie die vorige Datei *nachricht.xml* zur Hand nehmen, so können Sie sie ohne Zwischenschritte in eine Map verwandeln, indem Sie sie mit MindManager öffnen. Das Ergebnis sehen Sie in **Abbildung 27.2**.

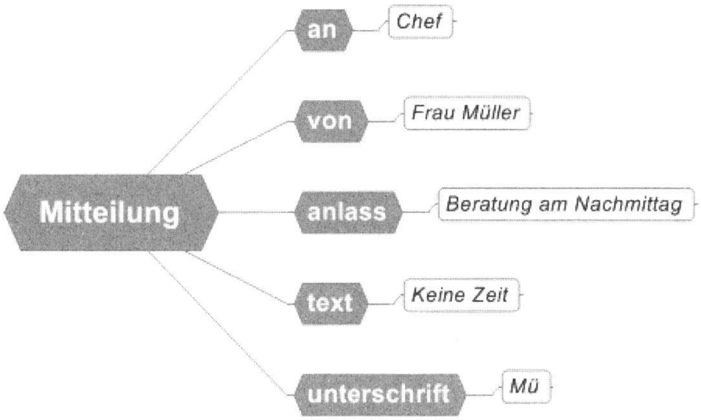

Abbildung 27.2 XML-Daten werden zu einer Map

Speichern Sie die Map nun als XML-Datei (Sie geben Ihr im Dialogfeld *Speichern unter* die Endung *xml*), so entsteht etwas, das mit der eben besprochenen einfachen Struktur nichts mehr zu tun hat. **Abbildung 27.3** zeigt einen Ausschnitt im Internet Explorer.

Abbildung 27.3 Aus einer Map werden XML-Daten

Aber: Die Daten, welche die Mitteilung ausmachten, sind drin (Sie lesen am unteren Rand von **Abbildung 27.3** noch das Wort »Chef«). Hinzugekommen ist die Struktur der Map: im Zentrum »OneTopic«, darum herum Auflistungen von »SubTopics«, deren einzelner Topic die Eigenschaften »Text«, »Color«, »SpellingOptions« usw. hat.

Es gibt Knoten zur Statistik, zu Zweigformen, zur Gestalt von Zweigen u.v.a.m. Die meisten Knoten gehören übrigens zum Namensraum »ap«. Namensräume in den Tags (Sie hatten weiter oben den Namensraum »v« kennen gelernt) werden verwendet, um Begriffsverwechslungen auszuschließen. So können XML-Daten, die Kunden betreffen, die Tags *<K:Adresse>* verwenden, ohne dass es zu Verwechslungen mit Lieferantendaten kommt, da deren Tags *<L:Adresse>* heißen.

Der Weg, eine XML-Datei direkt zu öffnen, hat uns an den verwendeten Schema-Dateien vorbei gemogelt. Diese können Sie sehen, wenn Sie eine Datei mit der Endung *mmap* mit dem Programm *Winzip.exe* öffnen. Dann erkennen Sie (**Abbildung 27.4**), dass eine Map-Datei eigentlich aus mehreren Dateien besteht:

- einer XML-Datei, die Dokument.xml heißt,
- vier Schema-Dateien, gegen die MindManager die Dokument-Datei validiert, und
- einer Vorschaugrafik, die etwa im Windows-Ordnerfenster zu sehen ist.

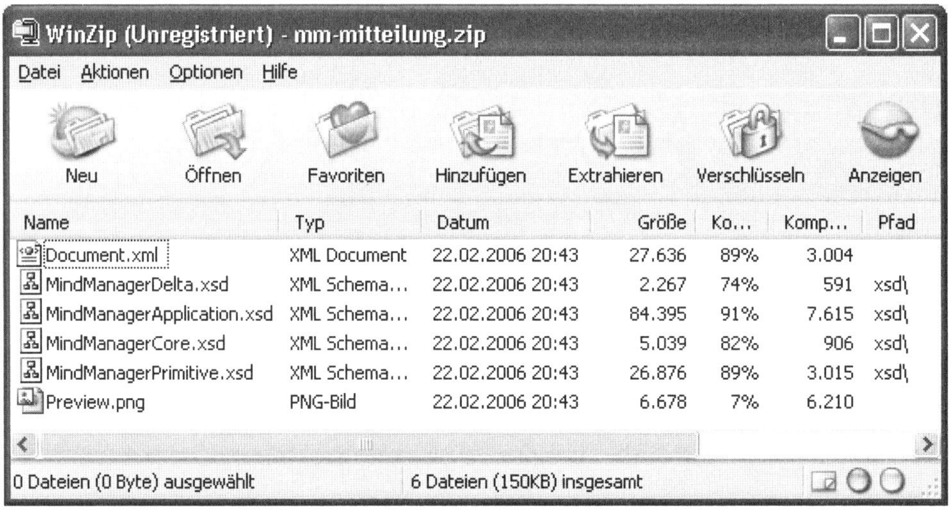

Abbildung 27.4 Der »heimliche« Aufbau einer Map-Datei

Einzelheiten zu den verwendeten Schema-Dateien finden Sie auf der Entwickler-Website von Mindjet:
http://www.mindjet.com/us/devzone/index.php.

27.4 Welchen Nutzen hat der Anwender?

XML ist ein komplexes und auch kompliziertes Thema. Auf den vorangegangenen Seiten wurden deshalb zunächst die Aspekte besprochen, die letztlich zum Dateiaufbau einer Map führen (**Abbildung 27.4**).

Nicht einmal gestreift werden konnten dabei Dinge, die das Zusammenspiel von HTML, XML und XSL (das ist die Abkürzung für XML Style Sheet Language, mit deren Hilfe die perfekte Trennung von Inhalt und Form gelingt), betreffen.

Nicht gestreift werden konnten Dinge, die hinter den Begriffen »Document Object Model« (der Programmierzugang unter Visual Basic, C# und anderen Sprachen) und XPath (einer Abfragesprache zum Finden von Knoten) sowie XSLT (XSL Transformations) stehen.

Dies alles sind Dinge, die ausschließlich den Programmierern unter der Leserschaft vorbehalten sein werden. Und an diese wenden sich die nächsten Beispiele.

27.4.1 XML-Daten in MindManager übertragen

Stellen Sie sich vor, Sie haben, etwa aus einer Datenbank mit Schulungsveranstaltungen die Themen herausgesucht (suchen lassen), die sich mit XML beschäftigen. Es entstand der XML-Code aus **Listing 27.5**, den Sie auf der Begleit-CD im Ordner *\Kapitel 27* unter dem Namen *workshops.xml* finden.

Listing 27.5 XML-Datei mit Schulungsterminen

```
<?xml version="1.0" encoding="windows-1256" ?>
<Workshops>
  <Workshop>
    <Thema>XML Grundlagen</Thema>
    <Trainer>Herr Meier</Trainer>
    <Tag>Montag</Tag>
    <Uhrzeit>11 Uhr</Uhrzeit>
  </Workshop>
  <Workshop>
    <Thema>XML Aufbau</Thema>
    <Trainer>Herr Meier</Trainer>
    <Tag>Dienstag</Tag>
    <Uhrzeit>10 Uhr</Uhrzeit>
  </Workshop>
```

```
<Workshop>
    <Thema>XML und Office</Thema>
    <Trainer>Herr Müller</Trainer>
    <Tag>Dienstag</Tag>
   <Uhrzeit>14 Uhr</Uhrzeit>
</Workshop>
</Workshops>
```

Damit eine irgendwie strukturierte XML-Datei von MindManager verstanden wird, ist sie so zu transformieren, dass sie gegen das MindManager-Schema erfolgreich validiert werden kann. Eine solche Transformierung sehen Sie in **Listing 27.6**. Bezüglich der Details muss auf die Literatur zum Thema »XSLT« verwiesen werden.

Listing 27.6 Durch Transformationen wird aus XML die für MindManager gerechte Form

```
<?xml version="1.0" encoding="UTF-8" ?>
<xsl:stylesheet version="1.0"
    xmlns:ap="http://schemas.mindjet.com/MindManager/
    Application/2003"
    xmlns:xsi="http://www.w3.org/2001/XMLSchema-instance"
    xmlns:xsl="http://www.w3.org/1999/XSL/Transform">
  <xsl:output method="xml" indent="yes"/>
  <xsl:template match="/">
    <ap:Topic>
      <ap:SubTopics>
        <xsl:for-each select="Workshops/Workshop">
          <ap:Topic>
            <ap:SubTopics>
              <ap:Topic>
                <ap:Text>
                  <xsl:attribute name="PlainText">
                    <xsl:value-of select="Tag"/>
                  </xsl:attribute>
                  <ap:Font/>
                </ap:Text>
              </ap:Topic>
              <ap:Topic>
                <ap:Text>
                  <xsl:attribute name="PlainText">
                    <xsl:value-of select="Uhrzeit"/>
                  </xsl:attribute>
```

```
                <ap:Font/>
              </ap:Text>
            </ap:Topic>
          </ap:SubTopics>
          <ap:Text>
            <xsl:attribute name="PlainText">
              <xsl:value-of select="Thema"/>
            </xsl:attribute>
            <ap:Font/>
          </ap:Text>
        </ap:Topic>
      </xsl:for-each>
    </ap:SubTopics>
  </ap:Topic>
</xsl:template>
</xsl:stylesheet>
```

Sie finden die Datei mit Namen *workshops.xsl* im Ordner *\Kapitel 27* auf der Begleit-CD dieses Buches.

Das Belegen der Zweige mit den Informationen, die in der XML-Datei enthalten sind, geschieht per Programmcode. Hierzu können »COM-Add-Ins« und »Smart Map Parts«, aber auch »einfache« Makros herangezogen werden.

Sollten Sie mit dem Thema »Makros« und dem Makro-Editor nicht vertraut sein, finden Sie eine grundlegende Einführung in Kapitel 28 dieses Buches.

Damit der Makrocode auch funktioniert, ist in der Makro-Editorumgebung unter *Bearbeiten/Referenzen* ein Verweis auf eine Microsoft XML-Laufzeitbibliothek (etwa Version 2.0) zu setzen.

Listing 27.7 Per Code werden aus XML die Zweige der Map erstellt

```
Sub Main
  Dim xmldoc As New MSXML.DOMDocument
  Dim xsldoc As New MSXML.DOMDocument
  Dim Top As Topic
  Dim strXML As String
  'XML wird geladen
  xmldoc.Load ActiveDocument.Path & "\workshops.xml"
  'die Transformationsregel wird geladen
  xsldoc.Load ActiveDocument.Path & "\workshops.xsl"
  'die Transformation wird ausgeführt
```

```
strXML=xmldoc.transformNode(xsldoc)
  Set Top=ActiveDocument.CentralTopic
  'der Zweig erhält seinen Inhalt
  Top.Xml=strXML
End Sub
```

Sie finden den Quelltext in der Datei *importXML.mmbas* im Ordner *\Kapitel 27* auf der Begleit-CD.

Das Ergebnis der Bemühungen (der Erfolg sollte sich einstellen, wenn die XML-Dateien im selben Verzeichnis wie die aktive Map liegen) resultiert in einer Map wie in **Abbildung 27.5**.

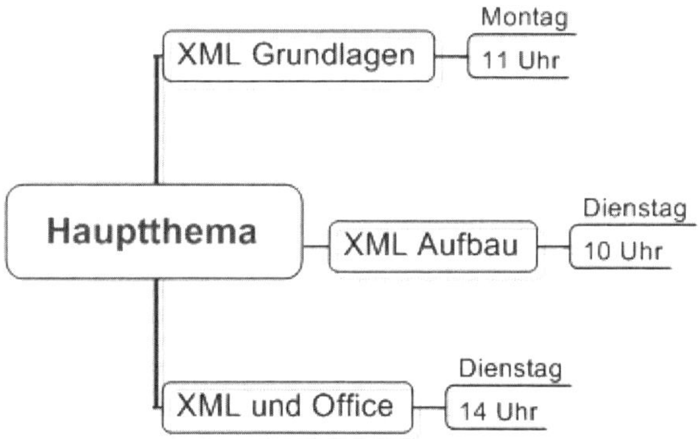

Abbildung 27.5 Per XML und Code erzeugte Map

Die Details zur Programmierung von COM-Add-Ins, Smart Map Parts und zum Umgang mit XML-Daten finden Sie auf der bereits erwähnten Entwickler-Website von Mindjet:

http://www.mindjet.com/us/devzone/index.php

Der Anwender »vor Ort« wird sich eher weniger mit XML konfrontiert sehen. Abgesehen von der schönen Tatsache, per »Import« aus einer XML-Datei, die vielleicht mit Excel 2003 oder InfoPath erzeugt wurde, eine Map zu »zaubern«.

Interessanter für den Anwender wird es, wenn er nach Ideen und Lösungen für COM-Add-Ins (Erweiterungen der MindManager-Funktionalität durch selbst erstellte oder von Drittanbietern gelieferte Programmbibliotheken) oder für die Arbeit mit Smart Map Parts in der Pro 6-Version sucht. Sowohl bereits installierte Add-Ins als auch die mitgelieferten »intelligenten« Map-Bausteine benutzen XML-Technologien, um Informationen in Maps zu integrieren.

So sind folgende Quellen für XML-Daten denkbar:

- Microsoft Office-Dokumente, die XML nutzen. Das sind zurzeit Excel, Word ab Version 2003, Access sowie InfoPath. Auch Microsoft Project ist in der Lage, XML-Daten zu erzeugen.
- Webdienste im Intranet oder Internet. Diese Dienste liefern XML-Zeichenketten, welche die Rolle der oben beschriebenen XML-Dateien übernehmen und per Add-In oder Smart Map in Map-Zweige transformiert werden (alle Knoten, nur Teile davon, Knoten mit bestimmten Merkmalen usw.). Als besonders bekannt sind hier die Webdienste von Google bzw. Amazon hervorzuheben.
- Informationen, die durch SQLXML aus den Datenbeständen eines SQL Servers geliefert werden können. Auch hier handelt es sich um XML-Zeichenketten.
- Informationen, die aus einem XML-basierten Dokumentenmanagement stammen. Hier wird Microsoft Word mit »WordML« an Bedeutung gewinnen.
- Alle anderen Informationen, die im XML-Format vorliegen oder leicht in dieses transformiert werden können.

27.4.2 Transformationen aus Map-XML

Natürlich ist auch der umgekehrte Weg denkbar: In MindManager erfasste Informationen werden aus den Maps gezogen, ohne dass Daten abgeschrieben, gescannt oder anders »dupliziert« werden müssen.

Tatsächlich bietet MindManager selbst schon zwei Möglichkeiten, wie per XML-Transformation aus einer Map eine HTML- bzw. eine Textgliederung entstehen kann. Sie finden diese Optionen, wenn Sie im Dialog *Speichern unter* als *Dateityp* eine der Optionen *Gliederung – Plain Text* oder *Gliederung Webseite* wählen.

Öffnen Sie dazu einmal die Map *mm-mitteilung.mmap* im Ordner *\Kapitel 27* auf der Begleit-CD mit dem MindManager und speichern diese wie beschrieben als Gliederung Webseite.

Das Ergebnis können Sie nun direkt in Ihrem Browser betrachten, wie in **Abbildung 27.6** zu sehen ist.

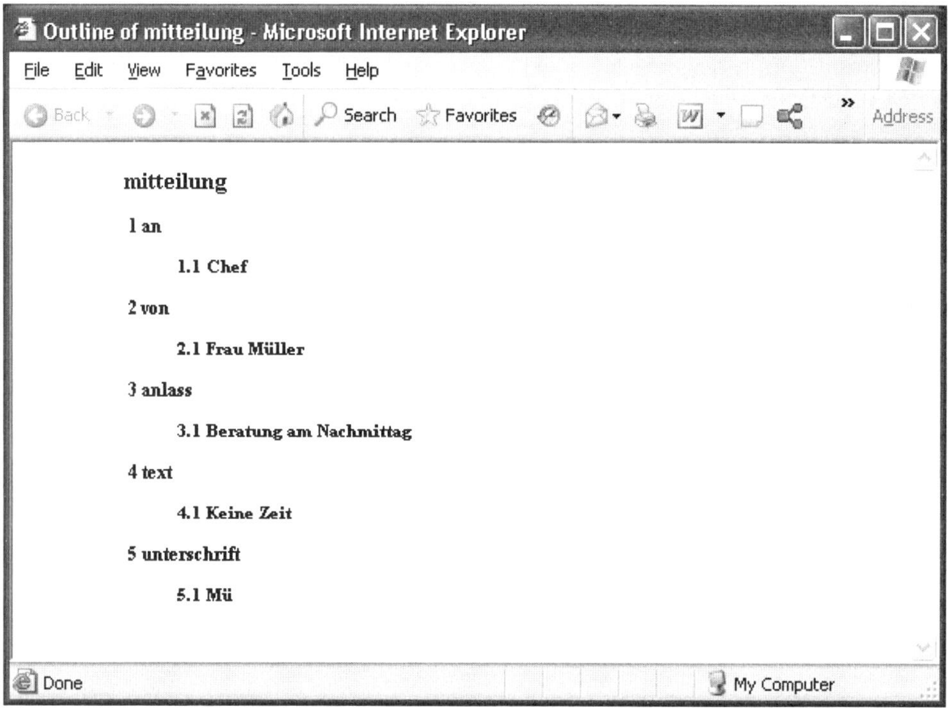

Abbildung 27.6 Per Transformation erzeugte (X)HTML-Datei aus einer Map

Wie funktioniert nun diese Übertragung in ein neues Datenformat? MindManager bietet die Möglichkeit, Transformationen (XSL-Dateien) direkt auf das Map-XML anzuwenden. Natürlich müssen XSLT-Dateien erst einmal definiert werden. Im Falle der Text- und Webseitengliederung liegen solche Definitionen bereits vor.

Sie finden diese Dateien im Programmverzeichnis von MindManager, im Pfad *C:\Programme\Mindjet\MindManager 6\XSLT*.

Im Unterverzeichnis *HTMLOutline\GER\Scripts* finden Sie z.B. die Datei *HtmlOutline.xsl*, die Sie einmal direkt in Ihrem Browser öffnen können. Sie sehen in **Abbildung 27.7**, wie die Transformationsdatei aufgebaut ist.

Auch hier wird wieder auf den Namensraum »ap« zugegriffen, dazwischen sehen Sie HTML-Elemente wie »head« oder »title«. Beim Ausführen der Transformation werden die Platzhalter, die z. B. mit *<xsl:value-of select...>* eingeleitet werden, mit den Werten aus der Map ersetzt.

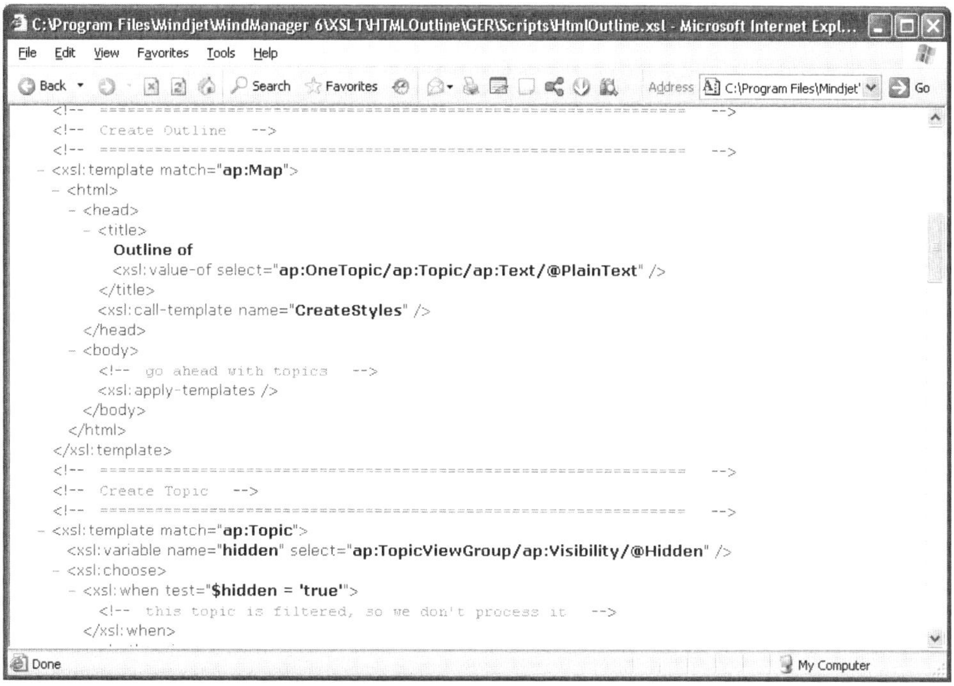

```
C:\Program Files\Mindjet\MindManager 6\XSLT\HTMLOutline\GER\Scripts\HtmlOutline.xsl - Microsoft Internet Expl...
File  Edit  View  Favorites  Tools  Help
Back  Search  Favorites  Address C:\Program Files\Mindjet'  Go
    <!-- ============================================================ -->
    <!-- Create Outline -->
    <!-- ============================================================ -->
  - <xsl:template match="ap:Map">
    - <html>
      - <head>
        - <title>
            Outline of
            <xsl:value-of select="ap:OneTopic/ap:Topic/ap:Text/@PlainText" />
          </title>
          <xsl:call-template name="CreateStyles" />
        </head>
      - <body>
          <!-- go ahead with topics -->
          <xsl:apply-templates />
        </body>
      </html>
    </xsl:template>
    <!-- ============================================================ -->
    <!-- Create Topic -->
    <!-- ============================================================ -->
  - <xsl:template match="ap:Topic">
      <xsl:variable name="hidden" select="ap:TopicViewGroup/ap:Visibility/@Hidden" />
    - <xsl:choose>
      - <xsl:when test="$hidden = 'true'">
          <!-- this topic is filtered, so we don't process it -->
        </xsl:when>
Done  My Computer
```

Abbildung 27.7 Die Transformationsdatei zur Erzeugung einer HTML-Gliederung

Falls Sie selbst Transformationen einbinden möchten, finden Sie auf den Entwicklerwebseiten von Mindjet weitere Informationen: *http://www.mindjet.com/us/devzone/index. php*

28

Makros – eine Einführung

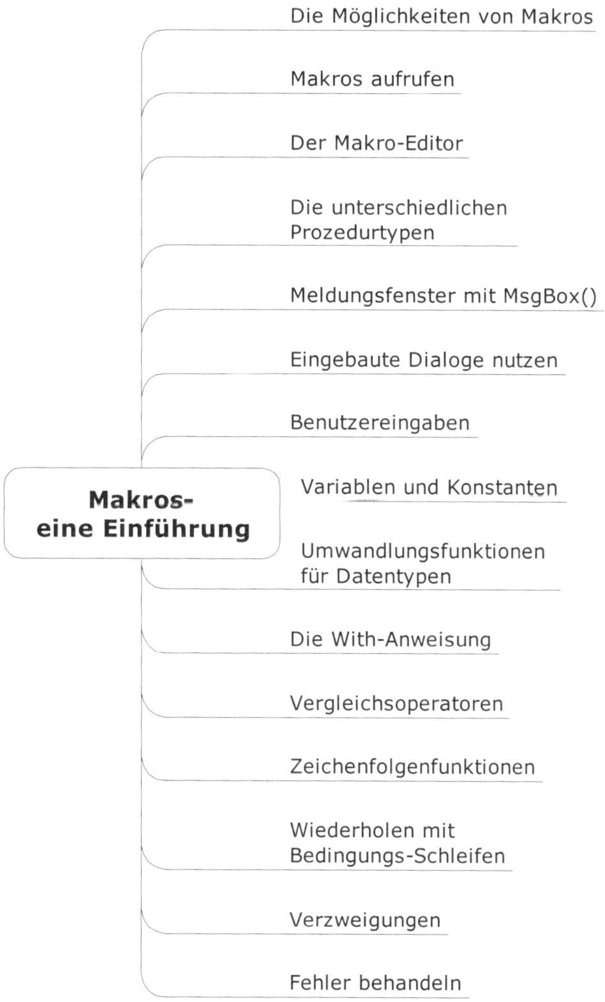

28 Makros – eine Einführung

Der MindManager ist, wie bisher in diesem Buch gezeigt, mit zahlreichen praktischen Funktionen ausgestattet, die Sie für Ihre Aufgaben benötigen. Es gibt aber Situationen, wo Ihnen vielleicht die Automatisierung einer Handlungsfolge Zeit (und Nerven) sparen soll oder der MindManager eine bestimmte, von Ihnen benötigte Funktion nicht anbietet.

Dies ist die Stunde der Makros. Mit Ihnen können Sie eigene Lösungen programmieren, welche die Funktionen und Objekte des MindManager nutzen, und neue, eigene Funktionen hinzufügen.

28.1 Die Möglichkeiten von Makros

Zum MindManager gehört eine Programmier- bzw. Entwicklungsumgebung, die als eine Art Add-In zur Verfügung steht. Die Programmiersprache heißt »Sax Basic«. Sie ist kompatibel zur Programmiersprache der Microsoft Office-Anwendungen »Visual Basic for Applications (VBA)«. Die von MindManager verwendete Sax Basic Engine stammt von einem Dritthersteller, der Sax Software Corporation.

Im Gegensatz zu den Standard-Office-Anwendungen von Microsoft ist es im MindManager nicht möglich, Makros aufzuzeichnen. Makrocode muss komplett im Makro-Editor erstellt werden.

Dass die Sprache VBA in vielen Produkten zu finden ist, hat für Sie als Anwender den Vorteil, dass Sie lediglich ein Konzept und eine Sprache lernen müssen, um eigene Lösungen programmieren zu können. So werden wir hin und wieder den Vergleich zu Microsoft Office-VBA erwähnen, um den VBA-Kennern unter Ihnen den Einstieg zu erleichtern.

Mit Sax Basic erstellte Module sind immer nur in einer Applikation lauffähig, d.h., es können keine eigenständig ausführbaren Programme (etwa *.exe*-Dateien) erstellt werden.

Wie VBA ist Sax Basic objektorientiert. Die Objekte sind in hierarchischen Klassen zusammengefasst. Jedes Objekt ist ein Teil der nächsthöheren Objektebene. Die Objekte bzw. die Objekthierarchie der Anwendung MindManager können Sie in der »Developer Zone« der Website von Mindjet USA einsehen. Beispiele für Objekte sind etwa die Zweige (Topics) und Zweigverbindungen (Relationship). Das sind Objekte, die Sie im MindManager bearbeiten können. Aber auch die Menüleiste, die Symbolleiste und die Kontextmenüs sind solche Objekte. Diese Objekte haben Eigenschaften und Methoden, d.h., sie stellen bestimmte Befehle und Funktionalitäten zur Verfügung, die Sie in Sax Basic verwenden können.

Die beste Hilfe zum Erlernen der Programmierung unter MindManager ist ein Besuch der »Developer Zone« von Mindjet im Internet: *http://www.mindjet.com/us/devzone/*.

Die komplette Website mit vielen Informationen für Entwickler in englischer Sprache können Sie dort auch herunterladen.

Die Referenz zum Objektmodell, Stand 16.02.2006, finden Sie auch auf der Buch-CD im Verzeichnis *Kapitel 28\DevZone*.

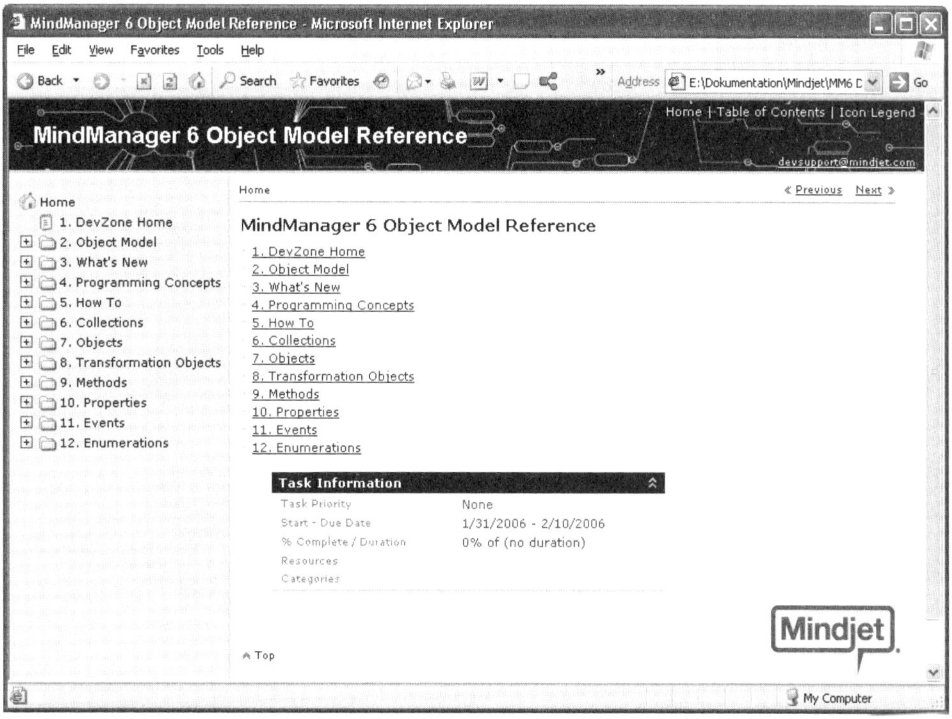

Abbildung 28.1 Die MindManager-DevZone bietet eine komplette Hilfe für Entwickler

Die höchste Ebene wird vom Objekt *Application*, der Anwendung selbst, gebildet. Um ein Objekt zu benennen, werden, beginnend mit der höchsten Ebene, alle Ebenen bis zum gewünschten Objekt aufgeführt. Die verschiedenen Ebenen werden dabei durch einen Punkt getrennt. Die Angabe der höchsten Ebene, also *Application*, entfällt in Sax Basic. Die folgenden Beispiele verweisen auf das gleiche Objekt, nämlich den Beschriftungstext des zweiten Hauptzweiges der aktiven Map (a) bzw. des ersten geöffneten Dokuments (b).

Unterschiedliche Anweisungen für den Zugriff auf eine Zweigbeschriftung:

```
a)  ActiveDocument.CentralTopic.SubTopics.Item(2).Text
b)  Documents.Item(1).CentralTopic.SubTopics.Item(2).Text
```

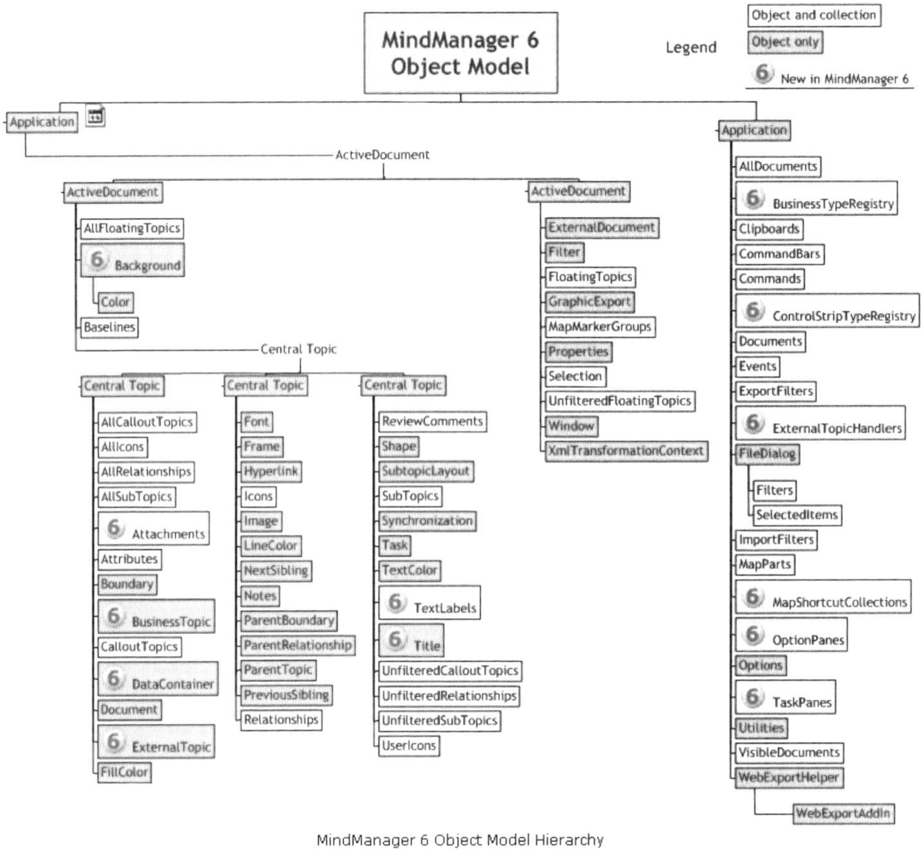

Abbildung 28.2 Ein Ausschnitt aus der Objekthierarchie des MindManagers

28.1.1 Eigenschaften

Jedes Objekt hat bestimmte Eigenschaften und Methoden, und einige Objekte können bestimmte Ereignisse auslösen. Eigenschaften sind Merkmale, die das Objekt näher beschreiben. Ein Objekt hat z.B. einen Namen, eine Farbe oder eine Größe. So können Sie über die Anweisung

```
schrift = ActiveDocument.CentralTopic.Font.Name
```

den Namen der Schriftart auf dem Map-Titel ermitteln und in der Variablen *schrift* speichern. Sie können diesem Zweig auch eine neue Schriftart zuweisen, indem Sie die Eigenschaft *Font* setzen. Die Anweisung

```
ActiveDocument.CentralTopic.Font.Name = "Arial"
```

ändert die Schriftart für den Map-Titel nach *Arial*. Größe, Farbe usw. werden hier nicht berührt. Sie bleiben erhalten.

Nicht alle Eigenschaften sind änderbar. Manche sind schreibgeschützt. In der oben erwähnten DevZone erhalten Sie Hilfe zu den Eigenschaften und den Zugriffsrechten.

28.1.2 Methoden

An den Beispielen sehen Sie, dass Eigenschaften sowohl gesetzt als auch einer Variablen zugewiesen werden können. Sie haben darauf Lese- und – je nach Zugriffsrecht – auch Schreibzugriff. Anders dagegen ist dies bei Methoden. Methoden führen Aktionen mit einem Objekt aus. Beispiele für Methoden sind das Auswählen, das Hinzufügen oder das Löschen eines Objekts.

Diese Anweisung markiert den zweiten Hauptzweig in der aktiven Map:

```
ActiveDocument.CentralTopic.AllSubTopics.Item(2).SelectOnly
```

Diese Anweisung fügt dem in der aktiven Map markierten Zweig einen Unterzweig namens »Test« hinzu:

```
ActiveDocument.Selection.PrimaryTopic.AddSubTopic "Test"
```

Diese Anweisung löscht den in der aktiven Map markierten Zweig (und ggf. auch dessen Unterzweige):

```
ActiveDocument.Selection.PrimaryTopic.Delete
```

So viel zum Konzept von Sax Basic im MindManager. Näheres zu Objekten, Methoden, Eigenschaften und Ereignissen finden Sie in der DevZone unter diesen Begriffen. Sie werden sehen, dass auch für Sie mit einigen Grundkenntnissen bereits erhebliche Erleichterungen bei der täglichen Arbeit mit MindManager möglich sind.

28.2 Makros aufrufen

Einige Funktionen des MindManagers sind als Makro implementiert, d.h., Sie rufen über den Menübefehl im Grunde ein Makro auf. Dies trifft z.B. auf die beiden Befehle *Export als MPX-Datei* und *Import aus MPX-Datei* im Menü *Datei/Exportieren* bzw. *Datei/Importieren* zu.

Sie finden diese Befehle auch, wenn Sie den Befehl *Extras/Makro/Makros* aufrufen. Es erscheint das Dialogfeld zur Auswahl und Ausführung der gespeicherten Makros (vgl. **Abbildung 28.3**). Markieren Sie hier das gewünschte Makro und klicken dann auf die Schaltfläche *Ausführen*.

Für alle, die sich gern Tastenkombinationen merken: Noch schneller erhalten Sie das Dialogfeld mit den Tasten *Alt+F8*.

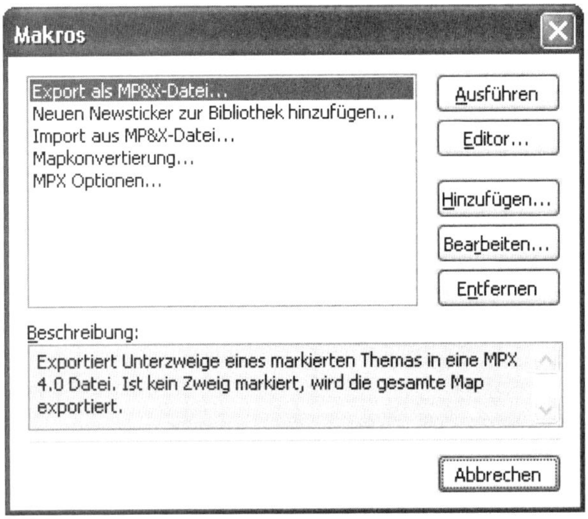

Abbildung 28.3 Makros auswählen und ausführen

Die Liste der angezeigten Makros wird von Ihnen bestimmt: Über die Schaltfläche *Hinzufügen* können Sie weitere gespeicherte Makros zur Liste hinzufügen. Dabei ist es unerheblich, wo die Makrodatei gespeichert ist. Sie geben den Pfad zu einer Makrodatei, im MindManager 6 erkennbar an der Dateiendung *.mmbas*, an und treffen alle weiteren Festlegungen (siehe **Abbildung 28.3**). So können Sie neben dem Namen für das Makro auch festlegen, ob das Makro über ein Menü aufrufbar ist.

Abbildung 28.4 Die Festlegungen für einen Makro-Listeneintrag

Wenn Sie ein Makro speichern oder öffnen wollen, zeigt der Sax Basic-Editor immer in einen voreingestellten Makro-Ordner. Der Standardmakropfad des MindManagers ist dieser:

```
C:\Dokumente und Einstellungen\<Benutzer>\
Lokale Einstellungen\Anwendungsdaten\Mindjet\MindManager\5\macros
```

Diesen Pfad können Sie über die Windows Registry in folgendem Abschnitt ändern:

```
HKEY_CURRENT_USER\Software\Mindjet\MindManager\6\Settings\MacroDirectory
```

28.3 Der Makro-Editor

Wo stehen die Makrobefehle, und wie sieht eigentlich Programmcode aus? Um die vorhandenen Makros einzusehen, wählen Sie den Befehl *Extras/Makro/Makro-Editor*, oder drücken Sie die Tastenkombination *Alt+Umschalt+F11*. Der gesamte Programmcode wird über den Makro-Editor bearbeitet.

Der Makro-Editor ist nur in der Version MindManager Pro 6 verfügbar.

Das Fenster des Editors enthält unter den Menü- und Symbolleisten das Code-Fenster. Der eigentliche Programmcode wird im Code-Fenster abgelegt. Im oberen Bereich stehen für die Auswahl der Objekte und der Prozeduren Dropdown-Listenfelder zur Verfügung. Im unteren Teil stehen die Makroanweisungen.

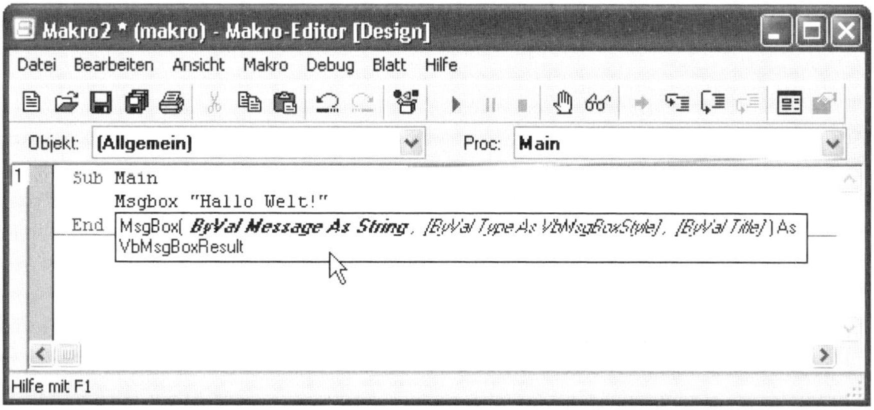

Abbildung 28.5 Das Fenster des Makro-Editors

Der Programmcode liegt als Textdatei vor und kann über den Menübefehl *Datei/Öffnen* geladen werden.

Jedes Modul wird in einem separaten Fenster angezeigt, das Sie über das nummerierte Register am linken Rand oder über das Menü *Blatt* auswählen können. Sind mehrere Prozeduren bzw. Funktionen in einem Modul abgelegt, so werden diese durch eine Prozedurtrennlinie voneinander getrennt. Über das Listenfeld *Prozedur* (Proc.) können Sie schnell eine Prozedur auswählen und die Schreibmarke an den Anfang versetzen.

28.3.1 Die Editor-Funktionen

Die meisten Funktionen können Sie über die Symbolleiste aufrufen. Die **Tabelle 28.1** enthält die Symbole und deren Bedeutung.

Tabelle 28.1 Die Funktionen auf der Symbolleiste des Makro-Editors

Symbol	Bedeutung	Menü
	Neues Modul erstellen. Es gibt verschiedene Module: Makro- (*.mmbas*), Kode- (*.bas*), Objekt- (*.obm*) und Klassenmodul (*.cls*). Im Standardfall wählen Sie *Makro*.	Datei
	Öffnen gespeicherter Moduldateien	Datei
	Speichern des aktuellen Moduls	Datei
	Alle geöffneten Module speichern	Datei
	Das aktuelle Modul drucken. Achtung: Druckt sofort. Die Druckeinstellungen erreichen Sie über *Datei/Druckereinrichtung*.	Datei
	Markierten Modultext in die Zwischenablage ausschneiden	Bearbeiten
	Markierten Modultext in die Zwischenablage kopieren	Bearbeiten
	Zwischenablageninhalt an der Cursorposition einfügen	Bearbeiten
	Die letzte Aktion rückgängig machen	Bearbeiten
	Die Rückgängigmachung wiederherstellen	Bearbeiten
	Objekt anzeigen (durchsuchen). Sie bewegen sich in der Objekthierarchie und sehen für die ausgewählten Eigenschaften/Methoden Syntax, Parameter und Beschreibung.	Debug
	Aktuelle Prozedur ausführen bzw. fortfahren. Die Ausführung können Sie auch mit der Taste *F5* aufrufen.	Makro
	Pause. Unterbricht die Ausführung eines Makros. Die Ausführung können Sie auch mit der Taste *ESC* unterbrechen.	Makro
	Ende. Beendet die Ausführung eines Makros.	Makro
	Haltepunkt ein/aus. Setzen eines Haltepunktes in der aktuellen Codezeile, um die Ausführung bei dieser Anweisung anzuhalten. Kann auch mit der Taste *F9* oder durch Mausklick in den linken Rand gesetzt werden.	Debug
	Den markierten Ausdruck bewerten (Datenfenster). Sie werden auf evtl. Syntaxfehler aufmerksam gemacht.	Debug
	Zeige nächsten Befehl (Statement). Die nächste auszuführende Anweisung wird angezeigt.	Debug
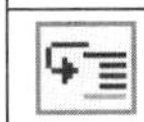	Hineinspringen. Ausführen im Einzelschrittmodus, auch mit der Taste *F8*.	Debug

	Überspringen. Ausführung der nächsten Anweisung. Ist die Anweisung eine Subroutine oder ein Funktionsaufruf, wird die Subroutine oder Funktion komplett ausgeführt. Schnelltasten: *Umschalt+F8*	Debug
	Herausspringen. Geht aus der aktuellen Subroutine oder Funktion heraus. Schnelltasten: *Strg+F8*	Debug
	Benutzerdialog bearbeiten. Startet Hilfsprogramm zur grafischen Bearbeitung von Benutzerdialogen.	Bearbeiten
	Moduleigenschaften bearbeiten	Bearbeiten

Für eine ausführliche Beschreibung aller Details reicht der Platz hier nicht aus. Lesen Sie bitte die Hinweise und Erläuterungen in der Online-Hilfe des Makro-Editors.

Neben den Symbolschaltflächen sei der Befehl *Bearbeiten/Referenzen* erwähnt. Hier können Sie registrierte Funktionsbibliotheken einbinden. Dies ist z.B. notwendig, wenn Sie eine Microsoft Office-Anwendung ansteuern wollen.

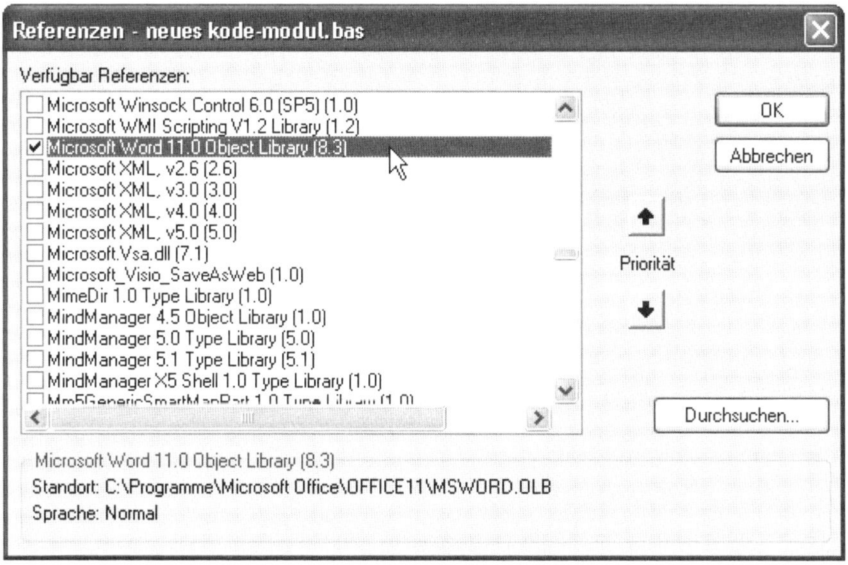

Abbildung 28.6 Bibliotheken einbinden, deren Funktionen benötigt werden

28.3.2 Besonderheiten der Code-Anzeige

Beim Schreiben von Code werden Sie feststellen, dass der Editor Ihnen verschiedene Elemente farbig hervorhebt. Dies ist eine große Hilfe beim Lesen der Prozeduren und Funktionen, denn Sie erkennen die entscheidenden Elemente besser. Die **Tabelle 28.2** zeigt die Bedeutung der Textfarben.

Tabelle 28.2 Die Bedeutung der Textfarben im Makro-Editor

Farbe	Bedeutung
Schwarz	Normaler Code, Namen, Parameter, Anweisungen usw.
Grün	Kommentare. Diese können mit einem Hochkomma (') oder dem Schlüsselwort »Rem« (für Remark) gefolgt von einem Leerzeichen eingeleitet werden. Ein Kommentar kann an beliebiger Stelle im Codefenster eingefügt werden, also auch vor oder nach einer Prozedur. Kommentarzeilen im Code werden nicht ausgeführt.
Hellgrün	Funktionen
Blau	Schlüsselwörter der Basic-Sprache, z.B. Sub, Function, Call usw.
Rot	Dieser Code verstößt gegen Syntaxregeln und kann nicht ausgeführt werden. Diese Kennzeichnung erscheint erst bei Aufruf einer Prozedur oder wenn Sie die Debug-Funktionen aufrufen.

28.3.3 Hilfestellungen

Der Makro-Editor verfügt über eine Hilfe zu den Editorfunktionen und zur Basic-Sprache. Sie ist über das Hilfe-Menü erreichbar und in englischer Sprache verfasst. Es sei jedoch auch noch einmal an das eingangs des Kapitels erwähnte Material aus der Developer Zone von Mindjet erinnert, die alle notwendigen Hilfestellungen enthält.

28.3.3.1 Die Hilfe zum Editor

Über den Menübefehl *Hilfe/Editor-Hilfe* erhalten Sie die Erläuterungen zum Bedienen und zu den Elementen des Editors. Klicken Sie jeweils auf den Link. Mit der Schaltfläche *Zurück* kommen Sie jeweils zum Ausgangspunkt zurück.

- Klicken Sie auf den Link »IDE«, werden alle Menübefehle und Editorfunktionen beschrieben.
- Unter »References« finden Sie die bereits beschriebene Einbindung von registrierten Bibliotheken.
- Der »Object Browser« zeigt alle Elemente der Objekthierarchien der eingebundenen Bibliotheken einschließlich des MindManagers.
- Unter »User Dialog Editor« wird der Umgang mit dem Programm zur Erstellung und Bearbeitung von Benutzerdialogen beschrieben. Wir kommen später darauf zurück.
- Der Link »Sax Basic Language« bringt Sie direkt in den Hilfeteil zur verwendeten Programmiersprache.

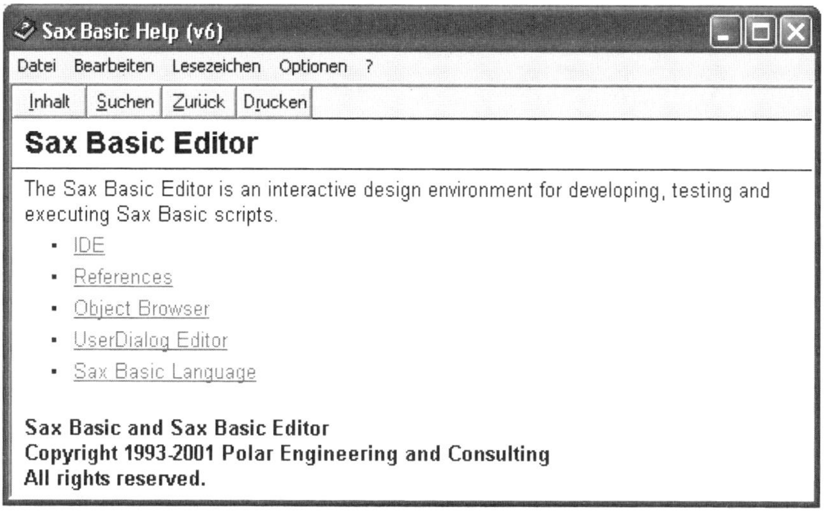

Abbildung 28.7 Die Hilfe zum Sax Basic-Editor

28.3.3.2 Die Hilfe zur Basic-Sprache

Aus dem Editor können Sie Hilfe zu Basic-Themen über das Menü *Hilfe/Hilfe zur Programmiersprache* aufrufen. Nutzen Sie die Schaltflächen *Inhalt* und *Suchen*, um über das Inhaltsverzeichnis oder die Suche nach einem Stichwort zu Ihrem Thema zu kommen.

Sie können aber zu einem bestimmten Objekt, einer Eigenschaft oder einem Schlüsselwort auch eine kontextbezogene Hilfe anzeigen. Klicken Sie dazu die entsprechende Stelle im Code an, und drücken Sie die Taste F1. Sie erhalten gleich zwei Hilfefenster. Die allgemeinen Hinweise des MindManagers zur Verwendung der Online-Hilfe können Sie ignorieren. Das Hilfefenster des Sax Basic-Editors zeigt Ihnen jedoch die Sprachenhilfe zum markierten Wort (sofern es bekannt ist).

Es ist nicht erforderlich, das ganze Wort zu markieren oder die Schreibmarke an eine bestimmte Stelle innerhalb des Begriffes zu setzen. Es reicht, wenn der Cursor irgendwo im Suchwort steht.

28.3.3.3 Der Object Browser

Über den Menübefehl *Debug/Durchsuchen* oder Anklicken der Symbolschaltfläche *Objekt anzeigen* wird der Objektkatalog bzw. Object Browser zur Anzeige der »ActiveX-Automation-Members« geöffnet. Der Objektkatalog zeigt die Eigenschaften, Methoden, Ereignisse und Konstanten an, die in den Objektbibliotheken und Prozeduren Ihres Projekts zur Verfügung stehen. Sie können die unterschiedlichen Bibliotheken in der Dropown-Liste *Bibliothek* auswählen und erhalten Informationen über Objekte und deren Verwendung.

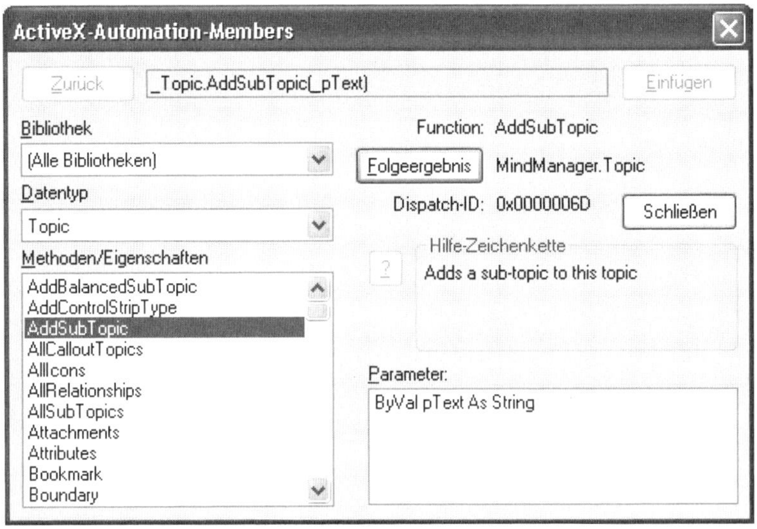

Abbildung 28.8 Der Object Browser für die gezielte Suche nach Eigenschaften und Methoden

Der Fenstermodus des Objektkatalogs ist modal, d.h., Sie können nicht zum Editorfenster wechseln, wenn der Objektkatalog geöffnet ist.

Mit einem Doppelklick auf eine ausgewählte Methode/Eigenschaft erhalten Sie wiederum deren *Methoden/Eigenschaften*. Wollen Sie einen Eintrag aus dem Objektkatalog in den Programmcode kopieren, gibt es zwei Möglichkeiten:

1. Markieren Sie die aufgrund Ihrer Auswahl entstandene Anweisung oben (zwischen den Schaltflächen *Zurück* und *Einfügen*), kopieren diese mit den Tasten *Strg+C* in die Zwischenablage, schließen das Dialogfeld und fügen die Anweisung mit *Strg+V* in Ihren Code ein.
2. Sofern der Cursor zum Zeitpunkt des Aufrufens des Objektkatalogs nicht in einem Wort, sondern an einer freien Stelle stand, steht die Schaltfläche *Einfügen* zur Verfügung. Klicken Sie darauf, und die aktuelle Anweisung wird an der aktuellen Cursorposition in Ihren Code eingefügt.

28.3.3.4 Eine QuickInfo beim Schreiben

Sind Sie über die Syntax oder die Argumente im Unklaren, so können Sie über einen rechten Mausklick auf ein Schlüsselwort und anschließendes Auswählen des Befehls *Parameter-Info* im Kontextmenü eine QuickInfo mit der korrekten Syntax von Variablen, Funktionen, Anweisungen und Methoden anzeigen. Der Tipp zeigt außerdem die Liste der Argumente an. Argumente in eckigen Klammern sind dabei optional zu verwenden. Auch für benutzerdefinierte Funktionen werden diese Informationen angezeigt.

Der Editor reagiert aber auch dynamisch beim Schreiben. Wenn Sie beispielsweise das Schlüsselwort »MsgBox« eingeben, wird die QuickInfo sofort angezeigt (siehe **Abbildung 28.5**).

Sind Sie sich nicht sicher, wie ein Befehl genau lautet, schreiben Sie die Textfolge, soweit Sie Ihnen bekannt ist, und wählen Sie den Menübefehl *Bearbeiten/Wort vervollständigen*, den gleichnamigen Befehl im Kontextmenü oder die Tastenkombination *Strg+Leertaste*. Der Editor versucht, Ihre Eingabe zu erkennen, und schlägt den korrekten Befehl in einer Liste vor (vgl. **Abbildung 28.9**).

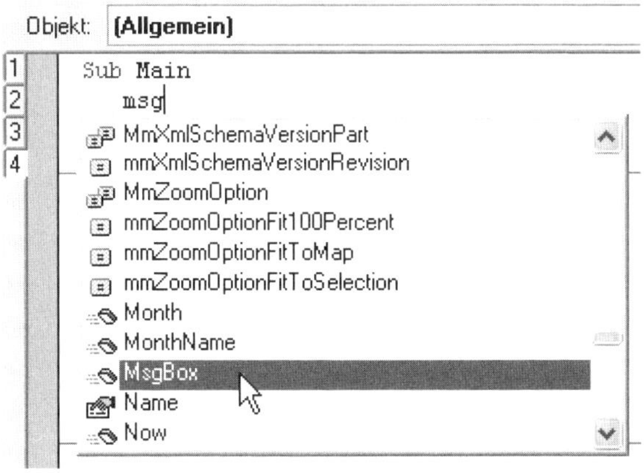

Abbildung 28.9 Die Funktion *Wort vervollständigen* kann sehr nützlich sein

Zuletzt sei noch erwähnt, dass nach der Eingabe eines Punktes hinter einem Objekt eine Auswahlliste mit den verfügbaren Eigenschaften und Methoden angezeigt wird. Sie können dann weiter schreiben oder den gewünschten Eintrag auswählen. So bewegen Sie sich beim Schreiben der Anweisungen in der Objekthierarchie von oben nach unten.

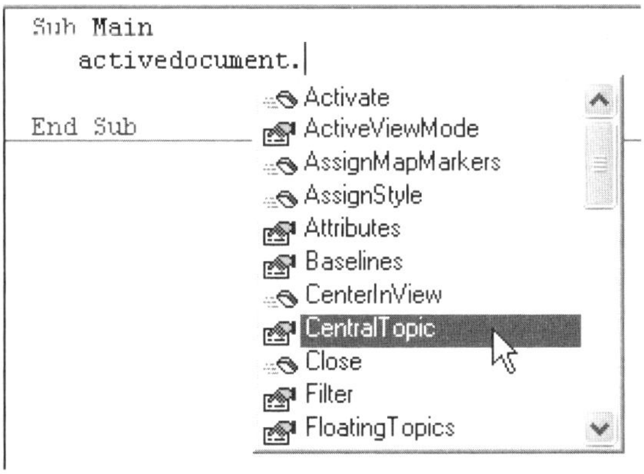

Abbildung 28.10 Eigenschaften/Methoden des Objekts »ActiveDocument« zur Auswahl

Diese kontextbezogene Unterstützung ist nur gewährleistet, wenn die geschriebenen Schlüsselwörter oder Variablennamen eindeutig als Objekt qualifiziert und erkennbar sind.

28.3.4 Programmierempfehlungen

Abschließend seien noch einige Empfehlungen ausgesprochen, die sich in der Programmierung allgemein bewährt haben.

- Kommentieren Sie Ihren Code gut aus. Dies macht ihn für Sie oder andere verständlicher, wenn Ihr Makro erneut bearbeitet werden muss, weil Sie die Vorgehensweise in normaler Sprache beschreiben.
- Wollen Sie die Lesbarkeit Ihrer Programme weiter verbessern, können Sie die Anweisungen durch Einrückungen strukturieren. Verwenden Sie dafür die *Tab*-Taste. Insbesondere in Schleifen oder verschachtelten Bedingungen empfiehlt sich dieses Vorgehen. Die Tab-Schrittweite können Sie im Makro-Editor einstellen. Wählen Sie dazu den Menübefehl *Ansicht/Tabulatorenbreite*.
- Notieren Sie am Beginn jedes Moduls die Anweisung »Option Explicit«. Ist diese Anweisung gesetzt, tritt ein Kompilierungsfehler auf, wenn eine Variable noch nicht deklariert oder falsch geschrieben wurde. Damit zwingen Sie sich, hinsichtlich der Variablen sauber zu programmieren, denn nun müssen alle im Code verwendeten Variablen explizit deklariert werden. Dies erfolgt u.a. mit dem Schlüsselwort »Dim« meist am Beginn von Prozeduren.
- Um die Verwendung von Variablen zu optimieren, können Sie diesen einen Datentyp zuweisen. Geben Sie, wenn möglich, den Datentyp einer Variablen bei der Deklaration an. Beispiel: »Dim X As Integer«. Hier wird die Variable X für ganzzahlige Werte deklariert. Der Datentyp einer Variablen hat Auswirkungen auf den Speicherbedarf und damit auf die Ausführungsgeschwindigkeit eines Programms. Außerdem gibt der Datentyp beim Überarbeiten eines Programms den wichtigen Hinweis auf die Werte, die in einer Variablen gespeichert werden können.
- Legen Sie sich für die Prozedur-, Funktions- und Variablennamen eine Namenskonvention zu. Bewährt haben sich z.B. Präfixe zur Kennzeichnung des Datentyps einer Variablen.

28.4 Zwei unterschiedliche Prozedurtypen

Prinzipiell unterscheidet man zwei unterschiedliche Prozedurtypen. Beim ersten Prozedurtyp handelt es sich um die so genannten Subprozeduren. Eine solche Prozedur beginnt immer mit dem Schlüsselwort »Sub«, gefolgt vom Namen der Prozedur. Sie endet mit dem Schlüsselwort »End Sub«.

In Sax Basic muss es immer eine Prozedur mit dem Namen »Main« geben. Aus ihr werden andere Prozeduren und Funktionen aufgerufen.

In einem Klammernpaar nach dem Prozedurnamen können Argumente an die Prozedur übergeben werden. Näheres über Argumente erfahren Sie im weiteren Verlauf dieses Kapitels.

Subprozeduren führen Aktionen aus, können jedoch kein Ergebnis zurückgeben. Eine Subprozedur kann der Eigenschaft eines Objektes zugeordnet werden. Sie können eine Subprozedur jedoch nicht in einem Ausdruck verwenden.

Bevor eine Prozedur verwendet werden kann, wird diese kompiliert. Um diesen Vorgang müssen Sie sich eigentlich nicht kümmern, da beim Aufrufen einer Prozedur diese automatisch kompiliert wird, falls das noch nicht geschehen ist.

Beim Kompilieren wird der Programmcode in ausführbaren Code übersetzt. Dabei wird nochmals eine Überprüfung auf korrekte Schreibweise und Syntax durchgeführt. Wenn während der Kompilierung ein Fehler auftritt, wird in der Statusleiste des Editors eine Fehlermeldung angezeigt und der Vorgang abgebrochen. Die fehlerhafte Stelle wird rot markiert.

28.4.1 Die erste Prozedur

Wenden Sie nun endlich die bis hierher erworbenen Kenntnisse an und schreiben ein erstes, kleines Beispiel für eine Prozedur. Sie soll die aktuell geöffnete Map einfach schließen.

Öffnen Sie mit *Alt+Umschalt+F11* den Makro-Editor und notieren in der Zeile zwischen »Sub Main« und »End Sub« die Anweisung:

```
ActiveDocument.Close
```

Das ist eigentlich schon alles. Starten Sie das Makro mit *F5*, so wird das aktuelle Dokument umgehend geschlossen. Es gibt allerdings noch kleine Makel an diesem Programm:

- Ist aktuell im MindManager kein Dokument geöffnet, erhalten Sie eine Fehlermeldung und bleiben im angehaltenen Code stehen.
- Eine Warnmeldung wäre nicht schlecht, um dem Benutzer noch die Möglichkeit zu geben, vorerst doch noch nicht zu schließen.

Alle in den folgenden Listings gezeigten Makros finden Sie auf der Buch-CD im Ordner *\Kapitel 28*. Der Dateiname enthält die Kapitel- und die Listing-Nummer, Beispiel: *Listing_28_06.mmbas*.

Listing 28.1 zeigt, wie die Aufgabe etwas besser abgearbeitet wird. Die Anweisung

```
On Error Resume Next
```

unterdrückt den Fehler, der auftreten würde, wenn gar keine Map geöffnet ist. Außerdem wird die Funktion *MsgBox()* verwendet.

Sie bringt ein Dialogfenster mit einer Meldung (*s_msg*), einem Titel (*s_title*), einem Fragezeichensymbol (*vbQuestion*) und den Auswahlschaltflächen »Ja« und »Nein« (*vbYesNo*) nach vorn. Klickt der Benutzer auf »Ja« (*vbYes*), wird die *Close*-Anweisung ausgeführt, sonst passiert nichts.

Listing 28.1 Die aktuelle Map nach Sicherheitsabfrage schließen

```
Sub Main
   Dim s_msg As String, s_title As String
   s_msg = "Wenn Sie jetzt schließen, gehen Änderungen verloren." _
          & vbCrLf & "Wollen Sie die Map trotzdem schließen?"
   s_title = "Map sofort schließen"
   On Error Resume Next
   If MsgBox(s_msg, vbQuestion + vbYesNo, s_title) = vbYes Then
      ActiveDocument.Close
   End If
End Sub
```

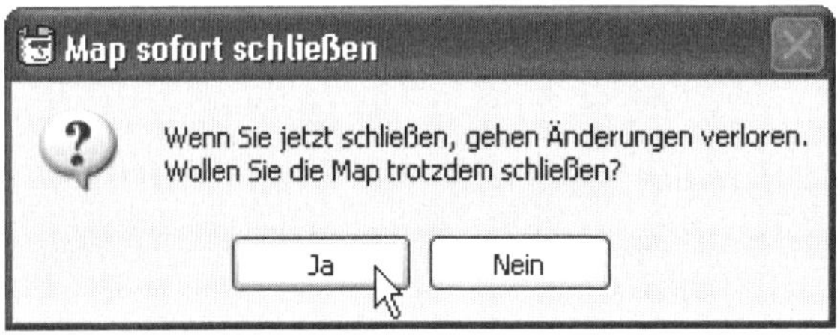

Abbildung 28.11 Die Warnmeldung vor dem Schließen

VB-Konstanten

Bei allen mit dem Präfix »vb« beginnenden Wörtern handelt es sich um Konstanten. Sie könnten an dieser Stelle auch die hinter den Konstanten stehenden Zahlenwerte (vbYesNo steht z.B. für den Wert 4) schreiben. Das würde aber den Code unverständlicher machen. Nur Eingeweihte wüssten, was hier passieren soll. Sax Basic stellt deshalb für alle wichtigen Werte Konstanten mit lesbaren Namen zur Verfügung. Sie finden sie im oben beschriebenen Object Browser bzw. in der Hilfe zur Sprache.

Zeilenumbruch in der Anweisung

Listing 28.1 zeigt auch eine Möglichkeit, lange Anweisungen besser lesbar zu machen, indem man einen Zeilenumbruch einfügt. Normalerweise wird jede Zeile im Code als Anweisung ausgeführt. Mit dem Unterstrich und vorangestelltem Leerzeichen am Zeilenende können Sie jedoch eine Anweisung in mehrere Codezeilen bringen. Die Konstruktion wird wie eine Zeile/Anweisung behandelt.

28.4.2 Die erste Funktion

Der zweite Prozedurtyp sind die sog. Funktionen. Mit diesem Prozedurtyp können Sie eine Berechnung durchführen und anschließend das Ergebnis zurückgeben. Der Umfang der bereits in Basic eingebauten Funktionen ist zwar groß, aber unter Umständen lässt sich ein Problem nur über eine eigene Funktion lösen.

Eine Funktion beginnt mit dem reservierten Schlüsselwort »Function«, gefolgt von dem Namen der Funktion und einem Klammernpaar. Sie endet mit dem Schlüsselwort »End Function«. In dem Klammernpaar können Argumente an die Funktion übergeben werden. Näheres über Argumente/Parameter erfahren Sie im weiteren Verlauf dieses Kapitels. Funktionen führen mathematische Operationen aus oder prüfen bestimmte Sachverhalte. Das Ergebnis dieser Operationen wird dem Funktionsnamen mit dem Zuweisungsoperator Gleichheitszeichen (=) zugewiesen.

Für Berechnungen mit Preisen benötigen Sie eine Funktion, die den derzeit gültigen Mehrwertsteuersatz von 16% zu einem gegebenen Nettopreis berechnet und den Bruttowert zurückgibt.

Notieren Sie im Makro-Editor unterhalb der *Sub Main*-Prozedur den Code aus **Listing 28.2**. Sie besteht aus einer einzigen Anweisung:

```
AddiereMWSt = x*1.16
```

In ihr wird dem Funktionsnamen »AddiereMWSt« das Berechnungsergebnis zugewiesen. Damit ist das Berechnungsergebnis der Rückgabewert der Funktion.

Listing 28.2 Eine einfache Funktion zur Berechnung des Bruttopreises

```
' Funktion zur Errechnung des Bruttopreises
' Parameter: x Datentyp Double
' Rückgabe : Wert vom Typ Double
Function AddiereMWSt(x As Double) As Double
   AddiereMWSt = x*1.16
End Function
```

Um die Funktion zu testen, notieren Sie in der *Sub Main* den Code aus der Fortsetzung des **Listing 28.2**. Hier werden zunächst Variablen für Eingabe und Berechnung deklariert. Mit Hilfe der Funktion *InputBox()* kann der Benutzer den Nettopreis eingeben. Nach der Prüfung mit der Funktion *IsNumeric()*, ob es sich bei der Eingabe um einen gültigen Zahlenwert handelt, wird ein evtl. vorhandenes Komma mit der Funktion *Replace()* in einen Punkt umgewandelt. Ansonsten würden die Nachkommastellen der Benutzereingabe verloren gehen, und die Berechnung wäre nicht korrekt.

Anschließend wird die Benutzereingabe mit der Funktion *Val()* in einen Zahlwert umgewandelt und die selbst geschriebene Funktion *AddiereMWSt()* aufgerufen. Das Ergebnis der Funktion wird der Variablen »Bruttopreis« zugewiesen. Deren Inhalt wird schließlich mit Hilfe der *MsgBox*-Anweisung ausgegeben.

Fortsetzung Listing 28.2 Diese Prozedur ruft die MWSt-Funktion auf:

```
Sub Main
   Dim s_eingabe As String     'Variable für die Benutzereingabe
   Dim Nettopreis As Double    'Variable für den Nettopreis
   Dim Bruttopreis As Double   'Variable für den Bruttopreis
  'Dialog für die Eingabe des Nettopreises:
   s_eingabe = InputBox("Nettopreis eingeben","Bruttofunktion", "100")
  'Wenn die Eingabe eine Zahl ist,...
```

```
   If IsNumeric(s_eingabe) Then
      'Komma wird durch Punkt ersetzt.
      s_eingabe = Replace(s_eingabe, ",", ".")
      Nettopreis = Val(s_eingabe)
     'Aufruf der Funktion, 16% MWSt hinzufügt.
      Bruttopreis = AddiereMWSt(Nettopreis)
      MsgBox "Ihr Bruttopreis beträgt " & _
             Replace(Str(Bruttopreis), ".", ","), , "Preis + 16% MWSt"
   Else
      MsgBox "Keine gültige Zahl!", vbExclamation, "Eingabefehler"
   End If
End Sub
```

Das Makro berechnet den Bruttopreis unter Verwendung der benutzerdefinierten Funktion und gibt das Ergebnis in einer Messagebox aus. Die hier bereits verwendete Bedingungsprüfung mit IF...ELSE...END IF wird später in diesem Kapitel noch genauer erläutert.

28.4.3 Optionale Argumente

Bei Prozeduren oder benutzerdefinierten Funktionen können Sie mit optionalen Argumenten arbeiten. Solche Argumente werden über das Schlüsselwort »Optional« festgelegt. Werden für den Aufruf einer Prozedur neben den optionalen auch zwingende Argumente benötigt, so müssen diese bei der Deklaration vor den optionalen Argumenten aufgeführt werden. Eine solche Deklaration könnte beispielsweise so lauten:

```
Function Bsp(notwArg1, notwArg2, Optional Arg1, Optional Arg2)
```

Optionale Argumente werden wie notwendige Argumente durch Komma getrennt und haben in diesem Fall den Datentyp »Variant«. Zu Datentypen erfahren Sie mehr im weiteren Verlauf des Kapitels.

Hat die Funktion mehrere optionale Argumente und Sie wollen beim Aufruf lediglich das letzte Argument angeben, so müssen beim Aufruf sämtliche Kommata für nicht angegebene Argumente gesetzt werden, also etwa in der Form:

```
Ergebnis = Bsp(, , Optional Arg3)
```

Die Funktion *Maximum()* in **Listing 28.3** kann mit drei optionalen Argumenten aufgerufen werden und ermittelt den größten Wert aus der Argumentliste. Im gezeigten Fall wird die 45 als Maximum ermittelt und ausgegeben.

Listing 28.3 Optionale Argumente verwenden

```
Sub Main
  'Aufruf der Funktion, die den größten Wert ermittelt.
     MsgBox "Maximum: " & Maximum(23, 45, 13)
End Sub

Function Maximum(Optional Arg1, Optional Arg2, Optional Arg3) As Variant
   Dim vgl
   vgl = Arg1
   If vgl < Arg2 Then vgl = Arg2
   If vgl < Arg3 Then vgl = Arg3
```

```
    Maximum = vgl
End Function
```

Ist das Argument vorhanden?

Was aber, wenn die Funktion mit allen Werten rechnen soll? In solch einem Fall müssen Sie zunächst prüfen, ob die Argumente angegeben wurden. Mit der Funktion *IsMissing()* können Sie das Vorhandensein optionaler Argumente vor der weiteren Programmausführung prüfen und gegebenenfalls einen Standardwert setzen oder die Prozedur beenden.

Die Funktion in **Listing 28.4** prüft das Vorhandensein des zweiten Multiplikators und setzt bei Nichtvorhandensein an seine Stelle den Wert 1. Testen Sie den Funktionsaufruf in der *Sub Main* auch einmal mit dem Aufruf *Produkt(45)*.

Listing 28.4 Prüfen, ob das optionale Argument angegeben wurde

```
Sub Main
    MsgBox "Produkt: " & Produkt(45, 2)
End Sub

Function Produkt(Multiplikator1%, Optional Multiplikator2%) As Integer
    If IsMissing(Multiplikator2) Then Multiplikator2 = 1
    Produkt = Multiplikator1 * Multiplikator2
End Function
```

Standardwert für Argument

Sie können bereits in der Prozedurdefinition einen Standardwert für ein optionales Argument angeben. Die nachfolgende Prozedur zeigt, wie Sie bereits beim Schreiben der Argumentliste einer Funktion einen Standardwert für ein optionales Argument festlegen können.

Listing 28.5 Standardwert direkt zuweisen

```
Sub Main
    MsgBox "Produkt: " & Produkt(45,2)
End Sub

Function Produkt(Multiplikator1%, Optional Multiplikator2%=1) As Integer
    Produkt = Multiplikator1 * Multiplikator2
End Function
```

Wird hier für das optionale Argument *Multiplikator2* kein Wert angegeben, wird der Standardwert *1* verwendet.

Auch für benutzerdefinierte Funktionen wird eine Parameter-Info angezeigt, und im *Object Browser* können Sie diese Funktionen nachschlagen. Hier werden die Argumente und deren Datentypen angezeigt.

28.5 Meldungsfenster mit MsgBox()

In den vorangegangenen Beispielen wurde die Funktion *MsgBox()* zur Ausgabe von Werten und Meldungen verwendet. Sie können sie in zwei Schreibweisen verwenden:

```
MsgBox Message$[, Type][, Title$]
```

oder

```
Result = MsgBox(Message$[, Type][, Title$])
```

In der ersten Version rufen Sie die Funktion in Form einer Anweisung auf. Hierbei wird nicht ausgewertet, wie der Benutzer im Meldungsfenster reagiert, d.h., mit welcher Schaltfläche er abgeschlossen hat.

In der zweiten Version sind Sie in der Lage, den Wert in der Variablen *Result* auszuwerten, d.h., Sie können erfahren, welche der Schaltflächen der Benutzer gedrückt hat. Die in *Result* vorkommenden Werte und deren Bedeutung finden Sie in der **Tabelle 28.6**.

Die Bedeutung der Parameter

- Message$
  Der Text der anzuzeigenden Meldung. Dieser Parameter vom Datentyp *String* ist obligatorisch.
- Type
  Bestimmt das Aussehen bzw. den Aufbau des Meldungsfensters. Dieser numerische Parameter ist optional. Sie können das Aussehen des Fensters hinsichtlich des Icons und der Schaltflächen durch Addition der Werte aus **Tabelle 28.4** und **Tabelle 28.5** bestimmen. Verwenden Sie beim Addieren der Zahlen zu einem Gesamtwert für das Argument *Type* nur eine Zahl aus jeder Gruppe.
- Title$
  Der Titeltext des Fensters. Dieser Parameter vom Datentyp *String* ist optional.

Das Aussehen des Meldungsfensters wird über eingebaute Konstanten eingestellt. Diese Konstanten sind bereits durch Sax Basic festgelegt. Daher können die Namen an einer beliebigen Stelle im Code anstelle der tatsächlichen Werte verwendet werden. Die wichtigsten davon zeigen die folgenden Tabellen.

Tabelle 28.3 Welche Schaltflächen sind anzuzeigen?

Konstante	Wert	Beschreibung
vbOKOnly	0	Nur die Schaltfläche *OK* anzeigen.
vbOKCancel	1	*OK* und *Abbrechen* anzeigen.
vbAbortRetryIgnore	2	*Abbrechen*, *Wiederholen* und *Ignorieren* anzeigen.
vbYesNoCancel	3	*Ja*, *Nein* und *Abbrechen* anzeigen.
vbYesNo	4	*Ja* und *Nein* anzeigen.
vbRetryCancel	5	*Wiederholen* und *Abbrechen* anzeigen.

Tabelle 28.4 Welches Icon ist anzuzeigen?

Konstante	Wert	Beschreibung
–	0	Kein Icon anzeigen.
vbCritical	16	Meldung mit Stopp-Symbol anzeigen.
vbQuestion	32	Meldung mit Fragezeichen-Symbol anzeigen.
vbExclamation	48	Meldung mit Ausrufezeichen-Symbol anzeigen.
vbInformation	64	Meldung mit Info-Symbol anzeigen.

Tabelle 28.5 Welche der Schaltflächen soll Standardschaltfläche sein?

Konstante	Wert	Beschreibung
vbDefaultButton1	0	Erste Schaltfläche ist Standardschaltfläche.
vbDefaultButton2	256	Zweite Schaltfläche ist Standardschaltfläche.
vbDefaultButton3	512	Dritte Schaltfläche ist Standardschaltfläche.

Tabelle 28.6 Welche Schaltfläche wurde vom Benutzer gedrückt?

Konstante	Wert	Beschreibung
vbOK	1	OK wurde gedrückt.
vbCancel	2	Abbrechen wurde gedrückt.
vbAbort	3	Abbrechen wurde gedrückt.
vbRetry	4	Wiederholen wurde gedrückt.
vbIgnore	5	Ignorieren wurde gedrückt.
vbYes	6	Ja wurde gedrückt.
vbNo	7	Nein wurde gedrückt.

28.6 Eingebaute Dialoge nutzen

Mit Microsoft VBA können Sie eine ganze Reihe eingebauter Dialogfelder verwenden. Im MindManager ist dies mit ausgewählten Dialogen ebenfalls möglich. Für die häufig vorkommende Aufgabe, den Benutzer eine Datei öffnen oder speichern zu lassen, steht Ihnen beispielsweise die Funktion *FileDialog()* zur Verfügung.

Sie wollen innerhalb eines Makros dem Anwender das Dialogfeld *Datei öffnen* zur Anzeige bringen, damit er eine beliebige Map auswählen und öffnen kann.

Die nachfolgende Prozedur löst diese Aufgabe. Sie verwendet zwei Variablen, eine für das Objekt des eingebauten Dialogfelds (*dlg*) und die andere für das Ergebnis (*erg*), das dieses Dialogfeld zurückgibt. Mit der *Show*-Methode wird das eingebaute Dialogfeld *Datei öffnen* (*mmFileDialogOpen*) angezeigt.

Ist das Ergebnis *–1*, hat der Benutzer die Aktion *Öffnen* gewählt; bei *0* hat er auf *Abbrechen* geklickt. Die Eigenschaft *SelectedItems(1)* enthält die vom Benutzer gewählte Datei.

Listing 28.6 Eingebaute Dialogfelder verwenden

```
Sub Main
   Dim dlg As FileDialog
   Dim erg
   Set dlg = FileDialog(mmFileDialogOpen)
   erg=dlg.Show
   If erg = -1 Then
      MsgBox "Sie haben die Datei " & _
             dlg.SelectedItems(1) & _
             " gewählt."
   Else
      MsgBox "Sie haben Abbrechen gewählt."
   End If
   Set dlg = Nothing
End Sub
```

Wenn Sie auf eingebaute Dialogfelder zugreifen, können Sie auch hier einige Argumente übergeben und damit die Voreinstellung des Dialogs beeinflussen. Das folgende Makro zeigt das *Öffnen*-Dialogfeld mit einem individuellen Titel an und stellt bereits den Pfad auf *C:\tmp*.** (alle Dateien) ein.

Listing 28.7 Der Öffnen-Dialog mit eigenem Titel und voreingestelltem Pfad

```
Sub Main
   Dim dlg As FileDialog, Dim erg
   Set dlg = FileDialog(mmFileDialogOpen)
   dlg.InitialFileName = "C:\tmp\*.*"
   dlg.Title = "Mein Öffnen-Dialog"
   erg = dlg.Show
   If erg = -1 Then
      MsgBox "Sie haben die Datei " & _
             dlg.SelectedItems(1) & _
             " gewählt."
   Else
      MsgBox "Sie haben Abbrechen gewählt."
   End If
   Set dlg = Nothing
End Sub
```

28.7 Benutzereingaben

Nun ist es aber nicht nur erforderlich, Meldungen anzuzeigen, sondern Sie wollen auch Benutzereingaben ermöglichen. Mit der Funktion *InputBox()* haben Sie die Möglichkeit, eine einfache Eingabemaske zu erzeugen. Die Funktion verwendet die Syntax

```
InputBox(Prompt$[, Title$][, Default$][, XPos, YPos])
```

wobei auch hier die Argumente in den eckigen Klammern optional sind. Das Argument *Title* wird wie bei der Funktion *MsgBox()* angewendet. Das Argument *Default* legt den Vorgabewert für das Eingabefeld fest. *XPos* und *YPos* legen die Position der oberen linken

Ecke des Eingabefeldes auf dem Bildschirm fest. Sind diese beiden Argumente nicht angegeben, wird das Eingabefeld zentriert angezeigt.

Erstellen Sie eine einfache Eingabeaufforderung, die dem Benutzer das Ändern des Map-Titels ermöglicht. Der Eintrag des Benutzers soll zuvor in einer Sicherheitsabfrage angezeigt werden.

Um diese Aufgabe zu lösen, speichern Sie den Rückgabewert der Funktion *InputBox()* in der Variablen *eingabe*. Denken Sie dabei an die Klammern um die Argumentliste. Die Variable wird anschließend von der Funktion *MsgBox()* verwendet, die den Inhalt der Variablen anzeigt.

Der Benutzer hat dann die Möglichkeit, den neuen Eintrag für den Map-Titel eintragen zu lassen.

Listing 28.8 Dem Benutzer ein Eingabefenster anzeigen

```
Sub Main
   Dim eingabe As String
   Dim result As Integer
   eingabe = InputBox("Map-Titel ändern:", "Neuer Map-Titel", _
                      ActiveDocument.CentralTopic.Text)
   If Len(eingabe) > 0 Then
       result = MsgBox("Soll der Map-Titel auf " & eingabe & _
                   "geändert werden?", vbYesNo + vbQuestion)
       If result <> vbNo Then
          ActiveDocument.CentralTopic.Text = eingabe
       End If
   Else
      MsgBox "Sie haben die Eingabe abgebrochen.", vbInformation
   End If
End Sub
```

Die Erstellung von komplexeren Eingabeformularen, den so genannten »Userforms«, ist in Kapitel 29 beschrieben. Die Verwendung von MindManager-Dialogen finden Sie in Abschnitt 28.6 in diesem Kapitel.

28.8 Variablen und Konstanten

Beim Programmieren wird immer wieder auf Daten zugegriffen. Daten werden gelesen, mit Daten wird gerechnet, und Daten werden ausgegeben. Um Daten für die spätere Verwendung im Programm zu speichern, werden Variablen verwendet. Variablen können während der Laufzeit des Programms verändert werden. Im Gegensatz dazu handelt es sich bei Konstanten um feststehende Werte, die während der Laufzeit nicht verändert werden können.

Variablen sind also ganz einfach Platzhalter für die originären Werte oder Objekte. In Sax Basic ist es möglich, Variablen ohne vorherige Deklaration zu verwenden. Der Variablen wird über den Zuweisungsoperator = direkt ein Wert zugewiesen. Nach der Zuweisung kann die Variable an jeder beliebigen Stelle im Programm verwendet werden. Implizit deklarierte Variablen haben den Datentyp *Variant*.

Obwohl zugegebenermaßen diese implizite Deklaration von Variablen verführerisch einfach ist, so hat sie doch einige grundsätzliche Nachteile. Ein Nachteil liegt in möglichen Fehlerquellen durch unterschiedliche Schreibweisen. Unterläuft Ihnen ein Schreibfehler, initialisiert Basic jeweils eine neue Variable, und es kann zu falschen Ergebnissen oder einem sog. Laufzeitfehler kommen.

28.8.1 Variablen explizit deklarieren

Für die explizite Deklaration von Variablen verwenden Sie die *Dim*-Anweisung. Mehrere Variablen können dabei in einer Zeile deklariert werden. Das Schlüsselwort *Dim* wird dabei nur vor der ersten Variablen eingetragen. Die folgenden Variablen werden durch Kommata getrennt. Im folgenden Fragment werden drei Variablen deklariert:

```
Dim X
Dim Y
Dim Z
```

Oder kürzer:

```
Dim X, Y, Z
```

Obwohl die Deklaration von Variablen an jeder Stelle des Programms möglich ist, sollte sie gleich am Anfang erfolgen. Das dient der Übersichtlichkeit, alle Variablen sind an einer Stelle zusammengefasst und schnell auffindbar.

28.8.2 Die Variable zeigt auf ein Objekt

Wenn eine Variable den Datentyp *Object* hat, müssen Sie vor der ersten Verwendung der Variablen die *Set*-Anweisung verwenden, wie die folgende Prozedur zeigt. Wenn Sie dies nicht tun, kommt es zu einem Kompilierungsfehler.

Listing 28.9 Nach der Set-Anweisung zeigt die Variable auf alle Zweige der aktiven Map

```
Sub Main
   Dim r As Range
   Set r = ActiveDocument.Range(mmRangeAllTopics)
   MsgBox "Es gibt " & r.Count & " Zweige."
   Set r = Nothing
End Sub
```

Erst über die *Set*-Anweisung wird einer zuvor deklarierten Objektvariablen (etwa mit *Dim obj as Object*) eine Referenz (also keine Kopie) auf ein Objekt zugewiesen.

Die Referenz muss auf ein Objekt vom gleichen Objektdatentyp wie die Deklaration der Variablen zeigen. Am Ende eines Makros können Sie die *Set*-Anweisung auch verwenden, um die Ressourcen des Objekts wieder freizugeben. Sie weisen der Variablen dann mit

```
Set obj = Nothing
```

den Wert »nichts« zu. Dies sollten Sie nicht vergessen.

28.8.3 Ein Objekt und sein übergeordnetes Objekt

Über die *ParentTopic*-Eigenschaft können Sie das übergeordnete Objekt für das *Topic*-Objekt ermitteln. Das folgende Makro zeigt den übergeordneten Zweig für den markierten Unterzweig an. Dabei wird die *Text*-Eigenschaft verwendet, die den Texteintrag des Unterzweiges und seines übergeordneten Zweiges zurückgibt. Über diese Eigenschaft kann dem *ParentTopic* auch ein neuer Text zugewiesen werden.

Listing 28.10 Den übergeordneten Zweig ermitteln und ändern

```
Sub Main
   Dim t As Topic
   Set t = ActiveDocument.Selection.PrimaryTopic
   MsgBox t.ParentTopic.Text
   t.ParentTopic.Text = "Vater von " & t.Text
   Set t = Nothing
End Sub
```

28.8.4 Die Deklaration erzwingen

Sax Basic hilft Ihnen bei der Vermeidung von Schreibfehlern, wenn Sie vor die Prozeduren in einem Modul die Anweisung *Option Explicit* setzen. Ist diese Anweisung gesetzt, tritt ein Kompilierungsfehler auf, wenn eine Variable noch nicht deklariert oder falsch geschrieben wurde. Zu Beginn dieses Kapitels wurde bereits darauf verwiesen.

28.8.5 Gültigkeit von Variablen

Normalerweise kann eine Variable nur innerhalb einer Prozedur verwendet werden. Nach Beenden der Prozedur geht der Inhalt der Variablen verloren. Sie können dieses Verhalten jedoch ändern.

Wenn Sie Variablen mit der *Dim*-Anweisung innerhalb einer Prozedur deklarieren, können Sie die Variable nur in dieser Prozedur verwenden. Andere Prozeduren können die Variable nicht verwenden, auch dann nicht, wenn sie im gleichen Modul abgelegt ist. Sie können sich diesen Umstand zunutze machen und Variablen in unterschiedlichen Prozeduren eines Moduls den gleichen Namen geben.

Um eine Variable für alle Prozeduren des Moduls verfügbar zu machen, schreiben Sie die *Dim*-Anweisung in den Deklarationsteil des Moduls, also noch vor den ersten Prozedurnamen. Eine solchermaßen deklarierte Variable kann in allen Prozeduren innerhalb des Moduls verwendet werden. Um eine Variable auf Modulebene zu deklarieren, können Sie auch die *Private*-Anweisung verwenden. Diese Anweisung zeigt schon durch den Namen die eingeschränkte Verwendbarkeit an.

Wollen Sie den Gültigkeitsbereich nochmals erweitern und die Variable auch in anderen Modulen nutzen, verwenden Sie anstatt der *Dim*-Anweisung die *Public*-Anweisung.

Möglicherweise wollen Sie, dass nach Beendigung einer Prozedur der Wert einer Variablen erhalten bleibt, z.B. wenn Sie eine Prozedur mehrmals aufrufen und dabei jeweils den Wert vom vorigen Aufruf verwenden wollen. Benutzen Sie hierfür die *Static*-Anweisung anstelle der *Dim*-Anweisung. Die Variable behält dann ihren Wert zwischen den Aufrufen, solange die MindManager nicht geschlossen wurde.

Das folgende Beispiel zeigt, wie alle drei Prozeduren den Wert der Variablen *x* manipulieren. Zunächst setzt *Main* den Wert auf *2*, dann multipliziert *Proc1 x* mit *2* und anschließend *Proc2* mit *3*. *Main* zeigt das Ergebnis – *12* – zuletzt an. Die Variable *x* ist nur in diesem Modul verwendbar.

Listing 28.11 Das Verfallsdatum einer Variablen verlängern

```
Private x As Integer
Sub Main
   x = 2
   Call proc1(x)
   Call proc2(x)
   MsgBox Str(x)
End Sub
Sub proc1(m As Integer)
   x = m * 2
End Sub
Sub proc2(n As Integer)
   x = n * 3
End Sub
```

28.8.6 Konstanten

Werte, die sich während des Programmablaufs nicht ändern, werden in Konstanten gespeichert. Deklariert werden Konstanten über die *Const*-Anweisung. Es gibt keine Möglichkeit, Konstanten während der Laufzeit zu verändern. Eine Konstantendeklaration könnte z.B. so aussehen:

```
Const MWSt As Double = 0.16
```

Sie sollten für feste Werte keine Variablen deklarieren, denn der Code ist mit Konstanten auch schneller. Für die Gültigkeit und die Lebensdauer von Konstanten gelten die gleichen Bedingungen, wie bei Variablen bereits beschrieben. Es werden auch die gleichen Schlüsselwörter verwendet.

Bei der Anzeige von Meldungen über die Anweisung *MsgBox* haben Sie bereits eingebaute Konstanten kennen gelernt. Eingebaute Konstanten beginnen mit einem Präfix, das einen Hinweis auf die Bibliothek gibt, in der die Konstante deklariert wird. So wird z.B. Konstanten aus den Objektbibliotheken von Sax Basic (wie bei Visual Basic) ein »vb« vorangestellt, während Konstanten aus der MindManager-Objektbibliothek das Präfix »mm« führen.

28.8.7 Variablen durch Datentypen optimieren

Um die Verwendung von Variablen zu optimieren, sollten Sie diesen einen Datentyp zuweisen. Der Datentyp einer Variablen hat Auswirkungen auf den Speicherbedarf und damit auf die Ausführungsgeschwindigkeit Ihres Programms. Außerdem gibt der Datentyp beim Überarbeiten eines Programms den wichtigen Hinweis auf die Werte, die in einer Variablen gespeichert werden können.

Die **Tabelle 28.7** enthält die von Sax Basic unterstützten Datentypen sowie deren Speicherbedarf und Wertbereiche.

Tabelle 28.7 Von Sax Basic unterstützte Datentypen

Datentyp	Speicherbedarf	Wertbereich
Byte	1 Byte	0 bis 255, keine Dezimalzahlen
Boolean	2 Bytes	True oder False
Integer (Ganzzahl)	2 Bytes	–32.768 bis 32.767, keine Dezimalzahlen
Long (lange Ganzzahl)	4 Bytes	–2.147.483.648 bis 2.147.483.647, keine Dezimalzahlen
Single (Gleitkommazahl mit einfacher Genauigkeit)	4 Bytes	–3,402823E38 bis –1,401298E–45 für negative Werte, 1,401298E–45 bis 3,402823E38 für positive Werte.
Double (Gleitkommazahl mit doppelter Genauigkeit)	8 Bytes	–1,79769313486232E308 bis –4,94065645841247E–324 für negative Werte, 4,94065645841247E–324 bis 1,79769313486232E308 für positive Werte
Currency (skalierte Festkommazahl)	8 Bytes	–922.337.203.685.477,5808 bis 922.337.203.685.477,5807
Decimal	14 Bytes	+/–79.228.162.514.264.337.593.543.950.335 ohne Dezimalzeichen, +/–7,9228162514264337593543950335 mit 28 Nachkommastellen, die kleinste Zahl ist ungleich null +/–0,0000000000000000000000000001.

Date	8 Bytes	Der 30.12.1899 entspricht dem Wert 0.
Object	4 Bytes	Beliebiger Verweis auf ein Objekt vom Typ *Object.*
String (variable Länge)	10 Bytes plus Zeichenfolgenlänge	0 bis ca. 2 Milliarden.
String (feste Länge)	Zeichenfolgenlänge	1 bis ca. 65.400
Variant (mit Zahlen)	16 Bytes	Numerische Werte im Bereich des Datentyps Double.
Variant (mit Zeichen)	22 Bytes plus Zeichenfolgenlänge	Wie bei String mit variabler Länge.
Benutzerdefiniert (mit Type)	Zahl ist von Elementen abhängig	Der Bereich für jedes Element entspricht dem Bereich des zugehörigen Datentyps.

Sie können einer Variablen den Datentyp *String* mit einer festgelegten Anzahl an Stellen zuweisen. Verwenden Sie hierfür die *Dim*-Anweisung in der Form:

```
Dim txt As String * 10
```

Eine solchermaßen deklarierte Variable hat immer die mit der Länge angegebene Anzahl von Stellen (im Beispiel *10*).

28.8.8 Abkürzungen für die Datentypen

Sie können alternativ zum *As Type*-Abschnitt dem Namen der Variablen auch bestimmte Kurzzeichen anhängen, um einen Datentyp festzulegen. Dies spart Platz im Code.

Tabelle 28.8 Kurzzeichen zur Festlegung von Datentypen

Kurzzeichen	Datentyp	Beispiel
%	Integer	Dim i_Var%
&	Long	Dim l_Var&
!	Single	Dim j_Var!
#	Double	Dim d_Var#
@	Currency	Dim c_Var@
$	String	Dim s_Var$
kein Zeichen	Variant	Dim Var

Entscheiden Sie sich für diese Methode der Typzuweisung, ist es lediglich bei der ersten Verwendung der Variablen erforderlich, das Typkennzeichen anzuhängen. Diese Methode hat jedoch auch Nachteile. So gibt es beispielsweise keine Typkennzeichen für die Datentypen *Boolean* und *Object.*

28.9 Umwandlungsfunktionen für Datentypen

Beim Zeichenfolgenvergleich versucht Basic, die Datentypen in einen geeigneten Typ umzuwandeln. Dies ist jedoch nicht immer möglich. Wenn Sie z.B. in das Eingabefeld der folgenden Prozedur eine Zahl, eine leere Zeichenfolge und nochmals eine Zahl eintragen, kann Basic den von Ihnen gewünschten Datentyp (Zahl) nicht automatisch zuweisen.

Listing 28.12 Bei fehlerhafter Eingabe funktioniert die automatische Typumwandlung nicht

```
Sub Main
   Dim b As Byte
   b = InputBox("Ihr Alter in Jahren:")
   MsgBox "Sie sind rund " & b * 365 & " Tage alt."
End Sub
```

Um dies dennoch zu erreichen, können Sie die Prüffunktion *IsNumeric()* und die Typumwandlungsfunktion *Val()* verwenden. Diese Funktion wandelt die Eingabe explizit in einen numerischen Wert um. Die geänderte Prozedur entnehmen Sie dem folgenden Listing.

Listing 28.13 Mit der *Val*-Funktion die Variable umwandeln

```
Sub Main
   Dim b$, c As Byte
   b = InputBox("Ihr Alter in Jahren:")
   If IsNumeric(b) Then
      c = Val(b)
      MsgBox "Sie sind rund " & c * 365 & " Tage alt."
   Else
      MsgBox "Das war keine gültige Zahl."
   End If
End Sub
```

Auch die Umwandlungsfunktionen können nur bei korrekter Verwendung der Datentypen richtige Ergebnisse liefern. Wenn Sie ungeprüft einen Text umwandeln, kann ein Laufzeitfehler wegen unverträglicher Datentypen auftreten.

Oft ist es erforderlich, den Datentyp einer Variablen in einen anderen Datentyp umzuwandeln. Dafür stehen spezielle Umwandlungsfunktionen zur Verfügung, mit denen ein Datentyp zugewiesen werden kann.

Die **Tabelle 28.9** zeigt eine Übersicht zu den Umwandlungsfunktionen.

Tabelle 28.9 Die Typumwandlungsfunktionen

Funktion	Rückgabetyp	Bereich des Arguments Ausdruck
CBool	Boolean	Eine gültige Zeichenfolge oder ein gültiger numerischer Ausdruck
CByte	Byte	0 bis 255
CCur	Currency	–922.337.203.685.477,5808 bis 922.337.203.685.477,5807
CDate	Date	Ein beliebiger gültiger Datumsausdruck

CDbl	Double	–1,79769313486232E308 bis –4,94065645841247E–324 für negative Werte, 4,94065645841247E–324 bis 1,79769313486232E308 für positive Werte.
CDec	Decimal	+/–79.228.162.514.264.337.593.543.950.335 für skalierte Ganzzahlen, d.h. Zahlen ohne Dezimalstellen. Für Zahlen mit 28 Dezimalstellen gilt der Bereich +/–7,9228162514264337593543950335. Die kleinste mögliche Zahl <> 0 ist 0,0000000000000000000000000001.
CInt	Integer	–32.768 bis 32.767, Achtung: Nachkommastellen werden gerundet.
CLng	Long	–2.147.483.648 bis 2.147.483.647, Achtung: Nachkommastellen werden gerundet.
CSng	Single	–3,402823E38 bis –1,401298E–45 für negative Werte, 1,401298E–45 bis 3,402823E38 für positive Werte.
Cvar	Variant	Numerische Werte im Bereich des Typs *Double*. Nichtnumerische Werte im Bereich des Typs *String*.
CStr	String	Rückgabe für CStr hängt vom Argument Ausdruck ab.

28.10 Die With-Anweisung

Beim Manipulieren von Objekten sparen Sie sich mit Hilfe der *With*-Anweisung viel Tipparbeit und erhöhen evtl. sogar die Lesbarkeit. Diese Anweisung gestattet den komfortablen Zugriff auf Objekte, und Sie können eine Reihe von Anweisungen für ein bestimmtes Objekt ausführen, ohne den Namen des Objekts jedes Mal angeben zu müssen. Wenn Sie mehrere Eigenschaften eines bestimmten Objekts verändern möchten, sollten Sie die Zuweisungen für die Eigenschaften über eine *With*-Struktur realisieren.

Innerhalb der *With*-Anweisung wird durch das Voranstellen eines Punktes auf dieses Objekt verwiesen. In einer *With*-Anweisung können Sie nicht mehrere unterschiedliche Objekte bearbeiten. Sie können die *With*-Anweisungen aber verschachteln, indem Sie einen *With*-Block in einen anderen einfügen. **Listing 28.14** zeigt ein Beispiel dafür.

Listing 28.14 Beispiel für verschachtelte With-Anweisung

```
Sub Main
   On Error Resume Next
   With ActiveDocument.Selection.PrimaryTopic
      .Notes.Insert "Textnotiz"
      With .Font
         .Name = "Times New Roman"
         .Size = 12
         .Bold = True
      End With
    End With
End Sub
```

Die erste *With*-Anweisung verwendet die *PrimaryTopic*-Eigenschaft des *Selection*-Objekts und fügt eine Textnotiz ein. Die zweite *With*-Anweisung zeigt auf das *Font*-Objekt und ändert Schriftart, -größe und -schnitt.

28.11 Vergleichsoperatoren

Um numerische Werte und Zeichenfolgen zu vergleichen, müssen Sie sog. Vergleichsoperatoren einsetzen. Das Ergebnis ist einer der Wahrheitswerte »Wahr« (True) oder »Falsch« (False).

In der Tabelle **Tabelle 28.10** sind die Vergleichsoperatoren sowie jeweils ein Beispiel aufgeführt.

Tabelle 28.10 Vergleichsoperatoren für den Vergleich von Zeichenfolgen

Operator	Bedeutung	Beispiel	Ergebnis
<	Kleiner als	5<9	True
>	Größer als	5>9	False
=	Ist gleich	5=9	False
<=	Kleiner gleich	5<=9	True
>=	Größer gleich	5>=9	False
<>	Ungleich	5<>9	True
Is	Is	Var1 Is Var2	True, wenn gleicher Objekttyp
Like	Like	B Like [A-D]	True

Der *Like*-Operator dient zum Vergleichen zweier Zeichenfolgen und verwendet die Syntax:

```
Ergebnis = Zeichenfolge Like Muster
```

Wenn *Zeichenfolge* und *Muster* übereinstimmen, ist *Ergebnis True*. Bei fehlender Übereinstimmung ist *Ergebnis False*.

Das Verhalten des Operators *Like* hängt von der *Option Compare*-Anweisung ab. Diese Anweisung wird auf Modulebene verwendet, um das Standardverfahren für den Vergleich von Zeichenfolgen festzulegen. Wird die *Option Compare*-Anweisung verwendet, muss sie im jeweiligen Modul vor jeder Prozedur stehen.

Die *Option Compare*-Anweisung legt das Verfahren für den Zeichenfolgenvergleich (Binary, Text oder Database) innerhalb eines Moduls fest. Die Standardmethode für den Zeichenfolgenvergleich in allen Modulen ist *Option Compare Binary*.

Bei *Option Compare Binary* basieren Zeichenfolgenvergleiche auf einer Sortierreihenfolge, die durch die interne binäre Darstellung der Zeichen festgelegt ist.

Option Compare Text verwendet zum Zeichenfolgenvergleich die im Gebietsschema des Systems gewählte Sortierreihenfolge für Zeichen und unterscheidet dabei nicht zwischen Groß- und Kleinschreibung.

Bei dem *Like*-Operator können Sie auch mit verschiedenen Platzhaltern arbeiten.

Tabelle 28.11 Platzhalter für Vergleiche mit dem *Like*-Operator

Platzhalterzeichen	Bedeutung
#	Eine Ziffer von 0 bis 9
*	Eine beliebige Anzahl von Zeichen in beliebiger Reihenfolge
?	Ein einzelnes, beliebiges Zeichen
[CharList]	Ein beliebiges einzelnes Zeichen in [CharList].
[!CharList]	Ein beliebiges einzelnes Zeichen, das **nicht** in [CharList] enthalten ist.

28.12 Zeichenfolgefunktionen

Sehr häufig müssen Zeichenfolgen manipuliert werden. Neben Vergleichen und Suchen müssen oft Zerlegungen in Teilzeichenfolgen u.Ä. vorgenommen werden. Für (fast) jeden Zweck gibt es hier eine Funktion.

28.12.1 Die Funktionen Left() und Right()

Mit Hilfe der Funktionen *Left(String$, Length%)* und *Right(String$, Length%)* können Sie Teile einer Zeichenkette in der Länge *Length%* von links bzw. rechts beginnend ermitteln.

Testen Sie die Funktionen im »Direktfenster«, indem Sie im Makro-Editor den Befehl *Ansicht/Fehlermeldung* wählen. Damit schalten Sie oben eine Fensterhälfte ein, in der Sie ad hoc die folgenden Ausdrücke testen können. Stellen Sie jedem Ausdruck ein Fragezeichen voran, und drücken Sie dahinter die *Eingabe*-Taste.

```
?Left("MindManager Pro 6", 4)
```

ergibt »Mind«.

```
?Right("MindManager Pro 6", 5)
```

ergibt »Pro 6«.

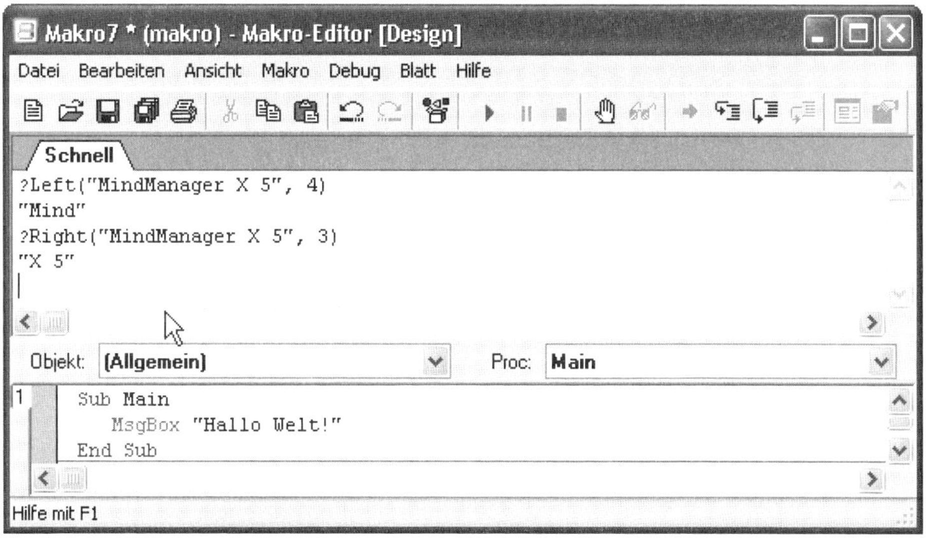

Abbildung 28.12 Textfunktionen im Schnellfenster testen

28.12.2 Die Funktion InStr()

Aber auch Zeichenfolgen, die nicht links oder rechts beginnen, können Sie ermitteln. Die *InStr()*-Funktion mit der Syntax

```
InStr([Start, ]Zeichenfolge1, Zeichenfolge2[, Vergleich])
```

gibt einen Wert vom Typ Variant (Long) zurück, der die Position des ersten Auftretens einer Zeichenfolge innerhalb einer anderen Zeichenfolge angibt. So ermittelt der folgende Ausdruck die Position des ersten Leerzeichens in der Zeichenkette:

```
Instr(1, "MindManager Pro 6", " ")
```

Das Ergebnis lautet *12*. Den Text **vor** dem ersten Leerzeichen ermittelt ein Ausdruck, in dem Sie die gezeigten Textfunktionen kombinieren:

```
Left("MindManager Pro 6", Instr(1, "MindManager Pro 6", " ")-1)
```

28.12.3 Die Funktion Len()

Mit der Funktion Len() können Sie die Länge von Zeichenketten bestimmen. Das Beispiel ermittelt den Wert *17*:

```
Len("MindManager Pro 6")
```

Auch hier können Sie in Kombination mit anderen Funktionen typische Aufgaben bei Zeichenkettenmanipulationen lösen. Der folgende Ausdruck ermittelt den Text **nach** dem ersten Leerzeichen:

```
Right("MindManager Pro 6", Len("MindManager Pro 6")-Instr(1, "MindManager
Pro 6", " "))
```

28.13 Logische Operatoren

Die Verwendung logischer Operatoren in Verbindung mit den Vergleichsoperatoren erlaubt komplexe Vergleiche. Das Ergebnis ist wieder ein Wahrheitswert (*True* oder *False*).

Tabelle 28.12 Vergleiche mit logische Operatoren in Kombination mit Vergleichsoperatoren

Operator	Beschreibung	Beispiel	Ergebnis
And	True, wenn beide Teile True liefern, sonst False.	5<9 And 5>1	True
Or	True, wenn ein Teil True ergibt.	5>9 Or 1<3	True
Not	Wird zum Invertieren einer Bedingung verwendet.	Not(5>9)	True
Xor	Exklusion, einer der beiden Vergleiche ist True.	5>9 Xor 9<5	False
Eqv	Äquivalenz, beide Vergleiche True oder False (Umkehrung von Xor).	5>9 Eqv 9<5	True
Imp	Beide Vergleiche sind True, oder der erste Vergleich ergibt True.	5<9 Imp 9>5	True

Mit dem *Not*-Operator können Sie einer Variablen auch einen Kehrwert zuweisen wie im folgenden Beispiel, das die Unterzweige des markierten Zweigs ein- und ausblendet, je nach aktuellem Zustand.

```
With ActiveDocument.Selection.PrimaryTopic
    .Collapsed = Not .Collapsed
End With
```

28.14 Verweise auf externe Module

Um die Funktionen anderer Anwendungen und Bibliotheken auf Ihrem System nutzen zu können, müssen Sie in Ihrem Makro einen Verweis auf diese Quelle(n) setzen. Einen solchen Verweis erstellen Sie im Makro-Editor. Wählen Sie hier im Menü *Bearbeiten* den Befehl *Referenzen*.

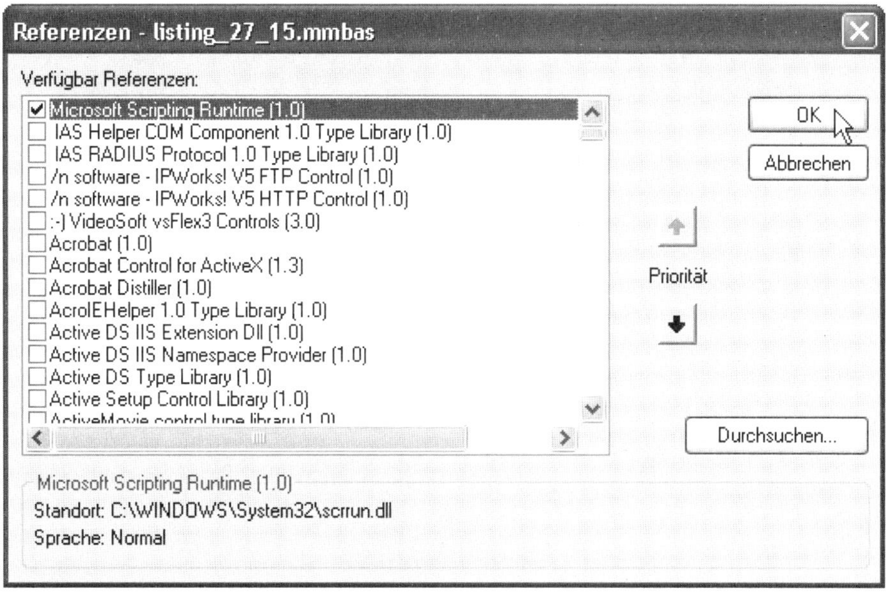

Abbildung 28.13 Fenster für den Verweis auf externe Bibliotheken

Im Fenster *Referenzen* werden die bereits vorhandenen Verweise aufgelistet. Markieren Sie im Listenfeld die benötigten Bibliotheken, um einen Verweis einzufügen. Befindet sich die gesuchte Datei nicht in der Liste, klicken Sie auf die Schaltfläche *Durchsuchen* und wählen anschließend den Pfad und die Datei aus. Über die *Priorität*-Schaltflächen können Sie die Einträge nach unten oder oben verschieben. Das bedeutet, dass Sax Basic bei eventuell auftretender Namensgleichheit diejenige Prozedur, die in der Liste weiter oben steht, bevorzugt.

Wenn Sie einen Verweis auf eine Datei erstellt haben, genügt es, für die Verwendung einer Funktion den Namen und die eventuell benötigten Argumente einzutragen. Die Angabe des Pfades oder des Namens der Datei ist nicht erforderlich.

Ein Beispiel

Einige interessante Objekte können Sie verwenden, wenn Sie, wie in **Abbildung 28.13** dargestellt, einen Verweis auf Microsoft Scripting Runtime über die Datei SCRRUN.DLL einrichten. Diese Datei enthält das *FileSystemObject*-Objekt, über dessen Eigenschaften und Methoden Sie Zugriff auf das Dateisystem haben. Mit der *Drives*-Auflistung können Sie alle auf dem lokalen Computer verfügbaren *Drive*-Objekte ermitteln. Als Objektkennzeichner verwenden Sie hier immer einen Ausdruck, der auf ein *FileSystemObject* zeigt.

Wenn Sie den Verweis nicht gesetzt haben, können Sie trotzdem auf die Objekte zugreifen. Aber die Variablen, die Sie deklarieren, können nur den Datentyp *Object* haben:

```
Dim o_fs As Object
Dim o_Drvs As Object
Dim o_Drv As Object
```

Sie können also nicht den exakten Datentyp zuweisen. Das hat den Nachteil, dass die verfügbaren Eigenschaften und Methoden eines Objekts nicht angezeigt werden, wenn Sie den Namen einer Variablen und einen Punkt eingeben.

Listing 28.15 Die verfügbaren Laufwerke in einer neuen Map anzeigen

```
Sub Main
   Dim o_fs As FileSystemObject
   Dim o_Drvs As Drives, o_Drv As Drive
   Dim mm_Doc As Document, mm_topic As Topic
   Set o_fs = CreateObject("Scripting.FileSystemObject")
   Set o_Drvs = o_fs.Drives
   Set mm_Doc = Documents.Add
   mm_Doc.CentralTopic.Text = "Die Laufwerke dieses Systems"
   For Each o_Drv In o_Drvs
      Set mm_topic = mm_Doc.CentralTopic.AddSubTopic(o_Drv.DriveLetter)
      mm_topic.Notes.Text = "LW bereit: " & o_Drv.IsReady
   Next
   Set mm_topic = Nothing
   Set mm_Doc = Nothing
   Set o_Drv = Nothing
   Set o_Drvs = Nothing
   Set o_fs = Nothing
End Sub
```

Über die *GetFolder*-Methode des *FileSystemObject*-Objekts können Sie auch die Dateien eines Ordners ermitteln. Das Makro aus **Listing 28.16** erlaubt ein optionales Argument für ein Laufwerk. Wird dieses Argument nicht angegeben, werden die Dateien von Laufwerk *C:* in eine neue Map geschrieben. Ihr Erstellungsdatum erscheint in den Textnotizen.

Listing 28.16 Die Dateien eines Verzeichnisses ermitteln

```
Sub Main
   Filelist
End Sub

Sub Filelist(Optional Directory)
   On Error Resume Next
   Dim o_fs As FileSystemObject
   Dim o_Dir As Folder
   Dim o_Files As Files, o_File As File
   Dim mm_Doc As Document, mm_topic As Topic
   Dim i As Integer
   i = 1
   If IsMissing(Directory) Then Directory = "C:\"
   Set o_fs = CreateObject("Scripting.FileSystemObject")
   Set o_Dir = o_fs.GetFolder(Directory)
   Set o_Files = o_Dir.Files
   Set mm_Doc = Documents.Add
   mm_Doc.CentralTopic.Text = "Dateien im Ordner " & Directory
   For Each o_File In o_Files
```

```
        Set mm_topic = mm_Doc.CentralTopic.AddSubTopic(o_File.Name)
        mm_topic.Notes.Text = "Erstelldatum: " & o_File.DateCreated
    Next
    Set mm_topic = Nothing
    Set mm_Doc = Nothing
    Set o_File = Nothing
    Set o_Files = Nothing
    Set o_Dir = Nothing
    Set o_fs = Nothing
End Sub
```

28.15 Die Variablenübergabe

In **Listing 28.16** haben Sie aus der *Sub Main*-Prozedur ein Unterprogramm aufgerufen und dabei eine Variable als Argument übergeben. Die Unterprozedur hat die übergebene Variable nicht verändert. Was geschieht eigentlich mit der Variablen in der Unterprozedur?

Es gibt Situationen, in denen eine Unterprozedur eine Variable verändert und mit diesem veränderten Wert arbeitet. Sie haben bei der Übergabe der Argumente die Möglichkeit festzulegen, ob der ursprüngliche Wert erhalten bleiben soll oder ob auch die Hauptprozedur mit dem veränderten Wert weiterarbeiten soll. Wollen Sie den Ursprungswert erhalten, so übergeben Sie der Unterprozedur lediglich eine Kopie des Wertes. Sie erreichen dies über den Schlüsselwert *ByVal*, den Sie dem Argument in der Unterprozedur voranstellen.

Das Makro in **Listing 28.17** ruft die Unterprozedur *ShowArg* auf. Dabei wird die Variable *i_Arg* als Wertkopie übergeben. Das Unterprogramm zeigt zunächst die übergebene Variable an, verändert diese und zeigt den veränderten Wert ebenfalls in einem Meldungsfenster an.

Listing 28.17 Variable an andere Prozeduren als Wert (ByVal) übergeben

```
Sub Main
    Dim i_Arg As Integer
    i_Arg = 500
    ShowArg i_Arg
    MsgBox "Ursprungswert ist " & i_Arg, , "Main"
End Sub

Sub ShowArg(ByVal Arg1)
    MsgBox "Der erhaltene Wert ist " & Arg1,,"ShowArg"
    Arg1 = Arg1 * 2
    MsgBox "Der neue Wert ist " & Arg1,,"ShowArg"
End Sub
```

Die Übergabe als Wert (Value) ist die Standardeinstellung. Auch wenn Sie also das Schlüsselwort *ByVal* nicht benutzen, findet die Übergabe als Wert statt.

Im Unterschied dazu können Sie die Argumente auch als Zeiger (Referenz) übergeben. Wenn auf diese Art übergebene Variablen in der Unterprozedur verändert werden, findet die Veränderung tatsächlich auch in der aufrufenden Prozedur statt. Das ist unter anderem dann recht praktisch, wenn eine Funktion mehr als einen Wert zurückgeben soll. Einer Funktion kann über den Funktionsnamen nicht mehr als ein Ergebnis zugewiesen werden.

Für die Verwendung von Argumenten als Referenz verwenden Sie das Schlüsselwort *ByRef*, das Sie vor den Namen des Arguments setzen. Bedenken Sie, dass der ursprüngliche Wert in der Unterprozedur verändert wird und anschließend nicht mehr zur Verfügung steht. Wenn Sie das Makro aus **Listing 28.18** ausführen, können Sie dies nachvollziehen.

Listing 28.18 Argumente als Zeiger (ByRef) übergeben

```
Sub Main
   Dim i_Arg As Integer
   i_Arg = 500
   ShowArg i_Arg
   MsgBox "Ursprungswert ist " & i_Arg, , "Main"
End Sub

Sub ShowArg(ByRef Arg1)
   MsgBox "Der erhaltene Wert ist " & Arg1,, "ShowArg"
   Arg1 = Arg1 * 2
   MsgBox "Der neue Wert ist " & Arg1,, "ShowArg"
End Sub
```

Die letzte Meldung der *Main*-Prozedur ist »geschwindelt«, denn die Unterprozedur hat das Original (*i_Arg*) verändert.

28.16 Wiederholen mit Bedingung – Schleifen

Wenn immer gleiche Aktionen auf unterschiedliche Bereiche angewendet oder wenn Aktionen ausgeführt werden sollen, für die es keinen entsprechenden Menübefehl gibt, z.B. um die Namen aller geöffneten Maps in eine neue Map einzutragen, kommt eine wichtige Programmstruktur zum Einsatz: Schleifen.

28.16.1 For...Next-Schleifen

Die *For...Next*-Anweisung wiederholt eine Folge von Befehlen mehrmals. Die Anzahl der Wiederholungen wird dabei festgelegt. Dieser Schleifentyp hat folgende Syntax:

```
For Zähler = Startwert To Endwert [ Step Schrittgröße ]
   [Anweisungsblock]
   [Exit For]
   [Anweisungsblock]
Next [Zähler]
```

Zähler ist eine numerische Variable, die als Schleifenzähler verwendet wird. *Startwert* ist der Anfangswert des Zählers. Mit *Endwert* wird der Wert des Zählers, bei dem die Schleife verlassen wird, festgelegt. Mit der *Schrittgröße* definieren Sie den Wert, um den der *Zähler* bei jedem Schleifendurchlauf geändert wird. Wenn Sie keinen Wert für *Step* angeben, erhält *Schrittgröße* den Standardwert *1*.

Nach dem Starten der Schleife und dem Ausführen aller Anweisungen in der Schleife wird der Wert von *Step* zum *Zähler* addiert. Ist der *Zähler* kleiner oder gleich dem *Endwert*, werden die Anweisungen in der Schleife erneut ausgeführt. Ist der *Zähler* größer als der *Endwert*, wird die Schleife verlassen, und die Ausführung wird bei der Anweisung, die der Anweisung *Next [Zähler]* folgt, fortgesetzt.

Alle Variablen können auch negative Werte aufnehmen. Dies gilt auch für eine einzelne Variable, so kann z.B. lediglich die Variable *Step* einen negativen Wert aufnehmen.

Im folgenden Beispiel wird eine negative Schrittweite dazu verwendet, rückwärts nummerierte Hauptzweige zu erstellen. In der eingeschachtelten zweiten For-Schleife werden je vier Unterzweige an den Hauptzweig angehängt.

Listing 28.19 Die Schrittweite kann auch negativ sein

```
Sub Main
   Dim mm_Doc As Document
   Dim mm_Topic As Topic
   Dim i As Integer, j As Integer
   'Neue Map erstellen.
   Set mm_Doc = Documents.Add
   mm_Doc.CentralTopic.Text = "For...Next-Schleifen"
   '7 Hauptzweige rückwärts nummeriert
   For i = 7 To 1 Step -1
        Set mm_Topic = mm_Doc.CentralTopic.AddSubTopic("Hauptzweig " & i)
      '4 Unterzweige
        For j=1 To 4
         mm_Topic.AddSubTopic "Unterzweig " & j
        Next j
   Next i
   Set mm_Topic = Nothing
   Set mm_Doc = Nothing
End Sub
```

Sie können *For...Next*-Schleifen auch verschachteln, indem Sie diese ineinander stellen. Achten Sie darauf, dass jeder Schleifenzähler einen eindeutigen Namen hat und für jede *For*-Anweisung eine *Next*-Anweisung vorhanden sein muss.

Mit der Programmierung von Schleifen können Sie eine Menge Schreibarbeit einsparen und den Code übersichtlich halten.

Tragen Sie mit Hilfe eines Makros die Namen aller geöffneten Maps in die Hauptzweige einer neuen Map ein.

Über die Eigenschaft *Count* der *Documents*-Auflistung ermitteln Sie zunächst die Gesamtzahl der geöffneten Maps. Vom *Count*-Ergebnis wird 1 subtrahiert, damit die gerade eingefügte neue Map nicht in der Auflistung erscheint. Über einen Index (i) zeigen Sie dann auf die Position jedes einzelnen Objekts in der Liste. Für dieses Objekt wird dann die Eigenschaft *FullName* ermittelt und als Beschriftung des eingefügten Zweigs verwendet. Der Befehl *Next i* weist der Variablen *i* den nächsten Wert zu und veranlasst das Makro, wieder in die For-Anweisungszeile zu gehen. Hier wird nun geprüft, ob die Variable noch immer kleiner oder gleich der Anzahl der geöffneten Maps ist. Ist dies der Fall, wird das Makro fortgesetzt, ansonsten ist die Abbruchbedingung erfüllt – die Schleife wird verlassen und das Makro beendet.

Listing 28.20 Die Namen aller aktiven Maps in einer neuen Map anzeigen

```
Sub Main
   Dim mm_Doc As Document
   Dim i As Integer
   'Neue Map erstellen.
   Set mm_Doc = Documents.Add
   mm_Doc.CentralTopic.Text = "Geöffnete Maps"
   For i = 1 To Documents.Count - 1
        mm_Doc.CentralTopic.AddSubTopic(Documents.Item(i).FullName)
   Next i
   Set mm_Doc = Nothing
End Sub
```

28.16.2 Sehr flexibel: For...Each-Schleifen

Für das Durchlaufen aller Auflistungen wie im letzten Beispiel benötigen Sie eigentlich nicht die Kenntnis der Anzahl der Elemente (*Count*) der Auflistung. Mit der Konstruktion der *For...Each*-Schleifen stellen Sie sicher, dass auf jeden Fall jedes Element der Auflistung abgearbeitet wird.

Eine »Auflistung« ist eine Gruppe von Objekten. Die Position eines Objekts in der Auflistung kann sich bei jeder Änderung der Auflistung verändern. Auf ein einzelnes Objekt in der Auflistung greifen Sie über einen Index zu, der die Position angibt.

Im folgenden Makro sollen alle Hauptzweige der aktiven Map die Füllfarbe *Orange* erhalten.

Sie lösen dies sehr einfach mit einer *For...Each*-Schleife. Zunächst wird die Objektvariable *mm_topic* deklariert. Sie hat den Objekttyp *Topic* (Zweig), denn damit kann die Variable die Objektauflistung *SubTopics* des Objekts *CentralTopic* (Map-Titel) durchlaufen.

In der *For...Each*-Schleife wird der Objektvariablen *mm_topic* bei jedem Schleifeneingang wie mit der Ihnen schon bekannten *Set*-Anweisung das jeweilige Element der Auflistung zugewiesen. Damit können Sie dann im Schleifenkörper über die Variable auf das jeweilige Objekt zugreifen.

Listing 28.21 Schnell eine neue Füllfarbe für alle Hauptzweige

```
Sub Main
   Dim mm_topic As Topic
```

```
   For Each mm_topic In ActiveDocument.CentralTopic.SubTopics
        mm_topic.FillColor.SetARGB(255, 255, 128, 0)
   Next
   Set mm_topic = Nothing
End Sub
```

Für die Bestimmung der Füllfarbe wird hier die Funktion *SetARGB(Alpha, Red, Green, Blue)* eingesetzt. Die RGB-Werte 255 (Red), 128 (Green), 0 (Blue) stehen für einen Orangefarbton.

28.16.3 Schleifendurchlauf abbrechen

Vielleicht treten beim Durchlaufen einer Schleife Ereignisse ein, bei denen Sie eine Fortsetzung unterbinden wollen. Über die *Exit For*-Anweisung können Sie eine *For*-Schleife verlassen, wenn eine Bedingung erfüllt ist.

Listing 28.22 Sie vermeiden unnötige Schleifendurchläufe mit der Exit For-Anweisung

```
Sub Main
   Dim mm_topic As Topic
   Dim b_treffer As Boolean
   b_treffer = False
   For Each mm_topic In ActiveDocument.CentralTopic.SubTopics
      If mm_topic.Text = "Testzweig" Then
         mm_topic.SelectOnly
         b_treffer = True
         Exit For
      End If
   Next
   If b_treffer Then
      MsgBox "Treffer"
   Else
      MsgBox "Kein Treffer"
   End If
   Set mm_topic = Nothing
End Sub
```

Diese Prozedur wird dann vorzeitig verlassen, wenn der gesuchte Hauptzweig mit der Beschriftung »Testzweig« in der Liste der Hauptzweige gefunden wird. Der gefundene Zweig wird markiert und die boolesche Variable *b_treffer* auf *True* gesetzt. Zum Schluss wird dieser Wahrheitswert ausgewertet und das Trefferergebnis gemeldet.

Wenn die Anzahl der Schleifendurchläufe sehr groß ist, wirkt sich die Vermeidung von unnötigen Schleifendurchläufen positiv auf die Ausführungsgeschwindigkeit aus.

28.16.4 Kopfgesteuerte Schleife: While ... Wend

Eine weitere Möglichkeit der Programmierung von Schleifen können Sie über die *While...Wend*-Anweisung erreichen. Diese führt eine Reihe von Anweisungen aus, solange eine gegebene Bedingung wahr ist.

In der Prozedur aus **Listing 28.23** werden zunächst die Zählvariablen *i* auf *1* und *j* auf die Anzahl der Hauptzweig der aktiven Map gesetzt. Dann wird der Objektvariablen *mm_topic* der erste Hauptzweig zugewiesen. Solange dieser **nicht** die Beschriftung »Testzweig« enthält **und** *i* den Wert von *j* nicht überschreitet, wird *i* um *1* erhöht und der nächste Zweig ausgewählt. Trifft die Prozedur auf die gesuchte Beschriftung oder wird die Anzahl der Hauptzweige überschritten, ist die Schleifenbedingung nicht mehr gegeben, und die Schleife wird beendet.

Listing 28.23 Kopfgestützte Schleife zum Durchlaufen der Hauptzweige

```
Sub Main
   Dim mm_topic As Topic
   Dim i As Integer, j As Integer
   i = 1
   j = ActiveDocument.CentralTopic.SubTopics.Count
   Set mm_topic = ActiveDocument.CentralTopic.SubTopics.Item(i)
   While mm_topic.Text <> "Testzweig" And i <= j
         i = i + 1
         If i < j Then
            Set mm_topic = ActiveDocument.CentralTopic.SubTopics.Item(i)
         End If
   Wend
   If mm_topic.Text = "Testzweig" Then
      MsgBox "Treffer nach " & i & " Versuchen"
   Else
      MsgBox "Kein Treffer in " & i - 1 & " Zweigen"
   End If
   Set mm_topic = Nothing
End Sub
```

28.16.5 Universelle Schleife: Do ... Loop

Eine strukturierte Schleifenprogrammierung erreichen Sie mit der Verwendung der *Do...Loop*-Anweisung. Diese Anweisung wiederholt einen Block mit Anweisungen, solange eine Bedingung wahr ist oder bis eine Bedingung wahr wird. Hier haben Sie die Möglichkeit, die Prüfung der Bedingung entweder zu Beginn der Schleife oder am Ende festzulegen. Man spricht in diesem Zusammenhang von kopf- bzw. fußgesteuerten Schleifen.

Das Makro aus **Listing 28.24** enthält ein Beispiel für eine fußgesteuerte und eine kopfgesteuerte *Do...Loop*-Schleife. Die äußere Schleife wird auf jeden Fall einmal ausgeführt, da sie fußgesteuert ist, d.h., erst nach dem ersten Schleifendurchlauf erfolgt die Bedingungsprüfung. Sie erzeugt acht Hauptzweige in der neuen Map. In der kopfgesteuerten inneren Schleife werden je Hauptzweig vier Unterzweige angefügt.

Listing 28.24 Die letzte benutzte Zelle korrekt ermitteln

```
Sub Main
   Dim i As Integer, j As Integer
   Dim mm_doc As Document
   Dim mm_topic As Topic

   i= 1
   Set mm_doc = Documents.Add
   mm_doc.CentralTopic.Text = "Do...Loop"

   Do
      Set mm_topic = mm_doc.CentralTopic.AddSubTopic("Zweig " & i)
      i = i + 1
      j = 1
      Do While j <= 4
         mm_topic.AddSubTopic "Unterzweig " & j
         j = j + 1
      Loop
   Loop While i <= 8

   Set mm_topic = Nothing
   Set mm_doc = Nothing
End Sub
```

Beachten Sie, dass eine fußgesteuerte Schleife mindestens einmal ausgeführt wird. Im Gegensatz dazu wird die kopfgesteuerte Schleife nur durchlaufen, wenn die Eingangsbedingung erfüllt ist.

Wie gezeigt, kann auch die *Do...Loop*-Anweisung für komplexe Problemstellungen verschachtelt werden. Für jede *Do*-Anweisung muss dann eine *Loop*-Anweisung eingetragen werden.

Über die Anweisung *Exit Do* können Sie eine solche Schleife auch vorzeitig verlassen.

28.17 Verzweigungen

In jedem Programmlauf gibt es Stellen, wo der weitere Verlauf von der Erfüllung bestimmter Bedingungen abhängig ist. Diese Situation wird mit Verzweigungen gemeistert.

28.17.1 Steuerstruktur IF...THEN...ELSE

Um z.B. eine Benutzereingabe zu prüfen und anschließend unterschiedliche Reaktionen auf die Eingabewerte auszuführen, wird die *If...Then*-Anweisung verwendet. Sie erlaubt eine bedingte Ausführung von Anweisungen aufgrund der Auswertung eines Bedingungsausdrucks.

Die einzeilige Form der Anweisung eignet sich besonders für kurze, einfache Bedingungsüberprüfungen. Das kann z.B. so aussehen:

```
If Var1 < 8 Then Var1 = Var1 + 1 : Var2 = Var2 + Var1
```

Mehrere Befehle können in einer Zeile stehen, wenn dazwischen ein Doppelpunkt steht. Die Anweisungen werden dann von links nach rechts abgearbeitet. Das Anweisungsende *End If* lassen Sie in diesem Fall weg.

Die Blockform von *If...Then...Else* ist strukturierter und flexibler als die einzeilige Form. Sie ist im Allgemeinen leichter zu lesen, und die Fehlersuche ist auch einfacher.

```
If Bedingung1 Then
     [Anweisungsblock1]
[ElseIf Bedingung2 Then
     [Anweisungsblock2] ]
. . .
[Else
     [Anweisungsblockn] ]
End If
```

Beim Ausführen des *If*-Blocks überprüft Basic die *Bedingung1*. Wenn der Ausdruck wahr ist, werden die nach der Anweisung *Then* folgenden Anweisungen ausgeführt. Wenn der erste Ausdruck falsch ist, beginnt Basic, alle *Else If*-Bedingungen (sofern vorhanden) nacheinander auszuwerten. Sobald eine wahre Bedingung gefunden wird, sind die auf *Then* folgenden Anweisungen auszuführen. Wenn keine der *Else If*-Bedingungen wahr ist, werden die nach der Anweisung *Else* folgenden Anweisungen ausgeführt.

Bei der Verwendung von *Else If* können Sie auf alle *End If*-Anweisungen mit Ausnahme der letzten verzichten. Nach dem Ausführen der Anweisungen, die nach *Then* oder *Else* folgen, wird das Programm mit der Anweisung fortgesetzt, die nach *End If* folgt.

Sie können die *If...Then*-Anweisung auch ohne den *Else*-Block verwenden, wenn Sie nur auf die Übereinstimmung mit einem ganz bestimmten Ausdruck prüfen wollen.

Listing 28.25 Prüfung nur mit dem If-Block

```
Sub Main
   Dim Result As Integer, i As Integer, msg As String

   For i = 1 To 10
      msg = "Lfd. Nummer " & i & ". Weitermachen?"
      Result = MsgBox(msg, vbYesNo + vbQuestion, "Zähler")
      If Result = vbNo Then
          Exit For
      End If
   Next
End Sub
```

Dieses Makro prüft, ob der Benutzer die Schaltfläche *Nein* gewählt hat. Ist dies der Fall, wird die Schleife mit der *Exit For*-Anweisung verlassen. Wenn der Benutzer *Ja* gewählt hat, wird die Schleife fortgesetzt.

Sie können ohne weiteres auch mehrere If-Blöcke verschachteln. Wichtig ist, dass für jede *If*-Anweisung auch eine *End If*-Anweisung vorhanden sein muss.

Mit der *If*-Anweisung lässt sich so lange gut arbeiten, wie die Anzahl der Prüfungen bzw. der Verzweigungen in Ihrem Programm nicht mehr als drei oder vier Blöcke erfordert. Der Code ist ab dieser Grenze nur noch schwer lesbar, und auch Anpassungen sind nicht mehr ganz so einfach.

28.17.2 Steuerstruktur SELECT CASE

Nun kommt es vor, dass eine Variable eine ganze Fülle von Werten annehmen kann, die dann jeweils unterschiedliche Reaktionen auslösen sollen. Die verschachtelte *If...Then*-Anweisung ist für eine solche Prüfung ziemlich ungeeignet. Komplexe Prüfungen führen Sie einfacher mit *Select Case*-Strukturen durch, die nach folgender Syntax arbeiten:

```
Select Case Ausdruck
    Case Ausdruck1
      Anweisungsblock
    Case Ausdruck2
      Anweisungsblock
    Case Else
      Anweisungsblock
End Select
```

Der Wert von *Ausdruck* wird mit jedem *Case*-Ausdruck verglichen. Wenn eine Übereinstimmung vorliegt, wird der entsprechende Anweisungsblock ausgeführt. Anschließend wird die Anweisung ausgeführt, die auf *End Select* folgt.

Beachten Sie, dass keine weitere Prüfung erfolgt, wenn eine Übereinstimmung gefunden wurde. Sollten also mehrere Prüfungen den Wert *Wahr* ergeben, so werden lediglich die auf die erste Prüfung folgenden Anweisungen ausgeführt.

Wenn keine Übereinstimmung gefunden wird, werden die Anweisungen ausgeführt, die auf *Case Else* folgen. Über die Anweisung *Case Else* werden auch solche Werte vom Programm verarbeitet, die Sie vielleicht bei der Entwicklung nicht vorhersehen konnten. Machen Sie es sich zur Regel, immer eine *Case Else*-Anweisung zu verwenden, um den Programmablauf auf jeden Fall zu kontrollieren und Fehler zu vermeiden.

Erstellen Sie ein Makro, das die zwölf Monate des Jahres je als Hauptzweig in eine neue Map einfügt. Dabei sollen die Monatsnamen auf dem Hauptzweig stehen.

Um dies zu erreichen, müssen die einfach zu bestimmenden Monatsnummern von 1 bis 12 in die deutsche Monatsbezeichnung umwandeln. Dieses Argument kann also die Werte 1 bis 12 annehmen, was in einer *Select Case*-Struktur geprüft wird.

Listing 28.26 Eine Funktion für die Berechnung der Monatsnamen

```
Sub Main
   Dim mm_doc As Document
   Dim i As Integer

   Set mm_doc = Documents.Add
   mm_doc.CentralTopic.Text = "Die Monate"

   With mm_doc.CentralTopic
      For i = 1 To 13
         .AddSubTopic MonthName(i)
      Next i
   End With

   Set mm_doc = Nothing
End Sub

Function MonthName(ByVal nr As Integer) As String
   Dim s_name As String

   Select Case nr
      Case 1
         s_name = "Januar"
      Case 2
         s_name = "Februar"
      Case 3
         s_name = "März"
      Case 4
         s_name = "April"
      Case 5
         s_name = "Mai"
      Case 6
         s_name = "Juni"
      Case 7
         s_name = "Juli"
      Case 8
         s_name = "August"
      Case 9
         s_name = "September"
      Case 10
         s_name = "Oktober"
      Case 11
         s_name = "November"
      Case 12
         s_name = "Dezember"
      Case Else
         s_name = "Fasching"
   End Select
   MonthName = s_name
End Function
```

Ausdrücke in Select-Strukturen

Für die Prüfung über die *Select Case*-Struktur können unterschiedliche Ausdrücke verwendet werden. Dabei kann geprüft werden, ob der Fall:

- exakt einem Wert entspricht, z.B. *Case 13*
- gleich dem Wert einer Variablen ist, z.B. *Case Var1*
- einem Wert aus einer Liste entspricht, z.B. *Case 1, 3, 5, 7, 11*
- in einem bestimmten Bereich liegt, z.B. *Case "A" To "D"*,
- eine Bedingung erfüllt, z.B. *Case Is < 1000*

Im letzten Fall ist zusätzlich zum Vergleichsoperator das Schlüsselwort *Is* als Referenz auf den prüfenden Ausdruck zu verwenden.

Beachten Sie beim Vergleichen mit der *Select Case*-Methode die Datentypen. Sie können z.B. einen Textstring nicht mit einer Zahl vergleichen. Sollten Sie dies dennoch versuchen, verursachen Sie einen Fehler.

Auch die Prüfungen mit der *Select Case*-Methode können verschachtelt werden. Achten Sie dabei darauf, dass für jede *Select Case*-Anweisung eine *End Select*-Anweisung festgelegt sein muss.

28.18 Fehler behandeln

In fast allen bisher gezeigten Makros fehlt ein wichtiges Element: die Fehlerbehandlung. Bei der Programmierung treten manchmal Ereignisse ein, die eine weitere Ausführung des Programms verhindern, weil z.B. eine Division durch null erfolgt. Wie können Sie solche Fehler abfangen?

Die auftretenden Fehler lassen sich dabei in drei Kategorien zusammenfassen, und zwar:

1. Fehler, die beim Kompilieren des Programmcodes auftreten
2. Fehler, die während der Ausführung des Programms auftreten
3. Fehler, die im logischen Ablauf begründet sind

Syntaxfehler müssen nicht sein

Sax Basic unterstützt Sie bei der Vermeidung von Fehlern der ersten Gruppe zum einen dadurch, dass bereits bei Ausführung von Code die korrekte Syntax überprüft wird. Eine weitere Unterstützung erhalten Sie über die Änderung der Groß-/Kleinschreibung, die Basic bei dieser Prüfung durchführt. Wenn Sie alle Anweisungen und Schlüsselwörter mit Kleinbuchstaben eintragen, werden diese bei korrekter Syntax in die richtige Schreibweise geändert. Wenn Sie sich vertippt haben, etwa »msgboy« oder »mgsbox« anstatt »msgbox« eingetragen, ist dies keine gültige Anweisung und wird nicht umgewandelt.

Laufzeitfehler

Fehler, die während der Ausführung des Codes auftreten, werden als Laufzeitfehler bezeichnet. Laufzeitfehler treten auf, wenn eine Anweisung eine ungültige Operation ausführt, z.B. eine Division durch 0. Es gibt verschiedene Funktionen in Basic, die Sie bei der Verarbeitung solcher auffangbarer Fehler unterstützen.

Ausführung fortsetzen

Nach der Anzeige von Fehlermeldungen wird die Programmausführung in der Regel mit einer Fehlermeldung unterbrochen. Sie können dieses Verhalten ändern, indem Sie innerhalb einer Prozedur die Anweisung

```
On Error Resume Next
```

eintragen. Tritt bei der Ausführung eines solchen Makros ein Laufzeitfehler auf, wird das Programm nicht unterbrochen, sondern mit jener Zeile fortgesetzt, die auf die den Fehler verursachende Anweisung folgt.

Achtung: Dieses Verfahren ist natürlich nur geeignet, wenn Sie die Folgen abschätzen können. Wenn Sie aus einer Prozedur heraus eine andere aufrufen, sollten Sie auch in der aufgerufenen Prozedur die *Resume Next*-Anweisung verwenden, da diese Anweisung in der aufrufenden Prozedur deaktiviert wird.

Sprungmarke für den Fehler setzen

In der Regel werden Sie jedoch das Programm in der Weise fortsetzen wollen, dass der Benutzer einen Hinweis auf den Fehler und/oder die Möglichkeit zur Korrektur erhält. Um dies zu erreichen, werden spezielle Fehlerroutinen eingesetzt.

Mit der Anweisung

```
On Error GoTo Sprungmarke
```

legen Sie eine Zeile fest, zu der das Programm dann verzweigt, wenn ein Fehler auftritt. Eine solche Sprungmarke legen Sie über einen eindeutigen Namen fest. Die eigentliche Sprungmarke verwendet den Namen, gefolgt von einem Doppelpunkt. Im folgenden Beispiel wird nach dem Auftreten eines Fehlers in die Zeile *ErrorHandler* verzweigt. Das Programm wird nach einem Fehlerhinweis abgebrochen.

Listing 28.27 Weitere Ausführung unterbrechen

```
Option Explicit
Sub Main
    Dim s_in As String
    Dim d_out As Double

    On Error GoTo ErrorHandler
    s_in = InputBox("Geben Sie eine Zahl ein.", , "Text")
    d_out = 4 / Val(s_in)
    MsgBox "Das Ergebnis ist " & d_out
    Exit Sub
ErrorHandler:
```

```
    MsgBox "Es ist ein Fehler aufgetreten.", vbExclamation
End Sub
```

Wichtig, damit die Fehlermeldung nicht in jedem Fall angezeigt wird

Vergessen Sie nicht, dass bei normaler Bearbeitung das Programm vor der Ausführung der Fehlerbehandlung verlassen werden muss. Die Zeile *Exit Sub* im obigen Makro beendet die Prozedur in jenen Fällen, in denen kein Fehler auftritt, vor der Anzeige der Fehlermeldung. Nach Verlassen einer Prozedur ist die darin deklarierte Fehlerroutine deaktiviert.

Mit der speziellen Variante

```
On Error Goto 0
```

wird das standardmäßige Verhalten von Basic wieder eingeschaltet, und eigene Fehlerroutinen der aktuellen Prozedur werden deaktiviert.

Das Err-Objekt

Das *Err*-Objekt enthält Informationen zu Laufzeitfehlern. Die Eigenschaften des *Err*-Objekts werden durch den Verursacher des Fehlers festgelegt. Durch Überprüfen der Eigenschaften des *Err*-Objekts können Sie feststellen, welches Objekt den Fehler verursacht hat.

Wenn ein Laufzeitfehler auftritt, enthalten die Eigenschaften des *Err*-Objekts zudem Informationen, die den Fehler eindeutig kennzeichnen und mit deren Hilfe Sie die weitere Bearbeitung steuern können.

Die Eigenschaften des *Err*-Objekts werden zurückgesetzt, nachdem eine Fehlerbehandlung aktiviert oder wenn eine Prozedur beendet wurde. Mit der *Clear*-Methode können Sie die Eigenschaften auch explizit zurücksetzen.

Die Eigenschaften des *Err*-Objekts können Sie der **Tabelle 28.13** entnehmen.

Tabelle 28.13 Die Eigenschaften des Err-Objekts

Eigenschaft	Wert
Number	Ein Wert, der als Argument für die Error-Anweisung angegeben wird. Jede gültige Fehlernummer ist zulässig. Die Fehlernummern liegen im Bereich von 0 bis 65535.
Source	Enthält den Namen des Objekts, das den Fehler ursprünglich verursacht hat, in der Form *Projekt.Klasse*.
Description	Eine Zeichenfolge, die dem Rückgabewert der Error-Funktion für den angegebenen Wert von *Number* entspricht (sofern diese Zeichenfolge existiert). Wenn die Zeichenfolge nicht existiert, enthält *Description* die Zeichenfolge "Abwendungs- oder objektdefinierter Fehler".
HelpFile	Der vollständige Dateiname mit Laufwerk und Pfad für die Visual Basic-Hilfedatei.
HelpContext	Die Kontextkennung in der Visual Basic-Hilfedatei für den Fehler, welcher der Number-Eigenschaft entspricht.
LastDLLError	Enthält unter Betriebssystemen vom Typ 32 Bit Microsoft Windows nur den Systemfehler-Code für den letzten Aufruf einer Dynamic Link Library (DLL). Die LastDLLError-Eigenschaft ist schreibgeschützt.

Das folgende Beispiel verwendet die *Err*-Objekteigenschaften, um eine präzisere Fehlermeldung zu erhalten (vgl. **Abbildung 28.14**).

Listing 28.28 Eine bessere Fehlermeldung

```
Sub Main
     Dim s_in As String
     Dim d_out As Double

     On Error GoTo ErrorHandler
     s_in = InputBox("Geben Sie eine Zahl ein.", , "Text")
     d_out = 4 / Val(s_in)
     MsgBox "Das Ergebnis ist " & d_out
     Exit Sub
ErrorHandler:
     MsgBox Err.Description , vbExclamation, "Fehler " & Err.Number
End Sub
```

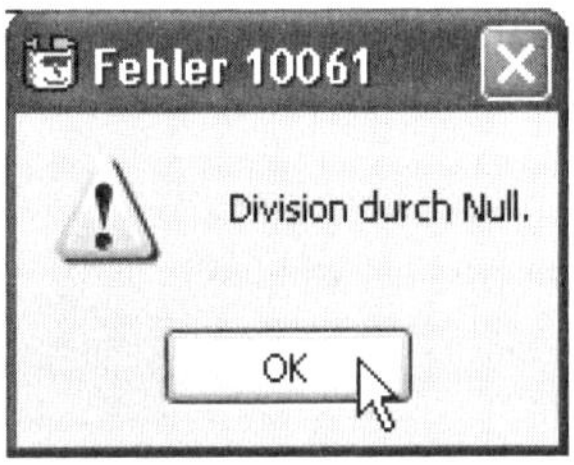

Abbildung 28.14 Fehlernummer und -beschreibung in der Meldung

Die Anweisung Resume

Mit dieser Anweisung legen Sie fest, wo nach Abarbeitung der Fehlerroutine die Ausführung fortgesetzt werden soll. Haben Sie eine Fehlerbehandlungsroutine geschrieben, die z.B. einen korrekten Wert für eine Variable einstellt, können Sie die Programmausführung an der Stelle fortsetzen, die auf den eigentlichen Fehler folgt. Sie verwenden hierzu die Anweisung *Resume Next.*

Die Anweisung *Resume* kann ähnlich der *On Error*-Anweisung auch mit der Angabe einer Sprungmarke verwendet werden. Die Sprungmarke lässt sich als Zeilennummer oder Sprungmarke angeben. Mit

```
Resume 0
```

setzen Sie die Programmausführung an der Stelle fort, die den Fehler verursacht hat.

Logische Fehler

Am schwierigsten ist wohl, die Gruppe logischer Fehler in den Griff zu bekommen. Führt ein Programm nicht zum gewünschten Ergebnis, beginnt die Prüfung der einzelnen Prozeduren auf logische Fehler. Anfällig für solche Fehler sind insbesondere Bedingungsprüfungen und Schleifen. Bei der Überprüfung von Bedingungen sollten Sie darauf achten, dass wirklich für jeden möglichen Fall eine Anweisung vorhanden ist, welche die Steuerung im Programm belässt und dem Anwender gezielte Informationen über die Beseitigung zur Verfügung stellt. Bei der *Select Case*-Anweisung erreichen Sie dies über die Verwendung der Anweisung *Case Else*.

Bei der Überprüfung von Bedingungen über die *If...Then...Else*-Anweisung kommt es vor, dass die Vergleichsoperatoren verwechselt werden und deshalb eine Bedingung nie erfüllt sein kann.

Haben Sie eigene Funktionen erstellt, müssen Sie diese anhand unterschiedlichster Werte auf geeignete Weise nachrechnen. Auch hier lauern logische Fehler, bei denen Sie selbst gefordert sind. Werden die Argumente in der richtigen Reihenfolge weiterverarbeitet? Werden die mathematischen Regeln bei den Berechnungen beachtet oder müssen eventuell Klammern gesetzt werden?

Sie sehen schon: Bei dieser Art von Fehlern hilft eigentlich nur das Testen der »fertigen« Prozedur. Nehmen Sie sich also die Zeit für ausführliche Tests. Vor allem testen Sie die Grenzwerte Ihrer Bedingungen!

Das Codefenster zum Debuggen einsetzen

Der Makro-Editor besitzt ein ausgezeichnetes Werkzeug, um Programme zu testen. Über *Ansicht/Fehlermeldung* können Sie das Fenster teilen. Oben erscheint ein Register *Schnell*.

In diesem Direktbereich können Sie Funktionen ausführen, Variablen lesen und ändern oder auch Methoden und Makros testen. Dafür geben Sie ein Fragezeichen, gefolgt von dem zu prüfenden Ausdruck, ein. Nach dem Drücken der *Eingabe*-Taste wird in der folgenden Zeile das Ergebnis angezeigt.

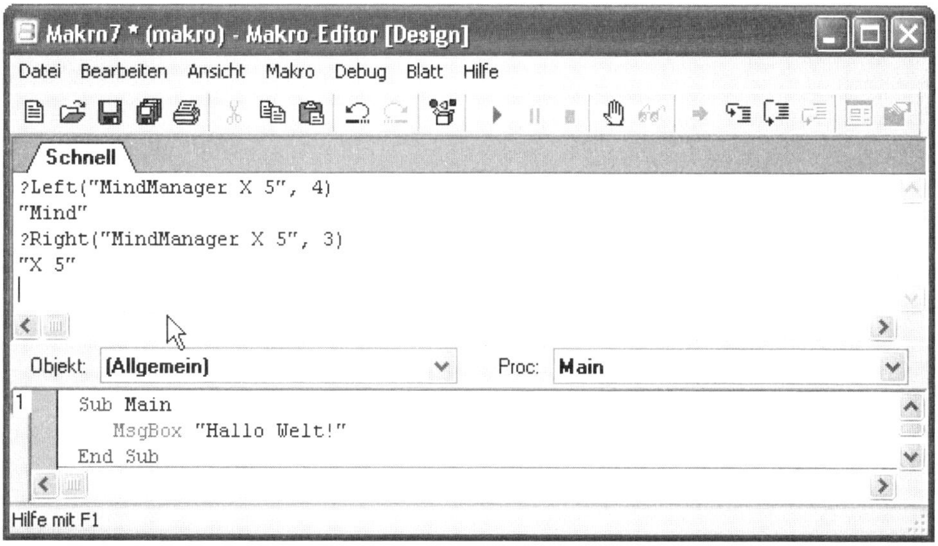

Abbildung 28.15 Im Direktfenster Funktionen testen oder Informationen ausgeben

Werte beobachten

Über die Schaltfläche *Hineinspringen* (F8) können Sie den Code Zeile für Zeile abarbeiten und so die Ausführung kontrollieren. Wenn das Makro Aktionen in einer Map ausführt, können Sie bei schrittweiser Ausführung die Auswirkung jeder einzelnen Anweisung auf dem Bildschirm verfolgen. Voraussetzung dafür ist, dass Sie die Bildschirmaktualisierung nicht ausgeschaltet und die Fenster so angeordnet haben, dass Sie die Map im Hintergrund sehen können.

In diesem Modus zeigt das *Watch*-Register Informationen zu den von Ihnen dort eingegebenen Variablen des aktiven Makros. Den Wert einer Variablen können Sie auf der Registerkarte *Schnell* gezielt beeinflussen, indem Sie der Variablen in der Form *s_in="Test"* einen neuen Inhalt zuweisen. Nach dem Drücken der *Eingabe*-Taste hat die Variable den neuen Wert.

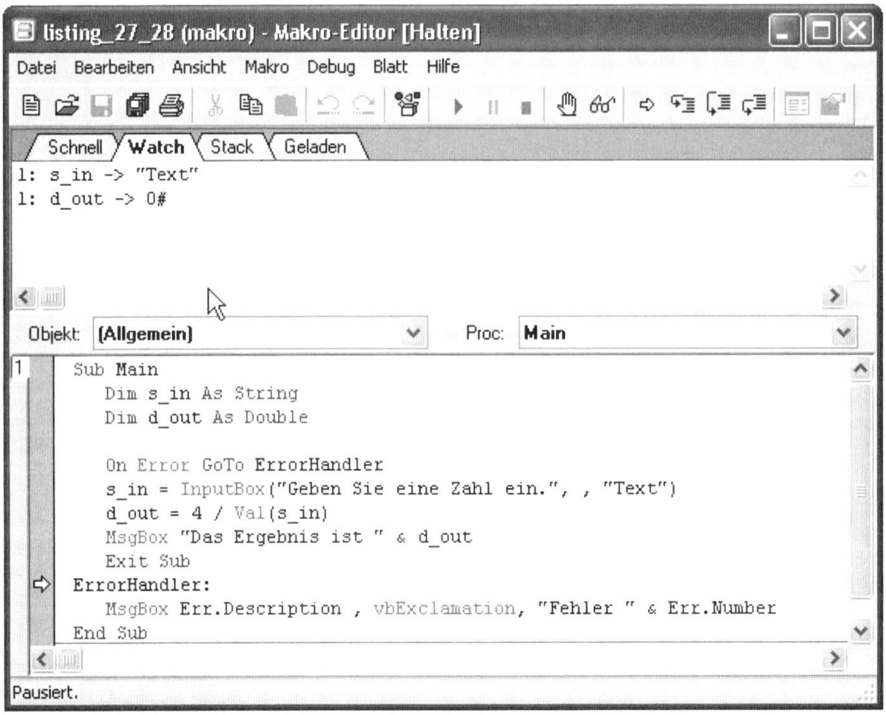

Abbildung 28.16 Den aktuellen Inhalt der Variablen ständig im Blick

Haltepunkte setzen und löschen

Um die Ausführung eines Programms an einer bestimmten Stelle anzuhalten, können Sie Haltepunkte setzen. Über den Befehl *Haltepunkt ein/aus* im Menü *Debug* können Sie einen Haltepunkt in der aktiven Zeile setzen und so das Programm gezielt unterbrechen. Ganz schnell können Haltepunkte mit einem Mausklick auf den linken Rahmen des Codefensters oder mit der Taste *F9* eingefügt und auch wieder gelöscht werden.

Beachten Sie dabei, dass die Ausführung vor dem Erreichen der Codezeile mit dem Haltepunkt unterbrochen wird. Die Codezeile, in der ein Haltepunkt gesetzt ist, wird farbig markiert (vgl. **Abbildung 28.17**).

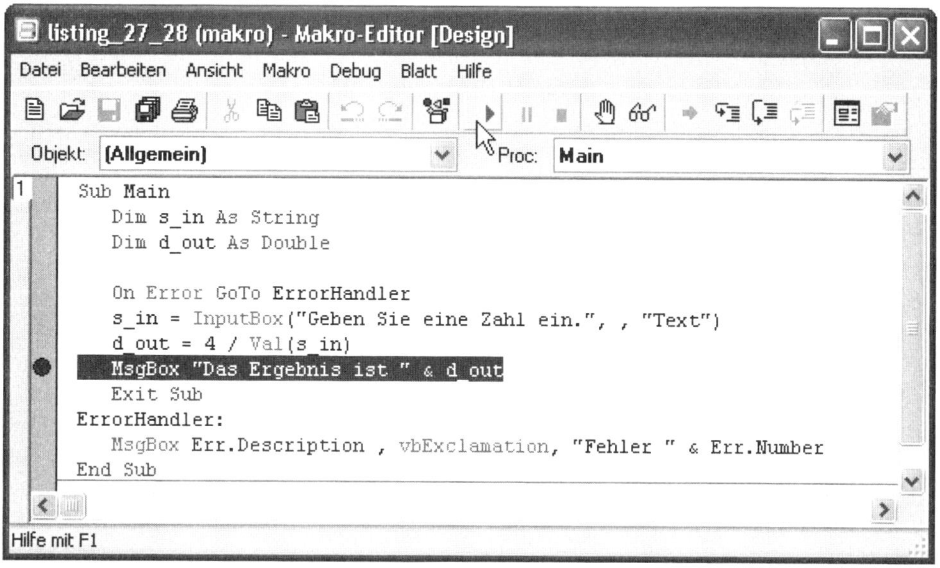

Abbildung 28.17 Vor dieser Anweisung wird das Programm unterbrochen

Beim Schließen einer Arbeitsmappe werden alle Haltepunkte gelöscht. Mit dem Befehl *Debug/Alle Haltpunkte löschen* oder den Tasten *Umschalt+Strg+F9* können Sie selbst alle gesetzten Haltpunkte entfernen.

Mit diesen Hinweisen sollte es Ihnen gelingen, logische Fehler ausfindig zu machen. Insbesondere bei der Fehlersuche erleichtern Kommentare die Arbeit erheblich. Darum nochmals: Sparen Sie nicht mit Kommentaren, um die Zielsetzung Ihres Programm insbesondere an schwierigen Stellen festzuhalten. Beim Erstellen solcher Kommentare kommen Sie nicht umhin, sich mit der Programmlogik näher zu befassen. Manchmal lässt sich bereits durch Vergleichen von Kommentar und Codezeilen ein Fehler erkennen.

Alle Listings dieses Kapitels finden Sie auf der Buch-CD im Ordner *\Kapitel 28*. Der Dateiname enthält die Kapitel- und die Listing-Nummer, Beispiel: *Listing_28_26.mmbas*

29

Makros – Praxislösungen

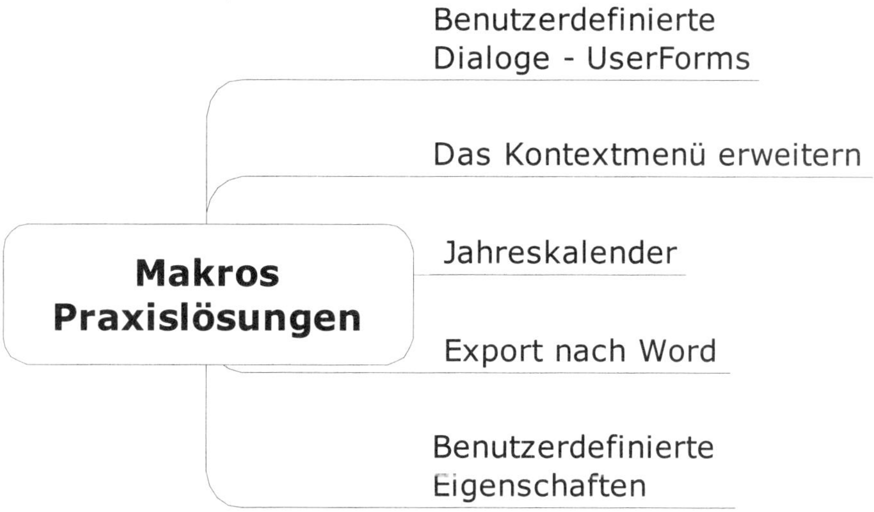

29 Makros – Praxislösungen

In diesem Kapitel sollen einige Lösungen vorgestellt, Tipps und Tricks vermittelt werden. Wenn Sie das Kapitel 28 erfolgreich studiert haben oder wenn Sie ein Programmierprofi sind, finden Sie hier die Anwendung und Fortsetzung dessen, was das Kapitel 28 an Grundlagen enthält.

29.1 Benutzerdefinierte Dialoge – UserForms

Um es vorwegzunehmen: Wenn Sie die UserForms aus Microsoft VBA kennen, werden Sie deren Komfort und Möglichkeiten vermissen. Die Art und Weise, wie in Sax Basic Benutzerformulare erstellt, ausgeführt und ausgewertet werden, entspricht in etwa dem Stand, den Sie evtl. noch aus Microsoft Word-Basic (in den Word-Versionen 2.0 und 6.0) kennen. Trotzdem wollen wir zeigen, dass Sie in Ihren Makros interaktiv sein können und über mehr Funktionen als mit *MsgBox()* oder *InputBox()* verfügen.

Zu erstellen ist eine Eingabemöglichkeit für diverse Benutzerangaben, wie Name, Anschrift, Abteilung usw. Die Angaben sollen nach erfolgter Eingabe in einem neuen Zweig in die bestehende Map eingefügt werden.

Für die Lösung dieser Aufgabe erstellen Sie mit Hilfe der Makro-Editor-Funktion *Benutzerdialog bearbeiten* ein UserForm, das alle Eingabefelder sowie Bedienelemente enthält. Es wird in den Makrocode übernommen und anschließend die Auswertung programmiert. Im Einzelnen gehen Sie so vor:

1. Wählen Sie im Makro-Editor den Befehl *Bearbeiten/Benutzerdialog*. Sie erhalten ein grafisches Tool, mit dem Sie die erforderlichen Controls auf der Formularfläche einfügen können – den *User-Dialog-Editor* (vgl. **Abbildung 29.1**).
2. Klicken Sie auf die Schaltfläche *Textfeld hinzufügen* und anschließend auf die Formularfläche, um ein Texteingabefeld einzufügen. Mit Hilfe der Schaltfläche *Text hinzufügen* können Sie die dazugehörige Beschriftung organisieren.
3. Auf diese Art und Weise erstellen Sie Texteingabefelder, eine Listbox, ein Kontrollkästchen, zwei Optionsfelder, zwei Schaltflächen und die Beschriftungen wie in **Abbildung 29.1** zu sehen.
4. Mit einem Doppelklick auf das Formular bzw. auf ein einzelnes Element öffnen Sie das jeweilige Eigenschaftsfenster. Dort legen Sie Beschriftungen, eindeutige Namen der Elemente und ggf. auch die Koordinaten für die Position fest.

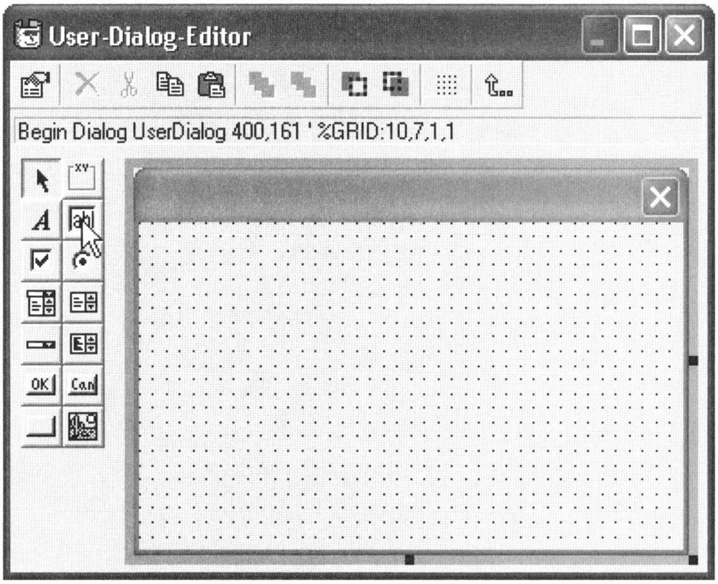

Abbildung 29.1 Der Dialog-Editor

5. Zum Schluss bedienen Sie die Schaltfläche *Speichern und Beenden* oben rechts auf der Symbolleiste. Die Definition des *UserDialogs* wird in den Code eingefügt.

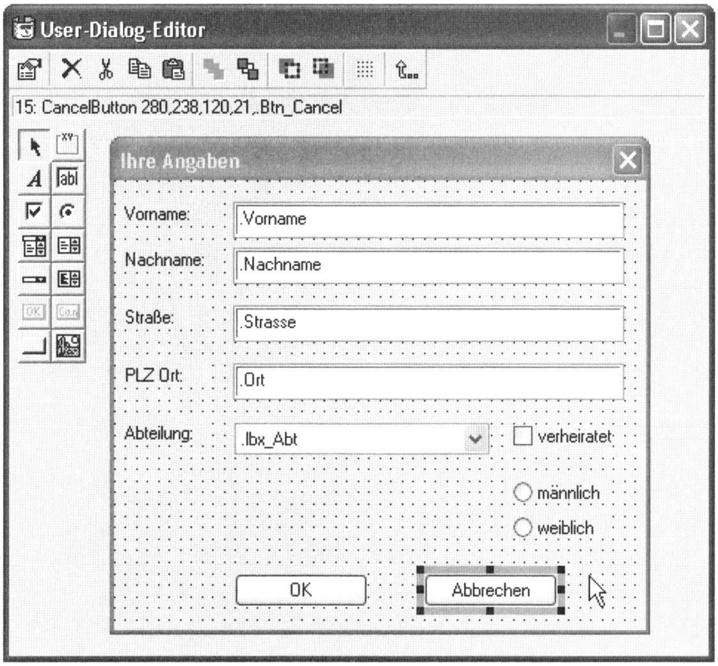

Abbildung 29.2 Das endgültige Aussehen des Formulars

Der eingefügte Code für das Formular steht in dem Rahmen *Begin Dialog ... End Dialog*. Zusätzlich fügt Ihnen der Dialog-Editor die Objektdeklaration für den Dialog ein:

```
Dim dlg As UserDialog
```

Zusätzlich erscheint darunter der Aufruf des Dialoges:

```
Dialog dlg
```

Wenn Sie den Dialog erneut bearbeiten wollen, kopieren Sie den Code zwischen *Begin Dialog* und *End Dialog* in die Zwischenablage, rufen den Dialog-Editor auf und fügen ihn dort aus der Zwischenablage ein.

Diesen Code ergänzen bzw. verändern Sie mit dem Code wie in **Listing 29.1**. Sie sehen, dass zu Beginn der Prozedur die erforderlichen Variablen deklariert werden. Bei *Abteilungen(7)* handelt es sich um ein Datenfeld (Array), das acht (mit dem Index 0–7) Elemente vom Datentyp *String* aufnehmen kann. In dieses Array werden dann die Abteilungsbezeichnungen geschrieben. Das Array wird dem Dropdown-Listenfeld *lbx_Abt* zugewiesen. Damit ist der Inhalt der Liste bestimmt.

Das folgende Listing finden Sie auf der Buch-CD im Ordner *\Kapitel29* unter dem Namen *Listing_29_01.mmbas*.

Listing 29.1 Beispiel für die Anwendung eines Benutzerformulars

```
Sub Main
   Dim Abteilungen(7) As String, sex As String, mar As String
   Dim answer As Integer, i As Integer
   Dim mm_topic As Topic
   On Error GoTo ErrorHandler
   'Die Abteilungen ins Array schreiben.
   Abteilungen(0) = "Geschäftsleitung"
   Abteilungen(1) = "Marketing"
   Abteilungen(2) = "Vertrieb"
   Abteilungen(3) = "Logistik"
   Abteilungen(4) = "Produktion"
   Abteilungen(5) = "Buchhaltung"
   Abteilungen(6) = "Forschung/Entwicklung"
   Abteilungen(7) = "Öffentlichkeitsarbeit"
   'Definition des Formulars
   Begin Dialog UserDialog 480,273,"Ihre Angaben" '%GRID:10,7,1,1
      TextBox 110,14,350,21,.Vorname
      Text 10,14,90,14,"Vorname:",.tx_Vorname
      TextBox 110,42,350,21,.Nachname
      Text 10,42,90,14,"Nachname:",.tx_Name
      TextBox 110,77,350,21,.Strasse
```

```
        Text 10,77,80,14,"Straße:",.tx_Strasse
        TextBox 110,112,350,21,.Ort
        Text 10,112,80,14,"PLZ Ort:",.tx_Ort
        DropListBox 110,147,230,21,Abteilungen(),.lbx_Abt
        Text 10,147,80,14,"Abteilung:",.tx_Abt
        CheckBox 360,148,90,14,"verheiratet",.cbx_mar
        OptionGroup .Sex
            OptionButton 360,182,90,14,"männlich",.opt_men
            OptionButton 360,203,90,14,"weiblich",.opt_wife
        OKButton 110,238,120,21,.Btn_OK
        CancelButton 280,238,120,21,.Btn_Cancel
    End Dialog
    Dim dlg As UserDialog
    answer = Dialog(dlg)   'Aufrufen des Formulars
    If answer = -1 Then   'OK wurde gedrückt.
        'Auswerten der Checkbox
        If dlg.cbx_mar = 1 Then
            mar = "verheiratet"
        Else
            mar = "ledig"
        End If
        'Auswerten der Optionsgruppe zum Geschlecht
        Select Case dlg.sex
            Case 0
                sex = "männlich"
            Case 1
                sex = "weiblich"
            Case Else
                sex = "unbekannt"
        End Select
        'In aktiver Map einen neuen Hauptzweig erzeugen.
        Set mm_topic = _
               ActiveDocument.CentralTopic.AddSubTopic("Personalien")
        'Angaben aus dem Formular als Unterzweige einfügen.
        mm_topic.AddSubTopic "Vorname: " & dlg.Vorname
        mm_topic.AddSubTopic "Nachname: " & dlg.Nachname
        mm_topic.AddSubTopic "Straße: " & dlg.Strasse
        mm_topic.AddSubTopic "PLZ/Ort: " & dlg.Ort
        mm_topic.AddSubTopic "Abteilung: " & Abteilungen(dlg.lbx_Abt)
        mm_topic.AddSubTopic mar
```

```
      mm_topic.AddSubTopic "Geschlecht: " & sex
    End If
    Set mm_topic = Nothing
    Exit Sub
  ErrorHandler:
    MsgBox Err.Description, vbExclamation, "Fehler " & Err.Number
  End Sub
```

Abbildung 29.3 Das Formular in Aktion

Wenn der Benutzer das Formular schließt, kann die Aktion in der Variable *answer* ausgewertet werden. Der Wert *0* steht für *Abbrechen*, der Wert *–1* für das Abschließen mit *OK*. Im letzteren Fall erfolgen die weiteren Auswertungen der Benutzereingaben.

Sie sehen, dass alle Benutzereingaben durch Auslesen der Eigenschaften des *dlg*-Objekts ausgelesen werden können. *dlg.Vorname* liest den Inhalt des gleichnamigen Textfeldes aus usw. Die Checkbox *cbx_mar* wird auf 0 (False) oder 1 (True) geprüft. Bei den Optionsfeldern sprechen Sie die Optionsgruppe *dlg.Sex* an. Sie enthält den Index des gewählten Elements (bei 0 beginnend).

Die Ermittlung des gewählten Elements aus der Dropdown-Liste stellt sich ebenfalls recht einfach dar. Mit dem Ausdruck

```
Abteilungen(dlg.lbx_Abt)
```

greifen Sie exakt auf das Element in Ihrem Array zu, das der Benutzer in der Liste markiert hat, denn *dlg.lbx_Abt* liefert ebenfalls den bei *0* beginnenden Element-Index.

Mit diesen Angaben kann der Zweig »Personalien« in der aktiven Map gefüllt werden.

29.2 Das Kontextmenü erweitern

Sie benötigen häufig mehrere Kopien einer kompletten Verzweigung. Deshalb wollen Sie eine kleine Funktion zum Vervielfältigen eines markierten Zweiges schreiben und diese im Kontextmenü für Zweige zur Verfügung haben.

Mit einer Inputbox() und den anderen aus Kapitel 28 bekannten Sprachelementen lösen Sie diese Aufgabe. Notieren Sie im Makro-Editor den Code aus **Listing 29.2**. Gehen Sie dann die nachfolgend beschriebenen Schritte.

Das folgende Listing finden Sie auf der Buch-CD im Ordner *\Kapitel29* unter dem Namen *Listing_29_02.mmbas*.

Listing 29.2 Das Makro zur Vervielfältigung von Zweigen

```
Sub Main
   Dim anzahl As String    'Variable für die Benutzereingabe
   Dim i As Integer       'Zählervariable
   Dim t As Topic, z As Topic
   On Error GoTo ErrorHandler
   With ActiveDocument
      If .Selection.HasTopic And Not
.Selection.PrimaryTopic.IsCentralTopic  Then
         'Dialog für die Eingabe der Anzahl der Zweigkopien:
         anzahl = _
         InputBox("Wie oft soll aktueller Zweig kopiert werden?", _
                  "Daggis MM Supermakros", "1")
         'Wenn die Eingabe eine Zahl ist,...
         If IsNumeric(anzahl) Then
            Set t = .Selection.PrimaryTopic
            'Von 1 bis Anzahl das Kopieren des Zweiges wiederholen:
            For i =1 To Abs(Fix(Val(anzahl)))
               'Markierten Zweig an übergeordneten Zweig erneut anhängen:
               Set z = t.ParentTopic.AddSubTopic(t.Text)
               z.Xml = t.Xml
            Next i
         'Wenn die Eingabe keine Zahl ist,...
         Else
            MsgBox "Bitte geben Sie eine gültige Zahl ein!", _
                   vbExclamation, "Fehleingabe"
         End If
      End If
```

```
    End With
    Exit Sub
ErrorHandler:
    MsgBox Err.Description, vbExclamation, "Fehler " & Err.Number
End Sub
```

So bringen Sie das Makro in das Kontextmenü für Zweige:

1. Wählen Sie im MindManager den Befehl *Extras/Makro/Makros*, und klicken Sie im Makro-Dialogfenster auf die Schaltfläche *Hinzufügen*.
2. Notieren Sie den Namen *Z&weig kopieren* und geben den Pfad zur Makro-Datei an.
3. Wählen Sie in der Dropdown-Liste *Menü* den Eintrag *Kontextmenü Zweig*. Eine kurze Beschreibung macht das Ganze komplett. Schließen Sie mit *OK*.

Das war's! Testen Sie das Makro, indem Sie es im Kontextmenü für einen Zweig aufrufen.

Das Zeichen »&« im Namen *Z&weig kopieren* ist Absicht. Es sorgt dafür, dass der nachfolgende Buchstabe als Schnelltaste verwendet werden kann. Sie erkennen das an dem Unterstrich unter dem »w« (vgl. **Abbildung 29.4**).

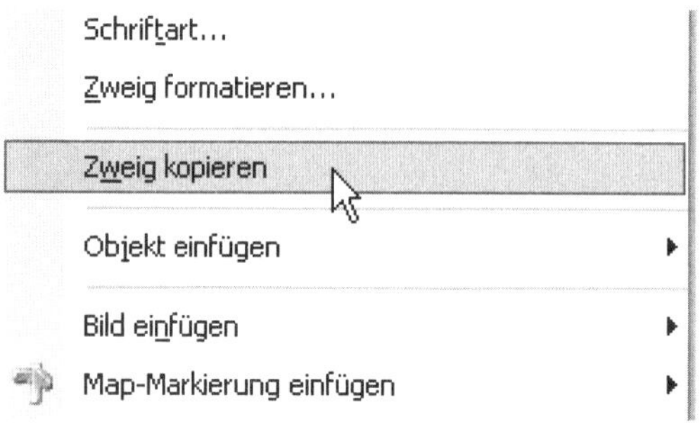

Abbildung 29.4 Der neue Befehl im Zweige-Kontextmenü

29.3 Jahreskalender

Ein Makro soll für die einzugebende Jahreszahl einen Jahreskalender in Form einer Mind Map erstellen. Er soll die Jahreszeiten, Monate, Kalenderwochen und Tage errechnen und anzeigen.

Diese Anwendung erfordert den Einsatz von Datumsfunktionen, um die korrekten Datumsangaben für das angegebene Jahr zu bestimmen. Daneben müssen Sie das bisher erworbene Wissen über Schleifen, Verzweigungen, Objektvariablen usw. einsetzen.

Das Listing finden Sie auf der Buch-CD im Ordner *\Kapitel29* unter dem Namen *Listing_29_03.mmbas*. Kopieren Sie den Code aus der Datei, oder öffnen Sie sie im Makro-Editor.

Das Makro setzt voraus, dass Ihre MindManager-Installation über die im Code angegebenen Bilder (Images) verfügt. Der Code ist auskommentiert, so dass sich hier weitere Erläuterungen erübrigen.

29.4 Export nach Word

Der Word-Export wurde in Kapitel 14 bereits ausführlich behandelt. Wir wollen hier einen Fall betrachten, wo die in Kapitel 14 gezeigten Möglichkeiten nicht ausreichen bzw. nicht passen.

Gegeben ist eine Mind Map, in der Sitzungen protokolliert werden. Gegeben ist weiter eine Word-Dokumentvorlage, auf deren Basis ebenfalls Sitzungsprotokolle abgefasst werden sollen.

Wie können die Daten aus der Sitzungs-Mind Map gezielt an die entsprechenden Stellen in der Word-Vorlage transportiert werden, so dass die Map-Informationen nicht ein zweites Mal in Word getippt werden müssen? Natürlich – mit einem Makro.

Für das Funktionieren der programmierten Lösung gibt es allerdings einige Festlegungen, die eingehalten werden müssen. Die Map muss folgendes Schema erfüllen:

- Es gibt einen Hauptzweig »Verteiler«, der auf den Unterzweigen die Angaben für den Verteiler enthält.

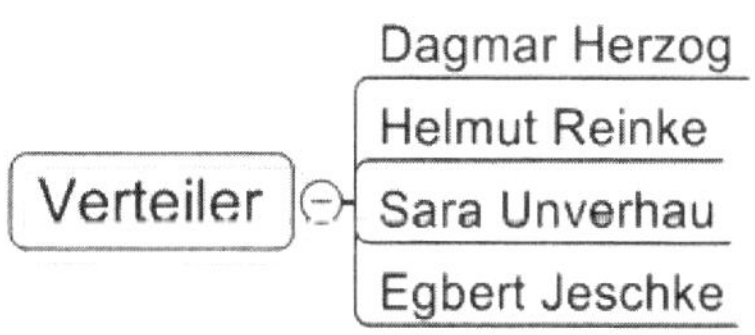

Abbildung 29.5 Der Hauptzweig »Verteiler«

- Es gibt einen Hauptzweig »Organisation«, der auf den Unterzweigen organisatorische Angaben enthält.

Abbildung 29.6 Der Hauptzweig »Organisation«

- Alle weiteren Hauptzweige stehen für die Tagesordnungspunkte und beginnen immer mit »TOP n«, wobei *n* für eine einstellige Nummer steht.
- Unter den TOP-Zweigen gibt es eine beliebig tiefe Verzweigung für die weiteren Inhalte. Hier können auch Textnotizen vorhanden sein.

Die Word-Dokumentvorlage ist folgendermaßen aufgebaut:

- Es gibt ein Titelblatt mit Überschrift, Firmenanschrift und -logo usw.
- Für die Anordnung der Angaben zur Sitzung sind auf dem Titelblatt zwei Tabellen eingerichtet. Angaben wie, Datum, Beginn, Ende usw. können also über die Tabellenkoordinaten in das Dokument geschrieben werden.
- Das Titelblatt ist durch einen Seitenwechsel von der leeren Seite 2 getrennt. Ab Seite 2 werden die Inhalte der Sitzung protokolliert, d.h., hier gehören die Inhalte der TOP-Zweige aus der Mind Map hinein.

Das Listing *Listing_29_04.mmbas*, die Sitzungs-Map *Kap29.mmap* sowie die Word-Dokumentvorlage *MB_Protokoll.dot* finden Sie auf der Buch-CD im Ordner *\Kapitel29*.

So können Sie die Beispieldateien von der CD ausprobieren:

1. Kopieren Sie die Word-Dokumentvorlage *MB_Protokoll.dot* in Ihren Word-Vorlagenordner. Wenn Sie nicht wissen, wo sich dieser befindet, schauen Sie in Word unter *Extras/Optionen/*Register *Speicherort für Dateien* im Eintrag *Benutzervorlagen* nach.
2. Öffnen Sie die Sitzungs-Map *Kap29.mmap* von der CD.
3. Starten Sie mit den Tasten *Alt+Umschalt+F11* den Makro-Editor.
4. Öffnen Sie hier die Makro-Datei *Listing_29_04.mmbas* von der CD.

5. Führen Sie das Makro mit *F5* oder durch Klick auf die Symbolschaltfläche *Starten/Fortfahren* aus.

Beachten Sie bitte die Hinweise im Code zu den notwendigen Referenzen auf die externen Bibliotheken. Der Code ist auskommentiert, so dass sich hier weitere Erläuterungen erübrigen.

29.5 Berechnungen mit benutzerdefinierten Eigenschaften

Mit MindManager 6 haben Sie die Möglichkeit, den Zweigen weitere, selbst definierte Eigenschaften zuzuweisen. Diese können z. B. zum Erfassen von Kosten verwendet werden.

Wir haben eine Projekt-Map für den Aufbau einer Internet-Präsenz erstellt. Die einzelnen Zweige können Kosten zu den jeweiligen Aufgaben enthalten. Nun sollen mit Hilfe eines Makros die Gesamtkosten errechnet und in einem neuen Zweig dargestellt werden.

Zur Berechnung wird nur die benutzerdefinierte Eigenschaft »Kosten« herangezogen, die als Währung definiert ist. Zweige können auch andere benutzerdefinierte Eigenschaften enthalten, die jedoch ignoriert werden.

In **Abbildung 29.7** sehen Sie zunächst die Map mit den bereits zugewiesenen Kosten.

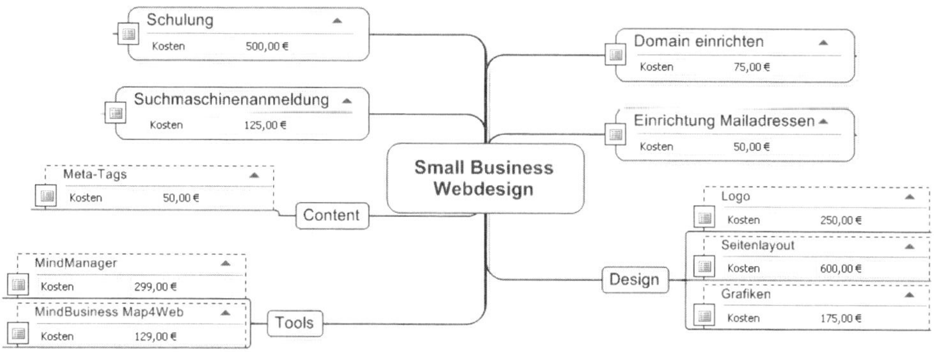

Abbildung 29.7 Projekt Webdesign mit Kosten als benutzerdefinierte Eigenschaften

So können Sie die Beispieldateien der CD ausprobieren:

1. Öffnen Sie die Projekt-Map *Small Business Webdesign.mmap* von der CD.
2. Starten Sie mit den Tasten *Alt+Umschalt+F11* den Makro-Editor.
3. Öffnen Sie hier die Makro-Datei *Listing_29_05.mmbas* von der CD.
4. Führen Sie das Makro mit *F5* oder durch Klicken auf die Symbolschaltfläche *Starten/Fortfahren* aus.

Das Ergebnis sehen Sie in **Abbildung 29.8**. Der Code ist auskommentiert, so dass sich hier weitere Erläuterungen erübrigen.

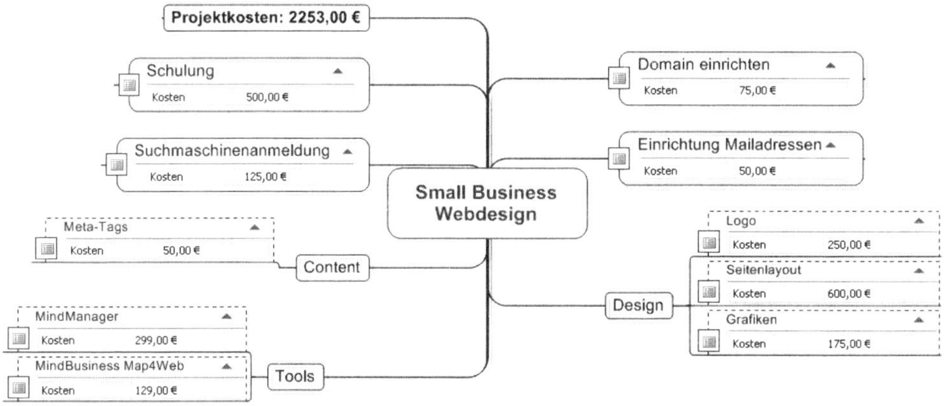

Abbildung 29.8 Die Kosten zum Projekt wurden nun per Makro automatisch errechnet

Anhang

A Tastenkombinationen

Wie Sie sicherlich schon längst festgestellt haben, können Tastenkombinationen für Ihre Arbeit in MindManager eine echte Zeitersparnis darstellen. Das Arbeiten mit den Shortcuts ist sicherlich immer eine individuelle Entscheidung. Der eine mag's, der andere nicht. Für alle, die gerne damit arbeiten, hier noch einmal ein Überblick über alle Tastenkombinationen.

Sie finden auf der CD zum Buch im Ordner *\Anhang A* auch eine Map mit allen hier erwähnten Tastenkombinationen.

A.A Allgemeine Windows-Befehle

Tabelle A.1 Befehle in Windows

Ein Menü oder Dialogfeld schließen	Esc
Einen Vorgang abbrechen	Esc
MindManager beenden	Alt + F4
Windows-Taskleiste anzeigen	Strg + Umschalt + Esc

A.B MindManager Befehle

Tabelle A.2 Befehle in Map-Dokumenten

Eine neue Map anlegen	Strg + N
Eine Map öffnen	Strg + O
Die aktuelle Map speichern	Strg + S
Speichern unter	F12
Die aktuelle Map schließen	Strg + W
Druckvorschau	Strg + F2
Die aktuelle Map drucken	Strg + P

Tabelle A.3 Befehle für den Bereich Anzeigen

Nächste Map anzeigen	Strg + F6
Map horizontal teilen	Strg + Alt + S
Map vertikal teilen	Strg + Alt + V

Notizenfenster ein-/ausblenden	Strg + T, F11
Nächste/vorherige Textnotiz anzeigen	Strg + Umschalt + Bild-auf/Bild-ab
Bildlauf im Fenster in kleinen Schritten	Strg + Pfeiltasten
Bildlauf im Fenster in größeren Schritten	Bild-Auf, Bild-Ab (nach oben/unten), Strg + Bild-auf, Strg + Bild-ab (links/rechts)
Map an Fenster anpassen	Strg + F5
Map zentrieren	Strg + F3
Objekt zentrieren	Alt + F3
Zweig fokussieren	F3
Map an Fenster anpassen	Strg + F5
Map zentrieren	Strg + F3
Objekt zentrieren	Alt + F3
Zweig fokussieren	F3
Vergrößern Verkleinern (Zoom-Funktion)	Strg + = Strg + -
Detail: Nächste Ebene anzeigen Ebene 1 anzeigen Ebene 2 anzeigen Ebene 3 anzeigen Gesamten Zweig anzeigen Zweig ausblenden	 Strg + D Umschalt + Alt + 1 Umschalt + Alt + 2 Umschalt + Alt + 3 usw. (bis zu Ebene 9) Umschalt + Alt + A Umschalt + Alt + 0
Filter entfernen	Strg + Umschalt + Alt + A

Tabelle A.4 Befehle für das Hinzufügen von Objekten

Nebenzweig hinzufügen (unterhalb) Nebenzweig hinzufügen (als Nebenzweig davor)	Eingabetaste Umschalt + Eingabetaste
Unterzweig hinzufügen	Einfg
Übergeordneten Zweig hinzufügen	Strg + Umschalt + Einfg
Kommentare hinzufügen	Strg + F11
Notizen hinzufügen	Strg + T
Anmerkung hinzufügen	Strg + Umschalt + Enter
Umrandung hinzufügen	Strg + Umschalt + B
Icon hinzufügen *Hinweis: Tastenkombinationen werden definiert im Bibliotheksbereich* Alle Icons entfernen	Strg + 1, Strg + 2 usw. Strg + 0
Prioritäts-Icon hinzufügen	Strg + Umschalt + 1; Strg + Umschalt + 2 usw.

(Priorität 1, 2 usw.) Alle Prioritäten entfernen	 Strg + Umschalt + 0
Zugeordnetes Icon einfügen	Strg + 1; Strg + 2 usw.
Map Part einfügen	Strg + Umschalt + N
Zweig aktualisieren	F5
Alle Zweige aktualisieren	Umschalt + F5
Hyperlink hinzufügen	Strg + K
Beschriftung hinzufügen	Strg + Umschalt + F5
Lesezeichen hinzufügen	Strg + Umschalt + K

Tabelle A.5 Bearbeitungsbefehle

Alle Zweige und Objekte auswählen	Strg + A
Weitere Zweige auswählen	Umschalt + Pfeiltasten
Alle Nebenzweige auswählen (nur unterhalb) (nur oberhalb)	Strg + Umschalt + A Umschalt + Ende Umschalt + Pos1
Alle Unterzweige auswählen (nur auf nächster Ebene)	Strg + Umschalt + Linkspfeil Strg + Umschalt + Rechtspfeil
Zweig und alle Unterzweige auswählen (alle Ebenen)	Umschalt + F3
Formatierung löschen	Strg + Leertaste
In Zwischenablage kopieren	Strg + C Strg + Einfg
In Zwischenablage ausschneiden	Strg + X Umschalt + Entf
Inhalt der Zwischenablage einfügen	Strg + V Strg + Einfg
Als Anmerkung einfügen	Strg + Umschalt + V
Letzten Bearbeitungsschritt rückgängig machen	Strg + Z, Alt + Rücktaste
Letzten Bearbeitungsschritt wiederholen	Strg + Y
Bearbeiten von Zweigtext	F2
Zeilenumbruch in Zweig eingeben	Strg + Eingabetaste Umschalt + Eingabetaste
An Zeilenanfang springen	Pos1
An Beginn des Zweigtextes springen	Strg + Pos1
An Ende des Zweigtextes springen	Strg + Ende
Zweig oder Objekt löschen	Löschen

Ausgewählten Zweig löschen (Unterzweige beibehalten)	Strg + Umschalt + Entf
Suchen	Strg + F
Ersetzen	Strg + H
Rechtschreibung	F7
Zweig verschieben: Eine Position nach oben Eine Position nach unten An 1. Position An letzte Position	 Strg + Alt + Pfeil nach oben Strg + Alt + Pfeil nach unten Strg + Alt + Pos1 Strg + Alt + Ende
Alle Zweigpositionen zurücksetzen	Strg + Alt + Leertaste

Tabelle A.6 Befehle für die Textformatierung

Fett formatieren und Formatierung rückgängig machen	Strg + B
Kursiv formatieren und Formatierung rückgängig machen	Strg + I
Unterstreichen und Formatierung rückgängig machen	Strg + U
Schriftgröße erhöhen	Strg + Umschalt + >
Schriftgröße verringern	Strg + Umschalt + <
Durchgestrichener Text	Strg + Umschalt + S
Formatierung löschen	Strg + Leertaste
Füll-/Hervorhebungsfarbe	Strg + Umschalt + C
Schrift-/Eingabefarbe	Strg + Umschalt + F

Tabelle A.7 Befehle zum Navigieren

Zweig darüber, darunter, links oder rechts auswählen	Pfeiltasten
Nächsten/vorherigen Zweig auswählen	Tabulatortaste / Umschalt- + Tabulatortaste
Zum nächsten / vorigen Lesezeichen springen	Strg + < bzw. Strg + >

Tabelle A.8 Befehle für die Hilfe

Hilfe anzeigen	F1

B Wo findet man mehr zu MindManager?

Ist Ihr Wissensdurst immer noch nicht gestillt? Dann ist dieser Teil des Anhangs genau das Richtige für Sie. Wir möchten Ihnen hier einige nützliche Links verraten, mit denen Sie weitere Informationen rund um MindManager finden. Viel Spaß beim Surfen!

www.MindBusiness.de

Auf unserer Homepage finden Sie alles rund um das Unternehmen MindBusiness GmbH. Natürlich stellen wir Ihnen hier auch die neuesten Informationen zu MindManager zur Verfügung. Ein Tipp: Abonnieren Sie unseren Newsletter, so bleiben Sie immer auf dem aktuellsten Stand.

www.Mindjet.de

Auf den Seiten des Herstellers der MindManager-Software finden Sie immer die neuesten professionellen Lösungen zu MindManager. Ebenso können Sie sich hier Updates zu allen Features in MindManager kostenlos downloaden und das User-Forum nutzen.

Unser Tipp: Es stehen immer mehr interessante Zusatzprodukte/Add-Ins für Mindjet MindManager 6 zur Verfügung.

Die Lösungen wurden alle von Mindjet-Partnern entwickelt, um MindManager in bestehende Unternehmenslösungen zu integrieren.

http://www.mindjet.com/de/products/mindmanager_addins/index.php?s=5

www.mindjet.com/labs/

Auf dieser Seite finden Sie die Schnittstellenbeschreibung für Entwickler.

www.mind-map.com

Unter dieser Adresse finden Sie die Homepage des Engländers Tony Buzan, dem Erfinder der Mind-Mapping-Methode. Hier finden Sie viele Informationen zum Thema Mind Mapping, dessen Hintergründe, interessante Büchertipps, Weiterentwicklungen und vieles mehr.

www.zeitzuleben.de

»Zeit zu leben« ist ein Online-Ratgeber für alle, die sich für die Themen Erfolg, Zufriedenheit und Lebensqualität interessieren. Auch hier finden Sie Tipps aus den Bereichen Denken, Lernen & Kreativität mit nützlichen Artikeln und Buchempfehlungen.

http://www.lernen-heute.de/mind_mapping.html

Hier finden Sie alles über neue Lernmethoden sowie Tipps zum schnelleren und effizienteren Lernen. Mind Mapping wird hierbei besonders hervorgehoben. Sie erfahren, wie Sie

MindManager zum Lernen und Nacharbeiten richtig anwenden, und erhalten interessante Buchtipps zu diesem Thema.

www.Mindmapping.de

Auf Mindmapping.de erhalten Sie Anleitungen und Tipps im Umgang mit MindManager und Informationen zu verschiedenen Produkten. Außerdem finden Sie auch eine tolle Map-Galerie.

www.mindmap.ch

Die Schweizer Webseite bietet Informationen zu den Themen Mind Maps, Kreativität und Kreativitätswerkzeuge, Gehirn, Clustering, Brainstorming, Lernmethoden & Lerntechniken, Bildung, Wissensmanagement, Knowledge-Management, Visualisierung, vernetztes Denken etc. Tipp: Stöbern lohnt sich!

Diese Aufzählung ist nur beispielhaft und hat auf keinen Fall den Anspruch, komplett zu sein. In den letzten Jahren hat sich bzgl. effizienter Arbeitstechniken sehr viel getan. Diese Aufzählung soll Ihnen Appetit machen, sich selbst auf die Suche und interessante Entdeckungen zu machen.

Wir wünschen Ihnen viel Spaß dabei.

Herzlichst

Dagmar Herzog und das Autorenteam

C Mindjet MindManager auf dem Tablet PC

Auch vor MindManager macht der rasante Fortschritt unserer Gesellschaft keinen Halt.

Mindjet MindManager bietet Business-Anwendern eine effektive Lösung zum Sammeln, Organisieren und Kommunizieren von Informationen für den Einsatz auf Tablet PCs. Die zweite Generation der Applikation vereint die klassischen Funktionen von MindManager mit der digitalen Technologie des Tablet PC. Für die mobile Plattform steht das vollständige Featureset der Desktop-Version zur Verfügung. Flexibilität, einfache Bedienbarkeit und ergonomisches Arbeiten stehen dabei im Vordergrund.

Durch einen speziellen, in MindManager integrierten Stiftmodus können Sie das Programm problemlos auf Ihrem Tablet PC nutzen.

Wie Sie mit dem Stiftmodus arbeiten und welche Möglichkeiten Ihnen hierbei geboten werden, erfahren Sie in diesem Teil des Anhangs.

C.A Starten des Stiftmodus

Mit diesem Modus können Sie neue Maps auf einem Tablet PC anlegen oder vorhandene Maps ergänzen, die im Mausmodus von MindManager angelegt wurden. Dazu gehören Maps aus MindManager und früheren Versionen von MindManager.

Im Stiftmodus verfügt MindManager über eine modifizierte Benutzeroberfläche, die Ihre Arbeit mit einem Stift vereinfacht und es ermöglicht, mit Hilfe von Stiftbewegungen Maps anzulegen und zu bearbeiten. Nach Abschluss der Bearbeitung können Sie wieder zum Mausmodus wechseln und den mit digitaler Tinte eingegebenen Text in normalen Text umwandeln.

Bitte beachten Sie, dass der Stiftmodus in der Standard-Edition von MindManager nicht verfügbar ist.

C.A.A So aktivieren bzw. deaktivieren Sie den Stiftmodus

Tippen Sie auf die Schaltfläche in der rechten oberen Ecke des MindManager-Fensters. Wenn der Stiftmodus aktiv ist, ist die Schaltfläche grau hervorgehoben, und die obere und untere Symbolleiste enthält den Stiftmodus-Befehl und die Formatierungsschaltflächen.

Mit der Option *Extras/Optionen/Tablet PC/Bei Start Stiftmodus aktivieren* können Sie MindManager so konfigurieren, dass das Programm automatisch im Stiftmodus gestartet wird.

C.B Die Benutzeroberfläche im Stiftmodus

Die im Stiftmodus von MindManager angezeigte Benutzeroberfläche unterscheidet sich sichtbar im Aussehen von der gewohnten MindManager-Oberfläche, wie Sie sie vom standardmäßigen Mausmodus her kennen.

In der Hauptsymbolleiste am oberen Rand des Fensters finden Sie die Schaltflächen zum Anlegen, Öffnen und Speichern von Maps. Beachten Sie, dass zahlreiche Befehle ebenfalls mit Hilfe von Stiftbewegungen ausgeführt werden können. Dazu kommen wir aber später.

C.B.A Hauptsymbolleiste

Die obere Symbolleiste enthält eine Auswahl der im Mausmodus verfügbaren Befehle sowie weitere Schaltflächen, die eine benutzerfreundliche Bedienung des Programms im Stiftmodus ermöglichen.

Freihandeingabe einfügen

Führen Sie die Stiftbewegung zum Einfügen einer Freihandeingabe aus, wird daraufhin der Freihandbereich angezeigt. Standardmäßig sind Freihandeingaben nicht mit Zweigen verbunden. Sie können eine Freihandeingabe jedoch auf einen Zweig ziehen und dort ablegen, um sie mit diesem Zweig zu verknüpfen.

Mehrfachauswahl-Modus

Klicken Sie auf die Schaltfläche für den Mehrfachauswahl-Modus, können Sie ein Rechteck über die Objekte zeichnen, die Sie auswählen möchten. So markieren Sie mehrere Objekte. Wenn Sie weitere Objekte auswählen bzw. die Auswahl von Objekten aufheben möchten, tippen Sie bei gedrückter *Strg*-Taste auf die gewünschten Objekte. Zum Beenden des Mehrfachauswahl-Modus tippen Sie erneut auf die betreffende Schaltfläche.

Map zentrieren

Über *Map zentrieren* positionieren Sie die Map in der Fenstermitte und zeigen die Hauptzweige an. Alle anderen Zweige werden ausgeblendet.

Zweig fokussieren

Mit Hilfe der Schaltfläche *Zweig fokussieren* erweitern Sie den gerade markierten Zweig und positionieren ihn in der Fenstermitte. Die anderen Zweige werden ausgeblendet.

Befehle, denen keine Stiftbewegungen oder Symbolleisten-Schaltflächen zugeordnet sind, können über das Hauptmenü ausgeführt werden.

C.B.B Formatierungssymbolleiste

Mit der am unteren Fensterrand angezeigten Formatierungssymbolleiste können Sie das Erscheinungsbild Ihrer Map nach Belieben verändern. Sie enthält Schaltflächen für den

Schnellzugriff auf die Zeichen-Tools sowie Formatierungsoptionen und -schaltflächen für das Formatieren einzelner Zweige.

Im Allgemeinen stehen Ihnen dieselben Formatierungsbefehle wie im Mausmodus zur Verfügung. Wie Sie eine Map im Stiftmodus formatieren, erklären wir Ihnen in einem späteren Abschnitt.

Einschränkungen

Im Stiftmodus sind einige Modi und Aktionen inaktiv. Dazu gehören:

- Die Gliederungsansicht
- Die Multi-Mapansicht
- Der Präsentationsmodus
- Der Brainstorming-Modus
- Die Ansicht »Stil bearbeiten«
- Das Verändern der Größe von Zweigen mit dem Stift
- Das Verankern und Lösen von Symbolleisten und Menüs

C.C Stiftbewegungen im Stiftmodus

Wenn MindManager im Stiftmodus ausgeführt wird, können Sie das Tablet-Register öffnen, um den Fensterbereich mit der Hilfe für Tablet PCs anzuzeigen. Er enthält eine Kurzanleitung für die Stiftbewegungen und Verknüpfungen zu Tablet-spezifischen Hilfethemen und Demos.

Mit Hilfe der nachfolgend beschriebenen Stiftbewegungen können Sie Befehle zum Anlegen und Bearbeiten von Zweigen und Freihandeingaben ausführen.

- Zunächst müssen Sie die Objekte markieren (sofern vorhanden), für die eine Stiftbewegung gelten soll.
- Stiftbewegungen können an beliebiger Stelle in der Map ausgeführt werden.
- Sie müssen an einer leeren Stelle beginnen (ohne ein Objekt zu berühren), können aber über Objekte führen.
- Zeichnen Sie sie mindestens 2 bis 3 Zentimeter groß, damit sie richtig erkannt werden.

Die MindManager-Benutzeroberfläche ist für die sofortige Eingabe von Stiftbewegungen vorbereitet. Sie müssen nicht erst auf die Schaltfläche für den Stiftmodus tippen, um die Eingabe einer Stiftbewegung zu signalisieren.

Bei vielen dieser Befehle handelt es sich um standardmäßige, von Microsoft definierte Stiftbewegungen, die auch in anderen Tablet PC-Anwendungen verwendet werden. Einige Stiftbewegungen sind jedoch MindManager-spezifisch.

Freihandeingabe einfügen

Zeichnen Sie das Dreieck in einem Zug, ohne den Stift abzusetzen. Der Scheitel des Dreiecks muss dabei nach oben gerichtet sein.

Entfernen/Löschen

Ziehen Sie die Linien möglichst waagerecht, und führen Sie dabei mindestens drei Stiftbewegungen aus. Wenn die Höhe der Stiftbewegung vergrößert wird, muss ebenfalls die Anzahl der Vor- und Rückbewegungen des Stifts erhöht werden.

Zweig fokussieren (links)

Zeichnen Sie beide Seiten des Winkels gleich lang. Beachten Sie, dass der Winkel spitz sein muss und keine runde Spitze haben darf. Zeichnen Sie den Winkel ca. 2 cm groß. Rechts- bzw. Linkshänder können jeweils die für sie geeignete Option (rechts oder links) verwenden.

Zweig fokussieren (rechts)

Zeichnen Sie beide Seiten des Winkels gleich lang. Beachten Sie, dass der Winkel spitz sein muss und keine runde Spitze haben darf. Zeichnen Sie den Winkel ca. 2 cm groß. Rechts- bzw. Linkshänder können jeweils die für sie geeignete Option (rechts oder links) verwenden.

Map zentrieren

Zeichnen Sie den Kreis in einem Zug, ohne den Stift abzusetzen. Beginnen und beenden Sie den Kreis am obersten Punkt.

Ausschneiden

Zeichnen Sie den Kringel etwas schräg, von unten links nach oben rechts.

Ausschneiden

Zeichnen Sie diese Stiftbewegung ohne abzusetzen, beginnend mit der Bewegung nach links. Die beiden Striche müssen möglichst nah beieinander liegen, so dass sie fast eine gemeinsame Linie bilden.

Kopieren

Zeichnen Sie den zweifachen Kringel schräg, von unten links nach oben rechts.

Kopieren

Zeichnen Sie diese Stiftbewegung ohne abzusetzen, beginnend mit der Bewegung nach rechts. Die beiden Striche müssen möglichst nah beieinander liegen, so dass sie fast eine gemeinsame Linie bilden.

Einfügen

Zeichnen Sie beiden Seiten des Winkels gleich lang. Beachten Sie, dass der Winkel spitz sein muss und keine runde Spitze haben darf.

Einfügen

Zeichnen Sie die Kreise in einem Zug, ohne den Stift abzusetzen. Beginnen Sie mit der Kreisbewegung jeweils am obersten Punkt.

Zweig einfügen (rechts)

Diese Stiftbewegung ist eine kurze schnelle Bewegung nach rechts.

Zweig einfügen (links)

Diese Stiftbewegung ist eine kurze schnelle Bewegung nach links.

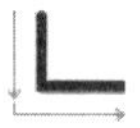

Unterzweig einfügen (rechts)

Zeichnen Sie diese Stiftbewegung ohne abzusetzen nach unten und dann nach rechts.

Unterzweig einfügen (links)

Zeichnen Sie diese Stiftbewegung nach unten und dann nach links.

Rückgängig

Zeichnen Sie den Halbkreis von rechts nach links. Die beiden Endpunkte des Bogens müssen auf einer Waagerechten liegen.

Wiederherstellen

Zeichnen Sie den Halbkreis von links nach rechts. Die beiden Endpunkte des Bogens müssen auf einer Waagerechten liegen.

Größer zoomen

Diese Stiftbewegung ist eine kurze schnelle Aufwärtsbewegung.

Kleiner zoomen

Diese Stiftbewegung ist eine kurze schnelle Abwärtsbewegung.

C.D Auswählen von Objekten im Stiftmodus

Die meisten Stiftbewegungen wirken sich auf die zu diesem Zeitpunkt ausgewählten bzw. markierten Objekte aus.

- Wenn Sie einen einzelnen Zweig bzw. ein Objekt auswählen möchten, tippen Sie auf das Objekt.
- Wenn Sie mehrere Zweige bzw. Objekte auswählen möchten, klicken Sie auf die Schaltfläche für den *Mehrfachauswahl-Modus*, und zeichnen Sie ein Rechteck, das alle Objekte berührt, die Sie auswählen möchten. Wenn Sie weitere Objekte auswählen bzw. die Auswahl von Objekten aufheben möchten, tippen Sie bei gedrückter *Strg*-Taste auf die gewünschten Objekte.
- Wenn Sie die Auswahl aller Objekte aufheben möchten, tippen Sie auf eine leere Stelle in der Map.

Mit der *Filter- und Auswahlfunktion* im Bereich *Map-Markierungen* bzw. *Aufgabeninfo* können Sie eine Gruppe von Zweigen auf der Basis ihrer Markierungen, wie beispielsweise einer Farbe, einer Hervorhebung oder eines Icons, bzw. auf Basis der Aufgabeninfos auswählen.

C.E Einfügen von Zweigen und Objekten im Stiftmodus

Sie können ebenso wie im Mausmodus auch im Stiftmodus Zweige und Objekte in Ihre Map einfügen. Es können »handschriftliche« Grafiken, Bilder und Texte erstellt und herkömmliche Präsentationen im Textformat mit Notizen versehen werden.

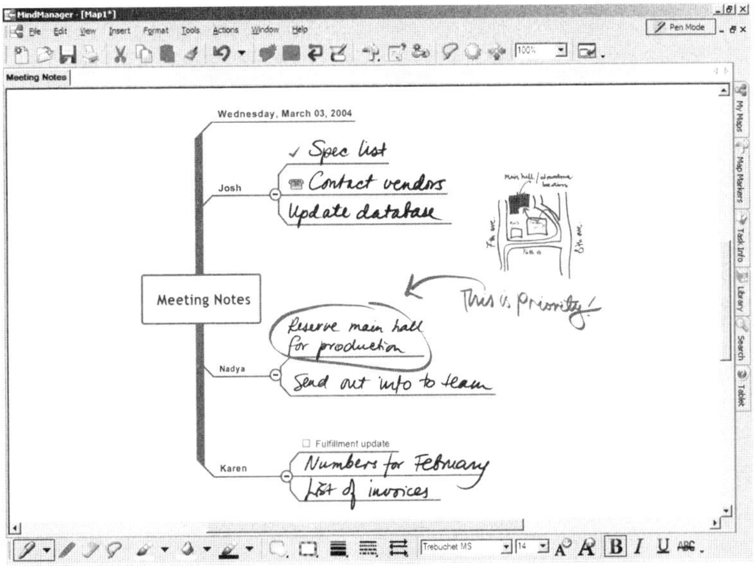

Abbildung C.1 So könnte eine von Ihnen bearbeitete Map auf dem Tablet PC aussehen

C.E.A Eingeben von Zweigen

Wenn Sie im Stiftmodus eine neue Map beginnen, ist das Hauptthema leer. Sie können auf das Thema tippen und den Text eingeben. Wenn MindManager den Text erkennen kann, wird er beim Speichern als Standardname für die Map verwendet. Andernfalls werden Sie aufgefordert, einen Namen für die Map einzugeben.

1. *So geben Sie einen neuen Hauptzweig ein*: Markieren Sie das Hauptthema, und zeichnen Sie die Stiftbewegung für das Einfügen eines Zweiges links oder rechts.
2. *So fügen Sie einen Nebenzweig (Zweig auf derselben Ebene ein)*: Markieren Sie einen Zweig, und zeichnen Sie neben ihm die Stiftbewegung für das Einfügen eines Zweiges links oder rechts.
3. *So fügen Sie einen Unterzweig (Zweig auf der nächsten Ebene) ein*: Markieren Sie einen Zweig, und zeichnen Sie neben ihm die Stiftbewegung für das Einfügen eines Unterzweiges links oder rechts.

4. *So fügen Sie eine freie Anmerkung ein*: Zeichnen Sie die Stiftbewegung für das Einfügen eines Zweiges links oder rechts, ohne vorher etwas zu markieren.
5. *So fügen Sie einen Anmerkungszweig ein*: Markieren Sie einen Zweig, und tippen Sie in der Symbolleiste auf die Schaltfläche *Anmerkung einfügen*.

C.E.B Eingabe digitaler Tinte

Beim Einfügen eines Zweigs oder eines Unterzweigs wird das Eingabefeld für digitale Tinte angezeigt. Dort können Sie den gewünschten Text direkt mit dem Stift schreiben. Über dic Formatierungssymbolleiste am unteren Rand des Fensters können Sie die *Stiftstärke*, die *Tintenfarbe* sowie die *Füll-/Hervorhebungsfarbe* festlegen.

Tippen Sie zur Auswahl der Stiftstärke auf den Pfeil des *Stift-Tools.*

Zum Ändern der Tintenfarbe tippen Sie auf den Pfeil der *Tintenfarbenschaltfläche.* Dies können Sie auch beim Schreiben vornehmen, so dass sich die Stärke und Farbe des Striches im Zweig variieren lassen.

Wenn Sie beim Zeichnen des Textes einen Fehler machen, können Sie die Tinte mit dem *Radiergummi-Tool* entfernen. Anschließend wechseln Sie wieder zum Stift-Tool, um weiterzuzeichnen.

Wenn Sie Text während der Eingabe verschieben oder in der Größe verändern möchten, tippen Sie auf die Schaltfläche für das *Auswahltool* und ziehen einen Rahmen um die gewünschte Textstelle. Die ausgewählte Textstelle wird jetzt in Konturschrift mit einem Umrandungsfeld angezeigt. Ziehen Sie den Text an eine neue Position, oder ändern Sie die Größe mit Hilfe der Ziehpunkte des Feldes.

C.E.C Einfügen von Freihandeingaben

Führen Sie die Stiftbewegung zum Einfügen einer Freihandeingabe aus. Daraufhin wird der Freihandbereich angezeigt. Standardmäßig sind Freihandeingaben nicht mit Zweigen verbunden. Sie können eine Freihandeingabe jedoch auf einen Zweig ziehen und dort ablegen, um sie mit diesem Zweig zu verknüpfen.

In der Formatierungssymbolleiste haben Sie zum Zeichnen die Auswahl unter fünf *Stiftstärken* und einem *Marker*. Die Zeichenwerkzeuge werden jeweils mit ihrer aktuellen Tintenfarbe angezeigt. Tippen Sie auf den Stift oder den Marker, und wählen Sie dann über den Pfeil der Farbschaltfläche bzw. eine neue Farbe für den Stift oder Marker.

Wählen Sie über den Pfeil der Schaltfläche für die *Füll-/Hervorhebungsfarbe* eine andere Hintergrundfarbe für die Freihandeingabe. Die Standardfarbe wird im Menü *Extras/Optionen/Tablet PC* festgelegt.

Sie haben die Option, bei der Freihandeingabe einen druckempfindlichen Stift einzusetzen.

Wenn Sie bei der Freihandeingabe einen Fehler machen, können Sie die Tinte mit dem Radiergummi-Tool entfernen.

Wenn Sie während der Eingabe bestimmte Elemente verschieben oder in der Größe verändern möchten, tippen Sie auf die Schaltfläche für das *Auswahltool*, und ziehen Sie einen Rahmen um die gewünschten Elemente. Das ausgewählte Element wird jetzt als Kontur in einem Feld angezeigt. Ziehen Sie das Element an eine neue Position, oder ändern Sie die Größe mit Hilfe der Ziehpunkte.

C.E.D Einfügen von Verbindungen

Tippen Sie in der Hauptsymbolleiste im oberen Bereich des MindManager-Fensters auf die Schaltfläche *Verbindung einfügen*, dann auf den ersten Zweig, von dem die Verbindung ausgehen soll, und anschließend auf den Zweig, zu dem die Verbindung hergestellt werden soll. Mit Hilfe der Ziehpunkte können Sie die Form des Verbindungspfeils anpassen. Mit den Schaltflächen zum Festlegen der *Linienstärke*, des *Linientyps*, der *Pfeile* und der *Linienfarbe* in der Formatierungssymbolleiste können Sie das Aussehen des Pfeils ändern.

C.E.E Einfügen von Umrandungen

Markieren Sie die Zweige, die mit Umrandungen versehen werden sollen, und tippen Sie auf den Button *Umrandung einfügen* in der Hauptsymbolleiste. Mit der Schaltfläche für *Umrandungen* in der Formatierungssymbolleiste im unteren Bereich von MindManager definieren Sie den *Umrandungstyp* (gewellt, Zickzack usw.). Mit den Schaltflächen zum Festlegen der *Linienstärke*, des *Linientyps* und der *Linienfarbe* der Formatierungssymbolleiste können Sie das Aussehen der Umrandung ändern.

C.F Bearbeiten und Löschen von Objekten im Stiftmodus

Im Stiftmodus lassen sich sowohl per Freihandeingabe erzeugte Zweige als auch reguläre Textzweige bearbeiten.

C.F.A So bearbeiten Sie Zweige

Markieren Sie einen Zweig, und führen Sie dann dicht neben ihm die Stiftbewegung zum Bearbeiten aus. Wenn Sie einen per Freihandeingabe erzeugten Zweig markiert haben, wird für die Arbeit im *Freihandmodus* das Feld für die Freihandeingabe angezeigt. Um Freihandeingaben zu bearbeiten, markieren Sie sie mit Hilfe des *Auswahltools*. Dann wählen Sie eine neue *Linienstärke* oder *-farbe*, verändern die *Größe* des Zweigs oder verschieben ihn. Mit der *Radiergummi*-Schaltfläche entfernen Sie die Freihandeingabe.

Wenn Sie regulären Text bearbeiten, wird der Bereich für die Direkteingabe angezeigt. Der gesamte Text des Zweigs wird dabei automatisch markiert, so dass Ihre neue Eingabe den vorhandenen Text ersetzt. Falls Sie nur einen Teil des Textes überschreiben möchten, wählen Sie die entsprechende Textstelle im Zweig aus und geben dann im Eingabebereich den neuen Text ein. Wenn Sie zusätzlichen Text in den Zweig einfügen möchten, tippen Sie auf die gewünschte Einfügeposition im Zweig und geben dann den neuen Text ein.

Mit dem *Suchen & Ersetzen-Befehl* können Sie auch nach im Freihandmodus eingegebenem Text suchen. Das Ersetzen solchen Textes ist jedoch nicht möglich.

C.F.B So bearbeiten Sie eine Skizze

Markieren Sie die Skizze, und führen Sie dann dicht neben ihr die Stiftbewegung zum Bearbeiten aus. Sie können weitere Freihandeingaben vornehmen oder mit dem *Auswahltool* Freihandeingaben markieren und dann eine neue *Linienstärke* oder *-farbe* wählen bzw. die *Größe* des Zweigs verändern oder ihn verschieben. Mit der *Radiergummi*-Schaltfläche entfernen Sie die Freihandeingabe.

C.F.C So bearbeiten Sie einen Verbindungspfeil

Markieren Sie den gewünschten Verbindungspfeil.

Mit Hilfe der *Ziehpunkte* der Verbindungspfeile können Sie den Kurvenverlauf der Verbindung anpassen. Verwenden Sie die Symbolleiste zur Formatierung von Verbindungen am unteren Fensterrand, wenn Sie die *Farbe*, den *Linientyp* und die *Spitze* der Verbindungspfeile ändern möchten.

Tippen Sie auf die Symbolleisten-Schaltfläche *Anmerkung einfügen*, wenn Sie Ihrer Verbindung eine Abhängigkeitsbeschriftung hinzufügen möchten.

C.F.D So bearbeiten Sie eine Abhängigkeitsbeschriftung

Markieren Sie die Beschriftung, und führen Sie dann dicht neben ihr die Stiftbewegung zum Bearbeiten aus.

C.F.E So löschen Sie ein Objekt

Markieren Sie das Objekt, und führen Sie dann dicht neben ihm die Stiftbewegung zum Löschen aus.

C.F.F So machen Sie Ihre Änderungen rückgängig oder stellen sie wieder her

Führen Sie die Stiftbewegungen zum Rückgängigmachen bzw. Wiederherstellen aus.

C.G Anzeigen einer Map im Stiftmodus

Für das Ausrichten einer Map im Stiftmodus bieten Ihnen die Symbolleistenschaltflächen, Stiftbewegungen bzw. das interaktive Drag & Drop mehrere Möglichkeiten:

- **Map zentrieren:** Positioniert die Map in der Fenstermitte und zeigt die Hauptzweige an. Alle anderen Zweige werden ausgeblendet.
- **Zweig fokussieren:** Erweitert den gerade markierten Zweig und positioniert ihn in der Fenstermitte. Die anderen Zweige werden ausgeblendet.
- **Zoom:** Mit Hilfe von Stiftbewegungen können Sie die Anzeige verkleinern und vergrößern. Der jeweilige Zoomfaktor wird in der Hauptsymbolleiste angezeigt.
- **Ziehen der Map:** Tippen Sie auf die Stiftschaltfläche, und ziehen Sie die Map an die gewünschte Position.
- **Ansicht/Map-Übersicht:** Die Funktionsweise des Map-Übersichtsfensters entspricht der im Mausmodus verfügbaren Funktion für die Anzeige großer Maps.
- **Zweig einblenden/ausblenden:** Um einen ausgeblendeten Zweig wieder einzublenden, müssen Sie lediglich auf den roten Punkt tippen, der angezeigt wird, wenn Sie den Stift auf den Pfeil des Zweigs setzen. Tippen Sie erneut auf den Punkt, um den Zweig auszublenden.

C.H Neuanordnen der Map im Stiftmodus

Zum Verschieben eines Objekts in einer Map müssen Sie dieses Objekt zunächst auswählen (antippen) und dann an die gewünschte neue Position ziehen.

Zweige können auf derselben Ebene neu geordnet oder auf eine andere Ebene verschoben werden. Ebenso können Sie Zweige mit den entsprechenden Stiftbewegungen zum Ausschneiden, Kopieren und Einfügen neu anordnen.

Sie können die Zweige in Ihrer Map neu positionieren und reorganisieren, indem Sie einfach auf einen oder mehrere Zweige klicken und sie an eine neue Stelle ziehen. Damit erreichen Sie Folgendes:

- Neupositionieren von Hauptzweigen
- Verschieben eines Unterzweigs auf einen anderen übergeordneten Zweig
- Umwandeln eines Hauptzweigs in einen Unterzweig
- Umwandeln eines Unterzweigs in einen Hauptzweig

C.H.A So verschieben oder kopieren Sie Zweige

Markieren Sie den Zweig bzw. die Zweige, und ziehen Sie ihn/sie an eine neue Stelle in der Map. Ein optischer Anhaltspunkt gibt an, wo der Zweig bzw. die Zweige eingefügt wird/werden.

Die Ablegeposition bestimmt die Lage des Zweiges bzw. der Zweige.

Wenn der Zweig, statt verschoben, kopiert werden soll, halten Sie beim Ablegen die *Strg*-Taste gedrückt.

Tabelle C.1 Übersicht über die Ablegepositionen

Ablegestelle	**Ergebnis**
Leere Stelle im Map-Hintergrund (roter Anhaltspunkt)	Hauptzweig
In der linken Hälfte eines Zweiges (grüner Anhaltspunkt)	Nebenzweig (gleiche Ebene)
In der rechten Hälfte eines Zweiges (roter Anhaltspunkt)	Unterzweig

Per Drag&Drop können Sie Zweige von einer Map in eine andere, parallel geöffnete Map verschieben und kopieren.

C.H.B Verschieben von Hauptzweigen

Normalerweise ermittelt MindManager automatisch den besten Ablegeort für einen Zweig, wenn Sie ihn verschieben. Das kann allerdings zur Folge haben, dass der Zweig nicht an der von Ihnen gewünschten Stelle abgelegt wird. Das gilt besonders bei Maps mit nur einigen wenigen Hauptzweigen.

Wenn Sie einen Zweig frei positionieren möchten, führen Sie folgende Schritte aus:

1. Verschieben Sie den Zweig an seinem »Anschlusspunkt«.
2. Halten Sie beim Ziehen des Zweigs an die neue Position die *Alt*-Taste gedrückt.
3. Ziehen Sie den Zweig bei gedrückter rechter Maustaste.

Wenn Sie den Zweig an der neuen Position abgelegt haben, wird der Anschlusspunkt schwarz. Das heißt, dass er frei positioniert wurde. Dieser Zweig behält in etwa seine Position bei, wenn Sie die Map erweitern oder bearbeiten, wird aber unter Umständen ein wenig verschoben, wenn er sich mit anderen Zweigen zu überschneiden droht.

Einen einzelnen Zweig in die von MindManager vorgegebene Position setzen Sie zurück, indem Sie die rechte Maustaste drücken und *Position zurücksetzen* wählen. MindManager ermittelt erneut die geeignete Position für den Zweig und verschiebt ihn an diese Stelle.

Sie können auch in einem Arbeitsgang alle frei positionierten Zweige auf die von MindManager vorgegebenen Positionen zurücksetzen, indem Sie auf *Aktionen/Alle Zweigpositionen zurücksetzen* klicken.

C.I Umwandeln von digitaler Tinte

Wenn Sie an Ihren Schreibtisch zurückkehren, möchten Sie unter Umständen die im Stiftmodus handschriftlich eingefügten Zweige in normalen, im Mausmodus bearbeitbaren Text umwandeln. Für eine Konvertierung spricht auch, dass handschriftliche Zweige als Grafikobjekte gespeichert werden, die relativ viel Speicherplatz belegen können. Durch die Umwandlung der Handschrift in normalen Text verringert sich die Dateigröße Ihrer Map.

Die Funktion »Konvertierung Eingabe in Text« können Sie im Stiftmodus und im normalen Mausmodus nutzen.

So wandeln Sie mit digitaler Tinte eingegebene Zweige in Text um

Wählen Sie eine der folgenden Verfahrensweisen:

1. Klicken Sie mit der rechten Maustaste bzw. setzen Sie den Stift auf einen Zweig, und wählen Sie aus dem angezeigten Kontextmenü die Option *Striche in Text umwandeln/Konvertierung Eingabe in Text.*
2. Oder klicken oder tippen Sie auf *Extras/Konvertierung Eingabe in Text.*

Die Konvertierungsfunktion arbeitet alle mit digitaler Tinte gezeichneten Zweige in der Map ab.

Für jeden Zweig haben Sie dabei die folgenden Auswahlmöglichkeiten:

- **Ersetzen durch:** Im Pulldown-Menü werden fünf mögliche Texte angezeigt. Sie können einen dieser Texte wählen oder eigenen Text eingeben. Dieser Text ersetzt die digitale Tinte, wenn Sie Annehmen wählen.
- **Alle annehmen:** Damit akzeptieren Sie für alle mit digitaler Tinte eingegebenen Zweige in der Map die erste Wahlmöglichkeit und ersetzen die Handschrift durch den neuen Text.
- **Annehmen:** Damit wandeln Sie die digitale Tinte in den aktuellen Textvorschlag um und wechseln zum nächsten mit digitaler Tinte eingegebenen Zweig.
- **Weiter:** Damit springen Sie zum nächsten mit digitaler Tinte eingegebenen Zweig, ohne dass für den aktuellen Zweig eine Konvertierung erfolgt.
- **Schließen:** Der Konvertierungsvorgang wird beendet.

C.J Optionen im Stiftmodus

Tippen Sie auf *Extras/Optionen*, und wählen Sie die Option *Tablet PC*, um die Einstellungen für den Stiftmodus von MindManager zu ändern.

Allgemeine Optionen

- *Eingabebereich für alle Bearbeitungsfelder sofort anzeigen*: Wenn der Fokus auf eines der Bearbeitungsfelder gesetzt wird, erscheint automatisch der kleine Stifteingabebereich.
- *Bei Start Stiftmodus aktivieren*: MindManager wird automatisch im Stiftmodus gestartet.
- *Optische Hilfen für Stiftbewegungen anzeigen*: Zeigt einen Hilfspunkt an, der Ihnen signalisiert, wie MindManager Ihre Stiftbewegung interpretiert.

Eingabetext

- *Größe der Eingabe in Map reduzieren*: Dieser Wert definiert, um wie viel Prozent der mit digitaler Tinte eingegebene Text reduziert wird, wenn er im Eingabefeld für digitale Tinte eingegeben oder bearbeitet wurde und anschließend in der Map angezeigt wird. Der gültige Wertebereich geht von 30 bis 100 % (100 % = Originalgröße). Der Standardwert ist 70 %.
- *Höhe des Eingabefeldes*: Mit dieser Einstellung wird die Höhe des Eingabefeldes für digitale Tinte festgelegt. Gültiger Wertebereich: 30 bis 100 Pixel. Der Standardwert ist 52 Pixel.

Freihandeingaben

- *Größe der Eingabe in Map reduzieren*: Dieser Prozentwert definiert, um wie viel Prozent die mit digitaler Tinte eingegebene Zeichnung reduziert wird, wenn sie im Eingabefeld für digitale Tinte eingegeben oder bearbeitet wurde und anschließend in der Map angezeigt wird. Gültiger Wertebereich: 30 bis 100 % (100 % = Originalgröße). Der Standardwert ist 70 %.
- *Standardfarbe für Hervorhebungen*: Diese Farbe dient als Standardfüll- bzw. Hervorhebungsfarbe für den Hintergrund beim Einfügen neuer Zeichnungen mit digitaler Tinte. Die Einstellung kann für jede Zeichnung mit der Schaltfläche für die Füll-/Hintergrundfarbe der Formatierungssymbolleiste geändert werden. Die Standardfarbe ist Hellgelb.
- *Druckempfindlichen Stift verwenden*: Mit dieser Einstellung können Sie die Verwendung eines druckempfindlichen Stifts im Freihandeingabebereich für digitale Tinte aktivieren bzw. deaktivieren.

Das hat keine Auswirkung auf den Bereich für die Eingabe von Text mit digitaler Tinte für Zweige. Standardmäßig ist die Einstellung aktiviert.

D Glossar zu Mindjet MindManager

A

Absolute URL

Eine absolute URL (Universal Resource Locator) enthält eine vollständige Adresse des Webservers, einschließlich des Protokolls, sowie den Pfad und den Dateinamen.

Assistent

Ein Assistent ist ein Feature, das Fragen stellt und dann entsprechend Ihren Antworten ein Element erstellt, wie z.B. ein Formular oder eine Webseite.

Aufgabenbereich

Ein Aufgabenbereich ist ein Fenster in einer MindManager-Anwendung, in dem häufig verwendete Befehle bereitgestellt werden. Aufgrund seiner Position und der geringen Größe können Sie diese Befehle während der Arbeit an den Dateien verwenden.

B

Benutzerdefinierter Aufgabenbereich

Stellt eine HTML-Datei dar, deren Inhalt in einem Fenster neben dem Formular angezeigt wird. Benutzerdefinierte Aufgabenbereiche liefern spezifische Befehle und Hilfeinhalte.

C

Cascading Style Sheets (CSS)

Cascading Style Sheets sind Deklarationen für die Datenformatierung, die Darstellung bestimmter Elemente in einer HTML- oder XML-Datei festlegen. CSS kann in eine Webseite oder XSL-Datei eingebettet oder in einer separaten CSS-Datei gespeichert werden, die mit einer Webseite oder XSL-Datei verknüpft ist.

Component Object Model (COM)

COM ist eine von Microsoft entwickelte Spezifikation zum Erstellen von Software-Komponenten, die in Programmen zusammengefasst werden. Außerdem kann damit unter Microsoft Windows Funktionalität zu vorhandenen Programmen hinzugefügt werden.

CSS

Siehe Cascading Style Sheets.

CSS-Selektor

Das ist der Name des Elementtyps, auf den die Anzeigeinformationen angewendet werden.

D

Datenadapter

Ein Datenadapter ist ein Objekt, das verwendet wird, um Daten an eine Datenbank, einen Webdienst oder an XML-Dateien abzusenden oder von diesen abzurufen.

Datenquelle

Eine Datenquelle ist die Zusammenstellung von Feldern und Gruppen, welche die Daten für ein InfoPath-Formular definieren und speichern. Steuerelemente in einem Formular sind an die Felder und Gruppen in der Datenquelle gebunden.

Datentyp

Der Datentyp ist eine Eigenschaft, die definiert, welche Daten in einem Feld gespeichert werden können. Mögliche Datentypen: Text, Rich Text, Ganze Zahl, Dezimalzahl, Wahr/Falsch, Hyperlink, Datum, Zeit, Datum und Zeit, Bild.

Document Object Model (DOM)

DOM ist eine Spezifikation des World Wide Web Consortium (W3C), das die Struktur von dynamischen HTML- (Hypertext Markup Language) und XML-Dokumenten (Extensible Markup Language) so beschreibt, dass diese in einem Webbrowser bearbeitet werden können.

Document Type Definition (DTD)

DTD ist die Vorgängerversion der Schemadefinitionsdatei, in der Regeln für Elemente von XML-Dokumenten, Attribute und Eingrenzungsbeziehungen angegeben werden.

Dynamic HTML (DHTML)

Mit DHTML wird HTML (Hypertext Markup Language) durch Multimedia-Elemente, den Datenbankzugriff und ein Objektmodell erweitert. Programme können diese Elemente verwenden, um den Stil und die Attribute von Seitenelementen (Objekten) zu ändern und um vorhandene Elemente (Objekte) durch neue zu ersetzen.

E

Extensible Hypertext Markup Language (XHTML)

XHTMLM ist eine Markup-Sprache, die HTML (Hypertext Markup Language) erweitert und als XML (XML - Extensible Markup Language) neu formuliert.

Extensible Markup Language (XML)

XML ist eine kompensierte Form von SGML (Standard Generalized Markup Language). Entwickler können mit XML benutzerdefinierte Tags erstellen, die Flexibilität beim Organisieren und Präsentieren von Daten ermöglichen.

Extensible Stylesheet Language (XSL)

XSL ist ein Begriff aus dem Bereich XML (Extensible Markup Language). XSL wird verwendet, um XML-Daten mit Hilfe eines Style Sheets, in dem die Regeln für die Präsentation definiert werden, in ein anderes Format umzuwandeln, wie z. B. in HTML.

G

GIF

GIF ist ein Grafikdateiformat (mit der Dateinamenerweiterung GIF in Windows), das verwendet wird, um Grafiken im World Wide Web in indizierten Farben anzuzeigen. GIF unterstützt bis zu 256 Farben und verwendet eine verlustfreie Komprimierung.

Global

»Global« bedeutet in der Regel, das etwas auf ein gesamtes Dokument, eine gesamte Datei oder ein Programm bezogen und nicht auf einen bestimmten Teil davon beschränkt ist.

Gültiges XML

Bei gültigem XML handelt es sich um ein wohlgeformtes XML-Dokument (XML-Extensible Markup Language), das einer bestimmten Gruppe von Einschränkungen entspricht, die in der Regel in einem XML-Schema definiert sind.

H

HREF

Siehe Hypertext Reference.

HTML

Siehe Hypertext Markup Language.

Hyperlink

Ein Hyperlink ist farbiger und unterstrichener Text oder eine Grafik, auf den bzw. die Sie klicken, um zu einer Datei, einem Speicherort in einer Datei, einer Webseite im World Wide Web oder einer Webseite in einem Intranet zu wechseln.

Hypertext Markup Language (HTML)

HTML ist die Standard-Markup-Sprache, die für Dokumente im World Wide Web verwendet wird. HTML verwendet Tags, um anzugeben, wie Webbrowser Seitenelemente, wie z.B. Texte, angezeigt werden und welche Aktionen auf Benutzeraktionen folgen.

Hypertext Reference (HREF)

HREF ist ein Attribut in einem HTML-Dokument, das einen Link zu einer Position innerhalb eines Dokuments, zu einem Dokument im Web oder zu einer Mail-Adresse definiert.

I

Integrated Development Environment (IDE)

IDE ist eine Gruppe integrierter Tools für die Entwicklung von Software. Die Tools werden in der Regel von einer Benutzeroberfläche aus ausgeführt und umfassen u.a. einen Compiler, einen Editor und einen Debugger.

Internet

Das Internet ist ein weltweites Netzwerk, das aus Tausenden kleiner Computernetzwerken sowie Millionen von Computern gebildet wird, die für kommerzielle Zwecke im Bildungswesen, in der Regierung und als PCs genutzt werden. Das Internet ist vergleichbar mit einer elektronischen Stadt mit virtuellen Bibliotheken, Läden, Kunstgalerien usw.

Intranet

Ein Intranet ist ein Netzwerk in einem Unternehmen, das Internettechnologien verwendet (wie z.B. das HTTP- oder FTP-Protokoll). Über Hyperlinks kann zu Objekten, Dokumenten, Seiten und anderen Zielen im Intranet gewechselt werden.

J

JavaScript

JavaScript ist eine plattformübergreifende Skriptsprache für das World Wide Web. JavaScript-Code wird direkt in eine HTML-Seite eingefügt. JavaScript ermöglicht das Erstellen von Java-Programmen. Der Skript-Anchor steht für ein in JavaScript verfasstes Skript.

JPEG

JPEG ist ein Grafikdateiformat (mit der Dateinamenerweiterung JPG in Microsoft Windows), das von vielen Webbrowsern unterstützt wird und für das Komprimieren und Speichern von Fotografien entwickelt wurde. Es eignet sich sehr gut für Grafiken mit vielen Farben, wie z.B. für gescannte Fotos.

JScript

JScript ist eine interpretierte, objektbasierte Skriptsprache, die Elemente von C, C++ und Java entlehnt. JScript ist die Implementierung von Microsoft der ECMA 262-Sprachspezifikation.

K

Klasse

Eine Klasse ist die Objektdefinition. Sie umfasst den Namen, die Eigenschaften und Methoden und möglicherweise vorhandene Ereignisse. Wenn Sie eine Instanz einer Klasse erstellen, definieren Sie ein neues Objekt mit allen von der Klasse definierten Merkmalen.

Konstante

Eine Konstante ist ein Wert, der nicht berechnet wird und sich dementsprechend nicht ändert. Beispiele für Konstanten sind die Zahl »210« und der Text »Quartalsgewinn«. Bei einem Ausdruck oder einem Wert, der sich aus einem Ausdruck ergibt, handelt es sich nicht um eine Konstante.

Kontextmenü

In einem Kontextmenü wird eine Liste der Befehle angezeigt, die für ein bestimmtes Element relevant sind. Um ein Kontextmenü anzuzeigen, klicken Sie mit der rechten Maustaste auf ein Element oder drücken *Umschalt+F10*.

M

Metadaten

Metadaten beschreiben andere Daten. Wörter in einem Dokument sind beispielsweise Daten, bei der Angabe der Anzahl der Wörter handelt es sich um Metadaten.

Methode

Eine Methode ist eine Prozedur, die einer Anweisung oder Funktion ähnelt und sich auf bestimmte Objekte auswirkt. So können Sie z.B. die Methode <b>Drucken</b> auf das Objekt <b>Debug</b> anwenden, um die Druckausgabe auf das benachbarte Fenster umzuleiten.

Microsoft Windows Installer (MSI)

Mit dem Tool MSI können Installationspakete für Software erstellt werden, die in einer Windows-Umgebung bereitgestellt werden soll.

N

Namespace

Namespaces bilden einen Mechanismus, mit dem Elementnamen und Beziehungen eindeutig qualifiziert werden, um Namenskollisionen bei Elementen zu vermeiden, die denselben Namen haben, aber aus unterschiedlichen Quellen stammen.

O

Objekt

Bei einem Objekt kann es sich um eine Tabelle, ein Diagramm, eine Grafik, eine Gleichung oder eine andere Form von Daten handeln. Objekte, die in einer Anwendung erstellt werden, wie z.B. Tabellen, und mit einer anderen Anwendung verknüpft oder in diese eingebettet sind, sind OLE-Objekte.

Objektbrowser

Ein Objektbrowser ist ein Dialogfeld, in dem Informationen zu Objekten, Eigenschaften, Methoden und Konstanten im aktuellen Projekt und in referenzierten Objektbibliotheken angezeigt werden. Sie können im Objektbrowser nach einem Element suchen, Hilfe dazu aufrufen oder es in ein Modul einfügen.

Objektmodell

Ein Objektmodell ist eine hierarchische Bibliothek aus Objekten und Sammlungen, die den Inhalt und die Funktionalität einer Anwendung bilden. Objekte und Sammlungen umfassen Eigenschaften, Methoden und Ereignisse, die verwendet werden können, um eine Anwendung zu bearbeiten und Interaktionen mit ihr auszuführen.

Objektmodelldiagramm

Ein Objektmodelldiagramm ist eine grafische Darstellung der Objekte und Sammlungen, die in einem bestimmten Objektmodell enthalten sind.

Offline

In Bezug auf einen oder mehrere Computer bedeutet *offline* nicht mit dem Netzwerk verbunden zu sein.

Optionaler Abschnitt

Ein optionaler Abschnitt ist ein Steuerelement in einem Formular, das andere Steuerelement umfasst und in der Regel standardmäßig nicht angezeigt wird. Beim Ausfüllen des Formulars können Benutzer optionale Abschnitte einfügen und entfernen.

P

Parameter

Ein Parameter ist ein Wert, der einer Variablen zu Beginn einer Operation zugeordnet oder vor dem Ausdruck eines Programms ausgewertet wird. Bei einem Parameter kann es sich um Text, eine Zahl oder einen Argumentnamen handeln, der bzw. die einem anderen Wert zugeordnet wurde.

R

Referenzfeld

Ein Referenzfeld ist mit einem anderen Feld verknüpft, so dass die Eigenschaften der beiden Felder stets übereinstimmen. Werden die Eigenschaften für ein Feld geändert, werden die Eigenschaften im anderen Feld automatisch aktualisiert.

Referenzgruppe

Eine Referenzgruppe ist mit einer anderen Gruppe verknüpft, so dass deren Eigenschaften sowie die Eigenschaften der darin enthaltenen Gruppen und Felder stets übereinstimmen. Werden die Eigenschaften einer Gruppe geändert, wird die andere automatisch aktualisiert.

Relativer URL

Ein relativer URL ist eine URL-Form, bei dem die Domäne und einige oder alle Verzeichnisnamen weggelassen werden, so dass nur der Name des Dokuments und die Erweiterung angegeben werden (und u.U. eine Teilliste von Verzeichnisnamen).

Ressourcen-Manager

Der Ressourcen-Manager ist die Benutzeroberfläche zum Hinzufügen und Entfernen von Ressourcendateien, welche die Funktionalität eines Formulars unterstützen.

Rich-Text-Feld

In einem Rich-Text-Feld können zusätzlich zum Text Formatierungen und Grafiken angezeigt werden.

S

Sekundäre Datenquelle

Eine sekundäre Datenquelle ist eine XML-Datendatei, eine Datenbank oder ein Webdienst, die bzw. der von einem Formular für die Einträge in einem Listenfeld oder für Skriptaktionen verwendet wird.

Server

In einem lokalen Netzwerk (LAN oder Local Area Network) ist ein Server ein Computer, der den Zugriff auf das gesamte oder einen Teil des Netzwerks und seiner Ressourcen, wie z.B. Drucker, steuert. Im World Wide Web ist ein Server ein Computer, auf dem Webserver-Software ausgeführt wird und der auf HTTP-Anforderungen (Hypertext Transfer Protocol) reagiert. Wird auch als *Host* bezeichnet.

Skriptsprache

Eine Skriptsprache ist eine einfache Programmiersprache, die entwickelt wurde, um spezielle oder eingeschränkte Aufgaben auszuführen. Sie wird manchmal mit einer bestimmten Anwendung oder Funktion verknüpft.

Spalten in der Formularbibliothek

Informationen aus Formularen werden in einer Windows SharePoint Services-Formularbibliothek in Spalten angezeigt. Für jedes Formular in der Bibliothek zeigen die Spalten die Daten an, die in die Steuerelemente eingegeben werden und die der Entwickler des Formulars in der Formularbibliothek als Spalten definiert hat.

Stammelement

Das Stammelement ist das Element in einem XML-Dokument, das alle anderen Elemente umfasst. Es ist das Element der obersten Ebene eines XML-Dokuments und muss im Dokument das erste Element sein.

Steuerelement

Ein Steuerelement ist ein Objekt einer grafischen Benutzeroberfläche, wie z.B. ein Textfeld, ein Kontrollkästchen, oder eine Befehlsschaltfläche, über das Benutzer das Programm steuern können. Mit Steuerelementen zeigen Sie Daten oder Auswahlmöglichkeiten an, führen eine Aktion aus oder erleichtern das Ablesen der Benutzeroberfläche.

Strukturbearbeitung

Eine Strukturbearbeitung ist eine Bearbeitung, die in einem strukturierten Dokument vorgenommen wird, wie z.B. in einem wohlgeformten XML-Dokument.

T

Tabelle

Eine Tabelle umfasst eine oder zwei Zeilen mit Zellen, die in der Regel verwendet werden, um Zahlen und andere Elemente als Kurzübersicht und zur Analyse anzuzeigen. Elemente sind in einer Tabelle in Zeilen und Spalten angeordnet.

Tastenkombination

Mit Funktionstasten oder Tastenkombinationen, wie z.B. *F5* oder *Strg+A*, können Sie einen Menübefehl ausführen. Eine Zugriffstaste, wie z.B. *Alt+F*, ist eine Tastenkombination, die den Fokus auf ein Menü, einen Befehl oder ein Steuerelement verschiebt.

Textfeld

Ein Textfeld ist ein Steuerelement, in das ein Benutzer Text eingeben kann. In Felder für Rich-Text können Daten mit unterschiedlichen Textformatierungen eingegeben werden.

U

Übergeordnetes Element

In XML (Extensible Markup Language) ist dasjenige Element ein übergeordnetes Element, für das ein untergeordnetes Element vorhanden ist.

Unicode

Unicode ist ein Standard zur Zeichencodierung, der vom Unicode Consortium entwickelt wurde. Durch das Verwenden von mehr als einem Byte für die Darstellung eines Zeichens ermöglicht es Unicode, fast alle geschriebenen Sprachen in der Welt mit einem einzigen Zeichensatz darzustellen.

Uniform Resource Identifier (URI)

Ein URI ist eine Zeichenfolge, die verwendet wird, um eine Ressource im Internet nach Typ und Speicherort zu identifizieren.

Uniform Resource Locator (URL)

Ein URL ist eine Adresse, die ein Protokoll (wie z.B. HTTP oder FTP) und einen Speicherort eines Objekts, eines Dokuments, einer Seite im World Wide Web oder eines anderen Ziels im Internet oder in einem Intranet angibt, wie z.B. **http://www.microsoft.com**.

Uniform Resource Name (URN)

Ein URN ist ein Schema, mit dem im Internet verfügbare Ressourcen nach dem Namen eindeutig identifiziert werden können, unabhängig davon, wo sie sich befinden.

Untergeordnetes Element

Ein untergeordnetes Element ist in einer XML-Baumstruktur (XML – Extensible Markup Language) das Element, das im übergeordneten Element enthalten ist.

V

VBScript

Siehe Visual Basic Scripting Edition.

Verarbeitungsanweisungen

Verarbeitungsanweisungen werden in der Einleitung eines XML-Dokuments gespeichert. Diese Informationen werden durch den XML-Parser an alle Anwendungen weitergegeben, die das XML-Dokument verwenden.

Verknüpftes Objekt

Ein verknüpftes Objekt wird in einer Quelldatei erstellt und in eine Zieldatei eingefügt, wobei gleichzeitig eine Verbindung zwischen den beiden Dateien aufrechterhalten wird. Das verknüpfte Objekt kann in der Zieldatei aktualisiert werden, wenn die Quelldatei aktualisiert wird.

Veröffentlichen

Beim Veröffentlichen wird ein Formular anderen Personen zur Verfügung gestellt, so dass diese es ausfüllen können. Eine veröffentlichte Formularvorlage wird an einem freigegebenen Speicherort gespeichert, wie z.B. einem Webserver oder im Intranet eines Unternehmens.

Visual Basic Scripting Edition (VBScript)

VBScript ist eine interpretierte, objektbasierte Skriptsprache, die eine Untergruppe der Programmiersprache Microsoft Visual Basic darstellt.

W

Warnung in Hinweisdialogfeld

Eine Warnung im Hinweisdialogfeld öffnet ein Dialogfeld mit einer benutzerdefinierten Fehlermeldung, wenn ungültige Daten in ein Steuerelement eingegeben werden.

Webbrowser

Ein Webbrowser ist im Grunde eine Software, die HTML-Dateien interpretiert, diese als Webseiten formatiert und anzeigt. Ein Webbrowser, kann Hyperlinks folgen, Dateien übertragen und Sound- odcr Videodateien abspielen, die in Webseiten eingebettet sind.

Wohlgeformtes XML

Hierbei handelt es sich um ein XML-Dokument, das den Mindestkriterien für ein konformes XML-Dokument entspricht.

X

XHTML

Siehe Extensible Hypertext Markup Language.

XML

Siehe Extensible Markup Language.

XML Path Language (XPath)

XPath ist eine Sprache, die verwendet wird, um Teile eines XML-Dokuments zu adressieren. XPath bietet auch grundlegende Funktionen zum Bearbeiten von Zeichenfolgen, Zahlen und booleschen Werten.

XML Parser

Ein XML Parser ist eine Software-Komponente, die verwendet wird, um XML-Dokumente zu verarbeiten, indem deren Struktur geprüft wird und Ansichten oder Transformationen des Inhalts erstellt werden.

XML-Attribut

Ein XML-Attribut ist ein strukturelles XML-Konstrukt. Dabei handelt es sich um ein Name-Wert-Paar, das mit einem Gleichheitszeichen verbunden ist, in einem markierten Element eingeschlossen ist und die Features eines Elements verändert. Alle Attributwerte sind Textzeichenfolgen und müssen in Anführungszeichen stehen.

XML-Daten

XML-Daten sind im XML-Format (XML – Extensible Markup Language) gespeicherte Daten. InfoPath-Formulare werden als XML-Datendateien gespeichert.

XML-Element

Ein XML-Element ist eine XML-Struktur, die ein Start- und Endtag sowie Informationen zwischen den Tags umfasst. Elemente können über Attribute verfügen und andere Elemente umfassen.

XML-Schema

Ein XML-Schema ist eine formale Spezifikation, die in XML (Extensible Markup Language) verfasst ist und die Struktur eines XML-Dokuments definiert. Dazu gehören auch Namen von Elementen und Rich-Data-Typen, das Festlegen von Elementen, die kombiniert werden können, und von für jedes Element verfügbaren Attributen.

XML-Signatur

Eine XML-Signatur ist eine digitale Signatur auf XML-Basis, die verwendet werden kann, um die in XML-Dokumenten enthaltenen Daten zu sichern. XML-Signaturen sind ein Standard des World Wide Web Consortiums (W3C).

XML-Vorlagendatei

Eine XML-Vorlagendatei enthält die Beispieldaten, die in den Feldern eines Formulars angezeigt werden, bevor ein Benutzer dieses ausfüllt.

XPath

Siehe XML Path Language.

XSL

Siehe Extensible Style Sheet Language.

XSLT

Siehe XSL-Transformation.

XSL-Transformation (XSLT)

XSLT ist eine Sprache, die verwendet wird, um XML-Dokumente in andere Arten von Dokumenten umzuwandeln, wie z.B. in HTML-Dokumente. Sie wurde als Bestandteil von XSL (Extensible Style Sheet Language) entwickelt.

Index

B

C

N

O

P

Q

R

S

T

U

V